U0694752

陈士强 著

大藏經總目提要

律藏 上

南懷瑾

上海古籍出版社

图书在版编目(CIP)数据

大藏经总目提要·律藏/陈士强著. —上海：上海古籍出版社，2020.11

ISBN 978-7-5325-9698-0

Ⅰ.①大… Ⅱ.①陈… Ⅲ.①大藏经—专题目录—提要②律藏—提要 Ⅳ.①Z88：B94

中国版本图书馆CIP数据核字(2020)第133108号

大藏经总目提要·律藏

（全二册）

陈士强 著

上海古籍出版社出版发行

（上海瑞金二路272号 邮政编码200020）

（1）网址：www.guji.com.cn

（2）E-mail：guji1@guji.com.cn

（3）易文网网址：www.ewen.co

商务印书馆上海印刷有限公司印刷

开本850×1168 1/32 印张51.875 插页4 字数1,062,000

2020年11月第1版 2020年11月第1次印刷

印数：1—1,100

ISBN 978-7-5325-9698-0

B·1171 定价：198.00元

内 容 介 绍

汉文《大藏经》是佛教经典的总汇，也是一部综罗历代汉译经律论和汉撰佛教著作而编成的大型佛教丛书。它卷帙浩繁而内容赡博，是中国古代文化的一大宝藏，也是整个人类文明的一大遗产。《大藏经总目提要》是历代汉文《大藏经》收录典籍的详细解说。全书分为《文史藏》《经藏》《律藏》《论藏》四藏，对所收的典籍，按“部”（指大部）、“门”（相当于“章”）、“品”（相当于“节”）、“类”（指子类）、“附”（指附录），分类编制，逐一解析。内容包括：经名（包括全称、略称、异名）；卷数（包括不同分卷）；译撰者；译撰时间；著录情况；主要版本；译撰者小传；序跋题记；篇章结构；内容大意；思想特点；资料来源（或同本异译）；研究状况等。此外，还有经典源流的叙述，不同文本的对勘，史实的辨正和补充等。

《大藏经总目提要》是一部系列丛书，由四藏十卷构成，总计五百万字。各藏内容如下。

（一）《大藏经总目提要·文史藏》（全二卷，“国家古籍整理出版‘十一五’重点规划项目”，上海古籍出版社 2008 年 4 月初版；初名《佛典精解》，同社 1992 年 11 月版）

本藏为历代《大藏经》中的佛教文史类典籍的解说，总收汉传佛教史籍，兼收藏传佛教史籍。下分八大部，依次为：《经录部》《教史部》《传记部》《宗系部》《纂集部》《护法部》《地志部》《杂记部》，共收录佛典二百三十部二千四百五十八卷。这些典籍综罗历代佛经目录和解题书；纪传体、编年体、一般记叙体佛教史；高僧大德的总传、类传、别传；汉传佛教、藏传佛教的教派史著作；佛教的总集、别集、文选、类书、辞典、字书、音义；佛教的游记、方志、寺塔记、名山记；禅宗的灯录、语录、颂古、拈古、评唱、笔记等。内容叙及：中国佛教的源流、宗派、人物、教理、掌故、规制、译述、寺塔、事件、术语，以及中外佛教交流史、释儒道三教关系史等。

（二）《大藏经总目提要·经藏》（全三卷，“国家古籍整理出版‘十一五’重点规划项目”，上海古籍出版社 2007 年 8 月初版）

本藏为历代《大藏经》中的小乘经藏的解说，总收汉译小乘经。下分五大部，依次为：《长阿含部》《中阿含部》《杂阿含部》《增一阿含部》《其他小乘经部》，共收录佛典三百五十二部八百十一卷。这些典籍综罗原始佛教的根本经典“四阿含”及其别生经；“四阿含”以外的各种小乘经，如缘生类、欲患类、业道类、福德类、王政类、布施类、戒斋类、忍辱类、精进类、禅观类、三宝类、佛传类、本生类、涅槃类、名数类、譬喻类、杂事类佛经等。内容叙及：佛教的起源、发展和演化；佛祖释迦牟尼的生平事迹；原始佛教和部派佛教的史事、人物与教理等。

（三）《大藏经总目提要·律藏》（全二卷，“2011 年国家社科基金重大项目”中期成果，上海古籍出版社 2015 年 7 月初版）

本藏为历代《大藏经》中的小乘律藏和大乘律藏的解说，总收汉译小乘律（包括巴利文律典）、大乘律，兼收汉地撰作的各类戒律学著作。下分四大部，依次为：《小乘律传译部》《小乘律诠释部》《大乘律传译部》《大乘律诠释部》，共收录佛典二百十一部九百六十六卷。这些典籍综罗印度小乘佛教的各种广律、戒本、羯磨法、律论、杂律经；大乘佛教的各种菩萨戒经、杂律经、忏悔法；汉地律宗著作，以及律宗以外的其他戒律学著作等。内容叙及：佛教出家五众、在家二众必须受持的各种止恶行善的戒法条文；僧团的组织、制度和行事；以及僧众日常生活的行仪规范等。

（四）《大藏经总目提要·论藏》（全三卷，“2011年国家社科基金重大项目”最终成果，上海古籍出版社2019年11月初版）

本藏为历代《大藏经》中的小乘论藏和大乘论藏的解说，总收汉译小乘论、西域小乘集传（小乘论的附属）、大乘论、西域大乘集传（大乘论的附属），兼收汉地撰作的有代表性的大小乘论疏。下分五大部，依次为：《小乘阿毗达磨部》《小乘集传部》《大乘中观部》《大乘瑜伽部》《大乘集传部》，共收录佛典二百三十五部一千七百四十一卷。这些典籍综罗小乘说一切有部、上座部、大众部、犊子部、贤胄部、正量部、经部等部派撰作的各种阿毗达磨论书；大乘中观派、瑜伽行派撰作的各种释经论、集义论；西域和汉地撰作的各类佛教集传等。内容叙及：大小乘佛教的各种教理，如小乘佛教的“世间”说、“蕴处界”说、“五位七十五法”说、“缘起”说、“业”说、“烦恼”说、“四谛”说、“禅定”说、“道位”说；大乘中观派的“六波罗蜜多”说、“十地”说、“十八空”说、“八不中道”说、“二谛”说；大乘瑜伽行派的“十七地”说、“八识”说、“三自性”说、“三无性”说、“唯识五位”说、“五位百法”说、“如来藏”说、“因明”说等。

《大藏经总目提要》四藏十卷，由我国知名佛学家、复旦大学教授陈士强，从1983年6月起撰写，至2018年12月告成，前后历时三十五年。目前，作者正在撰写大乘经藏的解说，作为已出《经藏》的续编。全书立足于原典的解析，收录齐备，释义详尽，史料丰赡，考订缜密，一大批尘封已久的古本佛经，由此而得到破解。它为藏经提挈纲要,为治学指示门径,是迄今为止这一研究领域中最新、最全的知识密集型工具书,也是佛教文献学上一部具有独特分类法和诠释法的巨著。

自　序

佛教经典源于印度，是释迦牟尼创立佛教后逐渐形成的一类典籍。相传，佛在世时，就已有口诵佛经流行于世。佛入灭以后，僧团为编集佛陀一代言教，用作佛弟子修行的指南，举行了结集大会，诵出了原先流传的口诵佛经，经与会者审议通过，确定为僧团统一受持的佛经文本，由此形成了佛教典籍的最初汇编——“三藏”，即经藏、律藏、论藏三大部类。经藏，是“契经”（佛宣说的教法）类典籍的汇编；律藏，是“戒律”（佛制立的戒律条文）类典籍的汇编；论藏，是“论议”（佛和佛弟子对契经义理所作的解释）类典籍的汇编。原始佛教终结后，部派佛教传承了原始“三藏”，并在论藏中补入了本派的论书；大乘佛教兴起后，又建构了自己的经典体系，也将它称为“三藏”。于是，“三藏”有了大小乘之分。“小乘三藏”（又称声闻藏），收录原始佛教、部派佛教的典籍；“大乘三藏”（又称菩萨藏），收录大乘佛教（包括显教和密教）的典籍。

东汉末年以后，大小乘佛教经典从西域源源不断地传入中国，由来华的高僧翻译为汉文，弘传流布，与此同时，汉地佛教人士也相续撰出了大量的佛教著作，一并流传；随着佛经数量的增多，西晋以后，逐渐出现了佛经目录（略称经录），专门收录各种佛经，著录译人译事，考定文本真伪，此类著作累代不绝，编制也日趋周全严密，从而形成了系统性的佛教目录学；南北朝、隋唐时期，佛教兴盛，朝廷与民间以佛教经录的记载为依据，搜集与抄写各种佛经，研习、收藏蔚然成风，这些写本佛经，有些是独立流通的单行本，有些则是部类齐全的系列大丛书，这便是写本藏经；北宋以后，藏经从手抄流通，转向雕版印刷，从而形成了各种版次的汉文《大藏经》，影响遍及海内外。

汉文《大藏经》是佛教经典的总汇，也是一部综罗历代汉译经律论（此为“源”）和汉撰佛教著作（此为“流”）而编成的大型佛教丛书。它卷帙浩繁而内容赡博，不仅详细记载了千百年以来佛教的教理、宗派、人物、事件、礼仪、制度、节日、活动、寺塔、器物和术语，而且广泛叙及历史、哲学、文学、伦理、教育、语言、逻辑、心理、习俗、地理、天文、历算、医学、建筑、雕塑、绘画、音乐等各个领域的极为丰富的知识，是中国古代文化的一大宝藏，也是整个人类文明的一大遗产。

然而，由于佛教经典源于古印度，传入中国以后，都是用古文翻译和阐述的，绝大多数佛典既无标点，也无注释，文句艰涩，义理幽深，尤其是佛教术语特别繁异复杂，凡此种种，都给阅读和研究佛教典籍带来了很大的困难。这就需要一种专门的佛学工具书，提供指导和帮助。

1983 年 6 月，我因阅读《四库全书总目提要》有感，发心以毕生之精力，撰写一部集目录、版本、提要、资料和考订于一体的《大藏经总目提要》，对汉文《大藏经》收录的千部万卷典籍，作全面系统的阐释，为佛教文化的传承做一项基础性的工作。自此以后，遂以《后汉书·虞诩传》说的“志不求易，事不避难”为座右铭，以一人之力，独立开展了这一艰难的、具有重要佛教文献学价值的研究项目。

《大藏经总目提要》的主要特点是，它不是某个版次的《大藏经》的提要,而是一部综括历史上刊行的各个版次的汉文《大藏经》收录典籍,分类编制并逐一详解的提要,具有独特的分类法和诠释法。所收录者,不仅包括汉文《大藏经》(如《丽藏》《宋藏》《金藏》《元藏》《明藏》《嘉兴藏》《清藏》《频伽藏》《大正藏》《新纂续藏经》等)中的佛典,而且也包括少数隶属于藏文《大藏经》、巴利文《大藏经》,以及在藏外单本流通的佛典。全书分为《文史藏》《经藏》《律藏》《论藏》四大藏,各藏内部又按"部"(大部)、"门"(相当于"章")、"品"(相当于"节")、"类"(子类)、"附"(附出),逐级分类,以便查阅。

《大藏经总目提要》也不是佛典的简短解题或词条式说明,而是佛典全方位的信息和内容精要的详述。它对每一部典籍的解说,大致包括:经名、卷数、译撰者、译撰时间、著录情况、主要版本、译撰者小传、序跋题记、篇章结构、内容大意、思想特点、资料来源和研究状况等。此外,还有经典源流的叙述,不同文本的对勘,史实的辨正和补充等。《提要》采用总别结合和随文作释的方式,对原著加以解说。其中,对原著内容的解说,分为总说和别释两部分,前者概括性地说明它的主旨要义,后者依照原著的结构,对各章各节分别予以阐释。对于难读难解的佛教术语,以及具有特定含义的概念和命题,尽量用通俗的语言加以解说,以利于学人理解原文;在用白话文讲解原典的同时,择要引证和辑录重要的论述与史料,藉此保存大量珍贵的原始资料。

《大藏经总目提要》作为一部系列丛书,它的最初成果是1992年11月由上海古籍出版社出版的《佛典精解》。《佛典精解》是《大藏经》中佛教文史类典籍的解说,由于这些典籍是研究佛教必读的入门书,最切实用,故最先撰出。《大藏经总目提要》的体例和写法,也是在撰作此书的过程中,不断摸索、改进、完善而确定下来的,并由此形成了一套具有独特体系结构、叙事风格的佛典分类法和诠释法。《佛典精解》出版后，曾获“1992—1993年度全国古籍优秀图书二等奖”，被学术界和佛教界称为“研究中国佛教的基本工具书”。

2006年，《大藏经总目提要》中的《经藏》《文史藏》（此为《佛典精解》修订版）二藏，被列为“国家古籍整理出版‘十一五’重点规划项目”；2011年，《律藏》《论藏》二藏，被列为“国家社科基金重大项目”。这反映了各方专家对这一重大项目的共同关注和期望，对此，我深感所承担的学术责任之重。钻研原著，廓清疑难，抉择会通，解文释义，始终是撰作《提要》的宗旨。一般来说，我对每部原典的阅读至少在三遍以上，艰深的著作或篇章更是反复研读，并采用将同本异译或同类文献作对勘的方法，来彻究文句的含义。同时，也广泛借鉴和吸收古今中外的研究成果，抉择取舍，集百家之长，成一家之言。力求在准确领会原意的基础上，用简洁明了的语言，对每一部原典作出通俗、确切的解说。

在历经三十五年（从1983年6月至2018年12月）的潜心研究与艰难写作之后，《大藏经总目提要》四藏十卷终于告成，并分作四次陆续出版，每次各出一藏。现今出版的《大藏经总目提要》全书，除各藏初首的内容介绍、自序和凡例，作了统一之外，正文与初版是基本相同的。目前，我正在以人生之余力，撰写大乘经藏的解说，作为已出《经藏》的续编。大乘经藏卷帙浩繁，仅唐玄奘译《大般若经》一部，就有六百卷，自古以来被学者视为畏途。我已是年过七旬的老人，虽有几十年专业知识的积累，但要攻克这一难关，仍需花六年左右的时间，再写三卷或四卷，才能最终完成此项前所未有的重大学术工程。千百部佛典所涉及的知识是浩瀚无边的，而我个人的精力和学识是毕竟有限的，因此，书中所述仍会有不足和疏误之处，祈请读者批评指正。

《大藏经总目提要》的撰写和出版,得到了许多学术界前辈、同行和友人的鼓励与帮助。其中有:中国人民大学哲学系方立天(已故);中国社会科学院世界宗教研究所杨曾文、李富华、黄夏年、金泽;北京大学哲学系楼宇烈;中央社会主义学院叶小文;中央民族大学哲学与宗教学院牟钟鉴;中国佛教协会卢浔;南京大学哲学系洪修平;复旦大学中文系陈允吉、陈尚君;复旦大学哲学系王雷泉;复旦大学古籍所郑伟宏;复旦大学文史研究院葛兆光;复旦大学文科科研处左昌柱;复旦大学出版社高若海、贺圣遂;上海师范大学哲学学院方广锠;上海大学文学院林国良;上海古籍出版社罗颢;浙江省科技信息研究院刘京民等。在此,谨向他们致以由衷的谢意。

陈士强

2020 年 11 月 27 日于复旦大学

凡　例

(一)《大藏经总目提要》(以下略称《提要》)是一部综括历史上刊行的各个版次的汉文《大藏经》收录典籍,分类编制并逐一详解的提要。所收录者,不仅包括汉文《大藏经》(如《丽藏》《宋藏》《金藏》《元藏》《明藏》《嘉兴藏》《清藏》《频伽藏》《大正藏》《新纂续藏经》等)中的佛典,而且也包括少数隶属于藏文《大藏经》、巴利文《大藏经》,以及在藏外单本流通的佛典。

(二)《提要》分为《文史藏》《经藏》《律藏》《论藏》四藏。其中,《文史藏》为《大藏经》中的佛教文史类典籍的解说,总收汉传佛教史籍,兼收藏传佛教史籍;《经藏》为《大藏经》中的小乘经藏的解说,总收汉译小乘经;《律藏》为《大藏经》中的小乘律藏和大乘律藏的解说,总收汉译小乘律(包括巴利文律典)、大乘律,兼收汉地撰作的各类戒律学著作;《论藏》为《大藏经》中的小乘论藏和大乘论藏的解说,总收汉译小乘论、西域小乘集传(小乘论的附属)、大乘论、西域大乘集传(大乘论的附属),兼收汉地撰作的有代表性的大小乘论疏。各藏对所收的典籍,按"部"(指大部)、"门"(相当于"章")、"品"(相当于"节")、"类"(指子类)、"附"(指附录)五级分类法,编制目录,以便查阅。

(三)《提要》对收录典籍的解说,大致包括以下内容:

(1) 书名(包括全称、略称、异名)。(2) 卷数(包括不同分卷)。(3) 译撰者。(4) 译撰时间。(5) 著录情况。(6) 主要版本。(7) 译撰者小传。(8) 序跋题记。(9) 篇目结构。(10) 内容大意。(11) 思想特点。(12) 资料来源(或同本异译)。(13) 研究状况等。此外,还有经典源流的叙述,不同文本的对勘,史实的辨正和补充等。各大部之首均有导读性的《总叙》,综述本部典籍的门类、性质、义旨、历史、收录情况和备考书目。

(四)《提要》对所收典籍的译撰时间的介绍,一般是根据译撰者或相关人士在当时撰写的序跋、题记、奏表等原始资料上所署的时间,佛经目录、编年体佛教史和其他史书上的著录,予以确定的;也有的是根据译撰者的活动经历,原著叙及的人物、典籍、事件、称谓、用语,以及已知撰时的他书的征引等,加以推断的。至于称一部典籍,为某人"译"或"撰",乃至"编"、"述"、"著"、"集"、"辑"、"录"、"刊纂"、"编集"、"修撰"等,一般均依照原著上的题署写录。若题署与实际情况不符,则另出考证。

(五)《提要》对收录典籍主要版本的介绍,包括:(1)《丽藏》,指高丽高宗朝重刻的《高丽大藏经》。(2)《宋藏》,指南宋刻印的《安吉州思溪法宝资福禅寺大藏经》。(3)《金藏》,指金代刻印的《解州天宁寺大藏经》(又名《赵城金藏》)。(4)《元藏》,指元代刻印的《杭州路余杭县白云宗南山大普宁寺大藏经》。(5)《明藏》,指明代刻印的《永乐北藏》。(6)《清藏》,指清代刻印的《乾隆版大藏经》(又名《龙藏》)。(7)《频伽藏》,指近代铅印的《频伽精舍校刊大藏经》。(8)《大正藏》,指日本大正一切经刊行会铅印的《大正新修大藏经》。(9)《新纂续藏经》,指日本国书刊行会排印的《卍新纂大日本续藏经》(此藏是在日本京都藏经书院编《卍续藏经》的基础上增修而成,台北白马经舍印经会影印本易名为《大藏新纂卍续藏经》)。

(10)《南传大藏经》,指台湾元亨寺妙林出版社从1990年10月起出版的《汉译南传大藏经》。

(六)《提要》各藏都有译撰者小传,内容包括:姓名(或法名)、生卒年、字号、俗姓、籍贯、主要经历、译籍或著述,以及生平史料等。凡有二部以上著作被编入同一藏的,其生平事迹放在第一部著作中予以介绍。只有《论藏》中,大乘中观派、瑜伽行派主要代表人物的事迹,是在部首的"总叙"中也叙及的,这是因为"总叙"类似于专论,须有内在的完整性。此外,由于各藏撰于不同时期,故后出的《律藏》《论藏》,对前出的《文史藏》《经藏》中的有些译撰者小传,略有修改。

(七)《提要》对收录典籍内容的解说,包括定义性概说、原文广解两部分。前者概括性地说明它的主要内容,后者依照原著的结构,对各个篇章层次,分别予以诠释。若内容的分支繁多,一般均分条缕述;有时为节省篇幅,也有将若干条合作一段的。在用现代语作解说时,引证和辑录原著中重要的史料和论述,藉此保存有价值的文献资料,以供研究。由于各种佛典之间,有许多内容是反复讲述的,故《提要》在对不同典籍的相同内容作解释时,有时也不得不作相同或相近的表述,以便与原文相一致。

(八)《大藏经》收录典籍的原文,是没有标点符号的,《提要》在引录时,作了标点。引文括号中的字句,绝大多数是笔者为便于读者理解原文而加的,只有少数为原著中的夹注,特标"——原注",以示区别。引文之末,均标注原版上的卷次、品名和页码(若一篇之中,引文较多,则只注明卷次)。

(九)汉译佛经是在不同的时期,由不同的译师陆续翻译的,其中涉及的佛教术语数以千计,同一名词翻译各异,艰深难懂。如"五蕴"又译"五阴";"十二处"又译"十二入";"十八界"

又译“十八持”;“集谛”又译“习谛”;“灭谛”又译“尽谛”;“心所”又译“心数”;“受阴”又译“痛阴”;“六触”又译“六更乐”;“无表色”又译“无教色”等。此外,藏经中还有大量的通假字和同音异写字,如“蓄”又作“畜”;“花”又作“华”;“燃”又作“然”;“狮子”又作“师子”;“安稳”又作“安隐”;“嗔”又作“瞋”;“和尚”又作“和上”;“毗尼”又作“比尼”;“犍度”又作“揵度”;“辩”又作“辨”;“沉”又作“沈”等。对此,《提要》一般均依原本的文字写录,不作硬性统一。同时,在引用时,适当加注别称(如“又名”、“又称”)、异译(如“又译”、“音译”、“意译”),以作触类旁通之用。对佛教术语的解释,一般采用先以简短的现代语说明某一术语的义旨,然后引征原文,予以阐解的方式展开。

(十)藏经中的篇章,有些有标题,有些则没有标题。凡属原著已有的标题,引用时,一般外加书名号;凡属原著没有,笔者为提示纲目,根据原文拟立的篇章和段落的标题,一般外加双引号或附出说明。此外,由于有关标点符号的用法,历来有所不同,《提要》各藏中的标点符号,都是与当时的用法相适应的,为保持原貌,暂不改动。

(十一)《提要》对所收典籍的部卷,一般均用汉字数序表述,以便与古代原著上的字句相一致;唯有《律藏》中的一些表格,因受版心大小的限制,是用阿拉伯数字表述的。

(十二)为简便起见,除少数例外,《提要》中的目录与正文一般直书朝代的名称和僧人的法名,而将朝代的“代”字、僧人法名前的姓“释”字略去,如“梁代释僧祐”简称“梁僧祐”、“唐代释智升”简称“唐智升”等。

目　　录

一、小乘律传译部

一、小乘律传译部

总　叙

“律藏”是佛教戒律类典籍的汇编，佛教经典体系“经”、“律”、“论”三藏的组成部分之一。在佛入灭以后佛说教法的“结集”中，“第一次结集”因戒律而起，结集时最初诵出的是“律藏”；“第二次结集”所讨论的也是戒律问题。在古老的巴利文“三藏”中，“律藏”排列第一，“经藏”、“论藏”则位于其后，在所有佛典中具有殊胜的地位。“律藏”依教乘可以分为“小乘律藏”和“大乘律藏”。“小乘律藏”形成于原始佛教时期，传承于部派佛教时期，是研究原始佛教和部派佛教最直接、最可信的文献资料；“大乘律藏”形成于大乘佛教兴起以后，是由“大乘经”和“大乘论”派生的。佛教戒律也是一门深邃的学问，有着独特的理论体系、名词术语和修行方法，若无一定的基础知识，很难深入堂奥。本篇《总叙》将系统而扼要地叙述佛教戒律和律典的渊源与历史，以作阅读《律藏》的导引。

一、戒律的起源

戒律是佛教的禁戒和制度，内容涵盖佛教信众必须受持的各种止恶行善的戒法条文、僧尼日常生活的行仪规范，以及僧团的组织、制度和行事等。它是佛门的纲纪，入道的基阶，在佛教

“戒”、“定”、“慧”三学中，位居第一。如同三秦失译《萨婆多毗尼毗婆沙》卷六所说：“戒是佛法之平地，万善由之生。又戒一切佛弟子皆依而住，若无戒者，则无所依，一切众生由戒而有。又戒入佛法之初门，若无戒者，则无由入泥洹（又称“涅槃”）城也。又戒是佛法之璎珞，庄严佛法。”（《大正藏》第二十三卷，第543页上、中）

（一）戒律的语义

“戒律”是“戒”和“律”的合称。“戒”，音译“尸罗”，意译“清凉”、“防止”、“止得”（指“止恶得善”）等，它是针对佛弟子个人制定的行为规范，主旨为“诸恶莫作”，强调不应当做什么，在广律（指《四分律》、《十诵律》等大律）中属于“止恶”的“波罗提木叉”（又称“别解脱戒”、“别解脱律仪”）部分；“律”，音译“毗尼”、“毗奈耶”等，意译“善治”、“调伏”、“灭恶”等，是针对僧团大众制定的规章制度，主旨为“众善奉行”，强调应当做什么，在广律中属于“修善”的犍度部。

从语义学的角度来说，“戒”、“律”是有区别的。“律”的含义较广，它能够包摄“戒”；“戒”的含义较狭，它不能替代“律”。但在非限定情况下，“戒”、“律”二字又是可以通用的。唐慧琳《一切经音义》卷五十九说：“戒亦律之别义也，梵言三婆罗（指律仪），此译云禁戒者，亦禁义也。”（《大正藏》第五十四卷，第698页下）

汉地律宗对“戒”的含义作了进一步的拓展。唐道宣《四分律删繁补阙行事钞》将“戒”分为四科：“一者戒法，二者戒体，三者戒行，四者戒相。”（卷上之一《标宗显德篇》，《大正藏》第四十卷，第4页中）“戒法”，指佛为出家五众、在家二众制立的各类戒法；“戒体”，指受戒时在内心产生的防非止恶的体性；“戒行”，指受戒后随顺戒体发起的修行；“戒相”，指戒法的相状，即戒法条文。又将“戒”分为“止持戒”和“作持戒”两大类。唐道宣《四分律删繁补阙行事钞》卷中之四《持犯方轨篇》说：

> 言止持者，方便正念，护本所受，禁防身口，不造诸恶，目之曰止。止而无违，戒体光洁，顺本所受，称之曰持。持由止成，号止持戒。……二明作持。恶既已离，事须修善，必以策勤三业，修习戒行，有善起护，名之为作。持如前解。（卷中之四《持犯方轨篇》，《大正藏》第四十卷，第91页上）

这里说的“止持戒”，指的是制止身、口、意作恶的戒法，也就是“诸恶莫作”，它是名副其实的“戒”；“作持戒”指的是策励身、口、意修善的戒法，也就是“众善奉行”，它实质上是“律”。

（二）戒律的受众

佛在世时，经常将自己的言教，称为“法律”，但此“法律”实际上是指“法、律”二类教说。“法”的教说，指的是佛所作的“通于道俗”的道德教化，它既对佛教信众说，也对社会一般人士说，也就是经藏、论藏上所说的定慧法门，律宗称之为“化教”；“律”的教说，指的是佛制立的“局于内众”的行为规范，它的多数条文是针对出家的佛弟子说的，少数条文是针对在家的佛弟子说的，也就是律藏上所说的戒学法门，律宗称之为“制教”（又称“行教”）。

佛教的信众（又称“信徒”、“徒众”），分为“出家五众”和“在家二众”，合称“七众”。佛教戒律也是针对“七众”弟子分别予以制立的，因而又称“七众别解脱戒”（又称“别解脱律仪”）。

所说的“出家五众”，指的是：（1）比丘。音译又作“苾刍”，意译“乞士”，指年满二十岁、受持“具足戒”（《四分律》作“二百五十戒”）的出家男子。（2）比丘尼。音译又作“苾刍尼”,意译“乞士女”,指年满二十岁、受持“具足戒”(《四分律》作“三百四十八戒”)的出家女子。(3)式叉摩那。音译又作“式叉摩那尼”,意译“学法女”、“正学女”,指受具足戒前二年受持“六法”的沙弥尼。(4)沙弥。音译又作“室利摩拏路迦”,意译“息慈”、“勤策男”、“求寂”,指未满二十岁、受持“十戒”的出家男子。其中,七岁至十三岁称“驱乌沙弥”,十四岁至十九岁称“应法沙弥”,二十岁以上、未受具足戒者称“名字沙弥”。(5)沙弥尼。音译又作“室利摩拏理迦”,意译“勤策女”、“求寂女”,指未满二十岁、受持“十戒”的出家女子。

所说的“在家二众”,指的是:(1)优婆塞。音译又作“邬波索迦”,意译“清信士”、“近事男”、“男居士”,指受持“三归依”(又称“三归戒”)、“五戒”(终身受持)的在家男子。其中,受持“八戒”(又称“八关斋戒,于每月“六斋日”中的一日一夜受持)的在家男子,别称“近住男”。(2)优婆夷。音译又作“邬波斯迦”,意译“近事女”、“女居士”,指受持“三归依”、“五戒”的在家女子。其中,受持“八戒”的在家女子,别称“近住女”(以上参见南宋法云《翻译名义集》卷一《七众弟子篇》等)。从广义上说,虽未履行任何“归依”、“受戒”的仪式,但在思想上信奉佛教,并以自己的知识、财富和活动,支持和帮助佛教的在家的男女信众,都可以称为“优婆塞”和“优婆夷”。故北凉昙无谶译《优婆塞戒经》卷五说,只要受过“三归依”,即使未受“五戒”、“八戒”,也可称之为“优婆塞”。

佛教“七众”,并不是同时出现的,而是在佛陀创立佛教的过程中,逐渐形成和不断发展的。针对“七众”弟子的不同情况,而制立的“别解脱戒”,也是佛陀从无到有,从简至繁,陆续制立的,又不断修正、整合和完善的。

据南传巴利文《律藏·大品·大犍度》记载,佛在摩竭国

（又称“摩揭陀国”）优楼频螺村（又称“郁鞞罗村”）尼连禅河边的菩提树下，结跏趺坐，通过顺逆思惟“十二因缘”，觉悟成道后，最初六年的传教活动大致是这样的：

（1）佛接受路过此地的商人多富沙、婆梨迦供献的炒熟的米麦粉和蜜，使二人成为最初“受二归依”（指“归依佛、归依法”，当时尚无“僧”）的优婆塞（姚秦佛陀耶舍等译《四分律》卷三十一《受戒犍度》在此事之后，还记有入郁鞞罗村，接受婆罗门苏阇罗大将之女的施食，使她成为最初“受二归依”的优婆夷的故事）。

（2）前往波罗奈（又称“波罗奈斯”）国鹿野苑，对曾陪伴他出家求道的释迦族侍者阿若憍陈如等五人“初转法轮”，开示“八正道”、“四谛”等道理，使他们成为最初“出家得具足戒”的“五比丘”（当时的受戒方式为“善来受具”，即佛对求出家者称呼“善来比丘”，对方便即刻得受具足戒），并由此形成最初的佛教僧团（其后，“五比丘”通过聆听佛所说“五蕴无我”之理，断尽“见惑”和“修惑”，证得了小乘佛教修行的最高果位“阿罗汉”，故书中称“其时世间有六阿罗汉”）。

（3）在波罗奈国，先度婆罗门长者之子耶舍出家，接着对耶舍父母说法开示，使他们成为最初“受三归依”（指归依佛、归依法、归依僧）的“优婆塞”、“优婆夷”，尔后又度耶舍在城内外的朋友五十四人出家。

（4）在去优楼频螺村的路上，度三十位随带夫人（其中有一人因无夫人，而带妓女）出游的“贤众友”出家。

（5）在优楼频螺村，度原为“螺髻梵志”（指“事火外道”）迦叶三兄弟（指优楼频螺迦叶、那提迦叶、伽耶迦叶）及弟子一千人出家。

（6）在王舍城（又称“罗阅城”）杖林园善住灵庙，对摩竭国洗尼瓶沙王(又称“频婆娑罗王”)说法开示,使之归依,成为优婆塞,并接受了瓶沙王施与的竹园(汉译“四阿含”中作“迦兰陀竹园”,称由迦兰陀长者奉献竹林,频婆娑罗王建造精舍而成),从此,佛教僧团有了第一个固定的居所。

(7) 在王舍城竹园,度原先师事“删若梵志”(“六师外道”之一)舍利弗、目犍连及弟子二百五十人出家等。佛在度化舍利弗、目犍连及其弟子以后,“即夜行筹数,得千二百五十人”(见后汉昙果等译《中本起经》卷上《舍利弗大目揵连来学品》)。原始佛经的初首语常说的佛“与大比丘众千二百五十人俱”,就是据此演化而来的。

据隋阇那崛多译《佛本行集经》卷五十至卷六十记载,佛在度化舍利弗、目犍连及其弟子以后,于成道后七年,从摩竭国王舍城返回本生地(指出生地)迦毗罗城。父王净饭王(又称“输头檀王”)见佛周围的大弟子大多是婆罗门种姓出身,于是以佛既是“刹利释种王子”,理应由“刹利释种(弟子)围绕”作号召,要求有男孩的释迦族家庭,除独子以外,都要有人随佛出家(若兄弟五人,令三人出家;若四人,令二人出家;若三人,令二人出家;若二人,令一人出家)。当时,有释迦族童子五百人身解璎珞,依佛出家。其中有王族之子难陀(佛的姨母之子)、阿难(佛的叔父斛饭王之子)、阿那律(佛的叔父甘露饭王之子)、提婆达多(阿难之兄,后为僧团的最早分裂者)等,也有出身于首陀罗种姓、为王宫理发师的优婆离。佛出家时,儿子罗睺罗已经二岁,佛苦行六年、成道后传教六年,待他首次返回家乡时,罗睺罗已十五岁(此据《佛本行集经》五十五引迦叶遗部等所说“其罗睺罗,生二年后,菩萨尔时方始出家,苦行六年,然后成道。成道七岁,方始来向迦毗罗城,如是次第,数罗睺罗出家之日,正年十五”;而摩诃僧祇部则说“其罗睺罗,如来出家六年已后,始出母胎，如来还其父家之日，其罗睺罗，年始六岁”），还不到佛先前规定的二十岁方可受具足戒的年龄。佛命舍利弗度罗睺罗出家，作沙弥。僧团之有沙弥，自此而始。

佛从迦毗罗卫城，回到王舍城竹园后不久，舍卫国给孤独（原名“须达多”）长者，以金钱铺地的价格，购买祇陀王子的花园，祇陀王子则奉施金钱未铺到的少量余地，两人共建祇树给孤独园，施与佛（以上见《中本起经》卷下《须达品》）。祇树给孤独园与迦兰陀竹园，并称佛教最早的两大精舍。它们归属佛教后，改变了僧团建立之初，僧人以阿兰若、树下、空房、窟中、露地、草堆、林间、冢间、水边为住处，草、叶为卧具，石、砖、木、衣为枕头的居住方式，对佛教僧团生活制度的变革，产生了重大的影响。

佛成道后十四年（此据三秦失译《萨婆多毗尼毗婆沙》卷二所说“佛遣阿难，与大爱道八法受戒，十四年后，听白四羯磨受戒”），再次回到家乡。此时净饭王已去世，姨母大爱道（又称“摩诃波阇波提”、“瞿昙弥”）三次请求出家，佛均未允许。佛离开迦毗罗卫城后，大爱道率领释迦族女子五百人，剃发被袈裟，一路随行至舍卫国祇洹精舍，步涉破脚，尘土坌身。经阿难一再请求，佛终于同意在接受“八敬法”（又称“八不可过法”）的前提下允许女子出家。大爱道顶受“八敬法”，成为比丘尼第一人。随同大爱道出家的释迦族女子五百人，包括佛出家前的妻子、罗睺罗之母耶输陀罗，都成了比丘尼僧团的最早成员。至此，佛教僧团具足“出家五众”（以上见《四分律》卷四十八《比丘尼犍度》等）。

（三）戒律的制立

在佛陀创立僧团的初期，出家者的动机比较纯正。他们中的很多人，原先就是“外道”出家者（时称“梵志”），对“苦行”般的生活，习以为常，对自己的行为能够严格约束。为了获取人生的真谛，求得精神上的解脱，他们弃“外道”而投奔佛陀，在自愿、平等的受学传道的过程中，没有出现过什么坏事或恶行。因此，最初，佛并没有制立具有强制性的戒法条文。僧团每半月一次的说戒，通常是由佛宣诵“略说教诫偈”（又称“教授波罗提木叉”、“偈布萨”），其偈为：“善护于口言，自净其志意。身莫作诸恶，此三业道净。能得如是行，是大仙人道。”（见《四分僧戒本》）概括起来说，就是“诸恶莫作”、“众善奉行”。

以后，随着佛教的影响不断扩大，参加僧团的人数迅速增加，逃避兵役的，躲避债务的，谋求衣食的也混迹其中，成员变得复杂起来。即便是原已出家的人，也有人因社会环境的影响和信仰的淡薄，而退失精进，变得放逸起来。特别是由难陀（与佛的异母弟非为同一人）、跋难陀、迦留陀夷、阐陀、马师、满宿组成的“六群比丘”（指结群行恶的六个比丘），身为释迦族子弟，但放荡不羁，在僧俗中产生了很坏的影响。在这种情况下，佛教如若不制立具有强制约束力的禁戒，来规范和约束僧尼个人的行为，僧团就无法健康地生存和发展。

佛在毗兰若（拘萨罗国的都市）时，借喻“过去六佛”的故事，对舍利弗讲述了制戒的必要性。佛说，“过去六佛”中，有的佛“说经”、“结戒”、“说戒”，以“经法”善摄弟子，因而使“佛法久住”；有的佛“不说经”、“不结戒”、“不说戒”，不以“经法”善摄弟子，因而使“佛法不久住”。不以“经法”善摄弟子，犹如将各种花朵散置在桌案上，风吹则散；而以“经法”善摄弟子，犹如用线将花众贯穿在一起，即使风吹也不会分散（见《四分律》卷一）。制戒的目的，是实现僧团的十种利益（又称“十事利益”），即“摄取于僧”、“令僧欢喜”、“令僧安乐”、“令未信者信”、“已信者令增长”、“难调者令调顺”、“惭愧者得安乐”、“断现在有漏”、“断未来有漏”、“正法得久住”。此后，佛本着“随犯随制”、“无犯不制”的原则，相继制立了一批以制止恶行为主旨、重轻不等的禁戒条文。每一条戒律都是由于某一僧人犯了罪过，遭到外人的讥嫌，佛陀在听到弟子们的禀告之后才制立的。在僧人没有犯过失之前，事先就构设一套戒法，公布于众，是没有的。

依照通行的说法，佛是先制重戒，后制轻戒的。但据说一切有部律典《萨婆多毗尼毗婆沙》卷九、《根本说一切有部毗奈耶杂事》卷四十所说，佛是先制轻戒，后制重戒的。最早制立的“五篇戒”（指波罗夷、僧残、波逸提、波罗提提舍尼、突吉罗）中的轻戒“众学法”，后来才制立重戒“波罗夷法”（后详）等。只是到了结集律藏时，以戒条的重轻为序编次，才将“波罗夷法”排在最前，将“众学法”列于最末。萨婆多毗尼毗婆沙》卷九说：“结五篇戒，此（指“众学法”）最在初，后结集法藏者，诠次在后。”（《大正藏》第二十三卷，第561页下）例如“众学法”初首有关不得“极高”、“极下”、“参差”著泥洹僧（指穿内衣）等戒条，都是针对佛成道后七年首次回家乡，度释迦族人出家所出现的新情况制立的。“如释种比丘，本出豪族，以先习故，下著泥洹僧；诸婆罗门外道，在佛法中出家，高著泥洹僧；诸六群比丘，参差著泥洹僧。”（同上）换而言之，“众学法”在佛成道后七年就陆续制立了。

由于“众学法”所涉及的是“应当学”的“威仪”，即便有所违犯，也是轻微的过失，不足以从根本上整顿僧团的纲纪。而当时印度的其他宗教，都有各自的大戒，如婆罗门教有“不杀生”、“不妄语”、“不偷盗”、“不非梵行”（指“不淫”）、“不贪瞋”五戒，耆那教有“不杀生”、“不偷盗”、“不妄语”、“不淫”、“离欲”（又称“无所得”）五戒（又称“五大誓”）等。在这种情况下，佛又针对个别僧人的严重罪过，先后制立了“淫戒”、“盗戒”、“杀戒”、“大妄语戒”，并将它们确立为僧众的四条根本大戒，合称“四波罗夷法”。《萨婆多毗尼毗婆沙》卷二说：“佛十二年中，常在众说戒。十二年后有恶法出，佛止不说，令弟子说。”（《大正藏》第二十三卷，第516页上）认为，佛成道十二年后，才首次针对“恶法”（个别僧人的犯罪行为），制立了以“波罗夷法”为标志的禁戒，并不再亲自说戒，僧团每半月一次的说戒，也由佛宣诵“略说教诫偈”，改为由佛弟子诵说佛制立的戒法条文（又称“威德波罗提木叉”）。法藏部的《四分僧戒本》也认为，佛在成道十二年前，说的是“略教”，成道十二年后，才说“广教”，而“广教”的标志，就是“波罗夷法”四大戒，所以说：

> 善护于口言，自净其志意。身莫作诸恶，此三业道净。能得如是行，是大仙人道。此是释迦牟尼如来、无所著、等正觉，于十二年中，为无事僧（指无恶事的僧人）说是戒经。从是已后，广分别说。（《大正藏》第二十二卷，第1030页中）

上述说法具有可信性。因为藏传佛教也认为，在原始戒律的形成过程中，是先有“众学法”，后有“波罗夷法”的。如元代布顿《佛教史大宝藏论》说：戒律中的“第一律事”，是在“婆罗尼斯”（又称“波罗奈斯”）的鹿野苑，“为五比丘制”，“说应穿着圆相僧裙”；“第二律事”，也是“为五比丘制”，“说应穿着圆相法衣等”；“第三律事”，是在“嘎论达嘎城”，“对僧人善施（指“须提那”）非梵行，犯波罗夷而制定”，此后相继制立了其他各种“律事”（见民族出版社1986年3月版郭和卿汉译本）。

而据大众部《僧祇律》所传，“波罗夷法”四大戒的制立时间，是在佛在成道后五、六年之间。《僧祇律》卷一至卷四说，佛在成道后五年冬天（“成佛五年冬分第五半月”），于毗舍离城，针对“长老耶舍迦兰陀子”（又称“须提那”）的罪过而制立“淫戒”；在成道后六年冬天（“成佛六年冬分第二半月”），于王舍城，针对“长老达腻伽”（又称“檀尼迦”）的罪过制立“盗戒”；同年冬天（“成佛六年冬分第三半月”），于毗舍离城，针对“众多看病比丘”（《四分律》作“勿力伽难提比丘”）的罪过而制立“杀戒”；同年冬天（“成佛六年冬分第四半月”），于舍卫城（《四分律》作“毗舍离城”），针对“聚落中众多比丘”（《四分律》作“婆裘河边诸比丘”）的罪过而制立“大妄语戒”。《僧祇律》的上述传说，仅是独家之言，因为至今为止乃没有发现可作佐证的同类记载。

南传上座部所传的“波罗夷法”四大戒的制立时间，比上述各部所传更晚。《善见律毗婆沙》卷六说：“佛成道十二年后须提那出家，须提那在他国八年。学道八年后，还迦兰陀村，佛成道已二十年。”（《大正藏》第二十四卷，第712页中）认为，作为根本大戒的第一条“淫戒”，是在佛成道后二十年制立的。综上所说，可以大致推断，佛制立“波罗夷法”四大戒的时间，当在成道十二年以后。

二、比丘戒、比丘尼戒的构成

佛教戒律，按其性质可以分为“止持戒”和“作持戒”两大类。“止持戒”是“止恶戒”，它是用来制止身、口、意作恶的；“作持戒”是“作善戒”，它是用来策励身、口、意修善的。前者构成《律藏》中比丘的具足戒（“比丘戒”）和比丘尼的具足戒（“比丘尼戒”）；后者构成《律藏》中的“犍度”，即僧团的日常制度和行事。

（一）“波罗提木叉”的分类

佛教僧团的主体是比丘和比丘尼，因此，佛在世所制的各种禁戒，也是主要针对比丘和比丘尼制立的。僧尼受持的“止持戒”，在汉译律典中称之“比丘波罗提木叉”、“比丘尼波罗提木叉”，合称“二部波罗提木叉”，又称“二部大戒”。“波罗提木叉”的原始条文，是佛因时因地、因人因事，随机制立的，是零散无序的；而“波罗提木叉”的诵本，则是佛弟子后来为了便于记诵和受持，重新整理编集的，它是分类有序的。“波罗提木叉”最初的分类是“五篇”，以后又派生出“六聚”、“七聚”，最后定型于僧戒“八篇”（又称“八段”）和尼戒“七篇”（又称“七段”）。

“五篇”，指的是禁止作犯的“波罗夷”、“僧残”、“波逸提”、“波罗提提舍尼”、“突吉罗”五种罪（或称“五类罪”，“罪”指罪过），它是统摄佛教戒律所禁犯的一切罪的。《萨婆多毗尼毗婆沙》卷二说：

> 总五篇罪名，一切是罪。五篇戒外，亦有种种罪。今佛结戒，示罪轻重，故云，此是波罗夷罪，此是僧残，此是波逸提，此是波罗提提舍尼，此是突吉罗。（《大正藏》第二十三卷，第516页下）

所有的部派律典都有“五篇”的记载，但译语不一，有译作“五篇”（《僧祇律》）的，也有译作“五篇波罗提木叉”（《善见律毗婆沙》）、“五篇罪”（《僧祇律》）、“五篇戒”（《萨婆多毗尼毗婆沙》）、“五犯聚”（《四分律》）、“五种罪”（《十诵律》）、“五部罪”（《根本说一切有部毗奈耶》、《律二十二明了论》）、“五种罪聚”（《瑜伽师地论》），等等。“五篇”的构成是：

（1）波罗夷。音译又作“波罗市迦”，意译“极恶”、“重禁”、“断头”、“堕落”、“弃”等，指极恶罪、不可治罪，为戒律中的最重罪。犯者犹如犯死罪被砍头,不能复生,将受到最严厉的"灭摈"(从僧团中除名并驱逐)处罚。只有初犯淫戒,又及时发露忏悔者,才允许以终身为沙弥的身份留在僧团中。如三秦失译《毗尼母经》卷七所说:

> 波罗夷者,如人为他斫头,更不还活,为恶所灭,不成比丘,名波罗夷。尊者迦叶惟(饮光部部主)说曰:犯最重恶,于比丘法中更无所成,名波罗夷。又波罗夷者,如人犯罪,施其死罚,更无生路,犯波罗夷,永无忏悔之路,于比丘法中,更不可修,名波罗夷。(《大正藏》第二十四卷,第842页中、下)

(2) 僧残。音译"僧伽婆尸沙"、"僧伽伐尸沙",意译又作"众余"、"众决断"、"僧初残"等,指仅次于"波罗夷"的重罪、尚可治罪。犯者犹如被人砍伤,尚存残命,须依法救治,方能延命,将受到"别住"(音译"波利婆沙",指不得与僧众同处同宿,须别住一处)、"摩那埵"(意译"悦众意"、"遍净",指为僧众作劳务,如清扫僧房、浴厕等,比丘犯者须"行六夜摩那埵",即六日六夜为僧众作劳务;比丘尼犯者须"半月行摩那埵",即半月为僧众作劳务)的处罚。受罚期间,犯者被剥夺原来享有的权利;期满后,须经僧众作"羯磨"(指僧团议决僧事的活动)同意,才能"出罪",恢复其僧尼的资格(比丘犯者须在比丘二十人中出罪;比丘尼犯者须在比丘、比丘尼各二十人中出罪)。如《毗尼母经》卷七所说:

> 僧残者,所犯僧中应忏悔,不应一人边,乃至二三人边不得忏悔,众中忏悔,名为僧残。……又言僧残者,残有少在不灭,名为僧残。……若得好医良药,可得除差,若无者,不可差也。……教令别住、行六日行摩那埵、行阿浮呵那

(指出罪),行阿浮呵那得清净竟,于所犯处得解脱。"(《大正藏》第二十四卷,第842页下)

(3)波逸提。音译又作"波夜提",包括"尼萨耆波逸提"、"波逸提"二类。其中,"尼萨耆波逸提",音译又作"尼萨耆波夜提"、"尼萨耆"、"泥萨祇波逸底迦",意译"舍堕"、"弃堕",指超过规定蓄存财物(如衣、钵、药、卧具、钱宝等)的轻罪,犯者须先舍财(又称"净施"),将多积的财物当众施与同住比丘,然后在二、三位清净比丘面前作忏悔,"舍堕"之物,由同住比丘受施(又称"受净")后,"经宿"(隔夜)归还原比丘(唐道宣《四分律删补随机羯磨》卷下《忏六聚法篇》说,若是"非五长"物,即不是"一月衣"、"急施衣过后畜"、"长钵"、"残药"、"长衣",则由同住比丘经手后,当场归还原比丘);"波逸提",音译又作"波夜提"、"波逸底迦",意译"堕"、"单堕",指一般性的轻罪,犯者须向一位清净比丘作忏悔。如《毗尼母经》卷七所说:

波逸提者,所犯罪微故,名波逸提。又复波逸提者,非断灭善根罪枝条罪,名波逸提。(《大正藏》第二十四卷,第842页下—第843页上)

(4)波罗提提舍尼。音译又作"波罗底提舍尼"、"提舍尼",意译"对他说"、"向彼悔"、"悔过",指饮食方面的轻罪,犯者只要向一位清净比丘作忏悔即可。如《毗尼母经》卷七所说:

波罗提提舍尼者,犯即忏悔,数犯数悔故,名波罗提提舍尼。又复名波罗提提舍尼者,忘误作,非故心作故,名波罗提提舍尼。(《大正藏》第二十四卷,第843页上)

(5)突吉罗。意译"恶作"、"轻垢",又称"越法罪"、"越毗尼罪",包括身业所犯的"恶作"、口业所犯的"恶说"(又称"恶语")二种,均为言行举止("威仪")方面的轻微过失,犯者将受到呵责。其中,故意犯者,须向一位大德比丘作忏悔;若无心犯者,则于内心作忏悔,便可除罪。如《毗尼母经》卷七所说:

> 突吉罗者,名为恶作。犯身口律仪,名为恶作。恶语二种:一者妄语、二者非时语。(《大正藏》第二十四卷,第843页上)

"五篇"本身说的是"罪",为何又称"戒"呢?这是对同一件恶事,从"作"(做)与"不作"(不做)两个方面所作的分别。如作某件恶事,就是"罪",又称"犯罪"、"得罪";不作某件恶事,就是"戒"、"禁止"。以"偷盗"为例,若作偷盗事,便是"盗罪";如若不作偷盗事,便是"盗戒"(两者的联系和分别,参见隋智顗《法界次第观门》卷上之下)。

原始佛教的后期,至部派佛教时期,戒律的传持者又以"五篇"为基础,将戒法细分为"六聚"、"七聚"。

"六聚",又称"六犯聚",指的是禁止作犯的"波罗夷"、"僧残"、"偷兰遮"、"波逸提"、"波罗提提舍尼"、"突吉罗"六种罪,它是由"五篇"和"波罗夷"、"僧残"派生的"偷兰遮"构成的。"偷兰遮",意译"大障善道"、"大罪"、"粗罪"等,分为"根本偷兰遮"、"从生偷兰遮"二类,前者指"五篇"以外的一切粗罪,后者指波罗夷、僧残的未遂罪。两者各分上、中、下三品,重者须在四人以上僧众面前作忏悔,轻者只需向一位清净比丘作忏悔。如《毗尼母经》卷七所说:

> 偷兰遮者,于粗恶罪边生故,名偷兰遮。又复偷兰遮者,欲起大事不成,名为偷兰遮。又复偷兰遮者,于突吉罗、恶语重故,名为偷兰遮。(《大正藏》第二十四卷,第843页上)

“七聚”，又称“七犯聚”（《四分律》）、“七罪聚”（《律二十二明了论》）、“七篇”（《毗尼母经》、《南海寄归内法传》），指的是“波罗夷”、“僧残”、“偷兰遮”、“波逸提”、“波罗提提舍尼”、“突吉罗”、“恶说”（又称“恶语”）七种罪。它是由“六聚”和“突吉罗”派生的“恶说”构成的。

人们通常将佛教戒律称之为“五篇七聚”，意谓五种罪过七种罪名（也有人称之为“五等罪行七项罪名”），就是由此而来的。但实际上，“五篇七聚”只是针对“止持戒”而言的，并不包括“作持戒”，因而它不能作为“戒律”的代名词。通过对《大藏经》作电子检索发现，在汉译千百种经律论中，“五篇七聚”一词，仅有萧齐僧伽跋陀罗译《善见律毗婆沙》、梁代失译《佛说佛名经》、《现在贤劫千佛名经》三种译籍，累计出现过五次，其余的汉译佛经均未见使用；倒是汉地撰作的各种佛教著作，广泛使用“五篇七聚”，使之成了一个约定俗成的术语。这也折射出印度佛教和中国佛教在概念理解和使用上的差异。

就汉译律典而言，部派广律、戒经普遍将比丘戒分为八类，习称“八篇”或“八段”（《优波离问佛经》例外）；将比丘尼戒的分为七类，习称“七篇”（无“不定法”篇）或“七段”。

“八篇”指的是禁止作犯的“波罗夷法”、“僧残法”、“不定法”、“尼萨耆波逸提法”、“波逸提法”、“波罗提提舍尼法”、“众学法”、“灭诤法”。它是将“五篇”中的“波逸提”拆分为“尼萨耆波逸提法”、“波逸提法”；增立“不定法”、“灭诤法”；将“突吉罗”改为“众学法”而构成的。

“八篇”中的“不定法”，指尚不能确定其性质的罪过，即其行为让人生疑，但究竟是犯“波罗夷法”、“僧残法”、“波逸提法”中的哪一戒，尚需最后根据可信人的举发和被怀疑者的坦白而定；“众学法”，音译“式叉迦罗尼”、“尸叉罽赖尼”、“尸沙迦罗尼”，意译又作“众多学法”、“众学戒法”，指僧众日常生活的行为规范，特别是穿着、行走、坐、食、说法等方面的威仪作法（《根本萨婆多部律摄》卷十四将“众学法”的内容分为“著衣服事”、“入村事”、“坐起事”、“食啖事”、“护钵事”、“说法事”、“便利事”、“观望事”八事，《四分律》别增“礼塔事”，分为九事），此类戒法的表述特点是，每一戒条的末尾都以“应当学”结句，这与先前几类戒法各以罪名结句（如“波罗夷不共住”、“僧伽婆尸沙”等），有着明显的不同；“灭诤法”，指除灭僧团内部“四诤”，即“言诤”（指对教理起诤）、“觅诤”（指对举罪起诤）、“犯诤”（指对判罪起诤）、“事诤”（指对羯磨作法起诤）的七种方法（“灭诤法”的每一条均称“毗尼”，若严格区分的话，它是“律”，而不是“戒”）。

“八篇”是由“五篇”开出的戒法分类法的终极形式，它与“六聚”、“七聚”存在着对应关系，但并不是派生关系。戒经中所称的与“略教”（指“七佛略说戒经偈”）相对的“广教”（指释迦牟尼广说的戒法条文），指的就是“八篇”。唐道宣《四分律比丘含注戒本》说：“始从四重（指“四波罗夷法”），终此七灭诤（指“七灭诤法”）八篇之文，广教正宗也。”（《大正藏》第四十卷，第462页上）

佛教不同部派所传的僧戒“八篇”和尼戒“七篇”，其分类是基本一致的，但每类戒法所收戒条（又称“学处”）的数目、排列顺序和文句（戒文）是有同有异的。特别是戒条的数目，由于各部派所传的比丘戒“波逸提法”略有出入，而“众学法”出入较大；比丘尼戒“僧残法”、“尼萨耆波逸提法”、“波罗提提舍尼法”略有出入，而“波逸提法”、“众学法”出入较大，从而造成“二部波罗提木叉”的总数多少不一。

就传今的六部广律而论，南传上座部巴利文《律藏》，比丘戒为二百二十七条，比丘尼戒为三百十一条；法藏部《四分律》，比丘戒为二百五十条，比丘尼戒为三百四十八条；化地部《五分律》，比丘戒为二百五十一条，比丘尼戒为三百八十条；大众部《摩诃僧祇律》，比丘戒为二百十八条，比丘尼戒为二百七十七条；早期说一切有部《十诵律》》，比丘戒为二百五十七条，比丘尼戒为三百五十五条；后期说一切有部《根本说一切有部毗奈耶》，比丘戒为一百九十三条（若将"众多学法"中的综合性戒条分拆计算，则作二百四十五条），比丘尼戒为三百二条（若将"众多学法"中的综合性戒条分拆计算，则作三百五十四条）。《长阿含经》、《杂阿含经》、《增一阿含经》等小乘经；《四分律》、《五分律》、《萨婆多毗尼毗婆沙》、《毗尼母经》、《鼻奈耶》等小乘律；《分别功德论》、《阿毗昙毗婆沙论》、《鞞婆沙论》等小乘论；《大般涅槃经》等大乘经；《佛藏经》等大乘律；《大智度论》等大乘论，在叙说中，都不约而同地提到"二百五十戒"由此判断看，原始佛教时期的比丘戒，应当是二百五十条。

各部派所传的二部僧戒中的戒条，最初都是用一句话或一段话来表述的，并无戒条的名称，很难记诵和受持。在汉译小乘律中，只有后期说一切有部的《根本说一切有部毗奈耶》（略称《根有律》）、《根本说一切有部苾刍尼毗奈耶》（略称《根尼律》）全面标立了戒名；《摩诃僧祇律》只标立了"四波罗夷法"四条的戒名；其余如《四分律》、《五分律》、《十诵律》等均无戒名。为了弥补这一缺失，汉地《四分律》传习者，从隋唐开始，就在《四分律》注疏中拟立了戒名，建立了各自的戒条命名法和戒名体系，其中，较为重要的有：唐法砺《四分律疏》、道宣《四分比丘含注戒本》、怀素《四分律开宗记》、明智旭《重治毗尼事义集要》、清弘赞《四分戒本如释》、读体《毗尼止持会集》、德基《毗尼关要》等。这对于提纲挈领地把握戒条的要点，带来了很大的便利。

以下仅以六部广律为例，对二部僧戒的基本内容作一概述。叙述时所使用的戒名，为共通性的戒名，由笔者参照《四分律》注疏和《根有律》、《根尼律》中的戒名体系，并对比其他广律中的戒条文句，折衷取舍，予以标立；戒条的排列顺序（某类戒法下的第几条），以较为古老的巴利文《律藏》为序；戒条的内容，以概括戒条文句的大意为主，并综合有关制戒因缘和文句解释的资料，加以扼述。为避免过于繁琐，对各戒的"犯缘"（犯戒的构成条件）和"开缘"（不作为犯戒的开许条件），不一一阑入。

（二）比丘戒的条文

（1）波罗夷法。《巴利律》、《四分律》、《五分律》、《僧祇律》、《十诵律》作"四波罗夷法"，《根有律》作"四波罗市迦法"，均为四条（又称"四戒"）。戒条的内容和排列顺序均相同（详见表1）。

表1　各部广律比丘戒"波罗夷法"各戒对照表

广律与戒类 戒名	巴利律	四分律	五分律	僧祇律	十诵律	根有律
	四波罗夷法	四波罗夷法	四波罗夷法	四波罗夷法	四波罗夷法	四波罗市迦法
淫　戒	1/经分别·大分别	1/卷1	1/卷1	1/卷1至卷2	1/卷1	1/卷1至卷2
盗　戒	2/大分别	2/卷1	2/卷1	2/卷2至卷3	2/卷1	2/卷2至卷5
杀　戒	3/大分别	3/卷2	3/卷2	3/卷4	3/卷2	3/卷6至卷8
大妄语戒	4/大分别	4/卷2	4/卷2	4/卷4	4/卷2	4/卷9至卷10

这四条戒是:“淫戒”,指不得与人或畜生“行淫”(又称“犯不净行”);“盗戒”,指不得以“盗心”获取他人的财物,价值五钱或五钱以上(又称“满五钱”、“五钱以上”);“杀戒”,指不得故意杀人(又称“自手断人命”),或教人行杀和自杀;“大妄语戒”,指比丘不得未得言得,未证谓证,妄称已得“上人法”(又称“过人法”,指超凡入圣的解脱法),欺诳牟利。

(2)僧残法。《巴利律》、《四分律》、《五分律》、《僧祇律》、《十诵律》作“十三僧残法”,《根有律》作“十三僧伽伐尸沙法”,均为十三条。戒条的内容相同;戒条的排序,前十一条相同,末二条(“恶性拒僧违谏戒”、“污家摈谤违谏戒”)则有出入(详见表2)。

表2　各部广律比丘戒“僧残法”各戒对照表

广律与戒类 / 戒名	巴利律	四分律	五分律	僧祇律	十诵律	根有律
	十三僧残法	十三僧残法	十三僧残法	十三僧残法	十三僧残法	十三僧伽伐尸沙法
故出不净戒	1/经分别·大分别	1/卷2	1/卷2	1/卷5	1/卷3	1/卷11
摩触女人戒	2/大分别	2/卷2	2/卷2	2/卷5	2/卷3	2/卷11
与女人粗恶语戒	3/大分别	3/卷3	3/卷2	3/卷5	3/卷3	3/卷11
向女人索淫欲供养戒	4/大分别	4/卷3	4/卷2	4/卷5	4/卷3	4/卷11
媒人戒	5/大分别	5/卷3	5/卷2	5/卷6	5/卷3	5/卷12
无主造小房过量戒	6/大分别	6/卷3	6/卷2	6/卷6	6/卷3	6/卷12
有主造大房不求指授戒	7/大分别	7/卷3	7/卷3	7/卷6	7/卷4	7/卷11

续　表

广律与戒类 / 戒名	巴利律	四分律	五分律	僧祇律	十诵律	根有律
	十三僧残法	十三僧残法	十三僧残法	十三僧残法	十三僧残法	十三僧伽伐尸沙法
无根波罗夷谤戒	8/大分别	8/卷3至卷4	8/卷3	8/卷6	8/卷4	8/卷13至卷14
假根波罗夷谤戒	9/大分别	9/卷4	9/卷3	9/卷7	9/卷4	9/卷14
破僧违谏戒	10/大分别	10/卷4至卷5	10/卷3	10/卷7	10/卷4	10/卷14至卷15
助破僧违谏戒	11/大分别	11/卷5	11/卷3	11/卷7	11/卷4	11/卷15
恶性拒僧违谏戒	12/大分别	13/卷5	12/卷3	12/卷7	13/卷4	13/卷16
污家摈谤违谏戒	13/大分别	12/卷5	13/卷3	13/卷7	12/卷4	12/卷15

这十三条戒是:“故出不净戒”,指不得故意弄阴出精(指手淫),梦遗者除外;“摩触女人戒”,指不得有“淫欲意”,与女人的身体相摩触;“与女人粗恶语戒”,指不得有“淫欲意”,对女人说粗鄙淫秽的话语;“向女人索淫欲供养戒”,指不得在女人面前赞叹自己,引诱对方与之行淫;“媒人戒”,指不得为男女双方传语作媒;“无主造小房过量戒”,指自求物料造小房时,不得不征求僧众的意见,不得在“难处”(指有野兽虫蚁的地方)、“妨处”(指妨碍人车往来的地方)盖房,或超出规定盖大房;“有主造大房不求指授戒”,指施主供给物料造大房时,不得不征求僧众的意见,不得在“难处”、“妨处”盖房;“无根波罗夷谤戒”,指不得心怀瞋恚,无根据地诬谤他人犯波罗夷罪;“假根波罗夷谤戒”,

指不得心怀瞋恚,假借相似的情形,诬谤他人犯波罗夷罪;“破僧违谏戒”,指不得破坏“和合僧”(指和合的僧团),并在僧众作三次劝谏时,仍不悔改;“助破僧违谏戒”,指不得帮助破坏“和合僧”的比丘,并在僧众作三次劝谏时,仍不悔改;“恶性拒僧违谏戒”,指不得恃己凌物,恶性拒谏,并在僧众作三次劝谏时,仍不悔改;“污家摈谤违谏戒”,指在城邑、聚落居住时,不得“污他家”(指污损居士的净信,如将一家的布施转送给另一家等)、“行恶行”(指与妇女同器饮食、言语戏笑等),并在僧众作三次劝谏时,仍不悔改。

(3) 不定法。《巴利律》、《四分律》、《五分律》、《僧祇律》、《十诵律》、《根有律》均作“二不定法”,为二条。戒条的内容和排序均相同(详见表3)。

这二条戒是:“屏处不定戒”,指不得单独与一女人同坐在隐蔽处、可作淫处,说“非法语”(指淫秽的话语);“露处不定戒”,指不得单独与一女人同坐在显露处、不可作淫处,说“粗恶语”(指粗鄙淫秽的话语)。

表3　各部广律比丘戒“不定法”各戒对照表

广律与戒类 / 戒名	巴利律	四分律	五分律	僧祇律	十诵律	根有律
	二不定法	二不定法	二不定法	二不定法	二不定法	二不定法
屏处不定戒	1/经分别·大分别	1/卷5	1/卷4	1/卷7	1/卷4	1/卷16
露处不定戒	2/大分别	2/卷5	2/卷4	2/卷7	2/卷4	2/卷16

(4) 尼萨耆波逸提法。《巴利律》、《四分律》、《五分律》作“三十舍堕法”,《僧祇律》作“三十尼萨耆波夜提法”,《十诵律》作“三十尼萨耆法”,《根有律》作“三十泥萨祇波逸底迦法”,均

为三十条。戒条的内容相同;戒条的排序,除第一条(“畜长衣过限戒”)至第三条(“月望衣过限戒”)、第六条(“从非亲俗人乞衣戒”)至第十条(“过分急索衣戒”)相同以外,其余均不同(详见表4)。

表4 各部广律比丘戒“尼萨耆波逸提法”各戒对照表

广律与戒类 / 戒名	巴利律	四分律	五分律	僧祇律	十诵律	根有律
	三十舍堕法	三十舍堕法	三十舍堕法	三十尼萨耆波夜提法	三十尼萨耆法	三十泥萨祇波逸底迦法
畜长衣过限戒	1/经分别·大分别	1/卷6	1/卷4	1/卷8	1/卷5	1/卷16
离衣宿戒	2/大分别	2/卷6	2/卷4	2/卷8	2/卷5	2/卷17
月望衣过限戒	3/大分别	3/卷6	3/卷4	3/卷8	3/卷5	3/卷17
使非亲尼浣故衣戒	4/大分别	5/卷6	5/卷4	5/卷9	5/卷6	4/卷17至卷18
取非亲尼衣戒	5/大分别	4/卷6	4/卷4	4/卷8	4/卷6	5/卷18至卷19
从非亲俗人乞衣戒	6/大分别	6/卷7	6/卷4	6/卷9	6/卷6	6/卷19
过分乞衣戒	7/大分别	7/卷7	7/卷4	7/卷9	7/卷6	7/卷20
劝增衣价戒	8/大分别	8/卷7	8/卷4	8/卷9	8/卷6	8/卷20
劝二家增衣价戒	9/大分别	9/卷7	9/卷4	9/卷9	9/卷6	9/卷20
过分急索衣戒	10/大分别	10/卷7	10/卷4	10/卷9	10/卷6	10/卷20
杂野蚕绵作卧具戒	11/大分别	11/卷7	21/卷5	13/卷9	11/卷7	11/卷20

续　表

广律与戒类 / 戒名	巴利律	四分律	五分律	僧祇律	十诵律	根有律
	三十舍堕法	三十舍堕法	三十舍堕法	三十尼萨耆波夜提法	三十尼萨耆法	三十泥萨祇波逸底迦法
黑羊毛作卧具戒	12/大分别	12/卷 7	22/卷 5	11/卷 9	12/卷 7	12/卷 21
过分数羊毛作卧具戒	13/大分别	13/卷 8	23/卷 5	12/卷 9	13/卷 7	13/卷 21
未满六年作卧具戒	14/大分别	14/卷 8	24/卷 5	14/卷 9	14/卷 7	14/卷 21
不揲坐具戒	15/大分别	15/卷 8	25/卷 5	15/卷 9	15/卷 7	15/卷 21
持羊毛过限戒	16/大分别	16/卷 8	26/卷 5	16/卷 9	16/卷 7	16/卷 21
使非亲尼染羊毛戒	17/大分别	17/卷 8	27/卷 5	17/卷 9	17/卷 7	17/卷 21
畜金银戒	18/大分别	18/卷 8	30/卷 5	18/卷 10	18/卷 7	18/卷 21
贸金银戒	19/大分别	19/卷 8	29/卷 5	20/卷 10	19/卷 7	19/卷 22
贩卖戒	20/大分别	20/卷 8	28/卷 5	19/卷 10	20/卷 7	20/卷 22
畜长钵过限戒	21/大分别	21/卷 9	20/卷 5	21/卷 10	21/卷 7	21/卷 22
未满五缀更求新钵戒	22/大分别	22/卷 9	19/卷 5	22/卷 10	22/卷 8	22/卷 22
畜七日药过限戒	23/大分别	26/卷 10	15/卷 5	23/卷 10	30/卷 8	30/卷 24
受雨浴衣过限戒	24/大分别	27/卷 10	17/卷 5	25/卷 11	28/卷 8	28/卷 24
与衣还夺戒	25/大分别	25/卷 9	13/卷 4	24/卷 11	25/卷 8	25/卷 23

续　表

广律与戒类 / 戒名	巴利律	四分律	五分律	僧祇律	十诵律	根有律
	三十舍堕法	三十舍堕法	三十舍堕法	三十尼萨耆波夜提法	三十尼萨耆法	三十泥萨祇波逸底迦法
乞缕使非亲织师织戒	26/大分别	23/卷9	11/卷4	26/卷11	23/卷8	23/卷22
劝织师增缕戒	27/大分别	24/卷9	12/卷4	27/卷11	24/卷8	24/卷23
受急施衣过限戒	28/大分别	28/卷10	18/卷5	28/卷11	27/卷8	26/卷23
兰若有难离衣过限戒	29/大分别	29/卷10	16/卷5	29/卷11	26/卷8	27/卷24
回僧物入已戒	30/大分别	30/卷10	14/卷5	30/卷11	29/卷8	29/卷24

主要戒条有："畜（蓄）长衣过限戒"（律典中"蓄"均作"畜"，下同），指随施而得"长衣"（指"三衣"以外的多余的衣服），不得超过十日不作"净施"而蓄存（所说的"净施"分为二种，一是"真实净施"，指将多余的衣服，真实地施与同住比丘；二是"展转净施"，先将多余的衣服施与同住比丘，然后由对方返还给自己）；"离衣宿戒"，指不得离三衣而过宿（僧众允许者除外）；"月望衣过限戒"，指蓄积布料做衣服，不得超过一个月；"过分乞衣戒"，指"三衣"被抢夺或损失后，不得向非亲里的居士过分求取衣服（一次只能求取上下二衣，余衣外求）；"杂野蚕绵作卧具戒"，指不得用蚕绵作卧具；"未满六年作卧具戒"，指不得未满六年便作新卧具（僧众允许者除外）；"畜金银戒"，指不得捉取并蓄持金银钱宝；"贸金银戒"，指不得买卖金银钱宝；"贩卖戒"，指不得贩卖物品；"畜长钵过

限戒”，指随施而得“长钵”（指一钵以外的多余的食钵），不得超过十日不作“净施”而蓄存；“未满五缀更求新钵戒”，指补缀未满五处的旧钵，不得舍弃而求新钵；“畜七日药过限戒”，指因病食用“七日药”（指“酥、油、生酥、蜜、石蜜”）不得超过七日；“回僧物入己戒”，指不得明知是僧众的物品，而据为己有。

（5）波逸提法。《巴利律》作“九十二波逸提法”、《四分律》作“九十单提法”、《五分律》作“九十一堕法”、《僧祇律》作“单提九十二事法”、《十诵律》作“九十波夜提法”、《根有律》作“九十波逸底迦法”，戒条数目在九十条至九十二条之间。就内容而言，各律均有的戒条为九十条（《巴利律》比《四分律》多“辄入尼处教授戒”、“回僧物与人戒”二条）；就排序而言，除第一条（“小妄语戒”）至第三条（“两舌语戒”）、第十一条（“伐草木戒”）、第十四条（“露地敷僧物不举戒”）、第十五条（“房内敷僧物不举戒”）、第十八条（“坐脱脚床戒”）、第二十一条（“僧不差而教授尼戒”）、第二十二条（“为尼说法至暮戒”）相同以外，其余则有出入（详见表5）。

表5　各部广律比丘戒“波逸提法”各戒对照表

广律与戒类 / 戒名	巴利律	四分律	五分律	僧祇律	十诵律	根有律
	九十二波逸提法	九十单提法	九十一堕法	单提九十二事法	九十波夜提法	九十波逸底迦法
小妄语戒	1/经分别·大分别	1/卷11	1/卷6	1/卷12	1/卷9	1/卷25
毁呰语戒	2/大分别	2/卷11	2/卷6	2/卷12	2/卷9	2/卷25至卷26
两舌语戒	3/大分别	3/卷11	3/卷6	3/卷12	3/卷9	3/卷26

续　表

广律与戒类 戒名	巴利律 九十二波逸提法	四分律 九十单提法	五分律 九十一堕法	僧祇律 单提九十二事法	十诵律 九十波夜提法	根有律 九十波逸底迦法
与未受具人同诵戒	4/大分别	6/卷 11	6/卷 6	6/卷 13	6/卷 9	6/卷 26
与未受具人同宿过限戒	5/大分别	5/卷 11	7/卷 6	42/卷 17	54/卷 15	54/卷 39
与女人同宿戒	6/大分别	4/卷 11	56/卷 8	69/卷 19	65/卷 16	65/卷 40
独与女人说法过五六语戒	7/大分别	9/卷 11	4/卷 6	5/卷 13	5/卷 9	5/卷 26
实得过人法向未受具人说戒	8/大分别	8/卷 11	8/卷 6	7/卷 13	7/卷 10	8/卷 27
向未受具人说粗罪戒	9/大分别	7/卷 11	9/卷 6	8/卷 14	8/卷 10	7/卷 27
掘地戒	10/大分别	10/卷 11	59/卷 8	73/卷 19	73/卷 16	73/卷 41
伐草木戒	11/大分别	11/卷 12	11/卷 6	11/卷 14	11/卷 10	11/卷 27
异语恼僧戒	12/大分别	12/卷 12	12/卷 6	12/卷 14	13/卷 10	13/卷 28
嫌骂僧知事戒	13/大分别	13/卷 12	13/卷 6	13/卷 14	12/卷 10	12/卷 28
露地敷僧物不举戒	14/大分别	14/卷 12	14/卷 6	14/卷 14	14/卷 10	14/卷 28 至卷 29
房内敷僧物不举戒	15/大分别	15/卷 12	15/卷 6	15/卷 14	15/卷 11	15/卷 29
强敷卧具止宿戒	16/大分别	16/卷 12	17/卷 6	17/卷 15	17/卷 11	17/卷 29

续 表

广律与戒类 / 戒名	巴利律	四分律	五分律	僧祇律	十诵律	根有律
	九十二波逸提法	九十单提法	九十一堕法	单提九十二事法	九十波夜提法	九十波逸底迦法
强牵比丘出僧房戒	17/大分别	17/卷12	16/卷6	16/卷14	16/卷11	16/卷29
坐脱脚床戒	18/大分别	18/卷12	18/卷6	18/卷15	18/卷11	18/卷30
覆屋过限戒	19/大分别	20/卷12	19/卷6	20/卷15	20/卷11	20/卷30
用虫水戒	20/大分别	19/卷12	20(1)/卷6	19/卷15	19/卷11	19/卷30
僧不差而教授尼戒	21/大分别	21/卷12	21/卷6	21/卷15	21/卷11	21/卷30至卷32
为尼说法至暮戒	22/大分别	22/卷13	22/卷7	22/卷15	22/卷11	22/卷32
辄入尼处教授戒	23/大分别	（无）	23/卷7	23/卷15	（无）	（无）
讥教尼人戒	24/大分别	23/卷13	24/卷7	24/卷15	23/卷11	23/卷32
与非亲尼衣戒	25/大分别	24/卷13	26/卷7	28/卷15	26/卷12	24/卷32
与非亲尼作衣戒	26/大分别	25/卷13	27/卷7	29/卷15	27/卷12	25/卷33
与尼期同行戒	27/大分别	27/卷13	28/卷7	26/卷15	24/卷11	26/卷33
与尼期同船戒	28/大分别	28/卷13	29/卷7	27/卷15	25/卷12	27/卷33
受尼赞叹食戒	29/大分别	29/卷13	30/卷7	30/卷15	30/卷12	30/卷33
独与尼屏处坐戒	30/大分别	26/卷13	25/卷7	25/卷15	28/卷12	29/卷33

续　表

广律与戒类 / 戒名	巴利律	四分律	五分律	僧祇律	十诵律	根有律
	九十二波逸提法	九十单提法	九十一堕法	单提九十二事法	九十波夜提法	九十波逸底迦法
施一食处过受戒	31/大分别	31/卷 13	33/卷 7	31/卷 16	32/卷 12	32/卷 35
别众食戒	32/大分别	33/卷 14	32/卷 7	40/卷 17	36/卷 13	36/卷 36
展转食戒	33/大分别	32/卷 13	31/卷 7	32/卷 16	31/卷 12	31/卷 34
受食过三钵戒	34/大分别	34/卷 14	34/卷 7	38/卷 17	33/卷 13	33/卷 35
足食戒	35/大分别	35/卷 14	35/卷 7	33/卷 16	34/卷 13	34/卷 36
劝足食戒	36/大分别	36/卷 14	36/卷 7	34/卷 16	35/卷 13	35/卷 36
非时食戒	37/大分别	37/卷 14	38/卷 8	36/卷 17	37/卷 13	37/卷 36
食残宿食戒	38/大分别	38/卷 14	39/卷 8	37/卷 17	38/卷 13	38/卷 36
索美食戒	39/大分别	40/卷 15	41/卷 8	39/卷 17	40/卷 13	40/卷 37
不受食戒	40/大分别	39/卷 15	37/卷 7	35/卷 16	39/卷 13	39/卷 36
自手持食与外道戒	41/大分别	41/卷 15	40/卷 8	52/卷 18	44/卷 14	44/卷 37
驱他出聚落戒	42/大分别	46/卷 15	76/卷 9	44/卷 17	51/卷 15	51/卷 38
食家强坐戒	43/大分别	43/卷 15	42/卷 8	53/卷 18	42/卷 14	42/卷 37
食家与女人屏处坐戒	44/大分别	44/卷 15	43/卷 8	54/卷 18	43/卷 14	43/卷 37
独与女人坐戒	45/大分别	45/卷 15	44/卷 8	70/卷 19	29/卷 12	28/卷 33
食前后至他家不嘱戒	46/大分别	42/卷 15	82/卷 9	81/卷 20	81/卷 17	81/卷 43

续　表

广律与戒类 戒名	巴利律 九十二波逸提法	四分律 九十单提法	五分律 九十一堕法	僧祇律 单提九十二事法	十诵律 九十波夜提法	根有律 九十波逸底迦法
过受四月药请戒	47/大分别	47/卷 15	62/卷 8	74/卷 20	74/卷 17	74/卷 41
往观军阵戒	48/大分别	48/卷 15	45/卷 8	55/卷 18	45/卷 14	45/卷 37
军中止宿过限戒	49/大分别	49/卷 15	46/卷 8	56/卷 18	46/卷 14	46/卷 37
往观军战戒	50/大分别	50/卷 16	47/卷 8	57/卷 18	47/卷 14	47/卷 37
饮酒戒	51/大分别	51/卷 16	57/卷 8	76/卷 20	79/卷 17	79/卷 42
击拣比丘戒	52/大分别	53/卷 16	54/卷 8	67/卷 19	63/卷 16	63/卷 40
水中嬉戏戒	53/大分别	52/卷 16	55/卷 8	66/卷 19	64/卷 16	64/卷 40
轻慢不受谏戒	54/大分别	54/卷 16	58/卷 8	77/卷 20	78/卷 17	78/卷 42
恐吓比丘戒	55/大分别	55/卷 16	73/卷 9	65/卷 19	66/卷 16	66/卷 41
无病露地燃火戒	56/大分别	57/卷 16	68/卷 9	41/卷 17	52/卷 15	52/卷 38
非时洗浴戒	57/大分别	56/卷 16	70/卷 9	50/卷 18	60/卷 16	60/卷 40
著不坏色衣戒	58/大分别	60/卷 16	77/卷 9	48/卷 18	59/卷 15	58/卷 39
净施衣不语取戒	59/大分别	59/卷 16	81/卷 9	63/卷 19	68/卷 16	68/卷 41
藏他物品戒	60/大分别	58/卷 16	78/卷 9	64/卷 19	67/卷 16	67/卷 41
故杀畜生戒	61/大分别	61/卷 16	51/卷 9	61/卷 19	61/卷 16	61/卷 40
饮虫水戒	62/大分别	62/卷 16	20(2)/卷 6	51/卷 18	41/卷 14	41/卷 37

续　表

广律与戒类／戒名	巴利律	四分律	五分律	僧祇律	十诵律	根有律
	九十二波逸提法	九十单提法	九十一堕法	单提九十二事法	九十波夜提法	九十波逸底迦法
如法断事后发诤戒	63/大分别	66/卷 17	5/卷 6	4/卷 12	4/卷 9	4/卷 26
覆他粗罪戒	64/大分别	64/卷 17	74/卷 9	60/卷 19	50/卷 14	50/卷 38
与未满二十岁受具戒	65/大分别	65/卷 17	61/卷 8	71/卷 19	72/卷 16	72/卷 41
与贼期行戒	66/大分别	67/卷 17	66/卷 9	72/卷 19	71/卷 16	71/卷 41
与女人期行戒	67/大分别	30/卷 13	67/卷 9	68/卷 19	70/卷 16	70/卷 41
恶见违谏戒	68/大分别	68/卷 17	48/卷 8	45/卷 17	55/卷 15	55/卷 39
随顺被举人戒	69/大分别	69/卷 17	49/卷 8	46/卷 18	56/卷 15	56/卷 39
随顺被摈沙弥戒	70/大分别	70/卷 17	50/卷 8	47/卷 18	57/卷 15	57/卷 39
拒劝学戒	71/大分别	71/卷 18	63/卷 8	75/卷 20	75/卷 17	75/卷 41
毁毗尼戒	72/大分别	72/卷 18	10/卷 6	10/卷 14	10/卷 10	10/卷 27
说戒不摄听戒	73/大分别	73/卷 18	64/卷 9	92/卷 21	83/卷 18	83/卷 49
打比丘戒	74/大分别	78/卷 18	71/卷 9	58/卷 18	48/卷 14	48/卷 37
手搏比丘戒	75/大分别	79/卷 18	72/卷 9	59/卷 18	49/卷 14	49/卷 38
无根僧残谤戒	76/大分别	80/卷 18	75/卷 9	90/卷 21	69/卷 16	69/卷 41
故恼比丘戒	77/大分别	63/卷 17	52/卷 8	62/卷 19	62/卷 16	62/卷 40
默听斗诤戒	78/大分别	77/卷 18	60/卷 8	78/卷 20	76/卷 17	76/卷 41
与欲后悔戒	79/大分别	76/卷 18	79/卷 9	43/卷 17	53/卷 15	53/卷 38

续　表

广律与戒类 / 戒名	巴利律	四分律	五分律	僧祇律	十诵律	根有律
	九十二波逸提法	九十单提法	九十一堕法	单提九十二事法	九十波夜提法	九十波逸底迦法
不与欲戒	80/大分别	75/卷 18	53/卷 8	79/卷 20	77/卷 17	77/卷 42
同羯磨后悔戒	81/大分别	74/卷 18	80/卷 9	9/卷 14	9/卷 10	9/卷 27
回僧物与人戒	82/大分别	（无）	91/卷 9	91/卷 21	（无）	（无）
突入王宫戒	83/大分别	81/卷 18	65/卷 9	82/卷 20	82/卷 18	82/卷 44 至卷 48
捉金银戒	84/大分别	82/卷 18	69/卷 9	49/卷 20	58/卷 15	59/卷 40
非时入聚落戒	85/大分别	83/卷 19	83/卷 9	80/卷 20	80/卷 17	80/卷 42 至卷 43
作骨牙角针筒戒	86/大分别	86/卷 19	86/卷 9	83/卷 20	84/卷 18	84/卷 49
作床足过量戒	87/大分别	84/卷 19	85/卷 9	84/卷 20	85/卷 18	85/卷 49
兜罗绵作床褥戒	88/大分别	85/卷 19	84/卷 9	85/卷 20	86/卷 18	86/卷 49
作坐具过量戒	89/大分别	87/卷 19	87/卷 9	86/卷 20	89/卷 18	87/卷 49
作覆疮衣过量戒	90/大分别	88/卷 19	88/卷 9	87/卷 20	88/卷 18	88/卷 49
作雨浴衣过量戒	91/大分别	89/卷 19	89/卷 9	88/卷 20	87/卷 18	89/卷 49
作三衣过量戒	92/大分别	90/卷 19	90/卷 9	89/卷 20	90/卷 18	90/卷 49

主要戒条有："小妄语戒"，指不得故意说虚妄不实的言语（此戒与"波罗夷法"中的"大妄语戒"的区别在于，说已得"上人法"以外的其他妄语）；"毁呰语戒"，指不得毁谤侮辱他人；"两舌语戒"，指不得挑拨离间；"掘地戒"，指不得挖掘或教人挖掘土地；"伐草木戒"，指不得砍伐或教人砍伐草木；"独与尼屏处坐戒"，指不得单独与一个比丘尼同坐在隐蔽处；"足食戒"，指不得在正食饱足离座后，不作"余食法"而再受食；"非时食戒"，指不得在"非时"（指每日正午之后至次日黎明之前）内受用正食；"索美食戒"，指不得为自己乞索美食；"饮酒戒"，指不得饮酒；"轻慢不受谏戒"，指不得轻慢比丘，拒不受谏；"著不坏色衣戒"，指不得穿着未染成青、黑、木兰三种"坏色"的新衣；"故杀畜生戒"，指不得故意杀害畜生；"覆他粗罪戒"，指不得明知比丘犯有"粗恶罪"（指波罗夷罪或僧残罪），而作"覆藏"（隐瞒）；"与未满二十岁受具戒"，指不得为未满二十岁的人授具足戒；"随顺被举人戒"，指不得明知比丘被僧众举罪摈出住地，仍与之共语、共食、共宿、共事；"拒劝学戒"，指不得拒绝习学戒法的劝谏；"毁呲尼戒"，指不得毁谤"杂碎戒"（又称"微细戒"，此处指"波罗夷法"、"僧残法"以外的其他戒法）；"不与欲戒"，指不得在僧众"断事"（议决僧事）时，不"与欲"（指委托他人表示自己赞同僧众所作事的意愿，亦即请假），就离去；"捉金银戒"，指不得捉取遗落在寺院和住处之外的宝物等。

(6) 波罗提提舍尼法。《巴利律》作"四波罗提提舍尼法"、《四分律》作"四提舍尼法"、《五分律》作"四悔过法"、《僧祇律》作"四提舍尼法"、《十诵律》作"四波罗提提舍尼法"、《根有律》作"四波罗底提舍尼法"，均为四条。戒条的内容相同；戒条的排序，除《僧祇律》以外，其余均相同（详见表6）。

这四条戒是："从非亲尼受食戒"，指不得在街巷或俗家从

"非亲里"(没有亲戚和乡里关系)的比丘尼手里接受食物并食用;"受尼指授食戒",指不得在俗家受用比丘尼偏心指授的食物;"学家受食戒",指不得违反僧众的约定,不受请而到家境贫困的某居士家受食;"恐怖兰若受食戒",指不得在偏僻恐怖的兰若(指山寺)安坐受食(即不得让施主冒险送食)。

表6　各部广律比丘戒"波罗提提舍尼法"各戒对照表

广律与戒类 / 戒名	巴利律	四分律	五分律	僧祇律	十诵律	根有律
	四波罗提提舍尼法	四提舍尼法	四悔过法	四提舍尼法	四波罗提提舍尼法	四波罗底提舍尼法
从非亲尼受食戒	1/经分别·大分别	1/卷19	1/卷10	2/卷21	1/卷19	1/卷49
受尼指授食戒	2/大分别	2/卷19	2/卷10	3/卷21	2/卷19	2/卷49
学家受食戒	3/大分别	3/卷19	3/卷10	4/卷21	3/卷19	3/卷50
恐怖兰若受食戒	4/大分别	4/卷19	4/卷10	1/卷21	4/卷19	4/卷50

(7) 众学法。《巴利律》作"七十五众学法",《四分律》、《五分律》作"百众学法"(二律条数相同,而内容不同,《四分律》有关于礼敬佛塔的戒法二十六条,为其他各律所无),《僧祇律》作"六十六众学法",《十诵律》作"一百七众学法",《根有律》作"四十三众学法"(此据每一戒条之末必有的"应当学",出现一次作一条统计,其中有些是综合性的戒条,若分拆单列,则有九十五条),戒条数目在四十三条至一百七条之间。就内容而言,各律均有的戒条为"不齐整著内衣戒"等三十七条,其余则有出入;就排序而言,只有第一条是相同的,其余均不同(详见表7)。

表7　各部广律比丘戒“众学法”各戒对照表

广律与戒类 戒名	巴利律	四分律	五分律	僧祇律	十诵律	根有律
	七十五众学法	百众学法	百众学法	六十六众学法	一百七众学法	四十三众学法
不齐整著内衣戒	1/经分别·大分别	1/卷20	1～7/卷10	1/卷21	1～12/卷19	1、2/卷50
不齐整著三衣戒	2/大分别	2/卷20	8～10/卷10	2/卷21	13～16/卷19	3/卷50
不覆身入白衣舍戒	3/大分别	18/卷20	11/卷10	3/卷21	17/卷19	4(4)/卷50
不覆身白衣舍坐戒	4/大分别	19/卷20	12/卷10	14/卷21	18/卷19	（无）
不善摄身入白衣舍	5/大分别	（无）	49/卷10	（无）	19/卷19	（无）
不善摄身白衣舍坐戒	6/大分别	（无）	50/卷10	23/卷22	20/卷19	（无）
顾视入白衣舍戒	7/大分别	20/卷20	35、37/卷10	4/卷21	21/卷19	4(6)/卷50
顾视白衣舍坐戒	8/大分别	21/卷20	36、38/卷10	15/卷21	22/卷19	9/卷50
反抄衣入白衣舍戒	9/大分别	3/卷20	13、15、17/卷10	8/卷21	37、39/卷19	5(2、3)/卷50
反抄衣白衣舍坐戒	10/大分别	4/卷20	14、16、18/卷10	19/卷21	38、40/卷19	（无）
戏笑入白衣舍戒	11/大分别	24/卷20	45/卷10	6/卷21	（无）	（无）
戏笑白衣舍坐戒	12/大分别	25/卷20	46/卷10	17/卷21	（无）	（无）

续 表

广律与戒类 / 戒名	巴利律	四分律	五分律	僧祇律	十诵律	根有律
	七十五众学法	百众学法	百众学法	六十六众学法	一百七众学法	四十三众学法
高声入白衣舍戒	13/大分别	22/卷20	47/卷10	5/卷21	25/卷19	4(5)/卷50
高声白衣舍坐戒	14/大分别	23/卷20	48/卷10	16/卷21	26/卷19	(无)
摇身入白衣舍戒	15/大分别	14/卷20	19/卷10	11/卷21	49/卷19	7(1)/卷50
摇身白衣舍坐戒	16/大分别	15/卷20	20/卷10	(无)	50/卷19	(无)
掉臂入白衣舍戒	17/大分别	16/卷20	33/卷10	13/卷21	43/卷19	7(2)/卷50
掉臂白衣舍坐戒	18/大分别	17/卷20	34/卷10	(无)	44/卷19	(无)
摇头入白衣舍戒	19/大分别	(无)	21/卷10	12/卷21	47/卷19	7(3)/卷50
摇头白衣舍坐戒	20/大分别	(无)	22/卷10	(无)	48/卷19	(无)
摇肩入白衣舍戒	(无)	(无)	23/卷10	(无)	45/卷19	(无)
摇肩白衣舍坐戒	(无)	(无)	24/卷10	(无)	46/卷19	7(4)/卷50
携手入白衣舍戒	(无)	(无)	25/卷10	(无)	51/卷19	(无)
携手白衣舍坐戒	(无)	(无)	26/卷10	(无)	52/卷19	7(5)/卷50

续　表

广律与戒类 戒名	巴利律 七十五众学法	四分律 百众学法	五分律 百众学法	僧祇律 六十六众学法	十诵律 一百七众学法	根有律 四十三众学法
隐人入白衣舍戒	（无）	（无）	27/卷10	（无）	33/卷19	（无）
隐人白衣舍坐戒	（无）	（无）	28/卷10	（无）	34/卷19	（无）
叉腰入白衣舍戒	21/大分别	12/卷20	29/卷10	10/卷21	35/卷19	5(4)/卷50
叉腰白衣舍坐戒	22/大分别	13/卷20	30/卷10	22/卷22	36/卷19	（无）
以掌扶颊白衣舍坐戒	（无）	（无）	32/卷10	（无）	57/卷19	（无）
覆头入白衣舍戒	23/大分别	7/卷20	43/卷10	7/卷21	29/卷19	5(1)/卷50
覆头白衣舍坐戒	24/大分别	8/卷20	44/卷10	18/卷21	30/卷19	（无）
跳行入白衣舍戒	（无）	9/卷20	41/卷10	9/卷21	53/卷19	6(2、3)/卷50
跳行白衣舍坐戒	（无）	10/卷20	42/卷10	（无）	54/卷19	（无）
蹲行入白衣舍戒	25/大分别	（无）	39/卷10	（无）	27/卷19	6(1)/卷50
蹲行白衣舍坐戒	（无）	11/卷20	40/卷10	20/卷21	28/卷19	（无）
累脚白衣舍坐戒	（无）	（无）	（无）	21/卷22	56/卷19	11(1)/卷50

续　表

广律与戒类 / 戒名	巴利律	四分律	五分律	僧祇律	十诵律	根有律
	七十五众学法	百众学法	百众学法	六十六众学法	一百七众学法	四十三众学法
放身白衣舍坐戒	26/大分别	（无）	（无）	（无）	（无）	10/卷50
不用意受食戒	27/大分别	26/卷20	51/卷10	24/卷22	58、59/卷19	12/卷50
溢钵受羹戒	28/大分别	28/卷20	（无）	（无）	（无）	（无）
羹食适量戒	29/大分别	（无）	（无）	（无）	（无）	（无）
溢钵受饭戒	30/大分别	27/卷20	52/卷10	（无）	60/卷19	13/卷50
不恭敬而食戒	31/大分别	（无）	78/卷10	（无）	（无）	16/卷50
不视钵食戒	32/大分别	35/卷20	58/卷10	43/卷22	82/卷19	22(5)/卷50
不次第受食戒	33/大分别	30/卷20	（无）	（无）	83/卷19	14/卷50
不羹饭等食戒	34/大分别	29/卷20	53/卷10	25/卷22	61/卷19	（无）
挑钵中食戒	35/大分别	31/卷20	54、55/卷10	26/卷22	62/卷19	21(10)/卷50
以饭覆羹更望得戒	36/大分别	33/卷20	77/卷10	45/卷22	80/卷19	20/卷50
为已索羹饭戒	37/大分别	32/卷20	79/卷10	44/卷22	79/卷19	（无）
嫉心视他钵食戒	38/大分别	34/卷20	80/卷10	42/卷22	81/卷19	23/卷50
大抟食戒	39/大分别	36/卷20	65/卷10	29/卷22	64/卷19	17(2)/卷50

续　表

广律与戒类 戒名	巴利律	四分律	五分律	僧祇律	十诵律	根有律
	七十五众学法	百众学法	百众学法	六十六众学法	一百七众学法	四十三众学法
小抟食戒	40/大分别	（无）	（无）	（无）	63/卷19	17(1)/卷50
张口待食戒	41/大分别	37/卷20	66/卷10	30/卷22	66/卷19	18/卷50
手把散食戒	42/大分别	46/卷21	64/卷10	（无）	65/卷19	21(5)/卷50
缩鼻食戒	（无）	（无）	67/卷10	（无）	73/卷19	（无）
含食语戒	43/大分别	38/卷20	68/卷10	33/卷22	67/卷19	19/卷50
抟饭掷口中戒	44/大分别	39/卷20	75/卷10	31/卷22	（无）	（无）
不啮半食戒	45/大分别	（无）	70/卷10	32/卷22	68/卷19	21(8)/卷50
胀颊食戒	46/大分别	41/卷21	69/卷10	27/卷22	（无）	21(7)/卷50
振手食戒	47/大分别	45/卷21	72/卷10	41/卷22	76/卷19	22(3)/卷50
遗落饭食戒	48/大分别	40/卷20	59/卷10	40/卷22	77/卷19	（无）
吐舌食戒	49/大分别	（无）	73/卷10	28/卷22	72/卷19	21(9)/卷50
嚼饭作声戒	50/大分别	42/卷21	62/卷10	37/卷22	70/卷19	21(2)/卷50
吸食戒	51/大分别	43/卷21	61/卷10	38/卷22	69/卷19	21(3、4)/卷50
舐手食戒	52/大分别	（无）	（无）	35/卷22	74/卷19	22(1)/卷50

续　表

广律与戒类 戒名	巴利律 七十五众学法	四分律 百众学法	五分律 百众学法	僧祇律 六十六众学法	十诵律 一百七众学法	根有律 四十三众学法
指抆钵食戒	53/大分别	（无）	56/卷 10	34/卷 22	75/卷 19	22(2)/卷 50
舐唇食戒	54/大分别	（无）	（无）	（无）	（无）	（无）
舐食戒	（无）	44/卷 21	63/卷 10	（无）	（无）	（无）
全吞食戒	（无）	（无）	74/卷 10	39/卷 22	71/卷 19	（无）
污手捉食器戒	55/大分别	47/卷 21	60/卷 10	46/卷 22	78/卷 19	24/卷 50
洗钵水弃白衣舍戒	56/大分别	48/卷 21	76/卷 10	47/卷 22	84/卷 19	25/卷 50
为反抄衣人说法戒	（无）	52/卷 21	93/卷 10	（无）	96/卷 20	35(2)/卷 50
为左右抄衣人说法戒	（无）	（无）	94/卷 10	（无）	95/卷 20	35(3)/卷 50
为叉腰人说法戒	（无）	56/卷 21	（无）	（无）	94/卷 20	35(4)/卷 50
为持盖人说法戒	57/大分别	100/卷 21	95/卷 10	60/卷 22	101/卷 20	39/卷 50
为持杖人说法戒	58/大分别	96/卷 21	97/卷 10	59/卷 22	100/卷 20	（无）
为持刀人说法戒	59/大分别	99/卷 21	98/卷 10	57/卷 22	102/卷 20	（无）
持弓箭人说法戒	60/大分别	（无）	99/卷 10	58/卷 22	103/卷 20	（无）

续　表

广律与戒类 戒名	巴利律 七十五众学法	四分律 百众学法	五分律 百众学法	僧祇律 六十六众学法	十诵律 一百七众学法	根有律 四十三众学法
为著革屣人说法戒	61/大分别	57/卷21	85/卷10	51/卷22	98/卷20	37(1)/卷50
为著木屐人说法戒	62/大分别	58/卷21	84/卷10	52/卷22	99/卷20	37(2)/卷50
为骑乘人说法戒	63/大分别	59/卷21	96/卷10	62/卷22	85/卷20	36/卷50
人卧已坐说法戒	64/大分别	87/卷21	89/卷10	49/卷22	90/卷20	31/卷50
为翘脚人说法戒	65/大分别	（无）	（无）	56/卷22	（无）	（无）
为裹头人说法戒	66/大分别	55/卷21	（无）	54/卷22	92/卷20	38(3)/卷50
为覆头人说法戒	67/大分别	54/卷21	92/卷10	53/卷22	91/卷20	35(1)/卷50
人在座已在非座说法戒	68/大分别	88/卷21	（无）	（无）	（无）	（无）
人在高座已在下座说法戒	69/大分别	89/卷21	88/卷10	50/卷22	89/卷20	32/卷50
人坐已立说法戒	70/大分别	86/卷21	87/卷10	48/卷22	88/卷20	30/卷50
人在前行已在后行说法戒	71/大分别	90/卷21	90/卷10	61/卷22	86/卷20	33/卷50

续　表

广律与戒类 / 戒名	巴利律	四分律	五分律	僧祇律	十诵律	根有律
	七十五众学法	百众学法	百众学法	六十六众学法	一百七众学法	四十三众学法
人在道中己在道外说法戒	72/大分别	92/卷21	91/卷10	63/卷22	87/卷20	34/卷50
立大小便戒	73/大分别	51/卷21	81/卷10	66/卷22	106/卷20	40/卷50
生草上大小便戒	74/大分别	49/卷21	83/卷10	64/卷22	104/卷20	42/卷50
水中大小便戒	75/大分别	50/卷21	82/卷10	65/卷22	105/卷20	41/卷50
上树过人戒	（无）	94/卷21	100/卷10	（无）	107/卷20	43/卷50
备　注		5、6、53、60～85、91、93、95、97、98为本书特有的戒条	31、57、71、86为本书特有的戒条	36、55为本书特有的戒条	23、24、31、32、41、42、53、55、93、97为本书特有的戒条；《十诵比丘波罗提木叉戒本》的戒条数序与《十诵律》略异	8、15、26～29以及一些综合性戒条的子目，为本书特有的戒条

主要戒条有：“不齐整著内衣戒”，指不得不齐整穿着内衣（又称“涅槃僧”、“裙”）；“不齐整著三衣戒”，指不得不齐整穿

着“三衣”（指僧伽梨、郁多罗僧、安陀会）；“不覆身入白衣舍戒”，指不得衣服不覆身前往俗家（又称“白衣舍”）；“不覆身白衣舍坐戒”，指不得衣服不覆身在俗家坐；“顾视入白衣舍戒”，指不得左右顾视前往俗家；“顾视白衣舍坐戒”，指不得左右顾视在俗家坐；“高声入白衣舍戒”，指不得高声大唤前往俗家；“高声白衣舍坐戒”，指不得高声大唤在俗家坐；“摇身入白衣舍戒”，指不得摇晃身体前往俗家；“摇身白衣舍坐戒”，指不得摇晃身体在俗家坐；“叉腰入白衣舍戒”，指不得以手叉腰前往俗家；“叉腰白衣舍坐戒”，指不得以手叉腰在俗家坐；“不用意受食戒”，指不得不专意受食；“溢钵受饭戒”，指不得溢钵受食；“挑钵中食戒”，指不得挑剜钵中的食物；“大抟食戒”，指不得大口吞食；“含食语戒”，指不得含饭说话；“遗落饭食戒”，指不得遗落饭食；“嚼饭作声戒”，指不得嚼饭出声；“污手捉食器戒”，指不得用脏手拿食器；“为持盖人说法戒”，指不得为持伞人说法；“为持刀人说法戒”，指不得为持刀人说法；“为骑乘人说法戒”，指不得为骑乘人说法；“为裹头人说法戒”，指不得为裹头人说法；“人在高座己在下座说法戒”，指人在高座，己在下座不得说法；“人坐己立说法戒”，指人坐己立不得说法；“立大小便戒”，指不得站立大小便；“生草上大小便戒”，指不得在生草上大小便；“水中大小便戒”，指不得在净水中大小便等。

（8）灭净法。《巴利律》、《四分律》、《五分律》、《僧祇律》、《十诵律》、《根有律》均作“七灭诤法”，为七条。戒条的内容相同；戒条的排序，《巴利律》、《四分律》、《四分律》三部相同，其余三部则不同（详见表8）。

这七条戒是：“现前毗尼”，指当事人到场，以教法和戒律为依据，当面作出裁决；“忆念毗尼”，指允许被举罪比丘忆述事情的经过；“不痴毗尼”，指对比丘在精神失常时的行为不予追究

(这与各戒共同的“开缘”,即不作为犯戒的开许条件所说的“最初未制戒,痴狂心乱、痛恼所缠,无犯”,是相同的);“自言治毗尼”,指允许被举罪比丘自言过失或作申辩;“多觅罪相毗尼”,指用投筹(“行舍罗”)表决的方式,少数服从多数;“觅罪相毗尼”,指如实地举发比丘的犯罪情况;“如草覆地毗尼”,指争论双方各自忏悔谦让,达成和解。

表8 各部广律比丘戒“灭净法”各戒对照表

广律与戒类 / 戒名	巴利律	四分律	五分律	僧祇律	十诵律	根有律
	七灭净法	七灭净法	七灭净法	七灭净法	七灭净法	七灭净法
现前毗尼	1/经分别·大分别	1/卷21	1/卷10	1/卷22	2/卷20	1/卷50
忆念毗尼	2/大分别	2/卷21	2/卷10	2/卷22	3/卷20	2/卷50
不痴毗尼	3/大分别	3/卷21	3/卷10	3/卷22	4/卷20	3/卷50
自言治毗尼	4/大分别	4/卷21	4/卷10	4/卷22	1/卷20	6/卷50
觅罪相毗尼	6/大分别	5/卷21	7/卷10	5/卷22	5/卷20	4/卷50
多觅罪相毗尼	5/大分别	6/卷21	5/卷10	6/卷22	6/卷20	5/卷50
如草覆地毗尼	7/大分别	7/卷21	6/卷10	7/卷22	7/卷20	7/卷50
备注			《弥沙塞五分戒本》中末四条的次序与《五分律》不同		《十诵比丘波罗提木叉戒本》中七条的次序与《十诵律》不同	

（三）比丘尼戒的条文

（1）波罗夷法。《巴利律》、《四分律》、《五分律》、《僧祇律》、《十诵律》作“八波罗夷法”,《根尼律》作“八波罗市迦法”,均为八条。戒条的内容相同,而排列顺序则有出入。其中,前五条(“淫戒”至“摩触男子戒”)的顺序相同,末三条(“覆藏比丘尼重罪戒”至“八事成犯戒”)则不同(详见表9)。八条中,前四条是与比丘相同的“共戒”(仅对戒条文句中的主体和男女称谓作相应的改动,如“比丘”改为“比丘尼”等),后四条是比丘尼独有的“不共戒”。

表9　各部广律比丘尼戒“波罗夷法”不共戒对照表

广律与戒类 / 戒名	巴利律	四分律	五分律	僧祇律	十诵律	根尼律
	八波罗夷法	八波罗夷法	八波罗夷法	八波罗夷法	八波罗夷法	八波罗市迦法
摩触男子戒	5/经分别·比丘尼分别	5/卷22	5/卷11	5/卷36	5/卷42	5/卷5
覆藏比丘尼重罪戒	6/尼分别	7/卷22	8/卷11	7/卷36	7/卷42	7/卷5
随顺被举比丘戒	7/尼分别	8/卷22	7/卷11	8/卷36	8/卷42	8/卷5
八事成犯戒	8/尼分别	6/卷22	6/卷11	6/卷36	6/卷42	6/卷5
备　注	1~4为“共戒”	1~4为“共戒”	1~4为“共戒”	1~4为“共戒”	1~4为“共戒”	1~4为“共戒”

所说的“共戒”有:“淫戒”、“盗戒”、“杀戒”、“大妄语戒”。“不共戒”有:“摩触男子戒”,指不得有“染心”(又称“染污心”、“漏心”,指淫欲心),与有“染心”男子的身体,摩触受乐;“覆藏比丘尼重罪戒”,指不得明知比丘尼犯波罗夷罪,而作“覆藏”(指隐瞒);“随顺被举比丘戒”,指不得明知比丘被僧众举罪摈出住地,

仍作“随顺”(指提供资具),并在尼众作三次劝谏时,仍不悔改;“八事成犯戒”,指不得有“染心”,与有“染心”男子行“捉手、捉衣、入屏处、共立、共语、共行、或身相倚、或共期”八事。

(2) 僧残法。《巴利律》、《四分律》、《五分律》、《十诵律》作“十七僧残法”,《僧祇律》作“十九僧残法”,《根有律》作“二十僧伽伐尸沙法”,戒条数目在十七条至二十条之间(均因戒条的分合不同所致)。各律都有的戒条,为十七条。其中,有七条为“共戒”(《僧祇律》没有“污家摈谤违谏戒”,作六条),其余则为“不共戒”。“共戒”的排序,除《僧祇律》是分作三处以外,其他各律都是分作二处,与“不共戒”穿插着编排的;“不共戒”的排序,各律均不同(详见表10)。

所说的“共戒”有:“媒人戒”、“无根波罗夷谤戒”、“假根波罗夷谤戒”、“破僧违谏戒”、“助破僧违谏戒”、“污家摈谤违谏戒”、“恶性拒僧违谏戒”。“不共戒”有:“诣官相讼戒”,指不得出面到官府,与俗人或出家人行诉讼;“度贼女出家戒”,指不得明知对方是犯罪者(“贼女”、“有罪女”),仍然度她出家;“四独戒”,指不得独渡水、独入村、独宿、独行;“界外为被举尼解摈戒”,指不得明知比丘尼被僧众举罪驱摈,而在界外为她解罪;“受染心男子食戒”,指不得有“染心”(指淫欲心),从明知有“染心”的男子手里接受食物;“劝受染心男子食戒”,指不得劝说从有“染心”男子手里接受食物;“瞋舍三宝违谏戒”,指不得因诤怀恨而舍“三宝”(指佛、法、僧),并在僧众作三次劝谏时,仍不悔改;“发诤谤僧违谏戒”,指不得因诤怀恨而谤僧,并在僧众作三次劝谏时,仍不悔改;“同住行恶违谏戒”,指不得二尼同住共作恶行,并在僧众作三次劝谏时,仍不悔改;“助同住行恶违谏戒”,指不得帮助二尼同住共作恶行,并在僧众作三次劝谏时,仍不悔改。

表10　各部广律比丘尼戒"僧残法"不共戒对照表

广律与戒类 戒名	巴利律	四分律	五分律	僧祇律	十诵律	根尼律
	十七僧残法	十七僧残法	十七僧残法	十九僧残法	十七僧残法	二十僧伽伐尸沙法
诣官相讼戒	4/经分别·比丘尼分别	4/卷22	7/卷11	4/卷36	7/卷42	11/卷6
度贼女出家戒	5/尼分别	5/卷22	4/卷11	8/卷36	8/卷43	10/卷6
四独戒	6/尼分别	7/卷22	6/卷11	5、6、9/卷36	6/卷42	6—9/卷6
界外为被举尼解摈戒	7/尼分别	6/卷22	5/卷11	10/卷36	9/卷43	12/卷6
受染心男子食戒	8/尼分别	8/卷23	8/卷11	11/卷36	4/卷42	4/卷5
劝受染心男子食戒	9/尼分别	9/卷23	9/卷11	12/卷37	5/卷42	5/卷6
瞋舍三宝违谏戒	14/尼分别	16/卷23	17/卷11	19/卷37	14/卷43	13/卷6
发诤谤僧违谏戒	15/尼分别	17/卷23	16/卷11	15/卷37	15/卷43	14/卷6
同住行恶违谏戒	16/尼分别	14/卷23	14/卷11	17/卷37	16/卷43	15/卷6
助同住行恶违谏戒	17/尼分别	15/卷23	15/卷11	18/卷37	17/卷43	16/卷6
备　注	1～3、10～13为"共戒"	1～3、10～13为"共戒"	1～3、10～13为"共戒"	1～3、13、14、16为"共戒"；7为本书特有的戒条	1～3、10～13为"共戒"	1～3、17～20为"共戒"

（3）尼萨耆波逸提法。《巴利律》、《四分律》、《五分律》、《十诵律》作“三十舍堕法”,《僧祇律》作“三十尼萨耆波夜提法”(又作“三十事”),《根尼律》作“三十三泥萨祇波逸底迦法”,除《根尼律》以外,戒条均为三十条。这些戒条中的“共戒”,除《僧祇律》、《根尼律》作十九条以外,其余均作十八条。“共戒”的排序,除《僧祇律》是分作三处,与“不共戒”穿插着编排以外,其他各律都是编在一处的;“不共戒”中,各律均有的戒条,仅有“畜长钵戒”、“乞贵价重衣戒”、“乞贵价轻衣戒”三条,其余戒条无论是内容,还是排序,均出入较大(详见表11)。

表11　各部广律比丘尼戒“尼萨耆波逸提法”不共戒对照表

广律与戒类 戒名	巴利律	四分律	五分律	僧祇律	十诵律	根尼律
	三十舍堕法	三十舍堕法	三十舍堕法	三十尼萨耆波夜提法	三十舍堕法	三十三泥萨祇波逸底迦法
畜长钵戒	1/经分别·比丘尼分别	24/卷24	30/卷12	14/卷37	19/卷43	20/卷10
非时衣戒	2/尼分别	27/卷24	20/卷12	（无）	20、21/卷43	（无）
贸衣还夺戒	3/尼分别	28/卷24	21/卷12	（无）	22/卷43	（无）
乞此物更索他物戒	4/尼分别	19/卷24	19/卷12	（无）	25/卷43	（无）
购此后购彼戒	5/尼分别	（无）	（无）	（无）	（无）	（无）
僧伽财他用戒	6/尼分别	（无）	（无）	（无）	（无）	（无）
自乞金银戒	（无）	（无）	（无）	（无）	24/卷43	24/卷11
为做衣乞作他用戒	7/尼分别	（无）	（无）	12/卷37	（无）	25、26/卷11

续　表

广律与戒类 / 戒名	巴利律	四分律	五分律	僧祇律	十诵律	根尼律
	三十舍堕法	三十舍堕法	三十舍堕法	三十尼萨耆波夜提法	三十舍堕法	三十三泥萨衹波逸底迦法
为卧具乞作他用戒	（无）	（无）	（无）	11/卷37	（无）	27/卷11
为营寺乞作他用戒	（无）	20/卷24	25、26/卷12	（无）	26/卷43	28/卷11
为僧食乞作他用戒	8/尼分别	21/卷24	（无）	13/卷37	（无）	29/卷11
为造多人房乞作他用戒	9/尼分别	23/卷24	（无）	（无）	28/卷44	（无）
为造自房乞作他用戒	10/尼分别	22/卷24	27、28/卷12	（无）	27/卷43	（无）
多畜器物戒	（无）	25/卷24	29/卷12	（无）	（无）	（无）
先许遮月水衣后不与戒	（无）	26/卷24	22/卷12	（无）	（无）	（无）
乞贵价重衣戒	11/尼分别	29/卷24	23/卷12	19/卷37	29/卷44	32/卷11
乞贵价轻衣戒	12/尼分别	30/卷24	24/卷12	20/卷37	30/卷44	33/卷11
备　注	13～30为“共戒”	1～18为“共戒”	1～18为“共戒”	1～10、21～28、30为“共戒”；15～18、29为本书特有的“不共戒”	1～18为“共戒”；23为本书特有的“不共戒	1～19为“共戒”；21～23、30、31为本书特有的“不共戒

所说的“不共戒”主要有:“乞此物更索他物戒”,指不得乞得此物后,要求更换成他物;“为营寺乞作他用戒”,指不得将居士施与造寺堂的资财,改作他用;“为僧食乞作他用戒”,指不得将居士施与的僧食,改作他用;“畜长钵戒”,指不得超过一日不作“净施”而蓄存“长钵”(此戒与比丘戒“畜长钵过限戒”的区别在于“过限”的时间为一日,而比丘戒为十日);“多畜器物戒”,指不得蓄存多余的器物(允许蓄存的是“十六枚器”,即大釜、大瓫、小釜、小瓫、水瓶、洗瓶、盖、杓等十六种器物);“非时衣戒”,指不得将“非时衣”当作“时衣”来分(又称“非时摄施戒”,“时衣”指“无迦絺那衣者”于安居结束日“自恣”后一个月内受施的衣物,“有迦絺那衣者”于“自恣”后五个月内受施的衣物;“非时衣”指除上述以外的时间受施的衣物);“乞贵价重衣戒”,指不得乞索贵价的“重衣”(指“障寒衣”);“乞贵价轻衣戒”,指不得乞索贵价的“轻衣”(指“障热衣”)等。

(4) 波逸提法。《巴利律》作“一百六十六波逸提法”,《四分律》作“一百七十八单提法”,《五分律》作“二百十堕法”,《僧祇律》作“一百四十一波逸提法”,《十诵律》作“一百七十八波夜提法”,《根尼律》作“一百八十波逸底迦法”。戒条数目在一百四十一条至二百十条之间。这些戒条中的“共戒”,《四分律》、《五分律》作六十九条;《巴利律》、《僧祇律》作七十条;《十诵律》作七十一条;《根尼律》作七十二条。其余则为“不共戒”。“共戒”的排序,都是集中编在一起的,除《巴利律》是放在此类戒法的末尾以外,其他各律都是放在初首的。“不共戒”中,各律均有的戒条,仅有“啖蒜戒”等二十八条,其余戒条无论是内容,还是排序,均出入较大(详见表12)。

表 12　各部广律比丘尼戒“波逸提法”不共戒对照表

广律与戒类 戒名	巴利律	四分律	五分律	僧祇律	十诵律	根尼律
	一百六十六波逸提法	一百七十八单提法	二百十堕法	一百四十一波逸提法	一百七十八波夜提法	一百八十波逸底迦法
啖蒜戒	1/经分别·比丘尼分别	70/卷 25	70/卷 12	80/卷 39	72/卷 44	73/卷 17
剃隐处毛戒	2/尼分别	71/卷 25	74、180/卷 12	（无）	73/卷 44	74/卷 17
手拍隐处戒	3/尼分别	74/卷 25	71/卷 12	（无）	75/卷 44	76/卷 17
树胶作生支戒	4/尼分别	73/卷 25	72/卷 12	（无）	85/卷 44	94/卷 17
洗隐处过节戒	5/尼分别	72/卷 25	73/卷 12	（无）	74/卷 44	75/卷 17
水扇供比丘戒	6/尼分别	75/卷 25	143/卷 14	79/卷 39	77/卷 44	78/卷 17
煮生食戒	7/尼分别	76/卷 25	166/卷 14	78/卷 39	76/卷 44	77/卷 17
大小便掷墙外戒	8/尼分别	78/卷 25	135、136/卷 13	138/卷 40	78/卷 44	80/卷 17
生草上大小便戒	9/尼分别	77/卷 25	137/卷 13	139/卷 40	174/卷 47	79/卷 17
大小便弃生草上戒	（无）	（无）	138/卷 13	（无）	79/卷 44	（无）
往观歌舞伎乐戒	10/尼分别	79/卷 25	174、183/卷 14	124/卷 39	161/卷 47	172～174/卷 20
独与男子暗室立语戒	11/尼分别	86/卷 25	128/卷 13	123/卷 39	84/卷 44	（无）

续 表

广律与戒类 戒名	巴利律	四分律	五分律	僧祇律	十诵律	根尼律
	一百六十六波逸提法	一百七十八单提法	二百十堕法	一百四十一波逸提法	一百七十八波夜提法	一百八十波逸底迦法
独与男子屏处立语戒	12/尼分别	80/卷25	76/卷12	121/卷39	82/卷44	81/卷17
独与男子露处立语戒	13/尼分别	（无）	78/卷12	（无）	83/卷44	83/卷17
独与男子耳语戒	14/尼分别	82/卷25	80/卷12	122/卷39	91/卷44	86、87/卷17
独与比丘屏处立语戒	（无）	（无）	75/卷12	（无）	80/卷44	82/卷17
独与比丘露处立语戒	（无）	（无）	77/卷12	120/卷39	81/卷44	84/卷17
独与比丘耳语戒	（无）	（无）	79/卷12	（无）	90/卷44	88、89/卷17
入白衣舍不辞辄去戒	15/尼分别	83/卷25	（无）	（无）	143/卷46	95/卷17
入白衣舍不语辄坐戒	16/尼分别	84/卷25	129/卷13	（无）	144/卷46	96/卷17
入白衣舍不语辄宿戒	17/尼分别	85/卷25	164/卷14	（无）	105/卷45	97/卷17
于白衣舍经宿不辞辄去戒	（无）	116/卷27	165/卷14	（无）	（无）	（无）
于食家止宿戒	（无）	（无）	139/卷13	117/卷39	（无）	（无）
不察辄诘戒	18/尼分别	87/卷26	133/卷13	89/卷39	94/卷44	92/卷17

续　表

广律与戒类 戒名	巴利律	四分律	五分律	僧祇律	十诵律	根尼律
	一百六十六波逸提法	一百七十八单提法	二百十堕法	一百四十一波逸提法	一百七十八波夜提法	一百八十波逸底迦法
因诤咒他戒	19/尼分别	88/卷26	134/卷13	87/卷39	93/卷44	91/卷17
因诤捶胸啼哭戒	20/尼分别	89/卷26	132/卷13	88/卷39	92/卷44	90/卷17
裸形露地洗浴戒	21/尼分别	101/卷26	81/卷12	（无）	159/卷47	（无）
作雨浴衣过量戒	22/尼分别	102/卷26	（无）	75/卷39	128/卷46	（无）
故衣不缝过五日戒	23/尼分别	103/卷26	85/卷12	（无）	130/卷46	（无）
不晒看僧衣过五日戒	24/尼分别	104/卷26	86/卷12	77/卷39	131/卷46	（无）
不问主辄著他衣戒	25/尼分别	106/卷27	（无）	71/卷38	（无）	（无）
遮止施与众僧衣戒	26/尼分别	105/卷27	88/卷12	（无）	134/卷46	144/卷19
遮止众僧分衣戒	27/尼分别	108/卷27	84/卷12	（无）	137/卷46	147/卷19
僧衣与白衣外道戒	28/尼分别	107/卷27	87/卷12	72/卷39	132/卷46	142/卷19
寄望得衣戒	29/尼分别	（无）	（无）	（无）	（无）	（无）
遮止出迦絺那衣戒	30/尼分别	110/卷27	185/卷14	（无）	136/卷46	146/卷19

续　表

广律与戒类 戒名	巴利律 一百六十六波逸提法	四分律 一百七十八单提法	五分律 二百十堕法	僧祇律 一百四十一波逸提法	十诵律 一百七十八波夜提法	根尼律 一百八十波逸底迦法
二尼同床卧戒	31/尼分别	90/卷26	（无）	114/卷39	87/卷44	100/卷18
二尼同被卧戒	32/尼分别	91/卷26	152/卷14	（无）	88/卷44	（无）
二尼同衣卧戒	（无）	（无）	150/卷14	（无）	89/卷44	（无）
先住后住相恼戒	33/尼分别	92/卷26	（无）	137/卷40	100、101/卷45	（无）
同住有病不瞻视戒	34/尼分别	93/卷26	123/卷13	（无）	102/卷45	99/卷18
初许共住后驱出戒	35/尼分别	94/卷26	167/卷14	136/卷40	86/卷44	98/卷18
与亲近居士共住戒	36/尼分别	99/卷26	（无）	86/卷39	（无）	（无）
国内恐怖处游行戒	37/尼分别	98/卷26	95/卷13、198/卷14	（无）	97/卷45	104/卷18
国外恐怖处游行戒	38/尼分别	97/卷26	96/卷13	118/卷3	98/卷45	103/卷18
夏安居中游行戒	39/尼分别	95/卷26	92/卷13	134/卷40	95/卷44	101/卷18
夏安居竟不游行戒	40/尼分别	96/卷26	94/卷13	135/卷40	96/卷44	102/卷18
往观王宫画堂园林戒	41/尼分别	100/卷26	99/卷13	119/卷39	99/卷45	（无）

续　表

广律与戒类 / 戒名	巴利律	四分律	五分律	僧祇律	十诵律	根尼律
	一百六十六波逸提法	一百七十八单提法	二百十堕法	一百四十一波逸提法	一百七十八波夜提法	一百八十波逸底迦法
高床尾毛床戒	42/尼分别	（无）	（无）	（无）	（无）	（无）
自手纺缕戒	43/尼分别	114/卷27	163、197/卷14	（无）	146/卷46	155、156/卷19
为白衣营理家务戒	44/尼分别	113/卷27	148/卷14	84/卷39	142/卷46	153/卷19
见净不灭戒	45/尼分别	111/卷27	（无）	125/卷39	（无）	148/卷19
持食与白衣外道戒	46/尼分别	112/卷27	130/卷13	81/卷39	（无）	（无）
不备遮月水衣戒	47/尼分别	（无）	（无）	（无）	（无）	143/卷19
从贫乞迦絺那衣戒	（无）	（无）	（无）	76/卷39	（无）	143/卷19
令后出迦絺那衣戒	（无）	109/卷27	（无）	（无）	135/卷46	（无）
离住地出行不付嘱戒	48/尼分别	（无）	97/卷13	115/卷39	139/卷46	149/卷19
自诵咒术戒	49/尼分别	117/卷27	190/卷14	（无）	140/卷46	150/卷19
教诵咒术戒	50/尼分别	118/卷27	190/卷14	（无）	141/卷46	151/卷19
突入比丘住处戒	51/尼分别	144/卷29	101/卷13	116/卷39	153/卷47	（无）

续 表

广律与戒类 戒名	巴利律 一百六十六波逸提法	四分律 一百七十八单提法	五分律 二百十堕法	僧祇律 一百四十一波逸提法	十诵律 一百七十八波夜提法	根尼律 一百八十波逸底迦法
骂比丘戒	52/尼分别	145/卷29	（无）	91/卷39	154/卷47	（无）
骂比丘尼戒	53/尼分别	146/卷29	（无）	（无）	（无）	130、131/卷19
受请不食戒	54/尼分别	148/卷29	（无）	（无）	157/卷47	（无）
嫉妒施主供他戒	55/尼分别	149/卷29	89/卷12	90/卷39	156/卷47	133/卷19
无比丘处夏安居戒	56/尼分别	143/卷29	91/卷13	（无）	149/卷46	128/卷19
不往比丘僧中求三事自恣戒	57/尼分别	142/卷29	93/卷13	（无）	150/卷46	129/卷19
不往僧中受教诫戒	58/尼分别	140/卷29	110/卷13	131/卷39	152/卷46	（无）
半月不往比丘僧中求教诫戒	59/尼分别	141/卷29	100/卷13	132/卷39	151/卷46	126/卷19
不告众独使男子破疮戒	60/尼分别	147/卷29	168/卷14	133/卷39	162/卷47	159/卷19
度妊娠女戒	61/尼分别	119/卷27	116/卷13	（无）	（无）	111/卷18
度哺乳女戒	62/尼分别	120/卷27	117/卷13	（无）	119/卷45	（无）

续　表

广律与戒类／戒名	巴利律	四分律	五分律	僧祇律	十诵律	根尼律
	一百六十六波逸提法	一百七十八单提法	二百十堕法	一百四十一波逸提法	一百七十八波夜提法	一百八十波逸底迦法
为未学六法童女授具戒	63/尼分别	123/卷27	115/卷13	98/卷38	（无）	119/卷18
僧未许辄为满二十岁童女授具戒	64/尼分别	124/卷28	114/卷13	99/卷38	117、122/卷45	（无）
为未满十二岁曾嫁女授具戒	65/尼分别	125/卷28	104/卷13	100/卷39	108/卷45	108/卷18
为未学六法曾嫁女授具戒	66/尼分别	（无）	（无）	101、102/卷39	111/卷45	109/卷18
僧未许辄为满十二岁曾嫁女授具戒	67/尼分别	126/卷28	105/卷13	103/卷39	109、112/卷45	（无）
不教摄受具弟子二年戒	68/尼分别	128/卷28	121/卷13	104/卷39	114/卷45	112、113/卷18
受具弟子未满二年离师戒	69/尼分别	129/卷28	120/卷13	105/卷39	113/卷45	（无）
度淫女戒	70/尼分别	127/卷28	112/卷13	（无）	115/卷45	160/卷19
为未满二十岁童女授具戒	71/尼分别	121/卷27	（无）	96/卷38	116/卷45	115/卷18

续 表

广律与戒类 戒名	巴利律	四分律	五分律	僧祇律	十诵律	根尼律
	一百六十六波逸提法	一百七十八单提法	二百十堕法	一百四十一波逸提法	一百七十八波夜提法	一百八十波逸底迦法
为未学戒二年童女授具戒	72/尼分别	122/卷27	113/卷13	97/卷38	121/卷45	116/卷18
僧未许辄为满二十岁童女授具戒	73/尼分别	130/卷28	（无）	（无）	（无）	（无）
未满十二年戒腊辄度人授具戒	74/尼分别	131/卷28	102/卷13	92/卷39	106/卷45	106/卷18
满十二年戒腊僧未许辄度人授具戒	75/尼分别	132/卷28	103/卷13	94/卷39	107/卷45	107/卷18
僧未许授具辄谤戒	76/尼分别	133/卷28	109/卷13	109/卷39	（无）	（无）
索衣授具戒	77/尼分别	137/卷28	108/卷13	（无）	（无）	122/卷18
式叉摩那学戒满不与授具戒	78/尼分别	136/卷28	111/卷13	110/卷39	125/卷46	120/卷18
度忧瞋女戒	79/尼分别	135/卷28	（无）	（无）	118、120/卷45	117、118/卷18
父母夫主未许辄度人出家戒	80/尼分别	134/卷28	124、126/卷13	（无）	124/卷46	121/卷18

续　表

广律与戒类 / 戒名	巴利律	四分律	五分律	僧祇律	十诵律	根尼律
	一百六十六波逸提法	一百七十八单提法	二百十堕法	一百四十一波逸提法	一百七十八波夜提法	一百八十波逸底迦法
别住者度学法女戒	81/尼分别	（无）	（无）	（无）	（无）	（无）
每年度弟子戒	82/尼分别	138/卷28	118/卷13	106/卷39	126/卷46	124/卷18
僧未许辄多度弟子戒	83/尼分别	（无）	（无）	（无）	（无）	110/卷18
施财许度戒	（无）	（无）	（无）	（无）	123/卷46	123/卷18
经宿往比丘僧中授具戒	（无）	139/卷28	119/卷13	107/卷39	127/卷46	（无）
著革屣持盖行戒	84/尼分别	158/卷29	142/卷14	112/卷39	148/卷46	（无）
无病载乘行戒	85/尼分别	159/卷30	141/卷13	111/卷39	145/卷46	（无）
著腰络戒	86/尼分别	156/卷30	156/卷14	（无）	147/卷46	（无）
畜白衣妇女装饰物戒	87/尼分别	157/卷29	158、161/卷14	（无）	160/卷46	170/卷20
以香涂摩身戒	88/尼分别	150/卷29	153/卷14	126/卷39	164/卷47	166、167/卷19
以胡麻滓涂摩身戒	89/尼分别	151/卷29	154/卷14	（无）	165/卷47	168/卷20
使比丘尼揩身戒	90/尼分别	152/卷29	（无）	127/卷39	（无）	161/卷19

续　表

广律与戒类 / 戒名	巴利律	四分律	五分律	僧祇律	十诵律	根尼律
	一百六十六波逸提法	一百七十八单提法	二百十堕法	一百四十一波逸提法	一百七十八波夜提法	一百八十波逸底迦法
使式叉摩那揩身戒	91/尼分别	153/卷29	（无）	129/卷39	（无）	162/卷19
使沙弥尼揩身戒	92/尼分别	154/卷29	（无）	128/卷39	（无）	163/卷19
使白衣妇女揩身戒	93/尼分别	155/卷29	（无）	130/卷39	（无）	164/卷19
日暮不请而入白衣舍戒	（无）	161/卷30	170/卷14	（无）	（无）	（无）
日暮开寺门不嘱而出戒	（无）	162、163/卷30	169/卷14	（无）	（无）	（无）
不安居戒	（无）	164/卷30	90/卷13	（无）	（无）	（无）
度常漏女戒	（无）	165/卷30	178/卷14	（无）	（无）	（无）
度二形人戒	（无）	166/卷30	176/卷14	（无）	（无）	（无）
度二道合一女与授具戒	（无）	167/卷30	177/卷14	（无）	（无）	（无）
度负债有病女戒	（无）	168/卷30	125、127/卷13	（无）	（无）	（无）
以世俗方伎为生业戒	（无）	169/卷30	144、146/卷14	82/卷39	（无）	（无）
教世俗方伎戒	（无）	170/卷30	145、147/卷14	83/卷39	（无）	（无）
被摈不去戒	（无）	171/卷30	172/卷14	（无）	（无）	（无）

续　表

广律与戒类 / 戒名	巴利律	四分律	五分律	僧祇律	十诵律	根尼律
	一百六十六波逸提法	一百七十八单提法	二百十堕法	一百四十一波逸提法	一百七十八波夜提法	一百八十波逸底迦法
见比丘不礼敬戒	（无）	175/卷30	179/卷14	（无）	103/卷45	（无）
作白衣妇女装饰身戒	（无）	177/卷30	200、206/卷14	（无）	168—173/卷47	176—180/卷20
使外道女揩身戒	（无）	178/卷30	（无）	（无）	（无）	165/卷19
不问比丘便坐戒	94/尼分别	（无）	（无）	（无）	104/卷45	（无）
不求便问比丘义戒	95/尼分别	172/卷30	186/卷14	（无）	158/卷47	169/卷20
不著僧祇支入村戒	96/尼分别	160/卷30	181/卷14	（无）	（无）	（无）
备　注	97～166为“共戒”	1～69为“共戒”；81、115、173、174、176为本书特有的“不共戒”	1～69为“共戒”；82、83、98、106、107、131、140、149、151、155、157、160、162、171、173、175、182、184、187～189、191～196、199、201～205、207～210为本书特有的“不共戒”	1～70为“共戒”；73、74、85、93、95、113、140、141为本书特有的“不共戒”	1～71为“共戒”；110、129、133、138、155、163、166、167为本书特有的“不共戒”	1～72为“共戒”；85、93、105、125、127、133～141、145、152、154、165、171、175为本书特有的“不共戒”

所说的“不共戒”主要有:“啖蒜戒”,指不得食用大蒜;“生草上大小便戒”,指不得在生草上大小便;“往观歌舞伎乐戒”,指不得往观歌舞伎乐;“独与男子屏处立语戒”,指不得单独与一男子在隐蔽处并立说话;“独与男子耳语戒”,指不得遣去同伴,单独与一男子并立耳语;“不察辄诘戒”,指不得不审察实情就嫌责他人;“因诤咒他戒”,指不得因诤结恨而诅咒他人;“因诤捶胸啼哭戒”,指不得因诤而捶胸哭泣;“遮止出迦絺那衣戒”,指不得阻止舍出迦絺那衣(又称“功德衣”,“出迦絺那衣”表示不再享有受功德衣的五种利益);“同住有病不瞻视戒”,指不得不瞻视同住的患病比丘尼;“不往僧中受教诫戒”,指不得不往比丘僧中求教诫;“为未满二十岁童女授具戒”,指不得为未满二十岁的出家女子授具足戒;“为未学戒二年童女授具戒”,指不得为未经学戒(学“式叉摩那六法”)二年的出家女子授具足戒;“未满十二年戒腊辄度人授具戒”,指戒腊未满十二年的比丘尼,不得度人授具足戒;“满十二年戒腊僧未许辄度人授具戒”,指戒腊满十二年的比丘尼,未经僧众许可,不得度人授具足戒;“畜白衣妇女装饰物戒”,指不得使用俗家妇女的装饰物;“以香涂摩身戒”,指不得用香油涂抹身体;“不著僧祇支入村戒”,指不得不穿“僧祇支”(指掩腋衣)便入村落等。

(5)波罗提提舍尼法。《巴利律》、《四分律》、《五分律》、《僧祇律》、《十诵律》作“八波罗提提舍尼法”,《根尼律》作“十一波罗底提舍尼法”,除《根尼律》以外,戒条均为八条。各律均有的戒条为“无病乞酥戒”等七条,但排序则有出入。所收戒条的主题,虽然和僧戒“波罗提提舍尼法”一样,也是有关饮食方面的,但戒条的具体内容则无一相同,全是比丘尼独有的“不共戒”(详见表13)。

表13　各部广律比丘尼戒“波罗提提舍尼法”不共戒对照表

律名 戒名	巴利律	四分律	五分律	僧祇律	十诵律	根尼律
	八波罗提提舍尼法	八波罗提提舍尼法	八波罗提提舍尼法	八波罗提提舍尼法	八波罗提提舍尼法	十一波罗底提舍尼法
无病乞酥戒	1/经分别·比丘尼分别	1/卷30	1/卷14	1/卷40	3/卷47	3/卷20
无病乞熟酥戒	（无）	（无）	（无）	（无）	4/卷47	4/卷20
无病乞油戒	2/尼分别	2/卷30	2/卷14	2/卷40	5/卷47	5/卷20
无病乞蜜戒	3/尼分别	3/卷30	3/卷14	3/卷40	（无）	7/卷20
无病乞黑石密戒	（无）	4/卷30	4/卷14	4/卷40	4/卷47	（无）
无病乞糖戒	4/尼分别	（无）	（无）	（无）	（无）	6/卷20
无病乞鱼戒	5/尼分别	7/卷30	7/卷14	7/卷40	6/卷47	8/卷20
无病乞肉戒	6/尼分别	8/卷30	8/卷14	8/卷40	7/卷47	9/卷20
无病乞乳戒	7/尼分别	5/卷30	5/卷14	5/卷40	1/卷47	1/卷20
无病乞酪戒	8/尼分别	6/卷30	6/卷14	6/卷40	2/卷47	2/卷20
无病乞脯戒	（无）	（无）	（无）	（无）	8/卷47	10/卷20
备　注						11为“共戒”

主要戒条有：“无病乞酥戒”，指无病不得乞酥（从酪而出，包括生酥、熟酥）而食；“无病乞油戒”，指无病不得乞油（指植物油和油脂）而食；“无病乞蜜戒”，指无病不得乞蜜（指蜂蜜）而食；“无病乞鱼戒”，指无病不得乞鱼而食；“无病乞肉戒”，指无病不得乞肉（此指“三种净肉”，即“不见”、“不闻”、“不疑”是为我故杀之肉）而食；“无病乞乳戒”，指无病不得乞乳（从牛而出）

而食;"无病乞酪戒",指无病不得乞酪(从乳而出)而食等。

(6)众学法。尼戒"众学法",《巴利律》、《四分律》、《五分律》、《僧祇律》、《十诵律》、《根尼律》均作"共戒"。除一二条例外,其他戒条的内容与排序,均与各律的僧戒"众学法"相同。其中,《僧祇律》僧戒"众学法"中的"生草上大小便戒"、"水中大小便戒"二条,因已被编入尼戒"波逸提法"中,律典是将它们从尼戒"众学法"中去除的(僧戒"众学法"作六十六条,而尼戒"众学法"则作六十四条);《四分律》、《五分律》僧戒"众学法"中的"生草上大小便戒",也被编入尼戒"波逸提法"中,但律典未将此戒从尼戒"众学法"中去除(为保持原貌,今只作说明,不作删改)。

(7)灭诤法。尼戒"灭诤法",《巴利律》、《四分律》、《五分律》、《僧祇律》、《十诵律》、《根尼律》,均作"共戒"。其内容和排序,全与各律的僧戒"灭诤法"相同。

三、僧团的制度和行事

佛教的"止持戒",主要是针对佛弟子的个人行为制立的,而佛教的"作持戒",主要是针对僧团大众的集体行为制立的。僧团是出家佛弟子的团体,而出家是一种"功德"、"善举",故"作持戒"所制立的僧团制度和行事,性质上属于"作善"的"律",凡是僧团成员,也必须像"止持戒"那样,加以受持。有关"作持戒"的内容,主要见载于广律中的"犍度"。其内容之丰富,可以说,每项僧团制度都足以写成长篇专论。限于篇幅,以下将先总述有关僧团制度和行事的资料("毗尼摩得勒伽"和"犍度"),然后别叙受戒制度、布萨制度、安居与自恣制度、羯磨制度、衣食制度等重要的僧团制度。

(一)“毗尼摩得勒伽”和“犍度”

佛制立的僧团的各项制度和行事,最初的类集,被称为“毗尼摩得勒伽”,意为律的“本母”,指僧团制度和行事的纲目(实为纲目的解释)。“摩得勒伽”是“论义”的别称,它既可用于诠释“经”(又称“法”),也可用于诠释“律”,故“经”和“律”各有“摩得勒伽”。从今传的律典来看,“毗尼摩得勒伽”的叙述形式,有先列“本母”总目(又称“标目”),然后逐一解释事项的,例如《萨婆多部毗尼摩得勒伽》卷五;有未列“本母”总目,但行文所释事项,实际上是以“本母”为序展开的,例如《十诵律·比尼诵》、《毗尼母经》;也有先逐一解释事项,然后以“摄颂”的形式给出“本母”的,例如《摩诃僧祇律》。

在“毗尼摩得勒伽”的基础上,渐次集成,便形成了广律中的“犍度”。“犍度”,意为“篇”、“聚”、“品”等,是律典和论典均使用的术语,从唐义净将根本说一切有部的单篇“犍度”,均译作某“事”,如《根本说一切有部毗奈耶出家事》、《根本说一切有部毗奈耶安居事》、《根本说一切有部毗奈耶随意事》等来看,律典中的“犍度”又称“律事”,指僧团的制度和行事的分类编集。“毗尼摩得勒伽”是律事的细项,而“犍度”则是包纳细项的大类。

今传的六部广律中,《巴利律》、《四分律》、《五分律》、《根有律》的“律事”,对“作持戒”的叙述,均采用“犍度”形式;而《僧祇律》则采用“毗尼摩得勒伽”形式;《十诵律》在“犍度”(书中称之为“法”)之外,仍保存了“毗尼摩得勒伽”的内容。采用“犍度”形式的,所叙的律事相对集中,各律“犍度”之间的对应关系,也较为明显;采用“摩得勒伽”形式的,所叙的律事相对分散,它与“犍度”的对应关系,较为复杂。其中,南传巴利文《律藏》中的“犍度”,分为“二十二犍度”,类目较为齐整。故以下以巴利文《律藏》为例，将各“犍度”的大致内容，作一概述，其他各律“犍度”或“摩得勒伽”的内容，可根据对应关系加以推知（详见表14）：

1.《大品》。下分十犍度。（1）《大犍度》（又称《受戒犍度》），叙述佛早期的教化事迹、出家受戒方面的制度和行事。（2）《布萨犍度》（又称《说戒犍度》），叙述僧众每半月一次“说戒”方面的制度和行事。（3）《入雨安居犍度》（又称《安居犍度》），叙述“夏安居”方面的制度和行事。（4）《自恣犍度》，叙述“自恣”方面的制度和行事。（5）《皮革犍度》，叙述僧众使用皮革制品方面的制度和行事。（6）《药犍度》，叙述僧众饮食医药方面的制度和行事。（7）《迦絺那衣犍度》，叙述僧众受舍“迦絺那衣”（又称“受功德衣”，指受领赏与结夏僧众、象征五项权利的法衣）方面的制度和行事。（8）《衣犍度》。叙述僧众衣服方面的制度和行事。（9）《瞻波犍度》，叙述佛在瞻波国时，因迦尸国婆沙婆村“旧比丘”（指当地比丘）迦叶姓（又称“姓迦叶”）被“客比丘”（指外来比丘）作羯磨非法举罪之事，而制立的有关如何作“如法和合羯磨”方面的制度和行事。（10）《憍赏弥犍度》（又称《拘睒弥犍度》），叙述佛在憍赏弥（又称“拘睒弥”）国时，因该国僧众争论某比丘是否犯罪分裂成两派之事，而制立的有关“举罪比丘”（指举发他人犯罪者）和“被举比丘”（指被举发犯有罪者）及“随被举比丘”（指随顺被举人者）各自“应作”或“不应作”方面的制度和行事。

2.《小品》。下分十二犍度。（1）《羯磨犍度》（又称《呵责犍度》），叙述佛因舍卫国比丘盘那、卢醯那挑动僧众斗诤等事，而制立的有关治罚恶行的七种羯磨（指“呵责羯磨”等）方面的制度和行事。（2）《别住犍度》（又称《覆藏犍度》），叙述犯“僧残罪”的覆藏者，在受处罚的“别住”（指犯罪者须离众别住一

表 14　各部广律“犍度”对照表

巴利律	四分律	五分律	僧祇律	十诵律	根有部律事
大品十犍度、小品十二犍度	二十犍度、集法、调部	十九法、集法	杂诵跋渠法、威仪法、比丘尼杂跋渠	七法、八法、杂诵	八事（单本）
1/大品·大犍度	1/受戒犍度（卷 31 至卷 35）	1/受戒法（卷 15 至卷 17）	杂诵跋渠法第一、五跋渠（卷 23 至卷 24、卷 28 至卷 29）	1/受具足戒法（卷 21）	《出家事》四卷
2/大品·布萨犍度	2/说戒犍度（卷 35 至卷 36）	2/布萨法（卷 18）	杂诵跋渠法第四跋渠（卷 27）	2/布萨法（卷 22）	（汉译缺）
3/大品·入雨安居犍度	3/安居犍度（卷 37）	3/安居法（卷 19）	杂诵跋渠法第四跋渠（卷 27 至卷 28）	4/安居法（卷 24）	《安居事》一卷
4/大品·自恣犍度	4/自恣犍度（卷 37 至卷 38）	4/自恣法（卷 19）	杂诵跋渠法第四跋渠（卷 27）	3/自恣法（卷 23）	《随意事》一卷
5/大品·皮革犍度	5/皮革犍度（卷 38 至卷 39）	6/皮革法（卷 21）	杂诵跋渠法第七跋渠（卷 31）	5/皮革法（卷 25	《皮革事》二卷
6/大品·药犍度	7/药犍度（卷 42 至卷 43）	7/药法、8/食法（卷 22）	杂诵跋渠法第五、六、九、十、十二跋渠（卷 28 至卷 33）	6/医药法（卷 26）	《药事》十八卷

续 表

巴利律	四分律	五分律	僧祇律	十诵律	根有部律事
7/大品·迦絺那衣犍度	8/迦絺那衣犍度(卷43)	9/迦絺那衣法(卷22)	杂诵跋渠法第四跋渠(卷28)	8/迦絺那衣法(卷29)	《羯耻那衣事》一卷
8/大品·衣犍度	6/衣犍度》(卷39至卷41)	5/衣法(卷20至卷21)	杂诵跋渠法第四、七跋渠(卷28、卷31)	7/衣法(卷27至卷28)	(汉译缺)
9/大品·瞻波犍度	10/瞻波犍度(卷44)	11(3)/羯磨法(卷24)	杂诵跋渠法第二、三、七跋渠(卷24至卷27、卷31)	10/瞻波法(卷30)	(汉译缺)
10/大品·憍赏弥犍度	9/拘睒弥犍度(卷43)	11(2)/羯磨法(卷24)	杂诵跋渠法第二跋渠(卷24至卷26)	9/俱舍弥法(卷30)	(汉译缺)
11/小品·羯磨犍度	11/呵责犍度(卷44至卷45)	11(4)/羯磨法(卷24)	杂诵跋渠法第一、二跋渠(卷24至卷26)	11/般荼卢伽法(卷31)	(汉译缺)
12/小品·别住犍度	13/覆藏犍度(卷46)	17/别住法(卷28)	杂诵跋渠法第二跋渠(卷24至卷26)	12(2)/僧残悔法(卷33)	(汉译缺)
13/小品·集犍度	12/人犍度(卷45)	11(1)/羯磨法(卷23)	杂诵跋渠法第二跋渠(卷24至卷26)	12(1)/僧残悔法(卷32)	(汉译缺)

续　表

巴利律	四分律	五分律	僧祇律	十诵律	根有部律事
14/小品·灭诤犍度	16/灭诤犍度（卷47至卷48）	10/灭诤法（卷23）	杂诵跋渠法第二、十三跋渠（卷26、卷33）	15/诤事法（卷35）	（汉译缺）
15/小品·小事犍度	20/杂犍度（卷51至卷53）	14/杂法（卷26）	杂诵跋渠法第五、七、八、九、十、十四跋渠（卷29、、卷31至卷33）	16（2）/杂诵·杂法（卷37至卷40）	《杂事》四十卷
16/小品·卧坐具犍度	19/房舍犍度（卷50至卷51）	13/卧具法（卷25）	杂诵跋渠法第三、七、十二跋渠（卷27、卷31、33）	14/卧具法（卷34）	（汉译缺）
17/小品·破僧犍度	15/破僧揵度（卷46）	12/破僧法（卷25）	杂诵跋渠法第三、十跋渠（卷26、卷32）	16（1）/杂诵·调达事（卷36至卷37）	《破僧事》二十卷
18/小品·仪法犍度	18/法犍度（卷49）	15/威仪法（卷27）	威仪法（卷34至卷35）	16（4）/杂诵·杂法（卷41）	见《杂事》（卷10、卷35等）
19/小品·遮说戒犍度	14/遮犍度（卷46）	16/遮布萨法（卷28）	杂诵跋渠法第四跋渠（卷27）	13/遮法（卷33）	（汉译缺）

续表

巴利律	四分律	五分律	僧祇律	十诵律	根有部律事
20/小品·比丘尼犍度	17/比丘尼犍度》(卷48至卷49)	19/比丘尼法(卷29)	杂诵跋渠法第六跋渠(卷30)、比丘尼杂跋渠(卷40)	16(3)/杂诵·杂法(卷40—卷41)	见《杂事》(卷29至卷34)
21/小品·五百犍度	21/集法毗尼五百人(卷54)	20/五百集法(卷30)	杂诵跋渠法第十跋渠(卷32)	18/五百比丘结集三藏法品(卷60)	见《杂事》(卷39至卷40)
22/小品·七百犍度	2/七百集法毗尼(卷54)	21/七百集法(卷30)	杂诵跋渠法第十跋渠(卷33)	19/七百比丘集灭恶法品(卷60至卷61)	见《杂事》(卷40)
(附随)	23/调部(卷55至卷57)	18/调伏法(卷28)	杂诵跋渠法第六跋渠(卷29至卷30)	二种毗尼及杂诵(卷57至卷59)	(无)

处）期间不得享有的权利（又称“夺三十五事”，即剥夺三十五项权利）方面的制度和行事。（3）《集犍度》（又称《人犍度》），叙述对犯“僧残罪”者作处罚方面的制度和行事。（4）《灭诤犍度》，叙述“七灭诤”方面的制度和行事。（5）《小事犍度》（又称《杂犍度》），叙述僧众日常生活资具、杂事方面的制度和行事。（6）《卧坐具犍度》（又称《房舍犍度》），叙述僧众房舍和卧具的造作、分配、使用、管理、修治等方面的制度和行事。（7）《破僧犍度》，叙述佛就提婆达多（又称“调达”，佛的叔父斛饭王之子、阿难的兄长）“破僧”（指破坏和合的僧团）事而制立的相关制度。（8）《仪法犍度》（又称《法犍度》），叙述僧众日常生活中行仪规范（又称“威仪”）方面的制度和行事。（9）《遮说戒犍度》（又称《遮犍度》），叙述遮止（指制止）犯罪比丘参与布萨日说戒活动方面的制度和行事。（10）《比丘尼犍度》，叙述比丘尼方面的制度和行事。（11）《五百犍度》（又称《集法毗尼五百人》），叙述佛入灭后的当年雨安居期间，在王舍城举行的由摩诃迦叶（又称“大迦叶”）主持、五百比丘参加的“第一次结集”（又称“王舍城结集”）的情况。（12）《七百犍度》（又称《七百集法毗尼》），叙述佛入灭后一百年时，在毗舍离城举行的由耶舍发起、七百比丘参加，旨在解决戒律争端的“第二次结集”（又称“毗舍离城结集”）的情况。

有关佛教的僧团制度，除见载于上述部派广律的“毗尼摩得勒伽”和“犍度”以外，也见载于羯磨法、威仪法、律论等单本律典。

（二）受戒制度

“受戒”，指的是通过一定的仪式，接受佛制立的戒法。受戒有“渐受戒”（又称“渐次戒”）和“顿受戒”（又称“顿立戒”）之分，小乘佛教的“七众别解脱戒”都是依信众的层次逐步、分级受持的戒法,性质上属于“渐受戒”;只有大乘佛教的“菩萨戒”,是不依信众的层次而直接受持的戒法,性质上属于“顿受戒”。其中,“三归依”(又称“三归戒”)是一切佛教信众,不论在家或出家,都要首先受持的最基本的戒法。在此基础上,出家众可以分别受持“十戒”(如沙弥、沙弥尼)、“六法”(如式叉摩尼)、“具足戒”(如比丘、比丘尼);在家众(优婆塞、优婆夷)可以受持“五戒”、“八戒”。此外,有些汉译律典(如《十诵律》、《萨婆多毗尼毗婆沙》、《毗尼母经》、《根本说一切有部毗奈耶出家事》、《佛阿毗昙经》、《沙弥十戒法并威仪》等)还规定,沙弥、沙弥尼在受“十戒”之前,也须受持属于在家戒的“五戒”。这样,“五戒”也成了“道俗共戒”(见北宋道诚《释氏要览》卷上)。

由于在“七众别解脱戒”中,比丘、比丘尼受持的“具足戒”层次最高,因此,在律典中,无论是“毗尼摩得勒伽”,还是“犍度”,都是将“受具足戒法”,作为僧团制度的首项,加以叙述的。《十诵律》卷五十六列举了佛教史上“十种受具足戒”的方法,说:

> 佛在王舍城,语诸比丘:十种明具足戒。何等十?佛世尊自然无师,得具足戒;五比丘得道,即得具足戒;长老摩诃迦叶自誓,即得具足戒;苏陀随顺答佛论故,得具足戒;边地持律第五(指五人授具中,须有一人为羯磨师),得受具足戒;摩诃波阇波提比丘尼受八重法,即得具足戒;半迦尸尼遣使,得受具足戒;佛命善来比丘,得具足戒;归命三宝已,三唱我随佛出家,即得具足戒;白四羯磨得具足戒,是名十种具足戒。(《大正藏》第二十三卷,第410页上)

这里说的“十种受具足戒”,归纳起来,就是:(1)“无师受具”。指佛无师而得具足戒。(2)“得道受具”。指阿若憍陈如等五比丘体悟“四谛”之理而得具足戒。(3)“自誓受具”。指摩诃迦叶自誓而得具足戒。(4)“问答受具”。指苏陀通过回答问题而得具足戒。(5)“五众受具”。指边远地区由僧众五人,即“三师二证”作“白四羯磨”而得具足戒。(6)“八重受具”。指佛的姨母摩诃波阇波提领受“八敬法”而得具足戒。(7)“遣使受具”。指半迦尸尼遣使求受而得具足戒。(8)“善来受具”。指由佛呼唤“善来比丘”而得具足戒。(9)“三唱受具”。指作“三归依”后,三唱“我随佛出家”而得具足戒。(10)“十众受具”。指“十众受具”,即非边远地区由僧众十人,即“三师七证”作“白四羯磨”而得具足戒。

上述十种受具足戒法中,“无师”、“得道”、“自誓”、“问答”、“八重”、“遣使”、“善来”、“三唱”八种受具足戒的方法,是佛在世时才有的事例;只有“十众”、“五众”两种受具足戒的方法,是佛在世时制立并为后世沿用的,即非边远地区用“十众受具”,边远地区用“五众受具”,授戒时须作“白四羯磨”(指羯磨师将事情向僧众报告一次,再征询意见三次,若僧众同意则默然,不同意则说,三次征询意见皆默然,即为决议),这也就是通常所说的“白四羯磨受具足戒法”。

授具足戒,包括授者和受者两个方面(汉译律典中“授”、“受”不分,均作“受”),两者都有相应的资格要求。对授具足戒者来说,必须具备“三师七证”。“三师”指的是:(1)“戒和尚”(“和尚”又作“和上”)。又称“得戒和尚”、“具足戒和尚”,指求受具足戒者的“亲教师”,须具备十年以上戒腊和相应的德行(出家女子的戒和尚须具备十二年以上戒腊和相应的德行)。(2)“羯磨师”。又称“羯磨阿阇梨”、“受戒阿阇梨”,指授戒时作羯磨的“轨范师”。(3)“教授师”。又称“教授阿阇梨”、“屏教阿阇梨”,指授戒时教授威仪的“轨范师”。“羯磨师”、“教授师”须具备五年以上戒腊和相应的德行。“七证”，指七位“尊证师”，又称“尊证阿阇梨”、“证明师”，即七位充任授具足戒见证人的大德。

对受具足戒者来说，须年满二十岁，没有不得受具足戒的各种情况。这些情况分为两类：一类因自性之恶而造成的不得受具足戒的情况，称为“难事”，据《四分律》卷三十五所列有十三种，称为“十三难”（又称“十三重难”）；另一类是因非自性之恶而造成的不得受具足戒的情况，称为“遮事”，据《四分律》所列有十种，称为“十遮”（又称“十轻遮”，细分作“十六轻遮”）。在授具足戒之前，僧团须以“问遮难”的方式，逐一询问这些情况，以确定其是否具备受具足戒的条件。

“问十三难”，询问的是下列情况：（1）有无“犯边罪”（指犯不可治罪，即“四波罗夷罪”）。（2）有无“犯比丘尼”（指侵犯比丘尼）。（3）是否“贼心入道”（指为利养或盗法而出家）。（4）有无“坏二道”（指破坏外道和内道）。（5）是否“黄门”（指男根有缺陷者）。（6）是否“杀父”（指杀父亲）。（7）是否“杀母”（指杀母亲）。（8）是否“杀阿罗汉”（指杀得道高僧）。（9）是否“破僧”（指破坏和合的僧团）。（10）是否“恶心出佛身血”（指损伤佛身）。（11）是否“非人”（指鬼神）。（12）是否“畜生”（指龙王等）。（13）是否“有二形”（指同具男女二根，即两性人）。

“十遮”，询问的是下列情况：（1）“汝字何等”（指名字叫什么）。（2）“和尚字谁”（指戒和尚是谁）。（3）“汝年满二十未”（指是否年满二十岁）。（4）“三衣、钵具不”（指是否具备衣钵）。（5）“父、母听汝不”（指父母是否同意出家）。（6）“汝不负债不”（指是否负债）。（7）“汝非奴不”（指是否为奴仆）。（8）“汝非官人不”（指是否为官员）。（9）“汝是丈夫不”（指是否为男子)。(10)“有癞、痈疽、白癞、干痟、颠狂病不”(指有无五种病。后来,律宗人士又将“十遮”中“三衣、钵具不”、“父、母听汝不”各拆为二条、又将“有癞、痈疽、白癞、干痟、颠狂病不”拆为五条,作十六条,称之为“十六轻遮”,见后唐景霄《四分律钞简正记》卷七下《受戒篇》)。

“白四羯磨”授具足戒是一件隆重的大事,它有一套完整的程序和仪式。据唐怀素《僧羯磨》卷上《授戒篇》记载,比丘戒的授戒次第是:(1)《受具戒请和上法》,指出家男子请求某大德作“和上”(指“戒和尚”)。(2)《请戒师法》,指出家男子请求某大德作“羯磨阿阇梨”(又称“羯磨师”、“戒师”,须具备五年以上戒腊和相应的德行,下同)。(3)《请教授师法》,指出家男子请求某大德作“教授阿阇梨”。(4)《安受戒人处所法》,指将出家男子安置在“眼见耳不闻处”检问。(5)《差教授师法》,指僧众推选某大德作出家男子的“教授师”。(6)《往彼问遮难法》,指教授师向出家男子“问遮难”(指询问有无“十三重难”、“十六轻遮”所列的不得受具足戒的各种情况,此为预审)。(7)《问已白僧法》,指教授师向僧众报告“问遮难”情况。(8)《从僧乞戒法》,指出家男子请求僧众授与具足戒。(9)《戒师白法》,指戒师(指“羯磨师”)在“问遮难”之前向僧众作告白。(10)《戒师问法》,指戒师向出家男子“问遮难”(此为复审)。(11)《正授戒法》,指戒师作“白四羯磨”向出家男子授具足戒。(12)《授戒相法》,指戒师向已受具戒的比丘说“四波罗夷法”。(13)《授四依法》,指戒师向已受具戒的比丘说“四依法”。

另外,比丘在受具足戒后的五年内,须依止戒和尚。和尚对弟子(“新受戒比丘”)当行“和尚法”(指和尚如何教护弟子的规制),弟子对和尚当行“弟子法”(指弟子如何承事和尚的规制）。其间，和尚若命终，弟子应另请阿阇梨作依止，阿阇梨对弟子当行“阿阇梨法”（内容与“和尚法”相同），弟子对阿阇梨当行“弟子法”等（以上见《四分律》卷三十三）。

（三）布萨制度

“布萨”，音译又作“逋沙他”、“褒洒陀”、“布萨陀婆”等，意译“净住”、“长养”、“长养清净”、“斋”、“说戒”等，指佛教僧团每半月一次（农历每月十五日、二十九日或三十日）的集会说戒活动，以及在家信众在“六斋日”（农历每月八日、十四日、十五日、二十三日、二十九日、三十日）受持“八关斋戒”的活动。

“布萨”原是古印度婆罗门修行者的斋日。据《四分律》卷三十五《说戒犍度》说，佛在罗阅城（又称“王舍城”）时，“外道梵志”（指佛教以外的“沙门”、“婆罗门”修行者）于每月三次（八日、十四日、十五日）集会说法，社会人士纷纷前往，进而成为他们的信徒。摩竭国瓶沙王见后，前往佛所，希望佛教也能定期集会说法。佛采纳了这一建议，决定也实行“月三时集（会），八日、十四日、十五日”，由僧众轮流说法。说法的内容为“契经”，以“说义”为主，“不具说文句”，最简略的说法也要说一偈。“极少下至说一偈。一偈者：诸恶莫作，诸善奉行。自净其意，是诸佛教。”（以上见《四分律》卷三十五《说戒犍度》）以后又决定“月八日、十四日说法，十五日布萨”（见《五分律》卷十八《布萨法》）。从而形成了僧团每半月一次集会说戒的制度。说戒的时间，通常定为“黑月十四日”（或“黑月十五日”）、“白月十五日”（见《根本说一切有部戒经》），这三天也称为“布萨日”。这里说的“黑月”（又称“黑分”）、“白月”（又称“白分”），并非是两个月，而是一个月的上半月和下半月。古印度历法以满月的翌日为一个月的开始，将每月的上半月称为“黑月”（与我国农历有半个月的错位，相当于农历当月十六日至三十日），将每月的下半月称为“白月”(相当于农历次月初一至十五日)。“黑月”、“白月”各有十五日。

最初的说戒,通常是由佛宣诵“略说教诫偈”(又称“教授波罗提木叉”、“偈布萨”),其偈文为:“善护于口言,自净其志意。身莫作诸恶,此三业道净。能得如是行,是大仙人道。”(见《四分僧戒本》)佛成道十二年以后,随着“淫戒”等根本大戒的制立,佛不再亲自说戒,改由佛弟子自行说戒,其内容为诵说佛制立的戒法条文(又称“威德波罗提木叉”)。以后又演化为诵说由说戒仪轨(指程序和仪式)与戒法条文组合而成的“戒经”。

“布萨”是僧团定期的集体活动,因此须有一套指导如何运作的规制。据《四分律》卷三十五、卷三十六所载,大致包括:说戒前,僧众应随住处,共集一处,根据自己所在的村邑、地理环境“结界”(指依羯磨划定作法的区域),结作“同一住处、同一说戒”的”大界”,唱告这一区域的四方标志物;“结界”的区域可根据情况作或大或小的变更,其方法是作羯磨,先舍旧界(即“解界”,解除原先划定的区域),再作新界(即重新“结界”;有关布萨结界所涉及的结解“大界”、“戒场”、“小界”的作法,详见曹魏昙谛译《羯磨》);布萨日,若同一住处有比丘四人或四人以上时,应依“众僧说戒法”,广说戒经;若有比丘三人或二人时,应依“对首说戒法”,各共面对将表示自己行为清净的告白说三遍;若仅有比丘一人时,应依“心念说戒法”,独自将表示自己行为清净的告白口说或心念三遍;不得作“非法别众羯磨说戒”、“非法和合众羯磨说戒”、“法别众羯磨说戒”,应当作“法和合众羯磨说戒”;因病不能参加说戒的比丘,须“与欲”(委托他人表示自己赞同僧众所作事的意愿,亦即请假)、“与清净”(委托他人表示自己行为的清净);说戒时,若遇到“王、贼、火、水、病、人、非人、恶虫”八难(八种意外情况),可以“略说戒”(指只说戒经的一部分)；说戒前，比丘若忆念有罪或对是否犯罪尚有疑问，应前诣清净比丘所，发露忏悔；说戒时，比丘若忆念有罪或对是否犯罪尚有疑问，应对邻座说，或作“心念”，待说戒结束后，如法忏悔等。此外，律中规定，犯罪比丘不得参加布萨日说戒等(见《四分律》卷四十六)。

(四) 安居、自恣制度

“安居”，意译又作“夏安居”、“雨安居”、“坐夏”、“结夏”、“坐腊”等，指每年雨季四个月中的三个月，佛教僧众须定居一处、摄心修行，以免因雨季外出行游，而踩杀虫蚁草木。

印度一年分为“三时”(即三季，每季四个月)，但对“三时”的划分，说法不同。唐玄奘《大唐西域记》卷二说，“正月十六日至五月十五日”，为“热时”；“五月十六日至九月十五日”，为“雨时”；“九月十六日至正月十五日”，为“寒时”；而唐道宣《四分律删繁补阙行事钞》卷上之三《受戒缘集篇》则说：“十二月十六日至四月十五日”，为“春”；“四月十六日至八月十五日”，为“夏”；“八月十六日至十二月十五日”，为“冬”。两种说法，相差一个月。

每年夏季作三个月的“安居”，原是古印度婆罗门修行者的行事。有一次，佛在舍卫国祇树给孤独园时，“六群比丘”不分季节，到处行游，因夏季暴雨，河水上涨，连衣钵、坐具、针筒等随身物品，都被水漂走了。此事受到当地居士的讥讽，说“沙门释子”还不如“外道”，“外道”尚且知道“三月安居”，而“沙门释子，一切时春夏冬人间游行”，“蹈杀生草木，断他命根”。佛得知这一情况后，召集僧众，当众呵责了“六群比丘”，并宣布，“从今已去，听诸比丘三月夏安居”(见《四分律》卷三十七)。

“夏安居”有“二种安居”、“三种安居”之分。

(1) “二种安居”。指“前安居”、“后安居”。由于对印度

“三时”的划分不同，有关前、后安居的时间也形成两说。《四分律》、《五分律》、《僧祇律》、《十诵律》同用一说，如《僧祇律》卷二十七说：“前安居，从四月十六日至七月十五日；后安居，从五月十六日至八月十五日。”（《大正藏》第二十二卷，第451页中）《善见律毗婆沙》、《根本说一切有部毗奈耶安居事》同用一说，如《善见律毗婆沙》卷十七说：“梵本律，五月十六日为前安居，六月十六日后安居。”（《大正藏》第二十四卷，第793页中）

（2）“三种安居”。指“前安居”、“中安居”、“后安居”。《四分律》卷五十八说：“有三种安居：前安居、中安居、后安居。”（《大正藏》第二十二卷，第998页中）唐道宣《四分律删繁补阙行事钞》卷上之三《受戒缘集篇》解释说：“四月十六日，是前安居；十七日已去至五月十五日，名中安居；五月十六日，名后安居。……前安居者，住前三月；后安居者，住后三月；虽不云中（指“中安居”）三月，然文中具明前后日数，中间不辨，于理自明。”（《大正藏》第四十卷，第38页中）

“夏安居”虽有“前”、“后”之别，但律典上一般要求结“前安居”。《五分律》卷十九说：“若无事，应前安居；有事，听后安居。”（《大正藏》第二十二卷，第129页中）《善见律毗婆沙》卷十八说：“前安居人，得受迦絺那衣；破安居人、后安居人不得。”（《大正藏》第二十四卷，第795页下）也就是说，只有结“前安居”的人，才能在安居结束后，享有“受迦絺那衣”（又称“受功德衣”）的权利，结“后安居”的人是没有此项权利的。

安居期间，僧众应定居一处，读诵经律，不得出界行游；若因“佛、法、僧”等事情需外出，须“受日”（指请假）。如在七日之内返回住地的，须向长老请求“受七日法”（指请假七日）；如超过七日的，须向僧众请求“受过七日法”（指请假“十五日”或“一月”），并经同意，方可成行。安居中，若因“留难”（指影响性命和修行的险难）而无法安居的，可移住他处，不作“破安居”处理等（以上见《四分律》卷三十七）。

“夏安居”结束之日为“自恣日”（“前安居”为农历七月十五日，“后安居”为农历八月十五日），僧众要举行“自恣”活动。“自恣”，意译“满足”、“喜悦”、“随意”，指请他人根据所见、所闻、所疑，任意举发自己所犯之罪，亦即请求他人批评举罪。自恣时，若同一住处有比丘五人或五人以上时，应作“僧法自恣”（即“众僧法”自恣），即先推选“受自恣人”，然后在“受自恣人”的主持下，从上座开始，僧众依次“三说自恣”（指将自恣告白说三遍），若有罪，应当如法忏悔；若有比丘二人至四人时，应作“对首自恣”（指各共面对作自恣）；若仅有比丘一人时，应作“心念自恣”；有比丘有病不能参加自恣活动的，应“与自恣”，委托他人表达自恣意愿；自恣时，如遭遇“八难”（指“王难、贼难、火难、水难、病难、人难、非人难、毒虫难”）等危难之事，允许“略说自恣”，即将自恣告白说二遍或一遍等（以上见《四分律》卷三十七、卷三十八）。

“自恣日”的次日（农历七月十六日）或一个月之内，僧众要举行“受迦絺那衣”活动。“迦絺那衣”，音译又作“羯耻那衣”，意译“功德衣”、“赏善罚恶衣”、“坚实衣”，指赏与坐夏僧众、象征五项权利的法衣。“受迦絺那衣”时，僧众须先推选“持功德衣人”，由他代表僧众集体受领“功德衣”，然后由“持功德衣人”持衣，让僧众依次扪摸，各自表示已受功德衣。僧众因结夏功德而“受迦絺那衣”，可以在此后的五个月（七月十六日至十二月十五日）之内享有五项权利（指开许做“五事”而不作为犯戒）。（1）“畜（蓄）长衣”。指蓄存“三衣”以外的多余的衣服。（2）“离衣宿”。指离三衣而过宿。（3）“别众食”。指比丘四人或四人以上别聚一处受正食。（4）“展转食”。指受正食以后,又到别处再食。(5)"食前食后不嘱比丘入聚落"。指正食前后,不告知同住比丘便入聚落。但这五种权利并非是一直可享有的,过了上述时间段,就要"舍迦絺那衣",宣告权利的中止。此外,若本人持律谨严,也可提前作"心念"舍衣,自愿放弃原可享有的权利(以上见《四分律》卷四十三、《五分律》卷二十二)。

(五) 羯磨制度

"羯磨",意译"业"、"办事"、"作法办事"等,指僧团议决僧事的活动(也有人称之为"僧伽会议")。"羯磨法",又译"羯磨仪范",指僧团议决僧事的作法,是贯通各项僧团制度的基础性法规。如唐慧苑撰《一切经音义》卷二十二说:"羯磨,此云办事,谓诸法事,由兹成办。"(《大正藏》第五十四卷,第441页中)唐义净译《根本说一切有部百一羯磨》卷十说:"羯磨者,其义何也?佛言:所由之事,谓即是因为彼作法,名为羯磨。"(《大正藏》第二十四卷,第499页下)

佛制立的羯磨法适用于僧团的各种行事,如"结界"(指划定作法的区域)、"解界"(指解除作法的区域)、"受戒"、"说戒"、"安居"、"自恣"、"受衣"、"受药"、"分房舍"、"忏罪"、"说净"(指将"长物"即超出规定蓄存的物品作净施),以及其他杂事(见曹魏昙谛译《羯磨》、康僧铠译《昙无德律部杂羯磨》等)。每一种羯磨的举行都必须具备相应的条件,符合者为"如法羯磨",不符合者为"非法羯磨"。如《毗尼母经》卷二说:

> 羯磨者,有四因缘,羯磨得成。一如法;二僧齐集;三如法白一(指白一羯磨)处白一,乃至白四(指白四羯磨)处白四,白四处不白三二一;四者众僧不来者与欲,众中无说难者。此四法成就,是名如法羯磨。(《大正藏》第二十四卷,第810页中)

意思是说,作羯磨须具备四种条件,方能成就:一是符合羯磨法的要求;二是同一界内的僧众全都聚集与会;三是针对不同的事情作不同的羯磨;四是因故不能参加羯磨者必须请假。唐道宣《四分律删繁补阙行事钞》卷上之一《通辨羯磨篇》则进而提出:

> 一切羯磨,必须具四法:一法、二事、三人、四界。(《大正藏》第四十卷,第11页中)

意思是说,一切羯磨必须具备"法"、"事"、"人"、"界"四种条件,才能成立。(1)"法"。指羯磨的作法(略称"羯磨法"),即作羯磨时使用的文词和仪法,有"众僧法"、"对首法"、"心念法"三种。(2)"事"。指羯磨所要处理的事情,有"受戒"、"忏罪"、"说戒"、"自恣"、"结界"等。(3)"人"。指参加羯磨的人员,不同羯磨所要求的与会者的人数是不同的,有"四人僧"、"五人僧"、"十人僧"、"二十僧"等的区别。(4)"界"。指羯磨的场所,分为"作法界"、"自然界"二种。道宣的"羯磨四法"(又称"羯磨四缘"),不只是概括了羯磨的条件,同时也揭示了羯磨的内容要素,与《毗尼母经》的表述相比,显得更为周全。

一切羯磨都是靠人去运作的,故律典中特别强调同一界内的僧众都必须参加羯磨会议,并将是否达到规定的人数,视为羯磨是否成立的前提条件。如《四分律》卷四十四说:

> 有四种僧,四人僧、五人僧、十人僧、二十人僧。是中四人僧者,除自恣、受大戒、出罪,余一切如法羯磨应作;是中五人僧者,在中国除受大戒、出罪,余一切如法羯磨应作;是中十人僧者,除出罪,余一切如法羯磨应作;是中二十人僧者,一切羯磨应作。(《大正藏》第二十二卷,第886页上)

这就是说，若同一界内有比丘（或比丘尼）四人，就可以作除“自恣”、“受大戒”（指受具足戒）、“出罪”羯磨以外的各种羯磨；有五人，就可以作除“受大戒”、“出罪”羯磨以外的各种羯磨；有十人，就可以作除“出罪”羯磨以外的各种羯磨；有二十人人，就可以作一切羯磨。在多数情况下，僧人都是集体居住和生活的，有关僧团的各种重要的僧事法务，也是集体讨论决定的，因此，“羯磨”本质上属于“众僧羯磨”、“众僧羯磨法”（又称“众僧法”），它是佛教特有的和合议决僧事的民主制度。

“众僧羯磨”依照议决的方式（据所决事情的简繁轻重而定），分为“白羯磨”、“白二羯磨”、“白四羯磨”三种（又称“三类”）。《十诵律》卷五十说：“有三羯磨，摄一切羯磨：白羯磨、白二羯磨、白四羯磨。”（《大正藏》第二十三卷，第369页中）同书卷五十六解释说：

> 白者，白众是事，故名白。有僧事，初向僧说，故名白。白羯磨者，受具足戒、布萨说戒、自恣等，是名白羯磨；白二羯磨者，若白已一唱说，如是白二羯磨（此句似当作“是一羯磨并白为二”），是名白二羯磨；白四羯磨者，若白已三唱说，是三羯磨并白为四，是名白四羯磨。（《大正藏》第二十三卷，第411页下）

这里所说的三种羯磨是：（1）“白羯磨”（又称“单白羯磨”）。指羯磨师将事情向僧众报告一次（即作一次告白，又称“单白”、“白一”，其末句为“白如是”），不必征询意见，即为决议。（2）“白二羯磨”（又称“一白一羯磨”）。指羯磨师将事情向僧众报告一次（此为“白一”，其末句为“白如是”），再征询意见一次（此为“一羯磨”），若僧众同意则默然（默许），不同意则说，征询意见时皆默然，即为决议（主持者当众宣布结果，其末句为“是事如是持”)。(3)“白四羯磨”(又称“一白三羯磨”)。指羯磨师将事情向僧众报告一次(此为“白一”,其末句均为“白如是”),再征询意见三次(此为“三羯磨”),若僧众同意则默然,不同意则说,三次征询意见皆默然,即为决议(羯磨师当众宣布结果,其末句为“是事如是持”)。

“众僧羯磨”又称“百一羯磨”,因“众僧羯磨”中,“白羯磨”有二十二种、“白二羯磨”有四十七种、“白四羯磨”有三十二种,总计为一百一种羯磨而得名。刘宋失译《大沙门百一羯磨法》说:“白羯磨二十四、白二羯磨四十七、白四羯磨三十,因羯磨不限百一,以类相从,不出百一羯磨之法。”(《大正藏》第二十三卷,第489页上)在部派律典中,使用“百一羯磨”之名,主要是说一切有部的经典(如《萨婆多毗尼毗婆沙》、《萨婆多部毗尼摩得勒伽》、《根本说一切有部毗奈耶》、《根本说一切有部尼陀那》、《根本说一切有部百一羯磨》等),从而表明“百一羯磨”最初可能是有部编集统计的。

“众僧羯磨”要求同一界内的比丘(或比丘尼)达到四人,方可作羯磨。那么,假如同一界内没有四人,那还要不要作羯磨呢?律典上认为,若是法定的“说戒”、“自恣”等活动,即使是人少,还是要作的。以“说戒”为例,《四分律》卷三十六说:

> 若四、若过四,应先白已,然后说戒;若有三人,各各相向说:今僧十五日说戒,我某甲清净,如是三说;若有二人,亦相向说:今僧十五日说戒,我某甲清净,如是三说;若有一人,应心念口言:今日众僧十五日说戒,我某甲清净,如是三说。(《大正藏》第二十二卷,第821页中)

意思是说,若同一界内有比丘四人或四人以上时,应依僧羯磨的程序和仪式说戒;有三人或二人时,应各共面对说戒;仅有一人时,应口唱心念说戒。虽说译文中尚没有使用“众僧法”、“对首法”、“心念法”三个名词,但已经有了这三种羯磨作法的内容。

唐道宣《四分律删繁补阙行事钞》卷上之一《通辨羯磨篇》,首次提出了依参加者人数而定的“众僧法”、“对首法”、“心念法”三种羯磨作法的概念。说:

> 法(指羯磨法)有三种。一心念法、二对首法、三众僧法。……心念法者,事是微小,或界无人,虽是众法及以对首,亦听独秉,令自行成无犯戒事。……言对首者,谓非心念之缘,及界无僧,并令对首,此通二三人或至四人(此指唯有“自恣法”中的“众僧法”要求有五人与会,若只有四人,则用“对首法”),如下说也,谓各共面对,同秉法也。言众法者,四人已上,秉于羯磨。(卷上之一《通辨羯磨篇》,《大正藏》第四十卷,第11页下)

这里所说的三种羯磨作法是:(1)“心念法”。此为同一住处仅有比丘一人时作的羯磨,采用一人口唱心念羯磨词的方式进行。(2)“对首法”。此为同一住处有比丘二三人时作的羯磨,或虽有多人,但只须对二人至三人作的羯磨(唯有“自恣法”中的“对首法”,对人数的要求是二人至四人),采用各共面对说羯磨词的方式进行。(3)“众僧法”。此为同一住处有比丘四人或四人以上时作的羯磨(唯有“自恣法”中的“众僧法”,对人数的要求是五人),依照“众僧羯磨”的程序和仪式进行。

南山宗提出的上述三种羯磨作法的概念,也得到了其他律宗人士的认同。其后,唐怀素撰《僧羯磨》、《尼羯磨》,爱同撰《弥沙塞羯磨本》,也在书中采用“对首法”、“心念法”的提法。唐义净在翻译《根本说一切有部毗奈耶随意事》、《根本萨婆多部律摄》时，亦采用了“对首法”的译名；翻译《根本说一切有部毗奈耶杂事》时，亦采用了“心念法”的译名。

至于“羯磨法”的总数，唐道宣《四分律删补随机羯磨》卷上《集法缘成篇》的统计是：(1)“僧法羯磨”（又称“众僧羯磨”、“众僧法”）有一百三十四种。此中包括：“单白羯磨”三十九种、“白二羯磨”五十七种、“白四羯磨”三十八种。(2)“对首羯磨”（又称“对首法”）有三十三种。此中包括：“但对首法”（指本来就属于“对首法”）二十八种、“众法对首”（指本来属于“众僧法”，因“界中无人”，允许使用“对首法”）五种。(3)“心念羯磨”（又称“心念法”）有十四种。此中包括：“但心念法”（指本来就属于“对首法”）三种、“对首心念法”（指本来属于“对首法”，因“界中无人”，允许使用“心念法”）七种、“众法心念法”（指本来属于“众僧法”，因“界中无人”，允许使用“心念法”）四种。也就是说，以《四分律》为例，佛教“羯磨法”总计有一百八十四种。

佛教“羯磨法”的种类虽多，但就性质划分，不外乎“成善”和“治罪”二类。《十诵律》卷五十六说：

> 有二种羯磨。一治罪羯磨、二成善羯磨。治罪羯磨者，谓苦切羯磨、依止羯磨、驱出羯磨、下意羯磨、摈羯磨（包括“不见摈”、“不作摈”、“邪恶不除摈”），如是等苦恼羯磨，是名治罪羯磨。成善羯磨者，谓受戒羯磨、布萨羯磨、自恣羯磨、出罪羯磨、布草（指“七灭诤法”中的“如草覆地毗尼”）羯磨。如是等能成善法羯磨，是名成善羯磨。（《大正藏》第二十三卷，第410页中）

这里列举了七种治罪羯磨（均属于“僧法羯磨”中的“白四羯磨”）。一是“苦切羯磨”（又称“呵责羯磨”），指对犯罪者当众呵责并“夺三十五事”（即剥夺三十五项权利）；二是“依止羯磨”，指责成犯罪者依止某大德学律受教；三是“驱出羯磨”（又称“摈羯磨”），指将犯罪者从住地驱出；四是“下意羯磨”（又称“遮不至白衣家羯磨”），指责成犯罪者向受损恼的俗家忏悔道歉；五是“不见摈羯磨”（又称“不见罪举羯磨”），指对不认罪者予以举罪并摈出；六是“不作摈羯磨”（又称“不忏悔罪举羯磨”），指对不忏悔罪者予以举罪并摈出；七是“邪恶不除摈羯磨”（又称“不舍恶见举羯磨”），指对不舍恶见者予以举罪并摈出（末三种“摈羯磨”均属于“举罪羯磨”）。

除此以外，羯磨法著作如曹魏昙谛译《羯磨·除罪法》、唐道宣《四分律删补随机羯磨·忏六聚法篇》等叙及的，责令犯“波罗夷”、“僧残”、“偷兰遮”、“波逸提”、“波罗提提舍尼”、“突吉罗”等罪者，作忏悔的各种“忏悔法”，实际上也是“治罪羯磨”。其实，“治罚制度”也是佛教僧团的重要制度之一，值得专题研究，以便从中吸取历史的经验，重振僧纪。

（六）衣食制度

早期佛教僧团的有关衣食住行的生活制度，是佛制立的“四依法”（又称“四圣种”）。(1)“依粪扫衣”。指穿着用冢间或巷陌拾到的废布，浣洗、染色后缝制的衣服（用以破除对衣服的贪著）。(2)“依乞食”。指每日乞食为生（中午之前乞食一次，用以破除对饮食的贪著）。(3)“依树下坐”。指常住于树下（用以破除对房舍卧具的贪著）。(4)“依腐烂药”（又称“陈弃药”、“尘弃药”、“残弃药”）。指用粪便药或废弃药治病（用以破除对医药的贪著）。“四依法”作为对出家者必须告知的僧团生活规制，起先是放在“白四羯磨”授具足戒之前的进行，由于它的要求比较严苛，即便是曾有“苦行”经历的“外道”，也望而生畏，直接影响僧众的扩大，因而后来佛又对“四依法”作了修订,在保持基本原则不变的情况下,放宽了一些限制,并将说"四依法"的顺序改在授具足戒结束以后。修订后的"四依法",在"依粪扫衣"中,开许接受"檀越施衣"、"割坏衣";"依乞食"中,开许受用"僧差食"、"檀越送食"、"月八日食"、"十四日食"、"十五日食"、"月初日食"、"僧众常食"、"檀越请食";"依树下坐"中,开许住于"别房"、"尖头屋"、"小房"、"石室"、"两房一户";"依腐烂药"中,开许服用"酥"、"油"、"生酥"、"蜜"、"石蜜"(以上见《四分律》卷三十五;《五分律》卷十七、《十诵律》卷二十一、《僧祇律》卷二十三等所列细项,与之略有出入)。

有关僧众的生活资具。佛教分为二种:一是"制物",指佛制令必须随身受持的物品;二是"听物",指佛开许随缘方便受持的物品。

"制物",指的是"三衣一钵"。它们既是出家受戒的条件之一,也是出家后必备的生活用品。《僧祇律》卷八说:

> 出家离第一乐,而随所住处,常三衣俱,持钵乞食,譬如鸟之两翼,恒与身俱。(《大正藏》第二十二卷,第293页下)

"三衣",指的是僧众必须受持的三种衣服,因它们是将布料割裁后缝缀的,故得名"割截衣";因缝缀的形状如田畦一般,又得名"田相衣";因它们须染成"青"(指铜青色)、"黑"(指黑泥色)、"木兰"(指赤而带黑色)三种"坏色",通常又称之为"袈裟"(意为"坏色"、"不正色")。(1)"安陀会"。又称"下衣"、"内衣"、"中宿衣"、"作务衣"等,指用五条布缝制而成的内衣,供日常作务或就寝时穿着。(2)"郁多罗僧"。又称"上衣"、"入众衣"等,指用七条布缝制而成的上衣,供礼诵、听讲、布萨时穿着。(3)"僧伽梨"。又称"大衣"、"重衣"、"杂碎衣"、"入聚落衣”等,指用九条布缝制而成的大衣(一说分上中下三品。九条、十一条、十三条为下品衣;十五条、十七条、十九条为中品衣;二十一条、二十三条、二十五条为上品衣),供入聚落时穿着。“钵”,又称“钵多罗”、“钵盂”、“应器”,指盛食的器物。

佛制立的比丘尼必须受持的物品,为“五衣一钵”,也就是在“三衣”的基础上增加“僧祇支”(又称“掩腋衣”,用于覆左肩)、“覆肩衣”(用于覆右肩)二衣(此据《四分律》卷二十七;《五分律》、《僧祇律》所说的“五衣”,是指“三衣”加上“僧祇支”、“雨浴衣”)。

此外,《十诵律》、《大沙门百一羯磨法》、《根本说一切有部毗奈耶》、《根本说一切有部毗奈耶杂事》等还提到僧众必须随身携带“六物”,即三衣、钵、尼师坛(又称“坐具”、“敷具”、“随坐衣”,指坐卧时敷于地上或卧具上的长方形布)、漉水囊(又称“水罗”,指滤水去虫的布袋)。故南山宗也将“三衣六物”作为“制物”的代称。

“听物”,指的是“百一众具”,即三衣六物之外的其他日常生活用品。由于规定每一种物品只得蓄存一件,故又名“百一资具”(若超过一件,就为“长物”,必须“说净”)。唐道宣《四分律删繁补阙行事钞》卷下《二衣总别篇》说:

> 何名为制(指制物)?谓三衣六物。佛制令畜,通诸一化,并制服用,有违结罪(指不受持制物为犯戒)结罪。何名为听(指听物)?谓百一衣财,随报开许,逆顺无过(指不受持听物不犯戒),通道济乏也。就初分三,谓三衣、坐具、漉水袋也。后中分四,谓百一诸长、粪扫、俗施、亡五众衣,轻重等例。(《大正藏》第四十卷,第104页下)

属于“听物”的物品有:偏衫、裙、副裙、雨浴衣、覆疮衣、拭面巾、拭身巾、针筒、剃刀、伞、鞋、贮衣器、水瓶、澡罐、锡杖、扇、坐褥、卧褥、革屣等。

有关僧众的饮食。佛制立了“二食”、“四药”的受用规则。

“二食”，指的是“时食”、“非时食”，它是佛教对饮食时间所作的区分。《四分律》卷十四说：

> 时者，明相出，乃至日中。按此时为法四天下食亦尔。非时者，从日中，乃至明相未出。（《大正藏》第二十二卷，第662页下）

也就是说，“时”，指的是每日黎明之后至正午，此为合适的受用正食的时间，在这一时间内受食，称为“时食”；“非时”，指的是每日正午之后至次日黎明之前（“明相未出”），此为不合适的受用正食的时间，在这一时间内受食，称为“非时食”。对“时食”，佛要求行施“一食法”，日中一食，坐下吃饱后，不得再食。对“非时食”，佛是禁止的。沙弥、沙弥尼“十戒”中，有“尽形寿不非时食”；比丘、比丘尼具足戒“波逸提法”中，有“非时食者，波逸提”；即便是优婆塞、优婆夷受持的“八关斋戒”中，也有“一日一夜不非时食”。之所以如此强调“不非时食”，究其原因，一是当时婆罗门修行者都是“过午不食”的，如东晋失译《舍利弗问经》所说“诸婆罗门不非时食，外道梵志亦不邪食”；二是为了僧众的修行，如《萨婆多毗尼毗婆沙》卷七说：“比丘从晨至（日）中，是乞食时，应入聚落，往来游行，故名为时。从（日）中至后夜后分，应静拱端坐，诵经坐禅，各当所业，非是行来入聚落时，故名非时。”（《大正藏》第二十三卷，第551页下）

“四药”，又称“四种药”，指的是“时药”、“非时药”（又称“时分药”、“夜分药”、“更药”）、“七日药”、“尽形寿药”（又称“形寿药”、“终身药”、“尽形药”），它是佛教对饮食种类所作的区分。“四药”之中，除“尽形寿药”是真正的药物以外，其他三种其实都是食物，之所以也称为“药”，是因为在佛教看来，一切食物都不是用来满足口腹之欲的享受，而是僧众资养色身，疗治饥渴病的药物。唐道宣《四分律删繁补阙行事钞》卷下之二《四药受净篇》说：

> 言时药者，从旦至中，圣教听服，事顺法应，不生罪累；言非时药者，诸杂浆等，对病而设，时外开服，限分无违；七日药者，约能就法，尽其分齐（指界限），从以日限，用疗深益；尽寿药者，势力既微，故听久服，方能除患。（《大正藏》第四十卷，第117页下）

（1）“时药”。指在每日黎明之后至中午可以食用的食物。分为二类：一是“五种蒲阇尼”（又称“五种蒲膳尼”、“五啖食”、“五正食”）。《四分律》卷四十二指“饭、麨、干饭、鱼、肉”；《十诵律》卷二十六指“饭、麨、糒、鱼、肉”。二是“五种佉阇尼”（又称“五种佉陀尼”、“五种珂但尼”、“五嚼食”、“五不正食”），《四分律》卷四十二指“根食、茎食、叶食、华食、果食、油食、胡麻食、石蜜食、蒸食（又称“细末食”）”；《十诵律》卷二十六指“根食、茎食、叶食、磨食、果食”。此中作为“五正食”中的“鱼”、“肉”，小乘佛教分为“三种净肉”（又称“三净肉”）、“三种不净肉”（又称“三不净肉”）二类，区别对待。“三净肉”，指“不见”、“不闻”、“不疑”是为我故杀之肉，这是允许食用；“三不净肉”，指“见”、“闻”、“疑”是为我故杀之肉，这是不允许食用的（见《四分律》卷四十二）。后来，大乘佛教“废前教”，废除了原先允许食用的“三净肉”的规定，对一切肉食均加以禁断。如北凉昙无谶译《大般涅槃经》卷四说：

> （佛对迦叶说）从今日始，不听声闻弟子食肉。若受檀

越信施之时，应观是食，如子肉想。……夫食肉者，断大慈种。（《大正藏》第十二卷，第386页上）

汉地佛教自梁武帝断禁肉食以后，也不再食肉，并成为制度。

（2）“非时药”（又称“时分药”、“夜分药”、“更药”、“非时浆”）。指在每日正午之后至次日黎明之前可以食用的果浆。通常称为“八种浆”，《四分律》卷四十二指“梨浆、阎浮（一作“阎婆”）浆、酸枣浆、甘蔗浆、蕤果浆、舍楼伽浆、婆楼师浆、蒲桃（葡萄）浆”；《十诵律》卷二十六指“周梨浆、茂梨浆、拘楼浆、舍楼浆、说波多浆、颇留沙浆、梨浆、蒲萄（葡萄）浆”。

（3）“七日药”（又称“含消药”）。指因病可在七日内食用的药物。《四分律》卷四十二指“酥（熟酥）、油（指植物油和油脂）、生酥、蜜（指蜂蜜）、石蜜（指糖）”五种药；《十诵律》卷二十六指“酥、油、蜜、石蜜”四种药。

（4）“尽形寿药”（又称“形寿药”、“终身药”、“尽形药”）。指因病可终身随时食用的药物。《四分律》卷四十三指“不任为食者”，即一切咸苦辛甘等不能充任日常食物的药物；《十诵律》卷二十六、卷四十六指“五种根药”（指“舍梨、姜、赤附子、波提鞞沙、菖蒲根”）、“五种果药”（指“诃梨勒、阿摩勒、鞞醯勒、胡椒、荜钵罗”）、“五种盐”（指“紫盐、赤盐、白盐、黑盐、卤土盐”）、“五种汤”（指“华汤、叶汤、根汤、茎汤、果汤”）、“五种树胶药”（指“兴渠胶、萨阇赖胶、底夜胶、底夜和提胶、底夜和那胶”；卷二十六中“尽形药”各项的排序和译名与之略有出入）。

佛教的僧团制度是随着社会经济、政治、文化的变化而不断演进的。其中，一些基本的思想原则和重要事项是不变的，而与社会物质生活方式密切相关的具体事项则是不断调整的。

四、律藏的结集与传承

佛陀晚年在摩揭陀国王舍城耆阇崛山，召集比丘众聚会，对他们讲述了能使僧团保持兴盛而不衰退的“七不退法”、“六不退法”，以后便开始了最后的游化。他带领弟子们，在巴咤厘村（阿育王时成为摩揭陀国的都城华氏城）渡恒河，进入跋耆国，经拘利村、那提迦村，到达吠舍离。在吠舍离，佛接受了庵婆婆梨女施与的园林，并在竹林村入雨安居，其间他患了严重的痢病。佛预感到年寿即尽，雨季结束后，在大林重阁讲堂召集吠舍离附近的比丘众聚会，叮嘱他们对他所宣说的教法，“应善理解、实践、修习、宣布”。行至负弥城，佛又对比丘们讲说了“四大教法”（又称“四大广说”、“四种墨印”，下详）。在末罗国的波婆城，佛食用了铁匠准陀（又称“纯陀”、“周那”）供奉的“栴檀树菌茸”，剧痛痢血，行至拘夷那竭（又称“拘尸那迦”）城外的娑罗林而入涅槃（以上见南传巴利文《长部·大般涅槃经》）。入灭前，佛告诫弟子：“汝勿见我入般涅槃，便谓正法于此永绝，何以故？我昔为诸比丘，制戒波罗提木叉，及余所说种种妙法，此即便是汝等大师。”（东晋法显译《大般涅槃经》卷下，《大正藏》第二卷，第204页中）

（一）口诵佛经的由来

佛陀二十九岁出家修行，三十五岁觉悟成道而创立佛教，至八十岁时入灭，在中印度恒河中游一带传教达四十五年之久。足迹所至，东到瞻波国，西至拘楼国，南到拘睒弥国，北至迦毗罗卫国、舍卫国。虽说早在公元前一千二百年至公元前一千年之间，古印度就以婆罗门教的根本经典“四吠陀”（《梨俱吠陀》、《夜柔吠陀》、《沙摩吠陀》、《阿闼婆吠陀》）上使用的“梵语”（又称"吠陀梵语"、"雅语")为正统的语言,但这只有婆罗门祭司等少数人才能阅读和使用的,一般民众使用是的本地的方言(又称"俗语")。作为各宗教和哲学流派的教说,在当时都是以口口相传的方式传播的,这既是古印度的文化传统使然,也是因为用文字刻写抄录的代价过于昂贵所致(从后来的梵文经籍都是刻在贝叶、桦树皮上的,可以想见在无纸时代书写之不易)。佛陀一代言教,大致可以分为经法(通化内外)、戒律(唯制内众)二类,当时都是采用口诵的方式传播的,这便是"口诵佛经"(又称"口传佛经")。"口诵佛经"使用的语种,主要是古印度十六大国中流传最广的摩揭陀语,这也是佛陀传教时使用的语言,此外,也有各地的方言,因为佛允许各地弟子使用方言,转述他的言教,前提是不违背原意。如同《四分律》卷五十二所说,"佛言:听随国俗言音所解,诵习佛经"(《大正藏》第二十二卷,第955页上);《五分律》卷二十六也说,"佛言:听随国音读诵,但不得违失佛意"(同卷,第174页中)。

"口诵佛经"最初是以零散无序的单本形式,在社会上流传的。而佛在最后的游化途中,行至跋耆国负弥城宣说的"四大教法"中,已经明确提出,佛弟子对从"世尊"(指佛)、"僧伽长老"(指僧团长老)、"长老比丘等"(指众多长老)、"彼长老比丘"(指一位长老)那里听闻获得的、不同来源的教法,都要一一与"经"(指佛说经法的口诵本)、"律"(指佛说戒律的口诵本)相比较、相对照,验其虚实,若相符合则应受持,若不符合则应拒绝。也就是说,"经"、"律"的权威是高于一切的,唯有它们才是判断各种教法真伪的标准。因此,"四大教法"的提出,本身蕴含着将佛说教法的口传文本,统一化、系统化的意向,这实际上也是佛的遗教(有的研究者认为,"四大教法"是部派佛教时期才有的说法,这有违于历史事件的时间顺序)。

(二) 第一次结集

据南传巴利文《律藏·小品·五百犍度》等记载,佛在娑罗林入灭的时候,身边只有阿难等少数弟子(位列佛十大弟子之首的舍利弗、目犍连,已在佛入灭之前去世)。当佛的大弟子大迦叶等人闻讯从外地赶去时,佛已入灭七天。对于佛的逝世,绝大多数的佛弟子悲痛万分,但也有少数懈怠比丘感到高兴。有个名叫须跋陀罗的老年出家者对众人说,佛在世时,总是要求我等应当做什么、不应当做什么,作种种的约束,如今他去世了,我等得解脱了,可以想做就做,不想做就不做,任意所为了。对此,大迦叶十分不悦。在主持佛的遗体火化仪式结束之后,他召集长老大德开会,提出"非法兴"则"法衰"、"非律兴"则"律衰",在"非法"、"非律"的现象尚未兴盛之前,"我等宜先结集法与律",作为僧众均须受持的行为准则。这里所说的"结集",意为会诵,指以集会的方式诵出、审定佛说教法,将它们编集成统一的文本。这一意见获得长老们的一致赞同。

佛教史上的"第一次结集",是在佛入灭的当年雨安居期间,于王舍城举行的(据斯里兰卡最早的巴利文编年史书《岛史》第五章记载,是在王舍城外毗布罗山的七叶窟)。参加集会的有经推选产生的五百比丘。会议由大迦叶主持。会上采用主持者问、诵出者答的方式,先由优波离诵出"律"(指戒律),后由阿难诵出"法"(指经法),经与会者以"羯磨"的方式一致表决通过后,作为统一的口诵文本确定下来。由此而产生佛教经典体系"三藏"中的"律藏"和"经藏"。有关"律藏"的结集情况是这样的:

具寿(指长老)摩诃迦叶言具寿优波离曰:友,优波离,于何处制立第一波罗夷耶?(优波离答)大德,于毗舍离城。(问)因谁耶?(答)因须提那迦兰陀子。(问)为何事耶?(答)为不净法也。时具寿摩诃迦叶问具寿优波离第一波罗夷之事,问因缘、人、制、随制、犯、不犯。……(摩诃迦叶问)友,优波离,于何处制立第四波罗夷耶?(优波离答)大德,于毗舍离城。(问)因谁耶?(答)因婆裘河边诸比丘。(问)为何事耶?(答)为上人法。时具寿摩诃迦叶问具寿优波离第四波罗夷之事,问因缘、人、制、随制、犯、不犯。由此方便,问二部律,具寿优波离随问而答之。(《汉译南传大藏经》卷四,第383页—第384页,台湾元亨寺妙林出版社版)

诵出经后,阿难在会上提出:“佛般涅槃时,曾对他言:阿难,我灭度后,僧伽若欲者,小小戒可舍。”(同上书,第385页)但究竟哪些戒条属于“小小戒”,可以舍除,他未曾问佛,与会者也众说纷纭。对此,摩诃迦叶提出,佛生前未制立的戒律不得制立,已制立的戒律不得舍除,并将“僧伽未制不得制,已制不得坏,随所制之戒而持住”的戒律受持原则,作为“羯磨”的议案,付诸表决,获得一致通过。

有关王舍城结集的内容,各部广律所传不一。归纳起来,有两种:

(1)结集“律藏”、“经藏”二藏。南传巴利文《律藏·小品·五百犍度》、《五分律》卷三十说,先由优波离诵出“律藏”,后由阿难诵出“法藏”(指“经藏”);《僧祇律》卷三十二则说,先由阿难诵出“法藏”,后由优波离诵出“毗尼藏”(指“律藏”)。上述广律虽说在先诵、后诵的顺序上,略有出入,但均没有提及“论藏”。

(2)结集“律藏”、“经藏”、“论藏”三藏。《四分律》卷五十

四、《十诵律》卷六十说，先由优波离诵出“毗尼藏”，后由阿难诵出“经藏”和“阿毗昙藏”（指“论藏”）；《根本说一切有部毗奈耶杂事》卷三十九、卷四十则说，先由阿难陀（即阿难）“简择结集如来所说经法”（指“经”），次由邬波离（即优波离）“简择结集如来所说毗奈耶”（指“律”），末由大迦摄波（指大迦叶）“自说摩窒里迦”（指“论”）。上述广律虽说在先诵后诵的顺序、“论藏”的诵出者上，略有出入，但都认为当时就结集产生“三藏”。

综合各种史料判断，大致可以确定：“第一次结集”时，结集产生是“律藏”、“经藏”二藏，而无“论藏”。但这并不是说“论藏”收录的论义类口诵本当时不存在，而是说它的数量和规模尚不足以独立构成一大部类。“论”是对“经”解释，佛在世时，不只是佛一人说法，也允许弟子说法，而说法必定要附带解释，否则听众就无法明白。当时，将佛对“经”的解释称为“摩得勒伽”，佛弟子对“经”的解释称为“阿毗昙”（又称“阿毗达磨”），性质都是“论”。后来将佛弟子对“经”的解释，也称为“摩得勒伽”。“诸圣弟子已见谛迹，依自所证，无倒分别诸法体相，此亦名为摩呾理迦（指“摩得勒伽”），即此摩呾理迦亦名阿毗达磨”（见《瑜伽师地论》卷八十一）。从《四分律》卷四十五、四十六等所记的佛言中，多次提到“知法、知律、知摩夷”、“持法、持律、持摩夷”来看，“论”早就存在并流传着。王舍城结集时，佛说“摩得勒伽”的全部和佛弟子说“阿毗昙”的一小部分，被编入“经藏”，成为“经”的组成部分之一。以后，随着部派佛教的出现，佛弟子撰作的理论著作大量涌现，原先编在“经藏”的一小部分佛弟子说“阿毗昙”，也从中分离了出来，不断充实扩展，新旧汇集，形成独立的“论藏”。从汉译原始佛经和律典使用“三藏”一词，累计达二千三百多处来看，“论藏”在部派佛教时期就已成立了。

（三）第二次结集

据南传巴利文《律藏·小品·七百犍度》等记载，佛入灭后一百年，佛教在毗舍离城举行了“第二次结集”。此次结集由长老耶舍发起，旨在裁定毗舍离城跋耆族比丘所行“十事”是否合法（符合戒律），参加集会的有七百比丘。由于人数众多，无法讨论，经协商，“东方比丘”（又称“波夷那比丘”、“旧比丘”，代表毗舍离、波夷那国比丘）、“西方比丘”（又称“波利邑比丘”、“客比丘”，代表波利邑、阿槃提、南路等国比丘）各推选四人为“断事人”（指处理僧事的全权代表），对“十事”进行审定。

跋耆族比丘所行的“十事”是：(1)“器中盐净”。指允许用角器贮藏食盐。(2)“两指净”。指允许日影已过正午两指仍可进食（《四分律》、《五分律》、《十诵律》等则指允许受正食饱足后，未作残食法而用两指抄食）。(3)“近聚落净”。指允许在一个聚落受正食饱足后，未作残食法而到别的聚落再受食。(4)“住处净”。指允许同一区域不同住处的比丘，各自举行说戒活动。(5)“后听可净”。指允许同一住处的部分比丘先作羯磨，尔后要求僧团认可。(6)“常法净”。指允许依照和尚（指授戒的“亲教师”）、阿阇梨（指教授的“轨范师”）的先例行事。(7)“不搅乳净”。指允许受正食后，未作残食法而饮用乳、酪、酥混合的乳品。(8)“饮阇楼伽酒净”。指允许饮用尚未酿熟的生酒。(9)“无缕边坐具净”。指允许使用不贴旧边、量度不限的坐具。(10)“金银净”。指允许接受施舍的金银。

由八位代表参加的最高会议，在离婆多长老（“西方比丘”的代表）的主持下，在婆利迦园举行，会上采用离婆多问、一切去（“东方比丘”的代表）答的方式，对“十事”逐一进行了审议和投筹表决。最后，一致认定：“僧伽决定此十事为邪法、邪律而离师教。”（《汉译南传大藏经》卷四，第411页）也就是说，跋耆族比丘所行“十事”为“非法”，应予以禁断。

有关毗舍离结集的情况，也见于《四分律》卷五十四、《五分律》卷三十、《僧祇律》卷三十三、《十诵律》卷六十至卷六十一、《根本说一切有部毗奈耶杂事》卷四十。除《僧祇律》说，此次结集的结果，是“更集比（毗）尼藏”（指重集律藏），并将“无有方便，得求金银及钱”编入律文以外，其他各律都说是裁定“十事非法”，但各律均没有提及部派分裂之事。可见自佛创立佛教，至佛入灭后的一百年的原始佛教时期，僧团是统一的。虽说在佛陀晚年曾发生过提婆达多（佛的堂弟）“破僧”（破坏和合的僧团），图谋分裂僧团的事件，但持续的时间不长，在舍利弗、目犍连的劝说下，追随他的五百比丘不久均回归于佛，提婆达多本人也郁忿而死了。

（四）部派律典的形成

毗舍离结集以后，统一的僧团发生了“根本分裂”，形成上座部和大众部二大根本派系。有关分裂的起因，南传佛教和北传佛教说法各异。南传佛教说“根本分裂”是因“十事非法”而起。《岛史》第五章说，在毗舍离结集，离婆多等八位长老宣布“十事非法”以后，与会的七百比丘，还在毗舍离重阁讲堂，举行“最胜法之结集”，对原先传持的“经藏”和“律藏”作了再次审订，此次结集“经八月而完成”。而被上座斥为“非法”、遭到“放逐”的跋耆族比丘不服裁决，他们在其他人的支持下，“集合一万人”，也举行了“结集”。他们将“某处所辑录之经，移至其他之处”，修改原意，以适应自己的观点；同时“造作不同者”，将本派新编的一些经典增入“三藏”。由此，统一的僧团发生“根本分裂”，形成上座部和大众部二大根本派系。

而北传佛教则说，“根本分裂”乃是因“大天五事”而起。据《大毗婆沙论》卷九十九说，大天是中印度末土罗国商人之子，出家前，曾犯有“杀父”、“杀罗汉”、“杀母”三种极恶罪，后来他隐姓埋名，来到摩揭陀国波咤梨城（即“华氏城”），投鸡园寺出家。由于天生聪慧，很快就能诵持“三藏”文义，“言词清巧，善能化导”，受到城内民众的广泛信敬，阿育王（前268—前232年在位）也经常召他入宫，“恭敬供养而请说法”。大天称自己是“阿罗汉”，已经达到修行的最高果位（小乘佛教），但他平时的作为（如“遗精”）又引起弟子的疑惑。为此，大天将平时答问时所说的五事，编为一偈，在布萨日说戒时公开唱诵，提出“阿罗汉”并非圆满无缺。其偈为：“余所诱无知，犹豫他令入。道因声故起，是名真佛教。”（《大正藏》第二十七卷，第551页下）

此偈叙述了以下“五事”：（1）“余所诱”，指阿罗汉已断“烦恼漏失”，仍有“不净漏失”，在梦中会因魔女的引诱而遗精。（2）“无知”，指阿罗汉已无“染污”的无知，仍有“不染污”的无知。（3）“犹豫”，指阿罗汉已断“随眠性”的疑惑，仍有“处非处”的疑惑。（4）“他令入”，指阿罗汉仍需他人的授记或指点，才能知道自己已得解脱。（5）“道因声故起”，指阿罗汉仍有痛苦的感觉，也须通过发出“苦哉”之声，来现起对“四谛”的体证。

“大天五事”颠覆了传统的教理，引起轩然大波。为平息纷争，阿育王采用佛教的“多人语灭诤法”，将赞成者与反对者分作两处，加以清点，“贤圣朋内，耆年虽多而僧数少；大天朋内，耆年虽少而众数多”，于是，前者称之为“上座部”，后者称之为“大众部”，大天也因此而成为大众部的创始人。《异部宗轮论》也说，“因四众共议大天五事不同，分为两部，一大众部、二上座部”（《大正藏》第四十九卷，第15页上）。

但从《异部宗轮论》提到有两个“大天”，而两人的事迹大致相似，可以断定为同一人来看，“大天五事”实际上是佛教“根本分裂”之后，“于大众部中出家受具”的那个“大天”（原为“出家外道”)提出的,它是引发大众部内部第二次“枝末分裂”(分出制多山部、西山住部、北山住部)的原因,而不是引发佛教“根本分裂”的原因,“根本分裂”实因“十事非法”而起。至于《大毗婆沙论》将大众部创立者大天描述为罪大恶极的杀人犯,是不大可信的,很大程度上带有故意中伤的宗派情绪,因《大毗婆沙论》的编集者属于上座部系统下说一切有部,是大众部的对立派,故而忿出此言。

在以后的发展过程中,上座部和大众部的内部又发生“枝末分裂”。据《异部宗轮论》记载,佛灭后二百年初至二百年末,大众部分裂四次,先后分出八部,连同根本大众部,而成九部;佛灭后三百年初至四百年初,上座部分裂七次,先后分出十部,连同根本上座部,而成十一部。从而形成小乘佛教的“十八部派”或“二十个部派”。

部派佛教时期,佛教僧团对“三藏”作过多次结集。据南传佛教,佛灭后二百三十六年,在阿育王的支持下,以上座部目犍连子帝须(略称“帝须”)为首的一千比丘,在摩揭陀国华氏城举行了“第三次结集”,会上,结集了“法藏”(指“经藏”),并由帝须编集《论事》,批驳当时的各种部派异执,会后,派九支传教师到周边各国弘法,其中,摩哂陀(阿育王之子)率众将佛教传入斯里兰卡(见《善见律毗婆沙》卷二);公元前一世纪,达瓦伽摩尼王(公元前89—前77年在位)时,以坤德帝沙为首的大寺派五百比丘,在斯里兰卡马德勒(又译“玛杜勒”)镇阿卢寺举行“第四次结集”,第一次将审定的口诵佛经,刻写在贝多罗树叶上,由此实现了从口诵佛经到书面佛经的历史性转折(见《岛史》第二十章、《大史》第三十三章)。

而据北传佛教,佛灭后四百年,在迦腻色迦王(约128年—152年在位)的支持下,以说一切有部世友为首的五百比丘,在迦湿弥罗(又称“罽宾”,今克什米尔一带)举行了一次结集,会上编集了“三藏”的释论(注释)。由于北传佛教没有“华氏城结集”的记载,故它们将这次“迦湿弥罗结集”称为“第三次结集”(《大唐西域记》卷三没有明确说这是第几次结集;但藏传佛教史书根据自己独有的资料,都说此为“第三次结集”,见元布顿《佛教史大宝藏论》卷二、明多罗那他《印度佛教史》第十二章等)。缘此,有关“第三次结集”,存在着完全不同的两种说法。

由僧众集会,共同审定编集的佛教经典,在以后的年代,都是由各部派分别传持的。各大部派都有自己传持的律藏,即便到了唐代,在玄奘从印度带回的梵经中,还有许多部派佛教的“三藏”,其中包含它们的律藏,可见传承之久远(见唐慧立等《大唐大慈恩寺三藏法师传》卷六)。

五、本 部 大 略

小乘律传译部,收录的是根据梵文、巴利文和其他西域文本翻译的小乘戒律类典籍,总计六十二部四百八十六卷。分为八门。

(一)法藏部律典

此类典籍总计有五部六十四卷。(1)姚秦佛陀耶舍等译《四分律》六十卷。法藏部的广律、汉地四分律宗的根本律典,下分“比丘戒法”、“尼戒法”、“二十犍度”(始“受戒犍度”,终“杂犍度”)、“集法”(包括“集法毗尼五百人”、“七百集法毗尼”)、“调部”和“毗尼增一”,叙述比丘戒、比丘尼戒、僧团制度和其他戒律事项及其解释。(2)姚秦佛陀耶舍译《四分僧戒本》一卷。先于广律译出的《四分律》比丘戒本,收录比丘戒八类戒法，总计二百五十条。(3) 曹魏昙谛译《羯磨》一卷。《四分律》羯磨本，收录“比丘羯磨文”、“比丘尼羯磨文”各九篇。(4) 曹魏康僧铠译《昙无德律部杂羯磨》一卷。《四分律》羯磨本，收录“比丘杂羯磨”、“比丘尼杂羯磨”各九篇，内容与昙谛译本大致相近而稍显缺乏。(5) 刘宋求那跋摩译《四分比丘尼羯磨法》一卷。《四分律》比丘尼羯磨本，今本实为昙谛译本后部分“比丘尼羯磨文”的别抄。

(二) 化地部律典

此类典籍总计有二部三十一卷。(1) 刘宋佛陀什等译《弥沙塞部和醯五分律》三十卷。化地部的广律，下分“比丘律”、“尼律”、“十九法”(始“受戒法”，终“比丘尼法”)、“集法”(包括“五百集法”、“七百集法”)，叙述比丘戒、比丘尼戒、僧团制度和其他戒律事项及其解释。(2) 刘宋佛陀什等译《弥沙塞五分戒本》一卷。《五分律》比丘戒本，收录比丘戒八类戒法，总计二百五十一条。

(三) 大众部律典

此类典籍总计有四部四十三卷。(1) 东晋佛陀跋陀罗等译《摩诃僧祇律》四十卷。大众部的广律，下分“比丘僧戒法”、“明杂诵跋渠法”、“明威仪法”、“比丘尼戒法”(又称“比丘尼毗尼”)、“比丘尼杂跋渠”，叙述比丘戒、比丘尼戒、僧团制度和其他戒律事项及其解释。(2) 东晋佛陀跋陀罗等译《摩诃僧祇律大比丘戒本》一卷。《僧祇律》比丘戒本，收录比丘戒八类戒法，总计二百十八条。(3) 东晋法显等译《摩诃僧祇比丘尼戒本》一卷。《僧祇律》比丘尼戒本，收录比丘尼戒七类戒法，总计二百七十七条(《丽藏》本作二百九十条，系后人于“众学法”中增益十三条所致)。(4) 东晋失译《舍利弗问经》一卷。大众部的律论，以佛在罗阅祇城(即摩揭陀国王舍城)，答舍利弗之问的形式，叙述戒律的传承和奉持情况。

（四）早期说一切有部律典

此类典籍总计有七部一百卷。(1) 姚秦弗若多罗等译《十诵律》六十一卷。早期说一切有部（罽宾国一带流传）的广律，下分“比丘律”、“七法”、“八法”、“杂诵”、“尼律”、“增一法”、“优波离问部”、“比（毗）尼诵”、“善诵毗尼序”，叙述比丘戒、比丘尼戒、僧团制度和其他戒律事项及其解释。(2) 姚秦鸠摩罗什译《十诵比丘波罗提木叉戒本》一卷。先于广律译出的《十诵律》比丘戒本，收录比丘戒八类戒法，总计二百六十三条。(3) 姚秦竺佛念译《鼻奈耶》十卷。梵本《十诵律》比丘戒的略释（性质上属于律论），所释以比丘戒的制立因缘、戒法条文为主。(4) 刘宋失译《大沙门百一羯磨法》一卷。《十诵律》羯磨本，收录众僧羯磨法一百一种。(5) 刘宋僧伽跋摩译《萨婆多部毗尼摩得勒伽》十卷。《十诵律》比丘戒和“律事”的解说，但今本的主体部分实际上是《十诵律》中《增一法》、《优波离问部》、《比（毗）尼诵》的异译，其特有的内容主要是毗尼摩得勒伽“本母”的总目和“百一羯磨”的细目等，它是古代所传“五部律论”之一。(6) 三秦失译《萨婆多毗尼毗婆沙》九卷。《十诵律》比丘戒的解说，古代所传“五部律论”之一。(7) 三秦失译《毗尼母经》八卷。僧团的制度和行事（“律事”）的解说，古代所传“五部律论”之一（此书原为未详部派的律论，从内容的同似性推断，当为说一切有部的律论，也有学者认为是“雪山部”或称“本上座部”的律论）。

（五）后期说一切有部律典

此类典籍总计有十八部一百九十八卷。(1) 唐义净译《根本说一切有部毗奈耶》五十卷。叙述后期说一切有部（摩偷罗国一带流传）所传的比丘戒及其解释。(2) 唐义净《根本说一切有部苾刍尼毗奈耶》二十卷。叙述后期有部所传的比丘尼戒及其解释。(3) 唐义净《根本说一切有部毗奈耶出家事》四卷。叙述后期有部所传的出家受戒制度及其解释。(4) 唐义净《根本说一切有部毗奈耶安居事》一卷。叙述后期有部所传的安居制度及其解释。(5) 唐义净《根本说一切有部毗奈耶随意事》一卷。叙述后期有部所传的"随意"(又称"自恣")制度及其解释。(6) 唐义净《根本说一切有部毗奈耶皮革事》二卷。叙述后期有部所传的皮革制品使用制度及其解释。(7) 唐义净《根本说一切有部毗奈耶药事》十八卷。叙述后期有部所传的饮食医药制度及其解释。(8) 唐义净《根本说一切有部毗奈耶羯耻那衣事》一卷。叙述后期有部所传的羯耻那衣(又称"迦絺那衣"、"功德衣")制度及其解释。(9) 唐义净《根本说一切有部毗奈耶破僧事》二十卷。叙述后期有部所传的佛陀传记,提婆达多"破僧"(指破坏和合的僧团)的始末经过,以及佛就此制定的规制。(10) 唐义净《根本说一切有部毗奈耶杂事》四十卷。叙述后期有部所传的僧众日常生活杂事制度及其解释,兼及佛陀晚年的行历和第一、二次结集的经过。(11) 唐义净《根本说一切有部毗奈耶杂事摄颂》一卷。前述《毗奈耶杂事》中"摄颂"的摘编。

(12) 唐义净《根本说一切有部戒经》一卷。后期有部的比丘戒本,收录比丘戒八类戒法,总计一百九十三条(若将"众多学法"中的综合性戒条分拆计算,则为二百四十五条)。(13) 唐义净《根本说一切有部苾刍尼戒经》一卷。后期有部的比丘尼戒本,收录比丘尼戒七类戒法,总计三百二条(若将"众多学法"中的综合性戒条分拆计算,则为三百五十四条)。(14) 唐义净《根本说一切有部百一羯磨》十卷。后期有部所传的羯磨法及其事缘的汇编,收录众僧羯磨法一百一种。(15) 唐义净《根本萨婆多部律摄》十四卷。《根本说一切有部毗奈耶》

比丘戒的解释（性质上属于律论）。（16）唐义净《根本说一切有部毗奈耶颂》三卷。阐释《根本说一切有部毗奈耶》比丘戒各戒要义的偈颂集。（17）唐义净《根本说一切有部尼陀那目得迦》十卷。后期有部所传的律事的补充和解释。（18）唐义净《根本说一切有部尼陀那目得迦摄颂》一卷。前述《尼陀那目得迦》中"摄颂"（包括"大门总摄颂"、"别门总摄颂"和"子摄颂"）的摘编。

（六）南传上座部律典

此类典籍总计有四部二十五卷。（1）汉译巴利文《律藏》五卷。南传上座部的广律，下分《经分别》（包括《大分别》、《比丘尼分别》）、《犍度》（包括《大品》、《小品》）、《附随》三部分，叙述比丘戒、比丘尼戒、僧团制度和其他戒律事项及其解释。（2）汉译巴利文《比丘波罗提木叉》一卷。南传上座部的比丘戒本，收录比丘戒八类戒法，总计二百二十七条。（3）汉译巴利文《比丘尼波罗提木叉》一卷。南传上座部的比丘戒本，收录比丘尼戒七类戒法，总计三百十一条。（4）萧齐僧伽跋陀罗译《善见律毗婆沙》十八卷。南传巴利文《律藏》的略释（性质上属于律论），古代所传"五部律论"之一。

（七）其他部派律典

此类典籍总计有五部六卷。（1）陈真谛译《佛阿毗昙经》二卷。犊子部所传的广律（已佚）中犍度部的略释（性质上属于律论），叙述出家受戒制度及其解释。（2）陈真谛译《律二十二明了论》一卷。正量部所传的有关戒律事理的二十二首偈颂（每首由七言四句构成）的注释（性质上属于律论），古代所传"五部律论"之一。（3）北魏般若流支译《解脱戒经》一卷。饮光部的比丘戒本，收录比丘戒八类戒法，总计二百四十六条。（4）刘宋求那跋摩译《优波离问佛经》一卷。未详部派所传的比丘戒本的解释（性质上属于律论），收录比丘戒六类戒法（内缺“二不定法”、“七灭诤法”），总计二百十五条。（5）北宋法天译《苾刍五法经》一卷。未详部派所传的比丘戒本的解释（性质上属于律论），收录比丘戒六类戒法（内缺“二不定法”、“七灭诤法”），总计一百九十三条。

（八）小乘杂律经

此类典籍总计有十七部十九卷。（1）后汉安世高译《大比丘三千威仪》二卷。叙述比丘日常生活中的行仪规范。（2）北凉失译《大爱道比丘尼经》二卷。记述佛的姨母大爱道裘昙弥（即“瞿昙弥”）再三请求出家而获许的经过，以及佛为女人出家制立的各种行仪规范。（3）东晋失译《沙弥十戒法并威仪》一卷。叙述沙弥“十戒”和“威仪”。（4）刘宋求那跋摩译《沙弥威仪》一卷。叙述沙弥“威仪”，今本为《沙弥十戒法并威仪》部分内容的别抄。（5）北宋施护译《沙弥十戒仪则经》一卷。叙述沙弥“十戒”和“仪则”（行为规范）。（6）后汉失译《沙弥尼戒经》一卷。叙述沙弥尼“十戒”和“威仪”（行仪规范）。（7）东晋失译《沙弥尼戒文》一卷。叙述沙弥尼“十戒”和“威仪七十事”。（8）孙吴支谦译《戒消灾经》一卷。叙述受持优婆塞“五戒”而获佑消灾的故事。（9）刘宋求那跋摩译《优婆塞五戒相经》一卷。叙述优婆塞“五戒”的犯相（犯戒相状）。（10）北宋法护等译《八种长养功德经》一卷。叙述优婆塞一日一夜受持“八戒”的作法。

（11）东晋失译《目连问戒律中五百轻重事》一卷。分为十七品，以目连问、佛答的形式，解释戒律的各种事相（开遮、持犯、轻重等），共收录三百六十七个问答。（12）后汉安世高译《犯戒罪报轻重经》一卷。以目连问、佛答的形式，论述比丘、比丘尼犯戒的罪报问题，内容相当于前述《五百轻重事》中的《五篇事品》。(13) 北宋法天译《目连所问经》一卷。为前述《犯戒罪报轻重经》的同本异译。(14) 刘宋沮渠京声译《迦叶禁戒经》一卷。论述真伪沙门的区别和持戒问题。(15) 北宋法天译《苾刍迦尸迦十法经》一卷。论述比丘度人出家、授人具足戒须具备的"十法"(指"得惭愧乐戒"、"得多闻法"、"得毗奈耶多闻"等十种条件)。(16) 后汉安世高译《迦叶结经》一卷。以偈颂和长行(散文)相结合的形式,简述佛入灭后,在摩揭陀国罗阅祇城(即王舍城)举行的佛教史上"第一次结集"的情况。(17) 东晋失译《撰集三藏及杂藏传》一卷。以偈颂的形式,简述佛涅槃后,在摩揭陀国僧伽尸城之北举行的佛教史上"第一次结集"的情况(于中所说的结集地点与众说不同)。

六、备 考 书 目

有关佛教戒律的研究著作主要有:中国佛教协会《中国佛教》第三辑,知识出版社 1989 年 5 月版;日本平川彰《律藏之研究》,东京山喜房佛书林 1960 年版;印顺《原始佛教圣典之集成》,台湾正闻出版社 1991 年 5 月版;印顺《戒律学论集》,中华书局 2010 年 6 月版;圣严《戒律学纲要》,宗教文化出版社 2006 年 12 月版;圣严《律制生活》,华夏出版社 2010 年 5 月版;智谕主编《南山律学辞典》,台湾西莲净苑出版社 1996 年 5 月版;李凤媚《巴利律比丘戒研究》,台湾嘉义新雨杂志社 1999 年 2 月版;劳政武《佛教戒律学》,宗教文化出版社 1999 年 9 月版;严耀中《佛教戒律与中国社会》,上海古籍出版社 2007 年 11 月版;湛如《敦煌佛教律仪制度研究》,中华书局 2003 年 8 月版;湛如《净法与佛塔》,中华书局 2006 年 12 月版;王建光《中国律宗通史》,江苏凤凰出版社 2008 年 7 月版等。

第一门　法藏部律典

第一品　姚秦佛陀耶舍等译《四分律》六十卷

《四分律》，又名《四分律藏》、《昙无德部四分律》、《昙无德律》，六十卷（初作"四十卷"、"四十五卷"）。姚秦佛陀耶舍、竺佛念共译，弘始十二年（410）至弘始十四年（412）译出。梁僧祐《出三藏记集》卷二著录。载于《丽藏》"和"至"妇"函、《宋藏》"下"至"随"函、《金藏》"和"至"妇"函、《元藏》"下"至"随"函、《明藏》"业"至"无"函、《清藏》"业"至"无"函、《频伽藏》"列"帙，收入《大正藏》第二十二卷。

佛陀耶舍（生卒年不详），意译"觉明"，又称"觉名"、"觉称"，罽宾国（又称"迦湿弥罗国"，今克什米尔一带）人，婆罗门种姓。十三岁出家，十五岁时日诵佛经五六万言（见《出三藏记集》卷十四；《高僧传》卷二作"诵经二三万言"）。至十九岁，已能记诵大小乘佛经二百余万言。又从其舅学习"五明"诸论，兼习世间法术。二十七岁受具足戒。后至沙勒国，鸠摩罗什曾从其受学《阿毗昙》、《十诵律》。佛陀耶舍在沙勒住留了十多年，法化甚盛。姚秦弘始十年（408），姚兴遣使将他从姑臧迎入长安（见《开元释教录》卷四），在逍遥园协助罗什翻译《十住经》。

他“为人赤髭,善解《毗婆沙》,时人号曰赤髭毗婆沙”(《高僧传》卷二)。后还回罽宾,不知所终。前后译经四部八十四卷,除《四分律》以外,还有《四分僧戒本》一卷、《长阿含经》二十二卷、《虚空藏菩萨经》一卷(在罽宾译出后,托商人带回凉州),均存。生平事迹见梁僧祐《出三藏记集》卷十四、慧皎《高僧传》卷二等。

《四分律》是法藏部的广律,也是汉地四分律宗受持的根本律典。据唐玄奘译《异部宗轮论》记载,法藏部是上座部系统下的一个部派,佛灭后三百年中,从化地部分出(上座部——说一切有部——化地部——法藏部)。此部的主要教义有:佛虽然是僧众中的一员(“在僧中所摄”),但布施与佛(“施佛”)的果报要大于布施与僧(“施僧”);对佛塔(“窣堵波”)作供养(“兴供养业”),能获得大果报;佛与声闻、缘觉(“二乘”)的解脱虽然是同一的,但他们的修行道路(“圣路”)是相异的;“阿罗汉身”(小乘佛教修行的最高果位)皆为“无漏”(指无烦恼)等(以上见《异部宗轮论》,《大正藏》第四十九卷,第17页上)。今本《四分律》卷二十一《百众学法》收录的有关礼敬佛塔的二十六条戒法(始第六十条“佛塔中止宿戒”,终第八十五条“安佛像在下房戒”),也从一个侧面反映了法藏部提倡佛塔信仰(“于窣堵波兴供养业,获广大果”)的思想特色。

关于《四分律》的来历,《出三藏记集》卷三《新集律来汉地四部序录》是这样说的:

昙无德者,梁言法镜,一音昙摩毱多。如来涅槃后,有诸弟子颠倒解义,覆隐法藏。以覆法故,名昙摩毱多,是为《四分律》,盖罽宾三藏法师佛陀耶舍所出也。初耶舍于罽宾诵《四分律》,不赍胡本,而来游长安。秦司隶校尉姚爽欲请耶舍于中寺安居,仍令出之。姚主(指后秦姚兴)以无胡本,难可证信,众僧多有不同,故未之许也。罗什法师劝曰:耶舍甚有记功,数闻诵习,未曾脱误。于是姚主即以药方一卷、民籍一卷,并可四十许纸,令其诵之三日,便集僧执文请试之,乃至铢两、人数、年纪,不谬一字。于是咸信伏,遂令出焉。故肇(指僧肇)法师作《长阿含序》云,秦弘始十二年岁上章掩茂,右将军司隶校尉姚爽于长安中寺集名德沙门五百人,请罽宾三藏佛陀耶舍出律藏《四分》四十卷,十四年讫。十五年岁昭阳奋若,出《长阿含》。凉州沙门佛念为译,秦国道士道含笔受。(《大正藏》第五十五卷,第20页中、下)

意思是说,"昙无德"意为"法镜",音译又作"昙摩毱多"。佛入灭以后,有佛弟子(昙无德)受持"如来十二部经",并提出自己的理解,因其含藏正法("法藏"),被称为"昙摩毱多",他传持的律本就是《四分律》。《四分律》是罽宾三藏法师佛陀耶舍(鸠摩罗什的老师)译出的。佛陀耶舍在罽宾的时候,受持的是《四分律》的口诵本。来到长安以后,后秦司隶校尉姚爽将他安排在中寺居住,并请他译律。起初,秦主姚兴不同意。认为,没有梵文原本作依据,光凭记忆背诵来翻译《四分律》,难免有遗谬,也难以使众僧信服。鸠摩罗什对姚兴说,佛陀耶舍的记忆力特强,无论什么经典只要听上几遍,就能牢牢记住,并将它们复述出来,从未有过差错。于是姚兴将药方、户籍各一卷,共计四十多纸,交给佛陀耶舍记诵三天,然后召集众僧,由佛陀耶舍口诵,其他人拿原书对照,当场检验。结果,诵出的文句与书上的原文,一字不差。于是众人全部信服,姚兴遂命译经。故僧肇作《长阿含序》说,后秦弘始十二年(410),姚爽在长安中寺召集名德沙门五百人,请佛陀耶舍翻译《四分律》四十卷,至弘始十四年(412)译毕。次年,又译出《长阿含经》。译经时,由佛陀耶舍诵出梵语(任"译主"),竺佛念将梵语转译为汉语(任"度语"),道含将译语笔录成文(任"笔受")。

《四分律》卷首有未详作者的《四分律序》。说:

> 夫戒之兴,所以防邪检失,禁止四魔,超世之道,非戒不弘,斯乃三乘之津要,万善之窟宅者也。……壬辰之年(指东晋太元十七年,即公元392年),有晋国沙门支法领,感边土之乖圣,慨正化之未夷,乃亡身以俎险,庶弘道于无闻,西越流沙,远期天竺。路经于阗,会遇昙无德部体大乘三藏沙门佛陀耶舍,才体博闻,明炼经律,三藏方等,皆讽诵通利。即于其国,广集诸经于精舍。还以岁在戊申(指后秦弘始十年,即公元408年),始达秦国(指后秦)。秦主姚(兴)欣然,以为深奥,冥珍嘉瑞,而谓大法渊深,济必由戒,神众所传,不可有阙,即以其年,重请出律藏。时集持律沙门三百余人,于长安中寺出。即以领(支法领)弟子慧辩为译校定,陶炼反复,务存无朴,本末精悉,若睹初制。(《大正藏》第二十二卷,第567页上、中)

此序见于《丽藏》本,而为《宋》、《元》、《明藏》本所无(唐怀素撰《四分律疏》也未提及此序)。其说与前引《出三藏记集》卷三略有不同。《出三藏记集》卷三说,《四分律》是根据佛陀耶舍的口诵译出的;而此序则说,《四分律》是根据东晋求法沙门支法领在于阗求获的梵文写本于后秦弘始十年(408)翻译的,支法领的弟子慧辩参与了校定工作。综合分析,可以这样认为,《四分律》最初是依据佛陀耶舍的口诵(即罽宾流传的口诵本)翻译的,时间是弘始十二年(410)至弘始十四年(412),由于此说源出于僧肇《长阿含序》(《出三藏记集》卷三转引),而僧肇本人是译事的目击者,故他的说法应是确切可信的;其后曾以支法领在于阗求获的《四分律》梵本作参校,从而形成传世的流通本。

《四分律》因全书分为四部分而得名(旧传因分四次诵出,或因梵本有四筴而得名,似不确切)。内容包括:(1)比丘戒法(初分,卷一至卷二十一)。下分"四波罗夷法"、"十三僧残法"、"二不定法"、"三十舍堕法"、"九十单提法"、"四提舍尼法"、"百众学法"、"七灭诤法"八类戒法(又称"八篇"、"八段"),叙述比丘戒二百五十条的制立因缘、戒法条文及其解释。(2)尼戒法(第二分,卷二十二至卷三十)。下分"八波罗夷法"、"十七僧残法"、"三十舍堕法"、"一百七十八单提法"、"八提舍尼法"、"百众学法"(因与比丘戒相同,本文省略)、"七灭诤法"(本文省略)七类,叙述比丘尼戒三百四十八条的制立因缘、戒法条文及其解释。(3)犍度(一作"揵度",第二分至第四分,卷三十一至卷五十四)。下分"受戒犍度"、"说戒犍度"、"安居犍度"、"自恣犍度"、"皮革犍度"、"衣犍度"、"药犍度"、"迦絺那衣犍度"、"拘睒弥犍度"、"瞻波犍度"、"呵责犍度"、"人犍度"、"覆藏犍度"、"遮犍度"、"破僧犍度"、"灭诤犍度"、"比丘尼犍度"、"法犍度"、"房舍犍度"、"杂犍度"等二十犍度,叙述僧团制度和行事。(4)集法、调部、毗尼增一(第四分,卷五十四至卷六十)。下分"集法毗尼五百人"、"七百集法毗尼"、"调部"、"毗尼增一"四项,叙述佛教史上的"第一次结集"、"第二次结集"、戒律事项和戒律类法数(即含数字的名词术语)。

汉地律宗以"三分"科分《四分律》,将《四分律》卷一初首刊载的"劝信序"(又称"归敬偈",指昙无德部创立者法藏作的偈颂,内容叙说持戒的利益和毁戒的危害)和"发起序"(指佛对舍利弗所作的有关以"经法"善摄弟子才能使佛法久住的谈话),称为"序分";将《四分律》中的"二部僧戒"(比丘戒、比丘尼戒)、"二十犍度",称为"正宗分";将《四分律》》中的《集法毗尼五百人》至《毗尼增一》终,称为"流通分"。

一、比丘戒法(初分,卷一至卷二十一)

本部分为"比丘波罗提木叉分别",即比丘戒的解说,下分"四波罗夷法"等八类,叙述比丘戒二百五十条。原无总标题,今据本书第二部分有"明尼戒法"(见相关各卷的卷题下的小注)的标题,作相对应的拟立。原书中的戒条,是用一句话或一段话来表述的,并无戒条的名称,这对记诵和受持带来了诸多困难。今在解说时,沿用古例,以汉地《四分律》注疏中的戒名体系为基础,对照戒条文句,折衷取舍,标立具有共通性的戒名(比丘戒各戒括号中附出唐道宣《四分比丘含注戒本》、义净译《根本说一切有部毗奈耶》所标的戒名;比丘尼戒各戒括号中附出唐法砺《四分律疏》、义净译《根本说一切有部苾刍尼毗奈耶》所标的戒名),以利于各部广律、戒经之间的相互对照。

(一)《四波罗夷法》(初分,卷一至卷二)。叙述"波罗夷法"四条(又称"戒",下同)的制立因缘、戒法条文及其解释。卷一的初首,叙述佛在毗兰若(拘萨罗国城市)时,对舍利弗所作的有关以"经法"善摄弟子才能使佛法久住的谈话,性质相当于序言(唐怀素《四分律开宗记》称之为"发起序")。在谈话中,佛借喻"过去六佛"的故事,指出,"过去六佛"中,有的佛"说经"、"结戒"、"说戒",以"经法"善摄弟子,因而使"佛法久住";有的佛"不说经"、"不结戒"、"不说戒",不以"经法"善摄弟子,因而使"佛法不久住"。"不以经法摄(弟子)","譬如种种花散置案上,风吹则散";"以经法善摄(弟子)","譬如种种华置于案上以线贯,虽为风吹而不分散"。所收的戒条有:

(1) 淫戒(又称“大淫戒”、“不净行学处”)。(2) 盗戒(又称“大盗戒”、“不与取学处”,以上卷一)。(3) 杀戒(又称“大杀戒”、“断人命学处”)。(4) 大妄语戒(又称“妄说自得上人法学处”,以上卷二)。

(二)《十三僧残法》(初分,卷二至卷五)。叙述“僧残法”(又称“僧伽婆尸沙法”)十三条的制立因缘、戒法条文及其解释。所收的戒条有:

(1) 故出不净戒(又称“故泄精学处”)。(2) 摩触女人戒(又称“触女人戒”、“触女学处”,以上卷二)。(3) 与女人粗恶语戒(又称“与女人粗语戒”、“说鄙恶语学处”)。(4) 向女人索淫欲供养戒(又称“叹身向女人索欲供养戒”、“索供养学处”)。(5) 媒人戒(又称“媒嫁学处”)。(6) 无主造小房过量戒(又称“无主不处分过量房戒”、“造小房学处”,“主”指施主)。(7) 有主造大房不求指授戒(又称“有主为己不处分造房戒”、“造大寺学处”,以上卷三)。(8) 无根波罗夷谤戒(又称“无根谤学处”,卷三至卷四)。(9) 假根波罗夷谤戒(又称“假根谤学处”,卷四)。(10) 破僧违谏戒(又称“破僧违谏学处”,“破僧”指破坏和合的僧团,卷四至卷五)。(11) 助破僧违谏戒(又称“随顺破僧违谏学处”)。(12) 污家摈谤违谏戒(又称“污家学处”)。(13) 恶性拒僧违谏戒(又称“恶性违谏学处”,以上卷五)。如关于“摩触女人戒”等,说:

> 若比丘,淫欲意,与女人身相触,若捉手,若捉发,若触一一身分者,僧伽婆尸沙。(“摩触女人戒”,卷二,第580页中)
>
> 若比丘,瞋恚所覆故,非波罗夷比丘(指对未犯“波罗夷罪”的比丘),以无根波罗夷法谤(指无根据地诬谤他犯

波罗夷罪),欲坏彼清净行。若于异时,若问、若不问,知此事无根说,我瞋恚故作是语,僧伽婆尸沙。("无根波罗夷谤戒",卷四,第588页中)

(三)《二不定法》(初分,卷五)。叙述"不定法"二条的制立因缘、戒法条文及其解释。所收的戒条有:

(1)屏处不定戒。(2)露处不定戒(以上卷五)。如关于"屏处不定戒",说:

> 若比丘,共女人独在屏覆处、障处、可作淫处坐,说非法语(指谈论淫秽语)。有住信(指可信)优婆私(指优婆夷),于三法中,一一法说(指怀疑他犯了波罗夷、僧伽婆尸沙、波逸提"三法"中的一种),若波罗夷、若僧伽婆尸沙、若波逸提。是坐比丘(指被怀疑比丘)自言:我犯是罪,于三法中,应一一治(指惩处),若波罗夷、若僧伽婆尸沙、若波逸提。如住信优婆私所说,应如法治是比丘。是名不定法。"("屏处不定戒",卷五,第600页下)

(四)《三十舍堕法》(初分,卷六至卷十)。叙述"舍堕法"(又称"尼萨耆波逸提法")三十条的制立因缘、戒法条文及其解释。所收的戒条有:

(1)畜(蓄)长衣过限戒(又称"畜长衣过十日戒"、"有长衣不分别学处",律典中"蓄"均作"畜",指蓄存,下同;"长衣"指"三衣"以外的多余的衣服)。(2)离衣宿戒(又称"离三衣学处")。(3)月望衣过限戒(又称"一月衣学处","月望衣"指得布料后须在一个月内制成衣服)。(4)取非亲尼衣戒(又称"从非亲尼取衣学处","非亲"指不是亲戚乡里)。(5)使非亲尼浣故衣戒(又称"使非亲尼浣故衣学处",以上卷六)。

(6)从非亲俗人乞衣戒(又称"从非亲居士乞衣学处")。

(7) 过分乞衣戒(又称“过分取衣戒”、“过量乞衣学处”)。(8) 劝增衣价戒(又称“劝居士增衣价戒”、“知俗人共许与衣就乞学处”)。(9) 劝二家增衣价戒(又称“劝二居士增衣价戒”、“知俗人别许与衣就乞学处”)。(10) 过分急索衣戒(又称“过限急索衣戒”、“过限索衣学处”)。(11) 杂野蚕绵作卧具戒(又称“绵作卧具戒”、“用野蚕丝作敷具学处”)。(12) 黑羊毛作卧具戒(又称“黑毛卧具戒”、“用纯黑羊毛作敷具学处”,以上卷七)。

(13) 过分数羊毛作卧具戒(又称“白毛卧具戒”、“过分数作敷具学处”)。(14) 未满六年作卧具戒(又称“减六年卧具戒”、“作减六年敷具学处”)。(15) 不揲坐具戒(又称“作新敷具不为坏色学处”,“揲”指贴缝)。(16) 持羊毛过限戒(又称“担羊毛过三由旬戒”、“自担负羊毛学处”;“一由旬”为四十里)。(17) 使非亲尼染羊毛戒(又称“使非亲尼治羊毛学处”)。(18) 畜金银戒(又称“畜钱宝戒”、“捉金银等学处”)。(19) 贸金银戒(又称“贸宝戒”、“出纳求利学处”)。(20) 贩卖戒(又称“贩卖学处”,以上卷八)。

(21) 畜长钵过限戒(又称“畜钵过限戒”、“得长钵过十日不分别学处”,“长钵”指一钵以外的多余的食钵)。(22) 未满五缀更求新钵戒(又称“非分乞钵戒”、“乞钵学处”,“缀”指用铅锡等作的补钉)。(23) 乞缕使非亲织师织戒(又称“乞缕使非亲织师戒”、“自乞缕使非亲族织师织作衣学处”)。(24) 劝织师增缕戒(又称“劝织师学处”)。(25) 与衣还夺戒(又称“夺比丘衣戒”、“夺衣学处”,以上卷九)。

(26) 畜七日药过限戒(又称“服过七日药学处”,“七日药”指因病可在七日内食用的“酥、油、生酥、蜜、石蜜”)。(27) 受雨浴衣过限戒(又称“过前求雨衣过前用戒”、“预前求过后用雨浴衣学处”)。(28) 受急施衣过限戒(又称“过前受急施衣过后畜戒”、“急难施衣学处”,“急施衣”指施主因有急事,在夏安居结束前向僧施与的衣服)。(29) 兰若有难离衣过限戒(又称“兰若有疑离衣过限戒”、“阿兰若六夜学处”,“兰若”指山寺,“难”指盗贼等)。(30) 回僧物入已戒(又称“回僧物戒”、“回众物入已学处”,以上卷十)。如关于“畜长衣过限戒”等,说:

> 若比丘,衣已竟(指郁多罗僧、安陀会、僧伽梨三衣,即上衣、内衣、大衣已具足),迦絺那衣已出(指七月十六日至十二月十五日的“功德衣”受持时限已满,不再享有五种权利),畜长衣(指蓄存“三衣”以外的多余的衣服),经十日不净施得畜(指十日之内可不作“净施”而蓄存),若过十日(指超过十日的时限),尼萨耆波逸提。(“畜长衣过限戒”,卷六,第602页上)

> 若比丘,自手捉(指拿取)钱、若金银,若教人捉、若置地,受者,尼萨耆波逸提。(“畜金银戒”,卷八,第619页中)

> 若比丘,畜长钵(指蓄存一钵以外的多余的钵),不净施得齐十日(指不作“净施”只可蓄存十日),过者,尼萨耆波逸提。(“畜长钵过限戒”,卷九,第622页上)

(五)《九十单提法》(初分,卷十一至卷十九)。叙述“单提法”(又称“波逸提法”、“堕法”)九十条的制立因缘、戒法条文及其解释。所收的戒条有:

(1) 小妄语戒(又称“故妄语戒”、“故妄语学处”)。(2) 毁呰语戒(又称“行骂戒”、“毁呰语学处”)。(3) 两舌语戒(又称“离间语学处”)。(4) 与女人同宿戒(又称“共女人宿戒”、“与女人同室宿学处”)。(5) 与未受具人同宿过限戒(又称“共未受具人宿过限戒”、“与未近圆人同室宿过二夜学处”，“受具”指受具足戒）。（6）与未受具人同诵戒（又称“共未受具同诵戒”、“与未圆具人同句读诵学处”）。（7）向未受具人说粗罪戒（又称“说粗罪戒”、“向未圆具人说粗罪学处”，“粗罪”指波罗夷罪、僧残罪）。（8）实得过人法向未受具人说戒（又称“实得道向白衣说戒”、“实得上人法向未圆具人说学处”，“白衣”指在家人、俗人）。（9）独与女人说法过五六语戒（又称“独与女人说法戒”、“独与女人说法过五六语学处”）。（10）掘地戒（又称“坏生地学处”，以上卷十一）。

（11）伐草木戒（又称“坏生种戒”、“坏生种学处”）。（12）异语恼僧戒（又称“余语恼触戒”、“违恼言教学处”，“异语”指绮语）。（13）嫌骂僧知事戒（又称“嫌骂知事戒”、“嫌毁轻贱学处”）。（14）露地敷僧物不举戒（又称“露地敷僧物戒”、“在露地安僧敷具学处”，“举”指收起）。（15）房内敷僧物不举戒（又称“覆处敷僧物戒”、“不举草敷具学处”）。（16）强敷卧具止宿戒（又称“强敷坐戒”、“强恼触他学处”）。（17）强牵比丘出僧房戒（又称“牵他出房戒”、“强牵苾刍出僧房学处”）。（18）坐脱脚床戒（又称“故放身坐卧脱脚床学处”）。（19）用虫水戒（又称“用虫水学处”）。（20）覆屋过限戒（又称“造大寺过限学处”，“覆屋”指用草铺屋顶）。（21）僧不差而教授尼戒（又称“辄教授尼戒”、“众不差教授苾刍尼学处”，“差”指派遣，以上卷十二）。

（22）为尼说法至暮戒（又称“教授苾刍尼至日暮学处”）。（23）讥教尼人戒（又称“讥诃教授者戒”、“谤他为饮食故教授苾刍尼学处”）。（24）与非亲尼衣戒（又称“与非亲苾刍尼衣学处”）。（25）与非亲尼作衣戒（又称“为非亲尼作衣戒”、“与非亲苾刍尼作衣学处”）。（26）独与尼屏处坐戒（又称“与尼坐戒”、“与苾刍尼屏处坐学处”)。(27) 与尼期同行戒(又称“与尼同行戒”、“与苾刍尼同道行学处”,“期”指相约)。(28) 与尼期同船戒(又称“与尼同乘舟戒”、“与苾刍尼同乘一船学处”)。(29) 受尼赞叹食戒(又称“受尼赞食戒”、“知苾刍尼赞叹得食学处”)。(30) 与女人期行戒(又称“与女人同行戒”、“与女人同道行学处”)。(31) 施一食处过受戒(又称“食处过受戒”、“施一食处过受学处”)。(32) 展转食戒(又称“数数食戒”、“展转食学处”,以上卷十三)。

(33) 别众食戒(又称“别众食学处”,“别众食”指四人以上别聚一处受食)。(34) 受食过三钵戒(又称“取归妇贾客食过限戒”、“过三钵受食学处”)。(35) 足食戒(又称“足食学处”)。(36) 劝足食戒(又称“劝犯足食戒”、“劝他足食学处”)。(37) 非时食戒(又称“非时食学处”,“非时食”指每日正午之后至次日黎明之前受食)。(38) 食残宿食戒(又称“停食食戒”、“食曾触食学处”,“残宿食”指残余的储藏过夜的食物,以上卷十四)。

(39) 不受食戒(又称“不受食学处”,“不受食”指食用未经授与的食物)。(40) 索美食戒(又称“索美食学处”)。(41) 自手持食与外道戒(又称“与外道食戒”、“与无衣外道男女食学处”)。(42) 食前后至他家不嘱戒(又称“食前后至他家戒”、“食前食后行诣余家不嘱授学处”)。(43) 食家强坐戒(又称“知有食家强坐学处”,“食家”指夫妇行房处)。(44) 食家与女人屏处坐戒(又称“食家屏坐戒”、“知有食家强立学处”)。(45) 独与女人坐戒(又称“独与女人露地坐戒”、“独与女人在屏处坐学处”)。(46) 驱他出聚落戒(又称“驱他比丘戒”、“共至俗家不与食学处”)。(47) 过受四月药请戒(又称“过限药请戒”、“过四月索食学处”,“四月药”指施主施与的供夏季四月受用的食药)。(48) 往观军阵戒(又称“观军戒”、“观军学处”)。(49) 军中止宿过限戒(又称“军中过宿戒”、“军中过二宿学处”,以上卷十五)。

(50) 往观军战戒(又称“观合战戒”、“扰乱军兵学处”)。(51) 饮酒戒(又称“饮酒学处”)。(52) 水中嬉戏戒(又称“水中戏戒”、“水中戏学处”)。(53) 击拣比丘戒(又称“击拣他戒”、“以指击拣学处”,“击拣”指以指击打)。(54) 轻慢不受谏戒(又称“不受谏戒”、“轻师戒”、“不恭敬学处”)。(55) 恐吓比丘戒(又称“怖比丘戒”、“恐怖苾刍学处”)。(56) 非时洗浴戒(又称“半月浴过戒”、“非时洗浴学处”)。(57) 无病露地燃火戒(又称“露地然火戒”、“触火学处”)。(58) 藏他物品戒(又称“藏他衣物戒”、“藏他苾刍等衣钵学处”)。(59) 净施衣不语取戒(又称“真净施主不知辄取衣戒”、“受他寄衣不问主辄著学处”)。(60) 着不坏色衣戒(又称“著衣戒”、“著不坏色衣学处”)。(61) 故杀畜生戒(又称“杀傍生学处”,“故”指故意)。(62) 饮虫水戒(又称“受用虫水学处”,以上卷十六)。

(63) 故恼比丘戒(又称“疑恼比丘戒”、“故恼苾刍学处”)。(64) 覆他粗罪戒(又称“覆藏比丘罪戒”、“覆藏他罪学处”,“覆”指隐瞒)。(65) 与未满二十岁者授具戒(又称“度减年受具戒”、“与减年者受近圆学处”,“授具”指授具足戒)。(66) 如法断事后发诤戒(又称“发四诤戒”、“发举学处”)。(67) 与贼期行戒(又称“与贼同行学处”)。(68) 恶见违谏戒(又称“说欲不障道违僧谏戒”、“不舍恶见违谏学处”,此处的“恶见”指认为“行淫欲非障道法”)。(69) 随顺被举人戒(又称“随举比丘戒”、“随舍置人学处”,“被举人”指被僧众举罪的比丘)。(70) 随顺被摈沙弥戒(又称“随摈沙弥戒”、“摄受恶见不舍求寂学处”,此处的“被摈”指被僧团除名的“灭摈”,以上卷十七)。

（71）拒劝学戒（又称“遮传教学处”）。（72）毁呰尼戒（又称“轻呵戒学处”）。（73）说戒不摄听戒（又称“恐举先言戒”、“诈言不知学处”）。（74）同羯磨后悔戒（又称“谤回众利物学处”）。（75）不与欲戒（又称“不与欲默然起去学处”，“与欲”指因事不能参加僧众会议者，须委托他人表示自己赞同僧众所作事的意愿，亦即请假）。（76）与欲后悔戒（又称“与欲已更遮学处”）。（77）屏听四诤戒（又称“默听斗诤学处”，“屏听”指暗处偷听）。（78）打比丘戒（又称“打大比丘戒”、“打苾刍学处”）。（79）搏比丘戒（又称“搏他比丘戒”、“拟手向苾刍学处”，“搏”指举手拟打）。（80）无根僧残谤戒（又称“残谤戒”、“以众教罪谤清净苾刍学处”）。（81）突入王宫戒（又称“入王宫门戒”、“入王宫门学处”）。（82）捉金银戒（又称“捉宝戒”、“捉宝学处”，以上卷十八）。

（83）非时入聚落戒（又称“非时入聚落不嘱授苾刍学处”，“非时”指每日正午之后至次日黎明之前）。（84）作床足过量戒（又称“过量床戒”、“作过量床学处”）。（85）兜罗绵作床褥戒（又称“兜罗贮蓐戒”、“用草木绵贮床学处”）。（86）作骨牙角针筒戒（又称“作针筒学处”）。（87）作坐具过量戒（又称“过量尼师坛戒”、“过量作尼师但那学处”）。（88）作覆疮衣过量戒（又称“过量覆疮衣戒”、“作覆疮衣学处”，“覆疮衣”指患疮疥时穿的衣服）。（89）作雨浴衣过量戒（又称“过量雨衣戒”、“作雨浴衣学处”，“雨浴衣”指供遮雨洗浴的衣服）。（90）作三衣过量戒（又称“过量三衣戒”、“同佛衣量作衣学处”，以上卷十九）。如关于“小妄语戒”等，说：

> 若比丘，知而妄语（指故意说“大妄语戒”以外的其他妄语）者，波逸提。（“小妄语戒”，卷十一，第634页中）

若比丘，非时（指每日正午之后至次日黎明之前）受食、食者，波逸提。（“非时食戒”，卷十四，第662页下）

若比丘，饮酒者，波逸提。（“饮酒戒”，卷十六，第672页上）

若比丘，得新衣，应三种坏色（指掺杂其他成分的三种颜色），一一色中，随意坏，若青（指铜青色）、若黑（指黑泥色）、若木兰（指赤而带黑色）。若比丘，不以三种坏色，若青、若黑、若木兰，著余新衣者，波逸提。（“著不坏色衣戒”，卷十六，第676页下）

（六）《四提舍尼法》（初分，卷十九）。叙述“提舍尼法”（又称“波罗提提舍尼法”、“悔过法”）四条的制立因缘、戒法条文及其解释。所收的戒条有：

（1）从非亲尼受食戒（又称“村中取非亲尼食戒”、“从非亲尼受食学处”）。（2）受尼指授食戒（又称“食尼指授食戒”、“受苾刍尼指授食学处”）。（3）受学家食过量戒（又称“受学家食戒”、“学家受食学处”，“学家”指居士）。（4）恐怖兰若受食戒（又称“阿兰若住处外受食学处”，“恐怖兰若”指在有盗贼出没的山寺，以上卷十九）。如关于“从非亲尼受食戒”，说：

若比丘，入村中，从非亲里（指非亲戚乡里）比丘尼，若无病，自手取食、食者，是比丘应向余比丘悔过，言：大德，我犯可呵法，所不应为，我今向大德悔过，是法名悔过法。（“从非亲尼受食戒”，卷十九，第696页上、中）

（七）《百众学法》（初分，卷十九至卷二十一）。叙述“众学法”一百条的制立因缘、戒法条文及其解释。所收的戒条有：

（1）不齐着著内衣戒。（2）不齐着著三衣戒（以上二条，唐道宣《四分比丘含注戒本》作“齐整著涅槃僧戒”、“齐整著三衣戒”，因戒名中“戒”字之前的事项均指应当禁止之事，故似应加“不”字，清读体《传戒正范》卷三作“不齐整著内衣戒”、“不齐整著三衣戒”）。(3) 反抄衣入白衣舍戒（又称“反抄衣白衣舍戒”，“白衣”指在家人、俗人，“舍”指房舍）。(4) 反抄衣白衣舍坐戒。(5) 衣缠颈入白衣舍戒（又称“衣缠颈白衣舍戒”，此为本书特有的戒条）。(6) 衣缠颈白衣舍坐戒（此为本书特有的戒条）。(7) 覆头入白衣舍戒（又称“覆头白衣舍戒”）。(8) 覆头白衣舍坐戒（以上卷十九）。

(9) 跳行入白衣舍戒（又称“跳行白衣舍戒”）。(10) 跳行白衣舍坐戒。(11) 蹲坐白衣舍戒（又称“蹲坐白衣舍戒”）。(12) 叉腰入白衣舍戒（又称“叉腰白衣舍戒”）。(13) 叉腰白衣舍坐戒。(14) 摇身入白衣舍戒（又称“摇身白衣舍戒”）。(15) 摇身白衣舍坐戒。(16) 掉臂入白衣舍戒（又称“掉臂行白衣舍戒”）。(17) 掉臂白衣舍坐戒。(18) 不覆身入白衣舍戒（又称“露身白衣舍戒”）。(19) 不覆身白衣舍坐戒。(20) 顾视入白衣舍戒（又称“顾视白衣舍戒”）。(21) 顾视白衣舍坐戒。(22) 高声入白衣舍戒（又称“高声白衣舍戒”）。(23) 高声白衣舍坐戒。(24) 戏笑入白衣舍戒（又称“戏笑白衣舍戒”）。(25) 戏笑白衣舍坐戒。(26) 不用意受食戒。(27) 溢钵受饭戒（又称“溢钵受食戒”）。(28) 溢钵受羹戒。(29) 不羹饭等食戒（又称“不等受食戒”）。(30) 不次第受食戒。(31) 挑钵中食戒。(32) 为己索羹饭戒（又称“为己索食戒”）。(33) 以饭覆羹更望得戒（又称“饭覆羹戒”）。(34) 嫉心视他钵食戒（又称“嫌视比座戒”）。(35) 不视钵食戒（又称“不系钵食戒”）。(36) 大抟食戒（又称“大揣食戒”）。(37) 张口待食戒（又称“大张口待食戒”）。(38) 含食语戒（又称“含饭语戒”）。(39) 抟饭掷口中戒（又称“揣饭掷口中戒”）。

(40) 遗落饭食戒(又称"遗落食戒",以上卷二十)。

(41) 胀颊食戒(又称"颊食戒")。(42) 嚼饭作声戒(又称"嚼食作声戒")。(43) 吸食戒(又称"噏食戒")。(44) 舐食戒。(45) 振手食戒。(46) 手把散食戒。(47) 污手捉食器戒(又称"腻手捉饮器戒")。(48) 洗钵水弃白衣舍戒(又称"弃洗钵水白衣家戒")。(49) 生草上大小便戒。(50) 水中大小便戒。(51) 立大小便戒。(52) 为反抄衣人说法戒(又称"与不恭敬人说法戒")。(53) 为衣缠颈人说法戒。(54) 为覆头人说法戒。(55) 为裹头人说法戒。(56) 为叉腰人说法戒。(57) 为着革屣人说法戒。(58) 为着木屐人说法戒。(59) 为骑乘人说法戒。(60) 佛塔内止宿戒(又称"佛塔中宿戒";本条至第八十五条为《四分律》特有的有关礼敬佛塔的戒条)。(61) 塔内藏财物戒(又称"藏财物佛塔中戒")。(62) 着革屣入塔戒(又称"著革屣入佛塔中戒")。(63) 手捉革屣入塔戒。(64) 著革屣绕塔行戒。(65) 着富罗(指短靴)入塔戒。(66) 手捉富罗入塔戒。(67) 塔下坐食污地戒(又称"塔下食污地戒")。(68) 担尸塔下过戒。(69) 塔下埋死尸戒。(70) 塔下烧死尸戒。(71) 向塔烧死尸戒。(72) 塔四边烧死尸戒。(73) 持死人衣床塔下过戒。(74) 塔下大小便戒。(75) 向塔大小便戒。(76) 绕塔四边大小便戒。(77) 持佛像至大小便处戒。(78) 塔下嚼杨枝戒。(79) 向塔嚼杨枝戒。(80) 塔四边嚼杨枝戒。(81) 塔下涕唾戒。(82) 向塔涕唾戒。(83) 塔四边涕唾戒(又称"涕唾佛塔边戒")。(84) 向塔舒脚戒。(85) 安佛像在下房戒(又称"安佛下房戒")。(86) 人坐已立说法戒。(87) 人卧已坐说法戒。(88) 人在座已在非座说法戒。(89) 人在高座已在下座说法戒。(90) 人在前行已在后行说法戒。(91) 人在高经行处已在下经行处说法戒。(92) 人在道中已在道外说法戒。(93)携手道行戒。(94)上树过人戒。(95)担杖络囊戒。(96)为持杖人说法戒(又称"为执杖不恭敬者说法戒")。(97)为持剑人说法戒。(98)为持矛人说法戒。(99)为持刀人说法戒。(100)为持盖人说法戒(以上卷二十一)。如关于"叉腰白衣舍戒"等,说:

> 不得叉腰行入白衣舍(指俗家),式叉迦罗尼(指"应当学")。("叉腰白衣舍戒",卷二十,第700页中)
>
> 不得遗落饭食,式叉迦罗尼。("遗落食戒",卷二十,第707页上)
>
> 不得在佛塔中止宿,除为守护故(指因守护而在塔中止宿者除外),尸叉罽赖尼。("佛塔中止宿戒",卷二十一,第710页中)
>
> 不得佛塔下大小便,尸叉罽赖尼。("塔下大小便戒",卷二十一,第711页下)
>
> 不得向佛塔涕唾,尸叉罽赖尼。("向塔涕唾戒",卷二十一,第712页上)

(八)《七灭诤法》(初分,卷二十一)。叙述"灭诤法"七条(指除灭僧团内部"言诤"、"觅诤"、"犯诤"、"事诤"四诤,即对教理、举罪、判罪、羯磨作法起诤的七种方法,其相关事项见于《四分律》卷四十七《灭诤揵度》)。所收的戒条有:

(1)现前毗尼。(2)忆念毗尼。(3)不痴毗尼。(4)自言治毗尼(又称"自言毗尼")。(5)觅罪相毗尼(又称"罪处所毗尼"、"本言治毗尼"、"实觅毗尼"、"求罪自性毗奈耶")。(6)多人觅罪毗尼(又称"多人语毗尼"、"多觅罪相毗尼"、"多觅毗尼")。(7)如草覆地毗尼(又称"如草布地毗尼",以上卷二十一)。说:

若有诤事起，即应除灭。应与现前毗尼，当与现前毗尼。应与忆念毗尼，当与忆念毗尼。应与不痴毗尼，当与不痴毗尼。应与自言治，当与自言治。应与觅罪相，当与觅罪相。应与多人觅罪，当与多人觅罪。应与如草覆地，当与如草覆地。（卷二十一，第713页下）

在《四分律》中，比丘戒、比丘尼戒重要戒条的叙述形式，一般是由四段式构成的：一、制戒因缘（又称“戒缘”）。指制戒的原委与经过，包括犯戒的地点、人物和事情。二、戒法条文（又称“戒相”、“戒条”、“戒文”）。指戒条的表述文句，有一次制立的，也有多次制立的（如初制、重制、定制等，重制、定制均为对前次制立的戒条所作的修订，即对该戒条涉及面的扩大或缩小，多次制立的戒条以最后一次制立，即定制为准）。三、文句解释（又称“文句分别”），指戒条文句的解释。四、犯相解释（又称“犯相分别”），指犯戒相状的解释。这里所说的“犯相解释”，通常为“约义分别”，即从行为对象、施行手段、主观意图、客观结果等方面，对犯戒或疑似犯戒的情况，作出犯与不犯、犯轻与犯重的解释，亦即对不同的犯戒相状作出不同的定性；《十诵律》、南传巴利文《律藏·经分别·大分别》在“约义分别”之后，还有“就事分别”，即列举一些现实的事例进行解释，但仅限于“波罗夷法”（巴利文《律藏》略及“僧残法”）。

叙列戒条之前，往往有“十句义”作为导语。若是比丘戒，则作“自今已去，与诸比丘结戒，集十句义。一摄取于僧，二令僧欢喜，三令僧安乐，四令未信者信，五已信者令增长，六难调者令调顺，七惭愧者得安乐，八断现在有漏，九断未来有漏，十正法得久住。欲说戒者，当如是说”，或“自今已去，与诸比丘结戒，集十句义，乃至正法久住，欲说戒者，当如是说”；若是比丘尼戒,则作“自今已去,与比丘尼结戒,集十句义,乃至正法久住,欲说戒者,当如此说”。其后便是正式的戒法条文。若同一条戒有几次制立,则每次都有不同的制戒因缘和戒法条文,而文句解释通常是对最后一次制立的戒法条文加以解释。此外,也有少数戒条,或因制戒因缘与前相同,或因戒法条文较为简明,其叙述形式呈简略式,是只列戒法条文,没有制戒因缘和戒条解释的。

以“淫戒”为例,它的制戒因缘是这样的:

佛在毗舍离城时,须提那比丘因当时饥荒粮贵,乞食难得,带领诸比丘回自己的家乡迦兰陀村乞食。其母见后,劝他舍道还俗,说其父已经去世,富饶的家产无人继承,依据当时的法律,将来有可能被官府没收。须提那表示,不能舍道还俗,要继续出家修行。其母见劝说不成,转而要求他与在俗时的妻子(“故二”)同房,留个子嗣。由于当时佛尚未制立过这方面的戒律,须提那便答应了此事。后来,其俗妻怀孕,并生下一子。事情发生以后,须提那一直心生疑悔,忧愁不乐,当诸比丘问他为何忧愁时,须提那便将与俗妻行淫生子之事告诉了大家。诸比丘向佛作了汇报。为此,佛召集众比丘聚会,问明情况,对须提那的行为作了严厉的呵责,指出,此“非威仪、非沙门法、非净行、非随顺行,所不应为”,“我无数方便说断欲法,断于欲想,灭欲念”,“我无数方便说欲如火”,“如毒蛇头,如轮转刀,如在尖标,如利戟刺,甚可秽恶”。宣布:从今以后,为了十种利益(“十句义”),为僧众制立禁戒。佛最初制立的“淫戒”的条文是:“若比丘,犯不净行,行淫欲法,是比丘波罗夷,不共住。”(卷一,《大正藏》第二十二卷,第570页下)

不久,发生了跋阇子比丘因不乐意修行,没有舍戒还俗,就回家与俗妻行淫的事情。为此,佛对戒文作了修订。重制的条

文是:"若比丘,共比丘同戒,若不舍戒,若戒羸不自悔,犯不净行,行淫欲法,是比丘波罗夷,不共住。"(第571页上)

后来,又发生了一个依居山林的乞食比丘与雌猕猴行淫的事情。佛再次对戒文作了修订。此次制戒以后,没有再作修改,也就成为最后确定的条文。

有关"淫戒"的条文及其解释(包括文句解释和犯相解释),书中写道:

> 若比丘(南传巴利文《律藏·经分别》作"任何比丘"),共比丘同戒,若不还戒(一作"若不舍戒"),戒羸不自悔,犯不净行,乃至共畜生,是比丘波罗夷,不共住(本段为"淫戒"的条文)。
>
> 若比丘者,名字比丘、相似比丘、自称比丘、善来比丘、乞求比丘、著割截衣比丘、破结使比丘、受大戒白四羯磨如法成就得处所比丘。是中,比丘若受大戒白四羯磨、如法成就得处所住比丘法中,是谓比丘义(以上释戒文中的"若比丘")。……不净行者,是淫欲法(以上释"不净行")。下至共畜生者,可行淫处者是也(以上释"共畜生")。云何名波罗夷?譬如断人头,不可复起,比丘亦复如是,犯此法者,不复成比丘,故名波罗夷(以上释"波罗夷")。云何名不共住?有二共住,同一羯磨、同一说戒,不得于是二事中住,故名不共住(以上释"不共住";本段为"淫戒"的文句解释)。
>
> 三种行不净行,波罗夷,人、非人、畜生。……犯人妇三处,波罗夷,大便道、小便道及口。……比丘有淫心,向人妇女大便道、小便道及口,若初入,犯(以上释"犯")。若不入,不犯(以上释"不犯")。……若比丘方便求欲行不净行,成者,波罗夷(以上释"犯重")。不成者,偷兰遮(又称

"大罪",指"五篇"以外的一切粗罪和波罗夷、僧残的未遂罪)。若比丘教比丘行不净行,彼比丘若作教者,偷兰遮。若不作教者,突吉罗(又称"恶作",以上释"犯轻")。……不犯者,若睡眠无所觉知、不受乐、一切无有淫意,不犯(以上释"淫戒"的"别开缘",即不犯戒的个别的开许条件)。不犯者,最初未制戒,痴狂心乱、痛恼所缠,无犯(以上为比丘戒各戒的"通开缘",即不犯戒的共同的开许条件;本段为"淫戒"的犯相解释)。(卷一,第571页上—第572页中)

《四分律》中有关"淫戒"的叙述,长达三千四五百字,其中的核心和精要,就是作为戒法条文的三十多字。姚秦佛陀耶舍译《四分僧戒本》、唐怀素集《四分律比丘戒本》中的"淫戒"条文,均源于此处。

二、尼戒法(第二分,卷二十二至卷三十)

本部分为"比丘尼波罗提木叉分别",即比丘尼戒的解说,下分"八波罗夷法"等七类,叙述比丘尼戒三百四十八条。其中,与比丘相同的"共戒"(指戒条的内容大致相同,仅对文句中的主体和男女称谓作相应的改动,如"比丘"改为"比丘尼"等)有二百五条,与比丘不同的"不共戒"有一百四十三条。以下凡是带*者,均表示为"共戒"。

(一)《八波罗夷法》(第二分,卷二十二)。叙述比丘尼"波罗夷法"八条的制立因缘、戒法条文及其解释。其中,前四条属于与比丘戒"四波罗夷法"相同的"共戒",后四条属于比丘尼独有的"不共戒"。"共戒"的制戒因缘,极为简略,只有一句话,如佛在某处("毗舍离猕猴江边楼阁讲堂"等)结立某戒;戒条解释仅"淫戒"有,其余三戒皆无。

所收的“共戒”有：(1) 淫戒(又称“不净行戒”、“不净行学处”)＊。(2) 盗戒(又称“不与取学处”)＊。(3) 杀戒(又称“断人命学处”)＊。(4) 大妄语戒(又称“妄称得过人法戒”、“妄说自得上人法学处”)＊。

所收的“不共戒”有：(5)摩触男子戒(又称“摩触戒”、“摩触学处”)。(6) 八事成犯戒(又称“八事成重戒”、“八事成犯学处”,“八事”指与男子捉手等)。(7) 覆藏比丘尼重罪戒(又称“覆比丘尼重罪戒”、“覆藏他罪学处”)。(8) 随顺被举比丘戒(又称“随顺被举比丘违尼僧三谏戒”、“被举人学处”,以上卷二十二)。如关于“摩触男子戒”,说：

> 若比丘尼,染污心(指淫欲染心),共染污心男子,从腋已下、膝已上,身相触,若捉摩、若牵、若推、若上摩、若下摩、若举、若下、若捉、若捺,是比丘尼波罗夷,不共住,是身相触也。(“摩触男子戒”,卷二十二,第715页中)

(二)《十七僧残法》(第二分,卷二十二至卷二十三)。叙述比丘尼“僧残法”(又称“僧伽婆尸沙法”)十七条的制立因缘、戒法条文及其解释。其中,前三条与中间四条,共计七条,属于与比丘戒“十三僧残法”中相同的“共戒”,其余十条属于比丘尼独有的“不共戒”。“共戒”中,只有一句话的制戒因缘(佛在某处结立此戒)和戒法条文,均无戒条解释。

所收的“共戒”有：(1) 媒人戒(又称“媒嫁学处”)＊。(2) 无根波罗夷谤戒(又称“无根谤学处”)＊。(3) 假根波罗夷谤戒(又称“假根谤学处”)＊。(10) 破僧违谏戒(又称“破僧伽学处”)＊。(11) 助破僧违谏戒(又称“助伴破僧伽学处”)＊。(12) 污家摈谤违谏戒(又称“污家学处”)＊。(13) 恶性拒僧违谏戒(又称“恶性违谏学处”)＊。

所收的“不共戒”有：(4)诣官相讼戒(又称“言人戒”、“索亡人物学处”)。(5)度贼女出家戒(又称“度贼女戒”、“度他妇女学处”)。(6)界外为被举尼解摈戒(又称“界外辄解三举戒”、“辄作解举学处”)。(7)四独戒(《根本说一切有部苾刍尼毗奈耶》分作“独渡河学处”、“独向俗家学处”、“独向俗家宿学处”、“独在道行学处”四条,以上卷二十二)。(8)受染心男子食戒(又称“受漏心男食戒”、“共染心男子交易学处”)。(9)劝受染心男子食戒(又称“劝受染心男子衣食戒”、“自言无过学处”)。(14)同住行恶违谏戒(又称“习近住违谏戒”、“杂乱住学处”)。(15)助同住行恶违谏戒(又称“谤僧劝习近住违谏戒”、“劝莫独住学处”)。(16)瞋舍三宝违谏戒(又称“瞋心舍三宝违僧三谏戒”、“不舍恶见学处”)。(17)发诤谤僧违谏戒(又称“发起四诤谤僧违谏戒”、“说他有爱恚学处”,以上卷二十三)。如关于“媒人戒”等,说：

> 若比丘尼,媒嫁持男语语女,持女语语男,若为成妇事,若为私通,乃至须臾间,是比丘尼犯初法应舍,僧伽婆尸沙(“媒人戒”,卷二十二,第718页中)
>
> 若比丘尼,相亲近住,共作恶行,恶声流布展转,共相覆罪,是比丘尼(指清净比丘尼)当谏彼比丘尼言：……乃至三谏,舍者善,不舍者,是比丘尼犯三法应舍,僧伽婆尸沙。(“同住行恶违谏戒”,卷二十三,第723页下—第724页上)

(三)《三十舍堕法》(第二分,卷二十三至卷二十四)。叙述比丘尼“舍堕法”(又称“尼萨耆波逸提法”)三十条的制立因缘、戒法条文及其解释。其中,前十八条属于与比丘戒《三十舍堕法》中相同的“共戒”,只列戒法条文,没有制戒因缘和戒条解释;后十二条属于比丘尼独有的“不共戒”,有制戒因缘和戒条解释。

所收的“共戒”有:(1) 畜长衣过限戒(又称“有长衣不分别学处”,比丘尼戒中的“长衣”是指五衣以外的多余的衣服,“五衣”指僧伽梨、郁多罗僧、安陀会“三衣”,加上僧祇支、覆肩衣)*。(2) 离衣宿戒(又称“离五衣宿戒”、“离五衣学处”)*。(3) 月望衣过限戒(又称“一月衣学处”)*。(4) 从非亲俗人乞衣戒(又称“从非亲居士乞衣学处”)*。(5) 过分乞衣戒(又称“过量乞衣学处”)*。(6) 劝增衣价戒(又称“知俗人共许与衣就乞学处”)*。(7) 劝二家增衣价戒(又称“知俗人别许与衣就乞学处”)*。(8) 过分急索衣戒(又称“过限索衣学处”)*。(9) 畜金银戒(又称“捉宝学处”)*。(10) 贸金银戒(又称“出纳求利学处”)*。(11) 贩卖戒(又称“贩卖学处”)*。(12) 未满五缀更求新钵戒(又称“乞钵学处”)*。(13) 乞缕使非亲织师织戒(又称“自乞缕使非亲织师织作衣学处”)*。(14) 劝织师增缕戒(又称“劝织师学处”)*。(15) 与衣还夺戒(又称“夺衣学处”)*。(16) 畜七日药过限戒(又称“服过七日药学处”)*。(17) 受急施衣过限戒*。(18) 回僧物入己戒(又称“回众物入己学处”,以上卷二十三)*。

所收的“不共戒”有:(19) 乞此物更索他物戒(又称“互乞酥油戒”,巴利文《律藏·比丘尼分别》作“乞此后乞彼戒”、“购此后购彼戒”二条)。(20) 为营寺乞作他用戒(又称“互用说戒堂物戒”、“为僧事乞作余事用戒”、“营寺安居利充食学处”,“利”指利养、供养)。(21) 为僧食乞作他用戒(又称“回现前僧食直用作五衣戒”、“得多人利回入己学处”)。(22) 为造自房乞作他用戒(又称“互用别房戒”、“自为是事乞作余事用戒”)。

(23) 为造多人房乞作他用戒(又称“互用现前僧堂戒”、“为多人是事乞作余事用戒”)。(24) 畜长钵戒(又称“畜长钵学处”,此戒与比丘戒“畜长钵过限戒”的区别在于“过限”的时间为一日,而比丘戒为十日)。(25) 多畜器物戒(又称“过畜十六枚器戒”)。(26) 先许遮月水衣后不与戒(又称“许与他病衣后不与戒”,“月水”指月经)。(27) 非时衣戒(又称“非时摄施戒”,指不得将“非时衣”当作“时衣”来分,“时衣”指“无迦絺那衣者”于安居结束日“自恣”后一个月内受施的衣物,“有迦絺那衣者”于“自恣”后五个月内受施的衣物;“非时衣”指除上述以外的时间受施的衣物)。(28) 贸衣还夺戒(又称“贸衣已后强夺戒”)。(29) 乞贵价重衣戒(又称“乞重衣戒”、“持贵价重衣学处”,“重衣”指“障寒衣”)。(30) 乞贵价轻衣戒(又称“乞轻衣戒”、“持贵价轻衣学处”,“轻衣”指“障热衣”,以上卷二十四)。如关于“月望衣过限戒”等,说:

若比丘尼,衣已竟(指比丘尼五衣已具足),迦絺那衣已舍(指七月十六日至十二月十五日的功德衣受持时限已满,不再享有五种权利),若得非时衣(指在十二月十六日至七月十五日受施的衣物),欲须便受,受已,疾疾成衣,若足者善,若不足者,得畜一月,为满足故。若过畜者,尼萨耆波逸提。(“月望衣过限戒”,卷二十三,第 727 页下)

若比丘尼,欲索是,更索彼者,尼萨耆波逸提。(“乞此物更索他物戒”,卷二十四,第 728 页下)

若比丘尼,多畜好色器者,尼萨耆波逸提。(“多畜器物戒”,卷二十四,第 732 页上)

(四)《一百七十八单提法》(第二分,卷二十四至卷三十)。叙述比丘尼“单提法”(又称“波逸提法”、“单堕法”)一百七十八条的制立因缘、戒法条文及其解释。其中，前六十九条属于与比丘戒《九十单提法》中相同的“共戒”，只列戒法条文，没有制戒因缘和戒条解释；后一百九条属于比丘尼独有的“不共戒”，有制戒因缘和戒条解释（此中第一百二条“作雨浴衣过量戒”与比丘戒中的“作雨浴衣过量戒”是相同的，严格说来也是“共戒”，但本书视为“不共戒”）。

所收的“共戒”有：

(1) 小妄语戒（又称“故妄语学处”）*。(2) 毁呰语戒（又称“毁訾语学处”）*。(3) 两舌语戒（又称“离间语学处”）*。(4) 与男子同室宿戒（又称“与男子同室宿学处”，此戒是从“与异性同室住宿”的意义上列为“共戒”的）*。(5) 与未受具人同宿过限戒（又称“与未近圆人同室宿过二夜学处”）*。(6) 与未受具人同诵戒（又称“与未近圆人同句读诵学处”）*。(7) 向未受具人说粗罪戒（又称“向未圆具说粗罪学处”）*。(8) 实得过人法向未受具人说戒（又称“实得上人法向未圆具人说学处”）*。(9) 独与男子说法过五六语戒（又称“与男子说法过限戒”、“独与男子说法过五六语学处”，此戒是从“独与异性说法过限”的意义上列为“共戒”的）*。(10) 掘地戒（又称“坏生地学处”）*。(11) 伐草木戒（又称“坏生种学处”）*。(12) 异语恼僧戒（又称“违恼言教学处”）*。(13) 嫌骂僧知事戒（又称“嫌毁轻贱学处”）*。(14) 露地敷僧物不举戒（又称“在露地安僧敷具学处”）*。(15) 房内敷僧物不举戒（又称“不举草敷具学处”）*。(16) 强敷卧具止宿戒（又称“强恼触他学处”）*。(17) 强牵比丘尼出僧房戒*。(18) 坐脱脚床戒（又称“故放身坐卧脱脚床学处”）*。(19) 用虫水戒（又称“用虫水学处”）*。(20) 覆屋过限戒（又称“造大寺过限学处”）*。(21) 施一食处过受戒（又称“过一宿食学处”）*。

(22) 别众食戒(又称“别众食学处”)*。(23) 受食过三钵戒(又称“过三钵受食学处”)*。(24) 非时食戒(又称“非时食学处”)*。(25) 食残宿食戒(又称“食曾触食学处”)*。(26) 不受食戒(又称“不受食学处”)*。(27) 食前后至他家不嘱戒(又称“受食前食后请学处”)*。(28) 食家强坐戒*。(29) 食家屏处坐戒*。(30) 独与男子露地坐戒(此戒是从“与异性露地而坐”的意义上列为“共戒”的)*。(31) 驱他出聚落戒(又称“共至俗家不与食学处”)*。(32) 过受四月药请戒(又称“过四月索食学处”)*。(33) 往观军阵戒(又称“观军学处”)*。(34) 军中宿过二夜戒(又称“军中过二夜宿学处”)*。(35) 往观军战戒(又称“扰乱军兵学处”)*。(36) 饮酒戒(又称“饮酒学处”)*。(37) 水中嬉戏戒(又称“水中戏学处”)*。(38) 击拆比丘尼戒(又称“以指击拆他学处”,此戒是从“以指击打僧人”的意义上列为“共戒”的)。(39) 轻慢不受谏戒*。(40) 恐吓比丘尼戒(又称“恐怖苾刍尼学处”,此戒是从“恐吓僧人”的意义上列为“共戒”的)。(41) 非时洗浴戒(又称“非时洗浴学处”)*。(42) 无病露地燃火戒(又称“触火学处”)*。(43) 藏他物品戒(又称“藏他苾刍尼等衣钵学处”,以上卷二十四)*。

(44) 净施衣不语取戒*。(45) 着不坏色衣戒(又称“著不坏色衣学处”)*。(46) 故杀畜生戒(又称“杀傍生学处”)*。(47) 饮虫水戒(又称“饮虫水学处”)*。(48) 故恼比丘尼戒(又称“故恼苾刍尼学处”,此戒是从“故意恼犯他僧”的意义上列为“共戒”的)*。(49) 覆他粗罪戒(又称“覆藏他罪学处”)*。(50) 如法断事后发诤戒(又称“发举学处”)*。(51) 与贼期行戒(又称“与贼同行学处”)*。(52) 恶见违谏戒(又称“不舍恶见违谏学处”)*。(53) 随顺被举人戒(又称

"随舍置人学处")＊。(54) 随顺被摈沙弥尼戒(又称"摄受恶见不舍求寂女学处",此戒是从"随顺被摈人"的意义上列为"共戒"的)＊。(55) 拒劝学戒(又称"遮传教学处")＊。(56) 毁呲尼戒(又称"轻诃戒学处")＊。(57) 说戒不摄听戒(又称"诈言不知学处")＊。(58) 同羯磨后悔戒(又称"谤回众利物学处")＊。(59) 不与欲戒(又称"不与欲默然起去学处")＊。(60) 与欲后悔戒(又称"与欲已更遮学处")＊。(61) 默听斗诤戒(又称"默听斗诤学处")＊。(62) 瞋打比丘尼戒(又称"打苾刍尼学处",此戒是从"打僧人"的意义上列为"共戒"的)＊。(63) 搏比丘尼戒(又称"拟手向苾刍尼学处",此戒是从"举手拟打僧人"的意义上列为"共戒"的)＊。(64) 无根僧残谤戒(又称"以众教罪谤清净苾刍尼学处")＊。(65) 突入王宫门戒(又称"入王宫学处")＊。(66) 捉金银戒(又称"捉宝学处")＊。(67) 非时入聚落戒(又称"非时入聚落不嘱授苾刍尼学处")＊。(68) 作床足过量戒(又称"作过量床学处")＊。(69) 兜罗绵作床褥戒(又称"用草木绵贮床学处",以上卷二十五)＊。

所收的"不共戒"有:

(70) 啖蒜戒(又称"食蒜戒"、"啖蒜学处")。(71) 剃隐处毛戒(又称"剃三处毛戒"、"剃隐处毛学处")。(72) 洗隐处过节戒(又称"洗净过分戒"、"洗净不过量学处","过节"指过"两指各一节")。(73) 树胶作生支戒(又称"用胡胶作男根戒"、"以树胶作生支学处")。(74) 手拍隐处戒(又称"以手拍隐处学处")。(75) 水扇供比丘戒(又称"供大僧水扇戒"、"水洒上众学处")。(76) 煮生食戒(又称"乞生谷戒"、"自手煮生食学处")。(77) 生草上大小便戒(又称"好生草上大小便戒"、"生草上大小便涕唾学处";此戒也见于"众学法")。(78) 大小便掷墙外戒（又称“不看墙外弃不净戒”、“以不净弃墙外学处”）。(79) 往观歌舞伎乐戒（《根本说一切有部苾刍尼毗奈耶》分作“自舞教他舞学处”、“唱歌学处”、“作乐学处”三条）。(80) 独与男子屏处立语戒（又称“共男子人屏障处立语戒”、“独与男子屏处立学处”）。(81) 与男子共入屏处戒（又称“共男子人屏障处戒”，此戒实为第八十条“独与男子屏处立语戒”的分支，为《四分律》特有的戒条）。(82) 独与男子耳语戒（又称“遣伴远去与男子屏处立耳语戒”，《根本说一切有部苾刍尼毗奈耶》分作“共男子耳语学处”、“受男子耳语学处”二条）。(83) 入白衣舍不辞辄去戒（又称“入白衣家生坐已不辞主人去戒”、“白衣家说法不嘱授卧具学处”）。(84) 入白衣舍不语辄坐戒（又称“辄坐他床戒”、“未许辄坐学处”）。(85) 入白衣舍不语辄宿戒（又称“白衣舍辄宿戒”、“不问主人辄宿学处”）。(86) 独与男子暗室立语戒（又称“共男子入暗室戒”，以上卷二十五）。

(87) 不察辄诘戒（又称“不审谛受师语戒”、“不观诘他学处”）。(88) 因诤咒他戒（又称“瞋心咒咀戒”、“咒誓学处”）。(89) 因诤捶胸啼哭戒（又称“因诤瞋心推胸啼哭戒”、“椎胸学处”）。(90) 二尼同床卧戒（又称“无衣同床卧戒”、“二尼同一床卧学处”）。(91) 二尼同被卧戒（又称“同被褥戒”）。(92) 先住后住相恼戒（又称“口业恼他戒”）。(93) 同住有病不瞻视戒（又称“同活尼病不看戒”、“弟子有病不瞻视学处”）。(94) 初许共住后驱出戒（又称“安居中牵他出房戒”、“知尼先在白衣家后令他去学处”）。(95) 夏安居中游行戒（又称“三时无事行戒”、“安居未随意游行学处”，“随意”指自恣，“游行”指行脚游化）。(96) 夏安居竟不游行戒（又称“受请安居竟不去戒”、“安居满不游行学处”，“竟”指结束）。(97) 国外恐怖处游行戒（又称“边界恐怖处游行戒”、“知有怖游行学处”）。

(98) 国内恐怖处游行戒(又称"他境内恐怖处游行戒"、"知有虎狼师子游行学处")。(99) 与亲近居士共住戒(又称"居士子习近住违谏戒")。(100) 往观王宫画堂园林戒(又称"观王宫园林浴池戒")。(101) 裸形露地洗浴戒(又称"泉渠水中露身浴戒")。(102) 作雨浴衣过量戒(又称"过量浴衣戒")。(103) 故衣不缝过五日戒(又称"时中缝僧伽梨过五日戒")。(104) 不晒看僧衣过五日戒(又称"过五日不看僧伽梨",以上卷二十六)。

(105) 遮止施与众僧衣戒(又称"与僧衣作留难戒")。(106) 不问主辄著他衣戒(又称"辄著他衣戒")。(107) 僧衣与白衣外道戒(又称"与白衣外道衣戒"、"辄与俗人衣学处")。(108) 遮止众僧分衣戒(又称"僧众如法分衣遮令不分戒"、"不共分衣学处")。(109) 令后出迦絺那衣戒(又称"遮僧出功德衣戒")。(110) 遮止出迦絺那衣戒(又称"众僧欲出功德衣遮令不出戒"、"不共出衣学处")。(111) 见诤不灭戒(又称"不与他灭诤戒"、"见斗不劝止息学处")。(112) 持食与白衣外道戒(又称"与白衣道食戒"、"与无衣外道男女食学处")。(113) 为白衣营理家务戒(又称"与白衣作使戒"、"营俗家务学处")。(114)自手纺缕戒(又称"自纺织戒",《根本说一切有部苾刍尼毗奈耶》分作"自手捻缕学处"、"自织络学处"二条)。(115) 入白衣舍床上坐卧戒(又称"著俗人衣辄坐卧他床戒",此戒实为第八十四条"入白衣舍不语辄坐戒"的分支,为《四分律》特有的戒条)。(116) 于白衣舍经宿不辞辄去戒(又称"经宿不辞主人去戒")。(117) 自诵咒术戒(又称"从俗人受咒学处")。(118) 教诵咒术戒(又称"教俗人咒法学处")。(119) 度妊娠女戒(又称"度妊身妇女戒"、"与有娠女学处")。(120) 度哺乳女戒(又称"度乳儿妇女戒")。(121) 为未满二十岁童女授具戒(又称“度减年童女戒”、“童女年未满二十受近圆学处”,此指为未婚女子出家后学戒二年、未满二十岁者授具戒)。(122)为未学戒二年童女授具戒(又称“不与二岁学戒羯磨戒”、“不授六学法授近圆学处”,“六学法”指“式叉摩那六法”)。(123)为未学六法童女授具戒(又称“不说六法名字戒”、“学法未满与受近圆学处”,以上卷二十七)。

(124)僧未许辄为满二十岁童女授具戒(又称“度诸遮童女戒”)。(125)为未满十二岁曾嫁女授具戒(又称“度小年曾嫁妇女戒”、“知曾嫁女人年未满十二与出家学处”,指为已婚女子出家后学戒二年、未满十二岁者授具戒)。(126)僧未许辄为满十二岁曾嫁女授具戒(又称“度曾嫁妇女戒”)。(127)度淫女戒(又称“度淫女学处”)。(128)不教摄受具弟子二年戒(又称“不以二法摄受弟子戒”,《根本说一切有部苾刍尼毗奈耶》分作“不教诫学处”、“不摄护学处”二条)。(129)受具弟子未满二年离师戒(又称“不二岁随和上戒”)。(130)僧未许辄为满二十岁童女授具戒(又称“不乞畜众羯磨度人戒”,指未向僧众请求并获得许可,就度人授具戒)。(131)未满十二年戒腊辄度人授具戒(又称“未满十二夏度人戒”、“年未满与他出家授近圆学处”)。(132)满十二年戒腊僧未许辄度人授具戒(又称“无德度人戒”、“辄畜弟子学处”)。(133)僧未许授具辄谤戒(又称“不听度人谤僧戒”)。(134)父母夫主未许辄度人出家戒(又称“父母夫主不听辄度人戒”、“夫未放度出家学处”)。(135)度忧瞋女戒(又称“度恶行喜瞋者戒”,“忧瞋女”指与男子相敬爱及愁忧瞋恚者,《根本说一切有部苾刍尼毗奈耶》分作“度恶性女人学处”、“度多忧女人学处”二条)。(136)式叉摩那学戒满不与授具戒(又称“不与学戒尼受具足戒”、“知学法了不与受近圆学处”,“式叉摩那”指受具足戒前处于二年学法阶段的出家女子)。(137)索衣授具戒(又称“取他衣不为受具戒”、“从索衣学处”)。(138)每年度弟子戒(又称“多度弟子戒”、“每年与出家受近圆学处”)。(139)经宿往比丘僧中授具戒(又称“作本法已经宿往大僧中受具”,此戒系据比丘尼“八敬法”编入,以上卷二十八)。

(140)无病不往僧中受教诫戒(又称“教授日不往听戒”)。(141)半月不往比丘僧中求教诫戒(又称“不半月请教授戒”、“求教授学处”,此戒系据“八敬法”编入)。(142)不往比丘僧中求三事自恣戒(又称“不诣大僧自恣戒”、“不于二部众三事作随意学处”,“求三事自恣”指听取有无“见、闻、疑罪”,此戒系据“八敬法”编入)。(143)无比丘处夏安居戒(又称“不依大僧安居戒”、“无苾刍处作安居学处”,此戒系据“八敬法”编入)。(144)突入比丘住处戒(又称“突入大僧寺戒”)。(145)骂比丘戒。(146)骂比丘尼戒(又称“骂尼众戒”,《根本说一切有部苾刍尼毗奈耶》分作“责众学处”、“骂众学处”二条)。(147)不告众独使男子破疮戒(又称“不白众使男子破痈戒”、“有疮令数解系学处”)。(148)受请不食戒(又称“尼背请戒”、“背请戒”)。(149)嫉妒施主供他戒(又称“家悭生嫉妒戒”、“于家悭学处”)。(150)以香涂摩身戒(又称“以香涂身戒”,《根本说一切有部苾刍尼毗奈耶》分作“以香涂身学处”、“以香涂首学处”二条)。(151)以胡麻滓涂摩身戒(又称“胡麻汁涂身戒”、“以胡麻滓及水揩身学处”)。(152)使比丘尼揩身戒(又称“使大尼涂身戒”、“使苾刍尼揩身学处”)。(153)使式叉摩那揩身戒(又称“使式叉涂身戒”、“使正学女揩身学处”)。(154)使沙弥尼揩身戒(又称“使沙弥尼涂身戒”、“使求寂女揩身学处”)。(155)使白衣妇女揩身戒(又称“使白衣女涂身戒”、“使俗女揩身学处”)。(156)着贮跨衣戒(又称“著贮跨衣戒”)。

(157) 畜白衣妇女装饰物戒(又称“畜著妇女严身具戒”、“著俗庄严具学处”,“庄严具”指璎珞、环圳、耳珰等装饰物)。(158) 着革屣持盖行戒(又称“著革屣擎盖戒”,以上卷二十九)。

(159) 无病载乘行戒(又称“乘乘戒”)。(160) 不着僧祇支入村戒(又称“不著僧祇支戒”,“僧祇支”指覆左肩的掩腋衣)。(161) 日暮不请而入白衣舍戒(又称“夜入出白衣家戒”)。(162) 日暮开寺门不嘱而出戒(又称“向暮开僧伽蓝门戒”)。(163) 日没开寺门不嘱而出戒(又称“日没开僧伽蓝门戒”)。(164) 不安居戒。(165) 度常漏女戒(又称“度大小便常漏人戒”,“常漏”指经常大小便失禁)。(166) 度二形人戒(“二形人”指两性人)。(167) 度二道合一女戒(“二道”指大小便道)。(168) 度负债有病女戒(又称“度负债病人戒”)。(169) 以世俗方伎为生业戒(又称“诵咒为活命戒”)。(170) 教世俗方伎戒(又称“以世俗伎术教授白衣戒”)。(171) 被摈不去戒。(172) 不求便问比丘义戒(又称“辄问大僧义戒”、“先未容许辄问学处”,“义”指经义,此戒系据“八敬法”编入)。(173) 欲恼故人前经行坐卧戒(又称“身业恼他戒”,此戒实为第九十二条“先住后住相恼戒”的分支,为《四分律》特有的戒条)。(174) 比丘寺内起尼塔戒(又称“在僧寺造尼塔戒”,此为《四分律》特有的戒条)。(175) 见比丘不礼敬戒(又称“百岁尼不礼敬戒”,此戒系据比丘尼“八敬法”编入)。(176) 摇身趋行戒(又称“摇身趍行戒”,此为《四分律》特有的戒条)。(177) 作白衣妇女装饰身戒(又称“妇女庄严香涂身戒”)。(178) 使外道女揩身戒(又称“使外道女涂身戒”、“使外道女揩身学处”,以上卷三十)。如关于“啖蒜戒”等,说:

若比丘尼,啖蒜者,波逸提。("啖蒜戒",卷二十五,第737页中)

若比丘尼,年十八童女(指度未婚的十八岁女子出家),不与二岁学戒(指未给与二年受学"式叉摩那六法"),年满二十,便与授具足戒者,波逸提。("为未学六法童女授具戒",卷二十七,第756页下)

若比丘尼,度曾嫁妇女年十岁(度曾婚的十岁女子出家),与二岁学戒,年满十二,听(指允许)与授具足戒。若减十二(指未满十二岁),与授具足戒者,波逸提。("为未满十二岁曾嫁女授具戒",卷二十八,第759页上)

若比丘尼,作妇女庄严香涂摩身,波逸提。("作白衣妇女装饰身戒",卷三十,第777页下)

(五)《八提舍尼法》(第二分,卷三十)。叙述比丘尼"提舍尼法"(又称"波罗提提舍尼法"、"悔过法")八条的制立因缘、戒法条文及其解释。均为比丘尼独有的"不共戒"(其内容与比丘戒中的"四提舍尼法"不同)。

所收的"不共戒"有:(1)无病乞酥(从酪而出,包括生酥、熟酥)戒。(2)无病乞油(指植物油和油脂)戒。(3)无病乞蜜(指蜂蜜)戒。(4)无病乞黑石蜜(指糖)戒。(5)无病乞乳(从牛而出)戒。(6)无病乞酪(从乳而出)戒。(7)无病乞鱼戒。(8)无病乞肉(指"不见"、"不闻"、"不疑"为我故杀的"三种净肉")戒。如说:

若比丘尼,不病(指无病)乞酥食者,犯应忏悔可呵法,应向余比丘尼说言:大姊,我犯可呵法,所不应为,我今向大姊忏悔,是名悔过法。……乞油、若蜜、若黑石蜜、若乳、若酪、若鱼、若肉,如乞酥无异。(卷三十,第778页上、中)

（六）《百众学法》。（七）《七灭诤法》。此两类戒法，因与比丘戒中的《众学法》和《七灭诤法》相同，故本书省略未译。小注说："众学戒与大僧戒无异，故不出耳。"（卷三十，第 778 页中）但在统计比丘尼戒总数"三百四十八戒"时，是将它们计算在内的，唐怀素集《四分比丘尼戒本》对此作了补足，可作印证。其中，尼戒《众学法》第四十九条"生草上大小便戒"，与尼戒《一百七十八单提法》第七十七条"生草上大小便戒"是相同的，但本书未加去除（为保持原貌，今只作说明，不作删改）。

三、二十犍度（第二分至第四分，卷三十一至卷五十四）

本部分为"犍度"（原书作"揵度"，后世多写作"犍度"），是律事的解说，下分"受戒犍度"等二十犍度，叙述僧团的各种制度和行事。

（一）《受戒犍度》（第二分，卷三十一至卷三十五）。叙述佛陀略传（统称"佛传"）和出家受戒方面的制度和行事。

（1）佛传方面（始卷三十一"我曾闻有作如是说"，终卷三十三"罗阅城诸豪姓子，亦出家学道，大众皆集，游罗阅城"）。内容包括：佛的种族、诞生、出家、修行和成道，以及早期的教化事迹。有关佛早期的教化事迹有：

佛成道后，接受离菩提树不远路过的二贾客兄弟（名叫"瓜"、"优波离"的商人两兄弟）供献的麨（指炒熟的米麦粉）、蜜并作开化，使他们成为最初"受二归依"（指"归依佛"、"归依法"，因当时尚无僧伽，故缺"归依僧"）的优婆塞（又称"清信士"，即男居士）；入郁鞞罗村，接受婆罗门苏阇罗大将之女的施食，使她成为最初"受二归依"的优婆夷（又称"清信女"，即女居士）；前往波罗奈国仙人鹿苑，对曾陪伴他出家求道的阿若憍陈如等五人"初转法轮"，使他们成为最初出家得具足戒的"五比丘"（当时的受戒方式为"善来受具"，即佛对求出家者称呼"善来比丘”，对方便即刻得受具足戒，与后来的“白四羯磨受具”有所不同）。

在波罗奈国，度“族姓子”（指婆罗门长者之子）耶输伽（又称“耶舍”）及其在城内外的朋友五十四人出家，并接受耶输伽父母的归依，使他们成为为最初“受三归依”（指“归依佛”、“归依法”、“归依僧”）的优婆塞、优婆夷；在波罗奈城外，度“欲成婚姻”、“处处游观”的五十人出家（南传巴利文《律藏·大品·大犍度》无此记载）；在郁鞞罗劫波园，度郁鞞罗跋陀罗跋提及其朋友五十人出家；在郁鞞罗婆界，度原为“螺髻梵志”（指事火外道）迦叶三兄弟（指“郁鞞罗迦叶”、“那提迦叶”、“伽耶迦叶”）及其弟子一千人出家；对摩竭国瓶沙王（又称“频婆娑罗王”）说法，使之归依，瓶沙王在迦兰陀竹园造立精舍，施与佛；在罗阅城（又称“王舍城”），度原先师事“删若梵志”（“六师外道”之一）的舍利弗（又称“优波提舍”）、目犍连（又称“拘律陀”）及其弟子二百五十人出家等。以此为标志，宣告了初期佛教僧团的形成。

（2）出家受戒制度方面（始卷三十三“时彼未被教诫者，不按威仪”，终卷三十五的小注“受戒犍度具足竟”）。主要内容有：

新受戒比丘（指戒腊未满五年者）须依止和尚（指授戒的“亲教师”，又称“戒和尚”、“得戒和尚”），形成依止关系；僧众须“满十人”，作“白四羯磨”，方可授人具足戒；“十岁智慧比丘”（指僧腊满十岁的、有智慧的比丘），方可授人具足戒（指担任“戒和尚”）；和尚对弟子（“新受戒比丘”）当行“和尚法”（指和尚如何教护弟子的规制），弟子对和尚当行“弟子法”（指弟子如何承事和尚的规制），若和尚命终，弟子应另请阿阇梨（指教授的“轨范师”）作依止，阿阇梨对弟子当行“阿阇梨法”（内容与"和尚法"相同),弟子对阿阇梨当行"弟子法";"不得授人具足戒"和"得授人具足戒"的各种"五法"(指授具足戒者除其戒腊须满十年以外,尚须具备的各种德行,如"五法成就,不得授人具足戒,不知增戒、增心、增智慧、不知白、不知羯磨";"成就五法,得授人具足戒,知增戒、增心、增智慧、知白、羯磨"等);对"外道"要求依佛出家的,应作"众僧中四月共住白二羯磨",四个月的"共住"(《五分律》卷十七、《十诵律》二十一、《毗尼母经》卷二、《萨婆多部毗尼摩得勒伽》卷七等均作"别住",并有专条加以说明,与本书的说法相异),考察期满以后,僧众同意,方可准许出家受具足戒。

不得度"家奴"、"贼囚"、"负债人"、"癞、痈、白癞、干痟、颠狂"五种病人、"父母不听(指不允许)者"、"官人"、"犯比丘尼者"、"贼心入道者"(指为谋求衣食供养而要求出家者)、"黄门"(指男根有缺陷者)、"畜生"、"杀母者"、"杀父者"、"杀阿罗汉者"、"破僧者"(指提婆达多之类)、"恶心出佛身血者"(指提婆达多之类)、"一切污辱众僧者"(指一切形貌丑陋、四肢残缺有损僧人形像者)等出家;受具足戒之前,须先"问遮难"(其中,"问难",又称"问十三难事"、"问十三重难",指询问对方有无因自性之恶而造成的不得受具足戒的十三种情况;"问遮",又称"问十六轻遮",指询问对方有无因非自性之恶而造成的不得受具足戒的十六种情况);授具足戒之后,应对受戒者宣讲"四波罗夷法"、"四依法"(指"依粪扫衣"、"依乞食"、"依树下坐"、"依腐烂药")等。如关于比丘在受具足戒之前,须先"问遮难",说:

> (世尊言)自今已去,听(指允许)问十三难事,然后授具足戒白四羯磨。当作如是问:汝不犯边罪?汝不犯比丘

尼？汝非贼心入道？汝非坏二道？汝非黄门？汝非杀父？(非)杀母？汝非杀阿罗汉？汝非破僧？汝不恶心出佛身血？汝非是非人？汝非畜生？汝非有二形耶(以上为“十三重难”)？……善男子(指求受具足戒者)听，今是至诚时、实语时，我今问汝，汝当随实答我：汝字何等？和尚字谁？汝年满二十未？三衣、钵具不？父、母听汝不？汝不负债不？汝非奴不？汝非官人不？汝是丈夫不？丈夫有如是病，癞、痈疽、白癞、干痟、颠狂病，汝今有如是病无(以上为“十遮”，细分作“十六轻遮”)？若言无者，当作白四羯磨。(卷三十五，第814页下—第815页上)

(二)《说戒犍度》(第二分，卷三十五至卷三十六)。叙述僧众每半月一次说戒方面的制度和行事。主要内容有：

僧众每半月一次“布萨日”(指农历大月十五日、三十日，小月十四日、二十九日)集会说戒(诵说戒经)的由来；说戒前，僧众应随住处，共集一处，根据自己所在的村邑、地理环境“结界”(指依羯磨划定作法的区域)，结作“同一住处、同一说戒”的”大界”，“唱四方大界相”，唱告这一区域的四方标志物；“结界”的区域可根据情况作或大或小的变更，其方法是作羯磨，先舍旧界(即“解界”，解除原先划定的区域)，再作新界(即重新“结界”；有关布萨结界所涉及的结解“大界”、“戒场”、“小界”的作法，详见曹魏昙谛译《羯磨》)；布萨日，若同一住处有比丘四人或四人以上时，应依“众僧法”，广说戒经；若有比丘三人或二人时，应依“对首法”，各共面对将表示自己行为清净的告白说三遍；若仅有比丘一人时，应依“心念法”，独自将表示自己行为清净的告白口说或心念三遍；不得作“非法别众羯磨说戒”、“非法和合众羯磨说戒”、“法别众羯磨说戒”，应当作“法和合众羯磨说戒”;因病不能参加说戒的比丘,须“与欲”(指委托他人表示自己赞同僧众所作事的意愿,亦即请假)、“与清净”(指委托他人表示自己行为的清净)。

说戒时,若遇到“八难”(指“王、贼、火、水、病、人、非人、恶虫”)等意外情况,可以“略说戒”(指只说戒经的一部分);佛起初在布萨日常对僧众说戒(内容为“略说教诫偈”),自瞻婆国伽伽河侧十五日说戒时,发现僧中有“不净者”(指犯戒而不知发露者)以后,不再说戒,改由僧众自行推选上座说戒(内容为佛制立的戒法条文);说戒前,比丘若忆念有罪或“于罪有疑”(对是否犯罪尚有疑问),应诣清净比丘所,发露忏悔;说戒时,比丘若忆念有罪或“于罪有疑”,应对“比座”(邻座)说,或作“心念”,待说戒结束后,“如法忏悔”;“旧比丘”(指当地比丘)说戒时,若外来的“客比丘”的人数少于“旧比丘”,“客比丘”应当“告清净”,“旧比丘”按原先的次序讲下去,不必重新说戒,若“客比丘”的人数等于或多于“旧比丘”,“旧比丘”应当重新说戒;不应在“未受大戒(指具足戒)人”前作羯磨说戒等。如关于“结大界”(指结作“同一住处、同一说戒”的区域)的方法,说:

> 佛言:自今已去,随所住处,若村、若邑境界处说戒,听(指允许)结界白二羯磨。……结界应如是结:当敷座,当打揵稚(指报时用的钟磬木板),尽共集一处,不听受欲(指不允许接受请假)。是中旧住比丘,应唱大界四方相。若东方有山称山,有堑称堑,若村、若城、若疆畔、若园、若林、若池、若树、若石、若垣墙、若神祀舍。如东方相,余方亦尔。众中应差堪能羯磨者,如上当如是白:大德僧听,此住处比丘,唱四方大界相,若僧时到(指僧众说戒的时刻已到),僧忍听(指容许),僧今于此四方相内结大界,同一住处、同一

说戒。白如是。

大德僧听，此住处比丘，唱四方大界相，僧今于此四方相内结大界，同一住处、同一说戒，谁诸长老忍，僧于此四方相内结大界，同一住处、同一说戒者默然，谁不忍者说。僧已忍于此四方相内，同一住处、同一说戒，结大界竟。僧忍默然故，是事如是持（指此事就这样受持）。（卷三十五，第819页中、下）

（三）《安居犍度》（第二分，卷三十七）。叙述僧众每年三个月“结夏安居”方面的制度和行事。主要内容有：

僧众每年三个月“夏安居”（又称“雨安居”、“安居”、“坐夏”、“结制”等，指每年雨季四个月中的三个月，僧众须定居一处、摄心修行，避免因外出游化而踩踏虫蚁草木，夏安居的首日称“结夏”，最后一日称“解夏”）的由来；僧众在安居前，应先推选“分房分卧具人”（须具备“不爱、不瞋、不怖、不痴、知可分不可分”五种德行），负责分房分卧具；“安居”有两种，“前安居”（农历四月十六日至七月十五日）和“后安居”（五月十六日至八月十五日），僧众无事应结“前安居”，有事可结“后安居”；不应在“露地”、“树上”、“蜡蜜涂帐”等安居（有“恶兽”的地方允许树上安居），可以“在树下”、“在山窟”、“在树空中”、“依牧牛者”、“依压油人”、“在船上”、“依斫材人”、“依聚落”等安居。

安居期间，因事（如饮食、衣钵、坐具、药草、治罪、出罪、忏悔、受戒、见大臣、见优婆塞、见父母、说法、供养等事）外出，须“受日”（指请假）；如能在七日之内返回住地的，须向长老请求“受七日法”（指请假七日）；如超过七日的，须向僧众请求“受过七日法”（指请假“十五日”或“一月”），并经同意，方可成行；安居期间，因“留难”（指影响性命和修行的险难，如王逼“休道”、

“淫女来诱调”、“有贼”、“有毒蛇”、“有恶兽”、“有毒虫”、“不得饮食”、“不得医药”、“有比丘欲破僧”等）无法安居的，可以移住他处，不作“破安居”处理；若比丘约定在某处“安居”，但为多得“利养”，同时又到别处作安居（即“于二住处安居”），“违本要得罪”（指失约犯“恶作”罪）；若比丘约定在某处“安居”后，但实际不去（如在界外参加“布萨”后，又往别处），或迟来之后到了一下又走了（如在界内参加“布萨”后，到住处即日离去），属“破前安居违本要得罪”（指“破前安居”，并且失约犯“恶作”罪）；若比丘约定在某处“安居”后，“受七日法”，先在外（如在界外参加“布萨”），后返回住地，属“成前安居不违本要无罪”（指作为结“前安居”，无罪过）等。如关于夏安居的由来，说：

尔时，佛在舍卫国祇树给孤独园。时六群比丘（指难陀、跋难陀、迦留陀夷、阐陀、马师、满宿六个结群行恶的比丘），于一切时春夏冬，人间游行，时夏月天暴雨水大涨，漂失衣钵、坐具、针筒，蹈杀生草木。时诸居士见，皆共讥嫌：沙门释子，不知惭愧，蹈杀生草木。……诸外道法，尚三月安居。此诸释子，而于一切时，春夏冬人间游行。……世尊尔时，以此因缘，集比丘僧，以无数方便，呵责六群比丘。……告诸比丘：汝不应于一切时，春夏冬人间游行。从今已去，听诸比丘三月夏安居。白所依人言：我于此处夏安居，长老一心念，我比丘某甲，依某甲聚落、某甲僧伽蓝、某甲房，前三月夏安居，房舍破，修治故。如是第二、第三说（指将上述告白说三遍）。后三月夏安居法，亦如是。（卷三十七，第 830 页中、下）

（四）《自恣犍度》（第二分至第三分，卷三十七至卷三十八）。叙述僧众在夏安居结束后作“自恣”方面的制度和行事。

主要内容有：

僧众于"夏安居"结束之日（又称"自恣日"，通常为农历七月十五日）举行"自恣"（意译"满足"、"喜悦"、"随意"，指请他人根据所见、所闻、所疑，任意举发自己所犯之罪，即请求他人批评举罪）活动的由来；自恣时，若同一住处有比丘五人或五人以上时，应作"僧法自恣"（即"众僧法"自恣），先推选"受自恣人"，然后在"受自恣人"的主持下，从上座开始，僧众依次"三说自恣"（指将自恣告白说三遍），若有罪，应当如法忏悔；"受自恣人"则先接受众人的自恣，最后自己向上座作自恣；有"四种自恣"，"非法别众自恣、非法和合自恣、法别众自恣、法和合自恣"，前三种为非法自恣，后一种为如法自恣。

自恣时，若同一住处有比丘二人至四人时，应作"对首自恣"（又称"互为自恣"，指各共面对作自恣），若仅有一人时，应作"心念自恣"（又称"心念口言自恣"）；比丘有病不能参加自恣活动的，应"与自恣"（又称"嘱授自恣"，指委托他人表达自恣意愿）；自恣时，如遭遇"八难"（指"王难、贼难、火难、水难、病难、人难、非人难、毒虫难"）等危难之事，允许"略说自恣"（指将自恣告白说二遍或一遍）；自恣时，对"旧比丘"（指当地比丘）与"客比丘"（指外来比丘）的各种不同情况，须作相应的处理；不应在自恣结束后说戒，"自恣即是说戒"等。如关于在自恣活动中，每个比丘应"三说自恣"，说：

> 佛言：……自今已去，听诸比丘三说自恣。……听诸比丘偏露右肩，脱革屣，胡跪合掌，作如是语：大德众僧，今日自恣，我某甲比丘亦自恣，若见、闻、疑罪，大德长老，哀愍故语我。我若见罪，当如法忏悔。如是第二、第三说（指将上述告白说三遍）。（卷三十七，第836页下—第837页上）

（五）《皮革犍度》（第三分，卷三十八至卷三十九）。叙述僧众使用皮革制品方面的制度和行事。主要内容有：

瞻婆城长者之子守笼那（巴利文《律藏·皮革犍度》作“首楼那二十亿”）依佛出家，精进修行，因赤脚行走，“经行之处，血流污地”，佛允许从他开始，比丘可以“在寺内著一重革屣”（指穿著一层底的皮鞋），若坏，可用皮补之；阿槃提国亿耳（巴利文《律藏·皮革犍度》作“首楼那亿耳”），从佛的大弟子大迦旃延出家受具足戒，受师父的委托，前往王舍城耆阇崛山，请佛开许阿槃提国比丘的“五事”（指允许边地比丘满五人即可授人具足戒、可穿多层底的革屣、可多次洗浴、可蓄存皮卧具、可在异处受衣），佛听后，一一作了许可；比丘不得蓄存“一切大皮”（指“师子皮、虎皮、豹皮、獭皮、野猫皮、迦罗皮、野狐皮”等）；不得蓄存“木屐”（因其“犹如马行声，乱诸坐禅者”）、“金屐”、“银屐”、“皮腰带”、“皮器”、“皮帽”等。如关于阿槃提国僧人请示的“五事”以及佛所作答复，说：

尔时，亿耳闻佛功德……持五事往白佛：阿湿婆阿槃提国少比丘，受大戒难（指比丘人数往往不满十人，无法授人具足戒），三年中乃得受戒。何以故？以不满十僧故。从今已去，愿世尊，少开方便，听阿湿婆阿槃提国得受大戒；阿湿婆阿槃提国多诸刺棘瓦石，一重革屣（指一层底的皮鞋），不得经久，愿世尊，听著重革屣（指多层底的皮鞋）；阿湿婆阿槃提国世人好浴，愿世尊，听比丘数数洗浴；如余方多好卧具，伊梨延陀、毷罗、毷毷罗、氍氀如是，阿湿婆阿槃提国以皮为卧具，羖羊皮、白羊皮、鹿皮，愿世尊，听得畜皮卧具；或有比丘，往异方后，住处得衣，便不肯受。何以故？恐犯尼萨耆，愿世尊，听开少方便。……佛时默然听许。时世尊明日清旦，以此事集比丘僧。……告诸比丘言：听阿湿婆阿槃提国持律五人得受大戒，若有余方，亦听（指其他边地的比丘满五人也可授人具足戒））；……听阿湿婆阿槃提国著重革屣；听阿湿婆阿槃提国数数洗浴；听敷羖羊皮、白羊皮、鹿皮卧具；听诸比丘得衣入手，数满十日，若过应舍（指允许比丘在异处得衣后从接受时算起，持用十日，超过十日应作净施），舍已忏悔。（卷三十九，第 845 页中—第 846 页上）

（六）《衣犍度》（第三分，卷三十九至卷四十一）。叙述僧众衣服方面的制度和行事。主要内容有：

比丘可持用“粪扫衣”（指以冢间或巷陌拾到的“牛嚼衣”、“鼠啮衣”、“烧衣”、“月水衣”、“产妇衣”、“冢间衣”等“十种粪扫衣”为布料，浣洗、染色后缝制的僧衣）和“十种衣”（指以“拘舍衣”、“劫贝衣”、“钦跋罗衣”、“刍摩衣”、“麻衣”等“十种衣”为布料，浣洗、染色后缝制的僧衣）；比丘可在“粪扫衣”之外，蓄存“檀越施衣”（指在家信众施与的衣服）；应“割截”作僧衣（指将布割裁后缝缀成如田畦一般的田相衣）；比丘应当蓄“三衣”，即“安陀会”（用五条布缝制而成，又称“内衣”、“中衣”，日常作息时穿着）、“郁多罗僧”（用七条布缝制而成，又称“上衣”，礼诵、听讲、布萨时穿着）、“僧伽梨”（用九条布乃至二十五条布缝制而成，又称“大衣”，出入村落、王宫、俗家时穿着），但不得超过限量。

比丘死后，“僧园田、果树”、“别房及属别房物”（指房屋和房内的设备用品）乃至“水瓶、澡罐、锡杖、扇”等，“不应分，属四方僧”（指属于“四方僧物”，即僧团的公有财物），“剃刀、衣钵、坐具、针筒”等，“现前僧应分”（指属于“现前僧物”，可由现在的同住僧公平分配),并且应首先分给“瞻病者”(指瞻视、供养患病比丘之人);患疮比丘可蓄存“覆疮衣”;施主所施的衣服(包括布料)中,“若与比丘僧,若与比丘尼僧,若与二部僧,若与四方僧,若与界内僧,若与同羯磨僧,若称名字与”,则为供养众僧之衣,可分,“若与一人”,则为供养某僧之衣,不可分;对“长衣”(指“三衣”以外的多余的衣服)须作“净施”(又称“说净”)等。如关于“长衣”的“净施”,说:

佛言:听净施持(衣)。净施有二种。一真实净施(指蓄“长衣”者将多余的衣服,真实地施与同住比丘),二展转净施(指蓄“长衣”者先将多余的衣服施与同住比丘,然后由对方返还给自己)。真实净施者,言:大德一心念,我有此长衣未净施,今为净故,舍与大德,为真实净故。展转净施者,言:大德一心念,此是我长衣未作净,为净故,施与大德,为展转净故。彼受净者(又称“净施主”,指接受者)……受已,当语言:……是衣某甲已有,汝为某甲善护持著,随因缘作。真实净施者,应问主(指“净施主”),然后得著(指“真实净施”施出的“长衣”,须征询接受者的意见才能取回)。展转净施者,若问、若不问,随意著(指“展转净施”施出的“长衣”,不必征询接受者的意见可随意取回)。(卷四十一,第866页上)

(七)《药犍度》(第三分,卷四十二至卷四十三)。叙述僧众饮食医药方面的制度和行事。主要内容有:

比丘可食“五种食”(又称“五种蒲阇尼”、“五种啖食”,指五种正食,即“饭、麨、干饭、鱼、肉”)、“佉阇尼食”(又称“嚼食”,指非正食,即“根食、茎食、叶食、华食、果食、油食、胡麻食、石蜜食、蒸食”)等;患病比丘可食用“尽形寿药”(指终身随时食用一切咸苦辛甘等不能充任日常食物的药物)；比丘不得食用象肉、马肉、龙肉、狗肉、人肉和其他“可恶肉”；比丘有病可食用“七日药”(指“酥、油、生酥、蜜、石蜜”五种药)；“三种不净肉”(指“见”、“闻”、“疑”是为我故杀之肉)不应食,“三种净肉”(指“不见”、“不闻”、“不疑”是为我故杀之肉)可以食(唐道宣《四分律删繁补阙行事钞》卷下《四药受净篇》依据《涅槃经》,提出“不应食肉”)。

比丘可在“非时”(指每日正午之后至次日黎明之前)食用“八种浆”(指“梨浆、阎浮浆、酸枣浆、甘蔗浆、蕤果浆、舍楼伽浆、婆楼师浆、蒲桃浆”),但不能“留至明日”；寺院内可结作“净地”(又称“净厨”,指依羯磨划定的贮藏烹煮食物的区域)；食用果物应作“五种净”(指“火净、刀净、疮净、鸟啄破净、不中种净”)等。如关于“三种不净肉”和“三种不净肉”,说:

> 尔时,私呵将军(又称“师子”,毗舍离大臣),以多美饭食,饭佛及比丘僧已,摄钵,更取一卑床,在一面坐。佛为方便说法开化,令得欢喜。为说法已,从坐起而去,还僧伽蓝中,以此因缘集比丘僧,告言:自今已去,若故(指故意)为杀者,不应食。是中故为杀者,若故见、故闻、故疑,有如此三事因缘不净肉,我说不应食。若见为我故杀,若从可信人边闻为我故杀,若见家中有头、有皮、有毛,若见有脚、血,又复此人能作十恶业,常是杀者,能为我故杀,如是三种因缘不清净肉,不应食。有三种净肉,应食。若不故见、不故闻、不故疑,应食。若不见为我故杀,不闻为我故杀,若不见家中有头、脚、皮、毛、血,又彼人非是杀者,乃至持十善,彼终不为我故断众生命,如是三种净肉,应食。若作大祀处肉,不应食。(卷四十二,第872页上、中)

(八)《迦絺那衣犍度》(第三分,卷四十三)。叙述僧众在夏安居结束后“受迦絺那衣”(又称“受功德衣”,指受领赏与结夏僧众、象征五项权利的法衣)方面的制度和行事。主要内容有:

僧众于“自恣日”的次日(农历七月十六日)或一个月之内“受功德衣”的由来;僧众因结夏功德而“受迦絺那衣”,可以在此后的五个月(七月十六日至十二月十五日)内享有五项权利(指开许做“五事”而不作为犯戒),即“畜长衣”(指蓄存“三衣”以外的多余的衣服)、“离衣宿”(指离三衣而过宿)、“别众食”(指比丘四人或四人以上别聚一处受正食)、“展转食”(指受正食以后,又到别处再食)、“食前食后不嘱比丘入聚落”(指正食前后,不告知同住比丘便入聚落)。

“功德衣”由僧众推送比丘一人或多人缝制,“檀越施衣”、“粪扫衣”、“新衣”、“故衣”(“新物帖作净”),经“浣染”、“辗治”、“安缘”(指四周安缘)、“裁隔”(指“五条作十隔”)、“编边”、“安纽”、“作叶”、“安钩”,均可以制作为“功德衣”;“功德衣”须当日制衣,当日举行受衣仪式,不得“经宿”(过夜);“受功德衣”时,僧众须先推选“持功德衣人”,由他代表僧众集体受领“功德衣”,然后由“持功德衣人”持衣,让僧众依次扪摸,各自表示已受功德衣;“冬四月竟(十二月十五日结束),僧应出功德衣”;“有八因缘舍功德衣”(指有八种不再享有受功德衣的利益的情况,即“去、竟、不竟、失、断望、闻、出界、共出”)等。如关于“受功德衣”的由来,说:

> 尔时,世尊在舍卫国。时有众多比丘,在拘萨罗国安居,十五日自恣竟,十六日往见世尊。彼道路值天雨,衣服皆湿,僧伽梨重,疲极。……尔时,世尊以此因缘集比丘僧,

告诸比丘：安居竟，有四事应作。何等为四？应自恣、应解界、应结界、应受功德衣。……受功德衣已，得五事。何等五？得畜长衣、离衣宿、别众食、展转食、食前食后不嘱比丘入聚落。（卷四十三，第877页下—第878页上）

（九）《拘睒弥犍度》（第三分，卷四十三）。叙述佛在拘睒弥（又称“拘舍弥”、“俱舍弥”、“憍赏弥”）国时，因该国僧众争论某比丘是否犯罪分裂成两派之事，而制立的有关“举罪比丘”（指举发他人犯罪者）和“被举比丘”（指被举发犯有罪者）及“随举比丘”（指随顺被举人者）各自“应作”或“不应作”方面的制度和行事。主要内容有：

比丘不应“自作不同住”、“自作同住”，而应由僧众“与作不同住”、“与作同住”；“被举比丘”不应“不见罪”、“不忏悔”，“举罪比丘”对将会导致“破僧”（破坏和合的僧团，此指两种“破僧”中的“破羯磨僧”，非指“破法轮僧”）的事情也“不应举”；佛说过去世拘萨罗国长生王之子以德报怨的故事，要求诸比丘“和合莫共诤”；依据“十八事”（指“法”和“非法”、“毗尼”和“非毗尼”、“犯”和“不犯”、“轻”和“重”、“有余”和“无余”、“粗恶”和“不粗恶”、“应行”和“不应行”、“制”和“不制”、“说”和“不说”），可以了知起诤比丘是否“破僧”（又称“十八事破僧”），谁是“如法语”，谁是“非法语”。

“被举比丘”顺从众僧，改过忏悔以后，僧众应作“解不见举羯磨”，解除原先的处罚；对“犯罪”而“不见”（指不认罪）之人（又称“五种犯罪人”），应依次采用“若见此罪，应忏悔”、“应僧中忏悔”、“当于此僧中忏悔”、“今不见罪，汝所往之处，彼亦当举汝罪”、“众僧中作不见举白四羯磨”五种不同的方法，予以处罚；比丘成就“五法”（指能观察了知“实”与“不实”、“有利益”

与“无利益”、“时作”与“非时作”、“令僧斗诤”与“不令僧斗诤”、“得伴党”与“不得伴党”,而作出“应作”或“不应作”判断之人),可作“料理事人”(指僧事的仲裁处理者)等。如关于比丘不应“自作不同住”、“自作同住”,说:

> 有二不同住处,何等二?彼比丘自作不同住,若僧与作不同住。云何比丘自作不同住?若比丘僧破(指破坏和合的僧团),求外朋党,是为比丘自作不同住。云何僧与作不同住?僧与作不见犯羯磨(指僧众对不自见罪者作举发)、不忏悔羯磨(指对不忏悔者作举发)、恶见不舍羯磨(指对持恶见不肯舍弃者作举发,以上合称“三举”),是为僧与作不同住。是为二种不同住。有二种同住处。是比丘自作同住处,若僧与作同住处。云何自作同住?此比丘僧破自部党,求外善部党,此比丘自作同住。云何僧与作同住?众僧和合,先与作不见羯磨、不忏悔羯磨、恶见不舍,后和合僧还解,是为僧与作同住。是为二种同住处。(卷四十三,第879页下)

(十)《瞻波犍度》(第三分,卷四十四)。叙述佛在瞻波国时,因迦尸国婆沙婆聚落某个“旧比丘”(指当地比丘)被“客比丘”(指外来比丘)作羯磨非法举罪(指无罪而被举发为有罪)之事,而制立的有关如何作“如法和合羯磨”方面的制度和行事。主要内容有:

有四种羯磨,其中“非法羯磨”、“别众羯磨”不应作,“法羯磨”、“和合羯磨”应作;有“四种僧”(指不同的羯磨要求有四种与会僧众的人数作条件),即“四人僧”、“五人僧”、“十人僧”、“二十人僧”,其中,“四人僧者,除自恣、受大戒、出罪,余一切如法羯磨应作”,“五人僧者,在中国除受大戒、出罪,余一切如法羯磨应作”,“十人僧者,除出罪,余一切如法羯磨应作”,“二十人僧者,一切羯磨应作,况复过二十(指超过二十人更是如此)”;不应作“非法非毗尼羯磨”、“非法别众羯磨”、“非法和合羯磨”、“法别众羯磨”、“法相似别众羯磨”、“法相似和合羯磨”、“呵不止羯磨”等。如关于不应作的“非法非毗尼羯磨”等七种羯磨,说:

> 云何非法非毗尼羯磨?白二羯磨作白已,不作羯磨,是名非法非毗尼羯磨,不应尔。作二白不作羯磨,作三白不作羯磨,作众多白不作羯磨,非法非毗尼羯磨,不应尔。……云何非法别众羯磨?同一住处,羯磨时有不来者,应与欲(指委托他人表示自己赞同僧众所作事的意愿,亦即请假)而不与欲,在现前应呵者便呵,彼作白二羯磨(而)作白四羯磨,白此事乃为彼事作羯磨,是为非法别众羯磨。云何非法和合羯磨?有同一住处,和合一处,羯磨时有不来,应与欲者与欲,在现前应得呵者不呵,作白二羯磨(而)作白四羯磨,白此事乃为彼事作羯磨,是为非法和合羯磨。云何法别众羯磨?同一住处,羯磨时有不来者,应与欲(者)不与欲,在现前应得呵者呵,彼作白二、白四羯磨如法作,是为法别众羯磨。云何法相似别众羯磨?同一住处,羯磨时有不来者,应与欲(者)不与欲,在现前应呵者呵,作白二、白四羯磨,前作羯磨后作白,是为法相似别众羯磨。云何法相似和合羯磨?同一住处,羯磨时有不来者,应与欲者与欲,在现前应得呵者不呵,白二、白四羯磨,前作羯磨后作白,是为法相似和合羯磨。(卷四十四,第886页中—第888页中)

(十一)《呵责犍度》(第三分,卷四十四至卷四十五)。叙述佛因舍卫国比丘智慧、卢醯那挑动僧众斗诤等事,而制立的有

关治罚恶行的七种羯磨(指“呵责羯磨”等)方面的制度和行事。主要内容有:

“呵责羯磨”(又称“苦切羯磨”,指对犯罪者当众呵责并“夺三十五事”,即剥夺“授人大戒”、“受人依止”、“畜沙弥”等三十五项权利)、“摈羯磨”(又称“驱出羯磨”,指将犯罪者从住地驱出)、“依止羯磨”(指责成犯罪者依止某大德学律受教)、“遮不至白衣家羯磨”(又称“下意羯磨”,指责成犯罪者向受损恼的俗家忏悔道歉)、“不见罪举羯磨”(又称“不见摈羯磨”,指对不认罪者予以举罪并摈出)、“不忏悔罪举羯磨”(又称“不作摈羯磨”,指对不忏悔罪者予以举罪并摈出)、“不舍恶见举羯磨”(又称“邪恶不除摈羯磨”,指对不舍恶见者予以举罪并摈出;以上三种羯磨均属于“举罪羯磨”)等七种羯磨的制立缘由;各自的处罚对象;受处罚者被停止的权利;“如法”作法(“如法如毗尼羯磨”)与“非法”作法(“非法非毗尼羯磨”)的区别;出罪的方法(作“解羯磨”予以出罪)等。如关于“呵责羯磨”的“如法”作法和“非法”作法,说:

> 佛言:有三法作呵责羯磨,非法非毗尼,羯磨不成就。云何三?不作举(指不举罪,不举发犯罪者的犯罪事实)、不作忆念(指不忆罪,不让犯罪者忆述事情的经过)、不伏首罪(指不伏罪,不让犯罪者自言过失)。……复有三事作呵责羯磨,如法如毗尼,羯磨成就。何等三?为作举、作忆念、作自言。……有五法作呵责羯磨,非法非毗尼,羯磨不成就。(何等五)不在现前(指作呵责羯磨时,当事人不在场)、不自言、为清净者(指当事人行为清净)、非法、别众(指撇开同住僧众,召少数伴党作羯磨)。……有五法作呵责(羯磨),如法如毗尼,羯磨成就。何等五?在现前、自

言、不清净、法(指如法)、和合。(卷四十四,第890页上)

(十二)《人犍度》(第三分,卷四十五)。叙述对犯“僧残罪”者作处罚方面的制度和行事。主要内容有:

对犯“僧残罪”的覆藏者(指隐瞒者),僧众应先治“覆藏罪”,给与“别住”(指离众别住一处,覆藏一天须别住一天)的处罚;如果在“别住”期间,又犯僧残罪并作覆藏的,僧众应给与“覆藏本日治”(指“别住”的天数,从再次犯罪之日重新算起,先前已别住的天数不算)的处罚;“行别住”结束后,僧众应再治“僧残罪”,给与“摩那埵”(又称“六夜摩那埵”,“摩那埵”意为“悦众意”,指犯罪者须六天六夜为僧众作劳务)的处罚;“行摩那埵”结束,给与“出罪”(指须有比丘二十人作羯磨同意,方能解除其罪)。

对犯“僧残罪”的不覆藏者(指不隐瞒者),僧众应直接治“僧残罪”,给与“六夜摩那埵”的处罚(即不必“别住”);如果在“行六夜摩那埵”期间,又犯僧残罪但不覆藏的,僧众应给与“摩那埵本日治”(指为僧众作劳务的天数,从再次犯罪之日重新算起,先前已作的劳务天数不算)的处罚;“行摩那埵”结束后,给与“出罪”;犯“僧残罪”的覆藏者,如果犯罪的事项在二项以上、覆藏的天数在二日以上的,则应根据犯罪事项和覆藏天数的多少,予以不同的处罚等。如关于对犯“僧残罪”的覆藏者的治罪与出罪,说:

尔时,世尊在舍卫国。时有比丘犯僧残罪覆藏。……佛言:听僧为彼比丘随覆藏日,与治覆藏罪(指覆藏者从覆藏之日算起,须“别住”,即离众别住一处)。……彼行覆藏(指行别住)时,更重犯(指在“别住”期间,又犯僧残罪)。……佛言:听僧为彼比丘作本日治白四羯磨(指覆藏者“别住”的天数，从再次犯罪之日重新算起)。……彼比丘行覆藏竟。……佛言：听僧为彼比丘作六夜摩那埵白四羯磨(指犯“僧残罪”者须六天六夜为僧众作劳务)。……彼行摩那埵竟(指为僧众作劳务结束)。……佛言：听僧与彼比丘作白四羯磨出罪(指作出罪羯磨，解除其罪)。(卷四十五，第 896 页中—第 897 页中)

(十三)《覆藏犍度》(第三分，卷四十六)。叙述犯“僧残罪”的覆藏者在受处罚期间，不得享有的权利(又称“夺三十五事”，即剥夺三十五项权利)、须作的事务方面的制度和行事。主要内容有：

犯“僧残罪”的覆藏者(又称“行覆藏者”)在受处罚期间，不应“自行”(指自作)或“与他作”(指给他人作)“覆藏”、“本日治”、“摩那埵”、“出罪”羯磨；不应“与他受大戒”、“与他依止”、“畜沙弥”；不应“在众僧作羯磨人数中”(指不计算在众僧作羯磨所需要的人数之中)；不应“受清净比丘起迎、礼拜”，“举清净比丘”，“共清净比丘行”，“共清净比丘共一座”(以上内容，巴利文《律藏》编在《别住犍度》)；犯“僧残罪”的覆藏者，若在小食、大食上，“应扫洒、敷坐具”；若洗浴，应“为清净比丘洗浴已，然后自浴”；若在布萨日，“应扫洒布萨处”；若在“说戒”、“行摩那埵”时，应告知僧众，“令知我行覆藏”等。如关于对“行覆藏者”的处罚，说：

彼行覆藏者(指受“别住”处罚的犯“僧残罪”的覆藏者)，与他受大戒、与他依止、畜沙弥、受僧差、差已教授比丘尼。……彼行覆藏者，知有余比丘能说戒者，而为他说戒，于僧中或问毗尼义或答，在众僧作羯磨人数中(指参加僧众作羯磨)，受僧羯磨差平断事，受众僧差使。佛言：行覆藏者不应尔。……彼行覆藏者，受清净比丘起迎、礼拜、执手（指合掌）、恭敬、问讯、为持衣钵。佛言：不应尔。……彼行覆藏者，若在小食大食上，应扫洒、敷坐具、水瓶、洗瓶、具盛残食器。应为清净比丘敷坐具，乃至洗足器物、拭足巾、盛水器。……应日三时见清净比丘，彼应作者，一切应如法作（指一日三时面见清净比丘，听从他们的教诲与吩咐）。若清净比丘有所作，不应违逆，若违逆，应如法治。……半月半月（指每半月一次）说戒时……（行覆藏者应）白（告知）大德，令知我行覆藏。……行摩那埵者，应常在僧中宿，日日白（指每天告知僧众）……令知我行摩那埵。（卷四十六，第904页上—第906页上）

（十四）《遮犍度》（第三分，卷四十六）。叙述遮止（指制止）犯罪比丘参与布萨日说戒活动方面的制度和行事。主要内容有：

有“十非法遮说戒”，“一非法遮说戒”（指“无根”遮说戒，即没有犯罪事实而制止其参与说戒）乃至“十非法遮说戒”（指“非波罗夷”遮说戒等，即未犯波罗夷罪而制止其参加说戒等）；“十如法遮说戒”，“一如法遮说戒”（指“有根”遮说戒，即有犯罪事实而制止其参与说戒）乃至“十如法遮说戒”（指“犯波罗夷”遮说戒等，即因犯波罗夷罪而制止其参与说戒等）；比丘有“五法”（指“以时不以非时、真实不以不实、有益不以损减、柔软不以粗犷、慈心不以瞋恚”），方可举发他人；“不应遮清净比丘说戒”（如在制止某比丘参与说戒活动时，须问清核实的情况，是否“破戒”、“破见”、“破威仪”，举发的罪过是从“见”得知，还是从“闻”、“疑”得知等）等。如关于“不应遮清净比丘说戒”，说：

佛言：听遮说戒。时六群比丘闻佛听遮说戒，便遮清净比丘说戒。佛言：不应遮清净比丘说戒。……余比丘应问言：长老，遮此比丘说戒，为以何事故？为破戒耶？为破见、破威仪耶？若言破戒，应问言：破何等戒？若言波罗夷，若言僧残，若偷兰遮（又称“大罪”），是为破戒。若言不破戒，破见故遮。应问言：破何等见。若言六十二见，此是破见。若言不破见，破威仪故遮。应问言：破何等威仪？若言破波逸提（包括尼萨耆波逸提、波逸提二类）、波罗提提舍尼、突吉罗（又称“恶作”）、恶说，是为破威仪。应问言：以何故遮此比丘说戒？以见故耶？以闻、疑故耶？若言见。应问言：见何事？云何见？汝在何处？彼在何处？见何等？……若言不见，言闻。应问言：闻何事？从谁闻？……若言不闻，为疑故遮。应问言：疑何事？云何疑？从谁许闻疑耶？（卷四十六，第908页中、下）

（十五）《破僧犍度》（第三分，卷四十六）。叙述佛就提婆达多（又称“调达”，佛的叔父斛饭王之子、阿难的兄长）“破僧”（又称“破和合僧”，指破坏和合的僧团）事而制立的相关制度。主要内容有：

提婆达多标立“五事”（又称“五法”，指尽形寿“乞食”、“著粪扫衣”、“露坐”、“不食酥盐”、“不食鱼及肉”），诳诱比丘“捉筹”（投筹）表决，时有五百新学比丘“捉筹”赞成“五事”；提婆达多率领追随者，在伽耶山，“舍佛及僧，自作羯磨说戒”，导致僧团分裂；佛的大弟子舍利弗、目连前往伽耶山，劝化提婆达多的五百弟子重新归佛；佛说提婆达多“破僧”事的往世因缘，以及“有二事破僧”等。如关于“有二事破僧”，说：

佛言：优波离，有二事破僧，妄语、相似语，以此二事故破僧。优波离,复有二事破僧,作羯磨、取舍罗(指投筹表决)。优波离,一比丘不能破僧,虽求方便,亦不能破僧,亦非比丘尼,非式叉摩那、沙弥、沙弥尼破僧,虽求方便破僧,亦不能破僧。优波离,此众一比丘,彼众一比丘,彼行破僧舍罗、作羯磨,如是不能破僧,但令僧尘垢。二人、三人亦如是。优波离,若此众四人、若过,彼众四人、若过,行破僧舍罗、作羯磨,优波离,齐是名为破僧,是为破和合僧(以上说的比丘四人或四人以上,以投筹、作羯磨的方式,破坏和合的僧团,方可称为破僧,是指二种"破僧"中的"破羯磨僧";南传巴利文《律藏·破僧犍度》则作"九人或超过九人乃僧诤,亦为破僧",是指"破法轮僧")。(卷四十六,第913页中)

(十六)《灭诤犍度》(第三分,卷四十七至卷四十八)。叙述"七灭诤"方面的制度和行事。主要内容有:

有七种灭诤法,"现前毗尼"(指当事人到场,以教法和戒律为依据,当面作出裁决)、"忆念毗尼"(指允许被举罪比丘忆述事情的经过)、"不痴毗尼"(指对比丘在精神失常时的行为不予追究)、"自言治毗尼"(又称"自言毗尼",指允许被举罪比丘自言过失或作申辩)、"多人语毗尼"(又称"多人语毗尼"、"多觅罪相毗尼"、"多觅毗尼",指用投筹表决的方式,少数服从多数)、"罪处所毗尼"(又称"觅罪相毗尼"、"本言治毗尼"、"实觅毗尼",指如实地举发比丘的犯罪情况)、"如草覆地毗尼"(又称"草覆地毗尼"、"布草毗尼",指争论双方各自忏悔谦让,达成和解)的制立原由和羯磨作法。

有"四种诤","言诤"(指对教理起诤)、"觅诤"(指对举罪起诤)、"犯诤"(指对判罪起诤)、"事诤"(指对羯磨作法起诤);

"言诤",用二种灭诤法"现前毗尼"(四人以上用"五现前",即"人"、"法"、"毗尼"、"僧"、"界"现前,四人以下用"三现前",即"人"、"法"、"毗尼"现前;南传巴利文《律藏·灭诤犍度》则作"四现前",即"僧伽"、"法"、"律"、"人"现前)、"用多人语毗尼"(包括"三种行舍罗",指三种投筹表决的方法,即"显露行舍罗"、"覆藏行舍罗"、"耳语行舍罗")除灭;"觅诤",用四种灭诤法"现前毗尼"、"忆念毗尼"、"不痴毗尼"、"罪处所毗尼"除灭;"犯诤",用三种灭诤法"现前毗尼"、"自言治毗尼"、"草覆地毗尼"除灭;"事诤","以一切灭灭"(指用"七灭诤"除灭,因为"事诤"统摄"言诤"、"觅诤"、"犯诤"的羯磨事;《十诵律》卷三十五《诤事法》、巴利文《律藏·灭诤犍度》则说用"现前毗尼"除灭)等。如关于"四种诤"及其对治,说:

> 尔时,世尊在拘睒弥。……告诸比丘:有四种诤,言诤、觅诤、犯诤、事诤。云何言诤?比丘共比丘诤,言引十八诤事,法、非法、若毗尼、非毗尼,乃至说、不说,若以如是相,共诤言语,遂彼此共斗,是为言诤。云何觅诤?若比丘与比丘觅罪,以三举(指不见举、不忏举、恶见不舍举)事,破戒、破见、破威仪,见、闻、疑,作如是相觅罪,共语不妄,求伴势力,安慰其意,若举作忆念,若安此事、不安此事,不痴不脱,是为觅诤。云何犯诤?犯七种罪,波罗夷、僧伽婆尸沙,乃至恶说,是为犯诤。云何事诤?言诤中事作,觅诤中事作,犯诤中事作,是为事诤。……言诤以二灭灭,以现前毗尼、用多人语。……觅诤以四灭灭,现前毗尼、忆念毗尼、不痴毗尼、罪处所毗尼。……犯诤以三灭灭,现前毗尼、自言治、草覆地。……事诤以几灭灭?佛言:以一切灭灭,随所犯。(卷四十七,第915页下—卷四十八,第922页上)

（十七）《比丘尼犍度》（第三分，卷四十八至卷四十九）。叙述比丘尼方面的制度和行事。主要内容有：

佛的姨母摩诃波阇波提依佛出家，成为比丘尼第一人的经过；比丘尼"八不可过法"（又称"八敬法"、"八不可越法"，指比丘尼应敬重比丘的八项规定，如见比丘"应起迎逆礼拜"、"从比丘僧乞受大戒"、"半月从僧乞教授"等）；沙弥尼十戒（指尽形寿"不得杀生"、"不得偷盗"、"不得淫"、"不得妄语"、"不得饮酒"、"不得著华鬘香油涂身"、"不得歌舞倡伎亦不得往观"、"不得高广大床上坐"、"不得非时食"、"不得捉持生像金银宝物"）；式叉摩那六法（指受具足戒前处于二年学法阶段的出家女子，须受学"不得犯不净行行淫欲"、"不得偷盗乃至草叶"、"不得故断众生命乃至蚁子"、"不得妄语乃至戏笑"、"不得非时食"、"不得饮酒"等"六法"）。

比丘尼受具足戒的条件和方法，如童女出家者十八岁以上，曾嫁女出家者十岁以上，经二年学法，方可受具足戒等，"受戒人"应先在比丘尼十人僧中受具足戒，再到比丘十人僧中受具足戒；受具足戒时，"教授师"（又称"屏教师"）应将"受戒人"带至屏处"问遮难"，询问有无"十三难"、"十遮"所列的不得受具足戒的各种情况（此为预审），并向僧众报告；"受戒人"应在僧众面前，乞受具足戒；"戒师"（又称"羯磨师"）应当众向"受戒人"问遮难（此为复审），在对方答言"无"之后，作"白四羯磨"授与具足戒；在"二部僧"中受具足戒的完成之后，"戒师"应对"受戒人"说"八波罗夷法"、"四依法"，并作教诫策励。

比丘尼日常生活中应遵守的各种事项，如比丘尼不应"共比丘在道行、在前行，或并语、并行"、"以牙骨揩摩身作光泽"、"持衣缠腰，欲令细好"、"在女人浴处浴"、"在边国有疑恐怖处人间游行"、"骂打比丘尼，乃至诡言劝喻"、"更相调弄，或共呗、

或共哭、或共戏笑"等。如关于比丘尼不应"以牙骨揩摩身作光泽"等,说:

> 时六群比丘尼,以牙骨揩摩身作光泽。比丘白佛,佛言:不应尔。六群比丘尼,以细末药揩摩身光泽,佛言:不应尔。彼摩身毛令卷,佛言:不应尔。彼剪身毛,佛言:不应尔。彼比丘尼持衣缠腰,欲令细好,佛言:不应尔。彼比丘尼著女人衣,佛言:不应著。彼比丘尼著男子衣,佛言:不应著,听比丘尼著比丘尼衣。比丘尼以多衣缠体,欲令广好,佛言:不应尔。彼不好著衣,欲令身现,佛言:不应尔。彼腰带头作鸟耳,佛言:不应尔。彼作蔓陀罗腰带,佛言:不应尔。(卷四十九,第928页中)

(十八)《法犍度》(第三分,卷四十九)。叙述僧众日常生活中行仪规范(又称"威仪")方面的制度和行事。主要内容有:

客比丘法,如客比丘入寺内,不应"不问旧比丘便入空房","先应礼佛塔,复礼声闻塔,四上座随次礼"等;旧比丘法,如旧比丘"闻有客比丘来,应出外迎,为捉衣钵","应语言:此是房,此是绳床、木床、褥枕、毡被、地敷"等;便厕法,如"不应久忍大小便",上厕时"勿令前却近两边使大小便、涕唾污厕孔","听用厕草"等;乞食比丘法,如"乞食比丘入村乞食","应右手捉杖,左手捉钵","不应选大家(大户)乞食,若次第乞,不得应选"等;阿兰若比丘法,如阿兰若比丘不应"不具水器,乃至不留余食","应善知夜时节"、"应善知方相"等;食上法,如"不应不洗钵,便持往食上","不应食已,默然而去,应为檀越说达嚫(祝愿赞叹或说法)"等;染衣法,如"衣服垢腻","听以卤土,若灰、若土、若牛屎浣";"若色脱,应更染","若泥、若陀婆树皮","若以树根,若以茜草染"等。如关于"食上法"中的"达嚫",说:

时有比丘，食已默然而去。彼檀越（指施主）不知食好、不好，食为足、不足。诸居士皆讥嫌。……诸比丘白佛。佛言：不应食已默然而去，应当檀越说达嚫，乃至为说一偈：若为利故施，此利必当得。若为乐故施，后必得快乐。……应令上座说，若上座不能说，应语能者说。……应留上座，四人相待，余者听去（指允许离开），若为佛法僧事，若病比丘事，应白（指告诉施主）令知，然后去。……应为檀越赞叹布施，赞叹檀越，赞叹佛法僧。为诸比丘说食上法（指上述食上法），诸比丘应随顺，若不随顺，如法治。（卷四十九，第935页下—第936页上）

（十九）《房舍犍度》（第四分，卷五十至卷五十一）。叙述僧众房舍和卧具的造作、分配、使用、管理、修治等方面的制度和行事。主要内容有：

佛在波罗奈国度"五比丘"出家、建立僧团之初，比丘以阿兰若、树下、空房、窟中、露地、草堆、林间、冢间、水边为住处，草、叶为卧具，石、砖、木、衣为枕头；摩竭国瓶沙王将王舍城迦兰陀竹园（与"祇树给孤独园"，并称佛教最早的两大精舍），施与佛及僧，从此佛教僧团有了第一个固定的居所；在王舍城，佛允许诸比丘"作房舍"（时指允许接受由施主建造施与的房舍，后来也允许僧人自建符合规定的房舍），以供居住，王舍城长者"即于耆阇崛山作六十别房"，施与众僧；允许在僧房中配置必要的生活设施和用具；舍卫国给孤独（原名"须达多"）长者以金钱铺地（又称"布地"）的价格，购买祇陀王子的花园，祇陀王子则奉施金钱未铺到的少量"余地"（"起门屋"），两人共建"祇树给孤独园"，施与佛及僧；房舍的分配，应优先照顾上座和病比丘；"四方僧物"（指"僧伽蓝、僧伽蓝物、房、房物"等），"不应分"、

“不应自入”、“不应卖买”;房舍损坏,应及时修治等。如关于佛允许比丘“作房舍”的缘起,说:

尔时,世尊在波罗奈时,五人(指“五比丘”)从坐起,偏露右肩,右膝著地,合掌白言:世尊,我等当住何等房舍、卧具?佛言:听在阿兰若处、树下、若空房、若山谷窟中、若露地、若草、草积边、若林间、若冢间、若水边、若敷草、若叶。时诸比丘无枕,卧得患。佛言:听用石,若砖、若木作、若枕臂,十种衣中,若用一一衣作枕。……尔时,世尊在王舍城。……时诸比丘,清旦从耆阇崛山,来王舍城中。有大长者见已,问言:大德在何处宿?答言:在山窟中、水边、树下、石边,若草上。长者问言:无房舍耶?答言:无。(问)若作房者得不?比丘答言:世尊未听作房舍。诸比丘白佛。佛言:听作房舍。尔时,长者闻佛听诸比丘作房舍,即于耆阇崛山作六十别房,一切所须皆令具足。(卷五十,第936页中—第937页上)

(二十)《杂犍度》(第四分,卷五十一至卷五十三)。叙述僧众日常生活资具、杂事方面的制度和行事。主要内容有:

比丘不应“不洗钵用食”、“畜(蓄)长爪(指指甲)”、“剃发不剃须”、“画眼睑”、“以镜照面”、“露处洗浴”、“以香涂身”、“著耳环”、“作铅锡腰带”、“著颈璎”、“著臂脚玔”、“著指环”;不应“于白衣(指在家人)前现神足”;不应蓄木钵、石钵、金钵、银钵、琉璃钵、宝钵,只允许蓄铁钵、瓦钵;应当缝补坏衣;不应用“杂虫水”,应作“漉水囊”滤水去虫:不应二人“同床宿”、“同被褥卧”、“同一钵食”;不应“事余种种外道法”;不应“向暮至白衣家”;不应“著革屣入塔内”、“持死尸塔下过”、“于塔四边大小便”;允许“作浴室洗浴”。

对有“骂谤比丘”、“斗乱比丘”、“以无根不净法谤比丘”等行为的“白衣”，僧众应作“覆钵羯磨”，“不与往反言语”；允许羸老比丘“杖络囊而行”；允许“咒愿长寿”（指居士礼比丘时，比丘祝愿居士长寿）；不应“诵外道安置舍宅吉凶符书咒、枝节咒、刹利咒、尸婆罗咒、知人生死吉凶咒、解诸音声咒”；比丘口臭，“应嚼杨枝”；不应“畜狗”；不应“乘象马车、乘辇舆”、“捉持刀剑”（上述规定中，有些已见于比丘戒的《百众学法》）；佛为诸比丘说“大小持戒揵度”等。如关于“大小持戒揵度”，说：

佛尔时以此因缘（指拘睒弥国优陀延王供养宾头卢、大迦旃延比丘的故事）集比丘僧，为诸比丘说大小持戒揵度：……不杀生，放舍刀杖，常有惭愧，慈念众生，是为不杀生；舍偷盗，与便取，不与不取，其心清净，无有盗意，是为不偷盗；舍淫不净行，修梵行，勤精进，不著欲爱，清净香洁而住，是为舍淫不净行；舍妄语，如实不欺诈于世，是为不妄语；舍两舌，若闻此语不传至彼，若闻彼语不传至此，不相坏乱，若有离别，善为和合，和合亲爱，常令欢喜，出和合言，所说知时，是为不两舌；离粗恶言，所言粗犷，苦恼他人，令生瞋恚而不喜乐，断除如是粗恶言，言则柔软，不生怨害，能作利益，众人爱乐，乐闻其言，常出如是利益善言，是为不粗恶言；离无利益语，知时语、实语、利益语、法语、律语、灭诤语，有缘而说，所言知时，是为离无利益语；不饮酒，离放逸处；不著华香璎珞；不歌舞倡伎，亦不往观听；不高广床上坐；非时（指每日正午之后至次日黎明之前）不食，若是一食；不把持金银七宝；不取妻妾童女；不畜养奴婢、象马车乘、鸡狗猪羊、田宅园观、储积畜养一切诸物。（卷五十三，第962页中、下）

上述"大小持戒揵度",主要叙述无论是比丘,还是沙弥,均须受持此处所说的这些戒法,其内容相当于《《长阿含经》卷十七《沙门果经》中所说的戒行。

四、集法、调部、毗尼增一(第四分,卷五十四至卷六十)

本部分为戒律附属事项的解说,相当于附录(依照南传巴利文《律藏》的译法,则称"附随"),下分"集法毗尼五百人"等四项,为二部僧戒、犍度和其他戒律事项的补充与解释。

(一)《集法毗尼五百人》(第四分,卷五十四)。叙述佛入灭后的当年夏安居期间,在摩揭陀国王舍城举行的由大迦叶主持、五百比丘参加的"第一次结集"的情况(巴利文《岛史》则说,于佛陀入涅槃后"第四个月第二雨期时",在摩揭陀王舍城"七叶窟"举行"第一结集",历时"七个月而完满")。主要内容有:

佛在拘尸城(又称"拘尸那迦城"、"拘尸那迦国")外的娑罗林中入灭,大迦叶闻讯率领众弟子从波婆国赶往拘尸城;途中,他听到跋难陀(佛在世时结群行恶的"六群比丘"之一)说,佛在世时,总是教导我等应当做什么、不应当做什么,如今佛去世了,我等可以任意所为,想做就做,不想做就不做了("我等今者便得自任,欲作便作,欲不作便不作"),心里十分不悦;在主持佛的遗体火化仪式结束以后,大迦叶召集众比丘,将结集佛说教法,作为僧众行为准则的想法告诉大家,得到一致赞同;经筹备,有五百比丘参加的结集大会在王舍城举行,阿难最初被大迦叶排除在名单之外,理由是"阿难有爱恚怖痴",后经众人力争,称"阿难是供养佛人,常随佛行,亲从世尊,受所教法",才得以与会;结集大会上,阿难因提出"我亲从佛闻,忆持佛语:自今已去,为诸比丘舍杂碎戒",主张舍弃"杂碎戒"(又称"小小戒"、"微细戒"),受到大迦叶的呵责,并进而追究阿难曾三次劝说佛允许女人(指佛的姨母摩诃波阇波提)出家等事的过失,阿难如实作了辩解，但末了出于对大迦叶的尊重，还是当众作了忏悔。

结集是以主持者问、诵出者答的方式进行的，会上，先由优波离诵出《毗尼藏》（即《律藏》），后由阿难诵出《法藏》（即《经藏》）和《阿毗昙藏》（即《论藏》），经与会者以“羯磨”的方式一致表决通过以后，作为统一的口诵文本确定下来，由此而结集产生“三藏”；大会结束后，长老富罗那从外地赶来，对迦叶说“我亲从佛闻，忆持不忘，佛听内宿（指僧房内储食）、内煮（指僧房内煮食）、自煮（指自己煮食）、自取食、早起受食、从彼持食来、若杂果、若池水所出可食者，如是皆听不作余食法，得食”，要求将他亲自听到的佛开许的这“八事”也编入《律藏》，但大迦叶未予同意等。如关于五百比丘结集《毗尼藏》的情况，说：

> 时，大迦叶即问言：第一波罗夷（指淫戒）本起何处，谁先犯？优波离答言：在毗舍离，须提那迦兰陀子初犯。（问）第二（指盗戒）复本起何处？答言：在王舍城陀，尼伽比丘陶师子初犯。复问：第三（指杀戒）本起何处？答言：在毗舍离，婆裘河边比丘初犯。复问：第四（指大妄语戒）本起何处？答言：在毗舍离，婆裘河边比丘初犯。复问：第一僧残本起何处？答言：在舍卫国，迦留陀夷初犯。如是展转，随所起处，如初分说。复问：第一不定法本起何处？答言：在舍卫国，迦留陀夷初犯。第二亦尔。复问：尼萨耆本起何处？答言：在舍卫国，六群比丘初犯。如是展转，亦如初分说。复问：初波逸提本起何处？答言：在释翅瘦，象力释子比丘初犯。如是展转，如初分说。复问：波罗提提舍尼本起何处？答言：在舍卫国，因莲花色比丘尼起。第二、第三、第四，如初分说。复问：第一众学法本起何处？答言：在舍卫国，六群比丘初犯。如是展转，如初

分说。比丘尼别戒,如律所说。复问:最初听受大戒本起何处?答言:在波罗奈五比丘。复问:最初听说戒(本)在何处?答言:在王舍城,为诸少年比丘。复问:初听安居本起何处。答言:在舍卫国,因六群比丘起。复问:初自恣本起何处?答言:在舍卫国,因六群比丘起。如是展转问,乃至毗尼增一。……二律(指比丘律、比丘尼律)并一切犍度、调部、毗尼增一都集,为毗尼藏。(卷五十四,第968页上、中)

(二)《七百集法毗尼》(第四分,卷五十四)。叙述佛入灭后一百年时,在毗舍离城举行的由长老耶舍发起、七百比丘参加,旨在裁定毗舍离城跋耆族比丘所行"十事"是否合法的"第二次结集"的情况。主要内容有:

世尊"涅槃后百岁",毗舍离城跋阇子比丘(指跋耆族比丘)出现了行持"十事"的情况;耶舍比丘(阿难的弟子)行至毗舍离城,见跋阇子比丘在布萨日求施金钱,然后共分,十分不悦,他向诸比丘和优婆塞宣说佛在王舍城时曾说过的"沙门释子不应受取金银"的道理,劝说不要乞钱和施钱;耶舍的行为惹恼了跋阇子比丘,他们以耶舍"骂众僧"为由,对他作"举罪羯磨"而驱摈;耶舍不服,约请以波梨(又称"波梨邑"、"波利耶")国为代表的西方比丘(以"头陀行"著称),前往毗舍离城,平灭"诤事",与此同时,跋阇子比丘也外出活动,寻求以波夷那(又称"波婆")国为代表的东方比丘的支持。

七百比丘聚集于毗舍离城,经双方协商,"波梨比丘"(又称"客比丘"、"西方比丘",代表波梨、阿槃提、达嚫那等国比丘)推选上座一切去(又称"萨婆伽罗婆梨婆罗",毗舍离国人)、离婆多(又称"梨婆多",萨寒若国人)、耶舍(以上均为阿难的弟子）、苏曼那（又称“修摩那”，巴利文《岛史》称他是阿那律的弟子）四人为“平当人”（又称“断事人”，指处理僧事的全权代表），“波夷那比丘”（又称“旧比丘”、“东方比丘”，代表毗舍离、波夷那国比丘）推选三浮陀（又称“三菩伽”、“三浮陀舍那婆斯”、“商那和修”，摩偷罗国人）、婆搜村长老（又称“婆沙蓝”、“萨波摩伽罗摩”，婆罗梨弗国人）、沙留（又称“沙兰”、“沙罗”，毗舍离国人）、不阇苏摩（又称“不阇宗”、“级阇苏弥罗”，婆罗梨弗国人，以上均为阿难的弟子）四人为“平当人”，对“十事”进行审定，另请阿夷头比丘协助工作。

由八位代表参加的最高会议，在一切去（巴利文《律藏·小品·七百犍度》作“离婆多”）长老的主持下，在婆梨林（又称“婆利迦园”）举行，会上以离婆多问、一切去答的方式，对“十事”逐一进行审议（“检校”），一事审毕，就投下一筹（“舍罗”），以示表决通过，最后，会议一致裁决，十事“非法、非毗尼、非佛所教”；为了使众人信服，一切去、离婆多两位长老，还在与会的七百比丘面前，将代表会议上讨论的情况，重新演述了一遍，得到了与会者的认同等。如关于毗舍离跋阇子比丘所行的“十事”，说：

> 尔时，世尊般涅槃后百岁，毗舍离跋阇子比丘行十事，言是法、清净，佛所听（指允许），应两指抄食（又称“两指净”，指允许受食已饱后，未作残食法而用两指抄食；南传巴利文《律藏》则指允许日影已过正午两指仍可进食）、得聚落间（又称“近聚落净”，指允许在一个聚落受食已饱后，未作残食法而到别的聚落再受食）、得寺内（又称“住处净”，指允许同一区域不同住处的比丘，各自举行说戒活动）、后听可（又称“后听可净”，指允许同一住处的部分比

丘先作羯磨,尔后要求僧团认可)、得常法(又称“行法净”,指允许依照和尚、阿阇梨的先例行事)、得和(又称“生和合净”,指允许受正食后,未作残食法而饮用乳、酪、酥混合的乳品)、得与盐共宿(又称“器中盐净”,指允许用角器贮藏食盐)、得饮阇楼罗酒(又称“饮阇楼伽酒净”,指允许饮用尚未酿熟的生酒)、得畜不截坐具(又称“无缕边坐具净”,指允许使用不贴旧边、量度不限的坐具)、得受金银(又称“金银净”,指允许接受施舍的金银)。彼于布萨日,檀越布施金银,而共分之。时有耶舍迦(一作“伽”)那子,闻毗舍离比丘行如是事,即往跋阇子比丘所见劝。檀越布萨时,布施众僧金银,僧中唱令,与伽那子比丘(指耶舍),即言:我不受。何以故?沙门释子不应受取金银。(卷五十四,第968页下)

(三)《调部》(第四分,卷五十五至卷五十七)。以优波离问(或诸比丘问)、佛答的形式,对比丘戒“波罗夷法”、“僧伽婆尸沙法”所涉的各种犯戒事例,作出犯与不犯、犯轻与犯重的解释,即对不同的犯戒相状作出不同的定性。性质相当于戒条解释中“犯相解释”下的“就事分别”。主要内容有:与比丘戒“波罗夷法”中的“淫戒”、“盗戒”、“杀戒”、“大妄语戒”;“僧残法”中的“故出不净戒”、“摩触女人戒”、“与女人粗恶语戒”、“向女人索淫欲供养戒”、“媒人戒”、“无根波罗夷谤戒”等相关的一些判例。如关于“摩触女人戒”,说:

尔时,世尊在舍卫国。优波离从坐起,偏露右肩,右膝著地,合掌白佛言:大德,迦留陀夷与女人身相触,是犯不?佛言:初未制戒,不犯。……时有大童女为水所漂,比丘见已慈念,即接出,疑(指怀疑犯戒)。佛问言:比丘,汝觉触受乐不？答言：不。佛言：无犯。……时有比丘欲心捉女人手，疑。佛言：僧伽婆尸沙。时有比丘欲心捉女人脚，疑。佛言：僧伽婆尸沙。……时有女人戏笑捉比丘手，比丘，疑。佛问比丘：汝觉触受乐不？答言：不。佛言：无犯。捉脚亦如是。……时有比丘，雨中与女人共行，泥滑，女人脚跌倒地，比丘亦脚跌倒地，堕女人上，疑。佛问言：汝觉触受乐不？答言：不。佛言：无犯。比丘倒地，女人堕上亦如是。……时有比丘与比丘尼身相触，疑。佛言：僧伽婆尸沙。式叉摩那、沙弥尼亦如是。（卷五十七，第986页中—第987页中）

（四）《毗尼增一》（第四分，卷五十七至卷六十）。以词条的形式，解释戒律类法数（即含数字的名词术语）。所收的词条，以内含数字的大小（其数字，有的置于条目的初首，有的夹在条目的中间）为序，依次递增编排，有"一法"至"十一法"，以及"十三法"、"十七法"、"二十二法"等。主要内容有：

"（如来）以一义为诸比丘结戒"、"二种犯"、"二见"、"二种人住不安乐"、"二法得多利益"、"二法自得解脱"、"二众"、"欲举他罪应修二法"（以上见卷五十七）、"三羯磨"、"三非法与忆念毗尼"、"三非法与不痴毗尼"、"三种调（伏）法"、"被举者有三法应为解羯磨"、"三学"、"三语舍戒"、"四种广说"、"四种供养"、"四诤"、"四种布萨"、"四清净"、"四依止法"（以上见卷五十八）、"（谷贵时）放舍四事"、"五法不应授人大戒"、"五法不应无依止而住"、"毗尼有五事答"、"五种持律"、"破戒有五过失"、"五种说戒"、"夏安居竟应作五事"、"年少客比丘应以五法礼上座旧比丘"（以上见卷五十九）、"五法应举他罪"、"六非法遮说戒"、"斗诤有六根本"、"七不恭敬"、"白衣有八法应与作覆钵”、“比丘有八法令白衣不信”、“八种恶人”、“九法不应往白衣家”、“衣持有十种”、“十非法受筹(投筹)”、“十法不应差别处断事”、“十一语舍戒”、“十三种人未受大戒不应受,若受应灭摈”、“十七法应举他罪”、“以二十二种行知是平断事人”(以上见卷六十)等。如关于“三种自称得上人法”等,说:

> 有三种自称得上人法,波罗夷。不得言得、不入言入、不证言证,是为三种。(卷五十八,第996页上)
>
> 毗尼有五事答(指广律包括五项解说):一序(指制戒的因缘)、二制(指戒条的初制)、三重制(指戒条的重制)、四修多罗(指戒文)、五随顺修多罗(指戒文的解释)。(卷五十九,第1004页中)
>
> 有十法不应授人大戒(指授具足戒):不具持二百五十戒,不多闻,不能教弟子阿毗昙、毗尼,不能教舍恶见、住善见,不知波罗提木叉(指不知戒经),不知波罗提木叉说(指不知戒经的解说),不知布萨,不知布萨羯磨,若不满十腊(指戒腊未满十年),是为十。(卷六十,第1012页中)

有关《四分律》全书的注疏有:唐智首《四分律疏》二十卷(今存第九卷)、道宣《四分律删繁补阙行事钞》三卷(又作“十二卷”)、法砺《四分律疏》十卷(又作“二十卷”)、怀素《四分律开宗记》十卷(又作“二十卷”)、道世(字玄恽)《毗尼讨要》三卷(又作“六卷”);明弘赞《四分律名义标释》四十卷、智旭《重治毗尼事义集要》十八卷、《四分律藏大小持戒犍度略释》一卷等。

有关《四分律》的戒本、羯磨,属于梵本翻译的有:姚秦佛陀耶舍译《四分僧戒本》一卷、曹魏昙谛译《羯磨》一卷、曹魏康僧铠译《昙无德律部杂羯磨》一卷、刘宋求那跋摩译《四分比丘尼羯磨法》一卷等。属于汉地撰集的有:唐道宣《四分律比丘含注戒本》三卷、《四分律含注戒本疏》八卷、《新删定四分僧戒本》一卷、《四分律删补随机羯磨》二卷、《四分律删补随机羯磨疏》八卷、怀素《四分律比丘戒本》一卷、《四分律比丘尼戒本》一卷、《僧羯磨》三卷、《尼羯磨》三卷等。

第二品　姚秦佛陀耶舍译《四分僧戒本》一卷

《四分僧戒本》，又名《昙无德戒本》，一卷。姚秦佛陀耶舍译，弘始十年(408)至弘始十二年(410)译出。梁僧祐《出三藏记集》卷二著录(书名作《昙无德戒本》)。载于《丽藏》"外"函、《宋藏》"受"函、《金藏》"外"函、《元藏》"受"函、《频伽藏》"列"帙，收入《大正藏》第二十二卷。

本书是法藏部传持的《四分律》比丘戒本(唐定宾《四分比丘戒本疏》卷上称之为"古戒本")，系从梵本《四分律》比丘戒中摘录戒法条文，配以说戒仪轨(指说戒的程序和仪式)编集而成。全书共收录比丘戒"四波罗夷法"、"十三僧伽婆尸沙法"(又称"十三僧残法")、"二不定法"、"三十尼萨耆波逸提法"(又称"三十舍堕法")、"九十波逸提法"(又称"九十单提法")、"四波罗提提舍尼法"(又称"四提舍尼法")、"众学法"(又称"百众学法")、"七灭诤法"八类戒法，总计二百五十条。由于本书早于《四分律》译出，故有些译语与《四分律》略异。依汉地律宗的科分，本书分为"序分"、"正宗分"、"流通分"三分，此中既包括"广教"(指释迦牟尼广说的戒法条文)三分，也包括"略教"(指七佛略说的教诫总纲，即"戒经偈")三分。

一、序分。包括归敬偈和戒经序。

(一) 归敬偈(又称"劝信序")。此为《四分律》编集者、昙无德部创立者法藏(又称“法护”)作的偈颂,它原载于梵本《四分律》之首,为五言一百八十四句,本书摘抄了其中的四十八句,主要讲述持戒的利益和毁戒的危害(内含“归凭三宝”、“诫众集听”、“师资传受”、“喻诫勿毁”、“显戒当说”、“叹胜结示”六层意思,见明智旭《重治毗尼事义集要》卷一)。律宗将它判为“广略二教总序”。其文为:

稽首礼诸佛,及法比丘僧。今演毗尼法,令正法久住。……譬如人毁足,不堪有所涉。毁戒亦如是,不得生天人。欲得生天上,若生人间者。常当护戒足,勿令有毁损。……一切众律中,戒经为上最。如来立禁戒,半月半月(指每半月一次)说。(《大正藏》第二十二卷,第 1023 页上、中)

(二) 戒经序(又称“发起序”)。

(1) 集僧简众语(又称“作前方便”)。此为说戒活动开始之前,说戒师(通常由上座担任,上座年迈,也可推选精通戒律的比丘担任)集僧简众,询问说戒羯磨准备情况时的文词。内容包括:僧众是否和合?是否齐集?未受具足戒(“大戒”)者是否遣出?因故没来参加说戒的比丘,有没有委托他人表示自己赞同僧众所作事的意愿(“说欲”)和表示自己行为的清净(“说清净”)?比丘尼有没有派代表来请僧作教诫?僧众今日集会,要做什么事?由维那(意译“授事”,指寺院中掌管僧众杂务的僧职,与上座、寺主合称“寺院三纲”)作答。最后一个问题的答言是“说戒羯磨”,道出本次会议的宗旨。其文为:

和合僧集会(指僧众是否和合、到齐),未受大戒者出?不来诸比丘说欲及清净?谁遣比丘尼来受教诫?僧今和合,何所作为(答言:说戒羯磨——原注)。(第 1023 页中)

(2) 说戒告白(又称“布萨作白”、“秉白羯磨”)。此为说戒前作的单白羯磨(指僧伽会议的主持人将事情向僧众报告一次,即成决议,不必征询意见)时的文词。由说戒师向僧众宣布说戒活动的开始,告诉与会者,今天是布萨说戒的日子,如果僧众说戒的时刻已到(“僧时到”),僧众容许(“忍听”),就开始说戒。其文为:

> 大德僧听(指诸位大德听着),今僧十五日布萨说戒。若僧时到,僧忍听(指容许),和合说戒。白如是(指所说如此)。(第1023页中)

(3) 正说戒序(又称“诫敕时众”)。此为说戒师宣布说戒的宗旨与纪律,并询问与会僧众是否清净时的文词。要求僧众默然聆听、认真思索,犯罪者在说戒之前应自觉“发露”(坦白罪过),不犯罪者则以“默然”(缄默不语、默认)的方式,表示自己行为的清净,如有他人“举罪”(检举罪过),应当如实回答,倘若当说戒师询问与会僧众是否清净时,犯罪者仍不“发露”,则犯“故妄语罪”(为“波逸提罪”的第一条)。其文为:

> 诸大德,我今欲说戒,众集现前,默然听,善思念之。若有犯者,当发露,无犯者默然。默然故,当知僧清净。若有他举者,即应如实答。如是,诸比丘在于众中,乃至三唱(指三问清净)。忆念有罪当发露,不发露者,得故妄语罪。佛说故妄语是障道法。彼比丘自忆念知有罪,欲求清净,当发露,发露则安隐(同“稳”)。不发露,罪益深。(第1023页中)

(4) 三问清净(又称“三覆检问”、“结问”)。此为说戒师询问与会僧众是否清净,连问三遍,策励大众反省发露,依法持戒

时的文词。若僧众均缄默不语,则表示大家都已清净,此事就这样受持。其文为:

诸大德,我已说戒经序,今问诸大德,是中清净不?(如是三说——原注)诸大德,是中清净,默然故,是事如是持(以上为三问清净)。(第1023页中)

唐道宣《四分律含注戒本疏》卷一将"集僧简众"、"说戒告白"合作一项,统称"集僧简众",并将"集僧简众"、"诫敕时众"(指正说戒序)、"三覆检问"三项,判为"广教"的"别序",又称"发起序";明智旭《重治毗尼事义集要》卷二则将"集僧简众"、"说戒告白"合称为"问答启白",将"诫敕时众"称为"正说戒序",将"三覆检问"称为"结问"。但在南传上座部律典《比丘波罗提木叉》中,是只有"说戒告白",没有"集僧简众"的,由于南传上座部律典所保存的戒本形态较其他部派律典更为古老,故戒本中所说的"戒经序",最初是指"说戒告白"、"正说戒序"、"三覆检问"三项内容而言的,"集僧简众"一项是后来才纳入的。

二、正宗分。下分八类戒法,共收比丘戒二百五十条。原书中的戒条,是用一句话或一段话来表述的,并无戒条的名称,很难记诵。今在解说时,依照前述《四分律》的戒名,予以标立,以利研习。

(一)四波罗夷法。叙列"波罗夷法"四条。有:"淫戒"(第一条)、"盗戒"(第二条)、"杀戒"(第三条)、"大妄语戒"(第四条)。

(二)十三僧伽婆尸沙法。叙列"僧伽婆尸沙法"十三条。有:"故出不净戒"(第一条)、"摩触女人戒"(第二条)、"与女人粗恶语戒"(第三条)、"媒人戒"(第五条)、"无主造小房过量戒”（第六条）、“无根波罗夷谤戒”（第八条）、“恶性拒僧违谏戒”（第十三条）等。

（三）二不定法。叙列“不定法”二条。有：“屏处不定戒”（第一条）、“露处不定戒”（第二条）。

（四）三十尼萨耆波逸提法。叙列“尼萨耆波逸提法”三十条。有：“畜长衣过限戒”（第一条，“畜”通“蓄”）、“离衣宿戒”（第二条）、“杂野蚕绵作卧具戒”（第十一条）、“未满六年作卧具戒”（第十四条）、“畜金银戒”（第十八条）、“贩卖戒”（第二十条）、“畜长钵过限戒”（第二十一条）、“畜七日药过限戒”（第二十六条）、“回僧物入己戒”（第三十条）等。

（五）九十波逸提法。叙列“波逸提法”九十条。有：“小妄语戒”（第一条）、“毁呰语戒”（第二条）、“两舌语戒”（第三条）、“掘地戒”（第十条）、“伐草木戒”（第十一条）、“异语恼僧戒”（第十二条）、“用虫水戒”（第十九条）、“僧不差而教授尼戒”（第二十一条）、“与尼期同行戒”（第二十七条）、“别众食戒”（第三十三条）、“足食戒”（第三十五条）、“非时食戒”（第三十七条）、“独与女人坐戒”（第四十五条）、“饮酒戒”（第五十一条）、“轻慢不受谏戒”（第五十四条）、“故杀畜生戒”（第六十一条）、“覆他粗罪戒”（第六十四条）、“与未满二十岁受具戒”（第六十五条）、“如法断事后发诤戒”（第六十六条）、“随顺被举人戒”（第六十九条）、“拒劝学戒”（第七十一条）、“毁呲尼戒”（第七十二条）、“打比丘戒”（第七十八条）、“非时入聚落戒”（第八十三条）、“作三衣过量戒”（第九十条）等。

（六）四波罗提提舍尼法。叙列“波罗提提舍尼法”四条。有：“从非亲尼受食戒”（第一条）、“受尼指授食戒”（第二条）、“学家受食戒”（第三条）、“恐怖兰若受食戒”（第四条）。

（七）众学法。叙列“众学法”一百条。有：“不齐整著内衣戒”(第一条)、“不齐整著三衣戒”(第二条)、“摇身入白衣舍戒”(第十四条)、“戏笑入白衣舍戒”(第二十四条)、“不次第受食戒”(第三十条)、“挑钵中食戒”(第三十一条)、“为己索羹饭戒”(第三十二条)、“含食语戒”(第三十八条)、“遗落饭食戒”(第四十条)、“嚼饭作声戒”(第四十二条)、“污手捉食器戒”(第四十七条)、“水中大小便戒”(第五十条)、“佛塔中止宿戒”(第六十条)、“安佛像在下房戒”(第八十五条)、“携手道行戒”(第九十三条)、“担杖络囊戒”(第九十五条)、“为持盖人说法戒”(第一百条)等。

(八) 七灭诤法。叙列“灭诤法”七条。有:“现前毗尼”(第一条)、“忆念毗尼”(第二条)、“不痴毗尼”(第三条)、“自言治毗尼”(第四条)、“觅罪相毗尼”(第五条)、“多觅罪相毗尼”(第六条,《四分律》卷二十一作“多人觅罪毗尼”)、“如草布地毗尼”(第七条,《四分律》卷二十一作“如草覆地毗尼”)。

上述八类戒法中,每一类戒法的叙述,均包括三个层次:一是标名(又称“标名起说”、“标章”),指标立此类戒法的名称。二是列戒(又称“述列戒相”、“释章”),指叙列从广律《四分律》中摘录的此类戒法下属各戒的条文。三是结问(又称“结问清净”、“结章”),指对此类戒法作小结,并三次询问与会僧众在此类戒法的修持上是否清净,要求众人依律受持(“四波罗夷法”、“十三僧伽婆尸沙法”的结问,还叙及对犯罪者的处罚办法)。其中,标名、结问属于“说戒仪轨”,列戒属于“戒相”。以“四波罗夷法”为例,它的叙述方式是这样的:

诸大德,是四弃法(指四波罗夷法),半月半月(指每半月一次)戒经中说(以上为“四波罗夷法”的标名)。

若比丘,与比丘共戒、同戒(《四分律》卷一作“共比丘同戒”),不舍戒(《四分律》作“若不还戒”),戒羸不自悔,犯不净行,行淫欲法(《四分律》中无此四字),乃至共畜生,是比丘波罗夷,不共住(以上为第一条“淫戒”)。

……

若比丘,实无所知,自称言:我得上人法,我已入圣智胜法,我知是、我见是。彼于异时,若问、若不问,欲自清净故,作如是说(《四分律》卷二作“作是说”):我实不知不见,言知言见,虚诳妄语。除增上慢,是比丘波罗夷,不共住(以上为第四条“大妄语戒”)。

诸大德,我已说四波罗夷法。若比丘,犯一一波罗夷法,不得与诸比丘共住如前,后亦如是。是比丘得波罗夷罪,不应共住。今问:诸大德,是中清净不?(如是三说——原注)诸大德,是中清净,默然故,是事如是持(以上为“四波罗夷法”的结问)。(第1023页中、下)

在《四分律》中,戒条通常是由制戒因缘、戒法条文、戒条解释(包括文句解释和犯相解释)三部分内容组成的。因戒经是布萨说戒时诵持的读本,要求简略而实用,故它是撇开广律中的制戒因缘和戒条解释,仅摘录其中的戒条的;在摘录戒条时,凡是有初制、再制(又称“重制”)情况的戒条,则只选录最后一次制立(又称“定制”)的戒条。由于本书是根据梵文单行本译出的,而且其译出的时间或早于《四分律》的翻译,故在一些戒文的翻译上,与《四分律》汉译本存在着一定的差异(见上引“四波罗夷法”原文中,笔者的小注),但主要文句则是基本相同的。

与其他部派的比丘戒经相比,本书的特有的戒条,主要集中在“众学法”中,它们是:“众学法”的第五、六、五十三、六十至八十五、九十一、九十三、九十五、九十七、九十八条。此中值得注意的是第六十条至第八十五条，专门收录了二十六条有关礼敬佛塔的戒条。内容叙及："不得佛塔内宿，除(指除非)为守视，应当学。"(第六十条"佛塔中止宿戒")"不得佛塔内藏财物，除为坚牢故，应当学。"(第六十一条"塔内藏财物戒")"不得著革屣入佛塔中，应当学。"(第六十二条"著革屣入塔戒")"不得著富罗(指短靴)入佛塔中，应当学。"(第六十四条"著富罗入塔戒")"不得佛塔下食留草，及食污地舍去，应当学。"(第六十七条"塔下坐食污地戒")"不得担死尸从佛塔下过，应当学。"(第六十八条"担尸塔下过戒")"不得塔下大小便，应当学。"(第七十四条"塔下大小便戒")"不得向塔涕唾，应当学。"(第八十二条"向塔涕唾戒")"不得安佛像在下房，己在上房住，应当学。"(第八十五条"安佛像在下房戒"，以上见第1029页中)，等等。

三、流通分。包括戒经结语、七佛略说戒经偈和流通偈。

(一) 戒经结语。此为说戒即将结束时，说戒师对戒本作归纳和总结时的文词。其文为：

> 诸大德，我已说戒经序，已说四波罗夷法，已说十三僧伽婆尸沙法，已说二不定法，已说三十尼萨耆波逸提法，已说九十波逸提法，已说四波罗提提舍尼法，已说众学法，已说七灭诤法。此是佛所说戒经，半月半月说，戒经中来。
>
> 若更有余佛法，是中皆共和合，应当学。(第1030页上)

唐道宣《四分律比丘含注戒本》卷下将此段文字的前部分，即"诸大德，我已说戒经序……此是佛所说戒经，半月半月说，戒经中来"一段，判为"广教"的"流通分"；将此段文字的末句"若更有余佛法，是中皆共和合，应当学"，判为"略教"的"别序"(清弘赞《四分戒本如释》卷十二则将前段文字称为"总结前相”,将末句称为“劝学余法”)。但如若深入探究的话,此处说的“余佛法”,在《摩诃僧祇律大比丘戒本》中,作“法随顺法”(又称“随顺法”);在《弥沙塞五分戒本》、《十诵比丘波罗提木叉戒本》中,作“余随道戒法”;在《根本说一切有部戒经》中,作“余法之随法”,均指随顺于戒经的其他规制,即律典中“摩得勒伽”、“犍度”所说的各种戒律事项,并非专指“略教”。

(二)七佛略说戒经偈(又称“七佛略说教诫偈”、“七佛通戒偈”、“七佛偈戒经”)。此为七佛各自所说的有关戒经的偈颂(《摩诃僧祇律》卷二十七称之为“偈布萨”,《善见律毗婆沙》卷五称之为“教授波罗提木叉”,以别于后来的“威德波罗提木叉”,即戒法条文),共七首。经学者研究,这七佛略说戒经偈乃是据《长阿含经·大本经》所说演绎而来的。其中,毗婆尸佛偈、尸弃佛偈为五言四句;毗叶罗佛偈为五言六句;拘留孙佛偈为五言八句;拘那含牟尼佛偈、迦叶佛偈为五言四句;释迦牟尼佛偈为五言六句。每首偈颂的叙述方式是偈文在前,作者(说偈者)在后。在释迦牟尼佛偈的说明中,特别指出,释迦牟尼佛在成道后的最初的十二年间,所说的是属于“略教”的戒经偈,以后才说属于“广教”的戒法条文。其文为:

> 忍辱第一道,佛说无为最。出家恼他人,不名为沙门(以上为戒经偈)。
>
> 此是毗婆尸如来、无所著、等正觉说是戒经(以上道出说偈者毗婆尸佛)。
>
> ……
>
> 善护于口言,自净其志意。身莫作诸恶,此三业道净。能得如是行,是大仙人道(以上为戒经偈)。
>
> 此是释迦牟尼如来、无所著、等正觉,于十二年中,为无

事僧（指无恶事的僧人）说是戒经。从是已后，广分别说（以上道出说偈者释迦牟尼佛）。

诸比丘，自为乐法、乐沙门者，有惭有愧、乐学戒者，当于中学（以上为七佛略说戒经偈的结束语）。（第1030页上、中）

唐道宣《四分律比丘含注戒本》卷下将此段文字的前部分，即“忍辱第一道，佛说无为最。……从是已后，广分别说”，判为“略教”的“正宗分”；将此段文字的末句“诸比丘，自为乐法、乐沙门者，有惭有愧、乐学戒者，当于中学”，判为“略教”的“流通分”。

（三）流通偈（又称“结颂回向”、“回向偈”）。此为《四分律》的编集者法藏作的偈颂，主要讲述护戒、敬戒、说戒的功德，为五言五十六句。其文为：

明人能护戒，能得三种乐。名誉及利养，死得生天上。……我今说戒经，所说诸功德。施一切众生，皆共成佛道。（第1030页中、下）

唐道宣《四分律比丘含注戒本》卷下将此段文字判为“广略二教总流通分”。此中“施一切众生，皆共成佛道”一句，在道宣《四分律删补随机羯磨疏》中被列为《四分律》通大乘的五种理由之一。

本书的注疏有：唐道宣《四分律比丘含注戒本》三卷（据《四分僧戒本》修订本作注）、《四分律含注戒本疏》八卷、定宾《四分比丘戒本疏》二卷、清德基《毗尼关要》十六卷等。

第三品　曹魏昙谛译《羯磨》一卷

《羯磨》，又名《昙无德羯磨》（此据本书题名下有“出昙无德律”的小注),一卷。曹魏昙谛译,正元元年(254)译出。隋法经等《众经目录》卷五著录(书名作《昙无德羯磨》)。载于《丽藏》“傅”函、《宋藏》“训”函、《金藏》“傅”函、《元藏》“训”函、《明藏》“妇”函、《清藏》“妇”函、《频伽藏》“列”帙,收入《大正藏》第二十二卷。

昙谛(生卒年不详),又名“昙帝”、“昙无谛”,意译“法实”,安息国(今伊朗境内)沙门,妙善律学,曹魏正元元年(254),来到洛阳,于白马寺译出《昙无德羯磨》一卷(即本书)。生平事迹见梁慧皎《高僧传》卷一、隋费长房《历代三宝纪》卷五、唐智升《开元释教录》卷一等。

本书是法藏部传持的《四分律》羯磨本(羯磨法的汇编),系从梵本《四分律》犍度部中摘录各种羯磨法,附以解说性质的小注,编集而成。所说的“羯磨”,意译“业”、“办事”、“作法办事”,指僧团议决僧事的活动;所说的“羯磨法”,指僧团议决僧事的作法。

羯磨法是由作羯磨时使用的文词(又称“羯磨文”、“羯磨词”)和仪法组成的。本书正文所集,绝大多数是“羯磨文”,小注则附出作羯磨时的仪法。全书分为《比丘羯磨文》和《比丘尼羯磨文》两部分。《比丘羯磨文》下分《结界法》、《受戒法》、《除罪法》、《说戒法》、《安居法》、《自恣法》、《分衣法》、《衣药净法》、《房舍杂法》九篇;《比丘尼羯磨文》也分为九篇,除了将《衣药净法》改为《衣食净法》、《房舍杂法》改为《杂法》以外,其余篇名均与《比丘羯磨文》相同。

一、《比丘羯磨文》(原书阙题,从第二部分有《比丘尼羯磨文》的标题来看,第一部分相对应的标题应如此)。分为九篇。

(一)《结界法》。叙述比丘在“说戒”、“自恣”、“离衣宿”时结界(指划定作法的区域)和解界(指解除作法的区域)方面

的羯磨法。篇初有小注,叙述羯磨的准备事项和结界的要求。说:

凡诸羯磨作法,应先白:未受具戒者出?不来比丘说欲及清净?僧今和合何所作为?僧中一人,随事答言:某甲羯磨。除结界无受欲法故。又结法:二界不得相接,应留中间,亦不得隔驰流水结,除常有桥梁。若大界内安戒场者,先竖戒场四方相竟,于外下至相去一肘,竖大界内相,外随近远,亦竖四方相。使一旧住比丘唱其方相,众中差堪能羯磨者结。应先结大界,后结戒场。如欲唱此大界相者,先从外相东南角起,四方一周。又唱内相,亦令一周。言:彼为外相,此为内相。是大界内外相一周,如是三唱。若内无戒场者,直唱外相。结大小界法,僧应尽集,不得受欲。受欲者不知相故,失衣、破夏故。(《大正藏》第二十二卷,第1051页下)

意思是说,凡作羯磨,均应事先检问会议的准备情况,询问:未受具足戒者是否遣出?因故没来参加说戒的比丘,有没有委托他人与会表示自己赞同僧众所作事的意愿("说欲")和表示自己行为的清净("说清净"),即因病等事请假?僧众今日集会,要做什么事?僧众中的主事人应随问而答"某羯磨",以道出本次会议的宗旨。除"结界"羯磨以外,其余羯磨均允许接受请假("受欲")。结界的方法是,大界与大界之间不得连接(指界相标志物的影子不能相重或连接),应留有空间,也不得隔着湍急的河水而结界,除非河上有桥梁。如果在大界内结作戒场(指说戒、受戒、忏罪的场所),须先标立戒场四方的标志物,戒场向外"一肘"(据《大唐西域记》卷二,"一肘"为横放二十四指的长度,另说一尺八寸或一尺五寸)标立大界的内相,大界的外相也须标立四方的标志物。应指派一位原住地比丘唱说四方的标志物(如山、石、林、树、蚁垤、路、河、水等),并在僧众中推选一人担任羯磨师,主持结界活动。应先结作(即划定)大界,后结作戒场(唐道宣《四分律删繁补阙行事钞》卷上《结界方法篇》说:"《五分》云,应先结戒场,后结大界。若先结大界者,当舍已更前结之。"与本书的说法相异)。唱说大界的界相(指区域的标志物)时,应先从外相的东南角的标志物说起,其次是西、西南、北、西北、东、东北、南,最后回到东南。唱说内相,也是如此。在唱说大界的内相和外相时,要各说三遍。如果大界内不结作戒场,则只要唱说大界的外相就行了。结作大小界时,所有僧众都必须到场,不得接受请假,因为请假者不知道作法的范围,会造成离三衣而过宿("失衣"),破坏夏安居("破夏")等后果。下分十一篇。

(1)《结大界羯磨文》。指僧众结作"同一住处、同一说戒"的"大界"(最小的范围为寺院的外界,最大的范围为一百二十里)的羯磨文。

(2)《结戒场羯磨文》。指僧众在"四方小界相"内结作"戒场"(最小的范围须容纳二十一人,须先结"戒场相"、次结"大界内相"、后结"大界外相")的羯磨文。

(3)《解大界戒场羯磨文》。指僧众解除"同一住处、同一说戒"的"大界"、"戒场"的羯磨文。

(4)《结不失衣界羯磨文》。指僧众在"同一住处、同一说戒"的区域内,结作"不失衣界"(又称"摄衣界",指依羯磨划定的允许离三衣而过宿的区域)的羯磨文。

(5)《解不失衣界羯磨文》。指僧众解除"不失衣界"的羯磨文。

(6)《结小界羯磨文》。指布萨日,僧众因行走在道上,临时结作“说戒小界”(范围大小不限)的羯磨文。

(7)《解小界羯磨文》。指僧众解除“说戒小界”的羯磨文。

(8)《结小界自恣法》。指自恣日,僧众因行走在道上,临时结作“自恣小界”的羯磨法。

(9)《结同一说戒同一利养羯磨文》。指原为“别说戒、别利养”的二处(唐定宾《四分比丘戒本疏》卷上称指“两寺”)僧众,各自解除本界,结作“同一说戒、同一利养”的“大界”的羯磨文。

(10)《结同一说戒别利养羯磨文》。指原为“别说戒、别利养”的二处僧众,各自解除本界,结作“同一说戒、别利养”的“大界”的羯磨文。

(11)《结别说戒同一利养磨羯文》。指原为“别说戒、别利养”的二处僧众,因“守护住处”的缘故,结作“别说戒、同一利养”的“大界”的羯磨文。如《结大界羯磨文》说:

> 大德僧听(指诸位大德听着),此住处比丘某甲,唱四方大界相。若僧时到(指僧众作羯磨的时候已到),僧忍听(指容许),僧今于此四方相内结大界,同一住处、同一说戒。白如是(指所说如此)。
>
> 大德僧听,此住处比丘某甲,唱四方大界相。僧今于此四方相内结大界,同一住处、同一说戒。谁诸长老忍(指容忍),僧于此四方相内结大界,同一住处、同一说戒者默然,谁不忍者说。
>
> 僧已忍于此四方相内结大界,同一住处、同一说戒,结大界竟。僧忍默然故,是事如是持(指此事就这样受持)。(第 1051 页下)

(二)《受戒法》。叙述授受沙弥戒、比丘戒方面的羯磨法。

下分四篇。

(1)《度沙弥法》。指僧众向出家男子授“沙弥十戒”的羯磨法。

(2)《受大戒法》。指出家男子受“大戒”(又称“具足戒”,即比丘戒)的羯磨法。

(3)《受衣钵文》。指新受戒比丘作受持衣钵告白的羯磨文。

(4)《请依止文》。指新受戒比丘请求某大德作“依止阿阇梨”(又称“依止师”,须具备十年以上戒腊和相应的德行)的羯磨文。

其中,《受大戒法》是由围绕出家男子受足具戒的全过程而展开的羯磨文组成的,篇幅最长。参照唐怀素《僧羯磨》卷上《授戒篇》的分类,此中实际包括十篇羯磨文:①《请和上文》。指出家男子请求某大德作“和上”(又作“和尚”,指授具足戒的“戒和尚”,又称“得戒和尚”、“亲教师”,须具备十年以上戒腊和相应的德行)的羯磨文。②《差教授师文》。指僧众推选某大德作出家男子“教授师”(又称“教授阿阇梨”,须具备五年以上戒腊和相应的德行)的羯磨文。③《教授师问遮难文》。指教授师向出家男子“问遮难”,询问有无“十三重难”、“十六轻遮”所列不得受具足戒的各种情况(此为预审)的羯磨文。④《教授师白僧文》。指教授师向僧众报告“问遮难”情况的羯磨文。⑤《从僧乞戒文》。指出家男子向僧众请求授具戒的羯磨文。⑥《戒师白僧文》。指戒师(又称“羯磨师”、“羯磨阿阇梨”、“受戒阿阇梨”)在“问遮难”之前向僧众作告白的羯磨文。⑦《戒师问遮难文》。指戒师向出家男子“问遮难”(此为复审)的羯磨文。⑧《正授戒文》。指戒师作“白四羯磨”向出家男子授具足戒的羯磨文。⑨《授戒相文》。指戒师对已受具戒的比丘说“四波罗夷法”的羯磨文。⑩《授四依文》。指戒师对已受具戒的比丘说“四依法”的羯磨文。如《受大戒法》中的“正授戒文”说：

> 大德僧听，是某甲(指求受具足戒者)，从和上某甲(指戒和尚)求受具足戒。此某甲，今从众僧乞受具足戒，和上某甲。某甲自说清净，无诸难事，年满二十，三衣、钵具。若僧时到，僧忍听，僧今授某甲具足戒，和上某甲。白如是。
>
> 大德僧听，是某甲，从和上某甲求受具足戒。此某甲，今从众僧乞受具足戒，和上某甲。某甲自说清净，无诸难事，年满二十，三衣、钵具，僧今授某甲具足戒，和上某甲。谁诸长老忍，僧与某甲受具足戒，和上某甲者默然，谁不忍者说。是初羯磨(第二、第三亦如是说——原注)。僧已与某甲受具足戒竟，和上某甲竟。僧忍默然故，是事如是持。(第1053页下)

(三)《除罪法》。叙述比丘犯“僧残罪”、“舍堕罪”和其他轻罪的治罚与忏除方面的羯磨法。分为三大类。

1.《忏僧残罪法》。指比丘犯“僧残罪”的治罚与忏除的羯磨法。小注说：

> 此第二篇，其罪既重，故须经众悔，行调伏法，以肃其怀。然调伏法，要有于二：一者治过，二者治罪故。初覆藏羯磨法，治过，非治罪故。乞覆藏羯磨时，先忏覆藏突吉罗罪，后方与覆藏羯磨治法，六夜出罪，此二是治罪法，正忏僧残故。故有覆藏者，备三种羯磨。无覆藏者，唯与六夜出罪。”(第1054页中)

意思是说，“五篇”(指五类罪相，即波罗夷、僧残、波逸提、波罗提提舍尼、突吉罗）中的第二篇“僧残”，因其罪过较重，故须当众忏悔，用调教的方法，整肃其心怀。调教的方法主要有二种：一是“治过”（惩治过失），二是“治罪”（惩治罪行）。僧众对犯“僧残罪”的覆藏者给与“别住”处罚，这是“治过”，并非“治罪”。犯“僧残罪”的覆藏者，应先忏悔因“覆藏”而犯下的“突吉罗罪”（又称“恶作”），“行别住”；然后忏悔僧残罪，“行六夜摩那埵”（六天六夜为僧众作劳务），期满后，给与“出罪”（须有比丘二十人作羯磨同意，方能解除其罪）。若是犯“僧残罪”的不覆藏者，则不需要“别住”，直接“行六夜摩那埵”，期满后，给与“出罪”。下分六篇。

（1）《乞覆藏羯磨文》。指犯“僧残罪”的覆藏者，请求僧众给与“别住”（又称“行覆藏法”、“行别住法”，用于治覆藏罪；“覆藏羯磨”即“别住羯磨”）处罚的羯磨文。

（2）《与覆藏羯磨文》。指僧众对犯“僧残罪”的覆藏者，给与“别住”处罚的羯磨文。

（3）《乞摩那埵羯磨文》。指受“别住”处罚期满者，请求僧众给与“六夜摩那埵”（指六天六夜为僧众作劳务，用于治僧残罪）处罚的羯磨文。

（4）《与摩那埵羯磨文》。指僧众对受“别住”处罚期满者，给与“六夜摩那埵”处罚的羯磨文。

（5）《乞出罪羯磨文》。指受“六夜摩那埵”处罚期满者，请求僧众给与“出罪”（解除其罪）的羯磨文。

（6）《与出罪羯磨文》。指僧众对受“六夜摩那埵”处罚期满者，给与“出罪”（须有二十位僧人参加羯磨并同意）的羯磨文。如《与覆藏羯磨文》，说：

> 大德僧听，比丘某甲犯某甲僧残罪覆藏。此比丘某甲

犯僧残罪，随覆藏日，已从僧乞覆藏羯磨（指别住羯磨）。若僧时到，僧忍听，僧今与比丘某甲随覆藏日羯磨。白如是。

大德僧听，比丘某甲犯某僧残罪覆藏。此比丘某甲犯僧残罪，随覆藏日，已从僧乞覆藏羯磨。僧今与比丘某甲随覆藏日羯磨。谁诸长老忍，僧与比丘某甲随覆藏日羯磨者默然，谁不忍者说。是初羯磨（第二、第三亦如是说——原注）。僧已忍与比丘某甲随覆藏日羯磨竟。僧忍默然故，是事如是持。（第1054页中、下）

2.《舍堕忏悔法》。指比丘犯舍堕罪（又称"尼萨耆波逸提罪"）作忏悔的羯磨法。小注说：

此第三篇，尼萨耆波逸提过。犯两篇故，加以折伏法。要须僧中舍，若住处无僧（指不足四人），亦得三人二人一人前舍，但不得别众舍，不成舍。"（第1055页中）

意思是说，此为"五篇"中的第三篇，说犯舍堕罪的过失，犯前两篇（指"波罗夷"、"僧残"）要用折伏法（重罚）加以惩处，而此篇的要旨是在四人以上僧众中间（即"僧中"，亦即僧众）作舍财（将超过规定积蓄的财物施与同住比丘），如果同住比丘不满四人，也可以在三人或二人、一人面前作舍财，但不得在同住比丘之外（"别众"）作舍财（即不允许不施与同住比丘，而是施与他人），"别众"而作的舍财是不能成立的（即为"非法"）。下分七篇。

（1）《持舍堕衣于僧中舍文》。指犯"舍堕罪"者在僧中将"长衣"（指"三衣"以外的多余的衣服）施与同住比丘的羯磨文。

（2）《从僧乞忏悔文》。指犯"舍堕罪"者在舍衣后，向僧众请求作忏悔，并请求某清净比丘作"受忏者"（又称"受忏悔者"、

“受忏主”)的羯磨文。

(3)《受忏者僧中白文》。指“受忏者”向僧众作“受忏”(接受舍堕罪者忏悔)告白的羯磨文。

(4)《某对一人僧中忏悔文》。指犯“舍堕罪”者向“受忏者”作忏悔的羯磨文。

(5)《僧还此比丘衣羯磨文》。指接受净施的同住比丘(称“受净者”),经宿(次日)将“长衣”还给原比丘(称为“展转净施”)的羯磨文。

(6)《三人二人一人前舍堕文》。指犯“舍堕罪”者在比丘三人或二人、一人(即不足僧数时)面前将“长衣”施与同住比丘,并作忏悔的羯磨文。

(7)《三人二人中受忏者语边人文》。指“受忏者”在比丘三人或二人面前接受犯“舍堕罪”者忏悔的羯磨文。如《从僧乞忏悔文》,说:

> 大德僧听,我比丘某甲故畜尔许长衣,过十日,犯舍堕,此衣已舍与僧,犯某甲罪。今从众僧乞忏悔,愿僧听我比丘某甲忏悔,慈愍故(第二、第三亦如是说。僧中别请一人对忏悔,至清净比丘所,作如是白——原注)。我比丘某甲请大德忏悔(受忏者应白僧已,然后受忏——原注)。(第1055页中)

3.《余罪忏悔法》。指比丘犯“波逸提”、“波罗提提舍尼”、“突吉罗”、“偷兰遮”等罪作忏悔的羯磨法。小注说:

> 此余罪中,波逸提、提舍尼皆是对手悔,第五篇罪皆是心悔。偷兰遮罪中,重者众中悔,微者对悔,故致悔法阶降不同。(第1056页上)

意思是说，此处所说的“余罪”中，第三篇“波逸提”（包括“尼萨耆波逸提”、“波逸提”）、第四篇“波罗提提舍尼”（又称“悔过”）都是“对手悔”（又称“对首忏”，适用于僧众不足四人时），只需向一位清净比丘作忏悔，便可除罪。第五篇“突吉罗”（又称“恶作”）是“心悔”（又称“心念忏”），只需在自己的内心作忏悔，便可除罪。在“五篇”之外的“偷兰遮罪”（又称“大罪”，分为“根本偷兰遮”、“从生偷兰遮”二类，前者指“五篇”以外的一切粗罪，后者指波罗夷、僧残的未遂罪，两者各分上、中、下三品）中，重者“众中悔”（又称“僧中忏”、“众中忏”），必须在四人以上僧众面前作忏悔，轻者“对悔”，只需向一位清净比丘作忏悔，故“余罪”的忏悔法是各不相同的。下分七篇。

（1）《向一比丘忏悔文》。指犯罪者向清净比丘一人作忏悔的羯磨文。

（2）《二比丘前忏悔文》。指犯罪者向清净比丘二人作忏悔的羯磨文。

（3）《三比丘前忏悔文》。指犯罪者向清净比丘三人作忏悔的羯磨文。

（4）《僧中忏悔文》。指犯罪者向四人以上僧众作忏悔的羯磨文。

（5）《一切僧同犯即僧中忏悔文》。指说戒前，同一住处的所有僧众因均犯有某罪而当众作发露忏悔的羯磨文。

（6）《疑罪发露文》。指说戒前，比丘个人因怀疑犯有某罪而向一位清净比丘作发露的羯磨文。

（7）《一切僧同犯罪疑于僧中发露文》。指说戒前，同一住处的所有僧众因均怀疑犯有某罪而当众作发露的羯磨文。如《向一比丘忏悔文》，说：

（应至一清净比丘所，偏露右肩，若上座，礼足、右膝著地、合掌说罪名，说罪种，作如是言——原注）长老一心念，我某甲比丘犯某甲罪，今从长老忏悔，不敢覆藏。忏悔则安乐，不忏悔不安乐，忆念犯发露，知而不覆藏。长老忆我清净，戒身具足，清净布萨（第二、第三亦如是说。彼受忏者应语言——原注）。自责汝心，生厌离（即答言：尔——原注）。（第1056页上）

（四）《说戒法》。叙述比丘每半月一次集会说戒方面的羯磨法。下分九篇。

（1）《与欲及清净文》。指比丘因“有佛法僧事、病患及看病”不能参加说戒，委托他人表示自己赞同僧众所作事的意愿（“与欲”）和表示自己行为的清净（“与清净”）的羯磨文。

（2）《受欲清净文》。指受委托（“受欲清净”）者接受上述委托，并向僧众作转达的羯磨文。

（3）《转与欲清净文》。指受委托者因事不能参加说戒，又请别人转达当事人委托的羯磨文。

（4）《布萨说戒文》。指说戒前，比丘作表示自己行为清净的告白（又称“三语布萨”，即将告白说三遍）的羯磨文。

（5）《告清净文》。指“客比丘”（外来比丘）参加“旧比丘”（当地比丘）说戒，作“我某甲清净”告白的羯磨文。

（6）《八难事起及余缘略说戒文》。指僧众因“八难”（指“王难、贼难、火难、水难、病难、人难、非人难、恶虫难”）等事而略说戒经（只诵说其中的一部分，如“戒经序”、“四波罗夷法”等）的羯磨文。

（7）《教诫比丘尼法》。指布萨日，比丘尼推选代表前往比丘僧中，请求派“教授人”到尼寺作教授的羯磨法。

(8)《差教授比丘尼人羯磨文》。指比丘派“教授人”(戒腊须满二十年并具备相应的品行者)前往尼寺作教授(须先说“八不违法”,即“八敬法”,然后说其他教法)的羯磨文。

(9)《上座教授敕文》。指上座因推派不出“教授人”(“此处无教授人”)而传语教诫比丘尼的羯磨文。如《布萨说戒文》说:

(布萨日,若小食上、若大食上,上座应唱言——原注)今布萨日,某时,众僧和合,集某堂说戒(若四人、若过四人,应先白已,然后说戒,白者如戒中说。若三人、若二人,各各相向,共作三语布萨言——原注)。长老一心念,今日众僧十五日说戒,我某甲清净(如是三说,若一人,应心念口言——原注)。今日众僧十五日说戒,我某甲清净(如是三说——原注)。(第 1056 页中)

(五)《安居法》。叙述比丘每年三个月“结夏安居”方面的羯磨法。下分四篇。

(1)《僧差人分房舍卧具羯磨文》。指僧众推选某僧分配夏安居房舍、卧具的羯磨文。

(2)《安居文》。指比丘向长老作安居告白的羯磨文。

(3)《受七日文》。指安居期间,比丘因事外出,向长老请求“受七日法”(指请假七日)的羯磨文。

(4)《受过七日羯磨法》(下分《乞受过七日羯磨文》、《与过七日羯磨文》二篇)。指安居期间,比丘因事外出,向僧众请求“受过七日法”(指请假“十五日”或“一月”),并经同意的羯磨法。如《安居文》说:

长老一心念,我某甲比丘,依某甲聚落、某甲僧伽蓝、某甲房舍,前三月夏安居。房舍破,修治故(第二、第三亦如

是说——原注）。依某甲持律，若有疑事，当往问（后安居亦如是法，唯言后安居为异——原注）。（第1057页中）

（六）《自恣法》。叙述比丘于夏安居结束之日举行“自恣”（指请求他人批评举罪）活动方面的羯磨法。下分十篇。

（1）《僧差自恣人羯磨文》。指僧众（“自恣法”中的“众僧法”对人数的要求是五人，比“说戒法”多一人，以作“受自恣人”）推选“受自恣人”（自恣活动的主持者，须具备“自恣五德”和“举罪五德”）的羯磨文。

（2）《白僧自恣文》。指“受自恣人”作“自恣”告白（宣布“自恣”开始）的羯磨文。

（3）《众僧自恣文》。指从上座开始，僧众依次“三说自恣”（指将请他人根据见、闻、疑，任意举发己罪的告白说三遍；“受自恣人”则先接受众人的自恣，最后自己向上座作自恣）的羯磨文。

（4）《若四人更互自恣文》。指比丘四人或三人、二人对首（指各共面对）“三说自恣”的羯磨文。

（5）《有八难事起白僧各三语自恣文》。指僧众因“八难”等事而略说自恣（指集体“三说自恣”）的羯磨文。

（6）《差持功德衣人羯磨文》。指僧众推选“持功德衣人”（代表僧众受持功德衣者，“功德衣”又称“迦絺那衣”）的羯磨文。

（7）《以衣与持功德衣人羯磨文》。指僧众将功德衣交给“持功德衣人”的羯磨文。

（8）《白僧受功德衣法》（曹魏康僧铠译《昙无德律部杂羯磨》作《白僧受功德衣文》）。上座作“受功德衣”告白，“持功德衣人”奉持功德衣作告白的羯磨法。

(9)《捉衣者受功德衣法》(《昙无德律部杂羯磨》作《众僧各受功德衣文》)。指僧众依次“捉衣”(捉摸功德衣),各自表示已受功德衣的羯磨法。

(10)《出功德衣白羯磨法》(《昙无德律部杂羯磨》作《出功德衣文》)。指受持功德衣的五个月(指七月十六日至十二月十五日)时限满后,僧众“出功德衣”,表示受持功德衣期间所享有的五种权利到此结束的羯磨法。如《众僧自恣文》说:

> 大德一心念,众僧今日自恣,我比丘某甲亦自恣。若见、闻、疑罪,大德长老哀愍故,语我。我若见罪,当如法忏悔(第二、第三亦如是说——原注)。(第1057页下)

(七)《分衣法》。叙述比丘分配衣物方面的羯磨法。分为二类。

1.《分非时僧得施羯磨法》(《昙无德律部杂羯磨》作《僧分衣物羯磨文》)。指比丘分配施主在“非时”(“时”指“无迦絺那衣者”于安居结束日“自恣”后一个月即七月十六日至八月十五日、“有迦絺那衣者”于“自恣”后五个月即七月十六日至十二月十五日;“非时”指上述以外的时间)内施与“现前僧”衣物的羯磨法。小注说:

> 僧得施凡有二种。一时僧得施,为夏安居,应时法故,各随安居处摄。二非时僧得施,无所居故,作羯磨法分。(第1058页中)

意思是说,僧众所得布施的衣物有两种。一是因夏安居所得布施(“时僧得施”),唯有“结夏安居”的僧人,方可随安居地分衣。二是非因夏安居所得布施(“非时僧得施”),因僧人无固定的居处,由“现前僧”(指同一住处现在的僧众)作羯磨予以分配。

2.《分亡者衣物羯磨法》。指僧众处置已故比丘遗物的羯磨法。小注说：

> 以出家人同遵出离，身行所为，莫不皆是僧法所摄。故身亡已后，所有资生皆属四分僧（当作“四方僧”），义同非时僧得施。又僧得施，其用有二：一者随处，二者随人。故非时僧得施，从施主为定。亡比丘衣物，据轻重为判。重者随即入住处，轻者僧作羯磨法分。（同上）

意思是说，出家人共同遵循的是出离世俗之道，所作所为，莫不由律法统摄。因此，比丘亡故以后，他所有的衣物资具皆归僧众集体所有，这与处理非因夏安居所得布施（“非时僧得施”）的原则是相同的。另外，僧众所得布施的用途有两种，一是用于所在的居处，二是用于个人的日常生活。因此，非因夏安居所得布施的衣物的分配，由施主决定。已故比丘的遗物，根据轻重，作不同的处理。重物（指僧团的集体财产，如寺庙、土地、树木、僧房及其他设施用品等）属于“四方僧物”，归一切僧众集体所有，不可分配；轻物（指僧人个人的生活用品，如衣钵、坐具、针筒、盛衣贮器等）属于“现前僧物”，归同一住处现在的僧众所有，由“现前僧”作羯磨予以分配。下分四篇。

（1）《看病人持亡者衣物资具僧中舍法》（《昙无德律部杂羯磨》作《瞻病人持亡者衣物至僧中说文》）。指“看病人”（照料病人的比丘）将已故比丘的衣物资具带至僧中作告白的羯磨法。

（2）《持亡者衣钵与看病人羯磨文》。指僧众将已故比丘的衣钵、坐具、针筒、盛衣贮器送给“看病人”的羯磨文。

（3）《现前僧分亡者轻物羯磨文》。指“现前僧”处置已故比丘轻物（指除送给“看病人”以外的其他物品）的羯磨文。

（4）《三人二人分亡者衣物文》。指比丘三人或二人处置已故比丘衣物的羯磨文。如《持亡者衣钵与看病人羯磨文》说：

> 大德僧听，比丘某甲，此住处命过。所有衣钵、坐具、针筒、盛衣贮器，现前僧应分。若僧时到，僧忍听，僧今与比丘某甲看病人。白如是。
>
> 大德僧听，比丘某甲，此住处命过。所有衣钵、坐具、针筒、盛衣贮器，现前僧应分。僧今与比丘某甲看病人。谁诸长老忍，僧与比丘某甲看病人衣钵、坐具、针筒、盛衣贮器者默然，谁不忍者说。僧已忍与比丘某甲看病人衣钵、坐具、针筒、盛衣贮器竟。僧忍默然故，是事如是持。（第 1058 页下）

（八）《衣药净法》。叙述比丘说净（指将“长物”即超出规定蓄存的物品作净施）、受食、受药、结净地（又称“结净厨”，“结”指“结作”，指依羯磨划定的贮藏烹煮食物的区域）方面的羯磨法。下分七篇。

（1）《真实净施文》。指比丘对“长衣”作“真实净施”（指多余的衣服真实地施与同住比丘）的羯磨文。

（2）《展转净施文》。指比丘对“长衣”作“展转净施”（指将多余的衣服先施与同住比丘，然后由对方返还给自己）的羯磨文。

（3）《足食已作余食文》。指比丘正食饱足（“足食”）离座后，若再受食，须作“余食法”（又称“残食法”，指先请一比丘食少许，然后自己再食）的羯磨文。

（4）《受请已食前食后入村嘱授文》。指比丘受檀越（施主）之请，欲在正食前后入村落而嘱告同住比丘的羯磨文。

(5)《受七日药文》。指比丘受用“七日药”(指因病可在七日内食用的“酥”、“油”、“生酥”、“蜜”、“石蜜”)的羯磨文。

(6)《受尽形寿药文》。指比丘受用“尽形寿药”(指因病可终身随时食用的药物,如一切“根药”、“果药”、“草药”等)的羯磨文。

(7)《结净地文》。僧众结净地的羯磨文。如《受七日药文》说:

> 长老一心念,我比丘某甲,有病因缘,是七日药,为共宿七日服故,今于长老边受(如是三说——原注)。(第1059页中)

(九)《房舍杂法》。叙述比丘杂事(造房、结库藏、老病者畜杖络囊、非时入聚落嘱授长老等)方面的羯磨法。下分六篇。

(1)《乞作小房羯磨文》。指比丘在无施主资助、自己造小房的情况下,请求僧众指授合适的房址(指“无难处、无妨处”)的羯磨文。

(2)《结房作库藏文》。指僧众指定某房为“库藏屋”(仓库)的羯磨文。

(3)《差守库藏物人羯磨文》。指僧众推选某僧为看守库藏财物之人(称“守物人”)的羯磨文。

(4)《老病比丘畜杖络囊乞羯磨文》。指老病比丘请求僧众允许其携带和使用手杖、络囊(即钵袋)的羯磨文。

(5)《与老病比丘畜杖络囊羯磨文》。指僧众允许老病比丘携带和使用手杖、络囊的羯磨文。

(6)《非时入聚落嘱授文》。指比丘因某事欲在“非时”(指每日正午之后至次日黎明之前)入村落嘱授(指禀告)同住比丘的羯磨文。如《老病比丘畜杖络囊乞羯磨文》说:

> 大德僧听,我比丘某甲老病,不能无杖、络囊而行。今

从僧乞畜杖、络囊。愿僧听我比丘某甲畜杖络囊，慈愍故（如是三说——原注）。（第 1059 页下）

二、《比丘尼羯磨文》。分为九篇。

（一）《结界法》。叙述比丘尼在"说戒"、"自恣"、"离衣宿"时结界和解界方面的羯磨法。小注说："其诸结界羯磨作法，一与上大僧同，唯称尼、大姊为异也。"（第 1060 页上）意思是说，比丘尼《结界法》中的各种羯磨法，与前面所说的比丘《结界法》完全相同，差异仅在羯磨文中的称呼不同，比丘结界、解界时称"比丘"、"大德"，比丘尼结界、解界时称"比丘尼"、"大姊"。

（二）《受戒法》。叙述授受沙弥尼戒、式叉摩那戒、比丘尼戒方面的羯磨法。下分六篇。

（1）《比丘尼乞畜众羯磨文》。指比丘尼（其戒腊须满十二年）请求僧众允许自己度人出家（"畜众"）的羯磨文。

（2）《与畜众羯磨文》。指僧众允许比丘尼度人出家的羯磨文。

（3）《度沙弥尼文》。指出家女子受"沙弥尼十戒"（其戒条与"沙弥十戒"相同）的羯磨文。

（4）《式叉摩那受六法文》。指出家女子受"式叉摩那（指受具足戒前处于二年学法阶段的出家女子，童女出家者十八岁以上，曾嫁女出家者十岁以上）六法"（包括沙弥尼向僧众请求受"二岁学戒"；僧众授与"二岁学戒"，使她成为式叉摩那；僧众对式叉摩那授"六法"）的羯磨文。

（5）《式叉摩那受大戒法》。指式叉摩那在二年受学"六法"期满后（童女出家者满二十岁、曾嫁女出家者满十二岁），在比丘尼僧中受具足戒的羯磨文。

(6)《尼往比丘僧中受大戒法》。指式叉摩那在比丘尼僧中受具足戒完成后，当日（或次日）随尼师前往比丘僧中受具足戒（此为“二部僧中受戒”）的羯磨文。如《式叉摩那受六法文》说：

大姊僧听，此某甲沙弥尼，今从僧乞二岁学戒，和上尼某甲（指戒和尚）。若僧时到，僧忍听（指容许），僧今与某甲沙弥尼二岁学戒，和上尼某甲。白如是。

大姊僧听，此某甲沙弥尼，今从僧乞二岁学戒，和上尼某甲。僧今与某甲沙弥尼二岁学戒，和上尼某甲。谁诸大姊忍（指容忍），僧与某甲沙弥尼二岁学戒，和上尼某甲者默然，谁不忍者说，是初羯磨（如是三说——原注）。僧已忍与某甲沙弥尼二岁学戒，和上尼某甲竟。僧忍默然故，是事如是持（应如是与六法——原注）

某甲谛听。如来、无所著、等正觉说六法。不得犯不净行，行淫欲法。……不得偷盗，乃至草叶。……不得故断众生命，乃至蚁子。……不得妄语，乃至戏笑。……不得非时（指每日正午之后至次日黎明之前）食。……不得饮酒。若式叉摩那，饮酒犯戒，应更与戒，是中尽形寿不得犯，能持不？（答言：能——原注）式叉摩那，于一切尼戒中应学，除为比丘尼过食自受食食。（第1060页下—第1061页上）

（三）《除罪法》。叙述比丘尼犯“僧残罪”的治罚与忏除方面的羯磨法。下分五篇。

(1)《尼忏僧残罪法》。指比丘尼犯僧残罪作忏悔的羯磨法。小注说：

尼覆僧残，但增罪治，半月行摩那埵，无别覆藏调伏法故。尼忏僧残，要在二部僧中，作摩那埵羯磨。大僧与尼，

二部各满四人。若作出罪羯磨，大僧与尼，二部各满二十人，不得减。（第 1062 页下）

意思是说，比丘尼犯覆藏僧残罪，只增加在治罪时处罚的天数，即须半月（十五日）行摩那埵（比丘犯同类罪，只需六日行摩那埵），而不作“乞覆藏羯磨（指别住羯磨）”和“与覆藏羯磨”。比丘尼忏悔僧残罪，须在比丘、比丘尼“二部僧”中分别作“摩那埵羯磨”，参加羯磨的比丘与比丘尼，各需满四人。如果作“出罪羯磨”，参加羯磨的比丘与比丘尼，各需满二十人，不得减少。

（2）《乞摩那埵羯磨文》。指犯“僧残罪”的比丘尼请求比丘、比丘尼“二部僧”给与“半月行摩那埵”（十五日为尼众作劳务）处罚的羯磨文。

（3）《与摩那埵羯磨文》。指“二部僧”对犯“僧残罪”的比丘尼给与“半月行摩那埵”处罚的羯磨文。

（4）《乞出罪羯磨文》。指犯“僧残罪”的比丘尼在“半月行摩那埵”结束后，请求“二部僧”给与“出罪”（解除罪名）的羯磨文。

（5）《与出罪羯磨文》。指“二部僧”对犯“僧残罪”的比丘尼给与“出罪”的羯磨文。如《与摩那埵羯磨文》说：

大德僧听，此比丘尼某甲，犯某甲若干僧残罪。今从二部僧乞半月摩那埵，若僧时到，僧忍听，僧今与比丘尼某甲半月摩那埵。白如是。

大德僧听，此比丘尼某甲，犯某甲若干僧残罪。今从二部僧乞半月摩那埵，僧今与比丘尼某甲半月摩那埵。谁诸长老忍，僧与比丘尼某甲半月摩那埵者默然，谁不忍者说，是初羯磨（如是三说——原注）。僧已忍与比丘尼某甲半月摩那埵竟。僧忍默然故，是事如是持（比丘尼行摩那埵

法，与上大僧同。唯应二部僧中，日日应作如是白也——原注）。（第1063页上）

（四）《说戒法》。叙述比丘尼每半月一次集会说戒方面的羯磨法。小注说："其说戒法，一与上大僧同。"（第1063页中）意思是说，比丘尼《说戒法》，与前面所说的比丘《说戒法》完全相同。正文收录了《尼僧差请教授人羯磨文》，此为布萨日比丘尼推选代表前往比丘僧中，请求派"教授人"到尼寺作教诫的羯磨文。如《尼僧差请教授人羯磨文》说：

大姊僧听，若僧时，到僧忍听，僧今差比丘尼某甲，为比丘尼僧故，半月往比丘僧中求教授。白如是。

大姊僧听，僧今差比丘尼某甲，为比丘尼僧故，半月往比丘僧中求教授。谁诸大姊忍，僧差比丘尼某甲，为比丘尼僧故，半月往比丘僧中求教授者默然，谁不忍者说。僧已忍差比丘尼某甲，为比丘尼僧故，半月往比丘僧中求教授竟。僧忍默然故，是事如是持（更差一人为伴，往大僧中，至旧住比丘所，礼足曲身，低头合掌，白如是言——原注）。

大德一心念，比丘尼僧某甲等和合，礼比丘僧足，求教授（第二、第三亦如是说——原注）。（第1063页中）

（五）《安居法》。叙述比丘尼每年三个月"结夏安居"方面的羯磨法。小注说："其安居法，皆与上大僧同。"（第1063页下）意思是说，比丘尼《安居法》，均与前面所说的比丘《安居法》相同。

（六）《自恣法》。叙述比丘尼于夏安居结束之日举行"自恣"（指请求他人批评举罪）活动方面的羯磨法。下分二篇。

（1）《尼僧差往大僧中受自恣人羯磨文》。指夏安居结束后，比丘尼推选往至比丘僧中"三说自恣"（又称"说三事自恣见闻疑”、“请见闻疑罪”，指请比丘根据见、闻、疑，任意举发比丘尼所犯之罪）的代表的羯磨文。

（2）《往大僧中受自恣文》。指比丘尼代表在比丘僧中“三说自恣”的羯磨文。如《往大僧中受自恣文》说：

> 比丘尼僧夏安居竟，比丘僧夏安居竟，比丘尼僧说三事自恣，见、闻、疑。大德僧慈愍故，语我。我若见罪，当如法忏悔（如是三说——原注）。（第 1063 页下）

（七）《分衣法》。叙述比丘尼分配衣物方面的羯磨法。小注说：“与上大僧同。”（第 1064 页上）意思是说，比丘尼《分衣法》与前面所说的比丘《分衣法》相同。

（八）《衣食净法》。叙述比丘尼“长衣”净施（指对“三衣”以外的多余的衣服作净施）、受食、受药、结净地（又称“结净厨”，“结”指“结作”，指依羯磨划定的贮藏烹煮食物的区域）方面的羯磨法。小注说：“尼无作余食法，除此已，余皆与大僧同。”（同上）意思是说，比丘尼《衣食净法》中没有“余食法”，除此之外，均与比丘《衣食净法》相同。

（九）《杂法》。叙述比丘尼杂事方面的羯磨法。小注说：“尼无乞处分作房法，自余皆与上大僧同。”（同上）意思是说，比丘尼《杂法》中没有作《乞处分作房法》（即《乞作小房羯磨文》），其余均与前面所说的比丘《杂法》相同。

书末有附录，题为《内护匡救僧众摈罚羯磨法》。叙述对犯罪比丘作“摈罚”方面的羯磨法。内容叙及：“五种远离行”、“五种出要行”、“五种教诫行”、“五种入众法”、“五种如法默然”、“五种非法默然”、“五种弃法”、“五种作羯磨法”、“三种调法”、“三种灭法”、“三种不共住法”，以及“呵责羯磨法”、“与罪处所羯磨法”、“与灭摈羯磨文”。结语说：

此后三羯磨(指呵责羯磨、罪处所羯磨、灭摈羯磨),皆是治罚法,但以过有轻重,阶之为三。前呵责羯磨等是调伏法,罪处所羯磨等是折伏法,灭摈羯磨等是驱出法。故经言:应调伏者而调伏之,应折伏者而折伏之,应罚黜者而罚黜之。若随事而言,羯磨非一,备明律典,宁容具集。故各当其分,唯标一羯磨,示之恒式,余类准以可知。(第1064页下—第1065页上)

本书在结语之后有"《羯磨》一卷"的题记,表示全书至此终结(见第1065页上)。今本《羯磨》在此句之后,还附有《僧祇律受事讫羯磨文》、《十诵律受三十九夜羯磨文》和《十诵律受残夜法》,并说:"凡诸部律,受日文各不同。……今畏诸人谬用,总抄诸部律正羯磨文,呈简诸贤,任见作法随事所用也。"(见第1065页中)据此中的语气分析,《僧祇律受事讫羯磨文》等三文及其附语,当是东晋以后传抄者所添益,非为《《羯磨》原本所有。

本书的同类著作有:曹魏康僧铠译《昙无德律部杂羯磨》一卷、刘宋求那跋摩译《四分比丘尼羯磨法》一卷(实为本书《比丘尼羯磨》部分的别抄)、唐道宣撰《四分律删补随机羯磨》二卷(其注疏为《四分律删补随机羯磨疏》八卷)、唐怀素集《僧羯磨》三卷、《尼羯磨》三卷等。

第四品　曹魏康僧铠译《昙无德律部杂羯磨》一卷

《昙无德律部杂羯磨》,又名《昙无德杂羯磨》、《四分杂羯磨》,一卷。曹魏康僧铠译,嘉平四年(252)译出。唐智升《开元释教录》卷一著录(书名作《四分杂羯磨》)。载于《丽藏》“傅”函、《宋藏》“训”函、《金藏》“傅”函、《元藏》“训”函、《明藏》“受”函、《清藏》“受”函、《频伽藏》“列”帙,收入《大正藏》第二十二卷。

康僧铠(生卒年不详),天竺国(今印度)沙门,曹魏嘉平年间(249—253)来到洛阳,在白马寺译出《郁伽长者所问经》一卷、《无量寿经》二卷、《四分杂羯磨》一卷(即本书),总计三部四卷。其中,本书为唐代以前的佛经目录所不载,由智升首次编入经录(称本书“以结戒场为首,新附”)。生平事迹见梁慧皎《高僧传》卷一、隋费长房《历代三宝纪》卷五、唐智升《开元释教录》卷一等。

本书也是法藏部传持的《四分律》羯磨本,系从梵本《四分律》犍度部中摘录各种羯磨法,附以解说性质的小注,编集而成。全书分为《比丘杂羯磨》和《比丘尼杂羯磨》两部分。《比丘杂羯磨》下分《诸结界法》(此据宋元明藏本,《丽藏》本误作《诸结戒法》)、《受戒法》、《诸除罪法》、《说戒法》、《安居法》、《自恣法》、《分衣物法》、《作净法》、《杂法》九篇;《比丘尼杂羯磨》也分为九篇,除了将《诸除罪法》改为《除罪法》以外,其余篇名均与《比丘杂羯磨》相同。

一、《比丘杂羯磨》(原书阙题,从第二部分有《比丘尼杂羯磨》的标题来看,第一部分相对应的标题应如此)。分为九篇。

(一)《诸结界法》。叙述比丘在“说戒”、“自恣”、“离衣宿”时结界(指划定作法的区域)和解界(指解除作法的区域)方面的羯磨法。下分八篇。

(1)《结戒场文》。指僧众在“四方小界相”内结作“戒场”(指受戒、说戒、忏罪的场所,最小的范围须容纳二十一人,须先结“戒场相”、次结“大界内相”、后结“大界外相”)的羯磨文。

(2)《结大界文》。指僧众结作“同一住处、同一说戒”的“大界”(最小的范围为寺院的外界,最大为一百二十里)的羯磨文。

(3)《结不失衣界文》。指僧众在“同一住处、同一说戒”的区域内,结作“不失衣界”(又称“摄衣界”,指依羯磨划定的允许离三衣而过宿的区域)的羯磨文。

(4)《解不失衣界文》。指僧众解除“不失衣界”的羯磨文。

(5)《解大界文》。指僧众解除“同一住处、同一说戒”的“大界”的羯磨文。

(6)《解戒场文》。僧众解除“戒场”的羯磨文。

(7)《结坐处小界文》。指布萨日或自恣日,僧众因行走在道上,临时结作“说戒小界”或“自恣小界”(范围大小不限)的羯磨文。

(8)《即还解此小界文》。指僧众解除“说戒小界”或“自恣小界”的羯磨文。如《结戒场文》说:

> 大德僧听,此住处比丘某甲,唱四方小界相。若僧时到,僧忍听(指容许),僧今于此四方小界相内,结作戒场。白如是。
>
> 大德僧听,此住处比丘某甲,唱四方小界相。僧今于此四方小界相内,结作戒场。谁诸长老忍(指容忍),僧于此四方小界相内结作戒场者默然,谁不忍者说。僧已忍于此四方小界相内结作戒场竟。僧忍默然故,事如是持。(《大正藏》第二十二卷,第1041页上、中)

(二)《受戒法》。叙述授受沙弥戒、比丘戒方面的羯磨法。下分四篇。

(1)《度沙弥法》。指僧众向出家男子授“沙弥十戒”的羯磨文。

(2)《请和上文》(从内容上看应作《受大戒文》)。指出家男子受“大戒”(又称“具足戒”,即比丘戒)的羯磨文(由数篇羯磨文组成,首篇《请和上文》为出家男子请求某大德作“和上”的羯磨文)。

(3)《受衣钵文》。指新受戒比丘作受持衣钵告白的羯磨文。

(4)《请依止文》。指新受戒比丘请求某大德作“依止阿阇梨”(又称“依止师”,须具备十年以上戒腊和相应的德行)的羯磨文。如《度沙弥法》说:

大德僧听,此某甲(指求受沙弥戒者),从某甲(指戒和尚)求出家。若僧时到,僧忍听,与某甲出家。白如是(作如是白已,与出家,教使著袈裟,偏露右肩,脱革屣,右膝著地,合掌。当教如是语——原注)。

我某甲,尽形寿归依佛、归依法、归依僧,随佛出家,某甲为和上。如来、至真、等正觉是我世尊(第二、第三亦如是说——原注)。我某甲,归依佛、归依法、归依僧,随佛出家竟。某甲为和上。如来、至真、等正觉是我世尊(第二、第三亦如是说,当受戒——原注)。

尽形寿不得杀生,是沙弥戒,能持不?(答言:能——原注)尽形寿不得盗,是沙弥戒,能持不?(答言:能——原注)尽形寿不得淫,是沙弥戒,能持不?(答言:能——原注)尽形寿不得妄语,是沙弥戒,能持不?(答言:能——原注)尽形寿不得饮酒,是沙弥戒,能持不?(答言:能——原注)尽形寿不得著花蔓、香油涂身,是沙弥戒,能持不?(答言:能——原注)尽形寿不得歌舞倡伎及往观听,是沙弥戒，能持不？（答言：能——原注）尽形寿不得高大床上坐，是沙弥戒，能持不？（答言：能——原注）尽形寿不得非时（指不得在每日正午之后至次日黎明之前）食，是沙弥戒，能持不？（答言：能——原注）尽形寿不得捉持生像、严饰宝物，是沙弥戒，能持不？（答言：能——原注）此是沙弥十戒，尽形寿不得犯。汝已受戒竟，当供养三宝，佛宝、法宝、比丘僧宝，勤修三业，坐禅诵经，劝佐（当作“作”）众事。（第1042页上、中）

（三）《诸除罪法》。叙述比丘犯“僧残罪”、“舍堕罪”和其他轻罪的治罚与忏除方面的羯磨法。下分十五篇。

（1）《乞覆藏羯磨文》。指犯“僧残罪”的覆藏者，请求僧众给与“别住”（又称“行覆藏法”、“行别住法”，用于治覆藏罪；“覆藏羯磨”即“别住羯磨”）处罚的羯磨文。

（2）《与覆藏羯磨文》。指僧众对犯“僧残罪”的覆藏者，给与“别住”处罚的羯磨文。

（3）《乞摩那埵羯磨文》。指受“别住”处罚期满者，请求僧众给与“六夜摩那埵”（指六天六夜为僧众作劳务，用于治僧残罪）处罚的羯磨文。

（4）《与摩那埵羯磨文》。指僧众对受“别住”处罚期满者，给与“六夜摩那埵”处罚的羯磨文。

（5）《乞出罪羯磨文》。指受“六夜摩那埵”处罚期满者，请求僧众给与“出罪”的羯磨文。

（6）《与出罪羯磨文》。指僧众对受“六夜摩那埵”处罚期满者，给与“出罪”（须有二十位僧人参加羯磨并同意）的羯磨文。

（7）《犯舍堕衣于僧中舍文》。指犯“舍堕罪”者在僧中将

“长衣”(指“三衣”以外的多余的衣服)施与同住比丘的羯磨文。

(8)《僧中忏悔文》。指犯“舍堕罪”者在舍衣后,向僧众请求作忏悔,并请求某清净比丘作“受忏悔者”(又称“受忏主”、“忏悔主”,指接受他人忏悔者)的羯磨文。

(9)《僧中受忏悔白文》。指“受忏悔者”(又称“受忏主”)向僧众作“受忏”告白的羯磨文。

(10)《即僧中一人前忏悔文》。指犯“舍堕罪”者向“受忏悔者”作忏悔的羯磨文。

(11)《僧还此比丘衣羯磨文》。指接受净施的同住比丘,经宿(次日)将“长衣”还给原比丘的羯磨文。

(12)《舍与一人文》。指犯“舍堕罪”者在同住比丘只有一人(即不足僧数时)时,将“长衣”施与对方的羯磨文。

(13)《一人前忏悔文》。指犯“舍堕罪”者在同住比丘只有一人时,向对方作忏悔的羯磨文。

(14)《犯余轻罪白一比丘忏悔文》。指犯其他轻罪者向一位清净比丘作忏悔的羯磨文。

(15)《疑罪僧中发露文》。指说戒前,比丘个人因怀疑犯有某罪而向一位清净比丘作发露的羯磨文。如《僧中忏悔文》说:

> 大德僧听,我比丘某甲,故畜(同“蓄”)尔许长衣(指“三衣”以外的多余的衣服),过十日,犯舍堕。此衣已舍与僧,罪今从僧忏悔(第二、第三亦如是说。即僧中至一比丘前,应作如是言——原注)。大德,受我忏悔。彼答言:可尔。(第1044页中)

(四)《说戒法》。叙述比丘每半月一次集会说戒方面的羯磨法。下分五篇。

(1)《与欲清净文》。指比丘因有“佛法僧事”、“瞻病事”不能参加说戒,委托他人表示自己赞同僧众所作事的意愿(“与欲”)和表示自己行为的清净(“与清净”)的羯磨文。

(2)《受欲及清净文》。指受委托者接受上述委托,并向僧众作转达的羯磨文。

(3)《差教授尼人羯磨文》。指比丘派“教授人”(戒腊须满二十年并具备相应的品行者)前往尼寺作教授(须先说“八不可违法”,即“八敬法”,然后说其他教法)的羯磨文。

(4)《布萨说戒文》。指说戒前,比丘作表示自己行为清净(“我某甲清净”)告白的羯磨文。

(5)《八难事起及有余缘略说戒文》。指僧众因“八难”(指“王难、贼难、火难、水难、病难、人难、非人难、恶虫难”)等事而略说戒经(只诵说其中的一部分,如“戒经序”、“四波罗夷法”等)的羯磨文。如《与欲清净文》说:

> 大德一心念,今众僧布萨说戒,比丘某甲,亦布萨说戒。我有佛法僧事,若有瞻病(指瞻护病人)事,我与欲及清净(指委托他人表示自己赞同僧众所作事的意愿和表示自己行为的清净),为我捉筹(病人有五事与欲,若言与汝欲、若言我说欲、若言为我说欲、若广说尽与欲,不者不成——原注)。(第1044页下)

(五)《安居法》。叙述比丘每年三个月“结夏安居”(又称“结夏”、“坐夏”)方面的羯磨法。下分五篇。

(1)《僧差人分房羯磨文》。指僧众推选某僧分配夏安居房舍、卧具的羯磨文。

(2)《安居文》。指比丘向长老作安居告白的羯磨文。

(3)《受七日文》。指安居期间,比丘因事外出,向长老请求“受七日法”(指请假七日)的羯磨文。

(4)《受过七日法文》。指安居期间,比丘因事外出,向僧众请求“受过七日法”(指请假“十五日”或“一月”)的羯磨文。

(5)《与过七日羯磨文》。指僧众同意比丘“受过七日法”的羯磨文。如《受七日文》说:

> 长老一心念,我比丘某甲,受七日法(指请假七日),出界外,为某甲事故,还此中安居。白长老令知(第二、第三亦如是说——原注)。(第1045页下)

(六)《自恣法》。叙述比丘于夏安居结束之日举行“自恣”(指请求他人批评举罪)活动方面的羯磨法。下分十三篇。

(1)《与欲自恣文》(本篇为曹魏昙谛译《羯磨》所无)。指比丘因有“病患”不能参加自恣,委托他人“说自恣”(又称“与欲自恣”)的羯磨文。

(2)《受欲自恣文》(本篇为昙谛译《羯磨》所无,《丽藏》本作《受自恣欲文》)。指受委托者接受上述委托,并向僧众作转达的羯磨文。

(3)《僧差授自恣人羯磨文》。指僧众(“自恣法”中的“众僧法”对人数的要求是五人,比“说戒法”多一人,以作“受自恣人”)推选“受自恣人”(自恣活动的主持者,须具备“自恣五德”和“举罪五德”)的羯磨文。

(4)《白僧自恣文》。指“受自恣人”作“自恣”告白(宣布“自恣”开始)的羯磨文。

(5)《众僧自恣文》。指从上座开始,僧众依次“三说自恣”(指将请他人根据见、闻、疑,任意举发己罪的告白说三遍;“受自恣人”则先接受众人的自恣,最后自己向上座作自恣)的羯磨文。

(6)《若四人更互自恣文》。指比丘四人或三人、二人时,对首(指各共面对)“三说自恣”的羯磨文。

(7)《有八难事起白僧各各三语自恣文》。指僧众因“八难”等事而略说自恣(指集体“三说自恣”)的羯磨文。

(8)《白僧受功德衣文》。指上座作“受功德衣”(又称“受迦絺那衣”)告白的羯磨文。

(9)《差持功德衣人羯磨文》。指僧众推选“持功德衣人”(代表僧众受持功德衣者)的羯磨文。

(10)《羯磨功德衣与持衣人文》(昙谛译《羯磨》作《以衣与持功德衣人羯磨文》)。指僧众将功德衣交给“持功德衣人”的羯磨文。

(11)《持功德衣人持衣众僧前文》。指“持功德衣人”奉持功德衣作告白的羯磨文。

(12)《众僧各受功德衣文》。指僧众依次“捉衣”(捉摸功德衣),各自表示已受功德衣的羯磨文。

(13)《出功德衣文》。指受持功德衣的五个月(指七月十六日至十二月十五日)时限满后,僧众“出功德衣”,表示受持功德衣期间所享有的五种权利到此结束的羯磨文。如《持功德衣人持衣众僧前文》说:

> 此衣,众僧当受作功德衣。此衣,众僧今受作功德衣。此衣,众僧已受作功德衣(第二、第三亦如是说——原注)。(第1046页中)

(七)《分衣物法》。叙述比丘分配衣物方面的羯磨法。下分五篇。

(1)《僧分衣物羯磨文》。指比丘分配施主在“非时”(“时”指“无迦絺那衣者”于安居结束日“自恣”后一个月即七月十六日至八月十五日、"有迦絺那衣者"于"自恣"后五个月即七月十六日至十二月十五日;"非时"指上述以外的时间)内施与"现前僧"衣物的羯磨文。

(2)《瞻病人持亡者衣物至僧中说文》。指"瞻病人"(照料病人的比丘)将已故比丘的衣物资具带至僧中作告白的羯磨文。

(3)《羯磨亡者衣钵与看病人文》(昙谛译《羯磨》作《持亡者衣钵与看病人羯磨文》)。指僧众将已故比丘的衣钵、坐具、针筒、盛衣贮器送给"瞻病人"的羯磨文。

(4)《僧分亡者余衣物羯磨文》。指"现前僧"处置已故比丘轻物(指除送给"瞻病人"以外的其他物品)的羯磨文。

(5)《若三人二人分亡者衣物文》。指比丘三人或二人处置已故比丘衣物的羯磨文。如《僧分衣物羯磨文》说:

> 大德僧听,此住处,若衣、若非衣,现前僧应分。若僧时到,僧忍听,僧今与比丘某甲,彼某甲当还与僧。白如是。
>
> 大德僧听,此住处,若衣、若非衣,现前僧应分。僧今与比丘某甲,彼某甲当还与僧。谁诸长老忍,此住处,若衣、若非衣,现前僧应分,僧今与比丘某甲,彼某甲当还与僧者默然,谁不忍者说。僧已忍与比丘某甲,彼某甲当还与僧竟。僧忍默然故,是事如是持。(第1046页中、下)

(八)《作净法》。叙述比丘结净地(又称"结净厨","结"指"结作",指依羯磨划定的贮藏烹煮食物的区域)、说净(指将"长物"即超出规定蓄存的物品作净施)、受食、受药方面的羯磨法。下分六篇。

(1)《结作净地文》。指僧众结净地的羯磨文。

(2)《差人监净法羯磨文》(本篇为昙谛译《羯磨》所无)。

指僧众推派“作净法人”（“如法作饮食净菜”等事）的羯磨文。

（3）《真实净施文》。指比丘对“长衣”作“真实净施”（指多余的衣服真实地施与同住比丘）的羯磨文。

（4）《展转净施文》。指比丘对“长衣”作“展转净施”（指将多余的衣服先施与同住比丘，然后由对方返还给自己）的羯磨文。

（5）《受七日药文》。指比丘受用“七日药”（指因病可在七日内食用的“酥、油、生酥、蜜、石蜜”）的羯磨文。

（6）《受尽形寿药文》。指比丘受用“尽形寿药”（指因病可终身随时食用的药物，如一切“根药”、“果药”、“草药”等）的羯磨文。如《差人监净法羯磨文》说：

> 大德僧听，若僧时到，僧忍听，比丘某甲，能为僧作净法人（指能“如法作饮食、净菜”等事之人）。白如是。
>
> 大德僧听，比丘某甲，能为僧作净法人。谁诸长老忍，比丘某甲作净法人者默然，谁不忍者说。僧已忍比丘某甲作净法人竟。僧忍默然故，是事如是持（差作维那敷僧卧具、分僧粥、分饼、分雨衣、处分沙弥、守僧园人，如是等诸羯磨文同，但称事为异耳——原注）。（第1047页上）

（九）《杂法》。叙述比丘杂事（造房、受食、非时入村嘱授长老等）方面的羯磨法。下分五篇。

（1）《乞作小房羯磨文》。指比丘在无施主资助、自己造小房的情况下，请求僧众指授合适的房址（指“无难处、无妨处”）的羯磨文。

（2）《足食已受残食文》。指比丘正食饱足（“足食”）离座后，若再受食，须作“余食法”（又称“残食法”，指先请一比丘食少许，然后自己再食）的羯磨文。

(3)《受请已作残食文》(本篇为昙谛译《羯磨》所无)。指比丘受檀越(施主)之食,正食饱足离座后,若再受食,须作"余食法"的羯磨文。

(4)《受请已食前食后入他家嘱文》。指比丘受檀越之请,欲在正食前后入村落而嘱告同住比丘的羯磨文。

(5)《非时入村嘱授文》。指比丘因某事欲在"非时"(指每日正午之后至次日黎明之前)入村落而嘱告同住比丘的羯磨文。如《非时入村嘱授文》说:

> 长老一心念,我某甲,非时入某甲聚落,至某甲家,为如是缘事,白长老令知。(第1047页下)

二、《比丘尼杂羯磨》。分为九篇。

(一)《诸结界法》。叙述比丘尼在"说戒"、"自恣"、"离衣宿"时结界和解界方面的羯磨法。小注说:"结解诸界法,子注(指小注)次第名尽与大僧同,称尼、大姊异。"(同上)意思是说,比丘尼结界、解界法,其作法的次第和名称均与比丘结界、解界法相同,差异仅在文中的称呼不同,比丘结界、解界时称"比丘"、"大德",比丘尼结界、解界时称"比丘尼"、"大姊"。

(二)《受戒法》。叙述授受沙弥尼戒、式叉摩那戒、比丘尼戒方面的羯磨法。下分七篇。

(1)《比丘尼乞畜众羯磨文》。指比丘尼(其戒腊须满十二年)请求僧众允许自己度人出家("畜众")的羯磨文。

(2)《尼僧与作畜众羯磨文》。指僧众允许比丘尼度人出家的羯磨文。

(3)《度沙弥尼文》。指出家女子受"沙弥尼十戒"(其戒条与"沙弥十戒"相同)的羯磨文。

(4)《式叉摩那受六法文》。指出家女子受"式叉摩那(指受具足戒前处于二年学法阶段的出家女子，童女出家者十八岁以上，曾嫁女出家者十岁以上）六法”（包括沙弥尼向僧众请求受“二岁学戒”；僧众授与“二岁学戒”，使她成为式叉摩那；僧众对式叉摩那授“六法”）的羯磨文。

(5)《式叉摩那尼僧中受大戒文》。指式叉摩那在二年受学“六法”期满后（童女出家者满二十岁、曾嫁女出家者十二岁），在比丘尼僧中受具足戒的羯磨文。

(6)《受戒人与尼僧俱至比丘僧中大戒文》。指式叉摩那在比丘尼僧中受具足戒完成后，当日（或次日）随尼师前往比丘僧中受具足戒（此为“二部僧中受戒”）的羯磨文。

(7)《受衣钵文》。指新受戒比丘尼作受持衣钵告白的羯磨文。如《式叉摩那尼僧中受大戒文》说：

> 大姊僧听，此某甲从和上尼某甲，求受大戒。此某甲今从僧乞受大戒，和上尼某甲，所说清净，无诸难事，年岁已满，衣钵具足。若僧时到，僧忍听，僧今授某甲大戒，和上尼某甲。白如是。
>
> 大姊僧听，此某甲从和上尼某甲，求受大戒，此某甲今从僧乞受大戒，和上尼某甲，所说清净，无诸难事，年岁已满，衣钵具足，僧今授某甲大戒，和上尼某甲。谁诸大姊忍，僧今授某甲大戒，和上尼某甲者默然，谁不忍者说。是初羯磨（第二、第三亦如是说——原注）。僧已忍与某甲受大戒竟，和上尼某甲。僧忍默然故，是事如是持。（第1049页上）

（三）《除罪法》。叙述比丘尼犯“僧残罪”、“舍堕罪”的治罚与忏除方面的羯磨法。下分五篇。

(1)《比丘尼从二部僧乞摩那埵羯磨文》。指犯“僧残罪”

的比丘尼请求比丘、比丘尼"二部僧"给与"半月行摩那埵"(十五日为尼众作劳务)处罚的羯磨文。

(2)《与摩那埵羯磨文》。指"二部僧"对犯"僧残罪"的比丘尼给与"半月行摩那埵"处罚的羯磨文。

(3)《乞出罪羯磨文》。指犯"僧残罪"的比丘尼在"半月行摩那埵"结束后,请求"二部僧"给与"出罪"(解除其罪)的羯磨文。

(4)《与出罪羯磨文》。指"二部僧"对犯"僧残罪"的比丘尼给与"出罪"(比丘僧、比丘尼僧各二十人,分别作羯磨予以同意,方可出罪)的羯磨文。

(5)《舍堕衣于僧中舍文》。指犯"舍堕罪"的比丘尼在僧中将"长衣"(指五衣以外的多余的衣服)施与同住比丘尼的羯磨文。

其中,《舍堕衣于僧中舍文》小注说:

> 舍堕僧中舍,舍竟僧中忏悔,请一人能受者白,即一人前忏悔,羯磨还彼衣,三二一人边舍、忏皆亦同。犯余罪向二三人忏、受者白边人、疑罪僧向三二一人发露,子注次第名尽同,尼姊异。(第1050页下)

此段注文须对照比丘羯磨中的《除罪法》,方能理解。意思是说,比丘尼《除罪法》中的《犯舍堕衣于僧中舍文》、《僧中忏悔文》、《僧中受忏悔白文》、《即僧中一人前忏悔文》、《僧还此比丘衣羯磨文》、《舍与一人文》、《一人前忏悔文》、《犯余轻罪白一比丘忏悔文》、《三人二人中受忏者语边人文》、《疑罪僧中发露文》,其作法的次第和名称均与比丘《除罪法》相同(其中,《三人二人中受忏者语边人文》在本书的比丘《除罪法》中没有单列),差异仅在文中的称呼不同,比丘尼《除罪法》中称"比丘尼”、“大姊”。

（四）《说戒法》。叙述比丘尼每半月一次集会说戒方面的羯磨法。下分二篇。

（1）《尼僧差人求教授羯磨文》。指布萨日，比丘尼推选代表前往比丘僧中，请求派“教授人”到尼寺作教诫的羯磨文。

（2）《与清净及欲文》。指比丘尼因有“佛法僧事”、“瞻病事”不能参加说戒，委托他人表示自己赞同僧众所作事的意愿（“与欲”）和表示自己行为的清净（“与清净”）的羯磨文。

其中，《与清净及欲文》小注说：“与欲及清净、受欲及清净、布萨说戒法、八难及缘略说戒，子注次第名尽同，尼姊异。”（第1051页上）意思是说，比丘尼《说戒法》中的《与欲及清净文》、《受欲清净文》、《布萨说戒法》、《八难及缘略说戒文》（又名《八难事起及有余缘略说戒文》），其作法的次第和名称均与比丘《说戒法》相同，差异仅在文中的称呼不同，比丘尼《说戒法》中称“比丘尼”、“大姊”。

（五）《安居法》。叙述比丘尼每年三个月“结夏安居”方面的羯磨法。小注说：“差人分房舍、安居、受七日、受过七日文、与过七日法，子注次第名尽同，尼姊异。”（同上）意思是说，比丘尼《安居法》中的《僧差人分房羯磨文》、《安居文》、《受七日文》、《受过七日法文》、《与过七日羯磨文》，其作法的次第和名称均与比丘《安居法》相同，差异仅在文中的称呼不同，比丘尼《安居法》中称“比丘尼”、“大姊”。

（六）《自恣法》。叙述比丘尼于夏安居结束之日举行“自恣”（指请求他人批评举罪）活动方面的羯磨法。下分二篇。

（1）《尼僧差人大僧中求自恣羯磨文》。指夏安居结束后，比丘尼推选代表往至比丘僧中“三说自恣”（又称“说三事自恣见闻疑”、“请见闻疑罪”，指请比丘根据见、闻、疑，任意举发比丘尼所犯之罪）的羯磨文。

（2）《与欲自恣文》（本篇为曹魏昙谛译《羯磨》所无）。指比丘尼因有"病患"不能参加自恣，委托他人"说自恣"（又称"与欲自恣"）的羯磨文。

其中，《与欲自恣文》小注说："与欲自恣，受欲、自恣人，白僧自恣，尼僧自恣，四三二人互说、独一心念，说八难白僧三语自恣，白僧受功德衣人，羯磨衣与持衣人，僧前说，众僧尼受功德衣，白出功德衣，子注次第名尽同，尼姊异。"（第 1051 页中）意思是说，比丘尼《自恣法》中的《与欲自恣文》、《受欲自恣文》、《僧差授自恣人羯磨文》、《白僧自恣文》、《众僧自恣文》、《若四人更互自恣文》、《有八难事起白僧各各三语自恣文》、《白僧受功德衣文》、《差持功德衣人羯磨文》、《功德衣与持衣人羯磨文》、《持功德衣人持衣众僧前文》、《众僧各受功德衣文》、《出功德衣文》，其作法的次第和名称均与比丘《自恣法》相同，差异仅在文中的称呼不同，比丘尼《自恣法》中称"比丘尼"、"大姊"。

（七）《分衣物法》。叙述比丘尼分配衣物方面的羯磨法。小注说："羯磨分衣物，三二人相向受，独一心念受。听（后脱"瞻"字）病人持亡者衣物至僧中说，羯磨衣钵与，余衣羯磨分，三二人相向受，独一心念受。尽同，尼、姊异。"（同上）意思是说，比丘尼《分衣物法》中的《僧分衣物羯磨文》、《瞻病人持亡者衣物至僧中说文》、《亡者衣钵与看病人羯磨文》、《僧分亡者余衣物羯磨文》、《若三人二人分亡者衣物文》，其作法的次第和名称均与比丘《分衣物法》相同，差异仅在文中的称呼不同，比丘尼《分衣物法》中称"比丘尼"、"大姊"。

（八）《作净法》。叙述比丘尼结净地（又称"结净厨"，"结"指"结作"，指依羯磨划定的贮藏烹煮食物的区域）、说净

(指将"长物"即超出规定蓄存的物品作净施)、受食、受药方面的羯磨法。小注说:"结净地、差监净人、真净、展转、七日、尽形寿受法,子注次第名尽同,尼、姊异。"(同上)意思是说,比丘尼《作净法》中的《结作净地文》、《差人监净法羯磨文》、《真实净施文》、《展转净施文》、《受七日药文》、《受尽形寿药文》,其作法的次第和名称均与比丘《作净法》相同,差异仅在文中的称呼不同,比丘尼《作净法》中称"比丘尼"、"大姊"。

(九)《杂法》。叙述比丘尼杂事(造房、受食、非时入村嘱授长老等)方面的羯磨法。小注说:"自乞作小房,足食受残食,受请已作残食,受请食前食后、非时入村嘱,子注次第名尽同,尼、姊异,文烦故不出。"(同上)意思是说,比丘尼《杂法》中的《乞作小房羯磨文》、《足食已受残食文》、《受请已作残食文》、《受请已食前食后入他家嘱文》、《非时入村嘱授文》,其作法的次第和名称均与比丘《杂法》相同,差异仅在文中的称呼不同,比丘尼《杂法》中称"比丘尼"、"大姊"。因文辞繁多,故省略不出。

本书之末还附有《僧祇律一人安居文》,当是东晋以后传抄者所添益。

比较而言,本书的内容与曹魏昙谛译《羯磨》一卷相近,而稍有缺失。

第五品　刘宋求那跋摩译《四分比丘尼羯磨法》一卷

《四分比丘尼羯磨法》,又名《昙无德羯磨》、《杂羯磨》,一卷。旧题刘宋求那跋摩译,元嘉八年(431)译出。梁僧祐《出三藏记集》卷二著录(书名作《昙无德羯磨》)。载于《丽藏》"傅"

函、《宋藏》“训”函、《金藏》“傅”函、《元藏》“训”函、《明藏》“卑”函、《清藏》“卑”函、《频伽藏》“列”帙，收入《大正藏》第二十二卷。

求那跋摩（367—431），意译“功德铠”，罽宾国（又称“迦湿弥罗”，今克什米尔一带）王室之子，刹帝利种姓。二十岁出家受具足戒，洞明九部（指九部经），博晓四含（指四阿含经），深达律品，妙入禅要，时称“三藏法师”。三十岁时，罽宾国王去世，无子绍嗣，群臣敦请他还俗继位，不从。后至师子国（今斯里兰卡）观风弘教，又到阇婆国（今印度尼西亚爪哇）为王母和国王授戒，道化之声，播于遐迩。刘宋元嘉（424—453）初年到达广州，在始兴停留了一年左右，于元嘉八年（431）抵达建业（今南京），受到宋文帝的迎见。住祇洹寺，开讲《法华经》和《十地经》，翻译佛经，王公英彦，莫不宗奉。所译佛经，梁僧祐《出三藏记集》卷二著录为“四部凡十三卷”，唐智升《开元释教录》卷五勘定为“一十部一十八卷”，其中，《菩萨善戒经》九卷、《菩萨善戒经》一卷、《菩萨内戒经》一卷、《优婆塞五戒威仪经》一卷、《沙弥威仪》一卷、《四分比丘尼羯磨法》一卷、《优婆塞五戒相经》一卷、《龙树菩萨为禅陀迦王说法要偈》一卷等八部十六卷见存，《善信二十二戒经》一卷、《经律分异记》一卷等二部二卷阙本。另外，宋代以来刊行的汉文《大藏经》中收录的“《优波离问佛经》一卷”，旧题“宋元嘉年求那跋摩译”，但从佛经目录的著录（隋费长房《历代三宝纪》卷七、唐智升《开元释教录》卷三）来看，此经实为“东晋失译”，并非真的是求那跋摩所译。生平事迹见梁慧皎《高僧传》卷三。

本书是《四分律》比丘尼羯磨本。全书分为《结界法》、《受戒法》、《除罪法》、《说戒法》、《安居法》、《自恣法》、《分衣法》、《衣食净法》、《杂法》九篇。

（一）《结界法》。叙述比丘尼在“说戒”、“自恣”、“离衣宿”时结界（指划定作法的区域）和解界（指解除作法的区域）方面的羯磨法。小注说：“其诸结界羯磨作法，与上大僧同，唯称尼、大姊为异。”（《大正藏》第二十二卷，第1065页中）意思是说，比丘尼结界法中的各种羯磨作法，与前面所说的比丘结界法完全相同，差异仅在羯磨文中的称呼不同，比丘结界、解界时称“比丘”、“大德”，比丘尼结界、解界时称“比丘尼”、“大姊”。

（二）《受戒法》。叙述授受沙弥尼戒、式叉摩那戒、比丘尼戒方面的羯磨法。下分：（1）《比丘尼乞畜众羯磨文》。（2）《与畜众羯磨文》。（3）《度沙弥尼文》。（4）《式叉摩那受六法文》。（5）《式叉摩那受大戒法》。（6）《尼往比丘僧中受大戒法》。

（三）《除罪法》。叙述比丘尼犯“僧残罪”的治罚与忏除方面的羯磨法。下分：（1）《尼忏僧残罪法》。（2）《乞摩那埵羯磨文》。（3）《与摩那埵羯磨文》。（4）《乞出罪羯磨文》。（5）《与出罪羯磨文》。

（四）《说戒法》。叙述比丘尼每半月一次集会说戒方面的羯磨法。小注说：“其说戒法，一与上大僧同。”（第1069页上）意思是说，比丘尼说戒法，与前面所说的比丘说戒法完全相同。正文收录了《尼僧差请教授人羯磨文》一篇。

（五）《安居法》。叙述比丘尼每年三个月“结夏安居”方面的羯磨法。小注说：“其安居法，皆与大僧同。”（同上）意思是说，比丘尼安居法，均与比丘安居法完全相同。

（六）《自恣法》。叙述比丘尼于夏安居结束之日举行“自恣”（指请求他人批评举罪）活动方面的羯磨法。下分：（1）《尼僧差往大僧中受自恣人羯磨文》。（2）《往大僧中受自恣文》。

（七）《分衣法》。叙述比丘尼分配衣物方面的羯磨法。小注说："与上大僧同。"（第 1069 页中）意思是说，比丘尼分衣法与前面所说的比丘分衣法相同。

（八）《衣食净法》。叙述比丘尼说净（指将"长物"即超出规定蓄存的物品作净施）、受食、受药、结净地（又称"结净厨"，"结"指"结作"，指依羯磨划定的贮藏烹煮食物的区域）方面的羯磨法。小注说："尼无作余食法。除此已，余皆与大僧同。"（同上）意思是说，比丘尼衣食净法中没有"余食法"，除此之外，均与比丘衣食净法相同。

（九）《杂法》。叙述比丘尼杂事方面的羯磨法。小注说："尼无乞处分作房法，自余皆与上大僧同。"（同上）意思是说，比丘尼杂法中没有作"乞处分作房法"，其余均与前面所说的比丘杂法相同。

本书的末尾有附录和《大正藏》编集者的附记。

附录的内容，有：（1）《内护匡救僧众摈罚羯磨法》（包括"五称远离行"、"五种出要行"、"五种教诫行"、"五种入众法"、"五种如法默然"、"五种非法默然"、"五种弃法"、"五种作羯磨法"、"三种调法"、"三种灭法"、"三种不共住法"）。（2）《呵责羯磨文》。（3）《与罪处所羯磨文》。（4）《与灭摈羯磨文》。

《大正藏》编集者的附记说："按此《羯磨》一卷，宋本（指《宋藏》本）与国本（指《丽藏》本）则同，丹本（指《契丹藏》本）将二本独异，何耶？今捡（检）丹本。与怀素所集文义大同，又其起尽有伦，叙可观，知是跋摩所译正本，故取之入藏。彼国、宋二本甚是错乱。……乃后代无稽之人，臆度乱钞耳，不可依用。"（第 1070 页下—第 1071 页上）这条附记列举本书的"宋本"、"国本"有"六乱"，认为只有"丹本"才是"跋摩所译正本"，故取之入藏。

但从考据学的角度来看,即便是编入《大正藏》的这个“丹本”,究竟是否真的为求那跋摩所译,还是有疑问的。因为梁僧祐《出三藏记集》卷二最初的著录是“《昙无德羯磨》一卷(或云《杂羯磨——原注)”,从书名上理解,应当是指“比丘羯磨”,而不是“尼羯磨”;隋法经等《众经目录》卷五作“《四分羯磨》一卷”,也是指“比丘羯磨”;隋彦琮等《众经目录》卷五作“《四分尼羯磨》一卷”,始将书名从“比丘羯磨”改为“尼羯磨”;唐智升《开元释教录》卷五作“《四分比丘尼羯磨法》一卷(祐云:《昙无德羯磨》,亦云《杂羯磨》,元嘉八年于祇洹寺出,见僧祐、宝唱二录,及《高僧传》等,亦直云《四分羯磨》——原注)”,认为《出三藏记集》说的《昙无德羯磨》就是指“尼羯磨”,进一步肯定本书为求那跋摩所译。这一著录的变化,有证据不足之嫌。

另外,再考察本书的实际内容,就会发现,其内容、结构和文字(包括小注),均与曹魏昙谛译《羯磨》中的后部分“比丘尼羯磨文”相同。正文的小注中多次提到的“与上大僧同”的“上”字,其实也是指昙谛译《羯磨》的前部分“比丘羯磨法”。连书末的附录,也与曹魏昙谛译《羯磨》相同。因此,今本《四分比丘尼羯磨法》其实并非是求那跋摩翻译的一个本子,而是《羯磨》的后部分“比丘尼羯磨文”的别抄。

第二门　化地部律典

第一品　刘宋佛陀什等译《弥沙塞部和醯五分律》三十卷

《弥沙塞部和醯五分律》，又名《五分律》、《弥沙塞律》，三十卷（初作“三十四卷”）。刘宋佛陀什、竺道生等译，元嘉元年（424）译出。梁僧祐《出三藏记集》卷二著录。书名中的“和醯”二字，既为南北朝以来的历代经录（如《出三藏记集》、《法经录》、《开元释教录》等）著录时所无，也为北宋刻印的《大藏经》（《开宝藏》）和据此复刻的《高丽藏》所无，此二字乃是南宋刻印《圆觉藏》、《资福藏》时始添益，并无实际意义。一说“弥沙塞部”的音译为“弥嬉舍娑柯”，“和醯”为“娑柯”的同音，故原为“弥沙塞和醯部”，后人误将“部”倒置于“和醯”之前，而成今名（参见印顺《原始佛教圣典之集成》，台湾正闻出版社 1991 年 5 月版）。载于《丽藏》“尊”至“上”函、《宋藏》“卑”至“和”函、《金藏》“尊”至“上”函、《元藏》“卑”至“和”函、《明藏》“而”至“咏”函、《清藏》“而”至“咏”函、《频伽藏》“张”帙，收入《大正藏》第二十二卷。

佛陀什（生卒年不详），意译“觉寿”，罽宾（又称“迦湿弥罗”，今克什米尔一带）人。少年受业于弥沙塞部，专精律品，兼达禅要。刘宋景平元年(423)七月,抵达扬州(其时的治所在建康,即今南京)。译有《五分律》三十卷、《五分比丘戒本》一卷、《弥沙塞羯磨》一卷等三部三十二卷。生平事迹见梁慧皎《高僧传》卷三等。

《五分律》是小乘化地部的广律。据唐玄奘译《异部宗轮论》记载,化地部是上座部系统下的一个部派,佛灭后三百年中,从说一切有部分出(上座部——说一切有部——化地部)。此部的主要教义有:过去世("过去")和未来世("未来")是没有实体("无")的,现在世("现在")和无为法("无为")是有实体("有")的;对"四圣谛",能够即刻("一时")现前观察("现观"),分别明了,悟见"苦谛",也就能悟见其他三谛("集谛"、"灭谛"、"道谛");"随眠"(即"烦恼",此处指"六随眠",即"贪"、"瞋"、"慢"、"无明"、"见"、"疑")既非"心",也非"心所",它不是从外界进入的;"随眠"与"缠"(为"烦恼"的异名,此处指"十缠",即"无惭"、"无愧"、"嫉"、"悭"、"悔"、"睡眠"、"掉举"、"昏沉"、"忿"、"覆")是相异的,"随眠"与心不相应,"缠"与心相应;肯定没有("定无")"中有"(又名"中阴",指众生从死到再次受生的中间阶段);"阿罗汉"肯定不会从果位上退失("定无退")";"无为法"有九种(指"择灭"、"非择灭"、"虚空"、"不动"、"善法真如"、"不善法真如"、"无记法真如"、"道支真如"、"缘起真如");僧人中包括佛("僧中有佛"),故布施给僧人("施僧")就能获得大果报,它与布施给佛("施佛")是没有区别的;佛与"声闻"、"缘觉"二乘修行的道路和结果都是相同的("皆同一道、同一解脱");一切有为法的变化("一切行")都是在一刹那间生灭("刹那灭")的,肯定没有一种事物("定无少法")能从"前世"转至"后世"等。(以上见《异部宗轮论》,《大正藏》第四十九卷,第16页下—第17页上)

关于《五分律》的来历，《出三藏记集》卷三《新集律来汉地四部序录》是这样说的：

> “弥沙塞者，佛诸弟子受持十二部经，不作地相、水(相)、火(相)、风相、虚空、识相，是故名为弥沙塞部。此名为《五分律》，比丘释法显于师子国所得者也。《法显记》(指《法显传》)云：显(指法显)本求戒律，而北天竺诸国皆师师口传，无本可写，是以远涉，乃至中天竺。于摩诃乘僧伽蓝得一部律，是《摩诃僧祇》。复得一部抄律，可七千偈，是《萨婆多众律》(指《十诵律》)，即此秦地众僧所行者也。……法显住三年，学胡书、胡语(《法显传》中“胡”作“梵”)，悉写之。于是还，又至师子国，二年更求得《弥沙塞律》胡本。法显以晋义熙十二(《丽藏》本等均脱“十”字)年还都，岁在寿星。众经多译，唯《弥沙塞》一部未及译出而亡。到宋景平元年七月，有罽宾律师佛大什(指“佛陀什”)，来至京都。其年冬十一月，琅琊王练、比丘释慧严、竺道生于龙光寺，请外国沙门佛大什出之。时佛大什手执胡文，于阗沙门智胜为译，至明年十二月都讫。”(《大正藏》第五十五卷，第21页上、中)

意思是说，“弥沙塞部”因不执著地、水、火、风、空、识“六大”而得名。《五分律》的梵本，是东晋法显在师子国(今斯里兰卡)获得的。《法显传》说，法显西行求法的目的是为寻求戒律，但北天竺(印度)诸国流传的戒律，都是口口相传，无文字记录的，因而没有文本可供抄录。直到中天竺，才在大乘寺(指摩竭陀国首都巴连弗邑的鸡园寺)获得《摩诃僧祇律》、《十诵律》等梵本。法显在那里住了三年，学习梵书、梵语，抄录梵本佛经。回国时，取海路重返师子国，住留二年，又求得《弥沙塞律》(即

《五分律》）梵本。东晋义熙十二年（416），法显回到建康（今南京）。随身带回的梵本佛经，大多得到翻译，唯有《弥沙塞律》梵本还没有来得翻译就去世了。刘宋景平元年（423）七月，罽宾律师佛陀什来到建康。十一月，侍中琅琊王练（为“檀越”，即施主）、东安寺沙门慧严（任“笔受”）、龙光寺沙门竺道生（任“笔受”）等在龙光寺，请佛陀什翻译由法显带来的那部《弥沙塞律》。译经时，由佛陀什手持律本，宣读梵文（任“译主”），于阗沙门智胜将梵文转译为汉语（任“度语”），至第二年十二月全部译完。

《五分律》因全书分为五部分而得名（旧传因分五次诵出，或梵本有五筴而得名，似不确切）。内容包括：（1）比丘律（第一分，卷一至卷十）。下分“波罗夷法”、“僧残法”、“不定法”、“舍堕法”、“堕法”、“悔过法”、“众学法”、“七灭诤法”八类，叙述比丘戒二百五十一条的制立因缘、戒法条文及其解释。（2）尼律（第二分，卷十一至卷十四）。下分为“波罗夷法”、“僧残法”、“舍堕法”、“堕法”、“悔过法”、“众学法”、“七灭诤法”（本文省略未出）七类，叙述比丘尼戒三百八十条的制立因缘、戒法条文及其解释。（3）十九法（第三分至第五分，卷十五至卷二十九）。下分“受戒法”、“布萨法”、“安居法”、“自恣法”、“衣法”、“皮革法”、“药法”、“食法”、“迦絺那衣法”、“灭诤法”、“羯磨法”、“破僧法”、“卧具法”、“杂法”、“威仪法”、“遮布萨法”、“别住法”、“调伏法”、“比丘尼法”十九法，叙述僧团的各种制度和行事。（4）集法（卷三十）。下分“五百集法”、“七百集法”二项，叙述佛教史上的“第一次结集”、“第二次结集”。

一、比丘律（第一分，卷一至卷十）

本部分为“比丘波罗提木叉分别”，即比丘戒的解说，下分“波罗夷法”等八类，叙述比丘戒二百五十一条。原无总标题，今据本书第二部分有“尼律”的标题，作相对应的拟立。原书中的戒条，是用一句话或一段话来表述的，没有定义性的戒名。为便于阅读者把握戒条的要点，今在解说时，沿承古例，依据戒条的文句，标立戒名（各部广律、戒本中，凡戒法条文大致相同的，其戒名基本统一，以利对照）。

（一）《波罗夷法》（第一分，卷一至卷二）。叙述“波罗夷法”四条的制立因缘、戒法条文及其解释（本书也称某条戒法的“条”为“事”或“戒”，如第一条也称“第一事”或“第一戒”，今统一称之为“条”）。其初首部分，叙述佛在须赖婆国毗兰若邑时，就过去诸佛（指过去六佛），为何有的佛“梵行不久住”，有的佛“梵行久住”，答舍利弗之问，性质相当于全书的序说。佛在答问时说：佛如果“不为弟子广说法，不结戒，不说波罗提木叉”，则“梵行不久住”；如果“广为弟子说法，无有疲厌”，“结戒，说波罗提木叉”，则“梵行久住”。所收的戒条有：“淫戒”（第一条）、“盗戒”（第二条，以上卷一）、“杀戒”（第三条）、“大妄语戒”（第四条，以上卷二）。

（二）《僧残法》（第一分，卷二至卷三）。叙述“僧残法”（又称“僧伽婆尸沙法”）十三条的制立因缘、戒法条文及其解释。所收的戒条有：“故出不净戒”（第一条）、“摩触女人戒”（第二条）、“与女人粗恶语戒”（第三条）、“向女人索淫欲供养戒”（第四条）、“媒人戒”（第五条）、“无主造小房过量戒”（第六条，以上卷二）、“有主造大房不求指授戒”（第七条）、“无根波罗夷谤戒”（第八条）、“假根波罗夷谤戒”（第九条）、“破僧违谏戒”（第十条）、“助破僧违谏戒”（第十一条）、“恶性拒僧违谏戒”（第十二条）、“污家摈谤违谏戒”（第十三条，以上卷三）。如关于“假根波罗夷谤戒”等，说：

若比丘，自不如法，恶瞋故，于异分中（指在其他事情中），取片、若似片（指截取某事的片断或相似的片断），作波罗夷（指假借这些事情，诬说某人犯波罗夷罪），谤无波罗夷比丘，欲破彼梵行。是比丘后时，若问、若不问，言：我是事异分中，取片、若似片法，住瞋故谤，僧伽婆尸沙。（“假根波罗夷谤戒”，卷三，第16页下）

若比丘，恶性难共语（指恶性不接受别人的劝谏），与诸比丘同学经戒，数数犯罪。诸比丘如法、如律（指依照经法、戒律）谏其所犯，答言：大德，汝莫语我若好、若恶，我亦不以好恶语汝。诸比丘复语言：汝莫作自我不可共语，汝当为诸比丘说如法，诸比丘亦当为汝说如法。如是展转相教，转相出罪，成如来众。如是谏，坚持不舍，应第二、第三谏。第二、第三谏，舍是事善，不舍者僧伽婆尸沙。（“恶性拒僧违谏戒”，卷三，第21页中、下）

（三）《不定法》（第一分，卷四）。叙述“不定法”二条的制立因缘、戒法条文及其解释。所收的戒条有：“屏处不定戒”（第一条）、“露处不定戒”（第二条，以上卷四）。如关于“屏处不定戒”，说：

若比丘，共一女人独屏处（指他人看不见的地方）、可淫处（指可作行淫的地方）坐。可信（指可以信赖的）优婆夷见，于三法（指波罗夷、僧伽婆尸沙、波逸提法）中，一一法说，若波罗夷、若僧伽婆尸沙、若波逸提（指怀疑该比丘犯了上述三法中的某一法）。若比丘言：如优婆夷所说，应三法中，随所说法治。是名不定法。（“屏处不定戒”，卷四，第22页下—第23页上）

（四）《舍堕法》（第一分，卷四至卷五）。叙述“舍堕法”（又称“尼萨耆波逸提法”）三十条的制立因缘、戒法条文及其解释。所收的戒条主要有:“畜长衣过限戒”(第一条)、“离三衣宿戒”(第二条)、“月望衣过限戒”(第三条)、“过分乞衣戒”(第七条)、“劝增衣价戒”(第八条)、“过分急索衣戒”(第十条)、“乞缕使非亲织师织戒”(第十一条)、“与衣还夺戒”(第十三条,以上卷四)、“回僧物入己戒”(第十四条)、“畜七日药过限戒”(第十五条)、“畜长钵过限戒”(第二十条)、“杂野蚕绵作卧具戒”(第二十一条)、“黑羊毛作卧具戒”(第二十二条)、“过分数羊毛作卧具戒”(第二十三条)、“未满六年作卧具戒”(第二十四条)、“贩卖戒”(第二十八条)、“贸金银戒”(第二十九条)、“畜金银戒”(第三十条,以上卷五)等。如关于“离三衣宿戒”等,说:

> 若比丘,三衣竟(指僧伽梨等三衣已具足),舍迦絺那衣已(指七月十六日至十二月十五日的功德衣受持期限已满,不再享有五种权利),三衣中,若离一一衣,宿过一夜,除僧羯磨(指向僧众报告并得许可者除外),尼萨耆波逸提。(“离三衣宿戒”,卷四,第24页上)
>
> 若比丘,病得服四种含消药,酥、油、蜜、石蜜,一受乃至七日(指只能在七日之内食用,不得过限),若过,尼萨耆波逸提(“畜七日药过限戒”,卷五,第31页下)
>
> 若比丘,种种贩卖求利,尼萨耆波逸提。(“贩卖戒”,同卷,第36页下)

(五)《堕法》(第一分,卷六至卷九)。叙述“堕法”(又称“波逸提法”)九十一条的制立因缘、戒法条文及其解释。所收的戒条主要有:

“小妄语戒”(第一条)、“毁呰语戒”(又称“行骂戒”,第二条)、“两舌语戒”(第三条)、“知僧如法断事更发起戒”(又称

“如法断事后发诤戒”,第五条)、“毁毗尼戒”(第十条)、“故不随问答戒”(又称“异语恼僧戒”,第十二条)、“诬说僧所差人戒”(又称“嫌骂僧知事戒”,第十三条)、“强牵比丘出僧房戒”(第十六条)、“用饮虫水戒”(第二十条,包括《四分律》比丘戒“九十单提法”中说的“用虫水戒”、“饮虫水戒”二条)、“僧不差而教授尼戒”(第二十一条,以上卷六)。

“为尼说法至暮戒”(第二十二条)、“辄入尼处教诫戒”(第二十三条,此戒为《四分律》所无)、“数数食戒”(又称“展转食戒”,第三十一条)、“别众食戒”(第三十二条)、“施一食处过受戒”(第三十三条)、“不受食戒”(第三十七条,以上卷七)、“非时食戒”(第三十八条)、“索美食戒”(第四十一条)、“不与欲戒”(第五十三条)、“饮酒戒”(第五十七条)、“轻慢不受谏戒”(第五十八条)、“拒劝学戒”(第六十三条,以上卷八)、“说戒不摄听戒”(第六十四条)、“捉金银戒”(第六十九条)、“同羯磨后悔戒”(第八十条)、“非时入聚落戒”(第八十三条)、“作三衣过量戒”(第九十条)、“回僧物与人戒”(第九十一条,此戒为《四分律》所无,以上卷九)等。如关于“毁毗尼戒”等,说:

> 若比丘,作是语:何用是杂碎戒(指舍堕法、堕法、众学法等)为?说是戒时,令人忧恼。作如是毁呰语戒者,波逸提。(“毁毗尼戒”,卷六,第41页中)
>
> 若比丘,故不随问答(指对是否犯戒,故意答非所问),波逸提。(“异语恼僧戒”,卷六,第42页中)
>
> 若比丘,轻师(《弥沙塞五分戒本》作“轻师及戒”),波逸提。(“轻慢不受谏戒”,卷八,第60页中、下)
>
> 若比丘,知檀越欲与僧物,回与余人(指明知是施主欲施与众僧的物品,而要求转施与其他人),波逸提。(“回僧

物与人戒”,卷九,第71页中)

(六)《悔过法》(第一分,卷十)。叙述“悔过法”(又称“波罗提提舍尼法”、“提舍尼法”)四条的制立因缘、戒法条文及其解释。所收的戒条有:“从非亲尼受食戒”(第一条)、“受尼指授食戒”(第二条)、“学家受食戒”(第三条)、“恐怖兰若受食戒”(第四条,以上卷十)。如关于“学家受食戒”,说:

> 有诸学家(指居士),僧作学家羯磨(指僧众约定不受请不得去家境贫困的某居士家受食),若比丘,无病,先不受请,于是学家自手受食,是比丘应向诸比丘悔过:我堕可呵法,今向诸大德悔过。是名悔过法。(“学家受食戒”,卷十,第73页中)

(七)《众学法》(第一分,卷十)。叙述“众学法”一百条的制立因缘、戒法条文及其解释(本书比丘戒中的“众学法”,是将制戒因缘相同的戒条合在一起叙述的,以“从今是戒应如是说”为戒条的导引语作统计,有综合性的戒条二十九条,若拆成独立的戒条,则作一百条,见本书卷十四《尼律众学法》、刘宋佛陀什等译《弥沙塞五分戒本》、梁明徽集《五分比丘尼戒本》)。所收的戒条主要有:

“高著下衣戒”(第一条)、“参差披衣戒”(第十条)、“摇身白衣舍坐戒”(第二十条)、“叉腰白衣舍坐戒”(第三十条)、“拄颊入白衣舍戒”(第三十一条,此为本书特有的戒条)、“蹲行白衣舍戒”(第四十条)、“不庠序入白衣舍戒”(第五十条)、“嗅食食戒”(第五十七条;《十诵比丘波罗提木叉戒本》也有此戒,但《十诵律》则无)、“污手捉食器戒”(又称“食手捉净饮器戒”,第六十条)、“吸食戒”(第六十一条)、“嚼食作声戒”(第六十二条)、“舐食戒”(第六十三条)、“含食语戒”(第六十八条)、“嫌呵食戒”(又称“不恭敬而食戒”,第七十八条)、“嫉心视他钵食戒”(第八十条)、“立大小便戒”(第八十一条)、“水中大小便戒”(第八十二条)、“生草上大小便戒”(第八十三条)、“为现胸人说法戒”(第八十六条;《十诵比丘波罗提木叉戒本》也有此戒,但《十诵律》则无)、“为持刀人说法戒”(第九十八条)、“为持弓箭人说法戒”(第九十九条)、“上树过人戒”(第一百条,以上卷十)等。如关于“高著下衣戒”等,说:

不高、不下、不参差、不如多罗叶、不如象鼻、不如圆奈、不细褶著下衣(指内衣),应当学。(“高著下衣戒”等,卷十,第74页上;此句包含“高著下衣戒”、“下著下衣戒”、“参差著下衣戒”、“如多罗叶著下衣戒”、“如象鼻著下衣戒”、“如圆奈著下衣戒”、“细褶著下衣戒”等七条戒法,参见《弥沙塞五分戒本》,下同)

好覆身入白衣舍,应当学,乃至庠序白衣舍坐,应当学。(“不覆身入白衣舍戒”等,同卷,第74页中;此句包含“不覆身入白衣舍戒”、“不覆身白衣舍坐戒”、“摇身入白衣舍戒”、“摇身白衣舍坐戒”、“叉腰入白衣舍戒”、“叉腰白衣舍坐戒”、“戏笑入白衣舍戒”、“戏笑白衣舍坐戒”、“高声入白衣舍戒”、“高声白衣舍坐戒”、“不庠序入白衣舍戒”、“不庠序白衣舍坐戒”等四十条戒法)

人现胸,不应为说法,除病(指病人除外),应当学。人坐比丘立、人在高坐比丘在下、人卧比丘坐、人在前比丘在后、人在道中比丘在道外、为覆头人、为反抄衣人、为左右反抄衣人、为持盖覆身人、为骑乘人、为拄杖人说法,皆如上说。(“为现胸人说法戒”等,同卷,第77页上;此句包含“为现胸人说法戒”、“人坐比丘立说法戒”、“人在高坐比丘

在下说法戒"、"为骑乘人说法戒"、"为拄杖人说法戒"等十二条戒法)

(八)《七灭诤法》(第一分,卷十)。以问答的形式,叙述"灭诤法"七条(指除灭僧团内部"言诤"、"觅诤"、"犯诤"、"事诤"四诤,即对教理、举罪、判罪、羯磨作法起诤的七种方法)的制立因缘和条文。所收的戒条有:"现前比尼(一作"毗尼")"、"忆念比尼"、"不痴比尼"、"自言比尼"(又称"自言治毗尼")、"多人语比尼"(又称"多觅罪相毗尼")、"与草布地比尼"(又称"如草布地毗尼")、"本言治比尼"(又称"觅罪相毗尼",以上卷十;《弥沙塞五分戒本》中,"七灭诤法"末四条的排序则为"本言治"、"自言治"、"多人语"、"与草布地")。此中,着重说明了每一法"于何处起"(地点)和"因谁起"(人物)的问题,这在部派佛教的广律中是别具一格的。说:

> (问)于何处起,应与现前比(宋元明本作"毗")尼,与现前比尼?答言:瞻婆城。因谁起?答言:六群比丘(指难陀等六个结群行恶的比丘)。于何处起,应与忆念比尼,与忆念比尼?答言:王舍城。因谁起?答言:陀婆力士子。于何处起,应与不痴比尼,与不痴比尼?答言:王舍城。因谁起?答言:伽伽比丘。于何处起,应与自言,与自言?答言:舍卫城。因谁起?答言:因异比丘。于何处起,应与多人语,与多人语?答言:舍卫城。因谁起?答言:因众多比丘。于何处起,应与草布地,与草布地?答言:舍卫城。因谁起?答言:因众多比丘。于何处起,应与本言治,与本言治?答言:舍卫城。因谁起?答言:优陀夷。(卷十,第77页中)

在《五分律》中,比丘戒、比丘尼戒重要戒条的叙述形式,一般是由四段式构成的：一、制戒因缘（又称“戒缘”），指制戒的原委与经过）；二、戒法条文（又称“戒相”、“戒文”），指戒条的表述文句；三、文句解释（又称“文句分别”），指戒条文句的解释；四、犯相解释（又称“犯相分别”），指犯戒相状的解释。一些戒条的前面，往往有“十利义”作为前导语。若是比丘戒，则作“以十利故，为诸比丘结戒，何等为十？所谓僧和合故，摄僧故，调伏恶人故，惭愧者得安乐故，断现世漏故，灭后世漏故，令未信者信故，已信者令增广故，法久住故，分别毗尼梵行久住故，从今是戒应如是说”，或“以十利故，为诸比丘结戒，从今是戒应如是说”，“今为诸比丘结戒，从今是戒应如是说”；若是比丘尼戒，则作“今为诸比丘尼结戒，从今是戒应如是说”。其后便是正式的戒法条文。若同一条戒有几次制立，则每次都有不同的制戒因缘和戒法条文，而戒条解释通常是对最后一次制立的戒法条文作释。此外，也有少数戒条，或因制戒因缘与前相同，或因戒法条文较为简明，其叙述形式呈简略式，是只列戒法条文，没有制戒因缘和戒条解释的。

以“盗戒”为例，它的制戒因缘是这样的：

佛在王舍城时，达尼迦（《四分律》作“檀尼迦”）比丘在乙罗山（又作“乙师罗山”、“仙人山”）上盖了一间草屋，独居修行。有一次，当他入城乞食的时候，樵人（砍柴人）拆掉他的草屋，将木材扛走了。达尼迦回来后，重新将草屋修好。可是当他离开去乞食，草屋上的木材又给人拆走了。如此再三发生，使他十分气恼。达尼迦原是陶师之子，于是他自己和泥烧砖，盖了一间漂亮的赤红色的瓦屋。佛在耆阇崛山，遥见其屋“种种刻画，色赤严好”，认为出家人不应“残害物命”（指烧砖瓦时残害生物），派其他比丘将瓦屋破毁了。达尼迦心犹不甘，想新盖一间大木屋，以替代瓦屋。他与王舍城典材令（管理国家木材仓库的官员）是好朋友，于是谎称已经得到国王（指摩揭陀国阿阇世王，《四分律》作“瓶沙王”）的同意，从典材令那里将“城防大材”（城防用的木材）锯断拉走。此事被巡行的大臣发现，并上报国王。依据当时国家的法令，盗窃价值五钱财物者，处以死刑。考虑到达尼迦是出家人，国王没有对他治罪，将他放了。此事传开以后，遭到了社会上很多人的讥呵，给佛教造成了的很坏的影响。为此，佛召集众比丘聚会，对达尼迦的行为作了严厉的呵责，并参照国法，首次制立了盗戒。初制的“盗戒”的条文是：“若比丘，盗五钱已上（《根本说一切有部毗奈耶》对“五钱已上”一句的表述作“若五磨洒或过五磨洒”，指五钱或五钱以上，又称“满五钱”），得波罗夷，不共住。”（卷一，《大正藏》第二十二卷，第6页上）

后来，佛在舍卫城时，有些比丘认为，佛制立的盗戒，是针对“聚落中物”（村落里他人的财物）而言的，而不是针对“空地有主、无主物”（空地上的有主人或无主人的财物）而言的，于是见到空地上的财物，也不问是否有主人，起“盗心”将它们拿走了。佛知道以后，召集众比丘，对此作了呵责，进而对戒文作了修订。由于此次重制以后，没有再作修改，因而也就成为最后确定的条文。

有关“盗戒”的条文及其解释（包括文句解释和犯相解释），书中写道：

> 若比丘，若聚落、若空地，盗心不与取，若王、若大臣若捉、若缚、若杀、若摈，语言：汝贼，汝小，汝痴，是比丘得波罗夷，不共住（本段为“盗戒”的条文）。
>
> 若城堑、若篱栅、周回围绕三由旬（《萨婆多毗尼毗婆沙》卷五说，“四十里一由旬”），乃至一屋，是名聚落（以上

释戒文中的"聚落")。……物属他,他所护,不与而取,是名盗心。又以谄心、曲心、瞋恚心、恐怖心,取他物,亦名盗心(以上释"盗心")。若自取、若使人取、物离本处,是名不与取(以上释"不与取")。……离善法、无记法,堕不善处,名为贼。无所识,名为小。入黑暗,名为痴(以上释"贼"、"小"、"痴";本段为"盗戒"的文句解释)。

是中犯者,地中物、地上物、虚空物、聚落、聚落物、店、店物、田、田物、园、园物、屋、屋物、乘、乘物、担、担物、船、船物、池、池物、寄、寄还、遮路、伺路、示处、导道、教取、共取、不输税(以上释"犯")。……若人物,不与取,五钱已上,比丘、比丘尼,波罗夷,式叉摩那、沙弥、沙弥尼,突吉罗,驱出;非人物,不与取,比丘、比丘尼,偷罗遮,式叉摩那、沙弥、沙弥尼,突吉罗;畜生物,不与取,皆突吉罗(以上释"犯轻"与"犯重")。四种取人重物,不犯:自想取、同意取、暂用取、非盗心取(以上释"不犯";本段"盗戒"的犯相解释)。(卷一,第6页上—第7页上)

在每一戒的叙述文字中,戒法条文是内容的核心,制戒因缘、文句解释和犯相解释都是围绕戒条展开的,作为僧团每半月一次的说戒活动,所诵读的也是这些戒条。

二、尼律(第二分,卷十一至卷十四)

本部分为"比丘尼波罗提木叉分别",即比丘尼戒的解说,下分"波罗夷法"等七类,共收录比丘尼戒三百八十条。其中,与比丘相同的"共戒"有二百五条,与比丘不同的"不共戒"有一百七十五条。(以下凡是带*者,均表示为"共戒")

(一)《尼律波罗夷法》(第二分,卷十一)。叙述比丘尼"波罗夷法"八条的制立因缘、戒法条文及其解释。其中,前四条

“应作二部僧持”，即属于与比丘戒《波罗夷法》相同的“共戒”；后四条“为诸比丘尼结戒”，即属于比丘尼独有的“不共戒”。所收的戒条有：“淫戒”（第一条）*、“盗戒”（第二条）*、“杀戒”（第三条）*、“大妄语戒”（第四条）*、“摩触男子戒”（第五条）、“八事成犯戒”（第六条）、“随顺被举比丘戒”（第七条）、“覆藏比丘尼重罪戒”（第八条，以上卷十一）。如关于“八事成犯戒”，说：

> 若比丘尼，欲盛变心，受男子捉手、捉衣、共期、独共行、独共住、独共语、独共一座坐、身亲近男子。八法具者，是比丘尼得波罗夷，不共住。（“八事成犯戒”，卷十一，第78页中）

（二）《尼律僧残法》（第二分，卷十一）。叙述比丘尼“僧残法”十七条的制立因缘、戒法条文及其解释。其中，前三条和中间四条，共计七条，属于与比丘戒《僧残法》中相同的“共戒”；其余十条属于比丘尼独有的“不共戒”。所收的戒条有：“媒人戒”（第一条）*、“无根波罗夷谤戒”（第二条）*、“假根波罗夷谤戒”（第三条）*、“度贼女出家戒”（又称“度贼女出家戒”，第四条）、“界外为被举尼解摈戒（又称“辄作解举戒”）”（第五条）、“独行独宿独渡水戒”（第六条）、“诣官相讼戒”（第七条）、“受染心男子食戒”（第八条）、“劝受染心男子食戒”（第九条）、“破僧违谏戒”（第十条）*、“助破僧违谏戒”（第十一条）*、“恶性拒僧违谏戒”（第十二条）*、“污家摈谤违谏戒”（第十三条）*、“同住行恶违谏戒”（第十四条）、“助同住行恶违谏戒”（第十五条）、“发诤谤僧违谏戒”（第十六条）、“瞋舍三宝违谏戒”（第十七条，以上卷十一）。如关于“度贼女出家戒”等，说：

> 若比丘尼，知有罪女，主不听（指未允许）度为道（指度

出家），除先出家，是比丘尼初犯，僧伽婆尸沙，可悔过。（“度贼女出家戒”，卷十一，第79页下）

若比丘尼，好共他斗，僧断其事，便言：僧随爱恚痴畏。诸比丘尼语言：汝莫好共他斗，莫作是语，僧随爱恚痴畏，何以故？僧不随爱恚痴畏。汝等舍是语，于佛法中增广，得安乐住。如是谏，坚持不舍，应第二、第三谏。第二、第三谏，舍是事善。不舍者，是比丘尼三谏，犯僧伽婆尸沙，可悔过。（“发诤谤僧违谏戒”，卷十一，第82页下）

（三）《尼律舍堕法》（第二分，卷十二）。叙述比丘尼“舍堕法”（又称“尼萨耆波逸提法”）三十条的制立因缘、戒法条文及其解释。其中，前十八条属于与比丘戒《舍堕法》中相同的“共戒”，只叙列戒条文句，没有制戒因缘和戒条解释（此中，戒条的先后次序与比丘戒略有不同）；后十二条属于比丘尼独有的“不共戒”，有制戒因缘和戒条解释。所收的戒条主要有：

“畜长衣过限戒”（第一条，比丘尼戒中的“长衣”是指五衣以外的多余的衣服，《五分律》指“五衣”加上僧祇支、雨浴衣）*、“离五衣宿戒”（第二条）*、“月望衣过限戒”（第三条）*、“从非亲俗人乞衣戒”（第四条）*、“过分乞衣戒”（第五条）*、“劝增衣价戒”（第六条）*、“劝二家增衣价戒”（第七条）*、“过分急索衣戒”（第八条）*、“乞缕使非亲织师织戒”（第九条）*、“劝织师增缕戒”（第十条）*、“与衣还夺戒”（第十一条）*、“回僧物入己戒”（第十二条）*、“畜七日药过限戒”（第十三条）*、“受急施衣过限戒”（第十四条）*、“未满五缀更求新钵戒”（第十五条）*、“贩卖戒”（第十六条）*、“贸金银戒”（第十七条）*、“畜金银戒”（第十八条）*。

“乞此物更索他物戒”（第十九条）、“非时衣戒”（第二十条)、“贸衣还夺戒”(第二十一条)、“不备遮月水衣戒”(《四分律》中则作“先许遮月水衣后不与戒”,第二十二条)、“乞贵价重衣戒”(第二十三条)、“乞贵价轻衣戒”(第二十四条)、“为造僧堂从一居士乞作他用戒”(第二十五条)、“为造僧堂从众居士乞作他用戒”(第二十六条,《四分律》将以上二条合作“为营寺乞作他用戒”一条)、“为造自房从一居士乞作他用戒”(第二十七条)、“为造自房从众居士乞作他用戒”(第二十八条,四分律》将以上二条合作“为造自房乞作他用戒”一条)、“多畜器物戒”(第二十九条)、“畜长钵戒”(第三十条,以上卷十二)。如关于“为僧造堂从一居士乞回作余用戒”等,说:

若比丘尼,为僧为是事,从一居士乞,而余用者(指将某居士施与的供众僧造布萨堂用的财物改为他用),尼萨耆波逸提。(“为造僧堂从一居士乞作他用戒”,卷十二,第84页下)

若比丘尼,为僧为是事,从众多居士乞,而余用者(指将众居士施与的供众僧造布萨堂用的财物改作他用),尼萨耆波逸提。(“为造僧堂从众居士乞作他用戒”,卷十二,第85页上)

若比丘尼,自为是事,从一居士乞,自作余用者(指将某居士施与的供比丘尼个人造住房用的财物改作他用),尼萨耆波逸提。(“为造自房从一居士乞作他用戒”,卷十二,第85页上)

若比丘尼,自为是事,从众多居士乞,自作余用者(指将众居士施与的供比丘尼个人造住房用的财物改作他用),尼萨耆波逸提。(“为造自房从众居士乞作他用戒”,卷十二,第85页上)

（四）《尼律堕法》（第二分，卷十二至卷十四）。叙述比丘尼“堕法”（又称“波逸提法”）二百十条的制立因缘、戒法条文及其解释（需要说明的是，《尼律堕法》之末的小注说“二百七竟”，意谓《堕法》至第二百零七条结束，此数并不确切。由于本书小注所标的“三十竟”至“四十竟”，即第三十条至第四十条的十条内，原缺第三十条“故杀畜生戒”，译本是将其后的戒条移前，凑成十条的，即《五分律·尼律堕法》中的第四十条“与男子同室宿戒”，实为第四十一条，由此造成其后的数序皆相差“一”，如小注所标的“六十八”，实为“共戒”中的第六十九条“回僧物与人戒”；另外，小注所标的“一百九十一”实含“自作畜众羯磨戒”、“自作二岁学戒羯磨戒”、“自受二岁学戒戒”三条等。对于《五分律·尼律堕法》的戒条数目，梁明徽集《五分比丘尼戒本》作“二百一十波逸提法”，即二百十条，其中，第一百五十九条“畜皮戒”未见于今本《五分律》，或许是作者所见的本子有此条，后来的抄本已佚。由于《五分比丘尼戒本》的条理较为清晰，故今参照此本的排序和统计数作叙述）。其中，前六十九条（本书小注误作“六十八”）属于与比丘戒《堕法》中相同的“共戒”，只叙列戒条文句，没有制戒事缘和戒条解释，后一百四十一条属于比丘尼独有的“不共戒”，有制戒事缘和戒条解释。所收的戒条主要有：

“小妄语戒”（第一条）*、“毁呰尼戒”（第十条）*、“数数食戒”（第二十条）*、“往观军阵戒”（第三十条）*、“故杀畜生戒”（第三十六条；本书原文脱落，《五分比丘尼戒本》作了补足）*、“与男子同室宿戒”（第四十一条，本书小注作第四十条）*、“回僧物与人戒”（第六十九条，本书小注作第六十八条）*、“啖蒜戒”（第七十条，本书小注作第六十九条，以下不一一对照说明）、“独与比丘耳语戒”（又称“独与比丘街巷中耳语戒”,第七十九条)、“离雨浴衣行戒”(第八十二条)、“著弟子新衣不还戒”(第八十三条;以上三条为《四分律》所无)、“嫉妒施主供他戒”(又称“护惜他家戒”,第八十九条,以上卷十二)。

“不安居戒”(第九十条)、“受具弟子未满六年离师戒”(第一百二十条)、“不教诫摄护受具弟子六年戒”(第一百二十一条;以上二条巴利文《律藏》、《四分律》则作“受具弟子未满二年离师戒”、“不教摄受具弟子二年戒”)、“向白衣说比丘过失戒”(第一百三十一条;此为《四分律》所无)、“生草上大小便戒”(第一百三十七条;此戒也见于《尼律众学法》);“于食家(指夫妇行房处)止宿戒”(第一百三十九条;此为《四分律》所无)、“无病载乘行戒”(第一百四十一条,以上卷十三)。

“著革屣持盖行戒”(第一百四十二条)、“畜白衣妇女装饰物戒”(第一百五十八条)、“主人未唱(指未说请随意用餐)先食戒”(第一百七十一条,《四分律》则作“受请不食戒”)、“不著僧祇支(指掩腋衣)入村戒”(第一百八十一条)、“一众授具(指只在比丘尼众中授具足戒,未同时到比丘众中授具足戒)戒”(第一百九十一条)、“治腰使细戒”(第二百三条)、“随世俗论(指议俗事)戒”(第二百十条,本书小注作第二百七条,以上卷十四)等。如关于“嫉妒施主供他戒”等,说:

若比丘尼,护惜他家(指欲使他家供养自己,不供养余人),波逸提。(“嫉妒施主供他戒”,卷十二,第89页上)

若比丘尼,教诫及羯磨时,不往听,波逸提。(“不往僧中受教诫戒”,卷十三,第91页下)

若比丘尼,掷粪扫及残食,于篱墙外,若使人掷,波逸提。(“大小便掷墙外戒”,卷十三,第94页上)

若比丘尼,随世俗论者,波逸提。(“随世俗论戒”,卷

十四,第100页上)

(五)《尼律悔过法》(第二分,卷十四)。叙述比丘尼"悔过法"(又称"波罗提提舍尼法")八条的制立因缘、戒法条文及其解释。均属于比丘尼独有的"不共戒"。所收的戒条有:"无病乞酥戒"(第一条)、"无病乞油戒"(第二条)、"无病乞蜜戒"(第三条)、"无病乞石蜜戒"(第四条)、"无病乞乳戒"(第五条)、"无病乞酪戒"(第六条)、"无病乞鱼戒"(第七条)、"无病乞肉戒"(第八条,以上卷十四)。如说:

> 若比丘尼,无病自为乞酥食,是比丘尼应诸比丘尼边悔过:我堕可呵法,今向诸阿姨悔过,是名悔过法。……比丘尼,乞油、乞蜜、乞石蜜、乞乳、乞酪、乞鱼、乞肉,皆如上说。(卷十四,第100页中)

(六)《尼律众学法》(第二分,卷十四)。叙述"众学法"一百条,均为"应作二部僧持"的"共戒"。其中,《尼律众学法》第八十三条"生草上大小便戒",与《尼律堕法》第一百三十七条"生草上大小便戒"是相同的,但本书未作去除(为保持原貌,今只作说明,不作删改)。书中只叙列戒条文句,没有制戒因缘和戒条解释。始"高著下衣戒"(第一条)*,终"上树过人戒"(第一百条,以上卷十四)*。

此外,《尼律众学法》之后,按理应有《尼律七灭诤法》,因与比丘戒相同,故本书省略未译,但从比丘尼戒的完整性而言,"七灭诤法"是不可或缺的(唐智升《开元释教录》卷六在著录梁明徽集《五分比丘尼戒本》一卷时,指出过这一点),故《五分律》中的比丘尼戒总数实际上应当是三百八十条(若依印顺法师所说,则为三百七十九条)。以往有些著作统计作"三百七十条",一是由于误信《尼律堕法》之末的小注"二百七(实为"二百一十")竟",二是由于没有将省略未译的《尼律七灭诤法》七条计算在内,故致出错。

三、十九法(第三分至第五分,卷十五至卷二十九)

本部分为"犍度",是律事的解说,下分"受戒法"等十九法,叙述僧团的各种制度和行事。

(一)《受戒法》(第三分,卷十五至卷十七)。叙述佛陀略传和出家受戒方面的制度和行事。

(1) 佛传(始卷十五"佛在王舍城,告诸比丘:过去有王,名曰郁摩",终卷十六"罗阅祇诸豪贵族姓、长者、居士,亦皆出家。大众围绕集于彼国,而为说法")。内容包括:佛的身世(郁摩王的后裔、净饭王之子)、出家(四门出游有感而出家)和成道(菩提树下坐禅入定,"逆顺观十二因缘"而觉悟成道),以及早期的教化事迹。有关佛早期的教化事迹有:

佛成道后,接受离菩萨树不远的二位路过的"贾客"(指"离谓"、"波利"两位商人)供献的糗蜜并作开化,使他们成为最初"受二自归(指"归依佛、归依法")"的优婆塞(指男居士);入郁鞞罗斯那聚落,接受婆罗门之女须阇陀的施食,使她成为最初"受二自归"的优婆夷(指女居士);前往波罗奈国仙人鹿苑,对父王派遣的、曾陪伴他出家求道的五位"随侍"阿若憍陈如等"初转法轮",使他们成为最初的"五比丘";在波罗奈国,度长者之子耶舍及朋友五十四人出家,并使耶舍的父母成为最初受"三归"("归依佛、归依法、归依僧")、"五戒"的优婆塞、优婆夷;在娑罗林,度"雇淫女"玩乐的三十人、"为婚姻事行过娑罗林"的六十人出家;在优为界,度"事火外道"迦叶三兄弟(指"郁鞞罗迦叶"、"那提迦叶"、"伽耶迦叶")及弟子一千人出家;在王舍城,对瓶沙王说"四谛"等教理,使之归依;在迦兰陀竹园,度原先师事"梵志沙然"("六师外道"之一)的舍利弗(又称"优波提舍”)、目犍连(又称“拘律陀”)及弟子二百五十人出家等。

(2) 出家受戒制度(始卷十六“佛在王舍城。尔时,世尊未教诸比丘有和尚、阿阇梨”,终卷十七末的小注“受戒法竟”)。主要内容有:

新受戒的比丘须依止和尚(指授戒的“亲教师”),形成依止关系,弟子应承事和尚,和尚应教诫弟子;对比丘授具足戒,应作“白四羯磨”,应有“如法比丘十人”(又称“十众”)在场并表示同意;有五种阿阇梨,“始度受沙弥戒”名为“出家阿阇梨”,“受具足戒时教威仪法”名为“教授阿阇梨”,“受具足戒时为作羯磨”名为“羯磨阿阇梨”,“就受经乃至一日诵”名为“受经阿阇梨”,“(依止)乃至依止住一宿”名为“依止阿阇梨”;对不敬师不敬戒者,应作“不共语法”(下分“语言汝莫共我语”等五种);比丘须“满十岁”(指戒腊满十年)或“过十岁”,并成就“十法”(指“成就戒、成就威仪、畏慎小罪”等)或“五法”(指“能教弟子增戒学、增心学、增慧学”等),方有资格授人具足戒、度沙弥、作依止师;对“外道”要求依佛出家的,应作“四月日别住白二羯磨”(此与《十诵律》卷二十一、《毗尼母经》卷二、《萨婆多部毗尼摩得勒伽》卷七等所说相同;而与《四分律》卷三十三所说“众僧中四月共住白二羯磨”、《佛阿毗昙经》卷上所说“四月日共住”相反),给与四个月的考察,期满以后,僧众满意(“合僧意”),方许出家受具足戒。

“负债人”、“贼”、“重病人”(指“举身恶疮、痈、白癞”者)、“官人”、“父母不听人”(指父母不允许出家者)、“害父母人”、“杀比丘”者、“恶心出佛身血”者、“淫比丘尼”者、“畜生”、“黄门”(指男根有缺陷者)、“自剃头著法服”者、“舍内法外道人”(罢道还俗的外道)、“自说犯边罪”(自己承认犯不可治罪,如“行淫法”)者、残疾人(如“截手、截脚、截手脚、截耳、截鼻”、

“哑、聋、盲、干痟病、癫狂”等）等，“不应与出家、受具足戒”；受具足戒的仪式（如受戒前，须先询问对方有无“癞、白癞、痈疽、干痟、癫狂、痔漏、热肿、脂出”，是否“负人债”、“官人”、“奴”、“丈夫”、“人”、“年满二十”，有无“衣钵”，父母是否允许出家等“难事”；受具足戒后，应对受戒人说“四波罗夷法”、“四依法”等）；应以受具足戒时间的先后，论长幼辈次，“先受具足戒者，应受第一坐、第一施、第一恭敬礼拜”等。如关于“十众授具足戒”的来历，说：

> 尔时，诸比丘一语授戒，言：汝归依佛。又有比丘二语授戒，言：汝归依佛、归依法。又有比丘三语授戒，言：汝归依佛、归依法、归依僧。以是白佛。佛言：不应一语、二语、三语授戒。又有比丘，作善来比丘授戒。诸长老比丘诃责：汝云何如佛作善来比丘授戒？以是白佛。佛言：不应作善来比丘授戒。尔时，诸比丘作是念：但佛与比丘授戒，我等亦得，若得者，应云何授？以是白佛。佛言：今听汝等与比丘授戒，应作白四羯磨授。……时诸比丘便四人乃至九人，与一人乃至众多人授具足戒。诸长老比丘诃责，以是白佛。佛言：听十众授具足戒。诸比丘便以非人、白衣、灭摈人、被举人、自言人、不同见人、狂人、散乱心人、病坏心人、比丘尼、式叉摩那、沙弥、沙弥尼，足为十众授具足戒。以是白佛。佛言：应如法比丘十人授具足戒。（卷十六，第111页中）

（二）《布萨法》（第三分，卷十八）。叙述僧众每半月一次说戒方面的制度和行事。主要内容有：

僧众每半月一次“布萨日”集会说戒（诵说戒经）的由来；有“五种布萨”（指“心念口言”等）、“五种说戒”（指“说戒序”

等）；持律比丘有“七种宜”（指“自住戒威仪成就畏慎小罪”等）；布萨前，僧众应“结界”（指依羯磨划定作法的区域），划定同一住处、同一说戒的区域，其界“极远三由旬”（《萨婆多毗尼毗婆沙》卷五说“四十里一由旬”，即大界的最大范围为一百二十里）；在“大界”内，可另结“不失衣界”，划定僧人外出时可不带大衣的界域。

说戒时，若忆念有罪，可向邻坐比丘说，并在说戒结束后，发露忏悔；“得名”或“不得名”（指合法或不合法）的“与清净欲”（指因病不能参加说戒的比丘，委托他人表示自己行为的清净）、“受清净欲”（指受委托者接受上述委托）、“持清净欲”（指受委托者向僧众转达上述委托）；僧众每半月一次的集会说戒，应当“广说”（指诵说戒经的全部），“不听常略说戒”（指不允许略说，即只诵说戒经的一部分），“有十因缘听略说戒”（指在十种情况下允许略说，即有“贵人”、“恶兽”、“毒虫”、“棘刺”、“毒蛇窟”、“病”等）；布萨时，“上座应说戒”等。如关于“五种布萨”、“五种说戒”、“持律比丘有七种宜”等，说：

> 诸比丘不知应几种布萨，以是白佛。佛言：有五种布萨。一心念口言，二向他说净，三广略说戒，四自恣布萨，五和合布萨。诸比丘不知应几种说戒，以是白佛。佛言：有五种说戒。一说戒序已，言余僧所常闻。二说戒序及四堕法已，言余僧所常闻。三说戒序至十三（僧残），言余僧所常闻。四说戒序至二不定法，言余僧所常闻。五广说（指戒经全本）。……持律比丘有七种宜。一多闻诸法，二能筹量是法、非法，三善筹量比尼（又作“毗尼”），四善摄师教，五若到他处所说无畏，六自住比尼，七知共、不共戒。复有七宜。一自住戒、威仪成就、畏慎小罪，二多闻能持佛所

说法，三诵二部戒，四知犯，五知不犯，六知悔过，七知不悔过。复有七宜。三如上（指前三条同上），四不随爱，五不随恚，六不随痴，七不随畏。（卷十八，第122页上、中）

（三）《安居法》（第三分，卷十九）。叙述僧众每年三个月“结夏安居”方面的制度和行事。主要内容有：

僧众每年三个月“结夏安居”的由来；有两种安居，“前安居”（农历四月十六日至七月十五日）和“后安居”（较前晚一个月，即五月十六日至八月十五日），“若无事应前安居，有事听后安居”；安居期间，比丘“若有佛法僧事、若私事”（指为僧众办事、受请、说法、探病等）外出，须向长老请求“受七日法”（又称“七日法”，指请假七日），若超过“七日”的，须向僧众请求“受过七日法”（又称“过七日法”，指请假“十五日”或“一月”），经同意，方可成行；安居期中，因有险难事（如“若火烧、若水漂、王难、贼难、非人难、师子虎狼诸毒虫难，乃至蚊子水虱难”等），“破安居无罪”（又称“无破安居罪”，指不作“破安居”看待）等。关于“受七日法”和“受过七日法”，说：

> 尔时，舍卫城有长者名忧（一作“优”）陀延，信乐佛法，常供给诸比丘，安居中为僧作房，设入舍食欲，因以房施。……诸比丘以是白佛。佛言：听受。若作比丘尼屋及外道房，乃至为垒阶道，设食请施，皆听受。若有请、若无请，须出界外，一切皆听七日往返（此为“受七日法”）。……时舍卫城人欲于祇洹（指祇洹精舍），作渠通水。波斯匿王闻令言：若有于祇洹通水者，当与粗罪。后边境有事，王自出征，后诸外道欲并力通渠。诸比丘以此语诸优婆塞。诸优婆塞言：此非我等所制，可往白王。诸比丘言：世尊不听安居中，过七日往返，王去此远，何由得往？便以白佛。佛

以是事集比丘僧。告诸比丘：从今若有佛法僧事、若私事，于七日外，更听白二羯磨，受十五日、若一月日出界行。一比丘唱言：大德僧听，此某甲比丘为某事欲出界行，于七日外，更受三十夜，还此安居。若僧时到，僧忍听（指容许），白如是。大德僧听，此某甲比丘为某事欲出界行，于七日外，更受三十夜，还此安居。谁诸长老忍（指容忍）默然。不忍者说。僧已与某甲更受三十夜出界行竟。僧忍，默然故。是事如是持（此为“受过七日法”）。（卷十九，第129页中、下）

（四）《自恣法》（第三分，卷十九）。叙述僧众在夏安居结束后作“自恣”方面的制度和行事。主要内容有：

僧众于“夏安居”结束之日（又称“自恣日”，通常为农历七月十五日）举行“自恣”（指请他人根据所见、所闻、所疑，任意举发自己所犯之罪，即请求他人批评指过）活动的由来；僧众“自恣”时，应先推选“自恣人”（《四分律》作“受自恣人”），然后在“自恣人”的主持下，依次作“自恣”；为避免“白衣（指在家人）欲布施、听法”而久等，允许“略说自恣”，“上座八人一一自恣，自下同岁、同岁一时自恣”（指上座八人一一说自恣，上座自下凡僧腊相同者集体说自恣；其他广律说的“略说自恣”，指的是因“八难”等事，允许将每人“三说自恣”，改为“二说”、“一说”，乃至集体“三说自恣”）；“不如法住自恣”与“如法住自恣”的区别；应“以五法住他自恣”（指自恣举罪时，对他人应“以实不以虚”等）和“五法自观”（指对自己应“自观身行清净”等）等。如关于“自恣法”的由来，说：

佛在舍卫城。尔时，众多比丘住一处安居。共议言：我等若共语者，或致增减。当共立制，勿复有言。……作此议已，即便行之。安居既竟……往到佛所，头面礼足，却坐一面。佛慰问言：汝等安居，和合乞食不乏，道路不疲耶？……又问：汝等安居，云何和合？诸比丘即具以答。佛种种诃责：汝等愚痴，如怨家共住，云何而得和合安乐？我无数方便教汝等共住，当相诲诱，转相觉悟，以尽道业，于今云何而行哑法？从今若复立不共语法，得突吉罗罪。……佛告诸比丘：从今以十利故，为诸比丘作自恣法。应求僧自恣说罪，言：诸大德，若见我罪，若闻我罪，若疑我罪，怜愍故，自恣说，我当见罪悔过。如是三说（指将上述告白说三遍，即"三说自恣"）。……应夏三月最后日自恣。……应在如法比丘众中自恣。（卷十九，第130页下—第131页中）

（五）《衣法》（第三分，卷二十至卷二十一）。叙述僧众衣服方面的制度和行事。主要内容有：

比丘在"著粪扫衣"之外，也可接受在家信众施与的衣服或布料，但不同颜色的衣服，"应浣坏好色更染而著"（指染成"坏色"后方可穿着）；比丘应当蓄"三衣"（指郁多罗僧、安陀会、僧伽梨，即上衣、内衣、大衣），应当用"割截"的方法作"三衣"（指将布割裁后缝缀成如田畦一般的田相衣），若破应补；比丘有衣钵余物可以施僧，有"九种得施，皆听施僧"（指"界得施、要得施、限得施、僧得施、现前僧得施、安居僧得施、二部僧得施、教得施、人得施"等九种布施所得的衣物，均允许分配给众僧）；比丘亡故后的财物，有"可分"与"不可分"者，三衣、被、坐具、漉水囊、大小钵等物可分，"现在僧尽应分"，坐卧床、踞床、伞盖、锡杖等物不可分，"应属僧用"，其中，病故比丘的衣钵，应首先分给"看（照看）病人"者；比丘可用自己的衣食"尽心尽寿"供养贫穷的父母,“若不供养得重罪”;“粪扫衣”有十种(指“王受位时所弃故衣、冢间衣、覆冢衣、巷中衣、新嫁女所弃故衣、女嫁时显节操衣、产妇衣、牛嚼衣、鼠咬衣、火烧衣”)等。如关于“割截作三衣”,说:

> 尔时,世尊与大比丘僧千二百五十人,俱游行南方人间,从山上下,见有水田,善作畦畔。作是念:我诸比丘应作如此衣。即问阿难:汝见此田不?答言:已见。又告阿难:诸比丘宜著如此衣,汝能作不?答言:能。即受教自作,亦教诸比丘作,或一长一短,或两长一短,或三长一短,左条叶左靡,右条叶右靡,中条叶两向靡。作竟著之,极是所宜。佛见已,告诸比丘:阿难有大智慧,闻我略说,作便如法。此名为割截不共之衣,与外道别异,怨家盗贼所不复取。从今听诸比丘割截作三衣,若破应补。(卷二十,第137页上、中)

(六)《皮革法》(第三分,卷二十一)。叙述僧众使用皮革制品方面的制度和行事。主要内容有:

阿湿波阿云头国长者之子亿耳,从佛的大弟子摩诃迦旃延出家受具足戒,受师父的委托,前往舍卫城,请佛开许本国比丘的“五事”,佛对此一一作了许可,允许“一切边地少比丘处持律五人授具足戒”、“有沙石棘刺之处著重底革屣”、“有皮革处作皮敷卧具”、“有须浴处日日洗浴”、“比丘寄衣与余处比丘,比丘虽先闻知,衣未入手,不犯长衣”;不许制作异形异色的革屣,或用马皮、象皮制作革屣;允许用羊皮、牛皮制作渡水用的“浮囊”;瞻婆城长者之子首楼那(又称“首楼那二十亿”、“二十亿”),依佛出家,精进修行,因赤脚经行,“足伤血流,乌随啄吞”,佛允许从首楼那开始,比丘可以“著一重革屣”(指穿着一层底的革屣）；不应在和尚、阿阇梨前穿着革屣；不许穿着木屐；允许比丘蓄存大小锥、大小刀、缝皮线等，以补治革屣等。如关于“不应和尚、阿阇梨前著革屣”，说：

时，六群比丘著革屣，在和尚、阿阇梨前后经行。有余比丘，亦皆效之。诸比丘以是白佛。佛言：不应和尚、阿阇梨前著革屣，犯者突吉罗。有因缘于和尚、阿阇梨前著革屣，无犯。若地有棘刺，若地有刺脚草，若地有沙石，若病时，若暗时。（卷二十一，第 146 页中）

（七）《药法》（第三分，卷二十二）。叙述僧众医药（食药）方面的制度和行事。主要内容有：

患病比丘可食用“七日药”（又称“四种药”，指因病可在七日内食用的“酥、油、蜜、石蜜”四种食物）和“终身药”（又称“尽形寿药”，指因病可在一生随时食用的药物，如一切“根药”、“果药”、“草药”等）；“时药”（又称“时食”，指在“时”内，即每日黎明之后至正午可以食用的食物，包括“五啖食”、“五嚼食”等，“五啖食”指饭、麨、干粮、鱼、肉，“五嚼食”指植物的根、茎、叶、花、果）与“非时药”（又称“非时浆”，指在“非时”内，即每日正午之后至次日黎明之前可以食用的庵婆罗果等果浆）、“非时药”与“七日药”、“七日药”与“终身药”合用的时间等。如关于“时药”与“非时药”等合用的时间，说：

时，长老优波离问佛言：世尊，若时药、非时药合受，应几时服？佛言：应从时药，不得非时服，七日药、终身药亦如是。又问：若非时药、七日药合受，应几时服。答言：应从非时药，不得经宿服，终身药亦如是。又问：若七日药、终身药合受，应几时服？答言：应从七日药，不得终身服。（卷二十二，第 147 页下）

（八）《食法》（第三分，卷二十二）。叙述僧众饮食方面的制度和行事。主要内容有：

比丘可“随意受食”（指随意受用施主给与的各种食物）；不得食人肉、象肉、马肉、师（狮）子肉、虎肉、豹肉、熊肉、狗肉、蛇肉等；三种“不净肉”（指“见”、“闻”、“疑”是为我故杀之肉）不应食，三种“净肉”（指“不见”、“不闻”、“不疑”是为我故杀之肉）可食；比丘可于僧坊内作“净地”（指划定烹煮或贮藏食物的场所），“作食”（煮烧食物）、“安食”（存放食物）；比丘可在“非时”（指每日正午之后至次日黎明之前）食用“八种浆”（指“庵婆果浆、阎婆果浆、周陀果浆、波楼果浆、蒲桃果浆、俱罗果浆、甘蔗浆、蜜浆”）；佛制立的各种“净法”，可根据各地的实际情况作变通（“虽是我所制，而于余方不以为清净者，皆不应用；虽非我所制，而于余方必应行者，皆不得不行”）等。如关于“随意受食”，说：

> 佛在波罗奈国。尔时五比丘，到佛所，头面礼足，白佛言：世尊，我等当于何食？佛言：听汝等乞食。复白佛言：当用何器？佛言：听用钵。时诸比丘乞得粳米饭，不敢受，以是白佛。佛言：听随意受食。时诸比丘乞，或得种种饭，或得种种饼，或得种种麨（指炒熟的米麦粉），或得种种熟麦豆，或得种种烧麦及糯米，或得种种羹，或得种种苦酒及酱，或得种种盐，或得种种肉，或得种种鱼，或得种种奶酪，或得种种菜，或得种种根藕根等，或得种种茎甘蔗等，或得种种果庵罗、椰子等，皆不敢受，以是白佛。佛言：皆听随意受食。（卷二十二，第147页下—第148页上）

（九）《迦絺那衣法》（第三分，卷二十二）。叙述僧众在夏安居结束后“受迦絺那衣”（又称“受功德衣”，指受领赏与结夏

僧众、象征五项权利的法衣)方面的制度和行事。主要内容有:

僧众于“自恣日”的次日(农历七月十六日)或一个月之内“受功德衣”的由来;僧众因结夏功德而“受迦絺那衣”,可以在此后的五个月(七月十六日至十二月十五日)之内享有五项权利(指开许做“五事”而不作为犯戒),即“别众食”(指比丘四人或四人以上别聚一处受正食)、“数数食”(又称“展转食”,指受正食以后,又到别处再食)、“不白余比丘行入聚落”(指正食前后,不告知同住比丘便入聚落)、“畜长衣”(指蓄存“三衣”以外的多余的衣服)、“离衣宿”(指离三衣而过宿);迦絺那衣要求当日制衣,当日举行仪式受衣(先推选比丘一人或多人缝制迦絺那衣,制成后,推选“持功德衣人”,由他代表僧众集体受领“功德衣”,然后由“持功德衣人”持衣,让僧众依次扪摸,各自表示已受功德衣);“有八事失迦絺那衣”(指“一时竟、二失衣、三闻失、四远去、五望断、六衣出界、七人出界、八白二羯磨舍”);“有二因缘,不得受迦絺那衣”(指“一作衣未竟,二舍住处去”);受迦絺那衣可推迟“三十日”受领,舍迦絺那衣可提前“三十日”舍出(即“前安居七月十六日受,至十一月十五日舍”,“后安居八月十六日受,至十二月十五日舍”)等。如关于迦絺那衣的制作和受领程序,说:

> 从今,听诸比丘受迦絺那衣。……若檀越持迦絺那衣物(指制作迦絺那衣的布料)施僧,诸比丘中少衣者,应白二羯磨与之。……彼比丘得已,应即日浣染打缝。若独能办者善,若不能成,僧应白二羯磨,差一比丘、二三乃至众多比丘助之。……若衣竟,僧所与物比丘(指“持功德衣人”)应持衣到僧中,偏袒右肩,脱革屣,胡跪白言:僧得此迦絺那衣物,已浣染打缝,如法作竟,愿僧受作迦絺那衣。如是

白已，又起遍示众僧。诸比丘应答言：长老，我等随喜，与汝共之。然后，僧应白二羯磨受。……僧所与衣物比丘复应遍行，言：此衣，僧已受作迦絺那衣。诸比丘一一应言：此衣僧已受作迦絺那衣，是为善受，此中所有功德尽属于我。（卷二十二，第153页中、下）

（十）《灭诤法》（第四分，卷二十三）。叙述"七灭诤"方面的制度和行事。主要内容有：

有"四种诤"，"言诤"（指对教理起诤）、"教诫诤"（又称"觅诤"，指对举罪起诤）、"犯罪诤"（又称"犯诤"，指对判罪起诤）、"事诤"（指对羯磨作法起诤），应用"七灭诤"的方法予以除灭；"言诤"用"现前毗尼"（指"僧现前、人现前、毗尼现前"，即当事人到场，以教法和戒律为依据，当面作出裁决）、"多人语毗尼"（指用投筹表决的方式，少数服从多数）两种方法予以除灭；"教诫诤"用"现前毗尼"、"忆念毗尼"（指允许被举罪比丘忆述事情的经过）、"不痴毗尼"（指对比丘在精神失常时的行为不予追究）、"本言治毗尼"（指如实地举发比丘的犯罪情况）四种方法予以除灭；"犯罪诤"用"现前毗尼"、"草布地毗尼"（指争论双方各自忏悔谦让，达成和解）、"自言毗尼"（指允许被举罪比丘自言过失或作申辩）三种方法予以除灭；"事诤"用"七事"（指"七灭诤"，因为"事诤"统摄"言诤"、"教诫诤"、"犯罪诤"的羯磨事）予以除灭等。如关于"七灭诤"中的"现前毗尼"乃至"自言毗尼"，说：

何谓现前？现前有三种，僧现前、人现前、毗尼现前。何谓僧现前？僧和合集，是名僧现前。何谓人现前？共诤人现前，是名人现前。何谓毗尼现前？应以何法、以何律、以何佛教得灭，而以灭之，是名毗尼现前（以上释"现前毗尼”)。……问:以何为多人语?答言:以多人语羯磨灭。又问:以何知多?答曰:应行筹(以上释“多人语毗尼”)。……若比丘问一比丘言:汝忆犯重罪波罗夷,及波罗夷边罪(指不可治罪)不?答言:不忆。……僧应白四羯磨,与忆念毗尼,不应从彼比丘,而治其罪(指不应仅凭举罪比丘的说法,就对不记忆有此事的被举罪比丘治罪,以上释“忆念毗尼”)。……若比丘至比丘所,语言:汝忆犯重罪波罗夷,若波罗夷边罪不?彼比丘答言:不忆。我先狂,心散乱,心病坏,心多作非沙门法。……僧应与不痴毗尼,不应从彼比丘,而治其罪(以上释“不痴毗尼”)。……若比丘至比丘所,问言:汝忆犯重罪波罗夷,若波罗夷边罪不?答言:不忆。……复更问,乃答言:我忆犯波罗夷。……寻复言:我不忆犯重罪,向戏言耳。如是比丘,僧应与本言治(以上释“本言治毗尼”)。……若一比丘至一比丘所,偏露右肩,胡跪合掌,作如是言:大德,我某甲犯某罪,今向大德悔过。彼比丘应问:汝自见罪不?答言:我自见罪。又应问:汝欲悔过耶?答言:我欲悔过。彼比丘应语言:汝后莫复作。是名现前毗尼、自言(毗尼)灭犯罪诤(以上释“自言毗尼”)。……若有比丘,斗诤相骂,作身口意恶业。……此诸比丘,听僧中除罪,僧应与作白二羯磨,草布地悔过。……何谓草布地?彼诸比丘不复说斗原,僧亦不更问事根本(以上释“草布地毗尼”)。(卷二十三,第 154 页中—第 156 页中)

(十一)《羯磨法》(第四分,卷二十三至卷二十四)。叙述佛就比丘犯“僧残罪”的处罚问题,拘舍弥(又称“俱舍弥”、“拘睒弥”、“憍赏弥”)国比丘因争论某比丘是否犯罪分裂成两派事，迦尸国某地比丘迦叶被“客比丘”（指外来比丘）非法举罪事，舍卫国比丘盘那、卢醯挑动僧众斗诤事等而制立的制度。

（1）犯“僧残罪”的处罚问题（卷二十三）。其内容相当于《四分律·人犍度》。主要叙述：对犯“僧残罪”的不覆藏者（指不隐瞒者），僧众应直接给与“六夜行摩那埵”的处罚（“摩那埵”意为“悦众意”，指犯罪者须六天六夜为僧众作劳务，其间，犯罪者“应日日至僧中”报告，所行的“摩那埵”已过几天，还剩几天），“六夜行摩那埵”结束，给与出罪（又称“阿浮呵那”，须有比丘二十人作羯磨同意）；对犯“僧残罪”的覆藏者（指隐瞒者），僧众应先给与“别住”的处罚（指覆藏者从覆藏之日算起，须离众别住一处，覆藏一天须别住一天），“别住”结束，再给与“六夜行摩那埵”的处罚，“六夜行摩那埵”结束，给与出罪；对在“六夜行摩那埵”期间复犯“僧残罪”但不覆藏者，应给与“摩那埵本日治”（指为僧众作劳务的天数，从再次犯罪之日重新算起，先前已作的劳务天数不算）的处罚，“行摩那埵”结束，给与出罪；对在“别住”期间复犯“僧残罪”并作覆藏者，僧众应先给与“覆藏本日治”（指别住的天数，从再次犯罪之日重新算起，先前已别住的天数不算）的处罚，再给与“六夜行摩那埵”的处罚，“行摩那埵”结束，给与出罪；犯“僧残罪”的覆藏者，如果犯罪的事项在二项以上、覆藏的天数在二日以上的，则应根据犯罪事项和覆藏天数的多少，予以不同的处罚等。

（2）拘舍弥国比丘争论某比丘是否犯罪分裂成两派事（卷二十四）。其内容相当于《四分律·拘睒弥犍度》。主要叙述：“被举比丘”（指被举发犯有罪者）“应自见罪悔过”，“举罪比丘”（指举发他人犯罪者）“勿强举他罪，若彼实犯罪，僧应语自见罪”；佛说过去世拘萨罗国长寿王之子以德报怨的故事，要求诸比丘舍离“怨心”，“还共和同”，“如水乳合，共弘师教”等。

(3) 迦尸国某地比丘迦叶被"客比丘"非法举罪事(卷二十四)。其内容相当于《四分律 · 瞻波犍度》。主要叙述:有"非法羯磨"、"别众羯磨"、"似法别众羯磨"、"似法和合羯磨"、"如法羯磨"五种羯磨,佛只允许作"如法羯磨"(又称"如法和合羯磨");不同的羯磨要有不同的与会人数,"四比丘僧者,除受戒羯磨、出罪羯磨,余羯磨皆得共作","五比丘僧者,中国除受戒、出罪羯磨,边国除出罪羯磨,余羯磨皆得共作","十比丘僧者,除出罪羯磨,余羯磨皆得共作","二十比丘僧者,一切羯磨皆得共作";如果比丘犯罪而不见罪,应悔过而不肯悔过,应舍邪见而不肯舍邪见,"不应与解羯磨"(不应作"解羯磨",解除其罪)等。

(4) 舍卫国比丘盘那、卢醯挑动僧众斗诤事(卷二十四)。其内容相当于《四分律 · 呵责犍度》。主要叙述:如果比丘"既自斗诤、复斗乱他、前后非一",或"亲近恶知识、与恶人为伴,自乐为恶",或"破增上戒、破增上见、亲近随顺白衣",僧众均应对他作"呵责羯磨",予以处罚(指当众呵责并"夺三十五事",即剥夺三十五项权利);作"呵责羯磨"时,如果被呵责者"应现前作羯磨而不现前"、"应使自说其过而不使自说",则羯磨不成(指无效);受"呵责羯磨"处罚的比丘,不得"度人"、"授人具足戒"、"与人作依止"、"畜沙弥"、"作行筹人"、"教诫比丘尼","凡僧所差皆不应受,若行僧事时不得有语","应悔过自责,不逆僧意,求解羯磨";对恶言骂辱"白衣"(指在家人)的比丘,僧众应对他作"下意羯磨",责令其向"白衣"道歉等。如关于对犯"僧残罪"的(包括不覆藏者、覆藏者)在受处罚期间又复犯的处理程序,说:

有一比丘,故出不净,犯僧伽婆尸沙不覆藏,从僧乞行摩那埵(意为“悦众意”,指为僧众作劳务)。于六夜中复犯,亦不覆藏,不知云何。问诸比丘,诸比丘亦不知,以是白佛。佛以是事集比丘僧,告诸比丘:今听彼比丘更从僧乞行摩那埵,僧亦应白四羯磨更与彼比丘行摩那埵。彼比丘六夜行竟,应复更从僧乞行本摩那埵,僧亦应白四羯磨与之。……彼比丘行本六夜摩那埵竟,应如上乞阿浮呵那(意为“呼入众”,指“出罪”),僧亦如上与之。

有一比丘,故出不净,犯僧伽婆尸沙覆藏一夜。僧与一夜别住,于中复犯,亦覆藏一夜,不知云何。问诸比丘,诸比丘亦不知,以是白佛。佛以是事集比丘僧,告诸比丘:今听彼比丘更从僧乞一夜别住,僧亦应白四羯磨更与一夜别住。彼一夜别住竟,应复更从僧乞本一夜别住,僧亦应白四羯磨与之。……彼比丘本一夜别住竟,应如上乞行六夜摩那埵。行摩那埵竟,复应如上乞阿浮呵那,僧皆应如上白四羯磨与之。(卷二十三,第157页上、中)

(十二)《破僧法》(第五分,卷二十五)。叙述佛就调达(又称“提婆达多”,佛的叔父斛饭王之子、阿难的兄长)“破僧”(指破坏和合的僧团)事而制立的相关制度。主要内容有:

调达采纳徒党三闻达多的意见,公开标立自己的主张“五法”(指尽形寿“一不食盐”,“二不食酥乳”,“三不食鱼肉”,“四乞食”,“五春夏八月日露坐,冬四月日住于草庵”),并诳诱比丘“行筹”(指投筹)表决,时有五百比丘投筹赞成“五法”,从而导致僧众分裂,形成追随调达的另一个僧团;佛的大弟子舍利弗、目连受命前往调达的住地,趁调达睡熟之机,对五百比丘说法劝化,使他们重新回到佛的身边;目连问佛言,“调达从佛闻法,诵八万四千法藏,得五神通,如何而反憍慢世尊”,佛由此而说往世因缘;佛说“有四事名破僧”,“说五法、自行筹、捉筹、于界内别行僧事”,以及僧众“不和合”与“破僧”的区别等。如关于僧众“不和合”与“破僧”的区别,说:

> 优波离问佛:云何得名破僧?佛言:有四事名破僧,说五法、自行筹、捉筹、于界内别行僧事。又问:云何名僧不和合,而非破(指破僧)?佛言:若王助破僧,令僧不和合,而非破。若大臣、优婆塞、优婆夷、比丘尼、式叉摩那、沙弥、沙弥尼,一比丘乃至七比丘助破僧,亦如是。若不问上座而行僧事,是即不和,亦非僧破。若不共同食,于食时异坐、斗诤、骂詈亦如是。要于界内,八比丘分作二部,别行僧事,乃名为破(此指“破羯磨僧”,非指“破法轮僧”,“破法轮僧”指九人或九人以上)。(卷二十五,第166页上)

(十三)《卧具法》(第五分,卷二十五)。叙述僧众房舍和卧具的造作、分配、使用、管理、修治等方面的制度和行事。主要内容有:

佛成道后建立僧团之初,要求比丘以“阿练若处、山岩、树下、露地、冢间”为住处,“草及树叶等”为敷具,未允许“受用房舍”,在王舍城时,应侍者頞鞞比丘的请示,佛首次表示,“从今听诸比丘受房舍施”,允许比丘接受由檀越建造施与的房舍,以供居住,王舍城长者“即以其日造六十房舍”,施与比丘;舍卫城长者须达多“以金钱布地”的价格,购买祇陀王子的花园,以舍利弗为指导,建造作经行处、讲堂、温室、食厨、浴屋和其他房舍,祇陀王子则奉施金钱未铺到的少量余地“起门屋”,两人共建“祇园精舍”(又称“祇树给孤独园”),施与佛及僧;佛允许在僧房中配备必要的生活设施和用具;僧众应设立“分卧具人”,负责分配房舍、卧具;房舍破旧坏损,应请道俗修治;不许接受施主先前已施与某僧的房舍（“不听受他先施房””）；有五种僧物不可分等。如关于有五种僧物不可分，说：

> 四方僧有五种物，不可护（《四分律》作“自入”）不可卖、不可分。何谓五？一住处地、二房舍、三须用物、四果（宋元明本作“草”）树、五华果。一切沙门释子比丘，皆有其分，若护、若卖、若分，皆犯偷罗遮罪。（卷二十五，第168页下）

（十四）《杂法》（第五分，卷二十六）。叙述僧众日常生活资具、杂事方面的制度和行事。主要内容有：

比丘不应与白衣（指在家人）“共器食”；不应礼敬受“呵责羯磨”、“驱出羯磨”、“依止羯磨”、“举罪羯磨”、“下意羯磨”处罚等五种人；应礼敬“佛”、“辟支佛”、“如法上座”、“和尚”、“阿阇梨”等五种人；不应“养发”；允许比丘受用铁钵、瓦钵、苏摩钵三种钵；允许比丘“作咒术”治蛇咬；对“如来”、“圣弟子”、“辟支佛”、“转轮圣王”四种人应起塔；比丘不得“养爪（指指甲）令长”，不得“无漉水囊行”（若行程在“半由旬”之内可不带，《萨婆多毗尼毗婆沙》卷五说，“四十里一由旬”）；允许“畜药”（但“不应多畜药”）、“学书”；比丘不得“畜田宅店肆”，但可接受由白衣布施的田宅店肆，派“净人”（为寺院劳务的俗人）管理；比丘不得“学种种卜（指占）卜”；允许“随国音读诵（佛经）”，“但不得违失佛意”；对虚构事实、诬陷比丘的优婆塞（如“庐夷力士子虚谤陀婆淫通其妇”事），比丘应作“覆钵白二羯磨”，“不得往入其家”，“不得与来往语言”；允许老病比丘“拄杖络囊盛钵乞食”；啖蒜比丘，“七日不得入温室、讲堂、食堂、浴室、厕上、他房、聚落，塔边过”；比丘不应随地大小便，应在屏处作小便处、掘地作厕屋等。如关于“覆钵白二羯磨”，说：

佛言：听与庐夷力士子作覆钵白二羯磨，一切不得复入其家。应一比丘唱言：大德僧听，庐夷力士子虚谤陀婆淫通其妇，僧今与作覆钵羯磨，一切不得往入其家，若僧时到，僧忍听（指容许），白如是。

大德僧听，庐夷力士子虚谤陀婆淫通其妇，僧今与作覆钵羯磨，一切不得往入其家。谁诸长老忍（指容忍）默然，不忍者说。僧已与庐夷力士子作覆钵羯磨竟。僧忍默然故，是事如是持。

若僧与作覆钵羯磨，一切四众皆不得与来往语言。有诸比丘与诸优婆塞小小诤讼，便与作覆钵羯磨。佛言：不应以小小事，便与白衣作覆钵羯磨。若成就八法，乃应作之。若优婆塞于诸比丘前，毁呰三宝（指佛、法、僧）及戒，欲不利诸比丘，与诸比丘作恶名声，欲夺比丘住处，犯比丘尼，是为八。（卷二十六，第174页下）

（十五）《威仪法》（第五分，卷二十七）。叙述僧众日常生活中行仪规范（又称“威仪”）方面的制度和行事。主要内容有：上厕初学法，如比丘不应裸形上厕，上厕时，应一心看前后左右，“听用厕草”；乞食初学法，如乞食比丘应一心早起，“至他家，若不得入门不应恨”，“若檀越与食，应受，若不得亦不应恨”等）；客旧比丘初学法，如“旧住比丘”，应当修饰房舍、抖擞床席、晒卧具，迎接“客比丘”，“客比丘”应当前往“上座”住处，礼拜、问讯、共语；上座食时初学法，如若有白衣（指在家人）“请僧”，上座应当遍告诸比丘，“皆当齐集，整持威仪”；受食结束，上座应对施主说祝愿词；阿练若处比丘初学法，如“阿练若处比丘”，应当“善知四方相”、“善知机宜”、“善别星宿，知时节早晚”，允许阿练若处比丘储藏食物，若食物难得，“聚落比丘”应当给与帮助；衣钵初学法，如比丘得新衣，应当先浣洗，舒张度量，然后裁截，截已应缝，缝已应染，然后晒干等。如关于"客旧比丘初学法"，说：

若旧住比丘，闻上座客比丘游行人间，当来至此，应修饰房舍、抖擞床席、晒卧具、扫除房内、铲治房前、取净水覆著一处、办拭手脚巾。若闻来至，应出门迎，令下座比丘为捉衣钵。……彼客比丘欲至僧坊，若先反抄衣，应下之。若先叉腰，不应复叉。若先戴衣，应下著肩上。脱革屣，抖擞拭令净，以草叶裹持入。入已，应一处坐小息。应问旧比丘：何者是上座房？知处已，应往礼拜、问讯、共语。若日早，应礼塔。礼塔已，次第礼诸上座。然后洗手脚。洗手脚已，应问：……此房有食无？此聚落作食为早晚？何处巷僧与作学家羯磨（指僧众约定不受请不得去家境贫困的某居士家受食）？何处巷僧与作覆钵羯磨？何处巷有恶狗？何处巷有淫女、年长童女及寡妇？此中何处布萨、何时布萨？何处是施粥处？何处是食处？其中若有僧事，皆应疾赴，不得稽留。是为客旧比丘初学法，应尽形寿持。（卷二十七，第 178 页下—第 179 页上）

（十六）《遮布萨法》（第五分，卷二十八）。叙述遮止（指制止）犯罪比丘参与布萨日说戒活动方面的制度和行事。主要内容有：

佛在瞻婆国恒水边（巴利文《律藏·遮说戒犍度》则作"舍卫城东园鹿母堂"）时，因布萨日比丘众中有"不清净者"，不愿说戒，佛的大弟子目连将"不清净者"拽出以后，佛宣布，"从今，汝等自共说戒，吾不复得为比丘说"，即从今以后，布萨日由僧众自己说戒，佛不再说戒，并以大海为譬喻，说明佛教中有"八未曾有法”；比丘不应“犯罪不悔而布萨”等。如关于“遮布萨法”的由来，说：

> 佛在瞻婆国恒水边。尔时，世尊十五日布萨时，与比丘众前后围绕，于露地坐，遍观众僧，默然而住。初夜过已，阿难从坐起，前礼佛足，胡跪合掌，白佛言：世尊，初夜已过，众坐已久，愿为诸比丘说戒。世尊默然，阿难还坐。中夜过已，复如是白，佛亦默然。后夜复白言：明相欲出（指天空将露白色，即天将亮），众坐已久，愿为诸比丘说戒。佛语阿难：众不清净，如来不为说戒。时，目连作是念：今此众中，谁不清净，乃使世尊作如是语。便遍观察，见一比丘近佛边坐，非比丘自言比丘，非沙门自言沙门，不修梵行自言修梵行，成就恶法，覆藏其罪，不舍邪见。即从坐起，往到其前。语言：如来已见汝，汝出去灭去，莫此中住。便牵臂出著门外，还坐本处。佛语目连：怪哉，目连。未曾有也，此愚痴人不自知罪，乃使他人牵其臂出。于是，阿难复从坐起，白佛言：世尊，众已清净，愿为诸比丘说戒。佛告阿难：从今，汝等自共说戒，吾不复得为比丘说。所以者何？若众不清净，如来为说，彼犯戒人头破七分。（卷二十八，第180页下—第180页上）

（十七）《别住法》（第五分，卷二十八）。叙述犯“僧残罪”的覆藏者在受“别住”处罚期间，不得享有的权利、须作的事务方面的制度和行事。主要内容有：

“别住比丘”不应“度沙弥、与受具足戒、作依止师、畜沙弥”，“受他善比丘恭敬”；不应与“如法比丘”（指清净比丘）“共一床坐”、“并经行”、“共语”、“同屋住”、“同浴室浴”；不应“受僧差说戒经呗”、“作诸羯磨”（指呵责羯磨、驱出羯磨、依止羯磨、举罪羯磨、下意羯磨等)、“为四众说法”;“别住比丘”应在布萨时“白僧”(指向僧众告知自己的别住情况),若“行摩那埵”,则应“日日(指每天)白僧”,若离开住地“到余处”,则应在那里“更行别住”(指继续受行“别住”未满的天数);“别住比丘”在僧众洗浴时,应“担樵”、“扫除”、“具灰土澡豆、敷床座”、“与诸比丘脱衣革屣,为油摩身体”;“八事失别住法”(指八种违背“别住法”的情况)等。如关于“八事失别住法”,说:

> 别住比丘,有八事失别住法:住地处不白(指告知自己的别住情况);外来比丘不白;自出不白;他出不白;独住一处;于别住中更犯恶罪;与如法比丘同屋宿;不舍别住远行;路上见比丘不白。(卷二十八,第181页下—第182页上)

(十八)《调伏法》(第五分,卷二十八)。以诸比丘(或优波离)问、佛答的形式,对比丘戒“波罗夷法”、“僧伽婆尸沙法”所涉的各种犯戒事例,作出犯与不犯、犯轻与犯重的解释,即对不同的犯戒相状作出不同的定性。性质相当于戒条解释中“犯相解释”(又称“犯相分别”)下的“就事分别”。

主要内容有:与比丘戒“波罗夷法”中的“淫戒”、“盗戒”、“杀戒”、“大妄语戒”;“僧残法”中的“故出不净戒”、“摩触女人戒”、“与女人粗恶语戒”、“媒人戒”等相关的一些判例。如关于“故出不净戒”,说:

> 时有比丘搔隐处,不净出,生疑问佛。佛言:汝以何心?答言:始末无有出意。佛言:无犯。若欲出而出,僧伽婆尸沙。欲出不出,偷罗遮。以暖水浴、向火炙,不净出,皆如是。有比丘忆行欲事,不净出,生疑问佛。佛言:汝以何心?答言:我忆行欲事,不净自出。佛言:不犯。忆行欲事,突吉罗。有比丘故以形撑衣,出不净,谓不犯僧伽婆

尸沙,问佛。佛言:如是比丘出不净,僧伽婆尸沙。不出,偷罗遮。有比丘于女像边,出不净,生疑问佛。佛言:若出不净,僧伽婆尸沙。不出,偷罗遮。(卷二十八,第185页上)

(十九)《比丘尼法》(第五分,卷二十九)。叙述比丘尼方面的制度和行事。主要内容有:

佛的姨母摩诃波阇波提(又称"瞿昙弥")依佛出家,成为比丘尼第一人的经过;比丘尼"八不可越法"(又称"八敬法",指比丘尼应敬重比丘的八项规定,如比丘尼"半月应从比丘众乞教诫人"、"自恣时应从比丘众请三事见闻疑罪"、"应在二部僧中受具足戒"等);比丘尼"著衣"、"乞食"、"布萨"、"结安居"、"自恣"、"受迦絺那衣"、"畜皮革"、"灭诤"等事的做法;比丘尼应先授弟子"二岁戒"(指未受具足戒的出家女子,须二年受学"式叉摩那六法",即"不得杀生"、"不得偷盗"、"不得淫"、"不得妄语"、"不得饮酒"、"不得非时食"),再授"大戒"(指具足戒);比丘尼犯"僧残罪",应由"二部僧"(比丘、比丘尼)作摩那埵羯磨,给与"(行)半月摩那埵"的处罚,"行摩那埵"结束后,由"二部僧各二十人"作出罪羯磨,给与出罪。

比丘尼礼敬比丘时,应"去(指距)比丘不近不远,合掌低头,作是言和南";比丘尼"不得共比丘布萨"(指在一起说戒),应派人请比丘僧差人到尼中作"教诫";比丘尼"不得共比丘自恣",应派人请比丘僧"说见闻疑罪";比丘尼不得擅自"入比丘住处","应唤来"(指比丘呼唤方可进入住处);允许比丘尼着"月水衣"、"覆肩衣";比丘尼"受具足戒"的程序和仪式;比丘尼日常生活中应遵守的各种事项,如不应"著光色衣"、"画眼"、"在比丘前行"、"不系下衣"、"作蛊道"、"作咒术"、"作酒沽"、"畜田犁牛奴、自看耕种"、"压油卖"、"作跶脚戏"等。如关于比丘尼不应“作蛊道”等。说：

> 有诸比丘尼作蛊道，欲杀众生。佛言：若作蛊道，欲杀众生，偷罗遮。作咒术，起死人、欲杀众生，亦如是。……有诸比丘尼作酒沽，多人讥呵。佛言：不应尔，犯者，偷罗遮。有诸比丘尼畜田犁、牛奴，自看耕种。诸白衣讥呵：此诸比丘尼亦自看耕田，与我何异？佛言：不应自看，应使净人知，犯者，突吉罗。有诸比丘尼出息，多人讥呵。佛言：不应尔，犯者，偷罗遮。有诸比丘尼畜淫女，坐肆赁之，多人讥呵。佛言：不应尔，犯者，偷罗遮。有诸比丘尼压油卖，多人讥呵。佛言：不应尔，犯者，偷罗遮。有诸比丘尼跶脚戏，多人讥呵。佛言：不应尔，犯者，突吉罗。悬绳自挂戏，亦如是。（卷二十九，第190页上）

四、集法（第五分，卷三十）

本部分为戒律附属事项的解说，相当于附录（或称“附随”），下分“五百集法”、“七百集法”二项，叙述佛教史上的第一、二次结集。

（一）《五百集法》（第五分，卷三十）。叙述佛入灭后的当年夏安居期间，在王舍城举行的由大迦叶主持、五百比丘参加，旨在编集佛说教法的“第一次结集”的情况。主要内容有：

佛泥洹（即“涅槃”）后，大迦叶率领众弟子从波旬（又称“波婆”）国赶往拘夷城，参加佛的葬礼；途中，他听到跋难陀（佛在世时结群行恶的“六群比丘”之一）说，佛在世时总是要求比丘应当怎样做、不应当怎样做，如今佛去世了，我等从今以后脱离约束之苦，可以“任意所为，无复拘碍”，对此，他深感忧虑；大迦叶对众比丘说，佛虽已入灭，但佛生前说的律法犹在，“应同勖勉，共结集之”，获得了大家的一致赞同；经推选，五百比丘

（又称“五百罗汉”）聚集于王舍城，在夏安居的第三个月，举行结集大会，会上，采用主持者问、诵出者答的方式，由优波离诵出“比（毗）尼藏”（即“律藏”）、阿难诵出“修多罗藏”（即“经藏”，本书没有提及论藏，依此推断，则“第一次结集”只结集了律藏和经藏），经与会者一致认可以后，作为统一的口诵文本确定下来。

诵出经后，阿难因在会上提出“我亲从佛闻：吾般泥洹后，若欲除小小戒，听除”，主张舍弃“小小戒”（又称“微细戒”、“杂碎戒”），受到大迦叶的呵责，并进而追究阿难先前曾劝说佛允许女人（指佛的姨母）出家等事的过失，阿难如实作了辩解，但末了出于对大迦叶的尊重，还是当众作了忏悔；大会结束后，长老富兰那从南方赶来，对迦叶说“我亲从佛闻：内宿（指僧房内储食）、内熟（指僧房内煮食）、自熟（指自己煮食）、自持食从人受、自取果食、就池水受、无净人净果除核食之”，要求将他亲自听到佛开许的这“七条”戒法（《四分律》则作“八事”）也编入《律藏》，但大迦叶未予同意；参加本次结集的“第一上座”至“第八上座”，依次是长老阿若憍陈如、富兰那、昙弥、陀婆迦叶、跋陀迦叶、大迦叶、优波离、阿那律等。如关于“小小戒”，说：

> 阿难复白迦叶言：我亲从佛闻：吾般泥洹后，若欲除小小戒，听除。迦叶即问：汝欲以何为小小戒？答言：不知。又问：何故不知？答言：不问世尊。又问：何故不问？答言：时佛身痛，恐以恼乱。迦叶诘言：汝不问此义，犯突吉罗，应自见罪悔过。阿难言：大德，我非不敬戒，不问此义，恐恼乱世尊，是故不敢。我于是中不见罪相。敬信大德，今当悔过。……迦叶复诘阿难言：若我等以众学法为小小戒，余比丘便言，至四波罗提提舍尼亦是小小戒。若我

等以至四波罗提提舍尼为小小戒，余比丘便复言，至波逸提亦是小小戒。若我等以至波逸提为小小戒，余比丘便复言，至尼萨耆波逸提亦是小小戒。俄成四种，何可得定？迦叶复言：若我等不知小小戒相而妄除者，诸外道辈当作是语：沙门释子，其法如烟，师在之时，所制皆行，般泥洹后，不肯复学。迦叶复于僧中唱言：我等已集法竟。若佛所不制，不应妄制；若已制，不得有违。如佛所教，应谨学之。（卷三十，第191页中、下）

（二）《七百集法》（第五分，卷三十）。叙述佛入灭后一百年时，在毗舍离城举行的由长老耶舍发起、七百比丘参加，旨在裁定毗舍离城跋耆族比丘所行“十事”是否合法的“第二次结集”的情况。主要内容有：

“佛泥洹后百岁”（指佛入灭后一百年），毗舍离城跋耆族比丘出现了受持“十非法”事（指“一盐姜合共宿净，二两指抄食食净，三复坐食净，四越聚落食净，五酥油蜜石蜜和酪净，六饮阇楼伽酒净，七作坐具随意大小净，八习先所习净，九求听净，十受畜金银钱净”）的情况，特别是每逢八日、十四日、十五日，诸比丘便集坐在地上，将盛有水的钵放在跟前，向往来的众人求施金钱，得后共分；耶舍比丘行至毗舍离城，见此情景，十分不悦，他向诸比丘和优婆塞宣说佛在王舍城时曾说过的“沙门释子不应受畜金银珠宝”的道理，劝说不要乞钱和施钱；耶舍的行为惹恼了跋耆比丘，他们先是作“下意羯磨”，令耶舍向优婆塞道歉，既而作“不见罪羯磨”，加以驱摈；耶舍离开毗舍离城，约请以波利邑（又称“波利耶”、“波梨”）国为代表的西方比丘（以“头陀行”著称），赶往毗舍离城，平灭“恶事”，与此同时，跋耆比丘也外出活动，寻求以波夷那（又称“波婆”）国为代表的东方比丘的支持。

七百比丘聚集于毗舍离城，由于人多言杂，无法讨论，经双方协商，跋耆比丘推选一切去、离婆多、不阇宗、修摩那四人为“断事主”（指处理僧事的代表），波利邑比丘（又称“客比丘”、“西方比丘”，代表波利邑、阿槃提、达嚫那等国比丘）推选三浮陀、沙兰、长发、婆沙蓝四人为“断事主”，对“十事”进行审定；由八位代表参加的最高会议，在离婆多长老的主持下，在毗罗耶女所施的园林举行（离婆多的弟子达磨负责“敷座”），会上以离婆多问、一切去答的方式，对“十事”逐一进行了审议和投筹表决，最后，一致认定“跋耆比丘所行，非法、非律、非佛教”；为了使众人信服，离婆多、一切去两位长老还在与会的七百比丘面前，将代表会议上讨论的情况，重新演述了一遍，得到了与会者的认同等。如关于对“十非法”的审议，说：

（七百比丘聚集毗舍离城后）于是，离婆多即集僧，欲论比尼（又作“毗尼”），而多乱语（指人多言杂）。便白僧言：今日欲共论毗尼法，而多乱语，不得有断。彼此众应各求四人僧，为白二羯磨差，为断事主。跋耆比丘先求四人：一名一切去，二名离婆多，三名不阇宗，四名修摩那。波利邑比丘亦求四人：一名三浮陀，二名沙兰，三名长发，四名婆沙蓝。诸上座被僧差已，共作是议：何许地闲静平旷，可共于中论比尼法？即遍观察，唯毗罗耶女所施园好。离婆多即使弟子达磨，往彼敷座，若上座至，汝便避去。受敕即敷。诸上座至次第而坐。于是，离婆多问一切去上座言：盐姜合共宿净不？答言：不净。又问：在何处制？答言：在王舍城。又问：因谁制？答言：因一阿练若比丘。又问：犯何事？答言：犯宿食，波逸提。离婆多言：此是法、此是律、此是佛教，跋耆比丘所行非法、非律、非佛教。今下一筹。……离婆多复问：受畜金银及钱净不？答言：不净。又问：在何处制？答言：在王舍城。又问：因谁制？答言：因难陀跋难陀。又问：犯何事？答言：犯受畜金银及钱，尼萨耆波逸提。离婆多言：此是法，乃至非佛教（此为"跋耆比丘所行非法、非律、非佛教"一句的略译）。今下第十筹。问竟共还，更都集僧。离婆多于大众中，更一一如上，问一切去。下一筹乃至第十筹。于是，离婆多唱言：我等已论比尼法竟。若佛所不制，不应妄制。若已制，不得有违。如佛所教，应谨学之。（卷三十，第193页下—第194页中）

从本书卷十五有"如《瑞应本起》中说"来看，（《大正藏》第二十二卷，第102页下），本书的形成年代，与《瑞应本起经》等晚出的小乘经，当处于同一时期。

有关《五分律》的戒本、羯磨，属于梵本翻译的有：刘宋佛陀什等译《弥沙塞五分戒本》一卷。属于汉地撰集的有：梁明徽集《五分比丘尼戒本》一卷（其中，"波逸提法"有二百十条，较《五分律》多三条）、唐爱同录《弥沙塞羯磨本》一卷等。

第二品　刘宋佛陀什等译《弥沙塞五分戒本》一卷

《弥沙塞五分戒本》，又名《弥沙塞比丘戒本》、《弥沙塞戒本》、《五分比丘戒本》、《五分戒本》，一卷。刘宋佛陀什等译，景平元年（423）译出。梁僧祐《出三藏记集》卷二著录。传今的本子有两个。（1）正本名为《弥沙塞五分戒本》，下题"宋罽宾三藏佛陀什等译”。载于《丽藏》“随”函、《宋藏》“外”函、《金藏》“随”函、《元藏》“外”函、《明藏》“外”函、《清藏》“外”函、《频伽藏》“张”帙（误题“梁明徽集”），收入《大正藏》第二十二卷（编号为1422a）。其中，明智旭《阅藏知津》卷三十三在著录本书时，题作“萧梁建初寺沙门释明徽集”，前人已指出这是错误的（见日本《缘山三大藏目录》卷中）。(2) 别本名为《五分戒本》（注云《弥沙塞戒本》），亦题“宋罽宾三藏佛陀什等译”。也收入《大正藏》第二十二卷（编号为1422b），据《大正藏》在正本之末刊载的编集者的附记，此书实为《十诵比丘波罗提木叉戒本》的别抄本。附记说：“按：此戒本，国本（指《丽藏》本）同于宋本（指《宋藏》本），丹本（指《契丹藏》本）独异，如何去取？今以本书（指《五分律》）捡之，此丹本乃正也。彼国、宋两本，即此随函中《十诵比丘波罗提木叉戒本》鸠摩罗什译者，错重写为《五分戒本》，而云佛陀什译。其间虽有小不同处，但是写笔之错耳。故今取此丹本入藏。”（《大正藏》第二十二卷，第200页中）也就是说，经编集者校勘发现，只有“丹本”（正本）才是与《五分律》内容相符的戒本，而“国本”、“宋本”（别本）其实是姚秦鸠摩罗什译的《十诵比丘波罗提木叉戒本》的别抄，只是有些文字被抄异而已。造成这一差错的主要原因，是由于《弥沙塞五分戒本》、《十诵比丘波罗提木叉戒本》、《摩诃僧祇律大比丘戒本》三本初首的序言、集僧简众语、归敬偈和书末的七佛略说波罗提木叉偈、流通偈基本相同，若不仔细对勘戒法条文（如“不嗅入白衣舍”、“不嗅入白衣舍坐”、“不幞头入白衣舍”、“不幞头入白衣舍坐”等，都是《十诵比丘波罗提木叉戒本》特有的戒条）及译语（如《弥沙塞五分戒本》作“波逸提”，《十诵比丘波罗提木叉戒本》作“波夜提”等），则很容易将本子混同。

今以被《大正藏》列为正本的《弥沙塞五分戒本》为底本进

行解说。

本书是化地部传持的《五分律》比丘戒本（又称“戒经”），系从梵本《五分律》比丘戒中摘录戒法条文，配以说戒仪轨（指程序和仪式）编集而成。全书共收录比丘戒“四波罗夷法”、“十三僧伽婆尸沙法”、“二不定法”、“三十尼萨耆波逸提法”、“九十一波逸提法”、“四波罗提提舍尼法”、“（百）众学法”、”七灭诤法”八类戒法，总计二百五十一条。其初首有序言（始“大德僧听，春时一月”，终“何况余善道法”）、集僧简众语（始“未受具戒者已出”，终小注“一人答言：说欲讫”）、归敬偈（始“合十指爪掌，供养释师子”，终“是人佛法中，能得清净命”）；末尾有七佛略说波罗提木叉偈（始“毗婆尸如来应正遍知”，终“见人为恶自不作”）、流通偈（始“七佛为世尊，能救护世间”，终“惭愧得具足，能得无为道”）、结束语（“诸大德，已说波罗提木叉竟。僧一心得布萨”）。序言说：

> 大德僧听，春时一月，过少一夜，余有一夜三月在，老死至近，佛法欲灭。诸大德，为得道故，一心勤精进。所以者何？诸佛一心勤精进故，得阿耨多罗三藐三菩提（指“无上正等正觉”），何况余善道法。（《大正藏》第二十二卷，第194页下）

本书收录的比丘戒各个戒条，是用一句话或一段话来表述的，并无戒条的名称，很难记诵。今在解说时，依照前述《五分律》的戒名，予以标立，以利研习。

（一）四波罗夷法。叙列“波罗夷法”四条。有：“淫戒”（第一条）、“盗戒”（第二条）、“杀戒”（第三条）、“大妄语戒”（第四条）。

（二）十三僧伽婆尸沙法。叙列“僧伽婆尸沙”十三条。

有："故出不净戒"（第一条）、"摩触女人戒"（第二条）、"与女人粗恶语戒"（第三条）、"媒人戒"（第五条）、"无根波罗夷谤戒"（第八条）、"破僧违谏戒"（第十条）、"助破僧违谏戒"（第十一条）、"恶性拒僧违谏戒"（第十二条）、"污家摈谤违谏戒"（第十三条）等。

（三）二不定法。叙列"不定法"二条。有："屏处不定戒"（第一条）、"露处不定戒"（第二条）。

（四）三十尼萨耆波逸提法。叙列"尼萨耆波逸提法"三十条。有："畜长衣过限戒"（第一条）、"离三衣宿戒"（第二条）、"过分急索衣戒"（第十条）、"乞缕使非亲织师织戒"（第十一条）、"回僧物入己戒"（第十四条）、"畜七日药过限戒"（第十五条）、"畜长钵过限戒"（第二十条）、"杂野蚕绵作卧具戒"（第二十一条）、"未满六年作卧具戒"（第二十四条）、"不揲坐具戒"（第二十五条）、"贩卖戒"（第二十八条）、"贸金银戒"（第二十九条）、"畜金银戒"（第三十条）等。

（五）九十一波逸提法。叙列"波逸提法"九十一条。有："小妄语戒"（第一条）、"毁呰语戒"（第二条）、"两舌语戒"（第三条）、"独与女人说法过五六语戒"（第四条）、"知僧如法断事更发起戒"（第五条）、"毁毗尼戒"（第十条）、"故不随问答戒"（第十二条）、"诬说僧所差人戒"（第十三条）、"用饮虫水戒"（第二十条，包括《四分律》比丘戒"九十单提法"中说的"用虫水戒"、"饮虫水戒"二条）、"辄入尼处教诫戒"（第二十三条，此戒为《四分律》所无）、"数数食戒"（第三十一条）、"别众食戒"（第三十二条）、"非时食戒"（第三十八条）、"故杀畜生戒"（第五十一条）、"不与欲戒"（第五十三条）、"饮酒戒"（第五十七条）、"轻慢不受谏戒"（第五十八条）、"捉金银戒"（第六十九条）、"打比丘戒"（第七十一条）、"覆他粗罪戒"（第七十四条）、

“非时入聚落戒”(第八十三条)、“回僧物与人戒”(第九十一条,此戒为《四分律》所无)等。

(六)四波罗提提舍尼法。叙列“波罗提提舍尼法”四条。有:“从非亲尼受食戒”(第一条)、“受尼指授食戒”(第二条)、“学家受食戒”(第三条)、“恐怖兰若受食戒”(第四条)。

(七)众学法。叙列“众学法”一百条。有:“高著下衣戒”(第一条)、“参差披衣戒”(第十条)、“摇身白衣舍坐戒”(第二十条)、“叉腰白衣舍坐戒”(第三十条)、“蹲行白衣舍坐戒”(第四十条)、“不庠序入白衣舍戒”(第五十条)、“不一心受食戒”(第五十一条)、“溢钵受食戒”(又称“不平钵受饭戒”,第五十二条)、“嗅食食戒”(第五十七条;《十诵比丘波罗提木叉戒本》也有此戒,但《十诵律》则无)、“污手捉食器戒”(又称“食手捉净饮器戒”,第六十条)、“吸食戒”(第六十一条)、“嚼食作声戒”(第六十二条)、“舐食戒”(第六十三条)、“含食语戒”(第六十八条)、“嫌呵食戒”(又称“不恭敬而食戒”,第七十八条)、“嫉心视他钵食戒”(第八十条)、“立大小便戒”(第八十一条)、“水中大小便戒”(第八十二条)、“生草上大小便戒”(第八十三条)、“为现胸人说法戒”(第八十六条;《十诵比丘波罗提木叉戒本》也有此戒,但《十诵律》则无)、“为持盖人说法戒”(第九十五条)、“为骑乘人说法戒”(第九十六条)、“为持刀人说法戒”(第九十八条)、“为持弓箭人说法”(第九十九条)、“上树过人戒”(第一百条)等。

(八)七灭诤法。叙列“灭诤法”七条。有:“现前比尼(一作“毗尼”,下同)”(第一条)、“忆念比尼”(第二条)、“不痴比尼”(第三条)、“本言治比尼”(第四条)、“自言治比尼”(第五条)、“多人语比尼”(第六条)、“草布地比尼”(第七条;《五分律》中,“七灭诤法”末四条的排序则为“自言”、“多人语”、“草布地”、“本言治”）。

上述八类戒法中，每一类戒法的叙述，均包括三个层次：一是标名，指标立此类戒法的名称。二是列戒，指叙列从广律《五分律》中摘录的此类戒法下属各戒的条文。三是结问，指对此类戒法作小结，并三次检问与会的僧众在修持上是否清净，要求众人依律受持。以“三十尼萨耆波逸提法”为例，它的叙述方式是这样的：

> 诸大德，是三十尼萨耆波逸提法，半月半月戒经中说（以上为“三十尼萨耆波逸提法”的标名）。
>
> 若比丘，三衣竟（指僧伽梨等三衣已具足），舍迦絺那衣已（指迦絺那衣的受持时限，七月十六日至十二月十五日的五个月已满，不再享有开许的五种权利），（蓄）长衣（指“三衣”以外的多余的衣服）乃至十日，若过，尼萨耆波逸提（以上为第一条“畜长衣过限戒”）。
>
> 若比丘，三衣竟，舍迦絺那衣已，三衣中，离一一衣宿，过一夜，除僧羯磨（指因病等向僧众报告并得许可者除外），尼萨耆波逸提（以上为第二条“离三衣宿戒”）。
>
> ……
>
> 若比丘，自捉金银及钱，若使人捉，若发心受，尼萨耆波逸提（以上为第三十条“畜金银戒”）。
>
> 诸大德，已说三十尼萨耆波逸提法。今问：诸大德，是中清净不？（第二、第三亦如是说——原注）诸大德，是中清净，默然故，是事如是持（以上为“三十尼萨耆波逸提法”的结问）。（第196页上—第197页上）

值得注意的是，本书“众学法”的条数，虽与《四分僧戒本》相同，均为一百条，但实际内容出入很大。如《四分僧戒本》“众学法”第一条“齐整著内衣,应当学”,本书拆为七条,分别作“不高著内衣,应当学”,“不下著内衣,应当学”,“不参差著内衣,应当学”,“不如多罗叶著内衣,应当学”,“不如象鼻著内衣,应当学”,“不如圆奈著内衣,应当学”,“不细摄著内衣,应当学”。《四分僧戒本》“众学法”第二条“齐整著三衣,应当学”,本书拆为三条,分别作“不高披衣,应当学”,“不下披衣,应当学”,“不参差披衣,应当学”等。另外,《四分僧戒本》“众学法”中有关于礼敬佛塔的二十六条戒(始“佛塔中止宿戒”,终“安佛像在下房戒”)和“担杖络囊戒”等,而本书则无。

与其他部派的比丘戒经相比,本书所特有的戒条有“众学法”的二条。内容叙及:“不拄颊入白衣舍,应当学。”(第三十一条“拄颊入白衣舍戒”)“不舒臂取食,应当学。”(第七十一条“舒臂取食戒”,以上见第199页上、中)

本书的戒经结语,对戒本的内容作了归纳和总结。说:

> 诸大德,已说戒经序,已说四波罗夷法,已说十三僧伽婆尸沙法,已说二不定法,已说三十尼萨耆波逸提法,已说九十一波逸提法,已说四波罗提提舍尼法,已说众学法,已说七灭诤法。是法入佛戒经中,半月半月波罗提木叉中说。及余随道法,是中,诸大姊,一心和合,欢喜不诤,如水乳合安乐行,应当学。(第199页下)

有关《五分律》的戒本,除《弥沙塞五分戒本》以外,还有梁明徽集《五分比丘尼戒本》一卷。

第三门　大众部律典

第一品　东晋佛陀跋陀罗等译《摩诃僧祇律》四十卷

《摩诃僧祇律》，又名《僧祇律》，四十卷（一作“四十六卷”）。东晋佛陀跋陀罗、法显共译，义熙十二年（416）至义熙十四年（418）译出。梁僧祐《出三藏记集》卷二著录。载于《丽藏》“学”至“仕”函、《宋藏》“优”至“摄”函、《金藏》“学”至“仕”函、《元藏》“优”至“摄”函、《明藏》“摄”至“存”函、《清藏》“摄”至“存”函、《频伽藏》“列”帙，收入《大正藏》第二十二卷。

佛陀跋陀罗（359—429），又名“佛驮跋陀罗”（见《出三藏记集》、《高僧传》、《历代三宝纪》等；因“佛驮”的正写当作“佛陀”，故《法经录》、《开元释教录》等将“驮”改作“陀”，后世多用之）、“佛陀跋陀”，意译“觉贤”、“佛贤”，迦毗罗卫国甘露饭王（释迦牟尼的叔父）的后裔，因祖父经商，定居于北天竺（北印度）那呵利城。幼年父母双亡，由舅家养育，初为沙弥，十七岁正式出家，修业精勤，博学群经。后游罽宾（又称“迦湿弥罗”，今克什米尔一带），受业于小乘说一切有部禅师佛大先（又名“佛陀斯那”），以禅、律驰名。应凉州求法沙门智严的劝请，杖锡东行，赴中土弘化。初走陆路，度葱岭、经六国而至交趾，后取海道，乘船到达青州东莱郡（今山东掖县；但《出三藏记集》、《高僧传》中的《智严传》没有提及从交趾取海道而抵青州之事）。前后三年，始抵长安。初与鸠摩罗什相处甚好。后来由于两人宗奉的学说不同，传持的禅法异趣，渐起分歧，被鸠摩罗什门下以“显异惑众”，犯“妄语戒”为借口，摈出长安。庐山慧远闻讯后，将佛陀跋陀罗及其弟子慧观等一行四十余人迎入山中，并请他译出《达摩多罗禅经》。一年后，即东晋义熙八年（412），佛陀跋陀罗游化而至江陵。以后又到扬都（指建康，即今南京），住在道场寺译经。佛陀跋陀罗翻译的佛经，《出三藏记集》卷二著录为“十部凡六十七卷”，其中，《新微密持经》是《出生无量门持经》的异名，《菩萨十住经》是《华严经》的一部分，僧祐作了重复统计，另将《摩诃僧祇律》、《僧祇比丘戒本》列于法显名下，故统计数不甚确切。唐智升《开元释教录》卷三勘定为“十三部一百二十五卷”，其中，《大方广佛华严经》六十卷、《大方等如来藏经》一卷、《达摩多罗禅经》二卷等八部一百十六卷见存，《新无量寿经》二卷等五部九卷阙本。生平事迹见梁僧祐《出三藏记集》卷十四、慧皎《高僧传》卷二等。

法显（生卒年不详），俗姓龚，平阳（今山西临汾县西南）人。三岁度为沙弥（俗称“小和尚”），起先在家居住，数年后住寺。二十岁受具足戒。有慨于律藏残缺，乃于东晋隆安二年（399），乘危履险，西行求法。到达天竺（印度）后，巡礼佛教圣迹。尔后携带经律论梵本，取道师子国（今斯里兰卡）、耶婆提国（今印度尼西亚苏门答腊岛），从海路回国。义熙八年（412）到达青州长广郡牢山（今山东青岛崂山），前后十四年，游历三十余国，为历史上著名的旅行家之一。次年到达建康（今南京）。此后与佛陀跋陀罗一起在道场寺译经。约卒于元熙元年（419）至永初三年（422）之间，世寿八十二岁（此据《出三藏记集》卷十五，《高僧传》卷三则说“春秋八十有六”)。所译尚有《大般泥洹经》六卷(又名《方等大般泥洹经》)、《大般涅槃经》三卷、《杂藏经》一卷(以上今存)、《杂阿毗昙心》十三卷(已佚),撰有《法显传》一卷(今存)。生平事迹见《法显传》、梁僧祐《出三藏记集》卷十五、梁慧皎《高僧传》卷三、唐智升《开元释教录》卷三等。

《摩诃僧祇律》是小乘大众部的广律。据唐玄奘《异部宗轮论》说,此部的主要教义有:诸佛世尊皆是“出世”的,一切如来无“有漏法”(指无烦恼),他们所说的话(“如来语”)皆为“转法轮”;佛“以一音说一切法”(众生随类,各得其解),“所说无不如义”(与义理契符);如来的“色身”(指肉身)、“威力”、“寿量”是没有无边际的;菩萨为了“饶益有情”,甘愿往生“恶趣”(指地狱等),以拯救众生;菩萨能够以“一刹那现观边智”,遍知“四谛”各行相的差别;“阿罗汉”是不会从果位上退失(“无退”)的;佛所说经皆是“了义”(指讲述究竟、真实的教义);“无为法”有九种(指“择灭”、“非择灭”、“虚空”、“空无边处”、“识无边处”、“无所有处”、“非想非非想处”、“缘起支性”、“圣道支性”);众生的“心性”本来是清净的(“心性本净”),只是后来受了由外部事物(“客随烦恼”)的“杂染”,才变得不净;“随眠”(即“烦恼”,此处指“六随眠”,即“贪”、“瞋”、“慢”、“无明”、“见”、“疑”)既不是“心法”,也不是“心所法”,它无所攀缘;“随眠”与“缠”(为“烦恼”的异名,此处指“十缠”,即“无惭”、“无愧”、“嫉”、“悭”、“悔”、“睡眠”、“掉举”、“昏沉”、“忿”、“覆”)是相异的,“随眠”与心不相应,而“缠”与心相应;过去世(“过去”)和未来世(“未来”)是没有实体(“非实有体”)的;“一切法处”(指“意根”攀缘的对象)都是无法被了知、认识和把握(“非所知”、“非所识量”、“非所通达”)的;一切众生都无“中有”(又名“中阴”,众生从死到再次受生之间的形体)等(以上见《异部宗轮论》,《大正藏》第四十九卷,第15页中—第16页上)。

关于《摩诃僧祇律》的来历,本书之末附载的法显《摩诃僧祇律私记》是这样说的:

“中天竺昔时暂有恶王(此似指未信佛教以前作恶的阿育王)御世,诸沙门避之四奔,三藏比丘星离。恶王既死,更有善王(此指信佛以后奉善的阿育王),还请诸沙门还国供养。时巴连弗邑有五百僧,欲断事而无律师,又无律文,无所承案,即遣人到祇洹精舍,写得律本,于今传赏。法显于摩竭提国巴连弗邑阿育王塔南天王精舍,写得梵本,还扬州。以晋义熙十二年岁在丙辰十一月,于斗(当作“道”)场寺出之,至十四年二月末都讫,共禅师(指佛陀跋陀罗)译梵本为秦焉,故记之。

佛泥洹后,大迦叶集律藏,为大师宗,具持八万法藏;大迦叶灭后,次尊者阿难亦具持八万法藏;次尊者末田地亦具持八万法藏;次尊者舍那婆斯亦具持八万法藏;次尊者优波崛多,世尊记(授记)无相佛,如降魔因缘中说,而亦能具持八万法藏,于是遂有五部名生。初昙摩崛多别为一部,次弥沙塞别为一部,次迦叶维复为一部,次萨婆多。萨婆多者,晋言说一切有,所以名一切有者,自上诸部,义宗各异。萨婆多者,言过去、未来、现在中阴各自有性,故名一切有。于是五部并立,纷然竞起,各以自义为是。时阿育王言:我今何以测其是非?于是问僧:佛法断事云何?皆言:法应从多。王言:若尔者,当行筹知何众多。于是行筹,取本众筹者甚多,以众多故,故名摩诃僧祇。摩诃僧祇者,大众名也。”(《大正藏》第二十二卷,第548页中)

从《私记》的记述中可以得知,佛入灭以后,大迦叶结集律藏。此后,律藏由大迦叶、阿难、末田地、舍那婆斯、优波崛多(阿育王时人)五人次第相传。优波崛多以后,由于徒众见解不同,律藏(广律)的传承被分为五个不同的部系,即昙摩崛多部(又名"昙无德部"、"法藏部")、弥沙塞部(又名"化地部")、迦叶维部(又名"饮光部")、萨婆多部(又名"说一切有部")和摩诃僧祇部(又名"大众部")。阿育王(前268—前232年在位)时,曾通过以"行筹"(投筹表决)的方式统计僧众奉习各部广律的情况,结果是奉习《摩诃僧祇律》的人数为最多,阿育王也因此下令僧众统一奉习此律,律名中的"摩诃僧祇"就是"大众"的意思。法显西行求法时,在摩竭提国首都巴连弗邑的阿育王塔南天王精舍,看到了此律的梵本(根据祇洹精舍的藏本写录),他将它抄录下来,带回国内。东晋义熙十二年(416)十一月至义熙十四年(418)二月,在建康(今南京)道场寺,和佛陀跋陀罗共同翻译了此律。

《摩诃僧祇律》的内容包括:(1)比丘僧戒法(卷一至卷二十二)。下分"四波罗夷法"、"十三僧残法"(又称"十三僧伽婆尸沙法")、"二不定法"、"三十尼萨耆波夜提法"、"九十二波夜提法"(又称"单提九十二事法")、"四提舍尼法"(又称"四波罗提提舍尼法")、"众学法"(六十六条)、"七灭诤法"八类戒法,叙述比丘戒二百十八条的制立因缘、戒法条文及其解释。(2)明杂诵跋渠法(卷二十三至卷三十三)。下分十四跋渠(又译"部"、"品",指篇章),叙述僧团的各种制度和行事(其中,卷三十二之末、卷三十三之初记有佛教史上"第一次结集"、"第二次结集"的情况)。(3)明威仪法(卷三十四至卷三十五)。下分七跋渠,叙述比丘的行仪规范。(4)比丘尼戒法(又称"比丘尼毗尼",卷三十六至卷四十)。下分"八波罗夷法"、"十九僧残法"、"三十尼萨耆波夜提法"(又称"三十事")、"一百四十一波夜提法”、“八提舍尼法”、“众学法”(六十四条,本文省略未出)、“七灭诤法”七类戒法,叙述比丘尼戒二百七十七条的制立因缘、戒法条文及其解释。(5) 比丘尼杂跋渠(卷四十)。下分五跋渠,叙述比丘尼的行仪规范。

一、比丘僧戒法(卷一至卷二十二)

本部分为“比丘波罗提木叉分别”,即比丘戒的解说,下分“四波罗夷法”等八类,共收录比丘戒二百十八条。原无总标题,今据《丽藏》本卷一的卷题下有“初比丘僧戒法学”的小注拟立此题。原书中的戒条,是用一句话或一段话来表述的。书中对比丘戒“四波罗夷法”四条,单独标立了戒名,并在比丘戒“单提九十二事法”、“四提舍尼法”、比丘尼戒“八波罗夷法”、“十九僧残法”、“三十事”(指“三十尼萨耆波夜法”)、“一百四十一波夜提法”中,以“跋渠”摄颂的形式,简略地提及部分戒条的名称(但未在正文中分别标立)。除此之外,大多数戒条,均未标立戒名。为便于阅读者把握戒条的要点,今在解说时,沿承古例,依据戒条的文句,统一标立戒名。

(一)《明四波罗夷法》(卷一至卷四)。叙述比丘“波罗夷法”四条(本书也称某条戒法为某“事”或某“戒”,如第一条也称“第一事”或“第一戒”,今在解说时统一称之为“条”)的制立因缘、戒法条文及其解释。其中,“四波罗夷法”的初始部分,记述佛在舍卫国时,就过去“六佛”灭度之后,为何有的“法不久住”,有的“法教久住”,答舍利弗之问,性质相当于全书的序说。其中说道:“如来不广为弟子说九部法,不为声闻制戒,不立说波罗提木叉法,是故如来灭后法不久住。舍利弗,以如来广为弟子说九部法,为声闻制戒,立说波罗提木叉法,是故如来灭度之后教法久住。”(卷一,《大正藏》第二十二卷,第227页中)“有十事利益故,诸佛如来为诸弟子制戒,立说波罗提木叉法。何等十？一者摄僧故，二者极摄僧故，三者令僧安乐故，四者折伏无羞人故，五者有惭愧人得安隐住故，六者不信者令得信故，七者已信者增益信故，八者于现法中得漏尽故，九者未生诸漏令不生故，十者正法得久住，为诸天人开甘露施门故。”（卷一，第228页下—第229页上）所收的戒条有（原书有戒名）：“淫戒”（第一条，卷一至卷二）、“盗戒”（第二条，卷二至卷三）、“杀戒”（第三条，卷四）、“妄语戒”（指“大妄语戒”，第四条，卷四）。

（二）《明僧残法》（一作《明僧残戒》，卷五至卷七）。叙述比丘“僧残法”（又称“僧伽婆尸沙法”）十三条的制立因缘、戒法条文及其解释。所收的戒条有：“故出不净戒”（第一条）、“摩触女人戒”（第二条）、“与女人粗恶语戒”（第三条）、“向女人索淫欲供养戒”（第四条，以上卷五）、“媒人戒”（第五条）、“无主造小房过量戒”（第六条）、“有主造大房不求指授戒”（第七条）、“无根波罗夷谤戒”（第八条，以上卷六）、“假根波罗夷谤戒”（第九条）、“破僧违谏戒”（第十条）、“助破僧违谏戒”（第十一条）、“恶性拒僧违谏戒”（第十二条）、“污家摈谤违谏戒”（第十三条，以上卷七）。如关于“与女人粗恶语戒”等，说：

> 若比丘，淫欲变心，与女人说丑恶语，随顺淫欲法，如年少男女者，僧伽婆尸沙。（“与女人粗恶语戒”，卷五，第268页中）

> 若比丘，欲破和合僧故，勤方便，执持破僧事故，共诤。诸比丘语是比丘言：长老，莫破和合僧故，勤方便，执持破僧事故，共诤，当与僧同事。何以故？和合僧，欢喜不诤，共一学，如水乳合，如法说法，照明安乐住。长老，舍此破僧因缘事。是比丘，诸比丘如是谏时，坚持是事不舍者，诸比丘应第二、第三谏，为舍是事故。第二、第三谏时，舍是事好，

若不舍者，僧伽婆尸沙。（"破僧违谏戒"，卷七，第282页下）

（三）《二不定法》（卷七）。叙述比丘"不定法"二条的制立因缘、戒法条文及其解释。所收的戒条有："屏处不定戒"（第一条）、"露处不定戒"（第二条，以上卷七）。如关于"露处不定戒"，说：

若比丘，与女人独露现处、不可淫处坐，可信优婆夷于二法中，一一法说，若僧伽婆尸沙、若波夜提。比丘自言：我坐是处，二法中，一一如法治，若僧伽婆尸沙、若波夜提，应随可信优婆夷所说，如法治彼比丘。是二不定法。（"露处不定戒"，卷七，第290页中、下）

（四）《明三十尼萨耆波夜提法》（卷八至卷十一；《四分律》、《五分律》中"波夜提"的"夜"作"逸"）。叙述比丘"尼萨耆波夜提法"（又称"舍堕法"）三十条的制立因缘、戒法条文及其解释。所收的戒条主要有："畜长衣过限戒"（第一条）、"离三衣宿戒"（第二条）、"取非亲尼衣戒"（第四条，以上卷八）、"使非亲尼浣故衣戒"（第五条）、"过分乞衣戒"（第七条）、"过分急索衣戒"（第十条）、"杂野蚕绵作卧具戒"（第十三条）、"未满六年作卧具戒"（第十四条）、"不揲坐具戒"（第十五条）、"使非亲尼染羊毛戒"（第十七条，以上卷九）、"畜金银戒"（第十八条）、"贩卖戒"（第十九条）、"贸金银戒"（第二十条）、"未满五缀更求新钵戒"（第二十二条）、"畜七日药过限戒"（第二十三条，以上卷十）、"与衣还夺戒"（第二十四条）、"受雨浴衣过限戒"（第二十五条）、"受急施衣过限戒"（第二十八条）、"回僧物入己戒"（第三十条，以上卷十一）等。如关于"不揲坐具戒"等，说：

若比丘,作新敷具毡尼师檀(指坐具),当著故敷具毡辟(指取)方(指长宽)一修伽陀搩手(又作“一佛搩手”、“一佛磔手”,指佛的大拇指与中指张开的长度,《摩诃僧祇律》称有二尺四寸,《五分律》称有二尺;此指做新坐具时,应当从旧坐具上剪取长宽各二尺四寸的布,缝在新坐具上),为坏好色故。若比丘作新敷具毡尼师檀,不著故敷具毡辟方一搩手,尼萨耆波夜提。(“不揲坐具戒”,卷九,第309页上)

若比丘,所用钵减五缀(指使用的旧钵未满五个补钉),更乞新钵,为好故,尼萨耆波夜提。是钵,应僧中舍,比丘众中最下钵应与,应如是教:汝比丘受是钵,乃至破,是事法尔。(“未满五缀更求新钵戒”,卷十,第315页中)

(若比丘)若十日未满夏三月(《摩诃僧祇律大比丘戒本》作“十日未至自恣”,指在七月六日至十五日的十日之内),得急施衣(指施主因有急事,在夏安居结束前向僧施与的衣服),比丘须者,得自手取,畜至衣时(指“无迦絺那衣者”于“自恣”后一个月即七月十六日至八月十五日、“有迦絺那衣者”于“自恣”后五个月即七月十六日至十二月十五日为受施衣物的时间)。若过时(指超过上述时间)畜者,尼萨耆波夜提。(“受急施衣过限戒”,卷十一,第322页上)

(五)《明单提九十二事法》(卷十二至卷二十一)。叙述比丘“单提法”(又称“波夜提法”、“堕法”)九十二条的制立因缘、戒法条文及其解释。下分“九跋渠”,每一跋渠各收戒十条或十一条,其末有撮略戒名或戒文关键词而成的摄颂(又称“结颂”),以便于记诵。“跋渠”之名,未作为小标题列于所收戒条之首,而是出现在摄颂的末句。首尾"跋渠"的摄颂,分别为:"妄语及种类,两舌以更举。无净及句法,过人说粗罪。亲厚轻呵戒,是初跋渠竟。"(卷十四,第339页上)"食家入王宫,针筒床二褥。坐具覆疮衣,雨衣如来衣,无根谤第十,回向遮布萨。第九跋渠竟。"(卷二十一,第396页中)所收的戒条主要有:

"小妄语戒"(第一条)、"毁呰语戒"(第二条)、"两舌语戒"(第三条)、"如法断事后发诤戒"(第四条,以上卷十二)、"独与女人说法过五六语戒"(第五条)、"实得过人法向未受具人说戒"(第七条,以上卷十三)、"向未受具人说粗罪戒"(第八条)、"强牵比丘出僧房戒"(第十六条,以上卷十四)、"强敷卧具止宿戒"(第十七条)、"往尼住处教诫不白戒"(即"辄入尼处教诫戒",第二十三条)、"受尼赞叹食戒"(第三十条,以上卷十五)、"施一食处过受戒"(第三十一条)、"足食戒"(第三十三条)、"不受食戒"(第三十五条,以上卷十六)、"非时食戒"(第三十六条)、"别众食戒"(第四十条;本书此戒仅存戒名,戒缘、戒条及其解释全缺,译者在小注中说"祇桓精舍中,梵本虫啖,脱无此别众食戒",其戒文见存于《摩诃僧祇律大比丘戒本》之中)、"恶见违谏戒"(第四十五条,以上卷十七)。"随顺被举人戒"(第四十六条)、"打比丘戒"(第五十八条)、"手搏比丘戒"(第五十九条,以上卷十八)、"覆他粗罪戒"(第六十条)、"掘地戒"(第七十三条,以上卷十九)、"过受四月药请戒"(第七十四条)、"饮酒戒"(第七十六条)、"轻慢不受谏戒"(第七十七条)、"作三衣过量戒"(第八十九条,以上卷二十)、"无根僧残谤戒"(第九十条)、"回僧物与人戒"(第九十一条)、"说戒不摄听戒"(第九十二条,以上卷二十一)等。

如关于"如法断事后发诤戒"等,说:

若比丘,知僧如法、如律灭诤已,更发起言:此羯磨不了,当更作(指比丘明知僧众已经依据教法和戒律,作羯磨平息了诤事,又要求另作羯磨)。作是因缘不异,波夜提。(“如法断事后发诤戒”,卷十二,第327页中)

若比丘,食已足,起离坐,不作残食(指“残食法”,又称“余食法”,指比丘受正食饱足离座后,若再受食,须先请一比丘食少许,然后自己再食)食者,波夜提。(“足食戒”,卷十六,第354页下)

若比丘,打比丘者,波夜提。(“打比丘戒”,卷十八,第376页上)

若比丘,知他比丘犯粗罪(指波罗夷罪、僧残罪)覆藏者,波夜提。(“覆他粗罪戒”,卷十九,第376页下)

(六)《四提舍尼》(卷二十一)。叙述比丘“提舍尼法”(又称“波罗提提舍尼法”、“悔过法”)四条的制立因缘、戒法条文及其解释。其末有撮略戒名或戒文关键词而成的摄颂,说:“阿兰若处住,无病受尼食。比丘尼指授,羯磨学家食。四悔过法竟。”(卷二十一,见第399页中)所收的戒条有:“恐怖兰若受食戒”(第一条)、“从非亲尼受食戒”(第二条)、“受尼指授食戒”(第三条)、“学家受食戒”(第四条,以上卷二十一)。如关于“受尼指授食戒”,说:

若比丘,白衣家(指俗家)内请食。比丘尼立,指示言:与是饭,与是羹、鱼肉。诸比丘应语是比丘尼言:姊妹,小住。待诸比丘食竟,若诸比丘中,乃至无一比丘语是比丘尼言……是诸比丘应向余比丘边悔过(指比丘在俗家受食,若有比丘尼偏心地指使将食物给谁吃,应予以制止,不制止则犯戒),如是言:长老,我堕可呵法,此法悔过。(“受尼

指授食戒”，卷二十一，第398页上）

（七）《明众学法》（卷二十一至卷二十二）。叙述比丘“众学法”六十六条的制立因缘、戒法条文及其解释。下分“六跋渠”，每一跋渠各收戒十条或十余条，其末有撮略戒名或戒文关键词而成的摄颂。首尾“跋渠”的摄颂，分别为：“内衣被上服，好覆谛视入。小声不得笑，覆头反抄衣。指行及叉腰，学初跋渠竟。”（卷二十一，第401页上、中）“捉刀持弓箭，持杖并伞盖。后行骑乘人，道外生草上。水中立便利，第六跋渠竟。”（卷二十二，第412页中）所收的戒条主要有：

“不齐整著内衣戒”（第一条）、“不齐整被衣戒”（第二条）、“不覆身入家内（指“白衣舍”，即俗家）戒”（第三条）、“不谛视入家内戒”（又称“顾视入白衣舍戒”，第四条）、“脚指行入白衣舍戒”（第九条）、“叉腰入家内戒”（第十条）、“摇身入家内戒”（第十一条）、“不小声家内坐戒”（又称“高声白衣舍坐戒”，第十六条）、“反抄衣家内坐戒”（第十九条）、“抱膝家内坐戒”（又称“蹲坐白衣舍戒”，第二十条，以上卷二十一）。

“交脚家内坐戒”（又称“累脚白衣舍坐戒”、“垒足白衣舍坐戒”，第二十一条）、“动手足家内坐戒”（又称“不善摄身白衣舍坐戒”，第二十三条）、“张口待食戒”（第三十条）、“含食语戒”（第三十三条）、“吮指食戒”（第三十六条；此为本书特有的戒条）、“遗落饭食戒”（第四十条）、“以钵中残食弃地戒”（又称“洗钵水弃白衣舍戒”，第四十七条）、“人坐己立说法戒”（第四十八条）、“人在高座己在下座说法戒”（第五十条）、“为抱膝蹲人说法戒”（第五十五条；此为本书特有的戒条）、“为翘脚人说法戒”（第五十六条）、“为持刀人说法戒”（第五十七条）、“为持盖人说法戒”（第六十条）、“生草上大小便戒”（第六十四条）、

“水中大小便戒”（第六十五条）、“立大小便戒”（第六十六条，以上卷二十二）等。如关于“不齐整著内衣戒”等，说：

> 齐整著内衣，应当学。（“不齐整著内衣戒”，卷二十一，第399页中）
>
> 谛视（指目光平视，不左右顾视）入家内（指俗家），应当学。（“不谛视入家内戒”，卷二十一，第400页上）
>
> 不得张口待饭食，应当学。（“张口待食戒”，卷二十二，第404页下）
>
> 不得为翘脚人（意谓无恭敬心者）说法，除病（指病人除外），应当学。（“为翘脚人说法戒”，卷二十二，第409页下）
>
> 不得水中大小便、涕唾，除病，应当学。（“水中大小便戒”，卷二十二，第411页下）

（八）《七灭诤法》（卷二十二）。因有关处理僧众内部的方法，在本书卷十二《明单提九十二事法》的“知僧如法灭诤更发起戒”中已有详细的说明，故在此没有展开，只是概括性地说：

> 世尊弟子僧无量常所行事，一切七止诤法灭，是名常所行事七止诤法灭。是故说，若比丘，知僧如法如毗尼灭，乃至后更举，波夜提（此句为“知僧如法灭诤更发起戒”），七灭诤法竟。法随顺法（意谓“法之随顺法”，指随顺于戒经的其他规制）者，如二部毗尼，随顺者，顺行此法也。波罗提木叉分别竟。（卷二十二，第412页中）

而据《摩诃僧祇律大比丘戒本》叙列，这里所说的“七灭诤法”，是指“现前比尼（一作“毗尼”，下同）”、“忆念比尼”、“不痴比尼”、“自言治比尼”、“觅罪相比尼”（又称“本言治毗尼”）、

“多觅罪相比尼”（又称“多人语毗尼”）、“如草敷地比尼”（又称“如草布地毗尼”）。

在《摩诃僧祇律》中，比丘戒、比丘尼戒重要戒条的叙述形式，一般是由四段式构成的：一、制戒因缘（又称“戒缘”），指制戒的原委与经过；二、戒法条文（又称“戒相”、“戒文”），指戒条的表述文句；三、文句解释（又称“文句分别”），指戒条文句的解释；四、犯相解释（又称“犯相分别”），指犯戒相状的解释。有些戒条的前面，往往有“十利义”（又称“十事利益”）作为前导语。若是比丘戒，则作“以十利故，与诸比丘制戒，乃至已闻者当重闻”，或“为诸比丘制戒，乃至已闻者当重闻”；若是比丘尼戒，则作“以十利故，与诸比丘尼制戒，乃至已闻者当重闻”。其后便是正式的戒法条文。若同一条戒有几次制立，则每次都有不同的制戒因缘和戒法条文，而戒条解释通常是对最后一次制立的戒法条文作释。此外，也有少数戒条，或因制戒因缘与前相同，或因戒法条文较为简明，其叙述形式呈简略式，是只列戒法条文，没有制戒因缘和戒条解释的。与《四分律》、《五分律》、《十诵律》相比，本书在制戒因缘方面，增添了相关的本生故事，即不仅有当时发生的引发制戒的现实的事缘，而且有由此追溯的相关人物之所以会如此作为的往世因缘；在戒条解释方面，“四波罗夷法”各戒的最后，增添了有关此戒制立的地点、时间和初犯者的内容。凡此种种，构成了《僧祇律》的一大特色。

以“大妄语戒”为例，它的制戒因缘是这样的：

佛在舍卫城时，有两部分比丘共住在一个村落里作夏安居，夏安居结束以后，他们先后回到城里，面礼世尊（指佛）。佛向他们询问了夏安居期间的情况。一部分比丘说，“乞食难得，衣物不足”，居士们不常与他们来往；而另一部分比丘，则说“乞食易得，多得安居衣”，居士们与他们来往的很多。为什么住在同一个村落里的比丘，遭遇会如此不同？“乞食易得”的比丘说，这是因为他们在到居士家乞食时，“自赞叹所修习功德”，即自我称誉已证得“过人法”（《四分律》、巴利文《律藏》作“上人法”），因而获得供养的缘故。佛严厉地批评了这种“为身利养，不实空自赞叹”的做法，指出，“宁啖灰炭，吞食粪土，利刀破腹，不以虚妄称过人法，而得供养”（卷四，《大正藏》第二十二卷，第259页上）。

其后，又发生了有一位长老比丘入村乞食，当有人问他是否证得“过人法”时，起初他说实话，说未证得，人家因而不愿施食他，眼看快到中午，饥乏羸顿，若还乞不到食，将饿一天，于是当又有人问时，他改口说已证得“过人法”，以获取施食的事情（《四分律》中的戒缘，与上述略异。说，佛在毗舍离城，因时值饥荒，乞食难得，命众比丘随亲友、善知识分散作夏安居，在婆裘河边安居的那些比丘，“往至诸居士家，自说：我得上人法、是阿罗汉、得禅、得神通知他心”，从而获得了居士们的尊敬，居士们自己不吃，也不给妻儿吃，将节省下来的饭食供养他们，致使他们吃得白白胖胖，容光焕发；而在毗舍离安居的那些比丘，因为没有这样做，致使乞食难得，饿得形体枯瘦，面容憔悴。没有提到这位长老比丘的事）。佛呵责了这位比丘的行为，并讲述了此事的往世因缘（说这位比丘前世为狼，“本为狼时，志操无恒，今虽出家，心故轻躁”）。为此，佛召集众比丘聚会，首次制立了“大妄语戒”，戒文是：“若比丘，未知未了，自称得过人法，圣知见殊胜，如是知、如是见者，是比丘得波罗夷，不应共住。”（卷四，第259页下）

此后，佛在舍卫城时，有两个比丘住阿练若（山林小寺）修行。其中，有一个比丘暂时降伏了烦恼，便以为自己已经得道，是阿罗汉了。后来，他游行于村落之间，放纵诸根（眼、耳、鼻、舌、身、意），废习禅定，烦恼又生起了。此时，他才觉悟到原来的烦恼仍在，并没有断灭。有人说他妄称得“过人法”，犯了“波罗夷罪”。佛了解情况后，对众人说，他并非是故意说此妄语的，犯的不是“波罗夷罪”，而是“增上慢”（指对殊胜之法起轻慢心，未得言得、未证言证）。那个比丘接受了佛的批评，后来精勤修行，除去了“增上慢”的缺点，真的成了阿罗汉。为此，佛又讲述了此比丘的往世因缘（说佛的前生为海神，此比丘的前生为婆罗门，婆罗门因蒙海神之恩，而“得大果报”）。并进而对“大妄语戒”作了修订。由于此次制戒以后，没有再作修改，因而也就成为最后确定的条文。

有关“大妄语戒”的条文及其解释（包括文句解释和犯相解释），书中写道：

> 若比丘，未知未了，自称得过人法，圣知见殊胜，我如是知、如是见。彼于后时，若检挍，若不检挍，犯罪欲求清净故，作如是言：长老，我不知言知，不见言见，虚诳不实语。除增上慢，是比丘得波罗夷，不应共住（本段为“大妄语戒”的条文）。
>
> 比丘者，乃至年满二十受具足，是名比丘（以上释“比丘”）。未知者，无智故。未了者，未断故。自称者，称己也（以上释“未知”、“未了”、“自称”）。……过人法者，十智，法智、未知智、等智、他心智、苦集灭道智（指苦、集、灭、道四智）、尽智、无生智。……十贤圣住处、十一切入、十离炽然法、十无学法、十种漏尽力，此名过人法（以上释“过人法”）。……虚者，空也。诳者，不如实。妄语者，妄自称说（以上释“虚诳不实语”）。除增上慢者，世尊所除波罗夷者（以上释“除增上慢”），如上说。复次，波罗夷者，离不妄

语，退没堕落，是名波罗夷。复次，有波罗夷者，所可犯罪，不可发露悔过，是名波罗夷（以上释“波罗夷”；本段为“大妄语戒”的文句解释）。

若比丘自言我法智耶，犯越比（一作“毗”）尼罪。若言我法智，偷兰罪。若言我得法智，波罗夷。如是断、如是修、如是作证，如是一一广说，乃至言我漏尽力耶，得越比尼罪。若言我漏尽力，得偷兰罪。若言我得漏尽力，波罗夷。……不知言知，不见言见，空诳不实语，除增上慢，是比丘得波罗夷，不应共住（本段为“大妄语戒”的犯相解释）。

世尊于舍卫城，成佛六年冬分第四半月十三日，食后东向坐三人半影，为聚落中众多比丘制此戒，及增上慢比丘。已制当随顺行，是名随顺法（本段记“大妄语戒”的制戒地点、时间和初犯者）。（第260页下—第262页上）

在每一戒的叙述文字中，戒法条文是内容的核心，制戒因缘、文句解释和犯相解释都是围绕戒条展开的，作为僧团每半月一次的说戒活动，所诵读的也是这些戒条。

二、杂诵跋渠法、威仪法（卷二十三至卷三十五）

本部分为大众部所传的“毗尼摩得勒伽”，即律论，下分“明杂诵跋渠法”、“明威仪法”二类，采用先逐一解释事项，然后以“摄颂”的形式给出“本母”，叙述僧团的各种制度和行事。其内容相当于巴利文《律藏》、《五分律》、《四分律》、《十诵律》等上座部广律中的“犍度”（根本说一切有部称作“律事”）。但本书是将相当于某“犍度”的内容以及一些本篇独有的内容，分散到几个“跋渠”中去叙述的，某“跋渠”与某“犍度”整体对应的情况很少。

（一）《明杂诵跋渠法》（又作《杂诵跋渠法》、《杂跋渠》，卷二十三至卷三十三）。叙述僧团的各种制度和行事。下分“十四跋渠”，每一跋渠大致上叙述十事，其末有撮略十事纲目（也可称为关键词）而成的摄颂，给出“本母”。如“初跋渠”的摄颂说：“具足不名受，支满不清净。羯磨及与事，折伏不共语。摈出发欢喜，初跋渠说竟。”（卷二十四，第426页中）对照正文可知，这里指的是“具足”、“不名受”、“支满”、“不清净”、“羯磨”、“（羯磨）事”、“折伏（羯磨）”、“不共语（羯磨）”、“摈出（羯磨）”、“发欢喜（羯磨）”十事，它们就是“初跋渠”的“本母”。也就是说，《明杂诵跋渠法》的“本母”，就是“十四跋渠”摄颂中提及的那些事项，长行（即散文）则以具体的事例和理论分析，对事项一一进行解释。依据摄颂中提及的事项统计，《明杂诵跋渠法》总计叙事一百四十项（印顺《原始佛教圣典之集成》统计为一百三十九项）。由于受摄颂字数的限制，摄颂中出现的事项、前后次序和使用的字词，与长行中实际表述之间，也存在着一定的出入（如“第四跋渠”摄颂提到的“布萨”、“羯磨”、“与欲”、“说清净”四事，在长行中是合为“布萨”一事；“第九跋渠”摄颂中“眼药并筒眼药，牛皮揩脚物”两句所叙的事项，在长行中是先“牛皮揩脚物”，后“眼药并筒眼药”等），故上述统计数只是一个大概的数字。

（1）初跋渠（又称“第一跋渠”，卷二十三至卷二十四）。内容大致相当于《四分律》中《受戒犍度》、《呵责犍度》的一部分。所叙的律事有：“四种具足法”，指四种受具足戒的方法，“自具足、善来具足、十众具足、五众具足”；“不名受具足”，指不应授与具足戒者，如“无羯磨师”、“坏比丘尼净行”、“盗住”、“越济人”、“五逆”、“六种不能男”、“太少”、“太老”、“截手脚”、“截耳鼻”、“盲”、“聋”、“哑”、“曲脊”、“侏儒”、“王臣”、“负债人”、“病人”、“家奴”、“陋形人”等；“羯磨”，指“四羯磨、二羯磨、白一羯磨、白三羯磨、四众作羯磨、五众作羯磨、十众作羯磨、二十众作羯磨”等；“羯磨事”，指“比丘受具足羯磨事、比丘尼受具足羯磨事、支满羯磨事、遮法清净羯磨事、不具足清净羯磨事、不生戒羯磨事、罪根羯磨事、不舍根羯磨事、舍根羯磨事、和合根羯磨事”，“折伏羯磨、不共语羯磨、摈出羯磨、发喜羯磨”等。如关于“四种具足法”，说：

> 世尊成道五年，比丘僧悉清净，自是已后，渐渐为非。世尊随事为制戒，立说波罗提木叉。四种具足法，自具足、善来具足、十众具足、五众具足。自具足者，世尊在菩提树下，最后心廓然大悟，自觉妙证，善具足，如线经（指契经）中广说，是名自具足。善来具足者……佛告舍利弗：如来所度阿若憍陈如等五人，善来出家，善受具足，共一戒、一竟、一住、一食、一学、一说；次度满慈子等三十人；次度波罗奈城善胜子；次度优楼频螺迦叶五百人；次度那提迦叶三百人；次度伽耶迦叶二百人；次度优波斯那等二百五十人；次度汝、大目连各二百五十人；次度摩诃迦叶、阐陀、迦留陀夷、优波离；次度释种子五百人；次度跋渠摩帝五百人；次度群贼五百人；次度长者子善来。如是等，如来所度善来比丘出家，善受具足，共一戒、一竟、一住、一食、一学、一说。舍利弗，诸比丘所可度人，亦名善来出家，善受具足，乃至共一说，是名善来受具足。十众受具足者，佛告舍利弗：从今日制受具足法，十众和合一白三羯磨，无遮法，是名善受具足。……佛告诸比丘：富楼那在输那边国，遣亿耳来，从我乞五愿，从今日后，听输那边国五愿。……此间十众，自受具足、善来受具足、十众白三羯磨受具足，输那边地五众白三羯磨受具足。是名四种受具足。（卷二十三，第412页

中—第416页上）

（2）第二跋渠（卷二十四至卷二十六）。内容大致相当于《四分律》中《呵责犍度》、《覆藏犍度》、《人犍度》、《瞻波犍度》、《灭诤犍度》、《拘睒弥犍度》的一部分。所叙的律事有："举羯磨"（指"不见罪举羯磨"、"谤契经不舍举羯磨"、"不舍恶邪见举羯磨"、"不舍边见举羯磨"）、"成就十四法是名持律最第一"（指"知罪、知无罪、知重、知轻、知覆、知不覆、知可治、知不可治、知得清净、知不得清净、得四禅功德住现法乐、得天眼天耳宿命通、尽有漏、得无漏"）、"别住"（又称"波利婆沙"）、"摩那埵"（又称"悦众意"）、"出罪"（又称"阿浮呵那"）、"应羯磨"（指"如法和合羯磨"）、"不应羯磨"（指"非法不和合羯磨"、"非法和合羯磨"、"如法不和合羯磨"）、"他逻吔"（又称"闼赖吒"，意为"住地"，指"于正法不动"者）、"异住"（指"破僧"者）、"波罗夷学悔"（指对初次犯"四波罗夷法"的淫戒又立即发露忏悔者，应作"波罗夷学悔羯磨"，剥夺他的比丘身份，终身以"与学沙弥"的身份留在僧团，为僧众作劳务）、"觅罪相"（指对犯罪后自称"不忆"的比丘，应作"觅罪相羯磨"，令他"尽寿应行八事"，如"不得度人"、"不得与人受具足"、"不得与人依止"等）等。如关于"行波利婆沙比丘，应随顺行七事"，说：

> 行波利婆沙比丘，应随顺行七事（指犯"僧残罪"的覆藏者，在受"别住"处罚期间应遵行的七事）。何等七？一比丘事、二比丘尼事、三眷属事、四入聚落事、五执众苦事、六受拜事、七王事。云何比丘事？不得受比丘礼，不得说比丘罪，不得与比丘语论……不得作比丘使，不得在比丘前后行，入聚落、众集时，不得为众作说法人，除别处，是名比丘事。云何比丘尼事？不得受比丘尼礼，不得说比丘尼罪，不

得与比丘尼语论……不得往教诫比丘尼,若已受者,不得往,是名比丘尼事。云何眷属事?不得度人,不得与人受具足,不得受人依止及畜沙弥,不得受比丘供给,不得授人经,不得从他受经,本所诵经,当细声诵,若先有依止弟子,教令依止他,当断眷属,是名眷属事。云何入聚落事?不得太早入聚落、太晚出,不得在前后行……坐时、食时在比丘下,不得使人迎食,不得与人迎食,除次到,是名入聚落事。云何执众苦事?晨起,扫塔院、僧院,授僧水,洗僧大小行处,如是一切可作事,应随力作,不得与欲(指不得委托他人表示自己赞同僧众所作事的意愿,亦即请假),不得受他欲(指不得接受他人的请假委托),除次到,是名执众苦事。云何受拜事?不得受一切拜,白一羯磨、白三羯磨,尽不得受,是名受拜事。云何王事?不得恃王、大臣、居士、凶人力势,不得嫌佛、嫌法、嫌僧、嫌羯磨人,但自责,不得嫌他,是名王事。波利婆沙比丘,行此七事,是名随顺行,不行者,是名不随顺行。(卷二十五,第433页上、中)

(3) 第三跋渠(卷二十六至卷二十七)。内容大致相当于《四分律》中《瞻波犍度》、《破僧犍度》、《房舍犍度》的一部分。所叙的律事有:"举他"(指举罪,下分"自身成就五法得举他人"、"五非法举他"、"自五法成就众僧中不应举他"等)、"治罪"(指犯波罗夷罪,"应还俗人"等)、"驱出"(指"七事应驱出")、"异住"(对破僧者而言)、"僧断事"(指"拜断事人",即推选处理僧团内部纷争的知事比丘)、"园田法"(又称"田地法")、"田宅法"、"僧伽蓝法"(含"起声闻塔法")、"营事法"(指作房的营事比丘可住五年)、"床褥法"、"恭敬法"(又称"恭敬上座法")等。如关于"治罪"、"驱出",说:

治事者。云何治？犯波罗夷罪，应还俗人，作沙弥僧，应驱出。犯僧伽婆尸沙罪，若覆者（指覆藏者），与波利婆沙（又称“别住”）、摩那埵（又称“悦众意”，指六天六夜为僧众作劳务）、阿浮呵那（又称“出罪”），不覆者（指不覆藏者），行摩那埵、阿浮呵那。犯尼萨耆波夜提罪者，此长物（指超过规定蓄存的衣钵药等）应僧中舍已，在长老比丘前，偏袒右肩、胡跪合掌，作是言：我长衣（指“三衣”以外的多余的衣服）过十日已，众僧中舍，犯波夜提罪，悔过。前人问言：汝见此罪不？答言：见。语言莫更作，答言：我顶戴持。乃至羯磨衣与一人，后应还。犯波夜提，乃至越毗尼（指违犯戒律）罪，亦如是悔。驱出者，有七事，坏尼净行、盗住、越济、五逆、不能男、犯四波罗夷、沙弥恶见，是名七事应驱出。（卷二十六，第442页下）

（4）第四跋渠（卷二十七至卷二十八）。内容大致相当于《四分律》中《说戒犍度》、《遮犍度》、《安居犍度》、《自恣犍度》、《迦絺那衣犍度》、《衣犍度》的一部分。所叙的律事有：“布萨法”（下分“偈布萨”、“示布萨”、“昼日布萨”、“与欲”、“与清净欲”、“四布萨”、“四说”、“七事应遮布萨”、“二事应遮布萨”等，其中的“偈布萨”是指多数戒本之末刊载的七佛略说戒经偈）、“安居法”、“自恣法”、“迦絺那衣法”、“非迦絺那衣”（又称“不名迦絺那衣”，指“非时作、不截缕净、不染净、不点净、不刀净”等）、“舍迦絺那衣法”（指“十事舍迦絺那衣”）、“衣法”（按“安居未竟、安居竟、是中安居、畏失命、畏失梵行、非时衣、时衣、俱睒弥”等，分别叙述）等。如关于“自恣法”，说：

佛告诸比丘：从今日，为诸弟子制自恣法。三月、三语、安居竟、是处安居是处自恣、从上座、和合。三月者，从四月十六日至七月十五日。三语者,见、闻、疑。安居竟者,前安居,从四月十六日至七月十五日;后安居,从五月十六日至八月十五日。……是处安居、是处自恣者,若比丘聚落中安居,闻城中自恣日,种种供养、竟夜说法,众欲往者,应十四日自恣已,得去。若此处安居,余处自恣者,越毗尼罪。从上座者,不得从小,逆作次第,应从上座次第下,不得行行置人,如益食法,不得超越,不得总唱言:一切大德僧,见、闻、疑罪自恣说。是名从上座。应拜五法成就者,作自恣人。……是自恣人,应从上座为始。……如是展转次第,下到自坐处,应受自恣,不得受僧自恣竟,然后自恣。和合者,不得不和合受自恣,不得与欲受自恣(指不得委托他人受自恣)。(卷二十七,第451页中、下)

(5) 第五跋渠(卷二十八至卷二十九)。内容大致相当于《四分律》中《受戒犍度》、《药犍度》、《杂犍度》的一部分。所叙的律事有:"看病比丘法"(又称"看病人法")、"药法"、"和上、阿阇梨共住弟子、依止弟子法"(指"和上"与"共住弟子"、"阿阇梨"与"依止弟子"之间的关系,此中包括"和上法"、"阿阇梨法")、"沙弥法"、"钵法"、"粥法"、"饼法"、"菜法"、"麨(指炒熟的米麦粉)法"、"浆法"、"苏毗罗浆法"等。如关于"看病比丘法",说:

病比丘法者。佛住舍卫城,广说如上。佛语阿难:取户钥来,如来欲按行僧房。答言:善哉,世尊。即取户钥,随世尊后。时世尊到一破房中,见有一病比丘卧粪秽中,不能自起。……不得食来已经七日。……佛语比丘:取衣来,我为汝浣。尔时,阿难白佛言:置,世尊!是病比丘衣,我当与浣。……阿难即浣,世尊灌水,浣已日曝。时阿难抱病比丘，举著露地，除去粪秽，出床褥诸不净器，水洒房内。扫除已，巨磨涂地，浣晒床褥，更织绳床敷著本处，澡浴病比丘，徐卧床上。……佛告比丘：……汝等各各异姓、异家、信家、非家、舍家、出家，皆同一姓沙门释子，同梵行人不相看视，谁当看者？比丘，譬如恒河遥扶那萨罗摩酰，流入大海，皆失本名，合为一味，名为大海。汝等如是，各舍本姓，皆同一姓沙门释子，汝等不相看视，谁当相看？……若比丘病，和上应看……阿阇梨应看……同房应看……比房应看，若不看者，越毗尼罪。若无比房者，僧应差看，随病人，宜须几人应与，若不看者，一切僧，越毗尼罪。（卷二十八，第455页上、中、下）

(6) 第六跋渠（卷二十九至卷三十一）。内容大致相当于《五分律》中《调伏法》、《四分律》中《比丘尼犍度》、《药犍度》的一部分。所叙的律事有：“毗尼法”（又称“比尼断当事”，对“孙陀罗难陀”、“新染色”、“余处举”等二十五种犯戒事例作详细的解释，每事之末均有“如是毗尼竟”的结语）、“障碍不障碍法”（指檀越请比丘去受食，应言“若中间无障碍，当来”）、“比丘尼法”（指“比丘尼八敬法”）、“内宿、内煮、自煮”（指僧房内储食、煮食、僧人自己煮食，为戒律禁止的事项，下同）、“受生肉”、“受生谷”、“自取更受”（指到檀越的果园吃果实后，又拿回去）、“皮净”（指允许剥去果皮而食）、“火净”（允许火烤果实而食）等。如关于“比丘尼法”中的“求比丘教诫比丘尼”事，说：

若比丘成就十二法，僧应羯磨作教诫人。何等十二？一持戒，二多闻不忘，三持律广略，四辩才能说，五学戒，六学定，七学慧，八能除恶邪，九梵行清净，十不污比丘尼净行，十一忍辱，十二满二十岁（此指僧腊满二十岁）。若过

> 是,名成就十二法,僧应拜作教诫比丘尼人。……是比丘受羯磨已,应教诫比丘尼。教法者,有八事。何等八?一非时,二非处,三过时,四时未至,五不和合,六眷属,七长句说法,八迎教诫。非时者,从日没,至明相未出(指至次日黎明以前)教诫,是名非时,若比丘非时教诫比丘尼者,波逸提。非处者,不得深猥处,不得露现处,当在不深不露处,若讲堂、若树下,若比丘非处教诫比丘尼,越毗尼罪,是名非处。过时者,十四日、十五日是名过时。时未至者,月一日,若二日、三日,是名时未至。应从四日至十三日往教诫。……不和合者,比丘尼僧不和合,不应教诫,和合已,然后教诫。……眷属者,不得偏教诫,应一切尼僧和合已,然后教诫,是名眷属。长语(一作"长句")说者……姊妹,此是教诫,欲听者便听,去者任意。若比丘长语教诫比丘尼者,越毗尼罪,是名长语说法。迎教诫人法者……合掌设敬,代担衣钵。(卷三十,第475页上、中、下)

(7) 第七跋渠(卷三十一)。内容大致相当于《四分律》中《衣犍度》、《瞻波犍度》、《皮革犍度》、《杂犍度》的一部分。所叙的律事有:"重物"(指"床褥、铁器、瓦器、木器、竹器"等)、"无常物"(指亡故比丘的遗物)、"痴病羯磨"(指对患痴狂病的比丘作羯磨)、"见不欲"(指若见僧中作非法羯磨,应当劝阻)、"破信施"(指将檀越施与的物品,转送给恶人)、"革屣法"、"屐法"、"浴法"、"香屑法"(又称"末屑法")、"杖络囊法"等。如关于"屐法",说:

> 屐法者。佛住王舍城耆旧童子庵拔罗园,佛为阿阇世王竟夜说《沙门果经》。时优波难陀听久疲极,还自房宿。至后夜起,著屐而来,唧唧作声。象马闻之,竟惊而鸣。时

王闻已恐怖,即还入城。诸比丘以是因缘,往白世尊。佛言:呼优波难陀来。来已,佛问优波难陀:汝实尔不?答言:实尔。佛言:从今日后,不听著屐。复次,佛住王舍城,时比丘在天帝释石室边坐禅,有比丘著屐,在前经行,时坐禅比丘闻声已,心不得定。诸比丘以是因缘,往白世尊,乃至佛言:从今日后,不听著屐。……脚穿屐时,越比尼(又作"毗尼")罪。若欲洗脚,得横屐蹑上,不犯。比丘著革屐时,应牵根上。若不牵上者,越比尼,心悔(指须内心作忏悔)。若著无根者,得越比尼罪。是名屐法。(卷三十一,第482页上、中)

(8)第八跋渠(卷三十一至卷三十二)。内容大致相当于《四分律》中《杂犍度》的一部分。所叙的律事有:"蒜法"、"覆钵法"(指对轻慢比丘的施主,比丘应作"覆钵羯磨",不得往入其家)、"衣纽绁结法"、"腰带法"、"带结法"、"乘法"、"共床卧法"、"共坐法"、"共食法"(又称"共器食法")、"机食法"(又称"机上食法","机"指桌子)等。如关于"蒜法",说:

蒜法者。佛住王舍城。尔时,弥祇居士请僧食蒜,时六群比丘(指难陀等六个结群行恶的比丘,佛制戒多因他们的恶行而起)诣园食蒜,狼藉弃地,复持还归。……诸比丘以是因缘,往白世尊,乃至佛告诸比丘:从今日不听食蒜。复次,佛住王舍城。尔时,世尊为大众说法,时有比丘食蒜,在下风而坐,畏熏诸梵行人……佛言:从今已后,不听食蒜。复次,佛住迦维罗卫释氏尼拘律精舍。如来五日一行诸比丘房,见比丘病羸瘦瘀黄。佛知而故问:比丘调适安隐住不?答言:世尊,我病不调,本俗人时食蒜便差,世尊制不听食蒜,是故不乐。佛言:从今日听病比丘食蒜。

……服已，应七日行随顺法。在一边小房中，不得卧僧床褥，不得上僧大小便处行，不得在僧洗脚处洗脚，不得入温室、讲堂、食屋，不得受僧次差会，不得入僧中食及禅坊，不得入说法布萨僧中，若比丘集处一切不得往，不应绕塔，若塔在露地者，得下风遥礼。七日行随顺法已，至八日，澡浴、浣衣熏已，得入僧中。若比丘不病食蒜，病食蒜不行随顺法，二俱越比尼罪。是名蒜法。（卷三十一，第 483 页中、下）

(9) 第九跋渠（卷三十二）。内容大致相当于《四分律》中《药犍度》、《杂犍度》的一部分。所叙的律事有："为杀"（指不得为比丘食而杀动物）、"食肉"（指不得食"人肉"、"龙肉"、"象肉"、"马肉"、"狗肉"、"乌肉"、"鹫鸟肉"、"猪肉"、"猕猴肉"、"师子肉"）、"肉蒜法"（指用蒜泥涂疮）、"皮法"、"揩脚物"、"眼药"、"眼药筒"、"眼药筹法"、"伞盖法"、"扇法"、"拂法"等。如关于"伞盖法"，说：

盖法者。佛住王舍城。时世人节会日，男女游观，时六群比丘持种种杂色伞盖，有持树皮伞盖者，为世人所嫌：云何沙门释子，如王子大臣，持种种杂色伞盖。见持树叶者，复作是言：云何沙门释子，如下贱使人，持树叶伞盖行，此坏败人，何道之有。诸比丘以是因缘往白世尊，乃至佛言：从今已后，不听持伞盖。复次，佛住舍卫城。时长老阿那律金毗罗，在塔山安居竟，还舍卫城礼拜世尊。佛知而故问：比丘衣何故咸污乃尔？比丘答言：世尊制戒，不听持伞盖，我乞食被雨，是故如是。佛言：从今日后，听持伞盖。伞盖者，树皮盖、树叶、盖竹盖，如是等盖听用，不听种种杂色伞盖。是名伞盖法也。（卷三十二，第 488 页上）

(10) 第十跋渠(卷三十二至卷三十三)。内容大致相当于《四分律》中《药犍度》、《杂犍度》、《破僧犍度》、《集法毗尼五百人》、《七百集法毗尼》的一部分。所叙的律事有:"刀治"(指刀治痔病)、"灌筒法"(指用筒灌油治干痟病)、"剃发法"、"作具"(指剃发的用具)、"破僧"、"和合僧"、"五百比丘集法藏"、"七百集法藏"、"略说比(毗)尼"等。如关于"五百比丘集法藏"时优波离提出的"五净法"(此为上座部广律所无的独特的说法),说:

> 尊者优波离即作是念:我今云何结集律藏?五净法,如法如律随喜,不如法律者应遮。何等五?一制限净,二方法净,三戒行净,四长老净,五风俗净。制限净者,诸比丘住处作制限(指以同一住处的比丘众制立的规制为净法),与四大教(指从"佛"、僧团的"长老"、通晓"三藏"的"众多比丘"、通晓"三藏"的"一比丘"等四处,听闻得来的教说)相应者用,不相应者舍(指应当根据已有的经律论加以检校,相符合者受持,不符合者舍弃),是名制限净。方法净者,国土法尔(指以同一国土的比丘众制立的规制为净法),与四大教相应者用,不相应者舍,是名方法净。戒行净者,我见某持戒比丘行是法(指以持戒比丘实行的规制为净法),若与四大教相应者用,若不相应者舍,是名戒行净。长老净者,我见长老比丘尊者舍利弗目连行此法(指以长老实行的规制为净法),与四大教相应者用,不相应者舍,是名长老净。风俗净者,不得如本俗法(指以异于"本俗法"的"出家法"为净法),非时食(指每日正午之后至次日黎明之前受食)、饮酒、行淫,如是一切本是俗净(指对居家的俗人来说是允许),非出家净(指对出家人来说是不允许的),是名

风俗净。如是,诸长老,若如法者随喜,若不如法应遮。(卷三十二,第493页上)

(11) 第十一跋渠(卷三十三)。内容为比丘戒"波夜提法"、"众学法"中一些戒条的制立因缘的补遗,无相对应的其他广律的犍度。所叙的律事有:"毁呰"、"伎乐"、"香华法"、"镜法"、"担法"、"抄系衣"、"上树"、"火法"、"铜盂法"、"迴向法"等。如关于"伎乐",说:

> 伎乐者。佛住王舍城迦兰陀竹园。时六群比丘,先至作乐处,视占(一作"占处")如坐禅比丘,伎儿既集,作众伎乐,众人悦乐喜笑,比丘默然。众人笑已,比丘方更拍手大笑。众人竞看,伎儿不得雇直(指未得演出费),嫌言:坐是比丘,令我等不得财物,此败坏人,何道之有。诸比丘闻已,以是因缘具白世尊。……佛言:此是恶事。从今日后,不听观看伎儿。伎儿者,打鼓、歌舞、弹琵琶、铙、铜钹,如是比(等)种种伎乐,下至四人聚戏,不听(不允许)看。若比丘入城聚落,若天象出、若王出,翼从作种种伎乐,过行观见,无罪。若作方便看,越比尼罪。若佛生日大会处、菩提大会处、转法轮大会、五年大会,作种种伎乐,供养佛。若檀越言:诸尊者,与我和合,翼从世尊。尔时,得与和合在坐。若坐中有种种伎乐生染著心者,即应起去。是名伎乐。(卷三十三,第494页上)

(12) 第十二跋渠(卷三十三)。内容大致相当于《四分律》中《药犍度》、《房舍犍度》的一部分。所叙的律事有:"众生法"(指若施主将男女施与僧尼作"奴婢",不应接受;若施与僧尼作"净人",即奉侍者,可以接受)、"树法"、"樵木法"(又称"樵薪法")、"华法"(即"花法")、"果法"、"年法"(指种庵婆罗果树,

应于一年后取果等)、"罪法"、"无罪"(又称"非罪")、"治罪法"等。如关于"治罪法",说:

> 治罪者。波罗夷罪,当云何治?若作俗人,若与作学沙弥,若僧中驱出。僧伽婆尸沙罪,云何治?若不覆藏,应行摩那埵(意为"悦众意",指六天六夜为僧众作劳务)、阿浮呵那(意为"呼入众",指出罪)。覆藏者,与别住,行摩那埵、阿浮呵那。尼萨耆者,当云何治?随前物,应僧中舍。舍已,若上座,应头面作礼执足,若下座,应胡跪合掌,作如是言:长老,我犯长衣(指"三衣"以外的多余的衣服),已僧中舍,波夜(一作"逸")提罪,我今悔过。应问:汝见是罪不?答言:见。应语言:更莫作。答言:顶戴(以上系以"三十尼萨耆波夜提法"中的第一条"畜长衣过限戒"为例,作说明)。持波夜提、波罗提提舍尼,越比尼罪,但名差别,亦如是治。是名治罪法。(卷三十三,第496页下)

(13) 第十三跋渠(卷三十三)。内容大致相当于《四分律》中《灭诤犍度》的一部分。所叙的律事有:"灭"(指"七灭诤")、"灭事"(指"四诤事")、"调伏"(指"折伏羯磨"等)、"调伏事"(指"五众罪",又译"五篇罪")、"听法"(指允许"作草屋"、"作五种画"等)、"油法"(指不允许"以油涂面")、"粉法"(指不允许"以粉拭面")、"刷法"(指不允许"用刷刷头")、"梳法"(指不允许"以梳梳头")、"簪法"(指不允许"用簪搔头")等。如关于"灭"、"灭事"、"调伏"、"调伏事",说:

> 灭者有七,何等七?现前比尼(又作"毗尼",下同)、忆念比尼、不痴比尼、自言比尼、觅罪相比尼、多觅比尼、草布地比尼,是名灭。诤事者,四诤事,何等四?相言诤、诽谤诤、罪诤、常所行事诤,是名四灭诤事。调伏者,折伏羯磨、

不语羯磨、驱出羯磨、发喜羯磨、举羯磨、别住羯磨，是名调伏。调伏事者，五众罪，波罗夷、僧伽婆尸沙、波夜提、波罗提提舍尼、越比尼罪，是名调伏事。（同上）

(14) 第十四跋渠（卷三十三）。内容大致相当于《四分律》中《杂犍度》的一部分。所叙的律事有："塔法"、"塔事"、"塔龛法"、"塔园法"、"塔池法"、"枝提"（又称"支提"，"有舍利者名塔，无舍利者名枝提"）、"供养具"（指幡盖等）、"收供养具法"（指收藏幡盖等）、"难法"（指遇到盗贼等"难事"时，塔物、僧物的保护方法）等。如关于"塔法"等，说：

作塔法者，下基四方，周匝栏楯，圆起二重，方牙四出，上施盘盖，长表轮相。……塔事者，起僧伽蓝时，先预度好地，作塔处，塔不得在南，不得在西，应在东，应在北。……若塔近死尸林，若狗食残持来污地，应作垣墙，应在西、若南作僧坊。……塔应在高显处作，不得在塔院中，浣染晒衣，著革屣，覆头覆肩，涕唾地。……塔龛者……（塔）四面作龛，上作师子象种种彩画，前作栏楯，安置花处，龛内悬缯幡盖。……塔园法者……塔四面造种种园林。……塔池法者……在塔四面作池，池中种种杂华，供养佛塔。……不得浣衣、澡洗手面、洗钵，下头流出处，得随意用，无罪。（卷三十三，第 498 页上、中）

（二）《明威仪法》（卷三十四至卷三十五）。叙述比丘的各种行仪规范。下分"七跋渠"，每一跋渠大致上叙述十事，其末有撮略十事纲目（也可称为关键词）而成的摄颂。总计叙事七十项。其内容大致相当于《四分律》中《法犍度》、《十诵律》卷五十七《比尼诵 · 行法》、《萨婆多部毗尼摩得勒伽》卷六"威仪聚"的一部分，也有一些是本书独有的（如"第五跋渠"中的"入刹利众”、“入婆罗门众”、“入居士众”、“入外道众”等)。

(1) 初跋渠(卷三十四)。所叙的律事有:“上座布萨法”、“第二上座布萨法”、“一切僧布萨法”、“上座食法”、“第二上座食法”、“一切僧食法”、“和上教共行弟子法”、“共行弟子事和上法”、“阿阇梨教依止弟子法”、“依止弟子事阿阇梨法”等。如关于“和上教共行弟子法”,说:

> 佛住舍卫城。时优波难陀度人出家、受具足,受具足已,不教诫,如天牛、天羊威仪不具足,不知承事和上、阿阇梨、长老比丘法,又不知入聚落阿练若法、入众著衣持钵法。诸比丘以是因缘,往白世尊。……佛言:从今日后,和上应如是教共行弟子。云何教?受具足已,应教诵二部比尼。若不能者,教诵一部。复不能者,教广诵五篇(指波罗夷、僧残、波逸提、波罗提提舍尼、突吉罗)戒。复不能者,教诵四三二,下至四事。日三教,晨起、日中、向冥。教法者,若阿毗昙、若比尼。阿毗昙者,九部经。比尼者,波罗提木叉略广。若不能者,应教知罪轻重、知线经(指契经,即修多罗)义、知比尼义、知阴界入义、知因缘义,教威仪、非威仪、应遮、受经时、共诵时、坐禅时,即名教。若不受经、共诵、坐禅者,下至应教莫放逸,和上不如是教共行弟子者,越威仪法。(卷三十四,第501页下—第502页上)

(2) 第二跋渠(卷三十四)。所叙的律事有:“床敷”、“春末月治房”、“夏安居治房”、“安居竟治房”、“客比丘治房”、“旧住比丘治房”、“一切比丘治房”、“厕屋”、“大小便法”、“齿木法”等。如关于“春末月治房”,说:

> 佛住舍卫城祇洹精舍。尔时,诸比丘春末月(据唐道宣《四分律删繁补阙行事钞·受戒缘集篇》,印度“从十二

月十六日至四月十五日为春”,“春末月”指三月十六日至四月十五日)不修治房舍。如来五事利益故,五日一行诸比丘房。何等五?一者我声闻弟子中不贪著有为事不,二不著世俗言论不,三不著眠睡不,四为看病比丘故,五有信心年少比丘见如来威仪庠序发欢喜故,是名五事行房。见房舍破坏不治。佛知而故问比丘:是何等房破坏不治?诸比丘答言:安居比丘自当治事。佛言:从今日后,安居时房舍应如是治。云何治?若安居时欲至,不得看房舍破坏不治而言安居人自当治,若草房者当草覆,乃至泥房者应泥补,壁孔应泥治,当塞鼠孔、泥治地,房中受用物,应聚著一处。五法成就应拜作分房人。何等五?不随爱、不随瞋、不随怖、不随痴、得不得应知。是名五。……是比丘得羯磨已,应修房、温室、食堂、讲堂、浴室、井屋、厕屋、门屋、经行处、树下,疏记多少。……若比丘春末月应如是治房,若不如是者,越威仪法。(卷三十四,第502页下—第503页上)

(3)第三跋渠(卷三十四至卷三十五)。所叙的律事有:“衣席”、“帘障隔”、“房舍”、“涕唾”、“钵龛”、“粥法”、“立住法”、“经行法”、“坐法”、“卧法”等。如关于“卧法”,说:

佛住舍卫城。尔时,六群比丘伏卧、仰卧、左胁卧,诸比丘以是因缘,往白世尊。……佛言:从今已后,当如是卧。云何卧?不听饿鬼卧,不听阿修罗卧,不听贪欲人卧。若仰向者,阿修罗卧。覆地者,饿鬼卧。左胁卧者,贪欲人卧。比丘应如师子兽王顾身卧,敷时不听左敷,应右敷,头向衣架,不得以脚向和上、阿阇梨、长老比丘。不得初夜便唱言嘘(一作“虚”)极而卧,当正思惟自业,至中夜乃卧。以右胁著下,如师子王卧,累两脚、合口、舌柱上腭、枕右手、舒左手顺身上,不舍念慧思惟起想。不得眠至日出,至后夜,当起正坐,思惟已业。若夜恶眠不自觉转者,无罪。若老病、若右胁有痈疮,无罪。比丘卧法应如是,若不如是,越威仪法也。(卷三十五,第507页上)

(4)第四跋渠(卷三十五)。所叙的律事有:“客比丘法”、“旧比丘法”、“洗脚”、“拭脚”、“净水”、“饮水”、“温室”、“浴法”、“净厨”(又称“器物法”)、“衣法”等。如关于“净厨”,说:

佛住舍卫城。尔时,世尊五日一行诸比丘房,见净厨器物,处处狼藉。……佛言:从今日后,不得令器物纵横如是。若摩摩帝(指执事)、若直月(指值日),当使园民、若沙弥摒挡(指收拾整理)。若摩摩帝、若直月不用意见者,便应使净人摒挡。……食厨净屋,不得视穿漏不治,若草覆草补,乃至泥覆者当泥补。穿坏者当塞,当数扫除。……斩斧锯凿、锹镢梯橙(凳),此是四方僧物,用已当摒挡著常处,后人须者取易得,不致疲苦。……器物法应如是,若不如是,越威仪法也。(卷三十五,第509页中、下)

(5)第五跋渠(卷三十五)。所叙的律事有:“阿练若比丘”、“聚落比丘”、“礼足”、“相问讯”、“相唤”、“入刹利众”、“入婆罗门众”、“入居士众”、“入外道众”、“入贤圣众”等。如关于“入居士众”,说:

佛住舍卫城。乃至佛言:从今日后,入居士众,若有缘应往,乃至示坐处而坐。不得言:汝净洗手脚,坐于店肆,用轻称小斗,欺诳于人,甚于盗贼。应言:有二种轮,法轮、食轮,得食轮已,乃转法轮。如世尊说告诸比丘:婆罗门、居士供给衣食卧具、疾病汤药,饶益甚多,是难为事。我依汝等,在如来法中修梵行,度生死流,皆是汝等信心之恩。若有所论,言已而去。入居士众应如是,若不如是,越威仪法也。(卷三十五,第511页上)

(6) 第六跋渠(卷三十五)。所叙的律事有:"著园中内衣法"、"著入聚落内衣法"、"入聚落著衣法"、"白衣家内坐护衣法"、"前行沙门"、"后行沙门"、"倩(请)人迎食"、"与人迎食"、"乞食法"、"食时相待"等。如关于"乞食法",说:

佛住舍卫城。尔时,六群比丘入城乞食,低头直进入白衣家,唐突前人,为世人所嫌。……佛言:从今日后,乞食法应如是。云何如是?不得如羯羊直头径前,不得复大远离,在于不见处,当在现处住。不得言:与我食当得大福。应默然而立,不得左顾右视,使人生疑,谓是贼细作。当摄六情,观于无常,亦不得大久住。若其家妇女,有舂捣作事,未视之顷,可小停住。若彼见已,复舂作者,当去。若见妇人纺线,缠已复纺者,此无与心,应去。若女人见已,入舍空出者,应去。若是富家,处处多有宝物者,不得便去,呼语见已,应去。乞食法应如是,若不如是,越威仪法。(卷三十五,第512页中)

(7) 第七跋渠(卷三十五)。所叙的律事有:然(燃)灯法"、"行禅杖法"、"掷丸法"、"持革屣"、"尼师檀"、"謦咳法"、"嚏法"、"欠呿频申法"、"把搔法"、"放下风法"等。如关于"行禅杖法",说:

佛住舍卫城。尔时,诸比丘禅坊中坐禅,低仰而睡。……佛言:从今已后,应行禅杖。六群比丘行禅杖时,捣比丘胁肋,彼即惊唤:杀我,长老。诸比丘以是因缘往白世尊,乃至佛言:从今日后,应如是行禅杖。作禅杖法,应用竹若苇长八肘(据《大唐西域记》卷二,“一肘”为横放二十四指的长度,一说一尺八寸)物,裹两头,下坐应行。……若有睡者,不得卒急唤起,不得捣胁。当并边以杖拄前三摇复不觉者,若在左边,当拄右膝,若在右边,当拄左膝。觉已,当起取杖而行。……年少应行杖。若和上、阿阇梨睡,亦应令起,恭敬法故,应起取杖,弟子不得与杖,当自行。……若有睡眠者,应与彼取杖人不得嫌恨,当作是念:彼今与我除阴盖,益我不少。念已,应起行。若有睡者,应与(行禅杖)。行禅杖法应如是,若不如是,越威仪法也。(卷三十五,第513页上)

三、比丘尼戒法(卷三十六至卷四十)

本部分为“比丘尼波罗提木叉分别”,即比丘尼戒的解说,下分“八波罗夷法”等七类,共收录比丘尼戒二百七十七条。原无总标题,今据本书第一部分有“比丘僧戒法”的标题,作相对应的拟立(宋元明本题作“比丘尼毗尼”,与“比丘僧戒法”并不对应)。其中,与比丘相同的“共戒”有一百七十条(以下凡是带*者,均表示为“共戒”),与比丘不同的“不共戒”有一百七条。

(一)《明八波罗夷法》(卷三十六)。叙述比丘尼“波罗夷法”八条的制立因缘、戒法条文及其解释。篇末有撮略戒名或戒文关键词而成的摄颂,说:“淫盗断人命,不实称过人。肩以下膝上,漏心八事满。覆重并随举,八波罗夷竟。”(卷三十六,第517页中)所叙的戒条中,前四条属于与比丘相同的“共戒”(行文中有“如比丘戒中广说”、“如比丘中广说”等语作提示);后四条属于比丘尼独有的“不共戒”。所收的戒条有:“淫戒”(第一条)*、“盗戒”(第二条)*、“杀戒”(第三条)*、“大妄语戒”（第四条）＊、“摩触男子戒”（第五条）、“八事成犯戒”（第六条）、“覆藏他重罪戒”（第七条）、“随顺被举比丘戒”（第八条，以上卷三十六）。如关于“覆藏他重罪戒”，说：

若比丘尼，知比丘尼犯重罪（指波罗夷罪），不向人说。是比丘尼，若离处、若死、若罢道，后作是言：我先知是比丘尼犯重罪，不向人说，不欲令他知。是比丘尼波罗夷，不应共住。（“覆藏他重罪戒”，卷三十六，第516页中）

（二）《明十九僧残法》（卷三十六至卷三十七）。叙述比丘尼“僧残法”十九条的制立因缘、戒法条文及其解释。篇末有撮略戒名或戒文关键词而成的摄颂，说：“使行二无根，相言独行宿。不听犯罪女，渡河并自舍。受漏心人施，劝彼令取施。十二是初罪，破僧并相助。瞋恚而谤僧，戾语习近住。劝住瞋还戒，第二篇说竟。”（卷三十七，第524页上、中）所收的戒条中，属于与比丘相同的“共戒”有六条（《四分律》等其他广律均作七条，本书缺“污家摈谤违谏戒”）；属于比丘尼独有的“不共戒”有十三条。所收的戒条有：“媒人戒”（第一条）＊、“无根波罗夷谤戒”（第二条）＊、“假根波罗夷谤戒”（第三条）＊、“诣官相讼戒”（第四条）、“独行戒”（又称“无伴出聚落戒”、“独在道行戒”，第五条）、“独宿戒”（又称“独向俗家宿戒”，第六条）、“父母夫主未许辄度人出家戒”（第七条，此为本书特有的戒条）、“度有罪女戒”（第八条）、“独渡戒”（又称“独渡河”，第九条；《四分律》是将“独行戒”、“独宿戒”、“独渡戒”合为一条，作“独渡独宿独行戒”的）、“界外为被举尼解摈戒”（第十条）、“受染心男子食戒”（又称“受漏心男子食戒”，第十一条，以上卷三十六）、“劝受染心男子食戒”（又称“劝受漏心男子食戒”，第十二条）、“破僧违谏戒”（第十三条）＊、“助破僧违谏戒”（第十四条）＊、“发净谤僧违谏戒”（第十五条）、“恶性拒僧违谏戒”（第十六条）＊、“同住行恶违谏戒”（第十七条）、“助同住行恶违谏戒”（第十八条）、“瞋舍三宝违谏戒”（第十九条，以上卷三十七）。如关于“独行戒”等，说：

> 若比丘尼，无比丘尼伴行，不得出聚落界，除余时。余时者，不欲病，是名余时。是法初罪，僧伽婆尸沙。（“独行戒”，卷三十六，第518页中）

> 若比丘尼，瞋恚欲舍戒，作是言：我舍佛、舍法、舍僧，舍说、舍共住共食，舍经论，舍沙门尼释种，用是沙门尼释种为？余更有胜处，我于彼中修梵行。诸比丘尼，应谏是比丘尼言：阿梨耶（指大德），莫瞋恚舍戒，作是言：我舍佛，乃至舍沙门尼释种，舍佛者不善。诸比丘尼，如是谏时，故坚持不舍者，应第二、第三谏。舍是事好，若不舍是法，乃至三谏，僧伽婆尸沙。（“瞋舍三宝违谏戒”，卷三十七，第523页下—第524页上）

（三）《三十事》（据本书比丘戒中的译法，当作《三十尼萨耆波夜提法》，卷三十七）。叙述比丘尼“尼萨耆波夜提”三十条的制立因缘、戒法条文及其解释。下分“三跋渠”，每一跋渠各收戒十条，其末有撮略戒名或戒文关键词而成的摄颂。其中，属于与比丘相同的“共戒”有十九条（即第一条至第十条、第二十一条至第二十八条、第三十条），本篇仅在“初跋渠”和“第三跋渠”的摄颂中列出戒条的略名，而未在长行（散文）中给出戒条的本文，其戒文须根据本书卷八至卷十一所载比丘戒“三十尼萨耆波夜提法”，或东晋法显等译《摩诃僧祇比丘尼戒本》加以补足；属于比丘尼独有的“不共戒”有十一条（即第十一条至第二十条、第二十九条），本篇均给出制戒因缘、戒法条文及其解释。所收的戒条主要有：

“畜长衣过限(指超过十日)戒”(第一条)＊、“离衣宿戒”(第二条)＊、“月望衣过限戒”(第三条)＊、“畜金银戒”(第四条)＊、“贩卖戒”(第五条)＊、“从非亲俗人乞衣戒”(第六条)＊、“过分乞衣戒”(第七条)＊、“劝增衣价戒”(第八条)＊、“劝二家增衣价戒”(第九条)＊、“过分急索衣戒”(第十条)＊、“为卧具乞作他用戒”(第十一条)、“为做衣乞作他用戒”(第十二条)、“为僧食乞作他用戒”(第十三条)、“畜长钵戒”(第十四条)、“畜长衣戒”(第十五条)、“弃衣还夺戒”(第十六条)、“故衣不缝过五日戒”(第十七条)、“索衣授具戒”(第十八条,《四分律》则将此戒列为“波逸提法”;以上四条为本书特有的戒条)、“乞贵价重衣戒”(第十九条)、“乞贵价轻衣戒”(第二十条)、“畜长钵过限戒”(第二十一条;《四分律》等均未将此戒列为“共戒”)＊、“过分乞钵戒”(第二十二条)＊、“畜七日药过限戒”(第二十三条)＊、“与衣还夺戒”(第二十四条)＊、“贸金银戒”(第二十五条)＊、“乞缕使非亲织师织戒”(第二十六条)＊、“劝织师增缕戒”(第二十七条)＊、“受急施衣过限戒”(第二十八条)＊、“知他市得而抄买戒”(第二十九条,此为本书特有的戒条)、“回僧物入己戒”＊(第三十条,以上卷三十七)＊。如关于“弃衣还夺戒”等,说：

若比丘尼,于住止处,弃故僧伽梨(指旧大衣),唱言：有欲取者取。后还夺者,尼萨耆波夜提。(“弃衣还夺戒”,卷三十七,第525页下)

若比丘尼,故僧伽梨若自擿,若使人擿,过五六日,不自缝、不使人缝,除病,尼萨耆波夜提。(“故衣不缝过五日戒”,卷三十七,第526页上)

若比丘尼,知他市得,而抄买者(指明知他人已买下而加价抢买者),尼萨耆波夜提。(“知他市得而抄买戒”,卷三十七,第527页上)

(四)《明一百四十一波夜提法》(卷三十七至卷四十)。叙述比丘尼“波夜提”一百四十一条的制立因缘、戒法条文及其解释。下分“十四跋渠”,每一跋渠各收戒十条或十一条,其末有摄颂。其中,属于与比丘相同的“共戒”有七十条(即第一条至第七十条),本篇仅在“初跋渠”至“第七跋渠”的摄颂中列出戒条的略名,而未在长行中给出戒条的本文,其戒文须根据本书卷十二至卷二十一所载比丘戒“单提九十二事法,或东晋法显等译《摩诃僧祇比丘尼戒本》加以补足;属于比丘尼独有的“不共戒”有七十一条(即第七十一条至第一百四十一条),本篇均给出均给出制戒因缘、戒法条文及其解释。所收的戒条主要有:

“小妄语戒”(第一条)*、“毁呰尼戒”(第十条)*、“故恼比丘尼戒”(第二十条)*、“别众食戒”(第三十条)*、“恐吓比丘尼戒”(第四十条)*、“水中嬉戏戒”(第五十条)*、“说戒不摄听戒”(第六十条)*、“回僧物与人戒”(第七十条)*、“不语主而著他衣戒”(第七十一条,以上卷三十七)、“僧衣与白衣外道戒”(第七十二条)、“作安陀会(指内衣)过量戒”(第七十三条)、“作僧祇支(指掩腋衣)过量戒”(第七十四条,以上二条为本书特有的戒条)、“食蒜戒”(又称“啖蒜戒”,第八十条)、“为白衣营理家务戒”(第八十四条)、“知食家(指夫妇行房处)先不语而入戒”(第八十五条)、“十法不具足而畜弟子戒”(第九十三条,以上二条为本书特有的戒条)、“僧未许辄为满二十岁童女授具戒”(第九十九条,以上卷三十八)、“为未满十二岁曾嫁女授具戒”(第一百条)。

“弟子有难不带随戒”（第一百八条）、“僧未许授具辄谤戒”（第一百九条）、“过量佉啁床褥坐卧戒”（第一百十三条，此为本书特有的戒条）、“观园林故墟戒”（又称“往观王宫画堂园林戒”，第一百十九条）、“独与比丘露处立语戒”（第一百二十条）、“独与男子屏处立语戒”（第一百二十一条）、“见诤不灭戒”（第一百二十五条）、“使白衣妇女揩身戒”（第一百三十条）、“不告众独使男子破疮戒”（第一百三十三条，以上卷三十九）、“夏安居中游行戒”（第一百三十四条）、“先住后住相恼戒”（第一百三十七条）、“生草上大小便戒”（第一百三十九条）、“水中大小便戒”（第一百四十条；此戒原为本书比丘戒“众学法”中的一条，此处则将它编入“波夜提法”之中）、“回众利与人戒”（第一百四十一条，以上二条为本书“波夜提法”中特有的戒条，以上卷四十）等。如关于“不教摄受具弟子二年戒”等，说：

若比丘尼，与弟子受具足已，应二年教诫（指教授“九部修多罗”、“波罗提木叉广略”、“威仪”），若不教者，波夜提。（“不教摄受具弟子二年戒”，卷三十九，第536页中）

若比丘尼，诸比丘尼作是语：阿梨耶，十法（指“持戒”、“多闻阿毗昙”、“多闻毗尼”、“学戒”、“学定”、“学慧”、“能出罪能使人出罪”、“能看病能使人看”、“弟子有难能送脱难能使人送”、“满十岁”）不具足，度弟子应教诫。而反嫌责者，波夜提。（“僧未许授具辄谤戒”，卷三十九，第537页中）

若比丘尼，不病，使比丘尼揩摩洗浴者，波夜提。（“使比丘尼揩身戒”，卷三十九，第541页上）

若比丘尼，知众利，回与一众（指将施与众僧的利养转

送给他人),波夜提。("回众利与人戒",卷四十,第543页下)

(五)《明八提舍尼法》(卷四十)。叙述比丘尼"提舍尼法"八条的制立因缘、戒法条文及其解释。均属于比丘尼独有的"不共戒"。所收的戒条有:"无病乞酥戒"(第一条)、"无病乞油戒"(第二条)、"无病乞蜜戒"(第三条)、"无病乞石蜜戒"(第四条)、"无病乞乳戒"(第五条)、"无病乞酪戒"(第六条)、"无病乞鱼戒"(第七条)、"无病乞肉戒"(第八条,以上卷四十)。如关于"无病乞酥戒"等,说:

> 若比丘尼,不病,为身,(向)白衣家乞酥,若使人乞,若啖若食,是比丘尼,应向余比丘尼悔过,如是言:阿梨耶,我堕可诃法,此法悔过。是波罗提提舍尼法。如是,二油、三蜜、四石蜜、五乳、六酪、七鱼、八肉(指无病为己乞油乃至乞肉,也同样犯波罗提提舍尼法)。(卷四十,第544页)

(六)《众学法》(卷四十)。因与比丘戒相同,本文省略,但戒条减少二条。本篇说:"众学法,广说如比丘中。唯除六群比丘尼生草上、水中大小便,余者尽同。"(卷四十,第544页下)意思是说,比丘尼戒中的"众学法",除没有"生草上大小便戒"、"水中大小便戒"二条(因为它们已被编入先前的比丘尼戒"一百四十一波夜提法"之中),其他戒条均与比丘戒中的"众学法"相同。

本书之末在为比丘尼戒律作结语时,也说:"戒序、八波罗夷、十九僧伽婆尸沙、三十尼萨耆波夜提、百四十一波夜提、八波罗提提舍尼、六十四众学、七止诤法、法随顺法偈(指"比丘尼杂跋渠"的偈颂)在后,比丘尼比(毗)尼竟。"(第548页上)故《摩诃僧祇律》中的比丘尼"众学法"的总数应为六十四条。《摩诃僧祇比丘尼戒本》作七十七条，其中“下著内衣戒”、“高著内衣戒”、“参差著内衣戒”、“百襵著内衣戒”、“石留华著内衣戒”、“麦饭团著内衣戒”、“鱼尾著内衣”、“多罗树叶著内衣戒”、“象鼻著内衣戒”、“下披衣戒”、“高披衣戒”、“婆罗天披衣戒”、“婆薮天披衣戒”等十三条，根据戒本小注，此为《丽藏》本有，而“丹本(指契丹本)及本律大僧戒(指《摩诃僧祇律》比丘戒)中并无”(见《大正藏》第二十二卷，第563页中)，剔除《丽藏》本增益的十三条，也是六十四条。

(七)《七灭诤法》(卷四十)。略说“灭诤法”七条。说：“七灭诤法：现前比尼(又作“毗尼”)、忆念比尼、不痴比尼、自言比尼、觅罪相比尼、多觅比尼、布草比尼。法随顺法，如上比丘中广说。”(卷四十，第544页下)

四、比丘尼杂跋渠(卷四十)

本部分为比丘尼律的“毗尼摩得勒伽”，即律论，叙述比丘尼的各种行仪规范，其性质与前述《明杂诵跋渠法》、《明威仪法》相同。下分“五跋渠”，每一跋渠大致上叙述十事(也有不足十事的)，其末有撮略各事纲目(也可称为关键词)而成的摄颂。总计叙事四十余项。

(1) 初跋渠(卷四十)。所叙的律事有：“坐法”、“竹席法”、“不听(不许)比丘尼缠腰”、“不听著胯衣”、“不听著女人庄饰服”、“不听合女人严饰服度出家”、“不听畜淫女”、“不听私畜园民女”、“僧祇支(指覆左肩的掩腋衣)法”、“浴衣法”等。如关于“行禅杖法”，说：

> 佛住毗舍离。如跋陀罗比丘尼缘中广说，佛言：不听裸身浴，当用浴衣。不听裸形入河、若池水中浴，当著雨浴衣，若裸浴，越比尼罪。若避隐处、无人处裸浴，无罪。是名

浴衣法。(卷四十,第545页中)

(2)第二跋渠(卷四十)。所叙的律事有:"不听拍阴"、"不听作胡胶形"、"洗法"、"月期衣法"、"不听女人洗浴处浣月期衣"、"不听男子洗浴处浣月期衣"、"不听客浣衣处浣月期衣"、"不听以小便道承悬注"、"不听于急流水中逆水触小便道"、"不听用种种触身出精"等。如关于"不听用种种触身出精",说:

> 佛住舍卫城。尔时,比丘尼种种触身出精,或芜菁根、葱根,种种诸根内小便道中出精。比丘尼以是因缘往白,乃至(佛言):从今已后,不听若比丘尼,用芜菁根、葱根内小便道中出精,以歇欲心者,偷兰遮(又称"大罪")。(卷四十,第546页中)

(3)第三跋渠(卷四十)。所叙的律事有:"不听与比丘作举羯磨"、"不听著憍舍耶衣"、"不听高处著一重僧祇支经行"、"不听庄严女人"、"不听种优钵罗华卖"、"不听种须曼那华卖"、"不听结华鬘卖"、"纺缕法"、"不听坏威仪"等。如关于"纺缕法",说:

> 佛住舍卫城。尔时,释种女、摩罗女、梨车女出家,纺缕而卖,为世人所嫌:此非出家人,此是卖缕人也。诸比丘尼以是因缘往白,乃至佛言:从今已后,不听纺缕。纺缕者,劫贝缕、刍摩缕、憍舍耶缕、舍那缕、麻缕,纺缕卖活命者,越比尼罪。若欲作漉水囊、腰带,纺者无罪,是名纺缕法。(卷四十,第546页下—第547页上)

(4)第四跋渠(卷四十)。所叙的律事有:"不听覆钵不示"(指比丘将乞食得来的食物施与比丘尼时,比丘尼不得覆钵不示)、"不听覆钵宝物"、"不听覆厕"(指"作厕以物覆上")、"浴室法”、“不听在阿练若处住”等。如关于“不听在阿练若处住”，说：

佛住舍卫城。尔时，未制戒，比丘尼阿练若处、聚落中未有住处。时五百比丘尼，大爱道为上首，于王园中住。诸释种女、摩罗女年少端正，有诸年少，初夜伺便欲捉，比丘尼见已，乘空而去。中夜复来，亦复如是。后夜复来，中有钝根，不时入定及睡眠者，不得即去，为所侵掠。大爱道以是事往白世尊，佛言：从今日后，不听比丘尼在阿练若处住。若四众集竟夜说法者得住，尔时不得在屏处。若比丘尼阿练若处住者，越比尼罪。（卷四十，第547页下）

（5）第五跋渠（卷四十）。所叙的律事有：“二众净不同”、“有三因缘非比丘”、“有三因缘非比丘尼”、“比丘尼无有作残食法”、“比丘尼上座八人当次第坐”等。如关于“二众净不同”等，说：

食于比丘不净、比丘尼净，比丘尼不净、比丘净。比丘得使比丘尼授食，除金银及钱，五生种火净。比丘尼得从比丘受食，除金银及钱，火净五生种。有三因缘非比丘，何等三？心决定舍戒，有实事僧驱出，形转为女。……有三因缘非比丘尼，何等三？心决定坏威仪，有实事僧驱出，转形为男。……比丘尼无有作残食法，一坐足自恣食。（卷四十，第548页上）

《比丘尼杂跋渠》之末有结语。说：“比丘杂跋渠中，别住、蒜、伞盖、乘、刀治、革屣、同床卧坐、伎乐九事，应出不说，余十三跋渠残。比丘尼别，五杂跋渠。威仪中。阿练若、浴室、厕屋、缝衣簟，应出不说，余尽同比丘尼。”（卷四十，第548页上）意思是说，先前所说的比丘《明杂诵跋渠法》“十四跋渠”中，除去“别住”、“蒜”、“伞盖”、“乘”、“刀治”、“革屣”、“同床卧坐”、“伎乐”九事，其余各事的规定，也适用于比丘尼，为“二部僧”应共同遵守的制度；比丘尼戒独有的制度，主要体现在《比丘尼杂跋渠》“五跋渠”中；先前所说的比丘《明威仪法》“七跋渠”中，除去“阿练若”、“浴室”、“厕屋”、“缝衣簟”四事，其余各事的规定，也适用于比丘尼。

与《四分律》、《五分律》、《十诵律》等不同，本书在叙事时，经常引用其他一些佛经（以本生经居多），作为佐证。其中，卷一有《生经》；卷四有《锯刀喻经》（卷四）；卷八有《沙门果经》、《劫贝契经》；卷十二有《难提本生经》、《三兽本生经》、《四念处经》、《象王本生经》；卷十三有《长寿王本生经》、《八群经》、《波罗耶那经》、《论难经》、《阿耨达池经》、《缘觉经》；卷十四有《迦毗罗本生经》；卷十五有《大爱道出家经》、《黑瞿昙弥经》、《法豫比丘尼经》；卷十七有《跋陀利线经》（“线经”指契经）、《优陀夷线经》、《孙陀利经》、《孔雀鸟本生经》、《柔软线经》、《鳖本生经》；卷十八有《仙人猕猴本生经》；卷十九有《释提桓因本生经》；卷二十有《善来比丘经》、《中阿含綖经》（“綖经”即“线经”）、《蛇本生经》；卷二十三有《八跋祇经》（又称《八跋耆经》）；卷二十七有《波罗延经》、《若牟尼偈》、《法句经》、《六入线经》；卷二十九有《举吉罗本生经》、《巅多利鸟生经》、《鹦鹉（本）生经》；卷三十一有《增一线经》；卷三十二有《大泥洹经》等。这对于研究“经”与“律”之间的互通性，以及本书形成时期流行的小乘经典，提供了有益的线索。

有关《摩诃僧祇律》的戒本有：东晋佛陀跋陀罗等译《摩诃僧祇律大比丘戒本》一卷、东晋法显等译《摩诃僧祇比丘尼戒本》一卷等。

第二品　东晋佛陀跋陀罗等译《摩诃僧祇律大比丘戒本》一卷

《摩诃僧祇律大比丘戒本》,又名《僧祇律比丘戒本》、《僧祇比丘戒本》、《僧祇戒本》、《僧祇大比丘戒本》、《波罗提木叉僧祇戒本》、《摩诃僧祇戒本》等,一卷。东晋佛陀跋陀罗、法显共译(此据出三藏记集》卷二、《法经录》》卷五、《历代三宝纪》卷七;《开元释教录》卷十三作"佛陀跋陀罗译"),义熙十二年(416)至义熙十四年(418)译出。梁僧祐《出三藏记集》卷二著录。载于《丽藏》"随"函、《宋藏》"外"函、《金藏》"随"函、《元藏》"外"函、《明藏》"外"函、《清藏》"外"函、《频伽藏》"列"帙,收入《大正藏》第二十二卷。

本书是大众部传持的《摩诃僧祇律》比丘戒本(又称"戒经"),系从梵本《摩诃僧祇律》比丘戒中摘录戒法条文,配以说戒仪轨(指程序和仪式)编集而成。全书共收录比丘戒"四波罗夷法"、"十三僧伽婆尸沙法"、"二不定法"、"三十尼萨耆波夜(《四分律》、《五分律》作"逸")提法"、"九十二波夜提法"、"四波罗提提舍尼法"、"六十六众学法"、"七灭诤法"八类戒法,总计二百十八条。本书的初首(戒经序之前)有《六念法》一文(此为其他戒本所无;唐道宣《四分律删补随机羯磨》、怀素《僧羯磨》、爰同《弥沙塞羯磨本》则将"六念法"编入羯磨法,文句略有出入),此外还有序言、集僧简众语、归敬偈;末尾有七佛略说波罗提木叉偈、流通偈之一、结束语、流通偈之二。《六念法》说:

六念法(指比丘每日应当念知的六事)。一者当知日月数(指念知今日为某月某日),一日、二日乃至十四日、十五日,月大、月小悉应知。二者清旦当作施食法(指念知今日受食的去处,是“乞食”或“食僧食”、“受请”),今日得食施某甲、某甲,于我不计意,我当食(如是三说——原注)。三者日日自忆若干腊数(指念知受具足戒以后的戒腊)。四者当忆念受持衣及净施者(指念知是否受持三衣一钵,若有多余之物,须作净施)。五者当念不别众食(指念知与众同食,无缘不别众食)。六者当念病不病(指念知身体的健康状况,无病须行道,有病当疗治)。(《大正藏》第二十二卷,第549页上)

本书收录的比丘戒各个戒条,是用一句话或一段话来表述的,并无戒条的名称,很难记诵。今在解说时,依照前述《僧祇律》的戒名,予以标立,以利研习。

(一)四波罗夷法。叙列“波罗夷法”四条。有:“淫戒”(第一条)、“盗戒”(第二条)、“杀戒”(第三条)、“大妄语戒”(第四条)。各戒的末尾,概括性地记载了此戒制立的地点、时间和初犯者,此为其他戒本所无。如:“淫戒”,“佛在毗舍离城,成佛五年冬分第五半月十二日,食后东向坐、一人半影,为长老耶奢伽兰陀子制此戒”;“盗戒”,“佛在王舍城,成佛六年冬分第二半月十日,食后东向坐、两人半影,为瓦师子长老达腻伽因洴沙王及粪扫衣比丘制此戒”;“杀戒”,“佛在毗舍离城,成佛六年冬分第三半月九日,食前北向坐、一人半影,为众多看病比丘因鹿杖外道制此戒”;“大妄语戒”,“佛在舍卫国,成佛六年冬分第四半月十三日,食后东向坐、三人半影,为聚落中众多比丘及增上慢比丘制此戒。”(以上见第549页下)

(二)十三僧伽婆尸沙法。叙列“僧伽婆尸沙法”十三条。

有:“故出不净戒”(第一条)、“摩触女人戒”(第二条)、“与女人粗恶语戒”(第三条)、“向女人索淫欲供养戒”(第四条)、“媒人戒”(第五条)、“无根波罗夷谤戒”(第八条)、“假根波罗夷谤戒”(第九条)、“破僧违谏戒”(第十条)、“助破僧违谏戒”(第十一条)、“恶性拒僧违谏戒”(第十二条)、“污家摈谤违谏戒”(第十三条)等。

(三) 二不定法。叙列“不定法”二条。有:“屏处不定戒”(第一条)、“露处不定戒”(第二条)。

(四) 三十尼萨耆波夜提(《四分僧戒本》、《弥沙塞五分戒本》将“波夜提”译作“波逸提”)法。叙列“尼萨耆波夜提”三十条。有:“畜长衣过限戒”(第一条)、“离三衣宿戒”(第二条)、“取非亲尼衣戒”(第四条)、“过分乞衣戒”(第七条)、“过分急索衣戒”(第十条)、“杂野蚕绵作卧具戒”(第十三条)、“未满六年作卧具戒”(第十四条)、“畜金银戒”(第十八条)、“贩卖戒”(第十九条)、“贸金银戒”(第二十条)、“畜长钵过限戒”(第二十一条)、“畜七日药过限戒”(第二十三条)、“与衣还夺戒”(第二十四条)、“受急施衣过限戒”(第二十八条)、“回僧物入己戒”(第三十条)等。

(五) 九十二波夜提法。叙列“波夜提法”九十二条。有:“小妄语戒”(第一条)、“毁呰语戒”(第二条)、“两舌语戒”(第三条)、“如法断事后发诤戒”(第四条)、“实得过人法向未受具人说戒”(第七条)、“毁呲尼戒”(第十条)、“覆屋过限戒”(第二十条)、“往尼住处教诫不白戒”(第二十三条)、“受尼赞叹食戒”(第三十条)、“非时食戒”(第三十六条)、“别众食戒”(第四十条;《摩诃僧祇律》卷十七因梵本被虫啖,此戒只存戒名而缺戒文)、“驱他出聚落戒”(第四十四条)、“恶见违谏戒”(第四十五条)、“随摈沙弥戒”(第四十七条)、“非时洗浴戒”(第五十条)、“手搏比丘戒”(第五十九条)、“覆他粗罪戒”(第六十条)、“独与尼屏处坐戒”(第七十条)、“掘地戒”(第七十三条)、“过受四月药请戒”(第七十四条)、“拒劝学戒”(第七十五条)、“饮酒戒”(第七十六条)、“轻慢不受谏戒”(第七十七条)、“非时入聚落戒”(第八十条)、“无根僧残谤戒”(第九十条)、“回僧物与人戒”(第九十一条)、“说戒不摄听戒”(第九十二条)等。

(六)四波罗提提舍尼法。叙列“波罗提提舍尼法”四条。有:“恐怖兰若受食戒”(第一条)、“从非亲尼受食戒”(第二条)、“受尼指授食戒”(第三条)、“学家受食戒”(第四条,上述四条的先后次第与《四分律》不同)。

(七)众学法。叙列“众学法”六十六条。有:“不齐整著内衣戒”(第一条)、“不齐整被衣戒”(第二条)、“不覆身入家内(指“白衣舍”,即俗家)戒”(第三条)、“不谛视入家内戒”(第四条)、“脚指行入白衣舍戒”(第九条)、“叉腰入家内戒”(第十条)、“摇身入家内戒”(第十一条)、“不小声家内坐戒”(第十六条)、“抱膝家内坐戒”(第二十条)、“张口待食戒”(第三十条)、“吮指食戒”(第三十六条)、“遗落饭食戒”(第四十条)、“以钵中残食弃地戒”(第四十七条)、“人坐已立说法戒”(第四十八条)、“人在高座已在下座说法戒”(第五十条)、“为抱膝蹲人说法戒”(第五十五条)、“为翘脚人说法戒”(第五十六条)、“为持刀人说法戒”(第五十七条)、“为持盖人说法戒”(第六十条)、“生草上大小便戒”(第六十四条)、“水中大小便戒”(第六十五条)、“立大小便戒”(第六十六条)等。

(八)七灭诤法。叙列“灭诤法”七条。有:“现前比尼(又作“毗尼”)”(第一条)、“忆念比尼”(第二条)、“不痴比尼”(第三条)、“自言治比尼”(第四条)、“觅罪相比尼”(又称“本言治毗尼”,第五条)、“多觅罪相比尼”(又称“多人语毗尼”,第六条)、“如草敷地比尼”(又称“如草布地毗尼”,第七条)。

上述八类戒法中,每一类戒法的叙述,均包括三个层次:一是标名,指标立此类戒法的名称。二是列戒,指叙列从广律《摩诃僧祇律》中摘录的此类戒法下属各戒的条文。三是结问,指对此类戒法作小结,并三次询问与会僧众在此类戒法的修持上是否清净,要求众人依律受持。以“九十二波夜提法”为例,它的叙述方式是这样的:

> 诸大德,是九十二波夜提法,半月半月次说波罗提木叉(以上为“九十二波夜提法”的标名)。
>
> 若比丘,知而故妄语,波夜提(以上为第一条“小妄语戒”)。
>
> 若比丘,种类形相语(指从种姓、相貌等辱骂其他比丘),波夜提(以上为第二条“毁呰语戒”)。
>
> 若比丘,两舌语,波夜提(以上为第三条“两舌语戒”)。
>
> ……
>
> 若比丘,僧半月说波罗提木叉经时,作是言:长老,我今始知是法入修多罗,半月波罗提木叉中说。诸比丘知彼比丘本若二若三,说波罗提木叉经中坐,况复多(指其他比丘知道他多次说戒时在座)。彼比丘不以不知故无罪,随所犯罪,一一如法治(指此比丘不因自称不知某戒而变得无罪,仍然应当依律治他的罪过)。应呵责言:长老,汝失善利,半月说波罗提木叉经时,汝不尊重,不一心念,不摄耳听法,呵已,波夜提(以上为第九十二条“说戒不摄听戒”)。
>
> 诸大德,已说九十二波夜提法。今问:诸大德,是中清净不?是中清净不?是中清净不?(以上是三问清净)诸大德,是中清净,默然故,是事如是持(以上为“九十二波夜

提法"的结问)。(第552页上—第554页上)

与其他部派的比丘戒经相比,本书特有的戒条,有"众学法"中的两条。内容叙及:"不吮指食,应当学。"(第三十六条"吮指食戒",第554页下)"不为抱膝蹲人说法,除病,应当学。"(第五十五条"为抱膝蹲人说法戒",第555页上)

本书的戒经结语,对戒本的内容作了归纳和总结。说:

> 诸大德,已说戒经序法,已说四波罗夷法,已说十三僧伽婆尸沙法,已说二不定法,已说三十尼萨耆波夜提法,已说九十二波夜提法,已说四波罗提提舍尼法,已说众学法,已说七灭诤法,已说法随顺法,是名如来应供正遍知法比(毗)尼法,入波罗提木叉经中。是法随顺法(指随顺于戒经的其他规制,《根本说一切有部戒经》作"余法之随法"、《十诵比丘波罗提木叉戒本》作"余随道戒法"),一切学莫犯。(第555页中)

有关《摩诃僧祇律》的戒本,除本书以外,还有东晋法显等译《摩诃僧祇比丘尼戒本》一卷。

第三品　东晋法显等译《摩诃僧祇比丘尼戒本》一卷

《摩诃僧祇比丘尼戒本》,又名《僧祇律比丘尼戒本》、《僧祇比丘尼戒本》、《僧祇尼戒本》、《比丘尼僧祇戒本》、《比丘尼僧祇律波罗提木叉戒经》、《比丘尼波罗提木叉僧祇戒本》等,一卷。东晋法显、佛陀跋陀罗共译,义熙十二年(416)至义熙十四年(418)译出。隋费长房《历代三宝纪》卷七著录。载于《丽藏》"随"函、《宋藏》"外"函、《金藏》"随"函、《元藏》"外"函、《明藏》"随"函、《清藏》"随"函、《频伽藏》"列"帙，收入《大正藏》第二十二卷。

本书是大众部传持的《摩诃僧祇律》比丘尼戒本（又称"戒经"），系从梵本《摩诃僧祇律》比丘尼戒中摘录戒法条文，配以说戒仪轨（指程序和仪式）编集而成。全书共收录比丘尼戒"八波罗夷法"、"十九僧伽婆尸沙法"、"三十尼萨耆波夜提法"、"一百四十一波夜提法"、"八波罗提提舍尼法"（《摩诃僧祇律》译作"八提舍尼"）、"六十四众学法"（《丽藏》本作七十七条，其中开头的十四条中，有十三条为后人增益，后详）、"七灭诤法"七类戒法（与比丘戒相比，无"二不定法"），总计二百七十七条（《丽藏》本作二百九十条）。本书的初首有序言、集僧简众语、归敬偈（书末无七佛略说波罗提木叉偈和流通偈）。归敬偈说：

> 合十指爪掌，供养释师子。我今欲说戒，僧当一心听。乃至小罪中，心应大怖畏。有罪一心悔，后更莫复犯。心马驰恶道，放逸难禁制。佛说切戒行，亦如利辔勒。佛口说教诫，善者能信受。是人马调顺，能破烦恼军。……若人守护戒，如牦牛爱尾。系心不放逸，亦如猴著锁。日夜勤精进，求实智慧故。是人佛法中，能得清净命。（《大正藏》第二十二卷，第556页下）

本书收录的比丘尼戒各个戒条，是用一句话或一段话来表述的，并无戒条的名称，很难记诵。今在解说时，依照前述《僧祇律》的戒名，予以标立，以利研习。

（一）八波罗夷法。叙列"波罗夷法"八条。有："淫戒"（第一条）、"盗戒"（第二条）、"杀戒"（第三条）、"大妄语戒"（第四条）、"摩触男子戒"（第五条）、"八事成犯戒"（第六条）、"覆藏比丘尼重罪戒"（第七条）、"随顺被举比丘戒"（第八条）。

（二）十九僧伽婆尸沙法。叙列“僧伽婆尸沙法”十九条。有:“媒人戒”（第一条）、“无根波罗夷谤戒”（第二条）、“诣官相讼戒”（第四条）、“独宿戒”（第六条）、“父母夫主未许辄度人出家戒”（第七条，此戒为《四分律》所无）、“界外为被举尼解摈戒”（第十条）、“受染心男子食戒”（第十一条）、“破僧违谏戒”（第十三条）、“发诤谤僧违谏戒”（第十五条）、“恶性拒僧违谏戒”（第十六条）、“同住行恶违谏戒”（第十七条）、“助同住行恶违谏戒”（第十八条）、“瞋舍三宝违谏戒”（第十九条，此中缺《四分律》的“污家摈谤违谏戒”）等。

（三）三十尼萨耆波夜提法。叙列“僧伽婆尸沙法”三十条。有:“畜长衣过限戒”（第一条）、“离衣宿戒”（第二条）、“畜金银戒”（第四条）、“过分乞衣戒”（第七条）、“过分急索衣戒”（第十条）、“为僧床褥乞回作余用戒”第十一条）、“以作衣利作他用戒”（第十二条）、“为僧食乞作他用戒”（第十三条）、“畜长钵戒”（第十四条）、“畜长衣戒”（第十五条）、“弃衣还夺戒”（第十六条）、“故衣不缝过五日戒”（第十七条）、“索衣授具戒”（第十八条）、“乞贵价重衣戒”（第十九条）、“乞贵价轻衣戒”（第二十条）、“畜长钵过十日（其他广律均指一日）戒”（第二十一条）、“畜七日药过限戒”（第二十三条）、“与衣还夺戒”（第二十四条）、“知他市得而抄买戒”（第二十九条）、“回僧物入己戒”（第三十条）等。

（四）一百四十一波夜提法。叙列“波夜提法”一百四十一条。有:“小妄语戒”（第一条）、“毁呰尼戒”（第十条）、“故恼比丘尼戒”（第二十条）、“别众食戒”（第三十条）、“恐吓比丘尼戒”（第四十条）、“水中嬉戏戒”（第五十条）、“说戒不摄听戒”（第六十条）、“回僧物与人戒”（第七十条）、“作安陀会（指内衣）过量戒”（第七十三条）、“作僧祇支（指掩腋衣）过量戒”（第七十四条)、“食蒜戒”(又称“啖蒜戒”,第八十条)、“作医师活命戒”(又称“以世俗方伎为生业戒”,第八十二条)、“授俗人外道医方戒”(又称“教世俗方伎戒”,第八十三条)、“与亲近居士共住戒”(第八十六条)、“嫉妒施主供他戒”(第九十条)、“僧未许辄为满二十岁童女授具戒”(第九十九条)、“为未满十二岁曾嫁女授具戒”(第一百条)、“弟子有难不带随戒”(第一百八条)、“式叉摩那学戒满不与授具戒”(第一百十条)、“独与比丘露处立语戒”(第一百二十条)、“独与男子屏处立语戒”(第一百二十一条)、“见诤不灭戒”(第一百二十五条)、“使白衣妇女揩身戒”(第一百三十条)、“先住后住相恼戒”(第一百三十七条)、“生草上大小便戒”(第一百三十九条)、“水中大小便戒”(第一百四十条)、“回众利与人戒”(第一百四十一条)等。

(五)八波罗提提舍尼法。叙列“波罗提提舍尼法”八条。有:“无病乞酥戒”(第一条)、“无病乞油戒”(第二条)、“无病乞蜜戒”(第三条)、“无病乞石蜜戒”(第四条)、“无病乞乳戒”(第五条)、“无病乞酪戒”(第六条)、“无病乞鱼戒”(第七条)、“无病乞肉戒”(第八条)。

(六)众学法。叙列“众学法”六十四条。《丽藏》本作七十七条。据本书小注说,其中,第一条至第九条,即“下著内衣戒”、“高著内衣戒”、“参差著内衣戒”、“百褶著内衣戒”、“石留华著内衣戒”、“麦饭团著内衣戒”、“鱼尾著内衣戒”、“多罗树叶著内衣戒”、“象鼻著内衣戒”,为“丹本”(指契丹本)和“本律大僧戒”(指《摩诃僧祇律》比丘戒“众学法”)中所无(见第563页中);第十一条至第十四条,即“下披衣戒”、“高披衣戒”、“婆罗天披衣戒”、“婆薮天披衣戒”,也是“丹本及本律大僧戒中并无”(同上)。也就是说,“众学法”前十四条中,有十三条未见于《摩诃僧祇律》比丘戒,为后世传抄者所增益,剔除这些,实为六十四条。另外,《摩诃僧祇律》比丘戒“众学法”为六十六条,由于“众学法”属于“共戒”,照理比丘尼戒“众学法”也应是六十六条,但由于《摩诃僧祇律》已将比丘戒“众学法”中的“生草上大小便戒”、“水中大小便戒”二条,列入比丘尼戒“一百四十一波夜提法”之中,故比丘尼戒“众学法”删除了这二条,只有六十四条。

有:“不齐整著内衣戒”(第一条)、“不齐整被衣戒”(第二条)、“不覆身入家内戒”(第三条)、“叉腰入家内戒”(第十条)、“抱膝家内坐戒”(又称“蹲坐白衣舍戒”,第二十条)、“张口待食戒”(第三十条)、“遗落饭食戒”(第四十条)、“人在高座已在下座说法戒”(第五十条)、“为持盖人说法戒”(第六十条)、“人在前行已在后行说法戒”(第六十一条)、“为骑乘人说法戒”(第六十二条)、“人在道中已在道外说法戒”(第六十三条)、“立大小便戒”(第六十四条)等。

(七)七灭诤法。叙列“灭诤法”七条。有:“现前毗尼”(第一条)、“忆念毗尼”(第二条)、“不痴毗尼”(第三条)、“自言治毗尼”(第四条)、“觅罪相毗尼”(第五条)、“多觅罪相毗尼”(第六条)、“如草布地毗尼”(第七条)。

上述七类戒法中,每一类戒法的叙述,均包括三个层次:一是标名,指标立此类戒法的名称。二是列戒,指叙列从广律《摩诃僧祇律》中摘录的此类戒法下属各戒的条文。三是结问,指对此类戒法作小结,并三次询问与会僧众在此类戒法的修持上是否清净,要求众人依律受持。以“八波罗夷法”为例,它的叙述方式是这样的:

> 诸阿梨耶(指诸大德),是八波罗夷法,半月半月波罗提木叉中说(以上为“八波罗夷法”的标名)。

若比丘尼,于和合二部僧(指比丘、比丘尼僧)中受具足戒,不还戒,戒羸不出,相行淫法,乃至共畜生,是比丘尼犯波罗夷罪,不应共住(以上为第一条"淫戒")。

……

若比丘尼,知僧和合、如法、如比尼(又作"毗尼"),与比丘作举羯磨,未作如法而随顺(指对依法依律被举罪的比丘,予以同情帮助)。诸比丘尼应谏是比丘尼:阿梨耶,是比丘僧和合、如法、如比尼作举羯磨,未作如法,莫随顺。是比丘,诸比丘尼谏时,作是语:我不随顺,谁当随顺?诸比丘尼如是第二、第三谏,舍是事好。若不舍者,是比丘尼波罗夷,不应共住(以上为第八条"随顺被举比丘戒")。

诸阿梨耶,已说八波罗夷法。若比丘尼犯一一法,是比丘尼不应共住。如前后亦如是,比丘尼得波罗夷罪,不应共住。今问:诸阿梨耶,是中清净不?第二、第三亦如是问诸阿梨耶(以上是三问清净)。是中清净,默然故,是事如是持(以上为"八波罗夷法"的结问)。(第556页下—第557页上)

与其他部派的比丘戒经相比,本书特有的戒条,有:"十九僧伽婆尸沙法"中第七条;"三十尼萨耆波夜提法"中第十五至十八、二十九条;"一百四十一波夜提法"中第七十三、七十四、八十五、九十三、九十五、一百十三、一百四十、一百四十一条。其中有:"若比丘尼,其主不听而度,是法初罪,僧伽婆尸沙"(此为"僧伽婆尸沙法"第七条"父母夫主未许辄度人出家戒");"若比丘尼,畜长衣(指五衣以外的多余的衣服,《僧祇律》所说的"五衣",是指"三衣"加上僧祇支、雨浴衣),尼萨耆波夜提"(此为"尼萨耆波夜提法"第十五条"畜长衣戒";此戒实与第一条“畜长衣过限戒”大同小异）；“若比丘尼，语式叉摩尼言：与我衣，当与汝受具足。取衣已，不与受具足者，尼萨耆波夜提”（此为“尼萨耆波夜提法”第十八条“索衣授具戒”）；“若比丘尼，作安陀会（指内衣），应量作，长四修伽陀磔手（又称“四佛磔手”，“一佛磔手”指佛的大拇指与中指张开的长度，《五分律》称有二尺），广二磔手，若过作截已，波夜提”（此为“波夜提法”第七十三条“作安陀会过量戒”）；“若比丘尼，满十二雨（指戒腊满十二年），十法不具足，而畜弟子者，波夜提”（此为“波夜提法”第九十三条“十法不具足而畜弟子戒”）；“若比丘尼，知众利，回与一众（指将施与众僧的利养改送给他人），波夜提”（此为“波夜提法”第一百四十一条“回众利与人戒”，以上见第557页中—第563页中），等等。

本书的戒经结语，对戒本的内容作了归纳和总结。说：

> 诸阿梨耶，已说波罗提木叉序，已说八波罗夷法，已说三十尼萨耆波夜提法，已说百四十一波夜提法，已说八波罗提提舍尼法，已说众学法，已说七灭诤法。事入佛经中，半月半月波罗提木叉中说。及余随道法，诸阿梨耶，一心欢喜不诤，一学一道，如水乳合安乐行，应当学。（第564页中、下）

有关《摩诃僧祇律》的戒本，除本书以外，还有东晋佛陀跋陀罗等译《摩诃僧祇律大比丘戒本》一卷。

第四品　东晋失译《舍利弗问经》一卷

《舍利弗问经》，一卷。东晋失译，约出于建武元年（317）至元熙二年（420）之间。本书最初是作为“众律失译”，著录于隋法经等《众经目录》卷五之中；唐智升《开元释教录》卷三始将它编为东晋失译。载于《丽藏》“外”函、《宋藏》“受”函、《金藏》“外”函、《元藏》“受”函、《明藏》“随”函、《清藏》“随”函、《频伽藏》“寒”帙，收入《大正藏》第二十四卷。

本书是一部以佛在罗阅祇城（即摩揭陀国王舍城），答舍利弗之问的形式，叙述戒律的传承和奉持情况的著作。原书未标注所属的部派。从书中推尊大众部，并提及“弥勒菩萨”、“文殊师利”来看，当是大众部的律论。如书说：“佛言：摩诃僧祇（指大众部）其味纯正，其余部中，如被添甘露。诸天饮之，但饮甘露，弃于水去，人间饮之，水露俱进。”（第 900 页下）“弗沙蜜多罗……即御四兵攻鸡雀寺……无问少长，血流成川，坏诸寺塔八百余所。……次烧经台，火始就然，飙炎及经，弥勒菩萨以神通力，接我经律，上兜率天。”（第 900 页上、中）“文殊师利白佛言：世尊，舍利弗者，如来常言，其于声闻中，智慧第一。”（第 902 页下）

本书的主要内容有：“行法者”；“不行法者”（又称“行非法者”）；佛泥洹（即“涅槃”）后教法的传持（“迦叶传付阿难，阿难复付末田地，末田地复付舍那婆私，舍那婆私传付优波笈多”）；孔雀输柯王之孙（印度孔雀王朝阿育王以后的第五世国王）弗沙蜜多罗灭佛的经过；上座部、大众部分裂（又称“根本分裂”）的由来；两大部派再分裂（又称“枝末分裂”）的情况；五部（指五个部派）律学与服色；关于“不得饮酒”，穿着袈裟时“偏袒右肩”与“俱覆两肩”的开遮（开许或遮止），“不非时食”（又称“过午不食”）等制度。

如关于部派佛教的分裂和五部律学，说：

时（指佛灭后）有一长老比丘，好于名闻，亟立诤论，抄治我律，开张增广，迦叶所结名曰大众律，外采综所遗，诳诸始学，别为群党，互言是非。时有比丘，求王判决，王集二部，行黑白筹。宣令众曰：若乐旧律（指大众部律），可取黑筹；若乐新律（指上座部律），可取白筹。时取黑者，乃有万数。时取白者，只有百数。王以皆为佛说，好乐不同，不得共处。学旧者多，从以为名，为摩诃僧祇（指大众部）也。学新者少，而是上座，从上座为名，为他俾罗（指上座部）也。

他俾罗部（指上座部），我去世时三百年中，因于诤故，复起萨婆多部（指说一切有部）及犊子部。于犊子部，复生昙摩尉多别迦部（指法上部）、跋陀罗耶尼部（指贤胄部）、沙摩帝部（指正量部）、沙那利迦部（指密林山部）。其萨婆多部（说一切有部），复生弥沙塞部（指化地部）。目揵罗优婆提舍（指目犍连、舍利弗，一说“目犍连子帝须”，法藏部昙无德称自己出自目犍连的传承）起昙无屈多迦部（指法藏部）、苏婆利师部（指善岁部）。他俾罗部，复生迦叶维部（指饮光部）、修多兰婆提那部（指经量部）。四百年中，更生僧伽兰提迦部（指说转部）。

摩诃僧祇部（指大众部），我灭度时二百年中，因于异论生，起鞞婆诃罗部（指一说部）、卢迦尉多罗部（指说出世部）、拘拘罗部（指鸡胤部）、婆收娄多柯部（指多闻部）、钵蜡若帝婆耶那部（指说假部）。三百年中，因诸异学，于此五部，复生摩诃提婆部（指制多山部）、质多罗部（指西山住部）、末多利部（指北山住部）。如是众多，久后流传，若是若非，唯余五部。各举所长，名其服色。摩诃僧祇部，勤学众经，宣讲真义，以处本居中，应著黄衣。昙无屈多迦部，通达理味，开导利益，表发殊胜，应著赤衣。萨婆多部，博通敏达,以导法化,应著皂衣。迦叶维部,精勤勇猛,摄护众生,应著木兰衣。弥沙塞部,禅思入微,究畅幽密,应著青衣。(《大正藏》第二十四卷,第900页中、下)

关于穿著袈裟时"偏袒右肩"与"俱覆两肩"的开遮,说:

舍利弗言:云何于训戒中,令弟子偏袒右肩,又为迦叶村人说《城喻经》云,我诸弟子当正被袈裟,俱覆两肩,勿露肌肉,使上下齐平,现福田相,行步庠序。又言,勿现胸臆。于此二言,云何奉持?佛言:修供养时,应须偏袒,以便作事。作福田时,应覆两肩,现田文相。云何修供养?如见佛时、问讯师僧时,应随事项。若拂床,若扫地,若卷衣裳,若周正荐席,若泥地作华,若揵(一作"挞")高足下,若洒,若移种种供养。云何作福田时?国王请食、入里乞食、坐禅诵经、巡行树下,人见端严,有可观也。(第901页中、下)

本书所说及的一些事件,如弗沙蜜多罗灭佛;上座部与大众部的分裂,及其后的再分裂等,大多发生在佛灭后数百年间,所说的部派分裂,与公元一世纪印度世友造的《异部宗轮论》(唐奘译)基本相同,故本书卷端说的"如是我闻。一时,佛住罗阅祇音乐树下,与大比丘众一千二百五十人俱,名闻十方,结尽解脱,八部鬼神等,愿闻法要。舍利弗从座而起,前白佛言"(第899页下)当是一种托词,实际上它是与世友同时代产生的西域佛教撰集,性质上是"论",而不是"经"。

此外,本书中关于"摩诃僧祇部"(指大众部)僧众"著黄衣","昙无屈多迦部"(指法藏部)僧众"著赤衣","萨婆多部"(指说一切有部)僧众"著皂衣","迦叶维部"(指饮光部)僧众"著木兰衣","弥沙塞部"(指化地部)僧众"著青衣"的说法(见第900页下),与旧题后汉安世高译(实为"三秦失译")《大比丘三千威仪》所说,略有出入。在《大比丘三千威仪》中,“萨和多部”(指说一切有部)僧众“著绛袈裟”、“昙无德部”(指法藏部)僧众“著皂袈裟”,两部的服色正相反。究竟哪一种说法确切,尚可进一步考证。

第四门　早期说一切有部律典

第一品　姚秦弗若多罗等译《十诵律》六十一卷

《十诵律》，又名《萨婆多部十诵律》，六十一卷（初作“五十八卷”）。姚秦弗若多罗、鸠摩罗什等译，弘始六年（404）至弘始十五年（413）译出。梁僧祐《出三藏记集》卷二著录。载于《丽藏》“摄”至“以”函、《宋藏》“职”至“甘”函、《金藏》“摄”至“以”函、《元藏》“职”至“甘”函、《明藏》“诚”至“荣”函、《清藏》“诚”至“荣”函、《频伽藏》“张”帙，收入《大正藏》第二十三卷。

弗若多罗（？—405），意译“功德华”，罽宾（又称“迦湿弥罗”，今克什米尔一带）人。少年出家，以戒节见称，博通三藏，专精《十诵律》。姚秦弘始（399—415）初年，抵达长安。弘始六年（404）十月，应僧众之请，在中寺（《出三藏记集》卷三作“逍遥园”）翻译《十诵律》，由弗若多罗口诵梵本，鸠摩罗什译为汉文。但仅译出三分之二，便因病于次年去世。次年秋天，西域沙门昙摩流支来到长安，与鸠摩罗什合作，将《十诵律》译完。弗若多罗的译经仅此一部。生平事迹见梁慧皎《高僧传》卷二等。

鸠摩罗什（344—413），意译“童寿”，龟兹国人。其父为龟兹国师，其母为国王之妹。七岁时，随母一起出家。从师受经，日诵千偈(每偈三十二字,凡三万二千言)。九岁时,随母到罽宾,师从槃头达多,受学《杂藏》、《中阿含》、《长阿含》。十二岁时,到达沙勒,咨受《发智论》、《六足论》(均为小乘说一切有部论典),并在沙勒国王举行的法会上,宣讲《转法轮经》。说法之余,寻访外道经书,博览《四韦陀》及五明诸论。阴阳星算,莫不毕尽。不久,师事游化至此的莎车国大乘师须利耶苏摩(原为王子),在他的影响下,开始专研大乘,受诵《中论》、《百论》、《十二门论》(均为大乘空宗的论典)等。一年以后,随母经温宿国而归国。应王女阿竭耶末帝(时已出家为比丘尼)之请,在法会上开讲方等(指大乘)经典,推演"诸法皆空无我"、"阴界(指五阴)假名非实"之旨。听者莫不恨晚。年二十,受戒于王宫,从卑摩罗叉律师受学《十诵律》。后其母前往天竺(印度)游化,鸠摩罗什仍然留在龟兹。他出家时的师父槃头达多,在他的说服下,后来也弃小乘而宗大乘。故槃头达多说,罗什是他的"大乘师",他是罗什的"小乘师"。罗什的名声很快流播西域诸国。每至讲说,诸王皆长跪座侧,令其践登。

苻秦建元二十年(384),吕光攻陷龟兹后,强迫罗什与龟兹王女结婚。次年,吕光自立为凉主,也将罗什带到凉州。罗什在那里居住了十七年。姚秦弘始三年(401),姚兴派兵攻占了凉州,于同年十二月将罗什迎入长安,待以国师之礼。次年,罗什应姚兴之请,在逍遥园主持译场,开始译经。译经之余,讲经说法,王公贵卿莫不归心,从学弟子达三千人。鸠摩罗什的译典,据梁僧祐《出三藏记集》卷二所记,为"三十五部凡二百九十四卷";隋费长房《历代三宝纪》卷八,则作"九十八部合有四百二十五卷";唐智升《开元释教录》卷四,勘定为"七十四部三百八十四卷"。所译以大乘空宗的经典为主。著有《实相论》二卷(已佚)、《大乘大义章》(答东晋慧远之问,今存)等。生平事迹见梁僧祐《出三藏记集》卷十四、慧皎《高僧传》卷二等。其中有关罗什的卒年,《高僧传》作“弘始十一年(公元 409 年)卒于长安”,僧肇《鸠摩罗什法师诔》作“癸丑之年(弘始十五年,公元 413 年),年七十,四月十三日薨于大寺”(见唐道宣《广弘明集》卷二十三),今取僧肇之说。

《十诵律》是小乘说一切有部的广律。据唐玄奘译《异部宗轮论》记载,说一切有部是上座部系统下的一个部派,佛灭后三百年初从上座部分出。此部的主要教义有:一切法不外乎“名”和“色”两大类;“过去”(过去世)、“未来”(未来世)的本体是“实有”的,“一切法处”(指“意根”所缘的对象)都是能够被了知、认识和把握(“所知”、“所识”、“所通达”)的;“有为事”(指“有为法”)有三种(指“过去”、“现在”、“未来”),“无为事”(指“无为法”)也有三种(指“虚空无为”、“择灭无为”、“非择灭无为”),“三有为相”(指“生相”、“住异相”、“灭相”)均“别有实体”;“四圣谛”中,“苦谛”、“集谛”、“灭谛”是“有为法”,“道谛”是“无为法”,对“四圣谛”能够“渐现观”(渐次现观);“预流者”(小乘修行的最初果位)是“无退”(指不会退失)的,而“阿罗汉”(小乘修行的最高果位)则是“有退”(会退失)的,并非是所有的阿罗汉都能得到“无生智”(指能自知已不再生的智慧);一切“随眠”(即“烦恼”,此处指“六随眠”,即“贪”、“瞋”、“慢”、“无明”、“见”、“疑”)皆是“心所”,与“心”相应,有所缘之境;一切“随眠”皆为“缠”(为“烦恼”的异名,此处指“十缠”,即“无惭”、“无愧”、“嫉”、“悭”、“悔”、“睡眠”、“掉举”、“昏沉”、“忿”、“覆”)所包摄,而不是一切“缠”为“随眠”所包摄;欲界、色界肯定有“中有”(众生从死到再次受生之间的形体);“心”、“心所法”的本体都是“实有”的,它们均有各自的所缘对象;佛与“声闻”、“缘觉”二乘的解脱是相同的,但“三乘”的圣道(修行道路)各有差别;“有情”(众生)只是依据现有的执受相续“假立”的;“一切行”(指一切有为法的变化)都是“刹那”生灭的,肯定没有一种事物能从“前世”转至“后世”,只有世俗“补特伽罗”(意译“人”、“众生”)说有“移转”;“八支圣道”(即“八正道”)是“正法轮”;并非如来说的话皆为转法轮(“非如来语皆为转法轮”),并非佛能以一音说一切法(“非佛一音能说一切法”),世尊也有不合义理的言语(“世尊亦有不如义言”),佛所说的经典也不都是讲述究竟、真实的教义的(“佛所说经非皆了义”),佛自已也说有讲述方便、权宜的教义的经典(“佛自说有不了义经”)等(以上见《异部宗轮论》,《大正藏》第四十九卷,第16页上、中、下)。

关于《十诵律》的来历,《大智度论》卷二说:“第一次结集”时,忧婆离(即优婆离)受与会众僧的委托,诵出律藏。“二百五十戒,义作三部(指三诵),七法、八法、比丘尼、毗尼增一、忧婆利问、杂部、善部,如是等八十部(指八十诵),作毗尼藏。”(《大正藏》第二十五卷,第69页下)同书卷一百又说:“略说有八十部(指八十诵),亦有二分。一者摩偷罗国毗尼,含阿波陀那(指譬喻)、本生,有八十部。二者罽宾国毗尼,除却本生、阿波陀那,但取要用,作十部(指十诵)。”(第756页下)也就是说,《十诵律》来源于“第一次结集”时所诵出的原始律藏《八十诵律》,它们的内容结构是相同的。《八十诵律》有两个传本。一个是摩偷罗国(今朱木拿河西南一带)流传的律本,内含譬喻、本生故事,作“八十诵”;另一个是罽宾国(又称“迦湿弥罗”,今克什米尔一带)流传的律本,删去本生、譬喻故事,只保留重要实用的内容,作“十诵”。对照传本,《十诵律》无譬喻、本生故事,属于罽宾国一带流传的有部律本;而唐义净译的标明“根本说一切有部”的律典,如《根本说一切有部毗奈耶》、《根本说一切有部苾刍尼毗奈耶》、《根本说一切有部毗奈耶出家事》、《根本说一切有部毗奈耶杂事》等，内含譬喻、本生故事，属于摩偷罗国一带流传的有部律本。从传今的译本来看，《十诵律》的内容较为古老原始，而义净译的根本说一切有部的律本增益较多。

关于《十诵律》的传译，《出三藏记集》卷三《新集律来汉地四部序录》说：

> "萨婆多部者，梁言一切有也。所说诸法，一切有相，学内外典，好破异道，所集经书，说无有我所，受难能答，以此为号。昔大迦叶具持法藏，次传阿难，至于第五师优波掘。本有八十诵，优波掘以后世钝根，不能具受故，删为十诵。以诵为名，谓法应诵持也。自兹以下，师资相传五十余人。至秦弘始之中，有罽宾沙门弗若多罗，诵此《十诵》胡本，来游关右。罗什法师于长安逍遥园三千僧中，共译出之。始得二分，余未及竟，而多罗亡。俄而，有外国沙门昙摩流支，续至长安。于是，庐山远法师慨律藏未备，思在究竟，闻其至止，乃与流支书曰：……若能为律学之众，留此经本，开示梵行，洗其耳目。……此则惠深德厚，人神同感矣。……昙摩流支得书，方于关中共什(罗什)出所余律，遂具一部，凡五十八卷。后有罽宾律师卑摩罗叉，来游长安。罗什先在西域，从其受律。罗叉后自秦适晋，住寿春石涧寺，重校《十诵律》本，名品遂正，分为六十一卷，至今相传焉。"(《大正藏》第五十五卷，第20页上、中)

对照《高僧传》卷二、《开元释教录》卷三等的记载，此处的大意是说，"萨婆多部"，意为"说一切有部"，因主张过去、现在、未来"一切诸法"(包括有生灭变化的"有为法"和没有生灭变化的"无为法"在内的一切事物和现象)皆有实体而得名。由大迦叶主持的"第一次结集"产生的律藏,本来有"八十诵",传至第五代优波掘(又名"优波崛多",阿育王时人)时,考虑到文句繁多,后世佛弟子难以全部受持,于是将它删并为"十诵"。之所以称为"诵",寓意应当诵持。自优波掘以下,经五十多人的师资传承而至罽宾沙门弗若多罗。弗若多罗于姚秦弘始年间来到长安。弘始六年(404),鸠摩罗什在逍遥园召集三千义学沙门,与弗若多罗合作翻译《十诵律》,由弗若多罗诵出梵语,鸠摩罗什将梵语转译为汉语,众僧笔录成文。弘始七年(405),《十诵律》仅译出三分之二,弗若多罗便不幸病逝了。由于这部《十诵律》是口诵本,全凭记诵口传,没有文本写录,弗若多罗一去世,传译也就随之中断了。当年秋天,西域沙门昙摩流支(意译"法乐")来到长安。庐山慧远得知他随身携带了一部《十诵律》的梵文写本,非常高兴,特地写信给他,恳请将它译出。昙摩流支见信后,遂与鸠摩罗什合作,译出《十诵律》五十八卷,然而还来不及删定,鸠摩罗什便去世了。罽宾国律师卑摩罗叉(意译"无垢眼",鸠摩罗什的老师)带着《十诵律》译本,从长安(今西安)南下至寿春(今安徽寿县)石涧寺,在那里对先前译出的律本作了校订,并且续译了《十诵律》的最后部分(《善诵毗尼序》三卷),从而完成了《十诵律》全本六十一卷的翻译。因此,传今的《十诵律》,实际上是由弗若多罗、鸠摩罗什、昙摩流支、卑摩罗叉四人接续翻译而成的。其中,前五十九卷为原五十八卷本的内容;末二卷("善诵毗尼序")为卑摩罗叉续译的内容(原为三卷,其卷上编为《十诵律》卷六十;卷中、卷下编为卷六十一)。

《十诵律》是最早传入汉地的律藏。因全书分为十诵(又称因分十次诵出)而得名。内容包括:(1)比丘律(初诵至三诵,卷一至卷二十)。下分"四波罗夷法"、"十三僧残法"(又称"十三僧伽婆尸沙法")、"二不定法"、"三十尼萨耆波夜提法"(又称“三十尼萨耆法”、“三十舍堕法”)、“九十波夜提法”、“四波罗提提舍尼法”、“一百七众学法”、“七灭诤法”八类戒法,叙述比丘戒二百五十七条的制立因缘、戒法条文及其解释。(2) 七法、八法、杂诵(四诵至六诵,卷二十一至卷四十一)。下分“受具足戒法”、“布萨法”、“自恣法”、“安居法”、“皮革法”、“医药法”、“衣法”(以上为“七法”)、“迦絺那衣法”、“俱舍弥法”、“瞻波法”、“般荼卢伽法”、“僧残悔法”、“遮法”、“卧具法”、“诤事法”(以上为“八法”)、“调达事”、“杂法”(以上为“杂诵”)等十七类,叙述僧团的各种制度和行事。(3) 尼律(七诵,卷四十二至卷四十七)。下分“八波罗夷法”、“十七僧残法”、“三十尼萨耆波夜提法”、“一百七十八单波夜提法”、“八波罗提提舍尼法”、“一百七众学法”(因与比丘戒相同,本文省略)、“七灭诤法”(本文省略)等七类戒法(附出《比丘尼八敬法》),叙述比丘尼戒三百五十五条的制立因缘、戒法条文及其解释。(4) 增一法等(八诵至十诵,卷四十八至卷六十一)。下分“增一法”、“优波离问部”、“比(毗)尼诵”、“善诵毗尼序”四项,解释前述二部戒和犍度(其中,卷六十至卷六十一记有佛教史上“第一次结集”、“第二次结集”的情况)。

一、比丘律(初诵至三诵,卷一至卷二十)

本部分为“比丘波罗提木叉分别”,即比丘戒的解说,下分“四波罗夷法”等八类,共收录比丘戒二百五十七条。原无总标题,今据本书第二部分有“尼律”(见相关各卷的卷题下的小注)的标题,作相对应的拟立。原书中的戒条,是用一句话或一段话来表述的,没有定义性的戒名。为便于阅读者把握戒条的要点,今在解说时,沿承古例,依据戒条的文句,标立戒名。

(一)《明四波罗夷法》(宋元明藏本作《四波罗夷法》,初诵,卷一至卷二)。叙述“波罗夷法”四条(本书也称某条为某

“事”或某“戒”，如第一条也称“第一事”或“第一戒”，今统称为“条”）的制立因缘、戒法条文及其解释。所收的戒条有：“淫戒”（又称“淫事”，第一条）、“盗戒”（又称“盗事”，第二条，以上卷一）、“杀戒”（又称“杀事”，第三条）、“大妄语戒”（又称“妄语事”，第四条，以上卷二）。

（二）《明十三僧残法》（宋元明藏本作《十三僧残法》，初诵，卷三至卷四）。叙述“僧残法”（又称“僧伽婆尸沙法”）十三条的制立因缘、戒法条文及其解释。所收的戒条有：“故出不净戒”（第一条）、“摩触女人戒”（第二条）、“与女人粗恶语戒”（第三条）、“向女人索淫欲供养戒”（第四条）、“媒人戒”（第五条）、“无主造小房过量戒”（第六条，以上卷三）、“有主造大房不求指授戒”（第七条）、“无根波罗夷谤戒”（第八条）、“假根波罗夷谤戒”（第九条）、“破僧违谏戒”（第十条）、“助破僧违谏戒”（第十一条）、“污家摈谤违谏戒”（第十二条）、“恶性拒僧违谏戒”（第十三条，以上卷四）。如关于“向女人索淫欲供养戒”等，说：

> 若比丘，欲盛变心，在女人前赞叹以身供养，作如是言：汝能以身供养我等持戒行善梵行人者，诸供养中第一供养。僧伽婆尸沙。（“向女人索淫欲供养戒”，卷三，第17页上）
>
> 若比丘，恶性戾语，诸比丘说如法、如律、如戒经中事，是比丘戾语不受。语诸比丘言：汝莫语我好恶，我亦不语汝好恶。诸比丘应如是言：诸比丘说如法、如律、如戒经中事，汝莫戾语，汝当随顺语。诸比丘当为汝说如法、如律，汝亦当为诸比丘说如法、如律。何以故？如是者，诸如来众得增长利益，以共语相教，共出罪故。汝当舍是戾语事。诸比丘如是教时，不舍是事者，当再三教令舍是事。再三教已舍者善。不舍者，僧伽婆尸沙。（“恶性拒僧违谏戒”，卷四，

第 27 页下—第 28 页上)

(三)《明二不定法》(宋元明藏本作《二不定法》,初诵,卷四)。叙述“不定法”二条的制立因缘、戒法条文及其解释。所收的戒条有:“屏处不定戒”(第一条)、“露处不定戒”(第二条,以上卷四)。如关于“屏处不定戒”,说:

若比丘,独共女人坐屏覆内、可行淫处。若可信优婆夷说,是比丘三法中一一法(指犯了下列三法中的某一法),若波罗夷、若僧伽婆尸沙、若波夜提。若是比丘自言:我坐是处,应三法中随所说治,若波罗夷、若僧伽婆尸沙、若波夜提,若随可信优婆夷所说法治,是初不定法。(“屏处不定戒”,卷四,第 28 页下)

(四)《明三十尼萨耆法》(宋元明藏本作《三十尼萨耆法》,初诵至第二诵,卷五至卷八)。叙述“尼萨耆法”(又称“尼萨耆波夜提法”、“舍堕法”,本书中“波夜提”的“夜”有时也作“逸”)三十条的制立因缘、戒法条文及其解释。所收的戒条主要有:“畜长衣过限戒”(第一条)、“离三衣宿戒”(第二条)、“月望衣过限戒”(第三条,以上卷五)、“取非亲尼衣戒”(第四条)、“过分乞衣戒”(第七条)、“劝增衣价戒”(第八条)、“过分急索衣戒”(第十条,以上卷六)、“杂野蚕绵作卧具戒”(第十一条)、“未满六年作卧具戒”(第十四条)、“畜金银戒”(第十八条)、“贸金银戒”(第十九条)、“贩卖戒”(第二十条)、“畜长钵过限戒”(第二十一条,以上卷七)、“未满五缀更求新钵戒”(第二十二条)、“兰若有难离衣过限戒”(第二十六条;《十诵比丘波罗提木叉戒本》作第二十七条)、“受急施衣过限戒”(第二十七条;《十诵比丘波罗提木叉戒本》作第二十六条)、“回僧物入己戒”(第二十九条)、“畜七日药过限戒”(第三十条,以上卷八)等。

如关于“过分乞衣戒”等，说：

若比丘，夺衣、失衣、烧衣、漂衣时，从非亲里居士、居士妇乞。自恣多与衣，是比丘应取上下衣（指比丘遇意外失去三衣时，可向非亲居士乞衣，但一次只能求取二衣），若过是取者，尼萨耆波逸（夜）提。（“过分乞衣戒”，卷六，第45页中）

若比丘，欲作新敷具，故敷具必令满六年畜，若比丘减（指未满）六年，若舍故敷具，若不舍，更作敷具，除僧羯磨者，尼萨耆波夜提。（“未满六年作卧具戒”，卷七，第48页下）

若比丘，知物向僧，自求向己，尼萨耆波夜提。（“回僧物入己戒”，卷八，第59页下）

（五）《明九十波逸提法》（宋元明藏本作《九十波逸提法》，第二诵至第三诵，卷九至卷十八）。叙述“波逸提法”（又称“波夜提法”、“堕法”）九十条的制立因缘、戒法条文及其解释。所收的戒条主要有：

“小妄语戒”（第一条）、“毁呰语戒”（第二条）”、“两舌语戒”（第三条）、“与未受具人同诵戒”（第六条，以上卷九）、“回僧物与人戒”（第九条）、“毁呲尼戒”（第十条）、“露地敷僧物不举戒”（第十四条，以上卷十）、“用虫水戒”（第十九条）、“僧不差而教授尼戒”（第二十一条）、“与尼期同行戒”（第二十四条，以上卷十一）、“独与女人坐戒”（第二十九条）、“数数食戒”（又称“展转食戒”，第三十一条）、“施一食处过受戒”（第三十二条，以上卷十二）、“足食戒”（第三十四条）、“别众食戒”（第三十六条）、“非时食戒”（第三十七条）、“索美食戒”（第四十条，以上卷十三）。

“打比丘戒”(第四十八条)、“覆他粗罪戒”(第五十条,以上卷十四)、“恶见违谏戒”(第五十五条)、“随顺被举人戒”(第五十六条)、“捉金银戒”(第五十八条)、“著不坏色衣戒”(第五十九条,以上卷十五)、“故杀畜生戒”(第六十一条)、“藏他物品戒”(第六十七条)、“掘地戒”(第七十三条,以上卷十六)、“不与欲戒”(又称“僧断事时默然起去戒”,第七十七条)、“饮酒戒”(第七十九条)、“非时入聚落戒”(第八十条)、“食前后至他家不嘱戒”(第八十一条,以上卷十七)、“作坐具过量戒”(第八十九条)、“作三衣过量戒”(第九十条,以上卷十八)等。如关于“索美食戒”等,说:

若比丘,不病,白衣家中有如是美食,乳、酪、生酥、熟酥、油、鱼、肉、脯,自为索如是食者,波逸提。(“索美食戒”,卷十三,第97页上)

若比丘,知比丘作如是语,不如法悔、不舍恶邪见,如法摈出,便与共事、共住、共同室宿,波逸提。(“随顺被举人戒”,卷十五,第106页下)

若比丘,故夺畜生命,波逸提。(“故杀畜生戒”,卷十六,第110页下)

若比丘,藏他比丘钵,若衣、户钩、革屣、针筒,如是随法所须物,若自藏,若教他藏,乃至戏笑,波逸提。(“藏他物品戒”,卷十六,第114页中)

(六)《四波罗提舍尼法》(第三诵,卷十九)。叙述“波罗提提舍尼法”(又称“提舍尼法”、“悔过法”)四条的制立因缘、戒法条文及其解释。所收的戒条有:“从非亲尼受食戒”(第一条)、“受尼指授食戒”(第二条)、“学家受食戒”(第三条)、“恐怖兰若受食戒”(第四条,以上卷十九)。如关于“恐怖兰若受食戒”，说：

有比丘僧，住阿练若处，有疑怖畏。若比丘，知是阿练若住处有疑怖畏难，僧未作差，不僧坊外自手受食，僧坊内受。是比丘应向余比丘说罪言：长老，我堕可呵法不是处，是法可悔，我今发露悔过。是名波罗提提舍尼法。（“恐怖兰若受食戒”，卷十九，第133页上）

（七）《明一百七众学法》（宋元明藏本作《众学法》，第三诵，卷十九至卷二十）。叙述“众学法”一百七条的制立因缘、戒法条文及其解释（案：《萨婆多毗尼毗婆沙》卷九所释的《十诵律》“众学法”也是一百七条；但早先译出的《十诵比丘波罗提木叉戒本》“众学法”则作一百十三条，其戒条的排序和译语，与《十诵律》颇有差异）。所收的戒条主要有：

“高著泥洹僧戒”（第一条；鸠摩罗什译《戒本》将“泥洹僧”译作“内衣”，指“裙”）、“下著泥洹僧戒”（第二条）、“参差著泥洹僧戒”（第三条）、“高视入家内戒”（第二十一条）、“高视坐家内戒”（第二十二条；《戒本》将“入家内”、“坐家内”，译为“入白衣舍”、“白衣舍坐”）、“呵供养入家内戒”（第二十三条）、“呵供养坐家内戒”（第二十四条）、“幞头入家内戒”（第三十一条）、“不幞头坐家内戒”（第三十二条；以上四条为本书特有的戒条，《戒本》作第二十五、二十六、三十三、三十四条）、“肘隐人肩入家内戒”（第三十三条）、“肘隐人肩坐家内戒”（第三十四条；以上二条《戒本》无）、“以衣覆右肩全举左肩上入家内戒”（第四十一条）、“以衣覆右肩全举左肩上坐家内戒”（第四十二条）、“翘脚入家内戒”（第五十三条；以上三条为本书特有的戒条，《戒本》则作第四十五、四十六条、五十七条）、“累髀坐家内戒”（第五十五条；此为本书特有的戒条，《戒本》则以第五十九条

“累脚入白衣舍戒”取代之)、“嚼饭作声戒”(第七十条;《戒本》作第七十三条)、“洗钵水弃白衣舍戒”(第八十四条;《戒本》作第八十八条,以上卷十九)。

“为肘隐人肩说法戒”(第九十三条)、“为以衣覆右肩全举左肩上人说法戒”(第九十七条;以上二条为本书特有的戒条,《戒本》则无)、“为持刀人说法戒”(第一百二条;《戒本》作第一百七条)、“为持弓箭人说法戒”(第一百三条;《戒本》作第一百九条)、“生草上大小便戒”(第一百四条;《戒本》作第一百十条)、“上树过人戒”(第一百七条;《戒本》作第一百十三条,以上卷二十)等。如关于“参差著泥洹僧戒”等,说:

> 不参差著泥洹僧(指内衣、裙),应当学。(“参差著泥洹僧戒”,卷十九,第133页下)
>
> 累髀坐家内(指俗人家里),应当学。(“累髀坐家内戒”,同卷,第137页上)
>
> 不嚼食作声,应当学。(“嚼食作声戒”,同卷,第138页中)
>
> 不为捉盾、持弓箭人说法,除病,应当学。(“为持弓箭人说法戒”,卷二十,第140页中)
>
> 不得菜上大小便、洟唾,除病,应当学。(“生草上大小便戒”,同卷,第140页下)

(八)《七灭诤法》(第三诵,卷二十)。叙述“灭诤法”七条的制立因缘、戒法条文及其解释。所收的戒条有:“自言比尼(一作“毗尼”,下同)”(第一条)、“现前比尼”(第二条)、“忆念比尼”(第三条)、“不痴比尼”(第四条)、“实觅比尼”(又称“觅罪相毗尼”、“本言治毗尼”,第五条)、“多觅比尼”(又称“多觅罪相毗尼”、“多人语毗尼”,第六条)、“布草比尼”(又称“如草布地毗尼”,第七条)。有关“七灭诤法”的排序,《萨婆多毗尼毗婆沙》卷九与《十诵律》相同,而《十诵比丘波罗提木叉戒本》、《十诵比丘尼波罗提木叉戒本》则与《十诵律》相异,其排序为:“现前毗尼”、“忆念毗尼”、“不痴毗尼”、“自言治毗尼”、“觅罪相毗尼”、“多觅罪相毗尼”、“如草布地毗尼”。在传今的各部广律中,本书对“七灭诤法”的解说是最详细的。如说:

> 佛言:从今听自言灭诤法,用是自言灭诤,众僧中种种事起应灭。……从今听现前灭诤法,用是现前灭诤,僧中种种事起应灭。……从今听忆念比尼法,用是忆念比尼法,僧中种种事起应灭。……从今听不痴比尼,用是不痴比尼,僧中有种种事起应灭。……从今听实觅灭诤,用是实觅比尼,僧中种种事起应灭。……多觅比尼者,是中求觅往反问,如法除断。……从今听布草比尼,用是布草比尼,僧中种种事起应灭。(卷二十,第141页下—第147页上)

在《十诵律》中,比丘戒、比丘尼戒重要戒条的叙述形式,一般是由四段式构成的:一、制戒因缘(又称“戒缘”),指制戒的原委与经过);二、戒法条文(又称“戒相”、“戒文”),指戒条的表述文句;三、文句解释(又称“文句分别”),指戒条文句的解释;四、犯相解释(又称“犯相分别”),指犯戒相状的解释。其中,《四分律》、《五分律》、《摩诃僧祇律》中的“犯相分别”,只有“约义分别”(指从行为对象、施行手段、主观意图、客观结果等方面,对犯戒或疑似犯戒涉及的情况,分别作出犯与不犯、犯轻与犯重的解释,即对不同的犯戒相状作出不同的定性),本书在对“四波罗夷法”各戒所作的“犯相分别”中,不仅有“约义分别”,而且新增了“就事分别”(指列举一些现实的事例进行解释,亦即事例解释),使之成为一大亮点。

《十诵律》在有些戒条的前面，往往有“十利义”作为前导语。若是比丘戒，则作“以十利故，为诸比丘结戒。摄僧故，极好摄故，僧安乐住故，折伏高心人故，有惭愧者得安乐故，不信者得净信故，已信者增长信故，遮今世恼漏故，断后世恶故，梵行久住故，从今是戒应如是说”，或“以十利故，与诸比丘结戒，从今是戒应如是说”；若是比丘尼戒，则作“以十利故，与比丘尼结戒，从今是戒应如是说”。其后便是正式的戒法条文。若同一条戒有几次制立，则每次都有不同的制戒因缘和戒法条文，而戒条解释通常是对最后一次制立的戒法条文作释。此外，也有少数戒条，或因制戒因缘与前相同，或因戒法条文较为简明，其叙述形式呈简略式，是只列戒法条文，没有制戒因缘和戒条解释的。

以“杀戒”为例，其制戒因缘是这样的：

佛在跋耆国跋求摩河边时，对诸比丘说，修习“不净观”能够获得大果报、大利益。有些比丘听后，精勤修习，对自己的身体“深怀厌恶”。于是，有“发心欲死、叹死”的，有“求刀自杀”、“服毒药”、“自系”（指上吊）、“投高崖”的，有“转相害命”（指互断其命）的，都想早日了断自己的性命，以求得解脱。有个比丘对一个名叫鹿杖的梵志（指婆罗门出家者，《摩诃僧祇律》作“鹿杖外道”、巴利文《律藏》作“鹿杖沙门”、《四分律》作“勿力伽难提比丘”）说，你把我杀了，我就将衣钵送给你。鹿杖当即用利刀结果了那个比丘的性命。其他比丘也跟着仿效，纷纷要求鹿杖把自己杀了。这样，他在一天之内连杀了六十个比丘。每半月一次集众说戒的时候到了，佛发现与会的僧众少了许多，便问阿难，这是怎么回事。阿难如实地作了汇报，并请佛改说其他能够“安乐行法，无有厌恶，诸恶法生，即能除灭”的“善道”。佛于是讲述了“修习阿那般那念”（又称“安般守意”，即数出入息的

“数息观”），指出，“有阿那般那念，名为善道安乐住法”，“当勤修习阿那般那念，得大果大利”。随后，佛召集众比丘聚会，对比丘自杀或杀人，故意断绝（又称夺取）人命的行为，作了严厉的呵责，并由此制立了“杀戒”。由于“杀戒”的制立只有一次，因而也就成为最后确定的条文（《五分律》、《摩诃僧祇律》中有关“杀戒”的制立，均有四次，与本书所说有所不同）。

有关“杀戒”的条文及其解释（包括文句解释和犯相解释），书中写道：

> 若比丘，若人、若人类（《十诵比丘波罗提木叉戒本》作“若人、若似人”，“似人”指初具男女二根的胎儿），故自夺命，若持刀与，教死、叹死，作如是言：人用恶活为？宁死胜生。随彼心乐死，种种因缘教死、叹死，死者（《戒本》作“是人因是事死”），是比丘波罗夷，不应共住（《戒本》作“是比丘得波罗夷罪，不应共事”；本段为“杀戒”的条文）。
>
> 夺命者，自夺、若教他夺。是中云何犯罪？比丘有三种夺人命，波罗夷。一者自，二者教，三者遣使。自者，自身作，自身夺他命。教者，教语他言：捉是人，系缚夺命。遣使者，语他人言：汝识某甲不？汝捉是人，系缚夺命。是使随语夺彼命时，比丘得波罗夷。（本段为“杀戒”的文句解释）
>
> 复有三种夺人命，一者用内色，二者用非内色，三者用内非内色。……赞叹有三种，一者恶戒人，二者善戒人，三者病人。……病者，四大增减，受诸苦恼。比丘语是人言：汝云何能久忍是苦恼，何不自夺命？因是死者，比丘得波罗夷。若不死者，偷兰遮（又称“大罪”）。……是名三种赞死（本段为“杀戒”犯相解释中的“约义分别”）。

> 迦留陀夷恒出入一居士舍,晨朝时到,著衣持钵,往至其舍。是家妇有未断乳儿,持著床上,以氎覆之。……迦留陀夷不看,便坐儿上,肠出大唤。……比丘身重,小儿即死。……诸比丘以是事白佛。佛知而故问:汝以何心作?答言:我不先看床上,便坐。佛言:无犯。从今当先看床榻坐处,然后可坐。若不先看者,得突吉罗罪。……复次,阿罗毗国比丘僧房中坏故,房舍比丘作时,见砖中有蝎,怖畏跳下,堕木师上,木师即死。比丘心疑:我将无犯波罗夷?是事白佛。佛言:不犯。从今莫起如是身行(本段为"杀戒"犯相解释中的"就事分别")。(卷二,《大正藏》第二十三卷,第8页中—第11页上)

在每一戒的叙述文字中,戒法条文是内容的核心,制戒因缘、文句解释和犯相解释都是围绕戒条展开的,作为僧团每半月一次的说戒活动,所诵读的也是这些戒条。

二、七法、八法、杂诵(四诵至六诵,卷二十一至卷四十一)

本部分为"犍度",是律事的解说,下分"七法"、"八法"、"杂诵"十七类,叙述僧团的各种制度和行事。

甲、《七法》(第四诵,卷二十一至卷二十八)。

(一)《受具足戒法》(又称《七法中受具足戒法》,第四诵,卷二十一)。叙述出家受戒制度(本书《受具足戒法》相当于其他部派广律中的《受戒犍度》,但其他部派广律中的《受戒犍度》中有佛陀略传,而本书则无)。主要内容有:

新受戒比丘须依止和尚(指授戒的"亲教师",又称"戒和尚"、"得戒和尚")、阿阇梨(指教授的"轨范师",此指"五种阿阇梨"中的"依止阿阇梨",须具备十年以上戒腊和相应的德行),形成依止关系;比丘十人参加("十僧现前"),并作"白四羯磨”,方可授人具足戒;比丘“不满十岁”(指戒腊未满十年),不得授人具足戒;比丘须“五法成就”(有六种“五法成就”,如“信成、戒成、闻成、舍成、慧成”,“知犯、知非犯、知罪轻、知罪重、知诵波罗提木叉学利广说”等),“满十岁、若过”(指戒腊满十年或超过十年,戒腊满十年者称为“长老”),方可授人具足戒;出家者须先受“三归依”,次受“优婆塞五戒”,再受“沙弥十戒”;“不满二十年人”(指未满二十岁者),不能受具足戒;“异道人”(指外道)依佛出家,须“行四月波利婆沙(指别住)”。

若年少比丘“五法成就”(指“知犯、知不犯、知轻、知重、知诵波罗提木叉利广说”)、“满五岁”(指戒腊满五年),可以不受“依止”(指离师独立活动),若不知五法,即使“受戒岁多”(指戒腊超过五年),也须尽寿依止长老;出家作“沙弥”的最小年龄为七岁(称为“驱乌沙弥”);一个比丘不能同时“畜二沙弥”;家主“不放”(指未允许放行)的“奴”(指家奴),债主“不放”的“负债人”,不得度与出家;出家、剃发应当告知僧众;患“癞、痈疽、癫、痟病”者、父母“不放”者、“污比丘尼”者、“贼住人”者、“不能男”者、“越济”者(指受戒后复入外道者)、“杀母”者、“杀父”者、“杀阿罗汉”者、“非人”者(指龙等)、“恶心出佛身血”者、“破僧”者、“本犯戒”者(指出家时犯波罗夷罪而被僧团“灭摈”除名者)、一切形体丑陋残疾者(指“象头人”、“绿发人”、“无眼人”、“无耳人”、“无鼻人”、“戾脚人”、“截臂人”等)等,均不应度与出家、授具足戒;受具足戒须遵行的程序和仪式等。如关于制立“和尚”法、“阿阇梨”法和“白四羯磨受具足戒”法,说:

佛婆伽婆王舍城外住。尔时,未听比丘作和尚、阿阇梨,未有白四羯磨受具足戒。时诸比丘,以初未有和尚、阿阇梨故，作袈裟衣不如法，著衣亦不如法，及身威仪皆不如法。……有一比丘摩诃卢患苦痛，无有等侣，无人看视。……佛种种因缘诃已，语诸比丘：从今听作和尚、阿阇梨，听十僧现前（指比丘十人参加）、白四羯磨受具足。云何白四羯磨受具足？众僧一心和合。一比丘僧中唱：大德僧听，是某甲（指求受具足戒者），从某甲（指戒和尚）受具足戒，是从僧乞受具足戒某甲，和尚某甲，若僧时到，僧忍听，僧当与某甲受具足，和尚某甲。如是白，白四羯磨。……从今诸有和尚、阿阇梨，看共住弟子、近住弟子，养畜如儿想。共住弟子、近住弟子，看和尚、阿阇梨，如父想。（卷二十一，第148页上、中）

（二）《布萨法》（又称《七法中布萨法》，第四诵，卷二十二）。叙述僧众每半月一次说戒方面的制度和行事。主要内容有：

僧众每半月一次“布萨日”（通常为农历十五日、三十日）集会说戒（诵说戒经）的由来；布萨前，同一住处的僧众应先“结界”（指依羯磨划定作法的区域），结作“同一住处、同一说戒”的“大界”（最小的范围为寺院的外界，最大为一百二十里）；“同一住处、同一说戒”界内，可结“不离衣界”（又称“不失衣界”），划定僧众外出时可不带大衣的区域；结界的区域可根据情况作或大或小的变更，其方法是作羯磨，先舍本界（指旧界），再作新界；有四种“说波罗提木叉”（指不得“非法别众”、“非法和合众”、“有法别众”说戒，应当“有法和合众”说戒）、五种“说波罗提木叉”（指只说“戒经序”；或说“戒经序”至“四波罗夷”毕；或说“戒经序”至“十三僧伽婆尸沙”毕；或说“戒经序”至“三十舍堕”毕；或“广说”全部戒经）；布萨日，若同一住处有比丘四人时,应依“众僧法”,广说戒经;若有三人或二人时,应依“对首法”,各共面对将表示自己行为清净的告白说三遍;若仅有一人时,应依“心念法”,独自将表示自己行为清净的告白口说或心念三遍。

布萨时,病比丘若不能参加集会,应“与清净”(指委托他人表示自己行为的清净)、“与欲”(指委托他人表示自己赞同僧众所作事的意愿);布萨时,比丘若忆念有实罪或有疑罪,应如法(依法)忏悔;“旧比丘”(指当地比丘)说波罗提木叉时,有“客比丘”(指外来比丘)来,若其人数多于“旧比丘”,应重新说戒,若其人数等于或少于“旧比丘”时,应按原先次序讲下去,不必重新说戒;布萨时,比丘“不应往”和“应往”,以及“不应布萨说波罗提木叉”的种种情况等。如关于同一住处的比丘有四人或少于四人时布萨的不同作法,说:

> 有一住处四比丘,布萨时,是比丘应一处和合,广作布萨,说波罗提木叉。有一住处三比丘,布萨时,不应说波罗提木叉。是诸比丘,应一处集,三语布萨。应如是作:若上座欲作布萨,从座起,偏袒著衣,脱革屣,胡跪合掌,应如是语:长老忆念,今僧布萨日,若十四日、若十五日,长老知我清净,忆持无遮道法清净,作布萨戒,众满故。第二长老忆念,今僧布萨日,若十四日、若十五日,长老知我清净,忆持无遮道法清净,作布萨戒,众满故。第三长老忆念,今僧布萨日,若十四日、若十五日,长老知我清净,忆持无遮道法清净,作布萨戒,众满故。……有一住处二比丘,布萨时,不应说波罗提木叉。是二比丘,应一处集,三语作布萨。与上三比丘同。有一住处一比丘,布萨时,是比丘应扫塔、扫布萨处、扫地竟,次第敷绳床,应办火灯、笼灯、炷灯。……应待

至暮，还坐本处。如是心念口言：今日僧布萨，若十四日、若十五日，我亦今日布萨。如是一比丘作布萨竟。（卷二十二，第159页下—第160页上）

（三）《自恣法》（又称《七法中自恣法》，第四诵，卷二十三）。叙述僧众在夏安居结束后作“自恣”方面的制度和行事。主要内容有：

僧众于夏安居结束之日（又称“自恣日”，通常为农历七月十五日），举行“自恣”（指请他人根据所见、所闻、所疑，任意举发自己所犯之罪，即请求他人批评指过）活动的由来；自恣时，若同一住处有比丘五人或五人以上时，应作“僧法自恣”，先推选“自恣人”（《四分律》作“受自恣人”），然后在“自恣人”的主持下，从上座开始，僧众依次“三说自恣”（指将自恣告白说三遍），若有二人至四人时，应作“对首自恣”（指各共面对作自恣），若仅有一人时，应作“心念自恣”（又称“心念口言自恣”）；“自恣有四种”（指“非法别自恣”、“非法和合自恣”、“有法别自恣”、“有法和合自恣”），佛只允许第四种“有法和合自恣”。

比丘因病不能参加“自恣”，应“与自恣”，委托代表在僧中说“自恣”；自恣时，须根据“旧比丘”（指当地比丘）与“客比丘”（指外来比丘）的各种不同情况作相应的处理；若遭遇“八难”（指“王难”、“贼难”、“火难”、“水难”、“恶兽难”、“腹行虫难”、“人难”、“非人难”）等危难之事，允许“一说自恣”（即将自恣告白说一遍）等。如关于不同人数的自恣作法，说：

有一住处，自恣时，五比丘住，是诸比丘应一处集，差为僧作自恣人，广说自恣（指比丘五人时作“众僧法”自恣）。有一住处，自恣时，四比丘住，是诸比丘，不应差为僧作自恣人，是诸比丘应一处集，三语自恣。应如是自恣。上座应从坐起，偏袒著衣，胡跪合掌，如是语：长老忆念，今僧自恣日，我某甲比丘长老自恣语，若见、闻、疑罪语我，怜愍故。我若见罪，当如法除。……如是诸比丘得自恣。三比丘、二比丘亦如是（指比丘四人至二人时作“对首法”自恣）。有一住处一比丘，自恣时，应扫塔处及自恣处。……是中有高处立望，若见有比丘，唤言：疾疾来，长老，今日僧自恣。若不见，应待至暮，还坐本处。如是心念口言：今日僧自恣，我亦今日自恣。如是一比丘得自恣（指比丘一人时作“心念法”自恣）。（卷二十三，第166页上）

（四）《安居法》（又称《七法中安居法》，第四诵，卷二十四；从事情的先后顺序来说，本篇应排在《自恣法》之前）。叙述僧众每年三个月“结夏安居”方面的制度和行事。主要内容有：

僧众每年三个月“夏安居”的由来（“夏安居”略称“安居”，指每年雨季四个月中的三个月，僧众须定居一处、摄心修行，避免外出踏杀虫蚁草木；本书卷二十九说“受迦絺那衣”的时间，可在“自恣”后一个月之内，“若月一日得衣即日受，若二日、若三日，乃至八月十五日亦如是”，以此推断，本书所说的“夏安居”时间是指四月十六日至七月十五日）；安居期中因事（为僧众办事、受请、说法、探病等）外出者，须向长老请求“受七夜法”（又称“受七日法”，指请假七日），方可成行；安居期中因“事难”（如“不得随病食、随病药”，“若是处住，或失命、或失梵行”，“见僧勤欲破僧”，“八难”事起等）无法安居而离开住地者，“无罪”等。如关于“受七夜法”，说：

有如是事，听去七夜（指因优婆夷之请而去教授诸大经，允许外出七日返回住地）。如优婆夷为是多识多知，诸大经有《波罗纱提伽》（晋言《清净经》——原注，下同）、

《波罗纱大尼》(晋言《一净经》)、《般阇提利剑》(晋言《三昧经》)、《摩那阇蓝》(晋言《化经》)、《波罗小阇蓝》(晋言《梵经》)、《阿咤那剑》(晋言《鬼神成经》)、《摩诃纱摩者剑》(晋言《大会经》)、《阿罗伽度波摩》(晋言《蛇譬经》)、《室唤咆那都叉耶时月提》(晋言《索灭解脱经》)、《释伽罗波罗念奈》(晋言《释问经》也)、《摩呵尼陀那波梨耶夜》(晋言《大因缘经》)、《频波纱罗波罗时伽摩南》(晋言《洴沙迎经》)、《般阇优波陀那肝提伽》(晋言《五受阴却经》)、《沙陀耶多尼》(晋言《六情部经》)、《尼陀那散犹乞多》(晋言《同界部》)、《波罗延》(晋言《过道经》)、《阿陀波者耶修妒路》(晋言《众德经》)、《萨耆陀舍修妒路》(晋言《谛见经》也),若未学欲学,若先学忘欲诵,遣使诣比丘所,白言:大德,是多识多知诸大经,《波罗纱》乃至《萨耆陀舍修妒路》,若未学欲学,若先学忘欲诵,大德,来教我受学、读诵、问义。有如是事,听去七夜。如为优婆夷应去,优婆塞亦如是。(卷二十四,第174页中、下)

(五)《皮革法》(又称《七法中皮革法》,第四诵,卷二十五)。叙述僧众使用皮革制品方面的制度和行事。主要内容有:

阿槃提国大富居士之子亿耳(巴利文《律藏·自恣犍度》作"首楼那亿耳")出家后,前往舍卫国,受师父大迦旃延的委托,请佛开许阿槃提国比丘的"五事",佛听后,一一作了许可(指允许边地比丘满五人即可授人具足戒、可穿多层底的革屣、可多次洗浴、可蓄存皮卧具、可在异处受衣);"五皮"(包括两种"五皮",一指"师子皮、虎皮、豹皮、獭皮、狸皮",二指"象皮、马皮、狗皮、野干皮、黑鹿皮";佛经中"狮子"均写作"师子")不应蓄存；杀牛剥皮，不应受用；不应穿木屐（因有响声）；佛前、和尚前、阿阇梨前、上座前、佛塔中、温室、讲堂、食厨、禅窟、大小便处、洗浴处等，不应穿革屣；瞻卜国长者之子沙门二十亿（巴利文《律藏·自恣犍度》作“首楼那二十亿”）依佛出家，精进修行，因赤脚行走，“足下血流，遍经行地”，佛允许从他开始，比丘可以穿“一重革屣”（一层底的革屣）经行、入聚落等。如关于佛允许从沙门二十亿开始，可以穿“一重革屣”之事，说：

佛在王舍城，瞻卜国（又称“瞻婆国”、“瞻婆城”）中有长者子，字沙门二十亿，是人弃二十亿金，舍瞻卜城五百聚落阿尼目佉出家，徒跣空地经行，足下血出，遍流经行地，经行此头、彼头，乌啄血。佛与阿难到是处，见是事。……佛种种因缘，赞戒、赞持戒。赞戒、赞持戒已，语诸比丘：从今听著一重经行革屣，若破，补两头、置中央。厚重革屣不应著，毛革屣不应著，声革屣不应著，缠革屣不应著，一切青、一切黄、一切赤、一切白、一切黑革屣不应著。……一切杂色革屣不应著。若著，犯突吉罗罪。（卷二十五，第183页上、中）

（六）《医药法》（又称《七法中医药法》，第四诵，卷二十六）。叙述僧众饮食医药方面的制度和行事。主要内容有：

患病比丘可食用“四种含消药”（指“七日药”，即“酥”、“油”、“蜜”、“石蜜”）；比丘不得吃“人肉”、“象肉”、“马肉”、“狗肉”、“蛇肉”等；比丘不得食用“三种不净肉”（指“见”、“闻”、“疑”是为我故杀之肉），允许食用“三种净肉”（指“不见”、“不闻”、“不疑”是为我故杀之肉）；比丘可饮用“八种浆”（指“周梨浆”、“茂梨浆”、“拘楼浆”、“舍楼浆”、“波多浆”、“颇留沙浆”、“梨浆”、“葡萄浆”）；可食用“四种药”（指“时药”、

“时分药”、“七日药”、“尽形药”)等。如关于“四种药”,说:

佛言:……从今日,听僧服四种药。何等四种药?一时药、二时分药(《四分律》作“非时药”)、三七日药、四尽形药(《四分律》作“尽形寿药”)。时药者,五种佉陀尼、五种蒲阇尼、五似食。何等五种佉陀尼?一根食、二茎食、三叶食、四磨食、五果食。何等根食?芋根、蔙根、藕根、芦卜根、芜菁根,如是等种种根可食。何等茎食?芦卜茎、谷梨茎、罗勒茎、柯蓝茎,如是等种种,是茎佉陀尼。何等叶食?芦卜(叶)、谷梨叶、罗勒叶、柯蓝叶,如是等种种叶可食,是叶佉陀尼。何等磨食?稻、大麦、小麦,如是等种种,是磨佉陀尼食。何等果食?庵罗果、阎浮果、波罗萨果、镇头佉果、那梨耆罗果,如是等种种,是果佉陀尼。何等五种蒲阇尼食?一饭、二麨(指炒熟的米麦粉)、三糒(指干粮)、四鱼、五肉,如是五种蒲阇尼食。何等五种似食?糜、粟、穬麦、莠子、迦师,如是等种种,是名似食。未滤浆汁,是名时药。时分药者,若净滤浆汁,是名时分药。七日药者,若酥、油、蜜、石蜜,是名七日药。尽形药者,五种根药。何等五种?一舍利、二姜、三附子、四波提毗沙、五菖蒲根,是药尽形寿共房宿,无罪。五种果药,呵梨勒、鞞醯勒、阿摩勒、胡椒、荜钵罗,尽形寿共房宿。有五种盐,黑盐、紫盐、赤盐、卤土盐、白盐,尽形寿共房舍宿。有五种树胶药,兴渠、萨阇罗荼帝、夜帝、夜波罗帝、夜槃那,尽形寿共房宿。五种汤,根汤、茎汤、叶汤、华汤、果汤,尽形寿共房宿。(卷二十六,第 193 页下—第 194 页上)

(七)《衣法》(又称《七法中衣法》,第四诵,卷二十七至卷二十八)。叙述僧众衣服方面的制度和行事。主要内容有:

比丘应蓄存“三衣”(指“僧伽梨”、“郁多罗僧”、“安陀会”);僧衣的形状为“割截衣”,来源为“粪扫衣”等;比丘可蓄存“雨浴衣”、“覆疮衣”、“尼师檀”(指坐具),但制作不得过量(超过规定的尺寸);比丘可在夏安居结束接受檀越(施主)布施的衣物;布施有“界布施、依止布施、制限布施、给得布施、僧得布施、现前得布施、夏安居得布施、指示得布施”八种,布施所得的衣物,“现前僧(同一住处现在的僧众)应分”;已故比丘的财物,“应先与看病比丘六物(指僧伽梨、郁多罗僧、安陀会、钵、漉水囊、尼师檀),余轻物(指三衣、钵、腰带、针、刀等)僧应分,重物(指田地、房舍、床榻、卧具、细车、铁物、铜物、木物等)不应分”;应供养、瞻视患病比丘等。关于布施给僧众的衣物,“现前僧应分”,说:

佛在舍卫国。有阿罗汉比丘般涅槃,为是比丘故,诣祇林中,多设食供养僧,诸比丘多会千二百五十人。诸居士见大众集,是中为僧故,布施诸衣,应现前僧分物。旧比丘(指当地比丘)言:夏末月是中受迦絺那衣,是衣施夏安居僧,应分。诸比丘不知当云何,以是事白佛。佛言:虽夏末月住处受迦絺那衣,是因缘衣,现前僧应分。沙弥来索衣分,诸比丘不与。诸比丘言:佛说夏安居衣分,应与沙弥,随比丘法物,应与沙弥,佛不语因缘衣应与。以是事白佛。佛言:听与。诸比丘不知与几许,以是事白佛。佛言:诸檀越布施,沙弥若立、若坐、若次第,自手布施,应属沙弥。若檀越不分别,与作次第分竟,四分,与沙弥一分。(卷二十八,第201页上、中)

乙、《八法》(第五诵,卷二十九至卷三十五)。

(一)《迦絺那衣法》(又称《八法中迦絺那衣法》,第五诵,卷二十九)。叙述僧众在夏安居结束后“受迦絺那衣”(又称“受功德衣”,指受领赏与结夏僧众、象征五项权利的法衣)方面的制度和行事。主要内容有:

僧众于“自恣日”的次日(农历七月十六日)或一个月之内“受迦絺那衣”的由来;“迦絺那衣”须当天得衣,当天受持(“一日得衣,即日受”);“受迦絺那衣”时,应先推选“受迦絺那衣人”,由他代表僧众集体受领迦絺那衣;“受迦絺那衣人”应“成就五法”(指具备“不随爱、不随瞋、不随怖、不随痴、知受不受”五种德行);“故烂衣”、“非时衣”、“郁金色染作衣”、“经宿衣”、“不净衣”、“减量所作衣”、“不割截衣”等不可用作迦絺那衣;“急施衣”、“时衣”、“新衣”、“般宿衣”、“净衣”、“割截衣”、“帖衣”、“比丘、比丘尼、式叉摩尼、沙弥、沙弥尼衣”等可用作迦絺那衣;“八事舍迦絺那衣”、“二十舍迦絺那衣”、“十二舍迦絺那衣”、“五舍迦絺那衣”(指不再享有“受功德衣”的五种权利的各种情况)等。如关于“善受迦絺那衣”(指可用作迦絺那衣的衣服)和“八事舍迦絺那衣”,说:

> 若得急施衣用作迦絺那衣者,名为善受。用时衣作迦絺那衣者,名为善受。用新衣作迦絺那衣者,名为善受。用般宿衣作迦絺那衣者,名为善受。若用净衣作迦絺那衣者,名为善受。若用作净衣作迦絺那衣者,名为善受。若用割截僧伽梨、郁多罗僧、安陀卫(以上指僧人三衣),作迦絺那衣者,名为善受。若以帖衣作迦絺那衣者,名为善受。若用比丘、比丘尼、式叉摩尼、沙弥、沙弥尼衣,作迦絺那衣者,名为善受。……有八事名舍迦絺那衣,何等八?一者衣成时,二者衣垂成时,三者去时,四者闻时,五者失时,六者发心时,七者过齐限时,八者舍时。(卷二十九,第207页下)

（二）《俱舍弥法》（又称《八法中俱舍弥法》，第五诵，卷三十）。叙述佛在俱舍弥（又称“拘舍弥”、“拘睒弥”、“憍赏弥”）国时，因该国僧众争论某比丘是否犯罪分裂成两派之事，而制立的有关“作摈比丘”（又称“举罪比丘”、“作举比丘”，指举发他人犯罪并将其摈出住地者）和“被摈比丘”（又称“被举比丘”、“摈比丘”，指被举发有罪并被摈出住地者）及“随顺摈比丘”（又称“随顺比丘”、“随举比丘”，指随顺被举人者）各自“应作”或“不应作”方面的制度和行事。主要内容有：

若会导致僧诤、僧破（亦即“破僧”，破坏和合的僧团，此指“二种破僧”中的“破羯磨僧”，非指“破法轮僧”）的“不见摈羯磨”（又称“不见罪羯磨”、“不见罪举羯磨”，为三种“举罪羯磨”之一），不应作，不会导致僧诤、僧破的“不见摈羯磨”，应作；比丘不应“身自作不共住”、“身自作共住”，而应由僧众和合如法，“与作不共住羯磨”、“与作共住羯磨”；别部异众，“不应共相近坐”（指持不同见解的两派僧众，不应坐在一起，以免起诤）；比丘“说非法者”（指颠倒说“非法”和“法”、“非律”和“律”、“犯”和“非犯”、“轻”和“重”、“无残”和“有残”、“常所行法”和“非常所行法”、“说”和“非说”十四事者），不应敬重供养，“说法者”（指正确说十四事者），应敬重供养；“被摈比丘”若能“心悔”、“折伏”、“自首”，则应作羯磨予以“解摈”等。如关于俱舍弥国僧众起诤的由来，以及在作“不见摈羯磨”时应当考虑是否会造成僧诤、僧破，说：

> 佛在俱舍弥。尔时，有一比丘，犯可悔过罪。诸比丘怜愍，欲益利安乐故，语其过罪，教令如法悔过。是比丘言：我不知所犯，既不知，当见何罪？云何忏悔？诸比丘作是念：此比丘不肯直尔便首，当与作不见摈（又称“不见罪举

羯磨”，指对不认罪者予以举罪并从住处驱出)。……以是故，相言斗诤事起，僧破、僧诤、僧别、僧异，作破僧因缘，分作两部。一部言：此比丘有罪；一部言：此比丘无罪。一部言：如法摈(指如法举罪)；一部言：不如法摈(指非法举罪)。一部言：不如法摈可破；一部言：如法摈不可破。……诸比丘以是事向佛广说，佛即时却随顺比丘及摈比丘，令小远去，语诸作摈比丘：汝等若事无因缘根本，彼不自首，不应作摈。……有五法，不应作摈。何等五？若我等与是比丘作不见摈、不共说戒及僧羯磨、不共怛钵那(指糗，即炒熟的米麦粉)、不共中食、不随上座起礼迎送，以是因缘故，斗诤相言、僧破、僧诤、僧别、僧异(以上为“五法”)。诸比丘亦应思惟，有是五法故，不应作摈。(卷三十，第214页上、中)

(三)《瞻波法》(又称《八法中瞻波法》，第五诵，卷三十)。叙述佛在瞻波国时，因阿叶摩伽国(又称“迦尸国”)王萨婆聚落(又称“婆沙婆聚落”)“旧比丘”(指当地比丘)共金(人名)被路过停宿的“六群比丘”(指难陀等六个结群行恶的比丘，佛制戒多因他们的恶行而起)作羯磨非法举罪之事，而制立的有关如何作“如法和合羯磨”方面的制度和行事。主要内容有：

作羯磨的比丘必须是“清净同见僧”，“白衣”(在家者)、“非比丘”、“沙弥”、“外道”、“不见摈”者(又称“不见罪举”，指因不认罪而被举罪驱摈者)、“不作摈”者(又称“不忏悔罪举”，指因不忏悔罪而被举罪驱摈者)、“恶邪不除摈”者(又称“恶见不舍举”，指因恶见不舍而被举罪驱摈者)、“不共住”者、“自言犯重罪”者等，不得参与作羯磨；不同的羯磨须有不同的与会人数，比丘四人“可如法作诸羯磨，除自恣羯磨、除受大戒羯磨、除出罪羯磨”,比丘五众“可如法作诸羯磨,除中国受大戒羯磨、除出罪羯磨”,比丘十人“可如法作诸羯磨,除出罪羯磨”,比丘二十人“可如法作一切羯磨”;有“四种羯磨”,其中“非法羯磨”、“别众羯磨”不应作,“如法羯磨”、“和合羯磨”应作等。如关于“四种羯磨”,说:

> 佛告优波离:复有四种羯磨,非法羯磨、如法羯磨、别众羯磨、和合羯磨。……若僧种种事起,不如法、不如比尼(又作“毗尼”,下同)、不如佛教断,皆名非法,是名非法羯磨。……若僧中种种事起,如法、如比尼、如佛教断,是名如法羯磨。别众羯磨者,是羯磨中,所须比丘不和合一处,可与欲(指委托他人表示自己赞同僧众所作事的意愿)者不与欲,现前比丘遮成遮,是名别众羯磨。……和合羯磨者,所须比丘和合一处,可与欲者与欲,现前比丘能遮不遮,是名和合羯磨。(卷三十,第220页上、中、下)

(四)《般荼卢伽法》(又称《八法中般荼卢伽法》,第五诵,卷三十一)。叙述佛因舍卫国比丘般荼(《丽藏》本作“般茶”,从《四分律·呵责犍度》作“智慧”来看,音译当作“般荼”)、卢伽(《四分律·呵责犍度》作“卢醯那”)挑动僧众斗诤等事,而制立的有关治罚恶行的七种羯磨(指“苦切羯磨”等)等七种羯磨方面的制度和行事。主要内容有:

“苦切羯磨”(又称“呵责羯磨”,指对犯罪者当众呵责并“夺三十五事”,即剥夺三十五项权利)、“依止羯磨”(指责成犯罪者依止某大德学律受教)、“驱出羯磨”(又称“摈羯磨”,指将犯罪者从住地驱出)、“下意羯磨”(又称“遮不至白衣家羯磨”,指责成犯罪者向受损恼的俗家忏悔道歉)、“不见摈羯磨”(又称“不见罪举羯磨”,指对不认罪者予以举罪并驱出)、“不作摈羯磨”(又称“不忏悔罪举羯磨”,对不忏悔罪者予以举罪并驱出)、“恶邪不除摈羯磨”(又称“恶见不舍举羯磨”,指对不舍恶见者予以举罪并驱出;以上三种羯磨均属于“举罪羯磨”)等七种羯磨的制立缘由;各自的处罚对象;受处罚者被停止的权利;“如法”作法与“非法”作法的区别;出罪的方法(作“解羯磨”予以出罪)等。如关于“下意羯磨”,说:

若比丘三事中有犯,应与作下意羯磨,破戒、破见、破威仪。又三种应与作下意羯磨,喜斗、喜诤、喜相言。若比丘有五法,僧应与作下意羯磨,若比丘呵责佛、若呵法、若呵僧、若破戒、若破威仪。又有五法,僧应与下意羯磨,若恶口向白衣、若骂白衣、若毁呰白衣家、若别离白衣家、若方便求驱白衣出欲令得衰恼。复有五法,僧应与作下意羯磨,恶口向比丘、骂比丘、毁呰比丘、破比丘利养、求方便驱比丘出令得衰恼。复有五法,僧应与作下意羯磨,教白衣共白衣斗、教白衣共比丘斗、教比丘共比丘斗、教比丘共白衣斗、说白衣所不喜事。(卷三十一,第 224 页下—第 225 页上)

(五)《僧残悔法》(又称《八法中僧残悔法》,第五诵,卷三十二至卷三十三)。叙述对犯“僧残罪”者作处罚方面的制度和行事。

(1) 犯“僧残罪”的处罚问题(卷三十二)。其内容相当于《四分律 · 人犍度》。主要叙述:对犯“僧残罪”的不覆藏者(指不隐瞒者),僧众应给与“六夜摩那埵”(指犯罪者须六天六夜为僧众作劳务)的处罚,“行六夜摩那埵”结束,给与“出罪”(指须有比丘二十人作羯磨同意,方能出罪);对“行六夜摩那埵”期间又犯“僧残罪”但不覆藏者,僧众应给与“摩那埵本日治”(指为僧众作劳务的天数,从再次犯罪之日重新算起,先前已作的劳务天数不算）的处罚，“行摩那埵”结束，给与“出罪”；对犯“僧残罪”的覆藏者（指隐瞒者），僧众应先给与“别住”（指覆藏者从覆藏之日算起，须“别住”，即离众别住一处，覆藏一天须别住一天）的处罚，“别住”结束，再给与“六夜摩那埵”的处罚，“行六夜摩那埵”结束，给与“出罪”；对“行别住”期间又犯“僧残罪”并作覆藏者，僧众应先给与“覆藏本日治”（指“别住”的天数，从再次犯罪之日重新算起，先前已别住的天数不算）的处罚，再给与“六夜摩那埵”（指犯罪者须六天六夜为僧众作劳务）的处罚，“行六夜摩那埵”结束，给与“出罪”；犯“僧残罪”的覆藏者，如果犯罪的事项在二项以上的，应根据犯罪一项就“别住”一天的原则，决定“别住”的天数，“行别住”、“行六夜摩那埵”结束，应作羯磨给与“出罪”等。

（2）犯“僧残罪”的覆藏者，在受处罚期间不得享有的权利问题（又称“夺三十五事”，即剥夺三十五项权利；卷三十三）。其内容相当于《四分律·覆藏揵度》。主要叙述：“行别住人”，“不应受住戒比丘随上座迎送礼拜、合掌恭敬、供养衣钵卧具”，“不得在住戒比丘经行处行”，“有客比丘来，应向说己所犯罪”，“布萨时，应入僧中，三自说罪”，“不得受他忏悔”，“不得受他忏悔”，“不应与他受具戒”，“不应与他作依止”，“不应畜沙弥”等。

如关于对犯二项以上“僧残罪”的覆藏者的治罪与出罪，说：

> 佛在舍卫国。尔时，有一比丘，犯种种僧伽婆尸沙罪，覆藏。第一犯故出精，犯一僧伽婆尸沙罪，一夜覆藏。第二犯触女人，二夜覆藏。第三犯与女人粗恶语，三夜覆藏。第四犯赞叹己身供养，四夜覆藏。第五犯行媒嫁，五夜覆藏。

第六犯无主自为身作房,六夜覆藏。第七犯有主自为身作大房舍,七夜覆藏。第八无根波罗夷法谤余比丘,八夜覆藏。第九犯取小片事作波罗夷法谤余比丘,九夜覆藏。第十破和合僧勤求方便,十夜覆藏。第十一犯助破和合僧,十一夜覆藏。第十二犯污他家行恶行,十二夜覆藏。第十三犯戾语,十三夜覆藏。以上事语诸比丘:我当云何?诸比丘以是事白佛。佛语诸比丘:汝等应与是人十三日别住(巴利文《律藏·集犍度》将这种情况称为“合一别住”,即将几个“别住”合为一个“别住”,取“诸罪中覆藏最久之罪”,作为“合一别住”的天数)。别住竟,与六夜摩那埵。六夜摩那埵竟,与出罪羯磨。(卷三十二,第236页中、下)

(六)《遮法》(又称《八法中遮法》,第五诵,卷三十三)。叙述遮止(指制止)犯罪比丘参与布萨日说戒活动方面的制度和行事。主要内容有:

佛在瞻波国时,因布萨日会众中有“不清净者”,不愿说戒,大弟子目连将“不清净者”拽出以后,佛首先宣布,“从今,汝等当自说波罗提木叉,佛不复为汝等说”,即从今以后,布萨日由僧众自己说戒,佛不再说戒,接着以大海为譬喻,阐说佛教中有“八希有法”(又称“八未曾有法”);“布萨说波罗提木叉时,一切比丘应来”,因病不能来的,应当请假,犯戒者不得参与说戒;有“十非法遮说戒”(指“无根遮说戒”乃至“不犯波罗夷遮说戒”等,即没有犯罪事实而制止其参与说戒,乃至未犯波罗夷罪而制止参加说戒等)和“十如法遮说戒”(指“有根遮说戒”乃至“犯波罗夷遮说戒”等,即有犯罪事实而制止其参与说戒,乃至因犯波罗夷罪而制止参加说戒等)等。如关于遮止“破戒者”、“破见者”和“破威仪者”参与说戒,说:

破戒者，有比丘犯波罗夷，犯僧伽婆尸沙、波夜提、波罗提提舍尼、突吉罗。……破见者，除身见，为本六十二见。若起余见，谓无罪、无福、无施、无善、无恶、无善恶果报、无今世后世、无父无母，无世间阿罗汉得正行。……破威仪者，有比丘于和上、阿阇梨、一切上座所，作邪恶，破威仪行。若诸比丘……若用见、若用闻、若用疑，若此住处、彼住处，欲遮是比丘说戒者，应作是言：遮某比丘说戒，某比丘在众中，不得说戒。（卷三十三，第241页下—第242页上）

（七）《卧具法》（又称《八法中卧具法》，第五诵，卷三十四）。叙述僧众房舍和卧具的造作、分配、使用、管理、修治等方面的制度和行事。主要内容有：

比丘应以"受大戒"的先后为辈次，"先受大戒"者，"应先坐、先受水、先受饮食"；佛在波罗奈国度"五比丘"出家、建立僧团之初，要求比丘"应山岩、竹林、树下住"，在王舍城，始允许比丘"房舍中住"，即允许接受檀越建造施与的房舍（后来也允许僧人自建符合规定的房舍），以供居住，并配置必要的生活设施和用具；舍卫国给孤独长者以金钱铺地的价格，购买祇陀王子的花园，以舍利弗为"僧坊师"，参照王舍城迦兰陀竹园的式样，于园中建造"讲堂、温室、食堂、食厨、洗浴处、门屋、禅坊、大小便处"，另外"起十六大重阁、作六十窟屋"，祇陀王子则在金钱未铺到的地方"起立门屋"，两人共建"祇树给孤独园"，施与佛及僧；分配僧房时，应"随上座次第"，并照顾"病比丘"；应设立专人，处理僧团日常生活的各种事务，如"分卧具人"、"分房舍人"、"差食人"（安排施食）、"分粥人"、"分带钵那人"（分配各种饼）、"分药人"、"空僧坊常住比丘"、"守护衣人"、"分衣人"（分配僧衣者）、"分浴衣人"、"维那"（掌管僧众杂务者，与上

座、寺主合称“寺院三纲”)、“使净人主”(管理为寺院劳务的俗人者)等。如关于“维那”,说:

> 佛言:应立维那。立法者,一心和合僧应问:谁能为僧作维那?是中,若比丘言:我能。有五法,不应立作维那。何等五?随爱、随瞋、随怖、随痴、不知净不净。若成就五法,应立作维那。五法者,不随爱、不随瞋、不随怖、不随痴、知净不净。即时,一比丘僧中唱言:大德僧听,是某甲比丘,能为僧作维那。若僧时到,僧忍听(指容许),僧立某甲比丘作维那,是名白。如是白二羯磨,僧立某甲比丘作维那竟。僧忍(指容忍),默然故,是事如是持。作维那比丘,应知时限、知唱时、知打揵稚、知扫洒涂治讲堂食处、知次第相续敷床榻、知教净果菜、知看苦酒中虫、知饮食时行水、众散乱语时弹指。(卷三十四,第250页中、下)

(八)《诤事法》(又称《八法中诤事法》,第五诵,卷三十五)。叙述“七灭诤”方面的制度和行事。主要内容有:

有“四种诤事”(又称“四种诤”、“四诤”),“斗诤事”(又称“言诤”,指对法相的是非起诤)、“无根事”(又称“觅诤”,指对比丘有无犯罪起诤)、“犯罪事”(又称“犯诤”,指对比丘犯何种罪起诤)、“常所行事”(又称“事诤”,指对所作羯磨是否合法起诤);“斗诤事”,用“现前比尼”(“比尼”又作“毗尼”,指“僧现前、人现前、毗尼现前”,即当事人到场,以教法和戒律为依据,当面作出裁决)、“多觅比尼”(指用投筹表决的方式,少数服从多数,有“十非法行筹”和“十如法行筹”之分)两种灭诤法除灭;“无根事”,用“现前比尼”、“忆念比尼”(指允许被举罪比丘忆述事情的经过)、“不痴比尼”(指对比丘在精神失常时的行为不予追究)、“实觅比尼”(指如实地举发比丘的犯罪情况)四种灭诤法除灭;"犯罪事",用"现前比尼"、"自言比尼"(指允许被举罪比丘自言过失或作申辩)、"布草比尼"(指争论双方各自忏悔谦让,达成和解)三种灭诤法除灭;"常所行事",用"现前比尼"一种灭诤法除灭等。如关于"四种诤事"及其对治,说:

有四种诤事出。一者斗诤事,二者无根事,三者犯罪事,四者常所行事。斗诤事者,如诸比丘共比丘诤,恶口相言,是法、是非法,是善、是不善,是中共诤故,相助别异,是名斗诤事。无根事者,如诸比丘出余比丘犯罪,若有残作、有残不作、有残作不作,若无残作、无残不作、无残作不作,若有残无残作、有残无残不作、有残无残作不作,是中出犯罪,无根故,共相缠著,是名无根事。犯罪事者,有五种犯,犯波罗夷、僧伽婆尸沙、波逸提、波罗提提舍尼、突吉罗,若犯、若污、若不悔,是名犯罪事。常所行事者,众僧所作事,若白一羯磨、白二羯磨、白四羯磨、布萨自恣、立十四人羯磨,是名常所行事。……长老优波离问佛:斗诤事,以几灭诤事灭?佛言:以二灭诤事灭。何等二?以现前比尼(一作"毗尼",下同)灭及多觅比尼灭。又问:世尊,无根事,以几灭诤事灭?佛言:以四灭诤事灭,以现前比尼及忆念比尼灭、现前比尼及不痴比尼灭、现前比尼及实觅比尼灭。又问:世尊,犯罪事,以几灭诤事灭?佛言:以三灭诤事灭。现前比尼及自言比尼灭、现前比尼及布草比尼灭。又问:世尊,常所行事,用几灭诤事灭?佛言:以一灭诤事灭,现前比尼灭。(卷三十五,第 251 页中—第 252 页中)

丙、《杂诵》(第六诵,卷三十六至卷四十一)

(一)《调达事》(第六诵,卷三十六至卷三十七)。叙述佛就调达(又称"提婆达多",佛的叔父斛饭王之子、阿难的兄长)

“破僧”（又称“破和合僧”，指破坏和合的僧团）事而制立的相关制度。主要内容有：

调达深得瓶沙王太子阿阇世的崇信并受到供养，他以佛“年已老耄”为由，当面要求佛，由他来接替佛的地位，统领僧众（“令僧属我，我当将导”），受到佛的拒斥。之后，他与“四伴党”（指俱伽梨、乾陀骠、迦留罗提舍、三闻达多），公开标立“五法”（指尽形寿“受著纳衣”、“受乞食法”、“受一食法”、“受露地坐法”、“受断肉法”），诳诱年少比丘信受，从而导致僧众分裂（“破僧”），形成追随调达的另一个僧团；调达屡次害佛（从山上推石砸佛、放醉象撞佛等），均未得逞；佛的大弟子舍利弗、目连受命前往调达的住地，趁调达熟睡之机，对追随他的五百弟子说法化导，使他们回到佛的身边；佛“广说本生”，追溯调达“破僧”事的往世因缘；佛说“十四破僧事”（指有“非法说法、法说非法、非善说善、善说非善、犯说非犯、非犯说犯、轻说重、重说轻、有残说无残、无残说有残”等十四种事情者，名为“破僧”）等。如关于调达“破僧”的经过，说：

> 佛在王舍城。尔时，调达（指提婆达多）……白佛言：世尊，年已老耄，可以众僧付我。佛但独受现法乐，令僧属我，我当将导。佛言：舍利弗、目连有大智慧神通，佛尚不以众僧付之，况汝唊唾痴人、死人，而当付嘱？尔时，调达闻佛说唊唾痴人、死人，如是名字，即便大瞋，欲毁世尊。……尔时，调达欲破和合僧，受持破僧事，妒心方便，故作是念：我独不能得破沙门瞿昙和合僧，坏转法轮。是调达有四同党弟子，一名俱伽梨，二名乾陀骠，三名迦留罗提舍，四名三闻达多。……调达语四人言：沙门瞿昙有年少弟子，新入彼法，出家不久，我等到是边，用五法诱取，语诸比丘言：汝

尽形寿受著纳衣,尽形寿受乞食法,尽形寿受一食法,尽形寿受露地坐法,尽形寿受断肉法。若比丘受是五法,疾得泥洹。若有长老上座比丘、多知多识,久习梵行,得佛法味,当语之言:佛已老耄,年在衰末,自乐闲静,受现法乐,汝所须事,我当相与。我等以如是方便,能破沙门瞿昙和合僧,坏转法轮。四比丘言:如是,调达。(卷三十六,第257页上—第259页上)

(二)《明杂法》(第六诵,卷三十七至卷四十一,《大正藏》目录误标从卷三十八始)。叙述僧众日常生活资具、杂事与比丘尼方面的制度和行事。下分五节,其中,《初二十法》、《中二十法上》、《中二十法下》相当于《四分律》卷五十一至卷五十三《杂犍度》;《后二十法上》相当于《四分律》卷四十八至卷四十九《比丘尼犍度》;《后二十法下》相当于《四分律》卷四十九《法犍度》。

(1)《初二十法》(卷三十七后部分至卷三十八前部分)。始“佛在王舍城。尔时,六群比丘以木棒自打治身”(第267页上),终“佛言:不乞而得应受”(第276页中)。主要内容有:比丘不得“以香涂身”、“庄严(指妆饰)面目”、“腕上系缕”、“畜臂钏”、“著指环”、“著耳环”、“畜(蓄)八种钵”(指金、银、琉璃、摩尼珠、铜、白镴、木、石钵)、“自截男根”、“自断指”、“自往观听伎乐歌舞”、“以镜照面”、“以刷刷头”;对无根据地毁谤清净比丘的俗家,比丘应作“覆钵羯磨”,“不得至是家,手受食”;比丘不得“不持漉水囊行(出行)”、“共一钵食”、“洗脚时共他语”、“放火烧诸草木”、“著俗衣”、“负(指挑)担行”、“啖蒜”、“处处大小便”等。如关于不得“自截男根”、“自断指”,说:

佛在舍卫国。尔时有比丘,起欲心故,自截男根,苦恼垂死。诸比丘以是事白佛。佛言：汝等看是痴人，应断异、所断异。应断者，贪欲、瞋恚、愚痴。如是呵已，语诸比丘：从今不听断男根，断者，偷兰遮（又称“大罪”）。复有比丘，为作浴破薪故，毒蛇从朽木中出，啮比丘指。比丘作是念：此毒必入身，即自断指。……是事白佛。佛种种因缘呵责：云何名比丘，自断指。如是呵已，语诸比丘：从今不应自断指，自断指者，突吉罗。佛言：从今有如是因缘，听以绳缠指，以刀刺出毒。（卷三十七，第 269 页中）

（2）《中二十法上》（卷三十八后部分至卷三十九前部分）。始“佛在王舍城。尔时，跋提长者作大僧坊，种种庄严”（第 276 页下），终“佛言：应经行处种树”（第 284 页上）。主要内容有：比丘不得“唾净地”、“畜月珠日珠”、“以钵盛不净物”、“无钵出家”、“度贼主出家”、“头上戴物、腰间带物行”；对欲出家者，不应先说“四依”（指依着粪扫衣、依乞食、依树下住、依尘弃药）”，而应在“受具足戒”以后，再说“四依”；应在“经行处”种树等。

（3）《中二十法下》（卷三十九后部分至卷四十前部分）。始“佛初成阿耨多罗三藐三菩提时，估客施酥乳糜”（第 284 页上），终“佛言：从今不得往看斗象马，乃至小男小女，犯者皆突吉罗”（第 290 页下）。主要内容有：允许建造“阿罗汉塔”；布萨时，允许“受布萨钱”（指接受施主施与的金钱）；比丘“不得自咒、不得咒他”、“不恭敬唤上座”；对比丘、比丘尼二人“共戏笑言语、恼乱诸比丘”者，应作“不清净羯磨”，予以处罚；允许“用禅杖”、“两时、夜时、昼时、七日时常坐禅”、“嚼杨枝”、“岁二时大会”（指每年“春末月、夏末月”，即“安居”前后举行法会）；比丘不得“共女人一床坐”、“与女人共食”、“非时食”、“弹琴鼓簧”、“著华璎珞”、“斩伐草木”、“乘象马”、“祠火”、“谬语”等。

如关于“不得度贼主出家”，说：

佛在王舍城。尔时，跋难陀释子度一贼主，出家作比丘。后入王舍城乞食，所可到家（一作“处”）诸妇女，见是比丘来，便藏衣物，作是言：此人诈作乞食，看我衣物，必欲来取。是比丘闻是语，心不喜，向诸比丘说。诸比丘以是事向佛广说。佛以是事，集比丘僧已，知而故问跋难陀：汝实作是事不？答言：实作，世尊。佛以种种因缘呵责跋难陀，云何名比丘，度贼主出家。种种因缘呵已，语诸比丘：从今不得度贼主出家，若度者，突吉罗。若因缘欲度者，度已，应令离本处，去五六由旬（《萨婆多毗尼毗婆沙》卷五说，“四十里一由旬”）。若知善好有德，还可将来。（卷三十九，第282页下）

（4）《后二十法上》（卷四十后部分至卷四十一前部分，此据元明藏本标题，《丽藏》本作《明比丘尼法》）。始“佛在舍卫国。尔时，长老优波离问佛言：世尊，摩诃波阇波提瞿昙弥受八重法故”（第290页下），终“佛言：从今听比丘尼受水精器，作僧水器用”（第298页上）。主要内容有：比丘“不应与比丘尼作羯磨”，比丘尼应自作羯磨（只有“受具足戒”、“摩那埵”、“出罪”羯磨应从“二部僧”作）；比丘尼“反戒”（指还俗）后，不允许再次出家受具戒；比丘尼不应“在比丘前行”、“以种种物，诱比丘尼犯罪”、“著杂彩服”、“住阿练若处（指偏僻的山寺）”；不允许度“不能女”（指有生理缺陷的女人，如“二根人”、“二道合”、“常有月忌”、“常无月忌”、“少有女相”者）出家受具足戒；比丘尼不应“在比丘前忏悔、发露粗罪”、“畜婢为眷属”、“祭祀死人”；比丘尼受具足戒的羯磨法；比丘尼不应“背上负物”、“赁舍”、“著薄疏衣”、“畜杂色庄严钵支”等。

(5)《后二十法下》(卷四十一后部分)。始“佛在舍卫国。有乞食比丘,中前著衣持钵,入舍卫城乞食”(第298页上),终“有三种呵止。一者不唤作,二者不共语,三者欲有所作不听作”(第302页下)。主要内容有:“乞食法”,如比丘乞食时,“若得者,应两手捉钵,曲身受食”;受请食后,应为施主“咒愿、赞叹”等;“客比丘仪法”,如客比丘到僧坊中,应问旧比丘:“此僧坊中,有前食、无前食?有时食、无时食?何处有恶狗、恶牛、大童女、寡妇家?何处是僧羯磨学家、覆钵羯磨家?何处可行?何处不可行”等;“阿练若比丘仪法”,如阿练若比丘“应畜火及火钻,应畜食、食器,应畜水、水器”等;“弟子法”,如弟子“应日日三时至和上边,早起、食后、日没时。早起时,应除大小便器、唾器。食后时,应扫洒涂地。日没时,应持大小便器、唾器著边”等。

如关于“阿练若比丘仪法”,说:

> 佛在舍卫国。……语诸比丘:从今当教阿练若比丘仪法,应学是法。从今阿练若比丘,有人来,先应共语,好正忆念,和悦颜色,不应垂头。应言善来,应畜火及火钻,应畜食、食器,应畜水、水器,应畜洗脚水、水器,净水瓶、常用水瓶盛满水,应知道知日、知时、知夜、知夜分,应知星宿,应学星宿法,应诵修多罗、毗尼、阿毗昙,应学解修多罗、毗尼、阿毗昙,应知初禅、二禅、三禅、四禅、须陀洹、斯陀含、阿那含、阿罗汉果,若未得者,应知诵读。不应畜日珠、月珠。如是法,应广知。应畜禅杖。如瞿尼沙修多罗(指《瞿尼沙经》)中广说,应修行义之。(卷四十一,第301页上)

本篇《杂法》中收录的一些“杂法”,有些已见于先前的《众学法》、《受具足戒法》等,也有些是新录的,具有补充性叙录的性质。

三、尼律(第七诵,卷四十二至卷四十七)

本部分为"比丘尼波罗提木叉分别",即比丘尼戒的解说,下分"八波罗夷法"等七类,共收录比丘尼戒三百五十五条,其中,与比丘相同的"共戒"有二百十四条,与比丘不同的"不共戒"有一百四十一条。书中于"尼律第一"之下注有"不共之戒"四字,意谓本书对"尼律",不列"共戒",而只列"不共戒"。本篇所省略的"共戒",须对照刘宋法颖集《十诵比丘尼波罗提木叉戒本》(以下略称《十诵比丘尼戒本》)所列,方能明了。

(一)《八波罗夷法》(卷四十二)。叙述比丘尼"波罗夷法"八条中,属于比丘尼独有的"不共戒"四条的制立因缘、戒法条文及其解释。省略不出的"共戒"为前四条,参见《十诵比丘尼戒本》。所收的"不共戒"有:"摩触男子戒"(第五条)、"八事成犯戒"(第六条)、"覆藏他重罪戒"(第七条)、"随顺被举比丘戒"(第八条,以上卷四十二)。如关于"随顺被举比丘戒",说:

> 若比丘尼,知是比丘,一心和合僧如法作不见摈,独一、无二、无伴、无侣、不休、不息,随顺行。诸比丘尼应如是谏是比丘尼:是比丘,一心和合僧作不见摈,独一、无二、无伴、无侣、不休、不息,汝莫随顺行。是比丘尼,诸比丘尼如是谏时,坚持是事不舍者,诸比丘尼应第二、第三谏,令舍是事。第二、第三谏时,若舍是事善。若不舍者,是比丘尼犯波罗夷,不共住。("随顺被举比丘戒",卷四十二,第306页上)

(二)《十七僧残法》(卷四十二至卷四十三)。叙述比丘尼"僧残法"十七条中,属于比丘尼独有的"不共戒"十条的制立因缘、戒法条文及其解释。省略不出的"共戒"为七条(第一、二、

三、十、十一、十二、十三条)，参见《十诵比丘尼戒本》。所收的“不共戒”有:“受染心男子食戒”(第四条)、“劝受染心男子食戒”(第五条)、“独宿独行独渡戒”(第六条)、“诣官相讼戒”(又称“恃势言人戒”，第七条，以上卷四十二)、“度贼女出家戒”(第八条)、“界外为被举尼解摈戒”(第九条)、“瞋舍三宝违谏戒”(第十四条)、“发诤谤僧违谏戒”(第十五条)、“同住行恶违谏戒”(第十六条)、“助同住行恶违谏戒”(第十七条，以上卷四十三)。如关于“受染心男子食戒”等，说:

> 若比丘尼，有漏心，从漏心男子，自手取食，是法初犯，僧伽婆尸沙，可悔过。(“受染心男子食戒”，卷四十二，第307页中)
>
> 若比丘尼，教二比丘尼言:汝等莫别离行，当同心行，别离行者不得增长，同心行者便得增长，比丘尼僧中亦有如汝等者，僧以瞋故，教汝别离行。诸比丘尼，应如是谏是比丘尼:汝莫教是二比丘尼，作是言……汝当舍是劝邪行事。诸比丘尼如是谏时，是比丘尼坚持是事不舍者，诸比丘尼应第二、第三谏，令舍是事。第二、第三谏时，舍者善。若不舍者，是法乃至三谏，僧伽婆尸沙。可悔过。(“助同住行恶违谏戒”，卷四十三，第312页下—第313页上)

(三)《三十舍堕法》(卷四十三至卷四十四)。叙述比丘尼“舍堕法”(又称“尼萨耆波夜提法”、“尼萨耆法”)三十条中，属于比丘尼独有的“不共戒”十一条的制立因缘、戒法条文及其解释。省略不出的“共戒”为前十九条，参见《十诵比丘尼戒本》(第十九条“畜长钵戒”，因在比丘戒作“十日”，故本篇破例重出，并在文末的小注中，作了如下的说明:“第十九事竟。前注既云同，故不出。此同比丘，何独重出?此但一夜，彼过十日耳”)。所收的“不共戒”有:“时衣作非时衣受戒”(第二十条)、“非时衣作时衣受戒”(第二十一条,《四分律》将以上两条合为一条,统称“非时衣戒”)、“贸衣还夺戒”(第二十二条)、“劝多家增衣价戒”(第二十三条,此为本书持有的戒条)、“为己乞金银戒”(第二十四条)、“乞此物更索他物戒”(第二十五条)、“为僧此事乞作他用戒”(又称“为营寺乞作他用戒”,第二十六条)、“为己此事乞作他用戒”(又称“为造自房乞作他用戒”,第二十七条,以上卷四十三)、“为多人此事乞作他用戒”(又称“为造多人房乞作他用戒”,第二十八条)、“乞贵价重衣戒”(第二十九条)、“乞贵价轻衣戒”(第三十条,以上卷四十四)。如关于“时衣作非时衣受戒”等,说:

> 若比丘尼,时衣(指“无迦絺那衣者”于安居结束日“自恣”后一个月即七月十六日至八月十五日、“有迦絺那衣者”于“自恣”后五个月即七月十六日至十二月十五日,受施的衣物)作非时衣(指除上述以外的时间受施的衣物)分,尼萨耆波逸提。(“时衣作非时衣受戒”,卷四十三,第313页下)
>
> 若比丘尼,自为身乞金银者,尼萨耆波夜提(此戒之后的解释说:“若为佛图乞,若为僧乞,若不乞自与,不犯。”)。(“乞金银戒”,卷四十三,第315页上、中)
>
> 若比丘尼,欲乞轻衣,应乃至直(同“值”)二钱半,过是乞者,尼萨耆波夜提。(“乞贵价轻衣”,卷四十四,第317页上)

(四)《一百七十八波夜提法》(卷四十四至卷四十七)。叙述比丘尼“波夜提法”(又作“波逸提法”)一百七十八条中,属于比丘尼独有的“不共戒”一百十七条的制立因缘、戒法条文及其解释。省略不出的“共戒”为前七十一条，见《十诵比丘尼戒本》（其排序与《十诵律》、《十诵比丘波罗提木叉戒本》中的比丘戒“九十波夜提法”颇有差异）。所收的“不共戒”主要有：

“食蒜戒”（又称“啖蒜戒”，第七十二条）、“水扇供比丘戒”（又称“比丘食时在前立侍戒”，第七十七条）、“弃屎尿著生草上戒”（第七十九条）、“入白衣舍独与比丘立语戒”（第九十条）、“入白衣舍独与男子立语戒”（第九十一条，以上三条为《四分律》所无）、“因诤捶胸啼哭戒”（第九十二条）、“夏安居竟不游行戒”（第九十六条，以上卷四十四）、“先住恼后住戒”（第一百条）、“同住有病不瞻视戒”（第一百二条）、“僧与止羯磨复畜众戒”（第一百十条；此为本书特有的戒条）、“度孝女出家戒”（又称“度忧瞋女戒”，第一百十八条）、“度恶性女人戒”（第一百二十条；《四分律》将以上二条合为“度忧瞋女戒”）、“僧未许辄为满二十岁童女授具戒”（第一百二十二条，以上卷四十五）。

“数数易衣服戒”（第一百二十九条）、“月病止浣衣净不起去戒”（第一百三十三条）、“僧断事时不随顺戒”（第一百三十八条；以上三条为本书特有的戒条）、“无病不往僧中受教诫戒”（第一百五十二条，以上卷四十六）、“诤时恶口吓他戒”（第一百五十五条）、“与男子共行说俗事戒”（第一百六十三条）、“著头光戒”（第一百六十六条）、“不语余尼出远门戒”（第一百六十七条，以上四条为本书特有的戒条）、“以刷刷头戒”（第一百六十八条）、“以梳梳头戒”（第一百七十条）、“编头发戒”（第一百七十二条，以上三条《四分律》合作“作白衣妇女装饰身戒”）、“故出精戒”（第一百七十五条）、“饮精戒”（第一百七十六条）、“男子洗处浴戒”（第一百七十七条）、“门中立戒”（第一百七十八条，以上四条为《四分律》所无，以上卷四十七）等。如关于“因诤捶胸啼哭戒”等，说：

若比丘尼，共比丘尼斗诤相瞋，自打身啼者，波夜提。（“因诤捶胸啼哭戒”，卷四十四，第321页下）

若比丘尼，畜恶性女人为众（指度人出家授戒，收为弟子），波逸提。（“度恶性女人戒”，卷四十五，第329页中）

若比丘尼，僧断事时，不随顺者（指拒不参加僧众会议），波夜提。（“僧断事时不随顺戒”，卷四十六，第337页上）

若比丘尼，故（指故意）往观听歌舞伎乐、庄严伎儿，波夜提。（“往观歌舞伎乐戒”，卷四十七，第342页上）

（五）《八波罗提提舍尼法》（卷四十七）。叙述比丘尼“波罗提提舍尼法”八条的制立因缘、戒法条文及其解释，均属于比丘尼独有的“不共戒”（本篇“八波罗提提舍尼法”的总数，虽然与《四分律》相同，但戒条有同有异）。所收的“不共戒”有：“无病乞乳戒”（第一条）、“无病乞酪戒”（第二条）、“无病乞酥戒”（第三条）、“无病乞熟酥戒”（第四条）、“无病乞油戒”（第五条）、“无病乞鱼戒”（第六条）、“无病乞肉戒”（第七条）、“无病乞脯戒”（第八条，以上卷四十七）。如说：

若比丘尼，无病自为索乳。是比丘尼，应诸比丘尼前说是事，作是言：诸善女，我堕可呵法，不随顺道，可悔过，我今悔过。是名初波罗提提舍尼法。……酪、生酥、熟酥、油、鱼、肉、脯亦如是，是名为八波罗提提舍尼法。（卷四十七，第345页中）

（六）《众学法》。（七）《七灭诤法》。此两类戒法，因与比丘戒相同，全为“共戒”，故本书省略不出。《八波罗提提舍尼法》之末有小注说：“不共戒都竟，共戒如比丘戒中广说。”（卷四十七，第345页中）须参照《十诵比丘尼戒本》（其中“众学法”为一百七条)加以补足。

《十诵律》于《尼律》之末,附出《比丘尼八敬法》(卷四十七)。叙述佛在比丘尼僧众成立之初就制立的有关比丘尼必须礼敬比丘的"八敬法"。说:

> 比丘尼,布萨日到寺中,随意请一比丘,受教诫法。比丘尼僧,要当自和合,僧差一比丘尼,来受教诫,要须伴共来。……(比丘当)为比丘尼说半月八敬法。何等八?一者百岁比丘尼见新受具戒比丘,应一心谦敬礼足。二者比丘尼应从比丘僧乞受具戒。三者若比丘尼犯僧残罪,应从二部僧乞半月摩那埵法。四者无比丘住处,比丘尼不得安居。五者比丘尼安居竟,应从二部僧中自恣,求见、闻、疑罪。六者比丘尼半月从比丘受八敬法。七者比丘尼语比丘言,听(指允许)我问修多罗、毗尼、阿毗昙(以上指经、律、论),比丘听者,应问;若不听者,不得问。八者比丘尼不得说比丘见、闻、疑罪。是为八。一比丘尼受是八敬法,布萨时,应白比丘尼僧中说是八敬法。(卷四十七,第345页下)

比丘尼"八敬法",虽然不是比丘尼具足戒中的一个门类,但其中的一些条款已被编入比丘尼具足戒之中,如"八敬法"第二、四、五、六、七条,被编入比丘尼"一百七十八波夜提法",因此,它实际上也是比丘尼戒的组成部分之一。

四、增一法等(八诵至十诵,卷四十八至卷六十一)

本部分为二部僧戒、犍度和其他戒律事项的补充和解释,相当于附录(依照南传巴利文《律藏》的译法,则称"附随"),下分"增一法"、"优波离问部"、"比(毗)尼诵"、"善诵毗尼序"四项。

(一)《增一法》(第八诵,卷四十八至卷五十一)。以词条的形式,解释戒律类法数(即含数字的名词术语),以数为序,依次递增,始"一法",终"十一法"。

《增一法》的初首部分(卷四十八前部分,即"增一法之一"以下至"一法初"以前部分),始"佛婆伽婆住舍婆提。长老优波离问佛:若男子作女人威仪"(第346页上),终"应分物者,随僧用"(第352页中),以优波离或诸比丘问、佛答的形式,对"犍度"中"受戒"、"说戒"、"安居"、"皮革"、"药"、"衣"、"迦絺那衣"、"治罚羯磨"、"僧残悔法"、"卧具"、"杂法"等方面的律事,作补充性解释。这部分叙述,长达一万字,其内容与唐义净译《根本说一切有部尼陀那目得迦》卷一至卷五"尼陀那"部分大致相同,据行文中有"如杂诵中说"(见第348页上)等语推断,它们原先可能是编在本书卷五十七《二种毗尼及杂诵》之后的,后错简而置于此处。如关于治罚羯磨,说:

> 问:犯何罪,与苦切羯磨(又称"呵责羯磨")?佛言:斗诤。又问:犯何罪,作依止羯磨?佛言:数数犯戒。又问:犯何罪,作驱出羯磨?佛言:污他家。又问:犯何罪,作下意羯磨?佛言:骂白衣。又问:若比丘骂比丘,得作下意羯磨不?佛言:得作。(问)若骂比丘尼、式叉摩尼、沙弥、沙弥尼,得作下意羯磨不?佛言:得作。(卷四十八,第348页中、下)

《增一法》的正文,分为前后两部分。

1. 前部分:《毗尼增一》(此据《丽藏》本标题,卷四十八后部分至卷五十前部分)。始"一法初"(第352页中),终"十法竟"(第369页中),解释戒律类法数。主要内容有:(1)《一法》。解释"说一语,名为舍戒"、"有一法,令法灭亡没"、"有一法,法不灭不亡不没”等。(2)《二法》。解释“有二法,无智犯罪”、“有二法,有智犯罪”、“二善”、“二毗尼”、“有二事故,世尊作苦切羯磨”、“二不随佛语”、“二随佛语”、“二损”、“二不损”等(以上见卷四十八)。(3)《三法》。解释“三羯磨”、“三种证罪”、“三大贼”等。(4)《四法》。解释“四种和上”、“有四种人数数犯数数悔过”、“有四种人见犯罪生怖畏”、“四种羯磨”、“四种断事人”、“四行有罪过”、“四行无罪过”等。(5)《五法》。解释“正法灭像法时,有五非法在世”、“当来有五怖畏”、“五不应行处”、“五非法见过”、“五如法见过”、“五种阿阇梨”、“五种弟子”、“五种布萨”、“五调伏”、“五举事”、“持律者有五利益”、“知食人有五事”、“有五事诤难灭”、“有五事诤易灭”(以上见卷四十九)、“五种施无福”、“喜忘比丘往白衣家数数犯五事”、“五种折伏”、“五因人生罪”、“有五法,举事者不能举他”、“有五法,举事者能举他”、“有五事,十岁(指僧腊满十岁)比丘应畜大戒弟子”等。(6)《六法》。解释“六诤本”、“六与羯磨”、“六学”、“六具足”、“六现前”、“六和摄法”等。(7)《七法》。解释“七财”、“七力”、“七止诤”、“七非正法”、“七正法”、“持律七德”等。(8)《八法》。解释“八法能证泥洹果”、“因八事舍迦絺那衣”、“八随世法”、“八难”等。(9)《九法》。解释“九恼”、“九舍恼”等。(10)《十法》。解释“上座十法”、“十非法施非法受非法用”等(以上见卷五十)。如《六法》中说:

> 有六诤本,一者瞋恨不语,二者恶性欲害,三者贪嫉,四者谄曲,五者无惭愧,六者恶欲邪见,是名六诤本。有六教法,应随不应逆,和上教、阿阇梨教、众僧教、王教、若王等教、闼利咤比丘教,是名六教,不应逆。有六羯磨,白羯磨、白二羯磨、白四羯磨、僧羯磨、闼利咤比丘羯磨、说戒羯磨,

是名六羯磨。……有六现前,僧现前、众人现前、人现前、和上现前、阿阇梨现前、戒现前,是名六现前。(卷五十,第367页上、中)

2. 后部分:《增一后》(宋藏本作《增一法后》,卷五十后部分至卷五十一终)。始"增一后一法初"(第369页中),终"佛言:作偷兰遮悔过"(第378页下),解释戒律类法数。主要内容有:(1)《一法》。解释"有三羯磨,摄一切羯磨"、"有一犯堕恶道"等。(2)《二法》。解释"二犯"、"二断事"、"二清净"等。(3)《三法》。解释"三应屏处"、"三世所供养"、"三知"等。(4)《四法》。解释"四净"、"四药"、"四调伏"、"如来以四境界故制戒"等(以上见卷五十)。(5)《五法》。解释"有五事故,僧与下意(羯磨)"、"有五种粪扫衣不应畜"、"有五事故,如来按行诸房舍"、"经行有五利益"等。(6)《六法》。本文省略,称"如先说"。(7)《七法》。本文省略,称"如先说"。(8)《八法》。解释"不应畜八种钵"。(9)《九法》。解释"有九比丘清净同见者能破僧"、"九犯"、"九退"、"(断净时)九应观"、"漏尽阿罗汉不作九事"等。(10)《十法》。解释"十利"、"十愿"、"十羯磨"、"十治"、"十罚"、"十遮受戒法"、"十非法遮说戒"等。(11)《增十一相》(一作《增一相》)。解释比丘戒中的一些犯事。有"有所犯事,应言白,应言不白"、"颇有作是事犯,即作是事非犯耶"、"为善心犯、为不善心犯、为无记心犯耶"、"颇有比丘独入房,犯四波罗夷耶"等(以上见卷五十一)。如《十法》中说:

有十罚,苦切(又称"呵责")、依止、驱出、下意(又称"遮不至白衣家")、不见摈(又称"不见罪举",指因不认罪而被举罪驱摈)、不作摈(又称"不忏悔罪举",指因不忏悔罪而被举罪驱摈)、恶邪不除摈(又称"恶见不舍举",指因恶见不舍而被举罪驱摈)、别住、摩那埵、本日治,是名十罚。有十遮受戒法,杀父、杀母、杀阿罗汉、出佛身血、本犯重罪、贼住比丘、本白衣、不能男、污比丘尼、越济人,是名十遮受戒法。(卷五十一,第373页上)

(二)《优波离问部》(宋元明藏本作《优波离问》,第九诵,卷五十二至卷五十五)。以优波离问、佛答的形式,解释比丘戒的一些犯相和犍度部的一些律事,性质相当于戒条解释中"犯相解释"(又称"犯相分别")下的"约义分别"。主要内容有:(1)《问淫事》(又称"问淫")。(2)《问盗事》。(3)《问杀事》。(4)《问妄语事》。(5)《问十三事》(以上见卷五十二)。(6)《问二不定法》。(7)《问三十舍堕法》。(8)《问波夜(又作"逸")提事》。(9)《问七灭诤法》(以上解释犯相,见卷五十三)。(10)《问上第四诵七法》(宋元明藏作《问七法》)。下分《问受戒法》、《问布萨法》、《问自恣法》、《问安居法》、《问药法》、《问衣法》六项(内缺《问皮革法》)。(11)《问上第五诵中八法》(宋元明藏作《问八法》)。下分《问迦絺那衣法》、《问拘舍弥法》、《问瞻波法》、《问般荼卢伽法》(以上见卷五十四)、《问顺行法》(即《问僧残悔法》)、《问遮法》、《问卧具法》、《问灭事法》(宋元明藏作《问灭诤法》)八项。(12)《问杂事》(以上解释律事,见卷五十五)。如《问受戒法》说:

优波离问佛:若比丘白四羯磨受戒时,不说几事名,不名受具戒。答:若不说四事名,不名受具戒。何等四?一和上、二众僧、三求受戒人、四羯磨。不说是四事名,不名受具戒;若说是四名,得名受具戒。又复不说三事名,不名受具戒。何等三?一众僧、二求受戒人、三羯磨。不说是三名，不名受具戒；说是三名，得名受具戒。又复不说二事名，不名受具戒。何等二？一求受具戒人、二羯磨。不说是二名，不名受具戒；若说是二名，得名受具戒。（卷五十四，第397页上）

（三）《比尼诵》（元明藏本作《善诵》，《大正藏》本误作《比丘诵》；第十诵，卷五十六至卷五十九）。解释律事、律相和律例。

1. 前部分：摩得勒伽（卷五十六前部分至卷五十七前部分；原无小标题，此据内容拟立）。始"佛在王舍城，语诸比丘：十种明具足戒"（第410页上），终"行法竟"（第423页中）。此为律论，以词条的形式，解释广律犍度部所说的"律事"（指僧团的制度和行事）的"本母"（音译"摩得勒伽"，指纲目）。这部分内容虽阙"本母"的总目，但因正文中对各项子目（相当于词条，词条之末大多标有"者"字）逐一作释，故仍可从中发现和辑出"本母"的原目。据今人考证，其"摩得勒伽"项目，与刘宋僧伽跋摩译《萨婆多部毗尼摩得勒伽》卷五所载，大致相同（见印顺《原始佛教圣典之集成》，台湾正闻出版社1991年5月版）。下分：

（1）《具足戒》（卷五十六前部分）。始"佛在王舍城，语诸比丘：十种明具足戒"（第410页上），终"具足戒竟"（第414页下）。所叙的律事有："得具足戒"（"十种具足戒"、"三种得具足戒"等）、"不得具足戒"、"可受具足戒"、"不可受具足戒"、"二种羯磨"（指治罪、成善羯磨）、"羯磨事"、"出罪事"、"治事"（指苦切、依止、驱出、下意羯磨）、"诤事"（指"四种诤事"）、"灭事"（指"七灭事法"）、"说"（指布萨说戒）、"十种不现前羯磨"（指覆钵、仰钵、作学家、舍学家、治僧伽蓝、监僧伽蓝民羯磨、使沙弥、不礼拜、不共语、不供养羯磨)、"白羯磨"、"白二羯磨"、"白四羯磨"、"阿跋提"(指波罗夷、僧伽婆尸沙、波夜提、波罗提提舍尼、突吉罗"五种罪")、"内宿"(指"僧坊内宿饮食")、"内熟"(指"僧坊内煮饮食")、"自熟"(指"自作饮食")、"受"(指"受迦絺那衣处得七种利")、"舍"(指"八事舍迦絺那衣")、"可分物"、"不可分物"、"粪扫衣"、"五百人集比(毗)尼"、"七百人集比(毗)尼"、"黑印"(又称"四黑印")、"大印"(又称"四大印")、"和合药"、"僧坊净法"、"衣净法"等。如关于"十种具足戒",说:

> 佛在王舍城,语诸比丘:十种明具足戒。何等十?佛世尊自然无师,得具足戒;五比丘得道,即得具足戒(指阿若憍陈如等五人体悟"四谛"之理而得具足戒);长老摩诃迦叶自誓,即得具足戒;苏陀随顺答佛论故,得具足戒;边地持律第五,得受具足戒(此指"五众受具",即边远地区由僧众五人,即"三师二证"作"白四羯磨"而得具足戒,"持律第五"指五人中须有一人为羯磨师);摩诃波阇波提比丘尼受八重法(指"八敬法"),即得具足戒;半迦尸尼遣使,得受具足戒(指半迦尸尼遣使求受而得具足戒);佛命善来比丘,得具足戒(指由佛呼唤"善来比丘"而得具足戒);归命三宝(指作"三归依")已,三唱我随佛出家,即得具足戒;白四羯磨得具足戒(此指"十众受具",即非边远地区由僧众十人,即"三师七证"作"白四羯磨"而得具足戒),是名十种具足戒。(卷五十六,第410页上)

(2)《法部》(卷五十六中间部分)。始"自恣法者,安居比丘应一处和合,众僧应三种自恣,若见、若闻、若疑"(第414页下),终"法部竟"(第417页下)。所叙的律事有:"自恣法"、

“布萨法”、“欲法”、“与欲法”、“清净法”、“与清净法”、“欲清净法”、“与欲清净法”、“起塔法”、“食法”、“钵法”、“衣法”、“尼师坛法”、“针法”、“针筒法”、“水瓶法”、“和上法”、“共行弟子法”、“阿阇梨法”、“近行弟子法”、“沙弥法”、“依止法”、“僧坊法”、“卧具法”、“恭敬法”、“澡豆法”、“浆法”、“皮革法”、“杖法”、“杖囊法”、“剃刀法”、“户钩法”、“治眼法”、“卧法”、“坐法”、“禅杖法”、“抄系衣法”等。如关于“欲法”、“清净法”、“欲清净法”，说：

> 欲法者。欲名发心，如法僧事中，随僧法与欲，是名欲法。……清净法者，比丘语他，我清净无罪，是名清净法。……欲清净法者，若布萨时、僧欲作种种羯磨，尔时应俱与欲（指委托他人表示自己赞同僧众所作事的意愿）、清净（指委托他人表示自己行为的清净），是名欲清净法。与欲清净法者，若比丘病不能来，应与欲、清净。若不病能来，应到众僧布萨、羯磨处，若无病能来而不来，得突吉罗。若是比丘，畏失命，畏破戒，若八难中，一一难起，不得出故，应与欲、清净。比丘应语他比丘，与欲、清净来。若言与，是名得欲、清净。若身业与，亦名得欲、清净。若口业与，是名得欲、清净。若不以身口业与，不名得欲、清净。（卷五十六，第415页上、中）

（3）《行法》（卷五十六后部分至卷五十七前部分）。始“行法之初”（第417页下），终“行法竟”（第423页中）。所叙的律事有：“摈比丘行法”、“种种不共住比丘行法”、“闼赖吒比丘行法”（指“于正法不动”比丘有二十二法）、“实觅罪相比丘行法”、“波罗夷与学沙弥行法”（以上见卷五十六）、“僧上座法”、“房舍法”、“户法”、“食处法”、“乞食法”、“阿兰若法”、“近聚落住法”、“客比丘法”、“会坐法”、“安居竟法”、“受众法”、“说波罗提木叉法”、“浴室法”、“至家法”、“语言法”、“漉水囊法”、“经行法”、“近厕法”、“小便处法”、“齿木法”、“刮舌法”、“擿耳法”(以上见卷五十七)等。如关于“摈比丘行法”,说:

> 行法者。摈比丘云何行?诸比丘应教摈比丘,舍是恶事。摈比丘,不应与他受具足戒,不应与他依止,不应畜沙弥。众僧不应羯磨是人,令教化比丘尼,若僧羯磨作教化比丘尼,是人不应受。不应重犯所摈罪,又不应作相似罪,过本罪亦不应作。不应呵羯磨,不应呵作羯磨人。不应受不摈比丘礼拜,亦不应受起迎,不应受合掌、曲身恭敬。不应受衣钵供养,不应受所敷卧具、坐具供养,不应受洗足水供养,不应受拭足供养,不应受承足机,不应受按摩手足。不应出不摈比丘过罪,不应言不摈比丘。不应共事。常行自折伏心,随顺诸比丘,应礼拜、迎送种种供养。若不如是法行,尽形不得解摈。是名摈比丘行法。(卷五十六,第417页下—第418页上)

2. 后部分:《二种毗尼及杂诵》(宋元明藏本作《毗尼相》,卷五十七中间部分至卷五十九终,篇名中的“杂诵”当作“杂事”)。始“三事决定知比(毗)尼相”(第423页中),终“五段竟”(第445页下)。

(1)“毗尼相”(卷五十七中间部分;原无小标题,此据内容拟立)。始“三事决定知比(毗)尼相”(第423页中),终“如是事,应筹量轻重本末已应用”(第424页中)。以词条的形式,解释“毗尼相”(指戒律的事相,如开遮、持犯、轻重等),此处所释的是僧团日常生活中的一些“净法”(指清净修行法,即行为规范)。所叙的“净法”有:“三事决定知比尼相”(指“一本起、二结戒、三随结”)、“二种比尼”(指“诤比尼、犯比尼”;“净比尼、烦恼比尼”;“比丘比尼、比丘尼比尼”;“遍比尼、不遍比尼”)、“一切遍时净”(包括“初夜受浆净”、“二时净”、“一夜净”至“十夜净”、“半月净”、“一月净”至“九月净”、“一岁净”至“二十岁净”等)、“钵净”、“衣净”、“刀子净”、“针净”、“染净”、“坏色净”、“量净”、“事净”等。如关于“一切遍时净”,说:

> 一切遍时净者。初夜受浆。二时净者,初夜、后夜分,应若坐禅、若读经。一夜净者,比丘尼应一夜畜长钵(指一钵以外的多余的钵)。二夜净者,得二夜共未受大戒人宿。三夜净者,第三夜未受大戒人,应移处宿。五夜净者,佛听极久五夜,不受依止。六夜净者,阿兰若比丘怖畏处,得六夜离衣宿。七夜净者,病听极久七夜,畜残药得服。十夜净者,比丘畜长衣(指“三衣”以外的多余的衣服)钵,极久得至十夜。
>
> 半月净者,应半月一处和合说戒、作布萨。一月净者,得非时衣,极久得一月畜衣。二月净者,比丘听(指允许)二月无依止。三月净者,比丘应三月安居。四月净者,受露坐比丘在多雨国土,应四月空地住、八月在覆处。五月净者,比丘五月受迦絺那衣(指受迦絺那衣的时间为五个月,即七月十六日至十二月十五日)。八月净者,受露坐比丘在少雨国土,应八月在露地住、四月在覆处。九月净者,比丘有事未了,极久应停至九月。
>
> 一岁净者,一岁(指出家受具足戒以后的年岁,即僧腊或称“戒腊”、“法腊”为一岁)比丘得受迦絺那衣。二岁净者,二岁(指僧腊)比丘尼应常随逐和上。三岁净者,比丘中间相降三岁(指僧腊),得共大绳床上坐,小绳床上得共

二人坐，独坐床上但一人坐。五岁净者，五岁（指僧腊）比丘应依止他，满五岁已，得离依止宿。六岁净者，比丘尼六岁（指僧腊）应依止他，满六岁已，得离依止宿。七岁净者，佛听沙弥极小乃至七岁（指俗龄）。九岁净者，九岁（指僧腊）比丘应随僧作使。十岁净者，十岁（指僧腊）比丘应畜弟子，又极小十岁（指俗龄）曾嫁沙弥尼，得受六法。十二岁净者，曾嫁式叉摩尼年十二（指俗龄）应受具足戒。十二岁（指僧腊）净者，比丘尼应畜弟子。十八岁净者，童女（指未婚）沙弥尼年十八岁（指俗龄）应受六法。二十岁净者，沙弥年二十（指俗龄）应受具足戒，童女式叉摩尼年二十（指俗龄）应受具足戒，二十岁（指僧腊）比丘僧应令教化比丘尼。（卷五十七，第423页上—第424页上）

（2）“毗尼杂事”（卷五十七后部分至卷五十九终；原无小标题，此据内容拟立）。始“波罗夷法。初戒”（第424页中），终“五段竟”（第445页下）。此为律例，以举例解释的方式，对比丘戒所涉的一些犯戒事例，作出犯与不犯、犯轻与犯重，即何种情况属于犯何种罪，何种情况不犯罪的解释。其性质相当于戒条解释中“犯相解释”下的“就事分别”；内容大致相当于《四分律》卷五十五至卷五十七《调部》、《五分律》卷二十八《调伏法》。所叙以与比丘戒“波罗夷法”中的“淫戒”、“盗戒”、“杀戒”、“大妄语戒”；“僧残法”中的“故出不净戒”、“摩触女人戒”、“媒人戒”相关的一些判例为主，略及“不定法”、“舍堕法”、“单提法”、“悔过法”，而没有叙及“众学法”、“七灭诤法”（卷五十九“大妄语戒”之末有小注提到这一情况）。行文中还提到了比丘尼“淫戒”的一些事例，并对此作了解释。如说：

有比丘尼，名陀尼，端正可爱，能动人心。中前（指正午之前），著衣持钵，欲入舍卫国乞食。道中有诸博掩人，将入深林中，强共行淫。诸比丘尼驱令出坊，作是言：汝是行淫人，不应住此。是比丘尼言：我无心受细滑。诸比丘尼言：诸博掩人将汝到深林中行淫，云何不受？是比丘尼不知云何，以是事白佛。佛知故问：汝实受细滑不？答言：世尊，我云何受？我以手推、脚蹋、转身，不能得脱。佛言：若无心不受，无罪。（卷五十七，第426页下）

（四）《善诵毗尼序》（卑摩罗叉续译；第十诵，卷六十至卷六十一）。

（1）《五百比丘结集三藏法品》（《善诵毗尼序》卷上，卷六十）。叙述佛入灭的当年夏安居期间，在王舍城（摩揭陀国都城）举行的由摩诃迦叶（又称"大迦叶"）主持、五百比丘参加，旨在编集佛说教法的"第一次结集"的情况。主要内容有：

佛在拘尸城（又称"拘尸那迦城"）外的娑罗双树间涅槃（即"入灭"），摩诃迦叶闻讯（此时佛已入灭七天）率领众弟子从波婆城赶往拘尸城，主持了佛遗体的火化仪式，随后，佛舍利被分作八份，由拘尸城（末罗国）等八国起塔供养（称为"舍利塔"）；在主持佛的遗体火化仪式结束以后，摩诃迦叶召集僧众开会，讲述了他在前往拘尸城的途中，听到一个愚痴比丘说"彼长老（指佛）常言，应当行是，不应行是。我今快得自在，所欲便作，不欲便止"，即表示从今以后就不受管束，可以任意所为了。故而提议在僧众中择取五百个比丘作"集法人"，共同结集一切"修妒路"（指经）、"毗尼"（指律）、"阿毗昙"（指论），获得了大家的一致赞同；由于王舍城"四事供养，具足无乏，国土安隐，无诸贼寇"，五百比丘选择在王舍城作夏安居，并着手结集"三藏"。

结集大会采用摩诃迦叶发问、诵出者作答的问答的方式,先由优波离诵出律藏,次由阿难诵出经藏和论藏,每部律或经、论的文句诵出以后,摩诃迦叶都要当场征询与会者(其中有阿若憍陈如、均陀、十力迦叶等长老大德)的意见,最后经与会者以"羯磨"的方式表决通过,将它们作为统一的口诵文本确定下来;诵出结束后,阿难因提出佛入灭前曾对他说"我般涅槃后,若僧一心和合,筹量放舍微细戒",主张"放舍微细戒",以及他先前"不请佛久住"、"以足蹑佛衣"、"不即取水与佛"、"三请令女人出家"、"出佛阴藏相,以示女人"等事,受到了摩诃迦叶的诃责,被令当众忏悔;最后,摩诃迦叶明确宣布,"我等不听放舍(指不许舍弃)微细戒",并解释了理由等。如关于结集"阿毗昙"时的情形,说:

> 长老摩诃迦叶复问阿难:佛何处始说阿毗昙?阿难答言:如是我闻,一时,佛在舍婆提。尔时,佛告诸比丘:若人五怖、五罪、五怨、五灭,是人五怖罪怨故,死后譬如力士屈伸臂顷,堕于地狱。何等五?一者杀、二者偷、三者邪淫、四者妄语、五者饮酒。若人五怖、五罪、五怨、五灭,是人五怖罪怨灭故,死后譬如力士屈伸臂顷,生于天上。何等五?一者不杀,怖罪怨灭。不偷、不邪淫、不妄语、不饮酒,亦如是怖罪怨灭。长老摩诃迦叶,问阿若憍陈如:如阿难所说不?答言:长老大迦叶,我亦如是知,如阿难所说。次问长老均陀,次问十力迦叶,乃至次第问五百阿罗汉,末后问优波离:如阿难所说不?答言:长老大迦叶,我亦如是知,如阿难所说。长老优波离,问摩诃迦叶:尔不?答言:实尔。如是一切阿毗昙集已。(卷六十,第449页上、中)

(2)《七百比丘集灭恶法品》(《善诵毗尼序》卷上、中,卷六十至卷六十一)。叙述叙述佛入灭后一百一十年时,在毗耶离(又称"毗舍离")城举行的由耶舍陀(阿难的弟子)发起、七百比丘参加,旨在裁定毗耶离城比丘所行"十事"是否合法的"第二次结集"的情况。主要内容有:

"佛般涅槃后一百一十岁",毗耶离国比丘出现了行持"十事"(指"盐净"等)的情况,其中,最为突出的以接受"金银宝物"为清净、合法,诸比丘手持大金钵,"次第乞钱",然后共分;耶舍陀比丘见后,对"白衣"(在家人)和毗耶离比丘讲述了"佛不听(不允许)乞金银宝物畜"的教诫,劝说不要施钱与乞钱;耶舍陀的行为惹恼了毗耶离比丘,他们先是对耶舍陀作"下意羯磨",责令他向"白衣"忏悔,收回原话,既而作"出羯磨",加以驱摈;耶舍陀到憍萨罗国后,遣使往诣达嚫那、阿槃提、婆多等国,向以"头陀行"著称的西方比丘通报情况,约请他们前往毗耶离城,平灭"恶法"(指"十事"),与此同时,毗耶离比丘也到东方活动,寻求支持。

七百比丘聚集于毗舍离城,经协商,双方各推四人为代表,担当"十事"的审议,"客比丘"(又称"西方比丘",代表达嚫那、阿槃提、婆多等国比丘)推选上座萨婆伽罗婆梨婆罗(又称"一切去",毗耶离国人)、沙罗(又称"沙留",毗耶离国人)、耶舍陀、级阇苏弥罗(又称"不阇苏摩",婆罗梨弗国人,以上均为阿难的弟子)四人为代表(合称"阿槃提、达嚫那、婆多国四客比丘");"旧比丘"(又称"东方比丘",代表毗耶离国本地比丘)推选上座梨婆多(又称"离婆多",萨寒若国人)、三菩伽(又称"三浮陀",摩偷罗国人,以上均为阿难的弟子)、修摩那、萨波摩伽罗摩(又称"波弃伽弥",阿难的弟子)为代表(合称"东方四旧比丘"),另请阿嗜多比丘协助工作;由八位代表参加的最高会议,在三菩伽长老的主持下,在沙树林举行,会上采用问答的方式,对“十事”逐一进行了审议;每一事,首先是三菩伽问、萨婆伽罗婆梨婆罗答,然后是依次问其他代表(及至阿嗜多),由对方作答,末了是阿嗜多反问、三菩伽作答,在所有代表均对此事表态以后,三菩伽宣布审议结果,并投筹表决通过;最后,三菩伽宣布,“今僧以灭十恶事尽,皆如法、如善、如佛教”,即“十事非法”,应当依法除灭;为了使众人信服,三菩伽、萨婆伽罗波梨婆罗两位长老还在与会的七百比丘面前,将代表会议上讨论的情况,重新演述了一遍等。如毗耶离国比丘行持的“十事”,说:

佛般涅槃后一百一十岁,毗耶离国十事出。是十事,非法、非善,远离佛法,不入修妒路(指经),不入毗尼(指律),亦破法相。是十事,毗耶离国诸比丘用是法、行是法、言是法清净,如是受持。何等十事?一者盐净(又称“器中盐净”,指允许用角器贮藏食盐),二者指净(又称“二指净”,指允许受食已饱后,未作残食法而用两指抄食;南传巴利文《律藏》则指允许日影已过正午两指仍可进食),三者近聚落净(指允许在一个聚落受食已饱后,未作残食法而到别的聚落再受食),四者生和合净(又称“不搅乳净”,指允许受正食后,未作残食法而饮用乳、酪、酥混合的乳品),五者如是净(又称“住处净”,指允许同一区域不同住处的比丘,各自举行说戒活动),六者证知净(又称“后听可净”,指允许同一住处的部分比丘先作羯磨,尔后要求僧团认可),七者贫住处净(又称“饮阇楼伽酒净”,指允许饮用尚未酿熟的生酒),八者行法净(又称“常法净”,指允许依照和尚、阿阇梨的先例行事),九者缕边不益尼师檀净(又称“无缕边坐具净”,指允许使用不贴旧边、量度不限的坐具),十者金银宝物净(又称“金银净”,指允许接受施舍的金银)。毗耶离诸比丘,又持憍萨罗国大金钵,出憍萨罗国,入毗耶离国,次第乞钱,随多少皆著钵中。时人或以万钱,或千五百五十乃至以一钱,悉著钵中。是时,有长老耶舍陀迦兰提子,毗耶离住,得三明,持三藏法,修妒路、毗尼、阿毗昙(指论)。耶舍陀是长老阿难弟子。……闻是事已,知是事作非法。遣使诣毗耶离诸白衣所,语言:沙门释子不应乞金银宝物畜。(卷六十,第450页上、中)

(3)《毗尼中杂品》(宋元明藏本作《毗尼杂品》,《善诵毗尼序》卷下,卷六十一)。叙述僧众羯磨、说戒、犯僧残罪忏悔、饮食、安居、皮革等方面的一些制度和规定(本篇《毗尼中杂品》和《因缘品》中的不少事例也见于唐义净译《根本说一切有部尼陀那目得迦》十卷)。篇名中的“杂品”,指的是杂事之类。主要内容有:先前“相嫌”(指有怨恨)者,不应礼拜;比丘除“受具戒”、“行摩那埵”、“出罪羯磨”三种羯磨以外,“不应与比丘尼作羯磨”;比丘尼除“不礼拜”、“不共语”、“不敬畏羯磨”三种羯磨以外,“不应与比丘作羯磨”;布萨日,若“内界”有贼,可在“外界”随处说戒;“犯僧伽婆尸沙罪”(指僧残罪)的比丘,因病无力“行忏悔法”(指“行波利婆沙”、“行摩那埵”、“乞出罪羯磨”),可“一心生念,从今日是事更不作”(指心里默念,从今以后不再犯此事),而得清净;比丘无急事,不应指使沙弥持钵;若“净食”中有“不净食”,“不净除却,余残应食”;“五大皮”(指“师子皮、虎皮、豹皮、獭皮、狸皮”)不应蓄存;乌肉、豺肉、骡肉、猕猴肉等不应吃等。如关于比丘、比丘尼不应互作羯磨(各有三种羯磨除外),说:

诸比丘,为比丘尼作种种羯磨,诸比丘尼不受。是事白佛。佛言:比丘不应与比丘尼作羯磨,还比丘尼应与比丘尼作羯磨,除三种羯磨。何等三?一者受具戒,二者行摩那埵,三者出罪羯磨(以上为比丘可以为比丘尼作的三种羯磨)。诸比丘尼,为比丘作种种羯磨,诸比丘不受。是事白佛。佛言:比丘尼不应与比丘作羯磨,还比丘应与比丘作羯磨,除三种羯磨。何等三?一者不礼拜,二者不共语,三者不敬畏羯磨(以上为比丘尼可以为比丘作的三种羯磨)。(卷六十一,第456页下)

(4)《因缘品》(《善诵毗尼序》卷下,卷六十一)。叙述僧众医药、受食、布施、衣物、分物等方面的一些制度和规定。主要内容有:杂根药、茎药、叶药、华药、果药煮粥,"病比丘可饮,不病者不得饮";"有主死人地"(指有主人的坟地)衣物不应取;"六物"(指比丘必备的大衣、上衣、内衣、钵、坐具、漉水囊)不应与僧(指送给其他僧人);施主对僧众作布施时,比丘应大声立唱(指宣唱施主的姓名);应护惜僧卧具;允许僧众接受布施的土地("众僧受用,作园林、别房、房舍、经行处")等。如关于应护惜僧卧具,说:

> 诸比丘不护惜用僧卧具,余比丘以是事白佛。佛言:僧卧具不得不护惜用,若不护用,得突吉罗罪。五事不护惜,何等五?水、日、尘、垢、揩突,是为五不护惜。……不得著僧物雨中立,若立,得突吉罗罪。……著僧卧具不应向火炙身,若炙,得突吉罗罪,若被著脊上,向火炙身,无罪。……不得著僧卧具衣入大小便处,及洗大小便处,入浴室,若著入,得突吉罗罪。(卷六十一,第467页上)

本书为汉地最早译出的广律,它使用的译语,为其后翻译的《四分律》、《摩诃僧祇律》、《五分律》和其他律典所广泛采用,对汉译戒律类名词术语的基本统一,产生了极为深远的影响

(唐义净的译典例外,他采用的是另一套译语)。以至于有学者主张,将是否采用《十诵律》的译语,作为判断一些律典的翻译年代(在《十诵律》之前译出,还是之后译出)的标准,用以甄别佛教经录著录上的正误(参见日本平川彰《律藏之研究》,东京山喜房佛书林 1960 年版)。但此事也不能绝对化,因为《十诵律》的译语也不完全是它的独创,有不少是借鉴前人翻译和使用的佛经语词而来的。另外,本书虽为小乘律典,但有的地方也有“空、无相、无愿”等大乘思想的表述。如本书卷四十九说:“当来有比丘,不修身、不修戒、不修心、不修智,是不修身戒心智已,如来所说甚深修多罗,空、无相、无愿、十二因缘诸深要法,不能信乐受持。”(第 359 页中)这表明本书在流传过程中,也增益了大乘的一些话语。

有关本书的梵文写本残片,近代在中亚地区(克什米尔等地)发现,据考证,它们分别属于《十诵律》中的《比丘戒·众学法》、《受具足戒法》、《毗尼诵》,以及从《十诵律》中录出的《比丘戒本》、《比丘尼戒本》、《羯磨法》的一些片段。

有关本书的戒本、羯磨,属于梵本翻译的有:姚秦鸠摩罗什译《十诵比丘波罗提木叉戒本》一卷、刘宋失译《大沙门百一羯磨法》一卷等。属于汉地撰集的有:刘宋法颖集《十诵比丘尼波罗提木叉戒本》一卷(梁僧祐《出三藏记集》卷二著录,而《丽藏》、《宋藏》、《大正藏》诸本误为“宋长干寺沙门释法显集出”)、刘宋僧璩撰《十诵羯磨比丘要用》一卷。

第二品　姚秦鸠摩罗什译《十诵比丘波罗提木叉戒本》一卷

《十诵比丘波罗提木叉戒本》,又名《十诵波罗提木叉戒本》、《十诵律比丘戒本》、《十诵比丘戒本》，一卷。姚秦鸠摩罗什译，弘始四年(402)至弘始七年(405)译出。梁僧祐《出三藏记集》卷二著录。载于《丽藏》“随”函、《宋藏》“外”函、《金藏》“随”函、《元藏》“外”函、《明藏》“外”函、《清藏》“外”函、《频伽藏》“张”帙，收入《大正藏》第二十三卷。

本书是说一切有部传持的《十诵律》比丘戒本(又称“戒经”)，系从梵本《十诵律》比丘戒中摘录戒法条文，配以说戒仪轨(指程序和仪式)编集而成。全书共收录比丘戒“四波罗夷法”、“十三僧伽婆尸沙法”、“二不定法”、“三十尼萨耆波夜提法”、“九十波夜提法”、“四波罗提提舍尼法”、“一百十三众学法”(与《鼻奈耶》所收相同;《十诵律》作“一百七众学法”，多六条，与本戒条的序次和文字颇有差异)、“七灭诤法”八类戒法，总计二百六十三条。据梁慧皎《高僧传》卷十一说:“昔什公(指鸠摩罗什)在关，未出《十诵》，乃先译《戒本》，及流支(指鸠摩罗什)入秦(指昙摩流支于弘始七年到长安)，方传大部(指《十诵律》)，故《戒心》(指《戒本》)之与大本，其意正同，在言或异。”(《大正藏》第五十卷，第401页上)正由于本书的梵本与汉译《十诵律》的梵本不是同一个本子，并且是先于《十诵律》译出的，故本书“三十尼萨耆波夜提”、“众学法”、“七灭诤法”中的一些戒条的先后次序，以及“众学法”总数，与《十诵律》存在着一些差异。本书的初首有序言、集僧简众语、归敬偈;书末有七佛略说波罗提木叉偈、流通偈。戒经序说:

> 大德僧听，今十五日布萨说波罗提木叉，若僧时到，僧忍听(指容许)，僧一心作布萨说波罗提木叉。白如是(以上为说戒告白)。
>
> 诸大德，今共作布萨，说波罗提木叉，僧一心善听。有

罪者发露，无罪者默然。默然故，当知诸大德清净。如一一比丘问答，是比丘众中三唱亦如是。若有比丘，如是比丘众中第三唱，忆有罪不发露，得故妄语罪。诸大德，故妄语罪，佛说遮道法。比丘广于此中欲求清净，忆有罪应发露，发露则安隐，不发露罪益深（以上为诫敕时众）。

诸大德，已说波罗提木叉序。今问：诸大德，是中清净不？第二、第三亦如是问：是中清净不？诸大德，是中清净，默然故，是事如是持（以上为三问清净）。（《大正藏》第二十三卷，第470页下）

本书收录的比丘戒各个戒条，是用一句话或一段话来表述的，并无戒条的名称，很难记诵。今在解说时，依照前述《十诵律》的戒名，予以标立，以利研习。

（一）四波罗夷法。叙列“波罗夷法”四条。有：“淫戒”（第一条）、“盗戒”（第二条）、“杀戒”（第三条）、“大妄语戒”（第四条）。

（二）十三僧伽婆尸沙法。叙列“僧伽婆尸沙法”十三条。有：“故出不净戒”（第一条）、“摩触女人戒”（第二条）、“与女人粗恶语戒”（第三条）、“媒人戒”（第五条）、“无根波罗夷谤戒”（第八条）、“假根波罗夷谤戒”（第九条）、“破僧违谏戒”（第十条）、“污家摈谤违谏戒”（第十二条）、“恶性拒僧违谏戒”（第十三条）等。

（三）二不定法。叙列“不定法”二条。有：“屏处不定戒”（第一条）、“露处不定戒”（第二条）。

（四）三十尼萨耆波夜提（《四分律》、《五分律》中“夜”作“逸”）法。叙列“尼萨耆波夜提法”三十条。有：“畜长衣过限戒”（第一条）、“离三衣宿戒”（第二条）、“过分乞衣戒”（第七条）、“杂野蚕绵作卧具戒”（第十一条）、“未满六年作卧具戒”（第十四条）、“畜金银戒”（第十八条）、“贸金银戒”（第十九条）、“贩卖戒”（第二十条）、“畜长钵过限戒”（第二十一条）、“与衣还夺戒”（第二十五条）、“受急施衣过限戒”（第二十六条；《十诵律》作第二十七条）、“兰若有难离衣过限戒”（第二十七条；《十诵律》作第二十六条）、“受雨浴衣过限戒”（第二十八条）、“回僧物入己戒”（第二十九条）、“畜七日药过限戒”（第三十条）等。

（五）九十波夜提法。叙列“波夜提法”九十条。有：“小妄语戒”（第一条）、“毁呰语戒”（第二条）、“两舌语戒”（第三条）、“如法断事后发诤戒”（第四条）、“与未受具人同诵戒”（第六条）、“毁毗尼戒”（第十条）、“伐草木戒”（又称“伐众草木戒”，第十一条）、“异语恼僧戒”（又称“故不随问答戒”，第十三条）、“用虫水戒”（第十九条）、“与尼期同行戒”（第二十四条）、“数数食戒”（又称“展转食戒”，第三十一条）、“足食戒”（第三十四条）、“别众食戒”（第三十六条）、“非时食戒”（第三十七条）、“索美食戒”（第四十条）、“打比丘戒”（第四十八条）、“驱他出聚落戒”（第五十一条）、“恶见违谏戒”（第五十五条）、“随顺被举人戒”（第五十六条）、“随顺被摈沙弥戒”（第五十七条）、“捉金银戒”（第五十八条）、“著不坏色衣戒”（第五十九条）、“故杀畜生戒”（第六十一条）、“与未满二十岁受具戒”（第七十二条）、“拒劝学戒”（第七十五条）、“不与欲戒”（又称“僧断事时默然起去戒”，第七十七条）、“饮酒戒”（第七十九条）、“非时入聚落戒”（第八十条）、“恐举先言戒”（又称“说戒时恐举先言戒”，第八十三条）、“作三衣过量戒”（第九十条）等。

（六）四波罗提提舍尼法。叙列“波罗提提舍尼法”四条。有：“从非亲尼受食戒”（第一条）、“受尼指授食戒”（第二条）、“学家受食戒”（第三条）、“恐怖兰若受食戒”（第四条）。

（七）众学法。叙列“众学法”一百十三条（《丽藏》本小注因将“三十九”误标为“四十”，致使其后的戒条排序均多计“一”，如将“四十九”误为“五十”、“九十九”误为“一百”，故若据小注统计为“一百十四”，实为“一百十三”；《十诵律》作一百七条）。有：“高著内衣戒”（第一条）、“下著内衣戒”（第二条）、“参差著内衣戒”（第三条）、“不齐整被衣戒”（第十六条）、“不善好入白衣舍”（第十九条）、“不善好白衣舍坐”（第二十条；以上二条《十诵律》作“不善摄身入家内戒”、“不善摄身坐家内戒”）、“自大入白衣舍戒”（第二十五条）、“自大白衣舍坐戒”（第二十六条；以上二条《十诵律》作“呵供养入家内戒”、“呵供养坐家内戒”）、“放衣掉入白衣舍戒”（第四十五条）、“放衣掉白衣舍坐戒”（第四十六条；以上二条《十诵律》作“衣覆右肩全举左肩上入家内戒”、“衣覆右肩全举左肩上坐家内戒”）、“摇肩入白衣舍戒”（第四十九条，《丽藏》本误标为“五十”）、“以掌扶颊白衣舍坐戒”（第六十一条）、“洗钵水弃白衣舍戒”（第八十八条）、“为现胁人说法戒”（第九十九条，《丽藏》本误标为“一百”）、“为反抄衣人说法戒”（第一百条）、“为持刀（指五尺刀）人说法戒”（第一百七条）、“水中大小便戒”（第一百十一条）、“上树过人戒”（第一百十三条）等。

（八）七灭诤法。叙列“灭诤法”七条。有：“现前毗尼”（第一条）、“忆念毗尼”（第二条）、“不痴毗尼”（第三条）、“自言治毗尼”（第四条）、“觅罪相毗尼”（又称“实觅毗尼”，第五条）、“多觅罪相毗尼”（又称“多人语毗尼”，第六条）、“如草布地毗尼”（第七条）。此处“七灭诤法”的排序与《十诵律》不同，《十诵律》的排序则为：“自言比尼（一作“毗尼”，下同）”、“现前比尼”、“忆念比尼”、“不痴比尼”、“实觅比尼”、“多觅比尼”、“布草比尼”。

上述八类戒法中,每一类戒法的叙述,均包括三个层次:一是标名,指标立此类戒法的名称。二是列戒,指叙列从广律《十诵律》中摘录的此类戒法下属各戒的条文。三是结问,指对此类戒法作小结,并三次询问与会僧众在此类戒法的修持上是否清净,要求众人依律受持。以"十三僧伽婆尸沙法"为例,它的叙述方式是这样的:

诸大德,是十三僧伽婆尸沙法,半月半月(指每半月)波罗提木叉中说(以上为"十三僧伽婆尸沙法"的标名)。

若比丘,故出精,是比丘僧伽婆尸沙,除梦中(以上为第一条"故出不净戒")。

若比丘,淫乱变心,与女人身共合,若捉手,若捉臂,若捉发,若捉一一身分,若上、若下摩著细滑,僧伽婆尸沙(以上为第二条"摩触女人戒")。

……

有一比丘(当作"若比丘"),恶性难共语。诸比丘应如法如善,说所犯波罗提木叉中事。(彼比丘)自身作不可共语,如是言:诸大德,汝等莫语我,若好若丑。我亦不语诸大德,若好若丑。诸大德不须谏我。诸比丘应谏彼比丘:大德,诸比丘如法如善,说所犯波罗提木叉中事,汝莫自身作不可共语,汝身当作可共语。……诸比丘如是谏时,(彼比丘)若坚持是事不舍,诸比丘应第二、第三谏。舍是事好,若不舍,僧伽婆尸沙(以上为第十三条"恶性拒僧违谏戒")。

诸大德,已说十三僧伽婆尸沙法。九初犯罪(指前九条,即便是初犯,也要治罪),四乃至三谏(指后四条须作三次劝谏,不听,然后才能治罪)。诸罪中,若比丘犯一一罪,知故覆藏(指自知犯罪而故意隐瞒),随几时,应强令行波利婆沙(指从隐瞒之日算起,犯罪者须离众别住)。行波利婆沙已,是比丘应僧中六日六夜行摩那埵(指犯罪者须为僧众作六日六夜的劳务)。行摩那埵已,次到阿浮诃那(指"出罪"),如法作已,诸比丘心喜。二十比丘僧中,应出罪(指须有比丘二十人作羯磨同意,方能出罪)。若少一人,不满二十众,欲出是比丘罪,是比丘罪不得出,诸比丘亦可诃,是法应尔。今问:诸大德,是中清净不?(第二、第三亦如是问——原注)诸大德,是中清净,默然故,是事如是持(以上为"十三僧伽婆尸沙法"的结问)。(第471页上—第472页中)

在各类戒法中,本书"众学法"的戒条与《十诵律》相比,差异颇多。《十诵律》有一些戒条未见于本书(详见前述《十诵律·明一百七众学法》),本书也有一些戒条未见于《十诵律》。未见于《十诵律》的戒条有:"不嗅入白衣舍,应当学。"(第二十三条"嗅入白衣舍戒")"不嗅白衣舍坐,应当学。"(第二十四条"嗅白衣舍坐戒")"不现胸入白衣舍,应当学。"(第三十七条"现胸入白衣舍戒")"不现胸白衣舍坐,应当学。"(第三十八条"现胸白衣舍坐戒")"不现胁入白衣舍,应当学。"(第三十九条"现胁入白衣舍戒")"不现胁白衣舍坐,应当学。"(第四十条"现胁白衣舍坐戒")"人现胸,不应为说法,除病,应当学。"(第九十八条"为现胸人说法戒")"人现胁,不应为说法,除病,应当学。"(第九十九条"为现胁人说法戒")"人捉小刀,不应为说法,除病,应当学。"(第一百八条"为持小刀人说法戒",以上见第477页上—第478页上)。

此外,本书中一些戒条的文句,也与《十诵律》存在着一些

差异。以“四波罗夷法”为例。《十诵律》中的“杀戒”作:

若比丘,若人、若人类,故自夺命,若持刀与,教死、叹死,作如是言:人用恶活为?宁死胜生。随彼心乐死。种种因缘,教死、叹死,死者,是比丘波罗夷,不应共住。(卷二,《大正藏》第二十三卷,第8页中)

本书则作:

若比丘,若人、若似人,故自手夺命,若自持刀与,若教人持与,若教死、若赞死,若如是语:咄,人用恶活为?死胜生。随彼心乐死,种种因缘教死、赞死,是人因是事死,是比丘得波罗夷罪,不应共事。(第471页上)

《十诵律》中的“大妄语戒”作:

若比丘,不知不见,空无过人法,自言我得如是知、如是见,后时或问、或不问,欲出罪故,便言:我不知言知,不见言见,空诳妄语。除增上慢,是比丘波罗夷,不共住。(卷二,第12页中、下)

本书则作:

若比丘,空无所有,不知不见过人法、圣利满足,若知若见,作是语:我如是知、如是见。是比丘后时若问、若不问,为出罪求清净故,作是言:我不知言知,不见言见,空诳妄语。是比丘得波罗夷罪,不应共事。除增上慢。(第471页上)

本书的戒经结语,对戒本的内容作了归纳和总结。说:

诸大德,已说戒序,已说四波罗夷法,已说十三僧伽婆尸沙法,已说二不定法,已说三十尼萨耆波夜提法,已说九十波夜提法，已说四波罗提提舍尼法，已说众学法，已说七灭诤法，是事入佛戒经中，半月半月波罗提木叉中说。及余随道戒法，是中，诸大德，一心欢喜不诤，如水乳合安乐行，应当学。（第478页中）

本书传今的抄本，以敦煌本《十诵比丘戒本》（编号为S·0797）为最早，此本为"（西凉）建初元年（405）岁在乙巳十二月五日"抄写，是敦煌遗书所保存的题记中，所记年代的最早的一部书（见敦煌研究院编《敦煌遗书总目索引新编》，中华书局2000年7月版）。除本书以外，还有误题为"宋罽宾三藏佛陀什等译"的"《五分戒本》（亦名弥沙塞戒本）"的本子，其实也是《十诵比丘波罗提木叉戒本》的别抄本，今载于《大正藏》第二十二卷（编号1422b，见第200页中—第206页中）。

此外，据梁慧皎《高僧传》卷十一说，刘宋时僧业曾游长安，从鸠摩罗什受业，《十诵律》译出之后，专攻此律，洞尽深奥。后还姑苏（今苏州）闲居寺。"昔什公在关，未出《十诵》，乃先译《戒本》（指《十诵比丘波罗提木叉戒本》），及流支（指昙摩流支）入秦，方传大部。故戒心（指《戒本》）之与大本（指《十诵律》）其意正同，在言或异。业（僧业）乃改正，一依大本。今之传诵，二本并行。"（《大正藏》第五十卷，第401页上）也就是说，南北朝时期还流传过由僧业据《十诵律》集出的《十诵比丘戒本》（已佚）。至于《十诵律》的比丘尼戒本，则有刘宋法颖据《十诵律》集出的《十诵比丘尼波罗提木叉戒本》一卷（今存）。

第三品　姚秦竺佛念译《鼻奈耶》十卷

《鼻奈耶》，又名《鼻奈耶律》、《鼻奈耶经》、《戒因缘经》、

《戒果因缘经》,十卷。姚秦竺佛念译,建元十九年(383)译出(此据东晋道安《鼻奈耶序》;唐智升《开元释教录》卷四误作"建元十四年")。隋法经等《众经目录》卷五著录。载于《丽藏》"诸"函、《宋藏》"姑"函、《金藏》"诸"函、《元藏》"姑"函、《明藏》"上"函、《清藏》"上"函、《频伽藏》"寒"帙,收入《大正藏》第二十四卷。

竺佛念(生卒年不详),凉州人。幼年出家,志业清坚。"讽习众经,粗涉外典,其《苍》《雅》诂训,尤所明达。少好游方,备观风俗。家世西河,洞晓方语,华戎音义,莫不兼解。"(梁慧皎《高僧传》卷一)苻秦一代,西城沙门昙摩持(译《十诵比丘戒本》等)、鸠摩罗佛提(译《四阿含暮抄解》)、僧伽跋澄(译《尊婆须蜜菩萨所集论》等)、昙摩蜱(译《摩诃般若波罗蜜钞经》)、僧伽提婆(译《阿毗昙八犍度论》等)、昙摩难提(译《中阿含经》等)等在长安翻译佛经,均由竺佛念担任传译(又称"传语",即将梵语口译为汉语)。姚秦之初,又协助佛陀耶舍翻译《长阿含经》。"自安高(安世高)、支谦以后,莫逾于念(竺佛念),在苻、姚二代为译人之宗,故关中僧众,咸共嘉焉。"(同上)此外,竺佛念独立翻译了十二部七十四卷佛经(见唐智升《开元释教录》卷四)。其中,《十住断结经》、《菩萨璎珞经》、《菩萨处胎经》、《中阴经》、《菩萨璎珞本业经》、《鼻奈耶》、《出曜经》等七部六十一卷见存,《持人菩萨经》等五部十三卷阙本。另撰有《王子法益坏目因缘经序》(收入梁僧祐《出三藏记集》卷七)。后因疾卒于长安。生平事迹见梁慧皎《高僧传》卷一等。

本书是梵本《十诵律》比丘戒本的略释,性质上属于律论。由于它依据的原本与汉译《十诵律》使用的底本并不相同,又先于《十诵律》译出,故内容上与汉译《十诵律》比丘戒部分,存在着很多的差异,译语也比较艰涩。书名中的"鼻奈耶",音译又作“毗奈耶”,意译“律”。书前有东晋道安撰的《鼻奈耶序》(此序为梁僧祐《出三藏记集》所未载),介绍本书的翻译经过。说:

岁在壬午(建元十八年,公元382年)鸠摩罗佛提赍《阿毗昙抄》、《四阿含抄》,来至长安。渴仰情久,即于其夏出《阿毗昙抄》四卷,其冬出《四阿含抄》四卷。又其伴罽宾鼻奈(指律师),厥名耶舍(与“佛陀耶舍”非为同一人),讽《鼻奈经》(指《鼻奈耶》)甚利,即令出之。佛提梵书,佛念为译,昙景笔受,自正月十二日出,至三月二十五日乃了,凡为四卷(今本为十卷)。与往年昙摩寺(指“昙摩持”)出戒典(指《十诵比丘戒本》)相似,如合符焉。于二百六十事(指戒)疑碍之滞,都謏(指小)然焉。……然世尊制戒,必有所因。六群比丘(指难陀等六个结群行恶的比丘,佛制戒多因他们的恶行而起),生于贵族,攀龙附凤,虽贪出家,而豪心不尽,鄙悖之行,以成斯戒。(《大正藏》第二十四卷,第851页上)

本书卷首有“三戒”文,性质相当于简短的导言。说:

三戒,无上戒戒、无上意戒、无上智戒。彼云何无上戒戒?于此比丘,比丘持戒,以戒解脱,自严饰,习行成,见纤芥事,即恐惧,应戒中戒,此谓无上戒戒。云何无上意戒?于此比丘,除淫,乃至四禅,思惟正受,此谓无上意戒。云何无上智戒?于此比丘,知此苦谛,知此苦习(指集)谛,知此苦尽(指灭)谛,知此苦道谛,此谓无上智戒。以此三戒,得立顺真恒沙等过去、当来、今现在佛,佛藏、佛宝、佛秘要,以训三乘,声闻、各佛(指辟支佛,即缘觉)、三耶三佛(指佛)。(卷一,第851页中)

本书首缺篇题。全书分为“波罗移法”（即“波罗夷法”）、“僧残法”（书中又译“僧伽婆施沙”、“僧伽婆尸沙”）、“不定法”、“舍堕法”（书中又译“尼萨祇贝逸提”、“尼萨耆波逸提”）、“波逸提法”（本书又译“贝逸提”、“堕”）、“簸丽提舍尼”（书中又译“悔过法”）、“尸叉罽赖尼”（即“众学法”）、“灭净法”（书中误译为“七悔过法”）等八类，收录比丘戒二百六十三条（此戒条数目与姚秦鸠摩罗什译《十诵比丘波罗提木叉戒本》相同）。原书未标立各戒的名称，今在解说时，依照前述《十诵律》的戒名，予以标立。

（一）《波罗移法》（篇题脱落，此据正文补，卷一至卷二）。叙述“波罗夷法”四条。始“淫戒”（原书未立戒名，今据戒文拟立，下同），终“大妄语戒”。结语说：“时尊者优婆离，问世尊曰：波罗移（夷）者，义何所趣？世尊答曰：一切根、力、觉、道，登道树下得果，诸结（指烦恼）尽都弃，是故言弃。譬如比丘人有过于王所，尽夺养生之具，舍宅捐弃。如是，于四波罗移，展转犯事，一切功德尽捐弃。”（卷二，第 860 页中）

（二）《僧残法》（卷三至卷五）。叙述“僧残法”十三条。始“故出不净戒”，终“恶性拒僧违谏戒”。结语说：“优婆离问：世尊，云何僧伽婆尸沙？（世尊答曰）僧伽婆尸沙者，有怖于比丘僧，有怖于圣道，有望于果证，有怖于悔过。若悔过时，集二十僧。当自悔过六宿，五体布地，所犯过不得藏匿，僧决断原如是，故曰僧伽婆尸沙。”（卷五，第 874 页上）

（三）《不定法》（卷六）。叙述“不定法”二条。始“屏处不定戒”，终“露处不定戒”。

（四）《舍堕法》（卷六）。叙述“舍堕法”三十条。始“畜长衣过限戒”，终“畜七日药过限戒”。结语说：“优波离白佛：云何名尼萨祇？世尊。世尊告曰：若三失三衣，更不得受，亦不得著,若贸易、若丐人,此名尼萨祇贝逸提。名烧圣道根渚(宋元明本作“煮”)人,不得生三昧,此名舍堕。”(卷六,第878页下)

(五)《波逸提法》(卷七至卷十)。叙述“堕法”九十条。始“小妄语戒”,终“作三衣过量戒”。

(六)《簸丽提舍尼(法)》(卷十)。叙述“悔过法”四条。始“从非亲尼受食戒”,终“恐怖兰若受食戒”。

(七)《尸叉罽赖尼(法)》(卷十)。叙述“众学法”一百十三条。始“下著泥洹僧(指内衣、裙)戒”,终“上树过人戒”。

(八)《灭诤法》(本书译为“七悔过法”,且译文不全;卷十)。叙述“灭诤法”七条(卷十)。始“现前毗尼”,终“如草覆地毗尼”。

本书所释以比丘戒的制立因缘、戒法条文为主,略及戒条解释和事例分析。其叙述的方式一般是这样的:

> 世尊游舍卫国祇树给孤独园。时跋难陀释子贮畜衣裳,积久朽败,虫蠹鼠啮。诸长者见,各怀嫌恨,自相谓言:此沙门释子衣裳节俭,而今贮畜衣裳,积久朽败,蠹虫鼠啮。时诸长者见,便告诸头陀比丘。诸比丘不知当何报,便往具白世尊。世尊因此事,集和合僧,备十功德,为沙门结戒:若比丘,有三衣,及一日成衣,得终身持。若过者,尼萨耆贝逸提(以上为“舍堕法”中“畜长衣过限戒”的制戒因缘与戒文)。(卷六,第874页中)
>
> 佛世尊游舍卫国祇树给孤独园。尔时,世尊未结过中食戒。尊者迦留陀夷日下晡,著衣持钵,入舍卫殡(一作“宾”)陀跋陀,天阴、夜黑、厚云,掣电霹雳,光亘然明。有一妊娠妇女,出外汲水,尊者迦留陀夷至门,欲入分卫(指乞食),电光中,见迦留陀夷,大惊怖惧,便失声言:毗舍支

(毗舍支,鬼也——原注)。迦留陀夷答:我是沙门,非鬼。妇人答:若沙门者,不杀汝父,不害汝母,而堕我娠。时此妇人往语十二法比丘(指持十二头陀的比丘)。十二法比丘往白世尊。世尊告曰:若比丘,日过中食者,堕(以上为“波逸提法”中“非时食戒”的制戒因缘与戒文)。(卷八,第 884 页下)

本书虽说大致上相当于《十诵律》卷一至卷二十比丘戒部分的略出,但两书在制戒因缘和戒文上,均存在着不少的出入。以“波逸提法”中的“饮虫水戒”,两书的叙述分别是这样的:

《十诵律》卷十四作:

佛在拘睒弥国。尔时,长老阐那用有虫水。诸比丘语阐那言:莫用有虫水,多少虫死。阐那言:我用水,不用虫。诸比丘言:汝知水有虫不?答言:知。(诸比丘言)若知者,何以用?答言:我自用水,不用虫。是中有比丘少欲知足,行头陀,闻是事,心不喜,种种因缘诃责:云何名比丘,于众生中,无怜愍心。种种因缘诃已,向佛广说。佛以是事,集比丘僧。知而故问阐那:汝实作是事不?答言:实作。世尊佛以种种因缘诃责阐那:云何名比丘,知水有虫,故自取用,于众生中,无怜愍心。种种因缘诃已,语诸比丘,以十利故,与诸比丘结戒。从今是戒应如是说:若比丘,知水有虫,用者,波逸提。(《大正藏》第二十三卷,第 97 页中)

《鼻奈耶》卷八作:

佛世尊游舍卫国祇树给孤独园。尔时,有二比丘,住拘萨罗界,深山中住,未曾见佛,常怀企望,欲得见佛。二人共议，便发进路，来见世尊。时春后月，极热，野马像水，日以向中，值旷野中，了无水浆，身体燋渴。二人处处求水，值小潭水，水少虫多。其一比丘语一比丘言：饮此虫水，度此旷泽，得觐世尊。一比丘答言：受世尊戒，云何当坏？时一人饮，一人不饮。其不饮水者，命终生三十三天，著百宝冠，来诣世尊，头面礼足，在一面住，时世尊与说法，使得见谛。其饮水者，在后至。世尊遥见比丘来，脱优多罗僧（指上衣），示黄金体：汝为痴人，用观是四大身，为纯盛臭处，其见法者，则见我身。世尊告曰：若比丘，知杂虫水，而取饮者，堕。（《大正藏》第二十四卷，第885页上）

由此可见，本书所依据的广律当是《十诵律》的别本，非是传今的文本。因此，也有学者将本书称为“十诵古本”（见吕澂《诸家戒本通论》）。

第四品 刘宋失译《大沙门百一羯磨法》一卷

《大沙门百一羯磨法》，又名《大沙门羯磨》，一卷。刘宋失译，约出于永初元年（420）至昇明三年（479）之间。梁僧祐《出三藏记集》卷四《新集续撰失译杂经录》著录（题名《大沙门羯磨》，列为阙本），唐智升《开元释教录》卷五将它编为刘宋失译（题为今名）。载于《丽藏》“傅”函、《宋藏》“训”函、《金藏》“傅”函、《元藏》“训”函、《明藏》“外”函、《清藏》“外”函、《频伽藏》“张”帙，收入《大正藏》第二十三卷。

本书是说一切有部传持的《十诵律》羯磨本，系从梵本《十诵律》犍度部中摘录各种羯磨法，编集而成。全书叙述众僧羯磨法一百一种，依照议决的方式（据所决事情的简繁轻重而定），分为“白羯磨”（又称“单白羯磨”）、“白二羯磨”、“白四羯磨”三类（又称“三种”）。其中，“白羯磨”（又称“单白羯磨”）有二十四种、“白二羯磨”有四十七种、“白四羯磨”（又称“一白三羯磨”）有三十种。其小注说：“白羯磨二十四、白二羯磨四十七、白四羯磨三十，因羯磨不限百一，以类相从，不出百一羯磨之法，要须曲尽，乃成羯磨。今粗略法，用可知耳。”（《大正藏》第二十三卷，第489页上）所说的“白羯磨”，指向僧众报告（“告白”）一遍，不必征求意见并表决，即为决议；“白二羯磨”，指向僧众报告一遍，征求意见并表决一次，若僧众默许（表决通过），即为决议；“白四羯磨”，指向僧众报告一遍，征求意见并表决三次，若僧众均默许（三次均表决通过），即为决议。但本书没有给出“百一羯磨”所包含的各种羯磨的名称，似有缺失。其缺失的“百一羯磨”的名称，见存于刘宋僧伽跋摩译《萨婆多部毗尼摩得勒伽》卷七之中（见《大正藏》第二十三卷，第610页下—第611页中），可以补充本书的不足。

本书的正文并非是按照羯磨的作法，即“单白羯磨”、“白二羯磨”、“白四羯磨”予以叙述的，而是依照羯磨的内容，即僧团制度和日常行事（如“结界法”、“安居法”、“忏悔法”等），来叙述相关的羯磨法的。所收的羯磨法，依原书所立的小标题，有：《舍界羯磨》；《结内界羯磨》；《结外界羯磨》；《结不失衣羯磨》（以上为“结界”的羯磨法）；《僧中羯磨十四人监事》（又称《差监为僧执事人羯磨》，指决定能为僧作净法人、分卧具人、敷卧具人、分饼人、处分差请人、处分沙弥人、分粥人、处分守园人、分僧衣人、分雨衣人、主分药人、昼夜掌僧物人、掌僧粗物人、常守住处人等执事人的羯磨；以上为“安居”的羯磨法）；《僧伽婆尸沙忏悔法》（又称《僧残忏悔法》），下分《波利婆沙羯磨》（又称

“别住羯磨”)、《摩那埵羯磨》、《波利婆沙出罪羯磨》、《摩那埵出罪羯磨》、《本治羯磨》(又称《本日治羯磨》)、《本治出罪羯磨》等;《偷罗遮忏悔法》;《四悔过悔法》(又称《四悔过忏悔法》;以上为“忏悔”的羯磨法);《诸摈羯磨》(此为“驱摈”的羯磨法);《僧羯磨明能令断非法》(此为“灭诤”的羯磨法);《伽絺那衣法》(又称《迦絺那衣法》,此为“受迦絺那衣”的羯磨法);《亡道人物羯磨》;《与看病人衣物羯磨》(以上为“分衣物”的羯磨法);《羯磨为僧作自恣人》(又称《为僧作自恣人羯磨》,此为“自恣”的羯磨法)等。

如《僧中羯磨十四人监事》为“白二羯磨”,其文是这样的:

> 大德僧听,某甲比丘,能作分僧卧具人。若僧时到,僧忍听(指容许),僧某甲比丘作僧分卧具人。如是白(以上为主持者向僧众报告本次羯磨的主题,为“单白”)。
>
> 大德僧听。某甲比丘,能作分僧卧具人。谁长老忍(指容忍)某甲比丘作分僧卧具人默然,谁不忍,是长老便说(以上为主持者向僧众征求意见,为“二白”)。
>
> 僧某甲比丘作分僧卧具人竟。僧忍默然故,是事如是持(十四略一人其余法用可知——原注)(以上为主持者向僧众通报本次羯磨通过的决定)。(第489页下)

如“诸摈羯磨”为“白四羯磨”,其文是这样的:

> 大德僧听,是某甲比丘作淫事,得波罗夷罪。若僧时到,僧忍听,僧是某甲比丘作淫事,得波罗夷罪,今当作灭(指灭摈)羯磨,不共住、不共事。如是白。
>
> 大德僧听,是某甲比丘作淫事,得波罗夷罪。今僧作灭羯磨,不共住、不共事。谁长老忍,某甲比丘作淫事,得波罗夷罪。今僧作灭羯磨默然,谁不忍便说。第二、第三亦如

是说。

僧与某甲比丘作淫事，得波罗夷罪，灭羯磨竟。僧忍默然故，是事如是持。（第492页中、下）

本书与唐义净译《根本说一切有部百一羯磨》虽然都称为“百一羯磨”，但本书的内容要比《根本说一切有部百一羯磨》少得多。因此，研究说一切有部的羯磨法，仅依本书还不够，尚须参阅《萨婆多部毗尼摩得勒伽》卷七、《根本说一切有部百一羯磨》。

此外，据唐道宣搜集整理，《四分律》羯磨法中，“僧法羯磨”（又称“众僧法”）有一百三十四种，其总数要多于说一切有部所传；羯磨法中，依参加者的人数区分，除“众僧法”之外，还有“对首法”（又称“对首羯磨”）三十三种、“心念法”（又称“心念羯磨”）十四种（见《四分律删补随机羯磨》卷上《集法缘成篇》、《四分律删补随机羯磨》卷上《集法缘成篇》）。“对首法”、”心念法”的内容，在说一切有部的律典，如《根本说一切有部毗奈耶随意事》、《根本说一切有部百一羯磨》、《根本萨婆多部律摄》中也是有的，只是没有单独立类而已。

第五品　刘宋僧伽跋摩译《萨婆多部毗尼摩得勒伽》十卷

《萨婆多部毗尼摩得勒伽》，又称《毗尼摩得勒伽》、《摩得勒伽经》，十卷。刘宋僧伽跋摩译，元嘉十二年（435）译出。梁僧祐《出三藏记集》卷二著录（书名作《摩得勒伽经》）。载于《丽藏》“仪”函、《宋藏》“诸”函、《金藏》“仪”函、《元藏》“诸”函、《明藏》“下”函、《清藏》“下”函、《频伽藏》“寒”帙，收入《大正藏》第二十三卷。

僧伽跋摩(生卒年不详),意译“僧铠”,天竺(印度)人。年少出家,明解律藏,尤精《杂阿毗昙心论》。刘宋元嘉十年(433),步自流沙,抵达建业(今南京),应慧观等人之请,住于平陆寺(后改名为“奉城寺”)。先前,汉地女子出家仅从比丘受具足戒,而依照律制,女子出家,应当同时从比丘尼、比丘“二部僧”受具足戒(指先在比丘尼十人中受戒,再到比丘十人中受戒)。同年,师子国(今斯里兰卡)比丘尼铁萨罗率尼十人来至建业,应景福寺尼慧果、净音之请,于元嘉十一年(434)在南林寺设立戒坛,共请僧伽跋摩为师,为尼众三百余人重授具足戒,汉地比丘尼从二部僧受具足戒,以此为始。僧伽跋摩译出的佛经,有五部二十四卷。其中,《杂阿毗昙心论》十一卷(《出三藏记集》卷二著录时作“十四卷”)、《劝发诸王要偈》一卷、《分别业报略》一卷和本书,今存;《劝圣僧浴文》一卷,已佚。元嘉十九年(442),他随西域商船回国,不知所终。生平事迹见梁僧祐《出三藏记集》卷十四、慧皎《高僧传》卷三等。

本书是《十诵律》比丘戒和犍度部(“律事”)的解说,为古代所传的”五部律论”之一。书名中的“毗尼摩得勒伽”,意译“律母”,指僧团的制度和行事的“本母”。由于“本母”是论述的纲目,它的含义必须通过解释才能显现出来,犹如词典中的词条,只标列词条的名称(词目)是不够的,还须给出词条的内容(释文)。“摩得勒伽”也是如此,它并非是纲目的罗列,而是纲目的解释。但就传今的文本而言,本书的主体部分实际上是《十诵律》卷五十一至卷五十九所载第八诵《增一法》、第九诵《优波离问部》、第十诵《比(毗)尼诵》的异译,只是文句上略有出入而已(有关的考证,参见印顺《原始佛教圣典之集成》,台湾正闻出版社 1991 年 5 月版)。本书所特有的,主要是卷五叙列的毗尼摩得勒伽“本母”的总目、卷七叙列的“百一羯磨”的细目等。

(一)《毗尼众事分》(卷一)。始“问：犯毗尼罪，作、无作耶？答：犯罪”(第565页上)，终“佛所说毗尼众分事竟”(第569页中)。以问答的形式，解释《十诵律》比丘戒的一些犯事，其内容大致相当于《十诵律》卷五十一《增一法·增十一相》的略出。主要叙述：“犯毗尼罪，作、无作耶”，“颇有行此事犯罪，即行此事不犯耶”，“颇有善心犯戒、不善心犯戒、无记心犯戒耶”，“几羯磨摄一切羯磨耶”，“颇有比丘尼犯五篇戒，不发露忏悔而得清净耶”，“若有人非律说律者，何处求戒相”等。如说：

> 问：颇有善心犯戒、不善心犯戒、无记心犯戒耶？答：有。云何善心犯戒？如新出家比丘，未知戒相，自手净地拔生草，若经行处采花髻鬘，此善心犯戒。云何不善心犯戒？佛所结戒，故犯。云何无记心犯戒？佛所结戒，不故犯。(卷一，《大正藏》第二十三卷，第567页上)
>
> 问：颇有犯此事，得波罗夷，即犯此事，不犯波罗夷耶？答：有。若比丘尼摩触身，犯波罗夷。比丘摩触，不犯波罗夷。比丘尼随顺摈比丘，波罗夷。比丘随顺，不犯波罗夷。比丘尼覆藏粗罪，波罗夷。比丘覆藏，不犯波罗夷。(卷一，第568页下)

(二)《优波离问分别波罗提木叉》(卷一至卷三)。始“佛住舍卫国祇树给孤独园。尔时，优波离问佛言”(第569页下)，终“优波离问分别波罗提木叉竟”(第579页中)。以优波离问、佛答的形式，解释《十诵律》比丘戒的一些犯相。其性质相当于戒条解释中“犯相解释”(又称“犯相分别”)下的“约义分别”；内容大致相当于《十诵律》卷五十二、卷五十三《优波离问》中“问淫事”至“问七灭诤法”的略出。主要叙述：(1)《问四波罗夷》(卷一)。(2)《问十三僧伽婆尸沙》(卷二)。(3)《问二不定法》(同上)。(4)《问三十事》(又称《问三十尼萨耆波夜提》,同上)。(5)《问九十事》(又称《问九十波夜提》,卷二至卷三)。(6)《问四波罗提提舍尼》(卷三)。(7)《七灭诤》(同上)。内容叙及:"云何大便道作淫,犯波罗夷耶","诸比丘犯突吉罗,不语彼而摈比丘,成摈不","信一切可信优婆夷语,治比丘耶","颇有比丘过十夜衣,不犯尼萨耆耶","颇有比丘畜过十夜钵,不犯耶","颇有向未受具戒人说过人法,不犯波夜提耶","颇有比丘驱出比丘,不犯波夜提耶","颇有比丘别众食,不犯耶","若以酒煮时药、非时药、七日药,得服不","颇有比丘从非亲里比丘尼边受食,不犯耶"等。如说:

> (问)如佛所说一月衣,云何受?(答)一月衣,谓三衣不足。若三衣满足,不得畜一月衣。若不满三衣,悕望一月,必得者应畜。若不得者,即应裁割受持。得以不裁截受持,尼萨耆波夜提。如频日得衣。(卷二《问三十事》,第573页上)
>
> (问)颇有非亲里比丘尼边受食,犯四篇戒耶?答:有。若以衣裹食,取衣取食,女人前粗恶语,摩触内身,遣使手印,言与羹与饭,比丘不遮,犯突吉罗。若门限边受食,不犯。及亲里边受,不犯。(卷三《问四波罗提提舍尼》,第579页中)

(三)《优波离问事》(卷三)。始"问:不作白四羯磨受具足戒,为得具足戒,为不得耶"(第579页中),终"优波离问事竟"(第582页中)。以优波离问、佛答的形式,解释《十诵律》中《七法》、《八法》的一些律事。内容大致相当于《十诵律》卷五十四、卷五十五《优波离问》中《问七法》(《问受戒法》至《问衣法》)、《问八法》(《问迦絺那衣法》至《问灭事法》)的略出。主要叙述:(1)《问受戒事》(卷三,下同)。(2)《问布萨事》。(3)《问自恣事》(又称《问自恣法》)。(4)《问安居事》(又称《问安居法》)。(5)《问药事》(又称《问药法》)。(6)《问衣事》(又称《问衣法》)。(7)《问受迦絺那衣事》(又称《问迦絺那衣法》)。(8)《问俱舍弥事》。(9)《问羯磨事》。(10)《问覆藏僧残事》(又称《问覆藏事》)。(11)《问遮布萨事》。(12)《问卧具事》。(13)《问灭诤事》。(14)《问破僧事》。(15)《问覆钵事》。内容叙及:"不作白四羯磨受具足戒,为得具足戒,为不得耶","布萨时僧破,诸比丘云何作布萨","除水火难,有余难起,得一语自恣不","若比丘安居中,擯比丘得共住不","除八种浆,余物作浆,得饮不","若比丘四处取衣,不犯耶","受迦絺那衣比丘所听行事,为舍戒,为开通耶","若俱舍弥比丘各成二部,为是破僧,非破僧耶","聋人满数作羯磨,成作羯磨不","颇有比丘犯十三事,终身不发露,不犯耶","遮比丘布萨,何时遮耶","地敷褥,得共未受具戒人坐不","云何灭诤","以二因缘故破僧,谓闻及受筹,无有第三因缘破僧","居士二法成就,应作覆钵羯磨,云何二"等。如说:

(问)若比丘安居中,擯比丘得共住不?答:三月中得共住。(问)若比丘安居中,空中住,明相出(指至次日黎明),失安居不?答:失安居。(问)若聚落中,众僧安居已,出界去,余比丘更结界,此中檀越施众僧衣,此衣应属谁?答:属先聚落众僧。(问)如佛所说,此是界功德利,若安居中僧破,此施衣应属何僧?答:属多者,有四依,谓依夏、依时、依食、依自恣。(卷三《问安居法》,第580页下)

(问)居士二法成就,应作覆钵羯磨,云何二?(答)谓

骂比丘,及无根波罗夷谤清净比丘。(卷三《问覆钵事》,第582页中)

(四)《毗尼摩得勒伽杂事》(卷三至卷七)。分为三部分(以下小标题均据内容拟立):

1. “毗尼杂事”(卷三至卷五)。始“佛住毗耶离猿猴池堂,为迦兰陀子须提那制戒”(第582页中),终“复有比丘到居士舍,如前说儿病、女病、俱病、俱狂痴,若与余处,犯偷罗遮”(第593页中),以举例解释的方式,对《十诵律》比丘戒“波罗夷法”中“淫戒”(间及比丘尼“淫戒”)、“盗戒”、“杀戒”、“大妄语戒”,“僧残法”中“故出不净戒”、“摩触女人戒”、“与女人粗恶语戒”、“媒人戒”所涉的一些犯戒事例作出判释。其性质相当于戒条解释中“犯相解释”下的“就事分别”;内容大致相当于《十诵律》卷五十七至卷五十九《比(毗)尼诵·二种毗尼及杂诵》中“毗尼杂事”部分的略出。如关于“淫戒”,说:

> 孙陀罗难陀比丘因缘,如毗尼中广说。彼独住阿练若处,住去婆罗门田不远。彼婆罗门数至田,看见此比丘,生欢喜心。彼即请食,比丘受请。婆罗门办诸饮食已,遣裸形小女,往至比丘所,唤比丘。比丘见彼女根,生染污心,便共作淫。女根破裂,即生疑悔。乃至佛言:若受乐,犯波罗夷。若不受乐,偷罗遮。(卷三,第583页中)

2. “毗尼摩得勒伽”(卷五至卷六)。始“受具戒。应与受具戒。不应与受具戒”(第593页中),至“佛说摩得勒伽善诵竟”(《明藏》本则作“佛说摩得勒伽杂事竟”,第605页上),为律论。其内容大致相当于《十诵律》卷五十六至卷五十七《比(毗)尼诵》中《具足戒》、《法部》、《行法》的异译。采用先列出僧团的制度和行事的“本母”的总目(相当于词条总目,此为《十诵律·比尼诵》所无),然后自设问答,对各项子目一一作释(相当于词条解释)的方式展开。其"本母"总目约一千字,叙事三百十二项(据印顺《原始佛教圣典之集成》统计,其中,有些事项也可作不同的分合)。这一总目,对于探究广律中"犍度"的原始形态,具有极为重要的价值。书中写道:

> 受具戒。应与受具戒。不应与受具戒。得具戒。不得具戒。羯磨。羯磨事。羯磨处。非羯磨处。摈羯磨。舍羯磨。苦切羯磨。出罪羯磨。……五百集毗尼。七百集灭毗尼。因缘。摩诃优波提舍。迦卢优波提舍。等因。时杂。园林中净。山林中净。堂净。边方净。方净。国土净。衣净。酢浆净。自恣。与自恣欲。取自恣欲。说自恣欲。布萨。布萨与欲。受欲。说欲。清净。与清净。受清净。说清净。欲清净。与欲清净。受欲清净。说欲清净。……地。树。地物。林树。诤。诤坏。恭敬。下意。种种不共住。闼赖吒。实觅罪。波罗夷学戒。僧上座。……唾。器。杨枝。擿齿。刮舌。挑耳。威仪。不威仪。三聚。(卷五,第593页中—第594页上)

正文分为三部分。

(1)"受戒聚"(卷五至卷六)。始"云何受具戒?受戒者受羯磨。共羯磨住故。故名受具戒"(第594页上),终"云何酢浆净?……非初夜受、初夜饮,乃至后夜受、后夜饮"(第598页中)。解释犍度部律事一百二十项,其内容大致相当于《十诵律》卷五十六《比尼诵·具足戒》。所叙的律事有:"受具戒"(指"无师得"、"见谛得"、"问答得"、"三归得"、"自誓得"、"五众得"、"十众得"、"八重得"、"遣使得"、"二部僧得"十种受具戒,与《十诵律》卷五十六所说"十种明具足戒"略有出入)、"不应与受具足戒”、“得具足戒人”、“不得具足戒人”、“羯磨”、“羯磨事”、“摈羯磨”、“舍羯磨”、“苦切羯磨”、“出罪羯磨事”、“不止羯磨”、“止羯磨”、“舍戒”、“戒羸”、“净灭事”、“不现前羯磨”、“白羯磨”、“白二羯磨”、“白四羯磨”、“苦切羯磨”、“驱出羯磨”、“折伏羯磨”、“不见摈羯磨”、“恶邪不除摈羯磨”、“别住”、“本日治”、“摩那埵”、“阿浮呵那”（指出罪）、“犯聚”、“轻罪”、“重罪”、“有余罪”、“无余罪”、“粗罪”、“出罪”、“遮布萨”、“遮自恣”、“内宿食”（指僧房内储食）、“内熟”（指僧房内煮食）、“自熟”（指自己煮食）、“受迦絺那衣”、“舍迦絺那衣”、“可分物”、“不可分物”、“粪扫衣”、“作衣”、“五百集毗尼”、“七百集灭毗尼”、“摩诃优波提舍”、“迦卢优波提舍”、“边方净”、“方净”、“衣净”、“酢浆净”等。如关于“犯聚”、“不犯聚”等，说：

云何犯聚？犯波罗夷、僧残、波夜提（包括尼萨耆波逸提、波逸提两类）、波罗提提舍尼、突吉罗。是名犯聚。云何不犯聚？不作，若犯如法忏悔，通是不犯聚。云何轻罪？谓可忏悔。云何重罪？谓不可忏悔。云何有余罪？后四篇，谓僧残、波夜提、波罗提提舍尼、突吉罗。云何无余罪？谓初篇。云何边罪（指不可治罪）？谓四波罗夷。云何粗罪（指恶罪）？四波罗夷、僧伽婆尸沙。云何罪聚？谓一切罪不善所摄。云何出罪？汝长老犯如是如是罪，当发露忏悔，莫覆藏。是名出罪。云何忆罪？长老汝犯如是如是罪，当忆念。（卷五，第596页上、中）

（2）“相应聚”（卷六）。始“云何自恣？若比丘，自恣日集在一处，僧中三处自恣，谓见、闻、疑”（第598页中），终“云何恭敬？恭敬和上、阿阇梨、上中下座，如是一切善恭敬”（第601页上)。解释犍度部律事八十六项,其内容大致相当于《十诵律》卷五十六《比尼诵·法部》。所叙的律事有:“自恣”、“与自恣欲”、“取自恣欲”、“说自恣欲”、“布萨”、“布萨与欲”、“受欲”、“说欲”、“清净”、“与清净”、“受清净”、“说清净”、“欲清净”、“与欲清净”、“受欲清净”、“说欲清净”、“偷婆”、“供养偷婆”、“佉陀尼”、“蒲阇尼”、“钵”、“衣”、“尼师檀”、“针”、“针筒”、“依止”、“受依止”、“与依止”、“舍依止”、“和上”、“弟子”、“阿阇梨”、“沙弥”、“卧具”、“营知事”、“药”、“浆”、“革屣”、“杖”、“络囊”、“剃刀”、“伞”、“乘”、“扇”、“拂”、“卧”、“眠”、“禅带”、“腰绳”、“净”、“恭敬”等。如关于“犯聚”、“不犯聚”等,说:

> 云何钵?世尊听诸比丘畜二种钵,铁钵、瓦钵,八种钵不听畜。云何衣?世尊听诸比丘畜七种衣,不听净施,谓僧伽梨(指大衣)、郁多罗僧伽(又称“郁多罗僧”,指上衣)、安旦婆娑(又称“安陀会”,指内衣)、雨衣、覆疮衣、尼师檀、养命衣,是名衣。云何尼师檀?世尊听诸比丘畜,诸比丘畜尼师檀,护僧卧具故。无尼师檀,不得坐僧卧具。云何针?世尊听诸比丘畜二种针,铁针、铜针,是名针。云何针筒?世尊听诸比丘畜针筒,为举针故,不应与无惭愧人,不得与沙弥。(卷六,第599页中)

(3)“威仪聚”(卷六)。始“云何下意?被摈比丘应行事。不得度人,不得与人受具戒,不得与人依止,不得畜沙弥,不得教诫比丘尼”(第601页上),终“云何三聚?谓受戒聚、相应聚、威仪聚”(第605页上)。解释犍度部律事一百零六项,其内容大致相当于《十诵律》卷五十六至卷五十七《比尼诵·行法》(其中,“威仪”、“三聚”二项为《十诵律》所无)。所叙的律事有:

“下意”、“种种不共住”、“闼赖吒”(指“于正法不动”者)、“波罗夷学戒”、“众僧上座”、“粥”、“水瓶”、“澡罐”、“饮水器”、“食时”、“受食”、“说法”、“呗”、“求安居”、“安居”、“安居中”、“说戒者”、“洗浴”、“治罪”、“入家”、“入白衣舍”、“入家坐”、“迦絺那”、“经行”、“漉水囊”、“入厕”、“厕屐”、“洗”、“小便”、“小便屐”、“筹草”、“齿木”、“刮舌”、“挑耳”、“威仪”、“三聚”等。如关于“齿木”等,说:

> 云何齿木?齿木不得太大太小,不得太长太短,上者十二指,下者六指,不得上座前嚼齿木,有三事应屏处,谓大小便嚼齿木,不得在净处、树下、墙边嚼齿木。云何擿齿?不得太利,不得疾疾刺齿,间应徐徐挑,勿使伤肉。云何刮舌?不得用利物刮,不得疾疾刮,当徐徐勿使伤舌。云何挑耳?不得用利物挑,不得疾疾挑,勿令伤肉。云何威仪?一切沙门所生功德是威仪。与上相违,名不威仪。云何三聚?谓受戒聚、相应聚、威仪聚。(卷六,第 604 页下—第 605 页上)

3. “问毗尼杂事”等(卷七)。分为三部分。

(1)“问杂事”。始“如佛所说,边地律师五人受具戒”(第 605 页上),终“若比丘失檀越意,众僧语言,若不忏悔,檀越更加汝罪”(第 607 页上)。以问答的形式,解释《十诵律》犍度部的一些杂法。内容大致相当于《十诵律》卷五十五《优波离问·问杂事》的略出。主要叙述:“(边地)若有十人律师,五人受戒,得戒不”,“糖浆得七日受不”,“云何不净肉”,“云何经宿衣”,“云何不净衣”,“云何故衣”,“云何打衣(新衣)”,“云何急施衣”,“云何三月衣”,“云何时衣”,“云何破僧”,“驱出羯磨有何义”,“苦切(指呵责)羯磨有何义”,“摈羯磨有何义”,“发喜忏罪有何义”等。如关于“经宿衣”、“不净衣”等，说：

> 如佛所说，经宿衣受迦絺那衣，不成受，云何经宿？谓过十夜，或经一夜。如世尊所说，不净衣受迦絺那(衣)，不成受，云何不净衣？谓频日得衣。如世尊所说，故衣受作迦絺那衣，不成受，云何故衣？比丘受用三衣。如世尊所说，被打衣成受迦絺那衣，云何打衣？谓新衣。……如世尊所说，急施衣得受作迦絺那衣，云何急施衣？谓十日未至，自恣得衣，是急施衣。用是作迦絺那衣，受成受。如世尊所说，三月得衣，得受作迦絺那衣，云何三月衣？旧僧十五日自恣，客比丘来多，同见同住，彼十四日自恣，若旧僧随客比丘自恣，此日得衣，名三月得衣。用是衣作迦絺那衣，受成受。如佛所说，时衣得受作迦絺那衣，云何时衣？自恣竟后一月得衣，是名时衣。(卷七，第606页上、中)

(2)“增一法”。始“有一事摄一切毗尼，谓律仪”(第607页上)，终“复有十法，如来制波罗提木叉，如前说”(第610页下)。以词条的形式，解释戒律类法数(即含数字的名词术语)，以数为序，依次递增，始“一法”，终“十法”。其内容大致相当于《十诵律》卷五十至卷五十一《增一法》的略出(次序上是以《增一后》为主线，《毗尼增一》作补充)。主要叙述：“有一事摄一切毗尼”、“有一事得粗罪”、“二种犯罪”、“二断事”、“二别住”、“三羯磨”、“三学”、“三自恣”、“四种清净”、“四境界中如来制戒”、“五法成就举罪”、“有五事比丘应断事”、“五种大贼”、“五种过”、“有六事优婆塞不应作”、“六爱敬”、“六法现前”、“七财”、“七方便”、“七种增进法”、“持律比丘有七种功德”、“八种屐不得著”、“九依”、“十摄受”、“十种障受具足”、“十利”等。如关于“五种大贼”，说：

有五种大贼。谓百人百众围绕，第一大贼。用四方僧物持与他，第二大贼。自言我是阿罗汉，第三大贼。如来所说甚深空义，而言我说，第四大贼。比丘犯戒，不精进，行恶法，脓血内流，空形蠡（一作“螺”）声，非沙门自言沙门，非梵行自言梵行，若将百众、二百乃至五百人围绕，游行城邑聚落，受诸供养，是第五大贼。（卷七，第608页下—第609页上）

（3）“羯磨法”。始“一切毗尼几处所摄”（第610页下），终“驱出有何义？若比丘污他家，作驱出羯磨。余羯磨，随其义应当知”（第611页中）。以自设问答的形式，解释“百一羯磨”的构成（二十四种“白羯磨”、四十七种“白二羯磨”、三十种“白四羯磨”），并叙列具体的名称。其性质为《十诵律》卷五十《增一法·增一后·一法》中“有三羯磨摄一切羯磨，白羯磨、白二羯磨、白四羯磨”一句的广解，而解说的内容则为原书所无。其中，有关“二十四白羯磨”、“四十七白二羯磨”、“三十白四羯磨”所包含的各种羯磨的名称，可补刘宋失译《大沙门百一羯磨法》的缺失，而与唐义净译《根本说一切有部百一羯磨》中的译名作对勘，具有重要的学术价值。如关于“百一羯磨”的构成等，说：

一切毗尼，几处所摄，略说三处摄。谓白羯磨、白二羯磨、白四羯磨。问：百一羯磨，几白羯磨、几白二羯磨、几白四羯磨？答：二十四白羯磨、四十七白二羯磨、三十白四羯磨。

云何二十四白羯磨？谓威仪阿阇梨白羯磨；问遮道法白羯磨；布萨时白羯磨；布萨时一切僧犯罪白羯磨；布萨时一切僧疑罪白羯磨；欲自恣时白羯磨；自恣僧犯罪白羯磨；

自恣一切僧疑罪白羯磨；自恣时僧中犯罪白羯磨；斗诤时白羯磨；自恣时罪相未定白羯磨；安居时白羯磨；独受死比丘衣白羯磨；分死比丘物白羯磨；舍迦絺那白羯磨；说粗罪白羯磨；尊者陀骠比丘分衣白羯磨；现前毁呰白羯磨；默然恼他白羯磨；羯磨学家白羯磨；舍学家白羯磨；覆钵白羯磨；仰钵白羯磨。是为二十四白羯磨。

云何四十七白二羯磨？现前布萨白二羯磨；结大界白二羯磨；结衣界白二羯磨；结小界白二羯磨；狂痴白二羯磨；羯磨自恣人白二羯磨；分卧具白二羯磨；结净地（指划定烹煮或贮藏食物的场所）白二羯磨；迦絺那衣白二羯磨；受迦絺那白二羯磨；守迦絺那白二羯磨；忏悔白衣白二羯磨；略说十二种人白二羯磨；闼赖吒（指"于正法不动"者）白二羯磨；毗由荼白二羯磨；灭诤白二羯磨；行法舍罗白二羯磨；乞房白二羯磨；大房白二羯磨；举罪比丘白二羯磨；上座白二羯磨；舍钵白二羯磨；令白衣不生信白二羯磨；教诫比丘尼人白二羯磨；新波梨卑白二羯磨；不礼拜白二羯磨；不共语白二羯磨；毁众白二羯磨；畜杖白二羯磨；畜络囊白二羯磨；五年得利白二羯磨；遮布萨白二羯磨；式叉摩那二岁学六法白二羯磨；本事白二羯磨；比丘尼生子共房宿白二羯磨；连房白二羯磨；三十九夜白二羯磨。是名四十七白二羯磨。或有说者，一切所作羯磨，尽应用白二羯磨。复有说言，除受具足及阿浮诃那（指"出罪"），余一切尽应白二羯磨。

云何三十白四羯磨？谓受具戒白四羯磨；与外道四月别住白四羯磨；舍三种界白四羯磨；众僧和合布萨白四羯磨；苦切（又称"呵责"）白四羯磨；依止白四羯磨；驱出白四羯磨；不见摈（又称"不见罪举"）白四羯磨；恶邪不除摈（又称"恶见不舍举"）白四羯磨；别住白四羯磨；服日（又称"本

日治”，此处指“别住本日治”）白四羯磨；摩那埵白四羯磨；服日（此处指“摩那埵本日治”）白四羯磨；阿浮诃那白四羯磨；忆念毗尼白四羯磨；不痴白四羯磨；实觅白四羯磨；破僧白四羯磨；助破僧白四羯磨；游行白四羯磨；随爱随瞋随怖随痴白四羯磨；恶口白四羯磨恶邪白四羯磨；灭沙弥白四羯磨；比丘尼随顺摈（又称“随顺举”）比丘白四羯磨；比丘尼染污住白四羯磨；与学戒白四羯磨。是名三十白四羯磨。或有说一切羯磨。皆应白四。

此百一羯磨，几与欲（指委托他人表示自己赞同僧众所作事的意愿，亦即请假）？除结界，余尽与欲。此百一羯磨，几四人作、几五人作、几十人作、几二十人作、几四十人作？谓除自恣五人，受具戒十人，阿浮诃那（指“出罪”）二十人，比丘尼阿浮诃那二部僧四十人，余一切四人作。羯磨有何义？谓依事所作，故名羯磨。此说何义？所因事名事，随说名羯磨。（卷七，第610页下—第611页中）

（五）《优波离问》（卷八至卷十）。始“优波离问佛言：若比丘自咒术力、药力，自变作人女，共畜生作淫，得何罪”（第611页中），终“波罗提提舍尼竟”（第626页中）。以优波离问、佛答的形式，解释《十诵律》比丘戒的一些犯相，为本书卷一至卷三《优波离问分别波罗提木叉》的别出或补充（印顺《原始佛教圣典之集成》认为，本书前三卷是“初稿”，末三卷则是前三卷的“治定本”）。主要叙述：(1)《问四波罗夷》（又称《问波罗夷》，卷八）。(2)《问十三僧伽婆尸沙》（卷八）。(3)《问二不定法》（原书缺此标题，今据内容补，卷九）。(4)《问三十事》（卷九）。(5)《问波夜提》（又称《问九十事》，卷九至卷十）。(6)《问波罗提提舍尼事》（卷十）。内容叙及：“比丘自咒术力药力,作畜生男,共人女作淫,得何罪”,“若比丘行时精出,得何罪”,“若可信优婆夷语诸比丘,我见某甲比丘犯四波罗夷,得用是语治比丘不”,“若有比丘得少片衣,不受持,应舍不”,“若比丘作外道服式,舍戒不”,“颇有比丘学家中受食,不犯耶”等。如说:

问:如佛所说,若比丘共女人宿,夜波提,云何女人?答:身可捉者。共天女宿,突吉罗。龙女、畜生女等共宿,突吉罗。若比丘草林、树林、竹林、树孔中共女人宿,突吉罗。学戒人共女人宿,波夜提。本犯戒人共女人宿,突吉罗。(卷十《问波夜提》,第625页上)

本书卷十之末有结语,说:“《毗尼摩得勒伽》略说七千偈,一偈有三十二字,七千偈便有二十二万四千言,十卷成。”(第626页中)此外,近代在克什米尔也发现了与本书《毗尼摩得勒伽杂事》部分内容相近的梵文写本的残片(见日本平川彰《律藏之研究》,东京山喜房佛书林1960年版)。据此判断,本书并不是根据汉译《十诵律》编集而成的著作,而是早在西域流传的、根据梵本《十诵律》的部分内容及其他资料组合而成的律典。

第六品　三秦失译《萨婆多毗尼毗婆沙》九卷

《萨婆多毗尼毗婆沙》,又称《萨婆多论》,九卷。三秦失译(卷首题为“失译人名,今附秦录”),约出于前秦皇始元年(351)至西秦永弘四年(431)之间。本书最初是作为“众律失译”,著录于隋法经等《众经目录》卷五之中(作“八卷”);唐智升《开元释教录》卷四始将它编为三秦失译(据正文中有“佛陀者,秦言觉”、“僧伽婆尸沙者，秦言僧残”、“舍利弗者，秦言身子”等语，作“九卷”），后世藏经目录沿依此说。载于《丽藏》“犹”函、《宋藏》“子”函、《金藏》“犹”函、《元藏》“子”函、《明藏》“夫”函、《清藏》“夫”函、《频伽藏》“寒”帙，收入《大正藏》第二十三卷。

本书是《十诵律》比丘戒的解说，为古代所传的五部律论（《毗尼母经》、《萨婆多部毗尼摩得勒伽》、《萨婆多毗尼毗婆沙》、《善见律毗婆沙》、《律二十二明了论》）之一。书名中的“萨婆多”，是指“萨婆多部”，即“说一切有部”；“毗尼毗婆沙”，意谓戒律的广解（或广说），即“律论”。本书卷九初首载有隋西京东禅定寺沙门智首撰的《续萨婆多毗尼毗婆沙序》，叙述了本书的流传情况。说：

> 世雄（指释迦牟尼）息化，律藏枝分，遂使天竺圣人，随部别释。自佛教东流，年代绵久，西土律论，颇传此方，然此萨婆多，即解其《十诵》。智首宿缘积善，早预缁门，始进戒品，即为毗尼藏学，至于诸律、诸论，每备披寻。常慨斯论（指《萨婆多毗尼毗婆沙》）要妙，而文义阙少，乃至江左、淮右，爰及关西，诸有藏经，皆亲检阅，悉同雕落，罕有具者。虽复求之弥恳，而缘由莫测。每恨残缺，滞于译人，静言思此，恒深悲叹。比奉诏旨，来居禅定（指东禅定寺）。幸逢西蜀宝玄律师，共谈此论，阙义玄言，本乡备有，非意闻之，不胜庆跃。于是殷勤三覆，问其所由。方知此典译在于蜀，若依本翻，有其九卷，往因魏世道武，殄灭法门，乃令兹妙旨，首末零落，遂使四方皆传阙本，其真言圆备，尚蕴成都。智首乃托邛僰行人，井络良信，经涉三周，所愿方果。以皇隋之驭天下二十六载，大业二年岁次丙寅冬十二月，躬获此本，传之京邑。（《大正藏》第二十三卷，第558页下—第

559 页上)

意思是说,智首自出家受戒以来,就开始研律藏,但无论是在南方,还是在北方,所见到的《萨婆多毗尼毗婆沙》各种抄本,均为文义阙少的残缺本。起先他不得其解,还以为是译人未译全的缘故。后来碰到西蜀宝玄律师,才知道此书是在蜀地翻译的,原本有九卷,后遭北魏太武帝灭佛,致使首末零落,四方皆传阙本(即缺第九卷),而它的全本当时尚存于成都。得此消息,智首立即托人前去求访,终于在隋大业二年(606),寻获此本,于是抄写流通。传今的《萨婆多毗尼毗婆沙》,便是当年智首辛苦寻觅得来的那个本子(此本仍然阙失"十三僧残法"中的六条,"九十波逸提法"中的一条,下详)。

(一)《总序》(卷一至卷二)。从《十诵律》卷一初首叙述的佛最初结戒之事("佛在毗耶离国时。去城不远,有一聚落,是中有长者子,名须提那加兰陀子,富贵多财,种种成就,自归三宝,为佛弟子,厌世出家……")开始,随文引申解释戒法的一些理论问题,以及七种受具足戒的方法。下分二项:(1)《戒法异名等》。(2)《七种得戒法》。主要内容有:"佛云何一切说";"二乘(指声闻、辟支佛)亦破三毒,何不名世尊耶";"契经、阿毗昙不以佛在初,独律诵以佛在初";"三归以何为性";"归依佛者,为归依释迦文佛,为归依三世佛耶";"波罗提木叉戒,是无漏戒,是禅戒不";"优婆塞五戒,几是实罪,几是遮罪";"何须次第先受五戒、次受十戒、后受具戒耶";"优婆塞得贩卖不";"受八斋法";"随何时舍善戒,即得恶戒"(以上卷一);"佛在世几年,便听白四羯磨受戒";"七种受戒";"佛与辟支佛,云何得戒";"七种受戒,几从佛得,几不从佛得";"几是比丘,不共比丘尼";"几是比丘尼,不共比丘"(以上卷二)等。如关于次第受戒

（指“先受五戒、次受十戒、后受具戒”）和“七种受戒”，说：

问曰：若受具戒（指具足戒），一时得三种戒（指“五戒”、“十戒”、“具足戒”）者，何须次第先受五戒、次受十戒、后受具戒耶？答曰：虽一时得三种戒，深习佛法，必须次第。先受五戒，以自调伏，信乐渐增。次受十戒，既受十戒，善心转深。次受具戒，如是次第，得佛法味，好乐坚固，难可退败，如游大海，渐渐深入，入佛法海，亦复如是。若一时受具戒者，既失次第，又破威仪。复次，或有众生，应受五戒，而得道果，或有众生，因受十戒，而得道果，以是种种因缘，是故如来说此次第。（卷一，第508页上）

凡七种受戒、一者见谛受戒、二者善来得戒、三者三语得戒、四者三归受戒、五者自誓受戒、六者八法受戒、七者白四羯磨受戒。于七种中，见谛得戒，唯五人（指“五比丘”）得，余更无得者；善来得戒、三语、三归，佛在世得，灭后不得；自誓，唯大迦叶一人得，更无得者；八法（指“八敬法”）受戒，唯大爱道一人得，更无得者；白四羯磨戒，佛在世得，灭后亦得。（卷二，第511页上、中）

（二）《四波罗夷》（卷二至卷三，原书缺小标题，此据内容拟立）。下分四项：（1）《结淫戒因缘》。（2）《结盗戒因缘》。（3）《杀戒因缘》。（4）《妄语》。解释《十诵律》卷一至卷二《四波罗夷法》，即第一条“淫戒”、第二条“盗戒”、第三条“杀戒”、第四条“大妄语戒”。如关于“淫戒”犯相的分别，说：

如淫戒分别，当体各尔。女人三处（指大便道、小便道、口），得波罗夷。方便（此指未遂），偷兰遮（又称“大罪”），有轻有重。重偷兰遮，大众中忏，应胡跪合掌，三从众乞，乞已应一白，一白已忏悔，亦应三说；轻偷兰遮，界外

> 四人,忏法亦同。且轻重有异,轻偷兰遮者,欲作重淫,若起还坐,轻偷兰。发足趣女,未捉已还,及捉已失精,乃至共相鸣抱,轻偷兰。男形垂入女形已来,未失精,亦犯轻偷兰;若失精,得重偷兰。若男形触女形,及半珠已还,不问失精、不失精,尽得重偷兰。(卷二,第 515 页中、下)

(三)《十三事》(卷三至卷四)。下分七项:(1)《十三事初》。(2)《第二摩捉戒》。(3)《第三恶语戒》。(4)《第八无根谤戒》。(5)《第十破僧戒》。(6)《第十二污他家》。(7)《第十三戾语戒》。解释《十诵律》卷三至卷四《十三僧残法》,其中,第一条"故出不净戒"、第二条"摩触女人戒"(又称"摩捉戒")、第三条"与女人粗恶语戒"(又称"恶语戒")、第八条"无根波罗夷谤戒"(又称"无根谤戒")、第十条"破僧违谏戒"(又称"破僧戒")、第十二条"污家擯谤违谏戒"(又称"污他家戒")、第十三条"恶性拒僧违谏戒"(又称"戾语戒")等七条的释文见存;其余六条,即第四条"向女人索淫欲供养戒"、第五条"媒人戒"、第六条"无主造小房过量戒"、第七条"有主造大房不求指授戒"、第九条"假根波罗夷谤戒"、第十一条"助破僧违谏戒",原文阙失。如关于"摩触女人戒",说:

> 佛所以结此摩捉女人戒。一以出家之人,飘然无所依止,今结此戒,与之作伴,令有所依怙。二欲止斗诤故,此是诤竞根本,若捉女人,则生诤乱。三息嫌疑故,若比丘设捉女人,人见不谓直捉而已,谓作大恶,是故止之。四为断大恶之源,欲是众祸之先,若摩捉女人,则开众恶门,禁微防著。五为护正念故,若亲近女人,则失正念。六为增上法故,比丘出家,迹绝欲秽,栖心事外,为世揩轨,若摩捉女人,与恶人无别,则丧世人宗敬之心。此是不共戒,比丘犯,僧

残；比丘尼犯摩捉，波罗夷。（卷三，第520页上）

（四）《二不定法》（卷四）。解释《十诵律》卷四《二不定法》，即第一条“屏处不定戒”、第二条“露处不定戒”。如关于“屏处不定戒”，说：

> 不定者，佛坐道场时，已决定五篇（指波罗夷、僧残、波逸提、波罗提提舍尼、突吉罗）戒轻重通塞（指通达与蔽塞），无法不定。此所以言不定者，直以可信人不识罪相轻重，亦不识罪名字，设见共女人一处坐，不知为作何事，为共行淫？为作摩触？为作恶语？为过五六语（指说“五阴无常”、“六根无常”以外的话语）？故言不定。此与女人屏处坐戒，或已结（戒）或未结。作实觅毗尼者，若比丘或初言尔，后言不尔，或言我不往不作是罪，应随可信人语，与实觅毗尼。所以尔者，欲令罪人折伏恶心，又令苦恼不覆藏罪，又令梵行者得安乐住，又肃将来，令恶法不起。（卷四，第525页下）

（五）《三十事》（卷四至卷六）。下分三十项：（1）《初结长衣戒因缘》。（2）《第二结离衣宿因缘》（又作《不离衣宿第二》）。（3）《第三非时优波斯那因缘》。（4）《第四结从非亲里尼取衣因缘》（又作《从非亲里尼取衣第四》）。（5）《使非亲里尼浣故衣第五》。（6）《从非亲里居士乞衣第六》。（7）《第七戒》。（8）《第八戒》。（9）《第九戒》。（10）《第十戒》。（11）《十诵律第二诵初三十事中第十一事》。（12）《第二事》至（30）《第三十事》（此中，仅《第十五事》又作《第十五结新作尼师檀因缘》）。解释《十诵律》卷五至卷八《三十尼萨耆法》，始第一条“畜长衣过限戒”，终第三十条“畜七日药过限戒”。如关于“畜长衣过限戒”（又称“长衣戒”），说：

此(指“畜长衣过限戒”)是共戒,比丘、比丘尼,俱得舍堕,式叉摩尼、沙弥、沙弥尼,突吉罗。长物(指超过规定蓄存的衣钵药等)凡有五种:一重宝;二钱及似宝;三若衣、若衣财,应量已上;四一切不应量,若衣、若衣财;五一切谷米等。一切钱宝,比丘不得畜。若僧中次第付者,比丘即应向比丘说净。若不说净,重宝应舍与同意净人,如畜宝戒中说,应僧中作波逸提悔过。若钱及似宝,除百一物数,一切亦应舍与同心净人,如畜宝戒中说,作突吉罗忏。钱宝说净有二种。若白衣持钱宝,来与比丘,比丘但言:此不净物,我不应畜,若净当受。即是净法。若白衣言:与比丘宝。比丘言:我不应畜。净人言:易净物畜。即是作净。若白衣不言易净物畜,比丘自不说净,直置地去,若有比丘,应从说净,随久近畜;若无比丘,不得取,取得舍堕。若得应量衣、不应量衣,若即说净益善。若不说净,乃至十日无咎。至十日时,应与人,若作净、若受持。若不与人、不作净、不受持,至十一日地了时,应量衣应舍,对手作波逸提忏。不应量衣应舍,作突吉罗忏。若比丘得谷米等,即日应作净。若无白衣,四众边作净。若不作净,至地了时,谷应舍,作突吉罗忏。(卷四,第526页中、下)

(六)《九十事》(卷六至卷九)。下分九十项:(1)《九十事初戒》。(2)《九十事第二》至(90)《九十事第九十》;卷八《九十事第六十九》之前载有“西京东禅定沙门智首撰”的《续萨婆多毗尼毗婆沙序》)。解释《十诵律》卷九至卷十八《九十波逸提法》,始第一条“小妄语戒”,终第九十条“作三衣过量戒”。其中,《九十事第二十二》之末有小注说“《九十事第二十三》诸本皆阙”,即第二十三条“讥教尼人戒”原文皆失。如关于“独与女人说法过五六语戒”、“非时食戒”，说：

此（指“独与女人说法过五六语戒”）是不共戒（指比丘若犯，得波逸提罪）。比丘尼与男子说法过五六语，突吉罗。二男子，不犯。式叉摩尼、沙弥尼，亦突吉罗。沙弥与女人说法过五六语，亦突吉罗。女者，能受淫欲者。若石女、若小女，未堪任作淫欲者，突吉罗。五六语者，五种语，名色阴无常，受、想、行、识无常，此五语无犯，若过五语，波逸提；六语，名眼无常，耳、鼻、身、意无常，是名五六语，若过五六语，波逸提。……不犯者，若说布施、福报、咒愿，若问而答，若受五戒、八戒。若呗、若说世间常事，突吉罗。（卷六，第541页中、下）

此（指“非时食戒”）是共戒，（比丘）比丘尼，俱波逸提，三众（指“式叉摩尼”、“沙弥”、“沙弥尼”），突吉罗。是中犯者，若比丘非时啖食，波逸提。……非时者，从日中至后夜后分（指每日正午之后至次日黎明之前）名为非时。从晨至日中（指每日黎明之后至正午）名时。何以故？以日初出，乃至日中、明转盛中，则满足，故名为时。从中至后夜后分，明转减没，故名非时。又从晨至日中，世人营务事业、作饮食，是故名为时。从中至后夜后分，燕会嬉戏自娱乐时，比丘游行有所触恼，故名非时。……名为非时。又比丘从晨至中，是乞食时，应入聚落，往来游行，故名为时。从中至后夜后分，应静拱端坐、诵经坐禅，各当所业，非是行来入聚落时，故名非时。（卷七，第551页中、下）

（七）《四悔过》（卷九）。下分四项：（1）《四悔过第一》（明藏本作《四悔过第一事》）。（2）《第二事》至（4）《第四事》。解释《十诵律》卷十九《四波罗提舍尼法》（又称《四悔过法》），即第一条“从非亲尼受食戒”、第二条“受尼指授食戒”、第三条“学家受食戒”、第四条“恐怖兰若受食戒”。如关于“从非亲尼受食戒”,说:

> 此(指“从非亲尼受食戒”)是不共戒,比丘尼、式叉摩尼、沙弥尼,无犯。沙弥,突吉罗。此戒体无罪名,一人边一说悔过。是中犯者,若比丘不病入聚落中,非亲比丘尼边自手取根食,得波罗提提舍尼罪。若一时取十五种食(指“五种佉陀尼、五种蒲阇尼、五种似食”),一波罗提提舍尼。若一一取,十五波罗提提舍尼。不犯者,若病、若亲里比丘尼、若天祠中多人聚中与、若沙门住处与、聚落外若比丘尼坊舍中与,不犯。(卷九,第561页上)

(八)《众学》(卷九)。综释《十诵律》卷十九至卷二十《一百七众学法》。如关于“众学法”为何结戒在先、排序在后,并且每条均以“应当学”结句,说:

> 问曰:此众学戒,结既在初,而在后耶?答曰:佛在初结,后集法藏者,铨次在后。何以故?罪名虽一,而轻重有五,以重戒在先,轻戒在后,此戒于五篇中最轻,是故在后。又以一是实罪,二是遮罪,以实在初,遮罪在后。又以一是无残,二是有残,又以如焦败种,又以如多罗叶,是故重者在初,轻者在后。问曰:余篇戒,不言应当学,而此戒独尔。答曰:余戒易持而罪重,犯则成罪,或众中悔,或对首悔。此戒难持而罪轻,脱尔有犯,心悔念学,罪即灭也。以戒难持、易犯故,常慎心念学,不结罪名,直言应当学也。(卷九,第561页下—第562页上)

(九)《七灭诤》(卷九)。下分七项:(1)《七灭诤第一》

(明藏本作《七灭诤第一事》)。(2)《第二事》至(7)《第七事》。解释《十诵律》卷二十《七灭诤法》,即第一条“自言毗尼”、第二条“现前毗尼”、第三条“忆念毗尼”、第四条“不痴毗尼”、第五条“实觅毗尼”、第六条“多觅毗尼”、第七条“布草毗尼”。如关于“实觅毗尼”,说:

> 此是折伏毗尼。一切五篇戒,尽与实觅毗尼,一切五众,尽与此毗尼。比丘、比丘尼现前,三众不现前,白四羯磨与实觅毗尼。有五种非法、五种如法。五种非法者,有比丘犯波罗夷罪,先言不犯、后言犯,若僧与是人实觅毗尼,是名非法。何以故?是人应与灭摈故。有比丘犯僧残、波夜提、波罗提提舍尼、突吉罗,先言不犯、后言犯,若僧与是人实觅毗尼,是名非法。何以故?是人随所犯应治故。五如法者,有比丘犯波罗夷,先言犯、后言不犯,若僧与是人实觅毗尼,是名如法。何以故?是人应与实觅故。若比丘犯僧残、波夜提、波罗提提舍尼、突吉罗,先言犯、后言不犯,若僧与是比丘实觅毗尼,是名如法。何以故?是人应与实觅毗尼故。(卷九,第563页中、下)

本书对于理解《十诵律》的文义,提供了极大的方便。其中有不少地方凸显了编集者的独到见解。兹举五例如下:

(1)关于“三藏”的结集和“四阿含”的主题。本书说:“佛随物适时,说一切法,后诸集法藏弟子,以类撰之。佛或时为诸弟子制戒轻重、有残、无残,撰为律藏。或时说因果相生、诸结诸使,及以业相,集为阿毗昙藏。为诸天世人,随时说法,集为《增一》,是劝化人所习。为利根众生,说诸深义,名《中阿含》,是学问者所习。说种种随禅法,是《杂阿含》,是坐禅人所习。破诸外道,是《长阿含》。”(卷一,第503页下—第504页上)

(2) 关于为何佛在说法时常常提到"本生因缘"。本书说:"说本生因缘者,一以证轻毁过罪故;二息诽谤故,若不说本生,外道当言,瞿昙沙门无宿命通;三以成十二部经故。"(卷六,第540页上)

(3) 关于为何佛要制立"伐草木戒"、"掘地戒"。本书说:"凡有三戒,大利益佛法,在余诵。一不得担,二不杀草木,三不掘地。若不制三戒,一切国王当使比丘种种作役,有此三戒,帝主国王一切息心。"(卷六,第543页中)

(4) 关于"众学法"的分类。本书说:"众学法"(一百七条)中,"著泥洹僧(内衣、裙)"有十二事,"被衣"有四事,"入白衣舍有四十一事,受食有二十七事","为人说法有十九事,大小便唾涕有三事,上树有一事"(卷九,第562页上)。

(5) 关于"七灭诤法"中提到的"阏赖吒利"、"乌回鸠罗"两种"断事人"的含义。本书说:"阏赖吒利(《十诵律》作"阏赖吒")者,阏赖名地,吒利名住,智胜自在,于正法不动,如人住地无倾覆也。……乌回鸠罗者,乌回名二,鸠罗名平等,心无二,其平如秤。"(卷九,第563页下—第564页上)

本书是公认的小乘律论,但有些地方已使用大乘的语句,透露出大乘的气息,如认为要"归依三世佛"、"归依法身"、"庄严弥勒佛"等。如书中说:"问曰:归依佛者,为归依释迦文佛,为归依三世佛耶?答曰:归依三世佛,以法身同故。若归依一佛,则是归依三世诸佛,以佛无异故。……如《毗沙门经》说,毗沙门王归依三宝,归依过去、未来、现在佛,以是义故,应归依三世诸佛。"(卷一,第505页下)"问曰:为归依色身,归依法身耶?答曰:归依法身,不归依色身,不以色身为佛故也。"(同上)"欲庄严将来弥勒佛法故"(卷三,第522页上)书中还使用了"三乘"、"小乘"的概念,说:"声闻、辟支佛所得共,佛所得不共。小乘所得，三乘同知；中乘所得，二乘共知；唯佛所得，二乘不知，独佛自知。”（卷一，第504页上）这里说的“三乘”是指“声闻、辟支佛、佛”，“小乘”是指“声闻”。

本书行文中频频出现“律师云”。如说：“钵他者，律师云：诸论师有种种异说，然以一义为正，谓一钵他受十五两饭，秦称三十两饭。”（卷五，第536页下）“是衣直舍还他，不须僧中。律师云：胡本无僧中舍法，波逸提罪，对手悔过。”（卷五，第537页下）“律师云：天竺早热，是名天竺热时。”（卷八，第556页下）此外，书中还屡次提到“罽宾”（又称“迦湿弥罗”，今克什米尔一带），如说：“罽宾佛教炽盛。”（卷五，第534页下）“佛灭度后，罽宾有一得戒沙弥。”（卷五，第537页下）故笔者认为，这里的“律师云”，应是本书的翻译者当时作的口头解释，抄录时作为小注，今被合入正文，而这位“律师”，很可能是罽宾国的一位律师。

第七品　三秦失译《毗尼母经》八卷

《毗尼母经》，又名《毗尼母论》，八卷。三秦失译（卷首题为“失译人名，今附秦录”），约出于前秦皇始元年（351）至西秦永弘四年（431）之间。本书最初是作为“众律失译”，著录于隋法经等《众经目录》卷五之中；唐智升《开元释教录》卷四始将它编为三秦失译（据正文中“舍摩陀”之后有“秦言名灭”等小注），后世藏经目录沿依此说。载于《丽藏》“叔”函、《宋藏》“犹”函、《金藏》“叔”函、《元藏》“犹”函、《明藏》“唱”函、《清藏》“唱”函、《频伽藏》“寒”帙，收入《大正藏》第二十四卷。

本书是佛教僧团的制度和行事的解说，为古代所传的“五部律论”之一。书名中的“毗尼母”，音译“毗尼摩得勒伽”，意为

“律母”，指僧团的制度和行事的纲目(实为纲目的解释)。本书原为未详部派的律论。学术界中，有认为是释《十诵律》的，也有认为是释《四分律》的，自近世日本学者金仓圆照根据本书卷四有“此是雪山中五百比丘所集法”一语，而将它推定为雪山部(又称“本上座部”、“先上座部”)之后，赞同此说者稍占上风。

笔者认为，根据本书有“此是雪山中五百比丘所集法”一语而推断说它是雪山部所传，似难成立。因为根据上下文，此语是在有关佛入灭的当年夏安居期间，在王舍城举行的“第一次结集”的情况叙述完毕之后，所作的结语，原文是：“阿难答摩诃迦叶曰：如我佛边所闻，如迦叶答富兰那也。若人如佛语而行者，此人能炽然佛法，是故应如法行之。尊者富兰那徒众，闻此语已，如法而行，即是炽然佛法者。此是雪山中五百比丘所集法藏。”(《大正藏》第二十四卷，第819页上、中)显然，这里说的“雪山中五百比丘所集法”，指的是“第一次结集”，而并非是指本书为“雪山中五百比丘”所编集或传承。

另据唐玄奘译《异部宗轮论》记载，说一切有部、本上座部是在佛灭后“第三百年中”，从统一的上座部分出的，而本书正文中叙及的迦叶惟部(即“饮光部”)，是佛灭后“第三百年末”，才从说一切有部分出的，以此推断，本书的编集，应与饮光部同时或在其后，而不可能在此之前；再从内容的同似性分析，与《十诵律》系统的律典较为接近。故笔者认为，本书为说一切有部系统所传的律论。

本书的初首有序偈。说：

> 母义今当说，汝等善听之。是中文虽略，广毗毗尼义。依初事演说，智慧者当知。一切经要藏，皆总在此中。律藏外诸义，母经中可得。律义入此经，如众流入海。毗尼外诸

义，如母经中得。一切诸经义，随意皆能解。律能灭疑惑，如众经定说。佛所制诸戒，皆在此经中。（《大正藏》第二十四卷，第801页上）

序偈之后，为有关《毗尼母经》名称和意义的长行（散文）。自“受具足义今当说”一语以下，便是正文。正文不立标题，按其内容大致区分，前六卷为“毗尼母”，后二卷为“毗尼相”（指戒律的事相，如开遮、持犯、轻重等）。

（一）“毗尼母”（卷一至卷六）。以“毗尼摩得勒伽”的形式，解释广律“犍度”所说的僧团的制度和行事（印顺《原始佛教圣典之集成》统计为二百三十八项，始“受具足戒”，终“行法非行法”，此系依据参照《萨婆多部毗尼摩得勒伽》叙列的“本母”总目所列的事项所作的统计，其中，有些事项也可作不同的分合）。

（1）第一分（又称“初一分”，卷一至卷四）。始“受具足义今当说”（第801页上），至“初一分竟”（第822页中）。内容大致相当于《十诵律》卷五十六《比（毗）尼诵·具足戒》、《萨婆多部毗尼摩得勒伽》卷五至卷六“受戒聚”，但所举的事例则增出许多。所叙的律事有：“受具足”（“比丘五种受具”、“比丘尼五种受具”等）、“不得受具”（以上见卷一）、“业”、“白业羯磨”、“摈罚业羯磨”、“非白非摈罚业羯磨”、“依法羯磨”、“依人羯磨”、“摈出羯磨”、“诃责羯磨”、“谏法”、“调伏法”、“舍摩陀”（小注说“秦言名灭”）、“舍戒”、“戒羸”、“说戒”、“略说戒”、“不成说戒”、“净厨”、“残食法”、“畜钵法”、“为施所堕”、“毗尼”、“入僧法”、“白一羯磨”（又称“白羯磨”）、“白二羯磨”、“白四羯磨”、“别住”、“行本事”、“摩那埵”（小注说“秦言意喜”）、“阿浮呵那”（指出罪）、“犯”、“不犯”、“犯轻”、“犯重”

(以上见卷二)、"粗恶犯"、"浊重犯"、"谏法"、"波罗提木叉"、"布萨"、"自恣"、"内宿食"(指僧房内储食)、"自熟食"(指自己煮食)、"受迦絺那衣法"、"舍迦絺那衣法"、"分亡比丘物法"、"重衣"、"重物"、"剃发法"、"不净肉"、"净法"、"五百比丘集法藏"(以上见卷三)、"七百比丘集法藏"、"毗尼经"、"广说"、"和合"(此处指"色和合"、"衣和合")、"尽形受药"、"寺中应畜物"、"二指作法"、"共作法"、"作浆法"(以上见卷四)等。如关于"剃发法",说:

> 剃发法。但除头上毛及须,余处毛一切不听却也。所以剃发者,为除憍慢自恃心故。若发长,不得用剪刀剪,应用剃刀除之。……又复剃发者。如罗睺罗童子,佛尔时从尼拘陀树下来向迦维罗卫城乞食,时瞿夷共罗睺罗在高楼上,见佛来入城,瞿夷指佛语罗睺罗言:此是汝父。罗睺罗即下楼诣佛作礼,佛手摩罗睺罗头已为极乐。佛问罗睺罗:汝乐出家不?罗睺罗答言:乐欲出家。即将罗睺罗至尼拘陀精舍,告舍利弗,与罗睺罗作和尚。舍利弗白佛:云何教出家?佛告舍利弗:先与剃发,著袈裟,教胡跪、合掌,然后授三归、五戒、沙弥十戒。此是初剃发,著袈裟,受三归、五戒、十戒之始。(卷三,第816页上、中)

(2) 第二分(卷四至卷五)。始"诸比丘夏安居法"(第822页中),至"佛言:不忏悔不名和合,如法悔已,乃名和合"(第830页下)。内容大致相当于《十诵律》卷五十六《比尼诵·法部》、《萨婆多部毗尼摩得勒伽》卷六"相应聚"。所叙的律事有:"夏安居法"、"自恣法"、"与自恣欲"、"取自恣欲"、"房舍"、"敷具"、"恭敬法"、"苏毗勒浆"、"六种散"(以上见卷四)、"八种浆"、"酒"、"屐"、"革屣"、"皮"、"杖"、"络囊"、"蒜"、"剃刀"、

“拂”、“扇”、“香”、“坐”、“禅带”、“腰绳”、“纽钩”、“树”、“斗诤”、“破僧”(以上见卷五)等。如关于“恭敬法”,说:

> 比丘相恭敬法。当起迎作礼,执手问讯,随其所须供给,莫违其志。诸比丘白佛:上座于下座有所犯罪,现前应立几法发露。佛言:当立四法,一者偏袒右肩、二者脱革屣、三者合掌、四者当说所犯罪。下座向上座悔过,所犯者现前应立五法,一偏袒右肩、二脱革屣、三胡跪、四合掌、五说所犯。若客比丘到他寺中见上座,应立五法恭敬,一偏袒右肩、二脱革屣、三胡跪、四两手捉上座足、五和南。若旧住比丘小者,亦应立五法恭敬。是法持戒犍度中广明。(卷四,第824页下)

(3) 第三分(卷六)。始“若有比丘欲舍房余行,应先扫除房内”(第830页下),至“第三事竟。略名一切章句,如是应广知”(第838页下)。内容大致相当于《十诵律》卷五十六至卷五十七《比尼诵·行法》、《萨婆多部毗尼摩得勒伽》卷六“威仪聚”。所叙的律事有:“去”(指出行)、“寺中上座去时”、“上座道中行法”、“非时上座集法”、“法会中上座”、“说法比丘”、“说法众中上座”、“(说法时)语法”、“养徒众法”、“入大众法”、“众主法”、“众中说法上座法”、“欲受安居时筹量法”、“受安居法”、“安居众中上座”、“自恣时得作事”、“自恣后得作事”、“入僧法”、“入僧中坐法”、“入僧中事”、“僧集时上座法”(“从二十腊至四十九腊,是名上座”,“腊”又称“僧腊”、“戒腊”,指受具足戒之后的岁数)、“中座法”(“从十腊至十九腊,是名中座”)、“下座法”(“从无腊乃至九腊,是名下座”)、“一切僧所行法”、“浴室法”、“入浴室法”、“沙弥法”、“共伴行时前行比丘法”、“后行比丘法”、“为在家人作师法”、“入檀越舍法”、“入(檀越)

家中比丘坐法”、“言语法”、“失依止”、“经行”、“虚空法”、“扫地法”、“食粥法”、“上厕法”、“上厕用厕筹法”、“上厕用水法”、“嚼杨枝法”、“涕唾法”、“擿齿法”、“刮舌法”、“小便法”、“行法”、“非行法”等。如关于“养徒众法”，说：

> 养徒众法。应教授以二事因缘，当摄徒众。一法事摄，二依食摄。随力所能，摄徒众多少也。比丘养徒众，主常应方便教授眷属，莫令多求，摄令坐禅、诵经、修福。于此三业中，应教作种种方便。一教多求法，二教莫舍，三教勤作方便而修习学。复应观其徒众，不乐多言不？贪著多言不？于多言中不勤作方便不？复不乐多眠不？不贪著眠不？于眠中不勤求眠缘不？复观徒众，不多爱乐在家不？不贪著在家不？不勤求方便多作在家缘不？复应观徒众，不多乐聚集调戏欢乐不？于调戏中不贪著不？复不勤方便作调戏缘不？复应观其徒，众中谁行如法，谁行不如法。若如法者，应加衣食，乃至法味数数教授。若不如法者，应语令去。后时脱有改悔心者，还听在众，供给衣食，教其法味。是名养徒众法。（卷六，第 833 页中）

（二）“毗尼相”（卷七至卷八）。解释“毗尼相”（指戒律的事相，如开遮、持犯、轻重等），此处所释的是僧团日常生活中的一些“净法”（指清净修行法，即行为规范）。内容大致相当于《十诵律》卷五十七《二种毗尼及杂诵》中“毗尼相”的增广和细释。所叙的律事有：“三处决断犯”、“三处决断不犯”（指根据“一缘、二制、三重制”，即“一者初犯罪缘、二者因犯故制、三者重制”来判断犯戒还是不犯戒），以及“淫”、“盗”、“杀”、“妄语”、“钵”、“衣”、“尼师坛”、“针筒”、“夏安居”、“道行”、“受具足戒”、“房”等相关事例；“毗尼”（指“毗尼五义”，即“一忏悔、二随顺、三灭、四断、五舍”)、“犯”、“波罗夷”、“僧残”、“波逸提”、“波罗提提舍尼”、“偷兰遮”等含义;“初夜”至“二十岁”的“相应法”(即“初夜相应法”乃至“二十岁相应法”,“相应法”又称“所行法”,《十诵律》卷五十七作“净法”);“一”至“二十”的“相应法”(即“一相应法”乃至“二十相应法”);“中前”、“初夜”、“七日”、“尽形寿”、“养生具”、“与人”、“乞食”、“乞衣”、“敷具”、“齐量”、“染色”、“威仪”、“差人”、“处所”、“方所”、“国土”、“自恣”、“说戒”、“布萨”、“五经”(指“比丘经、比丘尼经、摩得勒伽经、增一经、诸犍度经”)等“相应法”(即“中前相应法”乃至“五经相应法”);“钵”、“衣”、“行”、“房”等的“相应”与“不相应”(略称“应”与“不应”,意谓“净”与“不净”);“犯毗尼”、“灭毗尼”(又称“灭斗诤言讼毗尼”、“灭诤毗尼”)、“断烦恼毗尼”、“比丘毗尼”、“比丘尼毗尼”、“少分毗尼”、“一切处毗尼”等。如关于“三处”决断“衣”的“犯”与“不犯”,说:

> 衣者,一缘、二制、三重制。尔时世尊在舍卫国,六群比丘(指难陀等六个结群行恶的比丘)畜上色衣,佛集诸比丘,是名为缘。制者,不听畜上色衣,是名为制。重制者,不得畜锦衣、白衣,不听畜有须衣、罗网衣,是名重制。又复不听裹头行。又复不听畜革行缠,除因缘。不得用僧伽梨裹木薪、面、牛屎、草土。不得脚蹑僧伽梨,不得擛(一作“叠”)僧伽梨敷坐,不得衬身著僧伽梨,不得不爱护僧伽梨,如自护其皮,是名重制。此是三处决断所犯。复有三处决断不犯,一缘、二制、三重制。缘者,尔时世尊在波罗奈,有诸比丘白佛:我等应当畜何等衣?是名为缘。制者,听诸比丘畜粪扫衣,是名为制。重制者,听畜十种,乃至粪扫衣。又复比丘畜长衣(指“三衣”以外的多余的衣服),不过

十日。若有水火盗贼失衣者,有檀越大持衣来施,得受三衣,不得过取。比丘得新衣,应作三点净。若比丘衣破,听著衲。是名三处决断不犯。(卷七,第840页上、中)

在汉译“律论”类著作中,本书的地位是较高的。这不仅在于本书解释戒律事项时,比较翔实有条理,而且在于它保存了部派佛教的一些原始资料,对当时流传的迦叶惟部(即“饮光部”)、萨婆多部(即“说一切有部”)、弥沙塞部(即“化地部”)、昙无德部(即“法藏部”)的律制,均有所提及。例如:

(1)“尊者迦叶惟说曰”,引用十处。如说:“尊者迦叶惟说曰:分亡比丘物法。先将亡者去藏已,众僧还来到寺,现前僧应集,集已取亡比丘物,著众僧前,遣一人分处可分、不可分物,各别著一处。三衣与看病者,余物现前僧应分。若有奴婢,应放令去;若不放,应使作僧祇净人。象驼马牛驴,与寺中常住僧运致。此亡比丘,若有生息物在外,应遣寺中僧祇净人,推觅取之,得已入此寺常住僧。”(卷三,第815页中)

(2)“尊者萨婆多说曰”,引用九处。如说:“尊者萨婆多说曰:若比丘得世俗定,从四禅起,天魔作女形,惑乱其心,此比丘即共行不净,行已即悔,无覆藏心,念念相续,无一念隐,亦心中不乐舍法服,如此人者,应当从僧乞灭除波罗夷羯磨,僧与此人白四除波罗夷罪羯磨。此人得戒已,如僧告敕,尽形奉行,不得作和尚、阿阇梨,不得作教授尼师,僧集时不得说戒,一切法事得听,在大僧下坐,不得与僧连草食。”(卷三,第813页上)

(3)“尊者弥沙塞说曰”,引用二处。如说:“尊者弥沙塞说曰:止语羯磨者,若有比丘,一破戒、二破见、三破行,此人众僧应立五德故谏,若性不受人语,兼恃聪明多智,徒众甚大,复恃国王、大臣之力,不受谏者,众僧应当与作不语羯磨,是名止语。”

（卷三，第 814 页上）

（4）“昙无德曰”，引用一处。说：“上厕用厕筹法。尊者迦叶惟说曰：得用石用瓦。昙无德不听也。”（卷六，第 838 页中）

由于迦叶惟部的广律今已失传，故本书保存的“尊者迦叶惟说曰”的资料（见卷三，第 815 页中、第 816 页下；卷四，第 821 页下、第 822 页中；卷五，第 825 页中有二处、第 828 页中；卷六，第 838 页中有二处；卷七，第 842 页中），为研究该部的戒律思想，提供了珍贵的资料。

本书在叙述时，提到了与内容相关的一些“犍度”，如“章卑犍度中广说”、“此事布萨犍度中应当广知”、“杂犍度中广说”等。除去重复，一共提到十五个“犍度”。其中，卷二提到“章卑犍度”（指“瞻波犍度”）、“诃责犍度”、“布萨犍度”、“灭罪犍度”；卷三提到“受戒犍度”、“衣犍度”、“迦絺那（衣）犍度”；卷四提到“药草犍度”、“革屣犍度”、“杂犍度”、“敷具犍度”、“拘睒弥犍度”、“破僧犍度”、“持戒犍度”；卷六提到“三摩兜犍度”。这些“犍度”的名称，与《十诵律》并不相同，相反，与《四分律》十分相近（有学者据此认为，本书是解释《四分律》的）。这一现象背后的深层次原因，有待于进一步研究。

本书虽为小乘律典，但已含有大乘的思想成分，如已提到“成就六度”、“善得金刚智”、“空、无相、无愿法”等。如卷一说：“四果、四向、第八地、见谛地、薄地、离欲地、已作地，乃至无师独觉，皆名受具。成就六度，亦名受具。”（卷一，第 801 页中）卷四说：“如来应供成就八种善法。一者善得金刚智，二者悉断一切烦恼破无明暗，三者于一切法无诸障碍，四于一切处而得自在，五能善降伏外道异论，六善示众生利不利，七能与众生如法分别，八善能巧制犯不犯自在无碍。成此八法，名法王、法主。”（卷四，第 819 页上）卷六说：“复应观大众，于空、无相、无愿法中,当乐何等法?随众中所宜,而为说之。是名众中说法上座法。”(卷六,第 833 页下)这从一个侧面反映了小乘经典在流传的过程中,也会受到所流行地大乘环境的影响,而发生一些思想元素的变化。

第五门　后期说一切有部律典

第一品　唐义净译《根本说一切有部毗奈耶》五十卷

《根本说一切有部毗奈耶》，又称《根有律》、《苾刍毗奈耶》，五十卷。唐义净译，长安三年(703)译出。唐智升《开元释教录》卷九著录。载于《丽藏》“甘”至“益”函、《宋藏》“棠”至“咏”函、《金藏》“甘”至“益”函、《元藏》“棠”至“咏”函、《明藏》“竟”至“仕”函、《清藏》“竟”至“仕”函、《频伽藏》“张”帙，收入《大正藏》第二十三卷。

义净(635—713)，俗姓张，字文明，齐州(今山东济南)人(此据《开元释教录》卷九，《宋高僧传》卷一则称他是“范阳人”)。髫龀之时(八岁)，落发出家。遍询名师，广探群籍，内外闲习，今古博通。受具足戒后，特精律典。咸亨二年(671)，年三十七，仰法显之雅操，慕玄奘之高风，在广州取道海路，赴印求法。先抵室利佛逝(今苏门答腊)，在那里停留了六个月，学习声明(梵语)，尔后经末罗瑜国、竭荼国、裸人国，于咸亨四年(673)到达东印度境内的耽摩立底国。一年以后，前往中印度，遍礼佛教圣迹，灵鹫山、鸡足山、祇园精舍、鹿野苑、菩提树等均留下了他的足印。还在那烂陀寺研习瑜伽、中观、因明等学，历时达十年之久。武则天垂拱三年(687),归抵室利佛逝。在那里撰写了《南海寄归内法传》四卷、《大唐西域求法高僧传》二卷,并译出了一些经论。证圣元年(695),回到洛阳。前后二十五年,游历三十余国,带回梵本经律论近四百部。

回国后,义净先与于阗沙门实叉难陀等共同翻译《华严经》。久视元年(700)以后,组织译场,主译佛经。至景云二年(711),先后在洛阳大福先寺、长安西明寺、大荐福寺等,翻译了《金光明最胜王经》等六十三部二百八十卷(《开元释教录》卷九著录了"五十六部二百三十卷";《贞元新定释教目录》卷十三补充著录了《根本说一切有部毗奈耶药事》、《破僧事》、《出家事》、《安居事》、《随意事》、《皮革事》、《羯耻那事》等"七部五十卷"),传今的后期说一切有部的律典,大多为他所译。此外,尚撰有《说罪要行法》、《受用三水要法》、《护命放生轨仪》等五部九卷。生平事迹见唐智升《开元释教录》卷九、北宋赞宁《宋高僧传》卷一,以及他自撰的《大唐西域求法高僧传》、《南海寄归内法传》等。

本书是后期说一切有部所传的比丘(又称"苾刍")戒及其解释,为该部派广律中"二部波罗提木叉分别"的组成部分之一。全书分为"四波罗市迦法"(又称"四波罗夷法")、"十三僧伽伐尸沙法"(又称"十三僧伽婆尸沙法"、"十三僧残法")、"二不定法"、"三十泥萨祇波逸底迦法"(又称"三十尼萨耆波逸提法"、"三十舍堕法")、"九十波逸底迦法"(又称"九十波逸提法")、"四波罗底提舍尼法"(又称"四波罗提提舍尼法")、"众多学法"(四十三条;此据每一戒条之末必有的"应当学",出现一次作一条统计,其中有些是综合性的戒条,若分拆单列,则有九十五条)、"七灭诤法"八类,共收戒一百九十三条(若将"众多学法"计作九十五条,则总计二百四十五条)。每类戒法均有撮略各学处(即各戒)的名称而成的“摄颂”(又称“总摄颂”),少则一首(置于此类戒法的初首),多则数首(置于此类戒法的初首和中间)。有些重要的学处,还有撮略制戒事缘或犯相(犯戒相状)解释而成的“摄颂”(又称“别摄颂”;上述体例,为义净译“根本说一切有部”系列的律典所独有,其他部派广律则无)。

此外,本书还建构了根本说一切有部比丘戒的戒名体系,对“四波罗市迦法”等五类戒法所收的各学处,均标立了名称;只有“二不定法”、“众多学法”、“七灭诤法”三类戒法未标立学处名称。各学处戒文之前,通常有“我观十利,乃至我今为诸声闻弟子,于毗奈耶制其学处,应如是说”、“我观十利,乃至为诸苾刍制其学处,应如是说”等提示语。书首有《毗奈耶序》(偈颂);书末有七佛略说戒经偈(又称“七佛略教法”)。

(一)《四波罗市迦法》(卷一至卷十)。叙述“波罗市迦法”(又称“波罗夷法”)四条的制立因缘、戒法条文及其解释。原书下列各学处名称:

(1)不净行学处(又称“淫戒”,卷一至卷二)。(2)不与取学处(又称“盗戒”,卷二至卷五)。(3)断人命学处(又称“杀戒”,卷六至卷八)。(4)妄说自得上人法学处(又称“大妄语戒”,卷九至卷十)。如关于“不净行学处”,说:

> 若复苾刍,与诸苾刍同得学处(指戒),不舍学处,学羸(指戒羸)不自说,作不净行,两交会法,乃至共傍生(指畜生)。此苾刍亦得波罗市迦(指波罗夷),不应共住。(“不净行学处”,卷一,《大正藏》第二十三卷,第629页下)

(二)《十三僧伽伐尸沙法》(卷十一至卷十六)。叙述“僧伽伐尸沙法”(又称“僧残法”)十三条的制立因缘、戒法条文及其解释。原书下列各学处名称：

(1) 故泄精学处(又称“故出不净戒”)。(2) 触女学处(又称“摩触女人戒”)。(3) 说鄙恶语学处(又称“与女人粗恶语戒”)。(4) 索供养学处(又称“向女人索淫欲供养戒”,以上卷十一)。(5) 媒嫁学处(又称“媒人戒”)。(6) 造小房学处(又称“无主不处分过量造房戒”)。(7) 造大寺学处(又称“有主为己不处分造房戒”,以上卷十二)。(8) 无根谤学处(又称“无根波罗夷谤戒”,卷十三至卷十四)。(9) 假根谤学处(又称“假根波罗夷谤戒”,卷十四)。(10) 破僧违谏学处(又称“破僧违谏戒”,卷十四至卷十五)。(11) 随顺破僧违谏学处(又称“助破僧违谏戒”)。(12) 污家学处(又称“污家摈谤违谏戒”,以上卷十五)。(13) 恶性违谏学处(又称“恶性拒僧违谏戒”,卷十六)。如关于“媒嫁学处”等,说:

> 若复苾刍,作媒嫁事,以男意语女,以女意语男,若为成妇及私通事,乃至须臾顷,僧伽伐尸沙。(“媒嫁学处”,卷十二,第686页中)
>
> 若复众多苾刍,于村落、城邑住,污他家,行恶行,污他家亦众见闻知,行恶行亦众见闻知。诸苾刍应语彼苾刍言:具寿(又称“长老”),汝等污他家,行恶行,污他家亦众见闻知,行恶行亦众见闻知,汝等可去,不应住此。……诸苾刍如是谏时,舍者善,若不舍者,应可再三殷勤正谏,随教应诘,令舍是事。舍者善,若不舍者,僧伽伐尸沙。(“污家学处”,卷十五,第706页下—第707页上)

(三)《二不定法》(卷十六)。叙述“不定法”二条的制立因缘、戒法条文及其解释。原书未列学处名称,今据戒文拟立如下:

（1）屏处不定学处。（2）露处不定学处（以上卷十六）。如关于“屏处不定学处”，说：

> 若复苾刍，独与一女人，在于屏障、堪行淫处（指可作淫处）坐，有正信邬波斯迦（指优婆夷），于三法中，随一而说（指怀疑此比丘犯了下列三法中的某一法），若波罗市迦（指波罗夷）、若僧伽伐尸沙（指僧残）、若波逸底迦（指波逸提）。彼坐苾刍自言其事者，于三法中，应随一一法治，若波罗市迦、若僧伽伐尸沙、若波逸底迦。或以邬波斯迦所说事，治彼苾刍。是名不定法。（“屏处不定学处”，卷十六，第710页中）

（四）《三十泥萨祇波逸底迦法》（卷十六至卷二十四）。叙述“泥萨祇波逸底迦法”（又称“尼萨耆波逸提法”、“舍堕法”）三十条的制立因缘、戒法条文及其解释。原书下列各学处名称：

（1）有长衣不分别学处（又称“畜长衣过限戒”，卷十六）。（2）离三衣学处（又称“离三衣宿戒”）。（3）一月衣学处（又称“月望衣过限戒”，以上卷十七）。（4）使非亲尼浣故衣学处（又称“使非亲尼浣故衣戒”，卷十七至卷十八）。（5）从非亲尼取衣学处（又称“取非亲尼衣戒”，卷十八至卷十九）。（6）从非亲居士乞衣学处（又称“从非亲俗人乞衣戒”，卷十九）。（7）过量乞衣学处（又称“过分乞衣戒”）。（8）知俗人共许与衣就乞学处（又称“劝增衣戒”）。（9）知俗人别许与衣就乞学处（又称“劝二家增衣价戒”）。（10）过限索衣学处（又称“过分急索衣戒”）。（11）用野蚕丝作敷具学处（又称“杂野蚕绵作卧具戒”，以上卷二十）。（12）用纯黑羊毛作敷具学处（又称“黑羊毛作卧具戒”）。（13）过分数作敷具学处（又称“过分数羊毛作卧具戒”）。（14）作减六年敷具学处（又称“未满六年作卧具戒”）。

(15) 作新敷具不为坏色学处(又称“不揲坐具戒”)。(16) 自担负羊毛学处(又称“持羊毛过限戒”)。(17) 使非亲尼治羊毛学处(又称“使非亲尼染羊毛戒”)。(18) 捉金银等学处(又称“畜金银戒”,以上卷二十一)。(19) 出纳求利学处(又称“贸金银戒”)。(20) 贩卖学处(又称“贩卖戒”)。(21) 得长钵过十日不分别学处(又称“畜长钵过限戒”)。(22) 乞钵学处(又称“未满五缀更求新钵戒”)。(23) 自乞缕使非亲族织师织作衣学处(又称“乞缕使非亲织师织戒”,以上卷二十二)。(24) 劝织师学处(又称“劝织师增缕戒”)。(25) 夺衣学处(又称“与衣还夺戒”)。(26) 急难施衣学处(又称“受急施衣过限戒”,以上卷二十三)。(27) 阿兰若六夜学处(又称“兰若有难离衣过限戒”)。(28) 预前求过后用雨浴衣学处(又称“受雨浴衣过限戒”)。(29) 回众物入己学处(又称“回僧物入己戒”)。(30) 服过七日药学处(又称“畜七日药过限戒”,以上卷二十四)。如关于“一月衣学处”等,说:

> 若复苾刍作衣已竟,羯耻那衣复出,得非时衣,欲须应受,受已当疾成衣。若有望处,求令满足。若不足者,得畜经一月。若过者,泥萨祇波逸底迦。(“一月衣学处”,卷十七,第 715 页上)
>
> 若复苾刍,作新羊毛敷具(指卧具),应用二分纯黑(指卧具重量的二分之一用黑色的羊毛)、第三分白(指卧具重量的四分之一用白毛的羊毛)、第四分粗(指卧具重量的四分之一用头足腹部的羊毛,一说苍黄色的羊毛)。若苾刍,不用二分纯黑、第三分白、第四分粗,作新敷具者,泥萨祇波逸底迦(指舍堕)。(“过分数作敷具学处”,卷二十一,第 736 页中)

若复苾刍，种种出纳求利（指买卖金银钱宝谋利）者，泥萨祇波逸底迦。（“出纳求利学处”，卷二十二，第741页下）

（五）《九十波逸底迦法》（卷二十五至卷四十九）。叙述“波逸底迦法”（又称“波逸提法”、“堕法”）九十条的制立因缘、戒法条文及其解释。原书下列各学处名称：

（1）故妄语学处（又称“小妄语戒”，卷二十五）。（2）毁呰语学处（又称“毁呰语戒”、“行骂戒”，卷二十五至卷二十六）。（3）离间语学处（又称“两舌语戒”）。（4）发举学处（又称“如法断事后发诤戒”、“发诤戒”）。（5）独与女人说法过五六语学处（又称“独与女人说法过五六语戒”）。（6）与未圆具人同句读诵学处（又称“与未受具人同诵戒”，“未圆具”指未受具足戒，以上卷二十六）。（7）向未圆具人说粗罪学处（又称“向未受具人说粗罪戒”）。（8）实得上人法向未圆具人说学处（又称“实得过人法向未受具人说戒”）。（9）谤回众利物学处（又称“同羯磨后悔戒”，“利物”指衣服饮食）。（10）轻呵戒学处（又称“毁毗尼戒”）。（11）坏生种学处（又称“伐草木戒”，以上卷二十七）。（12）嫌毁轻贱学处（又称“嫌骂僧知事戒”）。（13）违恼言教学处（又称“异语恼僧戒”，以上卷二十八）。（14）在露地安僧敷具学处（又称“露地敷僧物不举戒”，卷二十八至卷二十九）。

（15）不举草敷具学处（又称“房内敷僧物不举戒”）。（16）强牵苾刍出僧房学处（又称“强牵比丘出僧房戒”）。（17）强恼触他学处（又称“强敷卧具止宿戒”，以上卷二十九）。（18）故放身坐卧脱脚床学处（又称“坐脱脚床戒”）。（19）用虫水学处（又称“用虫水戒”）。（20）造大寺过限学处（又称“覆屋过限戒",以上卷三十)。(21)众不差教授苾刍尼学处(又称"僧不差而教授尼戒",卷三十至卷三十二)。(22)教授苾刍尼至日暮学处(又称"为尼说法至暮戒")。(23)谤他为饮食故教授苾刍尼学处(又称"讥教尼人戒")。(24)与非亲苾刍尼衣学处(又称"与非亲尼衣戒",以上卷三十二)。(25)与非亲苾刍尼作衣学处(又称"与非亲尼作衣戒")。(26)与苾刍尼同道行学处(又称"与尼期同行戒")。(27)与苾刍尼同乘一船学处(又称"与尼期同船戒")。(28)独与女人在屏处坐学处(又称"独与女人坐戒")。(29)与苾刍尼屏处坐学处(又称"独与尼屏处坐戒")。(30)知苾刍尼赞叹得食学处(又称"受尼赞叹食戒",以上卷三十三)。

(31)展转食学处(又称"展转食戒",卷三十四)。(32)施一食处过受学处(又称"施一食处过受戒")。(33)过三钵受食学处(又称"受食过三钵戒",以上卷三十五)。(34)足食学处(又称"足食戒")。(35)劝他足食学处(又称"劝足食戒")。(36)别众食学处(又称"别众食戒")。(37)非时食学处(又称"非时食戒")。(38)食曾触食学处(又称"食残宿食戒","曾触食"指残余的储藏过夜的食物)。(39)不受食学处(又称"不受食戒",以上卷三十六)。

(40)索美食学处(又称"索美食戒")。(41)受用虫水学处(又称"饮虫水戒")。(42)知有食家强坐学处(又称"食家强坐戒")。(43)知有食家强立学处(又称"食家与女人屏处坐戒")。(44)与无衣外道男女食学处(又称"自手持食与外道戒")。(45)观军学处(又称"往观军阵戒")。(46)军中过二宿学处(又称"军中止宿过限戒")。(47)扰乱军兵学处(又称"往观军战戒")。(48)打苾刍学处(又称"打比丘戒",以上卷三十七)。(49)拟手向苾刍学处(又称"手搏比丘戒")。

（50）覆藏他罪学处（又称“覆他粗罪戒”）。（51）共至俗家不与食学处（又称“驱他出聚落戒”）。（52）触火学处（又称“无病露地燃火戒”）。（53）与欲已更遮学处（又称“与欲后悔戒”，以上卷三十八）。

（54）与未近圆人同室宿过二夜学处（又称“与未受具人同宿过限戒”）。（55）不舍恶见违谏学处（又称“恶见违谏戒”）。（56）随舍置人学处（又称“随顺被举人戒”）。（57）摄受恶见不舍求寂学处（又称“随顺被摈沙弥戒”，“求寂”指沙弥）。（58）著不坏色衣学处（又称“著不坏色衣戒”，以上卷三十九）。（59）捉宝学处（又称“捉金银戒”）。（60）非时洗浴学处（又称“非时洗浴戒”）。（61）杀傍生学处（又称“故杀畜生戒”）。（62）故恼苾刍学处（又称“故恼比丘戒”）。（63）以指击拣学处（又称“击拣比丘戒”）。（64）水中戏学处（又称“水中嬉戏戒”）。（65）与女人同室宿学处（又称“与女人同宿戒”，以上卷四十）。

（66）恐怖苾刍学处（又称“恐吓比丘戒”）。（67）藏他苾刍等衣钵学处（又称“藏他物品戒”）。（68）受他寄衣不问主辄著学处（又称“净施衣不语取戒”）。（69）以众教罪谤清净苾刍学处（又称“无根僧残谤戒”）。（70）与女人同道行学处（又称“与女人期行戒”）。（71）与贼同行学处（又称“与贼期行戒”）。（72）与减年者受近圆学处（又称“与未满二十岁受具戒”）。（73）坏生地学处（又称“掘地戒”）。（74）过四月索食学处（又称“过受四月药请戒”）。（75）遮传教学处（又称“拒劝学戒”）。（76）默听斗诤学处（又称“默听斗诤戒”，以上卷四十一）。（77）不与欲默然起去学处（又称“不与欲戒”）。（78）不恭敬学处（又称“不受谏戒”）。（79）饮酒学处（又称“饮酒戒”，以上卷四十二）。（80）非时入聚落不嘱授苾刍学处（又称

“非时入聚落戒”,卷四十二至卷四十三);(81)食前食后行诣余家不嘱授学处(又称“食前后至他家不嘱戒”,卷四十三)。

(82)入王宫门学处(又称“突入王宫门戒”,卷四十四至卷四十八)。(83)诈言不知学处(又称“说戒不摄听戒”)。(84)作针筒学处(又称“作骨牙角针筒戒”)。(85)作过量床学处(又称“作床足过量戒”)。(86)用草木绵贮床学处(又称“兜罗绵作床褥戒”)。(87)过量作尼师但那学处(又称“作坐具过量戒”)。(88)作覆疮衣学处(又称“作覆疮衣过量戒”)。(89)作雨浴衣学处(又称“作雨浴衣过量戒”)。(90)同佛衣量作衣学处(又称“作三衣过量戒”,以上卷四十九)。如关于“嫌毁轻贱学处”等,说:

若复苾刍,嫌毁轻贱苾刍者,波逸底迦(指波逸提)。(“嫌毁轻贱学处”,卷二十八,第778页上)

若复苾刍,展转食(指受正食以后,又到别处受食)者,除余时,波逸底迦。余时者,病时、作时、道行时、施衣时,此是时。(“展转食学处”,卷三十四,第815页中)

若复苾刍,共女人同道行,更无男子,乃至一村间者,波逸底迦。(“与女人同道行学处”,卷四十一,第852页下)

若复苾刍,知年未满二十,与受近圆(指具足戒)成苾刍性者(指明知他未满二十岁,仍作白四羯磨授与具足戒),波逸底迦。此非近圆(指此人不得具足戒),诸苾刍得罪(指给此人授戒的诸比丘犯波逸提罪)。(“与减年者受近圆学处”,卷四十一,第853页上)

(六)《四波罗底提舍尼法》(卷四十九至卷五十)。叙述“波罗底提舍尼”(又称“波罗提提舍尼法”、“悔过法”)四条的制立因缘、戒法条文及其解释。原书下列各学处名称:

(1) 从非亲尼受食学处(又称“从非亲尼受食戒”)。(2) 受苾刍尼指授食学处(又称“受尼指授食戒”,以上卷四十九)。(3) 学家受食学处(又称“学家受食戒”)。(4) 阿兰若住处外受食学处(又称“恐怖兰若受食戒”,以上卷五十)。如关于“学家受食学处”,说:

> 若复苾刍,知是学家(指居士),僧与作学家羯磨(指僧众约定不受请不得去家境贫困的某居士家受食),苾刍先不受请,便诣彼家,自手受取珂但尼(又称“嚼食”,指根、茎、叶、花、果五种非正食)、蒲膳尼(又称“啖食”,指饭、麦豆饭、面、肉、饼五种正食)食,是苾刍,应还村外住处,诣诸苾刍所,各别告言:大德,我犯对说恶法(又称“可呵法”),是不应为。今对说悔,是名对说法。(“学家受食学处”,卷五十,第900页中)

(七)《众多学法》(卷五十)。叙述“众学法”四十三条(此据每一戒条之末必有的“应当学”,出现一次作一条统计。其中有些是综合性的戒条,若参照其他戒本,一一拆开单列,则有九十五条;同一祖本的元拔合思巴《根本说一切有部苾刍习学略法》因分合不同,作“一百一十二种应当学”,即一百十二条)的制立因缘、戒法条文及其解释。原书未列学处名称,今据戒文拟立如下:

(1) 不齐整著裙学处(又称“不齐整著内衣戒”)。(2) 太高等著裙学处(含有“太高”、“太下”、“象鼻”、“蛇头”、“多罗叶”、“豆团形”著裙六学处)。(3) 不齐整著三衣学处(又称“不齐整著三衣戒”)。(4) 太高等披衣入白衣舍学处(含有“太高”、“太下”、“不正披”、“不正覆”、“语言”、“高视”入白衣舍六学处)。(5) 覆头等入白衣舍学处(含有“覆头”、“偏抄衣”、

“双抄衣”、“叉腰”、“拊肩”入白衣舍五学处)。(6) 蹲行等入白衣舍学处(含有“蹲行”、“足指行”、“跳行”、“仄足行”、“努身行”入白衣舍五学处)。(7) 摇身等入入白衣舍学处(含有“摇身”、“掉臂”、“摇头”、“肩排”、“连手”入白衣舍五学处)。(8) 在白衣舍未请而坐学处(又称“未请白衣舍坐戒”;此为本书特有的戒条)。(9) 在白衣舍不善观察而坐学处(又称“不善观察白衣舍坐戒”)。(10) 在白衣舍放身而坐学处(又称“放身白衣舍坐戒”)。(11) 在白衣舍垒足等学处(又称“垒足等白衣舍坐戒”,含有“垒足”、“重内踝”、“重外踝”、“急敛足”、“长舒足”、“露身”白衣舍坐六学处)。

(12) 不恭敬受食学处(又称“不用意受食戒”)。(13) 满钵受饭学处(又称“不平钵受饭戒”)。(14) 食未至伸钵学处(又称“不次第受食戒”)。(15) 安钵食上学处(又称“安钵食上戒”;此为本书特有的戒条)。(16) 不恭敬而食学处(又称“不恭敬而食戒”)。(17) 小抟大抟而食学处(又称“抟食戒”,含有“小抟食”、“大抟食”二学处)。(18) 张口待食学处(又称“张口待食戒”)。(19) 含食语学处(又称“含食语戒”)。(20) 以饭覆羹菜学处(又称“以饭覆羹菜戒”)。(21) 弹舌食等学处(含有“弹舌食”、“噍嗅食”、“呵气食”、“吹气食”、“散手食”、“毁呰食”、“填颊食”、“啮半食”、“舒舌食”、“作窣堵波形食”十学处)。(22) 舐手食等学处(含有“舐手食”、“舐钵食”、“振手食”、“振钵食”、“不常看钵食”五学处)。(23) 观比座钵中食学处(又称“嫉心视他钵食戒”)。

(24) 污手捉净水瓶学处(又称“污手捉食器戒”)。(25) 在白衣舍弃洗钵水学处(又称“洗钵水弃白衣舍戒”)。(26) 残食水施人学处(又称“残食水施人戒”)。(27) 地上无儭替安钵学处(又称“地上无儭替安钵戒”)。(28) 站立洗钵学处(又称“站立洗钵戒”)。(29) 危岸置钵逆流酌水学处(又称“危岸置钵逆流酌水戒”;以上四条为本书特有的戒条)。

(30) 人坐己立说法学处(又称“人坐己立说法戒”)。(31) 人卧己坐说法学处(又称“人卧己坐说法戒”)。(32) 人在高座己在下座说法学处(又称“人在高座己在下座说法戒”)。(33) 人在前行己在后行说法学处(又称“人在前行己在后行说法戒”)。(34) 人在道己在非道说法学处(又称“人在道中己在道外说法戒”)。(35) 为覆头者等说法学处(含有为“覆头者”、“偏抄衣者”、“双抄衣者”、“叉腰者”、“拊肩者”五学处)。(36) 为乘象者等说法学处(含有为“乘象者”、“乘马者”、“乘舆者”、“乘车者”说法四学处)。(37) 为著屐靴等说法学处(含有为“著屐靴鞋”、“著履屦者”说法二学处)。(38) 为戴帽著冠等说法学处(含有为“戴帽著冠者”、“作佛顶髻者”、“缠头者”、“冠华者”说法四学处;此中除“缠头者”,其余三条为本书特有的戒条)。(39) 为持盖者说法学处(又称“为持盖人说法戒”)。(40) 立大小便学处(又称“立大小便戒”)。(41) 水中大小便涕唾学处(又称“水中大小便戒”)。(42) 生草上大小便涕唾学处(又称“生草上大小便戒”)。(43) 上过人树学处(又称“上树过人戒”,以上卷五十)。如关于“在白衣舍垒足等学处”等,说:

> 在白衣舍,不垒足,不重内踝,不重外踝,不急敛足,不长舒足,不露身,应当学。(“在白衣舍垒足等学处”,卷五十,第902页中)
>
> 不得满钵受饭,更安羹菜,令食流溢于钵缘边,应留屈指,用意受食,应当学。(“满钵受饭学处”,同卷,第902页下)
>
> 不于危险岸处置钵。……不得逆流酌水,应当学。

（“危岸置钵逆流酌水学处”，同卷，第903页下）

不为戴帽、著冠及作佛顶髻者，不为缠头，不为冠华者说法，除病，应当学。（“为戴帽著冠等说法学处”，同卷，第904页上）

（八）《七灭诤法》（卷五十）。叙述“灭诤法”七条。据本文，此七条戒的名称是：

（1）“现前毗奈耶”（又称“现前毗尼”）。（2）“忆念毗奈耶”（又称“忆念毗尼”）。（3）“不痴毗奈耶”（又称“不痴毗尼”）。（4）“求罪自性毗奈耶”（又称“觅罪相毗尼”、“本言治毗尼”）。（5）“多人语毗奈耶”（又称“多人语毗尼”、“多觅罪相毗尼”）。（6）“自言毗奈耶”（又称“自言治毗尼”）。（7）“草掩毗奈耶”（又称“如草布地毗尼”，以上卷五十）。说：

佛告诸苾刍：有七灭诤法，应当修学。应与现前毗奈耶，当与现前毗奈耶。应与忆念毗奈耶，当与忆念毗奈耶。应与不痴毗奈耶，当与不痴毗奈耶。应与求罪自性毗奈耶，当与求罪自性毗奈耶。应与多人语毗奈耶，当与多人语毗奈耶。应与自言毗奈耶，当与自言毗奈耶。应与草掩毗奈耶，当与草掩毗奈耶。若有诤事起，当以七法，顺大师教，如法如律而殄灭之。（卷五十，第904页中）

在《根本说一切有部毗奈耶》中，比丘戒的重要戒条的叙述形式，一般是由四段式构成的：一、制戒因缘（又称“戒缘”），指制戒的原委与经过；二、戒法条文（又称“戒相”、“戒文”），指戒条的表述文句；三、文句解释（又称“文句分别”），指戒条文句的解释；四、犯相解释（又称“犯相分别”），指犯戒相状的解释。此外，也有少数戒条，或因制戒因缘与前相同，或因戒法条文较为简明，其叙述形式呈简略式，是只列戒法条文，没有制戒因缘和戒条解释的。

以"十三僧伽伐尸沙法"中的"污家学处"为例,它的制戒因缘是这样的:

佛在室罗伐城逝多林给孤独园(即舍卫国祇树给孤独园)时,迦尸国枳咤山(又称"黑山"、"羁连")有阿湿薄迦(又称"马师"、"马宿"、"阿湿婆"、"頞髀"、"阿说迦")、补捺伐素(又称"满宿"、"富那婆娑"、"分那婆"、"补那婆素迦"、"弗那跋")、半豆卢呬得迦(又称"阐陀"、"车匿")三个比丘(均为佛在世时结群行恶的"六群比丘"的成员),在当地作了许多违背佛教戒律的("非威仪")的"恶行",如与女人一起言谈戏笑,行迹放浪,同一床坐,共一盘食,饮酒啖肉,歌舞伎乐,采花结鬘,学作各种鸟兽的叫声,凡此种种,极大地破坏了僧人的形像,从而引发了当地民众对佛教的非议,严重损伤了在家居士的佛教信仰("污他家"),致使原先居住在那里的其他僧人上门乞食,都遭到拒绝,生活发生了很大的困难。佛的大弟子阿难(又称"阿难陀")到那里,也遇到"空钵而出"的困境。

阿难回到室罗伐城后,将自己了解的情况向佛作了汇报。佛指派阿难(《四分律》卷五则说是舍利弗、目连)率领众多长老比丘前往枳咤山,对阿湿薄迦、补捺伐素作"驱遣羯磨"(又称"驱出羯磨"),将他们驱出当地。阿湿薄迦、补捺伐素不服,说阿难等人有偏心,有"爱、恚、怖、痴",犯同样的罪过的比丘("同罪苾刍")不只是他们两个(指还有半豆卢呬得迦比丘等),为什么有的被驱出,有的未被驱出(当时,半豆卢呬得迦已闻讯逃至室罗伐城,在那里向众僧作了忏悔,故僧众对他未作驱遣羯磨)?佛得知后,为了僧众的"十利",制立了"污家学处"。

有关"污家学处"的条文及其解释(包括文句解释和犯相解释),书中写道:

若复众多苾刍，于村落、城邑住，污他家，行恶行，污他家亦众见闻知，行恶行亦众见闻知。诸苾刍应语彼苾刍言：具寿（又称“长老”），汝等污他家，行恶行，污他家亦众见闻知，行恶行亦众见闻知，汝等可去，不应住此。彼苾刍语诸苾刍言：大德，有爱、恚、怖、痴，有如是同罪苾刍，有驱者，有不驱者。时诸苾刍语彼苾刍言：具寿，莫作是语，诸大德有爱、恚、怖、痴，有如是同罪苾刍，有驱者，有不驱者，何以故？诸苾刍无爱、恚、怖、痴，汝等污他家，行恶行，污他家亦众见闻知，行恶行亦众见闻知。具寿，汝等应舍爱恚等言。诸苾刍如是谏时，舍者善，若不舍者，应可再三殷勤正谏，随教应诘，令舍是事。舍者善，若不舍者，僧伽伐尸沙（本段为“污家学处”的条文）。

若复众多苾刍者，谓阿湿薄迦、补捺伐素，乃至多人。于聚落中者，谓枳咤山。污他家者，有二因缘而污他家，云何为二？一谓共住，二谓受用。何谓共住？谓与女人同一床坐，同一盘食，同觞饮酒。何谓受用？谓同受用树叶、花果及齿木等。行恶行者，谓行粗重罪恶之法。……若别谏时，舍者善，若不舍者，谓苾刍应再三谏诲，以白四法，亦广如前。僧伽伐尸沙者，亦如前说（本段为“污家学处”的文句解释）。

此中犯相，其事云何？苾刍知彼如法为作驱摈羯磨，而后说言有爱恚等，皆得恶作。苾刍别谏之时，若舍者善，若不舍者，得窣吐罗底也（指偷兰遮）（本段为“污家学处”的犯相解释）。（“污家学处”，卷十五，第706页下—第707页上）

根本说一切有部广律，据藏文资料记载，由四部分组成：一是《毗奈耶事》，指“律事”，又称“犍度”，下分十七事；二是《毗奈耶分别》，下分《苾刍毗奈耶分别》、《苾刍尼毗奈耶分别》，指比丘波罗提木叉分别(比丘戒分别)、比丘尼波罗提木叉分别(比丘尼戒分别);三是《毗奈耶杂事》,指"犍度"中的"杂事";四是《毗奈耶上分》,指"无上戒律科",相当于"附录"。其中《毗奈耶事》和《毗奈耶杂事》为同一类型,都属于"律事",两者相加,实际上有"十八事",各别抄行,则有十八种单行本。

义净译出的《根本说一切有部苾刍毗奈耶》、《根本说一切有部苾刍尼毗奈耶》,相当于藏文《大藏经》中的《律分别》;义净译出的《根本说一切有部出家事》、《安居事》、《随意事》、《皮革事》、《药事》、《羯耻那衣事》、《破僧事》,相当于藏文《大藏经》中的《律事》之七事,另有十事未译,即《布萨事》、《衣事》、《憍赏弥事》(又称《拘睒弥事》)、《羯磨事》、《黄赤比丘事》(又称《黄赤苾刍事》)、《人事》(又称《补特伽罗事》)、《别住事》、《遮布萨事》、《卧具事》、《灭诤事》;义净译出的《根本说一切有部杂事》,相当于藏文《大藏经》中的《律杂事》。

此外,近代在中亚地区发现了根本说一切有部《律事》("十七律事")的梵文写本,其中,完整无缺的,有《衣事》、《迦絺那衣事》、《憍赏弥事》、《羯磨事》、《黄、赤比丘事》、《人事》、《别住事》、《遮布萨事》八事;首尾或中间略有脱落的,有《出家事》、《布萨事》、《随意事》、《安居事》、《皮革事》、《药事》、《卧具事》、《破僧事》八事;全缺的,有《灭诤事》。与《律事》并列的《律杂事》也缺佚(以上参见日本平川彰《律藏之研究》,东京山喜房佛书林1960年版)。

第二品　唐义净译《根本说一切有部苾刍尼毗奈耶》二十卷

《根本说一切有部苾刍尼毗奈耶》,又名《根尼律》、《苾刍尼毗奈耶》,二十卷。唐义净译,景龙四年(710)译出。唐智升《开元释教录》卷九著录。载于《丽藏》“咏”至“乐”函、《宋藏》“乐”至“殊”函、《金藏》“咏”至“乐”函、《元藏》“乐”至“殊”函、《明藏》“贵”至“贱”函、《清藏》“贵”至“贱”函、《频伽藏》“张”帙,收入《大正藏》第二十三卷。

本书是后期说一切有部所传的比丘尼(又称“苾刍尼”)戒及其解释,为该部派广律中“二部波罗提木叉分别”的组成部分之一。全书分为“八波罗市迦法”(又称“八波罗夷法”)、“二十僧伽伐尸沙法”(又称“二十僧伽婆尸沙法”、“二十僧残法”)、“三十三泥萨祇波逸底迦法”(又称“三十三尼萨耆波逸提法”、“三十三舍堕法”)、“一百八十波逸底迦法”(又称“一百八十波逸提法”)、“十一波罗底提舍尼法”(又称“十一波罗提提舍尼法”)、“众多学法”(四十三条,其中有些是综合性的戒条,若分拆单列,则有九十五条)、“七灭诤法”七类戒法(与比丘戒相比,无“二不定法”),总计三百二条(若将“众多学法”计作九十五条,则总计三百五十四条)。其中,与比丘相同的“共戒”(指戒条的内容,即“戒相”大致相同,戒法条文中所指的对象有男女之分;以下凡是带*者,均表示为“共戒”)有一百五十三条,与比丘戒不同的,专门为比丘尼制立的“不共戒”有一百四十九条。每类戒法均有撮略各“学处”(即“戒”)的名称而成的“摄颂”(又称“总摄颂”),少则一首(置于此类戒法的初首),多则数首(置于此类戒法的初首和中间)。有些重要的学处,还有撮略制戒事缘或犯相(犯戒相状)解释而成的“摄颂”(又称“别摄颂”;上述体例,为义净译“根本说一切有部”系列的律典所独有,其他部派广律则无)。

此外,本书还建构了根本说一切有部比丘尼戒的戒名体系,对“八波罗市迦法”等五类戒法所收的各学处均标立了名称(各学处的文句即戒法条文的前面,通常有"我观十利,为诸声闻二部弟子,于毗奈耶制其学处,应如是说"、"我观十利,于声闻尼毗奈耶,广说乃至制其学处,应如是说"、"制其学处,应如是说"等提示语),仅有"波罗底提舍尼法"、"众学法"、"七灭净法"三类戒法未标立学处名称。本书的初首有《毗奈耶序》(偈颂体)、别解脱经偈和归敬偈;书末有七佛略说戒经偈和流通偈(其文与《根本说一切有部毗奈耶》大致相同)。

(一)《八波罗市迦法》(卷一至卷五)。叙述比丘尼"波罗市迦法"(又称"波罗夷法")八条的制立因缘、戒法条文及其解释。其中,前四条属于与比丘戒"四波罗市迦法"相同的"共戒"(戒条的内容,即"戒相"大致相同,只是所指的对象有男女之分);后四条属于比丘尼独有的"不共戒"。凡是"共戒",戒文之前通常有"我今乃至为诸声闻二部弟子制其学处",或"我观十利,为二部弟子制其学处,应如是说"一句作前导语,提示后面的条文为"共戒"(以下凡是带 * 者,均表示为"共戒");凡是"不共戒",戒文之前必有"我观十利,广说乃至于声闻尼毗奈耶制其学处,应如是说",或"我观十利,于声闻尼毗奈耶,广说乃至制其学处"、"制其学处,应如是说"一句作前导语,提示后面的条文为"不共戒"。原书下列各学处名称:

(1) 不净行学处(卷一至卷二) *。(2) 不与取学处(卷三) *。(3) 断人命学处 *。(4) 妄说自得上人法学处(以上卷四) *。(5) 摩触学处(又称"摩触男子戒")。(6) 八事成犯学处(又称"八事成犯戒")。(7) 覆藏他罪学处(又称"覆藏比丘尼重罪戒")。(8) 被举人学处(又称"随顺被举比丘戒",以上卷五)。如关于"八事成犯学处",说:

若复苾刍尼,自有染心,共染心男子,掉举、戏、笑、指其处所、定时、现相、来去丈夫情相许可、在可行非处纵身而卧，如是八事，共相领受。若苾刍尼，作是事者，亦得波罗市迦，不应共住。（“八事成犯学处”，卷五，第930页下）

（二）《二十僧伽伐尸沙法》（卷五至卷七）。叙述比丘尼“僧伽伐尸沙法”（又称“僧残法”）二十条的制立因缘、戒法条文及其解释。其中，属于与比丘戒“十三僧伽伐尸沙法”中相同的“共戒”有七条，属于比丘尼独有的“不共戒”有十三条。原书下列各学处名称：

（1）媒嫁学处*。（2）无根谤学处*。（3）假根谤学处*。（4）共染心男子交易学处（又称“受染心男子食戒”，以上卷五）。（5）自言无过学处（又称“劝受染心男子食戒”）。（6）独向俗家宿学处（又称“独向俗家宿戒”）。（7）独向俗家学处（又称“独向俗家戒”）。（8）独在道行学处（又称“独在道行戒”）。（9）独渡河学处（又称“独渡河戒”，《四分律》将以上四条合为一条，作“四独戒”，又称“独渡独宿独行戒”）。（10）度他妇女学处（又称“度贼女出家戒”）。（11）索亡人物学处（又称“诣官相讼戒”）。（12）辄作解举学处（又称“界外为被举尼解摈戒”）。（13）不舍恶见学处（又称“瞋舍三宝违谏戒”）。（14）说他有爱恚学处（又称“发诤谤僧违谏戒”）。（15）杂乱住学处（又称“同住行恶违谏戒”）。（16）劝莫独住学处（又称“助同住行恶违谏戒”）。（17）破僧伽学处*。（18）助伴破僧伽学处（以上卷六）*。（19）污家学处*。（20）恶性违谏学处（以上卷七）*。如关于“索亡人物学处”等，说：

若复苾刍尼，依他旧契，自为己索亡人物者，僧伽伐尸沙。（“索亡人物学处”，卷六，第936页中、下）

若复苾刍尼，共余苾刍尼杂乱而住，掉举戏笑。诸苾刍尼语是苾刍尼言：姊妹，莫杂乱住，掉举戏笑。汝杂乱住时，令善法衰损，不得增益，应可别住。别住之时，令善法增益，不复衰损。诸苾刍尼如是谏时，舍者善。若不舍者，应可再三殷勤正谏，随教应诘，令舍是事。舍者善，若不舍者，僧伽伐尸沙。（“杂乱住学处”，同卷，第938页下）

（三）《三十三泥萨衹波逸底迦法》（卷七至卷十一）。叙述比丘尼“泥萨衹波逸底迦法”（又称“尼萨耆波逸提法”、“舍堕法”）三十三条的制立因缘、戒法条文及其解释。其中，属于与比丘戒“三十泥萨衹波逸底迦法”中相同的“共戒”有二十条，属于比丘尼独有的“不共戒”有十三条。原书下列各学处名称：

（1）有长衣不分别学处＊。（2）离五衣学处（以上卷七）＊。（3）一月衣学处（卷八）＊。（4）与非亲苾刍浣故衣学处（卷八至卷九）＊。（5）从非亲苾刍取衣学处（）＊。（6）从非亲居士乞衣学处＊。（7）过量乞衣学处＊。（8）知俗人共许与衣就乞学处＊。（9）知俗人别许与衣就乞学处＊。（10）过限索衣学处（以上卷九）＊。（11）捉宝学处＊。（12）出纳求利学处＊。（13）贩卖学处＊。（14）乞钵学处＊。（15）自乞缕使非亲织师织作衣学处＊。（16）劝织师学处＊。（17）夺衣学处＊。（18）回众物入己学处＊。（19）服过七日药学处＊。（20）畜长钵学处（以上卷十）＊。

（21）不看五衣学处（又称“不看五衣戒”）。（22）非时舍衣学处（又称“非时舍羯耻那衣戒”，“非时”指在“从八月十六日至正月十五日”以外的时间，“舍衣”指“舍羯耻那衣”，即舍迦絺那衣）。（23）依时不舍羯耻那衣学处（又称“依时不舍羯耻那衣戒”，“时”指在“从八月十六日至正月十五日”；以上三条为本书特有的戒条)。(24) 乞金学处(又称"自乞金银戒")。(25) 以衣染直充食学处(又称"为衣染乞作他用戒")。(26) 以别衣利充食学处(又称"为做衣乞作他用戒")。(27) 以卧具利充食学处(又称"为卧具乞作他用戒")。(28) 营寺安居利充食学处(又称"为营寺乞作他用戒")。(29) 得多人利回入己学处(又称"为僧食乞作他用戒")。(30) 得僧祇利物回入己学处(又称"为施僧乞作他用戒")。(31) 买药解系学处(又称"买药解系戒","买药解系"指买药时解系顶髻;以上二条为本书特有的戒条)。(32) 持贵价重衣学处(又称"乞贵价重衣戒","重衣"指寒时衣)。(33) 持贵价轻衣学处(又称"乞贵价轻衣戒","轻衣"指热时衣,以上卷十一)。如关于"不看五衣学处"等,说:

> 若复苾刍尼,于半月内,不看五衣(本书指"僧伽胝"、"嗢怛罗僧伽"、"安怛婆娑"、"厥苏洛迦"、"僧脚崎",即大衣、上衣、内衣、掩腋衣、下裙)守持者,泥萨祇波逸底迦。("不看五衣学处",卷十一,第 964 页上)
>
> 若复苾刍尼,得营寺利充食用(指将施主捐献的用于修补寺庙的财物,换作食物)者,泥萨祇波逸底迦。("营寺安居利充食学处",卷十一,第 965 页中)
>
> 若复苾刍尼,得僧祇利物回入已(指将施主供养僧众的衣服饮食,改作自已受用)者,泥萨祇波逸底迦。("得僧祇利物回入己学处",卷十一,第 965 页下)

(四)《一百八十波逸底迦法》(卷十一至卷二十)。叙述比丘尼"波逸底迦法"(又称"波逸提法"、"堕法")一百八十条的制立因缘、戒法条文及其解释。其中,属于与比丘戒"九十波逸底迦法"中相同的"共戒"有七十二条,属于比丘尼独有的"不共戒”有一百八条。原书下列各学处名称：

(1)故妄语学处(卷十一)*。(2)毁訾语学处*。(3)离间语学处*。(4)发举学处*。(5)独与男子说法过五六语学处(此戒是从“独与异性说法过限”的意义上列为“共戒”的)*。(6)与未近圆人同句读诵学处*。(7)向未圆具说粗罪学处*。(8)实得上人法向未圆具人说学处*。(9)谤回众利物学处*。(10)轻诃戒学处(以上卷十二)*。(11)坏生种学处*。(12)嫌毁轻贱学处*。(13)违恼言教学处*。(14)在露地安僧敷具学处*。(15)不举草敷具学处*。(16)强恼触他学处*。(17)故放身坐卧脱脚床学处*。(18)用虫水学处*。(19)造大寺过限学处*。(20)过一宿食学处*。(21)过三钵受食学处*。(22)足食学处*。(23)劝他足食学处(以上卷十三)*。

(24)别众食学处*。(25)非时食学处*。(26)食曾触食学处*。(27)不受食学处*。(28)饮虫水学处*。(29)与无衣外道男女食学处*。(30)观军学处*。(31)军中过二夜宿学处*。(32)扰乱军兵学处*。(33)打苾刍尼学处(又称“瞋打比丘尼戒”,此戒是从“打僧人”的意义上列为“共戒”的)*。(34)拟手向苾刍尼学处(又称“手搏比丘尼戒”,此戒是从“举手拟打僧人”的意义上列为“共戒”的)*。(35)覆藏他罪学处*。(36)共至俗家不与食学处*。(37)触火学处(以上卷十四)*。

(38)与欲已更遮学处*。(39)与未近圆人同室宿过二夜学处*。(40)不舍恶见违谏学处*。(41)随舍置人学处*。(42)摄受恶见不舍求寂女(指沙弥尼)学处(又称“随顺被摈沙弥尼戒”,此戒是从“随顺被摈人”的意义上列为“共戒”的)*。(43)著不坏色衣学处*。(44)捉宝学处*。(45)非时洗浴学处＊。(46) 杀傍生学处＊。(47) 故恼苾刍尼学处(此戒是从“故意恼犯他僧”的意义上列为“共戒”的)＊。(48) 以指击摖他学处＊。(49) 水中戏学处＊。(50) 与男子同室宿学处(此戒是从“与异性同室住宿”的意义上列为“共戒”的)＊。(51) 恐怖苾刍尼学处(此戒是从“恐吓僧人”的意义上列为“共戒”的)＊。(52) 藏他苾刍尼等衣钵学处(又称“藏他物品戒”,此戒是从“藏匿他僧衣钵”的意义上列为“共戒”的)＊。(53) 以众教罪谤清净苾刍尼学处＊。(54) 与男子同道行学处(又称“与男子期同行戒”,此戒是从“与异性同道而行”的意义上列为“共戒”的,以上卷十五)＊。

(55) 与贼同行学处＊。(56) 坏生地学处＊。(57) 过四月索食学处＊。(58) 遮传教学处＊。(59) 默听斗诤学处＊。(60) 不与欲默然起去学处＊。(61) 不恭敬学处＊。(62) 饮酒学处＊。(63) 非时入聚落不嘱授苾刍尼学处＊。(64) 受食前食后请学处＊。(65) 入王宫学处＊。(66) 诈言不知学处＊。(67) 作针筒学处＊。(68) 作过量床学处＊。(69) 用草木绵贮床学处＊。(70) 过量作尼师但那学处＊。(71) 作覆疮衣学处＊。(72) 同佛衣量作衣学处(以上卷十六)＊。

(73) 啖蒜学处(又称“啖蒜戒”)。(74) 剃隐处毛学处(又称“剃隐处毛戒”)。(75) 洗净不过量学处(又称“洗隐处过节戒”)。(76) 以手拍隐处学处(又称“手拍隐处戒”)。(77) 自手煮生食学处(又称“煮生食戒”)。(78) 水洒上众学处(又称“水扇供比丘戒”)。(79) 生草上大小便涕唾学处(又称“生草上大小便戒”,此戒在《根本说一切有部毗奈耶》中是编在“众多学法”中的)。(80) 以不净弃墙外学处(又称“大小便掷墙外戒”)。(81) 独与男子屏处立学处(又称“独与男子屏处立语戒”)。(82) 独与苾刍屏处立学处(又称“独与比丘屏处立语戒”，此戒为《四分律》所无）。（83）独与男子露处立学处（又称“独与男子露处立语戒”）。（84）独与苾刍露处立学处（又称“独与比丘露处立语戒”，此戒为《四分律》所无）。（85）独住一房学处（又称“独住一房戒”，此为本书特有的戒条，以上卷十七）。

（86）共男子耳语学处（又称“与男子耳语戒”）。（87）受男子耳语学处（又称“受男子耳语戒”，《四分律》将以上二条合为“独与男子耳语戒”）。（88）共苾刍耳语学处（又称“与比丘耳语戒”）。（89）受苾刍耳语学处（又称“受比丘耳语戒”，以上二条为《四分律》所无）。（90）椎胸学处（又称“因诤捶胸啼哭戒”）。（91）咒誓学处（又称“因诤咒他戒”）。（92）不观诘他学处（又称“不察辄诘戒”）。（93）不观床座坐卧学处（又称“入白衣舍于暗处坐卧戒”；此为本书特有的戒条）。（94）以树胶作生支学处（又称“树胶作生支戒”）。（95）白衣家说法不嘱授卧具学处（又称“入白衣舍不辞辄去戒”）。（96）未许辄坐学处（又称“入白衣舍不语辄坐戒”）。（97）不问主人辄宿学处（又称“入白衣舍不语辄宿戒”，以上卷十七）。

（98）知尼先在白衣家后令他去学处（又称“初许共住后驱出戒”）。（99）弟子有病不瞻视学处（又称“同住有病不瞻视戒”）。（100）二尼同一床卧学处（又称“二尼共一床戒”）。（101）安居未随意游行学处（又称“夏安居中游行戒”，“随意”指自恣）。（102）安居满不游行学处（又称“夏安居竟不游行戒”）。（103）知有怖游行学处（又称“国外恐怖处游行戒”）。（104）知有虎狼师子游行学处（又称“国内恐怖处游行戒”）。（105）往天祠论议学处（又称“往天祠与外道论议戒”；此为本书特有的戒条）。（106）年未满与他出家授近圆学处（又称“未满十二年戒腊辄度人授具戒”，“授近圆”指授具足戒）。

(107) 辄畜弟子学处(又称"满十二年戒腊僧未许辄度人授具戒"、"满十二岁众僧不听辄畜弟子戒","辄畜弟子"指随意度人出家并授具足戒)。(108) 知曾嫁女人年未满十二与出家学处(又称"为未满十二岁曾嫁女授具戒";《四分律》等均作"为未满十岁曾嫁女授具戒")。(109) 年满十二不与正学法授近圆学处(又称"为未学六法曾嫁女授具戒",以上卷十八)。

(110) 辄多畜众学处(又称"僧未许辄多度弟子戒")。(111) 与有娠女学处(又称"度妊娠女戒")。(112) 不教诫学处(又称"不教诫戒")。(113) 不摄护学处(又称"不摄护戒",《四分律》将以上二条合为"不教摄受具弟子二年戒")。(114) 不将随身学处(又称"弟子有难不带随戒",此戒为《四分律》所无)。(115) 童女年未满二十受近圆学处(又称"为未满二十岁童女授具戒")。(116) 不授六学法授近圆学处(又称"为未学戒二年童女授具戒")。(117) 度恶性女人学处(又称"度恶性女戒")。(118) 度多忧女人学处(又称"度多忧女戒",《四分律》将上二条合为"度忧瞋女戒")。(119) 学法未满与受近圆学处(又称"为未学六法童女授具戒")。(120) 知学法了不与受近圆学处(又称"式叉摩那学戒满不与授具戒")。(121) 夫未放度出家学处(又称"父母夫主未许辄度人出家戒")。(122) 从索衣学处(又称"索衣授具戒")。(123) 令他女人收敛家业学处(又称"施财许度戒",此戒为《四分律》所无)。(124) 每年与出家受近圆学处(又称"每年度弟子戒",以上卷十八)。

(125) 经宿与欲学处(又称"经宿与欲戒","与欲"指因事不能参加僧众会议者,须委托他人表示自己赞同僧众所作事的意愿,亦即请假;此为本书特有的戒条)。(126) 求教授学处(又称"半月不往比丘僧中求教诫戒")。(127) 无苾刍处作长净学处(又称“无比丘处说戒戒”,“长净”指说戒;此为本书特有的戒条)。(128)无苾刍处作安居学处(又称“无比丘处夏安居戒”)。(129)不于二部众三事作随意学处(又称“不往比丘僧中求三事自恣戒”,“二部众”指比丘、比丘尼众,“三事自恣”指听取有无“见、闻、疑罪”)。(130)责众学处(又称“责尼众戒”)。(131)骂众学处(又称“骂尼众戒”,《四分律》将以上二条合为“骂比丘尼戒”)。(132)见他赞誉起嫉妒心学处(又称“嫉妒赞誉戒”,此戒为《四分律》所无)。(133)于家悭学处(又称“嫉妒施主供他戒”)。(134)于寺悭学处(又称“悭嫉住寺戒”)。(135)于利养饮食悭学处(又称“悭嫉他得利养戒”)。(136)悭法学处(又称“他人求法不教戒”)。(137)食竟更食学处(又称“饱食后重食戒”)。(138)养他孩儿学处(又称“侍养他人孩儿戒”)。(139)不畜洗裙学处(又称“不备浴衣戒”)。(140)令浣衣人洗衣学处(又称“令他人洗衣戒”)。(141)共上众(指年长者)换衣学处(又称“与年长换衣戒”;以上八条为本书特有的戒条)。(142)辄与俗人衣学处(又称“僧衣与白衣外道戒”)。(143)不畜病衣学处(又称“不备遮月水衣戒”)。(144)大众病衣私用学处(又称“将施众遮月水衣留作私用戒”)。(145)从贫乞羯耻那衣学处(又称“向贫者乞迦絺那衣戒”;以上二条为本书特有的戒条)。(146)不共出衣学处(又称“遮止出迦絺那衣戒”)。(147)不共分衣学处(又称“遮止众僧分衣戒”,以上卷十九)。

(148)见斗不劝止息学处(又称“见诤不灭戒”)。(149)弃住处不嘱授学处(又称“离住地出行不付嘱戒”,此戒为《四分律》所无)。(150)从俗人受咒学处(又称“自诵咒术戒”)。(151)教俗人咒法学处(又称“教诵咒术戒”)。(152)卖糗食学处(又称“卖干粮戒”;此为本书特有的戒条)。(153)营俗家务学处(又称"为白衣营理家务戒")。(154) 移转座床学处(又称"令尼移转座床戒";此为本书特有的戒条)。(155) 自手捻缕学处(又称"自手捻缕戒")。(156) 自织络学处(又称"自手织络戒",《四分律》将以上二条合为"自手纺缕戒")。(157) 持盖行学处(又称"持伞盖行戒")。(158) 著彩色鞋履学处(又称"著刺绣鞋履戒",《四分律》将以上二条合为"著革屣持盖行戒")。(159) 有疮令数解系学处(又称"有疮频令解系戒",《四分律》作"不告众独使男子破疮戒")。(160) 度淫女学处(又称"度淫女戒")。(161) 使苾刍尼揩身学处(又称"使比丘尼揩身戒")。(162) 使正学女揩身学处(又称"使式叉摩那揩身戒")。(163) 使求寂女揩身学处(又称"使沙弥尼揩身戒")。(164) 使俗女揩身学处(又称"使白衣妇女揩身戒")。(165) 使外道女揩身学处(又称"使外道女揩身";此为本书特有的戒条)。(166) 以香涂身学处(又称"以香涂摩身戒")。(167) 以香涂首学处(又称"以香涂摩首戒",以上二条《四分律》合为"以香涂摩身戒",以上卷十九)。

(168) 以胡麻滓及水揩身学处(又称"以胡麻滓涂摩身戒")。(169) 先未容许辄问学处(又称"不求便问比丘义戒")。(170) 著俗庄严具学处(又称"畜白衣妇女装饰物戒")。(171) 相牵洗浴学处(又称"相牵河中洗浴戒";此为本书特有的戒条)。(172) 自舞教他舞学处(又称"自舞教他舞戒")。(173) 唱歌学处(又称"唱歌词音韵戒")。(174) 作乐学处(又称"作音声弦管戒",以上三条《四分律》合为"往观歌舞伎乐戒")。(175) 独于空宅大小便学处(又称"独于空宅大小便戒";此为本书特有的戒条)。(176) 畜香草刷学处(又称"香草根刷戒")。(177) 畜细枇(元明本作"篦")学处(又称"畜细梳戒")。(178) 畜粗梳学处(又称"畜粗梳戒")。(179) 用前三事学处(又称"用香草根刷细梳粗梳戒","用前三事"指用香草刷刷头、用细梳梳头、用粗梳梳头)。(180)畜假髻庄具学处(又称"畜假头髻戒",以上五条《四分律》合作"作白衣妇女装饰身戒",以上卷二十)。如关于"共男子耳语学处"等,说:

> 若复苾刍尼,共男子耳语者,波逸底迦。("共男子耳语学处",卷十七,第1000页上)
>
> 若复苾刍尼,于亲弟子及依止弟子,见有病患,不瞻侍者,波逸底迦。("弟子有病不瞻视学处",卷十八,第1003页上)
>
> 若复苾刍尼,僧伽未与畜众法(指比丘尼未向僧众作请求度人出家的乞畜众羯磨,或众僧在作羯磨时未予同意),辄畜弟子者,波逸底迦。("辄畜弟子学处",卷十八,第1004页中)
>
> 若复苾刍尼,知童女年满二十,不与二岁学六法(本书指"不得独在道行"、"不得独渡河水"、"不得触丈夫身"、"不得与男同宿"、"不得为媒嫁事"、"不得覆尼重罪")、六随法(本书指"不捉属己金银"、"不得剃隐处毛"、"不得垦掘生地"、"不得故断生草木"、"不得不受而食"、"不得食曾触食"),即受近圆(受具足戒)者,波逸底迦。("不授六学法授近圆学处",卷十八,第1006页下)

(五)《波罗底提舍尼法》(卷二十)。叙述比丘尼"波罗底提舍尼"(又称"波罗提提舍尼法"、"悔过法")十一条的制立因缘、戒法条文及其解释。其中,属于与比丘戒"四波罗底提舍尼法"中相同的"共戒"有一条(即"学家受食学处"),属于比丘尼独有的"不共戒"有十条。原书未列学处名称,今据戒文拟立如下:

(1) 无病乞乳学处(又称"无病乞乳食戒")。(2) 无病乞酪学处(又称"无病乞酪食戒")。(3) 无病乞生酥学处(又称"无病乞生酥食戒")。(4) 无病乞熟酥学处(又称"无病乞熟酥食戒")。(5) 无病乞油学处(又称"无病乞油食戒")。(6) 无病乞糖学处(又称"无病乞糖食戒")。(7) 无病乞蜜学处(又称"无病乞蜜食戒")。(8) 无病乞鱼学处(又称"无病乞鱼食戒")。(9) 无病乞肉学处(又称"无病乞肉食戒")。(10) 无病乞干脯学处(又称"无病乞干脯食戒")。(11) 学家受食学处 *(又称"学家受食戒",此为"共戒";以上卷二十)。如关于"无病乞乳学处",说:

> 若复苾刍尼,无病为己,诣白衣家(指俗家)乞乳,若使人乞而饮用者,是苾刍尼,应还村外住处,诣诸苾刍尼所,各别告言:大德,我犯对说恶法,是不应为,今对说悔,是名对说法。("无病乞乳学处",卷二十,第 1016 页中)

(六)《众学法》(卷二十)。叙述"众学法"四十三条(此据每一戒条之末必有的"应当学"出现一次作一条统计。其中有些是综合性的戒条,若参照其他戒本,一一拆开单列,则有一百条,下详)的制立因缘、戒法条文及其解释。其中,属于与比丘戒《众多学法》中相同的"共戒"有四十二条(内缺比丘戒《众多学法》中的"生草上大小便涕唾学处"),属于比丘尼独有的"不共戒"仅一条(即第五条"月期将至往白衣舍学处")。原书未列学处名称,今据戒文拟立如下:

(1) 不齐整著裙学处 *。(2) 太高等著裙学处(含有"太高"、"太下"、"象鼻"、"蛇头"、"多罗叶"、"豆团形"著裙六学处)*。(3) 不齐整著五衣学处(又称"不齐整著五衣戒",对比丘来说则是"三衣")*。(4) 太高等披衣入白衣舍学处(含有

"太高"、"太下"、"不正披"、"不正覆"、"语言"、"高视"入白衣舍六学处）＊。（5）月期将至往白衣舍学处（又称"月期将至往白衣舍戒"，此为"不共戒"）。（6）覆头等入白衣舍学处（含有"覆头"、"偏抄衣"、"双抄衣"、"叉腰"、"拊肩"入白衣舍五学处）＊。（7）蹲行等入白衣舍学处（含有"蹲行"、"足指行"、"跳行"、"仄足行"、"努身行"入白衣舍五学处）＊。（8）摇身等入入白衣舍学处（含有"摇身"、"掉臂"、"摇头"、"肩排"、"连手"入白衣舍五学处）＊。（9）在白衣舍未请而坐学处＊。（10）在白衣舍不善观察而坐学处＊。（11）在白衣舍放身而坐学处＊。（12）在白衣舍垒足等学处（含有"垒足"、"重内踝"、"重外踝"、"急敛足"、"长舒足"、"露身"白衣舍坐六学处）＊。（13）不恭敬受食学处＊。（14）满钵受饭学处＊。（15）食未至伸钵学处＊。（16）安钵在食上学处＊。（17）不恭敬而食学处＊。（18）小抟大抟而食学处（又称"抟食戒"，含有"小抟食"、"大抟食"二学处）＊。（19）张口待食学处＊。（20）含食语学处＊。（21）以饭覆羹菜学处＊。（22）弹舌食等学处（含有"弹舌食"、"嗍嗍食"、"呵气食"、"吹气食"、"散手食"、"毁呰食"、"填颊食"、"啮半食"、"舒舌食"、"作窣堵波形食"十学处）＊。

（23）舐手食等学处（含有"舐手食"、"舐钵食"、"振手食"、"振钵食"、"不常看钵食"五学处）＊。（24）观比座钵中食学处＊。（25）污手捉净水瓶学处＊。（26）在白衣舍弃洗钵水学处＊。（27）残食水施人学处＊。（28）地上无儭替安钵学处＊。（29）站立洗钵学处＊。（30）危岸置钵逆流酌水学处（以上三条为《四分律》所无）＊。（31）人坐己立说法学处＊。（32）人卧己坐说法学处＊。（33）人在高座己在下座说法学处＊。（34）人在前行己在后行说法学处＊。（35）人在道己在非道说法学处＊。(36) 为覆头者等说法学处(含有为“覆头者”、“偏抄衣者”、“双抄衣者”、“叉腰者”、“拊肩者”说法五学处)＊。(37) 为乘象者等说法学处(含有为“乘象者”、“乘马者”、“乘舆者”、“乘车者”说法四学处,《四分律》则统称为“为骑乘人说法戒”)＊。(38) 为著屐靴等说法学处(含有为“著屐靴鞋”、“著履屦者”说法二学处,相当于《四分律》中说的“为著木屐人说法戒”、“为著革屣人说法戒”)＊。(39) 为戴帽著冠等说法学处(含有为“戴帽著冠者”、“作佛顶髻者”、“缠头者”、“冠华者”说法四学处,均为《四分律》所无)＊。(40) 为持盖者说法学处＊。(41) 立大小便学处＊。(42) 水中大小便涕唾学处＊。(43) 上过人树学处(以上卷二十)＊。如关于“月期将至往白衣舍学处”等,说:

苾刍尼,若月期将至,不应往他舍,应当学。(“月期将至往白衣舍学处”,卷二十,第 1017 页下)

在白衣舍,未请坐,不应坐,应当学。(“在白衣舍未请而坐学处”,卷二十,第 1018 页上)

不极小抟(指小口),不极大抟(指大口),圆整而食,应当学。(“小抟大抟而食学处”,卷二十,第 1018 页中)

不以污手,捉净水瓶,应当学。(“污手捉净水瓶学处”,卷二十,第 1018 页下)

(七)《七灭诤法》(卷二十)。叙述“灭诤法”七条。均属于与比丘戒《七灭诤法》中相同的“共戒”。据本文,此七条戒的名称是:

(1) “现前毗奈耶”(又称“现前毗尼”)＊。(2) “忆念毗奈耶”(又称“忆念毗尼”)＊。(3) “不痴毗奈耶”(又称“不痴毗尼”)＊。(4) “求罪自性毗奈耶”(又称“觅罪相毗尼”、“本言治毗尼”)*。(5)“多人语毗奈耶”(又称“多人语毗尼”、“多觅罪相毗尼”)*。(6)“自言毗奈耶”(又称“自言治毗尼”)*。(7)“草掩毗奈耶”(又称“如草布地毗尼”,以上卷二十)*。说:

> 佛告诸苾刍尼:有七灭诤法,应当修学。应与现前毗奈耶,当与现前毗奈耶。应与忆念毗奈耶,当与忆念毗奈耶。应与不痴毗奈耶,当与不痴毗奈耶。应与求罪自性毗奈耶,当与求罪自性毗奈耶。应与多人语毗奈耶,当与多人语毗奈耶。应与自言毗奈耶,当与自言毗奈耶。应与草掩毗奈耶,当与草掩毗奈耶。若有诤事起,当以七法,顺大师教,如法如律而殄灭之。(卷二十,第1019页下)

在《根本说一切有部苾刍尼毗奈耶》中,比丘尼戒的重要戒条的叙述形式,一般是由四段式构成的:一、制戒因缘(又称“戒缘”),指制戒的原委与经过);二、戒法条文(又称“戒相”、“戒文”),指戒条的表述文句;三、文句解释(又称“文句分别”),指戒条文句的解释;四、犯相解释(又称“犯相分别”),指犯戒相状的解释。此外,也有少数戒条,或因制戒因缘与前相同,或因戒法条文较为简明,其叙述形式呈简略式,是只列戒法条文,没有制戒因缘和戒条解释的。

以“八波罗市迦法”中的“八事成犯学处”为例,它的制戒因缘是这样的:

佛在室罗伐城(即舍卫国)时,城中有一个卖香的男子,容貌端正,娶妻未久。有一次,苾刍尼(即比丘尼)吐罗难陀在路上遇见他,不禁产生了爱慕之情。两人交谈甚悦,临别,吐罗难陀约该男子到自己所住的寺房再相会。当天晚上,该男子悄悄来吐罗难陀的房间,潜藏在床下,待吐罗难陀教授众弟子回房后，从床下爬出来，将吐罗难陀抱到床上，欲行欢。此时，吐罗难陀突然醒悟了，感到这样下去就要破戒了，若破戒，势必会招致众人的唾弃。于是，一脚将该男子踢开，并大叫起来。当众人闻讯赶来后，她还自夸此举降伏了心魔。众人认为，这是她自己招来的丑事。并将此事报告佛。佛得知后，当即召集尼众集会，对吐罗难陀作了呵责，为了僧众的“十利”，制立了“八事成犯学处”。

有关“八事成犯学处”的条文及其解释（包括文句解释和犯相解释），书中写道：

> 若复苾刍尼，自有染心，共染心男子，掉举、戏、笑、指其处所、定时、现相、来去丈夫情相许可、在可行非处纵身而卧，如是八事，共相领受。若苾刍尼，作是事者，亦得波罗市迦，不应共住（本段为“八事成犯学处”的条文）。
>
> 若复苾刍尼者，谓吐罗难陀苾刍尼，或复余尼。共染心男子者，二俱有染，起欲缠心。一掉举者，谓相掉触。二戏者，谓相戏弄。三笑者，谓共言笑。四指处所者，谓向某园某神堂处。五定时者，谓旦午等。六现相者，汝若见我新剃发时，披服赤衣，手持油钵，知事成就。七来去丈夫情相许可者，谓相爱乐。八在可行非处者，谓处障蔽堪得行淫纵身而卧者，谓以身授彼交通事。如是八事，共相领受者，谓作斯八事，皆有染心，故言领受。尼等义如上（本段为“八事成犯学处”的文句解释）。
>
> 此中犯相，若作前七事，一一皆得窣吐罗底也罪（又称“偷兰遮罪”），作第八时，便得重罪（又称“波罗夷罪”）（本段为“八事成犯学处”的犯相解释）。
>
> 摄颂曰：掉举及戏笑，指处所定时。现相来去人，屏处

纵身卧。前七得粗罪(指得偷兰遮罪),第八不可治(指得波罗夷罪)。("八事成犯学处",卷五,第930页下)

上述"八事成犯学处"的制戒因缘、戒法条文、文句解释和犯相解释,与《四分律》、《十诵律》所载,有较大的出入。如《四分律》卷二十二说的是:

尔时,世尊在舍卫国祇树给孤独园。尔时,舍卫城中有长者,名沙楼鹿乐,颜貌端正。偷罗难陀比丘尼,亦颜貌端正。鹿乐长者系心偷罗难陀所,偷罗难陀亦系心鹿乐所。尔时,偷罗难陀比丘尼欲心,受长者捉手、捉衣、共入屏处、共立、共语、共行、以身相倚、共期。(《大正藏》第二十二卷,第715页上)

《十诵律》卷四十二说的是:

"佛在王舍城。尔时,助调达比丘尼,听六群比丘捉手、捉衣、共立、共语、共期、入屏覆处、待男子来、举身如白衣女。(《大正藏》第二十三卷,第303页下)

这反映出不仅各部派在传承上存在着较大的差异,而且即使在同一部派内,前后期文献也存在着一定的演化。至于提取戒文的要点,作"摄颂",更是后期说一切有部广律独有的做法。

与其他部派的广律相比,本书的特点还在于将戒经中的说戒仪式也列入其中。如"二十僧伽伐尸沙法"的开始,说"诸大德,是二十僧伽伐尸沙法,半月半月戒经中说"(卷五,第931页下);末尾说"诸大德,我已说二十僧伽伐尸沙法,十二(指前十二条)初犯,八(指后八条)至三谏。若苾刍尼随一一犯故覆藏者,二部僧伽应与作半月行摩那卑(埵),行摩那卑(埵)竟,余有出罪。若称可二部僧伽意者,二部僧伽各二十众,当于四十众中出是苾刍尼罪。若少一人,不满四十众,是苾刍尼罪不得除二部僧伽得罪,此是出罪法。今问:诸大德,是中清净不?(如是三说——原注)诸大德,是中清净,默然故,我今如是持"(卷七,第943页上、中)。

与本书相对应的律典,有藏文《大藏经》中的《律分别》(又称《毗奈耶分别》)中的《比丘尼律分别》(又称《苾刍尼毗奈耶分别》)。

第三品 唐义净译《根本说一切有部毗奈耶出家事》四卷

《根本说一切有部毗奈耶出家事》,又称《毗奈耶出家事》,四卷(原为五卷)。唐义净译,大周证圣元年(695)至唐景云二年(711)译出。唐圆照《贞元新定释教目录》卷二十三著录。载于《丽藏》"绮"函、《频伽藏》"寒"帙,收入《大正藏》第二十三卷。

本书是后期说一切有部所传的出家受戒制度及其解释,为该部派广律中"律事"的组成部分之一。内容大致相当于《十诵律》卷二十一《受具足戒法》的增广。分为两部分:

(一)卷一至卷二前部分。内容为"佛传",此为《十诵律·受具足戒法》所无,而为《四分律·受戒犍度》、《五分律·受戒法》同有。主要叙述:

占波国与摩揭陀国的恩怨,及摩揭陀国影胜王的事迹;舍利弗(又称"舍利子"、"邬波底沙")、目连(又称"目乾连"、"大目乾连"、"俱哩多")归佛之前的事迹;佛的简历(从"睹史天宫",降生"迦维罗卫国阅头檀家、三净摩耶夫人胎中";"年二十九",中夜逾城,往诣林薮而出家;"六年苦行";菩提树下,证得"无上正等菩提”等）；佛的教化事迹（在波罗痆斯，“三转法轮”，度“大臣子五十余人”出家受具；对白氎林六十人说法，使得“正信”；对军住聚落主二女人难陀、难陀波罗说法，使得“正信”；度优楼频螺迦摄三兄弟及诸弟子出家受具；对摩揭陀国影胜王说法，使他“得见真谛”；度舍利弗、目连及诸弟子出家受具）等。

（二）卷二后部分至卷四终。内容相当于《十诵律·受具足戒法》。主要叙述：

对要求出家者，“当问诸难”（指询问有无不适合出家、受具足戒的各种情况），“无障难者”，方可受“三归”、“五戒”、“十戒”、“二百五十戒”；“夏腊”（又称“僧腊”、“戒腊”，指受具足戒之后的岁数）满十年（又称“十岁”），并“成就五法”的比丘（有多种“五法”，如“一者具戒，二者多闻，三者精进，四者定，五者般若”等），方可度人出家、授具足戒；度“外道”出家，应作“四月共住”的考察；出家满五年，并“成就五法”的比丘（指“一者知有犯，二者知无犯，三者知重罪，四者知轻罪，五者善持钵喇底木叉”），方可独自游行受学，“不依止住”。

“年未满二十，不应与受近圆”（指受具足戒）；“不应与奴（指家奴）出家”；“负债之人，不应辄度”；“不问父母，不许出家”；不得度“杀母”、“杀父”、“杀阿罗汉”、“曾破僧伽”、“恶心出佛身血”、“曾犯四重”（指“四波罗市迦法”，即“四波罗夷法”）、“不舍恶见”之人出家，已出家的，“应须灭摈，驱令归俗”；不得度肢体残缺者和有病者（如“诸根不具”、“太老、太少”、“曲腰侏儒”、“哑聋水病”、“大小便痢不能禁制”、“癣疥”、“疮癞”、“瘘疬”、“干癣”、“湿癣”、“瘦病”、“癫狂”等）出家等。如关于“夏腊”满十年、“成就五法”者方可度人授具，说：

佛言：我今许十夏（戒腊满十年）苾刍，许度弟子，近圆

（指受具足戒）如前，不于他依止，而成就五法。何等为五？一者近圆经十夏已上。二者弟子患，能为看养。三者有恶作疑犯，随事举勖。四者若有邪见，教令正见。五者若不乐法，勤摄受令乐住，是名五法。复有五种，何等为五？一者具戒，二者多闻，三者持经，四者持律，五者善持母论，是名为五。……复有五种，何等为五？一者具戒，二者多闻，三者持经知义，四者善通毗奈耶，五者善明摩室哩迦（指"摩得勒伽"）藏，是名为五。……复有五种，何等为五？一者具戒，二者多闻，三者精进，四者定，五者般若，是为五。……尔时，具寿（又称"长老"）邬波离（指优波离）白佛言：世尊，如佛所说，已五法成就、满十夏，应度弟子，自不应依止他。若苾刍近圆，经六十夏，不解别解脱，若不成就五法者，应依止他住不？佛言：应依止他住。（邬波离）白言：云何依止？佛言：依止老者。（邬波离）白言：若无老者，云何当住？佛言：当依止少者，唯除礼拜，余皆取教示。（卷三，《大正藏》第二十三卷，第 1031 页中、下）

本书卷三之末的文句为："世尊既制，不问父母，不许出家。时有他方远来，父母已许出家，诸苾刍不敢辄度出家，便有废阙。时诸苾刍以缘白佛，佛言：若远来者，父母先许出家，应听出家，不问，无犯。"（第 1035 页中）而卷四的首句则是："尔时，商主等还至海岸已，在海艰辛，皆生疲倦，咸悉睡著。于时，僧护苾刍观是大海，又作是念：如佛所说，有五种事，观不厌足。"（同上）显然，中间有缺文，导致此处文意连接不上。唐圆照《贞元新定释教目录》卷二十三在"《根本说一切有部毗奈耶出家事》五卷"条下作注说："内欠一卷"（《大正藏》第五十五卷，第 953 页上）。也就是说，原书为五卷，后来遗失一卷，成为四卷。据今本卷三之末、卷四之初的上述文句推断，缺失的当是原书的卷四，今本的卷四实为原书的卷五。

与本书相对应的律典，有藏文《大藏经》中的《律事》（又称《毗奈耶事》）第一事《出家事》。

第四品　唐义净译《根本说一切有部毗奈耶安居事》一卷

《根本说一切有部毗奈耶安居事》，又称《毗奈耶安居事》，一卷。唐义净译，大周证圣元年（695）至唐景云二年（711）译出。唐圆照《贞元新定释教目录》卷二十三著录。载于《丽藏》“绮”函、《频伽藏》“寒”帙，收入《大正藏》第二十三卷。

本书是后期说一切有部所传的夏安居制度及其解释，为该部派广律中“律事”的组成部分之一。内容大致相当于《十诵律》卷二十四《安居法》。主要叙述：

僧众每年三个月“夏安居”（又称“雨安居”、“安居”）的由来；应在“夏安居”的前一天，打扫住处，作羯磨推选“掌卧具人”，负责卧具的分配；“五月十六日，作夏安居”（唐义净译《根本说一切有部毗奈耶颂》卷下说：“五月十六日，应作前安居。六月十六日，苾刍为后夏。”据此，则“根本说一切有部”律典中说的“前安居”为五月十六日至八月十五日，“后安居”为六月十六日至九月十五日，均较《摩诃僧祇律》等所说晚一个月）；安居期间，一般不得出界外宿，若有事须出界外，应向长老请求“受七日法”（指请假七日）；安居期间，若遇到“无人供给我食”，或“病苦”、“命难”、“梵行难”等情况，允许离开住地，移居别处，其行为于戒“无犯”，亦不作“破安居”处理等。如关于“夏安居”的由来和“安居法”，说：

佛在室罗伐城逝多林给孤独园。……时有众多苾刍，于其夏中，遂向余处，人间游行，不善护身，伤杀虫蚁。时诸外道，咸起讥嫌，作如是语：此沙门释子，无有慈悲，夏中游行，杀诸虫类，不异俗流。然诸禽兽，于四月中，尚居巢穴，不远出外，然此秃头沙门，不作安居，不知收摄，安在一处，既无轨式，谁复于斯以衣食施？时诸苾刍以缘白佛。佛言：我缘此事，今制苾刍作安居法，于三月中，住在一处。……既安居已，不应出界宿。……于安居中，有事须去出界外者，应请七日乃至一日当去。佛令去者，苾刍不知何事应去，以缘白佛。佛言：谓是邬波索迦（指优婆塞，又称"清信士"）、邬波斯迦（指优婆夷，又称"清信女"）、苾刍（指比丘）、苾刍尼（指比丘尼）、式叉摩拏（指式叉摩那）、求寂男（指沙弥）、求寂女（沙弥尼）等事。（《大正藏》第二十三卷，第1041页上—第1042页下）

本书之末说："受持七日苾刍（指"受七日法"，即请假七日外出的比丘），过七日不来者，破安居。然斯六种前安居法，与后安居法不异，并准前安居作，唯言后三月为异。余如《百一羯磨》中广说。"（第1044页下）这里说的《百一羯磨》，指的是义净翻译的另一部律典《根本说一切有部百一羯磨》，故本书与《根本说一切有部百一羯磨》当是同一时期编集而成的。

与本书相对应的律典，有藏文《大藏经》中的《律事》（又称《毗奈耶事》）第四事《安居事》。

第五品 唐义净译《根本说一切有部毗奈耶随意事》一卷

《根本说一切有部毗奈耶随意事》，又称《毗奈耶随意事》，一卷。唐义净译，大周证圣元年（695）至唐景云二年（711）译出。唐圆照《贞元新定释教目录》卷二十三著录。载于《丽藏》“绮”函、《频伽藏》“寒”帙，收入《大正藏》第二十三卷。

本书是后期说一切有部所传的“随意”（又称“自恣”）制度及其解释，为该部派广律中“律事”的组成部分之一。内容大致相当于《十诵律》卷二十三《自恣法》。主要叙述：

僧众于“夏安居”结束之日（“根本说一切有部”律典中说的“前安居”结束日为八月十五日，“后安居”结束日为九月十五日）举行“随意”（指请他人根据所见、所闻、所疑，任意举发自己所犯之罪，即请求他人批评指过）活动的由来；“随意日”（即“自恣日”）的前夜（“十四日夜”），应令持经者通夜诵经；“随意日”的当天，僧众应先推选“随意苾刍”（又称“自恣人”），然后在“随意苾刍”的主持下，从上座开始，及至下座，依次说“随意”；对不能参加“随意”活动的患病比丘，僧众应派人“取随意欲”（指听取病者的自恣意愿），患病比丘应“与随意欲”（指委托他人转达自己的自恣意愿），“受随意欲”比丘（指接受自恣委托者）应在僧众中“说随意欲”（指转达病者的自恣意愿）。

“随意日”，若同一住处仅有比丘一人时，应作“心念随意”（又称“心念自恣”）；若有二人至四人时，应作“对首随意”（又称“对首自恣”）；若有五人时，应如先前所说，先推选“随意苾刍”，然后依次说“随意”；比丘在说“随意”时，须“三说随意”（巴利文《律藏·自恣犍度》作“三语说自恣”，指将自恣告白说三遍），但在遇到危难之事（如“或时天雨，或天欲雨”，“或有诸王，严四种兵，到其住处”，“有诸贼破城破村”，“虎豹豺狼罴等，来至僧坊”，“忽然失火，其火渐渐逼近僧坊，或恐失命”等）时，“开听一说随意”（指允许一语说自恣）；对“随意时”的一些各别情况须作相应的处理等。如关于“随意时”各别情况的处

理,说:

> 若苾刍(指比丘)至随意(指自恣)时,若忆知有罪,应于余处苾刍所,作说悔法,方可作随意。若不说罪,作随意者,不成随意。如长净法(指说戒法)中广说,于十事中亦广说。若至随意时,苾刍忆知有罪,欲说悔者,若是波罗市迦罪(指"波罗夷罪"),众应摈出,然后随意。有犯僧伽伐尸沙罪者,应且置是罪,先随意已,后当治罪。若波逸底迦(指"波逸提")、波罗底提舍尼(指"波罗提提舍尼")及突色讫里多(指"突吉罗")者,先应说悔,后作随意。……若随意时,有苾刍,或有说罪,若有羯磨其出说罪者,应先说罪,后当随意。……若随意时,有苾刍举罪者,应先观此人护身口意不,若此人身善口不善者,不应用语,应当随意。(《大正藏》第二十三卷,第1047页中)

相比较而言,本书在文句上作了一些删节,内容不及《十诵律》卷二十三《自恣法》来得丰富,如《十诵律》中有自恣时"旧比丘"与"客比丘"的各种不同情况及其处理方法等,本书则缺。

与本书相对应的律典,有藏文《大藏经》中的《律事》(又称《毗奈耶事》)第三事《随意事》。

第六品 唐义净译《根本说一切有部毗奈耶皮革事》二卷

《根本说一切有部毗奈耶皮革事》,又称《毗奈耶皮革事》,二卷。唐义净译,大周证圣元年(695)至唐景云二年(711)译出。唐圆照《贞元新定释教目录》卷二十三著录。载于《丽藏》"绮"函、《频伽藏》"寒"帙,收入《大正藏》第二十三卷。

本书是后期说一切有部所传的皮革制品使用制度及其解释，为该部派广律中“律事”的组成部分之一。内容大致相当于《十诵律》卷二十五《皮革法》。主要叙述：

阿湿婆兰德伽国婆索婆聚落（《十诵律》作“阿湿摩伽阿槃提国王萨婆聚落”）长者之子亿耳（又称“闻俱胝耳”，巴利文《律藏·皮革犍度》作“首楼那亿耳”），随商人入海采宝，途中独自遗落荒漠，行经“饿鬼城”，由此感悟善恶业报，回到家乡，即依佛的大弟子迦多演那（又称“大迦旃延”）出家；亿耳发心礼觐世尊，到达室罗筏城（又称“舍卫国”）后，他当面向佛转达了师父委托请示的边地“五事”，佛听后，一一作了许可（以上卷上）；不应“杀犊剥皮”、“乘骑”（瘦弱、老病者除外）、“执捉牛尾渡河”；以亿耳（又称“俱胝耳”，与本书卷上所说“亿耳”非为同一人，巴利文《律藏·皮革犍度》作“首楼那二十亿”，《十诵律》作“沙门二十亿”，为瞻婆城长者之子）为始，佛允许比丘穿“一重革屣”（一层底的革屣），后又陆续允许穿“居士曾著（曾穿过的）多重革屣”、“皮带鞋”、“靴鞋”，以及蓄存缝补皮鞋的锥刀、皮条及线（以上卷下）等。如关于边地“五事”，说：

> 既至平旦，佛即起，来众中，就座而坐。佛既坐已，时亿耳苾刍即从座起，整理衣服，合掌顶礼世尊，白言：东方边国婆索婆聚落，圣者迦多演那在彼而住，是我邬波驮耶（指“亲教师”），头面礼佛足，问讯世尊：少病少恼，起居轻利，安乐住不？彼国边方，欲受近圆（指受具足戒），十众难得；彼国人民，常以水洗浴，便为清净；国内地土，极为坚硬，牛行蹋地足迹，日晒干已，人行不得，不同余国；国法复用如是卧具，所谓羊毛、羊皮，鹿、牛、羖羊等皮，以为卧具；有苾刍遣信与苾刍衣，闻有衣来，其衣未至，便过十日，恐犯舍堕，

不知云何？尔时，世尊以此因缘，告诸苾刍曰：从今已后，听诸苾刍，于边方国，持律苾刍五人，得为近圆；（此中应有“听边方国诸苾刍常洗浴”一事，今本脱落）边方地土恶处，开著一重革屣，不得二重三重，底若穿破，应补；若苾刍遣信送衣，与余苾刍，彼未得衣，无犯舍罪。（卷上，《大正藏》第二十三卷，第 1052 页下—第 1053 页上）

本书的主题为“皮革事”，但所述也有一些是超出“皮革事”，而涉及其他一些戒律事项和规定的，如卷下说，“若苾刍坐卧高大床者，得越法罪”（见第 1054 页上）；“不得触女人身分，若触者，得越法罪。……若有死难，须可救之”（见第 1055 页上）等。与《十诵律》卷二十五《皮革法》相比，本书只有少量的增补。

与本书相对应的律典，有藏文《大藏经》中的《律事》（又称《毗奈耶事》）第五事《皮革事》。

第七品　唐义净译《根本说一切有部毗奈耶药事》十八卷

《根本说一切有部毗奈耶药事》，又称《毗奈耶药事》，十八卷。唐义净译，大周证圣元年（695）至唐景云二年（711）译出。唐圆照《贞元新定释教目录》卷二十三著录。载于《丽藏》“济”至“弱”函、《频伽藏》“寒”帙，收入《大正藏》第二十四卷。

本书是后期说一切有部所传的饮食医药制度及其解释，为该部派广律中“律事”的组成部分之一。内容大致相当于《十诵律》卷二十六《医药法》、巴利文《律藏》中《药犍度》的增广。全书虽有十八卷，但真正叙述佛教有关僧众饮食医药方面的内容的，主要集中在卷一、卷二两卷。其余各卷，绝大多数篇幅都是叙述佛在各地的游化，佛的大弟子和世俗信众的事迹，以及由此追述相关人物和事情的往世因缘的，于中也有一些饮食医药的叙述，但只是零星地提到而已。

书中主要叙述：比丘可食用“四种药”，“一时药、二更药、三七日药、四尽寿药”；“时药”，指的是“麨”（指炒熟的米麦粉）、“饼”、“麦豆饼”、“肉”、“饭”五种食物；“更药”，指的是“招者浆”、“毛者浆”、“孤洛迦浆”、“阿说他果”、“乌昙跋罗”、“钵鲁洒”、“篾栗坠浆”、“渴树罗浆”八种浆；“七日药”，指的是“酥”（包括生酥、熟酥）、“油”、“糖”、“蜜”、“石蜜”；“尽寿药”，指的是“根药”、“茎药”、“叶药”、“花药”、“果药”等；比丘不得食“人肉”、“象肉”、“马肉”、“龙肉”；比丘可受取“饭米、生菜、花、果、鱼肉等”，“自煮而食”等。如关于“尽寿药”，说：

> 尽寿药者，谓根、茎、叶、花、果。复有五种胶药、五种灰药、五种盐药、五种涩药。云何根药？谓香附子、菖蒲、黄姜、生姜、白附子，若更有余物，是此体例，堪为药者，随意当用。茎药者，栴檀香药、葛柏木、天木香、不死藤、小柏，若余体例，准前应用。叶药者，三叶，谓酸菜婆奢迦叶（此方无——原注）、纴婆（栋木是也——原注）、高奢得枳（此方无——原注），及以余类，准前应用。花药者，谓婆舍迦花、纴婆花、陀得鸡花、龙花、莲花，更有余类，应随所用。果药者，谓诃黎勒果、庵摩勒果、鞞酰得枳果、胡椒、荜茇，若有余类，准前应用。五种黏药者，所谓阿魏、乌糠、紫矿、黄蜡、安悉香。阿魏药者，谓阿魏树上出胶。乌糠者，谓娑罗树出胶。紫矿者，树枝上出汁。黄蜡者，谓蜜中残出也。安悉香者，树胶也。五种灰者，谓䅟麦灰、油麻灰、䅟麦麸灰、牛膝

草灰、婆奢树叶灰。五种盐者，谓乌盐、赤盐、白石盐、种生盐、海盐。云何五种涩药？谓阿摩罗木、楝木、赡部木、尸利沙木、高苫薄迦木。（卷一，《大正藏》第二十四卷，第1页中）

本书增广的那些非药事的内容，主要来自后期说一切有部所传的"四阿含经"，以及"四阿含经"以外的各种散本小乘经，特别是本生经。如本书卷八说："于诸有情，皆起慈悲，乃至蚊蚁，皆无害心（广如《长阿笈摩·戒蕴品》中说于庵婆娑婆罗门事——原注）。"（第35页上）"世尊至婆罗罗聚落，于此广说《四佛座经》。"（第35页下）"世尊到重毗罗聚落林中而住。此经广说，如《杂阿笈摩》。"（第37页上）"世尊于俱鲁城，人间游行，至大仓聚落，于此广说《护国苏怛罗经》。"（第37页中、下）卷十五说："于《中阿笈·摩僧祇得分药叉经》中广说，我于尔时，作一马王，名婆罗诃，而为利益化诸有情。"（第69页中）"更有无量因缘，并于《那迦药叉经》中广说。"（第72页中）"菩萨在不定聚时，生于雉身，如《雉本生经》中广说……生在象中，如《象本生经》中广说……生在龙趣，名曰瞩波龙子，于《龙本生经》中广说……作鹅王身，如《鹅本生经》中广说。"（第72页中、下）卷十八说："乃往古昔，于无比聚落，有一陶师，名曰喜护，广如《中阿笈摩·王法相应品》中说。"（第96页中）

本书卷九还提到古印度犍陀罗国贵霜王朝第三代国王迦腻色迦王（又称"迦尼色迦王"，约128年—152年在位）。说："佛言：我灭度后，迦尼色迦王（此云净金——原注）于此童子戏造塔处，建大窣堵波，号曰迦尼（上声——原注）色迦塔，广作佛事。"（第41页中、下）迦腻色迦王是佛灭后四百年时人，他是一个以弘持佛教著称的国王，与阿育王（前268—前232年在位）

并称为二大护法君主。相传在他的支持下，以世友为首的五百比丘，在迦湿弥罗举行了一次有名的三藏结集大会，传今的说一切有部论书《大毗婆沙论》二百卷就是在当时编集而成的。《大唐西域记》卷三等记载了迦湿弥罗结集的情况，但没有明确它是第几次结集。而一些藏传佛教史书，如元代布顿《佛教史大宝藏论》、明代多罗那他《印度佛教史》等都明确地将迦湿弥罗结集称为“第三次结集”，并认为具体的结集地点是在迦湿弥罗的恭巴寺或耳严林寺（由于“迦湿弥罗结集”按时间顺序，排在南传佛教所说的“华氏城结集”，即阿育王时，以目犍连子帝须为首的一千比丘于华氏城举行的结集之后，故近人也有将它称为“第四次结集”的，但北传佛教无“华氏城结集”之说）。因此，本书很可能是与《大毗婆沙论》等同期成立的，在时间上要晚于其他广律中的《药犍度》。

与本书相对应的律典，有藏文《大藏经》中的《律事》（又称《毗奈耶事》）第六事《药事》。

第八品　唐义净译《根本说一切有部毗奈耶羯耻那衣事》一卷

《根本说一切有部毗奈耶羯耻那衣事》，又称《毗奈耶羯耻那衣事》，一卷。唐义净译，大周证圣元年（695）至唐景云二年（711）译出。唐圆照《贞元新定释教目录》卷二十三著录。载于《丽藏》“绮”函、《频伽藏》“寒”帙，收入《大正藏》第二十四卷。

本书是后期说一切有部所传的羯耻那衣（又称“迦絺那衣”、“功德衣”，指赏与坐夏僧众、象征五项权利的法衣）制度及其解释，为该部派广律中“律事”的组成部分之一。内容大致相当于《十诵律》卷二十九《迦絺那衣法》。主要叙述：

僧众于夏安居结束之日“张羯耻那衣”(即“受羯耻那衣”)(经五个月后“出羯耻那衣”,即“舍羯耻那衣”)的由来;“张羯耻那衣”(又称“受功德衣”)的功德利益;“张羯耻那衣”之前,应先作羯磨推选“张羯耻那衣人”(又称“受功德衣人”),由他代表僧众集体受领羯耻那衣;有五种人“不成张衣”(指五种人不得“受功德衣”,即“无夏人、破夏人、后夏人、求寂人、张衣之时不现前者”),五种人“但得财利,而无饶益”(指“无夏、破夏、后夏、求寂、不现前人”),五种人“利益俱无”(指“不见罪被举人、重犯被举人、不舍恶见被举人、余处坐夏人、僧破已后非法律人”);“不合作羯耻那诸衣”(指不适合作功德衣的衣服,有“疏薄衣、恶衣、多结衣、纻麻衣、缭缘衣、破故衣、犯舍衣、死人衣”等);“八种出羯耻那衣相”(指八种“舍功德衣”、不再享有“受功德衣”权利的情况)等。如关于“张羯耻那衣”的由来和功德利益,说:

> 尔时,佛在室罗筏城逝多林给孤独园。时有众多苾刍,在自来城三月坐雨安居已,各持衣钵,诣世尊所。路逢泥雨,困于暑热,野草割身,遍皆流汗。……世尊闻已,作如是念:……我今宜可令诸苾刍,得安乐住,并诸施主福增长,故听诸苾刍张羯耻那衣。张此衣时,有五胜利。一无过十日犯;二无过一月犯;三无过经宿离衣犯;四唯著上下二衣,得人间游行;五得随意多畜长衣(指“三衣”以外的多余的衣服)。复有五种饶益。一得别众食;二得数数食;三俗家不请,得往受食;四得随意多求衣;五始从八月半,至正月半时,经五个月所得财物,皆是羯耻那衣利养。如是开(指开许)时,令诸弟子,得安乐住。即告诸苾刍:欲令汝等,得安乐住,并诸施主福增长故,雨安居众,张羯耻那衣,获多利

益,如前十种。(《大正藏》第二十四卷,第97页中、下)

与《十诵律》卷二十九《迦絺那衣法》中有关"舍迦絺那衣"的各种情况叙列繁多相比较,本书有关"出羯耻那衣相"(指"舍功德衣")的条款较为简略,只有"八种出羯耻那衣相"一项,即"决去失"、"不定失"、"决定失"、"失去失"、"闻出失"、"出界疑失"、"望断失"、"同心出",书中对此一一作了解说,简洁明了。

与本书相对应的律典,有藏文《大藏经》中的《律事》(又称《毗奈耶事》)第八事《迦絺那衣事》(又称《羯耻那衣事》)。

第九品　唐义净译《根本说一切有部毗奈耶破僧事》二十卷

《根本说一切有部毗奈耶破僧事》,又称《毗奈耶破僧事》,二十卷。唐义净译,大周证圣元年(695)至唐景云二年(711)译出。唐圆照《贞元新定释教目录》卷二十三著录。载于《丽藏》"扶"至"倾"函、《明藏》"乐"至"殊"函、《频伽藏》"寒"帙,收入《大正藏》第二十四卷。

本书叙述后期有部所传的佛陀传记,提婆达多"破僧"(指破坏和合的僧团)的始末经过,以及佛就此制定的相关的规制,为该部派广律中"律事"的组成部分之一。其中,佛陀传记方面的内容,相当于北宋法贤译《众许摩诃帝经》十三卷(此书属于"四阿含"以外小乘经中"佛传"类经典);提婆达多破僧事方面的内容,大致相当于《十诵律》卷三十六至卷三十七《调达事》的增广(其中穿插了大量的本生故事)。

(一) 佛陀传记(卷一至卷九)。主要内容有:

释迦族的起源和繁衍；释迦牟尼降生、受学、习艺、娶妃、游观、出家、修行（“六年苦行”）和成道的经历；佛成道后，度憍陈如等五人、耶舍等五人、波罗痆斯城豪族之子五十人、优楼频螺迦摄三兄弟及其弟子一千人出家的事迹；摩揭陀国频毗娑罗王（又称“影胜王”）将王舍城羯兰铎迦竹园（又称“迦兰陀竹园”）献与佛，憍萨罗国室罗筏城（又称“舍卫城”）给孤独长者、胜军王（又称“波斯匿王”）的誓多太子（又称“逝多”、“祇陀”）将誓多林给孤独园（又称“祇树给孤独园”）献与佛，成为佛教最早的两大精舍的经过；佛于成道后六年（其时已出家十二年），首次返回家乡劫比罗城（又称“迦毗罗卫城”，“世尊六年苦行，成觉之后更住六年，满十二岁重还于此”），父王净饭王敕令“城内家家一子（每家出一子），随佛出家”，佛由此而度释种五百人出家，其中有无灭（又称“阿那律”）、天授（又称“提婆达多”）、邬波离（又称“优波离”）等。如关于佛度邬波离出家之事，说：

尔时，世尊告具寿（又称“长老”）大目揵连，汝可告诸苾刍，世尊欲往劫比罗城，父子相见。汝可著衣持钵，若有乐见者，当共汝去。……时王（指净饭王）呼邬陀夷（又称“优陀夷”），乃至击鼓鸣捶，宣王教令，普使投劫比罗城内家家一子，随佛出家。……尔时，父王敕邬波离（王宫剃发师），汝往尼拘陀园，为彼释种（指释迦族）贤王（指跋提，南传巴利文《律藏·破僧犍度》说“尔时，释氏跋提王统治释迦族”）等五百人剃除须发。……时邬波离即便思惟：五百释种尊贵如是，尚舍国城、妻子、珍宝、衣服，剃发出家，况我种姓卑族昔来供事。……我若不是卑族，亦合出家得阿罗汉果。……时舍利子（又称“舍利弗”）语邬波离言：佛正法中，不简卑族及少闻等，但依佛教修持净戒，威仪无缺，便得出家，是佛正法。……时舍利子，与邬波离俱往佛所。……世尊告言：善来，应修梵行。尔时，世尊作是语已，时邬波离须发自落，法服著身。……五百贤王释种，依佛正法白四羯磨，既出家已，还归佛所，礼世尊足。如是次第，礼诸苾刍，至邬波离所。是时贤王见邬波离足，既见识已，端身瞻视告世尊曰：此邬波离，是我给侍，合顶礼不？世尊答曰：汝善男子，出家之法，应当降伏我慢之心。以是义故，听邬波离于先出家，是故汝等应当顶礼。尔时，贤王受佛教已，摧伏我慢，礼邬波离足。（卷九，《大正藏》第二十四卷，第144页上—第146页上）

本书卷九在叙述天授（即"提婆达多"）出家事时说，"净饭（王）有教，敕诸释种家，各许度一人"的敕令下达后，无灭（即"阿那律"）首先决定出家，并将此事告诉好朋友贤王（即"跋提"），贤王愿意放弃王位的继承，与无灭一起出家，但担心他出家后，王位将由天授继承，天授品行不好，这对释迦族不利，故商定劝天授共同出家。"王（指跋提）言：童子（指阿那律），我若随汝出家，天授当为释种王，与诸释种极为大患，可共相劝天授，同共出家"（第145页上）。而天授考虑到他若不答应，则贤王就不肯出家，将王位让出来，"我报言不出家者，贤释种王（指跋提）亦不出家，我设方便，应当诳彼"（同上），因而言不由衷地答应共同出家。这就为他后来所做的破僧事，留下了伏笔。

另外，本书卷十一叙述憍陈如等"五苾刍"、佛"受六年苦行"的往世因缘；卷十二叙述耶输陀罗（又称"瞿波"，佛之妻）、罗怙罗（又称"罗睺罗"，佛之子）、那地迦村最胜蜜比丘的往世因缘；卷十三叙述邬波离、阿难陀（又称"阿难"，提婆达多之弟）的往世因缘，内容上也属于佛陀传记的一部分，只是被本书的编集者穿插在后面将叙的提婆达多破僧事之中罢了。

（二）提婆达多破僧事（卷十至卷二十）。主要内容有：

提婆达多拳打嗢钵罗色（又称“青莲花色”）比丘尼，致其命终，佛由此而说“提婆达多所有善根，从斯断绝”；提婆达多别立“五法”（指不食“奶酪”、不食“鱼肉”、不食“盐”、“受用衣时留长缕绩”、“住村舍内”），与佛分庭抗礼；佛说，比丘一人乃至八人，“不能破僧”，九人或九人以上（“至九或复过斯”），“有两僧伽”（指同一界内的僧众分作两个僧团），“作其羯磨，并复行筹”（用别作羯磨、投筹表决的方式通过非法的决议），才称为“破僧”（此指“破法轮僧”）；提婆达多通过显现“神通”，取得摩揭陀国频毗娑罗王的太子未生怨（又称“阿阇世”）的崇信，未生怨每天煮五百釜饮食，供养提婆达多及其徒众，佛指出，提婆达多这种贪图利养的行为，既“自害”，又“兼害”（害他）；提婆达多率领四个伴党（指“迦利迦”、“褰荼达骠”、“羯咤谟洛迦底沙”、“三没罗达多”，南传巴利文《律藏 · 破僧犍度》作“俱伽梨、迦留罗提舍、乾陀骠、三闻达多”）往诣佛所，以“世尊今既年老力弱，为四众说法劳苦”为由，当面要求“世尊不如与我徒众，我自教示而为说”，即由他代替佛，来统领僧众，遭到拒绝。

佛就提婆达多破僧、他的四个伴党帮助破僧事，制立相应的戒条（即“破僧违谏学处”、“随顺破僧违谏学处”，又称“破僧违谏戒”、“助破僧违谏戒”）；佛对僧众说提婆达多“无恩无报”的种种前世行事；未生怨太子在提婆达多的怂恿下，囚闭频毗娑罗王并将他饿死，篡逆自立；未生怨王即位以后，提婆达多对他说“我今立汝为王，汝可立我为佛”，想方设法“欲杀沙门乔答摩（指佛）”，如在鹫峰山上“以石击打如来”、放醉象“践踏乔答摩”等，均告失败；大目犍连、舍利弗趁提婆达多卧睡之机，对其徒众说法劝化，使他们回归佛所；佛对未生怨王说法，使之皈依佛门等。如关于“破僧”，说：

何谓破僧？若一苾刍，是亦不能破僧伽也。若二、若三，乃至于八，亦复不能破和合众。如其至九，或复过斯，有两僧伽，方名破众，作其羯磨，并复行筹。何谓羯磨？即如提婆达多于诸苾刍，告令教诲，制其学处：汝等苾刍，须知有其五种禁法。何谓为五？具寿（又称“长老”），若有苾刍，不居阿兰若，是则清净，是则解脱，是正出离，超于苦乐，能得胜处。如是，于树下坐、常行乞食、但畜三衣、著粪扫服。……若具寿、诸苾刍众忍此五种胜上禁法，是清净，是解脱，是出离者，应可远彼沙门乔答摩（佛），应可离彼，与其别居，不应亲附。此是其白，如是羯磨，准白应为。云何行筹？即如提婆达多于诸苾刍，告令教诫，制诸学处：具寿，有五胜法，是则清净，是则解脱，是正出离，超越苦乐，能得胜处。……若具寿、诸苾刍忍此五种胜上禁法，是清净，是解脱，是出离者，应可远彼沙门乔答摩，应可离彼，与其别住，不应亲附。应可受筹。提婆达多并身第五，而受筹者，是名受筹。（卷十一，第153页中、下）

本书的特点是本生故事多。凡是当时发生的事情，都必定要追溯它的往世因缘，以说明事出有因，不仅今生今世是如此，而且前生前世也是如此。所追溯的往世因缘，由于基本与佛和弟子有关，故大多为本生故事。据学者统计，部派佛教所传的律典中，叙及本生故事最多的是《摩诃僧祇律》，有五十三则；其次便是本书，有四十八则（见印顺《原始佛教圣典之集成》）。《大毗婆沙论》卷一百二十六在解释什么是“本生经”时，举的也是本书的例子。说：“本生云何？谓诸经中宣说过去所经生事，如熊、鹿等诸本生经，如佛因提婆达多说五百本生事等。”（《大正

藏》第二十七卷，第600页上）

以本书卷十五、卷十六为例，佛为了说明提婆达多“无恩无报”，“非为今时无恩无报，从昔已来，亦无恩无报”，一连列举了十则本生故事。在第一则中，佛为“往昔仙人”，提婆达多为“往昔象”；第二则中，佛为“尔时鹿王”，提婆达多为“时无恩溺人”；第三则中，佛为“往昔猕猴王”，提婆达多为“花鬘恶人”；第四则中，佛为“往时啄木鸟王”，提婆达多为“彼无恩师子王”；第五则中，佛为“往昔熊”，提婆达多为“昔采樵恶人”；第六则中，佛为“往昔熊”，提婆达多为“时采樵人”；第七则中，佛为“彼国王”，提婆达多为“彼时病人”；第八则中，佛为“善行王子”，提婆达多为“恶行者”（以上见卷十五）；第九则中，佛为“往昔时小枝者”，提婆达多为“其女人者”；第十则中，佛为“尔时舍子王者”，提婆达多为“时婆罗门者”（以上见卷十六）。另外，隔了一些章节，卷十七也有二则有关提婆达多“无恩无义”的本生故事。这说明，律典中的本生故事，有很多是因提婆达多破僧事演绎而来的。

与本书相对应的律典，有藏文《大藏经》中的《律事》（又称《毗奈耶事》）第十七事《破僧事》。

第十品　唐义净译《根本说一切有部毗奈耶杂事》四十卷

附：唐义净译《根本说一切有部毗奈耶杂事摄颂》一卷

《根本说一切有部毗奈耶杂事》，又称《毗奈耶杂事》，四十卷。唐义净译，景龙四年（710）译出。唐智升《开元释教录》卷九著录。载于《丽藏》“殊”至“礼”函、《宋藏》“贵”至“别”函、

《金藏》“殊”至“礼”函、《元藏》“贵”至“别”函、《明藏》“以”至“去”函、《清藏》“以”至“去”函、《频伽藏》“寒”帙，收入《大正藏》第二十四卷。

本书是后期说一切有部所传的僧众日常生活杂事制度及其解释，兼及佛陀晚年的行历和第一、二次结集的经过，为该部派广律中“律事”的组成部分之一。全书分为八门（相当于八章），其中，第一门至第八门“第十子摄颂”的初首部分（卷一至卷三十五前部分），内容大致相当于《十诵律》卷三十七至卷四十一《杂诵·杂法》的增广；第八门“第十子摄颂”的中间部分（卷三十五后部分至卷三十九前部分），内容大致相当于《长阿含经》卷二至卷四《游行经》（为小乘《涅槃经》）；第八门“第十子摄颂”的末尾部分（卷三十九后部分至卷四十终），内容大致相当于《十诵律》卷六十至卷六十一《五百比丘结集三藏法品》、《七百比丘集灭恶法品》（叙说第一、二次结集）。书首有短序，说：“此《杂事》四十卷中，总有八门。以大门一颂（指一首），摄尽宏纲。一一门中，各有别门，总摄乃有八颂，就别门中，各有十颂，合九十颂，并内摄颂，向有千行。若能读诵忆持者，即可总闲其义。”（《大正藏》第二十四卷，第207页上）

本书的体例是摄颂（撮取长行关键词而成的偈颂，相当于大纲）与长行（叙事性的散文，相当于细述）的组合。其中，摄颂分“大门总摄颂”、“别门总摄颂”、“子摄颂”、“内摄颂”四级，每一首偈颂一般为五言四句，个别也有多于四句的。（1）“大门总摄颂”。指全书的“总摄颂”（选取八门“别门总摄颂”中每一首偈颂开头的二三字而成，相当于全书的大纲）。（2）“别门总摄颂”。指全书八门的每一门都有一首摄颂（选取下属十首“子摄颂”中每一首偈颂开头的一二字而成，相当于每一章的大纲），始“别门第一总摄颂”（又称“第一门总摄颂”），终“第八门总摄颂”。(3)“子摄颂”。指每一“别门”均下列十个子项(相当于十节),每一子项均有一首摄颂(选取下属长行所叙的事项而成,相当于每一节的大纲),分别称为“第一子摄颂”乃至“第十子摄颂”,每一首“子摄颂”之下,为相关的叙事性的长行。(4)“内摄颂”。只有本书第六门、第八门才有,因为此二门分别为十二卷和八卷,内容繁多,单凭十首字数有限的“子摄颂”,难以概括所述的主要事项,故每一首“子摄颂”之下,又分列了若干“内摄颂”,加以细化。

(一)第一门(卷一至卷六)。所叙的律事有:比丘不应“以砖揩身”、“以白灰抹其额上,以为三画”、“以牛黄点额”、“身著涂香”、“以手打柱”、“身安梵线”、“以五色线系臂”、“著诸璎珞庄严手足”、“著指环及宝庄饰”;“剪爪之法”;允许食用余甘子、诃梨勒、毗醯勒、毕钵梨、胡椒“五种果”(以上卷一);王舍城火生长者的因缘故事(卷二至卷三);允许蓄用“铁作具”(补钵用)、“刀子”(裁衣用)、“针”(缝衣用)、“针筒”;不应“照镜”、“梳头”、“留长发”;应作“浴室”(以上卷三);对无根据地毁谤清净比丘犯“波罗夷罪”的俗家,僧众应作“覆钵羯磨”,“不往其家”、“不受饮食”、“不为说法”,如若对方道歉改过,可作“仰钵羯磨”,恢复往来;比丘不应以自断“生支”(指男根)的方式,断除淫欲,而应“作不净观,屏息淫情”;不应“习学歌舞”;善和比丘的因缘故事(以上卷四);应蓄“水罗”(指漉水囊,即滤水去虫的布袋)、“洗浴衣”;牛主比丘的因缘故事(以上卷五);允许蓄用“拂蚊子物”、“柱杖”、“网络”;不应“啖蒜”(以上卷六)等。如关于允许蓄用“拂蚊子物”,说:

> 缘在广严城猕猴池侧高阁堂中。时诸苾刍为蚊虫所食,身体患痒,爬搔不息。俗人见时,问言:圣者,何故如

是？以事具答。彼言：圣者，何故不持拂蚊子物？答言：世尊不许。广说如前，乃至以缘白佛。佛言：我今听诸苾刍畜（蓄）拂蚊子物。是时，六众（指佛在世时结群行恶的“六群比丘”）闻佛许已，便以众宝作柄，用牦牛尾而为其拂。俗人既见，广说如前，乃至佛言：有其五种袪蚊子物。一者捻羊毛作，二用麻作，三用细裂叠布，四用故破物，五用树枝梢。若用宝物，得恶作罪。（卷六，第229页中）

（二）第二门（卷六至卷十二）。所叙的律事有：比丘不应“多人同一床卧”；不应“披俗人衣”、“长作伞柄”；“明慧者”方可习学“外典”（指佛教以外的世俗典籍）；比丘不应“歌咏引声而诵经法”（以上卷六）；不应“焚烧林野”、“无依止师人间游行”、“随地而置其钵”（以上卷七）；憍萨罗国（又称“舍卫国”）胜光王（又称“波斯匿王”、“胜军王”）和胜鬘夫人（又称“末利夫人”，迦毗罗卫国释迦族摩诃男的婢女）皈信佛教，而他们的儿子恶生太子（又称“琉璃太子”）因幼时曾遭释迦族人的侮辱（说他“婢儿”，即婢女之儿子），篡逆即位后，兴兵诛灭释迦族的故事（卷七至卷九）；对犯波罗夷罪中的“淫戒”后发露忏悔、不愿还俗的比丘，应作“终身学处”（又称“波罗夷学悔羯磨”），允许他以“授学人”（相当于沙弥）的身份留在僧团；允许年老或有病的比丘“乘舆”；厕所“应在寺后西北隅作”；乔答弥（又称“瞿昙弥”，即佛的姨母摩诃波阇波提）及五百比丘尼入涅槃的故事；造比丘寺，“僧房应作五层，佛殿应作七层，门楼七层”，造尼寺，“房应三层，佛殿五层，门楼五层”（以上卷十）；难陀（佛的同父异母的弟弟）出家修行，佛为之说《入胎经》的故事（卷十一至卷十二）等。如关于“终身学处”，说：

缘在室罗伐城。有一苾刍名曰欢喜，住居兰若寂静之处，常乐坐禅。……后于异时，复欲入定，魔女还来坐其膝上。……染心既生，便共行欲。于时，欢喜共行淫已，如毒箭入胸，心怀忧念。……复作是念：我实无有覆藏之心，宜往佛所，具说斯事，若有轨式，仍得出家者，当如法行。若其不然，后当还俗。……尔时，世尊告诸苾刍曰：汝等当知欢喜苾刍，虽犯净戒，无覆藏心，非波罗市迦。汝等应与欢喜终身学处，更有此类，亦当授与。……授学苾刍，不应受住本性善苾刍（指清净比丘）恭敬礼拜、逢迎合掌。不同一座，凡坐之时，应在卑座。不同经行，设有同行，应退一步。……不同室宿。不与他出家并受近圆，不受他依止，不畜求寂（指沙弥），不作单白、白二、白四羯磨，不应差作秉羯磨人，亦不差教诫苾刍尼。……不同长净（指"说戒"）及随意（指"自恣"）事。每至晨朝，常须早起，开诸门户，收举灯台，洒扫房院。……食若了时，为收毡席，所有食器，置于本处，扫洒食处。（卷十，第245页上、中、下）

（三）第三门（卷十三至卷十五）。所叙的律事有：可取竹片量截"支伐罗"（指"三衣"、"袈裟"）的长条、短条和叶相；夜里诵经可作灯笼；嚼齿木有"五胜利"（指"能除黄热"等）；"五种诃法"（指"不共语"等）；啖食时应留一抄食施畜生（指犬、鸟等，以上卷十三）；扫地有"五胜利"（指"自心清净"等）；比丘不应令他人洗浣衣服（以上卷十四）；"二种敬礼"（指"五轮著地"、"两手捉腨"）；允许蓄用"剃发刀"和"杂所须物"（以上卷十五）等。如关于"五种诃法"，说：

佛告阿难陀：苾刍但于己房可得为主，非于寺内，不应驱他苾刍令出寺外。违者得越法罪。世尊既制不驱苾刍令出寺外，时诸苾刍于弟子门人，皆不敢诃责，遂慢法式，不肯奉行。佛言：应须诃责。苾刍不知云何诃责？佛言：有五种诃法。一者不共语，二者不教授，三者不同受用，四者遮其善事，五者不与依止。言不共语者，谓不共言语、所有问答。言不教授者，于利害事，皆不教诏。言不同受用者，所有供承，皆不应受，衣食及法，亦不交通。言遮善事者，所有修行善品胜事，皆不令作。言不与依止者，谓绝师徒相依止事，不共同房。如佛所言应诃责者，苾刍于事不为简择，即便诃责。佛言：不应随事即为诃责，若有五法，方合诃之。云何为五？一者不信，二者懈怠，三者恶口，四者情无羞耻，五者近恶知识。时诸苾刍具此五法，方始诃责，若不具五，即不诃责。佛言：五法之中，随有一时，即须诃责。……苾刍不合诃责而诃责者，得越法罪。应合诃责而不诃责，亦越法罪。不合容舍而容舍者，得越法罪。应合容舍而不容舍，亦越法罪。（卷十三，第265页中—第266页上）

（四）第四门（卷十五至卷十七）。所叙的律事有：说戒时，上座应常诵，“（第一）上座不能，可令第二（上座），第二不能，令第三（上座）作”，乃至“苾刍应作番次说戒”（以上卷十五）；舍利子（指舍利弗）以清净事调伏婆罗门的故事；明月比丘尼“一闻便领”的故事；弟子门人，“每日三时，须就二师（指亲教师、依止师）而申礼敬”（以上卷十六）；寺中可绘彩画，“宣扬法要”；出家者须备“六物”（指“三衣、敷具、钵及水罗”）；栽树法（以上卷十七）等。如关于寺中可绘彩画，说：

给孤长者施园之后，作如是念：若不彩画，便不端严。佛若许者，我欲庄饰。即往白佛。佛言：随意当画。闻佛听已，集诸彩色，并唤画工。报言：此是彩色，可画寺中。答曰：从何处作，欲画何物？报言：我亦未知，当往问佛。

佛言：长者，于门两颊，应作执杖药叉，次傍一面，作大神通变。又于一面，画作五趣生死之轮。檐下，画作本生事。佛殿门傍，画持鬘药叉。于讲堂处，画老宿苾刍宣扬法要。于食堂处，画持饼药叉。于库门傍，画执宝药叉。安水堂处，画龙持水瓶，著妙璎珞。浴室、火堂，依天使经法式画之，并画少多地狱变。于瞻病堂，画如来像躬自看病。大小行处，画作死尸，形容可畏。若于房内，应画白骨髑髅。是时，长者从佛闻已，礼足而去，依教画饰。（卷十七，第 283 页上、中）

（五）第五门（卷十八至卷十九）。所叙的律事有：比丘身死，可“焚烧”，或“弃河中”，或“穿地埋之”；佛在世时，大目乾连遭执杖外道毒打，“遍身支节，悉皆烂熟，碎如捶苇”，不久，他与舍利子相继入涅槃的故事（以上卷十八）；佛成道后，在婆罗痆斯仙人堕处施鹿林，对五比丘“三转十二行相法轮”的故事；毗奈耶“略教”；“用水应滤”；比丘不应在界外“与欲”、“与清净”、“作随意事”；不应“咒誓”、“赌物”、“故作恼众僧事”（以上卷十九）等。如关于毗奈耶“略教”，说：

佛在俱尸那城壮士生地娑罗双树间。尔时，世尊临般涅槃，告诸苾刍曰：我为汝等已广宣说毗奈耶藏，未曾略说。我今更为说其略教，汝等应可谛听善思，至极作意。汝等苾刍，或时有事，我从先来，非遮非许，然于此事，若违不清净、顺清净者，此即是净，应可行之。若违清净、顺不清净者，此是不净，即不应行。此可奉持，勿致疑惑。（卷十九，第 293 页上）

（六）第六门（卷二十至卷三十一）。所叙的律事有：比丘不应用“五猛兽皮”（指“象、马、师子、虎、豹”）；佛降生至成道的故事(以上卷二十);大迦多演那比丘的故事(以上卷二十一);嗢逝尼国猛光王(又称“迦旃延那王”)的故事(卷二十一至卷二十四);有“二种鄙恶”(指“种族鄙恶”、“形相鄙恶”)者,不应度与出家;“于经典”,“应写纸叶,读诵受持”(以上卷二十五);佛在室罗伐城显现“大神通”,并说前生为鞞提酰国满财城大药童子“智策过人”的故事(卷二十六至卷二十八);佛往三十三天,为天众说法的故事(以上卷二十九);佛因大世主乔答弥(指佛的姨母)出家,制立比丘尼“八尊敬法”的故事(卷二十九至卷三十);还俗比丘尼“不得出家”;瘦瞿答弥比丘尼(比丘尼中“持律第一”)的故事;比丘尼“不应诃骂五众”(指“苾刍、苾刍尼、正学女、求寂男、求寂女”,即比丘、比丘尼、式叉摩那、沙弥、沙弥尼)(以上卷三十);勿令比丘尼“蹲踞”(以上卷三十一)等。如关于瘦瞿答弥比丘尼对尼众的说法,说:

> 时诸释女苾刍尼……往问圣者瘦瞿答弥……白言:圣者,欲心烦恼,实难禁制,常恼女人,我等云何方便能止?(瘦瞿答弥)报言:诸妹,勿道欲名,何以故?其味甚少,过患极多。如世尊说,诸有智人,于淫欲处,知有五失,故不应为。云何为五?一者观欲少味多过,常有众苦。二者行欲之时,常被缠缚。三者行欲之人,永无厌足。四者行欲之人,无恶不造。五者于诸欲境,诸佛世尊,及声闻众,并诸胜人得正见者,以无量门说欲过失,是故智者不应习欲。又复智人知出家者,有五胜利。云何为五?一者出家功德,是我自利,不共他有。……二者自知我是卑下之人,被他驱使,既出家后,受人供养、礼拜、称赞。……三者从此命终,当生天上,离三恶道。……四者由舍俗故,出离生死,当得安隐无上涅槃。……五者常为诸佛,及声闻众、诸胜上人之所赞

叹,是故智者应求出家。(卷三十,第357页上、中)

(七) 第七门(卷三十一至卷三十三)。所叙的律事有:诃利底药叉女的故事(卷三十一);比丘尼"不应住阿兰若","应居寺内修习";比丘尼不应向比丘"发露说罪","宜于清净苾刍尼边说罪";法与比丘尼("说法尼中最为第一")的故事(以上卷三十二);比丘尼"不应独令他人剃发";比丘尼"不应以寺赁与俗人"(以上卷三十三)等。如关于比丘尼"不应住阿兰若"等事,说:

佛在王舍城竹林园。于此城中,有一淫女名莲华色(又称"莲花色"),炫色为业,以自活命。时有婆罗门来告言:少女好不?汝可与我行欢爱事。报曰:汝有钱不?答言:我无。女曰:可去觅钱后来相见。答言:我觅。便往南方随处经纪。……时莲华色,由依尊者目连善知识故,因即出家、近圆(指受具足戒),得阿罗汉果。随情所乐,出王舍城,向室罗伐。尔时,世尊未遮苾刍尼住阿兰若。时莲华色遂往暗林,于闲静处宴坐入定,受解脱乐。时婆罗门持五百金钱……便往就报言:少女,先有诚言,今持钱至,汝可与我共为欢乐。(莲华色)报言:婆罗门,我已弃舍罪恶之业,汝今宜去。报言:少女,汝虽舍我,我不舍汝,宜可起来,必不相放。报言:汝于我身何处支体,偏生爱乐?答曰:我爱汝眼。(莲华色)即以神力,抉其两眼,而授与之。时婆罗门便作是念:此秃沙门女,能作如是妖术之法。拳打尼头,弃之出去。即以此缘,告诸尼众,尼白苾刍,苾刍白佛。佛作是念:由苾刍尼住阿兰若,有如是过,自今已后,苾刍尼不应逐静在暗林中及空野处。若有住者,得越法罪。……苾刍尼应居寺内修习。……不应城外安置尼寺,

应在城中。(卷三十二,第363页中、下)

(八)第八门(卷三十三至卷四十)。所叙的律事有:比丘尼不得“结花鬘”,为“三宝事”除外;比丘尼不得自蓄“铜钵”;“不许尼作医巫”(指“占相疗疾”,以上卷三十三);比丘尼不得蓄用“琉璃杯”;比丘不应以杖打狗,“应举怖之”;住阿兰若比丘“须贮水火”、“食留少许”、“须识星辰”、“知时节方隅所在”、“善闲经律论”;佛对婆罗门妙花的弟子树生说释迦氏族的来源(以上卷三十四);比丘“不应非处住立”(指“唱令家、淫女家、沽酒家、王家、旃荼罗家”);凡是客僧来入寺者,应先“礼谒当处老宿四人”;“弟子门人供事之法”(以上卷三十五);佛晚年的行历、教化以及入灭前后的情况(卷三十五至卷三十九);“五百结集”(即“第一次结集”)、“七百结集”(即“第二次结集”)的情况(卷三十九至卷四十)等。如关于在王舍城举行的“五百结集”的大会上,优波离诵出“律藏”的情况,说:

> 尔时,迦摄波(指大迦叶)告邬波离(指优波离)曰:世尊于何处,制第一学处?邬波离以清彻音答曰:世尊于波罗痆斯。(大迦叶问)此为谁说?(优波离答)即五苾刍。(问)其事云何?(答)谓齐整著裙,不太高、不太下,应当学。……(大迦叶)复告邬波离:世尊何处说第二学处?时邬波离以清彻音答曰:于婆罗痆斯。(问)此为谁说?(答)即五苾刍。(问)其事云何?(答)谓齐整披三衣,应当学。……(问)世尊何处说第三学处?邬波离以清彻音答曰:于羯兰铎迦村。(问)此为谁说?(答)即羯兰铎迦子苏阵那苾刍。(问)其事云何?(答)谓若苾刍受禁戒,于余苾刍,乃至畜生行淫欲者,得波罗市迦罪(又称“波罗夷罪”),亦不得同住。……自余学处,世尊或于王宫、聚落,

为诸苾刍广制学处，时邬波离悉皆具说。诸阿罗汉既结集已，此名波罗市迦法，此名僧伽伐尸沙法，此名二不定法、三十舍堕法、九十波逸底迦法、四波罗底提舍尼法、众多学法、七灭诤法。此是初制，此是随制，此是定制，此是随听（指开许）。如是出家，如是受近圆（指受具足戒），如是单白、白二、白四羯磨，如是应度，如是不应度，如是作褒洒陀（指布萨），如是作安居，如是作随意（指自恣），及以诸事，乃至杂事。此是尼陀那、目得迦等。（卷四十，第407页下—第408页中）。

此中说的“第一学处”，指的是唐义净译《根本说一切有部毗奈耶》卷五十《众多学法》中说的“不齐整著裙学处”（又称“不齐整著内衣戒”）、“太高等著裙学处”（若细分，包括“太高”、“太下”、“象鼻”、“蛇头”、“多罗叶”、“豆团形”著裙学处等六条），“第二学处”，指的是“不齐整著三衣学处”（又称“不齐整著三衣戒”）；“第三学处”，指的是同书卷一《四波罗市迦法》中说的“不净行学处”（又称“淫戒”）。也就是说，本书认为，佛是先制立“众学法”，后制立“波罗夷法”的。这对于研究佛教戒律的形成过程，提出了值得重视的一种看法。

与本书相对应的律典，有藏文《大藏经》中的《律杂事》（又称《毗奈耶杂事》）。

唐义净译《根本说一切有部毗奈耶杂事摄颂》一卷

《根本说一切有部毗奈耶杂事摄颂》，又称《毗奈耶杂事摄颂》，一卷。唐义净译，景龙四年(710)译出。唐智升《开元释教录》卷九著录。载于《丽藏》“入”函、《宋藏》“奉”函、《金藏》

"入"函、《元藏》"奉"函、《明藏》"唱"函、《清藏》"唱"函、《频伽藏》"寒"帙，收入《大正藏》第二十四卷。

本书是《根本说一切有部毗奈耶杂事》中"摄颂"的摘编。书首有短序，其文与《杂事》的短序相同。《杂事》中的"摄颂"，原分"大门总摄颂"、"别门总摄颂"、"子摄颂"、"内摄颂"四级。本书将每一"别门"(共计八门)之下各自叙列的十首"子摄颂"("第一子摄颂"至"第十子摄颂")，以及"子摄颂"之下的"内摄颂"(仅第六门、第八门有)，全部合并在一起，使十首"子摄颂"合成一首"别门子摄颂"，故使"摄颂"的层次减为"大门总摄颂"、"别门总摄颂"、"别门子摄颂"三级。

所收的"大门总摄颂"有一首。其文为："砖石及牛毛，三衣并上座。舍利猛兽筋，笈多尼除塔。"(卷一，《大正藏》第二十四卷，第520页下)

"别门总摄颂"有八首。其文为："第一别门总摄颂曰：砖揩剪爪钵，镜生支蹈衣。水罗生豆殊，洗足裙应结。"(第520页下)"第二别门总摄颂曰(十行——原注；似指梵文行数)：牛毛并伞盖，披緂胜鬘缘。出家药汤瓶，门扇锤斤斧。"(第521页上)"第三别门总摄颂曰：三衣及衣架，河边造寺盐。拭面拭身巾，寺座刀应畜。"(第521页中)"第四别门总摄颂曰：上座及墙栅，缘破并养病。旃荼猪蔗寺，钵依栽树法。"(第521页中、下)"第五别门总摄颂曰：焚尸诘三转，舍堕我身亡。界苾刍不应，不合五皮用。"(第521页下)"第六门总摄颂曰：猛兽筋不应，灯光及勇健。驮索度尼法，因许乔答弥。尼不前长者，可与余卧具。不合辄溅水，是总颂应知。"(第522页上)"第七别门总摄颂曰：笈多尼不住，僧脚崎二形。道小羯磨沽，转根寺外石。"(第523页上)"第八门总摄颂曰：除塔忏门前，被差不应畜。不共女由妇，泻药三衣蛇。"(第523页上)

“别门子摄颂”也有八首。如第一门的“别门子摄颂”说：“砖揩石白土，牛黄香益眼。打柱等诸缘，璎珞即应知（以上原为“第一子摄颂”）。……结下裙不高，不持于重担。若病许杖络，服蒜等随听（以上原为“第十子摄颂”）。”（第520页下—第521页上）

由于“摄颂”是撮取长行所叙事项的关键词而成的韵句，它的撰作目的和作用是为了便于记诵，即以点带面，记住相关的长行。这一特性决定了“摄颂”字词的实际含义，体现在相关的长行中，只有通过对长行的阅读，才能真正弄明白。若无叙事性长行的配合，这“摄颂”也就成了无源之水、无本之木，令人费解了。

以前面引用的“大门总摄颂”为例。对照长行，才能了知，摄颂中的“砖石”，取于“第一别门总摄颂”的首句“砖揩剪爪钵”，指洗浴时用砖石擦身体，发出种种“五乐音声”（事见《根本说一切有部毗奈耶杂事》卷一）；“牛毛”，取于“第二别门总摄颂”的首句“牛毛并伞盖”，指用剪牛毛的剪刀（“牛毛剪”）剃发（事见《杂事》卷六）；“三衣”，取于“第三别门总摄颂”的首句“三衣及衣架”，指将布割裁成长短条，制作僧人的“三衣”（事见《杂事》卷十三）；“上座”，取于“第四别门总摄颂”的首句“上座及墙栅”，指每半月一次的布萨日说戒，首选“上座”充任说戒人（事见《杂事》卷十五）；“舍利”，取于“第五别门总摄颂”的首句“焚尸诘三转”，指比丘死后尸体应焚烧处置（事见《杂事》卷十八）；“猛兽筋”，取于“第六别门总摄颂”的首句“猛兽筋不应”，指不能用五种猛兽的皮或筋缝制鞋履（事见《杂事》卷二十）；“笈多尼”，取于“第七别门总摄颂”的首句“笈多尼不住”，指笈多比丘尼，佛允许她在作“与子同室宿羯磨”之后，与幼儿同一个房间住宿（事见《杂事》卷三十一）；“除塔”，取于“第八别门总摄颂”的首句“除塔忏门前”，指劫卑德比丘及其五百门徒，毁破比丘尼造的本胜比丘舍利塔（事见《杂事》卷三十三）。

由于本书只有“摄颂”，而无长行，故它必须与《根本说一切有部毗奈耶杂事》中的长行相配合，才有实际使用价值。

第十一品　唐义净译《根本说一切有部戒经》一卷

《根本说一切有部戒经》，又称《苾刍戒经》，一卷。唐义净译，景龙四年（710）译出。唐智升《开元释教录》卷九著录。载于《丽藏》“随”函、《宋藏》“外”函、《金藏》“随”函、《元藏》“外”函、《明藏》“初”函、《清藏》“初”函、《频伽藏》“寒”帙，收入《大正藏》第二十四卷。

本书是后期说一切有部的比丘（又译“苾刍”）戒经（又称“戒本”），系从梵本《根本说一切有部毗奈耶》比丘戒中摘录戒法条文，配以说戒仪轨（指程序和仪式）编集而成。全书共收录比丘戒“四波罗市迦法”（又称“四波罗夷法”、“四他胜法”）、“十三僧伽伐尸沙法”（又称“十三僧伽婆尸沙法”、“十三僧残法”）、“二不定法”、“三十泥萨祇波逸底迦法”（又称“三十尼萨耆波逸提法”、“三十舍堕法”）、“九十波逸底迦法”（又称“九十波逸提法”、“九十堕法”、“九十单提法”）、“四波罗底提舍尼法”（又称“四波罗提提舍尼法”、“四对说波罗底提舍尼法”、“四提舍尼法”、“四悔过法”）、“众多学法”（四十三条，其中有些是综合性的戒条，若分拆单列，则有九十五条）、“七灭诤法”八类戒法，总计一百九十三条（若将“众多学法”计作九十五条，则总计二百四十五条）。每类戒法均有撮略戒名或戒文关键词而成的“摄颂”，根据所收戒条的数目，少则一首（置于此类戒法的初首),多则数首(置于此类戒法的初首和中间,大多是每十条为一首颂)。此种"摄颂"体例为本书的一大特色,而为其他部派的比丘戒本所无。其初首有别解脱经偈、序言、集僧简众语、归敬偈;末尾有七佛略说戒经偈、流通偈。戒经序说:

> 大德僧伽(指大德僧)听,今僧伽(指僧)黑月十四日(或白月十五日——原注;古印度历法将每月的上半月称为"黑月"一日至十五日,相当于我国农历当月十六日至三十日;将每月的下半月称为"白月"一日至十五日,相当于农历次月初一至十五日)作褒洒陀(指布萨),若僧伽时至(指"僧时到"),听者僧伽应许(指与会僧众容许),僧伽今作褒洒陀,说波罗底木叉戒经。白如是(以上为说戒告白)。
>
> 诸大德,我今作褒洒陀,说波罗底木叉戒经,仁等谛听,善思念之。若有犯者,当发露,无犯者默然。默然故,知诸大德清净。如余问时,即如实答。我今于此胜苾刍众中,乃至三问,亦应如实答。若苾刍忆知有犯,不发露者,得故妄语罪。诸大德,佛说故妄语是障碍法。是故苾刍欲求清净者,当发露,发露即安乐。不发露,不安乐(以上为诫敕时众)。
>
> 诸大德,我已说戒经序,今问诸大德,是中清净不?(如是三说——原注)诸大德,是中清净,默然故,我今如是持(以上为三问清净)。(《大正藏》第二十四卷,第500页下—第501页上)

本书收录的比丘尼戒各个戒条,是用一句话或一段话来表述的,并无戒条的名称。今在解说时,依照《根本说一切有部毗奈耶》的戒名,予以标立,以便研习。

（一）四波罗市迦法。叙列“波罗市迦法”四条。有：“不净行学处”（又称“淫戒”，第一条）、“不与取学处”（又称“盗戒”，第二条）、“断人命学处”（又称“杀戒”，第三条）、“妄说自得上人法学处”（又称“大妄语戒”，第四条）。

（二）十三僧伽伐尸沙法。叙列“僧伽伐尸沙法”十三条。有：“故泄精学处”（又称“故出不净戒”，第一条）、“触女学处”（又称“摩触女人戒”，第二条）、“说鄙恶语学处”（又称“与女人粗恶语戒”，第三条）、“索供养学处”（又称“向女人索淫欲供养戒”，第四条）、“无根谤学处”（又称“无根波罗夷谤戒”，第八条）、“破僧违谏学处”（又称“破僧违谏戒”，第十条）、“污家学处”（又称“污家摈谤违谏戒”，第十二条）、“恶性违谏学处”（又称“恶性拒僧违谏戒”，第十三条）等。

（三）二不定法。叙列“不定法”二条。有：“屏处不定学处”（又称“屏处不定戒”，第一条）、“露处不定学处”（又称“露处不定戒”，第二条）。

（四）三十泥萨祇波逸底迦法。叙列“萨祇波逸底迦法”三十条。有：“有长衣不分别学处”（又称“畜长衣过限戒”，第一条）、“离三衣学处”（又称“离三衣宿戒”，第二条）、“过量乞衣学处”（又称“过分乞衣戒”，第七条）、“过分数作敷具学处”（又称“过分数羊毛作卧具戒”，第十三条）、“作减六年敷具学处”（又称“未满六年作卧具戒”，第十四条）、“作新敷具不为坏色学处”（又称“不揲坐具戒”，第十五条）、“捉金银等学处”（又称“畜金银戒”，第十八条）、“贩卖学处”（又称“贩卖戒”，第二十条）、“得长钵过十日不分别学处”（又称“畜长钵过限戒”，第二十一条）、“急难施衣学处”（又称“受急施衣过限戒”，第二十六条）、“阿兰若六夜学处”（又称“兰若有难离衣过限戒”，第二十七条）、“预前求过后用雨浴衣学处”（又称“受雨浴衣过限戒”，

第二十八条)、“回众物入己学处”(又称“回僧物入己戒”,第二十九条)、“服过七日药学处”(又称“畜七日药过限戒”,第三十条)。

(五) 九十波逸底迦法。叙列“波逸底迦法”九十条。有:“故妄语学处”(又称“小妄语戒”、“故妄语戒”,第一条)、“毁呰语学处”(又称“毁呰语戒”、“行骂戒”,第二条)、“离间语学处”(又称“两舌语戒”,第三条)、“发举学处”(又称“如法断事后发诤戒”,第四条)、“谤回众利物学处”(又称“同羯磨后悔戒”,第九条)、“轻呵戒学处”(又称“毁毗尼戒”,第十条)、“造大寺过限学处”(又称“覆屋过限戒”,第二十条)、“众不差教授苾刍尼学处”(又称“僧不差而教授尼戒”,第二十一条)、“与苾刍尼同道行学处”(又称“与尼期同行戒”,第二十六条)、“过三钵受食学处”(又称“受食过三钵戒”,第三十三条)、“别众食学处”(又称“别众食戒”,第三十六条)、“非时食学处”(又称“非时食戒”,第三十七条)、“与欲已更遮学处”(又称“与欲后悔戒”,第五十三条)、“随舍置人学处”(又称“随顺被举人戒”,第五十六条)、“著不坏色衣学处”(又称“著不坏色衣戒”,第五十八条)、“杀傍生学处”(又称“故杀畜生戒”,第六十一条)、“遮传教学处”(又称“拒劝学戒”,第七十五条)、“饮酒学处”(又称“饮酒戒”,第七十九条)、“诈言不知学处”(又称“说戒不摄听戒”,第八十三条)、“作针筒学处”(又称“作骨牙角针筒戒”,第八十四条)、“作覆疮衣学处”(又称“作覆疮衣过量戒”,第八十八条)、“作雨浴衣学处”(又称“作雨浴衣过量戒”,第八十九条)、“同佛衣量作衣学处”(又称“作三衣过量戒”,第九十条)等。

(六) 四波罗底提舍尼法。叙列“波罗底提舍尼法”四条。有:“从非亲尼受食学处”(又称“从非亲尼受食戒”,第一条)、“受苾刍尼指授食学处”(又称“受尼指授食戒”,第二条)、“学家受食学处”(又称“学家受食戒”,第三条)、“阿兰若住处外受食学处”（又称“恐怖兰若受食戒”，第四条）。

（七）众多学法。叙列“众学法”四十三条（此据每一戒条之末必有的“应当学”出现一次作一条统计。其中有些是综合性的戒条，若参照其他戒本，一一拆开单列，则有九十五条；元拔合思巴《根本说一切有部苾刍习学略法》因分合不同，作“一百一十二种应当学”，即一百十二条）。有：“不齐整著裙学处”（第一条）、“太高等著裙学处”（含有“太高”、“太下”、“象鼻”、“蛇头”、“多罗叶”、“豆团形”著裙六学处，第二条）、“太高等披衣入白衣舍学处”（含有“太高”、“太下”、“不正披”、“不正覆”、“语言”、“高视”入白衣舍六学处，第四条）、“覆头等入白衣舍学处”（含有“覆头”、“偏抄衣”、“双抄衣”、“叉腰”、“拊肩”入白衣舍五学处，第五条）、“蹲行等入白衣舍学处”（含有“蹲行”、“足指行”、“跳行”、“仄足行”、“努身行”入白衣舍五学处，第六条）、“摇身等入入白衣舍学处”（含有“摇身”、“掉臂”、“摇头”、“肩排”、“连手”入白衣舍五学处，第七条）、“在白衣舍垒足等学处”（含有“垒足”、“重内踝”、“重外踝”、“急敛足”、“长舒足”、“露身”白衣舍坐六学处，第十一条）、“舐手食等学处”（含有“舐手食”、“舐钵食”、“振手食”、“振钵食”、“不常看钵食”五学处，第二十二条）、“为覆头者等说法学处”（含有为“覆头者”、“偏抄衣者”、“双抄衣者”、“叉腰者”、“拊肩者”说法五学处，第三十五条）、“为乘象者等说法学处”（含有为“乘象者”、“乘马者”、“乘舆者”、“乘车者”说法四学处，《四分律》则统称为“为骑乘人说法戒”，第三十六条）、“为著屐靴等说法学处”（含有为“著屐靴鞋”、“著履屦者”说法二学处，相当于《四分律》中说的“为著木屐人说法戒”、“为著革屣人说法戒”，第三十七条）、“水中大小便涕唾学处”（第四十一条）、“上过人树学处”（第四十三条）等。

(八)七灭净法。叙列“灭净法”七条。有:“现前毗奈耶”(又称“现前毗尼”,第一条)、“忆念毗奈耶”(又称“忆念毗尼”,第二条)、“不痴毗奈耶”(又称“不痴毗尼”,第三条)、“求罪自性毗奈耶”(又称“觅罪相毗尼”、“本言治毗尼”,第四条)、“多人语毗奈耶”(又称“多人语毗尼”、“多觅罪相毗尼”,第五条)、“自言毗奈耶”(又称“自言治毗尼”,第六条)、“与草掩毗奈耶”(又称“如草布地毗尼”,第七条)。

上述八类戒法中,每一类戒法(又称“学处”)的叙述,均包括四个层次:一是标名,指标立此类戒法的名称。二是作颂,指撮略此类戒法下属诸戒之名而作摄颂(此为其他部派的戒经所无,为本书的一大特色)。三是列戒,指叙列从广律《根本说一切有部毗奈耶》中摘录的各戒的条文。四是结问,指对此类戒法作小结,并三次询问与会僧众在此类戒法的修持上是否清净,要求众人依律受持。以“众学法”为例,它的叙述方式是这样的:

> 诸大德,是众学法。半月半月戒经中说(以上为“众学法”的标名)。
>
> 总摄颂曰:衣食形齐整,俗舍善容仪。护钵除病人,草水过人树(以上为撮略“众学法”首尾诸戒之名而成的摄颂)。
>
> 齐整著裙,应当学(以上为“众学法”第一条“不齐整著裙学处”)。
>
> 不太高、不太下、不象鼻、不蛇头、不多罗叶、不豆团形著裙,应当学(以上为第二条“太高等著裙学处”)。
>
> ……
>
> 不得青草上弃大小便及洟唾,除病,应当学(以上为第

四十二条“生草上大小便涕唾学处”）。

不得上过人树，除有难缘，应当学（以上为第四十三条“上过人树学处”）。

诸大德，我已说众多学法。今问：诸大德，是中清净不？（如是三说——原注）诸大德，是中清净，默然故，我今如是持（以上为“众学法”的结问）。（第 506 页下—第 507 页中）

与其他部派的戒经相比，本书的“众学法”中，没有《四分僧戒本》“为持剑人说法戒”、“为持矛人说法戒”、“为持刀人说法戒”；没有《弥沙塞五分戒本》、《摩诃僧祇律大比丘戒本》“为持刀人说法戒”、“为持弓箭人说法戒”；没有《十诵比丘波罗提木叉戒本》“为持刀人说法戒”、“为持弓箭人说法戒”；而新增了“地上无替安钵学处”（戒文为“地上无替不应安钵，应当学”）、“站立洗钵学处”（戒文为“不立洗钵，应当学”）、“于危险岸处置钵学处”（戒文为“不于危险岸处置钵，亦不逆流酌水，应当学”）、“为戴帽著冠等说法学处”（戒文为“不为戴帽著冠，及作佛顶髻者，不为缠头，不为冠花者说法，除病，应当学”）等戒。

本书的戒经结语，对戒经的内容作了归纳和总结。说：

诸大德，我已说戒经序，已说四波罗市迦法、十三僧伽伐尸沙法、二不定法、三十泥萨祇波逸底迦法、九十波逸底迦法、四波罗底提舍尼法、众学法、七灭诤法。此是如来应正等觉戒经中，所说所摄。若更有余法之随法，与此相应者，皆当修学。仁等共集，欢喜无诤，一心一说，如水乳合，应勤光显大师圣教，令安乐住，勿为放逸，应当修学。（第 507 页中）

由于《根本说一切有部毗奈耶》和本书的翻译者均为义净，

而本书的内容又出于前者,故有关戒条的译语,基本上是相同的。

与本书相对应的律典,有藏文《大藏经》中的《比丘波罗提木叉经》。另外,近代在克什米尔北部的吉尔吉特(今属巴基斯坦)的一座古塔中,也发现了本书的梵文写本。

第十二品　唐义净译《根本说一切有部苾刍尼戒经》一卷

《根本说一切有部苾刍尼戒经》,又称《苾刍尼戒经》,一卷。唐义净译,景龙四年(710)译出。唐智升《开元释教录》卷九著录。载于《丽藏》“随”函、《宋藏》“外”函、《金藏》“随”函、《元藏》“外”函、《明藏》“随”函、《清藏》“随”函、《频伽藏》“寒”帙,收入《大正藏》第二十四卷。

本书是后期说一切有部的比丘尼(又译“苾刍尼”)戒经(又称“戒本”),系从梵本《根本说一切有部苾刍尼毗奈耶》比丘尼戒中摘录戒法条文,配以说戒仪轨(指程序和仪式)编集而成。全书共收录比丘尼戒“八波罗市迦法”(又称“八波罗夷法”)、“二十僧伽伐尸沙法”(又称“二十僧残法”)、“三十三泥萨祇波逸底迦法”(又称“三十三舍堕法”)、“一百八十波逸底迦法”(又称“一百八十堕法”)、“十一波罗底提舍尼法”(又称“十一悔过法”)、“众多学法”(四十三条,其中有些是综合性的戒条;若分拆单列,则有九十五条)、“七灭诤法”七类戒法(与比丘戒相比,无“二不定法”),总计三百二条(若将“众多学法”计作九十五条,则总计三百五十四条)。每类戒法均有撮略戒名或戒文关键词而成的“摄颂”,根据所收戒条的数目,少则一首(置于此类戒法的初首),多则数首(置于此类戒法的初首和中间,大多是每十条为一首颂）。此种“摄颂”体例为本书的一大特色，而为其他部派的比丘尼戒本所无。其初首有别解脱经偈、序言、集僧简众语、归敬偈；末尾有七佛略说戒经偈、流通偈。戒经序说：

> 大德尼僧伽（指比丘尼）听，今僧伽（指僧）黑月十四日（或云白月十五日——原注）作褒洒陀（指布萨）。若苾刍尼僧伽时至，听者苾刍尼僧伽应许，苾刍尼僧伽今作褒洒陀，说波罗底木叉戒经。白如是（以上为说戒告白）。
>
> 诸大德，我今作褒洒陀，说波罗底木叉戒经，仁等谛听，善思念之。若有犯者，当发露，无犯者默然。默然故，知诸大德清净。如余问时，即如实答。我今于此胜苾刍尼众中，乃至三问，亦应如实答。若苾刍尼忆知有犯，不发露者，得故妄语罪。诸大德，佛说故妄语是障碍法，是故苾刍尼欲求清净者，当发露，发露即安乐。不发露，不安乐（以上为诫敕时众）。
>
> 诸大德，我已说戒经序，今问诸大德，是中清净不？（如是三说——原注）诸大德，是中清净，默然故，我今如是持（以上为三问清净）。（《大正藏》第二十四卷，第508页中、下）

本书收录的比丘尼戒各个戒条，是用一句话或一段话来表述的，并无戒条的名称。今在解说时，依照《根本说一切有部苾刍尼毗奈耶》的戒名，予以标立，以利研习。

（一）八波罗市迦法。叙列“波罗市迦法”八条。有：“不净行学处”（又称“淫戒”，第一条）、“不与取学处”（又称“盗戒”，第二条）、“断人命学处”（又称“杀戒”，第三条）、“妄说自得上人法学处”（又称“大妄语戒”，第四条）、“摩触学处”（又称“摩触男子戒”,第五条)、“八事成犯学处”(又称“八事成犯戒”,第一条)、“覆藏他罪学处”(又称“覆藏比丘尼重罪戒”,第一条)、“被举人学处”(又称“随顺被举比丘戒”,第一条)。

(二) 二十僧伽伐尸沙法。叙列“僧伽伐尸沙法”二十条。有:“媒嫁学处”(又称“媒人戒”,第一条)、“无根谤学处”(又称“无根波罗夷谤戒”,第二条)、“假根谤学处”(又称“假根波罗夷谤戒”,第三条)、“共染心男子交易学处”(又称“受染心男子食戒”,第四条)、“独向俗家宿学处”(又称“独向俗家宿戒”,第六条)、“独向俗家学处”(又称“独向俗家戒”,第七条)、“独在道行学处”(又称“独在道行戒”,第八条)、“辄作解举学处”(又称“界外为被举尼解摈戒”,第十二条)、“不舍恶见学处”(又称“瞋舍三宝违谏戒”,第十三条)、“说他有爱恚学处”(又称“发诤谤僧违谏戒”,第十四条)、“杂乱住学处”(又称“同住行恶违谏戒”,第十五条)、“破僧伽学处”(又称“破僧违谏戒”,第十七条)、“助伴破僧伽学处”(又称“助破僧违谏戒”,第十八条)、“污家学处”(又称“污家摈谤违谏戒”,第十九条)、“恶性违谏学处”(又称“恶性拒僧违谏戒”,第二十条)等。

(三) 三十三泥萨祇波逸底迦法。叙列“泥萨祇波逸底迦法”三十三条。有:“长衣不分别学处”(又称“畜长衣过限戒”,第一条)、“离五衣学处”(又称“离五衣宿戒”,第二条)、“一月衣学处”(又称“月望衣过限戒”,第三条)、“过量乞衣学处”(又称“过分乞衣戒”,第七条)、“过限索衣学处”(又称“过分急索衣戒”,第十条)、“捉宝学处”(又称“畜金银戒”,第十一条)、“出纳求利学处”(又称“贸金银戒”,第十二条)、“贩卖学处”(又称“贩卖戒”,第十三条)、“回众物入已学处”(又称“回僧物入己戒”,第十八条)、“畜长钵学处”(又称“畜长钵戒”,第二十条)、“不看五衣学处”(又称“不看五衣戒”,第二十一条)、“乞金学处”（又称“乞求金银戒”，第二十四条）、“营寺安居利充食学处”（又称“以修寺利充食戒”，第二十八条）、“得多人利回入己学处”（又称“以多人利回入己戒”，第二十九条）、“得僧祇利物回入己学处”（又称“以僧祇利物回入己戒”，第三十条）、“持贵价重衣（指寒时衣）学处”（又称“乞贵价重衣戒”，第三十二条）、“持贵价轻衣（指热时衣）学处”（又称“乞贵价轻衣戒”，第三十三条）等。

（四）一百八十波逸底迦法。叙列“波逸底迦法”一百八十条。有：“故妄语学处”（又称“小妄语戒”、“故妄语戒”，第一条）、“毁訾语学处”（又称“毁呰语戒”，第二条）、“离间语学处”（又称“两舌语戒”，第三条）、“轻诃戒学处”（又称“毁毗尼戒”，第十条）、“过一宿食学处”（又称“施一食处过受戒”，第二十条）、“别众食学处”（又称“别众食戒”，第二十四条）、“非时食学处”（又称“非时食戒”，第二十五条）、“打苾刍尼学处”（又称“瞋打比丘尼戒”，第三十三条）、“杀傍生学处”（又称“故杀畜生戒”，第四十六条）、“饮酒学处”（又称“饮酒戒”，第六十二条）、“啖蒜学处”（又称“啖蒜戒”，第七十三条）、“独与男子屏处立学处”（又称“独与男子屏处立语戒”，第八十一条）、“弟子有病不瞻视学处”（又称“同住有病不瞻视戒”，第九十九条）、“学法未满与受近圆学处”（又称“学戒未满而授具戒”，第一百十九条）、“夫未放度出家学处”（又称“父母夫主未许辄度人出家戒”，第一百二十一条）、“使苾刍尼揩身学处”（又称“使比丘尼涂摩身戒”，第一百六十一条）、“著俗庄严具学处”（又称“畜白衣妇女装饰物戒”，第一百七十条）、“作乐学处”（又称“作音声弦管戒”，第一百七十四条）、“畜假髻庄具学处”（又称“畜假头髻戒”，第一百八十条）等。

（五）十一波罗底提舍尼法。叙列“波罗底提舍尼法”十一条。有:“无病乞乳学处”(又称“无病乞乳食戒”,第一条)、“无病乞酪学处”(又称“无病乞酪食戒”,第二条)、“无病乞生酥学处”(又称“无病乞生酥食戒”,第三条)、“无病乞鱼学处”(又称“无病乞鱼食戒”,第八条)、“无病乞肉学处”(又称“无病乞肉食戒”,第九条)、“无病乞干脯学处”(又称“无病乞干脯食戒”,第十条)、“学家受食学处”(又称“学家受食戒”,第十一条)等。

(六)众学法。叙列“众学法”四十三条(此据每一戒条之末必有的“应当学”出现一次作一条统计,其中有些是综合性的戒条,若参照其他戒本,一一拆开单列,则有九十五条;这中间,缺比丘戒“众学法”中的“生草上大小便涕唾学处”,而新增比丘尼戒独有的“月期将至往白衣舍学处”)。有:“不齐整著裙学处”(又称“不齐整著内衣戒”,第一条)、“太高等著裙学处”(含有“太高”、“太下”、“象鼻”、“蛇头”、“多罗叶”、“豆团形”著裙六学处,第二条)、“不齐整著五衣学处”(又称“不齐整著五衣戒”,第三条)、“月期将至往白衣舍学处”(又称“月期将至往白衣舍戒”,第五条)、“摇身等入入白衣舍学处”(含有“摇身”、“掉臂”、“摇头”、“肩排”、“连手”入白衣舍四学处,第八条)、“不恭敬受食学处”(又称“不用意受食戒”,第十三条)、“小抟大抟而食学处”(又称“抟食戒”,含有“小抟食”、“大抟食”二学处,第十八条)、“舐手食等学处”(含有“舐手食”、“舐钵食”、“振手食”、“振钵食”、“不常看钵食”五学处,第二十三条)、“为覆头者等说法学处”(含有为“覆头者”、“偏抄衣”、“双抄衣”、“叉腰者”、“拊肩者”说法五学处,第三十六条)、“为戴帽著冠等说法学处”(含有为“戴帽著冠者”、“作佛顶髻者”、“缠头者”、“冠华者”说法四学处,第三十九条)、“水中大小便涕唾学处”(又称“水中大小便戒”,第四十二条)、“上过人树学处”(又称“上树过人戒”,第四十三条)等。

(七) 七灭诤法。叙列“七灭诤法”七条。有:“现前毗奈耶”(又称“现前毗尼”,第一条)、“忆念毗奈耶”(又称“忆念毗尼”,第二条)、“不痴毗奈耶”(又称“不痴毗尼”,第三条)、“求罪自性毗奈耶”(又称“觅罪相毗尼”、“本言治毗尼”,第四条)、“多人语毗奈耶”(又称“多人语毗尼”、“多觅罪相毗尼”,第五条)、“自言毗奈耶”(又称“自言治毗尼”,第六条)、“与草掩毗奈耶”(又称“如草布地毗尼”,第七条)。

上述七类戒法中,每一类戒法(又称“学处”)的叙述,均包括四个层次:一是标名,指标立此类戒法的名称。二是作颂,指撮略此类戒法下属诸戒的名称而作摄颂(此为其他部派的戒经所无,为本书的一大特色)。三是列戒,指叙列从广律《根本说一切有部苾刍尼毗奈耶》中摘录的各戒的条文。四是小结,指对此类戒法作小结,并三次询问与会僧众在此类戒法的修持上是否清净,要求众人依律受持。以“二十僧伽伐尸沙法”为例,它的叙述方式是这样的:

> 诸大德,是二十僧伽伐尸沙法,半月半月戒经中说(以上为“二十僧伽伐尸沙法”的标名)。
>
> 摄颂曰:媒嫁及二谤,二染并四独。夫弃契作解,二诤杂独住。破僧与随伴,污家并恶性。众教有二十,八三谏应知(以上为撮略“二十僧伽伐尸沙法”各戒之名而成的摄颂)。
>
> 若复苾刍尼,作媒嫁事,持男意语女,持女意语男,若为成妇及私通事,乃至须臾顷,僧伽伐尸沙(以上为第一条“媒嫁学处”)。
>
> ……

若复苾刍尼,恶性不受人语。诸苾刍尼于佛所说戒经中,如法如律劝诲之时,不受谏语。言:诸大德,莫向我说少许若好、若恶,我亦不向诸大德说若好、若恶。诸大德,止莫劝我,莫论说我。诸苾刍尼语是苾刍尼言:具寿(又称“长老”),汝莫不受谏语,诸苾刍尼于佛所说戒经中,如法如律劝诲之时,应受谏语。具寿如法谏诸苾刍尼,诸苾刍尼亦如法谏具寿,如是,如来应正等觉佛声闻众,便得增长,共相谏诲。具寿,汝等应舍此事。诸苾刍尼如是谏时,舍者善,若不舍者,应可再三殷勤正谏,随教应诘,令舍是事。舍者善,若不舍者,僧伽伐尸沙(以上为第二十条“恶性违谏学处”)。

大德,我已说二十僧伽伐尸沙法。十二初犯(指前十二条,即便是初犯,也要治罪),八至三谏(指后八条须作三次劝谏,不听,然后才能治罪)。若苾刍尼,随一一犯,故覆藏者(指犯僧残罪而故意隐瞒者),二部僧伽(指比丘僧、比丘尼僧)应与作半月行摩那卑(又称“摩那埵”,指给与覆藏者半月为僧众作劳务的处罚,但无须“别住”)。行摩那卑竟,余有出罪,若称可二部僧伽意者,二部僧伽各二十众,当于四十众中,出是苾刍尼罪(以上指犯“僧残罪”的覆藏者“行摩那埵”结束后,须由比丘、比丘尼各二十人分别作羯磨,予以同意,方能出罪)。若少一人,不满四十众,是苾刍尼罪不得除。二部僧伽得罪,此是出罪法。今问:诸大德,是中清净不?(如是三说——原注)诸大德,是中清净默然故,我今如是持(以上为“二十僧伽婆尸沙法”的结问)。(第509页中—第510页下)

与其他部派的比丘尼戒经相比,本书特有的戒条有:“三十三泥萨祇波逸底迦法”第二十一至二十三、三十、三十一条；“一百八十波逸底迦法”第八十五、九十三、一百五、一百二十五、一百二十七、一百三十三至一百四十一、一百四十四、一百四十五、一百五十二、一百五十四、一百六十五、一百七十一、一百七十五条等。内容叙及：“若复苾刍尼，于半月内不著五衣者，泥萨祇波逸底迦”（“三十三泥萨祇波逸底迦法”第二十一条“不看五衣学处”）；“若复苾刍尼，依时不舍羯耻那衣者，泥萨祇波逸底迦”（同上第二十三条“依时不舍羯耻那衣学处”）；“若复苾刍尼，得僧祇利物，回入已者，泥萨祇波逸底迦”（同上第三十条“得僧祇利物回入已学处”）；“若复苾刍尼，独住一房者，波逸底迦”（“一百八十波逸底迦法”第八十五条“独住一房学处”）；“若复苾刍尼，无苾刍处作长净（指说戒）者，波逸底迦”（同上第一百二十七条“无苾刍处作长净学处”）；“若复苾刍尼，于寺悭者，波逸底迦”（同上第一百三十四条“于寺悭学处”）；“若复苾刍尼，于利养饮食悭者，波逸底迦”（同上第一百三十五条“于利养饮食悭学处”）；“若复苾刍尼，知是贫人，从乞羯耻那衣者，波逸底迦”（同上第一百四十五条“从贫乞羯耻那衣学处”）；“若复苾刍尼，以手相牵，河中洗浴者，波逸底迦”（同上第一百七十一条“相牵洗浴学处”）；“若复苾刍尼，独出寺外，于空宅内大小行者，波逸底迦”（同上第一百七十五条“独于空宅大小便学处”；以上见第 511 页下—第 515 页下）等。

本书的戒经结语，对戒经的内容作了归纳和总结。说：

> 诸大德，我已说戒经序，已说八波罗市迦法、二十僧伽伐尸沙法、三十三泥萨祇波逸底迦法、一百八十波逸底迦法、十一波罗底提舍尼法、众学法、七灭诤法。此是如来应正等觉戒经中，所说所摄。若更有余法之随法，与此相应

者，皆当修学。仁等共集，欢喜无诤，一心一说，如水乳合，殷勤光显大师圣教，令安乐住，勿为放逸，应当修学。（第516页下—第517页上）

由于本书和《根本说一切有部苾刍尼毗奈耶》的翻译者均为义净，故相关戒条的译语，基本上是相同的。

与本书相对应的律典，有藏文《大藏经》中的《比丘尼波罗提木叉经》。

第十三品　唐义净译《根本说一切有部百一羯磨》十卷

《根本说一切有部百一羯磨》，又称《百一羯磨》，十卷。唐义净译，长安三年（703）译出。唐智升《开元释教录》卷九著录。载于《丽藏》"受"函、《宋藏》"傅"函、《金藏》"受"函、《元藏》"傅"函、《明藏》"和"函、《清藏》"和"函、《频伽藏》"寒"帙，收入《大正藏》第二十四卷。

本书是后期说一切有部所传的羯磨法及其事缘的汇编。据唐道宣《四分律删繁补阙行事钞》卷上之一《通辨羯磨篇》说，羯磨法根据参加者的人数，分为三种：一是"心念法"，为同一住处仅有比丘一人时作的羯磨，采用口唱心念羯磨词的方式进行；二是"对首法"，为同一住处有比丘二三人时作的羯磨，或虽有多人，只须对二人至三人作的羯磨（唯有"自恣法"中的"对首法"对人数的要求是二人至四人），采用各共面对说羯磨词的方式进行；三是"众僧法"，为同一住处有比丘四人或四人以上时作的羯磨（唯有"自恣法"中的"众僧法"对人数的要求是五人），采用依照"僧法羯磨"规定的程序和仪式进行。本书所收的是众僧羯磨法,即"众僧法",又称"百一羯磨",共一百一种。依照议决的方式(据所决事情的简繁轻重而定),分为三类:单白羯磨、白二羯磨、白四羯磨。据卷十"明略教法"所列,其种类是:

(一)单白羯磨,共二十二种。包括:(1)"差屏教人白"(又称"差教授师单白"、"差屏教师单白")。(2)"问障法白"(又称"问遮难单白")。(3)"褒洒陀白"(又称"布萨单白")。(4)"褒洒陀时一切僧伽皆有罪白"(又称"布萨时一切僧同犯识罪发露单白")。(5)"褒洒陀时一切僧伽于罪有疑白"(又称"布萨时一切僧同犯疑罪发露单白")。(6)"随意时白"(又称"自恣时单白")。(7)"作随意时一切僧伽皆有罪白"(又称"作自恣时一切僧同犯识罪发露单白")。(8)"作随意时一切僧伽于罪有疑白"(又称"作自恣时一切僧同犯疑罪发露单白")。(9)"作随意时众中诤罪白"(又称"作自恣时僧众共决诤罪单白")。(10)"作随意时众中决定罪白"(又称"作自恣时僧众决断罪事单白")。(11)"僧伽夏安居日白"(又称"僧夏安居日单白")。(12)"守持亡衣物白"。(13)"守持掌亡苾刍资具人白"。(14)"出羯耻那衣白"(又称"出迦絺那衣单白")。(15)"说他粗罪白"。(16)"与具寿实力子衣白"。(17)"互相面对轻毁白"。(18)"假托轻毁白"。(19)"与作学家法白"。(20)"与作舍学家法白"。(21)"覆钵白"。(22)"仰钵白"。

(二)白二羯磨,共四十七种。包括:(1)"结小界坛白二"。(2)"结大界白二"。(3)"结不失衣界白二"。(4)"褒洒陀时不能来白二"。(5)"癫狂白二"。(6)"差作随意人白二"。(7)"差分卧具人白二"。(8)"结净厨白二"。(9)"处分衣物将作羯耻那衣白二"。(10)"张羯耻那衣人白二"。(11)"付羯耻那衣人白二"。(12)"差分房人白二"。(13)"分饭人白二”。(14)“分粥人白二”。(15)“分饼果人白二”。(16)“分诸有杂物人白二”。(17)“藏器物人白二”。(18)“藏衣人白二”。(19)“分衣人白二”。(20)“藏雨衣人白二”。(21)“分雨衣人白二”。(22)“杂驱使人白二”。(23)“看检房舍人白二”。(24)“简平正人白二”。(25)“重简人白二”。(26)“传付诤人白二”。(27)“行法筹白二”。(28)“观造小房地白二”。(29)“观造大寺地白二”。(30)“令苾刍诘事白二”。(31)“不离僧伽胝衣(又称“大衣”)白二”。(32)“与营作苾刍卧具白二”。(33)行有犯钵白二”。(34)“告诸俗舍白二”。(35)“苾刍尼作不礼白二”。(36)“教授苾刍尼白二”。(37)“观行险林白二”。(38)“畜门徒白二”。(39)“畜无限门徒白二”。(40)“畜杖白二”。(41)“畜网络(又称“络囊”)白二”。(42)“于五年中同利养别长净(又称“说戒”)白二”。(43)“与式叉摩拏二年学六法随法白二”。(44)“作净行本白二”。(45)“与笈多共儿同室宿白二”。(46)“许苾刍尼与俗亲往还白二”。(47)“受日出界外白二”。

(三)白四羯磨,共三十二种。包括:(1)“受近圆(又称“受具足戒”)白四”。(2)“与外道四月共住白四”。(3)“解大小界白四”。(4)“僧伽先破今和合白四”。(5)“僧伽和合长净白四”。(6)“谏破僧伽白四”。(7)“谏助破僧伽白四”。(8)“谏欲瞋痴怖人白四”。(9)“谏粗恶语白四”。(10)“作令怖白四”。(11)“折伏白四”。(12)“驱摈白四”。(13)“求谢白四”。(14)“遮不见罪白四”。(15)“不悔罪舍置白四”。(16)“不舍恶见舍置白四”。(17)“与遍住白四”。(18)“复本遍住白四”。(19)“重收复本遍住白四”。(20)“意喜白四”。(21)“出罪白四”。(22)“与忆念调伏白四”。(23)“与不痴调伏白四”。(24)“与求罪性白四”。(25)“驱摈求寂白四”。(26)“收摄白四”。(27)“谏随遮苾刍尼白四”。(28)“谏与苾刍尼杂住白四”。(29)“谏遮别住白四”。(30)“犯波罗市迦(又称“波罗夷”)人授其学法白四”。(31)“违恼众教白四”。(32)“默恼众教白四”。

但本书的正文并非是按照众僧羯磨法的方式,即单白羯磨、白二羯磨、白四羯磨予以叙述的,而是依照羯磨的内容,即僧团制度和日常行事(如“受戒”、“结界”、“布萨”、“安居”、“自恣”等),来叙述相关的羯磨法的。大致是:

(1)卷一至卷三前部分,叙述“受戒”的羯磨法(如“差屏教人白”、“畜门徒白二”、“不离僧伽胝白二”等)。

(2)卷三中间部分,叙述“结界”的羯磨法(如“结不失衣界白二”、“解大小界白四”等)。

(3)卷三后部分至卷四前部分,叙述“说戒”的羯磨法(如“褒洒陀一切僧伽有罪单白”、“褒洒陀时不来白二”等)。

(4)卷四中间部分,叙述“安居”的羯磨法(如“差分卧具人白二”、“受日出界外白二”等)。

(5)卷四后部分,叙述“自恣”的羯磨法(如“差作随意人白二”、“出羯耻那衣单白”等)。

(6)卷五至卷九前部分,叙述犯“僧残法”、“舍堕法”、“堕法”、“灭诤法”等的羯磨法(如“谏破僧伽白四”、“教授苾刍尼白二”、“驱摈白四”、“违恼众教白四”、“与忆念白四”等)。

(7)卷九后部分至卷十前部分,叙述“结净地”(又称“结净厨”,“结”指“结作”,指依羯磨划定的贮藏烹煮食物的区域)、“分衣”等的羯磨法(如“结净厨白二”、“举置亡人资具单白”等)。

(8)卷十后部分,为“略教法”,相当于全书的总结,叙述百一羯磨的分类、作羯磨的人数、羯磨的意义等(与刘宋僧伽跋摩译《萨婆多部毗尼摩得勒伽》卷七所说颇为相近）。

书末说：“右此羯磨言百一者，盖是举其大数。于大律中，捡有多少不同，乃是以类相收，无违妨也。又复圣许为单白成，为白二、白四成，据理相应，通融可足，比由羯磨本中，与大律二百余卷相勘，为此寻捡，极费功夫。后人勿致迟疑也。”（卷十，《大正藏》第二十四卷，第500页下）

如“结不失衣界白二”说：

> 大德僧伽（略称“大德僧”）听，于此住处，和合僧伽先共结作一褒洒陀（又称“布萨”）同住处法僧伽大界，若僧伽时至，听者僧伽应许，僧伽今于此大界上，结作苾刍不失衣界。白如是。
>
> 大德僧伽听，于此住处，和合僧伽先共结作一褒洒陀同住处法僧伽大界，僧伽今于此大界上，结作苾刍不失衣界，若诸具寿（又称“长老”）听于此大界上，结作苾刍不失衣界者默然，若不许者说。僧伽已于此大界上，结作苾刍不失衣界竟。僧伽已听许，由其默然故，我今如是持。
>
> 若僧伽已结不失衣界竟，唯将上下二衣界外游行，无离衣咎。（卷三，第466页下）

如“作随意时众中诤罪单白”说：

> 若作随意（指“自恣”）时，众因论说罪之轻重，诤事纷纭，僧伽应作单白，共决其罪。如是应作：
>
> 大德僧伽（略称“大德僧”）听，今僧伽十五日作随意事，于此众中有诤事起，论说轻重，妨废法事，僧伽今欲求决其罪。若僧伽时至，听者僧伽应许，僧伽今共决断其罪。白如是。（卷四，第473页上）

如“遮不见罪白四”说：

时具寿阐陀苾刍既造罪已。诸苾刍告曰：汝见罪不？答言：不见。时诸苾刍以缘白佛。佛言：汝诸苾刍与阐陀苾刍作不见罪舍置羯磨（又称“不见罪举羯磨”、“不见摈羯磨”）。若更有余如是流类，亦应为作。准上应知：

大德僧伽听，此苾刍阐陀既犯罪已。他若问时，答言不见。若僧伽时至，听者僧伽应许，僧伽今与苾刍阐陀作不见罪羯磨。白如是。

次作羯磨，准白应作，乃至我今如是持。（卷八，第488页下—第489页上）

本书所说的“百一羯磨”，与刘宋僧伽跋摩译《萨婆多部毗尼摩得勒伽》卷七所列“二十四白羯磨、四十七白二羯磨、三十白四羯磨”大同小异。此外，本书还以邬波离（又称“优波离”）问、佛答的方式，叙述了与羯磨相关的一些问题。如关于不同羯磨的与会人数、羯磨的意义等，说：“邬波离请世尊曰：……大德，百一羯磨中，几是四众所作？几是五众所作？几是十众所作？几是二十众所作？世尊告曰：限四十众（指僧尼各二十人）为苾刍尼作出违八敬法。二十众，谓是苾刍出罪。十众者，谓受近圆。五众者，谓边方近圆及随意事。四众者，谓作所余事。（邬波离问）大德，所言羯磨者，其义何也？佛言：所由之事，谓即是因为彼作法，名为羯磨。”（卷十，第499页下）这在《萨婆多部毗尼摩得勒伽》中也有类似的陈述。因此，本书与《萨婆多部毗尼摩得勒伽》存在着一定的学术联系。

此外，近代在中亚地区发现了本书的梵文写本残片（参见日本平川彰《律藏之研究》，东京山喜房佛书林1960年版）。

第十四品 唐义净译《根本萨婆多部律摄》十四卷

附：唐义净译《根本说一切有部毗奈耶颂》三卷

《根本萨婆多部律摄》，又名《有部律摄》，十四卷。印度胜友集，唐义净译，久视元年(700)译出。唐智升《开元释教录》卷九著录。载于《丽藏》"奉"至"母"函、《宋藏》"母"至"仪"函、《金藏》"奉"至"母"函、《元藏》"母"至"仪"函、《明藏》"尊"至"卑"函、《清藏》"尊"至"卑"函、《频伽藏》"寒"帙，收入《大正藏》第二十四卷。

本书是《根本说一切有部毗奈耶》比丘戒的解释，性质上属于律论。它的初首有《初释波罗底木叉经序》(卷一)和《总释学处》(卷二)。前者解释《根本说一切有部毗奈耶》开头刊载的《毗奈耶序》并及说戒的程序；后者阐释每一学处(即"戒")均包含的二十一个方面的内容。说："一一学处，有二十一门。言二十一者，一犯缘起处，二能犯过人，三所犯之罪，四所犯境事，五所由烦恼，六制戒利益，七有犯无犯，八具支成犯，九生过之因，十释罪名字，十一出罪体性，十二可治不可治，十三罪有遮性，十四作及不作，十五方便有无，十六重罪，十七轻罪，十八共相无差，十九出罪有异，二十有染无染，二十一犯罪所由。"(卷二，《大正藏》第二十四卷，第530页下—第531页上)

正文分为"五部"，依照《根本说一切有部毗奈耶》的内容结构，对见录其中的比丘戒八类戒法(包括制戒因缘和戒法条文)逐一作了解释。凡是《毗奈耶》已标立的学处名称(即戒名)，解释时也予以移录(个别略有改动)；《毗奈耶》未标立的学处名称,解释时同样空缺。

（一）《四波罗市迦法》（初部,卷二至卷三）。解释“四波罗市迦法”（即“四波罗夷法”）。原书下列学处名称,以作小标题:（1）不净行学处。（2）不与取学处（以上卷二）。（3）断人命学处。（4）妄说自得上人法学处（以上卷三）。如关于“不净行学处”,说:

> 此中犯相者,谓是苾刍,于男女身大小便道,及在口中,随入之时,有受乐意,便得本罪。……此淫学处具足八缘,方成其犯。一是大苾刍,二堪行淫境,三于不坏道,四已根全,五兴方便,六入过其限,七有心受乐,八有二种心（指怖心、贼心）。具此八支,便得无救波罗市迦罪（又称“波罗夷罪”）。（卷二,第533页中—第534页中）

（二）《十三僧伽伐尸沙法》（第二部,卷三至卷四）。解释“十三僧伽伐尸沙法”（即“十三僧残法”）。原书下列学处名称:（1）故泄精学处。（2）触女学处。（3）说鄙恶语学处。（4）索供养学处。（5）媒嫁学处。（6）造小房学处（以上卷三）。（7）造大寺学处。（8）无根谤学处。（9）假根谤学处。（10）破僧违谏学处。（11）助伴破僧伽违谏学处。（12）污家违谏学处。（13）恶性违谏学处（以上卷四）。如关于“无根谤学处”,说:

> 言无根者,根有三种,谓见、闻、疑。此若无者,是无根事。言谤者,谓以恶事毁呰于他。无根方犯。若有三根,即非犯类。（卷四,第545页下）

（三）《二不定法》（第二部,卷五）。解释“二不定法”。原书未列学处名称。说:

此中不定法者，谓以事、处、情、证，而为其体。若复苾刍独与一女人者，是事。在屏障者，是处。堪行淫者，是情。若有正信鄔波斯迦（又称“优婆夷”）随一而说者，是证。（卷五，第550页中）

（四）《三十泥萨祇波逸底迦法》（第三部，卷五至卷八），解释“三十泥萨祇波逸底迦法”（即“三十舍堕法”）。原书下列学处名称：（1）有长衣不分别学处。（2）离三衣学处（以上卷五）。（3）一月衣学处。（4）使非亲尼浣故衣学处。（5）取非亲尼衣学处。（6）从非亲居士居士妇乞衣学处。（7）过量乞衣学处。（8）知俗人许与衣就乞学处。（9）劝共作衣学处。（10）过限索衣学处。（11）用野蚕丝作敷具学处。（12）用纯黑羊毛作敷具学处。（13）过分数作敷具学处。（14）减六年作新敷具学处。（15）作新尼师但那不用故帖学处。（16）自担羊毛过三逾膳那学处。（17）使非亲尼治羊毛学处。（18）捉金银等学处。（19）出息求利学处。（20）卖买学处（以上卷六）。（21）畜长钵过十日不分别学处。（22）乞钵学处。（23）自乞缕使非亲织师织作衣学处。（24）劝非亲织师织衣学处。（25）夺衣学处。（26）过后畜急施衣学处。（27）在阿兰若处过六夜离衣学处。（28）预前求过后用雨浴衣学处。（29）回众物入己学处（以上卷七）。（30）服过七日药学处（卷八）。如关于“有长衣不分别学处”，说：

言长衣（指“三衣”以外的多余的衣服）者，谓守持衣外，得所余衣，体应净物，是合分别。言齐十日者，限至十日。守持衣者，谓十三资具衣。一僧伽胝（又称“僧伽梨”，指“大衣”）、二嗢呾罗僧伽（又称“郁多罗僧”，指“上衣”）、三安呾婆娑（又称“安陀会”，指“内衣”）、四尼师但那（又称"尼师坛"，指"坐具"）、五裙（又称"涅槃僧""，指"里衣"）、六副裙、七僧脚崎衣（又称"僧祇支"，指掩腋衣）、八僧副脚崎衣（又称"副僧祇支"）、九拭身巾、十拭面巾、十一剃发衣、十二覆疮衣、十三药直衣（又称"药资具衣"，指病时用来换药的衣服）。此等诸衣，各别牒名，而守持之。……若苾刍有余长衣，合分别者，或已成衣，或未成衣，应于阿遮利耶（又称"阿阇梨"、"轨范师"）、邬波驮耶（又称"亲教师"、"戒和尚"）处，作委寄意而分别之，或余尊人，或同梵行者。……与委寄人，非是实施。（卷五，第553页上、中、下）

（五）《九十波逸底迦法》（第三部，卷八至卷十三）。解释"九十波逸底迦法"（又称"九十堕法"）。原书下列学处名称：

（1）故妄语学处。（2）毁訾语学处。（3）离间语学处。（4）发举殄诤羯磨学处。（5）与女人说法过五六语学处（以上卷八）。（6）与未近圆人同读诵学处。（7）向未近圆人说他粗罪学处。（8）实得上人法向未近圆人说学处。（9）谤回众利物学处。（10）轻呵戒学处。（11）坏生种学处。（12）嫌毁轻贱学处。（13）违恼言教学处。（14）不举敷具学处。（15）不举草敷具学处。（16）牵他出僧房学处（以上卷九）。（17）强恼触他学处。（18）故放身坐卧脱脚床学处。（19）用虫水学处。（20）造大寺过限学处。（21）众不差教授苾刍尼学处。（22）教授至日暮学处。（23）谤他为饮食故教授学处。（24）与非亲尼衣学处。（25）与非亲尼作衣学处。（26）与苾刍尼同道行学处。（27）与苾刍尼同乘一船学处。（28）独与女人屏处坐学处。（29）独与尼屏处坐学处。（30）知苾刍尼赞叹得食学处。（31）展转食学处。（32）施一食过受学处。（33）过三钵受食学处。(34) 足食学处。(35) 劝足食学处。(36) 别众食学处(以上卷十)。

(37) 非时食学处。(38) 食曾触食学处。(39) 不受食学处。(40) 索美食学处。(41) 受用有虫水学处。(42) 有食家强坐学处。(43) 有食家强立学处。(44) 与无衣外道男女食学处。(45) 观军学处。(46) 军中过二宿学处。(47) 动乱兵军学处。(48) 打苾刍学处。(49) 以手拟苾刍学处。(50) 覆藏他粗罪学处。(51) 共至俗家不与食学处。(52) 触火学处(以上卷十一)。(53) 与欲已更遮学处。(54) 与未近圆人同室宿过二夜学处。(55) 不舍恶见违谏学处。(56) 随舍置人学处。(57) 摄受恶见求寂学处。(58) 著不坏色衣学处。(59) 捉宝学处。(60) 非时浴学处。(61) 杀傍生学处。(62) 故恼苾刍学处。(63) 以指击挃他学处。(64) 水中戏学处。(65) 与女人同室宿学处。(66) 恐怖苾刍学处。(67) 藏他衣钵学处。(68) 他寄衣不问主辄著学处。(69) 以众教罪谤清净苾刍学处。(70) 与女人同道行学处。(71) 与贼同道行学处(以上卷十二)。

(72) 与减年者受近圆学处。(73) 坏生地学处。(74) 过四月索食学处。(75) 遮传教学处。(76) 默听评论学处。(77) 不与欲默然起去学处。(78) 不恭敬学处。(79) 饮酒学处。(80) 非时入聚落不嘱苾刍学处。(81) 食前食后诣余家学处。(82) 入王宫学处。(83) 不摄耳听戒作不知语学处。(84) 用牙角作针筒学处。(85) 过量作床学处。(86) 草木绵贮床学处。(87) 过量作尼师但那学处。(88) 过量作覆疮衣学处。(89) 过量作雨浴衣学处。(90) 与佛等过量作衣学处(以上卷十三)。如关于"与减年者受近圆学处",说:

言知年未满二十者(指未满二十岁不得受具足戒),由其年小,饥渴逼时,不堪忍故。言与授近圆(又称“授具足戒”)者,谓能授、所授进止威仪,所有行法,随次当说。言能授者,谓邬波驮耶(又称“亲教师”)、阿遮利耶(又称“阿阇梨”),并余僧伽。有二种邬波驮耶,一初与出家,二为受近圆。满足十夏(指戒腊满十年),方住师位(指度人授具足戒)。复须成就五法,一知有犯,二知无犯,三知轻,四知重,五于别解脱经,广能开解,于诸学处,结作随开。若遇难缘(指危难之事),善知通塞(指通达与蔽塞),常诵戒本,能决他疑,戒见多闻,自他俱利,威仪行法,无有亏犯,具如是德,名亲教师,由其亲能教出离法故。……言阿遮利耶,有其五种。一求寂阿遮利耶(又称“出家阿阇梨”、“求寂师”),谓授三归、五、十学处(指五戒、十戒)。二屏教阿遮利耶(又称“教授阿阇梨”、“屏教师”、“教授师”),谓于屏处,问其障法。三羯磨阿遮利耶(又称“受戒阿阇梨”、“羯磨师”),谓近圆时,秉白四法。四依止阿遮利耶(又称“依止阿阇梨”、“依止师”),乃至一夜,依之而住。五教读阿遮利耶(又称“受经阿阇梨”、“教读师”),下至授彼四句伽他(又称“偈颂”)。此之五人,并当师位,能生轨范,总名轨范师。言僧伽者,有二种。一、十人谓在中方,二、五人谓居边地。若于其处,有十人可得,取五人者,名善近圆众,得越法罪。若但有五人,斯名善受。(卷十三,第597页中、下)

(六)《四波底罗提舍尼法》(第四部,卷十四)。解释“四波底罗提舍尼法”(又称“四悔过法”)。原书下列学处名称:(1)从非亲尼受食学处。(2)受尼指授食学处。(3)学家受食学处。(4)阿兰若住处外受食学处(以上卷十四)。如关于“学

家受食学处”,说:

言学家(指居士家)者,谓预流果、一来果、不还果,唯此学人,处在居家,非无学位。学家羯磨者,谓众共许作法成就先不受请者(指居士因好施而致贫,僧众当作白二羯磨,约定不应再到其家受食)。虽得羯磨,受请非犯(指若居士主动邀请去他家受食,则不作为犯戒)。若非二五羹菜等类,自手受取,及得解法,并皆无犯。言解法者,谓彼赀财还复如故,应作白二舍前遮法(指如果居士后来又富起来了,则可重作白二羯磨,舍弃原先不得上其家受食的约定)。(卷十四,第605页中)

(七)《众学法》(第五部,卷十四)。解释“众学法”,原书未列学处名称。说:

众学法者,谓于广释及十七事中,所有众多恶作、恶说,咸悉摄在众学法中。……此众学法,总为八例。一著衣服事,二入村事,三坐起事,四食啖事,五护钵事,六说法事,七便利事,八观望事。余如广文。(卷十四,第605页下—第607页中)

(八)《七灭诤法》(第五部,卷十四)。解释“七灭诤法”,原书未列学处名称。说:

七灭诤法者,于四诤事,七法能除,是故名此为七灭诤法。何谓四诤?一评论诤,二非言诤,三犯罪诤,四作事诤。言评论诤者,如有诤云:凡说法时获利养者,此物合入说法之人。有云:不合。由此为缘,遂致纷竞。因评论事而起诤故,名评论诤。……言非言诤者,若前人是善,不应诘责而诘责者,名非言诤。……犯罪诤者,谓五部罪,由诤此罪而起于诤，此即是根。……作事诤者，由作单白等羯磨之事而为诤根，于所作事诤得生故。已明四诤，七灭云何？今于此中，略言其要。初评论诤，以二法灭，谓现前及多人语。次非言诤，以三法灭，谓现前、忆念、不痴。次犯罪诤，以四法灭，谓现前、自言、求罪自性、如草相掩。次作事诤，和合僧伽当为除殄。（卷十四，第607页下—第608页上）

（九）《七佛略教法》（第五部，卷十四）。解释“七佛略说戒经偈”。

《根本说一切有部毗奈耶》有五十卷，尤其是有关制戒因缘的叙述，以及由此引出的议论和本生故事等，篇幅较长。本书对此作了较大的删节，对各学处制立事缘的叙述，简明扼要；对各学处文句的解释，突出重点。从一定意义上来说，它也是《根本说一切有部毗奈耶》的纲要书。

与本书相对应的律典，有藏文《大藏经》中的《律摄》。

唐义净译《根本说一切有部毗奈耶颂》三卷

《根本说一切有部毗奈耶颂》，又名《有部毗奈耶颂》，三卷。印度毗舍佉造，唐义净译，景龙四年（710）译出。从义净在书末说的“在那烂陀，已翻此颂，还至都下，重勘疏条”一语中可知，他在印度那烂陀寺求法时，已译出本书的初稿，回国以后重新作了整理，成为今本。唐智升《开元释教录》卷九著录。载于《丽藏》“入”函、《宋藏》“奉”函、《金藏》“入”函、《元藏》“奉”函、《明藏》“妇”函、《清藏》“妇”函、《频伽藏》“寒”帙，收入《大正藏》第二十四卷。

本书是阐释《根本说一切有部毗奈耶》比丘戒各戒的要义的偈颂集。书首有《创明受近圆事及苾刍等要行轨式》，叙述男

女信众出家受具足戒("受近圆")的条件和程序,以及新学比丘应当受持的各种律仪。如说:

若有净信者,所说过皆无。遍身应审观,问知无障法。摄取经八日,存意好瞻相。若先观察者,无劳经一日。先授与三归,次与五学处。应著鲜白衣,立在于僧前。僧伽既许可,当依出家法。先请轨范师,次授十学处。既受求寂法,一切众俗侣。于彼应赞礼,由离俗缠故。……彼受近圆戒,众罪悉消除。在中方满十,苾刍减不许。边方受具者,齐五过随意。(卷上,《大正藏》第二十四卷,第618页上)

次明杂行法,是出家要仪。展转可相教,勿令尊法灭。天时将欲晓,起必在师前。可嚼净齿木,应先礼尊像。次可到师边,安置于坐物。巾水土齿木,寒温须适时。有时应早起,详审就师边。敬重按摩身,能生殊胜福。或于初后夜,师处问疑情。师当遣安坐,随疑决三藏。平明问安等,礼拜生恭敬。由彼多恩益,能亲教是非。常作难遭想,于彼起殷心。善洒扫房中,行处令清净。作坛应供养,香花随有设。日日敬三宝,斯为四谛因。(卷上,第619页下)

正文分为五部。

(一)《初部》(卷上),为有关"四他胜法"(即"四波罗夷法")的偈颂。原书下列学处名称:(1)不净行学处。(2)不与取学处。(3)断人命学处。(4)说上人法学处(《根本萨婆多部律摄》作"妄说自得上人法学处",以上卷上)。如为"说上人法学处"作偈颂说:

俭年诸苾刍,实无胜上德。更互虚相赞,活命佛因遮。不得言我得,殊胜增上证。除于增上慢,斯便得边罪(指不可治罪)。(卷上,第622页下)

（二）《第二部》（卷上），为有关"十三僧伽伐尸沙法"和"二不定法"的偈颂。其中，"十三僧伽伐尸沙法"，原书下列学处名称：（1）故泄精学处。（2）触女学处。（3）鄙恶语学处（《律摄》作"说鄙恶语学处"）。（4）索供养学处。（5）媒嫁学处。（6）造小房学处。（7）造大寺学处。（8）（9）无根谤学处并假根事（即"无根谤学处"、"假根谤学处"）。（10）破僧学处（《律摄》作"破僧违谏学处"）。（11）随助破僧学处（《律摄》作"助伴破僧伽违谏学处"）。（12）污家学处（《律摄》作"污家违谏学处"）。（13）恶性违谏学处。"二不定法"（以上卷上），原书未列学处名称。如为"触女学处"作偈颂说：

> 从足至于首，染心触女人。无衣便众教，有隔吐罗罪。若故意推牵，从象车等处。有隔无隔触，受乐罪同前。女人来触时，苾刍生染著。此则如前说，牵推隔等同。本作行淫意，触著女人身。便得吐罗罪，是他胜因故。（卷上，第623页下）

（三）《第三部》（卷上至卷中），为有关"舍堕法"和"九十波逸底迦法"的偈颂。原书下列学处名称：

1. "舍堕法"（《律摄》作"三十泥萨祇波逸底迦法"）：

（1）畜长衣不分别学处（《律摄》作"有长衣不分别学处"）。（2）离三衣宿学处（《律摄》作"离三衣学处"）。（3）月望衣学处（《律摄》作"一月衣学处"）。（4）使非亲尼浣衣学处（《律摄》作"使非亲尼浣故衣学处"）。（5）取非亲尼衣学处。（6）从非亲居士妇乞衣学处（《律摄》作"从非亲居士居士妇乞衣学处"）。（7）过量乞衣学处。（8）非亲居士妇共办衣学处。（9）非亲居士妇各办衣学处（以上二条与《律摄》编次相反，《律摄》作"知俗人许与衣就乞学处"、"劝共作衣学处"）。（10）王臣送衣价学处(《律摄》作"过限索衣学处")。(11) 用野蚕丝作敷具学处。(12) 纯黑羊毛作敷具学处(《律摄》作"用纯黑羊毛作敷具学处")。(13) 过分用毛作敷具学处(《律摄》作"过分数作敷具学处")。(14) 六年敷具学处(《律摄》作"减六年作新敷具学处")。(15) 不帖坐具学处(《律摄》作"作新尼师但那不用故帖学处")。(16) 担羊毛学处(《律摄》作"自担羊毛过三逾膳那学处")。(17) 使非亲尼擘羊毛学处(《律摄》作"使非亲尼治羊毛学处")。(18) 捉畜钱宝学处(《律摄》作"捉金银等学处")。(19) 出息求利学处。(20) 卖买学处。(21) 畜长钵学处(《律摄》作"畜长钵过十日不分别学处")。(22) 乞钵学处。(23) 自乞缕使非亲织学处(《律摄》作"自乞缕使非亲织师织作衣学处")。(24) 居士妇使非亲织学处(《律摄》作"劝非亲织师织衣学处")。(25) 夺衣学处。(26) 急施衣学处(《律摄》作"过后畜急施衣学处")。(27) 兰若离衣学处(《律摄》作"在阿兰若处过六夜离衣学处")。(28) 雨浴衣学处(《律摄》作"预前求过后用雨浴衣学处")。(29) 回众物入己学处。(30) 七日药学处(《律摄》作"服过七日药学处",以上卷上)。

2. "九十波逸底迦法":

(1) 故妄语学处。(2) 毁訾语学处。(3) 离间语学处。(4) 发举殄诤羯磨学处。(5) 与女人说法过五六语学处(以上卷八)。(6) 与未近圆人同句读诵学处(《律摄》作"与未近圆人同读诵学处")。(7) 向未近圆人说他粗罪学处。(8) 实得上人法向未近圆人说学处。(9) 谤回众利物学处。(10) 轻呵戒学处。(11) 坏生种学处。(12) 嫌毁轻贱学处。(13) 违恼言教学处。(14) 不举敷具学处。(15) 不举草敷具学处。(16) 牵他出僧房学处。(17) 强恼触他学处。(18) 故放身坐卧脱脚床学处。(19) 用虫水学处。(20) 造大寺过限学处。

(21)众不差教授苾刍尼学处。(22)教授至日没学处(《律摄》作“教授至日暮学处”)。(23)谤他为饮食故教授学处。(24)与非亲尼衣学处。(25)与非亲尼作衣学处。(26)与尼同道行学处(《律摄》作“与苾刍尼同道行学处”)。(27)与苾刍尼同乘一船学处。(28)独与女人屏处坐学处。(29)独与尼屏处坐学处。(30)知苾刍尼赞叹得食学处。(31)展转食学处。(32)施一食过受学处。(33)过三钵受食学处。(34)足食学处。(35)劝足食学处。(36)别众食学处。(37)非时食学处。(38)食曾触食学处。(39)不受食学处。(40)索美食学处。(41)受用虫水学处(《律摄》作“受用有虫水学处”)。(42)有食家强坐学处。(43)有食家强立学处。(44)与无衣外道男女食学处。(45)观军学处。(46)军中过二宿学处。(47)动乱兵军学处(以上卷中)。

(48)打苾刍学处。(49)以手拟苾刍学处。(50)覆藏他粗罪学处。(51)共至俗家不与食学处。(52)触火学处。(53)与欲已更遮学处。(54)与未近圆人同室宿过二夜学处。(55)不舍恶见违谏学处。(56)随舍置人学处。(57)摄受恶见求寂学处。(58)著不坏色衣学处。(59)捉宝学处。(60)非时浴学处。(61)杀傍生学处。(62)故恼苾刍学处。(63)以指击拣他学处。(64)水中戏学处。(65)与女人同室宿学处。(66)恐怖苾刍学处。(67)藏他衣钵学处。(68)他寄衣不问主辄著学处。(69)以众教罪谤清净苾刍学处。(70)与女人同道行学处。(71)与贼同道行学处。(72)与减年者受近圆学处。(73)坏生地学处。(74)过四月索食学处。(75)遮传教学处。(76)默听评论学处。(77)不与欲默然起去学处。(78)不恭敬学处。(79)饮酒学处。(80)非时入聚落不嘱苾刍学处。(81)食前食后诣余家学处。(82)入王宫学处。(83) 不摄耳听戒作不知语学处。(84) 用牙角作针筒学处。(85) 过量作床学处。(86) 草木绵贮床学处。(87) 过量作尼师但那学处。(88) 过量作覆疮衣学处。(89) 过量作雨浴衣学处。(90) 与佛等过量作衣学处(以上卷中)。如为"捉畜钱宝学处"作偈颂说:

佛遮苾刍辈,执捉金银等。若三衣道粮,病药当持去。苾刍应少欲,少作少营求。存心乐涅槃,知量知时受。(卷上,第629页中、下)

为"发举殄诤羯磨学处"作偈颂说:

和合众作法,同心许其事。若更毁破者,堕罪遂便伤。大众共一心,如法如轨则。断除四种诤,评论等应知。同心共秉法,于事无犹豫。若云不善时,得破羯磨罪。未作作了想,或疑而毁破。斯便得恶作,异此便无咎。若作此断事,作余断事想。应知了未了,得罪并同前。(卷中,第632页中)

(四) "第四部"(卷中),为有关"悔过法"的偈颂。原书下列学处名称:(1) 从非亲尼受食学处。(2) 受尼指授食学处。(3) 学家受食学处。(4) 阿兰若住处外受食学处(以上卷中)。如为"阿兰若住处外受食学处"作偈颂说:

若在阿兰若,此中多恐怖。苾刍不应出,寺外受其餐。若无观林者,苾刍出受食。寺中余处餐,并悉招其罪。(卷中,第644页中)

(五) "第五部"(卷中),为有关"众学法"和"七灭诤法"的偈颂。原书未列学处名称。如为"众学法"作偈颂说:

下裙圆整著，不高亦不下。不象鼻蛇头，不作多罗叶。亦不为豆团，如是应当学。支伐罗披著，好圆整应知。不太高及下，好披正覆身。少为言语声，亦不高远视。但睹六尺量，可长于一寻。是往俗舍像，如是应当学。（卷中，第644页中、下）

本书的结尾有《明于十七跋窣睹等中述其要事》，叙述根本说一切有部毗奈耶十七事中的其他要事。题名中的“十七跋窣睹”，意为“十七律事”，指有部所传的相当于其他部派广律中“犍度”的十七部以“事”为名的单行本，义净仅译出《根本说一切有部毗奈耶出家事》、《随意事》、《安居事》、《皮革事》、《药事》、《羯耻那衣事》、《破僧事》等七事的单行本。如关于比丘的仪礼，说：

苾刍之仪式，皆与俗不同。用梳等搔头，是事咸不可。若发有尘垢，头痒手揩摩。或时将故衣，此等皆无犯。寺后西北隅，安置大便室。及以小行室，皆须店门扇。西北角下房，安大众瓶水。此据门南向，余面准应知。若见诸俗人，及老苾刍嚏。应云久长寿，不言便得罪。大者见小嚏，应告言无病。小者于尊年，即须云敬礼。（卷下，第647页中、下）

本书的翻译者义净曾著有《南海寄归内法传》四卷，叙述他在游历时的所见所闻，介绍当时在印度和南海诸国佛教寺庙施行的、从源流上来说属于小乘说一切有部的律仪规式。该书中的有些内容，如“师资之道”、“朝嚼齿木”、“亡财僧现”等，或多或少地也受到本书“明于十七跋窣睹等中述其要事”中同类叙述的影响。

与本书相对应的律典，有藏文《大藏经》中的《律颂》。

第十五品　唐义净译《根本说一切有部尼陀那目得迦》十卷

附：唐义净译《根本说一切有部尼陀那目得迦摄颂》一卷

《根本说一切有部尼陀那目得迦》，又名《有部尼陀那目得迦》，十卷。唐义净译，景龙四年(710)译出（此据本书卷一之末刊载的翻经题记）。唐智升《开元释教录》卷九有著录，但误称译时为“长安三年(703)十月”。载于《丽藏》“别”函、《宋藏》“尊”函、《金藏》“别”函、《元藏》“尊”函、《明藏》“睦”函、《清藏》“睦”函、《频伽藏》“寒”帙，收入《大正藏》第二十四卷。

本书是后期说一切有部所传的律事（僧团的制度和行事）的补充和解释。内容叙及僧众日常生活中的各种大小行事和器物，如受戒、说戒、结界、安居、房舍、衣钵、饮食、医药、羯磨、法会、布施、佛塔、菩萨像、行、住、坐、卧、洗浴、器物等。全书由两部分组成，前五卷称为《根本说一切有部尼陀那》，后五卷称为《根本说一切有部目得迦》。书名中的“尼陀那”，意译“因缘”、“缘起”，指佛讲经说法和制定戒律的原委，为“十二部经”之一；“目得迦”，音译又作“摩得勒伽”，意译“本母”（指广律犍度部所说的僧团制度和事项的纲目及其解释），实为“本母”的解释，相当于“论”（或“广解”）。

本书的体例是摄颂（撮取长行关键词而成的偈颂，相当于大纲）与长行（叙事性的散文，相当于细述）的组合。其中，摄颂分“大门总摄颂”、“别门总摄颂”、“子摄颂”三级。(1)“大门总摄颂”，指的是“尼陀那”、“目得迦”各有一首“大门总摄颂”，选取下属五首或四首“别门总摄颂”中每一首偈颂开头的二三字而成,相当于每一大部分的大纲。(2)“别门总摄颂”,指的是“尼陀那”下分五门,“目得迦”下分四门,每一门各有一首摄颂(选取下属“子摄颂”中每一首偈颂开头的一二字而成,相当于每一章的大纲),总计九首。其中,“尼陀那”的“别门总摄颂”,始“尼陀那别门初总摄颂”,终“尼陀那别门第五总摄颂”;“目得迦”的“别门总摄颂”,始“目得迦别门初总摄颂”,终“目得迦别门第四总摄颂”。(3)“子摄颂”,指的是尼陀那”五门、“目得迦”四门,每一门均下列十个子项(相当于十节),每一子项均有一首摄颂(选取下属长行所叙的事项而成,相当于每一节的大纲),分别称为“第一子摄颂”乃至“第十子摄颂”。每一首“子摄颂”之下,为相关的叙事性的长行。

(一)《根本说一切有部尼陀那》(卷一至卷五)。“大门总摄颂”说:“初明受近圆,次分亡人物。圆坛并户钩(长行作“镮”),菩萨像五门。”(《大正藏》第二十四卷,第415页上)意思是说,《尼陀那》(“大门”)分“受近圆”(指受具足戒)、“分亡人物”(指处理处置已故僧人的财物)、“圆坛”(指洗钵处作的小水坛)、“户镮”(指门上的环扣)、“菩萨像”(指佛未成道之前的形像)五门(“别门”)。

(1)受近圆门(又称“尼陀那别门初”)。所叙的律事有:受近圆(如对作女人相的男子或作男子相的女人授具足戒,受者得戒,而授者得“越法罪”等);应知日数星历;结界(如“住界内人”不得为“界外者”作羯磨、“界不相涉入”等);“夏安居”(如“五月十六日作夏安居”等;以上见卷一);“不割截衣”不得受持(有难事者除外);五种皮不应蓄存(指象、马、狮、虎、豹皮等五种兽皮不得制作为鞋或用作坐具等);因病开遮(指因病开许或遮止的事项,如因病许食“生肉”、“醋浆”,患痔病不应“自截”,应“以药或复禁咒”等);“不净受用”为“非法”(指不得接受施主已施与他僧，后又转施的财物；以上见卷二）等。如关于“夏安居”，说：

具寿（又称“长老”）邬波离（又称“优婆离”）请世尊曰：如世尊说，应夏安居者，未知谁合安居？佛言：五众合作，所谓苾刍（又称“比丘”）、苾刍尼（又称“比丘尼”）、正学女（又称“式叉摩那”）、求寂（又称“沙弥”）、求寂女（又称“沙弥尼”）。在于屏处，对一苾刍，当前蹲踞，作如是说：具寿存念，今僧伽五月十六日，作夏安居，我苾刍某甲，亦于五月十六日作夏安居。我苾刍某甲，于此住处界内，前三月夏安居，以某甲为施主，某甲为营事人，某甲为瞻病人。于此住处，乃至若有圮裂穿坏，当修补之。我于今夏，在此安居。第二、第三亦如是说。或前或后，随意应作。应知尼亦对尼，准苾刍作，其求寂应对苾刍，正学女、求寂女对尼应作。（问）如世尊说，苾刍坐夏之时，若有邬波索迦（又称“优婆塞”）等请唤之事，守持七日去者，若有外道及亲族等请唤，亦得去不？佛言：此亦应去。（问）若于三藏有疑，须欲咨问，亦得去不？佛言：得去。（问）若苾刍未得求得，未解求解，未证求证，及有疑心，须往开决，为斯等事，亦得守持七日去不？佛言：皆得。若受一日、二日等，准此应作。（卷一，第418页上、中）

（2）分亡人物门（又称“尼陀那别门第二”）。所叙的律事有：已故僧人的衣物应分与“贫苾刍”；见苾刍斗诤应止谏；施主施物时，“当唱其名，为作咒愿”（指当众宣唱施主的名字并作祝愿；以上见卷二）；僧伽共张羯耻那衣（指举行“受迦絺那衣”仪式）时，苾刍若昏睡，不得称为“共张衣”（指不得与其他比丘一样享有“受迦絺那衣”所带来的权利）；对“斗诤苾刍”应作“令怖羯磨”(指给与不得度人出家及授具足戒等处罚的羯磨),在其改过以后(具足“心有踊悦”等五法)以后,应作“解羯磨”予以收摄(以上见卷三)等。如关于“令怖羯磨”,说:

> 邬波离请世尊曰:如世尊说,若为其人已作令怖羯磨,后于众中,求乞收摄,为解羯磨,具足几法,应收摄耶?佛言:具其五法,方为收摄。一者心有踊悦,二者于众顺伏,三者于罪请除,四者表申礼敬,五者于其斗缘皆悉舍弃。(问)大德,在何处所为作解法?佛言:可于界内。如世尊说。(问)斗诤苾刍应可为作令怖羯磨,正秉法时,现不相伏者,此欲如何(指对拒不接受“令怖羯磨”处罚者,应如何处置)?佛言:为擎衣钵,驱令出界。(卷三,第424页上)

(3)圆坛门(又称“尼陀那别门第三”)。所叙的律事有:不应随处洗钵濯足,洗钵处应作小水坛(“圆坛”);苾刍不应供奉“天神”;洗浴时,“无令俗人入浴室内”(有“净信”的居士除外);“假令父母是极破戒,其子亦应为作供侍”(指即使父母严重破戒,作为儿子的比丘也应供侍);“医人处方,随意应服”(指医生开出的处方,若与佛所立的制度不合,为治病,仍可依处方服用;以上见卷三);“假令出家,于父母处应须供给”(指即使已出家,对生活无依靠的父母,作为儿子的比丘也应设法供养);佛允许给孤独长者,“以世尊发爪造窣睹波”(指造塔供养佛的头发和指甲;以上见卷四)等。如关于供养父母,说:

> 缘处同前(指前面说的“尔时,佛在室罗伐城”)。时有居士,娶妻未久,便诞一息,颜貌端正,人所乐观。父便为子设初生会,付诸乳母,令其养育。子渐长大,于佛法出家。日初分时,著衣持钵,入室罗伐城而行乞食。忽遇其父,问曰:汝已出家?答言:出家。其父告曰:汝之此身,由我生

育,今得成长,于苦乐事,须相忧念。汝弃出家,谁当济我?苾刍报曰:我岂能为俗家之事。时诸苾刍以缘白佛。佛言:父母于子,能为难事,荷负众苦。假令出家,于父母处应须供给。时彼不知何物应与。佛言:应除衣钵,余物供给。若无余物,可从施主,随时乞求。若乞求难得,应以僧常所得利物,共相供结。若无利物,应以僧常所食之分,减取其半,而为供济。若常乞食随他活者,以己所须满腹食内,应取其半,济于父母。(卷四,第428页下)

(4) 户镶门(又称"尼陀那别门第四")。所叙的律事有:户扇上应安环扣;苾刍在使用染器、水瓶、釜、剃发刀、针、坐砧等物时,他人不应夺用(以上见卷四);饥俭岁(饥荒年),允许苾刍尼作羯磨告众后,独往亲族家随意而食;四种物不应分(以上见卷五)等。如关于四种物不应分,说:

佛言:有四种物,皆不应分。云何为四?一者四方僧物,二者窣睹波(指塔)物,三者众家病药,四者寺资产物。若有违者,得恶作罪(又称"突吉罗")。(卷五,第433页下)

(5) 菩萨像门(又称"尼陀那别门第五")。所叙的律事有:佛听许(允许)给孤独长者作"赡部影像"(指"佛为菩萨时"的形像,即佛未成道之前的形像)随意供养;佛听许给孤独长者设"无遮大会"(又称"般阇于瑟会"),供养四方人众;设会时,应打揵稚、吹双螺、击大鼓,令远近普闻,会竟时,应撤所设幢幡,以示大会结束(以上见卷五)等。如关于"无遮大会",说:

尔时,给孤独长者设供养(指设立佛未成道之前的"菩萨像"以作供养)时,众多苾刍等七众俱集。长者见已,生大欢喜，作如是念：如世尊说，苾刍有五种时施，云何为五？一者于客来人及将行者，而为给施。二者于病人及瞻病者，而行给施。三者于饥俭年及在险路，而行给施。四者若得新谷新果及新节岁，先于持戒有德为供给已，后当自食。五者若遇风雨寒雪之时，应持饼、粥、糗（指炒熟的米麦粉）及诸浆，往施众僧。……即往佛所，礼双足已，在一面坐，白佛言：……由观菩萨大会供养，四方人众悉皆云集，行路辛苦，若佛听者，我当设供。佛言：随意应作。长者遂设无遮大会。（卷五，第434页下—第435页上）

（二）《根本说一切有部目得迦》（卷六至卷十）。"大门总摄颂"说："最初为忏谢，第二定属物。第三资具衣，目得迦总颂。"（卷六，第435页下）意思是说，《目得迦》分"忏谢"（指忏悔道歉）、"定属物"（又称"定物"，指寺庙的固有财物）、"资具衣"（指僧衣）三门，最后为"总颂"。但书中实际所述为四门，即最后一门为"与田分"（指将国王施与僧众的田地分配给俗人耕作），而并不是"目得迦总颂"。

（1）忏谢门（又称"目得迦别门初"）。所叙的律事有：苾刍若有瞋诤，"宜速忏谢，共相容忍"；不应至褒洒陀日（又称"布萨日"）而不长净（又指不说戒）；若有"难缘"（指危及生命之事），对俗人发露说罪（指坦白自己的犯戒事实），"无犯"（指于戒无犯、不犯戒，以上见卷六）；苾刍不应食乌鵄、白鹤、雕鹫之类；苾刍不应食狗肉；有十种地（指露地、门屋下、房檐前等）不应结作"净厨"煮食（以上见卷七）等。如关于不应食狗肉，说：

尔时，佛在室罗伐城。时属俭年，诸俗人等，多食狗肉。时六众苾刍（又称"六群比丘"，指难陀等六个结群行恶的比丘）于日初分，著衣持钵，入城乞食。随所至处，人皆告曰：圣者可去，实无一物堪以奉施。其家釜内，有营食处。六众见已，便问彼言：汝舍釜中，是何饮食？答云：狗肉。问言：仁等食狗肉耶？答言：我食。……因被讥嫌，以缘白佛。佛言：凡诸苾刍不应食狗及以鵄鹗，并诸鸟兽食死尸者，咸不应食。若有食者，得恶作罪。（卷七，第439页下）

（2）定属物门（又称“目得迦别门第二”）。所叙的律事有：“定物不应移”（指不应随意改变寺庙固有物品的归属）；盗贼劫夺商旅后的遗弃物，不应取；“二众利物”（指施与僧尼二众的财物），应共平分（以上见卷七）；“佛形像泥塑亏坏”（指泥塑佛像损坏），“可相似随意而作”（以上见卷八）等。如关于“定物不应移”，说：

尔时，佛在室罗伐城。有一长者，多饶财宝，造一住处，施与僧伽，及诸卧褥供身杂物，咸持奉施。有少苾刍，在此而住。共相谓曰：诸具寿（又称“长老”）卧褥资具，既甚丰盈，若举置时，恐多损坏。随足受用，所有余物，应可分与苾刍僧伽。即如其议，所有余物，悉皆分与随近僧伽。时有乞食苾刍，游行至此。时旧住者，便为解劳。彼客苾刍问言：具寿，颇有余长闲卧具不？答曰：此无闲物。诸客苾刍于破床上，苦卧通宵，至于晨朝。……时彼长者到住处已，问旧苾刍：我以众多卧褥资具，奉施大众，今并何在？时诸苾刍即以上事，具答施主。长者告曰：应可取来。我本要心，施此住处。以缘白佛。佛言：应持此处物，与余住处，应随定处，而受用之。若私与者，应全酬直（值）。若不还者，得重越法罪。（卷七，第441页中、下）

（3）资具衣门（又称“目得迦别门第三”）。所叙的律事有：

"十三资具衣"(指"僧伽胝"等);十二种人(指"愚"、"痴"、"不分明"等)的"诃言",可不予听纳(以上见卷八);佛因长老亿耳(又译"说笼拏二十亿")而开许(允许)僧众食粥的故事(以上见卷九)等。如关于佛开许食粥,说:

> 尔时,佛在王舍城。具寿说笼拏二十亿(又称"亿耳")苾刍,从小以粥长养,由出家后,遂不得粥,身体羸瘦,痿黄无力。……阿难陀以缘白佛。佛言:从今听许说笼拏二十亿苾刍随意食粥。时阿难陀即传佛教,告彼苾刍(指亿耳)曰:世尊开尔随意食粥。彼便报曰:为是总开大众,为我一人?答曰:唯尔一人。说笼拏二十亿曰:由此因缘,诸同梵行讥诮于我,汝说笼拏二十亿,今者出家,大有所获。昔在占波巨富无匹,舍七象王,而为出家,乃于今时,唯求薄粥。世尊,若许因我开听大众食粥,我亦随食。时诸苾刍以缘白佛。佛言:我今因说笼拏二十亿为先首故,听(指允许)诸大众咸悉食粥。(卷九,第448页下—第449页上)

(4)与田分门(又称"目得迦别门第四")。所叙的律事有:允许将国王施与僧众的田地("王田"),分配给俗人耕作,"准王法取分"(指按王法分成;以上见卷九);不应赤体(裸体)而眠;不应除弃(指丢弃)破旧僧衣、卧具、被帔,应以线缝补(以上见卷十)等。如关于不应除弃破旧僧衣等,说:

> 时诸苾刍,见有破坏僧祇卧具、被帔,遂共除弃。以缘白佛。佛言:不应除弃。若衣欲破,应以长线而缝络之。若见有孔,应可补帖。若在内烂,两重幅叠。如总烂坏不堪料理者,应作灯炷,或可斩碎,和牛粪作泥,用塞柱孔,或泥墙壁。如是用时,能令施主所舍福田,任运增长。若三衣破烂,事亦同此。(卷十,第453页上)

本书“尼陀那”和“目得迦”部分中，有不少事例是与《十诵律》卷四十八的起首部分，以及卷六十一《毗尼中杂品》、《因缘品》所述相同的，特别是“尼陀那”部分的内容，与《十诵律》卷四十八的起首部分大致相同的地方尤多，故两书之前存在着一定的学术渊源。另外，本书卷五提到“羯磨白二准此应作，如《百一》中说”（第433页上），这里说的《百一》，是指唐义净译《根本说一切有部百一羯磨》十卷。据此判断，本书又与《根本说一切有部百一羯磨》成立于同一时期。

唐义净译《根本说一切有部尼陀那目得迦摄颂》一卷

《根本说一切有部尼陀那目得迦摄颂》，又名《有部尼陀那目得迦摄颂》，一卷。唐义净译，景龙四年（710）译出。唐智升《开元释教录》卷九著录。载于《丽藏》“入”函、《宋藏》“奉”函、《金藏》“入”函、《元藏》“奉”函、《明藏》“唱”函、《清藏》“唱”函、《频伽藏》“寒”帙，收入《大正藏》第二十四卷。

本书是《根本说一切有部尼陀那目得迦》十卷中“摄颂”（包括“大门总摄颂”、“别门总摄颂”和“子摄颂”）的摘编。其中，《尼陀那》“摄颂”总计有五十二首摄颂，《目得迦》总计有四十八首。

以《尼陀那》为例，所收的“摄颂”中，“大门总摄颂”有一首：“大门总摄颂曰：初明受近圆，次分亡人物。圆坛并户钩，菩萨像五门。”（《大正藏》第二十四卷，第517页下）“别门总摄颂”有五首：“别门初总摄颂曰（此有十事，尽不截皮——原注）：近圆知日数，界别不入地。界边五众居，不截皮生肉。”（同上）“别门第二总摄颂曰：分亡及唱导，张衣授学人。重作收摄驱，求寂同墙上。”（第518页上）“别门第三总摄颂曰：圆坛求寂堕，一衣烟药器。铁推发及门，不应随铁作。”（同上）“别门第四总摄颂曰：户镮随处用，沾衣大小便。染衣损认衣，赊衣果无净。”（第518页中）“别门第五总摄颂曰：菩萨像供养，吉祥大众食。大会草稕居，集僧鸣大鼓。”（第518页下）其余均为每一“别门”之下各自叙列的十首“子摄颂”（“第一子摄颂”至“第十子摄颂”）。

由于“摄颂”是撮取长行所叙事项的关键词而成的韵句，构成“摄颂”字词的实际含义，只有通过对长行的阅读，才能了解明白。

以上面引用的《尼陀那》“别门初总摄颂”中说的“近圆知日数，界别不入地。界边五众居，不截皮生肉”为例。对照长行，才能了知，这里说的“近圆”，是指受具足戒；“知日数”，是指“知日数星历”；“界别”，是指“住界内人”和“住界外人”有区别，不得相互“告清净”（说戒时请人代为转达自己在戒行上的清净）、“作羯磨”；“不入地”，是指“结界”时，此界不得入彼界，如“小坛场”与“现停水处”、“苾刍（比丘）界”与“苾刍尼（比丘尼）界”不相涉入；“界边”，是指“大界”的区域为“两逾膳那半”（“逾膳那”又译“由旬”，《萨婆多毗尼毗婆沙》卷五说“四十里一由旬”）；“五众居”，是指“苾刍（比丘）、苾刍尼（比丘尼）、正学女（式叉摩那）、求寂（沙弥）、求寂女（沙弥）”都要作“夏安居”；“不截”，是指“不割截衣”不得受持；“皮”，是指象、马、师子（佛经中“狮子”均译作“师子”）、虎、豺等五种兽皮不得制作为鞋或用作坐具；“生肉”，是指比丘为治病，允许食用羊、鸡、猪、鸟、兽等肉。

因此，本书的“摄颂”，只有与《根本说一切有部尼陀那目得迦》十卷本中的长行相配合，才有实用价值。倘若离开长行，对“摄颂”作望文生义式的理解，就难免错误百出。

第六门　南传上座部律典

第一品　汉译巴利文《律藏》五卷

巴利文《律藏》，又名南传上座部《律藏》、《南传大藏经·律藏》、《巴利律藏》、《铜鍱部律藏》，五卷，现代通妙译。收入《汉译南传大藏经》第一卷至第五卷（台湾元亨寺妙林出版社 1990 年 10 月起出版）。

巴利文《律藏》是南传佛教上座部（又称“南传上座部”、“铜鍱部”）的广律，为巴利文“三藏”之一。所说的“南传佛教”，指的是由印度向南传播形成的斯里兰卡、缅甸、泰国、柬埔寨、老挝等国的佛教，以信奉小乘上座部佛教为主，所传“三藏”的编次为“律藏”、“经藏”、“论藏”；而“北传佛教”，指的是由印度向北传播形成的中国、朝鲜、日本、越南等国的佛教，以信奉大乘佛教为主，所传“三藏”的编次为“经藏”、“律藏”、“论藏”。南传上座部，又名“铜鍱部”、“分别说部”。相传阿育王（前 268—前 232 年在位）时，以目犍连子帝须（略称“帝须”）为首的上座部一千比丘，在摩揭陀国华氏城（又译“巴连弗邑”、“波吒厘子城”）举行“第三次结集”，会后派九支传教师到周边各国弘法，其中，摩哂陀（阿育王之子）率众到斯里兰卡传教，从而将佛教传入该国，并形成了以“大寺”为中心的南传上座部佛教。

南传上座部的"三藏",相传是在达瓦伽摩尼王(又译"瓦陀伽摩尼王"、"瓦腊干跋王",公元前89—前77年在位)时,"大寺派"五百位长老在马德勒镇阿卢寺举行"第四次结集"时,第一次将口诵的佛经记录成文,书写在贝叶(贝多罗树叶,形似棕榈叶)上形成的。巴利文《岛王统史》(略称《岛史》)第二十章说:"达瓦伽摩尼王统治十二年与五个月。以前由大慧比丘等口诵三藏之经典及传承彼义疏,此时比丘等见众生正法凋落而来集,为法之久住,书为记录。"(《汉译南传大藏经》卷六十,第132页)《大王统史》(略称《大史》)第三十三章也说:"(瓦陀伽摩尼王时)三藏之本文或其注释,曩者由大智比丘等口诵所缚,见众生之退堕,其时集比丘等,为法久住于世,此令录于书册。"(《汉译南传大藏经》卷六十,第340页)由此实现了从口诵佛经到书面佛经的历史性转折。

这中间,"三藏"是用巴利文记录的,"三藏"的注疏(又称"义疏")是用僧伽罗文记录的。公元五世纪初,印度高僧觉音(又名"佛音")在斯里兰卡求学期间,将"三藏"的注疏也改译成巴利文,从而形成传今的完整的巴利文《大藏经》。1935年至1941年,以高楠顺次郎为首的日本四十六位知名学者将巴利文《大藏经》译成日文出版,题作《南传大藏经》,共六十五卷。其中,卷十一、卷十六、卷五十九各分上下册,卷六十五分为三册,总计七十册。台湾元亨寺妙林出版社版《汉译南传大藏经》,就是以日译本为底本,参照巴利文原本翻译的,译语为文言文。上海中西书局出版的《汉译巴利三藏·经藏·长部》(2012年8月版)则是以巴利文原典为底本翻译的,译语为白话文。

巴利文《律藏》的内容,大体上分为《经分别》(下分《大分别》、《比丘尼分别》)、《犍度》(下分《大品》、《小品》)、《附随》三部分。

一、《经分别·大分别》

《大分别》是巴利文《律藏》中《经分别》的两大组成部分之一,收入《汉译南传大藏经》卷一(台湾元亨寺妙林出版社1990年10月版)至卷二(1991年6月版)。本篇为比丘戒的解说,下分"波罗夷法"(四条)、"僧残法"(十三条)、"不定法"(二条)、"舍堕法"(三十条)、"波逸提法"(九十二条)、"提舍尼法"(四条)、"众学法"(七十五条)、"灭诤法"(七条)八类,叙述比丘戒二百二十七条。所述的重要戒条,一般是由四段式构成的:一、制戒因缘(又称"戒缘"),指制戒的原委与经过;二、戒法条文(又称"戒相"、"戒文"),指戒条的表述文句;三、文句解释(又称"文句分别"),指戒条文句的解释;四、犯相解释(又称"犯相分别"),指犯戒相状的解释。其中,《四分律》、《五分律》、《摩诃僧祇律》中的"犯相解释",只有"约义分别"(指从行为对象、施行手段、主观意图、客观结果等方面,对犯戒或疑似犯戒所涉及的情况,分别作出犯与不犯、犯轻与犯重的解释,即对不同的犯戒相状作出不同的定性),本书和《十诵律》一样,在对"四波罗夷法"各戒所作的"犯相解释"中,不仅有"约义分别",而且增添了"就事分别"(指列举一些现实的事例进行解释,亦即事例解释)。此外,本篇在"僧残法"一些戒条的解释中,也增添了"就事分别",从而极大地丰富了"犯相解释"的内容。

巴利文原本未标列各戒之名,日译本为便于阅读和引用,一一拟立了戒名(仅《灭诤法》除外),汉译本对此作了沿用。(日译本拟立的戒名,有些与戒文的原意存在着一定出入,不甚确切,以下在括号里附注《大藏经总目提要》统一使用的戒名,以便对照。)

(一)《波罗夷法》(卷一)。叙述"波罗夷法"四条的制立因缘、戒法条文及其解释。汉译本下列各戒之名:

(1) 不净戒(又称"淫戒")。(2) 不与取戒(又称"盗戒")。(3) 人身戒(又称"杀戒")。(4) 上人法戒(又称"大妄语戒")。如关于"不净戒"等,说:

任何比丘,受比丘之学戒,不舍戒,戒羸不告示而行不净法者,即使与畜生行,亦是波罗夷,不共住。("不净戒",《汉译南传大藏经》卷一,第27页)

(二)《僧残法》(卷一)。叙述"僧残法"(又称"僧伽婆尸沙法")十三条的制立因缘、戒法条文及其解释。汉译本下列各戒之名:

(1) 出精戒(又称"故出不净戒")。(2) 身触戒(又称"摩触女人戒")。(3) 粗语戒(又称"与女人粗恶语戒")。(4) 自赞叹淫欲戒(又称"向女人索淫欲供养戒")。(5) 媒嫁戒(又称"媒人戒")。(6) 造房舍戒(又称"无主不处分过量造房戒")。(7) 造精舍戒(又称"有主为己不处分造房戒")。(8) 第一瞋不满戒(又称"无根波罗夷谤戒")。(9) 第二瞋不满戒(又称"假根波罗夷谤戒")。(10) 第一破僧戒(又称"破僧违谏戒")。(11) 第二破僧戒(又称"助破僧违谏戒")。(12) 恶口戒(又称"恶性拒僧违谏戒")。(13) 污家戒(又称"污家摈谤违谏戒")。如关于"出精戒"等,说:

除梦中遗,若故意行泄不净者,僧残。("出精戒",卷一,第155页)

若比丘,自乞造房舍,无主自理时,应如量而造。于此所谓如量者:长十二佛搩手(又作"磔手","一佛搩手"指佛的拇指与中指张开的长度,《五分律》称有二尺),内广七搩手也。应率同诸比丘指示作处,应由此诸比丘于无难处(指蚂蚁、蛇蝎、野兽等住处,或屠斩场、墓地、叉路口等地方)、有行处(指行人、车辆可以往来回转的地方)指示作处。若比丘于有难处、无行处之作处,自乞造房舍,或不率同诸比丘指示作处,或过量者,僧残。("造房舍戒",卷一,第 208 页)

(三)《不定法》(卷一)。叙述"不定法"二条的制立因缘、戒法条文及其解释。汉译本下列各戒之名:

(1) 可淫屏处戒(又称"屏处不定戒")。(2) 非可淫屏处戒(又称"露处不定戒")。如关于"非可淫屏处戒",说:

> 若于非屏处坐,不是可淫处,而为适与女人语粗恶语处。若任何比丘,于如是之处,与女人一对一秘密而共坐,被可信之优婆夷发现,于二法中之任何一法说之(指怀疑此比丘犯了下述二列法中的某一法),或僧残、或波逸提。若比丘承认同坐,依二法中之任何一法处罚之,或以僧残、或以波逸提。或由可信之优婆夷所说,以处罚其比丘。此亦不定法。("非可淫屏处戒",卷一,第 269 页)

(四)《舍堕法》(卷一)。叙述"舍堕法"(又称"尼萨耆波逸提法")三十条的制立因缘、戒法条文及其解释。汉译本下列各戒之名:

(1) 第一迦絺那衣戒(又称"畜长衣过限戒")。(2) 第二迦絺那衣戒(又称"离三衣宿戒")。(3) 第三迦絺那衣戒(又称"月望衣过限戒")。(4) 故衣戒(又称"使非亲尼浣故衣戒")。(5) 取衣戒(又称"取非亲尼衣戒")。(6) 从非亲里乞戒(又称"从非亲俗人乞衣戒")。(7) 过量戒(又称"过分乞衣戒")。(8) 第一豫备戒(又称"劝增衣戒")。(9) 第二豫备戒(又称"劝二家增衣价戒")。(10) 王戒(又称"过分急索衣戒")。(11) 绢戒(又称"杂野蚕绵作卧具戒")。(12) 纯黑色羊毛戒

（又称“黑羊毛作卧具戒”）。（13）二分戒（又称“过分数羊毛作卧具戒”）。（14）六年戒（又称“未满六年作卧具戒”）。（15）坐卧具戒（又称“不揲坐具戒”）。

（16）羊毛戒（又称“持羊毛过限戒”）。（17）洗羊毛戒（又称“使非亲尼染羊毛戒”）。（18）金银戒（又称“畜金银戒”）。（19）买卖金银戒（又称“贸金银戒”）。（20）物品交易戒（又称“贩卖戒”）。（21）钵戒（又称“畜长钵过限戒”）。（22）减五缀戒（又称“未满五缀更求新钵戒”）。（23）药戒（又称“畜七日药过限戒”）。（24）雨季衣戒（又称“受雨浴衣过限戒”）。（25）夺衣戒（又称“与衣还夺戒”）。（26）乞线戒（又称“乞缕使非亲织师织戒”）。（27）大织师戒（又称“劝织师增缕戒”）。（28）特施衣戒（又称“受急施衣过限戒”）。（29）有难戒（又称“兰若有难离衣过限戒”）。（30）回入戒（又称“回僧物入已戒”）。如关于“绢戒”等，说：

任何比丘，若以杂绢丝作卧具者，尼萨耆波逸提。（“绢戒”，卷一，第319页）

热季（据汉译本注，指旧历“十二月十六日至四月十五日”）之最后一月（指“三月十六日以后”），比丘当求雨季衣，热季之最后半月，当作而受用（指“四月一日得缝制著用”）。若热季之最后一月以前求雨季衣，热季之最后半月以前作而受用者，尼萨耆波逸提。（“雨季衣戒”，卷一，第358页）

夏安居竟后，至迦提月（据汉译本注，指雨安居最后一个月，旧历“七月十六日至八月十五日”）之满月，住任何具有危险与恐怖之阿兰若住处，住如是住处之比丘，愿意者，可以三衣中之一衣置于民家。比丘若有任何离衣因缘，彼

等比丘得离其衣，以六夜为限。除僧之认许外，若离过此限者，尼萨耆波逸提。（“有难戒”，卷一，第 373 页）

（五）《波逸提法》（卷二）。叙述“波逸提法”（又称《堕法》、《单堕法》）九十二条的制立因缘、戒法条文及其解释。汉译本下列各戒之名：

(1) 妄语戒（又称“小妄语戒”）。(2) 骂戒（又称“毁呰语戒”）。(3) 离间语戒（又称“两舌语戒”）。(4) 随句戒（又称“与未受具人同诵戒”）。(5) 第一共宿戒（又称“与未受具人同宿过限戒”）。(6) 第二共宿戒（又称“与女人同宿戒”）。(7) 与女人说法戒（又称“独与女人说法过五六语戒”）。(8) 实有而说戒（又称“实得过人法向未受具人说戒”）。(9) 说粗罪戒（又称“向未受具人说粗罪戒”）。(10) 掘地戒。(11) 草木戒（又称“伐草木戒”）。(12) 异语戒（又称“异语恼僧戒”）。(13) 讥嫌戒（又称“嫌骂僧知事戒”）。(14) 第一坐卧具戒（又称“露地敷僧物不举戒”）。(15) 第二坐卧具戒（又称“房内敷僧物不举戒”）。(16) 挤进戒（又称“强敷卧具止宿戒”）。(17) 拖出戒（又称“强牵比丘出僧房戒”）。(18) 楼上戒（又称“坐脱脚床戒”）。(19) 大精舍戒（又称“覆屋过限戒”）。(20) 有虫水戒（又称“用虫水戒”）。

(21) 教诫戒（又称“僧不差而教授尼戒”）。(22) 日没戒（又称“为尼说法至暮戒”）。(23) 比丘尼住处戒（又称“辄入尼处教诫戒”，此戒为《四分律》所无，《五分律》则有）。(24) 利养戒（又称“讥教尼人戒”）。(25) 与衣戒（又称“与非亲尼衣戒”）。(26) 缝衣戒（又称“与非亲尼作衣戒”）。(27) 豫约戒（又称“与尼期同行戒”）。(28) 乘船戒（又称“独与女人坐戒”）。(29) 周全取食戒（又称“受尼赞叹食戒”）。(30) 秘密处共坐戒(又称"独与尼屏处坐戒")。(31)施食处食戒(又称"施一食处过受戒")。(32)别众食戒。(33)数数食戒(又称"展转食戒")。(34)满二三钵戒(又称"受食过三钵戒")。(35)第一足食戒(又称"足食戒")。(36)第二足食戒(又称"劝足食戒")。(37)非时食戒。(38)蓄藏戒(又称"食残宿食戒")。(39)美味食戒(又称"索美食戒")。(40)杨枝戒(又称"不受食戒")。

(41)裸形外道戒(又称"自手持食与外道戒")。(42)驱出戒(又称"驱他出聚落戒")。(43)食事家戒(又称"食家强坐戒")。(44)屏处与女坐戒(又称"食家与女人屏处坐戒")。(45)独与女坐戒(又称"独与女人坐戒")。(46)请食访他戒(又称"食前后至他家不嘱戒")。(47)摩诃男戒(又称"过受四月药请戒")。(48)观出征军戒(又称"往观军阵戒")。(49)宿军中戒(又称"军中止宿过限戒")。(50)观模似战戒(又称"往观军战戒")。(51)饮酒戒。(52)以指胳肢戒(又称"击拣比丘戒")。(53)水中戏戒(又称"水中嬉戏戒")。(54)轻侮戒(又称"轻慢不受谏戒")。(55)令恐怖戒(又称"恐吓比丘戒")。(56)燃火戒(又称"无病露地燃火戒")。(57)沐浴戒(又称"非时洗浴戒")。(58)坏色戒(称"著不坏色衣戒")。(59)净施戒(又称"净施衣不语取戒")。(60)隐藏衣戒(又称"藏他物品戒")。

(61)故意杀有情戒(又称"故杀畜生戒")。(62)饮虫水戒。(63)发戒净(称"如法断事后发诤戒")。(64)粗罪戒(又称"覆他粗罪戒")。(65)二十岁未满戒(又称"与未满二十岁受具戒")。(66)贼队戒(又称"与贼期行戒")。(67)与女人期行戒。(68)恶见违谏戒(又称"恶见违谏戒")。(69)随摈戒(又称"随顺被举人戒")。(70)随摈沙弥戒(又称"随顺被摈沙弥戒”)。(71) 如法戒(又称“拒劝学戒”)。(72) 疑惑戒(又称“毁呲尼戒”)。(73) 无知戒(又称“说戒不摄听戒”)。(74) 打比丘戒。(75) 举手戒(又称“手搏比丘戒”)。(76) 无根戒(又称“无根僧残谤戒”)。(77) 故意戒(又称“故恼比丘戒”)。(78) 屏处听戒(又称“默听斗诤戒”)。(79) 羯磨不平戒(又称“与欲后悔戒”)。(80) 不同意而去戒(又称“不与欲戒”)。

(81) 与衣后言不平戒(又称“同羯磨后悔戒”)。(82) 转施戒(又称“回僧物与人戒”,此戒为《四分律》所无,《五分律》则有)。(83) 王宫戒(又称“突入王宫门戒”)。(84) 宝物戒(又称“捉金银戒”)。(85) 非时入村落戒(又称“非时入聚落戒”)。(86) 针筒戒(又称“作骨牙角针筒戒”)。(87) 卧床戒(又称“作床足过量戒”)。(88) 入绵戒(又称“兜罗绵作床褥戒”)。(89) 尼师坛戒(又称“作坐具过量戒”)。(90) 覆疮戒(又称“作覆疮衣过量戒”)。(91) 雨衣戒(又称“作雨浴衣过量戒”)。(92) 难陀长老戒(又称“作三衣过量戒”)。如关于“离间语戒”等,说:

> (任何比丘)以语令比丘离间者,波逸提。(“离间语戒”,《汉译南传大藏经》卷二,第16页)
>
> 任何比丘,若自掘地,或令掘者,波逸提。(“掘地戒”,卷二,第42页)
>
> 任何比丘,若至比丘尼住处教诫比丘尼者,除因缘外,波逸提。此处所谓因缘者,乃比丘尼病时之谓。(“比丘尼住处戒”,卷二,第76页)
>
> 任何比丘,于僧伽提议决断时,不同意,起座而去者,波逸提。(“不同意而去戒”,卷二,第206页)

（六）《提舍尼法》。叙述“提舍尼法”（又称“波罗提提舍尼法”、“悔过法”）四条的制立因缘、戒法条文及其解释。汉译本下列各戒之名：

（1）在俗家从非亲里尼取食戒（又称“从非亲尼受食戒”）。（2）在俗家挑食受食戒（又称“受尼指授食戒”）。（3）学地之家受食戒（又称“学家受食戒”）。（4）恐怖阿兰若受食戒（又称“恐怖兰若受食戒”）。如关于“在俗家从非亲里尼取食戒”，说：

> 任何比丘，由入市井（乞食）之非亲里比丘尼之手，亲手接受硬食或软食而食者，此比丘应忏悔曰：我犯应受非难、不相应而当忏悔之法，我为此忏悔。（“在俗家从非亲里尼取食戒”，卷二，第244页）

（七）《众学法》。叙述“众学法”七十五条的制立因缘、戒法条文及其解释。汉译本下列各戒之名：

（1）齐整著涅槃僧戒（又称“不齐整著内衣戒”；从“应当学”的角度说，是“齐整”，从“戒”的角度说，是“不齐整”，因为“戒”是对不良行为的禁止而言，故本戒名中似应有“不”字，下条同）。（2）齐整著三衣戒（又称“不齐整著三衣戒”）。（3）覆身而行戒（又称“不覆身入白衣舍戒”）。（4）覆身而坐戒（又称“不覆身白衣舍坐戒”）。（5）正威仪而行戒（又称“不善摄身入白衣舍戒”）。（6）正威仪而坐戒（又称“不善摄身白衣舍坐戒”）。（7）注视下方而行戒（又称“顾视入白衣舍戒”）。（8）注视下方而坐戒（又称“顾视白衣舍坐戒”）。（9）反抄衣而行戒（又称“反抄衣入白衣舍戒”）。（10）反抄衣而坐戒（又称“反抄衣白衣舍坐戒”）。（11）哄笑而行戒（又称“戏笑入白衣舍戒”）。（12）哄笑而坐戒（又称“戏笑白衣舍坐戒”）。（13）低声而行戒（又称“高声入白衣舍戒”；从“应当学”的角度说，是“低声”，从“戒”的角度说，是“高声”）。(14) 低声而坐戒（又称“高声白衣舍坐戒”）。(15) 摇身而行戒（又称“摇身入白衣舍戒”）。(16) 摇身而坐戒（又称“摇身白衣舍坐戒”）。(17) 摇臂而行戒（又称“掉臂入白衣舍戒”）。(18) 摇臂而坐戒（又称“掉臂白衣舍坐戒”）。(19) 摇头而行戒（又称“摇头入白衣舍戒”）。(20) 摇头而坐戒（又称“摇头白衣舍坐戒”）。

(21) 叉腰而行戒（又称“叉腰入白衣舍戒”）。(22) 叉腰而坐戒（又称“叉腰白衣舍坐戒”）。(23) 缠头而行戒（又称“覆头入白衣舍戒”）。(24) 缠头而坐戒（又称“覆头白衣舍坐戒”）。(25) 膝行戒（又称“蹲行入白衣舍戒”）。(26) 乱姿戒（又称“放身白衣舍坐戒”）。(27) 注意受食戒（又称“不用意受食戒”）。(28) 注意钵戒（又称“溢钵受羹戒”）。(29) 羹食适量戒（此戒为巴利文《律藏》独有；也有人称它相当于《四分律》中的“不羹饭等食戒”的，但细勘戒文，两戒略有差异）。(30) 满钵受食戒（又称“溢钵受饭戒”）。(31) 注意取食戒（又称“不恭敬而食戒”）。(32) 注意钵食戒（又称“不视钵食戒”）。(33) 以次食戒（又称“不次第受食戒”）。(34) 羹饭适量戒（又称“不羹饭等食戒”）。(35) 从中央揉捏而食戒（又称“挑钵中食戒”）。(36) 饭覆羹戒（又称“以饭覆羹更望得戒”）。(37) 为己乞羹饭戒（又称“为己索羹饭戒”）。(38) 视他钵中戒（又称“嫉心视他钵食戒”）。(39) 大饭球戒（又称“大抟食戒”）。(40) 圆饭球戒（又称“小抟食戒”）。

(41) 大张口待食戒（又称“张口待食戒”）。(42) 全手塞入口中戒（又称“手把散食戒”）。(43) 含饭语戒（又称“含食语戒”）。(44) 投入食戒（又称“抟饭掷口中戒”）。(45) 啮食戒（又称“不啮半食戒”）。(46) 胀颊食戒。(47) 摇手食戒（又称“振手食戒”）。(48) 撒落饭粒戒（又称“遗落饭食戒”）。

(49) 舌舐食戒(又称"吐舌食戒")。(50) 作声食戒(又称"嚼饭作声戒")。(51) 吸食戒。(52) 舐手食戒(又称"舐手食戒")。(53) 舐钵食戒(又称"指抆钵食戒")。(54) 舐唇食戒(此戒为巴利文《律藏》独有)。(55) 污手持水瓶戒(又称"污手捉食器戒")。(56) 弃洗钵水戒(又称"洗钵水弃白衣舍戒")。(57) 与持伞人说法戒(又称"为持盖人说法戒")。(58) 与持杖人说法戒(又称"为持杖人说法戒")。(59) 与持刀人说法戒(又称"为持刀人说法戒")。(60) 与持武器人说法戒(又称"为持弓箭人说法戒")。

(61) 与著革履人说法戒(又称"为著革屣人说法戒")。(62) 与著革屣人说法戒(又称"为著木屐人说法戒")。(63) 与乘车人说法戒(又称"为骑乘人说法戒")。(64) 与卧床人说法戒(又称"人卧己坐说法戒")。(65) 与乱姿坐人说法戒(又称"为翘脚人说法戒")。(66) 与缠头人说法戒(又称"为裹头人说法戒")。(67) 与覆头人说法戒(又称"为覆头人说法戒")。(68) 人坐床己坐地上说法戒(又称"人在座己在非座说法戒")。(69) 人在高座己在低座说法戒(又称"人在高座己在下座说法戒")。(70) 人坐己立说法戒。(71) 人前己后说法戒(又称"人在前行己在后行说法戒")。(72) 人在道中己在道外说法戒。(73) 立大小便戒。(74) 青草上大小便戒(又称"生草上大小便戒")。(75) 水上大小便唾痰戒(又称"水中大小便戒")。如关于"正威仪而行戒"等,说:

> 我当端正威仪而行于俗家间,应当学。("正威仪而行戒",卷二,第257页)
>
> 我当以目注视下方而行于俗家间,应当学。("注视下方而行戒",卷二,第258页)

我当不以散乱姿态而坐于俗家间,应当学。("乱姿戒",卷二,第 262 页)

我当不以口含饭球而言谈,应当学。("含饭语戒",卷二,第 268 页)

我当不坐于低座,为无病而坐于高座者说法,应当学。("人在高座己在低座说法戒",卷二,第 279 页)

(八)《灭诤法》。叙述"灭诤法"七条。汉译本未列各戒之名。据正文,有"现前毗尼"(第一条)、"忆念毗尼"(第二条)、"不痴毗尼"(第三条)、"自言治毗尼"(又称"自言毗尼",第四条)、"多人语毗尼"(又称"多觅罪相毗尼"、"多觅毗尼",第五条)、"觅罪相毗尼"(又称"罪处所毗尼"、"求罪自性毗尼"、"本言治毗尼"、"实觅毗尼",第六条)、"如草覆地毗尼"(又称"如草布地毗尼"、"草掩毗尼",第七条)。因其内容详见于《小品·灭诤犍度》,故本篇没有对各戒下定义或作出解释,只是概括性说:

每诤论生起,为止诤而除灭之,应与现前毗尼,应与忆念毗尼,应与不痴毗尼,应与自言治、多人语、觅罪相、如草覆地(毗尼)。(卷二,第 284 页)

二、《经分别·比丘尼分别》

《比丘尼分别》是巴利文《律藏》中《经分别》的两大组成部分之一,收入《汉译南传大藏经》卷二(台湾元亨寺妙林出版社 1991 年 6 月版)。本篇为比丘尼戒的解说,下分"波罗夷法"(八条)、"僧残法"(十七条)、"舍堕法"(三十条)、"波逸提法"(一百六十六条)、"提舍尼法"(八条)、"众学法"(七十五条)、"灭诤法"(七条)七类,叙述比丘尼戒三百十一条。但本篇与《十诵律》相同,在比丘尼戒中,不列与比丘相同的"共戒",而只列与比丘不同的、属于比丘尼独有的“不共戒”，汉译本对“不共戒”一一均拟列了戒名。所述的重要戒条，一般是由四段式构成的：一、制戒因缘（又称“戒缘”），指制戒的原委与经过；二、戒法条文（又称“戒相”、“戒文”），指戒条的表述文句；三、文句解释（又称“文句分别”），指戒条文句的解释；四、犯相解释（又称“犯相分别”），指犯戒相状的解释。与《大分别》相比，本篇中的“犯相解释”，只有“约义分别”，而无“就事分别”。

（一）《波罗夷法》。叙述比丘尼“波罗夷法”八条中，属于比丘尼独有的“不共戒”四条的制立因缘、戒法条文及其解释。汉译本省略未译的“共戒”为前四条（以下凡是带 * 者，均表示为“共戒”），须参照巴利文《比丘尼波罗提木叉》的标注，取《经分别·大分别》中的相关戒条，加以补足。

所收的“共戒”有：(1) 不净戒（僧戒作第一条，即在《律藏·经分别·大分别》所载的同类戒法中作第一条；以下只对排序不同的“共戒”，加注“僧戒作第几条”，若排序相同，则不注）*。(2) 不与取戒 *。(3) 人身戒 *。(4) 上人法戒 *。

所收的“不共戒”有：(5) 摩触戒（又称“摩触男子戒”）。(6) 覆比丘尼重罪戒（又称“覆藏比丘尼重罪戒”）。(7) 随顺被举比丘违谏戒（又称“随顺被举比丘戒”）。(8) 八事成重戒（又称“八事成犯戒”）。如关于“摩触戒”，说：

> 任何比丘尼，持染心，从有染心男子之抚摩、或重摩、或捉、或捺、或抱，从颈骨以下、膝以上而受乐者，此亦是波罗夷，不共住。膝以上，波罗夷。（“摩触戒”，《汉译南传大藏经》卷二，第 290 页）

（二）《僧残法》。叙述比丘尼“僧残法”十七条中，属于比丘尼独有的“不共戒”十条的制立因缘、戒法条文及其解释。汉译本省略未译的“共戒”有七条,须参照巴利文《比丘尼波罗提木叉》的标注,取《经分别 · 大分别》中的相关戒条,加以补足。

所收的“共戒”有:(1)媒嫁戒(僧戒作第五条)*。(2)第一瞋不满戒(僧戒作第八条)*。(3)第二瞋不满戒(僧戒作第九条)*。(10)第一破僧戒*。(11)第二破僧戒*。(12)恶口戒*。(13)污家戒*。

所收的“不共戒”有:(4)诉讼戒(又称“诣官相讼戒”)。(5)度贼女戒(又称“度贼女出家戒”)。(6)四独戒(又称“四独戒”)。(7)界外解举戒(又称“界外为被举尼解摈戒”)。(8)受染心男子施食戒(又称“受染心男子食戒”)。(9)劝受染心男子食戒。(14)瞋心舍三宝违谏戒(又称“瞋舍三宝违谏戒”)。(15)发起四诤谤僧违谏戒(又称“发诤谤僧违谏戒”)。(16)亲近而住违谏戒(又称“同住行恶违谏戒”)。(17)谤僧劝亲近而住违谏戒(又称“助同住行恶违谏戒”)。如关于“诉讼戒”等,说:

> 任何比丘尼,若行诉讼者,或与居士、或与居士儿、或与奴婢、或与佣者,乃至与沙门出家者,此比丘尼已犯从最初即成罪之法,应离去,是僧残。(“诉讼戒”,卷二,第306页)
>
> 任何比丘尼,依和合僧如法、如律、如师教而举罪之比丘尼,未得〔羯磨〕僧伽之容许,不认僧众之承诺而解罪者(指对被同一界内的僧众依法作羯磨举罪摈出的比丘尼,不得在界外另外召集一些尼众,解除其罪),此比丘尼亦犯从最初即成罪之法,应离去,是僧残。(“界外解举戒”,卷二,第316页)

(三)《舍堕法》。叙述比丘尼“舍堕法”三十条中,属于比丘尼独有的“不共戒”十二条的制立因缘、戒法条文及其解释。汉译本省略未译的“共戒”有十八条，须参照巴利文《比丘尼波罗提木叉》的标注，取《经分别·大分别》中的相关戒条，加以补足（汉译本在本篇的解题中说：“其顺序是于此十八戒之后置此十二戒，故其第一为第十三戒。”意思是说，《舍堕法》的顺序是先“共戒”，后“不共戒”，此说与《比丘尼波罗提木叉》的实际编次不符）。

所收的“共戒”有：(13) 第一迦絺那衣戒（僧戒作第一条）*。(14) 第二迦絺那衣戒（僧戒作第二条）*。(15) 第三迦絺那衣戒（僧戒作第三条）*。(16) 从非亲里乞戒（僧戒作第六条）*。(17) 过量戒（僧戒作第七条）*。(18) 第一豫备戒（僧戒作第八条）*。(19) 第二豫备戒（僧戒作第九条）*。(20) 王戒（僧戒作第十条）*。(21) 金银戒（僧戒作第十八条）*。(22) 买卖金银戒（僧戒作第十九条）*。(23) 物品交易戒（僧戒作第二十条）*。(24) 减五缀戒（僧戒作第二十二条）*。(25) 药戒（僧戒作第二十三条）*。(26) 夺衣戒（僧戒作第二十五条）*。(27) 乞线戒（僧戒作第二十六条）*。(28) 大织师戒（僧戒作第二十七条）*。(29) 特施衣戒（僧戒作第二十八条）*。(30) 回入戒（僧戒作第三十条）*。

所收的“不共戒”有：(1) 畜钵戒（又称“畜长钵戒”）。(2) 非时衣戒。(3) 贸衣后强夺戒（又称“贸衣还夺戒”）。(4) 乞此后乞彼戒（又称“乞此物更索他物戒”）。(5) 购此后购彼戒（此戒为巴利文《经分别·比丘尼分别》独有）。(6) 僧伽财他用戒（此戒为《经分别·比丘尼分别》独有）。(7) 自乞僧伽财他用戒（又称“为做衣乞作他用戒”）。(8) 别众财他用戒（又称“为僧食乞作他用戒”）。(9) 自乞别众财他用戒（又称“为造多人房乞作他用戒”）。(10) 自乞别人财他用戒（又称

“为造自房乞作他用戒”)。(11) 乞重衣戒(又称“乞贵价重衣戒”)。(12) 乞轻衣戒(又称“乞贵价轻衣戒”)。如关于“购此后购彼戒”等,说:

> 任何比丘尼,购此后换购彼者,尼萨耆波逸提。(“购此后购彼戒”,卷二,第 344 页)
>
> 任何比丘尼,若使用已为僧伽指定某物而施与之资财,而购他物者,尼萨耆波逸提。(“僧伽财他用戒”,卷二,第 345 页)
>
> 任何比丘尼,若使用已为大众(指在家的信众)指定某物而施与之资财,而购他物者,尼萨耆波逸提。(“别众财他用戒”,卷二,第 348 页)
>
> 任何比丘尼,若使用已为大众指定某物而施与之资财,又自乞而购他物者,尼萨耆波逸提。(“自乞别众财他用戒”,卷二,第 349 页)

(四)《波逸提法》。叙述比丘尼“波逸提法”一百六十六条中,属于比丘尼独有的“不共戒”九十六条的制立因缘、戒法条文及其解释。汉译本省略未译的“共戒”有七十条,须参照巴利文《比丘尼波罗提木叉》的标注,取《经分别 · 大分别》中的相关戒条,加以补足(汉译本在本篇的解题中说:“戒之顺序,以共同戒七十条为第一至第七十戒。其下所列之顺次,为第七十一至第百六十六戒。”意思是说,《波逸提法》的顺序也是先“共戒”,后“不共戒”,此说与《比丘尼波罗提木叉》的实际编次、《附随 · 等起摄颂》中提到的编次不符,疑有误)。

所收的“共戒”有:

(97) 妄语戒 *。(98) 骂戒 *。(99) 离间语戒 *。(100) 随句戒 *。(101) 第一共宿戒 *。(102) 第二共宿

戒＊。(103) 与女人说法戒＊。(104) 实有而说戒＊。(105) 说粗罪戒＊。(106) 掘地戒＊。(107) 草木戒＊。(108) 异语戒＊。(109) 讥嫌戒＊。(110) 第一坐卧具戒＊。(111) 第二坐卧具戒＊。(112) 挤进戒＊。(113) 拖出戒＊。(114) 楼上戒＊。(115) 大精舍戒＊。(116) 有虫水戒＊。(117) 施食处食戒(僧戒作第三十一条)＊。(118) 别众食戒(僧戒作第三十二条)＊。(119) 满二三钵戒(僧戒作第三十四条)＊。(120) 非时食戒(僧戒作第三十七条)＊。(121) 蓄藏戒(僧戒作第三十八条)＊。(122) 杨枝戒(僧戒作第四十条)＊。(123) 驱出戒(僧戒作第四十二条)＊。(124) 食事家戒(僧戒作第四十三条)＊。(125) 屏处与女坐戒(僧戒作第四十四条)＊。(126) 独与女坐戒(僧戒作第四十五条)＊。

(127) 请食访他戒(僧戒作第四十六条)＊。(128) 摩诃男戒(僧戒作第四十七条)＊。(129) 观出征军戒(僧戒作第四十八条)＊。(130) 宿军中戒(僧戒作第四十九条)＊。(131) 观模似战戒(僧戒作第五十条)＊。(132) 饮酒戒(僧戒作第五十一条)＊。(133) 以指胳肢戒(僧戒作第五十二条)＊。(134) 水中戏戒(僧戒作第五十三条)＊。(135) 轻侮戒(僧戒作第五十四条)＊。(136) 令恐怖戒(僧戒作第五十五条)＊。(137) 燃火戒(僧戒作第五十六条)＊。(138) 沐浴戒(僧戒作第五十七条)＊。(139) 坏色戒(僧戒作第五十八条)＊。(140) 净施戒(僧戒作第五十九条)＊。(141) 隐藏衣戒(僧戒作第六十条)＊。(142) 故意杀有情戒(僧戒作第六十一条)＊。(143) 饮虫水戒(僧戒作第六十二条)＊。(144) 发戒净(僧戒作第六十三条)＊。(145) 贼队戒(僧戒作第六十六条)＊。

(146) 恶见违谏戒(僧戒作第六十八条)＊。(147) 随摈戒

"持食与白衣外道戒")。(47) 不舍月华衣戒(又称"不备遮月水衣戒")。(48) 不舍住处而出游行戒(又称"离住地出行不付嘱戒")。

(49) 自作咒术戒(又称"自诵咒术戒")。(50) 教人咒术戒(又称"教诵咒术戒")。(51) 有比丘僧园不问而入戒(又称"突入比丘住处戒")。(52) 骂比丘戒。(53) 骂尼众戒(又称"骂比丘尼戒")。(54) 背请戒(又称"受请不食戒")。(55) 悭嫉俗家戒(又称"嫉妒施主供他戒")。(56) 无比丘住处入安居戒(又称"无比丘处夏安居戒")。(57) 二部僧中不自恣戒(又称"不往比丘僧中求三事自恣戒")。(58) 不往听诫戒(又称"不往僧中受教诫戒")。(59) 半月不请教诫戒(又称"半月不往比丘僧中求教诫戒")。(60) 使男子破痈戒(又称"不告众独使男子破疮戒")。(61) 度妊妇戒(又称"度妊娠女戒")。(62) 度幼儿妇女戒(又称"度哺乳女戒")。(63) 度不学六法沙弥尼戒(又称"为未学六法童女授具戒")。(64) 不乞僧度学法沙弥尼戒(又称"僧未许辄为满二十岁童女授具戒")。(65) 度未满十二曾嫁女戒(又称"为未满十二岁曾嫁女授具戒")。(66) 度不与六法曾嫁女戒(又称"为未学六法曾嫁女授具戒")。(67) 不乞僧度学法曾嫁女戒(又称"僧未许辄为满十二岁曾嫁女授具戒")。

(68) 不二年教护弟子戒(又称"不教摄受具弟子二年戒")。(69) 不二年随和尚戒(又称"受具弟子未满二年离师戒")。(70) 度淫女不令远离戒(又称"度淫女戒")。(71) 度未满二十岁童女戒(又称"为未满二十岁童女授具戒")。(72) 度不学六法童女戒(又称"为未学戒二年童女授具戒")。(73) 不乞僧度学法女戒(又称"僧未许辄为满二十岁童女授具戒")。(74) 未满十二夏度人戒(又称"未满十二年戒腊辄度人授具戒”）。（75）满十二夏不乞僧度人戒（又称“满十二年戒腊僧未许辄度人授具戒”）。（76）不听度人谤僧戒（又称“僧未许授具辄谤戒”）。（77）取他衣不为授具戒（又称“索衣授具戒”）。（78）令二年随学不为授具戒（又称“式叉摩那学戒满不与授具戒”）。（79）度与男子交往学法女戒（又称“度忧瞋女戒”）。（80）父母夫主不听度人戒（又称“父母夫主未许辄度人出家戒”）。（81）别住者度学法女戒（指请非同一住处的“别住众”为“式叉摩那受具戒者”，此戒为巴利文《经分别·比丘尼分别》独有）。

（82）各年度人戒（又称“每年度弟子戒”）。（83）年度二人戒（又称“僧未许辄多度弟子戒”）。（84）持盖著履戒（又称“著革屣持盖行戒”）。（85）乘坐物戒（又称“无病载乘行戒”）。（86）著腰布戒（又称“著腰络戒”）。（87）著妇女装饰物戒（又称“畜白衣妇女装饰物戒”）。（88）香粉涂身戒（又称“以香涂摩身戒”）。（89）胡麻油涂身戒（又称“以胡麻滓涂摩身戒”）。（90）使比丘尼摩身戒（又称“使比丘尼揩身戒”）。（91）使学法女摩身戒（又称“使式叉摩那揩身戒”）。（92）使沙弥尼摩身戒（又称“使沙弥尼揩身戒”）。（93）使白衣女摩身戒（又称“使白衣妇女揩身戒”）。（94）比丘前著座戒（又称“不问比丘便坐戒”）。（95）不得许可而质问比丘戒（又称“不求便问比丘义戒”）。（96）不著僧祇支戒（又称“不著僧祇支入村戒”，“僧祇支”指掩腋衣）。如关于“遣去伴友比丘尼戒”等，说：

> 任何比丘尼，或于车道、或于小路、或于街巷，与男子单独并立、或语、或盼望耳语、或使伴友比丘尼离去者，波逸提。（“遣去伴友比丘尼戒”，卷二，第374页）
>
> 任何比丘尼，于肢节上生痈或疮，未得僧伽或众之允

许,单独一人共男子一人破之,或切开、或洗、或涂、或缚、或解者,波逸提。(“使男子破痈戒”,卷二,第 440 页)

任何比丘尼,满十二夏(指戒腊满十二年),未得僧伽之许可而令人受具戒者(指“不依白衣羯磨给与授具足戒之许可”),波逸提。(“满十二夏不乞僧度人戒”,卷二,第 462 页)

任何比丘尼,著妇女之装饰物者(指“著于头、挂于颈、著于手、缠于足、缚于腰等物”),波逸提。(“著妇女装饰物戒”,卷二,第 478 页)

(五)《提舍尼法》。叙述比丘尼“波罗提提舍尼法”八条的制立因缘、戒法条文及其解释,均属于比丘尼独有的“不共戒”。所收的“不共戒”有:

(1) 乞酥戒(又称“无病乞酥戒”)。(2) 乞油戒(又称“无病乞油戒”)。(3) 乞蜜戒(又称“无病乞蜜戒”)。(4) 乞砂糖戒(又称“无病乞糖戒”)。(5) 乞鱼戒(又称“无病乞鱼戒”)。(6) 乞肉戒(又称“无病乞肉食戒”)。(7) 乞乳戒(又称“无病乞乳戒”)。(8) 乞酪戒(又称“无病乞酪戒”)。如关于“乞蜜戒”,说:

任何比丘尼,无病乞蜜而食者,此比丘尼应忏悔:友,我犯应受非难、不相应而当忏悔之法,我为此忏悔。(“乞蜜戒”,卷二,第 490 页)

(六)《众学法》。叙述“众学法”七十五条。均属于与比丘相同的“共戒”。汉译本只译出首尾二条,即第一条“齐整著涅槃僧戒”和第七十五条“水上大小便唾痰戒”的制立因缘、戒法条文及其解释,其余皆省略未译,须取《经分别·大分别》中的相关戒条,加以补足。如关于“齐整著涅槃僧戒”,说:

我著内衣当覆全圆(指“覆脐圆、膝圆”),应当学。(卷二,第492页)

(七)《灭诤法》。叙述“灭诤法”七条。均属于与比丘相同的“共戒”。汉译本未列各戒之名,也未作解释,只是概括性说,当僧团内部发生“诤论”时,应当“止诤而除灭之”,应当采用“现前毗尼”乃至“如草覆地(毗尼)”,其文与《经分别·大分别》中的《灭诤法》全同。

三、《大品》

《大品》是巴利文《律藏》犍度部的两大组成部分之一,收入《汉译南传大藏经》卷三(台湾元亨寺妙林出版社1992年2月版)。本篇为僧团各种制度和事项的解说,下分十犍度,始《大犍度》,终《憍赏弥犍度》。各犍度之下,因篇幅的长短不同,有的分“诵品”(相当于“章”),有的不分“诵品”,犍度之末均有撮略本犍度所述主要事项而成的“摄颂”。

(一)《大犍度》。叙述佛早期的教化事迹(从佛在菩提树下觉悟成道至度舍利弗、目犍连出家的事迹,此中没有《四分律·受戒犍度》等其他广律所载的有关佛的种族、诞生、出家和求道的内容)、出家受戒方面的制度和行事。下分十诵品。

(1)佛早期的教化事迹(“诵品一”至“诵品四”)。主要内容有:

佛在摩竭国(又称“摩揭陀国”)优楼频螺村(又称“郁鞞罗村”)尼连禅河边的菩提树下,结跏趺坐,通过顺逆思惟“十二因缘”,觉悟成道后,离开了原地,来到一棵大树下休息,商人多富沙、婆梨迦路过此地,以炒熟的米麦粉和蜜供养佛,二人成为最初“受二归依”(指“归依佛”、“归依法”,当时尚无“僧”)的优婆塞;佛前往波罗奈国鹿野苑,对曾陪伴他出家求道的释迦族侍者阿若憍陈如等五人“初转法轮”，开示“八正道”、“四谛”等道理，使他们成为最初“出家得具足戒”的“五比丘”（当时的受戒方式为“善来受具”，即佛对求出家者称呼“善来比丘”，对方便即刻得受具足戒），并由此形成最初的佛教僧团（其后，“五比丘”通过聆听佛所说“五蕴无我”之理，断尽“见惑”和“修惑”，证得了小乘佛教修行的最高果位“阿罗汉”，故书中称“其时世间有六阿罗汉”）。

在波罗奈国，佛先度婆罗门长者之子耶舍出家（“其时世间有七阿罗汉”），接着对耶舍父母说法开示，使他们成为最初“受三归依”的“优婆塞”、“优婆夷”，尔后又度耶舍在城内外的朋友五十四人出家（“其时世间有六十一阿罗汉”）；在去优楼频螺村的路上，佛度三十位带夫人（其中有一人因无夫人，而带妓女）出游的“贤众友”出家；在优楼频螺村，佛度原为“螺髻梵志”（指“事火外道”）迦叶三兄弟（优楼频螺迦叶、那提迦叶、伽耶迦叶）及弟子一千人出家；在王舍城杖林园善住灵庙，佛对摩竭国洗尼瓶沙王（又称“频婆娑罗王”）说法开示，使之归依，成为优婆塞，并接受了瓶沙王施与的竹林园（汉译“四阿含”中作“迦兰陀竹园”，称由迦兰陀长者奉献竹林，频婆娑罗王建造精舍而成）；在王舍城竹林，度原先师事“删若梵志”（“六师外道”之一）舍利弗、目犍连及弟子二百五十人出家等。以此为标志，宣告了初期佛教僧团的形成。

（2）受戒法（“诵品五”至“诵品十”）。主要内容有：

弟子对和尚应“正当奉事”，和尚对同修（指一同修行佛法者）应“正当承事”，“不正事”的弟子应“摈出”，但允许“悔过”；“授具足戒”羯磨（“白四羯磨”）的作法；“十人或十人以上僧众”（指在场的比丘满十人或十人以上），方可授人具足戒；“聪明贤能比丘，十腊或过十腊者”（指比丘聪明贤能、僧腊满十岁或超过十岁者），方可授具足戒、作依止师、蓄沙弥；“外道”要求依佛出家者，“当与四月别住”（指应当给与四个月的“别住”考察）。

“患五种病者”（指“癞、痈、疹、肺病、癫狂”）、“王臣”、“盗贼”、“受烙刑者”、“负债人”、“奴仆”、“父母不许者”，不得度与出家；“未满二十岁者”，不得受具足戒；比丘“未满五腊者”（指僧腊未满五岁者），“不得无依止而住”；沙弥有“十学处”（指十戒）；“黄门”（指男根有缺陷者）、“贼住者”、“杀母者”、“杀父者”、“杀阿罗汉者”、“污染比丘尼者”、“破和合僧者”、“出佛身血者”、“二根者”（指同具男女二根者），“不得授具足戒”，已受具足戒者，“应摈灭之”；无衣钵者，不得受具足戒；肢体残疾者（指手足耳鼻被割截者、佝偻者、侏儒者、恶疾者、跛者、半身不遂者、老弱者、盲聋哑者等），“不得令出家”。

对“愿受具足戒者”，应“先教诫，而后问障法”（指询问有无“五种病”等）；受具足戒羯磨结束后，应向受具者告知“四依”（指出家“依乞食”、“依粪扫衣”、“依树下坐”、“依陈弃药”）；比丘因“不自见罪”、“有罪不忏悔”、“不舍恶见”被举发而还俗，后来又要求再次出家受具者，僧团应当根据他的认罪态度，作出同意或不同意的决定等。如关于比丘“得授具足戒”和“不得授具足戒”的各种“五分”（其他律典通常译作“五法”），说：

> 具足五分（又称“五法”）之比丘不得授具足戒，不得与依止，不得蓄沙弥：（谓）于增上戒破戒，于增上行破行，于增上见破见，寡闻、劣慧。……具足五分之比丘得授具足戒，与依止，蓄沙弥：（谓）于增上戒不破戒，于增上行不破行，于增上见不破见，多闻、具慧。……具足五分之比丘不得授具足戒，不得与依止，不得蓄沙弥：（谓）不知犯，不知

不犯,不知轻犯,不知重犯,未满十腊(指戒腊未满十年)。……具足五分之比丘得授具足戒,与依止,蓄沙弥:(谓)知犯,知不犯,知轻犯,知重犯,十腊或过十腊(指戒腊满十年或超过十年)。(《汉译南传大藏经》卷三,第83页—第86页)

(二)《布萨犍度》。叙述僧众每半月一次说戒方面的制度和行事。下分为三诵品。主要内容有:

僧众每半月一次"布萨日"(指通常为农历十五日、三十日)集会说戒的由来;"布萨"羯磨的作法;说戒前,僧众须先"协定境界"(又称"结界"、"结大界"),结作"同一住处、同一说戒境界"(又称"同一住处界"、"布萨界",指"同一住处、同一说戒"的区域),"唱四方相"(指唱告四方的标志物,如"山相、石相、林相、树相、道相、蚁垤相、河相、水相"),所划定的"同一住处"的"最大境界"(最大区域)不得超过"三由旬"(《萨婆多毗尼毗婆沙》卷五说"四十里一由旬");在"同一住处境界"内,应协商确定某处为"布萨堂"(又称"说戒堂"),并结作"不失衣界",划定僧人外出时可不带大衣的界域。

有"四种布萨羯磨",不得行"非法别众"、"非法和合"、"如法别众"布萨羯磨,而应行"如法和合布萨羯磨";有"五种诵波罗提木叉",前四种为"略说",即各诵说戒经的一部分,末一种为"广说",即诵说戒经的全部,除非在说戒时发生"危害"(又称"八难",指"王"、"贼"、"火"、"水"、"人"、"非人"、"猛兽"、"蛇"的危害),可以略说,"若无危害者,应广说";因病不能参加说戒的比丘,应"与清净欲"(指委托他人表示自己行为的清净);比丘集会说戒时,只限比丘参加,其他人(如比丘尼、式叉摩那、沙弥、沙弥尼、"弃学者"、"犯极罪者"、"被举者"等)不得

与会;“非布萨日,不得行布萨”等。如关于“布萨日”说戒的由来,说:

> 尔时,佛世尊在王舍城耆阇崛山。其时,诸外道梵志于上半月之十四日、十五日、八日集会说法,众人为听法至彼处。众人于诸外道梵志得爱念、得信心,诸外道梵志即得徒众。……时摩竭国洗尼瓶沙王诣世尊住处。……白世尊言:……尊者等亦于上半月之十四日、十五日、八日集会,可乎? ……世尊依此因缘,于此时机说法,告诸比丘曰:……许半月一次,于十四日或十五日诵波罗提木叉。……诸比丘,不得于各自会众前,随从会众,诵波罗提木叉,诵者堕恶作。诸比丘,许和合布萨羯磨。……许以一住处为和合。……唱四方相,僧伽依此等相,定为同一住处、同一说戒境界。(卷三,第135页—第141页)

(三)《入雨安居犍度》。叙述僧众每年三个月“结夏安居”方面的制度和行事。下分为二诵品。主要内容有:

僧众每年三个月“雨安居”(又称“夏安居”)的由来;“二时”入雨安居(指二种安居),“前时(指前安居)于頞沙荼满月(又称“阿沙荼月”,据唐义净译《根本说一切有部尼陀那》卷一小注,指“从四月十六日至五月十五日”)之翌日(指次日)入,后时(指后安居)于頞沙荼满月一月后入”(本书此处所说的“前安居”是指五月十六日至八月十五日,“后安居”是指五月十六日至九月十五日,均较《四分律》等所说晚一个月,原因是对印度雨季的划分不同);入“雨安居”以后,“不得出外游行”。

“雨安居”期间,若“七种人”(指出家五众和在家二众,即“比丘、比丘尼、式叉摩那、沙弥、沙弥尼”和“优婆塞、优婆夷”)因“建立房舍”、“布施”、“闻法”、“僧伽事”等事所请,“受请者”

允许外出,“七日应返”,“未受请者”不得外出;若“五种人”(指出家五众)因“患病”、“生恶作”、“行羯磨”(指对犯罪者作羯磨予以处罚)、“受具足戒”、“父母生病”等事,“虽未受请亦许往”(指即使未受请,也允许外出处理),“七日应返”(以上统称“受七日法”,指请假七日);比丘入“雨安居”以后,如遇到“猛兽”、“盗贼”、“火烧”、“水漂”、“不得(此指得不到)足量之食”、“不得所应医药”、“女人引诱”、“破僧”等情况,“此为障碍,应离去,无破雨安居罪”;允许在“牛舍”、“船”入雨安居,不得在“树洞”、“树叉上”、“露地”、“无卧具床座处”、“纳尸堂”、“伞盖下”、“缸中”入雨安居等。关于“雨安居”期间外出的开遮(开许或遮止的事项),说:

> 入雨安居未满三月,或后不住三月者,不得出外游行,出者堕恶作。……若为七种人所请,但许七日事,许往;未受使(指“未受请”)者,不然。(七种人谓)比丘、比丘尼、式叉摩那、沙弥、沙弥尼、优婆塞、优婆夷也。诸比丘,为如此七种人所请,许为七日,即许往;未受使者,不然。七日应返。……此处有比丘病……生不欣喜……生成见……以犯尊法而当别住……当本日治……当摩那埵……当出罪……欲僧伽为之行羯磨,呵责、依止、驱出、下意、举罪。……若行事七日,虽未受请亦许往,何况受请耶?(卷三,第186页—第194页)

(四)《自恣犍度》。叙述僧众在夏安居结束后作“自恣”方面的制度和行事。下分为二诵品。主要内容有:

僧众于“夏安居”结束之日(又称“自恣日”,巴利文《律藏》中说的“自恣日”,“前安居”为农历八月十五日,“后安居”为农历九月十五日)举行“自恣”(指请他人根据所见、所闻、所疑,任意举发自己所犯之罪,即请求他人批评指过)活动的由来;"自恣"羯磨的作法;因病不能参加"自恣"的比丘,应"与自恣"(指委托他人表示自己的"自恣"意愿);"许五人为僧伽,行自恣",即同一住处有比丘五人或五人以上时,应作"僧法自恣",先推选"自恣人"(《四分律》作"受自恣人"),然后在"自恣人"的主持下,从上座开始,僧众依次"三语自恣"(指各人将自恣告白说三遍),若有二人至四人时,应作"对首自恣"(又称"互相行自恣",指各共面对自恣),若仅有一人时,应作"心念自恣"(又称"心念口言自恣")。

"住处比丘"(《四分律》、《十诵律》等作"旧比丘")行自恣时,若有"其他比丘"(《四分律》、《十诵律》等作"客比丘")来,如果后来者"其数甚多"(指"客比丘"人数多于"旧比丘"),后来者"应再行自恣",若"其数相等"或"其数甚少"(指"客比丘"等于或少于"旧比丘"),后来者应在先来者(指"旧比丘")面前行自恣;比丘行自恣时,只限比丘参加,其他人不得与会;"若非自恣之日,不得行自恣";行自恣时,若遭遇"怖畏"之事,无法各人"三语自恣",可以改为"再语自恣"、"一语自恣"或"住雨安居者齐唱而行自恣"(指集体"三语自恣");自恣时,对一些各别情况须作相应的处理等。如关于有"其他比丘"来时自恣的作法,说:

> 此于一住处自恣之日,甚多其住处比丘集会,五人或过五人。彼等(《四分律》等指"旧比丘")不知其住处有比丘(《四分律》等指"客比丘")未来者。彼等思念是法、思念是律、思念和合别众而行自恣。……彼等已行自恣时,有其住处之其他比丘来者,其数甚多,诸比丘,彼诸比丘应再行自恣,已行自恣者无罪。……彼等已行自恣时,有其住处之

其他比丘来者，其数相等，诸比丘，已行自恣者是善行也，(后来者)应于彼等之前行自恣，已行自恣者无罪。……彼等已行自恣时，有其住处之其他比丘来者，其数甚少，诸比丘，已行自恣者是善行也，后来者应于彼等之前行自恣，已行自恣者无罪。(卷三，第222页—第223页)

(五)《皮革犍度》。叙述僧众使用皮革制品方面的制度和行事。不分诵品。主要内容有：

瞻婆城长者之子首楼那二十亿出家后，住在尸陀林修行，由于“精进勉力过甚”，足伤流血，“血涂经行处，犹如屠牛场”，佛告诫他，“精进”应当像弹琴一样，“不过急，不过缓”，并允许从他开始，比丘可以“著一重履”(《十诵律》、《四分律》等均作“革屣”，指穿着一层底的皮鞋)；比丘不得穿“彩色履”、“木履”、“草履”，“不得用大兽皮”(指狮子、虎、豹、牛皮)；佛的大弟子摩诃迦旃延在阿槃提国拘留山，度首楼那亿耳出家，首楼那亿耳受师父的委托，前往舍卫国祇树给孤独园，请佛开许“阿槃提国与南路”等“边地”(指边远地区)比丘的“五事”，佛一一作了许可(指允许边地比丘“集持律五人众，以授具足戒”，“著数重履”，“屡屡沐浴”，“以兽皮为敷具，羊皮、山羊皮、鹿皮”，“施衣与已往境界外比丘”)等。如关于“不得著木履”，说：

尔时，六群比丘夜分凌晨起身，穿木履于露地经行，出高声、大声、喧骚声，说种种野论。(谓)王论、盗贼论、大臣论、军论、怖畏论、战争论、食论、饮论、衣服论、卧具论、华鬘论、香论、亲族论、车乘论、村里论、聚落论、都城论、地方论、女人论、勇士论、街路论、池边论、亡灵论、异论、世间谭、海谭、有无如是谭论。如此彼等踏杀虫类，且乱诸比丘禅定。……诸比丘以此事白世尊。……(世尊)告诸比丘：诸

比丘，不得著木履，著者堕恶作。（卷三，第252页—第253页）

（六）《药犍度》。叙述僧众饮食医药方面的制度和行事。下分为四诵品。主要内容有：

患病比丘可服用“五种药”（指“熟酥”、“生酥”、“油、蜜”、“糖”），以及“根药”（指“生姜”、“昌蒲”、“麦冬”、“苏子”等）、“涩药”（指“荏婆涩”、“具达奢涩”、“婆迦瓦涩”等）、“叶药”（指“荏婆叶”、“拔陀罗叶”、“苏罗尸叶”等）、“果药”（指“伊兰迦”、“胡椒”、“川练”、“五达婆罗”等）、“树脂药”（指“滨具”、“达迦”、“萨周拉”等）、“盐药”（指“海盐”、“岩盐”等）；患病比丘可使用“粉药”（用于治皮肤病）、“涂药”（用于治眼病）；比丘平时不得将食物“内宿”、“内煮”、“自煮”，饥馑谷乏、不易乞食之时，允许藏于屋内，煮于屋内或自煮。

比丘不得食“十种肉”（指“人肉”、“象肉”、“马肉”、“狗肉”、“蛇肉”、“师子肉”、“虎肉”、“豹肉”、“熊肉”、“猎狗肉”），不得食“知为己杀之肉”，允许食用“三种清净肉”（指“不见”、“不闻”、“不疑”为我故杀之肉）；僧众可选择一处房舍作“相应地”（又称“净地”、“净厨”，指依羯磨划定的贮藏烹煮食物的区域），在“相应地”煮食；比丘可食“五种牛乳”（指“乳”、“生酪”、“生酥”、“熟酥”、“醍醐”）、“八种浆”（指“庵婆罗果浆”、“阎浮果浆”、“俱罗果浆”、“芭蕉浆”、“蜜浆”、“蒲桃果浆”、“舍楼伽浆”、“波楼果浆”）、“一切果汁”（“谷汁”除外）、“一切叶汁”（“菜汁”除外）、“一切花汁”（“蜜花汁”除外）、“甘蔗汁”、“一切果实嚼食”等。如关于“相应地”（“净地”），说：

尔时，地方众人以车载甚多盐、油、米、嚼食，于（僧）园境外，停为车队。……具寿（又称“长老”）阿难以此事白世尊。(世尊曰)阿难,若尔,僧伽于精舍近处,协定相应僧伽所欲之地,令住其处,精舍、平覆屋、殿楼、楼房、地窟也。……尔时,众人于彼协定之相应地煮粥、煮食、调汁、切肉、劈薪。……(世尊曰)诸比丘,许用协定相应之地。诸比丘,许四种相应之地:依宣告者、备偶然使用者、在家人赠与者、及协定者是也。(卷三,第314页—第315页)

(七)《迦絺那衣犍度》。叙述僧众在夏安居结束后"受迦絺那衣"(又称"受功德衣",指受领赏与结夏僧众、象征五项权利的法衣)方面的制度和行事。下分为二诵品。主要内容有:

僧众于"自恣日"的次日(农历七月十六日)或一个月之内"受迦絺那衣"的由来;僧众因结夏功德而受迦絺那衣,可以享有五项权利(指开许做"五事"而不作为犯戒),即"食前食后不嘱比丘而入聚落"(指正食前后,不告知同住比丘便入聚落)、"离三衣而过宿"(指离三衣过夜)、"别众食"(指比丘四人或四人以上别聚一处受正食)、"尽受需要量之衣"、"受衣者可持彼衣"。

"不成受迦絺那衣"与"成受迦絺那衣"(指哪些作法不能成为"受迦絺那衣",哪些作法可以成为"受迦絺那衣")的区别;舍迦絺那衣的"八事"(指八种不再享有受迦絺那衣的权利的情况,即"离去、衣成、决定不作、失衣、闻已舍衣、断期望、出境界、与僧伽共舍衣");迦絺那衣的"二执受"(据汉译本译者注说,"执受,此原语通常译为障碍";而《五分律》卷二十二《迦絺那衣》则译作"有二因缘不得受迦絺那衣")与"二非执受"(指"非障碍")等。如关于迦絺那衣的"执受"与"非执受",说:

迦絺那衣有二执受(指障碍),有二非执受(指非障碍)。……何为迦絺那衣执受耶？住处执受与衣执受也。……何为住处执受耶？诸比丘，此处有比丘，住其住处，或言还时，留恋而(暂)去。诸比丘，如此于住处执受也。……何为衣执受耶？诸比丘，此处有比丘，其衣或未作、或未成、或未断衣之期望。诸比丘，如此衣执受也(《五分律》卷二十二将上文译作"有二因缘不得受迦絺那衣。一作衣未竟，二舍住处去")。……何为迦絺那衣非执受耶？住处非执受与衣非执受也。……何为住处非执受耶？诸比丘，于此处有比丘，舍弃、厌离、放弃、无待言不还而去。诸比丘，如此于住处非执受也。……何为衣非执受耶？诸比丘，于此处有比丘，其衣或已作、或已失、或已灭、或已烧、或已断衣之期望。诸比丘，如此于衣非执受也。(卷三，第348页)

(八)《衣犍度》。叙述僧众衣服方面的制度和行事。下分为三诵品。主要内容有：

摩竭陀国名医耆婆童子的身世、行医和医术，为佛治病，并将波罗殊提王赐给他的价值昂贵的"尸毗布"施与佛的事迹；佛允许诸比丘除了受用在家间等处所得的"粪扫衣"之外，也可以受用由在家信众施与的"居士衣"(包括布料)；允许比丘受用"六种衣"(指用"刍麻、古贝、憍奢耶、钦婆罗、沙尼、麻布"为质料制成的衣服)；允许推选具足"五分"(通常译作"五法")的比丘为"受纳人"、"收藏人"、"守库人"、"分衣人"，负责受纳、保管和分配由信众施与的衣服；允许用"六种染料"(指用"树根"、"树干"、"树皮"、"叶"、"花"五种原料作染料)染衣；比丘不得穿着"未截断之衣"；僧衣的作法。

允许比丘蓄存"三衣"(指"僧伽梨"、"郁多罗僧"、"安陀会”),若得“长衣”(指“三衣”之外的多余的衣服),个人蓄藏不得超过“十日”,允许分与他人;允许比丘蓄存“雨浴衣”(因毗舍佉鹿子母的“八愿”请求而制)、“大覆布”(用以护卧具)、“覆疮布”、“拭面巾”、“资具巾”(用以滤水);允许“脱三衣”、“脱雨浴衣”的“五种缘”(指五种情况);已故比丘衣物的处理(指“三衣与钵”,分与“看病者”;“轻器物及轻资具”,分与“现前僧伽”;“重器物及重资具”,“不得分与”);“八事得衣”(指八种所得衣服的分配,《十诵律》卷二十八《衣法》译作“布施有八种”)等。如关于“八事得衣”,说:

> 有八事得衣。谓:境界施与、有约施与、告示施食而施与、施与僧伽、施与两僧伽、施与住雨安居僧伽、指定施与、施与人也。境界施与者,应分配与界内所有比丘。有约施与者,多数住处,均等利得,即与一住处时,亦与一切处。告示施食而施与者,言:我等于恒常食处施与。施与僧伽者,应分配于现前僧伽。施与两僧伽者,比丘多而比丘尼纵唯一人亦应二等分,比丘尼多而比丘纵唯一人亦应二等分。若施与住雨安居僧伽者,应分与其住处住雨安居比丘。指定而施与者,(施与时施与现前者)粥、食、嚼食、衣、卧具、床座、医药。施与人者,(言)我以此衣施与某甲。(卷三,第400页)

(九)《瞻波犍度》。叙述佛在瞻波国时,因迦尸国婆沙婆村“旧比丘”(指当地比丘)迦叶姓(又称“姓迦叶”)被“客比丘”(指外来比丘)作羯磨非法举罪之事,而制立的有关如何作“如法和合羯磨”方面的制度和行事。下分三诵品。主要内容有:

羯磨有“非法别众羯磨”、“非法和合羯磨”、“如法别众羯磨”、“如法和合羯磨”四种,前三种“不得作”,末一种“应作”;

又羯磨有“非法羯磨”、“别众羯磨”、“和合羯磨(据《四分律》卷四十四《瞻波犍度》,此指“非法和合羯磨”)”、“似法别众羯磨”、“似法和合羯磨”、“如法和合羯磨”六种,前五种“不得作”,末一种“应作”;“僧伽有五(种)”,不同的羯磨要求不同的与会僧众的人数,并具备相应的资格(如不能是“弃学者”、“犯极罪者”、“因不见罪而被举罪者”等);“如法羯磨、毗尼羯磨”与“非法羯磨、非毗尼羯磨”的区别等。如关于“僧伽有五种”,说:

> 僧伽有五,谓四比丘僧伽、五比丘僧伽、十比丘僧伽、二十比丘僧伽、过二十比丘僧伽(以上文句在《四分律·瞻波犍度》中译作“四人僧、五人僧、十人僧、二十人僧、过二十人僧”)也。诸比丘,此中四比丘僧伽,除授戒、自恣、出罪三羯磨,其余得作一切如法和合羯磨。诸比丘,此中五比丘僧伽于中国(指非偏远地区)除授戒与出罪二羯磨,其余得作一切如法和合羯磨。诸比丘,此中十比丘僧伽,除出罪一羯磨,其余得作一切如法和合羯磨。诸比丘,此中二十比丘僧伽,得作一切如法和合羯磨也。……(以四比丘僧伽为例)四人众应作羯磨时……以弃学者为第四人……以犯极罪者为第四人……以因不见罪而被举罪者为第四人……以因不忏悔罪而被举罪者为第四人……以因不舍恶见而被举罪者为第四人……以异住处者为第四人……以异境界者为第四人……以神通在虚空者为第四人……以由僧伽受羯磨者为第四人,而作羯磨,不成羯磨,不得作。(卷三,第413页—第414页)。

(十)《憍赏弥犍度》。叙述佛在憍赏弥(又称“拘睒弥”)国时,因该国僧众诤论某比丘是否犯罪分裂成两派之事,而制立的有关“举罪比丘”（指举发他人犯罪者）和“被举比丘”（指被举发犯有罪者）及“随被举比丘”（指随顺被举人者）各自“应作”或“不应作”方面的制度和行事。下分二诵品。主要内容有：

“举罪比丘”对将会导致“破僧”（破坏和合的僧团，此指“二种破僧”中的“破羯磨僧”，非指“破法轮僧”）后果的事情，即使该比丘“不见罪”，也“不得举”（指举罪摈出）；“被举比丘”应“自说其罪”；佛说过去世拘萨罗国长寿王之子长生“以德息怨”的故事（长生王子的父母被波罗奈国迦尸王梵施杀害，长生匿名学艺，成为梵施的侍者，当报仇的时机来临时，他想起父嘱“以德息怨”，克制自己，未杀仇人，与梵施达成和解），要求诸比丘“善持忍辱”，“勿斗诤”；依“十八事”（指“非法”和“法”；“非律”和“律”；“非如来之所说”和“如来之所说”；“非如来之常所行法”和“如来之常所行法”；“非如来之所制”和“如来之所制”；“无罪”和“有罪”；“轻罪”和“重罪”；“有余罪”和“无余罪”；“粗罪”和“非粗罪”），可以了知起诤比丘中，谁是“非法说”（指颠倒说“十八事”者），谁是“如法说”（指正确说“十八事”者）；“僧伽和合”有两种（指有“义缺文备之僧伽和合”、“义备文备之僧伽和合”）等。如关于“依十八事”可知“非法说”、“如法说”，说：

> （舍利弗问：我如何可知法与非法耶？佛答）依十八事，可知非法说者。舍利弗，此处有比丘，非法说为法，法说为非法；非律说为律，律说为非律；非如来之所说说为如来之所说，如来之所说说为非如来之所说；非如来之常所行法说为如来之常所行法，如来之常所行法说为非如来之常所行法；非如来之所制说为如来之所制，如来之所制说为非如来之所制；无罪说为（有）罪，（有）罪说为无罪；轻罪说为重

罪，重罪说为轻罪；有余罪说为无余罪，无余罪说为有余罪；粗罪说为非粗罪，非粗罪说为粗罪。……依十八事，可知如法说者。舍利弗，此处有比丘，非法说为非法，法说为法；非律说为非律，律说为律；非如来之所说说为非如来之所说，如来之所说说为如来之所说……粗罪说为粗罪，非粗罪说为非粗罪。（卷三，第459页）

四、《小品》

《小品》为《大品》的续篇，收入《汉译南传大藏经》卷四（台湾元亨寺妙林出版社1992年5月版）。本篇也是僧团制度和事项的解说，下分十二犍度，始《羯磨犍度》，终《七百人犍度》。各犍度之下，因篇幅的长短不同，有的分“诵品”，有的不分“诵品”，犍度之末均有撮略本犍度所述主要事项而成的“摄颂”。

（一）《羯磨犍度》。叙述佛因舍卫国比丘盘那（《四分律·呵责犍度》作“智慧”，据此音译当作“般若”）、卢醯那挑动僧众斗诤等事，而制立的有关治罚恶行的七种羯磨（指“呵责羯磨”等）方面的制度和行事。下分七诵品。主要内容有：

“呵责羯磨”（又称“苦切羯磨”，指对犯罪者当众呵责并“夺三十五事”，即剥夺三十五项权利）、“依止羯磨”（指责成犯罪者依止某大德学律受教）、“驱出羯磨”（又称“摈羯磨”，指将犯罪者从住地驱出）、“下意羯磨”（又称“遮不至白衣家羯磨”，指责成犯罪者向受损恼的俗家忏悔道歉）、“依不见罪之举罪羯磨”（又称“不见罪举羯磨”、“不见摈羯磨”，指对不认罪者予以举罪并驱出）、“依不忏悔罪之举罪羯磨”（又称“不忏悔罪举羯磨”、“不作摈羯磨”，指对不忏悔罪者予以举罪并驱出）、“依不舍恶见之举罪羯磨”（又称“不舍恶见举羯磨”、“恶邪不除摈羯磨”，指对不舍恶见者予以举罪并驱出）等七种羯磨的制立缘由;“如法”作法与“非法”作法的区别;各自的处罚对象;受处罚者被停止的权利;解除的方法(作“解羯磨”予以出罪)等。如关于“依不见罪之举罪羯磨”,说:

尔时,佛世尊住憍赏弥瞿师罗园。其时,具寿(又称“长老”)阐陀犯罪而不欲见罪。……世尊呵责、说法已,告诸比丘曰:诸比丘,若尔,僧伽应依阐陀比丘不见罪而行举罪羯磨,令与僧伽不共住。……依不见罪而受举罪羯磨之比丘,应正行。此中应正行者,(谓)不可授人具足戒,不可为人依止,不可蓄沙弥,不可受选任教诫比丘尼,选任亦不可教诫比丘尼,不可犯僧伽已行举罪羯磨之罪,不可犯相似之罪,不可犯比此更恶之罪,不可骂羯磨,不可骂行羯磨者,不可受清净比丘之敬礼、起迎、合掌、恭敬、设座具、设卧具……不可与清净比丘同处于一屋之住处。(《汉译南传大藏经》卷四,第28页—第30页)

(二)《别住犍度》。叙述犯“僧残罪”的覆藏者,在受处罚的“别住”(指犯罪者须离众别住一处)期间不得享有的权利(又称“夺三十五事”,即剥夺三十五项权利)方面的制度和行事。不分诵品。主要内容有:

“别住比丘”,“不得授人具足戒,不得为人依止,不得蓄沙弥”,“不得与诸比丘交往”;应在僧团指定的“边际坐处、边际卧处、边际精舍”,坐卧生活;“当受本日治之比丘”、“当受摩那埵之比丘”、“当受出罪之比丘”,不得享有的权利与“别住比丘”相同等。如关于“别住比丘”不得享有的权利,说:

(佛言)我当制立别住诸比丘之行法,令别住诸比丘行之。诸比丘,别住比丘应正行。此中正行者,(谓)不得授人具足戒,不得为人依止,不得蓄沙弥,不可受选任教诫比丘尼。……不得相交谈，不得与教诫，不得作许可，不得非难，不得令忆念，不得与诸比丘交往。……别住比丘不得行于清净比丘前，不得坐于清净比丘前。应受于僧伽与之边际坐处、边际卧处、边际精舍。……别住比丘不得从有比丘住处，往无比丘住处，然与清净比丘俱者除外，有障碍者除外。……别住比丘不得与清净比丘住同一屋内之住处。……不得于同一经行处经行。（卷四，第 43 页—第 45 页）

（三）《集犍度》。叙述对犯“僧残罪”者作处罚方面的制度和行事。不分诵品。主要内容有：

对犯“僧残罪”的不覆藏者（指不隐瞒者），僧众应给与“六夜摩那埵”（指犯罪者须六天六夜为僧众作劳务）的处罚，“行六夜摩那埵”结束，僧众应给与“出罪”（指须有比丘二十人作羯磨同意，方能解除其罪）；对犯“僧残罪”的覆藏者（指隐瞒者），僧众应先给与“别住”（指犯罪者须离众别住一处，覆藏一天须别住一天）的处罚，“行别住”结束，再给与“六夜摩那埵”的处罚，“行六夜摩那埵”结束，然后给与“出罪”。

对在“别住”或“六夜摩那埵”期间，又犯“僧残罪”、但不覆藏的，僧众应给与“本日治”（指犯罪者“别住”或“六夜摩那埵”的天数，从再次犯罪之日重新算起，先前已别住或已作劳务的天数不算）的处罚，“行六夜摩那埵”结束，然后给与“出罪”；对在“别住”或“六夜摩那埵”期间，又犯“僧残罪”并加以覆藏的，僧众应给与“本日治”（指犯罪者“别住”或“六夜摩那埵”的天数，从再次犯罪之日重新算起）、“合一别住”（指将几个“别住”合为一个“别住”，即取“诸罪中覆藏最久之罪”，作为“合一别住”的天数，重新算起），“行六夜摩那埵”结束，然后给与“出罪”；犯

“僧残罪”的覆藏者,如果犯罪的事项在二项以上、覆藏的天数在二日以上的,则应根据犯罪事项和覆藏天数的多少,给与不同的处罚等。如关于“合一别住”,说:

> 尔时,有一比丘犯甚多僧残罪,有一罪覆藏一日,有二罪覆藏二日,有三罪覆藏三日,有四罪覆藏四日,有五罪覆藏五日,有六罪覆藏六日,有七罪覆藏七日,有八罪覆藏八日,有九罪覆藏九日,有十罪覆藏十日。彼告诸比丘曰:诸友,我犯犯甚多僧残罪,有一罪覆藏一日……有十罪覆藏十日。我应如何为之耶?诸比丘以此事白世尊。世尊曰:诸比丘,若尔,僧伽应依彼比丘诸罪中覆藏最久之罪,与合一别住。(卷四,第74页)

(四)《灭诤犍度》。叙述“七灭诤”方面的制度和行事。不分诵品。主要内容有:

七种灭诤法,“现前毗尼”(指当事人到场,以教法和戒律为依据,当面作出裁决)、“忆念毗尼”(指允许被举罪比丘忆述事情的经过)、“不痴毗尼”(指对比丘在精神失常时的行为不予追究)、“自言治毗尼”(指允许被举罪比丘自言过失或作申辩)、“多觅毗尼”(指用投筹表决的方式,少数服从多数)、“觅罪相毗尼”(指如实地举发比丘的犯罪情况)、“如草覆地毗尼”(指争论双方各自忏悔谦让,达成和解)的制立原由和羯磨作法。

“诤事”有四种,“诤论诤事”(又称“言诤”,指对法相的是非起诤)、“教诫诤事”(又称“觅诤”,指对比丘有无犯罪起诤)、“犯罪诤事”(又称“犯诤”,指对比丘犯何种罪起诤)、“事诤事”(又称“事诤”,指对所作羯磨是否合法起诤);“诤论诤事”,用二种灭诤法“现前毗尼”(包括“四现前”,即“僧伽现前、法现前、律现前、人现前”)、“多觅毗尼”(包括“三种行筹”,即“秘密、窃语、公开”,《四分律·灭诤犍度》作“一显露、二覆藏、三就耳语”)除灭;“教诫诤事”,用四种灭诤法“现前毗尼”、“忆念毗尼”、“不痴毗尼”、“觅罪相毗尼”除灭;“犯罪诤事”,用三种灭诤法“现前毗尼”、“自言治毗尼”、“如草覆地毗尼”除灭;“事诤事”,用一种灭诤法“现前毗尼”除灭。如关于“现前毗尼”,说:

> 此现前毗尼有何耶?僧伽现前、法现前、律现前、人现前也。此处何者为僧伽现前耶?羯磨所须之比丘皆已至,应与乐欲者已与乐欲,现前比丘不呵责,此为此处之僧伽现前。此处何者为法现前、律现前耶?以法、以律、以师教,灭此诤事,此为此处之法现前、律现前。此处何者为人现前耶?诤论者与诤论者自他俱现前,此为此处之人现前。诸比丘,如是灭诤事已,若作者还再发起,再发起者为波逸提。若与乐欲者愤,愤者波逸提。(卷四,第128页)

(五)《小事犍度》(依其他广律的译法,似应译作《杂事犍度》)。叙述僧众日常生活资具、杂事方面的制度和行事。下分三诵品。主要内容有:

比丘不得在沐浴时用木头或依柱、就壁擦身;不得挂耳环、首饰、腰饰、手环、腕饰、指环;不得蓄长发、粉饰脸;不得“往观听舞蹈、歌曲、音乐”;不得“自断男根”;不得“向在家人示现上人法之神通神变”;不得持木钵或金、银、铜、锡、铅钵;允许比丘持有钵袋、针、针筒、线、药袋、滤水囊、滤水布、蚊帐等;比丘不得“同一器而食,同一器而饮,同一床而卧,同一卧具而卧,同一覆具而卧”;“具足八分之优婆塞,当行覆钵”(指对有“诽谤佛”、“诽谤法”、“诽谤僧”等八种行为的居士,僧众应作“覆钵羯磨”,与他“不相往来”);允许有病比丘“以网袋盛钵而挂于杖”;应以“各自言词学习佛语”;不得“教畜生咒”;不得“食蒜”

等。如关于应以“各自言词学习佛语”,说:

> 尔时,有名为夜婆、瞿婆之二比丘,乃是兄弟,生于婆罗门,言语善美,音声善美。诸比丘诣世尊住处。……白世尊曰:世尊,今诸比丘名异、姓异、生异、族异而出家,诸比丘以各自言词污佛语。世尊,愿我等将佛语转为雅语(指婆罗门吠陀经典的用语)。佛世尊呵责曰:诸愚人,汝等为何言愿我等将佛语转为雅语耶?……诸比丘,不得将佛语转为雅语,转者堕恶作。诸比丘,许以各自言词学习佛语。(卷四,第186页)

(六)《卧坐具犍度》。叙述僧众房舍和卧具的造作、分配、使用、管理、修治等方面的制度和行事。下分三诵品。主要内容有:

佛初住王舍城迦兰陀竹园时,“尚未为诸比丘制立坐卧处”,“诸比丘住阿兰若、树下、山中、洞窟、山洞、冢间、山林、露地、蒿堆”,王舍城长者“建六十精舍”,施与僧众,以供居住,因这些精舍只是空无一物的草屋,佛对如何造门、安窗、涂墙、平地、填地基、筑台阶、起栏干、挖排水沟、建围墙,以及配备竹榻、小床、椅子、被褥、枕头等,一一作了教示;舍卫国给孤独长者以金钱铺地的价格,购买祇陀王子的花园建精舍,祇陀则在未售出的门屋周围的小片空地建门楼,两人共建僧园(即“祇树给孤独园”),施与佛及僧伽的经过;应推选“营事比丘”,负责僧房的营造和修缮;僧众的房舍、卧具的分配,应以长幼为序;僧众的房舍、土地、房内的生活设施和用具,为“不可舍物”,不得施与他人;应推选“分卧坐具人”、“差次食人”、“守库人”、“分衣人”、“分粥人”、“分果人”等各种执事,负责卧坐具、饮食、仓库、衣、粥、果等的保管与分配。如关于“祇树给孤独园”的来历,说:

给孤独居士见祇陀王子之园，距都邑不太远亦不太近……适于静默之处。见已，往祇陀王子处。至已，言祇陀王子曰：王子，与我园，欲造僧园。（王子曰）居士，即使钱布满亦不与园。（给孤独曰）王子，买而作僧园。（王子曰）造僧园不卖。（王子曰）要买。（王子曰）不卖。而问断事诸大臣。（诸大臣曰）王子，汝已定价故，卖而造僧园。时，给孤独居士以车运金，铺祇陀林。首次运金不足铺门屋周围之小空地。时，给孤独居士命众人曰：往而持金来，我铺此空地。时，祇陀王子生如是念：此非寻常，此居士舍如此多金。而言给孤独居士曰：居士，止，此地勿铺，此空地与我，我欲布施。……祇陀王子于彼空地，令兴建门楼。时，给孤独居士于祇陀林令建造精舍、造房、作门楼、作勤行堂、作火堂、作仓库、作厕所、作经行处、作经行堂、作井、作井堂、作暖房（洗浴用）、作暖房堂、作小池、作廷堂。（卷四，第215页—第216页）

（七）《破僧犍度》。叙述佛就提婆达多（又称“调达”，佛的叔父斛饭王之子、阿难的兄长）“破僧”（指破坏和合的僧团）事而制立的相关制度。下分三诵品。主要内容有：

释迦族童子跋提、阿那律、阿难、婆咎、金毗罗、提婆达多、优波离七人的出家经过；提婆达多以神通获得摩竭国阿阇世王子的崇信，王子每日朝暮前往奉事，并提供大量丰盛的饮食；提婆达多“为利养、恭敬、名声所蔽”，在有国王参与的集会上，三次向佛提出，“今世尊衰老、羸弱、老迈、暮年、高龄”，要求“将比丘众咐嘱我，我统理比丘众”，遭到佛的拒绝和呵斥，提婆达多由此怨恨世尊；提婆达多怂恿阿阇世王子说：“汝杀父（指“瓶沙王”）而成王，我杀世尊而成佛陀。”在阿阇世王子篡夺王位以后，他用派刺客行刺、从山上往下掷大石、放凶象践踏等手段，谋害世尊，除掷石使佛足受伤而出血以外，其余均未成功；提婆达多标立“五事”（又称“五法”，下详），遭到佛的反对，于是便在布萨日，诳诱比丘“取筹”（投筹）表决，时有毗舍离跋耆族五百新出家比丘“取筹”赞成“五事”，提婆达多率领追随者前往象头山，与佛领导的僧团公开分裂。

佛的大弟子舍利弗、目犍连前住象头山，趁提婆达多入睡之机，对他的五百徒众说法、开导，将他们重新带回佛的身边；比丘八人或八人以下以“取筹”表决的方式分为两派，为“僧诤”，“九人或超过九人乃僧诤，亦为破僧”，即九人或九人以上以“取筹”表决的方式分为两派，既为“僧诤”，也是“破僧”（此指“破法轮僧”）；“破僧”十八事（与《大品 · 憍赏弥犍度》所说“十八事”相同，指“说非法为法，说法为非法”乃至“说粗罪为非粗罪，说非粗罪为粗罪”）等。如关于提婆达多标立的“五事”与佛对此的看法，说：

时，提婆达多至俱伽梨、迦留罗提舍、乾陀骠、三闻达多（此四人为提婆达多的伴党）之处。至已，言：……诸友，我等至沙门瞿昙（指佛）处，请求五事。……即愿诸比丘尽形寿当住林，若入村邑者有罪；尽形寿当乞食，受请食者有罪；尽形寿当著粪扫衣，受居士衣者有罪；尽形寿当坐树下，至屋内者有罪；尽形寿不食鱼肉，食鱼肉者有罪。沙门瞿昙（指佛）不许此五事，我等以此五事告众人。诸友，以此五事得破沙门瞿昙之僧伽、破法轮。……时，提婆达多与众俱诣世尊住处。……白世尊曰：……此处有五事，以无数方便，资益少欲、知足、渐损（诸恶）、头陀、净信、损减（诸障）、精进。……世尊曰：止，提婆达多。若欲常时住林者住林，若欲住村邑者住村邑，若欲常时乞食者当乞食，若欲受请食者当受请食，若欲常时著粪扫衣者著之，若欲受居士衣者当受之。提婆达多，我许八月坐卧树下，许不见、不闻、不疑三事之清净鱼肉。（卷四，第268页—第270页）

（八）《仪法犍度》。叙述僧众日常生活中行仪规范（又称"威仪"）方面的制度和行事。下分三诵品。主要内容有：

"客比丘之仪法"；"旧比丘之仪法"；"远行比丘之仪法"；"比丘之食堂仪法"；"乞食比丘之仪法"；"阿兰若比丘之仪法"；"比丘卧坐具之仪法"；"比丘暖房（指沐浴的温室）之仪法"；"比丘厕房之仪法"；"弟子事和尚之仪法"；"和尚待弟子之仪法"；"侍者事阿阇梨之仪法"；"阿阇梨待侍者之仪法"等。如关于"乞食比丘之仪法"，说：

尔时，乞食诸比丘上衣下裳不整齐，威仪不具足而往乞食。……彼诸比丘以此事白世尊。世尊曰：……若尔，制立乞食比丘之仪法，令诸乞食比丘如是行。诸比丘，乞食比丘将入村邑时，应披覆三轮，遍著下裳，结腰带，叠缠僧伽梨，结纽，将钵洗净而持之，善缓而入村邑。应善覆其身而往屋内……不得蹲行而往屋内。入人家时，应视察由此处入，而由此处出。不得急速而入，不得急速而出。不得立于过远，不得立于过近。不得立于甚久，不得甚速而还。立时，应视察愿与食或不愿与食。若放下业事，从座而起，摩触汤匙，摩触或放置器皿，若似欲与者，则仍站立。受食之时，以左手披僧伽梨，右手出示钵，两手持钵而受食，不得视施食者颜面。……已受食时，应以僧伽梨覆钵，善缓而还。（卷四，第293页—第295页）

（九）《遮说戒犍度》。叙述遮止（指制止）犯罪比丘参与布萨日说戒活动方面的制度和行事。下分二诵品。主要内容有：

佛在舍卫城东园鹿母堂时，因布萨日会众中有“不清净者”，不愿说戒，大目犍连将“不清净者”拽出以后，佛先以大海为譬喻，阐说佛教中有“八种希有、未曾有法”（又称“八未曾有法”），接着宣布，从今以后，他不再在布萨日说戒，改由僧众“自行诵波罗提木叉”，“有罪者不得闻波罗提木叉”，允许僧众“遮止”有罪者参与说戒；“十非法遮说戒”（指“以无根坏戒之故遮说戒”乃至“犯波罗夷者不坐于众会”等）和“十如法遮说戒”（指“以有根坏戒之故遮说戒”乃至“犯波罗夷者坐于众会”等）的区别。

比丘须“具足五分”（又译“五法”，指具备观察分析“时”与“非时”、“事实”与“不实”、“有利益”与“无利益”、“得如法如律同见相亲”与“不得如法如律同见相亲”、“令僧伽别异”与“不令僧伽别异”五种情况的能力），方可“自取事”（指举发他人的罪过）；比丘须“于内观察五法”（指观察自己“身行”是否“清净”等五个方面的情况），“于内修五法”（指修习“以时说”等五种德行），方可“诘难（指呵责）他人”；“非法诘难比丘”（指非法呵责他人者）、“非法被诘难比丘”（指被非法呵责者）、“如法诘难比丘”（指如法呵责他人者）、“如法被诘难比丘”（指被如法呵责者）各自应持的态度等。如关于比丘在“诘难他人”之前应观察和修习的事项，说：

> 诘难比丘若欲诘难他人，于内观察五法后，可诘难他人。……应如是观察：我身行清净耶？……我语行清净耶？……我于同梵行者修无碍之慈心耶？……我多闻、持所闻而积所闻否？……我善审知、善分别、善转、善依经义、善决择两部波罗提木叉否？……诘难比丘若欲诘难他人，

于内修五法后，可诘难他人。（谓）我以时说不以非时，以实说不以非实，以柔软说不以粗暴，以有利益说不以无利益，以慈心说不以瞋心。（卷四，第332页—第333页）

（十）《比丘尼犍度》。叙述比丘尼方面的制度和行事。下分三诵品。主要内容有：

佛在家乡迦毗罗卫城时，姨母摩诃波阇波提瞿昙弥三次请求出家，佛均未允许，佛离开迦毗罗卫城后，瞿昙弥一路随行至毗舍离城，经阿难一再请求，佛“为比丘尼预制八敬法”，瞿昙弥于阿难处受“八敬法”，以此为具足戒，成为比丘尼第一人；比丘尼“学处”（指比丘尼戒）中，“与比丘共通者（指共戒），应如诸比丘之所学而学其学处”，“与比丘不共者（指不共戒），随所制之学处而学之”；允许尼众自己“诵波罗提木叉”（指说戒）、“受纳罪”（指接受其他比丘尼的忏悔）、“行羯磨”。

比丘尼不得“露身、露乳、露腿、露生支而示诸比丘”；不得“以粗语与诸比丘交往”；不得不往或全往诸比丘处受教诫，“许二三位比丘尼往受教诫”；不得“以白布绕胁”、“涂脸”、“粉饰脸”、“营市肆”；不得“蓄仆”、“蓄婢”；不得穿着“全青衣”、“全黄衣”、“全红衣”、“全黑衣”；比丘尼受具足戒之前，须“问二十四障法”（指问“汝非无相女耶”等二十四个问题）；比丘尼“还俗”或“归外道”后，不得再授具足戒；比丘尼不得“结跏趺坐”，允许“半跏趺坐”等。如关于摩诃波阇波提瞿昙弥的出家经过，说：

尔时，佛世尊住释迦国迦毗罗卫城尼拘律园。……摩诃波阇波提瞿昙弥三次白世尊：世尊，愿女人得于如来所说之法与律中离家而出家。……世尊不许女人于如来所说之法与律中离家而出家。……世尊随意间住迦毗罗卫城后,向毗舍离城游行。……摩诃波阇波提瞿昙弥落发,著袈裟衣,与众多释迦女人俱,向毗舍离城游行,次第游行至毗舍离城大林重阁堂。时,摩诃波阇波提瞿昙弥足肿、身涂沙尘、苦恼悲叹、流泪啼哭而立于屋门外。……具寿阿难三次白世尊:善哉,世尊,愿女人得于如来所说之法与律中离家而出家。……摩诃波阇波提瞿昙弥多施恩于世尊,是世尊之姨母、保母、养母、哺乳母,生母命终以来,与世尊喂乳。愿令女人得于如来所说之法与律中离家而出家。世尊曰:阿难,若摩诃波阇波提瞿昙弥受八敬法,即以此为其具足戒。……阿难于世尊处受八敬法之教,至摩诃波阇波提瞿昙弥处。……摩诃波阇波提瞿昙弥曰:……我受此八敬法,尽形寿不犯。(卷四,第339页—第342页)

(十一)《五百犍度》。叙述佛入灭后的当年雨安居期间,在王舍城举行的由摩诃迦叶(又称"大迦叶")主持、五百比丘参加的"第一次结集"(又称"王舍城结集")的情况。不分诵品。主要内容有:

佛入灭以后,摩诃迦叶听到须跋陀罗比丘说,从此可以摆脱佛的管束,任意所为了,心里十分不悦,为此,他召集长老大德商议,在"非法"、"非律"的现象尚未兴盛之前,"我等宜先结集法与律",以教治犯,这一意见得到大家的一致赞同;僧团推选五百比丘,"于王舍城住雨安居而令结集法与律";结集大会上,摩诃迦叶以问答的方式,由优波离诵出"律藏",阿难诵出"经藏"(本书没有提及由谁诵出"论藏",依此推断,则"第一次结集"只结集了律藏和经藏,并无论藏)。

诵出经后,阿难在会上提出,佛涅槃前,曾对他说"我灭度后,僧伽若欲者,小小戒可舍",但究竟哪些戒条属于"小小戒",

他未曾问佛,与会的长老们也理解不一,为此,摩诃迦叶提出“僧伽未制不得制,已制不得坏,随所制之戒而持住”的戒律受持原则,并将它作为“羯磨”的议案,付诸表决,获得与会者的一致通过;阿难因“不问世尊何者为小小戒”、“踏世尊之雨浴衣而缝”、“令诸女人先礼世尊之舍利,彼女等啼哭,而泪污世尊之舍利”、“不乞求世尊请住一劫”、“由汝勉励,得使女人于如来所说法、律中出家”五事,受到与会长老的呵责,阿难对当时的情况作了解释,并表示忏悔;富兰那长老率大比丘众五百人从南山赶至王舍城时,结集已经结束,富兰那表示,“我如世尊现前时所闻、所受而受持”,即除了已结集“法”和“律”以外,他亲自从佛那儿听闻的教法同样应当受持等。如关于“第一次结集”的缘起,说:

> 时,具寿(又称长老)摩诃迦叶告诸比丘曰:诸友,一时我与五百大比丘众俱,于波婆国拘尸那城途中。……我见彼邪命外道从远处而来,见而言彼邪命外道:友,知我等之师耶?邪命外道曰:友,我知今日沙门瞿昙(指佛)般涅槃已七日,我由彼处得此曼荼罗花。诸友,于此未离欲之诸比丘或举手、或投身,辗转反侧而言:世尊何早般涅槃,世间眼何早灭!……时,老年出家者须跋陀罗告诸比丘言:诸友,勿忧勿愁。我等脱彼大沙门(指佛)亦善。(佛言)此应,此不应,困恼我等。今我等若欲则为,若不欲则不为。(摩诃迦叶曰):诸友,于非法兴而法衰、非律兴而律衰、非说法者强而如法说者弱、非说律者强而如律说者弱之前,我等宜先结集法与律。若尔,长老大德,请选择比丘。时,摩诃迦叶所选五百中乃缺一,诸比丘言:大德,此处有具寿阿难……彼随世尊学甚多法与律。……摩诃迦叶亦选择阿

难。……王舍城饮食丰而卧具多。……僧伽选此五百比丘,于王舍城住雨安居,而令结集法与律。(卷四,第381页—第382页)

(十二)《七百犍度》。叙述佛入灭后一百年时,在毗舍离城举行的由长老耶舍迦乾陀子(略称"耶舍")发起、七百比丘参加,旨在裁定毗舍离城跋耆族比丘所行"十事"是否合法的"第二次结集"的情况。下分二诵品。主要内容有:

"世尊般涅槃百年",毗舍离城跋耆族比丘出现了行持"十事"(指"器中盐净、两指净、近聚落净、住处净、后听可净、常法净、不搅乳净、饮阇楼伽酒净、无缕边坐具净、金银净")的情况;耶舍(阿难的弟子)比丘行至毗舍离城,见跋耆族比丘在布萨日,以"僧伽需要资具"为由,用铜钵向信众乞钱,便向优婆塞宣说"沙门释子不受金银"的道理,劝说不要施钱,跋耆族比丘乞得金钱后平分,分给耶舍一分,他也拒绝接受;耶舍的行为惹恼了跋耆族比丘,他们对耶舍作"下意羯磨",责令他向优婆塞道歉,收回原先说的话,但耶舍仍然坚持自己的观点,并称佛在舍卫城祇树给孤独园和王舍城竹林迦兰陀园,都说过"沙门释子不受金银"的话,结果被跋耆族比丘作"举罪羯磨"而驱摈;耶舍到憍赏弥国后,遣使前往波利邑(又称"波梨"、"波利耶")、阿槃提、南路(又称"达嚫那")等国,向以"头陀行"著称的西方比丘通报情况,约请他们前往毗舍离城评判"十事",与此同时,跋耆族比丘也到波夷那(又称"波婆")等国的活动,寻求东方比丘的支持。

七百比丘聚集于毗舍离城,经协商,"波夷那比丘"(又称"旧比丘"、"东方比丘",代表毗舍离、波夷那国比丘)推选一切去(又称"萨婆伽罗婆梨婆罗")、沙兰(又称"沙留"、"沙罗")、不阇宗（又称“不阇苏摩”、“级阇苏弥罗”）、婆沙蓝（“萨波摩伽罗摩”、“婆搜村长老”）四人为“断事人”（指处理僧事的全权代表），“波利邑比丘”（又称“客比丘”、“西方比丘”，代表波利邑、阿槃提、南路等国比丘）推选离婆多（又称“梨婆多”）、三浮陀舍那婆斯（又称“三浮陀”、“商那和修”）、耶舍、修摩那（又称“苏曼那”）四人为“断事人”（以上“波夷那四比丘”、“波利邑四比丘”的名单，各部广律所说略有出入），对“十事”进行审定。

由八位代表参加的最高会议，在离婆多长老的主持下，在婆利迦园举行，会上以离婆多问、一切去答的方式，对“十事”逐一进行了审议和投筹表决；最后，一致认定“僧伽决定此十事为邪法、邪律而离师教”；为了使众人信服，离婆多、一切去两位长老，还在与会的七百比丘面前，将代表会议上讨论的情况，重新演述了一遍，得到了与会者的认同等。如离婆多、一切去关于“十事”的问答，说：

> 何者为器中盐净（指允许用角器贮藏食盐）耶？……蓄盐于器中，若无盐时食之。……不净也。……何者为两指净（指允许日影已过正午两指仍可进食；《四分律》、《五分律》、《十诵律》等则指允许受正食饱足后，未作残食法而用两指抄食）耶？……影过两指，非时食。……不净也。……何者为近聚落净（指允许在一个聚落受正食饱足后，未作残食法而到别的聚落再受食）耶？……食已，已示谢，入聚落而食非残食。……不净也。……何者为住处净（指允许同一区域不同住处的比丘，各自举行说戒活动）耶？……同一境界之众多住处，各别行布萨。……不净也。……何者为后听可净（指允许同一住处的部分比丘先作羯磨，尔后要求僧团认可）耶？……别众行羯磨，若诸比

丘来求听(指认可)可。……不净也。……何者为常法净(指允许依照和尚、阿阇梨的先例行事)耶?……言此我和尚之常法,此我阿阇梨之常法而行之。……不净也。……何者为不搅乳净(指允许受正食后,未作残食法而饮用乳、酪、酥混合的乳品)耶?……食已,已示谢,饮非乳、非酪之乳之非残食。……不净也。……何者为饮阇楼伽酒净(指允许饮用尚未酿熟的生酒)耶?……饮非榨酒与未成酒。……不净也。……无缕边坐具净(指允许使用不贴旧边、量度不限的坐具)耶?……不净也。……金银净(指允许接受施舍的金银)耶?……不净也。(卷四,第409页—第411页)

五、《附随》

《附随》是巴利文《律藏》的附录,收入《汉译南传大藏经》卷五(台湾元亨寺妙林出版社1992年11月版)。本篇为二部僧戒、犍度和其他戒律事项的补充与解释,叙述形式多为问答体。全编分为十九篇(也称"十九章",有些篇下分若干章或若干品),始《大分别》,终《五品》,每篇之末均有摄颂。其性质类似于《四分律》中的《调部》、《毗尼增一》,《十诵律》中的《比(毗)尼诵》、《增一法》、《优波离问部》、《毗尼中杂品》、《因缘品》等,但内容差异极大。

(一)《大分别》。下分十六章,以问答的形式,解释比丘戒"四波罗夷法"、"十三僧残法"、"二不定法"、"三十舍堕法"、"九十二波逸提法"、"四提舍尼法"、"七十五众学法"七类戒法(因此中未叙及"七灭诤法",故少一类)下属的各个戒条。所分十六章中,前八章为"依读诵道而说八章",章名分别为"制处章"、"罪数章"、"失坏章"、"摄在章"、"等起章"、"诤事章"、

“灭诤章”、“集合章”；后八章为“附‘缘’语八章”，章名与前八章相同。这里所说的“附‘缘’语”，指的是后八章所提的问题，较前八章多“缘”字，而且通常将它作为首字，如“缘行不净法之波罗夷，于何处制立”、“缘行不净法，堕几种罪耶”、“缘行不净法之罪，于四种坏失中，随伴几种坏失耶”等。从内容上看，第一章“制处章”相当于主干，其后各章相当于支分。“制处章”标立的问题，主要有：

佛在“何处”制立此戒？因“何人”制立？为“何事”制立？有无“制”（指初制）、“随制”（指再制）、“不随犯制”（指不犯而制）？是“遍通制”（指遍通一切处的制立），还是“限定制”（指限定区域的制立）？是“共通制”（指为比丘、比丘尼相同之罪制立），还是“不共通制”（指为比丘、比丘尼不同之罪制立）？是“一部众制”（指单为比丘或单为比丘尼制立，即“不共戒”），还是“二部众制”（指为比丘、比丘尼共同制立，即“共戒”）？在“五种波罗提木叉读诵法”（指“诵序”、“诵四波罗夷法”、“诵十三僧残法”、“诵二不定法”、“广说”）中，依“何读诵法”而诵出？在“四种坏失”（指“戒坏、行坏、见坏、命坏”）中，属于“何种坏失”？在“七种罪聚”（指“波罗夷”、“僧残”、“偷兰遮”、“波逸提”、“提舍尼”、“恶作”、“恶说”罪聚）中，属于“何种罪聚”？在“六种犯罪等起”（指六种犯罪的生起情况，即“有罪”由“身”、“语”、“身、语”、“身、意”、“语、意”、“身、语、意”生起，此中值得关注是唯独没有“有罪由意生起”）中，依“何种等起”而生起？在“四种诤事”（指“口论诤事、非难诤事、罪过诤事、义务诤事”，《四分律》等作“言诤、觅诤、犯诤、事诤”，指对法相的是非起诤、对比丘有无犯罪起诤、对比丘犯何种罪起诤、对所作羯磨是否合法起诤）中，属于“何种诤事”？在“七灭诤法”（指“现前”、“忆念”、“不痴”、“自言治”、“多人语”、“觅罪相”、“如草覆地”毗尼)中,依“何种灭诤法”除灭?佛依“何种义利”(指“十利”,即“为摄僧,为僧安乐,为调伏恶人,为善比丘安乐住,为断现世漏,为灭后世漏,为令未信者生信,为令已信者增长,为正法久住,为敬重律”)而制立此戒?由“何人”传承?等等。如“制处章”关于“四波罗夷法”中的“不净戒”(又称“第一波罗夷”),说:

(问)世尊于何处制立第一波罗夷(指“不净戒”)耶?(答)言:于毗舍离制之也。(问)因何人耶?(答)言:因须提那迦兰陀子也。为何事耶?言:因须提那迦兰陀子与故妻共行不净法之事也。其处有制、随制、不随犯制耶?言:有一制(指有一次初制)、二随制(指有二次再制),其处无不随犯制(指无不犯而制)。为遍通制、限定制耶?言:遍通制也。为共通制、不共通制耶?言:共通制也。一部众制、二部众制耶?言:二部众制也。五种波罗提木叉读诵法中,入于何处、摄入于何处耶?言:没入于因缘,摄入于因缘。依何读诵法而诵出耶?言:依第二读诵法(指“诵四波罗夷法”)而诵出。于四种坏失中,为何种坏失耶?言:坏戒也。于七种罪聚中,为何种罪聚耶?言:波罗夷罪聚也。于六种犯罪等起(指“生起”)中,依何种等起而生起耶?言:依一种等起而生起,即由身与意生起而不由语。于四种诤事中,为何种诤事耶?言:犯罪诤事(《附随·无间省略》作“罪过诤事”)也。于七种灭诤法中,依何种灭诤法而灭之耶?言:依两种灭诤法而灭之,依现前毗尼及自言治毗尼也。其中何者为毗尼而何者为阿毗毗尼耶?言:制为毗尼而细说为阿毗毗尼也。(《汉译南传大藏经》卷五,第1页—第2页)

由于许多戒条的戒缘和性质具有相似性，同一类戒法下属的戒条尤其如此，故汉译本对多数戒条问答中的相同部分作了省略不译的处理，以节省篇幅。

（二）《比丘尼分别》。下分十六章，以问答的形式，解释比丘尼戒"八波罗夷法"、"十七僧残法"、"三十舍堕法"、"一百六十六波逸提法"、"八提舍尼法"、"七十五众学法"等六类戒法中属于比丘尼独有的"不共戒"。所分十六章的章名，与前述《大分别》相同。各章标立的问题，也大致相同，差异在于称谓不同，《大分别》中指涉的对象为"比丘"，本篇指涉的对象为"比丘尼"。另外，由于比丘尼戒中无"二不定法"，故《大分别》"制处章"中的"五种波罗提木叉读诵法"，在本篇作"四种波罗提木叉读诵法"。如"罪数章"关于"八波罗夷法"中的"摩触戒"（又称"第五波罗夷"，第一至第四波罗夷为与比丘相同的"共戒"），说：

> （问）持染心之比丘尼，触有染心男子之身而受乐，有几种罪耶？（答）持染心之比丘尼，触有染心男子之身而受乐，有三种罪。捉摸颈骨以下、膝以上受乐者，波罗夷。捉摸颈骨以上、膝以下受乐者，偷兰遮（又称"大罪"）。捉摸身所著物而受乐者，突吉罗（又称"恶作"）。（卷五，第114页）

（三）《等起摄颂》。下分十三类（始"第一波罗夷等起"，终"不听等起"），以偈颂的形式，分别说明比丘、比丘尼各戒所说的犯罪，依"六种犯罪等起（即生起）"中的哪一种"等起法"而生起等。如关于"句法（指"随句戒"）等起"，说：

> 句（指比丘戒"波逸提法"第四条"随句戒"）、除外（指"波逸提法"第七条"与女人说法戒"）、不选任（指"波逸提

法"第二十一条"教诫戒")、日没(指"波逸提法"第二十二条"日没戒")、畜生咒之二(指尼戒"波逸提法"第四十九条"自作咒术戒"、第五十条"教人咒术戒")、不等许可而问(指尼戒"波逸提法"第九十五条"不得许可而质问比丘戒")。此七学处(指以上七戒),(一)由语生起而不由身、意,(二)由语、意生起而不由身生起。皆如句法戒(指"随句戒"),为二种等起(指二种生起)。句法等起(此为本篇所分十三类之一)终。(卷五,第144页)

(四)《无间省略、灭诤分解》。下分两部分。

(1)《无间省略》。下分六章(始"方便章",终"诤事缘章"),以问答的形式,解释"五种罪"、"五种罪聚"、"五种修习事"、"七种罪"、"七种罪聚"、"七种修习事"、"六种不恭敬"、"六种恭敬"、"六种修习事"、"四种坏失"、"六种犯罪等起"、"六种口论根"、"六种非难根"、"六种和敬法"、"十八种破僧事"、"四种诤事"、"七种灭法"等律学名词。如关于"五种罪"(又称"五篇")等,说:

> 何等为五种罪?波罗夷罪、僧残罪、波逸提罪(包括尼萨耆波逸提罪、波逸提罪两类)、提舍尼罪、恶作罪。……何等为七种罪?波罗夷罪、僧残罪、偷兰遮罪(又称"大罪",指"五篇"以外的一切粗罪和波罗夷、僧残的未遂罪)、波逸提罪、提舍尼罪、恶作罪、恶说罪。……何等为六种不敬?不敬佛、不敬法、不敬僧、不敬戒、不敬不放逸、不敬和顺。……何等为四种坏失?戒坏、行坏、见坏、命坏。……何等为六种犯罪等起?(一)有罪由身生起而不由语、意。(二)有罪由语生起而不由身、意。(三)有罪由身、语生起而不由意。(四)有罪由身、意生起而不由语。(五)有罪由

语、意生起而不由身。(六)有罪由身、语、意生起。……何等为四种诤事?口论诤事、非难诤事、罪过诤事、义务诤事。(卷五,第148页—第151页)

(2)《灭诤分解》。下分十六章(始“问数章”,终“随伴章”),以问答的形式,解释“四种诤事”(指“口论诤事、非难诤事、罪过诤事、义务诤事”)中,每一种诤事的“前行”、“为几种处、几种事、何地、几种因、几种根”、“依几种行相”、“依何种灭法而灭”等。如关于“口论诤事”(指“言诤”,即对法相的是非起诤),说:

何等为口论诤事之前行?贪是前行,瞋是前行,痴是前行,不贪是前行,不瞋是前行,不痴是前行。为几种处?十八破僧事处也。为几种事?十八破僧事为事。为何地?十八破僧事地也。为几种因?有九因,三种善因、三种恶因、三种无记因。为几种根?十二根也。依几种行相而口论耶?依二种行相而口论,如法见或非法见。口论诤事依何种灭法而灭之耶?依二种灭法而灭之,依现前毗尼及多人语(毗尼)也。(卷五,第163页)

(五)《问犍度章》。以问答的形式,解释《大》、《布萨》、《入雨安居》、《自恣》、《皮革》、《药》、《迦絺那衣》、《衣》、《瞻波》、《憍赏弥》、《羯磨》、《别住》、《集》、《灭诤》、《小事》、《卧坐具》、《破僧》、《仪法》、《遮说戒》、《比丘尼》、《五百》、《七百》二十二犍度中,每一犍度所说有几种罪。如说:

《受具》(指《大犍度》)……有二种罪(指对二十岁未满而授具足戒者,波逸提;其他文中所说之罪,突吉罗)。……《布萨》……有三种罪(指界内别众行布萨者,偷兰遮；与被举罪者共行布萨，波逸提；其他，突吉罗）。……《雨安居》……有一种罪（指突吉罗）。……《自恣》……有三种罪（指界内别众行自恣者，偷兰遮；与被举罪者共行自恣，波逸提；其他，突吉罗）。……《比丘尼》……有二种罪（指不行自恣者，波逸提；其他，突吉罗）。……《五百》……无任何罪。……《七百》……无任何罪。（卷五，第181页—第182页）

（六）《增一法》。以词条的形式，解释戒律类法数（即含数字的名词术语），以数为序，依次递增，始“一法”，终“十一法”。其中，有些法数因在广律中已多次出现过，或文句繁多，故只列出词条而未作释。

（1）《一法》。解释“应知生罪法”（指“六种犯罪等起”）、“应知生无罪法”（指“七灭诤法”）、“应知粗罪”（指“波罗夷、僧残罪”）、“应知非粗罪”、“应知有忏除罪”（指“波罗夷以外之罪”）、“应知无忏除罪”（指“波罗夷罪”）、“应知障罪”（指故意犯）、“应知非障罪”、“应知决定罪”（指“五无间业罪”）、“应知不决定罪”（指“五无间业以外之罪”）等。

（2）《二法》。解释“二种布萨”（指“十四日布萨、十五日布萨”）、“二种羯磨”（指“求听羯磨、单白羯磨”，或“白二羯磨、白四羯磨”）、“依二种行相而僧伽分裂”（指“依羯磨、依行筹”）、“二种人不得受具”（指“年时贱劣、支分贱劣”，或“事失坏者、行恶者”等）、“二种净施”（指“互相面对净施、展转净施”）”等。

（3）《三法》。解释“三种呵责事”（指“由见、闻、疑”）、“三种行筹法”（指“秘密、公开、耳语”）、“三种制拒”（指“多欲、不知足、不损减”）、“三种容许”（指“少欲、知足、损减”）、“三种制”（指“遍通制、限定制、共通制”）、“三种布萨”（指“十四日布萨、十五日布萨、和合布萨”，或“读诵布萨、清净布萨、受持布萨”）、“三种自恣”（指“三说自恣、二说自恣、共安居者合说自恣”）等。

（4）《四法》。解释“四种非圣语”（指“不见说见、不闻说闻、不思说思、不知说知”）、“依四相而犯罪”（指“依身而犯、依语而犯、依身语而犯、依羯磨语犯”）、“四种呵责”（指“示事、示罪、制拒共住、制拒如法行”）等。

（5）《五法》。解释“由五种和尚依止之解消”（指“和尚离去、或还俗、或死亡、或奔外道、或依和尚之命令”）、“五种粪扫衣”（指“冢间衣、市场衣、鼠啮衣、蚁啮衣、火烧衣”）、“五种不净物不可受用”（指“不与物、不知物、不净物、不受物、不作残食法物”）等。

（6）《六法》。解释“具六分（其他广律译作“六法”）之比丘可授具、可依止、可蓄沙弥”等。

（7）《七法》。解释“具七分（指“七法”）之比丘是持律者”、“七种正法”（指“有信、有惭、有愧、多闻、精勤、念现前、具慧”）等。

（8）《八法》。解释“八种希有未曾有之法”等。

（9）《九法》。解释“九种如法受用”、“九种非法受用”等。

（10）《十法》。解释“具十分（指“十法”）持律者实称为贤者”等。

（11）《十一法》。解释“骂詈恶口之人应知有十一种过失”、“慈爱者应知有十一种功德”等。

如《四法》中说：

> 有四种别住，覆藏别住、非覆藏别住、清净边别住、合一别住。有四种摩那埵，覆藏摩那埵、非覆藏摩那埵、半月摩

那埵、合一摩那埵。……复有四种羯磨,求听羯磨、单白羯磨、白二羯磨(又称"一白一羯磨")、白四羯磨(又称"一白三羯磨")。……依四种因缘安居中断无罪,僧伽分裂、或有欲分裂僧伽者、或有生命难、或有梵行难。(卷五,第201页—第202页)

(七)《布萨初中后解答章、制戒义利论》。解释"布萨"等羯磨的流程和佛制戒的"十种义利"。

(1)《布萨初中后解答章》。以问答的形式,解释"布萨"、"自恣"、"呵责"、"依止"、"驱出"、"下意"、"举罪"、"别住"、"本日治"、"摩那埵"、"解罪"、"授具"(指"受戒")等羯磨中,每一种羯磨的"初"、"中"、"终"。

(2)《制戒义利论》。直释佛制立戒律的"十种义利",即"十种义利故,世尊为诸声闻制立学处。为摄僧,为众僧安乐,为调伏恶人,为善比丘安乐住,为断现世之漏,为灭来世之漏,为令未信者生信,为令已信者增长,为正法久住,为爱重律"一句。

如《布萨初中后解答章》说:

何为布萨羯磨之初?何为中?何为终?和合集为布萨羯磨之初,执行为中,完了为终。何为自恣羯磨之初?何为中?何为终?和合集为自恣羯磨之初,执行为中,完了为终。何为呵责羯磨之初?何为中?何为终?事与人为呵责羯磨之初,白为中,羯磨语为终。(卷五,第227页)

(八)《伽陀集》。以偈颂和问答的形式,解释佛在毗舍离等七城,各制立了二部戒中的哪些戒条,什么是"重罪"、"无残罪"、"四种坏失"、"共通戒"、"不共通戒"等。如关于佛在七城各制立了哪些戒条以及"四种坏失"等,说:

> 二种律制，于布萨读诵，有三百五十（条）（指二部戒的不完全统计数，比丘戒除“七灭诤法”以外二百二十条，加上比丘尼不共戒一百三十条）。十制立于毗舍离，二十一制立于王舍城，二百九十四皆作于舍卫城，六制立于阿罗毗，八制立于憍赏弥，八制立于释迦国，三制立于婆祇国。……有三十一（条）重罪（指波罗夷、僧残罪），此中八（条）为无残罪（指波罗夷罪）。重罪即粗罪，粗罪即戒坏。波罗夷与僧残称为戒坏。偷兰遮、波逸提（包括尼萨耆波逸提、波逸提两类）、提舍尼、恶作、为戏乐恶口之恶说，此罪为行坏。抱颠倒之见，以非正法为尊，诽谤正觉者，无智而复愚智，此罪为见坏。活命之因，依活命故，持恶求，性贪欲而主张空无之上人法……为自己乞求美味之食而食……此罪为命坏。（卷五，第231页—第233页）

（九）《诤事分解》。以问答的形式，解释“四种诤事”（指“口论诤事、非难诤事、罪过诤事、义务诤事”）中，每一种诤事各有“几种发起”、“几种灭诤”，“何为十二种发起”、“何为依十种行相而发起”、“何为发起四种人诤事为犯罪”，“七灭诤法”有“几种根”、“几种等起”等。如关于“七灭诤法”有“几种根”、“几种等起”，说：

> 七灭诤法有二十六根、三十六等起。何为七灭诤法之二十六根？现前毗尼有四根，僧现前、法现前、律现前、人现前。忆念毗尼有四根。不痴毗尼有四根。自言治毗尼有二根，自白人与受白人。多觅（指“多人语”）毗尼有四根。觅罪相毗尼有四根。如草覆地毗尼有四根。何为七灭诤法之三十六等起？忆念毗尼之羯磨，有执行、遂行、著手、进行、承认、容许。不痴毗尼之羯磨、自言治毗尼之羯磨、多觅

(指"多人语")毗尼之羯磨、觅罪相毗尼之羯磨,有执行、遂行、著手、进行、承认、容许。(卷五,第248页)

(十)《伽陀别集》。以偈颂和问答的形式,解释"呵责法"的目的("呵责法为何"),"有耻者"与"无耻者"(均指"被呵责者"而言)、"非法呵责者"与"如法呵责者"、"无知呵责者"与"有知呵责者"的区分等。如关于"呵责法"的目的等,说:

呵责法为何?忆念法为何?众僧法为何?心念法为何?呵责法为忆念罪,忆念法为折伏,众僧法为获得决断,心念法为各人之决断。……呵责者言有罪,被呵者言无罪,应舍两说,用依自白语而处分。(卷五,第251页)

(十一)《呵责品》。以问答的形式,解释"呵责"有"几种根"、"几种事"、"几种地"、"几种行相","呵责者"、"被呵责者"、"僧众"、"检问者"各应如何行事,"布萨"、"自恣"、"别住"、"本日治"、"摩那埵"、"出罪"的目的等。如关于"呵责"有"几种根"等,说:

呵责有几种根、有几种事、有几种地、有几种行相耶?呵责有二根、有三事、有五地,依二种行相而呵责。何为呵责之二根?有根、无根。……何为呵责之三事?由见、闻、疑。……何为呵责之五地?我以时而言,不以非时;以实有而言,不以非实;以柔软而言,不以粗暴;以有利而言,不以无利;以慈心而言,不以瞋心。……依何等之二种行相而呵责耶?以身而呵责,或以语而呵责。(卷五,第255页)

(十二)《小诤》。叙述诤事的"裁断者"(即"裁决者"),在检问时应注意的事项。如关于裁断者"应以僧为重"等,说:

习斗诤之裁断,至比丘僧伽时,谦让而应以如拭尘埃之心至僧中。……僧伽所许可检问之人,欲检问者,应以僧为重而行,不应以人为重;应以正法为重而行,不应重利养;应重义利而行,不应众之净善处;应以时检问,不应以非时;应以实检问,不应以非实;应以柔软检问,不应以粗暴;应以利益检问,不应以无利益;应以慈心检问,不应以瞋心。(卷五,第259页)

(十三)《大诤》。叙述诤事的"裁断者",在裁决前应注意的事项。如关于裁断者"应知事"等,说:

习决断斗诤裁判之比丘,应知事,应知坏失,应知犯罪,应知因缘,应知行相,应知前事后事,应知作不作,应知羯磨,应知诤事,应知灭诤。……应令悟之事应令悟,应令解之事应令解,应令观之事应令观,应令静之事应令静。(卷五,第263页)

(十四)《迦絺那衣分解》。以问答的形式,解释迦絺那衣的受持与舍弃,包括"何人不成(指成就)受持迦絺那衣"、"何人成(指成就)受持迦絺那衣"、"如何成(指成就)受持迦絺那衣"、"如何不成受持迦絺那衣"、"应知作迦絺那衣"等。如"应知作迦絺那衣",说:

应知作迦絺那衣者。若僧伽得迦絺那衣物时,僧伽应如何行事?作衣者应如何行耶?随喜者应如何行耶?僧伽依白二羯磨而与比丘作迦絺那衣,作迦絺那衣之比丘,于即日浣洗、舒张、计量、裁断、缝制、染色、作净而可作迦絺那衣。若欲依僧伽梨(指"大衣")而作迦絺那衣者,应授与旧僧伽梨……依此僧伽梨而作迦絺那衣。若欲依郁多罗僧(指"上衣")而作迦絺那衣者,应授与旧郁多罗僧……依此

> 郁多罗僧而作迦絺那衣。若欲依安陀会(指“内衣”)而作迦絺那衣者,应授与旧安陀会……依此安陀会而作迦絺那衣。作其迦絺那衣之比丘,至僧伽,偏袒右肩,合掌而应如是言:诸大德,为僧伽作迦絺那衣,如法作迦絺那衣也,应令随喜。(卷五,第278页)

(十五)《优波离问五法》。下分十四品(始《依止品》,终《迦絺那衣受持品》),以优波离问、佛答的形式,解释比丘的各种“五法”(汉译本经常译作“五分”)。主要内容有:“具五分(指“不知布萨”等)之比丘,终生无依止而不可住”;“具五分(指“犯罪而被羯磨”等)之比丘,不得解(指“解罪”)羯磨”;“具五分(指“不知罪”等)之比丘,不可于僧中行决断”;“五种非法异见之提示(指“对于不犯而提示异见”等)”;“于内观察五法(指“我身行净耶”等),而后可呵责他”;“五种林住者(指“有愚痴故为林住者”等)”;“五种妄语(指“妄语波罗夷”等)”;“具五分(指“露身而示诸比丘尼”等)之比丘,不得受比丘尼众之礼”;“具五分(指“不善辨义”等)之比丘,不得选定为断事人”;“具五分(指“不知罪”等)之比丘,不适灭诤事”;“具五分(指“非法说为法”等)之破僧者,堕恶趣地狱”;“具五分(指“行爱不应行”等)之旧住比丘,持物放置即堕地狱”;“受迦絺那衣有五种功德”(指“食前食后不嘱他比丘而入聚落”等)等。如关于“对具五分之比丘,应行羯磨”,说:

> 对具五分(指“五法”)之比丘,应行羯磨(指治罚羯磨)。何等为五?谓无耻、愚痴、不清净、有恶见、污坏活命。……复对具五分之比丘,应行羯磨。何等为五?于增上戒失坏戒、于增上行失坏行、于增上见失坏见、有恶见、污坏活命。……复对具五分之比丘,应行羯磨。何等为五?

> 具身戏乐、具语戏乐、具身语戏乐、有恶见、污坏活命。……复对具五分之比丘,应行羯磨。何等为五?具身不正行、具语不正行、具身语不正行、有恶见、污坏活命。(卷五,第285页)

(十六)《等起》。略释比丘戒"四波罗夷法"、"十三僧残法"、"二不定法"、"三十舍堕法"、"九十二波逸提法"、"四提舍尼法"、"七十五众学法"七类戒法(因此中未叙及"七灭诤法",故少一类)下属各戒所说的犯罪,各依"六种犯罪等起"中的哪一种"等起法"而生起。如关于"四波罗夷法"各戒依几种等起法而生起,说:

> 第一波罗夷(指"不净戒",又称"淫戒"),依几种等起而生起耶?第一波罗夷,依一种等起而生起:由身、意生起而不由语生起。第二波罗夷(指"不与取戒",又称"盗戒"),依几种等起而生起耶?第二波罗夷,依三种等起而生起:有由身、意生起而不由语,有由语、意生起而不由身,有由身、语、意生起。第三波罗夷(指"人身戒",又称"杀戒"),依几种等起而生起耶?第三波罗夷,依三种等起而生起(所说"三种等起"同上)。……第四波罗夷(指"上人法戒",又称"大妄语戒"),依几种等起而生起耶?第四波罗夷,依三种等起而生起。(卷五,第325页)

(十七)《第二伽陀集》。以偈颂和问答的形式,解释"几种罪是身罪"、"几种罪是语罪"、"几种罪是有忏罪"、"几种人不得令受具"、"思惟几种功德以信他人而忏悔己罪"、"依几种而僧伽破"、"几种羯磨不成是依日种佛陀于瞻波律事(指《瞻波犍度》)中所说"、"几种羯磨成就是依日种佛陀所说"等。如关于"几种是身罪"等,说:

几种罪是身罪？几种罪是语罪？覆藏者有几种罪？几种缘相触耶？六种罪是身罪，六种罪是语罪，覆藏者有三种罪，五种缘相触。（卷五，第329页）

（十八）《发汗集》。以偈颂的形式，提出“不共住者”、“五种不可舍物”、“比丘自乞造房屋”、“语真实而有重罪”等问题，但书中只列出“质问”，而未作答，其答案见觉音《一切善见律注》。如关于“不共住者”等，说：

比丘及比丘不共住者，于此不得共食，而彼不独住而不犯（何耶）？此依善巧者之思惟而质问。……语真实而有重罪，语虚妄而有轻罪；语虚妄而有重罪，语真实而有轻罪（何耶）？此依善巧者之思惟而质问。……二人满二十岁，二人共为同一和尚、同一阿阇梨、同一羯磨语，而一人受具，一人受具不成（何耶）？此依善巧者之思惟而质问。（卷五，第341页—第344页）

（十九）《五品》。下分：《羯磨品》、《义利品》、《制戒品》、《所制品》、《九聚会品》。解释“四种羯磨”（包括“四种羯磨”，“依几种行相而不成就”、“行于几处”等）、“二种义利”（包括“依二种义利”，“如来为声闻制学处”、“制波罗提木叉”等）、“九种聚会”（指“事聚、失坏聚、罪聚、因缘聚、人聚、蕴聚、等起法聚、净事聚、灭法聚”）等。如关于“四种羯磨”，说：

有四种羯磨，求听羯磨、单白羯磨、白二羯磨、白四羯磨。此四种羯磨依几种行相而不成就耶？此四种羯磨依五相而不成就，谓或依事、或依白、或依唱说、或依界、或依众。……求听羯磨行于何等五处耶？谓解罪、摈出、剃发、梵坛（又称“默摈”，指不得与之交往言语）、第五羯磨标相。……单白羯磨行于何等九处耶？谓（为受具）解罪、（为灭诤）摈出、布萨、自恣、（教授、问障道等之）认许、（舍堕衣之）授与、（忏罪之）受容、（自恣之）弃舍、第九羯磨标相。……白二羯磨行于何等七处耶？谓解罪、摈出、认许、授与、舍迦絺那衣、教诫、第七羯磨标相。……白四羯磨行于何等七处耶？谓解罪、摈出、认许、授与、折伏、谏告、第七羯磨标相。（卷五，第348页—第351页）

《附随》之末有偈颂，说："有大智慧博闻而聪明之提婆，各处问古师之道而读诵，依道之中庸，思惟广略，资诸弟子之乐而笔写。"（卷五，第357页）据此，则《附随》的作者为提婆，但此提婆与公元三世纪与龙树共同创立大乘中观学派的提婆，非为同一人，生平事迹待考。

第二品　汉译巴利文《比丘波罗提木叉》一卷

巴利文《比丘波罗提木叉》，又名巴利文《比丘戒经》、《巴利律比丘戒》、《铜鍱部戒经》，一卷，现代通妙译。收入《汉译南传大藏经》卷五（载于《律藏·附随》之后，页码另编，为独立的篇章，台湾元亨寺妙林出版社1992年11月版）。

本书是南传上座部的比丘戒本。系从巴利文《律藏·经分别·大分别》比丘戒中摘录戒法条文，配以说戒仪轨（指程序和仪式），编集而成。全书共收录比丘戒"四波罗夷法"、"十三僧残法"、"二不定法"、"三十尼萨耆波逸提法"（又称"三十舍堕法"）、"九十二波逸提法"（又称"九十二堕法"）、"四提舍尼法"（又称"四波罗提提舍尼法"、"四悔过法"）、"七十五众学法"、

"七灭诤法"八类戒法,总计二百二十七条。

本书是各部派佛教所传的比丘戒本中,叙述形式最为简洁的一种文本。其他部派佛教所传的比丘戒本,初首往往有归敬偈、序言等,书末往往有七佛略说戒经偈、流通偈等,而本书的初首、末尾均无偈颂和其他附加的文词,只有戒经的基本成分(或称主体):戒经序、戒法条文和戒经结语三部分。

(一)戒经序。内容包括"说戒告白"、"诫敕时众"、"三问清净"三个层次。说:

> 大德僧,请听,今日是十五日布萨也。若僧伽机熟者,僧伽行布萨(又译"若僧时到,僧忍听"),诵出波罗提木叉(以上为说戒告白)。
>
> 何为僧伽最初行事耶?(谓)诸大德应告(身)清净,我诵波罗提木叉,在此我等悉谛听,而应善念(又译"僧一心善听")。有罪者应发露(忏悔),无罪者可默然。依默然,而知诸大德之清净。如对一一质问有答,如是,关于进行中应问至三次(又译"如一一比丘问答,是比丘众中三唱亦如是")。问至三次时,忆念有罪而不发露者,得故意妄语罪。诸大德,故意妄语是障道法,乃世尊所说也(又译"故妄语罪,佛说遮道法")。是故忆念有罪,求其身清净之比丘,应发露其罪,发露者彼得安乐(以上为诫敕时众)。
>
> 诸大德,(戒经之)序诵出已。于此我问诸大德:对此事得清净否(又译"是中清净不")?二次问:对此事得清净否?三次问:对此事得清净否?诸大德对此事得清净,是故默然,我如是知解(又译"是事如是持";以上为三问清净)。(《汉译南传大藏经》卷五,另编页码,第1页—第2页)

（二）戒法条文。分类叙列比丘戒各条。原书中的戒条是用一句话或一段话来表述的，并无戒条的名称。今在解说时，依照南传上座部《律藏·经分别》汉译本的戒名，予以标立，以利研习。

（1）四波罗夷法。叙列“波罗夷法”四条。有：“不净戒”（又称“淫戒”，第一条）、“不与取戒”（又称“盗戒”，第二条）、“人身戒”（又称“杀戒”，第三条）、“上人法戒”（又称“大妄语戒”，第四条）。

（2）十三僧残法。叙列“僧残法”十三条。有：“出精戒”（又称“故出不净戒”，第一条）、“身触戒”（又称“摩触女人戒”，第二条）、“粗语戒”（又称“与女人粗恶语戒”，第三条）、“媒嫁戒”（又称“媒人戒”，第五条）、“第一瞋不满戒”（又称“无根波罗夷谤戒”，第八条）、“第一破僧戒”（又称“破僧违谏戒”，第十条）、“污家戒”（又称“污家摈谤违谏戒”，第十三条）等。

（3）二不定法。叙列“不定法”二条。有：“可淫屏处戒”（又称“屏处不定戒”，第一条）、“非可淫屏处戒”（又称“露处不定戒”，第二条）。

（4）三十尼萨耆波逸提法。叙列“尼萨耆波逸提法”三十条。有：“第一迦絺那衣戒”（又称“畜长衣过限戒”，第一条）、“第二迦絺那衣戒”（又称“离三衣宿戒”，第二条）、“过量戒”（又称“过分乞衣戒”，第七条）、“绢戒”（又称“杂野蚕绵作卧具戒”，第十一条）、“六年戒”（又称“未满六年作卧具戒”，第十四条）、“金银戒”（又称“畜金银戒”，第十八条）、“物品交易戒”（又称“贩卖戒”，第二十条）、“钵戒”（又称“畜长钵过限戒”，第二十一条）、“药戒”（又称“畜七日药过限戒”，第二十三条）、“回入戒”（又称“回僧物入已戒”，第三十条）等。

（5）九十二波逸提法。叙列“波逸提法”九十二条。有：

"妄语戒"(又称"小妄语戒",第一条)、"骂戒"(又称"毁呰语戒",第二条)、"离间语戒"(又称"两舌语戒",第三条)、"掘地戒"(第十条)、"草木戒"(又称"伐草木戒",第十一条)、"讥嫌戒"(又称"嫌骂僧知事戒",第十三条)、"比丘尼住处戒"(又称"辄入尼处教诫戒",第二十三条;此戒为《四分律》所无,《五分律》则有)、"满二三钵戒"(又称"受食过三钵戒",第三十四条)、"非时食戒"(第三十七条)、"独与女坐戒"(又称"独与女人坐戒",第四十五条)、"饮酒戒"(第五十一条)、"轻侮戒"(又称"轻慢不受谏戒",第五十四条)、"故意杀有情戒"(又称"故杀畜生戒",第六十一条)、"疑惑戒"(又称"毁呰尼戒",第七十二条)、"转施戒"(又称"回僧物与人戒",第八十二条;此戒为《四分律》所无,《五分律》则有)、"作三衣过量戒"(第九十二条)等。

(6) 四提舍尼法。叙列"提舍尼法"四条。有:"在俗家从非亲里尼取食戒"(又称"从非亲尼受食戒",第一条)、"在俗家挑食受食戒"(又称"受尼指授食戒",第二条)、"学地之家受食戒"(又称"学家受食戒",第三条)、"恐怖阿兰若受食戒"(又称"恐怖兰若受食戒",第四条)。

(7) 七十五众学法。叙列"众学法"七十五条。有:"齐整著涅槃僧戒"(又称"不齐整著内衣戒",第一条)、"齐整著三衣戒"(又称"不齐整著三衣戒",第二条)、"正威仪而行戒"(又称"不善摄身入白衣舍",第五条)、"乱姿戒"(又称"放身白衣舍坐戒",第二十六条)、"羹食适量戒"(第二十九条,此戒为巴利文《律藏》独有)、"从中央揉捏而食戒"(又称"挑钵中食戒",第三十五条)、"视他钵中戒"(又称"嫉心视他钵食戒",第三十八条)、"撒落饭粒戒"(又称"遗落饭食戒",第四十八条)、"作声食戒"(又称"嚼饭作声戒",第五十条)、"舐唇食戒"(第五十四条,此戒为巴利文《律藏》独有)、"与持武器人说法戒"(又称

“持弓箭人说法戒”,第六十条)、“人坐已立说法戒”(第七十条)、“立大小便戒”(第七十三条)、“水上大小便唾痰戒”(又称“水中大小便戒”,第七十五条)等。

(8) 七灭诤法。叙列“灭诤法”七条。有:“现前毗尼”(第一条)、“忆念毗尼”(第二条)、“不痴毗尼”(第三条)、“自言治毗尼”(又称“自言毗尼”,第四条)、“多人语毗尼”(又称“多觅罪相毗尼”,第五条)、“觅罪相毗尼”(又称“本言治毗尼”,第六条)、“如草覆地毗尼”(又称“如草布地毗尼”,第七条)。

上述八类戒法中,每一类戒法的叙述,均包括三个层次:一是标名,指标立此类戒法的名称。二是列戒,指叙列从从巴利文《律藏·经分别·大分别》中摘录的此类戒法下属各戒的具体条文。三是结问,指对此类戒法作小结,并三次询问与会僧众在此类戒法的修持上是否清净,要求众人依律受持。以“十三僧残法”为例,它的叙述方式是这样的:

> 大德僧,今诵出此等十三僧残法(以上为“十三僧残法”的标名)。
>
> 除梦中外,若故意行泄不净者,僧残(以上为第一条“出精戒”)。
>
> 任何比丘,若起欲情变心,与女人身相触,或捉手,或捉发,或触其某身支分者,僧残(以上为第二条“身触戒”)。
>
> ……
>
> 若比丘依村或城镇而住,以恶行秽污俗家。彼之恶行被见且被闻,由彼所秽污之俗家亦被见且被闻。诸比丘应对彼比丘作如是言:……尊者,离去此住处。尊者,不得再住此处。诸比丘对彼比丘如是言已,尚固执者,诸比丘为令

彼比丘舍其执,应三次谏告。至三次谏告时,若舍则善,若不舍则僧残(以上为第十三条“污家戒”)。

大德僧,十三僧残法已诵竟。(前之)九从最初即成罪,(后)四至三次方成罪(以上指僧残法前九条,即便是初犯,也要治罪,后四条须作三次劝谏,不听,然后才能治罪)。比丘犯以上任何一项,知而覆藏若干日,则依其日数,彼比丘虽非愿意亦当别住。别住竟,比丘更于六夜应入比丘之摩那埵。比丘摩那埵竟,其处若有二十人之比丘僧伽时,可许彼被复权。若二十人,虽少一人之比丘僧伽,欲使其比丘复权,彼比丘亦不得回复,又彼诸比丘应受呵责,此乃于此时之如法行也(以上指犯“僧残罪”的比丘行“别住”、“六夜摩那埵”结束后,须有比丘二十人作羯磨同意,方可“出罪”,恢复被剥夺的权利)。于此,我今问:诸大德,于此事得清净耶?再问:于此事得清净耶?三问:于此事得清净耶?今诸大德于此事得清净,是故默然,我如是知解(以上为“十三僧残法”的结问)。(卷五,第3页—第7页)

(三) 戒经结语。对戒经的内容所作的归纳和总结。

大德僧,已诵出因缘(指戒经序),已诵出四波罗夷法,已诵出十三僧残法,已诵出二不定法,已诵出三十舍堕法,已诵出九十二单堕法,已诵出四悔过法,已诵出众学法,已诵出七灭诤法。凡是已收入佛之戒经,正确含摄于戒经者,尽于每半月诵出,由此一切和合,欢喜无诤而修学之。(卷五,第35页—第36页)

有关本书的研究有:李凤媚《巴利律比丘戒研究》(台湾《嘉义新雨》杂志社1999年2月版)。

第三品　汉译巴利文《比丘尼波罗提木叉》一卷

巴利文《比丘尼波罗提木叉》，又名巴利文《比丘尼戒经》、《巴利律比丘尼戒》、《铜鍱部比丘尼戒经》，一卷，现代通妙译。收入《汉译南传大藏经》卷五（载于《律藏·附随》之后，页码另编，为独立的篇章，台湾元亨寺妙林出版社版）。

本书是南传上座部的比丘尼戒本。系从巴利文《律藏·经分别·比丘尼分别》比丘尼戒中摘录戒法条文，配以说戒仪轨（指程序和仪式），编集而成。全书共收录比丘尼戒"八波罗夷法"、"十七僧残法"、"三十尼萨耆波逸提法"、"一百六十六波逸提法"、"八提舍尼法"、"七十五众学法"、"七灭诤法"七类戒法（与比丘戒相比，无"二不定法"），总计三百十一条。

本书也是各部派佛教所传的比丘尼戒经中，叙述形式最为简洁的一种文本。它的初首、末尾均无偈颂和其他附加的文词，只有戒经的基本成分（或称主体）：戒经序、戒法条文和戒经结语三部分。

（一）戒经序。说：

大姊僧，请听，今日是十五日布萨也。若僧伽机熟者，僧伽行布萨，诵出波罗提木叉（以上为说戒告白）。

何为僧伽最初行事耶？（谓）诸大姊应告（身）清净，我诵波罗提木叉，在此我等悉谛听，而应善念。有罪者应发露（忏悔），无罪者可默然。依默然，而知诸大姊之清净。如对一一质问有答，如是，关于进行中应问至三次。问至三次时，忆念有罪而不发露者，得故意妄语罪。诸大姊，故意妄语是障道法，乃世尊所说也。是故忆念有罪，求其身清净之比丘，应发露其罪，发露者彼得安乐（以上为诫敕时众）。

诸大姊，（戒经之）序诵出已。于此我问诸大姊：对此事得清净否？二次问：对此事得清净否？三次问：对此事得清净否？诸大姊对此事得清净，是故默然，我如是知解（以上为三问清净）。（《汉译南传大藏经》卷五，另编页码，第 37 页—第 38 页）

（二）戒法条文。分类叙列比丘尼戒各条。原书中的戒条是用一句话或一段话来表述的，并无戒条的名称。今在解说时，依照南传上座部《律藏 · 经分别》汉译本的戒名予以标立，以便研习。

（1）八波罗夷法。叙列"波罗夷法"八条。本类戒法中的前四条，是与比丘相同的"共戒"，汉译本省略未译。据译注，它们与比丘戒"四波罗夷法"第一条（"不净戒"）至第四条（"上人法戒"）相同，须参照《比丘波罗提木叉》中的相关戒条，加以补足。后四条是比丘尼独有的"不共戒"，有："摩触戒"（又称"摩触男子戒"，第五条）、"覆比丘尼重罪戒"（又称"覆藏比丘尼重罪戒"，第六条）、"随顺被举比丘违谏戒"（又称"随顺被举比丘戒"，第七条）、"八事成重戒"（又称"八事成犯戒"，第八条）。

（2）十七僧残法。叙列"僧残法"十七条。本类戒法中的第一条至第三条、第十条至第十三条，总计七条，是与比丘相同的"共戒"，汉译本省略未译。据译注，它们与比丘戒"十三僧残法"第五条（"媒嫁戒"）、第八条（"第一瞋不满戒"）至第十三条（"污家戒"）相同，须参照《比丘波罗提木叉》中的相关戒条，加以补足。

其他十条是比丘尼独有的"不共戒"，有："诉讼戒"（又称"诣官相讼戒"，第四条）、"度贼女戒"（又称"度贼女出家戒"，

第五条)、“四独戒”(又称“四独戒”,第六条)、“受染心男子施食戒”(又称“受染心男子食戒”,第八条)、“发起四诤谤僧违谏戒”(又称“发诤谤僧违谏戒”,第十五条)、“谤僧劝亲近而住违谏戒”(又称“助同住行恶违谏戒”,第十七条)等。

(3)三十尼萨耆波逸提法。叙列“尼萨耆波逸提法”三十条。本类戒法中的第十三条至第三十条,总计十八条,是与比丘相同的“共戒”,汉译本省略未译。据译注,它们与比丘戒“三十尼萨耆波逸提法”第一条(“第一迦絺那衣戒”)至第三条(“第三迦絺那衣戒”)、第六条(“从非亲里乞戒”)至第十条(“王戒”)、第十八条(“金银戒”)至第二十条(“物品交易戒”)、第二十二条(“减五缀戒”)、第二十三条(“药戒”)、第二十五条(“夺衣戒”)至第二十八条(“特施衣戒”)、第三十条(“回入戒”)相同,须参照《比丘波罗提木叉》中的相关戒条,加以补足。

其他十二条是比丘尼独有的“不共戒”,有:“畜钵戒”(又称“畜长钵戒”,第一条)、“非时衣戒”(第二条)、“乞此后乞彼戒”(又称“乞此物更索他物戒”,第四条)、“购此后购彼戒”(第五条,此戒为巴利文《经分别·比丘尼分别》独有)、“僧伽财他用戒”(第六条,此戒为《经分别·比丘尼分别》独有)、“别众财他用戒”(又称“为僧食乞作他用戒”,第八条)、“乞轻衣戒”(又称“乞贵价轻衣戒”,第十二条)等。

(4)一百六十六波逸提法。叙列“波逸提法”一百六十六条。本类戒法中的第九十七条至第一百六十六条,总计七十条,是与比丘相同的“共戒”,汉译本省略未译。据译注,它们与比丘戒“九十二波逸提法”第一条(“妄语戒”)至第二十条(“有虫水戒”)、第三十一条(“施食处食戒”)、第三十二条(“别众食戒”)、第三十四条(“满二三钵戒”)、第三十七条(“非时食戒”)、第三十八条(“蓄藏戒”)、第四十条(“杨枝戒”)、第四十二条（“驱出戒”）至第六十三条（“发戒诤”）、第六十六条（“贼队戒”）、第六十八条（“恶见违谏戒”）至第八十二条（“转施戒”）、第八十四条（“宝物戒”）、第八十六条（“针筒戒”）至第八十八条（“入绵戒”）、第九十条（“覆疮戒”）、第九十二条（“作三衣过量戒”）相同，须参照《比丘波罗提木叉》中的相关戒条，加以补足。

其他九十六条是比丘尼独有的“不共戒”，有：“食蒜戒”（又称“啖蒜戒”，第一条）、“剃除密处毛戒”（又称“剃隐处毛戒”，第二条）、“相拍戒”（又称“手拍隐处戒”，第三条）、“歌舞观听戒”（又称“往观歌舞伎乐戒”，第十条）、“与男子屏覆处单独共语戒”（又称“独与男子屏处立语戒”，第十二条）、“寄望得衣戒”（第二十九条，指“寄望于未确定之衣而过衣时者”，此戒为巴利文《经分别 · 比丘尼分别》独有）、“不看同住比丘尼戒”（又称“同住有病不瞻视戒”，第三十四条）、“骂尼众戒”（又称“骂比丘尼戒”，第五十三条）、“悭嫉俗家戒”（又称“嫉妒施主供他戒”，第五十五条）、“度未满二十岁童女戒”（又称“为未满二十岁童女授具戒”，第七十一条）、“未满十二夏度人戒”（又称“未满十二年戒腊辄度人授具戒”，第七十四条）、“别住者度学法女戒”（第八十一条，指请非同一住处的“别住众”为“式叉摩那受具戒者”，此戒为巴利文《经分别 · 比丘尼分别》独有）、“著妇女装饰物戒”（又称“畜白衣妇女装饰物戒”，第八十七条）、“不著僧祇支戒”（又称“不著僧祇支入村戒”，第九十六条）等。

（5）八提舍尼法。叙列“提舍尼法”八条，均为比丘尼独有的“不共戒”。有：“乞酥戒”（又称“无病乞酥戒”，第一条）、“乞油戒”（又称“无病乞油戒”，第二条）、“乞蜜戒”（又称“无病乞蜜戒”，第三条）、“乞砂糖戒”（又称“无病乞糖戒”，第四条）、“乞鱼戒”（又称“无病乞鱼戒”，第五条）、“乞肉戒”（又称“无病乞肉食戒”，第六条）、“乞乳戒”（又称“无病乞乳戒”，第七条）、

“乞酪戒”(又称“无病乞酪戒”,第八条)。

(6)七十五众学法。叙列“众学法”七十五条,均为与比丘相同的“共戒”。汉译本只译出首尾二条,即第一条“齐整著涅槃僧戒”和第七十五条“水上大小便唾痰戒”,其余皆省略未译,须参照《比丘波罗提木叉》中的相关戒条,加以补足。

(7)七灭净法。叙列“灭诤法”七条,均为与比丘相同的“共戒”。有:“现前毗尼”(第一条)、“忆念毗尼”(第二条)、“不痴毗尼”(第三条)、“自言治毗尼”(第四条)、“多人语毗尼”(第五条)、“觅罪相毗尼”(第六条)、“如草覆地毗尼”(第七条)。

上述七类戒法中,每一类戒法的叙述,均包括三个层次:一是标名,指标立此类戒法的名称。二是列戒,指叙列从从巴利文《律藏·经分别·比丘尼分别》中摘录的此类戒法下属各戒的具体条文。三是结问,指对此类戒法作小结,并三次询问与会僧众在此类戒法的修持上是否清净,要求众人依律受持。以“一百六十六波逸提法”为例,它的叙述方式是这样的:

> 大姊僧,今诵出百六十六波逸提法(以上为“百六十六波逸提法”的标名)。
>
> 任何比丘尼,食蒜者,波逸提(以上为第一条“食蒜戒”)。
>
> 任何比丘尼,剃除密处之毛者,波逸提(以上为第二条“剃除密处毛戒”)。
>
> 任何比丘尼,以掌相拍者,波逸提(以上为第三条“相拍戒”)。
>
> 任何比丘尼,使用树胶生支者,波逸提(以上为第四条“树胶生支戒”)。
>
> ……

任何比丘尼,作佛衣量或以上者,波夜提,应切断之。佛衣量者,即长为佛磔手之九磔手("一佛磔手"指佛的大姆指与中指张开的长度,《五分律》称有二尺),宽为六磔手,此为是佛之佛衣量也(以上为第一百六十六条"作三衣过量戒",系据《比丘波罗提木叉》第九十二条补,只是将原戒文中的称谓"比丘"改作"比丘尼",其余文字全同)。

诸大姊,百六十六波逸提法已诵竟。于此我问诸大姊:于此事得清净耶?二次问:于此事得清净耶?三次问:于此事得清净耶?诸大姊于此事得清净,是故默然,我如是知解(以上为"百六十六波逸提法"的结问)。(卷五,第46页—第55页)

(三)戒经结语。对戒经的内容所作的归纳和总结。

大德僧,已诵出因缘(指戒经序),已诵出八波罗夷法,已诵出十七僧残法,已诵出三十舍堕法,已诵出百六十六单堕法,已诵出八提舍尼法,已诵出众学法,已诵出七灭诤法。凡是已收入佛之戒经,正确含摄于戒经者,尽于每半月诵出,由此一切和合,欢喜无诤而修学之。(卷五,第58页—第59页)

《汉译南传大藏经》中收录的《比丘尼波罗提木叉》,在译文上尚有不够通畅、精练,以及同一语句前后译法不一等不足之处。这种情况在《汉译南传大藏经》所译的其他典籍中也存在,须留意辨析。

第四品　萧齐僧伽跋陀罗译《善见律毗婆沙》十八卷

《善见律毗婆沙》,又名《善见毗婆沙律》、《毗婆沙律》、《善见律》、《善见论》，十八卷。萧齐僧伽跋陀罗译，永明七年(489)译出。梁僧祐《出三藏记集》卷二著录。载于《丽藏》“姑”至“伯”函、《宋藏》“伯”至“叔”函、《金藏》“姑”至“伯”函、《元藏》“伯”至“叔”函、《明藏》“礼”至“别”函、《清藏》“礼”至“别”函、《频伽藏》“寒”帙，收入《大正藏》第二十四卷。

僧伽跋陀罗(生卒年不详)，意译“僧贤”、“众贤”，西域人。南齐永明(483—493)年间，携律乘船抵达广州。与沙门僧猗一起，在广州竹林寺翻译了这部《善见律毗婆沙》。事见梁僧祐《出三藏记集》卷二和卷十一、隋费长房《历代三宝纪》卷十一等。他与撰写《阿毗达磨显宗论》四十卷、《顺正理论》八十卷的众贤(音译“僧伽跋陀罗”，北印度迦湿弥国人)非为同一人。

本书是南传巴利文《律藏》的注释，为古代所传的五部律论(《毗尼母经》、《萨婆多部毗尼摩得勒伽》、《萨婆多毗尼毗婆沙》、《善见律毗婆沙》、《律二十二明了论》)之一。在古代，由于巴利文《律藏》尚未传入汉地，内容鲜为人知，故人们一直将被本书当作是《四分律》的注释。近代以来，日本学者高楠顺次郎、长井真琴等研究巴利文《律藏》，通过比对发现，本书实际上是觉音为《律藏》所作的注疏《一切善见律注》(又名《善见律毗婆沙》、《普悦》)的抄译。其中，前部分的翻译，比较忠实于原著，后部分的翻译，与原著存在着不少的差异，有些地方还依据《四分律》作了改译。如所记的“波逸提法”作九十条，而不是九十二条；“众学法”中插入有关佛塔信仰的戒条；有些“犍度”的前后位次作了改动等。《一切善见律注》的序言名为《一切善见律注序》，下分“序偈”、“第一合诵”(“合诵”指“结集”)、“第二合诵”、“第三合诵”、“锡兰岛之佛教”五章，见载于汉译《南传大藏经》第六十五卷。

作者觉音(五世纪中叶)，又名“佛音”、“佛陀瞿沙”，古印度摩揭陀国菩提伽耶附近人,婆罗门种姓。通晓吠陀学和工巧明,擅于辩论。出家于菩提伽耶一座由斯里兰卡人营造的寺院,从离婆多(又译"梨婆多"、"勒沃德")长老学习巴利文"三藏"。摩诃那摩(又译"摩诃男")王在位时(409—431),前往斯里兰卡都城阿努罗陀补罗(又译"阿努拉德普勒"、"阿努拉达普拉"),住在大寺,从僧伽波罗(又译"僧护")长老学习僧伽罗语,以及用僧伽罗文写的"三藏"注疏。其间,他撰写了集南传上座部教理之大成的论著《清净道论》,大受赞誉。后移居根他伽罗寺(又译"犍陀迦罗寺"),潜心翻译和著书,将原先用僧伽罗文写的"三藏"注疏,全部改译成巴利文,以利于流布,并对巴利文"三藏"一一作了注疏。所撰的《律藏》注疏,有《一切善见律注》(又名《普悦》)、《波罗提木叉注》(又名《析疑》);所撰的《经藏》注疏,有《长部注》(又名《善吉祥光》)、《中部注》(又名《破除疑障》)、《相应部注》注(又名《显扬心义》)、《增支部注》(又名《满足希求》)、《小部注》(其中,《小诵》、《经集》注,又名《胜义光明》;《法句经注》,又名《法句譬喻》;《本生经注》,又名《本生注》);所撰的《论藏》注疏,有《法集论注》(又名《殊胜义》)、《分别论注》(又名《迷惑冰消》)、《五论释义》(《界论》、《人施设论》、《双论》、《发趣论》、《论事》五论的注疏)。晚年回到菩提伽耶。生平事迹见叶均译《清净道论·汉译前言》(中国佛教协会 1981 年版)、邓殿臣《南传佛教史简编》(中国佛教协会 1991 年版)等。

本书大致可分为:"律外序"、"比丘戒"、"比丘尼戒"、"骞陀伽"(以上标题系笔者据内容拟立)、《大德舍利弗问优波离律污出品》(此为原标题)五部分。除"律外序"是独立的序文以外,其余部分均是依顺巴利文《律藏》(《善见律毗婆沙》称为"律本")的本文,而作的或详或略的解释。

（一）“律外序”（卷一至卷四）。始“南无诸佛”（卷一，第673页中），终“今说此是偈义，今当说律外序也”（卷四，第694页下）。此为作者在讲解《律藏》本文之前所作的序偈（又称“归敬偈”）和有关结集、传教的长篇叙事，性质相当于叙说《律藏》产生的时代背景的导言。内容包括：持戒的意义，佛灭后佛教举行的三次结集，阿育王（前268—前232年在位）时目揵（又作“犍”）连子帝须派传教师到周边各国弘法，摩哂陀将佛教传入斯里兰卡等情况。

（1）《序品第一》（此为原标题，卷一）。下分“序偈”、“五百罗汉集法”（以上标题系据内容拟立）两部分。先以偈颂的形式，略叙本书的宗旨（“至演毗尼义”、“持戒离众苦”），然后以长行（散文）和偈颂相结合的形式，详述佛入灭的当年夏安居期间，在王舍城举行的“第一次结集”（又称“五百罗汉集法”）的情况。

如关于“五百罗汉集律藏”，说：

> 大德迦叶语诸长老：为初说法藏，毗尼藏耶？诸比丘答曰：大德，毗尼藏者是佛法寿，毗尼藏住，佛法亦住，是故我等先出毗尼藏。谁为法师？长老优波离众有问曰：阿难不得为法师耶？答曰：不得为法师。何以故？佛在世时常所赞叹。我声闻弟子中，持律第一优波离也。众曰：今正应问优波离，出毗尼藏。……迦叶还坐已，问优波离：长老，第一波罗夷，何处说、因谁起耶？答曰：毗舍离结，因迦兰陀子须提那起。问曰：犯何罪也？答曰：犯不净罪。迦叶问优波离罪、因缘、人身、结戒、随结戒，有罪亦问、无罪亦问。如第一波罗夷，如是第二、第三、第四因缘本起，大迦叶悉问优波离，随问尽答，是故名四波罗夷品。复次问僧伽婆

尸沙,复次问二不定,次问三十尼萨耆波夜提,次问九十二波夜提,次问四波罗提提舍尼,次问七十五众学,次问七灭诤法,如是大波罗提木叉作已。次问比丘尼八波罗夷,名波罗夷品,复次问十七僧伽婆尸沙,次问三十尼萨耆波夜提,次问六十六波夜提,次问八波罗提提舍尼,次问七十五众学,次问七灭诤法,如是已作比丘尼波罗提木叉竟。次问蹇陀(汉言杂事——原注),次问波利婆罗(汉言三摈四羯磨也——原注),如是律藏作已。大德迦叶一切问优波离,优波离答已,是故名五百罗汉集律藏竟。(卷一,第674页下—第675页中)

如关于"三藏"(指南传"三藏"),说:

问曰:何谓三藏?答曰:毗尼(指律)藏、修多罗(指经)藏、阿毗昙(指论)藏,是名三藏。问曰:何谓毗尼藏?二波罗提木叉(指比丘戒、比丘尼戒)、二十三(应作"二")蹇陀(指犍度)、波利婆罗(指附随),是名毗尼藏。问曰:何谓修多罗藏?答曰:《梵网经》(指《梵网六十二见经》)为初,四(应作"三")十四修多罗,悉入《长阿鋡》(指南传《长部》)。初《根牟罗波利耶》(指《根本法门经》),二(应作"一")百五十二修多罗,悉入《中阿鋡》(指《中部》)。《乌伽多罗阿婆陀那》(指《漏度经》)为初,七千七百六十二修多罗,悉入《僧述多》(指《相应部》)。《折多波利耶陀那修多罗》(指《心醉经》)为初,九千五百五十七修多罗,悉入《鸯掘多罗》(指《增支部》)。(《小诵经》阙)《法句喻》(指《法句经》)、《躯陀那》(指《自说经》)、《伊谛佛多伽》(指《如是语经》)、《尼波多》(指《经集》)、《毗摩那》(指《天宫事》)、《卑多》(指《饿鬼事经》)、《涕罗》(指《长老偈》)、《涕利伽陀》(指《长老尼偈经》)、《本生》(指《本生经》)、《尼涕婆》(指《义释》)、《波致参》(指《无碍解道》)、《毗陀》(指《譬喻经》)、《佛种姓经》、《若用藏》(指《所行藏经》)者,破作十四(应作"五")分,悉入《屈陀迦》(指《小部》)。此是名修多罗藏。问曰:何谓阿毗昙藏?答曰:《法僧伽》(指《法集论》)、《毗崩伽》(指《分别论》)、《陀兜迦他耶》(指《界论》)、《摩迦钵叉逼》(指《人施设论》)、《伽罗坋》(指《论事》)、《那坻迦》(指《双论》)、《他跋偷》(指《发趣论》),此是阿毗昙藏。(卷一,第675页下—第676页上)

(2)《跋阇子品第二集法藏》(卷一)。叙述佛入灭后一百年,在毗舍离举行的"第二次结集"(又称"七百比丘集法")的情况。如关于"七百比丘集毗尼",说:

世尊涅槃已一百岁时。毗舍离跋阇子(指跋耆族)比丘,毗舍离中十非法起。何谓为十?一者盐净,二者二指净,三者聚落间净,四者住处净,五者随意净,六者久住净,七者生和合净,八者水净,九者不益缕尼师坛净,十者金银净。此是十非法,于毗舍离现此十非法。……尔时,跋阇子比丘说戒时,取水满钵,置比丘僧中……语诸优婆塞:应与众僧钱,随意与半钱、若一钱,使众僧得衣服。一切应说,此是集毗尼义。七百比丘不减不长,是名七百比丘集毗尼义。于集众中,二万比丘集,长老耶斯那(又译"耶须拘迦"、"耶舍")比丘发起此事。于跋阇子比丘众中,长老离婆多问萨婆迦,萨婆迦比丘答。律藏中,断十非法,及消灭诤法。……于毗舍离婆利迦园中,众已聚集,如迦叶初集法藏无异。……于八月日得集竟(指"第二次结集"历时九个月

而告完成)。(卷一,第 677 页下—第 678 页中)

(3)《阿育王品第三集法藏》(卷一至卷四)。叙述佛入灭后二百三十六年,在阿育王的支持下,以目犍连子帝须(略称“帝须”)为首的一千比丘,在摩揭陀国波吒利弗城(又译“巴连弗邑”、“波吒厘子城”、“华氏城”)举行“第三次结集”(又称“一千比丘集法”),会后派九支传教师到周边各国弘法,摩哂陀(阿育王之子)由此而将佛教传入斯里兰卡等情况。有关阿育王时在波吒利弗城举行的“第三次结集”的情况,为南传佛教独有的记载,北传佛教则无此记述。本篇详细记载了此段历史,具有特殊的史料价值。

如关于“一千比丘集法”,说:

> 尔时,宾头沙罗王生儿一百。宾头沙罗王命终,阿育王四年中,杀诸兄弟,唯置同母弟一人。过四年已,然后阿育王自拜为王,从此佛涅槃已二百一十八年(此据宋元明藏本,巴利文《一切善见律注序》也作“如来之般涅槃二百一十八年,受即位灌顶”;丽藏本则作“佛涅槃已一百一十八年”)。后阿育王即统领阎浮利地,一切诸王无不降伏。……自从登位三年,唯事外道,至四年中,信心佛法。……尔时,佛法兴隆,诸外道等衰,殄失供养利,周遍乞食,都无所得,为饥渴所逼,托入佛法,而作沙门,犹自执本法,教化人民。……是故诸善比丘,不与同布萨、自恣及诸僧事,如是展转,乃至七年不得说戒。……是时,二部众往至阿烋河山中,迎取目揵(一作“犍”)连子帝须。……王敕:以步障作隔,所见同者集一隔中,不同见者各集异隔,处处隔中,出一比丘。王自问言:大德,佛法云何?有比丘答言常,或言断,或言非想,或言非想非非想,或言世间涅

槃。王闻诸比丘言已，此非比丘，即是外道也。王既知已，王即以白衣服与诸外道，驱令罢道。……众僧即集众六万比丘。于集众中，目揵连子帝须为上座，能破外道邪见徒众。众中选择知三藏、得三达智者一千比丘，如昔第一（指"第一次结集"）大德迦叶集众，亦如第二（指"第二次结集"）须那拘（指耶舍）集众出毗尼藏无异，一切佛法中，清净无垢。第三集法藏，九月日竟（指"第三次结集"历时九个月而告完成）。（卷一至卷二，第 679 页下—第 684 页中）

关于帝须派九支传教师到周边各国弘法，说：

尔时，于波咤利弗国，集第三毗尼藏竟。……于是，目揵连子帝须集诸众僧，语诸长老：汝等各持佛法，至边地中竖立。……于是，诸大德各各眷属五人，而往诸国竖立佛法。……末阐提（"至罽宾、揵陀罗咤国"），为诸人民说《譬喻经》（指《蛇喻经》）。……大德摩诃提婆，往至摩醯娑慢（一作"末"）陀罗国，至已为说《天使经》。……大德勒弃多，往婆那婆私国，于虚空中而坐，坐已为说《无始经》（又称《无始相应经》）。……大德昙无德，往阿波兰多迦国，到已为诸人民说《火聚譬经》（又称《火聚喻经》）。……大德摩诃昙无德，往至摩诃勒咤国，到已为说《摩诃那罗陀迦叶本生经》。……大德摩诃勒弃多，往臾那世界国，到已为说《迦罗罗摩经》。……大德末示摩、大德迦叶、大德提婆纯毗帝须，复大德提婆，往雪山边（又称"边国"），到已说《初转法轮经》。……大德须那迦那郁多罗，往至金地国。……即为国人民说《梵网经》（指《梵网六十二见经》）。……上座摩哂陀、大德郁地臾、大德郁帝臾（又称

“郁帝夜”)、大德跋陀多(又称“拔陀沙”、“拔陀”)、大德参婆楼、沙弥修摩那……往到师子洲(指师子国)。……于时,佛涅槃已二百三十六岁,佛法通流至师子洲中。……即为(国王)说《咒罗诃象譬经》(又称《小象迹喻经》)。……为诸人民说《无始界经》,复一日为众说《火聚经》。(卷二至卷三,第684页中—第689页中)

(二)“比丘戒”(卷四至卷十六前部分)。始“尔时为初义,非一种。我今当演毗尼义,是故律中说:尔时,佛住毗兰若”(卷四,第694页下),终“众学戒广说竟。七灭诤法,后骞陀迦(伽)中当广说。”(卷十六,第787页下)。依顺巴利文《律藏》的本文,引申解释《律藏·经分别》中的《大分别》,即“比丘戒”。巴利文《大分别》由“四波罗夷法”、“十三僧残法”(又称“十三僧伽婆尸沙法”)、“二不定法”、“三十舍堕法”(又称“三十尼萨耆波夜提法”)、“九十二波夜提法”(本书作“九十事”,即“九十波夜提法”)、“四提舍尼法”(又称“四波罗提提舍尼法”)、“七十五众学法”、“七灭诤法”八篇构成。本书作释的是“四波罗夷法”等七篇,未作释的仅“七灭诤法”一篇(因作者将它放在“骞陀伽”中叙述)。另外,“比丘戒”部分的行文中还有一些品名,这些品名显示的是《律藏》中戒条关联事情的一些章段,并不是依照义理或主题所作的分类。例如卷五《摩诃目揵连品》、《舍利弗品》等,均为“四波罗夷法”第一戒“淫戒”相关事缘的章段的名称。

(1)“四波罗夷法”(卷四至卷十二)。始“尔时为初义,非一种。我今当演毗尼义,是故律中说:尔时,佛住毗兰若”(卷四,第694页下),终“《善见律毗婆沙》四事竟”(卷十二,第759页中)。解释“四波罗夷法”各戒。有:“淫戒”、“盗戒”、“杀戒”、“大妄语戒”。如关于“盗戒”中的“突吉罗”、“偷兰遮”，说：

法师（指作者觉音）曰：突吉罗、偷兰遮，此罪其义云何？突吉罗者，不用佛语，突者，恶；吉罗者，作恶作义也。于比丘行中不善，亦名突吉罗。……偷兰遮者，偷兰者，大；遮者，言障善道，后堕恶道。于一人前忏悔，诸罪中此罪最大。如律本中偈：说偷兰遮罪，其义汝谛听，于一人前悔，受忏者亦一。……今当现盗戒有五事，是故律本所说。五事者，何谓为五？一者他物，二者他物想，三者重物，四者盗心，五者离本处。若一事、二事不犯重（指具有五种犯缘，即五种犯戒的构成条件的，犯波罗夷罪；若只具其中的一二种条件的，不犯波罗夷罪）。若具二事，（得）偷兰遮、突吉罗。（卷九至卷十，第733页下—第740页中）

（2）“十三僧残法”（卷十二至卷十四）。始“波罗夷品竟，次至十三事。今演十三义，汝等应当知”（卷十二，第759页中），终“十三僧伽婆尸沙广说竟”（卷十四，第770页下）。解释“十三僧伽婆尸沙法”各戒。有：“故出不净戒”、“摩触女人戒”、“与女人粗恶语戒”、“向女人索淫欲供养戒”、“媒人戒”、“无主造小房过量戒”、“有主造大房不求指授戒”、“无根波罗夷谤戒”、“假根波罗夷谤戒”、“破僧违谏戒”、“助破僧违谏戒”、“恶性拒僧违谏戒”、“污家摈谤违谏戒”。如关于“无根波罗夷谤戒”，说：

无根波罗夷法者，此无实波罗夷。谤者，于此处不见、不闻、不疑。不见者，不自以肉眼见，亦不自以天眼见。不闻者，不从人闻。不疑者，不以心疑。……慈地比丘不见、不闻、不疑，而生诽谤，是名无根波罗夷法谤。谤者，欲使彼比丘于清净法退堕。若言汝得波罗夷罪,得僧伽婆尸沙。若教人谤,语语悉僧伽婆尸沙。若遣书,如此使书,无罪。谤者,有四种。一者戒谤,二者威仪谤,三者邪见谤,四者恶活谤。问曰:何谓戒谤?答曰:四波罗夷法、十三僧伽婆尸沙,若以一一谤,是名戒谤。余二不定、尼萨耆、九十(波夜提)、众学,悉是威仪谤。邪见谤者,汝言是身有吾、有我,是名邪见谤。恶活谤者,汝以因持戒觅利养,是名恶活谤。(卷十三,第767页上、中)

(3)"二不定法"(卷十四)。始"次至二不定法"(卷十四,第770页下),终"二不定广说竟"(同卷,第771页中)。解释"二不定法"各戒。有:"屏处不定戒"、"露处不定戒"。如关于"屏处不定戒",说:

坐屏处者,或比丘共女人坐,或女人眠、比丘坐,或比丘眠、女人坐,或二人俱眠、或俱坐,是故律本中说:眼屏、耳屏。云何眼屏?对无目人前。云何耳屏?对聋人前。或对聋盲人前,或对眠人前,或对女人前。可信语者,此优婆夷声闻弟子,是故律本中说:得果人也,是名可信优婆夷。若比丘言:我与优婆夷共坐。若一一罪,随比丘语治,不得随优婆夷语治。何以故?见闻或不审谛故。(卷十四,第770页下—第771页上)

(4)"三十舍堕法"(卷十四至卷十五)。始"次至三十尼萨耆"(卷十四,第771页中),终"三十事广说,究竟无遗余"(卷十五,第779页上)。解释"三十尼萨耆波夜提法"各戒。有:"畜长衣过限戒"、"离衣宿戒"、"月望衣过限戒"、"使非亲尼浣故衣戒"、"取非亲尼衣戒"、"从非亲俗人乞衣戒"、"过分乞衣戒"、"劝增衣价戒"、"劝二家增衣价戒"、"过分急索衣戒"、"杂野蚕绵作卧具戒”、“黑羊毛作卧具戒”、“过分数羊毛作卧具戒”、“未满六年作卧具戒”、“不揲坐具戒”、“持羊毛过限戒”、“使非亲尼染羊毛戒”、“畜金银戒”、“贸金银戒”、“贩卖戒”、“畜长钵过限戒”、“未满五缀更求新钵戒”、“畜七日药过限戒”、“受雨浴衣过限戒”、“与衣还夺戒”、“乞缕使非亲织师织戒”、“劝织师增缕戒”、“受急施衣过限戒”、“兰若有难离衣过限戒”、“回僧物入己戒”。如关于“畜金银戒”（又称“金银戒”），说：

金银戒者。金者，珂琉璃、珊瑚、一切诸宝及贩卖之物，是金银种类。是故律本中说：下至树胶钱，国土所用，皆不得捉，亦不得教人捉，悉犯。若为身捉，尼萨耆。若为僧、若为众乃至一人、若为像捉，悉突吉罗罪。无罪者，不自受、不教人受。若居士持金银布施比丘，比丘答言：不得受。居士复言：大德，我舍心布施已定，不得将还。放地而去。比丘见居士去已，比丘留守看。又有居士，见比丘住此，往问言：大德，何以住此？比丘答言：有居士布施此金银，比丘法不得受此。居士向比丘言：大德，大德既不得受，布施弟子（指居士）。比丘默然，居士承取持去，后居士以此金银，易饮食、衣服、净物与比丘，比丘得受。若无解法人，金银在屋中，闭户莫使失。若有卖衣钵人，比丘唤来，示金银，语卖衣钵人言：贫道须此衣钵，有此金银，居士自知。若无卖衣钵人，有卖非时浆（指在“非时”内，即每日正午之后至次日黎明之前可以食用的庵婆罗果等果浆）、七日药（指因病可在七日内食用的酥、油、蜜、石蜜）、尽形寿药（指因病可终身随时食用的药物，如一切“根药”、“果药”、“草药”等），将来至金银所，语言：有此金银，众僧须此药，居士自知。

得药已,众僧得食用,金银主比丘不得食用,余白衣净人乃至畜生,悉不得食。何以故?为众僧物故。(卷十五,第777页下)

(5)“九十波夜提法”(卷十五至卷十六)。始“次至九十事,汝等一心听”(卷十五,第779页上),终“尼师檀戒竟。覆疮衣戒无解,雨浴衣戒无解”(卷十六,第787页上)。解释“九十波夜提法”。

其中,作释的有:“小妄语戒”、“毁呰语戒”、“两舌语戒”、“与未受具人同诵戒”、“与未受具人同宿过限戒”、“与女人同宿戒”、“独与女人说法过五六语戒”、“实得过人法向未受具人说戒”、“向未受具人说粗罪戒”、“掘地戒”、“伐草木戒”、“异语恼僧戒”、“嫌骂僧知事戒”、“露地敷僧物不举戒”、“房内敷僧物不举戒”、“强敷卧具止宿戒”、“坐脱脚床戒”、“用虫水戒”、“僧不差而教授尼戒”、“别众食戒”、“展转食戒”、“受食过三钵戒”、“食残宿食戒”、“索美食戒”、“不受食戒”、“独与女人坐戒”、“过受四月药请戒”、“往观军阵戒”、“饮酒戒”、“饮虫水戒”、“覆他粗罪戒”、“与未满二十岁者授具戒”、“恶见违谏戒”、“拒劝学戒”、“毁呰尼戒”、“打比丘戒”、“手搏比丘戒”、“突入王宫戒”、“捉金银戒”、“作坐具过量戒”等。

未作释的有:“与非亲尼作衣戒”、“与非亲尼作衣戒”、“与尼期同行戒”、“与尼期同船戒”、“受尼赞叹食戒”、“独与尼屏处坐戒”、“自手持食与外道戒”、“军中止宿过限戒”、“往观军战戒”、“随顺被举人戒”、“随顺被摈沙弥戒”、“非时入聚落戒”、“作床足过量戒”、“兜罗绵作床褥戒”、“作骨牙角针筒戒”、“作覆疮衣过量戒”、“作雨浴衣过量戒”等。

如关于“小妄语戒”、“毁呰语戒”、“两舌语戒”,说:

云何故妄语？妄语者，口与心相违，亦名空语也。不犯者，欲说此，误说彼。妄语戒广说竟。此是性罪（以上释“小妄语戒”）。毁呰语者，欲令彼羞也。无罪者，唯除教授。此是性罪。毁呰语广说竟（以上释“毁呰语戒”）。两舌者，若两舌斗乱比丘、比丘尼，波夜提。余三众（指沙弥、沙弥尼、式叉摩尼），突吉罗。白衣（指居士）亦突吉罗。此是性罪。两舌广说竟（以上释“两舌语戒”）。（卷十五，第779页中）

（6）“四提舍尼法”（卷十六）。解释“四波罗提提舍尼法”。其中，作释的有：“学家受食戒”。未作释的有：“从非亲尼受食戒”、“受尼指授食戒”、“恐怖兰若受食戒”。如关于“学家受食戒”，说：

若夫妇俱得须陀洹道，若有百千两金布施，亦尽由得道故，于财无有悭惜，布施太过，居家贫穷，是以佛制不得受食。（卷十六，第787页上）

（7）“七十五众学法”（卷十六）。始“尸沙者，学也。迦罗尼者，应学”（卷十六，第787页上），终“众学戒广说竟。七灭诤法，后骞陀迦中当广说。”（同卷，第787页下）。解释“七十五众学法”。其中，作释的仅有“不齐整著内衣戒”、“洗钵水弃白衣舍戒”、“水中大小便戒”、“人在高座己在下座说法戒”四条，其余均未作释。此中提到了关于佛塔信仰的二十三条戒法（“佛塔内止宿戒”、“塔内藏财物戒”、“著革屣入塔戒”等），说：

佛塔中止宿及藏物，此二戒，梵本无有。所以无者，佛在世未有塔。此戒佛在世制，是故无著革屣入佛塔、手捉革屣入佛塔、著腹罗入佛塔、手捉腹罗入佛塔、佛塔下食担死尸、塔下烧死尸、向塔烧死尸、绕塔四边烧死尸、不得担死人衣及床从塔下过、佛塔下大小便、向佛塔大小便、绕佛塔大小便、不得持佛像至大小便处、不得佛塔下嚼杨枝、不得向佛塔嚼杨枝、不得绕佛塔四边嚼杨枝、不得佛塔下涕唾、不得向佛塔涕唾、不得绕佛塔四边涕唾、向佛塔舒脚、安佛置下房。此上二十(实为“二十一”)戒,梵本无有,如来在世塔无佛故(以上话语表明,巴利文《律藏》原无有关佛塔信仰的二十三条戒法,本书中的这些戒条是翻译者根据《四分律》增益的)。(卷十六,787页上、中)

(三)“比丘尼戒”(卷十六)。始“次说比丘尼戒。摩触者,缺瓮骨(当作“颈骨”,见巴利文《律藏·比丘尼分别》)以下,至肘膝以上摩触,波罗夷”(卷十六,第787页下),终“八波罗提提舍尼无解。比丘尼戒竟”(同卷,第788页上)。解释巴利文《律藏》中的《经分别·比丘尼分别》,即“比丘尼戒”。巴利文《比丘尼分别》由“八波罗夷法”(内有比丘尼戒独有的、与比丘不同的“不共戒”四条)、“十七僧残法”(内有“不共戒”十条)、“三十舍堕法”(内有“不共戒”二十二条)、“一百六十六波逸提法”(内有“不共戒”九十六条)、“八提舍尼法”(均为“不共戒”)、“七十五众学法”(均为与比丘相同的“共戒”)、“七灭诤法”(均为与比丘相同的“共戒”)”七篇构成。但本书作释的仅有“八波罗夷法”中的“摩触男子戒”、“十七僧残法”中的“诣官相讼戒”、“一百六十六波逸提法”中的“啖蒜戒”、“洗隐处过节戒”、“煮生食戒”、“生草上大小便戒”、“往观歌舞伎乐戒”七条(以上均为“不共戒”),其余均未作释。如关于“波逸提法”中的“啖蒜戒”等五条,说:

蒜者,唯大蒜,食咽咽,波夜提。余细蒜葱,不犯。亦得以大蒜与食中作调和，不犯（以上释“啖蒜戒”）。若洗小便处，两指齐一节，不得过。若一指洗，得入两节，不得过。不得用二指洗，入便犯罪（以上释“洗隐处过节戒”）。若乞谷麦，波夜提。乞豆及瓜菜，不犯。为造房舍乞谷麦，不犯（以上释“煮生食戒”）。一切不得在生菜、果树，及禾谷上，大小便，得波夜提罪。一切余果木，及谷子未出芽，大小便上，突吉罗（以上释“生草上大小便戒”）。往观看伎乐者，下至猕猴、孔雀共戏往看，波夜提。若寺中作伎往看，不犯（以上释“往观歌舞伎乐戒”）。（卷十六，788 页上）

（四）“騫陀伽”（卷十六至卷十八）。始“骞陀伽（汉言杂揵度——原注）。尔时，佛过七日已，从禅定起，天帝释奉呵罗勒果”（卷十六，第 788 页上），终“若人布施僧房中所用器物，一切不得分，唯除盛油筒。法犍度竟”（卷十八，第 797 页上）。解释巴利文《律藏》中的《大品》、《小品》，即“犍度”。巴利文《大品》由《大犍度》（本书译作《受戒犍度》）、《布萨犍度》、《入雨安居犍度》、《自恣犍度》、《皮革犍度》、《药犍度》、《迦絺那衣犍度》、《衣犍度》、《瞻波犍度》、《憍赏弥犍度》（本书译作《拘睒弥犍度》）十犍度组成；《小品》由《羯磨犍度》、《别住犍度》、《集犍度》、《灭诤犍度》、《杂事犍度》（又称《小事犍度》）、《卧坐具犍度》、《破僧犍度》、《仪法犍度》（本书译作《法犍度》）、《遮说戒犍度》、《比丘尼犍度》、《五百犍度》、《七百犍度》十二犍度组成，总计“二十二犍度”。本书作释的是其中的《大犍度》、《布萨犍度》、《入雨安居犍度》、《皮革犍度》、《衣犍度》、《药犍度》、《迦絺那衣犍度》、《别住犍度》、《憍赏弥犍度》、《灭诤犍度》、《比丘尼犍度》、《仪法犍度》十二犍度，对其他犍度则未作释。

在作释的犍度中,将《衣犍度》排在《药犍度》之前、《憍赏弥犍度》排在《瞻波犍度》之前(此犍度未作释,但在书中提及,说"拘睒弥揵度竟。瞻婆揵度无解",见卷十八,第796页下)、《比丘尼犍度》排在《仪法犍度》之前,均与巴利文《律藏》的排序相反,而与《四分律》相同,可以视为翻译者受《四分律》影响而作的改译。如释《受戒犍度》(即《大犍度》)时提到"沙弥有十恶,应灭摈"、"出家有三种偷",说:

> 沙弥有十恶,应灭摈。何者为十?杀、盗、淫、欺、饮酒,毁佛、法、僧,邪见、坏比丘尼,是名十恶法。唯坏比丘尼净行,永摈不得出家。余九戒,若能改悔,不更作,得出家。……出家有三种偷。一者偷形,二者偷和合,三者亦偷形亦偷和合。云何偷形?无师自出家,不依比丘腊(又称"僧腊"、"戒腊",指受具足戒之后的岁数),不依次第受礼,不入僧法事,一切利养不受,是名偷形。云何偷和合?有师出家,受十戒,未受具足戒,往他方,或言十腊,或言二十腊,次第受人礼,入僧布萨及一切羯磨,依次第受人信施,是名偷和合。云何亦偷形亦偷和合?无师自出家,依次第受腊,入一切羯磨,受人信施礼拜,是名亦偷形亦偷和合。(卷十八,792页上、中)

(五)《大德舍利弗问优波离律污出品》(此为原标题,卷十八)。始"舍利弗问优波离,几罪以身得,几罪以口得,覆藏得几罪,相触复有几"(卷十八,第797页上),终"白羯磨中有四非法,白二羯磨中有四非法,白四羯磨中有四非法三四、合十二非法"(同卷,第800页下)。解释巴利文《律藏·附随》中的一些事项。《律藏·附随》分为十九章,始《大分别》,终《五品》,为二部僧戒、犍度和其他戒律事项的补充与解释。本书作释的仅是《附随》第十七章《第二伽陀集》。分为两部分：

前部分以舍利弗问、优波离答的形式，列举有关犯罪事项的三十一条问答（每条问答均含有数字），始第一条问答“舍利弗问优波离：几罪以身得？几罪以口得？覆藏得几罪？相触复有几？优波离以偈答舍利弗：以身得六罪，口业复有六，覆藏得三罪，相触得五罪”（卷十八，第797页上），终第三十一条问答“第三十二问：随大德所问，我亦随意答，问问中即答，无有一狐疑。（答曰）一者身得，二者口得，三者身口得，四者身心得，五者心口得，六者身口心得”（同卷，第798页中）。

后部分是前述三十一条答语的解释，内容叙及：“身业得六罪”、“覆藏得三罪”、“相触得五罪”、“明相出得三罪”、“聚落间有四罪”、“受施得四罪”、“五罪可忏悔”、“毗尼有二重”、“杀生有三罪”、“行媒有三罪”、“灭摈有三罪”、“盗戒有三罪”、“淫戒有四罪”、“正断（指杀生）有三罪”、“因食得六罪”、“清净有五种”、“妄语有五处”、“八语受具戒”、“八法教诫尼”、“十人不应礼”、“十种衣听著”、“十二作不善”等。如关于“五罪可忏悔”等，说：

> 五罪可忏悔者，僧残、偷兰遮、波夜提（包括尼萨耆波夜提、波夜提两类）、波罗提提舍尼、突吉罗恶说，是名五罪可忏悔。第六须羯磨者，僧伽婆尸沙。一罪不可忏者，波罗夷是也。毗尼有二重者，一波罗夷，二僧残。身口亦如是者，结戒不过身口。……盗戒有三罪者，五钱，波罗夷；四钱，偷兰遮；三钱乃至一钱，突吉罗，是名盗三罪。淫戒有四罪者，一女根，波罗夷；死女半坏，偷兰遮；不触四边，突吉罗。比丘尼以物作根，自内根中，得波夜提。是名四罪。正断（指杀生）亦有三者，一断人命，波罗夷；二断草木，波夜

提;三自截男根,偷兰遮。是名三因。(卷十八,第 797 页上、中)

本书是与佛教史有名的“众圣点记”(有关佛入灭年代的一种传说)密切相关的一部著作。由于古印度没有纪年史书,有关佛(释迦牟尼)的生卒年代,缺乏明确的记载,佛教学者往往是根据不同的史料,加以推断的。其中,最主要的方法,先找出一个坐标,即某一年代明确的历史人物或事件(如阿育王即位的年代、阿育王在摩崖和石柱上所刻的法敕等);然后根据史书上记载的这一历史人物或事件,与佛入灭年代之间的时间差(如佛入灭后二百十八年,阿育王灌顶即位),推算出佛的入灭年代;再根据佛的入灭年代,往前推八十年(佛是八十岁入灭的),得出佛的出生年代。而“众圣点记”正是这样的一个坐标。有关“众圣点记”的记载,最初见于隋费长房《历代三宝纪》卷十一“《善见毗婆娑律》十八卷”条后的附记。书中写道:

右一部一十八卷。武帝世,外国沙门僧伽跋陀罗,齐言僧贤。师资相传云:佛涅槃后,优波离既结集律藏讫,即于其年七月十五日受自恣竟,以香华供养律藏,便下一点置律藏前,年年如是。优波离欲涅槃,持付弟子陀写俱;陀写俱欲涅槃,付弟子须俱;须俱欲涅槃,付弟子悉伽婆;悉伽婆欲涅槃,付弟子目揵连子帝须;目揵连子帝须欲涅槃,付弟子旃陀跋阇。如是师师相付,至今三藏法师(指觉音)。三藏法师将律藏至广州,临上舶,反还去,以律藏付弟子僧伽跋陀罗。罗以永明六年,共沙门僧猗,于广州竹林寺,译出此《善见毗婆沙》。因共安居,以永明七年庚午岁七月半夜,受自恣竟,如前师法,以香华供养律藏讫,即下一点,当其年计，得九百七十五点，点是一年。赵伯休梁大同元年，于庐山，值苦行律师弘度，得此佛涅槃后众圣点记年月，讫齐永明七年。伯休语弘度云：自永明七年以后，云何不复见点？弘度答云：自此已前，皆是得道圣人，手自下点，贫道凡夫，止可奉持顶戴而已，不敢辄点。（《大正藏》第四十九卷，第95页下）

意思是说，古来师资相传，佛涅槃后，优波离结集律藏，他在当年七月十五日自恣活动结束后，以香花供养律藏，然后在律藏前面，记下一点，以标示年份（一点表示一年），以后，年年如此。优波离涅槃前，将律藏传付给陀写俱，陀写俱传须俱，须俱传悉伽婆，悉伽婆传目揵连子帝须，目揵连子帝须传旃陀跋阇，这样师师相付，一直传到三藏法师（僧伽跋陀罗的师父，书中未出其名），三藏法师携带律藏来广州，临上船，因事折回，于是他将律藏传付给弟子僧伽跋陀罗。僧伽跋陀罗在南齐永明六年（488），与沙门僧猗一起，在广州竹林寺着手翻译这部《善见律毗婆沙》，次年（489）译毕。并于当年七月十五日半夜自恣活动结束后，如前代祖师一样，以香华供养律藏，然后在律藏前面，记下一点。从公元489年往前推溯九百七十五年，便为公元前486年，这便是佛的入灭年代。由此推出的佛的生卒年是“公元前566年—前486年”。此为众多的有关佛的生卒年代的传说中，较为独特的一种说法。这一说法，与南传佛教所传的佛的生卒年“公元前565年—前485年”也是基本吻合的（见日本佐佐木教悟等著《印度佛教史概说》，杨曾文、姚长寿译，复旦大学出版社1989年10月版）。

近世也有学者对“众圣点记”说表示怀疑。如台湾印顺《印度佛教思想史》说：“印度早期并没有书写戒本（西元五世纪，手写的戒本还不多)，自恣诵戒后，在哪里去下这一点。”(中华书局 2010 年 6 月版)不过，据东晋法显《摩诃僧祇律私记》所说，在阿育王(前 268—前 232 年在位)时代，舍卫国祇洹精舍就已有纸写的律本，摩揭陀国巴连弗邑僧人“即遣人到祇洹精舍，写得律本，于今传赏”(见《大正藏》第二十二卷，第 548 页中)。故“众圣点记”所说的“九百七十五点(年)”很可能是根据相传的佛去世的年代，增益“点记”的情节演绎的。

第七门　其他部派律典

第一品　犊子部律论：陈真谛译《佛阿毗昙经》二卷

《佛阿毗昙经》，又名《佛阿毗昙经出家相品》、《佛阿毗昙论》，二卷。陈真谛译，永定二年（558）至太建元年（569）之间译出。隋费长房《历代三宝纪》卷九著录（作"《佛阿毗昙经》九卷"）。载于《丽藏》"伯"函、《宋藏》"叔"函、《金藏》"伯"函、《元藏》"叔"函、《明藏》"初"函、《清藏》"初"函、《频伽藏》"寒"帙，收入《大正藏》第二十四卷。

真谛（499—569），音译"波罗末陀"，又作"拘那罗陀"，意译"亲依"。西天竺优禅尼国人，婆罗门种姓。群藏广部，罔不厝怀，艺术异能，遍素谙练，尤精大乘之学。后远涉艰关，历游诸国。梁中大同元年（546），携带写在多罗树叶上的梵文佛经二百四十夹，从扶南国来到南海郡（今广东南部）。太清二年（548），抵达建业（今南京）。时值梁末侯景之乱，颠沛流离，辗转于富春（今浙江富阳县）、建业、豫章（今江西南昌）、新关（今江西奉新县）、始兴（今广东曲江县）、南康（今江西赣州一带）、临川（今江西抚州一带）、晋安（今福建安南一带）、梁安（今广东惠阳一带）、广州等地，随方翻译、注疏、讲经。据隋费长房《历代三宝纪》卷九和卷十一记载，他在陈代出经“四十八部合二百三十二卷”，在梁代出经“十六部合四十六卷”，这中间包括了他撰写和口述的一些注疏义记。而据唐智升《开元释教录》卷六和卷七记载，他在梁代出经“十一部二十四卷”（其中《金光明经》等六部十五卷见存，《仁王般若经》等五部九卷阙本），在陈代出经“三十八部一百一十八卷”（其中《金刚般若经》等二十五部八十二卷见存，《金刚般若论》等十三部三十六卷阙本），两项相加，总计出经四十九部一百四十二卷。此外，还有注疏义记“十三部一百八卷”（其书名、卷数见《历代三宝记》卷九、卷十一，《开元释教录》因其非梵本翻译，删而不录）。生平事迹见唐道宣《续高僧传》卷一等。

本书是犊子部广律（已佚）中犍度部的略释，性质上属于律论。从开卷便是“以一千阿僧祇世界众生所有功德，成佛一毛孔”来看（《大正藏》第二十四卷，第958页上），它是《佛阿毗昙经》中《出家相品》（初首有缺文）的别出，而不是《佛阿毗昙经》的全本，否则行文不会来得如此突兀。犊子部，音译作“跋私弗多罗部”、“婆蹉富罗部”、“婆蹉部”，意译又作“可住子部”、“可住子弟子部”。据唐玄奘译《异部宗轮论》记载，犊子部是上座部系统下的一个部派，佛灭后三百年从说一切有部分出。其后，又从此部分出法上部、贤胄部、正量部、密林山部四部。

犊子部的主要教义有：“补特伽罗”（意译“人”、“众生”）与“五蕴”（指“色蕴”、“受蕴”、“想蕴”、“行蕴”、“识蕴”），是一种“非即蕴非离蕴”的关系，既不是“五蕴”，也不离开“五蕴”，它是依据“蕴”（指“五蕴”）、“处”（指“十二处”）、“界”（指“十八界”）假立施设的名称（“假名”）；一切有为法（又称“诸行”，指一切有因缘造作、生灭变化的事物和现象）既有“暂住”（如外部事物）的，也有“刹那灭”（如人的心理活动）的；“补特伽罗”是生死轮回的持续的主体,它是“实有”的,众生若离开了“补特伽罗”,就无法从“前世”,转移到“后世”;眼识、耳识、鼻识、舌识、身识(“五识”)既无染著(“无染”),亦无离染著(“非离染”);只有在“欲界”的“修道位”(指“四向四果”的第二位“预流果”至第七位“阿罗汉向”)断离相应的“诸结”(指烦恼),才称为“离欲”,而不是在“见道位”(指“四向四果”的初位“预流向”)所断;修习“忍”、“名”、“相“、“世第一法”四法(又称“四加行”),就能趣入“正定”(又称“正性离生”),入“见道位”等(以上见《异部宗轮论》,《大正藏》第四十九卷,第16页下)。

本书卷上的前部分(始“以一千阿僧祇世界众生所有功德,成佛一毛孔”,终“欲求入无余涅槃,于阿毗昙经,应勤观阴生相,无上正觉教法如是”),主要叙述原始佛教的教理“十二因缘”(从“外因”、“外缘”、“内因”、“内缘”四个方面作观察,书中称之为“外因缘从因义”、“外因缘从缘义”、“内因缘从因义”、“内因缘从缘义”)、“四谛”(“苦以智证,集以命证,灭以现前证,道以观证”)和“四果”(“须陀洹、斯陀含、阿那含、阿罗汉果,皆得现前”),内容相当于犊子部的“阿毗昙”(指论)。

卷上的后部分至卷下终了(始“今次论律相”,终“如是,不如说修行者得娑底娑罗”),主要叙述佛成道后的一些教化事迹,以及在教化过程中制立的出家受戒制度及其细则,内容相当于犊子部广律中的“受戒犍度”。

关于佛成道后的教化事迹,主要内容有:佛在摩伽陀(又称“摩揭陀”)国灵刹山林,对频婆娑罗王的说法,使之皈依;在王舍城柯兰陀所住竹林,度婆罗门(本书译为“道士”)删阇夷的弟子优婆底沙(指舍利弗)、古利多(指大目犍连)出家,使他们成为佛弟子中的“智慧第一”和“神通第一”;在王舍城,度“犊子外道”出家,使犊子长老成为阿罗汉(以上见卷上)等。

关于出家受戒制度，主要内容有："不得善来度人出家"；"不得以三归授为具足戒"；"不得以白衣形服受具足戒"；"不得为著璎珞人受具足戒"；不得度"无男根人"、"密人"（指"男子音声如女人"、"男子根无用"）、"不经共住人"（指未经"共住"考察的"外道"）、"阉人"、"不能男"（指阳痿者）、"未被许人"（指未得父母父主允许者）、"作人"、"偏头人"、"大头人"、"牛头人"、"猕猴头人"、"无唇人"、"纹身人"、"残跛人"、"伛人"、"短人"等出家受具足戒；"不得不白为受具足戒"；"无和上（尚）不得为人受具足戒"；"不得无阿阇梨为人受具足戒"；"不得一一人各作羯磨"；"不得不问而为受具足戒"；出家者须先受"三归"、"五戒"，次受沙弥"十戒"，后受"具足戒"（并出受戒方法）；"十腊（指戒腊满十年）得（指可以）为人出家受具足戒"（以上见卷下）等。

如关于"外道"要求出家，须经四个月"共住"考察的规定，说：

> 若外道道士等来求出家者，若比丘不与共住，仍度出家，即得娑底娑罗。云何与外道共住？若有外道来希求出家，即应于僧求四月日住。……其人饮食，若为僧作务，随僧分中与食。若不为僧作，应语言：汝自当觅食。此外道应自乞食。诸比丘应一日之中，三过于外道前，毁呰外道，作如是说：外道无敬信，外道犯戒，外道无羞耻，外道是堕落，外道邪见。长老应作如上说。于时，复应赞须陀洹、斯陀含、阿那含、阿罗汉等五种功德。外道应言：如是，长老。如是，长老。外道实不敬信，乃至云外道实邪见。愿长老济拔我，愿长老济度我，怜愍慈愍故。于四月日共住试已，得诸比丘意已，应度出家、受具足戒。（卷上，第965页上、中）

关于比丘度人出家、授人具足戒的年限和条件的规定，说：

佛言：一腊（戒腊一年者）不得为（度）人出家、受（授）具足戒，乃至九腊，不得为人出家、受具足戒。若度人出家、受具足戒者，得娑底娑罗。然十腊得为人出家、受具足戒。……时比丘满足十腊者，度人出家、受具足戒。此十腊比丘，甚愚、甚讷、未明、无方便，某等自亦未调，而欲调他，无有是处。佛言：十腊未明解者，不得度人出家、受具足戒，若为人出家、受具足戒者，得娑底娑罗。然十腊明解堪任，得为人出家、受具足戒。（卷下，第970页上、中）

本书中有关佛度"犊子外道"出家，并对他详说教法，使之得道的故事（见卷上），为其他部派广律所不载。书中说，犊子外道住在王舍城，他"无谄曲，无欺诳，性淳直"（卷上，第963页上）。佛应他的请求，先对他讲述了"三种善"、"十种不善"、"四果"等教理，指派比丘度他出家、授与具足戒。在犊子"学慧"以后，又接着对他讲述了"四禅"、"四无色定"、"五神通"等义，使犊子"得阿罗汉果，心得解脱"（第964页下）。学界据此推断，这位犊子长老或许就是犊子部追溯的最初的祖师，说本书为犊子部律论也是由此而来的。

第二品　正量部律论：陈真谛译《律二十二明了论》一卷

《律二十二明了论》，又名《律二十二论》、《明了论》，一卷。书题"正量部佛陀多罗多（意译"觉护"）法师造"，陈真谛译，光大二年（568）译出。隋法经等《众经目录》卷五著录（作"律二十二卷"，此处的"卷"前脱"论一"两字）。载于《丽藏》"犹"函、《宋藏》“子”函、《金藏》“犹”函、《元藏》“子”函、《明藏》“唱”函、《清藏》“唱”函、《频伽藏》“寒”帙，收入《大正藏》第二十四卷。

本书是正量部所传的有关戒律事理的二十二首偈颂(每首由七言四句构成)的注释，为古代所传的”五部律论”之一。卷尾的结语对此作了说明，说：“此论是佛陀多罗多阿那含法师所造，为怜愍怖畏广文句人故，略摄律义。”(《大正藏》第二十四卷，第672页下)书名中的“律二十二”，是指有关戒律事理的二十二首偈颂。正量部，音译作“三弥底部”、“三摩提部”、“沙摩帝部”、“三密栗底部”，意译又作“圣正量部”、“正量弟子部”、“一切所贵部”。它是上座部系统下的一个部派，佛灭后三百年，与法上部、贤胄部、密林山部同时从犊子部分出(见唐玄奘译《异部宗轮论》)。其教义与犊子部略同，主张“人我”为实有，诸业不失，罪福得报。认为心、色为“二”，“境”由“心”所缘，事物的生灭有主因、客因两种原因。正量部的论著有：三秦失译《三弥底部论》三卷，今存。

本书之末，有翻译时笔受者所作的后记，以及附出的二十二首偈颂的原文。后记说：

> 陈光大二年，岁次戊子，正月二十日，都下定林寺律师法泰，于广州南海郡内，请三藏法师俱那罗陀(指真谛)，翻出此论。都下阿育王寺慧恺，谨为笔受。翻论本(指本书)得一卷，注记解释(指真谛《律二十二明了论注》，今佚)得五卷。论有二十二偈，以摄二十二明了义长行，或逐义破句释之，诸句不复皆相属著。今谨别钞二十二偈，置于卷末。庶披文者，见其起尽也(以下为二十二首偈颂的原文)。
>
> 毗昙毗尼文所显，与戒及护相应人。诸佛所赞修三学，不看他面我当说。明八戒护九十六，分别差别义相应。倍

二十一千福河，流善法水洗除污。解戒五相九毗尼，解罪五部八缘起。解七罪聚五布萨，解四种失及四得。……了别沙门生具传，及解沙门五种净。自他二人及非二，能解所作沙门净。了义能显明了德，谓五五十尊师德。此人圆满佛所赞，毗那耶师德相应。于此等义心决了，由读诵文事行师。此人于律则明了，佛说此人不依他。（第672页下—第673页上）

本书所释的偈颂，始“毗昙毗尼文所显，与戒及护相应人。诸佛所赞修三学，不看他面我当说”，终“于此等义心决了，由读诵文事行师。此人于律则明了，佛说此人不依他”，共计二十二首。作者采用或一句偈颂作一段释文，或二句、三句乃至四句偈颂作一段释文的方式，对偈颂的含义逐一进行解释。书中所释的重要偈句，有“解戒五相九毗尼”；“解罪五部八缘起”；“解七罪聚五布萨”；“自性立制所有戒，如理分别能解说”；“了别二部所作业”；“解破非破类及时”；“解小随小非小戒”；“罪及非罪佛所记，如律毗昙之所判，善解一一罪非罪”；“及上起罪五种方”；“于白四等五羯磨，了别功德及过失”；“于遮四种学处中，善解佛意为立戒”；“善能了别八尊法（指八敬法）”；“及迦絺那五功德”；“不得戒二十人”；“了四羯磨及依寂”；“能分别四布萨业”；“智人能了五自恣”等。

如关于偈句“解戒五相九毗尼”，说：

偈曰：解戒五相九毗尼。

释曰：如诸佛所立戒，于一一戒中，应了别五相。一缘起，二起缘起人，三立戒，四分别所立戒，五决判是非。……于一一戒，应知皆有五相。若人能如理了别此五相义，此人必定能解九毗尼义。何者为九？一比丘毗尼，二比丘尼毗尼，三二部毗尼，四罪毗尼，五惑毗尼，六有愿毗尼，七无愿毗尼，八一处毗尼，九一切处毗尼。比丘毗尼者，如故意出不净，如此等相罪，但属比丘毗尼。比丘尼毗尼者，如独行，如此等相罪，但属比丘尼毗尼。二部毗尼者，是二部所学处，如初波罗夷，如此等相罪，属二部毗尼。罪毗尼者，八缘起所生诸罪，如法对治除灭。惑毗尼者，三界五部或（惑），九永断智及灭。有愿毗尼者，是十种学处。无愿毗尼者，是正羯磨竟时，四万二千学处并起。一处毗尼者，如受戒洗浴等事。一切处毗尼者，谓一切时应共学处。（第 666 页上、中）

关于偈句"解七罪聚五布萨"，说：

偈曰：解七罪聚五布萨。

释曰：律中说罪聚有七（指"七罪聚"、"七聚"）。一波罗夷聚，谓四波罗夷。二僧伽胝施沙聚（指僧伽婆尸沙，又称"僧残"），谓十三僧伽胝施沙。三偷兰遮耶聚（又称"大罪"，指波罗夷、僧残的未遂罪和五篇以外的其他一切轻重诸罪），谓一切三聚不具分所生偷兰遮耶。四尼萨耆波罗逸尼柯聚（指尼萨耆波逸提，又称"舍堕"），谓三十尼萨耆波罗逸尼柯。五波罗逸尼柯聚（指波逸提，又称"单堕"），谓九十波罗逸尼柯。六波胝提舍尼聚（指波罗提提舍尼，又称"悔过"），谓四波胝提舍尼。七非六聚所摄罪，及六聚不具分所生罪，及学对（指众学法），如此一切入过毗尼聚（指突吉罗）摄。若人能如理了别七罪聚义，此人必定能解诵波罗提木叉（指戒）布沙他（指布萨）。布沙他时，说波罗提木叉有五种。一诵波罗提木叉缘起，二诵至四波罗夷，三诵至十三僧伽胝施沙，四诵至二不定法，五广诵乃至戒尽。

（第666页下）

关于偈句“于白四等五羯磨，了别功德及过失”，说：

偈曰：于白四等五羯磨，了别功德及过失。

释曰：律中说一切羯磨，唯有五种。一单白羯磨，二中间羯磨，三白二羯磨，四白四羯磨，五所作相貌羯磨。此中若但一白，不说羯磨言，名单白羯磨。若白一分，羯磨一分，名中间羯磨。若一白说，一羯磨言，名白二羯磨。若一白说，三羯磨言，名白四羯磨，此事必定应作。如此量时中决事及时，名所作相貌羯磨。此中白二、白四二羯磨，四部等比丘众必定应作，余人不得作。所余羯磨，僧及三人等，若作亦得成。此五羯磨，有五种过失。一羯磨过失，二众过失，三人过失，四作者过失，五别住过失。翻此五成五德，此义于制羯磨相应戒中，应说、应知。（第670页上）

本书最重要的价值在于，为了解今已失传的正量部广律的内容，提供了许多珍贵的研究资料。如说：“律（指正量部所传广律）中如来所立戒，有四百二十。于婆薮斗律（指犍度），有二百戒。于优波提舍律（指戒经），有一百二十一戒。于比丘尼律（指比丘尼不共戒），有九十九戒。此四百二十戒中，随一一戒，各能生摄僧等十种功德，一一功德能生十种正法，谓信等五根、无贪等三善根，及身口二护，合成四万二千福河。由此福河，恒能洗浣破戒垢污。”（第666页上）“律中说罪有五部。第一波罗夷部（指波罗夷法），有十六罪。第二僧伽胝施沙部（指僧残法），有五十二罪。第三波罗逸尼柯部（指波逸提法），有三百六十罪。第四波胝提舍尼部（指波罗提提舍尼法），有十二罪。非四部所摄，所余诸罪，共学对（指学法），及婆薮斗律所说罪，一切皆是第五独柯多（指突吉罗）部摄。”（第666页中）

综合书中的记载,可以得知,正量部所传的比丘戒的构成为:(1)“四波罗夷”。(2)“十三僧伽胝施沙”(又称“十三僧残”)。(3)“二不定法”。(4)“三十尼萨耆波罗逸尼柯”(又称“三十尼萨耆波逸提”)。(5)“九十波罗逸尼柯”(又称“九十波逸提”)。(6)“四波胝提舍尼”(又称“四波罗提提舍尼”)。(7)“学对”(又称“学法”,书中没有给出此类戒条的数目;以上均见第666页下)。(8)“七种依寂静所灭”(又称“七灭诤法”,见第671页中)。原书说“于优波提舍律,有一百二十一戒”,即比丘戒有一百二十一条,但此中即便不将“学对”计算在内,已有一百五十条。印顺《原始佛教圣典之集成》认为,原书“译文或所传有错失”,对照《苾刍五法经》中“其余五十戒法”(指“五十众学法”)的提法,本书中的“学对”也应为五十戒,总计“二百戒”(即二百条)。此说较为可信。

此外,还有一些律学名数(名词术语)的分析,也属于正量部的见解,未见于他书,如“罪生起因有八种”、“残食有十种”、“别住有十七种”、“拔除迦絺那衣羯磨有八种”、“五五十尊师德”等。

第三品　饮光部戒本:北魏般若流支译《解脱戒经》一卷

《解脱戒经》,又名《解脱戒本》,一卷。北魏般若流支译,武定元年(543)译出。隋法经等《众经目录》卷五著录。载于《丽藏》“外”函、《宋藏》“受”函、《金藏》“外”函、《元藏》“受”函、《明藏》“初”函、《清藏》“初”函、《频伽藏》“寒”帙,收入《大正藏》第二十四卷。

般若流支(生卒年不详),又名“般若留支”、“瞿昙般若流支”，意译“智希”，中印度（此据《开元释教录》卷六，《历代三宝纪》卷九误作“南天竺”）波罗奈城人，姓瞿昙，婆罗门种姓出身。少学佛法，妙闲经旨，神理标异，领悟方言。北魏孝明帝熙平元年（516）游寓洛阳。公元534年，北魏分裂为东魏、西魏，般若流支随迁东魏京都邺城。自东魏孝靖帝元象元年（538）至武定元年（543），在金华寺、昌定寺、侍中尚书令高澄的府第内，共译出佛经十八部九十二卷（据《开元释教录》卷六，《历代三宝纪》卷九则作“十四部合八十五卷”）。其中，《正法念处经》、《得无垢女经》、《顺中论》等十五部八十九卷见存，《菩萨四法经》等三部三卷阙本。生平事迹见隋费长房《历代三宝纪》卷九、唐道宣《续高僧传》卷一、唐智升《开元释教录》卷六（记载最详）等。

本书是饮光部的比丘戒本，系据从饮光部广律（已佚）中，摘录比丘戒条文，配以说戒仪轨（指程序和仪式）编集而成。书名下有“出迦叶毗部”的小注。所说的“迦叶毗部”，音译又作“迦叶遗部”、“迦叶维部”，意译“饮光部”。据唐玄奘译《异部宗轮论》记载，饮光部又名“善岁部”，是上座部系统下的一个部派，佛灭后三百年末从说一切有部分出。饮光部的主要教义有：若“法”（据唐窥基《异部宗轮论述记》，此处指“烦恼”）已断，已遍知解脱，过去的“烦恼”体就不复存在；若“法”未断，未遍知解脱，过去的“烦恼”体就仍然存在；“业果”（指业力所感的果报）已熟，则过去无体；“业果”（指业力所感的果报）未熟，则过去有体；一切有为法（又称“诸行”，指一切有因缘造作、生灭变化的事物和现象），都是“以过去为因”的，没有哪一个是“以未来为因”的，一切有为法都是“刹那灭”的（此说与犊子部说的也有“暂住”是不同的）；凡是“学法”（指“四向四果”中前四向三果的修学），都会有“异熟果”（又译“报果”）等（以上见《异部宗轮论》，《大正藏》第四十九卷，第17页上、中）。

本书的卷首有僧昉撰的《译经缘起》。说：

戒律者，建定慧之妙幢，殄暗惑之明灯，度危险之蹊径，开澹泊之梁津。宝殿之功，罔初弗起，逾越重阁，非梯靡升。……圣所嗟叹，言迦叶毗，妙观我人，善摧恼结，闲邪辩正，极圣冲典。每寻斯文，慨五（指五部广律）数阙，敢以追访，获斯戒本（指《解脱戒经》），虽未广具，敬以洗心，剪世浮辞。大魏武定癸亥之年，在邺京都，侍中尚书令高澄请为出焉。（《大正藏》第二十四卷，第 659 页上）

本书共收录比丘戒“四波罗夷法”、“十三僧伽婆尸沙法”、“二不定法”、“三十尼萨耆波逸提法”、“九十波逸提法”、“四悔过法”、“众学法”（九十六条）、“七灭诤法”八类戒法，总计二百四十六条。其初首有归敬偈、序言、集僧简众语、七佛略说波罗提木叉偈（其他部派的戒本都是将此偈放在书末的）；末尾有流通偈。归敬偈说：

是解脱戒经，亿劫难得闻。摄受正修行，斯事倍复难。有佛兴世乐，兴世说法乐。众僧和合乐，和合持戒乐。（第 659 页上）

本书收录的比丘戒各个戒条，是用一句话或一段话来表述的，并无戒条的名称，很难记诵。今在解说时，依照前述《四分律》等部派广律使用的共通性戒名，予以标立，以利研习。

（一）四波罗夷法。叙列“波罗夷法”四条。有：“淫戒”（第一条）、“盗戒”（第二条）、“杀戒”（第三条）、“大妄语戒”（第四条）。

（二）十三僧伽婆尸沙法。叙列“僧伽婆尸沙法”（又称“僧残法”）十三条。有：“故出不净戒”（第一条）、“摩触女人戒”

（第二条）、“与女人粗恶语戒”（第三条）、“媒人戒”（第五条）、“无根波罗夷谤戒”（第八条）、“假根波罗夷谤戒”（第九条）、“破僧违谏戒”（第十条）、“污家摈谤违谏戒”（第十二条）、“恶性拒僧违谏戒”（第十三条）等。

（三）二不定法。叙列“不定法”二条。有：“屏处不定戒”（第一条）、“露处不定戒”（第二条）。

（四）三十尼萨耆波逸提法。叙列“尼萨耆波逸提”（又称“舍堕法”）三十条。有：“畜长衣过限戒”（第一条）、“离三衣宿戒”（第二条）、“月望衣过限戒”（第三条）、“从非亲俗人乞衣戒”（第六条）、“过分急索衣戒”（第十条）、“不揲坐具戒”（第十四条；此戒在《十诵律》中作第十五条）、“未满六年作卧具戒”（第十五条；此戒在《十诵律》中作第十四条）、“贩卖戒”（第十八条；此戒在《十诵律》中作第二十条）、“贸金银戒”（第十九条）、“畜金银戒”（第二十条；此戒在《十诵律》中作第十八条）、“畜长钵过限戒”（第二十一条）、“与衣还夺戒”（第二十五条）、“受急施衣过限戒”（第二十六条；《十诵律》作第二十七条）、“受雨浴衣过限戒”（第二十七条；《十诵律》作第二十八条）、“兰若有难离衣过限戒”（第二十八条；《十诵律》作第二十六条）、“回僧物入己戒”（第二十九条）、“畜七日药过限戒”（第三十条）等。

（五）九十波逸提法。叙列“波逸提法”（又称“堕法”）九十条。有：“小妄语戒”（第一条）、“两舌语戒”（第二条；此戒在《十诵律》中作第三条）、“毁呰语戒”（第三条；此戒在《十诵律》中作第二条）、“回僧物与人戒”（第九条；此戒为《十诵律》所无）；“毁呲尼戒”（第十条）、“强敷卧具止宿戒”（第十六条；此戒在《十诵律》中作第十七条）、“强牵比丘出僧房戒”（第十七条；此戒在《十诵律》中作第十六条）、“辄入尼处教授戒”（第二十三条；此戒为《十诵律》所无）、"讥教尼人戒"（第二十四条；此戒在《十诵律》中作第二十三条）、"与非亲尼衣戒"（第二十五条；此戒在《十诵律》中作第二十六条）、"与非亲尼作衣戒"（第二十六条；此戒在《十诵律》中作第二十七条）、"与尼期同行戒"（第二十七条；此戒在《十诵律》中作第二十四条）、"与尼期同船戒"（第二十八条；此戒在《十诵律》中作第二十五条）、"食家与女人屏处坐戒"（第四十二条；此戒在《十诵律》中作第四十三条）、"食家强坐戒"（第四十三条；此戒在《十诵律》中作第四十二条）、"与欲后悔戒"（第五十一条；此戒在《十诵律》中作第五十三条）、"驱他出聚落戒"（第五十二条；此戒在《十诵律》中作第五十一条）、"无病露地燃火戒"（第五十三条；此戒在《十诵律》中作第五十二条）、"无根僧残谤戒"（第五十八条；此戒在《十诵律》中作第六十九条）、"净施衣不语取戒"（第五十九条；此戒在《十诵律》中作第六十八条）、"与女人期行戒"（第六十条；此戒在《十诵律》中作第七十条）、"著不坏色衣戒"（第六十八条；此戒在《十诵律》中作第五十九条）、"捉金银戒"（第六十九条；此戒在《十诵律》中作第五十八条）、"非时洗浴戒"（第七十条；此戒在《十诵律》中作第六十条）、"过受四月药请戒"（第七十三条；此戒在《十诵律》中作第七十四条）、"掘地戒"（第七十四条；此戒在《十诵律》中作第七十三条）、"作坐具过量戒"（第八十七条；此戒在《十诵律》中作第八十九条）、"作雨浴衣过量戒"（第八十九条；此戒在《十诵律》中作第八十七条）、"作三衣过量戒"（第九十条）等。

（六）四悔过法。叙列"悔过法"四条。有："从非亲尼受食戒"（第一条）、"受尼指授食戒"（第二条）、"学家受食戒"（第三条）、"恐怖兰若受食戒"（第四条）。

（七）众学法。叙列"众学法"九十六条（以下戒条的数量、文句与《十诵律》颇有出入,故排序上的差异不再标出)。有:"高著内衣戒"(第一条)、"下著内衣戒"(第二条)、"不齐整著内衣戒"(又称"参差著内衣戒",第三条)、"高著三衣戒"(第七条)、"下著三衣戒"(第八条)、"不齐整著三衣戒"(又称"参差著三衣戒",第九条)、"左右观衣戒"(第十条)、"不正直入白衣舍戒"(第十一条)、"不待请而入戒"(第三十二条)、"偃卧戒"(第三十三条)、"悬脚坐戒"(第三十七条)、"不正意受食戒"(第四十条)、"嚼食作声戒"(第四十八条)、"含食语戒"(第六十四条)、"以钵置地戒"(第七十条)、"立洗钵戒"(第七十一条)、"人坐己立说法戒"(第七十四条)、"人卧己立说法戒"(第七十五条)、"人在前己在后说法戒"(第七十八条)、"为骑乘人说法戒"(第八十一条)、"为持刀人说法戒"(第八十六条)、"为著帽人说法戒"(第八十八条)、"立大小便戒"(第九十三条)、"水中大小便戒"(第九十四条)、"生草上大小便"(第九十五条)、"上过人树戒"(第九十六条)等。

(八)七灭净法。叙列"灭净法"七条。有:"现前毗尼"(第一条)、"忆念毗尼"(第二条)、"不痴毗尼"(第三条)、"自言治毗尼"(第四条)、"伏本语毗尼"(又称"觅罪相毗尼"、"本言治毗尼",第五条)、"多人宗毗尼"(又称"多觅罪相毗尼"、"多人语毗尼",第六条)、"与草覆地毗尼"(又称"如草布地毗尼",第七条)。

上述八类戒法中,每一类戒法的叙述,均包括三个层次:一是标名,指标立此类戒法的名称。二是列戒,指叙列从饮光部广律(今已失传)中摘录的此类戒法下属各戒的具体条文。三是结问,指对此类戒法作小结,并三次询问与会僧众在此类戒法的修持上是否清净,要求众人依律受持。以"三十尼萨耆波逸提法"为例,它的叙述方式是这样的:

诸大德,此三十尼萨耆波逸提法,半月半月说,解脱戒经中来(以上为“三十尼萨耆波逸提法”的标名)。

若比丘,衣(指三衣)已竟,出迦絺那衣(指象征结夏功德的“功德衣”的受持时限,即七月十六日至十二月十五日的五个月已满,不再享有五种权利),畜长衣(指“三衣”以外的多余的衣服),经十日得持,若过畜,尼萨耆波逸提(以上为第一条“畜长衣过限戒”)。

若比丘,衣已竟,出迦絺那衣,于三衣中,离一一衣,异处经一宿,除僧羯磨,尼萨耆波逸提(以上为第二条“离三衣宿戒”)。

……

若比丘,有病,听畜酥、油、生酥、蜜、石蜜,齐七日得服,若过七日服,尼萨耆波逸提(以上为第三十条“畜七日药过限戒”)。

诸大德,我已说三十尼萨耆波逸提法。今问:诸大德,是中清净不?(如是三说——原注)诸大德,是中清净,默然故,是事如是持(以上为“三十尼萨耆波逸提法”的结问)。(第661页上—第662页上)

本书的戒经结语,对戒经的内容作归纳和总结。说:

诸大德,我已说解脱戒经序,已说四波罗夷法,已说十三僧残法,已说二不定法,已说三十舍堕法,已说九十堕法,已说四悔过法,已说众学法,已说七灭诤法。此是释迦牟尼如来阿罗呵三藐三佛陀所说戒经,半月半月说,解脱戒经中来。若更有余佛法,皆共随顺和合,欢喜无诤,应当学。(第665页上)

戒经是广律的核心,由于饮光部的广律《解脱律》早已失传,故本书也成为探究饮光部广律的珍贵资料之一,极具价值。

第四品　未详部派律论:刘宋求那跋摩译《优波离问佛经》一卷

《优波离问佛经》,又名《优婆离问佛经》、《优婆离律》,一卷。旧题刘宋求那跋摩译。本书最初是作为"失译经",著录于梁僧祐《出三藏记集》卷四《新集续撰失译杂经录》之中;隋费长房《历代三宝纪》卷四始将它编为后汉失译,卷七又将它编为东晋失译;唐智升《开元释教录》卷一、卷十三也将它编为后汉失译,卷三又将它编为东晋失译;宋代以后刊行的《大藏经》不知何故,均将此经误题为"宋元嘉年求那跋摩译"。从佛经目录的著录和本书使用的译语早于《十诵律》来看,实为"东晋失译",约出于建武元年(317)至元熙二年(420)之间。载于《丽藏》"傅"函、《宋藏》"训"函、《金藏》"傅"函、《元藏》"训"函、《明藏》"初"函、《清藏》"初"函、《频伽藏》"寒"帙,收入《大正藏》第二十四卷。

本书为未详部派所传的比丘戒本(又称"戒经")的解释,性质上属于律论,也可称为"戒释"。所收的戒条的顺序与传今的其他部派的戒经均不同。全书分为"四弃捐法"(又称"四事",指"四波罗夷")、"十三事"(指"十三僧伽婆尸沙法")、"三十事"(指"十三舍堕法")、"九十二事"(指"九十二波逸提法")、"四悔过法"、"众多(学)法"(指"众学法",七十二条)六类(内缺"二不定法"、"七灭诤法"),共收录比丘戒二百十五条,对各戒涉及的犯戒或疑似犯戒的情况,作出犯与不犯、犯轻(轻罪)与犯重(重罪),即何种情况属于犯何种罪,何种情况不犯罪的解释。原书只有戒文的撮略，而无戒条的名称，今在解说时，根据戒文标立戒名。

本书的初首（始“彼时，佛世尊游舍卫祇树给孤独园”，终“此优波离，我比丘成就六事，尽命不依止”），以优波离问、佛答的方式，论述了通常是在部派广律《受戒犍度》中叙及的、有关比丘“成就五事，尽命非不依止”（又称“依止”，指终身须依止“戒和尚”，即“亲教师”，不得独立行事）与“成就五事，尽命不依止”（又称“不依止”，指终身不须依止戒和尚，可以独立行事）、“成就六事，尽命非不依止”与“成就六事，尽命不依止”问题。性质相当于绪引。

所说的“比丘成就五事，尽命非不依止”，指的是：“比丘成就五事，尽命非不依止。何谓五？不知布萨，不知布萨剑暮（指羯磨），不知戒，不知说戒，减五岁（指戒腊未满五年）。……不知请岁（指自恣），不知请岁剑暮，不知戒，不知说戒，减五岁。……不知犯、非犯，不知犯轻、重，不知犯有残、无残，不知犯恶、非恶，减五岁。……不知一制，不知二制，不知偏制，不知一切制，减五岁。”（《大正藏》第二十四卷，第903页上、中）而“成就五事，尽命不依止”则与上述相反。

所说的“成就六事，尽命非不依止”，指的是：“比丘成就六事，尽命非不依止。何谓六？不知犯、非犯，不知犯轻、重，不知犯有残、无残，不知恶、非恶，不广利二部戒分别、分部决定顺经，减五岁。”（第903页中）而“成就六事，尽命不依止”则与上述相反。（后汉安世高译《大比丘三千威仪》卷上有对上述事项的解释，可参阅）

正文收录的情况如下：

（一）《四弃捐法》。解释“弃捐法”（即“波罗夷法”）四条。有：“淫戒”（指“行淫”，第一条）、“盗戒”（指“不与取”，第二

条)、“杀戒”(指“故断人类命”,第三条)、“大妄语戒”(指“不真实称过人法”,第四条)。如关于“淫戒”,说:

维耶离(指毗舍离城)迦兰陀子(指迦兰陀村长者之子)须提难故,一制(次复二制——原注)。淫,犯三事。淫,未食身,波罗夷;淫,大食身,土罗遮(又译“偷兰遮”,指大罪、粗恶);口张,男根入,不张触,突吉罗。不犯者,不知、不听、狂、心乱、病、先作(指发生在制戒之前的,不作犯戒)。(“淫戒”,第903页中、下)

(二)《十三事》。解释“僧伽婆尸沙法”十三条。有:“故出不净戒”(指“弄失精”,第一条)、“摩触女人戒”(指“女人身相近”,第二条)、“与女人粗恶语戒”(指“与母人恶口语”,第三条)、“向女人索淫欲供养戒”(指“自叹供养”,第四条)、“媒人戒”(指“使行”,第五条)、“无主造小房过量戒”(指“自作屋”,第六条)、“造大房不求指授过量戒”(指“作大舍”,第七条)、“无根波罗夷谤戒”(指“无根波罗夷法驱弃”,第八条)、“假根波罗夷谤戒”(指“比丘有少毫片异事受波罗夷驱弃”,第九条)、“破僧违谏戒”(指“破僧比丘至三谏不舍”,第十条)、“助破僧违谏戒”(指“助破比丘至三谏不舍”,第十一条)、“污家摈谤违谏戒”(指“辱族比丘至三谏不舍”,第十二条)、“恶性拒僧违谏戒”(指“戾语比丘至三谏不舍”,第十三条)。如关于“摩触女人戒”等,说:

女人身相近,犯三事。身摩身,僧伽婆尸沙;身摩身衣,土罗遮;身衣摩身衣,突吉罗。不犯者,不故、不念、不知、不听、狂、先作。(“摩触女人戒”,第903页下)

戾语比丘至三谏不舍,犯三事。白者,突吉罗;再语,土罗遮;语竟,僧伽婆尸沙。不犯者,不谏而舍、狂、先作。

（“恶性拒僧违谏戒”，第 904 页上）

（三）《三十事》。解释“舍堕法”（又称“尼萨耆波逸提法”）三十条。有：“畜长衣过限戒”（指“余衣过十日”，第一条）、“离三衣宿戒”（指“一夜离衣宿”，第二条）、“月望衣过限戒”（指“取非时衣过月”，第三条）、“从非亲俗人乞衣戒”（指“非亲里居士妇求衣”，第六条）、“过分乞衣戒”（指“过足求衣”，第七条）、“过分急索衣戒”（指“过三返语过六返住成衣与”，第十条）、“未满六年作卧具戒”（指“未六年而作卧敷”，第十四条）、“畜金银戒”（指“取银”，第十八条）、“贩卖戒”（指“种种贩卖行”，第二十条）、“畜长钵过限戒”（指“长钵过十日”，第二十一条）、“未满五缀更求新钵戒”（指“减五缀钵更作新钵”，第二十二条）、“受急施衣过限戒”（指“取本衣过衣时”，第二十六条）、“受雨浴衣过限戒”（指“过春余月求雨被衣”，第二十八条）、“回僧物入己戒”（指“知物向僧自求”，第二十九条）、“畜七日药过限戒”（指“取药过七日”，第三十条）等。如关于“畜长衣过限戒”等，说：

> 余衣（指“三衣”以外的多余的衣服）过十日，犯一事，舍堕。不犯者，满十日受、若施送与、失坏烧夺、同意取、狂、先作。（“畜长衣过限戒”，第 904 页中）
>
> 知物向僧自求，犯二事。方便求，突吉罗；求已，舍堕。不犯者，问与谁、随君施法、用可得善利、随君心与、狂、先作。（“回僧物入已戒”，第 905 页中）

（四）《九十二事》。解释“波逸提法”（又称“堕法”）九十二条。有：“小妄语戒”（指“知而妄语”，第一条）、“毁呰语戒”（指“形相”，第二条）、“两舌语戒”（指“两舌”，第三条）、“如法断事后发诤戒”（指“知如法止更举”，第四条）、“同羯磨后悔戒”（指“同僧与衣后违法”，第九条）、“回僧物与人戒”（指“知物向僧求与人”，第十条）、“毁呲尼戒”（指“毁呰律”，第十一条）、“嫌骂僧知事戒”（指“呵责比丘”，第十三条）、“异语恼僧戒”（指“余语”，第十四条）、“僧不差而教授尼戒”（指“不差教比丘尼”，第二十二条）、“独与女人坐戒”（指“共一母人一处坐”，第三十一条）、“展转食戒”（指“展转食”，第三十三条）、“施一食处过受戒”（指“过是所住食”，第三十四条）、“别众食”（指“群食”，第三十八条）、“非时食戒”（指“非时所食所啖者”，第三十九条）、“索美食戒”（指“自为求好食食”，第四十二条）、“手搏比丘戒”（指“比丘瞋不可意举手拟打相恐”，第五十一条）、“与欲后悔戒”（指“法事可作已后违法”，第五十五条）、“随顺被举人戒”（指“知是非法语比丘不舍所见共止”，第五十八条）、“故杀畜生戒”（指“故断众生命”，第六十三条）、“掘地戒”（指“掘地”，第七十五条）、“默听斗诤戒”（指“知比丘相打骂诤立听”，第七十八条）、“不与欲戒”（指“僧断事时不嘱起去”，第七十九条）、“饮酒戒”（指“饮酒”，第八十一条）、“非时入聚落戒”（指“比丘不白非时入村”，第八十二条）、“说戒不摄听戒”（指“贡高”，第八十五条）、“作覆疮衣过量戒”（指“过量作泥洹僧”，“泥洹僧”指内衣、裙，第九十条）、“作坐具过量戒”（指“过量作坐具”，第九十一条）、“作三衣过量戒”（指“知如来衣量作衣”，第九十二条）等。如关于“小妄语戒”等，说：

知而妄语，犯五事。欲著故，不真实，称过人法，波罗夷；无根波罗夷法驱弃，僧迦婆尸沙；说彼精舍住比丘阿罗汉，解者，土罗遮；不解者，突吉罗；知而妄语，波逸提。不犯者，本说、误说、狂、先作。（“小妄语戒”，第905页中）

知如法止更举，犯二事。方便举，突吉罗；举已，波逸

提。不犯者，非法群党、知非剑暮（又译“羯磨”）作剑暮故举、狂、先作。（“如法断事后发诤戒”，第905页中）

掘地，犯二事。方便掘，突吉罗；下下，波逸提。不犯者，知此与此、须此取此、此语净作、不故、不念、不知、狂、先作。（“掘地戒”，第908页上）

（五）《四悔过法》。解释“悔过法”四条。有：“从非亲尼受食戒”（指“入家内，自手取非亲里尼食”，第一条）、“受尼指授食戒”（指“比丘尼索不诃而食”，第二条）、“学家受食戒”（指“拜为学家中，自手取食”，第三条）、“恐怖兰若受食戒”（指“阿练若住处中，先不差园外，自手取食”，第四条）。如关于“从非亲尼受食戒”，说：

入家（指俗家）内，自手取非亲里尼食，犯二事。当食而取，突吉罗；口口，是悔过。不犯者，亲里、教与不自与、放地与、精舍内与、时须七日、终身因缘、六法尼（指“式叉摩那”）、沙弥尼、狂、先作。（“从非亲尼受食戒”，第908页下）

（六）《众多（学）法》。解释“众学法”七十二条（本书之末有“众多七十四竟”的小注，据此则原有七十四条，但今本实际所列只有七十二条，可能是在流传的过程中遗落了二条）。有：“不齐整著内衣戒”（指“前后参差著泥洹僧”，第一条）、“不齐整披衣戒”（指“前后参差披衣”，第二条）、“不覆身入白衣舍戒”（指“露身入家内”，第三条）、“不覆身白衣舍坐戒”（指“露身坐家内”，第四条）、“高声入白衣舍戒”（指“作大高声入家内”，第九条）、“高声白衣舍坐戒”（指“作大高声坐家内”，第十条）、“掉臂入白衣舍戒”（指“摇臂入家内”，第十九条）、“摇身白衣舍坐戒”（指“摇身坐家内”，第二十条）、“不善摄身入白衣舍”（指“弄手脚入家内”，第二十三条）、“不善摄身白衣舍坐戒”（指“弄手脚坐家内”，第二十四条）、“不用意受食戒”（指“不端一受饭”，第二十五条）、“大抟食戒”（指“大作抟”，第三十三条）、“含食语戒”（指“含饭语”，第三十六条）、“吸食戒”（指“作吸食”，第三十九条）、“舌舐食戒”（指“舐唇食”，第四十条）、“舐手食戒”（指“舐手食”，第四十五条）、“为己索羹饭戒”（指“自为索羹饭食”，第五十条）、“嫉心视他钵食戒”（指“呵想视他钵”，第五十二条）、“为骑乘人说法戒”（指“为骑乘说法”，第五十四条）、“为裹头人说法戒”（指“为缠头说法”，第六十二条）、“为著革屣人说法戒”（指“为著屣说法”，第六十四条）、“为持盖人说法戒”（指“为持盖说法”，第六十七条）、“为持刀人说法戒”（指“为持刀说法”，第六十八条）、“生草上大小便戒”（指“生草上作大小便涕唾”，第七十条）、“水中大小便戒”（指“水中作大小便涕唾”，第七十一条）、“立大小便戒”（指“立作大小便”，第七十二条）等。如关于“不齐整著内衣戒”等，说：

> 前后参差著泥洹僧（指内衣、裙），突吉罗。不犯者，不故、不念、不知、病、急事、狂、先作。（“不齐整著内衣戒”，第908页下—第909页上）
>
> 摇身坐家内，突吉罗。不犯者，不故、不念、不知、病、眠、急事、狂、先作。（“摇身白衣舍坐戒”，第909页中）
>
> 舐手食，突吉罗。不犯者，不故、不念、不知、狂、先作。（“舐手食戒”，第909页下）
>
> 为持刀说法，突吉罗。不犯者，不故、不知、狂、先作。（“为持刀人说法戒”，第910页上）

由于本书是戒经的略释，故它并不包括戒经的全部内容，这表现在：一是本书所录的戒条，只是戒条文句中某些关键词，并不是戒文的全部。二是本书无贯穿戒经始终的说戒仪式。三是本书对每一戒条所作的“犯相解释”，即犯与不犯、犯轻与犯重等，为戒经所无。

第五品　未详部派律论：北宋法天译《苾刍五法经》一卷

《苾刍五法经》，又名《佛说苾刍五法经》，一卷。北宋法天译，雍熙三年(986)译出。北宋赵安仁等《大中祥符法宝录》著录。载于《丽藏》“经”函、《《宋藏》“封”函、《金藏》“经”函、《元藏》“封”函、《明藏》“则”函、《清藏》“则”函、《频伽藏》“寒”帙，收入《大正藏》第二十四卷。

本书是未详部派的律论。书中以佛在舍卫国时，对诸苾刍(即比丘)说法的形式，论述了新受戒比丘(指戒腊未满五年的比丘)的“依止”问题，并叙及本部派所传的比丘戒本(又称“戒经”)的情况。

书中着重论述了新受戒比丘“不得离依止住”(指不得离开所依止的“戒和尚”，即“亲教师”而住)与“得离依止住”(指可以离开所依止的“戒和尚”而住)的五种情况(“五法”)。说：

> 有五种法，当住具足，当来苾刍常行。何等五法？此苾刍不知阿钵帝(指“罪过”)，不知非阿钵帝(指非罪)，不知轻阿钵帝(指轻罪)，不知重阿钵帝(指重罪)，是新戒、是减五年(指是新受戒比丘、僧腊未满五年)。苾刍，此五种法具足者，此苾刍不合住(指此比丘不应离师游化、独住)。劝事苾刍五种法具足知者，是苾刍合住劝事(指此比丘可以离师游化、独住)。何等五法？此苾刍知苾刍阿钵帝，知

> 非阿钵帝，知轻阿钵帝，知重阿钵帝，得满五年、得余五年（指僧腊满五年或五年以上）。苾刍此五种法具足者，得住劝事苾刍。复有五法具足者，是苾刍不得离依止住（指不得离开依止师）。何等五法？此苾刍不知波罗提木叉，不知说波罗提木叉，不知结界，不知结界事，是新戒、是减五年。此苾刍具此五种法，不得离依止住苾刍。此五法具足者，是苾刍得离依止住（指可以离开依止师）。何等五法？此苾刍知苾刍波罗提木叉，知说波罗提木叉，知结界，知结界事，是满五年、是五年余。如是苾刍，此五法具足者，得离依止住。（《大正藏》第二十四卷，第955页中、下）

上述有关“依止”与“不依止”的内容，与旧题刘宋求那跋摩译（实为“东晋失译”）《优波离问佛经》中有关“比丘成就五事，尽命非不依止（即依止）”与“比丘成就五事，尽命不依止”的论述是大致相同的。但在译文上，本书不如《优波离问佛经》来得简洁顺畅。

本书的主要价值在于，在论述什么是“知轻阿钵帝（知轻罪）”时，提及本部派所传的戒经的组织结构。说：

> 云何知轻阿钵帝？谓行深怖轻阿钵帝。云何行？谓行四波罗夷法轻阿钵帝、行十三僧伽婆尸沙法轻阿钵帝、行三十舍堕波逸提法轻阿钵帝、行九十二波逸提法轻阿钵帝、行九十二波逸提法清净（此句疑为衍文）、各四说（指“四波罗提提舍法”、“四悔过法”）轻阿钵帝、其余五十戒法（指“五十众学法”）轻阿钵帝。”（第955页下）

从以上的叙述中可以看出，这是已知所属部派以外的另一种戒经文本。其构成是，将比丘戒分为“四波罗夷法”、“十三僧伽婆尸沙法”、“三十舍堕波逸提法”、“九十二波逸提法”、“各四说”(“四波罗提提舍法”)、“其余五十戒法”(“五十众学法”)六类,收戒一百九十三条。就分类而言,在各种比丘戒经中,只有未详部派的《优波离问佛经》与之相同,也是没有“二不定法”、“七灭诤法”的;就“众学法”的条数而论,它是各种比丘戒经中最少的,只有五十条。因为后期说一切有部传持的《根本说一切有部毗奈耶》、《根本说一切有部戒经》中的“众多学法”,虽说只有四十三条,但其中有些是综合性的戒条,若分拆单列,则有九十五条。因此,本书作为一种戒经资料,有其独有的价值。不过,由于本书采用的译语与唐代以前的律典译语有所不同,故在阅读时,往往需要与同类事项的译本(如《根本说一切有部毗奈耶出家事》、《大比丘三千威仪》等)相对照,才能真正弄清它们的含义。

第八门　小乘杂律经

第一品　后汉安世高译《大比丘三千威仪》二卷

《大比丘三千威仪》，又名《大比丘三千威仪经》、《大比丘威仪经》、《大僧威仪经》，二卷（上下卷）。后汉安世高译，约译于建和二年（148）至建宁三年（170）之间。本书最初是作为“失译经”，著录于梁僧祐《出三藏记集》卷四《新集续撰失译杂经录》之中（书名作《大比丘威仪经》）；隋费长房《历代三宝纪》卷四始将它列为安世高译（书名作《大僧威仪经》）；唐智升《开元释教录》卷一（书名作《大比丘三千威仪经》）以及后世藏经目录沿依此说。但从全书的语句大多平易流畅，全无安世高译本古奥艰涩的句式，而且本书卷上还出现“布萨者，秦言净住，义言长养”的说法（见《大正藏》第二十四卷，第913页下）。这里说的“秦”，显然是指东晋十六国时的“三秦”（前秦、后秦、西秦），以此推断，本书实为“三秦失译”（失落译者姓名或译者不详的译籍），与《萨婆多毗尼毗婆沙》、《毗尼母经》译于同一时期。载于《丽藏》“叔”函、《宋藏》“犹”函、《金藏》“叔”函、《元藏》“犹”函、《明藏》“别”函、《清藏》“别”函、《频伽藏》“寒”帙，收入《大正藏》第二十四卷。

安世高(生卒年不详),名清,以字("世高")行。安息国太子。幼以孝行见称,志业聪敏,刻意好学。外国典籍,及七曜五行、医方异术,乃至鸟兽之声,无不综达。父殁,让国与叔,出家修道。博晓经藏,尤精阿毗昙学,修持禅法,略尽其妙。后游方弘化,遍历诸国。于汉桓帝建和元年(147),抵达洛阳。不久,便通晓华语,开始译经。汉灵帝之末,关洛扰乱,乃振锡江南。行至会稽,正值市中有人斗殴,被误中头部而亡。前后二十余年,共译出佛经三十五部四十卷(据《出三藏记集》卷二),基本上都是小乘经。其中有:《安般守意经》、《阴持入经》、《大地道经》、《人本欲生经》、《阿毗昙五法经》、《普法义经》、《四谛经》、《七处三观经》、《九横经》、《八正道经》、《五十校计经》、《十二因缘经》、《转法轮经》等。其译文的特点是,义理明析,文字允正,辩而不华,质而不野。生平事迹见梁慧皎《高僧传》卷一等。

本书叙述比丘日常生活中的行仪规范("威仪")。经首无开经语("如是我闻:一时佛在……"),经末无结经语("闻佛所说,欢喜奉行"),开卷便是"佛弟子者有二种",性质上属于没有结集语形式的佛经(或称西域佛教撰集)。书名中的"三千威仪",是虚数,而不是实数,因为书中实际叙及的威仪只有一千三百种左右。

卷上:始"佛弟子者有二种:一者在家,二者出家"(第912页下),终"若不欢喜不应问,人说他事不应问"(第919页上)。

(一)前部分。主要内容有:

"佛弟子有二种"(指"在家"、"出家")";"成就十法,尽令依止"(指"不知广利二部戒共议"等);"成就五法,得与人作和上"(指"广利二部戒"等);"不知四法,不得一处住"(指"不知说戒"等);"三净"(指"净身、净口、净衣食");"踞坐不如法,得九突吉罗罪"(指"脚前却"等);"出家人所作业务"(指"坐禅"、

"诵经法"、"劝化众事")；"成就十法，得度人授人具足戒"(指"成就威仪，畏慎小罪"等)；"成就五法，应授人具足戒"(指"能教弟子增戒学、增心学、增慧学"等)。

"十三事(指"十三僧残法")中，有三事不应忏"(指"淫戏檀越妇女及青衣不应忏"等，"不应忏"此处指不允许忏悔)；"三十事(指"三十舍堕法")皆应忏"；"九十事(指"九十堕法")皆应忏"；"有十事应作羯磨"(指"久正戒"等)；"有四事应行"(指"舍屋败"等)；"有四事到他国不著袈裟无罪"(指"无塔寺"等)；"有七事不应止"(指"闹门间"等)；"卧起欲出户有五事"(指"起下床，不得使床有声"等)；"澡嗽有五事"(指"不得蹲"等)；"用杨枝有五事"(指"断当如度"等)；"刮舌有五事"(指"不得过三返"等)；"取袈裟著时有五事"(指"手未澡，不得便持袈裟"等)等。如关于"佛弟子有二种"，说：

> 佛弟子者，有二种：一者在家，二者出家。在家者，初受五戒为本，遮三恶趣，求人天福，以未能永舍家眷属缘累故，更加三戒，助前五戒，一日一夜(指受持"八关斋戒")，种未来世永出因缘。出家者，行有始终，上中下业：下出家者，先以十戒为本，尽形受持，虽舍家眷属因缘、执作于俗人等，是出家于具戒者，故是在家，是名下出家；其中出家者，次应舍执作缘务，具受八万四千向道因缘，虽舍作业缘务，身口行意业，未能具足清净，心结犹存，未得出要，上及不足，下比有余，是名中出家；上出家者，根心猛利，次应舍结使缠缚，舍结使缠缚者，要得禅定慧力，得禅定慧力，心得解脱，得解脱者，名净身口意业，出于缘务烦恼之家，永处闲静清凉之室，是名上出家。中出家者，始受具戒，沙门仪法未能周悉，要须依止长宿有德行者。(卷上，第912页下—第

913 页上)

(二) 中间部分。主要内容有:

"绕塔有五事"(指"低头视地"等);"当念有五事"(指"当念佛功德"等);"暮入户有五事"(指"欲入当住,三弹指,入不得使户有声"等);"欲上床有五事"(指"当徐却踞床"等);"在床上有五事"(指"不得大欠"等);"经行有五事"(指"当于闲处"等);"卧有五事"(指"不得双申两足"等);"夜起读经有五事"(指"得念我经戒利,余人不如我"等);"在寺中有五事"(指"不得上树"等);"饭时有五事"(指"比丘以饭不得言: 我知何时当死,但复自饱饭来"等)。

"不应作礼有五事"(指"上座卧不得为作礼,亦莫受人礼"等);"罪重比丘著泥洹僧(指内衣、裙)有五事"(指"结带当于右面"等);"露著泥洹僧有十事"(指"不得持入讲堂中"等);"著三法衣有五事"(指"不得过三色"等);"持钵有五事"(指"当著左腋下"等);"澡钵有五事"(指"当用澡豆若皂荚"等);"持户钥有五事"(指"欲出时,常当先所披,贯臂著指"等);"行至人家读经有五事"(指"往当随次如法坐"等);"比丘至郡国县长吏,有三事应往,有七事不应往"等。如关于"比丘至郡国县长吏,有三事应往,有七事不应往",说:

> 比丘至郡国县长吏,有三事应往: 一者为三师事故;二者为病死亡,来呼比丘读经故;三者请比丘饭故。有七事不应往: 一者不得妄往候事;二者不得事事往到;三者不得强往从请事;四者设往不得为说诸药事;五者若呼比丘问世间事、若难异经;六者呼比丘教相星宿,视岁善恶;七者比国起兵,欲呼比丘宜军事,如贤者不应往。(卷上,第 917 页上)

(三) 后部分。主要内容有:

“上高座读经有五事”（指“当先礼佛”等）；“坐有五事”（指“当正法衣安坐”等）；“不应说经有五事”（指“诽谤佛道”等）；“欲坐禅有五事”（指“当随时”等）；“禅带有五事”（指“当头有钩”等）；“有五事不应用坐”（指“众坐时”等）；“有五事应相入室”（指“问讯”等）；“问经有五事”（指“有不解直当问”等）；“出户有五事”（指“人如法呵之，不得怒去”等）；“和上当有十五德”（指“当知戒”等）；“阿阇梨当有五德”（指“当有四阿含”等）；“事师有五事”（指“当随师教诫”等）；“有五事当报”（指“若自问经戒，视时可问不应问”等）。

“作法衣有五事”（指“当如事说，某到、某今持作、某白如是”等）；“染法衣有五事”（指“当用净器”等）；“著法衣有五事”（指“至檀越家，不得开胸前入门”等）；“行到时著法衣有五事”（指“道中见三师，当出右肩”等）；“不应著僧伽梨有三事”（指“作塔事”等）；“曝法衣有五事”（指“六日当还一曝”等）；“浣法衣有五事”（指“不得持足蹋”等）；“沐浴剃头报有五事”（指“自知常，若小小不应报”等）；“入温室有二十五事”（指“当低头入，不得上向”等）；“入堂室有五事”（指“当礼上坐”等）；“对问经有三事应问”（指“人自说经，随时因缘应问”等）等。如关于“和上当有十五德”，说：

> 和上（尚）当有十五德。一者当知戒；二者当持戒；三者当不犯戒；四者当知经；五者当自守；六者当教经；七者当教诫；八者当教习意；九者当教稍稍受；十者当教法则；十一者当自有隐德；十二者能致檀越；十三者不得有独匿心；十四者人持物来，当言皆为众人物；十五者占视病瘦，当令差。（卷上，第 917 页下）

卷下：始“十二头陀者”（第 919 页中），终“已说禁戒，众僧可之，便默然持”（第 926 页上）。

（一）前部分。主要内容有：

“十二头陀”（指“不受人请，日行乞食”等）；“持锡杖有二十五事”（指“为地虫故”等）；“至优婆塞家有五事应往”（指“为僧使”等）；“为优婆夷说经有五事”（指“不得牵坐著边”等）；“新至比丘有十德”（指“礼佛已，当却住问摩摩德姓字”等）；“当以十事待新至比丘”（指“当给所须”等）；“依止阿阇梨教弟子有十五事”（指“当教随顺僧上下”等）；“弟子依止阿阇梨有五事”（指“旦夕往问讯”等）。

“不应畜七种药”（指“辟谷药”等）；“比丘欲起沙弥法有五事”（指“当自守一切，具有是行者，乃可举沙弥”等）；“比丘有沙弥当教行五事”（指“不得独使，令当给众事”等）；“有三事不应与沙弥共居”（指“爱端正好”等）；“有三事应逐去”（指“言犯戒无罪”等）；“持沙弥寄人有五事”（指“承事主如视我”等）；“持沙弥至主许寄时有五事”（指“当言卿视我沙弥，如卿沙弥”等）；“受人寄沙弥有五事”（指“当教读经”等）等。如关于“依止阿阇梨教弟子有十五事”，说：

> 依止阿阇梨教弟子，有十五事。一者比丘僧会时，当教如法视上下；二者比丘僧有令语，使莫犯；三者当教随顺僧上下；四者当教令恭敬；五者当语国土、方俗、忌讳，所可食饭，应尔、不应尔；六者当语丐处，某处可往，某处不可往；七者若有贼盗，某处可逃，某处不可逃；八者病瘦当占视之；九者衣被破坏当给与；十者若有去住，不得留难；十一者当相视人意；十二者当随方便所住；十三者来有问，当答让；十四者欲浇洒地，常当谦让；十五者有过，不得言我不复与卿语。是为依止阿阇梨法。（卷下，第 920 页下）

（二）中间部分。主要内容有：

"比丘僧饭时有五事"（指"上座未坐，不得先坐"等）；"受案有五事"（指"人来授物，手近当更澡手"等）；"饭食上澡漱有五事"（指"不得手指挑撩口中"等）；"饭上有十事"（指"不得先取案，当排之、当持待人"等）；"持宾揵澡盘有二十五事"（指"澡盘当先澡内外，使澡净"等）；"用手巾有五事"（指"不得拭身体，若澡浴各当自有巾"等）；"著僧伽梨时持手巾有五事"（指"不得持白巾"等）；"钵泥僧摩波利有十五德"（指"当惜众物"等）；"营事维那饭时，于堂中当行二十五德"（指"已布空案，当自身行遍，视下竟皆遍净不"等）；"灶下有二十五德"（指"一切当可众人意，不得自在直行强"等）；"有七事以待新至比丘"（指"来至即当问消息"等）。

"教人市买有五事"（指"当教莫与人诤"等）；"买肉有五事"（指"设见肉少，不得尽买"等）；"教人汲水有五事"（指"当使先净澡器"等）；"教人破薪有五事"（指"莫当道"等）；"教人择米有五事"（指"择去鼠屎"等）；"澡釜有五事"（指"净澡木盖覆上"等）；"教人炊米有五事"（指"随气上米，稍稍炊之"等）；"择菜有五事"（指"当去根"等）；"作羹有五事"（指"令味调适"等）；"教人澡案一切餐具有五事"（指"皆当三易水使净"等）等。如关于"有七事以待新至比丘"，说：

> 有七事以待新至比丘。一者来至即当问消息；二者当为次座上下；三者当给与房室；四者当给卧具被枕；五者当给与灯火；六者当语比丘僧教令；七者当语国土习俗。（卷下，第922页下）

（三）后部分。主要内容有：

"揵椎有五事"（指"常会时"等）；"钵泥僧会时有五事"（指

“当礼佛”等);“受直(值)日有五事”(指“当先受户钥”等);“扫塔上有五事”(指“不得著履上”等);“拭佛像复有五事”(指“常拭令净”等);“扫塔下有五事”(指“当先洒地”等);“扫除讲堂中有七事”(指“当更净扫地”等);“有五事洒地”(指“当却行”等);“捡灯有五事”(指“不得灭中炷”等);“烧香著佛前有三事”(指“当自出香”等);“整顿比丘僧床席有三事”(指“当安隐视床足使坚”等);“具香炉有三事”(指“当先除去故火,拾取中香聚一面”等);“燃灯有五事”(指“著膏不得令满,亦不得令少”等)。

“摩摩德(指寺主)有十五德”(指“用作主人,耐忍四远故”等);“直岁有十德”(指“为三法尽力”等);“都摩波利揵椎有五事”(指“挝揵椎时,当先视早晚”等);“当会有五事”(指“闻揵椎声,即当著袈裟出户如法”等);“踞坐有五事”(指“不得交足”等);“正坐有五事”(指“不得倚壁”等);“布萨时入众有五事”(指“不得持入竹扇、持白手巾入众”等);“至舍后有二十五事”(指“欲大小便当行时,不得道上为上座作礼”等);“不应用水有十事”(指“大寒”等);“阴起有十事,五事有罪,五事无罪”(指“见色起”等);“五部著五色袈裟”(指昙无德部“著皂袈裟”等)等。如关于“五部著五色袈裟”,说:

> 萨和多部(指萨婆多部,即说一切有部)者,博通敏智,导利法化,应著绛袈裟。昙无德部(指法藏部)者,奉执重戒,断当法律,应著皂袈裟。迦叶维部(指饮光部)者,精勤勇决,拯护众生,应著木兰袈裟。弥沙塞部(指化地部),禅思入微,究畅玄幽,应著青袈裟。摩诃僧祇部(指大众部)者,勤学众经,敷演义理,应著黄袈裟。昔佛在时,众被服唯纯直,不衣杂白。自后起比丘罗旬逾,每行分卫(指乞食),

辄饥空还。佛知其宿罪,欲视殃福,示后世明戒故,众僧分为五部,著五色袈裟。于是遂相承制。直至佛度世(指去世)后,立号称名,举取长,名其被色,诸人集会,悉共忍听(指容许)。(卷下,第925页下—第926页上)

本书所说的比丘威仪,绝大多数是比丘大戒(即具足戒)中所未列的,也有少数是比丘大戒中也有的,如"不得上树","水中有虫,不得饮,若洗"(卷上,第916页上)等。此外,还有一些威仪为其他律典上所无。如说:"买肉有五事。一者设见肉完未断,不应便买。二者人已断,余乃应买。三者设见肉少,不得尽买。四者若肉少,不得妄增钱取。五者设肉已尽,不得言当多买。"(卷下,第922页下)书中使用的一些音译名词,如"宾揵"、"阿其云"、"钵泥僧摩波利"、"摩摩德"、"都摩波利"等,也鲜见于他书。

本书还两次提到原始佛经"四阿含"(指《长》、《中》、《杂》、《增一》阿含经),说:"阿阇梨当有五德:一者当有四阿含,二者当有戒具德,三者当有慧德,四者当有大德,五者当自守。"(卷上,第917页下)"比丘欲起沙弥法(指欲收弟子)有五事:一者当知四阿含,二者当知戒,三者当知经,四者当知有慧,五者当有德。"(卷下,第920页下)反映了本书编集者对"四阿含"的重视。从书中提及佛塔达三十七处之多,所说的"九十事(指"九十堕法")皆应忏",也与《四分律》比丘戒"九十堕法"(又称"单提法"、"波逸提法")的数目相同来看,本书很可能出自法藏部。

第二品　北凉失译《大爱道比丘尼经》二卷

《大爱道比丘尼经》,又名《大爱道受戒经》,二卷。北凉失译,约出于永安元年(401)至承和七年(439)之间。梁僧祐《出三藏记集》卷三《新集安公凉土异经录》著录(书名为《大爱道受戒经》)。载于《丽藏》"入"函、《宋藏》"奉"函、《金藏》"入"函、《元藏》"奉"函、《明藏》"随"函、《清藏》"随"函、《频伽藏》"寒"帙,收入《大正藏》第二十四卷。

本经记述佛在迦维罗卫国释氏精庐时,佛的姨母大爱道裘昙弥(即"瞿昙弥")再三请求出家而获许的经过,以及佛为女人出家制立的各种行仪规范。

卷上:主要叙述大爱道出家的事缘;"比丘尼八敬法"(指"比丘持大戒,母人比丘尼当从受正法,不得戏故轻慢之"等);"沙弥尼十戒"(指"尽形寿不得残杀群生,伤害人物"等);"沙弥尼十事法"(指"当敬佛至心无邪,持头脑著地,常自忏悔宿世罪行恶"等);"沙弥尼事师有十事"(指"当敬于师,常附近之,如法律行"等);"女人有五处不得作沙门"(指"女人不得作如来至真等正觉"等)等。其中,有关"比丘尼八敬法"、"沙弥尼十戒"的条文,与通常所见,存在着很大的差异。尤其是"沙弥尼十戒"中的第六戒至第十戒,每一戒之中又含有数条乃至十多条带有"不得"如何如何的细则,有些已是比丘尼具足戒中的内容。如关于"比丘尼八敬法"、"沙弥尼十戒",说:

> 佛告阿难:假使母人(指大爱道)欲作沙门者,有八敬之法,不得逾越,当尽形寿学而持之。……何谓为八敬?一者比丘持大戒,母人比丘尼当从受正法,不得戏故轻慢之。……二者比丘持大戒半月以上,比丘尼当礼事之。……三者比丘、比丘尼,不得相与并居同止。……四者三月止一处,自相检校,所闻所见,当自省察。……五者比丘尼不得讼问自了,设比丘以所闻所见,若比丘有所闻

见，讼问比丘尼，比丘尼即当自省过恶。……六者比丘尼有庶几于道法者，得问比丘僧经律之事，但得说般若波罗蜜，不得共说世间不急之事也。……七者比丘尼自未得道，若犯法律之戒，当半月诣众僧中，自首过忏悔。……八者比丘尼虽百岁持大戒，当处新受大戒比丘下坐，当以谦敬为作礼。是为八敬之法。（卷上，《大正藏》第二十四卷，第946页中、下）

尔时，大爱道便受十戒，为沙弥尼。何等为十戒？为贤者道，当以慈心，不起毒意，尽形寿不得残杀群生，伤害人物，常念所生，当慈念之。……二者尽形寿不得偷盗，不得贪财。……三者沙弥尼尽形寿不得淫，不得畜夫婿。……四者沙弥尼尽形寿至诚有信，心直为本，口无二言，不得两舌，说道奸非，不得恶骂詈，中伤他人。……五者沙弥尼尽形寿不得饮酒。……六者沙弥尼尽形寿不得乘车马舆，快心恣意。……七者沙弥尼尽形寿不得采画，不得金缕绣，不作织成衣与他人，不得坐高床上，低帷而坐，不得照镜自现其形相好不好。……不得弹琴，手执乐器，不得歌舞，自摇身体，不得顾视而行，不得邪视而行。……八者沙弥尼尽形寿不得学习巫师。……九者沙弥尼尽形寿男女各别，不得同室而止，行迹不与男子迹相寻，不得与男子同舟车而载。……十者沙弥尼尽形寿身不犯恶，口不犯恶，心不犯恶。（卷上，第947页上—第947页上）

卷下：主要叙述“比丘尼已受具足戒有三法”（指“常供养于佛，无有懈倦心”等）；“已受具足戒有三事”（指“自念恶露不净洁”等）；“受檀越请食有三事”（指“不得与比丘僧共会坐而食”等）；“比丘尼若诣檀越家，当大小更相检校行”；“比丘尼若受檀越请食，当先净心无余结恨”；“比丘尼受檀越食讫，各说一偈讫，乃辞去”；“比丘尼受檀越食讫，还归入室静修厥德，学六度无极”；“入室有十三事”（指“常当自念多淫欲态，不能自净”等）；“入室有四事”（指“当自伏意，无起灭心，心存于道”等）；“出至舍后（指大小便）有十事”（指“行不得左右顾视及自身阴”等）；“出室有三事”（指“诣师受经”等）；“比丘尼受具足戒十年，应作沙弥尼和上”；“比丘尼受具足戒十年，应作威仪阿祇梨（即阿阇梨）”；“比丘尼受具足戒十五年，应作大阿祇梨”；“比丘尼受具足戒二十年，应作具足戒和上”；“女人八十四态不得道”（指“女人喜摩眉目自庄”等）等。关于“受檀越请食有三事”、“入室有四事”，说：

比丘尼若受檀越请食，当如法行，当如法食，有三事。一者不得与比丘僧共会坐而食。二者不得与优婆塞共会坐食。三者不得贪持食，用啖年少优婆塞也。是为比丘尼食法也。比丘尼若檀越请食，不得受宿请。何以故？有宿昔思想故。受请即当进道，不得留迟，若失一时，不应复往也。违时行者，是为犯盗食，为犯禁法，非贤者比丘尼也。（卷下，第 950 页下）

比丘尼入室，复有四事法。何等为四？一者当直视其前，端正心意，无有邪想。二者当端正而坐，不得自摇身体，不得摇头摇手，不得摇足。若自摇者，其心悉摇，情态起矣。三者当自守志，守眼、守耳、守鼻、守口、守身、守意、守心，守是八者，能自致得道。四者不得与伴辈相呼谈笑，论说世间不急之事，小语大笑，动乱道德清净之志。（卷下，第 951 页下—第 952 页上）

本书是一部含有某些大乘思想成份的后期小乘佛教的律

经。虽说它的主题思想和建构框架属于小乘,但行文中也使用了一些大乘佛教的语汇。如书中说:“比丘尼有庶几于道法者,得问比丘僧经律之事,但得说般若波罗蜜,不得共说世间不急之事也。”(卷上,第946页下)“有女人作沙门,精进持戒,具足无缺减,不犯如毛发,现世得化成男子身,便得无量决(指授记),得作佛,无所挂碍,自恣所作,若所求者,皆可得。……今大爱道辈,常行大慈大悲,却后亦当成男子,受决作佛。”(第949页下—第950页上)“佛告比丘尼:出家求道,灭断阳欲,阴气已尽,既隆劝进,建立大乘,修恂道德,精修佛戒。”(卷下,第950页中)“比丘尼受檀越食讫,还归入室,静修厥德,学六度无极,共相捡敕,绝欲情态,无有沾污,意在空寂。”(第951页上)。这里说的“般若波罗蜜”、“(女人精进修行)当成男子,受决作佛”、“建立大乘”、“学六度无极”等,都是典型的大乘语词。以此推断,本书的成立时间是较晚的。

第三品　东晋失译《沙弥十戒法并威仪》一卷
附:刘宋求那跋摩译《沙弥威仪》一卷
北宋施护译《沙弥十戒仪则经》一卷

《沙弥十戒法并威仪》,又名《沙弥十戒经》、《沙弥十戒威仪经》、《沙弥威仪戒本》,一卷。东晋失译,约出于建武元年(317)至元熙二年(420)之间。本书最初是作为“失译经”,著录于梁僧祐《出三藏记集》卷四《新集续撰失译杂经录》之中(书名作《沙弥十戒经》);唐智升《开元释教录》卷三始将它编为东晋失译。载于《丽藏》“外”函、《宋藏》“受”函、《金藏》“外”函、《元藏》“受”函、《明藏》“妇”函、《清藏》“妇”函、《频伽藏》“寒”帙,收入《大正藏》第二十四卷。

本书叙述沙弥“十戒”和“威仪”(行仪规范)。经首无开经语(“如是我闻”),经末无结经语(“闻佛所说,欢喜奉行”),开卷便是“佛语舍利弗:汝去度罗睺罗出家”,性质上属于没有结集语形式的佛经(或称西域佛教撰集)。全书以佛让舍利弗去度罗睺罗(佛的儿子)出家,并告诉他,沙弥(未满二十岁的出家男子)应当先受“三归依”、“五戒”,然后再受“十戒”为引子,讲述沙弥应当受持的戒法条文和行仪规范。从书中的语气和用词推断,全书实际上是由西域流传的两个本子(也可称为甲乙两篇)组合而成。

甲篇:始“佛语舍利弗:汝去度罗睺罗出家”(《大正藏》第二十四卷,第926页中),终“说沙弥威仪式竟”(第929页下)。分为两部分:

(一)“沙弥十戒”。始“佛语舍利弗:汝去度罗睺罗出家”(《大正藏》第二十四卷,第926页中),终“戒行如是,真佛弟子”句末的小注“说戒已竟,次说威仪”(第927页上),叙述“沙弥十戒”。主要内容有:(1)“尽形寿不杀生”。(2)“尽形寿不盗”。(3)“尽形寿不淫”。(4)“尽形寿不妄语”。(5)“尽形寿不饮酒”。(6)“尽形寿不著香华鬘,不香涂身”。(7)“尽形寿不歌舞倡妓,不往观听”。(8)“尽形寿不坐高广大床”。(9)“尽形寿不非时食”。(10)“尽形寿不捉持生像金银宝物”。如关于“沙弥十戒”,说:

> 佛语舍利弗:汝去度罗睺罗出家。舍利弗言:我当云何度?佛教言:我罗睺罗,归依佛、归依法、归依僧(如是三说——原注)。我某甲,归依佛竟、归依法竟、归依僧竟(如是三说——原注)。尽形寿不杀生,尽形寿不盗,尽形寿不邪淫,尽形寿不妄语,尽形寿不饮酒。佛婆伽婆出家我某甲

(指求受沙弥戒者),因和上某甲(指戒和尚),随佛出家(如是三说——原注)。佛婆伽婆出家,舍俗服、著袈裟,我某甲,因和上某甲,随佛出家,舍俗服、著袈裟。尽形寿不杀生,持沙弥戒;尽形寿不盗,持沙弥戒;尽形寿不淫,持沙弥戒;尽形寿不妄语,持沙弥戒;尽形寿不饮酒,持沙弥戒;尽形寿不著香华鬘,不香涂身,持沙弥戒;尽形寿不歌舞倡妓不往观听,持沙弥戒;尽形寿不坐高广大床,持沙弥戒,尽形寿不非时食(又称"过午不食",指不在每日正午之后至次日黎明之前受食),持沙弥戒;尽形寿不捉持生像金银宝物,持沙弥戒。(第926页中)

(二)"沙弥威仪"。始"已受沙弥十戒,为贤者道人,次教之"(第927页上),终"说沙弥威仪式竟"(第929页下),叙述"沙弥威仪"。主要内容有:

"师教沙弥有五事"(指"不得屏处骂大沙门"等);"沙弥事和上有十事"(指"当早起"等);"事阿阇梨有五事"(指"视阿阇梨,一切当如视我"等);"早起具杨枝澡水有六事"(指"断杨枝当随度数"等);"授袈裟有四事"(指"当徐徐一手排、一手捉下授之"等);"摄袈裟有四事"(指"当视上下"等);"持钵有四事"(指"当洗令净"等);"持锡杖有四事"(指"取拭去生垢"等);"持履有四事"(指"当先抖擞之"等)。

"俱应请连坐饭时有四事"(指"坐当离师六尺"等);"别坐饭时有四事"(指"当立住师边"等);"入城乞食时有四事"(指"当持师钵"等);"俱行还至故处有四事"(指"当先徐开户,出坐具敷之"等);"过水边饭时有四事"(指"当求净地"等);"止阴树下饭时有四事"(指"当持钵挂著树上,采取叶作坐"等);"道中相待有三事"(指"持钵著净地,作礼如事说"等);"合钵饭时有二事”(指“若师钵中无酪酥浆,当自取所得钵饭授师”等);“转贸钵饭时有三事”(指“若师钵中得美膳者,自得不如者便当授师”等);“对饭时有三事”(指“当授师钵,乃却坐饭”等);“前后饭时有三事”(指“授师钵具已,当却至屏处住”等);“饭已澡钵有三事”(指“澡漱已,当先取师钵澡”等);“澡钵去时有三事”(指“师言我今欲过某许贤者,某自先归”等)。

“入众有五事”(指“不得于坐上遥相呼语笑”等);“作直(值)日有五事”(指“当惜众僧物”等);“择菜有五事”(指“当却根”等);“汲水有十事”(指“当先澡手”等);“澡釜有五事”(指“当澡釜缘口上”等);“吹灶有五事”(指“不得蹲吹火”等);“扫地有五事”(指“当顺行”等);“比丘僧饭时扫地有五事”(指“常却行”等);“持水澡罐泻水有五事”(指“一手持上,一手持下,不得转易”等);“持当盘有五事”(指“不得曳盘使有声”等);“持手巾有五事”(指“当左手持下头、右手持上头授人”等);“布履有五事”(指“当先抖擞去中所有”等);“沙弥澡钵有七事”(指“钵中有余饭,不得便取弃之”等);“拭钵有五事”(指“当更澡手拭令燥”等)。

“行会饭时教沙弥持钵有五事”(指“不得置地”等);“为师遣行答谢人有七事”(指“当直往”等);“入大沙门户有三事”(指“若和上、阿阇梨暂使往”等);“欲入门户有七事”(指“当三弹指乃得入”等);“独使沙弥远出行当教上头有三事”(指“彼人问卿和上名何等,便报言字某甲”等);“入浴室有五事”(指“低头入”等);“至舍后行有十事”(指“欲大小便即当行”等);“至舍后行有五事”(指“不得正唾前壁”等)等。如关于“沙弥入众有五事”,说:

> 沙弥入众有五事。一者当明学,二者当习事,三者当给

众，四者当授大沙门物，五者欲受大戒时，三师易得耳。复有五事。一者当礼佛，二者当礼比丘僧，三者当问讯上下坐，四者当留上座坐处，五者不得诤坐处。复有五事。一者不得于坐上，遥相呼语笑。二者不得数起出。三者若众中呼沙弥某甲，即当起应。四者当随众僧命。五者摩摩帝（指执事）呼有所作，当还白师。是名入众时法。（第928页中）

乙篇：始“沙弥七十二威仪，总有十四事”（第929页下），终“十者无违期约，以失道信”（第932页中）。叙述“沙弥七十二威仪”（由于书中没有数序，故无法确定“七十二威仪”、“十四事”究竟是指哪些事项）。主要内容有：

“师与语有二事”（指“不得报语”等）；“为师作礼有十事”（指“师坐禅不应作礼”等）；“早起入户有五事”（指“整理衣被”等）；“襞三衣有五事”（指“不得当前”等）；“随师行有五事”（指“不得过历人家”等）；“给师所须有五事”（指“当得杨枝”等）；“洗有五事”（指“不得向塔”等）；“暮入户有五事”（指“当扫除床”等）；“从师受经有五事”（指“当叉手作礼”等）；“受师三衣有五事”（指“当洗手”等）。

“洗钵有五事”（指“当得牛粪灰”等）；“扫地有五事”（指“不得背师”等）；“随师至檀越家有五事”（指“当持钵”等）；“入浴室有五事”（指“不得先师入”等）；“朝晡问讯礼敬有十三事”（指“当早起澡漱”等）；“持师澡罐有十五事”（指“净洗澡瓶”等）；“洒扫拂拭床有八事”（指“扫拭床席”等）；“持师食有十四事”（指“当具净巾”等）；“取法衣及履有十事”（指“当左执其上、右执其下”等）；“取应器及澡瓶有八事”（指“先摩拭令净”等）；“取锡杖有七事”（指“当扫拭令净”等）。

“侍师沐浴剃头有十二事”(指“务当恭敬,执所宜作”等);“持香赋花有七事”(指“当净拭香炉”等);“然(燃)灯有八事”(指“去故炷”等);“采花及取杨枝有九事”(指“有主问其主”等);“凡所施行不得自用有十八事”(指“出入行来当先白师”等);“从师行先后还有十六事”(指“当整衣服”等);“独行送死问疾有九事”(指“当主人门,当相进退之仪”等);“于道路与师相逢有六事”(指“礼师当稽首足下”等)。

“众僧食饭时有十六事”(指“无诃食好恶”等);“众僧说经(时)有十三事”(指“坐必端严”等);“直(值)日有十事”(指“讲堂设僧诸事”等);“独行分卫有十六事”(指“务与人俱”等);“(入)市所求有九事”(指“当低头直往直还”等);“到比丘尼寺有九事”(指“不得为非时之说”等);“讲经诵法有八事”(指“必令详审所见不同”等);“常昼夜三时诵经行道有十事”(指“不得蹑革屣”等);“诵经行有十事”(指“寝息各异,不相涉入”等)等。如关于“凡所施行不得自用有十八事”,说:

凡所施行,不得自用,有十八事。一者出入行来,当先白师。二者若欲宿行,当先白师。三者若作新法衣,当先白师。四者若欲著新法衣,当先白师从受。五者若欲浣法衣裳,当先白师。六者若欲剃头,先当白师。七者若疾病服药,当先白师。八者若作众僧事,当先白师。九者若欲私有具纸笔之辈,当先白师。十者若讽起经呗,当先白师。十一者若人以物惠施,先白师已受取。十二者己物惠施人,当先白师,师听然后与。十三者人从己假借,一一当先白师,师听然后有与。十四者己欲从人假借,皆当白师,师听得去。十五者欲白之仪,先整衣服,稽首为礼。十六者若其听或不听,皆当恭敬,稽首作礼。十七者陈所欲知。十八者不得有

恨意，有所应辞（宋元明本作“辟”）报。（第931页上）

本书的末尾还附有“沙弥五德十数”。说：“五德者，一者发心离俗，怀佩道故。二者毁其形好，应法服故。三者永割亲爱，无适莫故。四者委弃身命，遵崇道故。五者志求大乘，为度人故。十数者。一者一切众生皆依饮食而存，二者名色，三者三受，四者四谛，五者五阴，六者六入，七者七觉分，八者八正道，九者九众生居，十者十一切入。”（第932页中）其中，“五德”出自西晋法立、法炬译《诸德福田经》；“十数”（从“一”至“十”的法数）出自东晋佛陀跋陀罗等译《摩诃僧祇律》、姚秦佛陀耶舍等译《长阿含经》卷八《众集经》。

本经的别生经有：刘宋求那跋摩译《沙弥威仪》一卷。

刘宋求那跋摩译《沙弥威仪》一卷

《沙弥威仪》，又名《沙弥威仪经》、《沙弥威仪戒》，一卷。刘宋求那跋摩译，元嘉八年（431）译出。本书最初是作为“失译经”，著录于梁僧祐《出三藏记集》卷四《新集续撰失译杂经录》之中；隋费长房《历代三宝纪》卷十始将它列为刘宋求那跋摩译；唐智升《开元释教录》卷五以及后世藏经目录沿依此说。载于《丽藏》“外”函、《宋藏》“受”函、《金藏》“外”函、《元藏》“受”函、《明藏》“受”函、《清藏》“受”函、《频伽藏》“寒”帙，收入《大正藏》第二十四卷。

本书叙述“沙弥威仪”。经首无开经语（“如是我闻……”），经末无结经语（“闻佛所说，欢喜奉行”），开卷便是“已受沙弥十戒，为贤者道人，次教之当用，渐积从小起，当知威仪施行”，性质上属于没有结集语形式的佛经。主要内容有：

“师教沙弥有五事”；“沙弥事和上有十事”；“沙弥事阿阇梨

有五事”;“早起具杨枝澡水有六事”;“授袈裟有四事”;“叠袈裟有四事”;“持钵有四事”;“持履有四事”;“持锡杖有四事”;“俱应请连坐饭时有四事”;“别坐饭时法有四事”;“入城乞食时有四事”;“还水边饭时有四事”;“止于树下饭时有四事”;“住于道中相待有三事”;“合钵食时有三事”;“转贸钵时有三事”;“对饭时有三事”;“前后饭时有三事”;“饭已澡漱有三事”;“澡钵去时有三事”。

“入众有五事”;“作直(值)日有五事”;“择菜有五事”;“汲水有十事”;“汲水有十事”;“澡釜有五事”;“吹灶有五事”;“扫地有五事”;“比丘僧饭食沙弥扫地有五事”;“持水澡罐泻水有五事”;“持澡盘有五事”;“持手巾有五事”;“授履有五事”;“澡钵有七事”;“拭钵有五事”;“行会饭时教沙弥持钵有五事”;“为师持书行答谢人有七事”;“入大沙门户有三事”;“欲入户有七事”;“独使沙弥远出行当教上头有三事”;“入浴室有五事”;“至舍后有十事”;“至舍后有五事”;“沙弥十数”、“五德”等。如关于“沙弥事和上有十事”、“作直(值)日有五事”,说:

沙弥事和上有十事。一者当早起。二者欲入户,当先三弹指。三者具杨枝澡水。四者当授袈裟,却授履。五者扫地,更益澡水。六者当辟扫拭床席。七者师出未还,不得中舍户去,师还,逆取袈裟,内襞之。八者若有过,和上阿阇梨教诫之,不得还逆语。九者当低头受师语去,当思惟念行之。十者出户,当还牵户闭之。是为事和上法。(《大正藏》第二十四卷,第932页下)

沙弥作直(值)日有五事。一者当惜众僧物。二者不得当道作事。三者事未竟已,不得中起舍去。四者若和上阿阇梨唤,不得便往,应当报摩摩谛。五者当随摩摩谛教令,不得

违戾。是为作直日法。(第933页下—第934页上)

将本书与《沙弥十戒法并威仪》对勘,可以发现,本书的内容和译文与《沙弥十戒法并威仪》中的甲篇第二部分“沙弥威仪”基本相同,仅个别文字因抄写的缘故略有差异。因此,可以断定本书是从前书抄出别行的,并非真的是刘宋求那跋摩所译。尤其是作为《沙弥十戒法并威仪》附语的“五德”、“十数”,在本经中倒了一下次序,变成“十数”、“五德”,被编入正文,作为“沙弥威仪”的组成部分,这是没有根据的更改。

北宋施护译《沙弥十戒仪则经》一卷

《沙弥十戒仪则经》,又名《佛说沙弥十戒仪则经》,一卷。北宋施护译,雍熙三年(986)译出。北宋赵安仁等《大中祥符法宝录》著录。载于《丽藏》“壁”函、《宋藏》“卿”函、《金藏》“壁”函、《元藏》“卿”函、《明藏》“则”函、《清藏》“则”函、《频伽藏》“寒”帙,收入《大正藏》第二十四卷。

施护(生卒年不详),北印度乌填曩国人。北宋太平兴国五年(980),与北印度迦湿弥罗国的天息灾同抵汴京(今河南开封)。后住在太平兴国寺西的新建的译经传法院,参与译经,赐号“显教大师”。雍熙二年(985)诏除朝散大夫。前后共译出大小乘、显密教经典一百十三部二百三十一卷(据周叔迦《宋元明清译经图纪》统计),其中密教经典几近半数。所译有:《大集法门经》、《大生义经》、《了义般若波罗蜜多经》、《大方广善巧方便经》、《法集名数经》、《秘密三昧大教王经》、《一切如来金刚三业最上秘密大教王经》、《持明藏八大总持王经》、《一切如来安像三昧仪轨经》、《集大乘相论》等。生平事迹见明代明河《补续高僧传》卷一、近代喻谦《新续高僧传四集》卷一等。

本书以偈颂的形式,叙述沙弥“十戒”和“仪则”(行为规范)。以五言四句为一颂计算,全书共有“七十二颂”。内容包括:对“沙弥十戒”的阐释和对“沙弥仪则”(即“沙弥威仪”)的叙列。但本书并非是先叙“十戒”,后叙“仪则”,而是以“仪则”为主线,将“十戒”融入其间,加以叙述的。

(一) 初首部分。

顶礼一切智,妙法及圣众。略说沙弥行,令发出家心。于彼释迦教,坚持于禁戒。 持戒如护身,防守勿令犯。夜卧从早起,净口及牙齿。念诵至天明,顶礼正等觉。参近于师房,以手轻击门。入已问讯师,身体安乐不。如是所作已,复作曼拏罗。(《大正藏》第二十四卷,第935页中)

(二) 中间部分。

……若有出家者,恣用身口意。误杀蝼蚁类,于其三业中。而得三种罪,若人以拳棒。土石及砖瓦,打掷于有情。驼骡禽兽等,亦得破戒罪。……若有出家者,不得行偷盗。若自若教他,偷得于财物。迦哩沙波拏,四分中一分。如是破戒因,而成最重罪。……若有出家者,不得行淫欲。女男及黄门,自来相慕欲。愚迷而爱著,得彼根本罪。……若有出家者,不得出妄语。若言见天人,与我同言语。大人所住处,我自亦曾到。……为酒醉于人,不得而故饮。或以甘蔗花,蒲萄果实等。修酿可醉人,不得而故饮。自饮教他饮,迷乱而失念。增长放逸心,饮者得重罪。……(第935页下—第936页上)

(三) 结尾部分。

一切凡所作,合掌先问师。如是所作为,不失于正行。

日没礼佛塔，礼已复问师。与师濯双足，事毕一心听。颙望于所须，初夜及后夜。持诵勿须停，中夜睡眠时。如彼师子卧，所说一切法。志心而依行，熏识贤种子。烦恼自断除，速成无上觉。（第936页下—第937页上）

由于本书全是偈颂，又不分章节，不立标题，故在条理上不如《沙弥十戒法并威仪》来得清晰，这在很大程度上影响了它的流传。古印度喜欢用偈颂来构建经典，而华夏则习惯用散文构建经典，这从一个方面反映了不同文化的差异。

第四品　后汉失译《沙弥尼戒经》一卷
附：东晋失译《沙弥尼戒文》一卷

《沙弥尼戒经》，又名《沙弥尼戒》，一卷。后汉失译，约出于建和元年（147）至延康元年（220）之间。本书最初是作为“失译经”，著录于梁僧祐《出三藏记集》卷四《新集续撰失译杂经录》之中（书名作《沙弥尼戒》）；隋费长房《历代三宝纪》卷四始将它编为后汉失译；唐智升《开元释教录》卷一以及后世藏经目录沿依此说。载于《丽藏》“外”函、《宋藏》“受”函、《金藏》“外”函、《元藏》“受”函、《明藏》“随”函、《清藏》“随”函、《频伽藏》“寒”帙，收入《大正藏》第二十四卷。

本书叙述沙弥尼“十戒”（与“沙弥十戒”相同）和“威仪”（行仪规范）。经首无开经语（“如是我闻”），经末无结经语（“闻佛所说，欢喜奉行”），开卷便是“沙弥尼初戒，不得杀生”，性质上属于没有结集语形式的佛经（或称西域佛教撰集）。

（一）前部分。叙述“沙弥尼十戒”。但本书的译文与通常所见（如东晋失译《沙弥十戒法并威仪》所说）略有不同，书中将

“不妄语”译作“不得两舌恶言”，将“不著香华鬘，不香涂身”译作“不得持香华，自熏饰衣被”，将“不坐高广大床”译作“不得坐金银高床”，将“不捉持生像金银宝物”译作“不得积聚珍宝，不得手取”等；其最后二戒的先后次序，通常所见是第九戒“不非时食”（又称“过午不食”）、第十戒“不捉持生像金银宝物”，而本书则相反。书中写道：

沙弥尼初戒，不得杀生。慈愍群生，如父母念子。……沙弥尼戒，不得盗窃。一钱以上，草叶毛米，不得取也。……沙弥尼戒，不得淫泆。……沙弥尼戒，不得两舌恶言，言语安详，不见莫言见，不闻莫言闻。……沙弥尼戒，不得饮酒。……沙弥尼戒，不得持香华，自熏饰衣被。……沙弥尼戒，不得坐金银高床。……沙弥尼戒，不得听歌舞音乐声，拍手鼓节，不得自为，亦不教人。……沙弥尼戒，不得积聚珍宝，不得手取，不得教人。……沙弥尼戒，食不失时，常以时食，不得失度，过日中后，不得复食。……沙弥尼已受十戒，原道思纯，能行是十事，五百戒自然具足。（《大正藏》第二十四卷，第937页上、中、下）

（二）后部分。叙述沙弥尼的“威仪”。说：

沙弥尼常尊三宝，敬师和上，过于父母百千万倍。父母一世，和上度无极无限。……又沙弥尼不得独行，同类为伴，二人、若三人，若无沙弥尼，当与清信女俱行。若婢使，不得与大沙弥男子同床座坐。不妄语。又不得比寺居止。自不疾病，不得数往反檀越，请读经乃说，不得自用。等辈相教，随年恭顺。不得慢恣转相导说。若有过失，屏处相谏，莫于众中说，闻善见善，乃可宣扬，闻恶见恶，不得传说，唯可白和上，不得语余人。常自克责，见善思及，见恶自

察。……不得与男子共行、同道、相随，不得与男子沙门比房同寺，各各别异，法之大节焉。（第938页上、中）

本书是一部含有某些大乘思想成份的著作。如书中说："普等一心，常志大乘，是为沙弥尼始学戒也。"（第937页上）"观身四大，本无所有，计地水火风，无我、无人、无寿、无命。何所淫泆？何所著乎？志空无相愿，是为沙弥尼戒也。"（第937页中）"常叹经法、菩萨正戒，志于大乘，不为小学，行四等心，是为沙弥尼戒也。"（同上）"愿六神通无碍，六度导人，是为沙弥尼戒也。"（同上）"常自专精，以道为宝，以经为上，以义为妙，解空、无相、无愿为本。"（第937页下）"求大乘者，了一切空，如幻化、梦、影响、野马、芭蕉、深山之响，缘对而生，本无所有。"（第938页上）"不违经戒，思惟空义，以为屋宅。"（同上）

上述文句反映了本书有借用早期大乘的"般若性空"说的语言，来解释原是小乘范围内的"沙弥尼十戒"的倾向。由此推断，原本很可能是西域大小乘共同流行地区形成的撰集。日本平川彰认为，"此经举沙弥尼十戒作说明，之后谈到，若如法遵守此十戒，则五百戒自然具足"，"是一部从大乘立场修润沙弥尼戒的作品"（见氏著《律藏之研究》）。

东晋失译《沙弥尼戒文》一卷

《沙弥尼戒文》，原名《沙弥尼离戒文》（"离"为衍字），又名《沙弥尼戒经》、《沙弥尼杂戒文》，一卷。东晋失译，约出于建武元年（317）至元熙二年（420）之间。本书最初是作为"失译经"，著录于梁僧祐《出三藏记集》卷四《新集续撰失译杂经录》之中（书名作《沙弥离戒》）；唐智升《开元释教录》卷三始将它编为东晋失译（书名作《沙弥尼离戒文》），后世藏经目录沿依此说。

载于《丽藏》“外”函、《宋藏》“受”函、《金藏》“外”函、《元藏》“受”函、《明藏》“受”函、《清藏》“受”函、《频伽藏》“寒”帙，收入《大正藏》第二十四卷。

本书叙述沙弥尼“十戒”和“威仪七十事”。经首无开经语（“如是我闻”），经末无结经语（“闻佛所说，欢喜奉行”），开卷便是“善女人字某言：某所受秽恶之身，充弊人流，不堪下行，克己自悔，愿为弟子，受持正戒，终身奉行”，性质上属于没有结集语形式的佛经（或称西域佛教撰集）。本书原名中的“沙弥尼离戒”，使人误以为它是讲沙弥尼背离戒法之事的，但书中实际所说恰恰相反，究其原因，是“沙弥尼”的音译偶尔也写作“沙弥离”，“尼”和“离”只能取其一，不能同时并用，由于“沙弥尼”是通用语，“沙弥离”是讹写，故《明藏》本对此作了更正，今据《明藏》本定名。

（一）前部分。叙述“沙弥尼十戒”。本书的译文与通常所见略有不同，较为特殊的是删去了“不捉持生像金银宝物”一戒，而新增“不得嫁”一戒（从出家本身就意味着脱离家庭、婚姻这一点来说，此戒似属多余，有误译之嫌）；其先后次序也有变化。如关于“沙弥尼十戒”的条文，说：

> 沙弥离（当作“尼”）有十戒。一尽形寿不得杀生，不得教人杀生。二尽形寿不得盗，不得教人盗。三尽形寿不得淫，不得教人淫。四尽形寿不得嫁，不得教人嫁。五尽形寿不得妄语，不得教人妄语。六尽形寿不得歌舞，不得教人歌舞，不得弹筝吹笛。七尽形寿不得著香华脂粉，不得教人著脂粉。八尽形寿不得于高好刻镂床上卧，不得教人作好床卧。九尽形寿不得饮酒，不得教人饮酒。十尽形寿过日中不得复食，不得教人食。（《大正藏》第二十四卷，第938页中、下）

（二）后部分。叙述“威仪七十事”。主要内容有：

“不得著缯彩衣”；“不得作彩衣与人”；“不得恶口相调”；“不得教人作不急语”；“不得与优婆夷相看形体大笑”；“不得于避处裸形自弄身体”；“不得照镜摩拭面目画眉”；“不得瞋恨羞惭恚语”；“不得思念与男子共交会，问优婆夷何如”；“不得贪家钱财强索人物”；“不得手授男子物”；“不得与优婆夷露浴”；“不得独至僧房问义”；“不得说浴事”；“不得笑经语”；“受经有五事”（指“当与长老尼共行”等）；“省师病有四事”（指“长跪问讯语讫应去，不得论事”等）；“夜卧有五事”（指“不得袒裸自露”等）。

“至檀越家有五事”（指“当报师僧”等）；“止檀越家有五事不应法”（指“不得至妇女房中语戏”等）；“入浴室有五事”（指“不得与优婆夷共洗”等）；“烧香有五事”（指“不得左右远视”等）；“朝起有五事”（指“先礼经像”等）；“师与语有五事”（指“若见责，当即自悔过”等）；“浣衣有四事”（指“当弃恶水于屏处”等）；“行道有五事”（指“当与三人共行”等）等。如关于“夜卧有五事”等，说：

> 夜卧有五事。当头输佛；当伛卧，不得申脚；不得仰向频申；不得袒裸自露；不得手近不净处。……师与语有五事。问经戒义，不知当请；若见责，当即自悔过；不得覆藏；不得自理；不得恶眼视师。……行道有五事。当与三人共行；当与大尼共行；若当与优婆夷共行；当视前六尺；当著法衣。（第939页上）

本书之末有“除觐说戒节度”一文，主要讲述“维那”（意译“授事”，掌管僧众杂务者，与上座、寺主合称“寺院三纲”）在“说戒”中的行事，其中有“于某州某郡某县某檀越精舍中说戒”、“皆共礼佛、礼般若讫”等语（见第939页中），其内容与本书的主题毫不相干，当属后世传抄者增益（日本正仓院圣语藏本对此作了删除）。

第五品　孙吴支谦译《戒消灾经》一卷

《戒消灾经》，又名《佛说戒消灾经》、《戒消伏灾经》，一卷。孙吴支谦译，黄武元年（222）至建兴二年（253）译出。本书最初是作为"失译经"，著录于梁僧祐《出三藏记集》卷四《新集续撰失译杂经录》之中；隋费长房《历代三宝纪》卷五始将它列为支谦译；唐智升《开元释教录》卷二以及后世藏经目录沿依此说。载于《丽藏》"入"函、《宋藏》"奉"函、《金藏》"入"函、《元藏》"奉"函、《明藏》"初"函、《清藏》"初"函、《频伽藏》"寒"帙，收入《大正藏》第二十四卷。

支谦（生卒年不详），字恭明，一名越，佛教居士（即"优婆塞"）。祖籍西域大月氏，东汉灵帝时，祖父法度率数百人归依汉朝，封为率善中郎将。支谦十岁学习汉书（汉文），十三岁学习胡书（西域文），通晓六国语言。受业于支亮（支亮受学于支谶），博览经籍，综习世间技艺。汉献帝末年，洛阳一带战乱频仍，支谦与同乡数十人逃往南方。吴主孙权闻其博学而有才慧，封他为博士，辅导太子孙登。孙登死后（《出三藏记集》卷十三作"后太子登位卒"，"位"字衍），支谦隐居于穹隆山，受持"五戒"，不交世务，所从游者，皆为沙门（僧人）。所译佛经，《出三藏记集》卷二统计为"三十六部四十八卷"；《高僧传》卷一作"四十九经"；《开元释教录》卷二作"八十八部一百一十八卷"，其中《大明度无极经》、《阿弥陀经》、《惟日杂难经》等"五十一部六十九卷"见在，《摩诃般若波罗蜜咒经》等"三十七部四十九卷"阙本。此外，支谦还根据《无量寿经》、《中本起经》创作了赞颂菩萨的梵呗三章(后佚),注释《了本生死经》等经。约卒于孙吴建兴二年(253)以后,年寿六十。生平事迹见梁僧祐《出三藏记集》卷十三、慧皎《高僧传》卷一等。

本书记述佛在舍卫国给孤独园时,一个客舍(指旅店)主人因受持优婆塞“五戒”而获佑消灾的故事。

舍卫国有一个县,家家户户奉行佛为在家的居士制立的“五戒”、“十善”,境内没有酿酒的。有个大姓人家的儿子,要出远门,去他国做生意。临行,父母叮嘱道:“汝勤持五戒,奉行十善,慎莫饮酒,犯佛重戒。”(《大正藏》第二十四卷,第944页中)儿子答应了。在他国,遇到老同学,欣喜之下请他一起喝酒,那人推辞未成,喝了酒,醉卧了三天。酒醒后,他心生悔惧,待事情办完回家,如实地告诉了父母。父母知悉后,十分生气,呵责道:“汝违吾教,加复犯戒,乱法之渐,非孝子也。”(同上)将他赶出了家门。在他国,那人向所住客舍的主人讲述了自己的经历,在他的启发下,客舍主人受持“三自归”、“五戒”、“十善”,“一心精进,不敢懈怠”(第944页下),并因此而避免了被啖人鬼所食的灾祸。

经中对“五戒”作了这样的介绍:“一曰慈仁不杀,二曰清信不盗,三曰守贞不淫,四曰口无妄言,五曰孝顺不醉。”(第945页上)也就是说,本书对“五戒”的翻译是“不杀”、“不盗”、“无妄言”(即“不妄语”)、“不醉”(即“不饮酒”)。

纵观本书,其主旨乃是讲述在家的佛弟子受持“五戒”的利益,说明“饮酒”的危害的。

第六品　刘宋求那跋摩译《优婆塞五戒相经》一卷

《优婆塞五戒相经》,又名《优婆塞五戒略论》、《优婆塞五戒相》,一卷。刘宋求那跋摩译,元嘉八年(431)译出。梁僧祐《出三藏记集》卷二《新集撰出经律论录》著录(书名为《优婆塞五戒略论》)。载于《丽藏》“入”函、《宋藏》“奉”函、《金藏》“入”函、《元藏》“奉”函、《明藏》“初”函、《清藏》“初”函、《频伽藏》“寒”帙,收入《大正藏》第二十四卷。

本书记述佛在迦维罗卫国时,应净饭王之请,阐述优婆塞(又称“清信士”,指在家信佛的男子)“五戒”(书中译作“杀戒”、“盗戒”、“淫戒”、“妄语戒”、“酒戒”)的犯相(犯戒相状)。其中,前四戒“杀戒”(即“不杀生”)、“盗戒”(即“不偷盗”)、“淫戒”(即“不邪淫”)、“妄语戒”(即“不妄语”),属于“性戒”,是世法和佛法共同禁止的自性为恶的行为。若犯戒的性质较轻,则可以用忏悔的方式除罪,称之为“犯可悔罪”,它包括“中罪可悔”、“小罪可悔”,略称“中可悔”、“小可悔”,或“中可悔”、“下可悔”;若犯戒的性质较重,则不可以用忏悔的方式除罪,称之为“犯不可悔罪”。末一戒“酒戒”(即“不饮酒”)属于“遮戒”(又称“息世讥嫌戒”),是世法不禁止而佛法禁止的自性非恶、但妨乱修道的行为,犯戒以后可以用忏悔的方式除罪,称之为“犯可悔罪”。

(1)《杀戒》。其中,属于“犯不可悔罪”的行为,有“自作”(自己动手)、“教人”(教人动手)、“遣使”(派人动手)夺人命;“用内色”(指用手、足等)、“用非内色”(指木、瓦、石、刀、槊、弓箭等)、“用内非内色”(指用毒药等)夺人命;“作无烟火坑杀”、“作阱杀”、“作触杀”、“作毗陀罗杀”(指作咒术)、“堕胎杀”、“推火中杀”、“推水中杀”、“推坑中杀”夺人命等。属于“犯可悔罪”(包括“中罪可悔”、“小罪可悔”,略称“中可悔”、“小可悔”,或“中可悔”、“下可悔”)的行为,有“欲杀非人,而杀人者”(指非故意杀人而误伤人命者)等。属于“无罪”(又称“无犯”、

"不犯",指不违犯戒)的行为,有"若狂、不自忆念杀者"(指精神失常、对自己的行为无法回忆者)等。如说:

> 犯杀,有三种夺人命。一者自作,二者教人,三者遣使。自作者,自身作,夺他命。教人者,教语他人言:捉是人,系缚夺命。遣使者,语他人言:汝识某甲不?汝捉是人,系缚夺命。是使随语,夺彼命时,优婆塞犯不可悔罪。复有三种夺人命。一者用内色,二者用非内色,三者用内非内色。……彼因死者,犯不可悔罪。若不即死,后因是死,亦犯不可悔罪。若不即死,后不因死,是中罪可悔。(《大正藏》第二十四卷,第940页上)
>
> 若居士作方便,欲杀非人,而杀人者(以上指非故意杀人而误伤人命者),犯小可悔罪。(第941页中)
>
> 若狂、不自忆念杀者(指精神失常、对自己的行为无法回忆者),无罪。(同上)

(2)《盗戒》。其中,属于"犯不可悔罪"的行为,有"用心"、"用身"、"离本处"(指使物离开原地),取人重物(价值"五钱");"自取"、"教他取"、"遣使取",取人重物;"苦切取"、"轻慢取"、"诈称他名字取"、"强夺取"、"受寄取",取人重物等。属于"犯可悔罪"的行为,有"取轻物"等。属于"无犯"的行为,有"己想"、"同意"、"暂用"、"谓无主"、"狂"、"心乱"、"病坏心"取物等。如说:

> 优婆塞以三种取他重物,犯不可悔。一者用心,二者用身,三者离本处。用心者,发心思惟,欲为偷盗。用身者,用身分等取他物。离本处者,随物在处,举著余处。复有三种,取人重物,犯不可悔罪。一者自取,二者教他取,三遣使取。……复有五种,取他重物,犯不可悔。一者苦切取,二

者轻慢取,三者诈称他名字取,四者强夺取,五者受寄取。重物者,若五钱,若直(值)五钱物,犯不可悔。(第941页下)

复有七种。一非己想,二不同意,三不暂用,四知有主,五不狂,六不心乱,七不病坏心。此七者取重物,犯不可悔。取轻物,犯中可悔。又有七种。一者己想,二者同意,三者暂用,四者谓无主,五狂,六心乱,七病坏心。此七者取物,无犯。(第942页中、下)

(3)《淫戒》。其中,属于"犯不可悔罪"的行为,有与妻室之外的"人女"(指女人)、"非人女"(指女鬼)、"畜生女"(指雌性畜生)的"三处"(指口处、大便处、小便处;小便处指阴道)行邪淫(指发生性关系);与"人男"(指男人)、"非人男"(指男鬼)、"畜生男"(指雄性畜生)、"黄门"(指男根有缺陷者)、"二根人"(指同具男女二根者)的"二处"(指口处、大便处)行邪淫等。属于"犯可悔罪"的行为,有"未和合者"等。属于"无犯"的行为,有与"淫女"(指妓女)行淫,但"与直"(指给钱)等。如说:

若优婆塞,与人女、非人女、畜生女,三处行邪淫,犯不可悔。若人男、非人男、畜生男、黄门、二根(人),二处行淫,犯不可悔。若发心欲行淫,未和合者,犯下可悔。若二身和合,止不淫,犯中可悔。……若优婆塞,共淫女行淫,不与直(同"值",指钱)者,犯邪淫,不可悔。与直,无犯。(第943页上)

(4)《妄语戒》。其中,属于"犯不可悔罪"的行为,有明明"不知、不见过人圣法",却自称得"四向四果"、"四禅"、"四无量心"、"四空定"、"不净观"、"数息观",与各路鬼神往来问答等。属于“犯可悔罪”的行为,有“实闻而言不闻”、“实见而言不”、“疑有而言无”、“无而言有”(以上属于比丘戒“波逸提法”中说的“小妄语戒”,又称“故妄语戒”,而本书“五戒”中说的“妄语戒”则为“大妄语戒”)等。属于“无犯”的行为,有“狂”、“心乱”、“不觉语”等。如说:

> 若优婆塞,不知、不见过人圣法,自言我是罗汉、向罗汉者,犯不可悔。若言:我是阿那含(指“不还果”)、斯陀含(指“一来果”),若须陀洹(指“预流果”),乃至向须陀洹(指“预流向”;以上指自称得“四向四果”);若得初禅、第二禅、第三禅、第四禅(以上指自称得“四禅”);若得慈、悲、喜、舍无量心(以上指自称得“四无量心”);若得无色定(指无色界的禅定),虚空定、识处定、无所有处定、非想非非想处定(以上指自称得无色界“四空定”);若得不净观、阿那般那念(指“数息观”);诸天来到我所,诸龙、夜叉、薜荔(指饿鬼)、毗舍阇(指啖精气鬼)、鸠槃茶(指厌魅鬼)、罗刹(指恶鬼)来到我所。彼问我,我答彼。我问彼,彼答我。皆犯不可悔。……若优婆塞,实闻而言不闻,实见而言不见,疑有而言无,无而言有,如是等妄语,皆犯可悔。……若狂、若心乱、不觉语者,无犯。(第943页上、中)

(5)《酒戒》。有“犯”与“不犯”之分。凡是饮用一切有“酒色”、“酒香”、“酒味”、“能醉人”的饮料(包括木酒、谷酒、酢酒、甜酒,以及酒曲、酒糟、酒淀),皆为“犯”。如果饮用只有“酒色”,而无“酒香”、“酒味”,也“不能醉人”的饮料,为“无犯”。如说:

> 不得饮酒者,有二种,谷酒、木酒。木酒者,或用根茎叶花果,用种种子诸果草,杂作酒,酒色、酒香、酒味,饮能醉

人,是名为酒。若优婆塞尝咽者,亦名为饮犯罪。若饮谷酒,咽咽犯罪。若饮酢酒,随咽咽犯。若饮甜酒,随咽咽犯。若啖曲能醉者,随咽咽犯。若啖酒糟,随咽咽犯。若饮酒淀,随咽咽犯。若饮似酒色、酒香、酒味,能令人醉者,随咽咽犯。若但作酒色,无酒香、无酒味,不能醉人,及余饮,皆不犯。(第944页上)

本书中有关"杀戒"、"盗戒"、"淫戒"、"妄语戒"的内容,见于《十诵律》卷一至卷二"明四波罗夷法"中的"杀戒"、"盗戒"、"淫戒"、"大妄语戒";有关"酒戒"的内容,见于《十诵律》卷十七"明九十波夜提法"中的"饮酒戒"。而且译语也大致相同(有些文句存在差异)。因此,本书实际上是由《十诵律》派生出来的律经。

本书的注疏有:明智旭《在家律要广集》卷一《佛说优婆塞五戒相经笺要》。

第七品 北宋法护等译《八种长养功德经》一卷

《八种长养功德经》,又名《佛说八种长养功德经》,一卷。北宋法护等译,天禧三年(1019)至天圣元年(1023)之间译出。北宋吕夷简等《景祐新修法宝录》卷六著录。载于《丽藏》"九"函、《宋藏》"溪"函、《金藏》"俊"函、《元藏》"溪"函、《明藏》"清"函、《清藏》"清"函、《频伽藏》"列"帙,收入《大正藏》第三十四卷。

法护(963—1058),中天竺国人。北宋景德元年(1004),来至汴京(今河南开封市),进献佛舍利、贝叶梵经,帝赐紫衣束帛，于译经院从事译经。天圣元年（1023），受诏翻译南海驻荦国使进献的金叶天竺梵经。景祐二年（1035），与惟净合撰《景祐天竺字源》七卷，宋仁宗制序。至和元年（1054）因其“戒德高胜”，特赐“普明慈觉传梵大师”之号。所译的佛经有：《如来不思议秘密大乘经》、《大乘菩萨藏正法经》、《海意菩萨所问净印法门经》、《大乘大方广佛冠经》、《大乘入诸佛境界智光明庄严经》、《除盖障菩萨所问经》、《大悲空智金刚大教王仪轨经》、《出生一切如来法眼遍照大力明王经》、《大乘集菩萨学论》、《大乘宝要义论》、《施设论》等十二部一百五十五卷（此据周叔迦《宋元明清译经图纪》统计）。生平事迹见南宋志磐《佛祖统纪》卷四十四、卷四十五、明明河《补续高僧传》卷一等。

本书叙述优婆塞一日一夜受持“八戒”（又称“八种长养”）的作法。所说的作法，大致如下：

（1）“归命一切佛”。指求戒者在阿阇梨面前，唱说“归命一切佛，惟愿一切佛、菩萨众摄受于我”一词。

（2）“说伽陀颂”。指求戒者口念发心偈，说“我发广大菩提心，自他利益皆成就。忏除一切不善业，随喜无边众福蕴”等。

（3）“正受戒”。指求戒者说自己的名字，以及愿意在一日一夜受持的“八戒”的条文。

（4）“又说伽陀”。指求戒者口念回向偈，唱说“愿我乘是善业故，此世不久成正觉。说法饶益于世间，解脱众生三有苦”等词。如关于正受“八戒”的作法，说：

> 当知八种长养法者，所谓八戒。弟子应于阿阇梨前，二三重复说是伽陀（指发心偈）已，次复当称己之名字：我名某甲，惟愿阿阇梨摄受于我。我从今时发净信心，乃至坐菩

提场,成等正觉。誓归依佛,二足胜尊;誓归依法,离欲胜尊;誓归依僧,调伏胜尊。如是三宝,是所归趣。我某甲,净信优婆塞,惟愿阿阇梨忆持护念我。从今日今时发起净心,乃至过是夜分,讫于明旦日初出时,于其中间奉持八戒。所谓一不杀生、二不偷盗、三不非梵行、四不妄语、五不饮酒、六不非时食、七不花鬘庄严其身及歌舞戏等、八不坐卧高广大床。我今舍离如是等事,誓愿不舍清净禁戒八种功德。(《大正藏》第二十四卷,第 1104 页中、下)

虽说本书的个别地方也使用了一些大乘的语词,“发广大菩提心”、“自他利益皆成就”、“成佛世间广利益”等,但其核心内容仍是小乘优婆塞戒中的“八戒”(又称“近住律仪”)。故从总体上来说,它属于小乘律,而不是大乘律。

第八品　东晋失译《目连问戒律中五百轻重事》一卷

附:后汉安世高译《犯戒罪报轻重经》一卷
北宋法天译《目连所问经》一卷

《目连问戒律中五百轻重事》,又名《佛说目连问戒律中五百轻重事》、《佛说目连五百问戒律中轻重事经》、《五百问事经》,一卷。东晋失译,约出于建武元年(317)至元熙二年(420)之间。唐智升《开元释教录》卷三著录。传今的本子有两个:一个本子作“一卷”,收有三百六十七个问答(略称“三百六十七问”),载于《丽藏》“入”函、《金藏》“入”函、《频伽藏》“寒”帙;另一个本子作“二卷”(前十品为上卷,后七品和附文为下卷),

收有二百二十个问答（略称“二百二十问”），载于《宋藏》“奉”函、《元藏》“奉”函、《明藏》“随”函、《清藏》“随”函。两本的内容基本相同，但文字上颇多出入，均收入《大正藏》第二十四卷。今据《丽藏》本解说。

本书以目连问、佛答的形式，解释戒律的各种事相（如开遮、持犯、轻重等）。全书分为十七品，连同书末附出的《岁坐竟忏悔文》及其问答，总计收录三百六十七个戒律问答（《丽藏》本）。

（一）《五篇事品》。收录有关犯“五篇罪”（指波罗夷、僧残、波逸提、波罗提提舍尼、突吉罗）报应方面的问答。如比丘“犯众学戒”、“犯波罗提提舍尼”、“犯波夜提”、“犯偷兰遮”、“犯僧伽婆尸沙”、“犯波罗夷”，都将堕泥犁（指地狱）中，受苦“九百千岁”乃至“五十亿六十千岁”不等（《大正藏》第二十四卷，第972页中、下）。其内容和译文与传今的《犯戒罪报轻重经》基本相同。

（二）《问佛事品》。收录有关佛事（指造佛堂、佛塔、佛像并作礼供等事）方面的问答。

（三）《问法事品》。收录有关法事（指讲经说法等事）方面的问答。

（四）《问结界法品》。收录有关结界方面的问答。

（五）《问岁坐事品》。收录有关结夏安居方面的问答。

（六）《问度人事品》。收录有关度人出家方面的问答。

（七）《问受戒事品》。收录有关受具足戒（又称“大戒”）方面的问答。

（八）《问受施事品》。收录有关接受布施方面的问答。

（九）《问疾病事品》。收录有关生病比丘方面的问答。

（十）《问比丘死亡事品》。收录处理已故比丘财物方面的问答。

如关于比丘“断树掘地，作佛塔寺”，是否有福，以及“结界法”等事，说：

> 问：比丘自手断树掘地，作佛塔寺，及造形像，有福不？答：尚不免地狱受粗罪苦，何有福耶？以故犯戒故。（《问佛事品》，第973页下）
>
> 问：结界法云何？答：结界法，若山泽无人处，随意远近。若在城邑聚落，不得远结，亦不得夜结。结时，要须比丘在四角头立，不得使外人入，外人入，则界不成。先结界场，僧家、白衣、奴子，尽著界场上，然后规度四方。结界时，除四处：一者聚落。二者聚落外俗人田地常作事处。三者若阿练若、独处山泽，恐说戒羯磨时，有种种事难，不得来。…… 四者受戒场。（《问结界法品》，第974页上）

（十一）《问三衣事品》。收录有关僧衣方面的问答。

（十二》《问钵事品》。收录有关食钵方面的问答。

（十三）《问杂事品》。收录有关杂事方面的问答。

（十四）《问三自归事品》。收录有关受“三自归”（又称“三归依”，指归依佛、法、僧）方面的问答。

（十五）《问五戒事品》。收录有关受“五戒”方面的问答。

（十六）《问十戒事品》。收录有关受“十戒”方面的问答。

（十七）《问沙弥品》。收录有关沙弥方面的问答。

如关于受“五戒”后能否“还戒”（指舍戒），沙弥犯戒是否要当众忏悔等事，说：

> 问：五戒若不能持，得中还不？答：得还。若欲都还五戒（指全部舍弃五戒）者，合三自归还，言：从今日，佛非我尊，我非佛弟子，如是至三。法、僧亦尔。若还一二

三四(指舍弃五戒中的某一戒乃至四戒)者,但言:我从今日,不能复持某戒,如是至三。(《问五戒事品》,第982页上、中)

问:(沙弥)悔(指忏悔)须众不?答:不须众(指不须在僧众面前作忏悔),但向本师得了。若现在无师,向余一比丘亦得。(《问沙弥品》,第982页中)

本书末所附《岁坐竟忏悔文》及其问答,虽然没有以"品"命名,但其内容、形式与前十七品无异,实际上也构成一品(明代永海、性祇在为本书作的注释中,都将它们与前十七品合在一起,称为"正宗分"),收录有关夏安居结束时的忏悔文及其他方面的问答。明性祇《佛说目连五百问经略解》卷下说:"此下有十八种问答,但应在《杂事品》中,译家遗漏,故复置此。"据此,则本篇及问答,性质上属于拾遗编入。

关于本书的性质。明智旭在《阅藏知津》卷三十三将《目连问戒律中五百轻重事》称之为"疑似杂伪律",附于"小乘律藏"之末。说:"唯首品即《犯戒罪轻重》(指后汉安世高译《犯戒罪报轻重经》)并《目连所问》(指北宋法天译《目连所问经》)二经,下诸品,与五部律及诸律论,俱多矛盾。"在《重治毗尼事义集要》"卷首",智旭在《犯戒罪报轻重经》、《目连所问经》二经之后的按语中说:"按:此二译,皆即世传《五百问经》中之首品耳。意《五百问》一书,乃后人因此(指根据《犯戒罪报轻重经》)而增益附会者与。曾细玩之,不惟与《四分律》相违,实与五部(指五部广律)及诸律论俱多矛盾。虽云圣意未可妄测,经典不宜轻议,然设欲从此,则大违众律。岂应舍通途之轨式,取疑似之法门?不知近代律主偏流通此经者,亦曾参考全律否耶?今既遍探五律之源,不得不列在疑似之科矣。"

综合起来说,智旭之所以将本书视为“疑似杂伪律”,其主要理由有两条：一是本书首品《五篇事品》的内容,就是《犯戒罪报轻重经》(北宋法天译《目连所问经》为其同本异译),很可能是后人根据《犯戒罪报轻重经》增益附会,撰成《五百问经》一书的。二是本书的其他各品,与汉传五部广律和其他律论所说,存在着诸多矛盾之处。

笔者认为,本书实际上是佛经目录学上说的“西域圣贤集传”,并非是真正的“佛说”,它是根据西域佛教寺院生活中出现的诸多的戒律受持问题编集而成的,其成立的时间要晚于传今的各部派的广律和律论,它自己究竟出自哪一部派,至今不详,但其内容并非向壁虚构,则是可以肯定的。关于这一点,连对本书持怀疑态度的日本学者也说,本书“不太可能是中国人独自的著作,所以似乎可以说是从其他文献撷取内容后,编集而成的。但是,可以很确切地决定这是中国成立的根据,目前尚未发现”(平川彰《律藏之研究》)。事实上,不是《目连问戒律中五百轻重事》抄袭《犯戒罪报轻重经》,而是《犯戒罪报轻重经》原本就是《目连问戒律中五百轻重事》的一部分。换而言之,《目连问戒律中五百轻重事》是母本,而《犯戒罪报轻重经》则是它的别生经。

有关本书的注释有：明代永海《佛说目连五百问戒律中轻重事经释》二卷、性祇《佛说目连五百问经略解》(内题《佛说目连问戒律中五百轻重事经略解》)二卷(以上两书,所释的均为本书的《明藏》二卷本)。

后汉安世高译《犯戒罪报轻重经》一卷

《犯戒罪报轻重经》,又名《佛说犯戒罪报轻重经》、《犯戒报应轻重经》、《目连问毗尼经》,一卷。后汉安世高译,约译于建和二年(148)至建宁三年(170)之间。本书最初是作为"失译经",著录于梁僧祐《出三藏记集》卷四《新集续撰失译杂经录》之中(书名作《犯戒罪报轻重经》);隋费长房《历代三宝纪》卷四始将它列为安世高译;唐智升《开元释教录》卷一以及后世藏经目录沿依此说。载于《丽藏》"入"函、《宋藏》"奉"函、《金藏》"入"函、《元藏》"奉"函、《明藏》"初"函、《清藏》"初"函、《频伽藏》"寒"帙,收入《大正藏》第二十四卷。

本经是一部记述佛在王舍城迦兰陀竹园时,就比丘、比丘尼犯戒的罪报问题,答目连之问的著作。书中引佛语,说:

> 若比丘、比丘尼,无慚无愧,轻慢佛语,犯众学戒(指"众学法"),如四天王天寿五百岁,堕泥犁(指地狱)中(此为倒装句,顺译当作"堕泥犁中,如四天王天寿五百岁",下同),于人间数九百千岁。……犯波罗提提舍尼(又称"悔过"),如三十三天寿一千岁,堕泥犁中,于人间数三亿六十千岁。……犯波夜提(又称"堕"),如夜摩天寿二千岁,堕泥犁中,于人间数二十亿四十千岁。……犯偷兰遮(又称"大罪"),如兜率天寿四千岁,堕泥犁中,于人间数五十亿六十千岁。……犯僧伽婆尸沙(又称"僧残"),如不憍乐天寿八千岁,堕泥犁中,于人间数二百三十亿四十千岁。……犯波罗夷,如他化自在天寿十六千岁,堕泥犁中,于人间数九百二十一亿六十千岁。(《大正藏》第二十四卷,第910页中、下)

也就是说,如果比丘、比丘尼"犯众学戒"、"犯波罗提提舍尼"、"犯波夜提"、"犯偷兰遮"、"犯僧伽婆尸沙"、"犯波罗夷",命终以后均要下地狱受苦,犯戒愈轻,在地狱呆的时间愈短;犯戒愈重,在地狱呆的时间愈长。但即便是最轻的"犯众学戒",

也要在地狱呆相当于“四天王天寿五百岁”，折算成人间“九百千岁”这样漫长久远的年岁。

本书末有目连在听了佛的回答之后，所作的偈颂。略云：“因缘轻慢故，命终堕恶道。因缘修善者，于此生天上。缘斯修福业，离恶得解脱。不善观因缘，身坏入恶道。”（第 910 页下）

本书的内容，相当于东晋失译《目连问戒律中五百轻重事》卷一《五篇事品》，唯《犯戒罪报轻重经》末有目连作的偈颂，而《五篇事品》则无。书中使用的译名，如“众学戒”、“波罗提提舍尼”、“波夜提”、“偷兰遮”、“僧伽婆尸沙”、“波罗夷”等，都是姚秦鸠摩罗什翻译《十诵律》时才确定下来的译语，故本书实际上是《十诵律》译出以后，未详译者所出的经典，不可能是后汉安世高的译典（参见平川彰《律藏之研究》）。

本书的同本异译有：北宋法天译《目连所问经》一卷（书末没有目连在听了佛作的回答之后所说的偈颂）。

北宋法天译《目连所问经》一卷

《目连所问经》，又名《佛说目连所问经》，一卷。北宋法天译，雍熙三年（986）译出。北宋赵安仁等《大中祥符法宝录》著录。载于《丽藏》“经”函、《《宋藏》“卿”函、《金藏》“经”函、《元藏》“卿”函、《明藏》“则”函、《清藏》“则”函、《频伽藏》“寒”帙，收入《大正藏》第二十四卷。

法天（？ –1001），后改名“法贤”，中天竺（中印度）摩揭陀国人。宋开宝六年（973），与兄一起来华。初住蒲津（今山西永济县蒲州镇），翻译《圣无量寿经》（全称《大乘圣无量寿决定光明王如来陀罗尼经》）、《七佛赞》（全称《七佛赞呗伽陀》）。河中府梵学僧法进执笔缀文，知鄜州（州牧）王龟从润色，并上表进经。宋太平兴国五年（980），召入京师，赐紫方袍（喻谦《新续高僧传四集》卷一说此事在“太祖建隆六年八月”,误)。不久,历游山西五台山,以及江浙、岭表、巴蜀。太平兴国七年(980),译经院在京师建成,法天应诏入住,赐号“传教大师”,与天息灾、施护等翻译各自带来的梵本佛经。雍熙二年(985)诏改其名为“法贤”,授朝奉大夫鸿胪卿。前后译经一百十九部一百七十四卷(据周叔迦《宋元明清译经图纪》统计)。其中绝大多数为密教经典,有:《大方广总持宝光明经》、《最上根本大乐金刚不空三昧大教王经》、《圣多罗菩萨经》、《大乘八大曼拏罗经》、《观自在菩萨母陀罗尼经》、《辟除诸恶陀罗尼经》等。生平事迹见南宋志磐《佛祖统记》卷四十五、明代明河《补续高僧传》卷一、近代喻谦《新续高僧传四集》卷一等。

本经是一部记述佛在王舍城竹林精舍时,就比丘、比丘尼犯戒的罪报问题,答大目犍连(即目连)之问的著作。书中引佛语,说:

> 若有苾刍、苾刍尼,迷醉犯戒,无惭无愧,轻慢律仪,行非法行,彼人命终生地狱中,寿等四大王天(即“四天王天”)五百年,计人间岁数九百万岁。……若不依说法,彼人命终生地狱中,寿等忉利天一千岁,计人间算数三俱胝六百万岁。……行波逸提法,彼人命终生地狱中,寿等夜摩天二千岁,计人间算数一十四俱胝四百万岁。……犯吐罗钵底(又称“偷兰遮”)法,彼人命终生地狱中,寿等兜率陀天四千岁,计人间算数五十七俱胝六万岁。……犯僧伽婆尸沙法,彼人命终生地狱中,寿等化乐天八千岁,计人间算数二百三十俱胝四百万岁……犯波罗夷法,彼人命终生地狱中,寿等他化自在天一万六千岁,计人间算数九百一十五俱胝六百万岁。(《大正藏》第二十四卷,第911页中、下)

也就是说，如果苾刍(即比丘)、苾刍尼(即比丘尼)“行非法行”、“不依说法”、“行波逸提法”、“犯吐罗钵底法”、“犯僧伽婆尸沙法”、“犯波罗夷法”，命终以后均要下地狱受苦，轻者，在地狱呆的时间短；重者，在地狱呆的时间长。但即便是最轻的“行非法行”，也要在地狱呆相当于“四大王天五百年”，折算成人间“九百万岁”这样漫长久远的年岁。

本书的内容，相当于东晋失译《目连问戒律中五百轻重事》卷一《五篇事品》，但译语略有不同。它的译出，从一个方面说明，即使在与《目连问戒律中五百轻重事》汉译相距五百多年的年代，其书首品《五篇事品》也一直以梵文单行本的形式在古印度摩揭陀国流传，其真实性是毋庸置疑的。这就更不应轻言《目连问戒律中五百轻重事》是“疑伪律”了。

本书的同本异译有：后汉安世高译《犯戒罪报轻重经》一卷。

第九品　刘宋沮渠京声译《迦叶禁戒经》一卷

《迦叶禁戒经》，又名《佛说迦叶禁戒经》、《迦叶戒经》、《摩诃比丘经》、《真伪沙门经》，一卷。刘宋沮渠京声译，孝建二年(455)至大明八年(464)之间译出。本书最初是作为“失译经”，著录于梁僧祐《出三藏记集》卷三《新集安公失译经录》之中(书名作《迦叶戒经》)；隋费长房《历代三宝纪》卷十始将它列为沮渠京声译(书名作《迦叶禁戒经》)；唐智升《开元释教录》卷五以及后世藏经目录沿依此说。载于《丽藏》“人”函、《宋藏》“奉”函、《金藏》“入”函、《元藏》“奉”函、《明藏》“初”函、《清藏》“初”函、《频伽藏》“寒”帙，收入《大正藏》第二十四卷。

沮渠京声（？—464），北凉王（又称“河西王”）沮渠蒙逊的从弟（堂弟），封安阳侯，故又称“沮渠安阳侯”。天水临成县胡人（匈奴人）。幼禀五戒，锐意内典（佛典），涉猎书记，善于谈论。少时曾度流沙，到达于阗。在那里从衢摩帝大寺的天竺法师佛陀斯那（精通大乘禅法，人称“人中师子”）咨问道义，受学《禅要秘密治病经》（又名《治禅病秘要法》）。并在高昌郡求得有关观音、弥勒的二部《观经》（下详）。北凉永和七年（439），北魏拓跋焘灭凉。沮渠京声南奔宋朝（刘宋），来到建业（今南京）。晦志卑身，不交世务，游止塔寺，以居士之身毕世。所译佛经，梁僧祐《出三藏记集》卷二著录为“四部五卷”，即《观弥勒菩萨上生兜率天经》一卷、《观世音观经》一卷（上二经译于高昌）、《禅要秘密治病经》二卷（刘宋孝建二年于竹园寺译出）、《佛母般泥洹经》一卷（同年于钟山定林上寺译出）；隋费长房《历代三宝纪》卷十著录为“三十五部合三十六卷”；唐智升《开元释教录》卷五著录为“二十八部二十八卷”，其中《观弥勒菩萨上生兜率天经》等十五部十五卷见存，《菩萨誓经》等十三部十三卷阙本。生平事迹见梁僧祐《出三藏记集》卷十四等。

本书记述佛在舍卫国祇树给孤独园时，对大弟子摩诃迦叶说真伪沙门的区别和持戒问题。内容包括：“比丘有二事”、“四事为沙门”、“四事像持戒人”和“禁戒无形”等。书名中的“迦叶禁戒”，从字义上理解，容易使人以为是“迦叶说禁戒”或“迦叶的禁戒”，但从正文所述来看，书名似应为“迦叶问禁戒经”或“真伪沙门经”，故今名有误译之嫌。

书中所说的“比丘有二事”，是指比丘不持戒，后将受苦报的两种事情（又称两种表现）。其中，属于命终以后，将“身堕地狱中”的“二事”，有（共七种，亦即七组）：（1）“一者言是我所，二者求人欲得供养。”（2）“一者反听外道，二者多欲积衣被、袈裟、钵。”(3)“一者与白衣厚善,二者见好持戒沙门反嫉之。”(4)“一者常念爱欲,二者喜交结知友。”(5)“一者自有过不肯悔,二者反念他人恶。”(6)“一者诽谤经道,二者毁伤经戒。”(7)“一者于都犯戒,二者于法中无所得。”(以上见《大正藏》第二十四卷,第912页上)属于“(可)悔”的“二事”,有:“一者强披法衣、袈裟,二者身不持戒、不承事持戒沙门。”(同上)属于“实难愈(指难以改悔)”的“二事”,有:“一者心邪乱,二者止人作菩萨道。”(同上)

“四事为沙门”,是指四种沙门,其中前三种,即“像类沙门”(指仪容衣着像似沙门而内喜邪道者)、“谄谀沙门”(指外表上清贫守戒而内有物欲者)、“承名沙门”(指不求度脱而追名逐利者),都是“有沙门名”而“不行沙门法”的“伪沙门”;末一种为持戒不犯的“真沙门”。书中写道:

> 佛语迦叶:沙门何故正字沙门?有四事为沙门。一者形容被服像类沙门。二者外如沙门,内怀谀谄。三者但欲求索(指求索供养),承事名誉,自用贡高。四者行戒不犯,是为真沙门。何等为形容被服者?除须发,被法衣,持应器,心不自正,但欲作恶,喜学邪道,是为外被服像类沙门。内谀谄者,安徐而行,徐出徐入;外衣食粗恶,内欲甘美;外居山间草茅为庐,内无信意自宽贾。若内嫉忠直,从因缘多索财物,成其承名,是为谀谄不持戒。不持戒者,但欲令人称誉,谀谄屏处,欲令人称誉,不自克责,趣求度脱,但有谀谄之态,是为不持戒。何等为真沙门?持戒行道,不惜寿命,捐弃身体,不索万物,不求供养。若有比丘守空行者,常观净法,本无瑕秽,自作慧行,不从他人得,于佛法中得泥洹,是为真沙门。佛语迦叶:欲求道,当于是真沙门,莫效

承名沙门、谄谀沙门。……虽有沙门名者，不行沙门法，如贫人称大富。（第912页上、中）

“四事像持戒人”，是指四种“沙门自称誉为持戒”的情况，如“自呼有善”、“自言是我所行”、“言是我所著”、“自言我常行等心”等（见第912页中）。

“禁戒无形”，论述了“禁戒”（佛制立的各种戒律）的性质。书中写道：

佛语迦叶：禁戒无形，不著三界。无常、无吾我、无人，无命、无意、无名、无称，无化、无教作者，无所从来、无所从去，无形、无灭，无身、无所犯，无口、无所犯，无心、无所犯，无世间、无计，无世事、无所住，亦无戒、亦无所念、亦无败坏，是名为禁戒。（第912页下）

本书是一部含有某些大乘思想成分的后期小乘佛教的律经。如上述引文中有关“禁戒无形”的表述，与大乘经中对“法性”、“真如”等的论述是相似的。另外，本书的开头说，当时与佛在一起的有“摩诃比丘千二百五十人，菩萨万二千人”（第912页上），结尾说，“佛说是戒法，三万三千诸天人民，皆得须陀洹道，八百沙门从是因缘，意解得度”（第912页下）。这“菩萨万二千人”、“三万三千诸天人民”的说法，也与大乘经中对参与法会的菩萨、天人的数目的描述类似。

第十品　北宋法天译《苾刍迦尸迦十法经》一卷

《苾刍迦尸迦十法经》，又名《佛说苾刍迦尸迦十法经》，一卷。北宋法天译，雍熙三年（986）译出。北宋赵安仁等《大中祥符法宝录》著录。载于《丽藏》“经”函、《《宋藏》“封”函、《金藏》“经”函、《元藏》“封”函、《明藏》“则”函、《清藏》“则”函、《频伽藏》“寒”帙,收入《大正藏》第二十四卷。

本书记述佛在舍卫国时,对诸比丘说的比丘度人出家、授人具足戒须具备的“十法”(指“得惭愧乐戒”、“得多闻法”、“得毗奈耶多闻”等十种条件)。书名中“迦尸迦”,对照正文中使用的译语,似是“具足”的意思。佛说:

> 苾刍(即比丘)当具足十种法,得度人出家受戒。为苾刍,得一生不依止住,得与他人为依止。何等为十?一者得惭愧乐戒。二者得多闻法。三者得毗奈耶(指律)多闻。四者得力正行犯生戒,依法依毗奈耶正行。五者得力正行犯生罪邪行邪见,依法依毗奈耶正行。六者得力正行,看病安住。七者得力正行,爱乐定法,及毗奈耶法自说、令他说。八者得力正行,说身行戒。九者得力正行,说出家梵行戒。十者得十年(指戒腊须十年)、得十年满、得十年余。苾刍,此十种法,当具足住。(《大正藏》第二十四卷,第956页下)

书中对上述“十法”一一作了解释。如说:

> 云何苾刍得惭愧乐戒?谓此苾刍,如是得:云何我未得阿钵底(一作“阿钵帝”,指“罪过”),不速疾得阿钵底,如法如毗奈耶作为。苾刍,是为得惭愧乐戒。
>
> 云何苾刍得多闻知法?谓此苾刍得法藏所说,得多闻说,为得知法力,周(周知)四圣谛广略解说。苾刍,是为得多闻知法。
>
> 云何苾刍得多闻知毗奈耶?此苾刍所说二毗奈耶(指比丘律、比丘尼律)说者,周(周知)二别解脱(指比丘戒、比

丘尼戒)广念诵,于行住坐卧,口念心思,微细观察。苾刍,是为得多闻知毗奈耶。

……

云何苾刍得力正行,说梵行戒阿钵底?苾刍此得力正行,谓四念处、四正灭(又称"四正勤")、四神足(又称"四如意足")、四无量(又称"四无量心")、五根、五力、七觉支、八正道、舍摩他(又称"止")微钵舍那(又称"观")、念戒、无烦恼、无我。如是,苾刍,是为得力正行,说梵行戒阿钵底。

云何苾刍得十年、得十年满、得十年余?苾刍,如是年满,是名具足(此指比丘受具足戒以后的年岁须满十年,方可度人授具足戒)。(第956页下—第957页中)

本书的特点是将佛教的义理,如"四圣谛"、"十二缘起"、"四念处""七觉支"、"八正道"、"舍摩他微钵舍那"(止观)、"无我"等,引入戒律的修持之中,倡导"戒"、"定"、"慧"的有机结合。但在译文上乃有一些艰涩之处。

第十一品　后汉安世高译《迦叶结经》一卷

附:东晋失译《撰集三藏及杂藏传》一卷

《迦叶结经》,又名《迦叶集结经》、《迦叶集经传》、《迦叶结集传经》,一卷。旧题"后汉安息三藏安世高译"。本书最初是作为西晋竺法护的译经,著录于梁僧祐《出三藏记集》卷二《新集撰出经律论录》之中(书名为《迦叶集结经》);隋法经等《众经目录》卷六《佛涅槃后传记录·西域圣贤传记》著录了本书(书名为《迦叶集经传》),也称为"晋世竺法护译";隋费长房

《历代三宝纪》提出本书有两个译本,将《迦叶结经》列为安世高译(见卷四),将《迦叶结集传经》列为竺法护译(见卷六);唐智升《开元释教录》也将《迦叶结经》列为安世高译(见卷一),将《迦叶结集传经》列为竺法护译,并称后者已"阙本"(见卷二),这样就最终确定传今的本书为安世高译;后世藏经目录均沿依了智升之说。但如果从情理上加以辨析的话,当以《出三藏记集》和《法经录》的著录的可信度为大,故本书实际上应为"西晋竺法护译",约译于泰始二年(266)至永嘉二年(308)之间。载于《丽藏》"兽"函、《宋藏》"兽"函、《金藏》"兽"函、《元藏》"兽"函、《明藏》"聚"函、《清藏》"聚"函、《频伽藏》"藏"帙,收入《大正藏》第四十九卷。

本书以偈颂和长行(散文)相结合的形式,简略地叙述佛入灭后的当年夏安居期间,以大迦叶为首的五百比丘,在摩揭陀国罗阅祇城(即王舍城)举行的佛教史上"第一次结集"的情况。性质约当于各部广律的犍度部中说的"五百比丘结集法藏"。书中说:"世尊灭度未久","尊者迦叶五百罗汉,欲合集结正法律义,便诣罗阅祇聚会岁腊","于是七月十五日,新岁已竟,便集经卷、法律诸藏"(《大正藏》第四十九卷,第 4 页中、下)。结集大会开始以后,迦叶先说偈颂,阿难也用偈颂作答。情况是这样的:

> 贤者大迦叶,为阿难说颂曰:大智愿说之,安住子唯讲。何所之经卷,世尊最先说?迦叶为阿难说是偈适竟,阿难意即得佛觉,而念经道,无所畏惧,亦不动摇,无所疑难,遥向世尊般泥洹处,一心叉手便口颂曰:闻如是一时,佛游波罗捺。仙人鹿苑说,具足法轮经。众尊甚多,悉共劝助,乃上师子座,如师子行,第一说言:闻如是,一时随尊所处,

所可闻经，皆悉诵宣。（第6页下）

值得注意的是，本书没有详细介绍第一结集究竟诵出了哪些经典，如何分类，反而用大段的文字叙述在结集大会举行的前一天，大迦叶对阿难所作的呵责，历数他有“九过”，不让他与会。所说的“九过”是：“何故从佛求令女人出家为沙门……是为一过。……世尊所说，其有精进获四神足者，便能自在住寿一劫，若复逾劫，汝何为不从世尊，求哀愍伤世间……是为二过。……世尊诃汝，汝时恨，言他、犯他，坐是为三过。……汝以足越世尊金缕织成衣，是为四过。……世尊临般泥洹时，欲至双树，从汝求水，而不与之，是为五过。……时佛世尊说诸杂碎随顺禁戒，汝亦不念为当来人分别问之。是为六过。汝以世尊阴马之藏，示于众人，是为七过。……世尊紫磨金色示于女人，令上啼哭，泪污其足。是为八过。……是众会中，无淫怒痴，而汝独有三垢之瑕，汝方当学成其道，化众所作已办，而汝未达，是为九过。”（第5页下—第6页上）当天夜里，阿难反省忏悔，“断一切结，得罗汉道”，第二天，大迦叶才允许他参加正式举行的结集大会，“结集正经、法律、众法之解”（第6页中）。故本书很可能出自推尊迦叶的后世弟子之手。

东晋失译《撰集三藏及杂藏传》一卷

《撰集三藏及杂藏传》，又名《佛涅槃后撰集三藏经》、《撰三藏经及杂藏经》，一卷。东晋失译，约出于建武元年（317）至元熙二年（420）之间。本书最初是作为未署名的“西域圣贤传记”，著录于隋法经等《众经目录》卷六《佛涅槃后传记录》之中；唐智升《开元释教录》卷三始将它列为东晋失译，后世藏经目录沿依此说。载于《丽藏》“兽”函、《宋藏》“兽”函、《金藏》“兽”

函、《元藏》“兽”函、《明藏》“漆”函、《清藏》“漆”函、《频伽藏》“藏”帙,收入《大正藏》第四十九卷。

本书以偈颂的形式,简述佛入灭后的当年夏安居期间,以迦叶、阿难等大弟子为首的五百比丘,在摩揭陀国僧伽尸城之北举行的佛教史上“第一次结集”的情况。性质约当于各部广律的犍度部中说的“五百比丘结集法藏”。

本书所说颇有独到之处。如关于结集的地点,各部派共同相传是在王舍城,而本书则说在“僧伽尸城北”,与众说殊不相同,但此说与失译的《佛说枯树经》上说的“僧伽尼(尸)城北……迦叶、阿难等,所以于此地集经者”是一致的(见《大正藏》第十七册,第751页上),从而表明它也有自身的资料来源;关于结集的内容,本书说是“撰集三藏及杂藏”,即在这次集会上,除了首次编集了“三藏”(经藏、律藏、论藏),还编集了“杂藏”。书中还特别推重《增一阿含经》,将“四阿含”的顺序,定为“增一、中含、长、杂四含”,即《增一阿含经》、《中阿含经》、《长阿含经》、《杂阿含经》。

如关于“四阿含”,说:

> 别经四分,名作阿含,增一中含,长杂四含。……迦叶问难(指阿难):此义何谓?难答一一:比丘念佛,以是调意,故名增一。此后二法,思惟善心,两法便生。止意分别,三处三知。宿命漏尽,四处四谛。五处五根,六处六大。七处七觉,八处八懅(指“难”)。九处九止,十处十力。十一处经,名放牛儿。慈经断后,增一经终。……种种义合,从此当知。种种义说,此经尽出,当持增一。(《大正藏》第四十九卷,第3页上、中)

如关于“杂藏”,说:

迦叶复问：云何四藏？阿难可说，为众生故。阿难答曰：此说各异，随众意行，是名杂藏。佛说宿缘，罗汉亦说，天梵外道，故名杂藏。中多偈颂，问十二缘，此各异入，是名杂藏。三阿僧祇，菩萨生中，所生作缘，故名三藏。中多宿缘，多出所生，与阿含异，是名杂藏。杂藏之法，赞菩萨生，此中诸义，多于三藏，都合诸法，结在一处。（第3页下—第4页上）

本书有关“四阿含”顺序和“杂藏”的说法，与后汉失译《分别功德论》所说相同。《分别功德论》卷一说：“契经大本，义分四段（指将《阿含经》分为四部）。何者？文义混杂，宜当以事理相从，大小相次。第一《增一》，次名曰《中》，第三名《长》，第四名曰《杂》。……所谓杂藏者，非一人说，或佛所说，或弟子说，或诸天赞诵，或说宿缘，三阿僧祇菩萨所生，文义非一，多于三藏。故曰杂藏也。”（《大正藏》第二十五卷，第32页上、中）故两书当同出于大众部。

大藏經總目提要

陈士强 著

律藏 下

南懷瑾

上海古籍出版社

目　录

二、小乘律诠释部

三、大乘律传译部

四、大乘律诠释部

二、小乘律诠释部

总　　叙

戒律是随着佛教的传播而传入中国的。有关佛教入华的时间，传说不一。其中最为可信的记载，当属曹魏时郎中鱼豢撰的纪传体史书《魏略》中的记载。《魏略》五十卷，原书已佚，但它的许多内容，因刘宋裴松之《三国志注》的大量引用而得以保存（清代王仁俊、近代张鹏一分别编有《魏略》辑本）。据《魏略·西戎传》说："昔汉哀帝元寿元年，博士弟子景卢，受大月氏王使伊存口授浮屠（指佛陀）经。"（见《三国志·魏志》卷三十裴松之注）也就是说，时值西汉末年的元寿元年（公元前2年），印度佛教就已通过陆路，经大月氏国，而传入长安（今西安），此为佛教入华之始。这一时间，早于佛教界古来相传的东汉明帝永平十年（67）感梦遣使求法说。

一、律典的传入

从原始佛经的记述来看，佛在世时，就已经将他的言教，分为"法"、"律"二类。"法"，指的是教法，它是面向社会所作的道德教化和开放性教理，如佛经上说的"四谛"、"十二因缘"、"五蕴"、"四念处"、"八正道"、"四禅八定"等，其受众是不分道俗的；"律"，指的是戒律，它是针对佛教信众制立的行为规范，有"十戒"、"具足戒"等出家戒,"五戒"、"八戒"等在家戒,其受众局限于佛教人士。

教法与戒律的适用对象是不同的,故在佛教的传播过程中,一般是先传教法类典籍,后传戒律类典籍。古印度阿育王(前268—前232年在位)时代,以摩揭陀国目犍连子帝须(略称"帝须")为首的佛教僧团,派出九支传教师,到周边各国弘法,最初传出的是《譬喻经》、《天使经》、《无始经》、《火聚譬经》、《迦罗罗摩经》、《初转法轮经》、《梵网经》(指《梵网六十二见经》)、《咒罗诃象譬经》、《无始界经》等(见萧齐僧伽跋陀罗译《善见律毗婆沙》卷二至卷三),它们都是教法类典籍,而不是戒律类典籍。从现存最古的佛经目录僧祐《出三藏记集》的著录来看,佛典传入中国的情况也是如此。无论是相传在东汉初年译出的《四十二章经》,还是东汉末年安世高、竺佛朔(一作"竺朔佛")、支谶、支曜、严佛调、安玄、康孟详等人翻译的一大批大小乘经典,基本上都是讲述佛教义理的。虽说其中也提到一些戒律名词和内容,但并不是主题,更没有专门叙说二部僧戒(比丘戒、比丘尼戒)和僧团制度的篇章。《大藏经》收录的旧题"后汉安世高译"的《大比丘三千威仪》、《迦叶结经》、《犯戒罪报轻重经》,以及"后汉失译"的《沙弥尼戒经》等律典,经考证,它们的实际译出年代,可能是后汉以后。对此,《出三藏记集》卷三《新集律来汉地四部序录》说:

> 昔甘露初开,经法是先,因事结戒,律教方盛。……至于中夏闻法,亦先经而后律。律藏稍广,始自晋末。(《大正藏》第五十五卷,第20页上)

东晋法显在《摩诃僧祇律》末尾附出的《私记》说,佛入灭后,由大迦叶主持的"第一次结集"所诵出的原始律藏(由优波离是分八十次诵出，又称“八十诵律”、“八十部律”），最初是由大迦叶、阿难、末田地、舍那婆斯（又称“商那和修”）、优波崛多（又称“优波鞠多”）五人（又称“异世五师”）次第传承的。至优波崛多门下，因五大弟子（又称“同世五师”）的见解不同，原先统一的律藏被分为五部（又称“五部律”），由昙摩崛多部（又名“昙无德部”、“法藏部”）、弥沙塞部（又名“化地部”）、迦叶维部（又名“饮光部”）、萨婆多部（又名“说一切有部”）、摩诃僧祇部（又名“大众部”）五个不同的部派分别传承，传入中国的律典就是由此而来的。

最初传入汉地的律典，并不是各部派的广律，而是由广律派生出来的戒本（又称“戒经”）和羯磨法（又称“羯磨本”）。据梁慧皎《高僧传》卷一记载，曹魏嘉平（249—253）年间，中天竺（指中印度）沙门昙柯迦罗（又称“昙摩迦罗”，意译“法时”），来至洛阳：

> 于时，魏境虽有佛法，而道风讹替，亦有众僧，未禀归戒，正以剪落殊俗耳。设复斋忏，事法祠祀。迦罗（指昙柯迦罗）既至，大行佛法。时有诸僧，共请迦罗译出戒律。迦罗以律部曲制，文言繁广，佛教未昌，必不承用。乃译出《僧祇戒心》（指《僧祇戒本》），止备朝夕。更请梵僧，立羯磨法受戒。中夏戒律，始自于此。（《大正藏》第五十卷，第324页下—第325页上）

也就是说，当时魏境虽有佛法，但道风讹替。汉人出家未受“三归戒”（又称“三归”，指归依佛、法、僧，为佛教戒律中的初始戒），更未受具足戒（指比丘、比丘尼受持的大戒），仅以剃除须发为标识，僧人日常的斋供礼忏，也取法于汉地传统的祠祀。众僧共请昙柯迦罗译出戒律（指广律）。他认为，律部曲制（指律仪制度），文言繁广，若佛教尚未昌盛，必定不能承用。于是，一的一百七十年间，古来相传的“同世五师”的五部广律中，说一切有部《十诵律》、法藏部《四分律》、大众部《摩诃僧祇律》、化地部《五分律》四部广律及其戒本、羯磨法、律论，以及未详部派的一些律典相继传入中国，并被译出流通。唯一未传的只有迦叶维部（又称“饮光部”）的广律，但它的戒本《解脱戒经》一卷，也由北魏般若流支于武定元年（543）译出，流行于世。四部广律的译出，对佛教的制度建设和行为规范产生了极其重大的影响；而四部广律的研习，又极大地推动了戒律理论的普及和深化，使戒律类典籍蔚为大观。

就唐代以前律典的流传情况而言，四部广律中，《十诵律》译出最早，自南向北流传，起初最为流行，它使用的各种戒律术语的译名，大多成为后译律典也采用的通用语；《四分律》，自北向南流传，后来在关中异军突起，渐成主流；《僧祇律》起先在南北方皆有人研习，后受北方僧界改习《四分律》的影响，其势日见衰落；《五分律》译出最晚，局于南方，研习者也最为稀少。

（一）《十诵律》的弘传

《十诵律》六十一卷，是说一切有部的广律。说一切有部，又名“萨婆多部”、“说因部”、“有部”等，由迦旃延尼子（又名“迦多衍尼子”、“迦多衍那”）创立，因主张三世一切法（过去、现在、未来的一切事物和现象）皆为实有而得名。此部是上座部系统下的一个部派，佛灭后三百年初从上座部分出，其后又派生出犊子部、法上部、贤胄部、正量部、密林山部（法上部至密林山部四部，均为犊子部的支派）、化地部、法藏部（化地部的支派，以上各派均形成于佛灭后三百年中）、饮光部（又名“迦叶维部”，形成于佛灭后三百年末）、经量部（又名“说转部”，形成于佛灭后四百年初）等九个支派，影响极为深远（以上见唐玄奘译《异部宗轮论》）。

《十诵律》由姚秦弗若多罗、鸠摩罗什、昙摩流支、卑摩罗叉四人，于弘始六年（404）至弘始十五年（413）接续翻译而成。最早弘传《十诵律》的是卑摩罗叉。卑摩罗叉是罽宾国的律师，鸠摩罗什在龟兹国时，曾从之受律。鸠摩罗什去世时，由弗若多罗、鸠摩罗什、昙摩流支接续翻译的《十诵律》，译出五十八卷，尚未删定。卑摩罗叉带着《十诵律》译本，从长安（今西安）南下至寿春（今安徽寿县）石涧寺，在那里对先前译出的律本作了校订，并且续译了《十诵律》的最后部分（《善诵毗尼序》三卷），从而完成了《十诵律》全本六十一卷的翻译。之后，他又来到江陵（今湖北荆州市）辛寺，在那里开讲《十诵律》。《十诵律》之所以能够流行，实赖卑摩罗叉之力。《高僧传》卷二说：

> 顷之，（卑摩罗叉）南适江陵，于辛寺夏坐（指结夏安居），开讲《十诵》。既通汉言，善相领纳，无作妙本（指《十诵律》），大阐当时。析文求理者，其聚如林，明条知禁者，数亦殷矣。律藏大弘，叉（指卑摩罗叉）之力也。道场（寺）慧观，深括宗旨，记其所制内禁轻重，撰为二卷，送还京师。僧尼披习，竞相传写。（《大正藏》第五十卷，第333页下）

这里说的“道场（寺）慧观，深括宗旨，记其所制内禁轻重，撰为二卷”，指的是刘宋初年京师道场寺慧观（鸠摩罗什的大弟子）在师从卑摩罗叉，习学《十诵律》时，曾将他与卑摩罗叉之间有关戒律轻重事的问答记录下来，撰为二卷，题作《杂问律事》（又称《众律要用》）。隋费长房《历代三宝纪》卷七等将此书列为卑摩罗叉的译典，而《开元释教录》卷三小注则认为是撰述，说：“今谓《杂问律事》，乃是道场慧观于教有疑，随事谘问，卑摩为决，闻便录之，撰成二卷，流行于世。即非别有梵本，卑摩译之。”（《大正藏》第五十五卷，第507页上）因此，《杂问律事》也可以看作是汉传佛教撰作的最早的戒律诠释著作。

至于对《十诵律》作全面疏释，以刘宋江陵辛寺慧猷为始。慧猷少年出家，住于辛寺，“及具戒已后，专精律禁”，卑摩罗叉来到江陵后，慧猷从之受业，“沈(沉)思积时，乃大明《十诵》”，“著《十诵义疏》八卷”(见《高僧传》卷十一)。这部《十诵义疏》也成了汉地撰作的第一部《十诵律》注疏。其后陆续出现《十诵律》注疏，主要有：

刘宋姑苏闲居寺僧业，因鸠摩罗什先译《十诵比丘波罗提木叉戒本》，后译《十诵律》，《戒本》与《十诵律》，“其意正同，在言或异”，于是“依大本”而“改正”《戒本》，“今之传诵，二本并行”(同上)；京师(指建康，即今南京)庄严寺僧璩，“总锐众经，尤明《十诵》”，“撰《僧尼要事》(又名《十诵羯磨比丘要用》)两卷”(同上)；彭城道俨，“精研四部，融会众家”，“乃会其旨归，名曰《决正四部毗尼论》”(同上)等。

宋齐之际京师多宝寺法颖，“研精律部，博涉经论”，宋末“敕为都邑僧正”，齐初“复敕为僧主”，“撰《十诵戒本》(又名《十诵比丘尼波罗提木叉戒本》一卷)并《羯磨》(又名《十诵律羯磨杂事》一卷)”(同上)；南齐京师瓦官寺超度，“善《十诵》及《四分》，著《律例》七卷”(同上)；京师安乐寺智称，“专精律部，大明《十诵》”，“著《十诵义记》八卷”(同上)等。

梁代京师建初寺僧祐，受业法颖，“行以尸罗(指戒)为基，学以《十诵》为本”，“集其旧闻，为《义记》(指《十诵义记》)十卷”(见《出三藏记集》卷十二)；扬都(指建康)天竺寺法超，“晚从安乐寺智称，专攻《十诵》”，梁武帝以律部繁广，临事难究，敕撰《出要律仪》十四卷，“通下梁境，并依详用”(见《续高僧传》卷二十一;《大唐内典录》卷四著录的庄严寺沙门释宝唱等“总撰集录”的“《出要律仪》二十卷”，当是在此书的基础上撰成的)等。

陈代扬都光宅寺昙瑗,“从诸讲席,专师《十诵》”,“著《十诵疏》十卷、《戒本》、《羯磨》疏各两卷”(见《续高僧传》卷二十一)等。

隋代扬都奉诚寺智文,“讲《十诵》八十五遍,大小乘戒心(指戒本)、羯磨等二十余遍”,“著《律义疏》(指《十诵律义疏》)十二卷、《羯磨疏》四卷、《菩萨戒疏》两卷”(同上);蒋州奉诚寺道成,“讲《十诵律》、菩萨戒、《大品》、《法华》诸经律等一百四十遍”,“著《律大本》(指《十诵律》)、《羯磨》、诸经疏三十六卷”(同上)等。

唐初苏州通玄寺慧旻,“古律旧疏有漏失者,皆删正而通畅”,“著《十诵私记》十三卷、《僧尼行事》二卷、《尼众羯磨》两卷、《道俗菩萨戒义疏》四卷”(见《续高僧传》卷二十二)等。

上述《十诵律》注疏,除刘宋僧璩《十诵羯磨比丘要用》一卷、法颖《十诵比丘尼波罗提木叉戒本》一卷流传至今以外,其余均已亡佚。

(二)《四分律》的弘传

《四分律》六十卷,是法藏部的广律。法藏部,又名“昙无德部”、“昙摩鞠多部”、“法护部”等,因部主(部派创始人)而得名。此部是上座部系统下的一个部派,佛灭后三百年中,从化地部分出(上座部——说一切有部——化地部——法藏部,见唐玄奘译《异部宗轮论》)。部主法藏,又名“昙无德”、“法密”、“法正”、“法镜”、“法护”等,相传是佛的大弟子目犍连的弟子,随师所闻,无不诵持。目犍连入灭后,他将佛法整理为经藏、律藏、论藏、咒藏、菩萨藏“五藏”(见隋吉藏《三论玄义》)。

《四分律》由佛陀耶舍、竺佛念于弘始十二年(410)至弘始十四年(412)译出。最早弘传《四分律》的是北魏孝文帝时五台山北台法聪(见《续高僧传》卷二十二;北宋元照《南山律宗祖承图录》推定他为律宗东土“三祖”)。法聪原先习学《僧祇律》,后有感于“受戒”依《四分律》羯磨法,而“行事”则依诸部律本(取简易者行之),“戒体”与“随相”相分离,于是罢讲《僧祇律》,敷扬《四分律》。但法聪仅是口头传授,没有形成书面文字。至法聪的弟子道覆(《南山律宗祖承图录》推定他为律宗东土“四祖”),制疏六卷,才出现《四分律》的第一部注疏。故《续高僧传》卷二十二说:

> 自初开律,释师号法聪,元魏孝文,北台扬绪,口以传授,时所荣之。沙门道覆,即绍聪绪,缵《疏》六卷,但是长科,至于义举,未闻于世。(《大正藏》第五十卷,第620页下)

但道覆之疏仅仅是“科”(又称“科文”),即对《四分律》的章段所作的科分(又称“科判”),并不是疏释《四分律》义理的“义疏”。从《新纂续藏经》收录的北宋允堪《四分律比丘尼钞科》一卷、元照《四分律含注戒本疏科》四卷、《四分律行事钞科》三卷等“科”体著作来看,这种“科文”,存在着对章段的划分过于琐碎,文字说明过于简单的缺陷,一般人难以卒读。就《四分律》的早期传播而言,法聪为汉地讲授《四分律》之始,道覆为撰作《四分律》科文之始,而解释文句、阐发义理的《四分律》义疏,则以北魏、东魏之际的邺城大觉寺慧光为始(据近世邺城地区新发现的《魏故昭玄沙门大统墓志铭》,慧光“春秋七十,寝疾不救”,以“(东魏)元象元年(538)岁次戊午三月”,于“邺京大觉寺”入寂,故慧光不是《续高僧传》所称的“北齐”人;《南山律宗祖承图录》推定慧光为律宗东土“五祖”)。慧光从佛陀扇多出家,为地论学派(研习《十地经论》的学派)二大派中“南道派”

的创立者（“北道派”由北魏道宠创立）。他起初习学《僧祇律》，后来“惟据口传”，习学并弘传《四分律》，“《四分》一部，草创基兹”（见《续高僧传》卷二十一）。慧光“造《四分律疏》百二十纸，后代引之，以为义节。并《羯磨》（指《四分羯磨》）、《四分戒本》（指《戒本》）咸加删定”，“又著《玄宗论》、《大乘义律章》、《仁王七诫》及《僧制》十八条，并文旨清肃，见重时世”（同上）。他的弘传，对《四分律》的兴盛产生了至为深远的影响。唐初以前出现的《四分律》注疏，十之八九，出自慧光的弟子和再传弟子之手。

其中，北齐邺城大觉寺道云（《南山律宗祖承图录》推定他为律宗东土“六祖”），“奉光（指慧光）遗令，专弘律部，造《疏》（指《四分律疏》）九卷”（见《续高僧传》卷二十一）；大觉寺道晖，“略云（指道云）所制，以为七卷，间以意会”（同上）；大衍寺昙隐，“年满受具，归宗道覆”，“后从光公（指慧光），更采精要”，“著《钞》（指《四分律钞》）四卷”（同上）；邺城大觉寺洪理，“著《钞》（指《四分律钞》）两卷，时共同秘”（后由智首“开散词义，更张纲目”，合成四卷；同上）；邺城道乐，“造《钞》（指《四分律钞》）一卷”（见唐志鸿《四分律钞搜玄录》卷二）等。

隋代大兴国寺法愿，“自东夏所传四部律本，并制义疏”，“惟《四分》一本十卷、《是非钞》两卷见存，余并零失”（见《续高僧传》卷二十一）；西京大兴善寺洪遵，“先是关内素奉《僧祇》”，洪遵“旦剖《法华》，晚扬法正（指昙无德律）”，“开导《四分》，一人（指洪遵）而已，迄至于今，《僧祇》绝唱”，“著《大纯钞》（指《四分律大纯鈔》）五卷”（同上）；大兴善寺洪渊，“学承遵（指洪遵），后有《疏》（指《四分律钞》），未详卷轴”（见唐志鸿《四分律钞搜玄录》卷二）；相州演空寺灵裕，“投凭师（指慧光的弟子道凭），听于《地论》（指《十地经论》）”，“于隐公（指昙隐）

所偏学《四分》”,著有“《四分律疏》五卷”、“《僧制》(又名《僧尼制》,一卷)”(见《续高僧传》卷九)等。

唐初京师弘福寺智首(《南山律宗祖承图录》推定他为律宗东土“八祖”),“听道洪(道云的弟子,律宗东土“七祖”)律席”,“著《五部区分钞》二十一卷”(见《续高僧传》卷二十二)、“造《疏》(指《四分律疏》)二十卷”(见唐志鸿《四分律钞搜玄录》卷二);京师普光寺慧满,“进戒奉业于智首律师”,“制《四分律疏》二十卷,讲四十余遍”等(见《续高僧传》卷二十二)等。

唐初以前,慧光学统以外的《四分律》研习著作,仅有梁代钟山灵耀寺僧盛“依《四分律》撰”的《教戒(诫)比丘尼法》一卷(见《出三藏记集》卷二)。

上述《四分律》注疏,除唐初智首撰的《四分律疏》二十卷,今存第九卷以外,其余均已亡佚。

(三)《僧祇律》的弘传

《摩诃僧祇律》四十卷,是大众部的广律。大众部,又名“摩诃僧祇部”、“僧祇部”等,因信徒人数众多而得名。据南传佛教史书《岛史》、《大史》记载,佛入灭后一百年,佛教在毗舍离城举行了有七百比丘参加的“第二次结集”,会上裁定毗舍离城跋耆族比丘所行“十事”为“非法”。会后,跋耆族比丘不服裁决,他们另外举行了自己一派的“结集”,编集自己传持的“三藏”,由此,统一的僧团发生“根本分裂”,形成上座部和大众部二大根本派系。据唐玄奘译《异部宗轮论》说,佛灭后二百年期间,大众部又陆续分出一说部、说出世部、鸡胤部、多闻部、说假部、制多山部、西山住部、北山住部等八部,本(根本部派)末(枝末部派)相加,共有九部。

《摩诃僧祇律》由东晋佛陀跋陀罗、法显于义熙十二年(416)至义熙十四年(418)译出。最早弘传《僧祇律》的是刘宋京师长乐寺慧询。慧询先前游学长安，受业于鸠摩罗什，研精经论，“尤善《十诵》、《僧祇》，乃更制条章，义贯终古”，为汉地撰作《僧祇律》章疏的第一人（见《高僧传》卷十一）。

慧询之后，刘宋京师闲心寺道营，“依观（慧观）、询（慧询）二律师，谘受毗尼，偏善《僧祇》一部”（同上）；京师祇洹寺寺慧义，在《答范伯伦书》中说，“此寺受持《僧祇律》为日已久”等（见《弘明集》卷十二）；南齐京师闲心寺慧祐，“厉身苦节，精寻律教。齐初入东山，讲摩诃僧祇部（指《僧祇律》）”（见《高僧传》卷十一）；北周绵州振向寺僧晃，“升坛之后，偏攻《十诵》”，“周（指北周）保定后，更业长安，进学《僧祇》，讨其幽旨”（见《续高僧传》卷二十九）；隋京师清禅寺昙崇，“逮乎受戒，志逾清厉。遂学《僧祇》，十有余遍，依而讲解”（见《续高僧传》卷十七）；京师大兴善寺灵藏，“承遵出要，善达持犯，《僧祇》一部，世称冠冕”（见《续高僧传》卷二十一）；唐初京师清禅寺慧胄，“受具已后，师表《僧祇》”（见《续高僧传》卷二十九）等。

上述《僧祇律》研习者，但均无注疏流传于世。

（四）《五分律》的弘传

《五分律》三十卷，是化地部的广律。化地部，又名“弥沙塞部”、“大不可弃部”、“正地部”等，因部主而得名。部主化地，又名“弥沙塞”、“正地”、“教地”等，相传原为婆罗门国师，善解“四韦陀”和外道诸义，后出家为僧（见日本澄禅《三论玄义检幽集》卷六）。此部是上座部系统下的一个部派，佛灭后三百年中，从说一切有部分出（上座部——说一切有部——化地部，见唐玄奘译《异部宗轮论》）。

《五分律》由刘宋佛陀什、竺道生等于元嘉元年（424）译出。由于此律在“四部律”中翻译较晚，又缺乏得力的传承者，故研习者寥寥。见载于佛教史传的，仅有梁京师建初寺明徽、唐初开业寺爱同二人而已。梁明徽“戒行精苦,习弥沙塞部(指《五分律》)”,因刘宋佛陀什等人只译出《五分律》、《弥沙塞五分戒本》,而无比丘尼戒本,“遂以武帝普通三年壬寅(522),于大律内抄出《尼戒》一卷”(见《开元释教录》卷六),这就是今存于《大藏经》中的《五分比丘尼戒本》一卷;唐爱同,“具戒后,讲弥沙塞律(指《五分律》)”,因当年佛陀什等曾译出《五分羯磨》一卷,随着时运迁移,“其本零落,寻求不获,学者无依”,“遂于大律之内抄出《羯磨》一卷”,“著《五分律疏》十卷”(见《宋高僧传》卷十四)。这里提到的《羯磨》一卷,就是今存于《大藏经》中的《弥沙塞羯磨本》一卷。它们之所以能流传至今,实赖于《开元释教录》作者智升的偏好与著录。可惜的是,爱同撰作的《五分律疏》十卷,乃是汉地撰作的唯一的《五分律》注疏,则已亡佚。

(五)其他律部的弘传

佛教部派相传有“十八部”或“二十部”,其中一些大的部派都有自己传持的“三藏”,因而也各有本派的“律藏”,故佛教部派的律典并不只有“同世五师”所传的“五部律”,还有“五部律”以外的其他广律及其派生著作。这些律典同样也是汉地习律者研究并著书阐述的对象。如陈代真谛在翻译正量部的律论《律二十二明了论》的同时,还“释《律二十二》大义,并《疏》五卷”(已佚,见《续高僧传》卷一);隋代相州演空寺灵裕,除了著有《四分律疏》五卷等以外,还为未详部派的律论《毗尼母经》(先前有学者认为是“雪山部”或称“本上座部”的律论,笔者据内容的同似性,认为是说一切有部的律论)作过“疏记”(卷数不详,已佚;见《续高僧传》卷九);唐代义净在翻译后期说一切有部的广律《根有律》(包括《根本说一切有部毗奈耶》、《根本说一切有部苾刍尼毗奈耶》,以及《根本说一切有部毗奈耶出家事》、《安居事》、《随意事》、《皮革事》、《药事》、《羯耻那衣事》、《破僧事》、《杂事》等）之外，还撰写了《大唐南海寄归内法传》四卷、《别说罪要行法》一卷、《受用三水要法》一卷、《护命放生轨仪》一卷等律学著作（今存，见《开元释教录》卷九）。

总之，从曹魏至唐初，印度流传的佛教部派的律典已基本译出，汉地习律者凭藉丰富的戒律文献，所作的研究不仅相当深入，而且已成系列。

三、律宗的成立

隋唐是我国古代社会的政治、经济和文化得到迅速发展的一个时期，同时也是佛教发展的鼎盛时期。中国佛教的一批才华出众的高僧大德，就是在这一时期，各以某一部或某几部汉译佛经为依据，从讲解开演入手，一边解析原典的微言大义，一边引伸发挥，抒发自己的体悟和见地，从而形成具有独特的理论体系和传承法系的佛教宗派的。以经、律、论相区分，大致可分为：(1) 以“经”为典据。如天台宗依据《法华经》立宗；华严宗依据《华严经》立宗；初期禅宗依据《楞伽经》或《金刚经》立宗；密宗依据《大日经》、《金刚顶经》、《苏悉地经》立宗。(2) 以“经、论”为典据。如唯识宗依据“六经十一论”立宗，“六经”指《华严经》、《解深密经》、《如来出现功德庄严经》、《大乘阿毗达磨经》、《入楞伽经》、《厚严经》，“十一论”指《瑜伽师地论》、《显扬圣教论》、《大乘庄严经论》、《集量论》、《摄大乘论》、《十地经论》、《分别瑜伽论》、《观所缘缘论》、《唯识二十论》、《辨中边论》、《大乘阿毗达磨杂集论》；净土宗依据“三经一论”立宗，“三经”指《阿弥陀经》、《无量寿经》、《观无量寿佛经》，“一论”指《往生论》。(3) 以“论”为典据。如三论宗依据《中论》、《百论》、《十二门论》立宗。(4) 以“律”为典据。如律宗依据《四分律》立宗。

(一) 四分律宗的典据

律宗创立于唐初,因其依《四分律》立宗,故又称“四分律宗”。在印度佛教“同世五师”所传“五部律”中,律宗为何要选择依《四分律》立宗,而不是选择成立年代更古、译出时间最早的《十诵律》呢? 这实在是一道谜题。据笔者的分析,大致有以下三个原因:

(1) 用《四分律》统一“受随”。所谓“受”,指戒的“受体”,即受戒时在内心产生的防非止恶的体性;所谓“行”,指戒的“随行”,即受戒后随顺戒体发起的修行。在唐代以前,出家受戒依据的是《四分律》羯磨法,而受戒以后的行事,则择取《十诵律》等律部而为之,这就好比是用《公羊传》的说法,为《左传》作释。若以《四分律》立宗,则将有助于消除“受体”和“随行”的分离,使之达到统一。如《续高僧传》卷二十二说:

> 自律藏久分,初通东夏,则萨婆多部《十诵》一本,最广弘持。……而恨受(指受体)遵《四分》,随(指随行)依《十诵》,可为商之。……受具(指受具足戒)一法,三圣元基,部各陈要,具舒随相,异宗会受,事类星张,当受明随同犹合契。考夫行事之土,则乡壤部分,穷其受戒之源,宗归《四分》。(《大正藏》第五十卷,第620页中、下)

《宋高僧传》卷十六也说:“元魏已前,诸受戒者,用《四分》羯磨纳戒,及乎行事,即依诸律为随,何异乎执左氏经本,专循公羊之传文也。”(同上书,第811页下)

(2)《四分律》篇章齐整。一部广律能否流传,除了译文是否流畅以外,篇章结构的齐整与否是一个关键性的因素。在传今的广律中,篇章结构较为合理、容易为习学者所接受的是南传巴利文《律藏》和《四分律》。它们都是以“比丘波罗提木叉分别”(即比丘戒解说)、“比丘尼波罗提木叉分别”(即比丘尼戒解说)、“犍度”(僧团的制度和行事)、“附随”(二部僧戒、犍度和其他戒律事项的补充与解释)为序组织的。至于其他部派的广律,其篇章结构都存在着这样或那样的缺陷。如《五分律》缺“附随”;《摩诃僧祇律》中的“犍度”,是依“毗尼摩得勒伽”组织的,相关的内容分布在“明杂诵跋渠法”、“明威仪法”、“比丘尼杂跋渠”各章之中,十分零散,也缺“附随”;《十诵律》中的“犍度”,先出《自恣法》,后出《安居法》,与事情的原有顺序相背离(应当是先有“夏安居”,然后才有“夏安居”结束时所作的“自恣”),“附随”的内容散见于“增一法”、“优波离问部”、“比(毗)尼诵”、“善诵毗尼序”之中,层次交错,内容混杂,其编次思路,非一般人所能理清。由于古代只有《四分律》的汉译本,南传巴利文《律藏》一直至二十世纪末,才从日译本转译成汉文的,在这种情况下,择取篇章结构较为齐整的《四分律》为根本经典,也就成为首选。

(3)《四分律》义通大乘。中国佛教是以大乘为主流的佛教,隋唐时期出现的佛教宗派,除律宗以外,所尊奉的也都是大乘经和大乘论。而《四分律》是小乘律,因而以小乘律立宗,势必易招其他大乘人士的嗤笑。对此,律宗是从大小二乘义理相通的角度,予以辩释的。如唐道宣《四分律删繁补阙行事钞》卷中说:

> 今时不知教者,多自毁伤云:此戒律所禁止,是声闻之法,于我大乘弃同粪土。……原夫大小二乘,理无分隔,对机设药,除病为先。故鹿野初唱,本为声闻,八万诸天,便发

大道；双林告灭，终显佛性，而有听众，果成罗汉。以此推之，悟解在心，不唯教旨。……即《胜鬘经》说，毗尼者即大乘学。《智论》（指《大智度论》）云，八十部（指原始律藏《八十诵律》）者即尸罗波罗蜜（指“六度”中的“持戒”）。（《大正藏》第四十卷，第49页中、下）

也就是说，大小二乘的义理是相通的，只是听闻者各自的悟解不同，才呈现差异，戒律本身就是“大乘学”，为大乘“六度”中的“戒度”。为此，律宗反复强调，“四分一律，宗是大乘”（同上书，第102页上），并举《四分僧戒本》中有“施一切众生，皆共成佛道”语等为例，加以论证（见道宣《四分律删补随机羯磨疏》卷三）。虽说其中的一些论述未免有牵强之处，但从道义上来说，却是能够成立的。因为大乘戒（又称“菩萨戒”）是由“摄律仪戒”、“摄善法戒”、“摄众生戒”（又称“饶益有情戒”）三种戒构成的，合称“三聚净戒”，而小乘戒所说的“七众别解脱戒”，即沙弥、沙弥尼“十戒”，式叉摩那“六法”，优婆塞、优婆夷“五戒”、“八戒”，比丘、比丘尼“具足戒”等，均属于“三聚净戒”中的“摄律仪戒”，因而说它们是与大乘相通的，并不为过。

律宗选择依《四分律》立宗，并不意味着排斥其他广律。相反，在律宗的著述中，征引其他广律、戒本、羯磨法、律论、律仪经，乃至大小乘经、论的地方，比比皆是。这种做法，犹如今人做的古籍校点或集注本，只是底本选择最优的一个版本而已，至于用作对比的校本和注本，则是多多益善。如同唐道宣所说，既然“大小二乘，理无分隔”，那么同为小乘律的各种典籍，更无理由加以切割。只是同一事情，各书的表述或解释互有出入，故在引用时，须加辨析，不能一抄了之。

（二）四分律宗的三大派

唐代四分律宗分为三大派。以成立时间的先后而论，依次为相部宗（又称“相部律宗”）、南山宗（又称“南山律宗”）、东塔宗（又称“东塔律宗”）。

（1）相部宗。唐代法砺创立，因传教地在相州（今河北临漳县）日光寺而得名。法砺十五岁，从相州演空寺灵裕出家。受具足戒后，敦慎戒科，从静洪研习《四分律》，后至恒州，就洪渊研习律学，历时二年。继尔游学江南，习学《十诵律》。隋末返回相州，住日光寺。前后讲《四分律》四十余遍。著有《四分律疏》十卷（今存）、《羯磨疏》三卷、《舍忏仪轻重叙》一卷（以上已佚）等（以上见《续高僧传》卷二十二）。法砺的《四分律疏》为相部宗的代表作，成于武德六年（623）（此据五代景霄《四分律行事钞简正记》卷四所记）。

（2）南山宗。唐代道宣创立（元照《南山律宗祖承图录》推定他为律宗东土“九祖”），因传教地在长安终南山而得名。道宣十五岁依智頵律师受业，诵习诸经，次年于日严道场（隋炀帝时称“寺”为“道场”）正式落发出家。隋大业（605—617）中，从智首律师受具足戒，以后又依智首学习《四分律》。唐武德七年（624）以后，栖居长安终南山，弘律著书，历住白泉寺、崇义寺、丰德寺、净业寺。贞观十九年（645），玄奘从印度取经归国，应诏参与译经，与辩机、靖迈、慧立等八人，共任译场的“缀文大德”。显庆三年（658），敕任西明寺上座。乾封二年（667）二月，在终南山净业寺创立戒坛，为京师和诸州名山大刹沙门授戒。道宣一生学识渊博，著述等身。其著述大致可分为“宗承律藏部”（指《四分律删繁补阙行事钞》等）、“弘赞经论部”（指《大唐内典录》等）、“护法住持部”（指《广弘明集》等）、“礼敬行仪部”（指《释门归敬仪》等）、“图传杂录部”（指《续高僧传》等）五类，

"总五十七件,计二百六十七卷"(见北宋元照《芝苑遗编》卷下《南山律师撰集录》)。其中,属于"宗承律藏部"的律学著作,有二十一种三十七卷。

南山宗的代表作是道宣的《四分律删繁补阙行事钞》(略称《行事钞》)三卷、《四分律比丘含注戒本疏》(略称《戒疏》)四卷、《四分律删补随机羯磨疏》四卷(略称《业疏》,今收入北宋元照《四分律删补随机羯磨疏济缘记》),世称"南山三大部"(此称谓始见于南宋宗鉴《释门正统》卷三,原称"南山教"下的"三大部")。近人也有将此三部加上《四分律拾毗尼义钞》三卷、《四分律比丘尼钞》三卷称为"南山五大部"的。但《四分律拾毗尼义钞》一书,"贞观元年制,后流新罗,此方绝本,至大中四年,彼国附还",原为三卷,至北宋时就剩下二卷(见《芝苑遗编》卷下),故它是一部很少流通的著作,并不能作为南山宗的代表作。在"南山三大部"中,最重要的是《四分律删繁补阙行事钞》,它成于武德九年(626),贞观四年(630)重修。

(3)东塔宗。唐代怀素创立,因传教地在长安西太原寺东塔而得名。怀素于贞观十九年(645)出家,师事刚从西域取经回国的玄奘法师,承学经论。受具足戒以后,专攻律部,依京兆恒济寺道成律师习《四分律》。道成在武则天时,曾奉诏参与地婆诃罗译经,担任"证义",师承不详。怀素初居弘济寺,上元三年(676),诏住西太原寺。著有《四分律开宗记》十卷(又作"二十卷")、《四分比丘戒本》一卷、《四分比丘尼戒本》一卷、《僧羯磨》三卷、《尼羯磨》三卷等。他的《四分律开宗记》为东塔宗的代表作,成于永淳元年(682)。

(三)四分律宗三大派的共同点

唐代四分律宗三大派,既有共同之处,也有不同之处。三大派的共同之处在于,对律学一般理论和基本问题都作了归纳和整理，建立了一大批带有共通性的律学概念和命题，以此为平台，各抒己见。以相部宗法砺的《四分律疏》为例，它是三大派中最早问世的律学理论著作，书中提到律学概念和命题有："戒学"（又称"戒宗"）分为"受戒"（又称"受戒法门"，指受纳戒法）、"随戒"（又称"随戒行相"，指受戒后随顺戒体发起的修行）二门；"受戒"下分"受缘"（指受戒的条件）和"受体"（指将戒法纳受于心，使之生起防非止恶的功能的业体）；"受缘"，依受具足戒的方式，分为"善来受具"、"称上法受具"、"三归受具"、"八敬法受具"、"白四羯磨受具"等；"受体"，分为"作戒"（又称"表业"，指受戒时依仪轨而作的请师乞戒等行事，此为显现于外的、可见闻的业体）和"无作戒"（又称"无表业"，指受戒后于内心产生的防非止恶的功能，此为不显现于外的、不可见闻的业体）二种；"随戒"下分"专精不犯"和"犯已能悔"二种；"专精不犯"为"持"（指受持戒法），"持"分为"止持"（指制止身口意作恶，即"诸恶莫作"）和"作持"（指策励身口意修善，即"众善奉行"）二种；"犯已能悔"的"犯"，分为"作犯"（因作恶而犯戒）和"止犯"（因止善而犯戒）二种等（详见《四分律疏》卷一"本"、"末"）。

这些律学基本概念和命题也见于南山宗、东塔宗的著作中。虽说文句表述有详有略，用词遣句也不尽相同，但所说的意思则大体相同或相近的，同似性远大于差异性。这说明，这些概念和命题大多是唐代以前的《四分律》研习前辈，从律文中撮取或引出的，基本上已达成共识，它们是《四分律》研究者长期积累所形成的共同的知识财富，本质上并不归属于某一派，各派都可以在前贤研究的基础上，对共通性的概念和命题作补充、修正、分拆、组合，乃至重新定义，或创建新的、于文有据的概念和命题。

(四) 四分律宗三大派的歧异点

唐代四分律宗三大派的不同之处,若一一罗列,这是很多的。当年怀素就是有感于相部宗法砺的《四分律疏》(时称"旧疏")颇多疏误,而发心另撰《四分律开宗记》(时称"新疏")的。据说,"新疏"弹纠"旧疏",列数它有"十六失",并提出数百条新义,数量之多,足见分歧之大。但"新疏"也并非全新,有许多内容是参考"旧疏"写的。唐代"新疏"派和"旧疏"派之间的争论十分激烈。唐代宗大历十三年(778),曾敕令三宗(南山、相部、东塔)大德十四人在安国寺聚会,决定新旧两疏的是非,并佥定一本行世。最后,由如净等人作《敕佥定四分律疏》十卷,以调和新、旧两疏学者之争的纷争,并允许两疏继续并行(见唐圆照《大唐贞元续开元释教录》卷中)。同样,怀素对南山宗道宣也多有批评,说道宣撰的《删补随机羯磨》(指《四分律删补随机羯磨》),"近弃自部之正文,远取他宗之傍义,教门既其杂乱,指事屡有乖违"(见《僧羯磨》书首的《序》)。认为道宣近有法藏部《四分律》的原文不用,而远取其他律部的说法作释,有"教门杂乱"之失。

三大派最主要的不同之处,在于对"戒体"的看法。因为"戒体"是佛教出家"五众"赖以止恶生善的根基,若无"戒体",一切修行便无从发生。如同道宣所说:"出俗五众,所以为世良田者,实由戒体故也。"(见《四分律删繁补阙行事钞》卷中《篇聚名报篇》)

相部宗依据《成实论》,以"非色非心"为戒体。认为,戒体中的"无作戒",既不是由地、水、火、风("四大")造作产生的会变化、有质碍的物质现象("色法"),也不是能攀缘思虑外境和内境的精神活动的主体("心法"),以及由它产生的心理活动("心所有法"),而是与"色"、"心"均不相应的现象,性质上属于“心不相应行法”（又称“非色非心不相应行法”，分为二十四种）的“得”（指获得）。如法砺《四分律疏》卷一“末”说：

> 言受体者，据要而论，不出二种。一者作戒，二无作戒。言作戒者，方便身口，造趣营为，称之为作。二无作者，一发续现，四心三性，始末恒有，不藉缘办，号曰无作。……若言作戒，以色为体。言无作者，非色非心。（《新纂续藏经》第四十一册，第524页上）

东塔宗依据说一切有部的《大毗婆沙论》、《俱舍论》，以“色法”为戒体。认为，戒体是由“四大”造作产生的不显露的物质现象，性质上属于“色法”（分为“五根”、“五境”、“无表色”三类）中的“无表色”（又称“无表业”、“无作色”）。如怀素《四分律开宗记》卷六“末”说：

> 古来传律诸人，不寻分部，所以言依《成实》宗者，理不然也（以上指说法藏部依《成实论》立戒体是误传）。但以法密宗义，弘在西方（指法藏部的律论传在西方，未传东土），此出先来，盛传说一切有部，故今解释并依说一切有部，明今此色法为体。（《新纂续藏经》第四十二册，第487页下）

南山宗依据《成唯识论》等，以阿赖耶识（又称“第八识”、“藏识”、“根本识”）中的“善种子”为戒体，也就是以“心法”为戒体。认为阿赖耶识含藏着能生起一切事物和现象的“种子”，“种子”按其来源来说，分为“本有种子”和“新熏种子”，前者是无始以来就存在于第八识的，后者是前七识“现行熏习”而形成的；按其性质来说，分为“善”、“恶”、“无记”（指非善非恶）等，由受戒形成的是“新熏种子”中的“善种子”。如道宣《四分律删

补随机羯磨疏》卷三(今收入北宋元照《四分律删补随机羯磨疏济缘记》,以下略称《济缘记》)说:

> 境缘本是心作,不妄缘境,但唯一识,随缘转变,有彼有此。欲了妄情,须知妄业,故作法受(戒),还熏妄心,于本藏识,成善种子,此戒体也。(《济缘记》卷三之五,《新纂续藏经》第四十一册,第257页下—第258页上)

此外,南山宗还将"判教"(对佛说教法的内容、顺序、性质和地位所作的判释)引入戒学,提出"化制二教"(又称"化行二教")、"南山三观"等学说,这在三大派中也是独特的。南山宗认为,佛陀一代言教,可以分为"化教"和"制教"(又称"行教")二教。"化教",指的是经藏、论藏所说的通化道俗的定慧法门;"制教",指的是律藏所说的唯制内众的戒学法门,二教各有不同的作用。如道宣《四分律删繁补阙行事钞》"十门类例"说:

> 显理之教,乃有多途,而可以情求,大分为二:一谓化教。此则通于道俗,但泛明因果,识达邪正,科其行业,沈(沉)密而难知,显其来报,明了而易述。二谓行教。唯局于内众,定其取舍,立其网致,显于持犯,决于疑滞。……内心违顺,托理为宗,则准化教;外用施为,必护身口,便依行教。(《大正藏》第四十卷,第3页上、中)

南山宗进而说,"化教",按义理的浅深,可以分为"性空教"、"相空教"、"唯识圆教"三教。"性空教",指的是小乘经论(如《阿含经》等)说的一切诸法"性空无我"的教法;"相空教",指的是大乘空宗经论(如《般若经》等)说的一切诸法"本相是空"的教法;"唯识圆教",指的是大乘有宗经论(如《华严经》等)说的"一切唯识"、"性相圆融"的教法(见《四分律删繁补阙行事钞》卷中之四《忏六聚法篇》)。依据化教而作的三种观法,称为"三观"(又称"南山三观")。"性空观",指的是"观事生灭,知无我人、善恶等性";"相空观",指的是"观事是空,知无我人、善恶等相";"唯识观",指的是"观事是心,意言分别"(见《四分律删补随机羯磨疏》卷二、《济缘记》卷二之五)。

"制教",依对戒体的看法,可以分为"实法宗"、"假名宗"、"圆教宗"三宗。"实法宗",指的是萨婆多部,此宗依据《杂心》、《俱舍》、《阿毗昙》等论,认为无论是"作戒",还是"无作戒",都是"色法",故以"色法"为戒体;"假名宗",指的是昙无德部,此宗依据《成实论》,认为"作戒"以"色心"为体,"无作戒"以"非色非心"为体,故以"非色非心"为戒体;"圆教宗",指的是南山宗,此宗依据《成唯识论》等,认为"作戒"犹如烧香熏诸秽气,"无作戒"犹如香尽余气常存,故以阿赖耶识含藏的、由受戒熏习形成的"善种子"为戒体(见《四分律删补随机羯磨疏》卷三、《济缘记》卷三之五)。

由于南山宗既有较为完备的戒学理论,又有一批才学出众的传承弟子,并于其后形成相应的传法世系,故五代以后,四分律宗中的相部宗、东塔宗均衰落不传,唯南山宗仍流传于世,南山宗也由此成为"律宗"的代称。在唐五代以后的戒律传播中,对南山律学研习较深、著述较多的,有北宋允堪开创的"会正派"、元照开创的"资持派",明末如馨、寂光开创的"千华派"等。

与此同时,律宗以外的一些高僧,如天台宗、禅宗、净土宗人士,也撰述了一些以《四分律》为主题,兼涉其他律部的研究著作。这是因为戒律是一切佛教宗派和佛教人士都要受持的行为规范,对戒律作研究,并非是律宗一家的专利,而是各宗各派的共同课题。

四、本部大略

小乘律诠释部，收录的是汉地撰作的小乘戒律类典籍，总计九十部三百六十三卷。分为六门。

（一）唐五代四分律宗著作·南山宗

此类典籍总计有二十部七十三卷。（1）唐道宣《四分律删繁补阙行事钞》三卷。《四分律》的解说书、南山宗最重要的代表作，以《四分律》为基础，其他律典和经论著述为补充，对律部所叙的僧众行事轨式（又称“行仪”），作了分门别类的阐述。（2）唐道宣《四分律比丘含注戒本》三卷。《四分律》比丘戒本的集本及其注释，其戒本是以姚秦佛陀耶舍翻译的戒本和《四分律》的本文为基础，参校北魏慧光的集本、隋代法愿的集本，编集而成的。（3）唐道宣《新删定四分僧戒本》一卷。供说戒时使用的《四分律》比丘戒本的集本。（4）唐道宣《四分律删补随机羯磨》二卷。《四分律》羯磨法的集本，分为十篇，始《集法缘成篇》，终《杂法住持篇》。（5）唐道宣《四分律比丘尼钞》三卷。《四分律》比丘尼行事轨式的解说书，分为三十篇，始《劝学篇》，终《杂要篇》。（6）唐道宣《四分律拾毗尼义钞》三卷。《四分律删繁补阙行事钞》的补充和解释，今存卷上、卷中，佚卷下，收有十六篇，始《毗尼藏大纲》，终《四诤》。

（7）唐道宣《教诫新学比丘行护律仪》一卷。新学比丘（指受具足戒未满五年者）威仪行相的简明读本，分为二十三篇，始《入寺法》，终《入聚落法》。（8）唐道宣《释门章服仪》一卷。论述僧尼的“法服”（又称“袈裟”）问题，分为十篇，始《制意释名篇》，终《加法行护篇》。（9）唐道宣《释门归敬仪》二卷。论述归敬“三宝”（指佛、法、僧）的理论和仪则，分为十篇，始《敬本教兴篇》,终《程器陈迹篇》。(10) 唐道宣《量处轻重仪》一卷。论述已故僧尼的轻重财物的处置问题。(11) 唐道宣《净心诫观法》二卷。论述如何修习“净心观”(指对“净心”作观察思惟)问题,分为三十篇,始《净心诫观法五字释名法篇》,终《诫观内行密修嘱付殷勤受持法》。(12) 唐道宣《关中创立戒坛图经》一卷。叙述戒坛的起源、名称、形制、结法,以及受戒仪轨,分为十一门,始《戒坛元结教兴》,终《戒坛赞述辨德》。

(13) 唐道宣《中天竺舍卫国祇洹寺图经》二卷。叙述中天竺舍卫国(即中印度拘萨罗国舍卫城)祇洹寺的历史和建筑。(14) 唐道世《毗尼讨要》三卷。《四分律》的解说书,所释以僧团的各项制度和僧众的行仪规范为主,分为四十章,始《标宗劝学章》,终《尼随戒释要章》。(15) 唐大觉《四分律行事钞批》十四卷。唐道宣《四分律删繁补阙行事钞》的注释,卷首开立《六门分别》,总叙《四分律》的由来和本书的撰述体例,尔后随文作释。(16) 唐志鸿《四分律钞搜玄录》十卷。唐道宣《四分律删繁补阙行事钞》的注释,原为十卷,今存三卷。(17) 唐未详作者《宗四分比丘随门要略行仪》一卷。《四分律》比丘羯磨法的辑录,始“结界法”,终“入众五法”,今本为敦煌本,书首残缺。(18) 唐未详作者《毗尼心》一卷。戒律重要名词和事项的解说书,分为八篇,始《学戒法》,终《护持法藏》,今本为敦煌本,书首略有残缺,但正文齐全。(19) 唐未详作者《四部律并论要用抄》二卷。四部广律(《四分律》、《十诵律》、《僧祇律》、《五分律》)和律论(《萨婆多毗尼毗婆沙》等)中戒律要事的解说(包括问题解答),今本为敦煌本,书首略有残缺,但正文齐全。(20) 五代景霄《四分律行事钞简正记》十七卷。唐道宣《四分律删繁补阙行事钞》的注释,分为“立章料简”、“判释科条”两部分,先总叙《四分律》、《行事钞》的由来和内容结构,尔后随文作释。

（二）唐五代四分律宗著作·相部宗

此类典籍总计有四部二十五卷。（1）唐法砺《四分律疏》十卷。今存最古的《四分律》全本的注疏、唐代相部宗的代表作，其诠释体例是先提举纲目，后逐项细释。（2）唐法砺《四分戒本疏》三卷。法砺《四分律疏》中的比丘戒部分的节抄，今本为敦煌本，未署作者，经笔者考证后，新列于法砺名下。（3）唐定宾《四分律疏饰宗义记》十卷。法砺《四分律疏》的注释，对《四分律》和法砺《疏》的宗旨、篇章结构、段落大意、难懂难解的词句，作出了详略不等的解释。（4）唐定宾《四分比丘戒本疏》二卷。姚秦佛陀耶舍译《四分僧戒本》的注释，先总释律教的宗旨、戒本的宗体和传译，尔后随文作释。

（三）唐五代四分律宗著作·东塔宗

此类典籍总计有六部十九卷。（1）唐怀素《四分律开宗记》十卷。《四分律》全本的注疏、唐代东塔宗的代表作，其诠释体例也是先提举纲目，后逐项细释，并在释文中，辨析歧异，提出自己的见解。（2）唐怀素《四分比丘戒本》一卷。《四分律》比丘戒本的集本，据《四分律》汉译本编成（以下三种均属此类），其文句与佛陀耶舍所译《四分僧戒本》略有不同。（3）唐怀素《四分比丘尼戒本》一卷。《四分律》比丘尼戒本的集本。（4）唐怀素《僧羯磨》三卷。《四分律》比丘羯磨法的集本，分为十七篇，始《方便篇》，终《修奉篇》。（5）唐怀素《尼羯磨》三卷。《四分律》比丘尼羯磨法的集本，分为十七篇，始《方便篇》，终《修奉篇》。（6）唐未详作者《律杂抄》一卷。律学问答，今本为敦煌本，所问始于“比丘是何义”，终于“污家戒谏何事”，而以《东塔疏》（怀素《四分律开宗记》）的理论为答案。

（四）宋元四分律宗著作

此类典籍总计有十六部五十四卷。（1）北宋允堪《四分律随机羯磨疏正源记》八卷。唐道宣《四分律删补随机羯磨疏》的注释，分为十二篇，对道宣《羯磨疏序》、《羯磨序》、《羯磨疏》正文十篇的主旨大意和难解的文句语词，作了或详或略的诠释。(2) 北宋允堪《四分律拾毗尼义钞辅要记》六卷。唐道宣《四分律拾毗尼义钞》的注释，因作者所见的《拾毗尼钞》已佚卷下，故所释仅为卷上、卷中。(3) 北宋允堪《新受戒比丘六念五观法》一卷。论述新受戒比丘如何修习“六念法”、“五观法”问题。(4) 北宋允堪《衣钵名义章》一卷。叙述僧人衣钵的名称与形制。(5) 北宋元照《四分律行事钞资持记》三卷。唐道宣《四分律删繁补阙行事钞》的注释，分为三十二篇，对道宣《行事钞》的《序》、《十门类例》、正文三十篇的主旨大意和文句语词，作了较为详细的诠释。(6) 北宋元照《四分律含注戒本疏行宗记》四卷。唐道宣《四分律含注戒本疏》的注释，今本(《新纂续藏经》本)实为道宣《戒本疏》与元照《戒本疏行宗记》、《戒本疏科》三书的合刊本(原题《新刻排科夹注戒本疏记》)。

(7) 北宋元照《四分律删补随机羯磨疏济缘记》四卷。唐道宣《四分律删补随机羯磨疏》的注释，今本(《新纂续藏经》本)实为道宣《羯磨疏》和元照《羯磨疏济缘记》、《羯磨疏科》三书的合刊本(原题《新刻入注排科羯磨疏》)。(8) 北宋元照《四分删定比丘尼戒本》一卷。《四分律》比丘尼戒本的集本，依照唐道宣《新删定四分僧戒本》的体例编集而成。(9) 北宋元照《佛制比丘六物图》一卷。叙述比丘“六物”(指“僧伽梨、郁多罗僧、安陀会、钵多罗、尼师坛、漉水囊”)的名称与形制。(10) 北宋元照《芝园集》二卷。元照的文集，收录作者撰写的塔铭、行业记、墓志铭、书序和杂文三十二篇，始《杭州南屏山神悟法师塔铭》，终《释门登科记序》。(11) 北宋元照《补续芝园集》一卷。《芝园集》的续编，收文六篇，始《台州顺感院转轮藏记》,终《明州经院三圣立像记》。(12)北宋元照《芝园遗编》三卷。元照律学著述的汇编,收文十六篇,始《戒体章》,终《南山律师撰集录》。

(13)北宋怀显《律宗新学名句》三卷。律学小辞典,所收的词条,以所含数字的大小为序编排,始"一法",终"八万四千法门"。(14)南宋守一《律宗会元》三卷。以"南山三大部"及元照注疏为主要资料编集而成的会元体著作,阐述律宗的主要理论,分为十门,对"律教"、"观法"、"心境"、"戒法"、"戒体"、"戒行"、"戒相"、"持犯"、"悔罪"、"三归依"等,作了专题论述。(15)南宋守一《终南家业》三卷。守一律学著述的汇编,收文二十篇,始《教观撮要》,终《辨略教结犯》,大多用问答体撰写。(16)元省悟《律苑事规》十卷。叙述律宗的寺院制度与日常生活行事规式,按事立题,分为一百四十二篇,始《结界仪》,终《警众法器》。

(五)明清四分律宗著作

此类典籍总计有三十五部一百八十三卷。(1)明如馨《经律戒相布萨轨仪》一卷。佛教戒律类事项和法数(含数字的名词术语)的解说书,从经律上摘录相关资料编集而成。(2)明永海《目连五百问戒律中轻重事经释》二卷。东晋失译《目连问戒律中五百轻重事》的注释,依次解释《轻重事经》的题目、译人和本文。(3)明性祇《目连五百问经略解》二卷。东晋失译《目连问戒律中五百轻重事》的注释。(4)明性祇《毗尼日用录》一卷。叙述寺院僧人日常行事中使用的各种偈咒和戒律类法数(含数字的名词术语)。(5)明法藏《弘戒法仪》二卷。叙述佛教"在家二众"(指优婆塞、优婆夷)、"出家五众"(指比丘、比丘尼、式叉摩那、沙弥、沙弥尼)的授戒仪轨,分为二十六篇,始《授在家二众三归依法仪》,终《衣钵总持》。(6)明广莫《四分戒本缘起事义》一卷。《四分律》比丘戒本中各戒的制立因缘的解说书。(7) 明广承《毗尼珍敬录》二卷。《四分律》比丘戒条文的辑录及其注释。

(8) 明智旭《重治毗尼事义集要》十七卷。《四分律》事义的解说书,以《四分律》为主要依据,旁采其他部派佛教的律典(尤其是南山宗道宣在世时尚未译出的"根本说一切有部"的律典),抉择会通,撰录而成。(9) 明智旭《四分律藏大小持戒犍度略释》一卷。《四分律》卷五十三《杂犍度》之末收载的"大小持戒犍度"部分的略释。(10) 明智旭《沙弥十戒威仪录要》一卷。律本中沙弥"十戒"和沙弥"威仪"的辑录和解说。(11) 明元贤《四分戒本约义》四卷。《四分戒本》的集本及其注释,所释着重于解释各戒的制戒因缘和犯相轻重。(12) 明元贤《律学发轫》三卷。佛教戒律要事(以广律中"犍度"类事项为主)和律家法数的解说书,分为二十二篇,始《律部缘起》,终《律家法数》。

(13) 清弘赞《四分律名义标释》四十卷。《四分律》中难懂的字词或短句的读音和含义的训诂书,性质相当于佛经音义。(14) 清弘赞《四分戒本如释》十二卷。《四分戒本》的详解,所标立的戒名,与道宣著作中的戒名体系不同,而与明智旭《重治毗尼事义集要》的戒名体系较为接近。(15) 清弘赞《式叉摩那尼戒本》一卷。《四分律》式叉摩那尼(指受具足戒前处于二年学法阶段的出家女子)戒本的集本。(16) 清弘赞《比丘受戒录》一卷。叙述比丘受具足戒须知的事项。(17) 清弘赞《比丘尼受戒录》一卷。叙述比丘尼受具足戒须知的事项。(18) 清弘赞《归戒要集》三卷。叙述优婆塞、优婆夷受"三归"、"五戒"、"八戒"须知的事项。(19) 清弘赞《八关斋法》一卷。叙述优婆塞、优婆夷在每月"六斋日"中的一日一夜受持"八关斋"(又称"八关戒斋"、"八戒")的方法。(20) 清弘赞《沙门日用》二卷。

叙录寺院僧人日常行事中使用的各种偈咒，参照明性祇《毗尼日用录》的体例和内容重新整理而成。(21) 清弘赞《沙弥律仪要略增注》二卷。明袾宏《沙弥律仪要略》的注释，上篇《戒律门》解释"沙弥十戒"，下篇《威仪门》解释沙弥威仪"二十四事"。(22) 清弘赞《沙弥学戒仪轨颂注》一卷。沙弥"学戒仪轨"偈颂的撰录及其注释。

(23) 清济岳《沙弥律仪毗尼日用合参》三卷。明袾宏《沙弥律仪要略》、性祇《毗尼日用录》二书的汇笺。(24) 清读体《毗尼止持会集》十六卷。《四分律》比丘戒条文的辑录和广释。(25) 清读体《毗尼作持续释》十五卷。唐道宣《四分律删补随机羯磨》的详解和补续。(26) 清读体《三坛传戒正范》四卷。叙述汉地佛教"三坛大戒"(指"初坛授沙弥戒"、"二坛授比丘戒"、"三坛授菩萨戒")的授受仪轨。(27) 清读体《毗尼日用切要》一卷。叙录寺院僧人日常行事中使用的各种偈咒，以及沙弥、沙弥尼、式叉摩那、优婆塞各自的"戒相"(指戒法条文)，参照明性祇《毗尼日用录》的体例和内容编集而成。(28) 清读体《沙弥尼律仪要略》一卷。叙述沙弥尼"十戒"和"威仪"，以东晋失译《沙弥尼戒文》、北凉失译《大爱道比丘尼经》为基本资料编集而成。

(29) 清德基《毗尼关要》十六卷。《四分律》比丘戒本的集本及其注释。(30) 清书玉《毗尼日用切要香乳记》二卷。清读体《毗尼日用切要》的笺释。(31) 清书玉《羯磨仪式》二卷。叙述佛教的羯磨仪式，分为二十篇，收录二百十四种羯磨法。(32) 清书玉《二部僧授戒仪式》二卷。叙述在比丘尼僧、比丘僧"二部僧"中授受比丘尼戒的仪式。(33) 清书玉《沙弥律仪要略述义》二卷。明袾宏《沙弥律仪要略》的注释。(34) 清福聚《南山宗统》十卷。记述南山律宗传承世系和人物事迹的史书,所记上始“七佛”,下至“千华第九世”,其中以记述千华系的传承最为详实。(35) 清源谅《律宗灯谱》八卷。记述南山律宗传承世系和人物事迹的史书,所记上始“西天六祖”、“东土二十一祖”,下至“古祖(指如馨)下十世”,其资料有根据《南山宗统》移录和改写的,也有作者新收的。

(六) 其他律部研习著作

此类典籍总计有九部九卷。(1) 梁明徽《五分比丘尼戒本》一卷。《五分律》比丘尼戒本的集本。(2) 唐爱同《弥沙塞羯磨本》一卷。《五分律》比丘羯磨法的集本。(3) 刘宋僧璩《十诵羯磨比丘要用》一卷。《十诵律》比丘羯磨法的集本。(4) 刘宋法颖《十诵比丘尼波罗提木叉戒本》一卷。《十诵律》比丘尼戒本的集本。(5) 唐义净《护命放生轨仪法》一卷。叙述佛教观虫滤水、护命放生的仪轨。(6) 唐义净《受用三水要行法》一卷。叙述僧人受用三种净水(指经观察或过滤确知无虫的“时水”、“非时水”、“触用水”)的作法。(7) 唐义净《说罪要行法》一卷。叙述僧人每半月或月底,须回忆此前所犯之罪,说罪自忏的作法。(8) 元拔合思巴《根本说一切有部出家授近圆羯磨仪范》一卷。叙述藏传说一切有部有关出家受具足戒的仪轨,包括“授沙弥戒”和“授具足戒”仪轨。(9) 元拔合思巴《根本说一切有部苾刍习学略法》一卷。叙述藏传说一切有部有关比丘应当习学的“戒学”,包括比丘戒六类(内无“二不定法”、“七灭诤法”)二百五十三戒的要点。

五、备 考 书 目

有关汉传佛教撰作的小乘律著,见存于《新纂续藏经》(又名《卍新纂大日本续藏经》、《大藏新纂卍续藏经》)特多。《新纂续藏经》(日本国书刊行会编)是在《卍续藏经》(京都藏经书院编)的基础上增修而成的,1975年至1989年出版,共收录典籍一千六百七十一部。此藏收录的律著,除本部已收以外,尚有:

北宋允堪《四分律比丘尼钞科》一卷、《净心诫观发真钞》三卷;北宋元照《四分律含注戒本疏科》四卷、《四分律删补随机羯磨疏科》四卷、《四分律行事钞科》三卷、《四分律拾毗尼义钞科》一卷、《释门章服仪应法记》一卷、《道具赋》一卷;北宋道言《释四分戒本序》一卷;北宋则安《羯磨经序解》一卷、《行事钞资持记序解并五例讲义》一卷;北宋道标《资持记立题拾义》一卷;北宋妙生《佛制六物图辩讹》一卷、《三衣显正图》一卷;南宋彦起《释门归敬仪护法记》一卷;了然《释门归敬仪通真记》三卷;妙莲《蓬折直辨》一卷、《蓬折箴》一卷(以上见《新纂续藏经》第三十九册至第四十一册、第四十三册、第四十四册、第五十九册、第六十册)。

此外,敦煌本中的律著,还有:《律戒本疏》一卷(首缺);《律戒本疏》一卷(首缺,别抄本);《律杂抄》一卷(残卷);《三部律抄》一卷(首缺);《律抄》一卷(首缺);《律抄第三卷手决》(首缺;以上见《大正藏》第八十五卷)等。

上述著作的内容,或与本部所述重复,或残缺不全,或过于琐碎,故编为存目,录以备检。

在《律藏》之外,流传于世的,还有近现代学者撰作的一些律学著作,如近代弘一《四分律比丘戒相表记》、《南山律在家备览要略》等。随着时间的推移,此类著作将会越来越多,它们的学术价值也将日益显现,最终将构成《律藏》的续编。

第一门　唐五代四分律宗著作·南山宗

第一品　唐道宣《四分律删繁补阙行事钞》三卷

《四分律删繁补阙行事钞》，又名《行事删补律仪》、《四分律行事钞》、《行事钞》，三卷（分上中下卷，后人又将每卷分为“之一”至“之四”，故又作“十二卷”。对此，北宋元照《芝园遗编》卷下特地指出，“《四分律删繁补阙行事钞》三卷”，“或为六卷，今分十二卷，并后人支开，然非本数。有云祖师自分者，非也”）。唐道宣集，武德九年（626）初成，贞观八年（634）重修（见五代景霄《四分律钞简正记》卷一、北宋元照《四分律行事钞资持记》卷上）。道宣《大唐内典录》卷五著录。载于北宋福州东禅等觉院刻印《崇宁藏》（又称《崇宁万寿大藏》、《东禅等觉院本》）“旦”至“营”函，收入《大正藏》第四十卷。

道宣（596—667），俗姓钱，丹徒（今属江苏）人，一说长城（治所在今浙江长兴）人。十五岁依智頵律师受业，诵习诸经，次年于日严道场（隋炀帝时称“寺”为“道场”）正式落发出家。隋大业（605—617）中，从智首律师受具足戒，以后又依智首学习《四分律》。唐武德七年（624）以后，栖居长安终南山，弘律著书，历住白泉寺、崇义寺、丰德寺、净业寺。贞观十九年（645），玄奘从印度取经归国,应诏参与译经,与辩机、靖迈、慧立等八人,共任译场的“缀文大德”。显庆三年(658),敕任西明寺上座。乾封二年(667)二月,在终南山净业寺创立戒坛,为京师和诸州名山大刹僧人授戒。道宣长期在终南山弘传《四分律》,为唐代四分律宗三大派中的主流派“南山宗”的创立者,五代以后,四分律宗中的“相部宗”、“东塔宗”相继衰微,唯“南山宗”一脉代代相传,“南山宗”因而也成为律宗的代称。

道宣学识渊博,著述等身。据北宋元照《芝苑遗编》卷下《南山律师撰集录》统计,他的著述可分为“宗承律藏部”、“弘赞经论部”、“护法住持部”、“礼敬行仪部”、“图传杂录部”五类,“总五十七件(指种),计二百六十七卷”(见《新纂续藏经》第五十九册,第650页下)。其中,律学著作见存的,有:《四分律删繁补阙行事钞》(略称《行事钞》)三卷(又作“十二卷”)、《四分律比丘含注戒本疏》(略称《戒疏》)四卷、《四分律删补随机羯磨疏》(略称《业疏》)四卷(以上合称“南山三大部”)、《四分律拾毗尼义钞》三卷(今存卷上、卷中,分作“四卷”)、《四分律比丘尼钞》三卷(又作“六卷”)、《新删定四分僧戒本》一卷、《四分律比丘含注戒本》三卷、《四分律删补随机羯磨》二卷、《教诫新学比丘行护律仪》一卷、《净心诫观法》二卷、《释门章服仪》一卷、《释门归敬仪》二卷、《量处轻重仪》二卷、《中天竺舍卫国祇洹寺图经》一卷、《关中创立戒坛图经》一卷等。文史著作见存的有:《大唐内典录》十卷、《续高僧传》三十卷、《释迦氏谱》一卷、《广弘明集》三十卷、《集古今佛道论衡》四卷、《释迦方志》二卷、《集神州三宝感通录》三卷、《道宣律师感通录》(又名《律相感通传》)一卷。已佚的有:《释门正行忏悔仪》三卷、《释门护法仪》一卷、《圣迹见在图赞》一卷、《佛化东渐图赞》一卷、《西明寺录》一卷、《遗法住持感应》七卷(以上见道世《法苑珠林》卷一百)等。生平事迹见道宣《大唐内典录》卷五、智升《开元释教录》卷八、北宋赞宁《宋高僧传》卷十四等。

需要指出的是,《大正藏》第四十五卷收录的“《律相感通传》一卷”,与第五十二卷收录的“《道宣律师感通录》一卷”,其实是同一部著作的两个抄本,名称不同而内容相同,因此,将它们当作是道宣的两种著作是不对的,应予以纠正。

本书是《四分律》的解说书,也是唐代南山宗最重要的代表作。作者以《四分律》为基础,其他律典和经论著述为补充,对律部所叙的僧众行事轨式(又称“行仪”),作了分门别类的阐述。书名中的“删繁补阙”,依唐大觉《四分律行事钞批》的解释是,“削彼繁词名曰删繁,增其遗漏名曰补阙”(见卷一“本”)。也就是说,所谓“删繁”,是指删略《四分律》本文和汉地律师注疏中有关戒律的繁琐冗长的解释,只取精要,予以摘录;所谓“补阙”,是指对《四分律》未备的内容,择采其他部派律典的论述,加以补足。

全书分为三十篇。卷上,下分《标宗显德篇》、《集僧通局篇》、《足数众相篇》、《受欲是非篇》、《通辨羯磨篇》、《结界方法篇》、《僧网大纲篇》、《受戒缘集篇》、《师资相摄篇》、《说戒正仪篇》、《安居策修篇》、《自恣宗要篇》十二篇,阐述《四分律》“犍度”(又称“犍度部”)中有关羯磨、出家受戒、说戒、安居、自恣、师徒等方面的制度和行事,性质上属于“众行”的、策励行善的“作持戒”;卷中,下分《篇聚名报篇》、《随戒释相篇》、《持犯方轨篇》、《忏六聚法篇》四篇,阐述《四分律》“比丘戒法”中的各类戒法,性质上属于“自行”的、制止恶行的“止持戒”;卷下,下分《二衣总别篇》、《四药受净篇》、《钵器制听篇》、《对施兴治篇》、《头陀行仪篇》、《僧像致敬篇》(附《造立像寺法》)、《计(赴)请设则篇》、《导俗化方篇》、《主客相待篇》、《瞻病送终篇》、《诸杂要行篇》、《沙弥别法篇》、《尼众别行篇》、《诸部别行篇》十四篇，阐述《四分律》"犍度"类中有关衣钵、饮食、医药、僧众日常行仪规范等方面的制度和行事，性质上也属于"共行"的、策励行善的"作持戒"（参见北宋元照《四分律行事钞资持记》卷上《释序文》）。书首有道宣《行事钞序》（后代疏家称之为"总序"）、篇目（正文三十篇目录）、《十门类例》（《行事钞序》称"十门例括"，五代景霄《四分律钞简正记》卷三解释说"谓以十门类例检括"，又称"别序"，今取景霄之说拟立）。

道宣《序》阐述了本书的宗旨，说：

> 夫戒德难思，冠超众象，为五乘之轨导，实三宝之舟航。……常恨前代诸师所流遗记，止论文疏废立、问答要抄，至于显行世事、方轨来蒙者，百无一本。……余因听采之暇，顾眄群篇，通非属意，俱怀优劣，斐然作命，直笔具舒。包异部诚文，括众经随说，及西土贤圣所遗，此方先德文纪，搜驳同异，并皆穷核。长见必录，以辅博知，滥述必剪，用成通意，或繁文以显事用，或略指以类相从，或文断而以义连，或征辞而假来问，如是始终交映，隐显互出。并见行羯磨、诸务是非、导俗正仪、出家杂法，并皆揽为此宗之一见，用济新学之费功焉。……今图度取中，务兼省约，救急备卒，勒成三卷。……上卷，则摄于众务，成用有仪；中卷，则遵于戒体，持犯立忏；下卷，则随机要行，托事而起。并如文具委，想无紊乱。但境事实繁，良难科拟，今取物类相从者，以标名首。至于统其大纲，恐条流未委，更以十门例括，方镜晓远诠。（《大正藏》第四十卷，第1页上、中）

《十门类例》，为本书的十条编撰体例：

（1）《序教兴意》。阐述本书以世尊"随机设教"的本怀为宗旨。

(2)《制教轻重意》。阐述本书以裁断罪事的轻重为基点。

(3)《对事约教判处意》。阐述本书以《四分律》戒法为“受体”。

(4)《用诸部文意》。阐述本书以《四分律》为根本,同时择采“他部之文”。

(5)《文义决通意》。阐述本书在处理《四分律》中“文义俱阙”、“文具义阙”等情况时,“以理为正”。

(6)《教所诠意》。阐述本书以“持犯”(指持戒、犯戒)为诠释的主要对象。

(7)《道俗七部立教通局意》。阐述“化教”(指经藏、论藏所说的通化道俗的定慧法门)与“行教”(又称“制教”,指律藏所说的唯制内众的戒学法门)的差别(标题中的“通局”指共通与局限)。

(8)《僧尼二部行事通塞意》。阐述比丘行事与比丘尼行事的同异(指有“同戒同制”,也有“尼别行法”,前者为比丘、比丘尼相同的“共戒”,后者为比丘尼特有的“不共戒”;标题中的“通塞”指同异)。

(9)《下三众随行异同意》。阐述式叉摩那、沙弥、沙弥尼(合称“下三众”、“三小众”)行事的特质。

(10)《明钞者》。阐述本书的资料来源(先叙“正本”,次别“伪经”,末述抄录取舍的原则)。

如《用诸部文意》,说:

> 统明律藏,本实一文,但为机悟不同,致令诸计岳立。所以随其乐欲,成立己宗,竞采大众之文,用集一家之典。故有轻重异势,持犯分涂(途),有无递出,废兴互显。今立

《四分》为本，若行事之时，必须用诸部者，不可不用。……若《四分》判文有限，则事不可通行，还用他部之文，以成他部之事。或二律之内，文义双明，则无由取舍，便俱出正法，随意采用。然行用正教，亲自披阅，恐传闻滥真故也。又世中持律，略有六焉。一唯执《四分》一部，不用外宗（如持衣、说药之例文无，止但手持而已——原注）。二当部缺文，取外引用（即用《十诵》持衣、加药之类）。三当宗有义，文非明了（谓狂颠足数、睡聋之类——原注）。四此部文义具明，而是异宗所废（如舍净地、直言说戒之类——原注）。五兼取五藏（指经藏、律藏、论藏、明咒藏、菩萨藏），通会律宗（如《长含》中不冷更试外道——原注）。六终穷所归，大乘至极（如《楞伽》、《涅槃》僧坊无烟、禁断酒肉五辛、八不净财之类——原注）。此等六师，各执正言，无非圣旨，但由通局（指通则和别法）两见，故有用解参差。此钞所宗，意存第三、第六，余（指第一、第二、第四、第五）亦参取，得失随机，知时故也。（《用诸部文意》，第 2 页中、下）

卷上（下分卷上"之一"至"之四"）：十二篇。

（一）《标宗显德篇》（卷上之一）。下分"初出宗体"、"后引文成德"二门，阐述"戒"的"宗、体、行、相"（指宗旨、体性、修行、相状）和持戒的功德。主要内容有："戒"分为"戒法"（指佛为出家五众、在家二众制立的各类戒法）、"戒体"（指受戒时在内心产生的防非止恶的体性）、"戒行"（指受戒后随顺戒体发起的修行）、"戒相"（指戒法的相状，即戒法条文）四科；它们各自的含义等。如关于"戒"的"宗、体、行、相"，说：

今略指宗、体、行、相，令后进者兴建有托。夫戒者，以随器为功，行者，以领纳为趣，而能善净身心，称缘而受者，方克相应之道。……且据枢要,略标四种。一者戒法,二者戒体,三者戒行,四者戒相。言戒法者,语法而谈,不局凡圣,直明此法必能轨成出离之道,要令受者信知有此。……二明戒体者,若依通论,明其所发之业体,今就正显直,陈能领之心相。……以此要期之心,与彼妙法相应,于彼法上,有缘起之义,领纳在心,名为戒体。三言戒行者,既受得此戒,秉之在心,必须广修方便,检察身口威仪之行,克志专崇,高慕前圣,持心后起,义顺于前,名为戒行。……四明戒相者,威仪行成,随所施造,动则称法,美德光显,故名戒相。此之四条,并出道者之本依,成果者之宗极。(卷上之一《标宗显德篇》,第4页中、下)

(二)《集僧通局篇》(卷上之一)。下分"集僧之轨度"、"来处之通局"二门,阐述召集僧众办事的方法、处所和人数要求(篇名中的"通局"指共通与局限)。主要内容有:集僧的方法,有"打犍稚"、"打鼓"、"吹螺"、"鸣钟"等;集僧的处所,分为"作法界"、"自然界"二种;作法界"分"有戒场"、"无戒场"、"小界"三种;"自然界"分"聚落界"、"阿兰若界"、"道行界"、"水界"四种;比丘四人以上,"名之为僧";不同的羯磨所要求与会僧众的人数也不同,有"四人僧"、"五人僧"、"十人僧"、"二十人僧"四种区别等。如关于"四种僧",说:

此宗(指《四分律》)四种论僧。泛论僧义,并取四人已上,能御圣法,办得前事者,名之为僧。若狂乱、睡眠所为之人,通及能所,相有乖越,不入僧数。通而辨僧,则有七种,始从一人,乃至二十人,各有成败不同,广如《别钞》。初明四人僧者,谓说戒、结界等事用之。二、五人僧者,谓边地受戒、自恣等法。若据《僧祇》,舍堕忏悔五人僧摄,谓受忏悔主作白和僧,为他所量,不入僧数。今以当宗(指《四分律》)不了,《僧祇》为定。三、十人僧,谓中国受戒。四、二十人僧,谓出僧残罪也。前之四僧,若取能秉法名僧,四人实办一切羯磨。今随事用,故须三别。又前四人,若据自行,以成僧体,并须清净,以犯小罪,不应羯磨故。若论众法,则有二别。若为说戒、忏悔灭罪,必须清净,以有犯者,不得说戒、不得闻戒、不得向犯者忏悔、犯者不得受他解罪故也。若受戒等生善门中,但取相净,便堪足数。(卷上之一《集僧通局篇》,第7页下)

(三)《足数众相篇》(附《别众法》,卷上之一)。下分"体是应法"、"体境俱非"、"体非僧用"、"约缘有碍"四门,阐述作羯磨须满足的人数和资格。主要内容有:哪些人能够满足羯磨法所要求的与会僧数,为"足数"(又称"足僧数"、"入僧数");哪些人不能够满足羯磨法所要求的与会僧数,为"不足数"(又称"不足僧数"、"不入僧数");"别众羯磨"分为"应来者不来"、"应与欲者不与欲来"、"现前得诃人诃"三种情况等。如关于"不足数",说:

《四分》不足数中,所为作羯磨人(僧众作羯磨处罚的对象)、神足在空、隐没、离见闻处、别住、戒场上(者)六人。……初言所为作羯磨者,以此人是乞法之人,为僧所量,不入僧限,若通四(指四人僧)内,若将入数,僧不满四。唱羯磨时,以所牒人不入僧用。……神足在空,《毗尼母》云,空中无分齐(指界限)故,与陆地别也。隐没者,谓入地也。……离见闻者,《僧祇》中谓,同覆处、离见闻,其相如室宿中说,此谓离比座见闻。……别住者,昔云同一界不尽集,今谓界外比丘,滥将入数。……戒场上者,由前外界不

成，谓言在内者得，此二界同在自然，不同一相，是别界故。(卷上之一《足数众相篇》，第6页下—第7页上)

(四)《受欲是非篇》(卷上之一)。下分"初明其缘"、"后明欲法"二门，阐述因事不能参加羯磨者须请假("与欲")的程序和作法。主要内容有：因事不能参加羯磨者，应"与欲"(指委托他人表示自己赞同僧众所作事的意愿，亦即请假)；受委托者，应"受欲"(指接受当事人的委托)和"说欲"(指向僧众转达当事人的委托)；若当事人因病不起，应"取欲"(指派人听取当事人的委托)；若受委托者因事不能与会，应"转欲"(指另请别人转达当事人的委托)；哪些情况成就"与欲"(又称"成欲")，哪些情况不成就"与欲"(又称"失欲")等。如关于"与欲"，说：

> 制意者(指制立"与欲法"的本意)。凡作法事，必须身心俱集，方成和合，设若有缘，不开心集，则机教莫同，将何拔济？故听传心口。应僧前事，方能彼此俱辨。缘此故开与欲。释名者，凡言欲者，多以希须为义。欲明僧作法事，意决同集，但由缘差，不遂情愿，令送心达僧知，无违背。故《摩得伽》云，云何名欲？欲者，所作事乐随喜，共同如法僧事。《十诵》云，欲名发心，如法僧事与欲，名为欲法。(卷上之一《受欲是非篇》，第9页中、下)

(五)《通辨羯磨篇》(卷上之一)。下分"初明作法具缘"、"后明立法通局"二门，阐述僧团的羯磨制度。主要内容有：僧众羯磨须具备"法不孤起"、"约处以明"、"集僧方法"、"僧集差别"、"和合之相"、"简众"、"与欲应和"、"正陈本意"、"问其事宗"、"答言作某羯磨"十缘(又称"羯磨十缘"，指十项条件；《四分律删补随机羯磨》对上述文句略有修改)；僧众羯磨须具备"法"、"事"、"人"、"界"四法(又称"羯磨四法"，指四项要素)；

羯磨作法依参加者的人数,分为“众僧法”、“对首法”、“心念法”三种;哪些情况成就羯磨(“羯磨成就”),哪些情况不成就羯磨(“羯磨不成就”)等。如关于“羯磨四法”中的“法”(指羯磨法),说:

> 一切羯磨必须具四法,一法、二事、三人、四界。第一明法有三种,一心念法、二对首法。三众僧法。……心念法者,事是微小,或界无人,虽是众法及以对首,亦听独秉,令自行成无犯戒事。……《毗尼母》云,必须口言,若说不明了,作法不成。言对首者,谓非心念之缘,及界无僧,并令对首,此通二三人或至四人,如下说也,谓各共面对,同秉法也。言众法者,四人已上秉于羯磨,此是僧之所秉,故云众法。……心念有三:一但心念法、二对首心念、三众法心念。……对首法中有二:一但对首法,二众法对首。……众法有三:一者单白,事或轻小,或常所行,或是严制,一说告僧,便成法事;二者白二,由事参涉,义须通和,一白牒事告知,一羯磨量处可不,便办前务,通白及羯磨,故云白二;三者白四,受戒、忏重、治举、诃谏事通大小,情容乖舛,自非一白告知、三法量可,焉能办得?以三羯磨通前单白,故云白四。(卷上之一《通辨羯磨篇》,第11页中—第12页上)

(六)《结界方法篇》(卷上之二)。下分“列数定量”、“依位作法”、“法起有无”、“非法失相”四门,阐述“摄僧界”(指依羯磨划定的集僧作法的区域)在说戒、受戒、自恣时的结界(划定作法的区域)和解界(解除作法的区域)的方法。主要内容有:“大界”(通常指“同一住处、同一说戒界”,范围最小为寺院的外界,最大为一百二十里;此外还有“同说戒、同利养界”、“同说戒、别利养界”、“同利养、别说戒界”)的结界、解界方法;“戒场”(范围最小须容纳二十一人)的结界、解界方法;“小界”(因难事而开结,分“受戒小界”、“说戒小界”、“自恣小界”三种,范围大小不限)的结界、解界方法等。如关于“摄僧界”,说:

> 大论界法,总列三种。一摄衣界,如衣法中(指见《二衣总别篇》)。二摄食界,如药法中(指见《四药受净篇》)。三摄僧界,是此所明。就中分二。一自然界者,未制作法已前,统通自然。……二作法界者,由自然限约,未可遂心。……就中分三。初言大界者。谓僧所常行法食二同(元照《资持记》卷上《释结界篇》说,此处的“法食二同”,“准注羯磨,合云人法”,即应作“人法二同”,指“同一住处、同一说戒”)之界也。明量者,文中同一说戒为界遥远,听十四日说者十三日先往,不得受欲……未明里数。故《僧祇》、《五分》、《善见》并云,三由旬为量。……《智论》:由旬三别,大者八十里,中者六十里,下者四十里。……通用所归,准律文意,应百二十里,以下品为定。……二明戒场者。律云,以僧中数,有四人众起,乃至二十人众起,令僧疲极,佛听结之,不言大小。《善见》云,戒场极小容二十一人,减则不听,余如后结。三明小界者。此并因难事,恐废法事,佛随前缘,故开结之,并无正量,随人坐处,即为界相。一为受戒开结小界。……二为说戒事,下至四人直坐。三为自恣事,下至五人圆坐。此三无外量者,由是难开,随人多少,若限约外量,终非遮难。(卷上之二《结界方法篇》,第14页上、中、下)

(七)《僧网大纲篇》(卷上之二)。下分“约化制二教明相不同”、“约僧制众食以论通塞”、“约法就时对人以明”、“约处就用以明”、“众主教授之相”五门,阐述僧团治罚恶行的各种羯磨法。主要内容有:九种治罚羯磨中,“诃责”(《四分律》作“呵责”,指对犯罪者当众呵责并“夺三十五事”,即剥夺三十五项权利)、“摈出”(将犯罪者从住地驱出)、“依止”(责成犯罪者依止某大德学律受教)、“遮不至白衣家”(责成犯罪者向受损恼的俗家忏悔道歉)、“不见举”(又称“不见罪”,指对不认罪者予以举罪并驱出)、“不忏举”(又称“不忏罪”,指对不忏悔罪者予以举罪并驱出)、“恶见不舍举”(又称“说欲不障道”,指对不舍恶见者予以举罪并驱出)、“恶马治”(指将恶性不见罪者从住处驱出)、“默摈”(又称“梵坛法”,指对恶性不受谏者,僧众不得与之交往言语)羯磨各自的处罚对象;受处罚者被停止的权利;哪些情况属于“如法”作法,哪些情况属于“非法”作法;治罚结束后的出罪方法;以及有关僧食、威仪、教诫的一些制度等。如关于“三举”(不见举、不忏举、恶见不舍举),说:

> 今明治法七种、九种。言七法者,一谓诃责、二谓摈出、三者依止、四者遮不至白衣家、五者不见罪、六者不忏罪、七者说欲不障道。加恶马、默摈二法,则为九也。……前四法(指前四种羯磨),人但坏其行,心犹有信,律足僧数,应羯磨法,而是被治,不可诃举。后三羯磨,名为三举,信行俱坏,弃在众外,不足僧数。……明不见举者,倒说四事,法说非法,犯言不犯。……僧问何不见犯,答云不见。僧即遮举,与作不见举治之,为欲折伏从道,且弃众外,不同僧事,目之为举。……不忏举者,然罪无定性,从缘而生,理应悔除,应本清净,而今破戒见四法,犯不肯忏,妄陈滥说,言不忏悔。……恶见不舍举者,欲实障道,说言不障,邪心决彻,名之为见,见心违理,目之为恶。……此七治法,实为妙药,持于正法,谪罚恶人。(卷上之二《僧网大纲篇》,第 19 页

上—第20页下)

(八)《受戒缘集篇》(附《舍戒六念法》,卷上之三)。下分“初明具缘成受”、“后加教法”二门,阐述比丘受具足戒的条件和仪轨。主要内容有:受具足戒者须具备“是人道”、“诸根具足”、“身器清净”、“出家相具”、“出家相具”五缘(指五项条件);授具足戒者须具备“结界成就”、“有能秉法僧”、“数满如法”、“界内尽集和合”、“有白四教法”、“资缘具足”六缘(指六项条件);白四羯磨受具足戒的程序和仪式;比丘受戒后,若“不乐梵行”,允许其“舍戒”的作法(属于“对首羯磨”);比丘的“六念法”(指每日应当念知的六事,即“念知日月”、“念知食处”、“知受戒时夏腊”、“知衣钵有无受净”、“念同别食”、“念康羸”六事)等。如关于授受具足戒的条件,说:

> 夫受戒者,超凡鄙之秽流,入圣众之宝位也。既慕心弥搏,故所缘弥多。……初中五缘。(第)一,能受有五。一是人道。以人中受得,余道成难故。……二诸根具足。谓身具众恶、病患、聋盲、百遮等类,律中广列一百四十余种,并不应法。……三身器清净。谓俗人已来,至于将受,无十三难(指没有因自性之恶而造成的不得受具足戒的十三种情况)等杂过。四出家相具。律云,应剃发披袈裟,与出家人同等。五得少分法。谓曾受十戒也。律云,不与沙弥戒与受具者,得戒得罪。第二,所对有六。一结界成就。以羯磨所托,必依法界,若作不成,后法不就。……二有能秉法僧。由羯磨非别人所秉。三数满如法。若少一人,非法毗尼。……四界内尽集和合。文云,更无方便,得别众故。五有白四教法。则除颠倒错脱,说不明了等。六资缘具足。文中,无衣钵及借者,不名受具。第三,发心乞受。文云,不

乞者、无心者不成故。第四,心境相应。文云,眠醉、狂人及无心而受等,是心不当境。……第五,事成究竟。始从请师,终至白四,九法往来,片无乖各,界非别众,僧无不足,羯磨无非,受者心至,则成受也。与上相违,则成非法。(卷上之三《受戒缘集篇》,第24页中—第25页上)

(九)《师资相摄篇》(卷上之三)。下分"初明弟子依止"、"后明二师摄受"二门,阐述师徒之间的各项行为准则。主要内容有:新受戒比丘(指僧腊未满五岁者)须依止和尚(指"戒和尚"、"亲教师",须具备十年以上戒腊和相应的德行);若和尚命终,须依止阿阇梨(此指"依止阿阇梨",其资格要求与"戒和尚"相同);弟子对待师父须遵行"七种共行法"、"三种别行法";师父对待弟子须遵行"七种共行法"等。如关于依止"二师"(指戒和尚、依止阿阇梨)的制意(制立本意),说:

依止意者。新受戒者,创入佛法,万事无知,动便违教,若不假师示导进诱心神,法身慧命将何所托?故律中制,未满五岁,及满五夏愚痴者,令依止有德,使咨承法训,匠成己益。……简师德因,明诸师不同。《四分》五种。一出家(阿)阇梨,所依得出家者。二受戒阇梨,受戒时作羯磨者。三教授阇梨,教授威仪者。四受经阇梨,所从受经,若说义,乃至四句偈也。五依止阇梨,乃至依止住一宿也。和尚者,从受得戒者是。和尚等者,多己十岁(指僧腊须满十岁),阿阇梨等者多己五岁(指僧腊须满五岁)。……律中,二师行德三种。一简年十岁已上。二须具智慧。三能勤教授弟子,有七种共行法。(卷上之三《师资相摄篇》,第32页上、中)

(十)《说戒正仪篇》(卷上之四)。下分"先引劝勉"、"后便文证”二门，阐述僧团的说戒制度。主要内容有：僧众每半月一次集会说戒的缘由；说戒前的准备事项；说戒的程序和仪式；遇“八难”等事，允许略说戒经；同一住处有比丘四人或四人以上时，须作“僧法说戒”；有比丘二人至三人时，须作“对首说戒”；仅有比丘一人时，须作“心念说戒”的方法等。如关于说戒仪式，说：

> 正明说仪。此门布置，据律不具，今行事者，通取诸部，共成一法。……一前须处所。中国布萨有说戒堂，至时便赴，此无别所，多在讲、食两堂。……二众具者。律中，舍罗、灯火、水瓶、坐具等，年少比丘先须办之。……三于说戒日，上座白僧令知。……四鸣钟集僧。不局沙弥，并须入堂。……五明供具。若有沙弥、净人，教令摘华（花），香水槃（盘）檠，钵贮五器三器，共华槃（盘），交错罗列堂中。……六明维那行事。应年少比丘三五人，助办所须，各具修威仪。……七明请说戒师。佛令上座说戒，纵前已别差，终须前请。……八明供养说戒法。……彼说戒者坐已，维那打静水者供养，梵呗作之。……九明问答法。彼当准上诵之，至未受具戒者出，诸沙弥等随次而出，仪式如别法中。不来者说欲，如前欲法。若无者，维那互跪答云：无说欲者。又云：谁遣比丘尼来请教诫？彼受尼嘱者，起至僧中礼已，互跪合掌，言如《五分》法。……说戒者云：僧今和合。何所作为？维那互跪答云：说戒羯磨。……十明说戒竟法。若至略教已，当更鸣钟，令沙弥集，然后诵明人能护戒等。（卷上之四《说戒正仪篇》，第35页中—第37页上）

（十一）《安居策修篇》（附《受日法》，卷上之四）。下分“安居缘”、“分房法”、“作法不同”、“夏内遇缘成不”、“迦提五利解界是非”五门，阐述僧团的夏安居制度。主要内容有：僧众每年三个月“结夏安居”的缘由、处所和时节（“四月十六日是前安居，十七日已去至五月十五日名中安居，五月十六日名后安居”）；安居前，分配房舍卧具的方法；结安居的羯磨作法（指“对首法”、“心念法”、“忘成法”、“及界与园法”）；哪些情况属于“破安居”（指“无缘出界”，无正当理由离开安居地）；哪些情况属于“不破安居”（指“遇缘出界”，因遇到“净行难”、“命难”而被迫离开安居地）；安居期间，比丘因“佛、法、僧”等事外出，须向长老请求“受七日法”（指请假七日）或向僧众请求“受过七日法”（指请假“十五日”或“一月”）等。如关于夏安居的处所，说：

> 安居缘。……《四分》：不得在树上，若树下，起不碍头，枝叶足荫一坐。如是乃至小屋、山窟中，坐趣容膝足、障水雨。若依牧牛人、压油人、船上人、斫材人，依聚落等并成。若依牧牛人已下五处者，若安居中移徙，随所去处应去。……若在无护处，劫贼、冢间、鬼神处、毒虫窟、露地，若有命、梵二难，并不成安居。《明了论》五种成安：一处所有覆。二夏初十六日，谓为成前后安居日故。三若东方已赤，谓十五日夜分尽，则东方赤者，是十六日限。……四若在别住，起安居心。疏云，别住是布萨界，安居心三种，一为自行，二为利他，三为料理三宝、修治房舍，一脚蹋界，起安居心即成。五在处无五过。一太远聚落，求须难得。二太近城市，妨修道业。三多蚊蚁难，或嚼啮人、践伤彼命。四无可依人，其人具五德，谓未闻令闻、已闻令清净、能为决疑、能令通达、除邪见得正见。五无施主施饮食汤药。无此五过，乃可安居。（卷上之四《安居策修篇》，第38页上、中）

（十二）《自恣宗要篇》（附《迦絺那衣法》，卷上之四）。下分“明缘集相应”、“自恣方法”、“杂明诸行”三门，阐述僧团的自恣制度。主要内容有：僧众于夏安居结束之日举行自恣（指“自言恣他举罪”，即请他人根据见闻疑，任意举发己罪）活动的缘由；自恣时，同一住处有比丘五人（须比“僧法说戒”多一人）或五人以上时，须作“僧法自恣”（先推选“受自恣人”，然后在“受自恣人”的主持下，从上座开始，僧众依次“三说自恣”）；同一住处有比丘二人至四人时，须作“对首自恣”；同一住处仅有比丘一人时，须作“心念自恣”；因“八难”等事，允许略说自恣；“迦絺那衣”（又称“功德衣”，指象征结安居功德的法衣）的受持功德、受衣时间、制作方法、受衣人、受衣仪式和舍衣作法等。如关于“自恣”的缘由，说：

然九旬（指夏安居三个月）修道，精练身心，人多迷己，不自见过。理宜仰凭清众，垂慈诲示，纵宜己罪，恣僧举过，内彰无私隐，外显有瑕疵，身口托于他人，故曰自恣。故《摩得伽》云，何故令自恣？使诸比丘不孤独故，各各忆罪发露悔过故，以苦言调伏得清净故，自意喜悦无罪故也。所以制在夏（指夏安居）末者，若论夏初创集，将同期款九旬，立要齐修出离，若逆相举发，恐成怨诤，递相讼及，废道乱业。故制在夏末者，以三月策修，同住进业，时竟云别，各随方诣，必有恶业，自不独宣，障道过深，义无覆隐，故须请诲，良有兹焉。故律听安居竟自恣。《毗尼母》云，九十日中，坚持戒律，及修诸善，皆不毁失，行成皎洁，故安居竟自恣。此是自言恣他举罪，非谓自恣为恶。（卷上之四《自恣宗要篇》，第42页中）

卷中（下分卷中“之一”至“之四”）：四篇。

(一)《篇聚名报篇》(卷中之一)。下分“先明戒护是违失之宗”、“后明篇聚名报之相”二门,阐述佛教戒法名称“五篇七聚”(指“止持戒”中的五种罪过七种罪名)的含义。主要内容有:“戒”的功德;“五篇”(指“波罗夷”、“僧残”、“波逸提”、“波罗提提舍尼”、“突吉罗”五种罪过)的含义;“七聚”(指“波罗夷”、“僧残”、“偷兰遮”、“波逸提”、“波罗提提舍尼”、“突吉罗”、“恶说”七种罪名)的含义;犯戒受报的轻重等。如关于”五篇七聚”的含义,说:

> 五篇七聚,约义差分,正结罪科,止树六法(指“突吉罗”中包含“恶说”)。……初言波罗夷者。……《四分》云,波罗夷者,譬如断人头,不可复起,若犯此法,不复成比丘故。……二者僧伽婆尸沙聚。……《婆沙》云,僧伽者为僧,婆尸沙者是残,若犯此罪,垢缠行人,非全净用,有残之罪,由僧除灭故也。……三者偷兰遮聚。《善见》云,偷兰名大,遮言障善道。……又翻为大罪,亦言粗恶。……四波逸提聚。义翻为堕。《十诵》云,堕在烧煮覆障地狱故也。《四分》僧有百二十种,分取三十(指“三十尼萨耆波逸提”),因财事生犯,贪慢心强,制舍入僧,故名尼萨耆也。余之九十(指“九十波逸提”),单悔别人,若据罪体,同一品忏。……五波罗提提舍尼聚。义翻向彼悔,从对治境以立名。……六突吉罗聚。《善见》云,突者恶也,吉罗者作也。……《四分律戒本》云式叉迦罗尼,义翻为应当学。胡僧云守戒也,此罪微细,持之极难,故随学随守以立名。……七聚之中,分此一部以为二聚,身名恶作、口名恶说。……言五篇名者,一波罗夷、二僧残、三波逸提、四提舍尼、五突吉罗。言七聚者,一波罗夷、二者僧残、三偷兰遮、

> 四波逸提、五提舍尼、六突吉罗、七者恶说。（卷中之一《篇聚名报篇》，第46页下—第48页下）

（二）《随戒释相篇》（卷中之一、之二、之三）。下分“戒法”、“戒体”、“戒行”、“戒相”四门，阐述比丘二百五十戒（主要解释各戒的“犯缘”，即犯戒的构成条件，唯“七灭净法”未释）。在全书三十篇中，本篇的篇幅为最长，相当于“比丘含注戒本”。主要内容有：戒法的功能；戒律的含义；受戒羯磨的作法；戒律传入汉地的略史；“戒体”中，“作戒”（又称“表业”，指受戒时依仪轨而作的请师乞戒等行事，此为显现于外的、可见闻的业体）和“无作戒”（又称“无表业”，指受戒后于内心产生的防非止恶的功能，此为不显现于外的、不可见闻的业体）的区别；比丘戒“四波罗夷法”、“十三僧残法”（又称“十三僧伽婆尸沙法”）、“二不定法”、“三十舍堕法”（又称“三十尼萨耆波逸提法”）、“九十单提法”（又称“九十波逸提法”、“九十单堕法”）、“四提舍尼”（又称“四波罗提提舍尼法”）、“众学法”下属各戒的略释等。如关于“作戒”和“无作戒”的区别，说：

> 问：别脱之戒（指别解脱戒），可有几种？答：论体约境，实乃无量。戒本防恶，恶缘多故，发戒亦多。故《善生》云，众生无量，戒亦无量等。今以义推，要唯二种，作及无作，二戒通收，无境不尽。……《涅槃》云，戒有二种。一者作戒，二者无作戒。是人唯具作戒，不具无作，是故名为戒不具足。……所言作者，如陶家轮动转之时，名之为作。故《杂心》云，作者，身动身方便。言无作者，一发续现，始末恒有，四心三性，不藉缘办。故《杂心》云，身动灭已，与余识俱，是法随生，故名无作。《成论·无作品》云，因心生罪福，睡眠闷等，是时常生，故名无作。云何名戒？戒禁恶法。

故《涅槃》云,戒者,直是遮制一切恶法,若不作恶,是名持戒。(卷中之一《随戒释相篇》,第52页上)

(三)《持犯方轨篇》(卷中之四)。下分"知持犯名字"、"解体状"、"明成就"、"明通塞"、"明渐顿"、"明优劣"、"杂料简"七门,阐述持戒与犯戒的区别。主要内容有:"止持戒"(指止恶的戒法)与"作持戒"(指行善的戒法,以上合称"二持")的区别;"作犯"(指因作恶而犯戒)与"止犯"(因止善而犯戒,以上合称"二犯")的不同等。如关于"二持"、"二犯"的含义,说:

言止持者,方便正念,护本所受,禁防身口,不造诸恶,目之曰止。止而无违,戒体光洁,顺本所受,称之曰持。持由止成,号止持戒,如初篇(指"波罗夷")之类。二明作持。恶既已离,事须修善,必以策勤三业,修习戒行,有善起护,名之为作,持如前解。所以先后者,论云,戒相止,行相作。又云,恶止善行,义之次第。次释二犯。言初犯者,出家五众,内具三毒,我倒在怀,鼓动身口,违理造境,名之为作。作而有违,污本所受,名之曰犯。犯由作成,故曰作犯。此对作恶法为宗。恶既作矣,必不修善,是故第二即明止犯。言止犯者,良以痴心怠慢,行违本受,于诸胜业,厌不修学,故名为止。止而有违,反彼受领,故名为犯。此对不修善法为宗。(卷中之四《持犯方轨篇》,第91页上、中)

(四)《忏六聚法篇》(卷中之四)。下分"理忏"、"事忏"二门,阐述比丘犯"波罗夷"、"僧残"、"偷兰遮"、"波逸提"、"波罗提提舍尼"、"突吉罗"罪(合称"六犯聚"、"六罪聚")作忏悔的方法。主要内容有:"理忏"(又称"无相忏",指"化教"采用的依观察万法皆空之理以灭罪的忏法)与"事忏"(下分"作法忏"和"取相忏",前者指"制教"采用的依礼佛诵赞和悔罪法的作法以灭罪的忏法；前者指“化教”采用的依六时礼忏、观想佛相以灭罪的忏法）的区别；“理忏”有“性空观”、“相空观”、“唯识观”三观；“事忏”有“忏波罗夷法”、“忏僧残法”、“忏偷兰遮法”、“忏波逸提法”、“忏提舍尼法”、“忏突吉罗法”六法（道宣《四分律删补随机羯磨》卷下《忏六聚法篇》所叙与之相同）等。如关于“理忏”和“事忏”的区别，说：

> 今忏悔之法，大略有二。初则理忏，二则事忏。此之二忏，通道（指出家五众）含俗（指在家二众）。若论律忏，唯局道众。由犯托受生，污本须净，还依初受，次第治之。篇聚立仪悔法准此，并如后列。若据通忏，理事二别。……然理大要，不出三种。一者诸法性空无我，此理照心，名为小乘。二者诸法本相是空，唯情妄见，此理照用，属小菩萨。三者诸法外尘本无，实唯有识，此理深妙，唯意缘知，是大菩萨佛果证行。……次明依律，约事立忏，忏法乃多，要唯六位（指“忏波罗夷法”等“六犯聚”）。（卷中之四《忏六聚法篇》，第96页上、中、下）

卷下（下分卷下“之一”至“之四”）：十四篇。

（一）《二衣总别篇》（卷下之一）。下分“初总分制听”、“后依门而解”二门，阐述“制衣”（指佛制令必须随身受持的衣服，属于“制物”）与“听衣”（指佛开许随缘方便受持的衣服，属于“听物”）的种类和受用方法。主要内容有：“制物”（指佛制令必须随身受持的物品）与“听物”（指佛开许随缘方便受持的物品）的种类；“制物”中，“三衣”（又称“制衣”）、坐具（又称“尼师坛”）、“漉水袋”各自的制意、作法和受法；“摄衣界”（又称“不失衣界”，依羯磨法划定的允许离三衣而过宿的区域）的结界和解界的方法；“听物”中，“长衣”、“粪扫衣”、“俗施衣”、“亡

五众衣”(指已故出家五众衣物)各自的处置方法等。如关于“制物”和“听物”的种类,说:

> 初总分制、听,后依门而解。何名为制?谓三衣六物,佛制令畜,通诸一化,并制服用,有违结罪。何名为听?谓百一衣财,随报开许,逆顺无过,通道济乏也。就初分三。谓三衣、坐具、漉水袋也。后中分四。谓百一诸长(衣)、粪扫(衣)、俗施(衣)、亡五众(指已故出家五众)衣,轻重等例。(卷下之一《二衣总别篇》,第104页下—第105页上)

(二)《四药受净篇》(卷下之二)。下分“明药体”、“明净地处所”、“护净不同”、“净法差别”、“二受有别”五门,阐述“时药”、“非时药”、“七日药”、“尽形寿药”的种类和受用方法。主要内容有:“四药”的制立本意和受用方法;应依《涅槃经》,断食“时药”中的“肉”(此为道宣提出的、与《四分律》不同的见解);“摄食界”(又称“净地”,指依羯磨划定的贮藏烹煮食物的区域)的结界、解界方法;五种净食(指“火净”、“刀净”、“疮净”、“鸟啄破净”、“不中种净”)的作法等。如关于“四药”的制意,说:

> 言时药者,从旦至中,圣教听服,事顺法应,不生罪累。言非时药者,诸杂浆等,对病而设,时外开服,限分无违。七日药者,约能就法,尽其分齐(指界限),从以日限,用疗深益。尽寿药者,势力既微,故听久服,方能除患。形有三种。一尽药形,二尽病形,三尽报形。……时药有二。《四分》中有五种蒲阇尼(此云正食——原注),谓糗(指炒熟的米麦粉)、饭、干饭、鱼、肉也,五种佉阇尼(此云不正——原注),谓枝叶华果细末磨食(如随相中——原注)。……诸律并明鱼肉为时食,此是废前教。《涅槃》云。从今日后不

听弟子食肉，观察如子肉想。夫食肉者，断大慈种，水陆空行有命者怨，故不令食。……非时浆者。……《四分》八种浆，古昔无欲仙人所饮，梨、酸枣、甘蔗、蕤果、蒲萄、舍楼伽等浆也。……七日药者。《四分》酥、油、生酥、蜜、石蜜等五种，世人所识，当食当药。……尽形体者。……《四分》云，不任为食者，一切咸苦辛甘等，不任为食，名尽形药体。(卷下之二《四药受净篇》，第117页下—第118页下)

(三)《钵器制听篇》(附《房舍众具五行调度养生物》，卷下之二)。下分“先明钵器”、“后明养生众具”二门，阐述钵器(属于“制物”)和“养生众具”(指日常生活用品，属于“听物”)的种类和受用方法。主要内容有：钵器的制立本意和受用方法；“养生众具”的种类(“十六枚器”、“十六枚器”、“铁作具”、“熏钵物”、“作衣具”、“补钵具”、“火具”、“诸钵”等)；造房舍的规制等。如关于“钵器”和“养生众具”，说：

就中先明钵器是制教也，故初明之。余有养生众具，入听门摄，自如后列。……初制意者。《僧祇》云，钵是出家人器，非俗人所宜。《十诵》云，钵是恒沙诸佛标志，不得恶用。……次听教中，既曰众具，故杂列之。《四分》开十六枚器，谓大釜、釜盖、大盆、及杓，小釜、釜盖、小盆、及杓，洗瓶、瓶盖、盆、及杓，水瓶、瓶盖、及盆、杓。则有二釜、四盆、二瓶、四盖、四杓。(卷下之二《钵器制听篇》，第124页下—第126页上)

(四)《对施兴治篇》(卷下之二)。下分“明受施之人”、“明厌治方便”、“明立观有教”、“明作观方法”、“明随治杂相”五门，阐述对受施之物作观想，以对治“贪染”的方法。主要内容有：受施者应“知足”；对衣、食、房舍、床榻被褥应作“不乐想”;受食时应作“五观”(又称“受食五观”、“正食五观”,指应计量食物所费的劳苦,倍加珍惜;思忖自己的德行,看是否配得上受食;对上、中、下三等食物不起贪、痴、瞋;将食物当作疗治饥渴病的医药,不起贪著;受食适量,资身修道。)等。如关于“受食五观”,说:

> 今故约食时立观,以开心道,略作五门。《明了论》如此分之。初计功多少,量他来处。《智论》云,思惟此食,垦植耘除,收获蹂治,舂磨洮汐,炊煮乃成,用功甚多。计一钵之食,作夫流汗,集合量之,食少汗多。……二自忖己身德行。《毗尼母》云,若不坐禅诵经,不营佛法僧事,受人信施,为施所堕。……三防心离过。《明了论疏》云,律中说,出家人受食,先须观食,后方得啖。凡食有三种。上食起贪,应离四事(指“喜乐过”、“食醉过”、“求好颜色过”、“求庄严身过”)。……二者下食,便生嫌瞋。……三者中膳,不分心眼,多起痴舍。……四正事良药观分二。为除故病,饥渴不治,交废道业。不生新病,食饮减约,宿食消灭。……五为成道业观三种。一为令身久住故。欲界之身,必假抟食,若无不得久住,道缘无托故。二为相续寿命。假此报身假命,成法身慧命故。三为修戒定慧,伏灭烦恼故。(卷下之二《对施兴治篇》,第128页中、下)

(五)《头陀行仪篇》(卷下之三)。下分“释总名”、“列数明体”、“诸部异行”、“杂出诸法”四门,阐述“十二头陀行”(指“在阿兰若处”、“常行乞食”、“次第乞食”、“受一食法”、“节量食”、“中后不得饮浆”、“著弊纳衣”、“但三衣”、“冢间住”、“树下止”、“露地住”、“但坐不卧”)的行法。主要内容有:“十二头陀行”的含义和修持功德;“十二头陀行”中“衣”、“食”、“处、

“威仪”四位行法；与“十二头陀行”相关的一些杂法等。如关于“十二头陀行”的“四位”，说：

《善见》云，头陀者，汉言抖擞，谓抖擞烦恼，离诸滞著。……列数者，位分为四，谓衣、食、处及威仪也。先出相生次第，后一一列行，各辨方法。初衣服中者，衣是资道之缘，济身最要，故先就外资，以明知足。若于此衣，取不得方，广生罪累，为恶业所缠，缚在三有，障碍出道，即非头陀。是故教诸比丘，于彼外资，少欲知足，受取有方，趣得资身，长道便罢，即是头陀，离诸贪著故。衣中立二。一者纳衣，二者三衣（以上释“十二头陀行”中的“衣”）。虽得衣以障身，内有饥虚等恼，宁堪进业？故就食中，立四头陀。一者乞食，二不作余食法，三一坐（食），四一揣（食）也（以上释“食”）。然衣食乃具，修道义立，若处在愦闹，心多荡乱，必托静缘，始成正节，是以于处，立五头陀，谓兰若、冢间、树下、露坐、随坐（以上释“处”）。上来三种，并是助缘，若系念思量，斩缠出要者，无过坐法，故于威仪，立一常坐（以上释“威仪”）。（卷下之三《头陀行仪篇》，第129页上、中、下）

（六）《僧像致敬篇》（附《造立像寺法》，卷下之三）。下分“僧像”、“致敬”二门，阐述礼敬佛、法、僧“三宝”的仪法。主要内容有：出家五众“应礼”的对象和“不应礼”的对象；“立敬仪式”（即礼敬仪式）中，“敬佛法”、“敬僧法”、“（五众）大小致礼法”各自的仪法；营造佛像、塔寺的方法等。如关于“立敬仪式”，说：

立敬仪式分三。初敬佛法，二敬僧法，三大小致礼法。初中敬佛塔法。若塔庙、支提用受之物，乃至拟造堂殿床座材石等，已经佛像受用者，纵使风吹雨破，当奉敬之，如形像无异。……次明敬僧法。若众主是和尚、(阿)阇梨随徒，并是弟子者，纵有十人、二十人，立奉敬者，亦无有违。……次明大小设礼法。《毗尼母》云，吾去世后，当依波罗提木叉行法，当各各谦卑行之，除去憍慢，安心净法。下座称上座为尊者，上座称下座为慧命。《四分》五众相礼，如来及塔通礼。……《毗尼母》云，从无夏至九夏是下座，十夏至十九夏名中座，二十夏至四十九夏名上座，五十夏已去一切沙门国王之所尊敬，是耆旧长老。(卷下之三《僧像致敬篇》，第 132 页上—第 133 页中)

(七)《计(赴)请设则篇》(卷下之三)。下分"受请法"、"往讣(赴)法"、"至请家法"、"就座命客法"、"观食净污"、"行香咒愿"、"受食方法"、"食竟收敛"、"哒嚫布施"、"出请家法"十门，阐述僧众应施主之请赴斋受食的仪法。篇名中的"计请"(意为允许受请赴斋)，原为"讣请"(意为受请赴斋)，通常作"赴请"，本篇小注说"下之赴上为赴字，上之赴下为讣字"，作者的《四分比丘尼钞》卷下《讣请篇》也取此意。北宋刻书时，将"讣请"改为"计请"，原因是"今时字书告丧曰讣，即凶，讣字虽是祖训，不可用之"(元照《资持记》卷下《释计请篇》)。主要内容有：僧众从"受请"去施主家受食，至食竟"出请家"(指出施主家)全过程中的各种仪法等。如关于"往赴法"，说：

《四分》请有二种，即僧次(指施主共请僧众受食，僧众依僧腊的大小次第就席受食)、别请(指施主特请某僧受食)也。律开别请，然诸经论制者不少。《梵网》云，别请物者，即盗四方僧物。《仁王经》亦呵责别请过。……既僧次福大，有凭请者，应说僧次功能，开悟俗心，勿令别请。别请法，如随相中。今俗有执名邀请者，然口虽许往，必须笔注，有人书为赴字者，此未知字学耳，必有斯举，可注为讣字（下之赴上为赴字，上之赴下为讣字——原注）。……往计（赴）法。《四分》云，若欲受请，应往众僧常小食、大食处住。若檀越白时到者，上座应在前，如雁行而去，诸比丘应偏袒右肩，在后行。若有佛法僧、病比丘事者，当白上座在前，去必于中，有命梵难者，若问、不问听去。若上座在道行、大小便处，应待来，然后如前去。（卷下之三《计请设则篇》，第135页中、下）

（八）《导俗化方篇》（卷下之三）。下分“初明说法轨仪受戒方法”、“次辨生缘奉敬”、“后明士女入寺正式”三门，阐述佛教教世化俗的方法。主要内容有：比丘对白衣（指在家人）说法的仪轨；授受“三归依”、“五戒”、“八戒”（又称“八关斋戒”）的仪轨；供养父母的功德；俗人士女入寺的方法等。如关于说法仪轨，说：

《毗尼母》云，说法比丘应筹量大众，应说何法而得受解。若闻深法得解，应为说深，谓五分、十二因缘、涅槃等论。浅法者，谓布施、持戒、生夫等论。若众乐浅不乐深，不益前人，名恶说。反此，名善说。……若为在家人作师教化，作福有五事。一不应檀越舍止住。二不系心贪利。三为别别说法，布施、持戒、八斋等。四不与共娱乐。五不系心常欲相见。又五事，为檀越尊重恭敬。一非亲旧处不往返。二不求形势、料理檀越家业。三不共窃语，令家中生疑。四不教良时吉日祠祀鬼神。五不过度所求。入俗家五法。一入时语小，二敛身口意，三摄心卑恭而行，四收摄诸根，五威仪庠序生善。（卷下之三《导俗化方篇》，第138页

中一第 139 页上)

(九)《主客相待篇》(附《四仪法》,卷下之三)。下分“入寺法”、“问主人受房等”、“相识敬仪”、“问受利法”四门,阐述“旧比丘”(指当地比丘)与“客比丘”(指外来比丘)相待的仪法。主要内容有:“客比丘”入寺的仪法;“旧比丘”接待的仪法;“四威仪”(行住坐卧的仪法)等。如关于“旧比丘”接待的仪法,说:

《僧祇》旧比丘应语客僧一切僧家制限。……《三千》(指《大比丘三千威仪经》)云,新至比丘,(旧比丘)以十事与之。一当避与房,二当给所须,三朝暮问讯,四语以习俗,五当教避讳,六语请到处,七语僧教令,八当语某事可食,九示县官禁忌,十语以盗贼处所。(卷下之三《主客相待篇》,第 142 页上)

(十)《瞻病送终篇》(卷下之四)。下分“瞻病”、“送终”二门,阐述僧众瞻病送终的规制。主要内容有:“瞻视病人法”;“送终法”等。如关于“瞻视病人法”,说:

问:供养病者,等佛何耶?答:谓悲心看病,拔苦与乐,慈行同佛故也(意指供养“病者”,等用于供养“佛”)。……若有病者,听和尚、若同和尚、阿阇梨、若同阿阇梨、若弟子,从亲至疏(瞻病人)。若都无者,众僧应与瞻病人。若不肯者,应次第差。又不肯者,如法治。……《十诵》当随病人所须,问病因缘,觅师求药。日到僧厨问:有病人食不?若无,取僧所供给库中物。无者,当为外求,应从善好名闻福德比丘索。《五分》每到行粥时,应问:别有病人粥不?若无,应先与病人,然后行与僧也。《十诵》病

人得药差者，但是佛僧中不净、残宿、恶捉、不受、内宿，并得服之。（卷下之四《瞻病送终篇》，第143页中、下）

（十一）《诸杂要行篇》（卷下之四）。下分“佛法僧”、“众中杂事”、“别人自行”、“共行同法”、“出家要业”、“遇贼法”、“大小便法”、“慈济畜生法”、“避恶众生法”、“杂治病法”十门，阐述僧众处理各种日常杂事的规制。主要内容有：有关“佛法僧”事，乃至“治病”事的各种规制等。如关于“共行同法”，说：

共行同法。所谓诵持未必须多，道贵得要，而神用莫准，互有强弱。有人闻诵极多，于义不了，此则入道迟钝。故《涅槃》云，宁以少闻，多解义味。《十住》云，佛法贵如说行，不贵多读多诵。既知如此，请依古德所示云，诵《胜鬘》一卷，摄一切佛法根本尽（《如来藏》一卷，亦同趣得便诵——原注）。《戒本》一卷，摄一切止持行尽（出家人初受是已，佛制即诵之——原注）。《羯磨》一卷摄一切作持法尽（五岁已上不诵，终身不离依止——原注）。由道有根本，行别止、作也，诵此三卷，统摄佛法纲要。诸余大部经藏，必须博读。有广见之长，亦匡辅心行，助于道业，得无罢散。（卷下之四《诸杂要行篇》，第147页上、中）

（十二）《沙弥别法篇》（卷下之四）。下分“先明出俗本意”、“后依意随解”二门，阐述沙弥的行为规范。主要内容有：出家的功德；“沙弥”的含义；落发出家的仪式；沙弥受“三归”、“五戒”、“十戒”的仪轨；沙弥的日常行事等。如关于“沙弥”的含义，说：

（沙弥）有三品。从七岁至十三（岁），名驱乌沙弥。从十四至十九（岁），名应法沙弥。从二十至七十（岁），名名字沙弥。……沙弥行事，法用同僧，羯磨一法，不在数例，自余众行，并制同修。如说戒、自恣，既是常行，不得别众。约尽界集，自然远近，亦同僧法。（卷下之四《沙弥别法篇》，第150页上—第151页上）

（十三）《尼众别行篇》（卷下之四）。下分“比丘尼”、“式叉摩那”、“沙弥尼”三门，阐述“尼三众”的行为规范。主要内容有：“比丘尼法”（主要叙述比丘尼在“受大戒”、“忏罪”、“说戒请法仪”、“安居”、“自恣”、“随戒相”、“师徒杂行”七方面与比丘不同的行为规范）；“式叉摩那法”；“沙弥尼法”等。如关于“式叉摩那法”，说：

式叉摩那法（此云学法女，不别得戒也，先以立志六法练心为受缘——原注）。《四分》十八童女应二岁学戒。又云，小年曾嫁年十岁者，与六法。……《十诵》中，六法者，练心也，试看大戒受缘。二年者，练身也，可知有胎、无胎。……此式叉尼具学三法。一学根本，谓四重是。二学六法，即羯磨所为，谓染心相触、盗人四钱、断畜生命、小妄语、非时食、饮酒也，文中列淫、盗、杀、妄者，随十戒而言，沙弥已学。三学行法，谓一切大尼戒行并须学之。（卷下之四《尼众别行篇》，第155页上）

（十四）《诸部别行篇》（卷下之四）。下分“明僧数多少”、“圣法通塞”、“重犯不同”、“摄事宽狭”、“心境差别”、“舍忏有异”、“随相阶别”七门，阐述其他部派律典所载的、与《四分律》不同的律仪制度。主要内容有：参加羯磨的僧众人数；羯磨作法（“单白”、“白二”、“白四”）的“通塞”（指通达与蔽塞）；对“重犯”者的处理；安居期间因事外出请假（“受日”）的期限；持戒与犯戒心境上“想、疑”的差别；“舍忏”（指犯“舍堕罪”作忏悔）法的同异；“随戒杂相”的差异等。如关于“持犯”（指持戒、犯戒）心境上“想、疑”的差别，说：

> 心境不同。《四分》心境想疑，如《持犯方轨》中。《五分》无疑心，以疑通是非，故有犯结正。彼律云，是女疑、虫疑、草木疑，皆随犯残提。想是决彻，若境心不相当者，不犯。如《四分》破僧、淫戒、受戒，不开知疑，余则通开，余如随相。《僧祇》性恶罪上，无疑想。故彼云，女作黄门（指男根有缺陷者）想触，僧残。悉从境制。若遮恶罪上，得有想疑。故文云，生非生想，非生疑，吉罗。《十诵》若前有方便心者，具除想疑，并结正罪。彼云，有主物，无主想及疑，皆重。亦不问前境遮性，若前无方便心者，具有想疑，结罪。（卷下之四《诸部别行篇》，第156页中）

由于作者道宣既是南山律宗的创立者，又是驰誉学界的佛教文史学家，知识极为广博，故本书征引的各种佛教典籍数量极多。其中引用最多的是属于“制教”的律典，除《四分律》以外，还有《僧祇律》、《十诵律》、《五分律》、《毗尼母经》、《明了论》、《萨婆多毗尼毗婆沙》、《善见律毗婆沙》、《萨婆多部毗尼摩得勒伽》、《大比丘三千威仪经》、《目连问戒律中五百轻重事》等。此外，还引用了许多属于“化教”的大小乘经论。其中，小乘经论有：《杂阿含经》、《中阿含经》、《增一阿含经》、《正法念处经》、《杂宝藏经》、《百喻经》、《善生经》、《未曾有经》、《成实论》、《俱舍论》、《分别功德论》、《杂心论》等。大乘经论有：《华严经》、《大集经》、《月灯三昧经》、《涅槃经》、《地持经》、《菩萨善戒经》、《十轮经》、《大智度论》、《十住毗婆沙论》、《大庄严论》等。本书还引用了今已失传的一些佛教著述，如梁武帝《出要律仪》、真谛《明了论疏》、隋灵裕《寺诰》等的佚文。因此，南山律宗虽以小乘《四分律》为根本经典，但它并不排斥大乘，相反在论述中大量地融合了大乘的思想成分，从而使律宗成为以小乘为主，大小乘兼融的佛教宗派。

本书的注疏，据北宋怀显集、日僧戒月改录《行事钞诸家记标目》（载于《新纂续藏经》第四十四册）所列，自唐至北宋，共有六十二种，其中大多已佚。今存者，主要有：唐大觉《四分律行事钞批》十四卷（后将每卷各分“本”、“末”，故又作“二十八卷”）、志鸿《四分律搜玄录》（又名《四分律钞搜玄录》）二十卷（今存三卷）、五代景霄《四分律行事钞简正记》十七卷、北宋元照《四分律行事钞资持记》三卷（分上中下卷，后将“卷上”分作五卷，“卷中”分作七卷，“卷下”分作四卷，故又作“十六卷”；其注疏有则安《行事钞资持记序解并五例讲义》一卷、道标《资持记立题拾义》一卷）、《四分律行事钞科》三卷（因每卷各分“之一”至“之四”，故又作“十二卷”；须与《行事钞》本文对照着阅读）等。

第二品　唐道宣《四分律比丘含注戒本》三卷

《四分律比丘含注戒本》，又名《四分含注戒本》，三卷。唐道宣集，贞观八年（634）初成，永徽二年（651）重修（以上据北宋元照《芝苑遗编》卷下）。道宣《大唐内典录》卷五著录。载于北宋福州东禅等觉院刻印《崇宁藏》“旦”至“营”函，收入《大正藏》第四十卷。

本书是《四分律》比丘戒本的集本及其注释。书名中所说的“戒本”，由作者以姚秦佛陀耶舍翻译的戒本和《四分律》的本文为基础，参校北魏慧光本、隋代法愿本，编集而成，其结构内容与《四分僧戒本》基本相同，但文字表述略有出入；书名中所说的“含注”，是指这个文本含有对戒本的层次结构和戒法条文所作的逐段逐句的注释。全书共收录比丘戒八类戒法，总计二百五十条。为方便习学和受持，作者对每一条戒法均标立了名称，构建了一套完整的《四分律》比丘戒的戒名体系。卷上，收录并解释戒本“序分”中的归敬偈、戒经序，以及“正宗分”中的“四波罗夷法”、“十三僧伽婆尸沙法”（又称“十三僧残法”）、“二不定法”、“三十尼萨耆波逸提法”（又称“三十舍堕法”）；卷中，收录并解释戒本“正宗分”中的“九十波逸提法”（又称“九十单提法”）；卷下，收录并解释戒本“正宗分”中的“四波罗提提舍尼法”（又称“四提舍尼法”）、“众式叉迦罗尼法”（又称“众学法”、“百众学法”）、“七灭诤法”，以及“流通分”中的戒经结语、七佛略说戒经偈、流通偈。卷首有道宣《四分律比丘含注戒本序》，说：

四分戒本者，盖开万行之通衢，引三乘之正轨也。……逮乎曹魏之末，戒本创传，终于隋运之初，芟改者众，或依梵本，或写隶文，或以义求，或以缘据，雠校诸说，成务蒙然，滥罔前修，翳昏后学。梵本，则文旨乖互，方言未融；准律，则得在宗归，失于辨相。……余少仰玄风，志隆清范，昔在帝京，周流讲肆，伏膺请业，载纪相寻，何尝不执卷临文，慨斯壅结。遂以贞观四年庚寅之岁，薄游岳渎，广评律宗。……今试敢依律本，具录正经，仍从佛解，即为注述。文唯一卷，同昔所传，持犯两明，今便异古。庶令初后兼学，愚智齐遵，粗知则具三种持律，精练则是一师大化，以斯用求，成济为极。又以戒各缘起，妄说非无，若不镜晓，终归虚托，故随戒类引，删要补之（指本书在对各戒作释时，首先解释制戒因

缘)。(《大正藏》第四十卷,第429页上、中)

关于本书的结构层次,作者在随文作释中指出,戒本分为“序分”、“正宗分”、“流通分”三分,此中既包括“广教”(指释迦牟尼广说的戒法条文)三分,也包括“略教”(指七佛略说的教诫总纲)三分。细分如下:

(1)“广略二教通序”。指戒本初首刊载的部主法藏作的归敬偈,始“稽首礼诸佛,及法比丘僧”,终“如来立禁戒,半月半月说”(见第429页中、下)。

(2)“广教”的“别序”(又称“序分”)。指归敬偈之后刊载的集僧简众(此中包括说戒告白)、诫敕时众、三覆检问(又称“三问清净”)三项内容,始“和合”,终“诸大德,我已说戒经序,今问诸大德,是中清净不……默然故,是事如是持”(见第429页下—第430页中)。

(3)“广教”的“正宗分”。指比丘戒八类(又称“八段”)戒法的条文(每类戒法均依标名、述戒、结问三个层次加以叙述),始“诸大德,是四波罗夷法,半月半月说,戒经中来”,终“诸大德,我已说七灭净法。今问诸大德,是中清净不……默然故,是事如是持”(见第430页中—第462页上)。

(4)“广教”的“流通分”。指戒经结语,始“诸大德,我已说戒经序,已说四波罗夷法”,终“此是佛所说戒经,半月半月说,戒经中来”(见第462页上、中)。

(5)“略教”的“别序”。指戒经结语之后刊载的“若更有余佛法,是中皆共和合,应当学”一句(见第462页中)。

(6)“略教”的“正宗分”。指七佛略说戒经偈,始“忍辱第一道,佛说无为最”,终“从此已后,广分别说”(见第462页中、下)。

(7)“略教”的“流通分”。指七佛略说戒经偈之后刊载的“诸比丘,自有乐法乐沙门者、有惭有愧乐学戒者,当于中学”一句(见第462页下)。

(8)“广略二教总流通分”。指法藏作的流通偈,始“明人能护戒,能得三种乐”,终“施一切众生,皆共成佛道”(见第462页下—第463页上)。

由于戒本出自广律中的戒法条文,性质上属于“广教”,故“广教”的三分为戒本的主体,“略教”的三分为戒本的附属,通常所说的戒本的“正宗分”,都是指“广教”而言的。

本书“正宗分”收录并解释的戒条如下:

(一)四波罗夷法(卷上)。原书下列各戒的名称:(1)大淫戒(各戒的异称参见前述《四分律》提要,下同)。(2)大盗戒。(3)大杀戒。(4)大妄语戒。

(二)十三僧残法(卷上)。原书下列各戒的名称:(1)故出不净戒。(2)触女人戒。(3)与女人粗语戒。(4)叹身向女人索欲供养戒。(5)媒人戒。(6)无主不处分过量房戒。(7)有主为己不处分造房戒。(8)无根波罗夷谤戒。(9)假根波罗夷谤戒。(10)破僧违谏戒。(11)助破僧违谏戒。(12)污家摈谤违谏戒。(13)恶性拒僧违谏戒。

(三)二不定法(卷上)。原书下列各戒的名称:(1)屏处不定戒。(2)露处不定戒。

(四)三十尼萨耆波逸提法(卷上)。原书下列各戒的名称:(1)畜长衣过限戒。(2)离衣宿戒。(3)月望衣过限戒。(4)取非亲尼衣戒。(5)使非亲尼浣故衣戒。(6)从非亲俗人乞衣戒。(7)过分取衣戒。(8)劝居士增衣价戒。(9)劝二家增衣价戒。(10)过限急索衣戒。(11)绵作卧具戒。(12)黑毛卧具戒。(13)白毛卧具戒。(14)减六年卧具戒。(15)不揲坐具戒。(16)持羊毛过限戒。(17)使非亲尼浣羊毛戒。(18)畜金银戒。(19)贸金银戒。(20)贩卖戒。(21)畜钵过限戒。(22)非分乞钵戒。(23)乞缕使非亲织师戒。(24)劝织师增缕戒。(25)夺比丘衣戒。(26)畜七日药过限戒。(27)过前求雨衣过前用戒。(28)过前受急施衣过后畜戒。(29)兰若有疑离衣过限戒。(30)回僧物戒。

(五)九十波逸提法(卷中)。原书下列各戒的名称:

(1)故妄语戒。(2)行骂戒。(3)两舌语戒。(4)共女人宿戒。(5)共未受具人宿过限戒。(6)共未受具同诵戒。(7)说粗罪戒。(8)实得道向白衣说戒。(9)独与女人说法戒。(10)掘地戒。(11)坏生种戒。(12)余语恼触戒。(13)嫌骂知事戒。(14)露地敷僧物戒。(15)覆处敷僧物戒。(16)强敷坐戒。(17)牵他出房戒。(18)坐脱脚床戒。(19)用虫水戒。(20)覆屋过限戒。(21)辄教授尼戒。(22)为尼说法至暮戒。(23)讥诃教授者戒。(24)与非亲尼衣戒。(25)为非亲尼作衣戒。(26)与尼坐戒。(27)与尼同行戒。(28)与尼同乘舟戒。(29)受尼赞食戒。(30)与女人同行戒。

(31)食处过受戒。(32)背请戒。(33)别众食戒。(34)取归妇估(贾)客食过限戒。(35)足食戒。(36)劝犯足食戒。(37)非时食戒。(38)食残宿食戒。(39)不受食戒。(40)索美食戒。(41)与外道食戒。(42)食前后至他家戒。(43)食家强坐戒。(44)食家屏坐戒。(45)独与女人露地坐戒。(46)驱他出聚戒。(47)过限药请戒。(48)观军戒。(49)军中过宿戒。(50)观合战戒。(51)饮酒戒。(52)水中戏戒。(53)击拆他戒。(54)不受谏戒。(55)怖比丘戒。(56)半月浴过戒。(57)露地然(燃)火戒。(58)藏他衣物戒。

(59) 真净施主不知辄取衣戒。(60) 著衣戒。

(61) 故杀畜生戒。(62) 饮虫水戒。(63) 疑恼比丘戒。(64) 覆藏比丘罪戒。(65) 度减年受具戒。(66) 发四诤戒。(67) 与贼期行戒。(68) 说欲不障道违僧谏戒。(69) 随举比丘戒。(70) 随摈沙弥戒。(71) 拒劝学戒。(72) 毁毗尼戒。(73) 恐举先言戒。(74) 同羯磨后悔戒。(75) 不与欲戒。(76) 与欲后悔戒。(77) 屏听四诤戒。(78) 打大比丘戒。(79) 搏他比丘戒。(80) 残谤戒。(81) 入王宫门戒。(82) 捉金银戒。(83) 非时入聚落戒。(84) 过量床戒。(85) 兜罗贮蓐戒。(86) 作骨牙角针筒戒。(87) 过量尼师坛戒。(88) 过量覆疮衣戒。(89) 过量雨衣戒。(90) 过量三衣戒。

(六) 四波罗提提舍尼法(卷下)。原书下列各戒之名:(1) 村中取非亲尼食戒。(2) 食尼指授食戒。(3) 受学家食戒。(4) 恐怖兰若受食戒。

(七) 众式叉迦罗尼法(卷下)。原书下列各戒的名称(少数行文有误的戒名,在移录时根据戒文作了更正):

(1) 齐整著涅槃僧戒(似当作"不齐整著涅槃僧戒",因为戒名中"戒"字之前的事项均指应当禁止之事)。(2) 齐整著三衣戒(似当作"不齐整著三衣戒")。(3) 反抄衣(入)白衣舍戒。(4) 反抄衣白衣舍坐戒。(5) 衣缠颈(入)白衣舍戒。(6) 衣缠颈白衣舍坐戒。(7) 覆头(入)白衣舍戒。(8) 覆头白衣舍坐戒。(9) 跳行(入)白衣舍戒。(10) 跳行白衣舍坐戒。(11) 蹲坐(入)白衣舍戒。(12) 叉腰(入)白衣舍戒。(13) 叉腰白衣舍坐戒。(14) 摇身(入)白衣舍戒。(15) 摇身白衣舍坐戒。(16) 掉臂(入)白衣舍戒。(17) 掉臂白衣舍坐戒。(18) 露身(入)白衣舍戒。(19) 露身白衣舍坐戒。(20) 顾视(入)白衣舍戒。(21) 顾视白衣舍坐戒。(22) 高声(入)白衣舍戒。

(23) 高声白衣舍坐戒。(24) 戏笑(入)白衣舍戒。(25) 戏笑白衣舍坐戒。(26) 不用意受食戒。(27) 溢钵受食戒。(28) 溢钵受羹戒。(29) 不等受食戒。(30) 不次受食戒。(31) 挑钵中食戒。(32) 为己索食戒。(33) 饭覆羹戒。(34) 嫌视比座戒。(35) 不系钵食戒。(36) 大揣食戒。(37) 大张口待食戒。(38) 含饭语戒。(39) 揣饭掷口中戒。(40) 遗落食戒。(41) 颊食戒。(42) 嚼饭作声戒。(43) 噏食戒。(44) 舐食戒。(45) 振手食戒。(46) 手把散食戒。(47) 腻手捉饮器戒。(48) 弃洗钵水白衣家戒。(49) 大小便生草上戒。(50) 水中大小便戒。(51) 立大小便戒。

(52) 与反抄衣人说法戒。(53) 为衣缠颈人说法戒。(54) 为覆头人说法戒。(55) 为裹头人说法戒。(56) 为叉腰人说法戒。(57) 为著革屣人说法戒。(58) 为著木屐人说法戒。(59) 为骑乘人说法戒。(60) 佛塔中宿戒。(61) 藏财物佛塔中戒。(62) 著革屣入佛塔中戒。(63) 手捉革屣入塔中戒。(64) 著革屣绕塔行戒。(65) 著富罗入佛塔中戒。(66) 手捉富罗入佛塔中戒。(67) 塔下食污地戒。(68) 担尸佛塔下过戒。(69) 塔下埋死尸戒。(70) 塔下烧死尸戒。(71) 向塔烧死尸戒。(72) 佛塔四边烧死尸戒。(73) 持死人衣床塔下过戒。(74) 佛塔下大小便戒。(75) 向佛塔大小便戒。(76) 绕佛塔四边大小便戒。(77) 持佛像至大小便处戒。(78) 在佛塔下嚼杨枝戒。(79) 向佛塔嚼杨枝戒。(80) 在佛塔四边嚼杨枝戒。(81) 在佛塔下涕唾戒。(82) 向佛塔涕唾戒。(83) 涕唾佛塔边戒。(84) 向塔舒脚戒。(85) 安佛下房戒。(86) 人坐己立说法戒。(87) 人卧己坐说法戒。(88) 人在座己在非座说法戒。(89) 人在高座己在下座说法戒。(90) 人在前行己在后行说法戒。(91) 人在高经行处己在下经行处说法戒。(92)人在道己在非道说法戒。(93)携手道行戒。(94)上树过人戒。(95)担杖络囊戒。(96)为执杖人说法戒。(97)为持剑人说法戒。(98)为持矛人说法戒。(99)为持刀人说法戒。(100)为持盖人说法戒。

(八)七灭诤法(卷下)。原书下列各戒的名称:(1)现前毗尼。(2)忆念毗尼。(3)不痴毗尼。(4)自言治毗尼。(5)多人语(道宣《新删定四分僧戒本》作"多觅罪相";姚秦佛陀耶舍译《四分僧戒本》作"觅罪相")毗尼。(6)罪处所(《新删定四分僧戒本》作"觅罪相";《四分僧戒本》作"多觅罪相")毗尼。(7)如草布地毗尼(《新删定四分僧戒本》作"如草覆地")毗尼。

本书对上述戒条的解释,通常是由四段式构成的:一、标立戒条的名称;二、解释制戒因缘;三、解释戒条文句;四、解释犯相(指犯戒相状)。只有"众式叉迦罗尼法"中的一些戒条,或因制戒因缘与前相同,或因戒法条文较为简明,是没有制戒因缘、文句解释和犯相解释的。以"十三僧残法"中的第二条"触女人戒"为例,它的叙述形式是这样的:

> 触女人戒(以上为作者标立的戒名)。
>
> 佛在舍卫国,迦留比丘以佛前制,便在门外,伺诸妇女,将至房中,手捉扪摸,乐者便笑,有不乐瞋恚骂辱。诸比丘举过白佛,便集僧制戒(以上为作者叙述的制戒因缘)。
>
> 若比丘,淫欲意(本段中冒号之前均为原文,冒号之后均为注释):爱染污心(指淫欲心)。与女人:谓境有四,觉、睡、新死、及少分坏。身:从发至足。相触:若捉摩重摩,或牵或推,逆摩顺摩,或举或下,或捉或捺,若余触方便。若捉手、若捉发、若触一一身分,僧伽婆尸沙:若触四女(指

前述“觉、睡、新死、及少分坏”四种女人)，著便僧残(以上为“触女人戒”的文句解释)。

女触比丘，(比丘)动身同犯，若不动身，但犯(突)吉罗，(比丘)先有染心，偷兰(遮)，互触有衣，偷兰(遮)，俱有衣者，(突)吉罗。(比丘)若与二形(指两性人)相触，偷兰(遮)，若以欲心，触男子身，或衣、坐具，乃至自触，及以畜生，一切突吉罗。……不犯者，有所取与(指授受物品)、戏笑相触是也(以上为“触女人戒”的犯相解释)(卷上，第432页中、下)。

本书的注疏有：唐道宣《四分律比丘含注戒本疏》四卷(《新纂续藏经》本《四分律含注戒本疏行宗记》收有它的全文)、明广莫《四分戒本缘起事义》一卷、元贤《四分戒本约义》四卷等。

本书的注疏本《四分律比丘含注戒本疏》的注疏有：北宋允堪《四分律比丘含注戒本疏发挥记》三卷、元照《四分律含注戒本疏行宗记》四卷(因“卷一”分为四卷、“卷二”分为五卷、“卷三”分为六卷、“卷四”分为六卷，故又作“二十一卷”)、《四分律含注戒本疏科》四卷(因每卷各分“上”、“下”，故又作“八卷”；须与《含注戒本疏》本文对照着阅读)等。

第三品　唐道宣《新删定四分僧戒本》一卷

《新删定四分僧戒本》，又名《四分律删定僧戒本》、《四分戒本》，一卷。唐道宣撰，成于贞观二十一年(647)。北宋元照《芝苑遗编》卷下著录。收入《新纂续藏经》第三十九册。

本书是《四分律》比丘戒本的集本。作者以姚秦佛陀耶舍翻译的戒本和《四分律》的本文为基础，参校北魏慧光本、隋代法愿本，曾三次编集比丘戒本。一是贞观八年（634）编的《四分律比丘含注戒本》初本；二是贞观二十一年（647）编的本书；三是永徽二年（651）编的《四分律比丘含注戒本》重修本。因本书编于第二次，故戒本的有些文句，与佛陀耶舍译本和作者《四分律比丘含注戒本》重修本略有出入。全书共收录比丘戒“四波罗夷法”、“十三僧伽婆尸沙法”（又称“十三僧残法”）、“二不定法”、“三十尼萨耆波逸提法”（又称“三十舍堕法”）、“九十波逸提法”（又称“九十单提法”）、“四波罗提提舍尼法”（又称“四提舍尼法”）、“众学法”（又称“百众学法”）、“七灭诤法”八类戒法，总计二百五十条。此外，为方便习学和受持，作者对每一条戒均标立了名称（本书标立的戒名，与《四分律比丘含注戒本》中标立的戒名并不全同）。本书的初首有《新删定四分僧戒本序》（道宣撰）、归敬偈（昙无德部创立者法藏撰）；书末有七佛略说戒经偈、流通偈。道宣在《序》中说：

余以贞观二十一有年仲冬，于终南山丰德寺，删定戒本。故其序曰：自戒本之行东夏也，曹魏中世法护（指昙无德部律典）创传，羯磨乃明，戒本盍阙。姚秦关辅方译广文（指《四分律》），觉明（指佛陀耶舍）法师首开律部，因出戒本，附译传写。高齐御历，盛昌佛日。……沙门慧光，当时僧望，联班上统（指法上），摄御是图。以夫振纽提纲，修整烦惑，非戒不立，非戒不弘，更以义求，纂缉遗逸，重出一本，广流于世，则其本首题归敬者是也。隋运并部沙门法愿，鄙光（指慧光）所出宗理爽文，后学凭附，卒难通允，乃准的律部，连写戒心（指戒本），通被汾晋，最所倾重，则其本首题戒德者是也。参互三本，雠校同异，通会皆附正经，摘理义无不可。……今余所述，还宗旧辙（指宗依《四分律》），芟略繁芜，修补乖竞，辞理无昧，投说有踪，庶几言行并传，愚智通解。（《新纂续藏经》第三十九册，第262页中、下）

书中所收的比丘戒情况如下：

（一）四波罗夷法。叙列"波罗夷法"四条。原书下列各戒的名称（下同），有："淫戒"（第一条）、"盗戒"（第二条）、"杀戒"（第三条）、"大妄语戒"（第四条）。

（二）十三僧伽婆尸沙法。叙列"僧伽婆尸沙法"十三条。有："故失精戒"（第一条）、"摩触女人戒"（第二条）、"与女人粗语戒"（第三条）、"无根谤他重罪戒"（第八条）、"破僧违谏戒"（第十条）、"恶性拒僧违谏戒"（第十三条）等。

（三）二不定法。叙列"不定法"二条。有："屏处不定戒"（第一条）、"露处不定戒"（第二条）。

（四）三十尼萨耆波逸提法。叙列"尼萨耆波逸提法"三十条。有："长衣过限戒"（第一条）、"离三衣宿戒"（第二条）、"乞蚕绵作袈裟戒"（第十一条）、"畜金银戒"（第十八条）、"畜长钵过限戒"（第二十一条）、"畜七日药过限戒"（第二十六条）、"过前受急施衣过后畜戒"（第二十八条）、"回僧物入己戒"（第三十条）等。

（五）九十波逸提法。叙列"波逸提法"九十条。有："小妄语戒"（第一条）、"骂戒"（第二条）、"两舌戒"（第三条）、"身口绮戒"（第十二条）、"与女人期同行戒"（第三十条）、"展转食戒"（第三十二条）、"非时食戒"（第三十七条）、"独与女人坐戒"（第四十五条）、"饮酒戒"（第五十一条）、"夺畜生命戒"（第六十一条）、"毁呰尼戒"（第七十二条）、"不与欲戒"（第七十五条)、“作三衣过量戒”(第九十条)等。

(六)四波罗提提舍尼法。叙列“波罗提提舍尼法”四条。有:“在俗家从非亲尼取食戒”(第一条)、“在俗家偏心授食戒”(第二条)、“学家过受戒”(第三条)、“有难兰若受食戒”(第四条)。

(七)众学法。叙列“众学法”一百条。有:“齐整著涅槃僧戒”(第一条)、“齐整著三衣戒”(第二条)、“叉腰戒”(第十二条)、“摇身戒”(第十四条)、“遗落饭食戒”(第四十条)、“舌舐食戒”(第四十四条)、“水中大小便戒”(第五十条)、“反抄衣人说法戒”(第五十二条)、“著革屣入塔中戒”(第六十二条)、“塔下坐留食戒”(第六十七条)、“向塔涕唾戒”(第八十二条)、“持盖人说法戒”(第一百条)等。

(八)七灭诤法。叙列“灭诤法”七条。有:“现前毗尼”(第一条)、“忆念毗尼”(第二条)、“不痴毗尼”(第三条)、“自言治毗尼”(第四条)、“多觅罪相毗尼”(第五条)、“觅罪相毗尼”(第六条;佛陀耶舍译《四分僧戒本》中,第五条为“觅罪相毗尼”、第六条为“多觅罪相毗尼”)、“如草覆地毗尼”(第七条)。

本书与佛陀耶舍译本相比,在一些文句的差异颇多。以“四波罗夷法”的起始语和“淫戒”、“盗戒”二戒的条文为例,《四分僧戒本》作:

> 诸大德,是四弃法,半月半月戒经中说。
>
> 若比丘,与比丘共戒、同戒,不舍戒,戒羸不自悔,犯不净行,行淫欲法,乃至共畜生,是比丘波罗夷,不共住。
>
> 若比丘,在聚落中,若闲静处,不与物,怀盗心取,随不与取法,若为王、王大臣所捉,若杀、若缚、若驱出国:汝是贼,汝痴,汝无所知。比丘如是盗者,波罗夷,不共住。

(《大正藏》第二十二册,第 1023 页中、下)

而本书则依据《四分律》原文,将它们改作:

诸大德,是四波罗夷法,半月半月说,戒经中来。

淫戒第一。若比丘,共戒、同戒,不舍戒,戒羸不自悔,犯不净行,乃至共畜生,是比丘波罗夷,不共住。

盗戒第二。若比丘,在村落中,若闲静处,不与物,盗心取,随不与取法,若为王及大臣所捉,若缚、若驱出国、若杀:汝是贼,汝痴,汝无所知,是比丘波罗夷,不共住。(《新纂续藏经》第三十九册,第 263 页上、中)

至于本书标立的戒名,与《四分律比丘含注戒本》中标立的戒名的差异,数量也不少。如本书"四波罗夷法"中的"淫戒"、"盗戒"、"杀人戒"三条,在《含注戒本》中则作"大淫戒"、"大盗戒"、"大杀戒";本书"十三僧伽婆尸沙法"中的"故失精戒"、"摩触女人戒"、"向女叹身索供戒"、"无主僧不处分过量房戒"、"有主僧不处分房戒"、"无根谤他重罪戒"、"假根谤戒"、"污家摈谤违僧谏戒"八条,在《含注戒本》中则作"故出不净戒"、"触女人戒"、"叹身向女人索欲供养戒"、"无主不处分过量房戒"、"有主为己不处分造房戒"、"无根波罗夷谤戒"、"假根波罗夷谤戒"、"污家摈谤违谏戒",等等。由于《含注戒本》重修于永徽二年(651),较本书定稿得晚,因此,《含注戒本》中标立的戒名可视为道宣的定论,而本书中的戒名则为他的未定稿。

道宣《四分律比丘含注戒本》既有戒本的全文,又有逐句逐段的注释,其内容完全覆盖本书,那么,作者为何重复编本书呢?据近人周叔迦先生分析,那只是为了提供一个说戒时"易于熟诵"的诵本而已。"今细考此本,有四蔽一要。所谓四蔽者:一与广律及耶舍戒本、宣所录《含注戒本》之文每不尽同,文字多有简略,殊不及《含注戒本》之周备。二《含注戒本》作于贞观四年,此时久已抄行,何必更作。三《戒疏》之末有宣公自跋,不言有删定僧戒本之事。四戒本而含注,乃宣公弘律之善权,今删定戒本,不应自废其佳猷。由此观之,宣公此本,非为镜晓之相,洞达成规之用,唯斯文句简便,易于熟诵,半月说戒,临文无滥而已。此所谓一要也。”(《周叔迦佛学论著集》下册《释典丛录》,中华书局1991年1月版)故对初学者而言,若在两本之中,选一本来读的话,择取《四分律比丘含注戒本》来读为宜。

本书的注疏有:明广莫《四分戒本缘起事义》一卷、现代妙因《新删定四分僧戒本浅释》一册。

第四品　唐道宣《四分律删补随机羯磨》二卷

《四分律删补随机羯磨》,又名《昙无德部四分律删补随机羯磨》、《昙无德部删补随机羯磨》,二卷。唐道宣集,贞观八年(634)初成,贞观二十一年(647)重修(以上据北宋元照《芝苑遗编》卷下)。道宣《大唐内典录》卷五著录。载于《丽藏》“训”函、《宋藏》“入”函、《金藏》“训”函、《元藏》“入”函、《明藏》“存”函、《清藏》“存”函、《频伽藏》“列”帙,收入《大正藏》第四十卷。

本书是《四分律》羯磨法的集本。全书分为十篇。卷上,下分《集法缘成篇》、《诸界结解篇》、《诸戒受法篇》三篇;卷下,下分《衣药受净篇》、《诸说戒法篇》、《诸众安居法篇》、《诸众自恣法篇》、《诸分衣法篇》、《忏六聚法篇》、《杂法住持篇》七篇。书首有道宣《序》,说:

经云：戒为无上菩提本，应当一心持净戒。持戒之心，要唯二辙。止持（指“止持戒”，即止恶的戒法），则戒本最为标首；作持（指“作持戒”，即行善的戒法），则羯磨结其大科。后进前修，妙宗斯法。……昔已在诸关辅，撰《行事钞》（指《四分律删繁补阙行事钞》），具罗种类，杂相毕陈。但为机务相酬，卒寻难了，故略举羯磨一色，别标铨题。……然律藏残缺，义有遗补，故统关诸部（指本书所辑涉及各个部派所传的羯磨法），撮略正文，必彼此俱无，则理通决例，并至篇具，显便异古藏迹。夫羯磨虽多，要分为八（指本书所说的“僧法羯磨”有三类、“对首羯磨”有二类、“对首羯磨”有三类），始从心念（指“心念法”），终乎白四（指“白四羯磨”），各有成济之功，故律通标一号。今就其时用显要者，类聚编之。文列十篇，义通七众（指“出家五众”、“在家二众”）。岂敢传诸学司，将以自明恒务也。（《大正藏》第四十卷，第492页上、中）

卷上：三篇。

（一）《集法缘成篇》（卷上）。叙述羯磨的种类、羯磨成就的条件和羯磨不成就的情况。原书中，羯磨法的某一大类与大类之下的子项往往是并列叙述的，容易使人产生歧义。今在解说时，依照从属关系加以区分。

1. “缘集”（原书阙题，此据正文拟立）。叙述羯磨的种类。

（1）《僧法羯磨略有一百三十四》（此为原书的标题，下同）。指“僧法羯磨”（又称“众僧法”，同一住处有比丘四人或四人以上时作；唯有“自恣法”中的“众僧法”要求有比丘五人或五人以上）一百三十四种。下分：①《单白羯磨三十九法》。有《三十（舍堕法）中二十七受忏法》、《余语法》、《触恼法》、《与剃发法》、《与出家法》、《说戒和法》、《僧忏悔法》、《僧发露法》、《自恣和合法》、《受功德衣法》、《简集智人法》、《断事遣不诵戒者出法》、《草覆地法》、《行舍罗白法》等三十九种。②《白二羯磨五十七法》。有《作小房法》、《作大房法》、《差分卧具法》、《离衣法》、《减六年卧具法》、《畜众法》、《结说戒堂法并解》、《结大界法并解》、《结戒场法》、《结不失衣界法并解》、《受日法》、《分四方僧物法》、《分亡人轻物法》、《结库藏法》、《结净地法并解》、《与覆钵法》、《杖络囊法》等五十七种。③《白四羯磨三十八法》。有《谏破僧法》、《谏摈谤法》、《谏恶性法》、《谏恶邪法》、《谏发诤法》、《式叉学戒法》、《受具戒法》、《学悔法》、《呵责法并解》、《摈出法并解》、《依止法并解》、《不见举法并解》、《不忏法并解》、《不舍法并解》、《与覆藏法》、《出罪法》、《忆念法》、《罪处所法》等三十八种。

（2）《对首羯磨略有三十三》。指“对首羯磨”（又称“对首法”，指同一住处有比丘三人或二人时作，虽有多人，但只须对一人至三人作；唯有“自恣法”中的“对首法”要求是有比丘二人至四人）三十三种。下分：①《但对首法二十八》。有《受三衣法并舍》、《受钵法并舍》、《受尼师坛法并舍》、《舍戒法》、《衣说净法》、《钵说净法》、《药说净法》、《受三药法》、《受七日法》、《安居法》、《与欲法》、《忏波逸提法》、《忏提舍尼法》、《忏偷兰遮法》、《忏重突吉罗法》等二十八种（篇名中的“但对首法”，是指本来就属于“对首法”）。②《众法对首有五》。有《舍堕法》、《说戒法》、《自恣法》、《受僧得施法》、《受亡五众物法》五种（篇名中的“众法对首”，是指本来属于“众僧法”，因“界中无人”，允许使用“对首法”）。

（3）《心念羯磨略有十四》。指“心念羯磨”（又称“心念法”，同一住处仅有比丘一人时作）十四种。下分：①《但心念法有三》。有《忏轻突吉罗法》、《六念法》、《说戒座中发露诸罪法》三种(篇名中的"但心念法",是指本来就属于"心念法")。②《对首心念法有七》。有《安居法》、《说净法》、《受药法》、《受七日法》、《受持三衣法》、《舍三衣法》、"受持钵法》七种(篇名中的"对首心念法",是指本来属于"对首法",因"界中无人",允许使用"心念法")。③《众法心念法有四》。有《说戒法》、《自恣法》、《受僧得施法》、《受亡五众衣物法》四种(篇名中的"众法心念法",是指本来属于"众僧法",因"界中无人",允许使用"心念法")。

2. "缘成"(原书阙题,此据正文拟立)。叙述羯磨成就的条件。

(1) "僧法羯磨十缘",指"僧法羯磨"成就的十项条件。①"称量前事",指作羯磨前,应先"称量"(指考虑)相关的"人、法、事"。②"法起托处",指作羯磨前,须"结界"(指依羯磨划定作法的区域)。③"集僧方法",指应采用"打揵槌"等方式,通知界内僧众都来参加僧众集会。④"僧集约界",指应根据羯磨作法的需要,结作"大界"、"戒场"、"小界"。⑤"应法和合",指应"和合"作羯磨,应来者须来,因病等不能来者应告假,与会人未有表示反对者("来现前得呵人不呵")。⑥"简众是非",指应检查羯磨参加者的人数与资格。⑦"说欲清净",指因事不能参加羯磨者,应委托他人与会表示自己赞同僧众所作事的意愿("说欲")和表示自己行为的清净("说清净")。⑧"正陈本意",指应采用"竖标唱相"、"行筹告白"等方式,公告僧众集会的宗旨。⑨"问事端绪",指僧众集会的主持人应当场提问集会的宗旨("僧今和合,何所作为事")。⑩"答所成法",指僧众中应有一人回答集会的宗旨("作某羯磨")。

(2) "众多人法"。指"对首羯磨"成就的条件。

(3)“一人法”。指“心念羯磨”成就的条件。

3.“缘坏”(原书阙题,此据正文拟立)。叙述羯磨不成就的情况。

(1)“僧法羯磨具七非”。指“僧法羯磨”不成就的七种情况。①“有七羯磨非法不应作”。指从事相上说“僧法羯磨”不成就的七种情况,即“非法非毗尼羯磨”、“非法别众羯磨”、“非法和合众羯磨”、“如法别众羯磨”、“法相似别众羯磨”、“法相似和合羯磨”、“呵不止羯磨”。②“义立七非”。指从义理上说“僧法羯磨”不成就的七种情况,即“人非”、“法非”、“事非”、“人法非”、“人事非”、“法事非”、“人法事非”。

(2)“对首羯磨具七非”。指从义理上说“对首羯磨”不成就的七种情况。

(3)“心念羯磨具七非”。指从义理上说“心念羯磨”不成就的七种情况。

如关于“僧法羯磨”中的“称量前事”,说:

> 称量前事(《毗尼母论》云,事谓人、法也。律云:称量比丘及白衣,称量羯磨及犯事也。然所为之缘,不出三种,谓人、法、事也。如受戒、忏悔、差使、治摈等,为人故作。如说戒、自恣等,为法故作。如结界、摄衣、净地、库藏等,为事故作。或具或单,时离时合,并先须量校,使成应法之缘——原注)。(卷上《集法缘成篇》,第492页下—第493页上)

(二)《诸界结解篇》(卷上)。叙述“僧界”(又称“摄僧界”,指依羯磨划定的集僧作法的区域)、“衣界”(又称“摄衣界”、“不失衣界”,指依羯磨划定的允许离三衣而过宿的区域)、“食界”(又称“摄食界”、“净地”,指依羯磨划定的贮藏烹煮食物的区域）的结界（指划定作法的区域）和解界（指解除作法的区域）方面的羯磨法。

1.《僧界结解法》。指僧众划定和解除“摄僧界”的羯磨法。下分三项。

（1）《结解大界法》（原书阙题，此据正文拟立）。指结作和解除“大界”的羯磨法。下分：①《结初大界法》。指结作“同一住处、同一说戒”的“大界”的羯磨法。②《解大界法》。指解除“同一住处、同一说戒”的“大界”的羯磨法。③《结同法利界法》。指原为“别说戒、别利养”的二处僧众，各自解除本界，结作“共说戒、同利养”的“大界”的羯磨法。④《结同法别利界法》。指原为“别说戒、别利养”的二处僧众，各自解除本界，结作“同说戒、别利养”的“大界”的羯磨法。

（2）《结解戒场法》（原书阙题，此据正文拟立）。指结作和解除“戒场”的羯磨法。下分：①《结戒场法》。指僧众在“四方小界相内”结作“戒场”（指受戒、说戒、忏罪的场所，须先结“戒场相”、次结“大界内相”、后结“大界外相”）的羯磨法。②《解戒场法》。指解除“戒场”的羯磨法。③《结有戒场大界法》。指僧众划定内有“戒场”的“大界”的羯磨法。

（3）《结三小界法》。指僧众因障难临时结作“受戒小界”、“说戒小界”、“自恣小界”的羯磨法。

2.《结解衣界法》。指僧众划定和解除“摄衣界”的羯磨法。下分二项。（1）《结摄衣界法》。指僧众在“同一住处、同一说戒”的区域内，结作“摄衣界”的羯磨法。（2）《解摄衣界法》。指僧众解除“摄衣界”的羯磨法。

3.《结解食界法》。指僧众划定和解除“摄食界”的羯磨法。下分二项。（1）《结摄食界法》。指僧众结作“摄食界”的羯磨法。（2）《解净地法》。指僧众解除“摄食界”的羯磨法。

如关于“结三小界法”，说：

> 结三小界法(此三小界，并为难事故兴。律云：不同意者，未出界，听在界外疾疾一处集，结小界受戒。又言：若布萨日，于无村旷野中行，众僧不得和合者，随同师善友，下道各集一处，结小界说戒。又言：若自恣日，于非村阿兰若道路行，若不得和合者，随同师亲友，移异处，结小界自恣。故知非难、无缘，辄结类诸难开，若违制犯。又皆无外相，即身所坐处，以为界体。……今有立界相房院，于中结者，羯磨不成。以大界立相，不唱非法，小界无相，若立非法。……而制其羯磨文，如常也——原注)。(卷上《诸界结解篇》，第495页上)

(三)《诸戒受法篇》(卷上)。叙述授受“七众”(指比丘、比丘尼、沙弥、沙弥尼、式叉摩那、优婆塞、优婆夷)别解脱戒方面的羯磨法。

1.《受三归、五戒、八戒法》(原书阙题，此据正文拟立)。指在家男女受戒的仪轨。下分三项。(1)《受三归法》。指在家男女受“三归依”的仪轨。(2)《受五戒法》。指在家男女受“五戒”的仪轨。(3)《受八戒法》。指在家男女受“八戒”(又称“八关斋戒”)的仪轨。

2.《出家受戒法》。指出家男子受戒的羯磨法。下分五项。(1)《乞度人法》。指比丘(其戒腊须满十年)请求僧众允许自己度人出家(“畜众”)的羯磨法。(2)《与度人法》。指僧众允许比丘度人出家的羯磨法。(3)《度沙弥法》。指度沙弥法的羯磨法。(4)《与剃发法》。指剃度师为沙弥剃发作告白的羯磨法。(5)《授十戒法》。指僧众向出家男子授“沙弥十戒”的羯磨法。

3.《比丘授戒法》。指出家男子受具足戒的羯磨法。下分六项。

(1)《授比丘戒缘》。指出家男子受具足戒的条件。包括:①“能受之人”,须具备“是人道故”、“诸根具足”、“身器清净”、“出家相具”、“得少分法”五缘。②“所对之境”,须具备“结界成就”、“有能秉法”、“僧数满足”、“界内尽集和合”、“有白四教法”、“资缘具足”、“佛法时中”七缘。③“发心乞戒”。④“心境相应”。⑤“事成究竟”。(2)《正授戒体前具八法》。指僧众向出家男子授“戒体”(指授具足戒)之前须作的八种羯磨法(指“请师法”、“安受者所在”、“差人问缘”、“出众问法”、“白召入众法”、“乞戒法”、“乞戒法”、“戒师和问法”、“正问法”)。

(3)《正授戒体法》。指戒师(又称“羯磨师”、“羯磨阿阇梨”、“受戒阿阇梨”,须具备五年以上戒腊和相应的德行)向出家男子授“戒体”(指授具足戒)的羯磨法。(4)《次说随相法》。指戒师向已受具戒的比丘说“戒相”(指说“四波罗夷法”)的羯磨法。(5)《授四依法》。指戒师向已受具戒的比丘说“四依法”的羯磨法。(6)《请依止师法》。指新受戒比丘因和尚命终而依止阿阇梨(又称“依止师”,须具备十年以上戒腊和相应的德行)的羯磨法。

4.《尼众授戒法》。指出家女子受戒的羯磨法。下分三项。

(1)《授沙弥尼戒法》。指僧众向出家女子授“沙弥尼戒”的羯磨法。

(2)《授式叉摩那尼法》。指僧众向出家女子授“式叉摩那(指受具足戒前处于二年学法阶段的出家女子,童女出家者十八岁以上,曾嫁女出家者十岁以上)六法”的羯磨法。下分:①《乞学戒法》。指出家女子向僧众请求受“二岁学戒”的羯磨法。②《与学戒法》。指僧众给与出家女子“二岁学戒”,使她成为式叉摩那的羯磨法。③《次说戒相法》。指僧众向式叉摩那说“戒相”（指说“六法”）的羯磨法。

（3）《授比丘尼戒法》。指式叉摩那在二年受学“六法”期满后（童女出家者满二十岁、曾嫁女出家者满十二岁），在比丘尼僧中受具足戒的羯磨法。下分：①《乞畜众法》。指比丘尼（其戒腊须满十二年）请求僧众允许自己度人出家（“畜众”）的羯磨法。②《与畜众法》。指僧众允许比丘尼度人出家的羯磨法。③《正授戒前具八缘》。指僧众向出家女子授“戒体”（指授具足戒）之前须作的八种羯磨法（指“请和尚法”、“当安受戒人离闻处著见处立”、“差教师法”、“教师出众问法”、“唤入众法”、“明乞戒法”、“戒师白和法”、“对众问法”）。④《正授本法羯磨文》。指戒师向出家女子授具足戒的羯磨法。⑤《本法尼往大僧中受戒法》。指出家女子在比丘尼僧中受具足戒完成后，当日（或次日）随尼师前往比丘僧中受具足戒（此为“二部僧中受戒”）的羯磨法。⑥《请羯磨师法》。指出家女子往至比丘僧中，请求某大德作“羯磨阿阇梨”（其戒腊须满五年）的羯磨法。⑦《乞受戒法》。指出家女子请求比丘僧授具足戒的羯磨法。⑧《戒师和问法》。指戒师在“问遮难”（指询问有无“十三重难”、“十六轻遮”所列的不得受具足戒的各种情况）之前向僧众作告白的羯磨法。⑨《正问难遮法》。指戒师向出家女子“问遮难”的羯磨法。⑩《正授戒体法》。指戒师向出家女子授“戒体”（指授具足戒）的羯磨法。⑪《次授戒相》。指戒师对已受具戒的比丘尼说“戒相”（指说“八波罗夷法”）的羯磨法。⑫《次说四依法》。指戒师对已受具戒的比丘尼说“四依法”的羯磨法。

如关于“比丘授戒法”中的“请师法”，说：

> 请师法（律云，弟子无师教授故，造作非法。佛言，当

立和尚，弟子看和尚，当如父想，敬重相瞻视。又病比丘无人看故，便致命终。佛言，当立弟子，应共相敬重瞻视，便得正法久住，增益广大。和尚看弟子，当如儿想。……若依本律，请法不在僧中。今依《十诵》、《僧祇》，令受戒人先入僧中，教使次第一一头面礼僧足，然后请之。当偏袒右肩、脱革屣、右膝著地、合掌，教如是请言——原注）大德一心念，我某甲请大德为和尚，愿大德为我作和尚，我依大德故，得受具足戒，慈愍故（三请已。《僧祇》云，众中三请已，和尚应语，发彼喜心。律本言——原注）。可尔教授，汝清净、莫放逸。（卷上《诸戒受法篇》，第497页上）

卷下：七篇。

（一）《衣药受净篇》（卷下）。叙述比丘受用衣、钵、坐具、药食和说净（指将"长物"即超出规定蓄存的物品作净施）方面的羯磨法。

1.《受衣法》。比丘受持三衣的羯磨法。下分四项。（1）《受安陀会法》。指比丘受持"安陀会"（又称"内衣"）的羯磨法。（2）《受郁多罗僧法》。指比丘受持"郁多罗僧"（又称"上衣"）的羯磨法。（3）《受僧伽梨法》。指比丘受持"僧伽梨"（又称"大衣"）的羯磨法。（4）《受缦衣法》。指沙弥受持"缦衣"（无田相的袈裟）的羯磨法。

2.《舍衣法》。指比丘舍出三衣的羯磨法。

3.《尼受余二衣法》。指比丘尼受持"僧祇支"（又称"掩腋衣"，用于覆左肩）、"覆肩衣"（用于覆右肩）的羯磨法。

4.《心念受舍衣法》。指比丘一人时，口言心念受持或舍出三衣的羯磨法。

5.《受尼师坛法》。指比丘受持尼师坛（指坐具）的羯磨法。

6.《受钵多罗法》。指比丘受持钵的羯磨法。

7.《受药法》。指比丘受用药食的羯磨法。下分四项。(1)《受时药法》(下分"药无七过"、"授有三种"、"自受三法"、"正食五观"四项)。指比丘受用"时药"(指在每日黎明之后至正午可以食用的食物,包括"五啖食"、"五嚼食"等)的羯磨法。(2)《受非时药法》。指比丘受用"非时药"(指在每日正午之后至次日黎明之前可以食用的八种果浆)的羯磨法。(3)《受七日药法》。指比丘受用"七日药"(指因病可在七日内食用的"酥"、"油"、"生酥"、"蜜"、"石蜜")的羯磨法。(4)《受尽形寿药法》。指比丘受用"尽形寿药"(指因病可终身随时食用的药物,如一切"根药"、"果药"、"草药"等)的羯磨法。

8.《衣说净法》。指比丘对"长衣"(指"三衣"以外的多余的衣服)作"净施"(包括"真实净施"和"展转净施")的羯磨法。下分三项。(1)《请施主法》。指蓄"长衣"者请求同一住处"持戒多闻者"作"净施主"(又称"受净者")的羯磨法。(2)《正说净法》。指比丘将"长衣"者施与"净施主"的羯磨法。(3)《心念说净法》。指比丘一人时心生口言作"独净施"的羯磨法。

9.《金粟净法》。指比丘对属于"长物"(指超出规定蓄存的物品)的"钱宝谷米"作"净施"的羯磨法。

如关于"受时药法",说:

受时药法(佛言:蒲阇尼有五种,谓饭、糗、干饭、鱼、肉。佉阇尼有五种,谓枝、叶、花、果、细末食。名为时药,谓从旦至中也。若欲受者,先知药体,后知授受。余药并准此法——原注)。药无七过(一非内宿、二非内煮、三非自煮、四非恶触、五非残宿、六非贩卖得、七非犯竟残药等——原

注)。授有三种(一分别知是食非食、二有施心、三者如法授与——原注)。自受三法(一别知食体,与净人所授之食者,心境相当,非错彼此;二有心自食,非为余事;三如律手受,具二五法,无非威仪事者——原注)。正食五观(初计功多少,量药来处;二自知行德,全缺应供;三防心离过贪等为宗;四正事良药,为疗形苦;五为成道业故。并律论正文,非唯抑度,广相如钞——原注)。(卷下《衣药受净篇》,第502页中)

(二)《诸说戒法篇》(卷下)。叙述比丘每半月一次集会说戒方面的羯磨法。下分十二项。

(1)《僧说戒法》。指布萨日,上座唱言说戒的时间、地点的羯磨法。(2)《僧同犯识罪忏白法》。指说戒前,同一住处的所有僧众因均犯有某罪("识罪",指确知之罪)而当众作发露忏悔的羯磨法。(3)《僧同犯疑罪发露白法》。指说戒前,同一住处的所有僧众因均怀疑犯有某罪("疑罪",指怀疑之罪)而当众作发露的羯磨法。(4)《尼差人请教授法》。指比丘尼推选每半月往至比丘僧中"求教授"的代表的羯磨法。(5)《教诫尼法》。指布萨日,比丘尼代表往至比丘僧中请求推派"教诫师"(又称"教授师")前往尼寺作教诫的羯磨法。(6)《告清净法》。指布萨日,外来比丘参加当地比丘说戒,表示自己行为清净的羯磨法。

(7)《识罪发露法》。指说戒前,比丘个人因犯有某罪而向一位清净比丘作发露的羯磨法。(8)《疑罪发露法》。指说戒前,比丘个人因怀疑犯有某罪而向一位清净比丘作发露的羯磨法。(9)《说戒座上忆罪发露法》。指说戒进行中,比丘个人忽然想起犯有某罪而作心念发露(内心忏悔)的羯磨法。(10)《略说戒法》。指僧众因“八难”（指“王难、贼难、火难、水难、病难、人难、非人难、恶虫难”）等事而略说戒经（只诵说其中的一部分）的羯磨法。(11)《对首说戒法》。指同一住处有比丘三人或二人时，对首（各共面对）说戒（指各自将表示自己行为清净的告白说三遍，又称“三语布萨”）的羯磨法。(12)《心念说戒法》。指同一住处仅有比丘一人时，口唱心念说戒（指独自将表示自己行为清净的告白口说或心念三遍）羯磨法。

如关于“说戒座上忆罪发露法”，说：

> 说戒座上忆罪发露法（律本：为在座上，忽忆本罪，向比座说之，举众闹乱。佛令发露心念，应义准云——原注）我某甲犯某罪，为逼说戒，恐闹乱众故，待竟当忏悔（三说。疑罪准此——原注）。（卷下《诸说戒法篇》，第503页中、下）

（三）《诸众安居法篇》（卷下）。叙述比丘每年三个月“结夏安居”方面的羯磨法。

1.《安居法》。指结夏安居的羯磨法。下分五项。(1)《对首安居法》。指比丘向长老作前安居（四月十六日至七月十五日）告白（并答“依谁持律”）的羯磨法。(2)《后安居法》。指比丘向长老作后安居（五月十六日至八月十五日）告白（并答“依谁持律”）的羯磨法。(3)《心念安居法》。指比丘因安居地无“所依人”（指能“广诵二部律”的律师）而作心念安居的羯磨法。(4)《忘结便成法》。指比丘欲于住处安居、但忘记作心念安居，也作为结安居的规定。(5)《及界与园成安居法》。指比丘欲往其他地方安居，“入界便明相出”（指已为次日黎明），也作为结安居的规定。

2.《受日法》。指安居期间，比丘因事（“佛、法、僧、塔事，及父母檀越召请、受戒、忏悔等缘”）外出须请假的羯磨法。下分五项。(1)《事讫羯磨受日法》(此篇系据《僧祇律》卷四十所说而编入，为唐怀素《僧羯磨》所无)。指比丘将在住处安居，因“僧事”，请求“出界行，还此处安居”，僧众表示同意的羯磨法。(2)《羯磨受日法》。指安居期间，比丘因事外出，请求“受过七日法”(指请假“十五日”或“一月”)，僧众表示同意的羯磨法。(3)《对首受日法》。指安居期间，比丘因事外出，向长老请求“受七日法”(指请假七日)的羯磨法。(4)《命梵二难出界法》(此篇为唐怀素《僧羯磨》所无)。指安居期间，比丘若因“命”(性命)、“梵”(梵行，又称“净行”)受到威胁而被迫出界，移住他处，可不追究的规定。(5)《受日出界逢难法》(此篇为唐怀素《僧羯磨》所无)。指比丘“受七日法”外出，若因“逢难”(指“水陆道断”等)逾期返回，可不追究的规定。

如关于“安居法”，说：

> 安居法(佛言：有三种安居，前安居、中安居、后安居。前安居者，住前三月。后安居者，往后三月。《十诵律》：佛制五众并令安居。律云：尼不安居，波逸提。僧等四众，突吉罗。《明了论》云，无五过处，得在中安居。一大远聚落，求须难得；二太近城市，妨修出道；三多蚊蚁，自他两损；四无可依人，可依人要具五德，一求闻令闻、二已闻令清净、三能决疑网、四通达无滞、五正见；五无施主供给药食，并不可安居。律本云：安居有四种。一对首、二心念、三忘成、四及界。并有据缘，如下具列——原注)。(卷下《诸众安居法篇》，第504页上)

(四)《诸众自恣法篇》(卷下)。叙述比丘于夏安居结束之日举行“自恣”(指请求他人批评举罪)活动方面的羯磨法。

1.《僧自恣法》。指上座唱言僧众自恣的时间、地点的羯磨法。下分四项。(1)《差受自恣人法》。指同一住处有比丘五人或五人以上("自恣法"中的"众僧法"所要求的人数,比"说戒法"多一人)时,僧众推选"受自恣人"(自恣活动的主持者,须具备"自恣五德"和"举罪五德")的羯磨法。(2)《白僧自恣法》。指"受自恣人"宣布自恣活动开始的羯磨法。(3)《正自恣法》。指从上座开始,僧众依次"三说自恣"(指将请他人根据见闻疑,任意举发己罪的告白说三遍;"受自恣人"则先接受众人的自恣,最后自己向上座作自恣)的羯磨法。(4)《略自恣法》。指僧众因"八难"等事而略说自恣(将每人"三说自恣",改为"二说"、"一说",乃至集体共作"三说自恣")的羯磨法。

2.《四人以下对首法》。指同一住处有比丘四人或三人、二人("自恣法"中的"对首法"所要求的人数,比"说戒法"多一人)时,对首(指各共面对)"三说自恣"的羯磨法。

3.《一人心念法》。指同一住处仅有比丘一人时,口唱心念"三说自恣"的羯磨法。

4.《尼差人自恣法》。指比丘尼推派代表往至比丘僧中"三说自恣"的羯磨法。

如关于"正自恣法",说:

> 正自恣法(佛言:应偏袒右肩,脱革屣,胡跪合掌,应一一从上座作,次第应离坐自恣。《五分》云,取草布地,令在上自恣,老病者随竟,复本座,应对前五德者〔指"受自恣人"〕言也——原注)大德众僧今日自恣,我比丘某甲亦自恣,若有见、闻、疑罪,愿大德长老哀愍故语我。我若见罪,当如法忏悔(三说。律本云:若说错忘,一一授之。其二五德〔指"受自恣人"〕,准《僧祇》云,各至本座处自恣,不得

待僧竟。其众僧自恣已,五德至上座前,告云:僧一心自恣竟,便如常礼退。出《十诵律》——原注)。(卷下《诸众自恣法篇》,第504页下—第505页上)

(五)《诸分衣法篇》(卷下)。叙述比丘分配衣物方面的羯磨法。

1.《二部僧得施法》。指僧众分配施与同一住处的"二部僧"(指比丘僧、比丘尼僧)衣物的羯磨法。

2.《二部现前得施法》。指僧众分配施与同一住处的"二部僧"(指比丘僧、比丘尼僧)中的"现前僧"(指本处现在的僧众)衣物的羯磨法。

3.《时现前得施法》。指僧众分配施主在"时"(指"无迦絺那衣者"于安居结束日"自恣"后一个月即七月十六日至八月十五日、"有迦絺那衣者"于"自恣"后五个月即七月十六日至十二月十五日)内施与"现前僧"衣物的羯磨法。

4.《非时现前得施法》。指僧众分配施主在"非时"(指"无迦絺那衣者"于安居结束日"自恣"后一个月以外的时间、"有迦絺那衣者"于"自恣"后五个月以外的时间)内施与"现前僧"衣物的羯磨法。

5.《时僧得施法》。指僧众分配施主在"时"内施与"四方僧"(又称"十方僧",指一切僧众)衣物的羯磨法。

6.《非时僧得施法》。指僧众分配施主在"非时"内施与"四方僧"衣物(须先推选"分物人")的羯磨法。

7.《亡五众物分法》。指僧众处置已故"五众"(指比丘、比丘尼、沙弥、沙弥尼、式叉摩那)财物方面的羯磨法(此项羯磨法从性质来说,从属于《非时僧得施法》,因其情况具有特殊性,故作单列)。下分十项:

(1)《五众死物之所属》。指已故“五众”的财物属于僧众所有的规定。(2)《分法十种》。指僧众处置已故“五众”财物的十种方法(指“粪扫取”、“现前取”、“同见取”、“功能取”、“二部僧取”、“面所向取”、“入和尚”、“入所亲白衣”、“随所在得”、“羯磨取”)。(3)《同活共财法》。指僧众处置已故同住比丘共同财物(“共财”)的方法。(4)《负债法》。指僧众处置已故比丘债务的方法。(5)《明嘱授》。指僧众根据已故比丘临终“嘱授”处置遗物的方法。(6)《分物时》。指僧众先处理已故比丘的后事,再召集会议处置遗物的方法。(7)《断轻重物》。指僧众对已故比丘的财物,区别轻物与重物,作不同处置的羯磨法。(8)《量德赏物》。指僧众将已故比丘的“衣钵、坐具、针筒、盛衣贮器”等送给照料病人者(“看病比丘”)的羯磨法。(9)《分轻物法》。指僧众分配已故比丘“轻物”(除去已送给“看病比丘”之物)的羯磨法。(10)《得受衣法》。指其他相关人员参与已故比丘财物分配(指“若为病人求医药衣食,及为塔事、僧事,虽当时不在,并应与分”)的规定。

如关于“断轻重物”,说:

> 断轻重物(《十诵》:病人死,无看病者,取衣物浣洗,曝卷擗徐,担入众中。律云:彼持亡者衣物,来在众中,当作是言——原注)大德僧听,某甲比丘住处命过,所有衣物,此住处现前僧应分(如是三说。《毗尼母》云,并取衣物,在僧前著已,遣一人处分可分物、不可分物,各别一处——原注)。正明处分(佛言:若比丘死,若多知识、若无知识,一切属僧。若有园田、果树、别房,及属别房物,铜瓶、铜盆、斧凿、灯台、绳床、坐褥、卧褥、氍毹、车舆,守僧伽蓝人水瓶、澡罐、锡杖、扇、铁作器、木作器、陶作器、皮作器、竹作

器，及诸种种重物，并不应分，属四方僧。氍毹长三肘、广五肘、毛长三指，剃刀、衣钵、坐具、针筒、俱夜罗器〔指“减钵、次钵、小钵，又余碗盏、器皿”〕，现前僧应分之。律文正断如此，余有不出者，当于诸部律论，联类断判，当观律本，判意不容缓急自欺，必欲广知，具如《量处重轻物仪》中——原注）。（卷下《诸分衣法篇》，第505页下—第506页上）

（六）《忏六聚法篇》（卷下）。叙述比丘犯“波罗夷”、“僧残”、“偷兰遮”、“波逸提”、“波罗提提舍尼”、“突吉罗”罪（合称“六犯聚”、“六罪聚”）的治罚与忏除方面的羯磨法。

1.《忏悔法》。总说“忏悔法”。

2.《忏波罗夷法》（唐怀素《僧羯磨》作《与不覆藏者作尽形学悔法》）。指对犯“波罗夷罪”但不覆藏者（指初次犯“四波罗夷法”的淫戒又立即发露忏悔者），给与“尽形学悔”（指剥夺他的比丘身份，允许其终身以“与学沙弥”的身份留在僧团，为僧众作劳务）处罚的羯磨法。

3.《忏僧伽婆尸沙法》。指犯“僧残罪”（又称“僧伽婆尸沙”）的治罚与忏除的羯磨法。

4.《忏偷兰遮法》。指犯“偷兰遮罪”作忏悔的羯磨法。

5.《忏波逸提法》。指犯“波逸提罪”（包括“尼萨耆波逸提”、“波逸提”两类）作忏悔的羯磨法。下分九项：

（1）《僧中忏法》。指犯“舍堕罪”（又称“尼萨耆波逸提罪”）者在僧中（因须有一人作“忏悔主”，故连同本人“须五人”）将“长衣”（指“三衣”以外的多余的衣服）施与同住比丘的羯磨法（包括“舍财”、“舍心”、“舍罪法”）。（2）《乞忏悔法》。指犯“舍堕罪”者在“舍衣”后，向僧众请求作忏悔的羯磨法。（3）《请忏悔主法》。指犯“舍堕罪”者请求某清净比丘作“忏悔主”(又称“受忏悔主”,指接受他人忏悔者)的羯磨法。(4)《和白法》。指“忏悔主”向僧众作“受忏”告白的羯磨法。(5)《正舍罪法》。指犯“舍堕罪”者作忏悔的羯磨法。

(6)《还衣法》。指将“舍堕衣”还给原比丘的羯磨法。下分:①《即座转付法》。指犯“舍堕罪”者有“众僧难集”、“欲远行”等事情时,将“长衣”施与同住比丘,接受者以后应归还原比丘的羯磨法。②《即座直付法》。指犯“舍堕罪”者无上述事情时,将“长衣”施与同住比丘,接受者应“经宿”(隔夜)归还原比丘的羯磨法(若是“非五长”物,即不是“一月衣”、“急施衣过后畜”、“长钵”、“残药”、“长衣”,施与同住比丘后,由对方当场还给原比丘)。

(7)《对四人已下对首法》。指犯“舍堕罪”者向三位清净比丘作“对首忏”的羯磨法。

(8)《对一人舍堕法》。指犯“舍堕罪”者向一位清净比丘作“对首忏”的羯磨法。下分:①《舍衣法》。指犯“舍堕罪”者将“长衣”施与一位清净比丘的羯磨法。②《请忏悔主法》。指犯“舍堕罪”者请求此位清净比丘作“忏悔主”的羯磨法。

(9)《明藏罪法》。指犯“舍堕罪”者向僧众忏悔犯“舍堕罪”罪并作覆藏的羯磨法。下分:①《忏从生罪》。指犯“舍堕罪”者向僧众忏悔犯“八品小罪”(指“故畜众多长衣”等)的羯磨法。②《忏悔二根本小罪法》。指犯“舍堕罪”者向僧众忏悔犯“二根本小罪”(指“著用不净衣”、“经僧说戒默妄语”)的羯磨法。③《忏根本罪法》。指犯“舍堕罪”者向僧众忏悔犯“根本罪”(指“故畜长衣不说净”等)的羯磨法。④《忏单堕法》。指犯“单堕罪”(又称“波逸提罪”)者向僧众忏悔犯“单堕罪”(指“故妄语”等)的羯磨法。

6.《忏波罗提提舍尼法》。指犯“波罗提提舍尼罪”作忏悔的羯磨法。

7.《忏突吉罗法》。指犯“突吉罗罪”作忏悔的羯磨法。下分三项:(1)《正明忏仪》。指犯“重突吉罗罪”(又称“故作”,即故意违犯)者请求某清净比丘作“忏悔主”的羯磨法。(2)《舍罪法》。指犯“重突吉罗罪”者向“忏悔主”作忏悔(如“故不齐整著僧伽梨”;此为“对首法”)的羯磨法。(3)《误作忏法》。指犯“轻突吉罗罪”(又称“误作”,即非故意违犯)者作“心念”忏悔(如“误不齐整著僧伽梨”;此为“心念法)的羯磨法。

如关于“忏偷兰遮法”,说:

> 忏偷兰遮法(罪缘两种。初明独头偷兰〔指“独头偷兰遮”〕,有三差别。如破法轮僧、盗四钱、盗僧食等,名上品〔指“上品偷兰遮”〕;若破羯磨僧、盗三钱以下、互有衣相触等,名中品〔指“中品偷兰遮”〕;若恶心骂僧、盗一钱、用人发、食生肉血、裸身、著外道衣等,名下品〔指“下品偷兰遮”〕。二明从生〔指“从生偷兰遮”〕者。《十诵》云,从初篇生重〔指“从生偷兰遮”中波罗夷从生下的“重偷兰遮”〕,应一切僧中悔;若初篇生轻、二篇生重〔指“从生偷兰遮”中波罗夷从生下的“轻偷兰遮”、僧残从生下的“重偷兰遮”〕,应界外四比丘众中悔;若僧残生轻〔指“从生偷兰遮”中僧残从生下的“轻偷兰遮”〕,应一比丘前悔。《萨婆多》云,忏法与波逸提同,前独头偷兰忏法,亦准从生上、中、下忏应知——原注)。(卷下《忏六聚法篇》,第507页上)。

(七)《杂法住持篇》(卷下)。叙述比丘杂事方面的羯磨法。下分八项:

(1)《六念法》。指比丘每日应当念知的六事(“念知日月数”、“念知食处”、“念知受戒时夏数”、“念知衣钵受净”、“念知食同别”、“念知身强羸”）的行法。（2）《白同利食前后入聚落法》。指比丘因某事在正食前后入村落而嘱告同住比丘的羯磨法。（3）《白非时入聚落法》。指比丘因某事欲在“非时”（指每日正午之后至次日黎明之前）入村落而嘱告同住比丘的羯磨法。（4）《作余食法》。指比丘受正食饱足（“足食”）离座后，若再受食，须作“余食法”（又称“残食法”，指先请一比丘食少许，然后自己再食）的羯磨法。

（5）《呵责弟子法》。指和尚、阿阇梨呵责弟子的羯磨法。（6）《弟子辞和尚白谢法》。指弟子因和尚有“五种非法”而忏谢离去，更依阿阇梨的羯磨法。（7）《谏作犯法》。指僧众劝谏“欲犯波罗夷，乃至恶说”者的羯磨法。（8）《谏止犯法》。指僧众劝谏“不学戒，亦不赞叹戒”者的羯磨法。末附：“五种持律”、“持律人得五功德”、“四种断事人”、“五种疾灭正法”、“毗尼有五”、“欲得五事利当应持律”、“十种法住世令正法疾灭”、“五种法令法久住”、“毗尼有四义”、“四种广说”等文段；以及《老病比丘畜杖络囊乞羯磨文》、《僧与老病比丘畜杖络囊羯磨法》、《十诵律受三十九夜羯磨文》、《十诵律受残夜法》、《僧祇二十七事讫羯磨文》五文。

如关于“谏止犯法”，说：

> 谏止犯法（时有比丘不学戒，亦不赞叹戒。佛言：余比丘应如法谏，彼作是言——原注）。大德，当学戒、赞叹戒，不自破坏、不犯罪、不为智者呵责，受福无量，长夜安乐。（若彼比丘言：长老，何用此杂碎戒为？我今不学此戒。当难问余智慧持律比丘，余比丘复应重谏言——原注）大德，欲灭法故，作是语耶？大德既不学戒、不赞叹戒，亦自破坏，多犯众罪，为智者诃责，长夜受苦，不得安乐。（若彼谏比

丘痴不解者,此所谏比丘应报彼言——原注)汝还问汝和尚(余文如上。如法谏已谏,若为知为学者,应当难问——原注)。(卷下《杂法住持篇》,第507页上)。

本书的注疏有:唐道宣《四分律删补随机羯磨疏》四卷(《新纂续藏经》本《四分律删补随机羯磨疏济缘记》收有它的全文)、清读体《毗尼作持续释》十五卷。

《四分律删补随机羯磨疏》的注疏有:北宋允堪《四分律删补随机羯磨疏正源记》八卷、元照《四分律删补随机羯磨疏济缘记》四卷、《四分律删补随机羯磨疏科》四卷(须与《随机羯磨疏》本文对照着阅读)、清照远《四分律羯磨疏显缘抄》二十卷。

第五品　唐道宣《四分律比丘尼钞》三卷

《四分律比丘尼钞》,又名《四分比丘尼钞》,三卷(分上中下卷,后人又将每卷分为"上"、"下",故又作"六卷")。唐道宣述,成于贞观十九年(645)。北宋元照《芝苑遗编》卷下著录(称"诸录不出,今准后流通")。收入《新纂续藏经》第四十册。

本书是《四分律》比丘尼行事轨式的解说书。书名中的"比丘尼钞",实指"比丘尼行事钞"。全书分为三十篇。卷上,下分《劝学篇》、《释聚篇》、《结界篇》、《集众篇》、《足数篇》、《受欲篇》、《十戒篇》、《学戒篇》、《畜众篇》、《具戒篇》、《六念篇》、《受衣篇》、《受钵篇》、《净施篇》、《说戒篇》十五篇;卷中,下分《安居篇》、《受日篇》、《自恣篇》、《师徒篇》、《致敬篇》、《随戒篇》六篇;卷下,下分《匡众篇》、《翻净篇》、《受药篇》、《讣(赴)请篇》、《届寺篇》、《忏悔篇》、《送终篇》、《二衣篇》、《杂要篇》九篇。此中,除《随戒篇》一篇是解释《四分律》中的"比丘尼戒

法”以外,其余各篇都是解释《四分律》“犍度”中与比丘尼相关的内容的。卷首有道宣《序》,说:

> 原夫别解脱戒,始制鹿野之初,毗尼法藏,终被鹤林之后,寄治七众,藻镜四依,慈风扇于五天,德音播于三界。由是坦群类之夷途,拯含灵之弱丧,为四生之标帜,作六趣之舟航者也。时有爱道一人(指比丘尼第一人、佛的姨母大爱道),舍夷五百(指随同出家的释迦族女子五百人),宿树芳因,嘉声远著,深明业果,妙达苦空,乃能厌恶生死,诃毁家法,凭仗尊亲,请佛求度。……佛令遵崇八敬(指“八敬法”),虔奉三尊,爱道闻持,正法弗坠。洎如来晦迹,慧日潜晖,女人戒德,渐将讹替,逢缘起障,解境生迷,遂有明暗异途,升沉殊趣。故知浮海弃囊,巨壑终为难渡,涉途毁足,长路实不易行,若非精玩护持,戒品理难牢固。……恐大本难通,劳而寡效,故制之以限分,遵之以积渐,犹天地二化,始合于自然,齐鲁二变,终臻于至道,若文义俱辨,复非钞者所明。今辄研核诸篇,撮其枢要,立章三十,勒成三卷。今所撰者,用《四分》为宗,斯文不具,更将诸部补阙,易简为义,兼以人语会通,余之不尽,文露可寻。(《新纂续藏经》第四十册,第706页上、中)

卷上(下分卷上“之上”、“之下”,十五篇):

(一)《劝学篇》(卷上之上)。下分“顺益”、“违损”、“业报”三门,阐述持戒的功德和犯戒的业报。

(二)《释聚篇》(卷上之上)。下分“波罗夷”、“僧伽婆尸沙”、“偷兰遮”、“波逸提”、“波罗提提舍尼”、“突吉罗”、“恶说”七门,阐述“七犯聚”的含义。

(三)《结界篇》(卷上之上)。下分“定量”、“大界”、“戒场”三门,阐述“大界”、“戒场”的结界(指划定作法的区域)与解界(指解除作法的区域)的方法。

(四)《集众篇》(卷上之上)。下分“鸣稚”、“集僧”、”分齐”(指界限)三门,阐述比丘尼集众办事的方法。

(五)《足数篇》(卷上之上)。下分“择众”、“简相”二门,阐述比丘尼作羯磨须满足的人数和资格(“足数”指满足羯磨法所要求的与会僧数)。

(六)《受欲篇》(卷上之上)。下分“欲缘”、“说法”二门,阐述比丘尼因事不能参加羯磨须“与欲”(指委托他人表示自己赞同僧众所作事的意愿,亦即请假)的程序和作法(“受欲”指接受当事人的委托)。

(七)《十戒篇》(卷上之上)。下分“释名”、“出家”、“受戒”、“受衣”、“说净”、“舍堕”、“说戒”、“安居”、“受日”、“自恣”十门,阐述沙弥“出家”、“受戒”(指“受十戒”)、“受衣”、“说戒”、“安居”、“自恣”等仪轨。

(八)《学戒篇》(卷上之上)。下分“翻名”、“乞戒”、“秉法”、“六法”、“行法”五门,阐述式叉摩那“受六法”的仪轨和行为规范。

(九)《畜众篇》(卷上之上)。下分“畜意”、“制乞”二门,阐述比丘尼“畜众”(指度人出家,收弟子)的条件和作法。

(十)《具戒篇》(卷上之下)。下分“由藉”、“本法”、“至僧”、“戒相”、“退舍”五门,阐述比丘尼受具足戒的仪轨。

(十一)《六念篇》(卷上之下)。不分门,阐述比丘尼“六念法”(指每日应当念知的六事,即念知“日月大小法”、“食处法”、“夏大小法”、“衣钵法”、“别众食法”、“病之有无法”)。

(十二)《受衣篇》(卷上之下)。下分“制听”、“功能”、“释名”、“财如”、“体如”、“色如”、“量如”、“条数”、“堤数”、“重数”、“作法”、“受法”、“舍法”、“得失”、“补浣”、“敬护”、“坐具”十七门，阐述比丘尼“五衣”、“坐具”的含义、制法、受法和护法。

（十三）《受钵篇》（卷上之下）。下分“制意”（指制立本意）、“体如”、“色如”、“量如”、“受舍”、“失法”、“护法”七门，阐述比丘尼食钵的含义、受法和护法。

（十四）《净施篇》（卷上“之下”）。下分“施主”、“请法”、“说净”、“存亡”、“失法”五门，阐述比丘尼“展转净施”、“真实净施”的作法。

（十五）《说戒篇》（卷上之下）。下分“时节”、“缘集”、“仪式”、“差使”、“客旧”、“略说”六门，阐述比丘尼说戒的程序和仪式。

如关于比丘尼“五衣”的含义，说：

> 释衣名者，此律（指《四分律》）云，听刀割坏，成沙门衣，不为怨贼所劫，作安陀会衬身，著郁多罗僧、僧伽梨入众时著。然此衣名，诸部并无正翻，今以义推，略知指归。《慧上经》云，五条者，名中著衣。七条者，名上著衣。大衣者，名众集衣。义云大衣者，名杂衣，以条数多故，若从用立名入王宫聚落衣。七条者，名中价衣，从用为名入众衣。五条者，下著衣，从用为名道行作务衣。……云僧祇支（又称“掩腋衣”）者，此云上狭下广衣，云厥修罗者，此西国方言不同故，翻译有二，设互牒二文，于理无乖。或量己身大小作之，受时但云僧祇支，应量作，合受持（此亦应成——原注）。尼本为露胸膊行，为世人讥慢故，佛制畜祇支、覆肩二衣。（卷上之下《受衣篇》，第722页下—第723页下）

卷中（下分卷中“之上”、“之下”，六篇）：

（一）《安居篇》（卷中之上）。下分“制意”、“结时”、“夏闰”、“对首”、“心念”、“忘成”、“及界”、“移夏”八门，阐述比丘尼的安居制度。

（二）《受日篇》（卷中之上）。下分“受缘”、“互用”、“受法”、“得重”、“逢难”、“五利”六门，阐述比丘尼在安居期间，因事外出，须向长老请求“受七日法”（指请假七日）的规定。

（三）《自恣篇》（卷中之上）。下分“制意”、“时节”、“集僧”、“差使”、“简人”、“秉法”、“五德”、“自恣”、“略法”、“杂法”十门，阐述比丘尼的自恣制度。

（四）《师徒篇》（卷中之上）。下分“师徒名”、“依止意”、“免依止”、“合依止”、“通行法”、“白事法”、“请经法”、“报恩法”、“无师法”、“简师德”、“请师法”、“师摄法”、“诃忏法”十三门，阐述比丘尼师徒之间的各项行为准则。

（五）《致敬篇》（卷中之上）。下分“敬寺”、“敬佛”、“敬法”、“敬僧”、“定尊”、“致拜”、“八敬”、“报恩”、“医药”、“殡终”十门，阐述比丘尼礼敬“佛法僧”、供养父母、瞻病送终的规制。

（六）《随戒篇》（卷中之上、之下）。不分门，阐述比丘尼三百四十八戒（即比丘尼戒的“戒相”，主要解释各戒的“犯缘”，即犯戒的构成条件，唯“七灭诤法”未释）。在全书各篇中，篇幅最长，类似于“比丘尼含注戒本”。

如关于比丘尼的“师德”，说：

简师德者。此律（指《四分律》），阿阇梨有五种。一出家阿阇梨，谓依教受十戒者是。二受戒阿阇梨，谓为受具足秉羯磨者是。三教授阿阇梨，谓教授威仪者是。四受经阿阇梨，谓所从受经者是。五依止阿阇梨，谓受依止者是。义云，前四通名阿阇梨，今此所明，准论依止阇梨以替和尚处故，必须谙究经律，圆解明白，方始得为。《僧祇》云，不得辄请依止，须成就五法。一受念、二恭敬、三惭、四愧、五乐住。《伽论》（指《萨婆多部毗尼摩得勒伽》）云，凡欲依止人者，当好量宜能，长善法者，及问余人云：此比丘尼，戒德何似，能教诫否？眷属复何似，无有诤讼否？若都无者，然后依止。此律，明二师（指和尚、阿阇梨）德者有三。一简少取老，十二夏（指戒腊十二年）已上为和尚，至六夏（指戒腊六年）已上为（阿）阇梨。二夏数虽满，必须智慧。三虽具上二德，然要勤教诏弟子。（阿）阇梨亦七种共行法，如前和尚中说。（卷中"之上"《师徒篇》，第734页下—第735页上）

卷下（下分卷下"之上"、"之下"，九篇）：

（一）《匡众篇》（卷下之上。下分"教有兴废"、"简知事德"、"秉教通塞"（指通达与蔽塞）、"僧食通局"（指共通与局限）、"入众服仪"五门，阐述统摄尼众的"知事人"（指执事）应具备的德行，依教治罚应注意的事项，以及僧食、入众衣着的仪法。

（二）《翻净篇》（卷下之上）。下分"制意"、"净处"、"加法"、"辨过"、"翻净"、"对缘"、"互堕"、"俭开"、"净生"九门，阐述尼寺结立"净地"（指依羯磨划定的贮藏烹煮食物的区域）方法和注意事项。

（三）《受药篇》（卷下之上）。下分"药体"、"受意"、"受法"、"说净"、"通塞"、"重受"六门，阐述比丘尼受用"时药"、"非时药"、"七日药"、"尽形寿药"的方法。

（四）《讣（赴）请篇》（卷下之上）。下分"简请"、"释非"、

“讣(赴)会”、“至家”、“就座”、“净食”、“香愿”、“受食”、“食仪”、“哒嚫”、“还法”十一门,阐述比丘尼应施主之请赴斋受食的仪法。

(五)《届寺篇》(卷下之上)。下分“入寺”、“仪式”二门,阐述比丘尼入寺的仪法。

(六)《忏悔篇》(卷下之上、之下)。下分“忏波罗夷法”、“忏僧伽婆尸沙法”、“忏偷兰遮法”、“忏波逸提法”、“忏波罗提提舍尼法”、“忏突吉罗法”六门,阐述比丘尼犯”六罪聚”(六类罪)作忏悔的方法。

(七)《送终篇》(卷下之下)。下分“制看”、“简人”、“供侍”、“安置”、“诫法”、“殡终”六门,阐述比丘尼瞻病送终的规制。

(八)《二衣篇》(卷下之下)。下分“制意”、“简物”、“共财”、“嘱授”、“轻重”、“负债”、“赏劳”、“时节”、“分法”、“杂法”十门,阐述比丘尼受用“制物”(指佛制令必须随身受持的物品)与“听物”(指佛开许随缘方便受持的物品)的方法(篇名中的“二衣”,指“制衣”、“听衣”,属于“制物”、“听物”)。

(九)《杂要篇》(卷下之下)。下分“僧物”、“乞食”、“升坐”、“就法”、“净地”、“遇贼”、“济生”、“杂事”八门,阐述比丘尼处理各种日常杂事的规制。

如关于“入众服仪”(“入众五法”等),说:

入众服仪者。此律云,入众当具五法。一应以慈心。二应自卑下,似拭尘巾。三应知坐起法,若见上座,不应安座,若见下座,不应起立。四彼至僧中,不为杂说世俗事,若自说法,若请他说。五若见僧中有不安忍,应作默然住之。《智度论》云,佛圣弟子住和合故,有二种法。一者贤圣说法，二者贤圣默然。夫论众法轨用，形仪若清净可观，则物生善，天龙欢喜。威仪滥恶，便辱佛法，何所巨益？故《十诵》云，比丘衣服不净，非人所诃。又《涅槃》云，譬如破戒比丘，身无威仪也。《华严》云，具足受持威仪众法，是故能令三宝不断，法得久住。（卷下之上《匡众篇》，第754页下）

本书的注疏有：北宋允堪《四分律比丘尼钞科》一卷（须与《比丘尼钞》本文对照着阅读）。本书的原版为传入日本的宋版，睹见者几稀，由于至今无人整理，没有句逗，阅读颇为费力，这在一定程度上影响了本书的流传与研究。

第六品　唐道宣《四分律拾毗尼义钞》三卷

《四分律拾毗尼义钞》，又名《拾毗尼要》、《拾毗尼义钞》、《集义钞》，原为上中下三卷，今存卷上、卷中（因后人将每卷分为“之一”、“之二”，故又作“四卷”）。唐道宣撰，成于贞观元年（627）。北宋元照《芝苑遗编》卷下著录（称“贞观元年制，后流新罗，此方绝本。至大中四年，彼国附还，元有三卷，今始获上中二卷，未见下卷”）。收入《新纂续藏经》第四十四册。

本书是《四分律删繁补阙行事钞》的补充和解释。据书末所载“唐大中三年（849）五月三日”新罗国王城慧明寺沙门自相《状》（又称《新罗国寄还书》）、唐法宝律师《批》说，本书草稿初成，就被新罗僧人带回本国，在其后的二百多年中，于世罕闻。会昌五年（845），左神策军侍御李伏（字符佐）请新罗金舍人在本国搜寻此书，经新罗国王城东泉寺沙门玄灵抄录，慧明寺沙门自相将抄本寄还唐国。抄本原为三卷，后因唐末五代，天下纷扰，原本散逸，至北宋仅存上、中二卷，缺下卷。今本为二卷十六篇。卷上，下分《毗尼藏大纲》、《起戒差别》、《十三难》、《不学无知渐顿》、《转业变根》、《破僧大意》、《时非时》、《四波罗夷》八篇。卷中，下分《十三僧残》、《二不定》、《三十舍堕》、《九十单提》、《四提舍尼》、《众学》、《七灭诤》、《四诤》八篇。其中，前七篇为《行事钞》卷上《标宗显德篇》、《僧网大纲篇》、《受戒缘集篇》等篇的补充和解释，后九篇为《行事钞》卷中《随戒释相篇》的补充和解释。据此推断，已亡佚的本书下卷，其内容当是《行事钞》卷下的补充和解释。从见存本的情况来看，作者在补充中，对《四分律》诸师章疏的引述明显增多，但一般不注出典，泛称"昔解"、"解云"等，只有引作者本人的老师智首《四分律疏》，才标出名氏，称为"首（智首）解"。此外，还大量采用问答的形式，以解释内容，这是《行事钞》所没有的。书首有北宋元照《序》，篇幅颇长，内容分为"著撰来意"、"驳古异议"、"校本差互"三科（三个层次），说：

> 夫毗尼为教，厥号行诠，行之所依，存乎事相。往古诸德，未穷斯旨，竞述义疏，广引繁词。唯我祖师（指道宣），拔乎众见，刊削搜补，显行世事，森列二持（指止持戒、作持戒），统归三行（指众行、自行、共行），故《事钞》（指《四分律删繁补阙行事钞》）之作，最居其首。……《事》、《义》（指本书）两钞，表里相资，非《事钞》则行无所凭，失乎教本，非《义钞》则解无以发，昧于来诠。详其题号两分，实乃行解兼举，二部之作，旨在于此。……又法宝律师（玄畅——原注）批云，此钞（指《四分律拾毗尼义钞》），国初南

> 山祖师述，助释《行事钞》。据此所明，颇得其实。既云助释，则相资之义，皎若重轮。……原夫此钞之制，盖集诸师章疏，以成文体。古贤制作，直伸义意，不务雕饰。……今从古本，止存上、中两卷，复虑重大，析开为四。下卷阙如，以俟于后。（《新纂续藏经》第四十四册，第753页上—第754页上）

卷上（下分卷上“之一”、“之二”，八篇）：

（一）《毗尼藏大纲》（卷上之一）。下分“如来在世制有五名所以不分”、“辨广略异”、“说戒时节”、“五师任持不分”、“五部分张”、“总别”六门，阐述律藏的传承，即第一次结集时编集的统一的律藏《八十诵律》，经迦叶、阿难、末田地、商那和修，传至优波掘多，优波掘多门下的五大弟子因见解不同而各传律藏，形成昙无德部《四分律》、萨婆多部《十诵律》、弥沙塞部《五分律》、迦叶遗部《解脱律》、大众部《摩诃僧祇律》等“五部律”的情况。

（二）《起戒差别》（卷上之一）。下分“序名略解”、“僧尼通别”、“二觉得戒”、“师资不同”、“位列凡圣”、“发戒时节”、“五受渐顿”、“作法不同”、“受随（指受体、随行）同异”、“问答”十门，阐述僧尼受具足戒的作法。

（三）《十三难》（卷上之一）。下分“随难略解”、“依名出体”、“诤名废立”、“收难尽不”、“三障收十三难”、“通塞”（指通达与蔽塞）、“约戒前后辨难生”七门，阐述受具足戒时“问十三难”（指询问受戒者有无因自性之恶而造成的不得受具足戒的十三种情况，如“犯边罪”、“犯尼净行”、“贼心入道”、“破内外道”等）的作法。如关于“受戒方轨”，说：

> 受勤策戒方轨者，如《五分》，应先受优婆塞三归、五

戒,后受沙弥三归、十戒。《十诵》亦言,先五(戒)、后十(戒)。《善见》(指《善见律毗婆沙》)云,礼僧已,往(阿)阇梨所,礼足、互跪、合掌,(阿)阇梨教言:汝当随我语,教汝受三归。答言:尔。首(指智首)解云,亦应问十三难诸遮,以生善也。问:沙弥何不直说前四性恶(指沙弥十戒的前四条为性戒),便罢,而说后六遮恶戒(指后六条为遮戒)者?解云,此十(戒)喜犯,故先为说,自余,诸戒师后别教。问:何以四依(指"依粪扫衣"、"依乞食"、"依树下坐"、"依腐烂药")为大僧说,不制沙弥者?解云,以沙弥志弱,情懦不堪。问:大尼请僧为师,沙弥尼何不如是?解云,小尼成行,不依丈夫故,不令大僧作十戒师,大尼反前,大僧为师。问:若尔,亦应大僧为和尚耶?解云,非亲相摄故,不得为和尚。问:童女所以有学法,丈夫无者何?答:首解,此有二义。一女人有怀妊之过,故须与二年学戒,净其身法。丈夫无此,何须作之?二为表女人烦惑垢重,入道即难,自非加以学法,进道无由。丈夫善因,既胜堪能立行,故更不须加其学法。(卷上之一《起戒差别》,第759页下)

(四)《不学无知渐顿》(卷上之二)。下分"以不学无知相对解渐顿"、"别释渐顿"、"分齐"(指界限)、"解不学无知可忏不可忏"四门,阐述"不学"、"无知"二罪与"渐犯"、"顿犯"的关系(指"不学之罪,可有渐顿;无知之罪,唯渐非顿")。

(五)《转业变根》(卷上之二)。下分"转业"、"受戒"、"能防废兴"、"顺行法重作不"、"违行法解作不"、"结界成不"、"衣药资缘重作法不"七门,阐述对受戒以后僧尼"转业变根"(指男女性别的改变,"男根"变成"女根"、"女根"变成"男根")情况的处理方法。

（六）《破僧大意》（卷上之二）。下分“破僧体异”、“解破法轮”、“二破异”、“破僧时处”、“二逆偷兰究竟最初”五门，阐述对“破僧”（指破坏和合的僧团，分“破法轮僧”、“破羯磨僧”二种，前者罪重，后者罪轻）情况的处理方法。

（七）《时非时》（卷上之二）。下分“定立时非时”、“现僧各二”、“作法异”、“位例差别”四门，阐述对施主在“时”（指在前安居后的五个月即七月十六日至十二月十五日）或“非时”（指上述以外的时间）内，施与“现前僧”（指本处现在的僧众）或“二部僧”（指比丘、比丘尼僧）衣物的分配方法。

（八）《四波罗夷》（卷上之二）。下分“毒业成犯”、“自作教他不同”、“错误克漫之义”、“须知本制之兴何以立四”、“戒先后次第论对治”、“沙弥任运”、“略解四戒”七门，阐述比丘戒“四波罗夷法”。如关于“破僧”，说：

> 破僧体异者。……今以要略，就胜劣分二，羯磨、法轮，有差别故。此羯磨僧，以无胜德可彰，就迹名之。其法轮有二。一就缘说轮，如来真教，能诠轮行，能生轮解，故名为轮。二就体解轮，无漏空观，转凡成圣，故名为轮。就《四分律》要取，具于理事二和破，方成逆业。是僧故有事和，是宝故有理和，二和既坏，法亦异故。故《伽论》云，舍八正（道）而说余道，是轮坏。一界之内，二众各别自恣羯磨，是僧坏。……故《四分》云，二事破僧，妄语、相似语。……《四分》云，二事破僧，作羯磨、取舍罗，要经始终，二方成破逆。（卷上之二《破僧大意》，第765页上、中）

卷中（下分卷中“之一”、“之二”，八篇）：

（一）《十三僧残》（卷中之一）。下分“配其三毒成业之相”、“配身口二业成犯之义”、“教遣自作同不同相”、“配初篇种类之别"、"持犯方轨"、"僧尼犯异"、"随难略解"七门，阐述比丘戒"十三僧残法"。

（二）《二不定》（卷中之一）。下分"释名"、"论体"、"最初同异"、"通塞同异"、"僧尼有无"五门，阐述比丘戒"二不定法"。

（三）《三十舍堕》（卷中之一）。下分"释名前后"、"依位别解"、"随难别解"三门，阐述比丘戒"三十舍堕法"（又称"三十尼萨耆波逸提法"）。如关于用"波罗夷法"四戒（淫、盗、杀、妄语戒）来比配比丘戒各戒，说：

> 配初篇（指"四波罗夷法"）种类之别者。如《婆沙论》云，十三（指"十三僧残法"）中初五戒，三十（指"三十舍堕法"）中取衣、浣衣、染羊毛三（戒），九十（指"九十单提法"）中女人说法、同宿、女坐、强坐、露坐、教尼下十（戒）合有十五（戒），悔过（指"四提舍尼法"，又称"四悔过法"）中后戒，众学（指"众学法"）中高瞻视等，此是淫类。（僧残法中）二房、（舍堕法中）畜宝、贸宝、贩卖、乞缕、夺衣、回僧物、（单提法中）藏衣钵、不问主、贼期行，四悔（过法）中第三戒，众学（法）中饭覆羹、草净水，此是盗类。十三（僧残法）中污家，三十（舍堕法）中憍奢耶，九十（单提法）中用饮虫水、搏打他、杀生等，四悔（过法）中初戒，众学（法）中大抟饭、净草水，此是杀类。十三（僧残法）中二谤、二破、戾语，三十（舍堕法）中有一二居士、王臣遣使，九十（单提法）中初戒，悔过（法）中第二戒，众学（法）中一切说法戒等，是妄语戒种类。（卷中之一《十三僧残》，第773页中、下）

（四）《九十单提》（卷中之二）。下分"配三业解成犯相"、"身口业自作教他不同之义"、"持犯差别"、"僧尼差别"、"沙弥时作方便进受具戒”、“随难问答”六门,阐述比丘戒“九十单提法”(又称“九十波逸提法”)。

(五)《四提舍尼》(卷中之二)。下分“存四所以”、“犯罪所以”、“持犯相”、“兰若止而不食”四门,阐述比丘戒“四提舍尼法”(又称“四波罗提提舍尼法”)。

(六)《众学》(卷下之二)。下分“序名不同”、“持犯相”、“僧尼同异”、“问答”四门,阐述比丘戒“众学法”。

(七)《七灭诤》(卷中之二)。下分“释字得名”、“定体异”、“总别通塞”、“灭罪诤及以治人”、“灭人多少”、“病药相当”六门,阐述比丘戒“七灭诤法”。

(八)《四诤》(卷中之二)。下分“辨相得名”、“僧尼同异”、“辨诤根义”、“三性之义”、“定诤多少”五门,阐述“七灭诤法”平灭的对象“四诤”(指言诤、觅诤、犯诤、事诤)。

如关于“众学法”,说:

> 序名不同者。所以此篇不序头数,但言众者,今篇威仪违失,乃有尘沙,不可以限数法局,故称名众。今且标人之喜犯百戒重者,集在篇内,余在杂威仪中。如《善见》云,式叉迦罗尼翻学应当,语倒故,言应当学。《婆论》(指《萨婆多毗尼毗婆沙》)问,何故此篇独名应当学?答:余戒易持而罪重,犯忏是难,此戒难持而易犯,常须念学,不结罪名故,言应当学。首(指智首)解,若就所防彰名,应言众突吉罗,今隐其所防,就能治行受称,故名学。……持犯相者。若就学心,皆具二持二犯。起心修理,名作持;不作何(恶)事,名止持;反此,成二犯(指因作恶而犯的“作犯”和因止善而犯的“止犯”)。(卷中之二《众学》,第792页上、中)

本书卷上的后部分和卷中的全部,都是解释《四分律》比丘戒的。但作者的《四分律删繁补阙行事钞·随戒释相篇》和《四分律比丘含注戒本》是对比丘戒各类戒法下属的各个戒条,一一作释,而本书则仅限于在各类戒法理论层面上作综合分析,并未深入到各戒的“犯缘”(犯戒的构成条件),因而它对各戒的解释,远不及《行事钞》、《含注戒本》详细而有条理。

需要指出的是,本书书首刊载的北宋元照《序》,曾提到北宋赞宁对道宣《四分律拾毗尼义钞》的批评,并用很多笔墨来作辨解,《序》说:“通慧僧录(赞宁——原注)评此钞有三种,定在《事钞》前撰。一曰文义鲁质,多云首解。二曰著述不全,埋名没代,前无序引,后无批文。三曰备其遗忘,略示义章,但云将讲等。”(第753页中)北宋允堪《四分律拾毗尼义钞辅要记》卷一也记有此事,其中“通慧僧录(赞宁——原注)评此钞有三种,定在《事钞》前撰”一句,则作“先德谓此钞有三失”(见《新纂续藏经》第四十四册,第798页下),也就是说,元照在“评此钞有三种”之后删去了“过失”二字,从而将赞宁批评的原意从说《拾毗尼义钞》有“三失”,变为说《拾毗尼义钞》撰在《行事钞》之先,此种为维护尊者的声誉而作的曲解,是不适当的。

本书的注疏有:北宋允堪《四分律拾毗尼义钞辅要记》六卷、元照《四分律拾毗尼义钞科》一卷(须与《义钞》本文对照着阅读)。

第七品 唐道宣《教诫新学比丘行护律仪》一卷

《教诫新学比丘行护律仪》,又名《教诫律仪》、《护律仪》,一卷。唐道宣述,贞观八年(634)初成,永徽元年(650)重修。北宋元照《芝苑遗编》卷下著录。收入《大正藏》第四十五卷。

本书是根据律部要文编写的有关新学比丘(指受具足戒未满五年者)威仪行相的简明读本。全书分为二十三篇,总计四百六十五条。书首有道宣撰的自序(无标题),说:

> 律制五年依止,意在调伏六根,有智听许离师,无智犹须尽寿。屡有初心在道,触事未谙,曾不寻其教章,于法每缠疑网,或非制而制,是制便违,或云我是大乘之人,不行小乘之法。如斯者众,非一二三。此则内乖菩萨之心,外阙声闻之行,四仪既无法润,乃名枯槁众生。若此等流,古今不绝,自非持法达士,孰能鉴之者哉!时有学人,运情疏躁,求行者少,求解者多,于制仪门,极为浮漫。夫以不修禅那三昧,长乖真智之心,不习诸善律仪,难以成其胜行。是以古今大德,实为世者良田,净业成于道仪,清白圆于戒品。……予乃愧省下流,实怀惭于上德,准教纂斯清训,以将呈诲未闻。夫戒律之宗,理有任持之志,遂使内自增其心善,外令仪轨可观。凡诸行条件,录之后,用光新学,并题序云。行相法,都四百六十五条,在下具明。(《大正藏》第四十五卷,第869页上、中)

(一)《入寺法》。叙述进入寺院的律仪,凡十一条。有:"到寺门外具威仪"(第一条);"入寺门礼拜,便跪说如常叹佛"(第二条);"收坐具合掌曲躬,然后敛容,旁廊一边,缓行直视"(第三条);"不得垂手,当有所畏"(第四条);"若入殿塔,当合掌右绕(指如佛南面,行者须西入东出,右绕表示吉祥),不得左转"(第七条);"出殿门,随颊举足"(第八条,以上见第869页中)等。

(二)《在师前法》。叙述在师父(指"戒和尚"、"阿阇梨")面前站立的律仪,凡六条。有:"不得直前立"(第一条);"不得直后立"(第二条);"不得太近"(第三条);"不得太远"(第四条);"不得在高处立"(第五条);"不得上风立,当须对师额角七尺许立"(第六条,以上见第869页下)。

(三)《事师法》。叙述奉事师父的律仪,凡五十一条。有:"常瞻师颜色,勿令失意"(第一条);"凡至师所,当具威仪"(第二条);"向师前问讯,当豫合掌曲躬"(第五条);"凡欲作事,要须咨白"(第九条);"师所教诲,常须随顺,不得违逆"(第十条);"被师呵责,不得起瞋嫌心逆"(第十三条);"见师衣裳巾袜垢腻,白师洗濯令净"(第十四条);"见师衣破,当缝补之"(第十五条);"凡欲入师房,至门先弹指,然后方入"(第二十一条);"奉教令当生惭愧,念修戒定以报师恩"(第二十五条);"师欲洗足,当具汤水拭巾"(第二十八条);"常扫师房院"(第二十九条);"常令师瓶水满,不得欠少"(第三十八条);"不得向师前谗佞他人,说其过恶"(第四十二条);"师欲出寺,当具所须"(第五十条);"师欲上堂,为师涤钵、看闭门户等事"(第五十一条,以上见第869页下—第870页上)等。

(四)《在寺住法》。叙述在寺内居住的律仪,凡三十一条。有:"不得强知他事,论他过非"(第一条);"不得入他净事"(第二条);"不得传他恶事"(第二条);"不得钉破墙壁"(第四条);"见殿塔不净,当扫令净"(第六条);"行须长视,看地七尺,勿令蹋虫蚁"(第九条);"于春夏秋冬,无切要事,不得游行"(第二十条);"不得恶口骂人"(第二十一条);"廊下行,不得当其中道"(第二十四条);"行须旁一边,是礼也"(第二十五条);"常须慈悲柔和善顺"(第二十九条);"廊下行,不得吟咏"(第三十一条,以上见第870页上、中)等。

(五)《在院住法》。叙述在寺内别院居住的律仪,凡五十五条。有:"常勤修正业,不得空谭世事"(第一条);"滤水法,初下水罐桶,先且动水令虫散”(第二条);“须用三重密绢,细心滤水”(第三条);“每须检挍火烛,勿令失火”(第十二条);“于上中下座(僧腊二十岁至四十九岁称“上座”,僧腊十岁至十九岁称“中座”,僧腊九岁至无僧腊称“下座”),常存礼节”(第二十一条);“不得谭话秽言”(第二十三条);“常怀惭愧,念报四恩(指父母、三宝、国王、檀越之恩),旁资三有(指欲界、色界、无色界)”(第二十六条);“当观四念处(指身念处、受念处、心念处、法念处),约大小乘经论所明,于念念中,常加慈悲,发菩提之心”(第二十八条);“当护惜三宝物,不得损失”(第二十九条);“凡欲受药茶及盐,一切堪食之物,料量当吃取尽,逐时受之,不得多受,令有残宿”(第四十八条);“若有病者,当慈心始终看之”(第五十条);“凡欲出院,当白院中僧令知去处”(第五十二条);“凡关门户,当须子(仔)细,不得疏慢,致有去失”(第五十五条,以上见第870页中—第871页上)等。

(六)《在房中住法》。叙述在僧房居住的律仪,凡三十二条。有:“不得共大己五夏(指受具足戒之后的岁数,即僧腊比自己大五岁)人同床”(第一条);“与同类人共房,每须相护,勿令喧竞”(第二条);“若有得失言语,即须乞欢喜,不得经宿,结其罪业”(第四条);“互相赞美,不得背相毁说”(第五条);“房中及并房人已卧,读书不得出声”(第十二条);“己是下座,苦事先作”(第十四条);“凡是好事,先推上座”(第十五条);“不得谭话不善之事”(第十六条);“不得互相讥讽,习诵戏论之法”(第十七条);“不得仰身累足,左胁而卧”(第二十三条);“卧不得赤体”(第二十四条);“行住坐卧,不得思惟恶事”(第二十六条);“夜卧当念明相”(第二十八条);“房中常须净洁,不得狼籍”(第三十二条,以上见第871页上、中)等。

(七)《对大己五夏阇梨法》。叙述对僧腊比自己大五岁的阿阇梨的律仪,凡二十二条。有:“对大已五夏阇梨,须带袈裟纽”(第一条);“不得通肩被袈裟”(第二条);“不得邪脚倚立”(第三条);“须作谦卑心”(第八条);“夫五夏已上即阇梨位,十夏已上是和尚位,切须知之”(第十五条);“坐不得无礼,自恣倚东西”(第十七条);“坐当须端身定住”(第二十二条,以上见第871页中)等。

(八)《二时食法》。叙述晨粥、中斋二时受食的律仪,凡六十条。有:“闻三下钟,即须息务,先且出入”(第一条);“先用皂荚洗手令净”(第二条);“凡所著裙(指内衣),不得太高,不得太低,常须齐整,可齐脚踝”(第三条);“不得共上座并行,须让上座向前行”(第十三条);“行须直视地七尺”(第十四条);“坐时不得令内衣出”(第二十二条);“不得辄剩索饮食”(第二十五条);“凡所吃食,不得太急,犹如饿人,又须把钵碗就口,又不得食满颊边,如猕猴藏”(第三十五条);“凡所受食,量吃多少,不得有余”(第四十三条);“不得用匙箸刮钵碗作声,当用汤水涤荡取,即不损钵光”(第四十九条);“所食须生惭愧,常作观法”(第五十八条);“须知吃粥有十利”(第五十九条);“须识施食五常:一色、二力、三寿命、四安乐、五无碍辩”(第六十条,以上见第871页中—第872页中)等。

(九)《食了出堂法》。叙述食后出堂的律仪,凡十条。有:“众中食了,不得漱口作声”(第一条);“食了已作断心,不得咽津”(第四条);“食了出堂,先举门颊边脚,当令匙柄向身,执钵当胸,不得顾视”(第六条);“出堂门外,须旁廊一边行,令威仪庠序,雁行而行”(第八条);“欲出堂,先收摄横帔,整理袈裟,勿令僚乱,依次而行”(第十条,以上见第872页中)等。

(十)《洗钵法》。叙述食后洗钵的律仪,凡十七条。有:“下堂归房内,须先以水浸钵”(第一条);“洗漱用灰及杨枝,当向屏处，不得对上座，当与手遮”（第三条）；“凡欲洗钵，先用清水一遍，次用碗中皂荚汁泻向钵中，仍须碗盛皂荚水揩摩食器，坚腻方得尽，必须净洗”（第六条）；“凡欲洗钵，先洗四边，次洗余处”（第七条）；“吃粥了，若受外请，钵不能随身，当用皂荚洗，不问春、夏、秋、冬皆耳”（第十七条，以上见第872页中、下）等。

（十一）《护钵法》。叙述爱护钵的律仪，凡十三条。有：“不得安钵笐竿下栏干上”（第一条）；“不得安钵放悬物下”（第二条）；“不得安钵于床角及四边临危之处”（第七条）；“不若携钵随身行，须钵口向外”（第十一条）；“不得挂钵于杖头”（第十二条）；“一切危险处，不得安钵”（第十三条，以上见第872页下）等。

（十二）《入众法》。叙述入众的律仪，凡十二条。有：“著衣须齐整”（第一条）；“当持坐具安臂上”（第二条）；“上座未坐，不得先坐”（第五条）；“当敛容寂默，不得语笑”（第六条）；“坐须端身安住，不得数动”（第八条）；“不得左右顾视”（第九条）；“当念本业，不得余缘”（第十二条，以上见第872页下）等。

（十三）《入堂布萨法》。叙述入堂说戒的律仪。小注说有“十二条”，但书中未作叙列，作者解释说：“具如钞文，及布萨仪，此不备述”（第872页下）。

（十四）《上厕法》。叙述上厕所的律仪，凡二十条。有：“觉欲出入须早去，不得临时失仪则”（第一条）；“至厕前弹指三下，或謦欬声，知无人方入”（第四条）；“多人之处，若厕外有人待急，纵未了且须出厕”（第十一条）；“常具厕筹，不得失阙”（第十四条）；“见厕狼藉，当扫令净”（第十六条）；“见触履不净，当洗令净”（第十九条）；“用灰土处，不得狼藉”（第二十条，以上见第872页下—第873页上）等。

（十五）《于六时不得语笑法》。叙述昼夜六时（晨朝、日中、日没、初夜、中夜、后夜)不得语笑的律仪,凡六条。有:“礼佛”(第一条);“听法”(第二条);“众集”(第三条);“大食”(第四条);“小食”(第五条);“大小便”(第六条,以上见第873页上)。

(十六)《入温室法》。叙述入温室洗浴的律仪,凡十六条。有:“具威仪,持坐具”(第一条);“尊宿未浴,不得先浴”(第二条);“要须持瓶”(第三条);“不得共大己五夏人同浴”(第六条);“洗浴先从下洗上”(第十一条);“当用湿手巾,两手各把一头,横安背上抽牵,垢腻即落”(第十二条);“当须寂默,不得喧笑”(第十三条);“浴了当用汤水洗泼坐处令净,不得皂荚狼藉”(第十六条,以上见第873页上、中)等。

(十七)《见和尚阇梨得不起法》。叙述因病等事,见和尚、阿阇梨可以不起身的律仪,凡五条。有:“病重时”(第一条);“剃发时”(第二条);“大食时”(第三条);“小食时”(第四条);“已在高座时”(第五条,以上见第873页中)。

(十八)《见和尚阇梨不得礼法》。叙述因病等事,见和尚、阿阇梨可以不礼拜的的律仪,凡十一条。有:“在佛前”(第一条);“在殿塔前”(第二条);“众集时”(第三条);“病时”(第四条);“高座时”(第五条);“师卧时”(第六条);“师在聚落道行”(第十条);“师洗浴及大小便时”(第十一条,以上见第873页中)等。

(十九)《看和尚阇梨病法》。叙述看护患病的和尚、阿阇梨的律仪,凡十二条。有:“怀孝养心,作父母想”(第一条);“不得嫌有臭秽”(第二条);“常经营汤药”(第三条);“所忌之食不与食”(第四条);“饮食常令得所”(第五条);“洗濯衣裳”(第六条);“数除粪秽”(第七条);“常须作意细心,不得粗躁”(第十一条);“常念观音菩萨,愿师所苦,早得痊平”(第十二条,以上见第873页中)等。

（二十）《敬重上座法》。叙述敬重上座的律仪，凡十六条。有："见上座，须起迎接"（第一条）；"上座未坐，不得先坐"（第二条）；"上座未食，不得先食"（第四条）；"凡有胜事，先推上座"（第六条）；"上座行事不是，当软语设谏，不得呵骂"（第七条）；"被上座嫌骂，不得常瞋，当顺上座，不得有违"（第十一条）；"行须让路，坐须让位"（第十三条）；"凡有苦事，下座前行先作"（第十四条）；"见上座当问讯，不得喧闹，谩说是非之事"（第十六条，以上见第873页中、下）等。

（二十一）《扫地法》。叙述扫地的律仪，凡八条。有："不得灰土飞起"（第一条）；"地若干燥当以水洒，停少时然后乃扫"（第二条）；"须顺风不得逆扫"（第三条）；"须净扫不得有遗迹"（第四条）；"不得聚粪土安户扉后及余处"（第七条）；"扫地了箕帚送于屏处"（第八条，以上见第873页下）等。

（二十二）《用水瓶法》。叙述使用水瓶的律仪，凡十条。有："常令净瓶满水"（第一条）；"不得瓶当人行路"（第二条）；"洗漱不得口含瓶嘴"（第四条）；"不得安致危险之处"（第六条）；"夏热时频须换水"（第七条）；"添瓶不得在盆水上，恐触水滴净水中"（第十条，以上见第873页下）等。

（二十三）《入聚落法》。叙述入村落的律仪，凡三十条。有："事如法，伴不如法，不应往"（第一条）；"事不如法，伴如法，亦不应往"（第二条）；"无切缘，不得入俗家"（第五条）；"若入聚落宿，当持三衣坐具水袋瓶等"（第九条）；"行须直视看地七尺，勿蹋虫蚁，若得伴共，当须相去七尺"（第十条）；"在道不得共女人行"（第十四条）；"不得入无男子家，除请召有伴则往"（第十八条）；"入俗家坐起具四威仪，当令俗人生善"（第二十条）；"不得邪命教化，击发俗人令其惠施"（第二十四条）；"不得说世间闲事，当须说法语增其善心"（第二十七条）；"发言慈善,不得粗犷”(第二十九条);“常摄六根,不得放逸”(第三十条,以上见第873页下—第874页上)等。

书末作结语,说:

上来教诫,略述如斯,余有行相,具在戒本。当须殷勤请问,随戒辨相,则甘露灌顶,醍醐入心,利润无涯,师承有本矣。(第874页上)

本书的注疏有:现代妙因《教诫新学比丘行护律仪集解》二卷等。

第八品 唐道宣《释门章服仪》一卷

《释门章服仪》,又名《章服仪》,一卷。唐道宣述,成于显庆四年(659年,此据书末的题记)。道宣《大唐内典录卷》卷五著录。收入《大正藏》第四十五卷。

本书论述僧尼的“法服”(又称“袈裟”)问题。全书分为十篇,依次是:《制意释名篇》、《立体拔俗篇》、《胜德经远篇》、《法色光俗篇》、《裁制应法篇》、《方量幢相篇》、《单复有据篇》、《缝制裁成篇》、《补浣诚教篇》、《加法行护篇》。内容叙及袈裟的含义、质料、颜色、量度、裁割、缝制、补浣、受护等。卷首以“汉阴沙门”(指求教者)与“秦山开士”(指作者道宣)之间问答的形式,叙述本书的撰作缘起(相当于自序),说:

有汉阴沙门,告于秦山开士曰:……比见诸沙门,威容崇盛,言行殊伦,深登耆域之讥,重纳隐侯之责。蚕丝被体,非华绮无以肆其心,柔茵仰藉,非轻软无以安其虑。衣食斯耻,既失德于儒宗,圣种顿亡,固丧道于玄府。……开士曰:…… 肉食之与蚕衣,随机开制,损生之与害命,终期顿断。是知适化之举,妙以达性为功,摄用之略,毕归资理为务。但以淳源久谢,浇风不追,遂使袈裟有变白之征,沙门绝搜玄之路。拥膝长想。……余重谕曰:原夫道隆下土,纲领一焉,理则廓纷累于清心,事则显嘉相于形有。……剃染之异,变俗习之生常,量据之仪,必幽求于正捡。且四含(指四阿含)八藏,难用备寻,一袭三衣,何容昏晓?既是释门常务,无时不经,义匪妄存,事符真教。固使住法万载,唯承形服之功,出有三圣,咸祖前修之业。今略为子位以十篇,随篇组织,务光陈迹。(《大正藏》第四十五卷,第834页中、下)

书末有道宣的题记(无标题),说:

余以贞观末历,摈景山林,终于显庆二年,十有二载。年立耳顺,朽疾相寻,旦夕守死,无容于世。不以庸薄,曾预见闻,辄舒引示,式酬来贶。诸后遇者,幸究远图,愿不以情累于文也。显庆四年,重于西明寺,更为陶练,文不逮意,略可详之。(第839页中)

(一)《制意释名篇》。论述袈裟的制立本意和名义(说“袈裟之目,因于衣色,即如经中坏色衣也”)。

(二)《立体拔俗篇》。论述袈裟的质料应为“麻布”,不得用“蚕帛”。

(三)《胜德经远篇》。论述穿着袈裟的“五种功德”(指“众生违反,念袈裟力,寻生悲心”等)。

(四)《法色光俗篇》。论述袈裟的颜色,应为青(指青坏色,即铜青色)、黑(指黑坏色,即黑泥色)、木兰(指木兰坏色,即赤而带黑色)“三种坏色”(指掺杂其他成分的颜色),不应是“五种正色”(指不掺杂其他成分的、单一的“青、黄、赤、黑、白”

颜色)。

(五)《裁制应法篇》。论述袈裟的"田相"(又称"条堤之相")。

(六)《方量幢相篇》。论述袈裟的尺寸量度。

(七)《单复有据篇》。论述"三衣"的单复层数(指"僧伽梨者,唯复无单,新者两重,故者四重。余之二衣,重单两许")。

(八)《缝制裁成篇》。论述"三衣"的布条数目和缝制方法。

(九)《补浣诫教篇》。论述袈裟的补旧洗浣方法。

(十)《加法行护篇》。论述袈裟的受护方法。

如关于袈裟的颜色,书中写道:

> 问:上引大乘中,被服染衣,未知何色成于如法?答:如经律中,通云坏色。故文云,当以三种青、黑、木兰,随用一坏,成如法色。良以习俗难改,贪爱叵除,戒律从缘,其相随结,擽故在新(指将小块旧布加贴在新衣上)、割广归狭(指将整块布割成五条,或七条、九条缝制成三衣)等例是也。故五大上色(指青、黄、赤、黑、白色),不成受持也。……然上明青、黑名,同五色,如论律中,似而非正。木兰一染,此方有之,赤多黑少,若干陀色。(《法色光俗篇》,第837页中)

关于袈裟的田相,说:

> 沙门衣有三种贱。初体贱者,人世所弃之衣也。二色贱,非是正上之色也。三刀贱,割碎连之,断贪贼之利也。又异于外道,故服此衣。且条堤之相,事等田畴,如畦贮水,而养嘉苗,譬服此衣生功德也。(《裁制应法篇》,第837页下)

如关于袈裟的布条数目，说：

诸律成衣，随其丰俭，先其本制，后随开给。如僧伽梨，欲创裁者，二十五条四长一短，以为基本，财少不足，以次减之，乃至九条。又少不足，乃至缦作，加缦受持，开如法服。搩叶五纳，例此可知。作安陀会，五条为本，割截成之。财少不足，搩叶屈褶，一长一短。犹少不足，缦作受持。郁多罗者（七条为本），二服之中，可三隅反也。（《缝制裁成篇》，第838页中）

本书的注疏有：北宋元照《释门章服仪应法记》一卷。

第九品　唐道宣《释门归敬仪》二卷

《释门归敬仪》，又名《归敬仪》，二卷。唐道宣述，成于龙朔元年（661年，此据书首的题署）。道宣《大唐内典录卷》卷五著录。收入《大正藏》第四十五卷。

本书论述归敬“三宝”（指佛、法、僧）的理论和仪则。全书分为十篇。卷上，下分《敬本教兴篇》、《济时护法篇》、《因机立仪篇》、《乘心行事篇》、《寄缘真俗篇》、《引教征迹篇》、《约时科节篇》七篇；卷下，下分《威仪有序篇》、《功用感通篇》、《程器陈迹篇》三篇。内容叙及：“四种三宝”（指“一体三宝”、“缘理三宝”、“化相三宝”、“住持三宝”）、佛教的十一种礼节（指“南无”、“稽首”、“敷坐具”、“脱革屣”、“偏袒”、“五轮著地”、“头面礼足”、“右膝著地、胡跪”、“一心合掌”、“右绕”、“曲身瞻仰”）等。书首无序。有关本书的撰作缘起，卷下《程器陈迹篇》有这样的记叙：

余年侵蒲柳，旦夕待尽，非业庄严，何假傍及？又述撰行相，其徒实繁，随时救急，总撮亦备。今有观方志道，相从问津,季代常徒,礼敬为切,领余撰银,拟用箴铭,不堪苦及,遂复陈叙。凡此十篇,止存三业,上弘佛道,下摄自他,词甚丁宁(指“叮咛”),义存遣著。庶其览者,知其意焉,如或有亏,请俟箴诲。(《大正藏》第四十五卷,第686页下)

卷上,七篇:

(一)《敬本教兴篇》。论述“正信”为“归敬之本”问题。

(二)《济时护法篇》。论述“四种三宝”(指“一体三宝”等)问题。

(三)《随机立仪篇》(一作《因机立仪篇》)。论述“随机浅深”而立敬仪问题。

(四)《乘心行事篇》。论述“以正信而鞭后,以正解而导前”问题。

(五)《寄缘真俗篇》。论述依“真俗二谛”(指“真谛”、“俗谛”)而行敬事问题。

(六)《引教征迹篇》。论述“四依四不依”(指“依法不依人”、“依义不依语”、“依智不依识”、“依了义经,不依不了义经”)问题。

(七)《约时科节篇》。论述“六时礼敬”须与“三学”(指戒、定、慧)勤修相配合问题。

如关于“四种三宝”,《济时护法篇》说:

> 今于此篇,显三宝相,相随见起,随机四位。初谓一体,二谓缘理,三谓化相,四谓住持,各有名相。……言一体三宝者。行者既知心性本净,悟解无邪,名为正觉,觉即佛也;性净无染,法也;性净无壅,僧也。……二明缘理三宝者。理谓至理,天真常住,还是心体。……论云,归依于佛者,谓一切智五分法身(指戒、定、慧、解脱、解脱知见)也;归依于

法者，谓灭谛涅槃也；归依于僧者，谓诸贤圣学，无学功德，自身、他身尽处也。……三明化相三宝者。谓释迦如来，为佛宝也；所说灭谛，为法宝也；先智苦尽，为僧宝也。……四明住持三宝者。人能弘道，万载之所流慈，道假人弘，三法于斯开位。……致有迦竺来仪，演布声教，开俗成务，发信归心，实假敷说之劳，诚资相状之力，名僧宝也；所说名句，表理为先，理非文言，无由取悟，故约名教说听之缘，名法宝也；此理幽奥，非圣不知，圣虽云亡，影像斯立，名佛宝也。（卷上《济时护法篇》，第856页中—第857页下）

卷下，三篇：

（一）《威仪有序篇》。论述佛教表示"礼敬"的十一种"仪节"（即礼节，指"南无"等）和北魏勒那摩提（《十地经论》的翻译者）的"七种礼法"（指"我慢礼"、"唱和礼"、"身心恭敬礼"、"发智清净解达佛境界礼佛"、"遍入法界礼敬供养"、"正观礼自身佛"、"实相三宝自他平等礼"）。

（二）《功用感通篇》。论述行"十种相"（指"礼拜"、"赞叹"、"发愿回向"、"观佛相好"、"专念修慈"、"三归十善"、"发菩提心"、"读诵经戒"、"供养舍利造佛形像"、"修行正观"）可得见佛问题。

（三）《程器陈迹篇》。叙述本书的撰作缘起。

如关于佛教的十一种礼节，《威仪有序篇》说：

今据内教，以礼敬为初，大略为二，即身、心也。佛法以心为其本，身为其末。……经中明敬，有众位之差。故先目录，后依具解（谓初识敬事之仪，然后依之而随接——原注）。南无、稽首、敷坐具、脱革屣、偏袒、五轮著地、头面礼足，右膝著地胡跪、一心合掌、右绕、 曲身瞻仰。初言南无者。经中云那谟婆南等，传梵讹僻，正音槃淡，唐言我礼也。或云归礼，归亦我之本情，礼是敬之宗致也。或云归命者，此义立代于南无也。……言和南者，谓度我也。今流溺生死河，念依拯济而得出也。……二明稽首者。……《三苍》云，稽首，顿首也，谓以头顿于地也。……三明敷坐具。四明脱革屣者。……天竺国中，地多湿热，以革为屣，制令服之，如见上尊，即令脱却。……又坐具之目，本是坐时之具，所以礼拜之中，无文敷者。……比有行敬在佛僧前，仍令侍者为敷坐具，此乃行憍，未是致敬。……五明偏袒右肩。或云偏露右肩，或偏露一膊者。……肉袒肩露，乃是立敬之极也。六明五轮著地者。亦云五体投地者。……《阿含》云，二肘、二膝并顶，名为五轮，轮为圆相，五处皆圆。……七明头面体足者。正是拜首之正仪也，经律文中多云头面礼足，或云顶礼佛足者。……八明右膝著地者。经中多明胡跪、互跪、长跪，斯并天竺敬仪，屈膝拄地之相也。如经中明，俗多左道，所行皆左故，佛右手按地，以降天魔，令诸弟子右膝著地。言互跪者，左右两膝交互跪地。……僧是丈夫，刚干事立，故制互跪。尼是女弱，翘苦易劳，故令长跪。两膝据地，两胫翘空，两足指指地，挺身而立者是也。……言胡跪者，胡人敬相，此方所无。……即天竺国屈膝之相也。……九明一心合掌。律文或合十指爪掌供养释师子者，或云叉手白佛者。……十明右绕恭敬者。经律之中，制令右绕，故左行绕塔为神所诃。……已前约相，且列十条，余有曲身低头、注目瞻仰，随心机用。（卷下《威仪有序篇》，第 862 页中—第 864 页上）

本书的注疏有：南宋彦起《释门归敬仪护法记》一卷、了然

《释门归敬仪通真记》三卷等。

第十品　唐道宣《量处轻重仪》一卷

《量处轻重仪》，又名《释门亡物轻重仪》、《轻重仪》，一卷（因后人分为"本"、"末"，故又作二卷）。唐道宣辑，贞观十一年（637）初成，乾封二年（667）重修（以上据书首的题署）。道宣《大唐内典录卷》卷五著录。收入《大正藏》第四十五卷。

本书论述已故出家五众（指比丘、比丘尼、式叉摩那、沙弥、沙弥尼）轻重财物的处置问题，为《四分律删繁补阙行事钞·二衣总别篇》的补充和解释。书名下有小注释题，称"谓亡五众物也"。书首有道宣《序》，书末有道宣的后记。《序》说：

> 余昔在帝京，周流讲肆，深文伏义，力志幽求，颇尝清叙，惟以轻重为要，而附事临机，多随意情，博访明据，文义莫凭。……今约先旧钞，更引所闻，科约事类，录成别件，名为《量处轻重仪》也。原夫重物轻物，皆望资道，道在虚通，义非局约，由并因僧利，而获斯物故，身亡之后，还返入僧。使二僧怀受用之资（谓常住、现前之僧，俱荷重轻物利也——原注），两施有福流之润（谓道俗七众之人，俱行僧得之施也——原注），故总判入僧，不属佛法，计并入僧，理亦通济。而僧有常住、现前不同，物亦轻重两异，故律中佛断物并入僧，及论附事，方舒二别。由斯约义，处断明须，故于轻重之中，深加剖决者。（《大正藏》第四十五卷，第839页下—第840页上）

本书卷首列有十门："一制入僧意门、二分法差别门、三同活共财门、四嘱授成不门、五员(应作负)债还拒门、六断割重轻门、七分物时处门、八检德赏劳门、九正分轻重门、十物之所属门”,每门后面还附有小注,使人误以为此十门为全书的纲目。而事实是,此十门乃是《四分律删繁补阙行事钞·二衣总别篇》在阐述如何处置“亡五众物”问题时,所分的十门,原文是:“一制入僧余处不得,二对亡者分法不同,三同活共财不同,四嘱授是非,五负债还不,六定物重轻,七具德赏劳,八分物时节,九正加分法,十杂明受物”(见《大正藏》第四十卷,第113页上),本书只是转引(在文句上略有修改)而已。书中实际所述,仅为卷首所列十门中的第六门“断割重轻门”(原名“定物重轻”),下列十三种情况,逐一进行解释。其中十二种情况,属于重物,为不可分物;末一种情况,属于轻物,为可分物。

(一)《量处轻重仪》“本”。阐述已故僧人财物(“亡五众物”)的十三种情况中,前十二种情况(均属于重物)的处置办法。它们是:“第一多有僧伽蓝,律断入重”;“第二多有属僧伽蓝园田、果树,律断入重”;“第三多有别房,律断入常住僧”;“第四多属别房物,律判入重”;“第五多有铜瓶、铜瓫、斧凿、灯台,律文并重收”;“第六多诸重物,律断入重”;“第七多有绳床、木床、卧褥、坐褥,律断入重”;“第八多有伊梨延陀、氍罗、氍氍罗,此前三件,并是律文俱断在重”;“第九多有守僧伽蓝人,律断入重”;“第十多有车舆,律断入重”;“第十一水瓶、澡罐、锡杖、扇,律并断重”;“第十二多诸杂作器具,并断入重”。如关于“第六多诸重物”中的“宝璧诸货”,说:

宝璧诸货(其例有四——原注)。初是重宝(谓金、银、真珠、摩尼、珊瑚、车渠、马瑙此之七宝也,及诸玉璧也——

原注),二是轻宝(谓鍮石、铜、铁、铅、锡、白镴,并诸伪珠——原注),三是钱宝(谓金、银、铜、铁钱,乃至皮作等八种上有文像者——原注),四所余残物(谓炉冶所须,并矿朴熔写等具——原注)。已前四件,并是正重(指重物),严禁俗财。初及三四,义非自畜,容有助道,说付白衣,身亡入重,故在常住。二是轻宝,随缘三途,若是本体,块假铜鍮,人来以施,不拟形用,则随本重,说付净主;若是百一碗钵衣钩之徒,律开受用,故在轻限。(第 843 页上)

(二)《量处轻重仪》"末"。阐述已故僧人财物("亡五众物")的十三种情况中,末一种情况(属于轻物,即"第十三衣钵、坐具、针筒、盛衣贮器,及俱夜罗器、剃刀,律并断轻")的处置办法,以及"四种僧物"(指"局限常住僧物"、"四方常住僧物"、"四方现前僧物"、"当分现前僧物")、"三种五众亡物"(下详)的区分等。其中,有关"三种五众亡物"的阐释,集作者研究之精华,最为重要。书中写道:

五众亡物,大要有三:一制令畜(蓄)物,谓不得不有,即衣钵坐具等,此并入轻(谓轻可随身,资道要务故——原注)。二不制令畜物,谓畜便妨道,故制止之,即人畜宝物等,此断在重(谓事资任重,附俗心强,虽有疏缘,始益终损也——原注)。三听开畜物,谓畜、不畜俱得,即供身众具等,此通轻重(谓待缘及益,本怀据道,道在清虚,随机开制故也——原注)。(第 849 页中)

上文中提到"三种五众亡物",一一道来,涉及面甚广。

(1)"制令畜(蓄)物"。指戒律规定的必须蓄用的物品,属于"轻物",可分。下分三种。"一者三衣,谓僧伽梨(上衣也——原注)、郁多罗僧(中衣也——原注)、安陀会(此云下著衣——原注)”;“二者钵器,谓钵多罗(此单翻为钵也——原注)”;“三者坐具,谓尼师坛也(此翻为坐具。如世中所用坐者,亦名坐卧具。即三衣总名,亦为卧具,如世敷被之总名也——原注)”。

(2)“制不听畜物”。指戒律规定的不允许蓄用的物品,属于“重物”,不可分。下分五种。“初田园种植”;“二养育人畜”;“三伎乐众欢具”;“四五兵戎器”;“五钱谷七宝”。

(3)“听开畜物”。指随缘开许蓄用的物品,此类物品中的“重物”不可分,“轻物”可分。下分“三重三轻”,合计六类。“三重”,又称“三重之物”,指的“性重”、“事重”、“用重”;“三轻”,又称“三轻之物”,指的“性轻”、“事轻”、“用轻”。①“性重之物”,分为五种。“一房舍所有”;“二诸杂作具”;“三开畜器皿”;“四助身之物”;“五庙祀诸相”。②“事重之物”,分为六种。“初内外经籍”;“二图画饰字”;“三皮毛重服”;“四白衣之服”;“五外道之服”;“六文像绮服”。③“用重之物”,分为四种。“初以诸衣帛严饰房宇”;“二以诸衣帛庄严饰车乘”;“三以诸衣帛盛裹重物”;“四以诸衣帛随身所障”。④“性轻之物”,分为三种。“初是十种衣财”;“二是所成之缕”;“三是绵絮絓絖”。⑤“事轻之物”,分为四种。“初身所服衣”;“二盛衣之物”;“三宅身之具”;“四漉水袋”。⑥“用轻之物”,分为六种。“初一随衣之物”;“二钵器”;“三随物所属”;“四屣屦之属”;“五剃发之器”;“六助身众具”。

本书所叙及僧人的轻重财物,达数百种之多,内容涉及唐代寺院生活的各个方面,如“园圃所种菜蔬”、“栽种五果之树”、“田农产植”、“贮积仓廪”、“造食众具”、“成衣众具”、“服玩之具”、“数算众具”、“诸杂乐具”、“杂庄饰具”,等等。这些内容同时也为作专题研究提供了丰富的资料。

第十一品　唐道宣《净心诫观法》二卷

《净心诫观法》，又名《净心观》、《诫观》，二卷。唐道宣撰，约成于唐武德七年(624)至贞观十九年(645)之间。北宋元照《芝苑遗编》卷下著录。收入《大正藏》第四十五卷。

本书论述如何修习“净心观”(指对“净心”作观察思惟)问题。南宋守一说，“观法”(指依正智对特定对象作观察思惟的方法)分为五种：一是“总观诸法”，如观一切法空等；二是“别观自心”，如天台宗的“止观”、华严宗的“还源观”、“法界观”、南山宗的“净心观”等；三是“或但观色”，如观不净、白骨等；四是“兼观色心”，如观五蕴空、作数息观等；五是“对观胜境”，如观释迦牟尼佛、弥勒佛、无量寿佛、普贤菩萨等(以上见《律宗会元》卷中)。也就是说，“净心观”属于“别观自心”的“观法”。

全书分为三十篇。卷上，十五篇，始《净心诫观法五字释名法篇》，终《诫观身心相苦恼过患法》。卷下，十五篇，始《诫观诈善扬名口清心浊法》，终《诫观内行密修嘱付殷勤受持法》。据作者介绍，本书前二十五篇，主要讲“对治烦恼”的“自利之行”；后五篇，主要讲“菩萨道自他俱利”的“利他之行”(见卷下《诫观晚出家人心行法》；末篇相当于“流通分”)。由于首篇的名称冠有本书的全称“净心诫观法”五字，其余二十九篇的名称均冠有本书的略称“诫观”二字，从而使各篇的名称显得偏长，故卷首又叙列了三十篇的略称；每篇文章的末尾，均以如何修习，“名为净心”(或“故名净心”、“得名净心”)为结语，并以“偈曰”的形式提挈要领(首尾二篇除外)。书首有道宣短序(无标题)，说：

敬礼三宝藏，萨婆若法身。随力诫初学，惟圣哀愍听。时在随州兴唐伽蓝，夏安居撰，令送泰山灵岩寺，付慈忍受持。凡三十篇。（《大正藏》第四十五卷，第819页中）

卷上，十五篇：

（一）《净心诫观法五字释名法篇》（又名《释名篇》）。论述书名“净心诫观法”五字的含义。指出，“以戒、定净，令智慧净，智既净已，显自身源，有此义故，名为净心”，“励己修道，离过患，故名诫”，“生长一切禅支道品，故名观”，“加行胜进，住不退心，故名为法”。

（二）《诫观序宗法》（又名《序宗篇》）。论述“夫欲修道”，“先断财色”。

（三）《诫观五停心观法》（又名《五停篇》）。论述修习“五停心观”（指不净观、慈悲观、缘起观、界分别观、数息观，为小乘入道“七方便”，又称“七贤位”的第一项），“止过（指罪过）起道”。

（四）《诫观末法中校量心行法》（又名《校量篇》）。论述“校量心行，先净禁戒，后方听经”。

（五）《诫观六难自庆修道法》（又名《自庆篇》）。论述既得“六难”（指“人身难得”、“中国难生”、“正法难信”、“诸根难具”、“出家甚难”、“随戒甚难”），“得已莫失”。

（六）《诫观世相如梦修出世善根法》（又名《善根篇》）。论述“愚人贪爱，我即不贪”。

（七）《诫观破戒僧尼不修出世法》（又名《破戒篇》）。论述“贪求爱著，积聚不离，名真破戒”。

（八）《诫观外现威仪内起邪命法》（又名《邪命篇》）。论述“外白里黑，顺八邪径，是名邪命”。

（九）《诫观取相恃善诳佛法》（又名《诳佛篇》）。论述“我见、众生见、寿者见，坚执是相，名为诳佛”。

（十）《诫观慢天惧人屏处造过法》（又名《造过篇》）。论述修习威仪，“屏露二处，一等用心”。

（十一）《诫观女人十恶如实厌离解脱法》（又名《解脱篇》）。论述“女人十恶”（指“贪淫无量无厌”等），“能观能远”。

（十二）《诫观檀越四事从苦缘起出生法》（又名《食缘篇》）。论述“损害生命名苦业，筋骨斯尽名苦缘”。

（十三）《诫观六道流转受报无穷法》（又名《流转篇》）。论述三界众生，“造善恶业”，“受六道报”。

（十四）《诫观八风力大智者不动法》（又名《不动篇》）。论述不为“八风”（指“利”、“衰”、“毁”、“誉”、“称”、“讥”、“苦”、“乐”八种世俗风气）所动，则“无诸热恼”。

（十五）《诫观身心相苦恼过患法》（又名《过患篇》）。论述身相“无相”、心相“无心”。

如关于如何不为“八风”所动而得“净心”，说：

> 何者为八？一利、二衰、三毁、四誉、五称、六讥、七苦、八乐。一切众生，为八所动，不自安心，故名八风。何者动相？得利便悦，衰恼便忧，毁辱即嗔，誉谈即喜，逢苦怀戚，遇乐生逸，称赞情欢，讥刺抱恨。此之八法，能令痴凡，动摇不安。毁誉声一，妄起二业，造三涂（途）因，报四趣果，波浪五道，成就十缠，永处樊笼，何时解脱？然十界者，缘和故生，性空故灭，体解生灭，即无嫌恨。恨风不起，罪火不然，火不炽然（燃），心得清凉，无诸热恼。以无热恼故，名为净心。偈曰：愚人贪美食，憎恶腹内屎。见生竟爱染，薄贱老病死。毁誉同响声，瞋喜更互起。取相心高下，不识平等

理。……智者解真空，视听不相似。（卷上《诫观八风力大智者不动法》，第825页下）

卷下，十五篇：

（一）《诫观诈善扬名口清心浊法》（又名《心浊篇》）。论述“诈善之人”，具足“五业”（指“天神不护”等）。

（二）《诫观众生各著依正二报法》（又名《二报篇》）。论述脱离“依正二报”（“依报”指国土世间，“正报”指众生世间），“渐证法身”。

（三）《诫观烦恼结使法》（又名《结使篇》）。论述“修禅”以断“结使”（指“九结十使”，亦即烦恼）。

（四）《诫观十八界假缘生法》（又名《缘生篇》）。论述“三六（指六根、六尘、六识）假合，名十八界”。

（五）《诫观修习安那般那假相观法》（又名《安般篇》）。论述修习“阿那般那观”（又称“数息观”）。

（六）《诫观善恶相资法》（又名《相资篇》）。论述“善者是诸恶之师，恶者是万善之资”。

（七）《诫观六道众生善恶因果法》（又名《因果篇》）。论述“十八种因果”（指粗、细、大、小、轻、重、明、暗、香、臭、延、促、愚、智、凡、圣、真、妄因果）。

（八）《诫观行者善护戒财尘贼止劫法》（又名《止劫篇》）。论述“持戒守心”，“幻惑莫入”。

（九）《诫观世谛第一义谛法》（又名《一谛篇》）。论述“贪爱名世谛”，“除贪即出世”（指“第一义谛”，又称“真谛”）。

（十）《诫观晚出家人心行法》（又名《心行篇》）。论述晚出家者，有“十种罪过”（指“健斗”等）。

（十一）《诫观对发菩提心法》（又名《菩提篇》）。论述发菩提心,"修行六度(指布施、持戒、忍辱、精进、禅定、智慧),修三空门(指空、无相、无愿三解脱门)","至成佛果"。

(十二)《诫观教化众生法》(又名《教化篇》)。论述教化众生,须"量其根性利钝广狭,授与诸乘阶梯正法"。

(十三)《诫观佛性不一二非有无含中道不著中法》(又名《佛性篇》)。从十个方面(指"生死烦恼从真性起"等),论述"众生同有佛性"。

(十四)《诫观智差别福田不等法》(又名《福田篇》)。论述"一心精进,求佛智慧"。

(十五)《诫观内行密修嘱付殷勤受持法》(又名《受持篇》)。论述受持"诫观"(指"净心观"),"依诫起行"。

如关于修习"阿那般那观",说:

> 夫坐禅要法,当有十种。一者先托静处,远于水火、禽兽、音乐、八难土境,令心安隐。二者厚敷草蓐,中高边下。三者缓带衣裳,节食少饮。四者结加趺坐,左手压右手,闭目合口,齿不相啮,端身平视。五者年少腹饱,当数出息,年老腹饥,当数入息。六者当观出息,去鼻远近,入到何处,即知气色,初粗后细,下至气海,上冲于顶。七者从第一息数至第十,若未至十,缘于异想,还摄取心,更从一数。八者手掌之内,置一明珠,系念观珠,心心相续,光明即现。九者如五停观对治现行,五种烦恼,随起随治,随分解脱,烦恼不行,令戒清净,以戒清净故,诸天欢喜,善神卫护。十者以修定故,举动审谛,心不卒暴,谦下柔和,忍辱无诤,以是功德,增长智慧,临命终时,他方菩萨来迎,神识不遭苦患,诸天世人,所共称赞,生于净土,见佛闻法,永离三涂(途),受解脱乐。自余诸法,如经所说,汝当受行,成戒定根,根性明利,

名为净心。偈曰：凡夫学道法，唯可心自知。造次向他道，他即反生诽。谛观少言说，人重德能威。远众近静处，端坐正思惟。但自观身行，口勿说他短。（卷下《诫观修习安那般那假相观法》，第827页下）

本书所说的"净心观"，从性质上来说，应属于大乘观法，而非小乘观法。作者从十个方面，论述"众生同有佛性"，就是最有力的证据之一。道宣在论述时，引用了不少的比喻，如说："喻如大水，本净湛然，为因风故，遂生波动，后因大寒，乃结成冰。众生佛性，本净有水，由觉观风，波浪生死，贪爱坚固，成烦恼冰。欲显佛性者，慧火融冰，禅定息波，冰液波止，水即清净，佛性影现"；"如金在矿，粗弊无堪，于后融销，金始显现，宝中最上，无能嫌者。众生佛性，在烦恼矿，戒定慧火，练出真性，法界之中，最上无比"；"如牛未产，乳血和杂，缘成始停，构取煎暖，乃生醍醐，明净随器，变色不守自性，众生佛性为烦恼合，如杂血乳，假缘修治，渐至佛果"；"喻如一人，行千万里，经多屋宿，屋虽多种，人是一人。屋喻五阴，人喻佛性，众生佛性，经五道阴，阴虽差别，佛性是一"等。这种论述的方式在律典中是不多见的。

本书的注疏有：北宋允堪《净心诫观法发真钞》三卷。

第十二品　唐道宣《关中创立戒坛图经》一卷

《关中创立戒坛图经》，又名《戒坛图经》，一卷。唐道宣撰，成于乾封二年（667）。北宋元照《芝苑遗编》卷下著录。收入《大正藏》第四十五卷。

本书叙述戒坛的起源、名称、形制、结法，以及受戒仪轨。戒坛为佛教举行授戒仪式的坛场。据北宋道诚《释氏要览》卷上“立坛始”条说，佛在世时，楼至比丘请求筑立戒坛，为比丘授戒，佛许之，遂于祇园精舍外院的东南建坛，为天竺（印度）建立戒坛之始；刘宋元嘉七年（430），求那跋摩在扬都（指建康，即今南京）南林寺前竹园立坛，为比丘授戒，为汉地建立戒坛之始。唐乾封二年（公元667年，此据本书中道宣的自述；北宋宋敏求《长安志》则作“麟德二年”）二月八日，道宣于长安（今西安）西南终南山的净业寺建立石戒坛，依新法（指本书《戒坛受时仪轨》所说的登坛受戒仪轨）为四方岳渎沙门（指京师和诸州名山大寺的僧人）重授具足戒。本书即为戒坛而撰。全书分为十一门：《戒坛元结教兴》、《戒坛立名显号》、《戒坛形重相状》、《戒坛高下广狭》、《戒坛大界内外》、《戒坛结法先后》、《戒坛集僧远近》、《戒坛作业成败》、《戒坛受时仪轨》、《戒坛功能远近》、《戒坛赞述辨德》。卷首有道宣《序》，说：

> 余以暗昧，少参学府，优柔教义，咨质贤明，问道绝于儒文，钦德承于道立。故居无常师，追千里如咫尺；唯法是务，跨关河如一苇；周流晋魏，披阅累于初闻；顾步江淮，缘构彰于道听。遂以立年，方寻铅墨，律仪博要，行事谋猷，图传显于时心，钞疏开于有识，或注或解，引用寄于前经，时抑时扬，专门在于成务。备通即目，流渐可知，至于戒本坛场，曾未陈广。……乃以乾封二年，于京郊之南，创弘斯法。原夫戒坛之兴，所以立于戒也。戒为众圣之行本，又是三法之命根，皇觉由此以兴慈，凡惑假斯而致灭。……今博寻群录，统括所闻，开法施之初门，仰住法之遗则。若不分衢术，则推步者不识其由，故略位诸门，使晓锐者知非妄立云尔。

(《大正藏》第四十五卷,第807页上、中)

(一)《戒坛元结教兴》。叙述佛在世时戒坛的起源。说:

检别传云,佛在祇树园中,楼至比丘请佛立坛,为结戒受戒故。尔时如来依言许已,创置三坛。佛院门东,名佛为比丘结戒坛;佛院门西,名佛为比丘尼结戒坛;外院东门南,置僧为比丘受戒坛。(第807页下)

(二)《戒坛立名显号》。叙述戒坛的名称,以及戒坛与戒场的区别。说:

律论所显,场、坛两别,西天诸国皆立别仪,此土中原素未行事,不足怪也。今定其名实,或有异议。案,僧传云,宋文帝元嘉中,圣僧功德铠者,游化建业,于南林寺前园中立戒坛,令受戒者登坛于上受也。及其终后,又于坛上而阇维之。……故知坛名其来久矣,今人不识,混而雷同,平场(指戒场)、高坛(指戒坛)莫分二别,误哉。(同上)

(三)《戒坛形重相状》。叙述戒坛的形状(方形三层)和四周的雕饰。说:

场乃除地令净,无诸丘坎,俗中治场令平者是也,戏场、战场例斯可解。至于坛相,则出地立基,四郊祠祭诸坛者是也。余案行诸坛,方基者多。唯圆丘一坛,分基九派,各施阶隥,其缘如别。……依别传云,戒坛从地而起,三重为相,以表三空,为入佛法初门,散释凡惑,非空不遣。……下层下据地,坛有五阶,阶列二神。……下层四角大神,所谓金刚力士、金毗罗、散脂,并护佛塔,故峙列四隅,以护持本也。……第二层上四角大神,所谓四天王也,常护佛法及以众生。……最上第三重,止高二寸,表二谛也。……坛外四

周一丈内,种四时华药,已外植华树八行,种种庄严。(第808页中—第810页中)

(四)《戒坛高下广狭》。叙述戒坛的高低大小和东夏戒坛的起源。说:

其下层从地起基,高佛一肘,则唐尺高三尺也。……表比丘于坛受戒,制心专一而不散乱也。其第二层高佛一肘半,则唐尺四尺五寸也,同转轮圣王初登坛上受灌顶之时坛度也。其第三层高二寸者,以佛指二寸为量,则当中人四寸也。……其初坛下层纵广二丈九尺八寸,中层纵广二丈三尺,上层畟方(指正方)七尺。……今明东夏创立戒坛之源。《梁僧传》云,昔宋文帝元嘉七年,有罽宾国沙门求那跋摩者,梁曰功德铠也。越自南海,来达扬都(指建康,即今南京),文帝礼异恒伦,号称三藏,译出经戒。尝游南林寺,见竹树扶疏,便有终焉之志。乃于寺前园中立戒坛,令受戒者登坛上而受也。……至元嘉十一年,有僧伽跋摩者,时号三藏法师,与前三藏同至扬都,为诸僧尼等,于南林寺坛重受具戒。……故使江表佛法,经今五六百年,曾不亏殄,由戒坛也。以戒为佛法之源,本立而不可倾也。(第811页中—第814页上)

(五)《戒坛大界内外》。叙述戒坛所在的戒场,设在大界之内或大界之外均可的理由。说:

依《僧祇律》,戒场初立在大界外,后有过起,方徙于内。《四分律》中,戒场在内。……今依法结已,则四处集僧,各御众法,都不相妨。一戒场内集;二场外四周空地集;三大界内如常僧集;四大界外集。于四集中,二是作法界,

二是自然界。由界限约相,可随方作业,并得成就。以前识四界,限域灼然,故有四集,各不相摄。(第814页上、中)

(六)《戒坛结法先后》。叙述先结戒场、后结大界的理由(此说以《五分律》为依据,而与《四分律》不合)。说:

今见讲解诸家,并依古疏,先结大界,却结戒场。便云,我依律文(指《四分律》),先后如此。此不知教之次第也。原究律文,初大众创集,莫识界之分齐(指界限),故初约自然,次约大界。后为众集法多,数数劳倦,故听立戒场。是知事起先后,不言结法先后也。……故佛制戒场,先以法限,后围空地,外以大界绕之,此则法法相隔,无错涉之非也。故《五分律》云:应先结戒场,后结大界。……《毗尼母》、《善见》二论,亦同《五分》先后之文。(第814页中)

(七)《戒坛集僧远近》。叙述依据戒场、大界的结界,划定集僧范围的方法。说:

戒场为诸界之本也。先于自然集僧,僧有不集,结无成就。……今欲行事,并约标界。戒场大小从界者,多由场小于自然,故约自然而集,三唱外相,白二结之。次结大界时,引五六比丘出场外空地,入大界体中,依界标集僧,三唱大界内外相,白二结已。至明日,先解大界,次解戒场,还如前结,集僧远近,楷定如前。此更须审悉,一定之后,尽于来际,未须解。(第814页下)

(八)《戒坛作业成败》。叙述关系受戒羯磨成败的"僧、界、事、法"四种要素。说:

成败之相,其用在人,人兼明昧,故事涉兴毁。……今略示数相,以显是非。一约相集僧,则识僧之真伪,一一人中,以五十余法简定之。……二依相三唱,必审标相分齐(指界限),尺寸灼然,入则有足数别众之仪,出则非二相之摄也。……三明事义,即结界也。界有大小之差,地分内外之别,先须晓了,后方就法。四谓作业,即羯磨也。不但一僧独诵,并须通众具解,有不解者,非足非别。……作业成败,必约四缘,谓僧、界、事、法,如上备列。持律之士,务学在斯,暗此四缘,不足登坛位也。(第815页上、中)

(九)《戒坛受时仪轨》。叙述登坛受戒的仪轨(末附道宣于乾封二年,为京师和诸州名山大刹沙门三十九人授具足戒的名单。因他们原先就是受具后的律师、禅师和法师,故此次授戒是道宣依新法为他们再授具足戒)。说:

初十师(指"三师七证","三师"指戒和尚、羯磨阿阇梨、教授阿阇梨;"七证"指七位作证的阿阇梨)登坛相。其教授阿阇梨,当执香炉前引,从南面下层东阶道,接足而上至层上,东出北回,绕坛一匝。……第二重坛上西行,南头置一高座,次设三虚座:一拟豆田邪(据《中天竺舍卫国祇洹寺图经》当作"那")菩萨比丘、二拟楼至菩萨比丘、三拟马阑邪(当作"那")菩萨比丘,以三菩萨比丘请佛立受戒结戒戒坛之首,于戒有功,故列三虚座以处之。十师运想已,教授师执炉,引众面西却行,取上层西阶道,接足上坛顶。东转北回,绕佛一匝已,至三空座前,一一礼已,依次而坐。其高座者,先差一僧令升座已,诵《遗教经》。此时应打犍稚,多烧名香,赞呗功德。……维那引欲受戒者,至南面东阶道下,面西而立。……羯磨师依单白问难已,和僧羯磨与受戒竟,令(指受具人)于十师下互跪。诸受具人总了,一时就佛前面北互跪,更听《遗教》而立住。其教授师执香炉

起,至西面北阶头立,引十师下阶。……维那又引新受戒人,从东面南阶却下至地。(第815页下—第816页中)

(十)《戒坛功能远近》。叙述戒坛作为"结界之地",具有坚住恒存的功能。说:

结界之地也,随其限域,下至金刚之轮,虽经劫坏,终焉莫毁。如诸论说,佛法将灭,结界法失。有论者言,先结不失,后结不成,斯为定义。今案诸传说,天竺印度咸有圣踪,并经多劫,于今见在。(第817页上)

(十一)《戒坛赞述辨德》。收录唐乾封二年(667)二月八日,道宣创筑戒坛,为京师和诸州名山大刹僧人授戒之事相关的坛文、铭文和赞文。有《开壤创筑戒场之坛文》、《大唐雍州长安县清官乡净业寺戒坛之铭》、《终南山北澧福之阴清官乡净业寺戒坛佛舍利之铭》、《大唐乾封二年四月朔日荆南渚宫沙门释无行戒坛舍利赞》、《大唐中原关辅戒坛仪》五篇。如《开壤创筑戒场之坛文》说:

维唐乾封二年仲春八日,京师西明寺沙门释道宣,乃与宇内岳渎诸州沙门,商较律仪,讨击机务,敢于京南远郊、澧福二水之阴,乡曰清官,里称遵善,持律众所,建立戒坛。原夫戒定慧法,众圣之良筌,摄律善生,三佛之津导。是知戒为入圣之本,为出俗之基,皇觉寄此而开权,正法由兹而久住。……自法流东渐,居七百年,戒场之坛,名实乖爽,律论所显,场坛两驰。……今立戒坛之场,备依教旨。竖三标而分两界,围空地而绝错疑。先结小界为场坛之本,依自然而集僧,晓同别之殊致。三述戒场之外相,白二约而结之。……后结大界,僧出戒场,随相各集。(第817页中、下)

登坛受戒，虽说始于刘宋时求那跋摩在扬都南林寺建立的戒坛（一说最早的戒坛为曹时昙柯迦罗于洛阳所建）。但戒坛的形制和登坛受戒的仪轨，史书阙载。本书则以实物和实事，填补了上述两项空白。关于戒坛的形制，本书在《戒坛形重相状》、《戒坛高下广狭》说得很明白：戒坛第一层高三尺，纵广二丈九尺八寸；第二层高四尺五寸，纵广二丈三尺；第三层高四寸，旻方七尺；戒坛各层的方隅筑立神像。关于登坛受戒的仪轨，本书在《戒坛受时仪轨》有完整的记述，其中特别值得注意的是在授戒过程中要诵《遗教经》，这是《四分律》中没有的做法。此外，有关“大界”与“戒场”的结界顺序，依《四分律》羯磨法，为“先结大界，后结戒场”（见曹魏昙谛译《羯磨》），而本书则依《五分律》，“先结戒场，后结大界”，从而表明道宣在创立戒坛时，确有不少创意。

第十三品　唐道宣《中天竺舍卫国祇洹寺图经》二卷

《中天竺舍卫国祇洹寺图经》，又名《华胥大夏中天竺舍卫国祇洹图经》、《祇洹寺图经》，二卷。唐道宣撰，成于乾封二年（667）。唐道世《法苑珠林》卷十《千佛篇》著录。收入《大正藏》第四十五卷。

本书叙述中天竺舍卫国（即中印度拘萨罗国舍卫城）祇洹寺的历史和建筑。祇洹寺，又名“祇树给孤独园”、“祇园精舍”、“祇园”，是舍卫国给孤独（又称“须达”）长者以金钱铺地的价格，购买祇陀太子的园地，祇陀太子则供献园中树木，两人共起房舍施与佛，以作居住弘法的场所。它是佛教最早的寺院之一，与王舍城的竹林精舍（又名“迦兰陀竹园”）并称“两大精舍”。

佛在成道后四十五年的弘化活动中，有二十五年住于此处。其后，几经兴废，至唐初玄奘参访此地时，已经荒废，仅存遗址（见《大唐西域记》卷六）。道宣未曾出游西域，没有到过祇园精舍，他在本书中描述的祇洹寺情况，乃是根据隋灵裕《寺诰》、《圣迹记》，佛经上的散记和西游者的传闻，敷演而成的。书首有道宣《序》，说：

> 自大圣（指佛）入寂以来千六百岁，祇园兴废经二十返，增损备缺，事出当机，故使图传　纷纶，藉以定断。其中高者，三度殊绝，自余缔构，未足称言。隋初，魏郡灵裕法师名行夙彰，风操贞远，撰述《寺诰》，具引祇洹。然以人代寂寥，经籍罕备，法律通会，缘叙未伦。……余以祇洹本寺主（指佛）久所，居二十五年，一期化迹、七处八会之鸿业，形不从于此园，五部四含之玄藉，法多从于斯寺。由是搜采群篇，特事通叙，但以出没不同，怀铅未即。忽于觉悟，感此幽灵，积年沈（沉）郁，濡然顿写。……余即所列，事等文宣（指齐文宣王萧子良）天王之录，亦同建安石佛之作。（《大正藏》第四十五卷，第 883 页上、中）

本书的大意是说，祇洹寺，占地“八十顷地”，“东西近有十里，南北七百余步”，位于“舍卫城南五六里许”，佛在世时，由须达长者和祇陀太子共同造立。后遭煨烬。“于后四百年”，有个国王名叫“育迦王”，在原址上重新建寺，但规模不如原来的十分之一，“经千百年，被贼烧烬”；后来，有个国王名叫“六师迦”，依前重造屋宇，华丽庄严，“一百年后，恶王坏之”；“至于今日，荒凉而已”。此寺大院，“大墙有三重，高可二丈”，东、南、西三面各开三门，唯“北方无门”。南面三门中的“中央大门”，建有“五间三重高楼”，“门外渠水，飞桥北跨亦有五道，雕饰之异，特非人有”；东、西面三门中的“中央大门”，建有“三间三重高楼”，“门外飞桥三道亘入，外有林树清净旋绕，及至三边花树”。四方道俗初来礼觐者，多从大院东面三门的“中央大门”进出。大院之外，有十八寺围绕（以上见卷上）。

祇洹寺，相传有六十四院。其中，有：佛院、僧院、居士院、维那知事院（又称“知时院”）、他方菩萨院、教诫比丘尼院、外道来出家院、无学人问法院、学人住止听法院、修多罗院、戒坛律院、论院、佛香库院、佛油库院、佛经行所、僧库院、僧家净人坊、造食厨、供食院、书院、阴阳书籍院、医方院、天童院、圣人病坊院、无常院、浴坊、流厕、果园、竹菜园、牛马坊等。此外，还有：通衢大巷、殿宇、楼观、重阁、宝塔、钟台、雕像、林池、花树等（以上见卷上至卷下）。

如关于“僧院”，书中写道：

> 次明僧院。三方绕佛重屋，上下前开后开。房中所有，但是床敷，楼送被枕曾未至此。从西为始，号称众道房，有九间，二重三隔，他方菩萨之所居住，非凡所宅。次北一房，两重一隔，是大迦叶、舍利弗住。次北一房，同上重隔，是忧（优）婆离房，恒所栖止。次北一房，是罗睺罗、富楼那、目揵连三人所住。次北一房，是阿罗、周利所住。西行所极，东转北行，诸房西半是无学人所居，东半是三果人所住。南转东行，诸房南是远方凡僧所居。北是内外二凡僧住。此则绕佛房都尽。僧房院外，三周大巷，通彻无碍，两边开门，南边通中街。三门广辟，两渠双列，亦植奇树，交阴相接。二门东西，各有院巷，四面周墙，各旋步詹，两不连及。

本书既为“祇洹寺图经”，照理应有祇洹寺图，但今本《祇洹寺图经》并无此图，其图却出现在道宣的另一部著作《关中创立戒坛图经》中,并附以说明。因此,若要读懂本书,还需借助于《关中创立戒坛图经》中的祇洹寺图及其说明。

第十四品　唐道世《毗尼讨要》三卷

《毗尼讨要》,又名《四分律讨要》,三卷(分上中下卷,后人又将每卷分为"本"、"末",故又作"六卷")。唐道世纂,约成于显庆四年(659)至麟德元年(664)之间。唐道宣《大唐内典录》卷五著录。收入《新纂续藏经》第四十四册。

道世(?—683),字玄恽。时人为避唐太宗名讳,以字相称。俗姓韩,原籍伊阙(治所在今河南伊川西南),祖代因官徙居长安。十二岁于青龙寺出家,后从弘福寺智首律师受具足戒,与道宣为同门。研核律部,钻寻书籍,有誉三辅。显庆(656—661)年间,应诏参与玄奘译经。后入西明寺,与道宣同敷律宗。他撰的著作,自录为"十一部一百五十四卷"(见《法苑珠林》卷一百)。其中,见存的有《诸经要集》二十卷、《法苑珠林》一百卷、《毗尼讨要》三卷(初作五卷)。已佚的有:《大小乘禅门观》十卷、《受戒仪式》四卷、《礼佛仪式》二卷、《大乘略止观》一卷、《辩伪显真论》一卷、《敬福论》三卷(略本)、《四分律尼钞》五卷、《金刚般若集注》三卷。另据道宣《大唐内典录》卷五记载,道世还著有《敬福论》十卷(广本)、《百愿文》一卷(均佚)。生平事迹见北宋赞宁《宋高僧传》卷四。

本书是《四分律》的解说书。所释以僧团的各项制度和僧众的行仪规范为主,次及比丘戒和比丘戒的一些戒法条文。全书分为四十章,其中卷上下分十六章:《标宗劝学章》、《教兴由致章》、《篇聚释名章》、《羯磨释要章》、《结界兴废章》、《鸣槌集众章》、《足数兴废章》、《受欲成坏章》、《受具戒章》、《说六念章》、《受舍护衣章》、《受舍护钵章》、《资缘净施章》、《四药受净章》、《师徒相摄章》、《说戒仪式章》；卷中下分八章：《安居受夏章》、《受日是非章》、《自恣举忏章》、《随戒释要章》、《纲维匡众章》、《翻净资粮章》、《篇聚忏悔章》、《舍堕还净章》；卷下下分十六章：《纂受请讣（赴）会章》、《道俗届寺章》、《致敬尊仪章》、《受翻邪三归章》、《受五戒章》、《受八戒章》、《受十戒章》、《受菩萨戒章》、《瞻病送终章》、《亡衣受法章》、《难行训诫章》、《尼授学戒章》、《尼授具戒章》、《尼忏罪说戒章》、《尼安居自恣章》、《尼随戒释要章》。

书首有"长安弘法寺沙门释玄恽"（即道世）撰的《毗尼讨要序》，说：

> 夫毗尼之典盖阙，随叶所以运终（以上指随叶佛因不结戒而使佛法不久住），木叉之教蔚兴，牟尼以之延祚（以上指释迦牟尼佛因结戒而使佛法不久住）。良由戒为正法之纲纪，慈训之枢机，故知猒俗求真，是称白法，戒资定发，唯曰清凉，品类相从，理路然矣。自能仁（指释迦牟尼）利见，肇启斯宗，弘五篇以劝善，策七聚以惩恶，防生漏于初归，灭心惑于将圣，凡厥有祈，孰不蒙润？……但道藉人弘，理由教显，而弘道设教，莫尚逗机，应物适时，务存省约，依而玩习，文露可寻。余虽不敏，忝参黉塾，伏膺匪懈，颇识宗涂（途），故于听览余隙，厝心撰录，每一介可称，辄有怀三复，渔猎经律，捃摭众记，披忱研精，冀存简要，立章四十，勒成三卷。上三十五章，通戒僧尼，时有异同，并子注甄别。下有五章，偏勖尼众。今所撰者，以《四分》为宗，若此文不足，则用诸部补阙。其间纡义，兼以人语润色。庶披览易晓，秉法无疑，仰述旧章，非敢穿凿，辄树题目，用防诸己，有

识君子幸无诮焉。(《新纂续藏经》第四十四册,第 308 页上、中)

卷上“本”,八章:

(一)《标宗劝学章》。下分“总约化制二教顺之得益”、“别约二教杂明违之致损”二门,摘录“化教”(指经藏、论藏所说的通化道俗的定慧法门)和“制教”(又称“律教”,指律藏所说的唯制内众的戒学法门)有关顺教的利益和违教的损害的论述。

(二)《教兴由致章》。下分“明教兴之意”、“明释之次第”二门,阐述“律教”的由来和“五部毗尼”(指《十诵律》、《四分律》、《僧祇律》、《五分律》、《解脱戒本》)的传译。

(三)《篇聚释名章》。下分“列数释名”、“约性辨业”二门,阐述“五篇七聚”(“五篇”,指波罗夷、僧残、波逸提、波罗提提舍尼、突吉罗五种罪过;“七聚”,指波罗夷、僧残、偷兰遮、波逸提、波罗提提舍尼、突吉罗、恶说七种罪名)的含义。

(四)《羯磨释要章》。下分“辨意释名”、“作法具缘”、“立法通局”(指通别)三门,阐述“羯磨”的含义、条件和种类。

(五)《结界兴废章》。下分“释其界名”、“列数定量”、“依位作法”、“辨界成坏”四门,阐述“僧界”(又称“摄僧界”,指依羯磨划定的集僧作法的区域)的结界(指划定作法的区域)和解界(指解除作法的区域)的方法。

(六)《鸣椎集众章》。下分“施座鸣椎”、“集僧远近”、“众僧多少”三门,阐述集僧办事的方法、场所和人数要求。

(七)《足数兴废章》。下分“足数是非”、“别众是非”二门,阐述作羯磨须满足的人数和资格。

(八)《受欲成坏章》。下分“制意释名”、“开缘得不”、“受缘是非”、“说欲法”四门,阐述因事不能参加羯磨须“与欲”(指委托他人表示自己赞同僧众所作事的意愿,亦即请假))的程序和作法。如关于“三性心”(指善心、不善心、无记心)犯戒的区别,说:

问:三性心中,并有犯戒义不?答:有一善心犯戒。如《萨婆多》云,年少比丘不知戒相,塔上拔草,罪福俱得。《僧祇》云,知事比丘暗于戒相,互用三宝物,或见人舍身,心生悲叹,助觅柴薪,或见父母、师僧犯于王法,身处刑戮,为觅刀绳,愿早离苦。如是等事,虽有善心,不以无知得脱,皆犯重罪。……二不善心犯戒者。谓识知戒相,或复无知,轻慢圣教,毁呰佛语,故违禁制,无惭无愧。……故《明了论》云,有四种粗恶意犯罪,一者浊重贪瞋痴,二者不信业报,三者不惜所受戒,四者轻慢佛语,故心而造,则得重罪。……三无记心犯戒者。谓无护戒之心,随流而造,意无善恶,卒尔而兴,名无记心犯也。如愚痴比丘,不识戒相,纵放身口,损伤物命,斫伐草木,媒嫁净人,互用众物,身坏威仪,触僧净器。如是等例,并入无记门摄,若据论宗,亦有感报义。(卷上“本”《篇聚释名章》,第311页下—第312页上)

卷上“末”,八章:

(一)《受具戒章》。下分“受戒由藉”、“请师法”、“发戒缘”、“安置处所”、“单白差人”、“出众问难”、“单白唤入”、“乞戒方仪”、“单白和僧”、“对众问难”、“正受戒法”、“说戒相”、“遇缘退舍”十三门,阐述比丘受具足戒的条件和仪轨。

(二)《说六念章》。不分门,阐述比丘“六念法”(指每日应当念知的六事,即“念知白月大小法”、“念知食处法”、“念知夏之大小法”、“念知衣钵有无净施法”、“念知别众食法”、“念知病之有无法”)。

(三)《受舍护衣章》。下分“出制听二教意”、“制著三衣意”、“释衣名”、“求财是非”、“财体是非”、“色体是非”、“衣量是非”、“条数是非”、“提数是非”、“重数多少”、“作衣法”、“受衣法”、“舍衣法”、“受持得失法”、“补浣法”、“敬护法”、“剩辨座具法”十七门,阐述“制衣”(指佛制令必须随身受持的衣服,即“三衣”,属于“制物”)与“听衣”(指佛开许随缘方便受持的衣服,即“长衣”、“粪扫衣”、“俗施衣”、“亡五众衣”,属于“听物”)的种类和受用方法。

(四)《受舍护钵章》。下分“制意”、“体如”、“色如”、“量如”、“受法”、“失法”、“护法”七门,阐述钵器(属于“制物”)的种类和受用方法。

(五)《资缘净施章》。下分“制说净意”、“施主差别”、“请之方法”、“说净方轨”、“净主存亡”、“失法进退”六门,阐述对“长物”(指超出规定蓄存的物品)作“净施”(包括“真实净施”和“展转净施”)的方法。

(六)《四药受净章》。下分“制意释名”、“四药体状”、“受法不同”三门,阐述“时药”、“非时药”、“七日药”、“尽形寿药”的种类和受用方法。

(七)《师徒相摄章》。下分“释师名”、“依止和上意”、“得免依止人”、“合依止人”、“和上通行法”、“弟子白事法”、“请经法”、“报恩法”、“依止阇梨意”、“无师住时节”、“简师德”、“请师法”、“师摄法”、“呵责法”、“呵罚法”、“呵失法”、“呵忏法”十七门,阐述师徒之间的行为准则。

(八)《说戒仪式章》。下分“时节”、“缘集”、“仪式”、“杂行”、“略说”五门,阐述僧团的说戒制度。如关于“净施”,说:

说净意者。《萨婆多论》问：此净施者，是真实，是假施耶？答：一切九十六种外道无净施法，佛大慈悲方便力故，教令净施，是方便，非真施也，令诸弟子得畜长财而无犯戒。……施主不同，于中有二。一展转净，二真实净。今且明展转净，真实净希故不论。先简财，对施有五：一衣、二药、三钵、四宝、五谷米。前三，施主依《僧祇》、《善见》云，于五众中，随得一人，作展转施主。后二，施主并以俗人为净主。《涅槃》云，虽听受畜，要须净施，笃信檀越。《萨婆多》云，先求一知净法白衣为净主。《五分》有四种人，不得为施主。一不能赞叹人，二不与人好名称，三应净施五众，四不得与白衣。《十诵》云，不得称二三人作净，应与一人。若将他净施物不还，应索取，不得者强夺取。（卷上"末"《资缘净施章》，第330页上）

卷中"本"，四章：

（一）《安居受夏章》。下分"制意释名"、"结时不同"、"夏闰延促"、"对手"、"心念"、"忘成"、"及界"、"遇难移夏开不"、"出界逢难安居成不"、"迦提五利得失"十门，阐述僧团的夏安居制度。

（二）《受日是非章》。下分"明定缘是非"、"明独住心念法"、"明对手法"、"明众法"、"明得重不得重"五门，阐述安居期间，僧人因事外出，须向长老请求"受七日法"（指请假七日）或向僧众请求"受过七日法"（请假"十五日"或"一月"），并经同意的规定。

（三）《自恣举忏章》。下分"制意释名"、"缘集相应"、"僧集缘起"、"简人是非"、"加法羯磨"、"五德行事"、"五德对僧自恣"、"尼来请自恣"、"遇难开略"、"统收杂行"十门，阐述僧团的自恣制度。

(四)《随戒释要章》。不分门，择要阐述比丘二百五十戒(即比丘戒的"戒相"，主要解释各戒的"犯缘"，即犯戒的构成条件，"众学法"、"七灭诤法"未释)。如关于"迦提五利"(指"功德衣"的五种利益)，说：

> 此律(指《四分律》)，至七月十六日夏(指夏安居)罢已，至八月十五日已来，名伽提月。《明了论》云，本名迦絺那月，为存略故，故但云迦提月，此翻名功德月，以夏坐有劳，开成五利，润益比丘。五利是何？谓食中有三、衣中有二：一者背请，二者别众食，三者食前食后至他家不须嘱授，四者得畜长衣不说净，五者得离三衣宿。……《善见》云，四月十六日结者，得五利，十七日已去，不得，名赏前罚后也。《僧祇》云，有五种人，不得安居衣。一被举人，二破夏人，三罢道人，四死人，五不嘱授人。破夏人有十过失。一为诸佛所责，二为诸天世人所呵，三破夏，四得罪，五不得受功德衣，六不得五事利，七不得檀施，八不得安居衣，九恶名流布，十后生悔入地狱。(卷中"本"《安居受夏章》，第339页中、下)

卷中"末"，四章：

(一)《纲维匡众章》。下分"教有兴废"、"简知事人德"、"秉教通塞"(指通达与蔽塞)"、"僧食通局"(指共通与局限)、"入众服仪"五门，阐述统摄僧众的"知事人"(指执事)应具备的德行，依教治罚应注意的事项，以及僧食、入众衣着的仪法。

(二)《翻净资粮章》。下分"制意释名"、"净处不同"、"加法有异"、"辨过得失"、"翻秽复净"、"对缘彰净"、"决罪通塞"、"果食互堕"、"俭缘开事"、"净生种相"十门，阐述结立"净地"

（指依羯磨划定的贮藏烹煮食物的区域）方法和注意事项。

（三）《篇聚忏悔章》。下分“忏波罗夷法”、“忏僧残法”、“忏偷兰遮法”、“忏波逸提法”、“忏提舍尼法”、“忏突吉罗法”六门，阐述僧众犯“六罪聚”（六类罪）作忏悔的方法。

（四）《舍堕还净章》。下分“总明舍法差别”、“明财体是非”二门，阐述僧众犯“舍堕罪”（又称“尼萨耆波逸提罪”）舍财作忏悔的方法。如关于“知事人”（指执事）应具备的德行，说：

> 夫轨范一界，统摄徒众，必须德行内充，威神外肃。……简知事人德者。今就此中，总述诸德，必能纲纪，量此而行，若违斯法，举不知时，争事由生，恶法难息。……此律，能举罪人，当具五德。一知时，不以非时；二真实，不以虚妄；三利益，不以损减；四柔软，不以粗犷；五慈心，不以瞋恚。能断事人，当具五德。一持戒清净；二多闻；三广诵二部戒律；四能问能答，如法教呵，及作灭摈令得；五善能灭斗诤事。治断业非，当观五德。一观前事是实不；二观今是时宜不；三观今僧生尘垢不；四观有利益不；五观得善伴不。处判他事，当具五德。一善知犯；二善知不犯；三善知轻；四善知重；五善知决断无疑，住毗尼不动。（卷中“末”《纲维匡众章》，第361页下）

卷下“本”，八章：

（一）《受请讣（赴）会章》。下分“简请受会法”、“讣会法”、“至家法”、“就坐法”、“净食法”、“行香咒愿法”、“受食方仪法”、“食竟收敛法”、“达嚫布施法”、“散座归还法”十门，阐述僧众应施主之请赴斋受食的仪法。

（二）《道俗届寺章》。下分“比丘入寺法”、“四威仪法”、“俗人入寺法”、“辞拜法”四门，阐述僧俗入寺的仪法。

（三）《致敬尊仪章》。下分“敬尊”、“定尊”、“致敬”、“侍亲”、“医治”、“殡终”六门，阐述僧众礼佛（塔像）、敬尊（上座、长老）、侍亲（父母）、瞻病（老病比丘）、送终的仪法。

（四）《受翻邪三归章》。下分“辨其来意”、“受发时节”、“忏悔法”、“总别先后”、“对趣分别”、“渐顿得失”六门，阐述授受“翻邪三归”（指初入佛门的“三归依”）的仪轨。

（五）《受五戒章》。下分“简人是非”、“受之方法”、“渐顿重受”、“受日长短”、“持戒相”五门，阐述授受“三归依”的仪轨。

（六）《受八戒章》。下分“释名辨境”、“受人功德多少”、“受人要期立志”、“受之方法”、“受舍分齐（指界限）”、“分别戒相”、“辨位大小”七门，阐述授受“八戒”（又称“八关斋戒”）的仪轨。

（七）《受十戒章》。下分“翻名解释”、“出家由藉”、“受戒策修”、“受舍衣钵”、“说净”、“舍堕”、“说戒”、“安居”、“受日”、“自恣”十门，阐述授受“十戒”的仪轨。

（八）《受菩萨戒章》。下分“受舍损益”、“简能所人德”、“请师法”、“乞听许”、“简戒相”、“洗忏法”、“正受法”、“请证法”、“心念法”、“持犯法”、“礼退法”十一门，阐述授受“菩萨戒”的仪轨。如关于受“翻邪三归”，说：

> 辨三皈意者。《毗尼母论》云，有五种三归。一翻邪三归、二五戒三归、三八戒三归、四十戒三归、五具戒三归。下之四种，余章别解，今且明第一翻邪三归者。问：归意云何？答：以三宝为所归之境，欲令救护，不使侵凌。如人得罪于王，投向他国，彼王语云，汝求无畏，莫出我境，莫违我教，必相救护。众生亦尔，系属于魔，有生死过，皈向三宝，

不违佛教，魔无（奈）如何？问：所以受此翻邪三皈者？答：以其信邪来久，耽著非境，今忽发善皈投，故名翻邪也。……忏罪法者。然所造之业，理须忏荡，令行成皎洁，复本净用。故《智度论》云，先受三归已，后始忏悔。诸师解云，此是翻邪三归，故先受后忏。若明五戒、八戒三皈，依《中阿含经》必先忏后受也。（卷下"本"《受翻邪三归章》，第380页中、下）

卷下"末"，八章：

（一）《瞻病送终章》。下分"制看病意"、"简人是非"、"供侍给法"、"安置处所"、"说法敛念"、"殡终法"六门，阐述僧众瞻病送终的规制。

（二）《亡衣受法章》。下分"制物入僧意"、"对人合分可不"、"同活共财不同"、"嘱授是非"、"定物轻重"、"负债还不还"、"具德赏劳"、"分之时节"、"分物法"、"杂明分衣法"十门，阐述僧众处置已故僧人遗物的方法。

（三）《难行训诫章》。下分"辨僧处"、"简僧物"、"乞食"、"升座"、"说法"、"净发"、"净地"、"遇贼"、"济生"、"杂事"十门，阐述僧众处理各种日常杂事的规制。

（四）《尼授学戒章》。下分"明授式叉摩那法"、"明学行法"二门，阐述授受式叉摩那"六法"的仪轨和式叉摩那的行为规范。

（五）《尼授具戒章》。本章据"卷下末"卷题下标列的章名为《尼授具戒章》，而正文标列的章名则作《尼乞畜众章》，前后抵牾。若依前者，本章阐述授受比丘尼具足戒的仪轨；若依后者，本章仅叙比丘尼请求僧众允许自己度人出家的羯磨法。由于后者实际上是比丘尼受戒法的一部分，故正文的章名实际上是后人根据残存的内容拟立的,其完整的名称应当是《尼授具戒章》。

（六）《尼忏罪说戒章》。下分“明忏众法”、“明说戒法”二门,阐述比丘尼犯“僧残罪”的处罚和出罪作法,以及比丘尼说戒制度。

（七）《尼安居自恣章》。下分“安居受日”、“自恣”、“杂行”三门,阐述比丘尼安居、自恣制度,以及处理各种日常杂事的规制。

（八）《尼随戒释要章》。不分门,简释比丘尼戒的类别与特质（未对比丘尼戒三百四十八条一一作释）。如关于“僧物有五种”,说:

> 简僧物者。义集僧物,总简有五。一四方僧物,谓一切重物皆名四方僧物,上至罗汉下至沙弥,尽皆有分,无有和合卖买、供人及以私用,此约方为名也。二常住僧物,谓常在此处,不可移动,四方僧来,即此处受用,从物为名也。三柘斗提奢物（四云招提僧物——原注）,谓俗人以地,别施现前僧,各造私房,四方僧来,无安置处,有人就此私地,为四方僧起立房舍,供给所须,以处为名也。四僧祇物,此云大众,为大众共有同物,此以众为名也。五僧鬘物,谓僧园中华鬘,贸得物来,此从鬘得名也。《五分》云,若白衣入寺,应借卧具受用,僧有五种物,不可卖、不可分。一地、二房舍、三须用物、四果树、五花果。又边地人不解语故,心欲与比丘物,口言与佛法僧物者,得自在用（准此,今时俗人施物,多云与师作香直,然意标衣价者,亦得自在用——原注）。《僧祇》云,若僧地种果树有功者,若一树一园,听与一熟,不能并取者,年取一枝,枝遍则止。若种蓏菜,听与一

揃。(卷下"末"《难行训诫章》,第397页上、中)

本书的内容,除《受菩萨戒章》为其特有的篇章以外,其余各章与道宣《四分律删繁补阙行事钞》三卷相同的颇多。虽说本书的文本,至今无人整理,连句逗也没有,但由于作者用语质朴简洁,不存浮辞,故同样的内容,它的表述要比《行事钞》来得通俗。

第十五品　唐大觉《四分律行事钞批》十四卷

《四分律行事钞批》,又名《四分律钞批》,十四卷(因后人将每卷分为"本"、"末",故又作"二十八卷")。唐大觉述,成于太极元年(712)。北宋怀显集、日僧戒月改录《行事钞诸家记标目》著录。收入《新纂续藏经》第四十二册。

大觉(生卒年和里籍不详),唐睿宗时习律沙门,初住西京大庄严寺,后住杭州华严寺。僧史无传。

本书是唐道宣《四分律删繁补阙行事钞》的注释。作者先于卷首开立《六门分别》,下分"教起所因"、"结集所由"、"分部时节"、"律本翻译时代不同"、"释诠宗各异并辨题目"(又称"约藏教明分齐,并释立宗题目")、"判文解释"(又称"随文判释")六门,总叙《四分律》的由来和本书的撰述体例(类似于"释经题");然后,依顺原文的篇章结构和叙述次第,对《行事钞》的《序》、《十门类例》和正文三十篇(始《标宗显德篇》,终《诸部别行篇》),一一作释。在《行事钞》中,第十四篇《随戒释相篇》因其内容为《四分律》比丘戒,故篇幅最长,缘此,本书中对此篇的解释也最多。书末有作者撰的后记,说:

> 唐太极元年夏五月十二日，于西京大庄严寺，略出《义批》，用临机，不省虚庸，輙兹抄录。或寻讨经论，心缘自阅。或听习之次，笔记见闻。……随远兄为指南，并具撰习（集），广通遐代。自识荧光之窃，助龙烛之辉，虽则优劣有殊，冀一滴之添，终归于海者。（《新纂续藏经》第四十二册，第1063页下）

卷一“本”、“末”：《六门分别》、《释序义》、《释十门义》、《标宗显德篇》（本篇及以下正文各篇的篇名均为录自《行事钞》的原名，非作者新立）。叙述《四分律》的由来和本书的撰述体例，并解释道宣《行事钞》书首刊载的《序》、《十门类例》和正文三十篇中的第一篇《标宗显德篇》。

卷二“本”至卷三“本”：《重释十门义》、《标宗显德篇》（重释——原注）。为前述《释十门义》、《标宗显德篇》的重释和增广（有不少段落与前述重复，类似于修订稿）。

卷三“末”：《集僧通局篇》、《足数众相篇》、《受欲是非篇》。解释《行事钞》中的第二篇至第四篇。

如关于“性戒”（指世法和佛法共同禁止的自性为恶的行为）和“遮戒”（指世法不禁止而佛法禁止的自性非恶、但妨乱修道的行为），说：

> 所言遮者，能遮正道，故言遮恶。解云，由遮故票（标）禁，遮恶故，故名遮戒也。言性戒者，如十不善等，体是违理，无论大圣制以（或）不制，若作违行，感得苦果，故言性恶，是故如来制使防约。若不制者，业报三途，不在人道，何能修善？故因过制，从本恶以立名，禁性恶故，名为性戒。此之性恶，能遮于福，若前之遮恶，能遮道故。……故龙树论云，十善对十恶，名为旧戒，五篇七聚，名为客戒。前十善

> 恶，不假制有，若论篇聚，必假圣制。……如《三千威仪》四句辨之：或有犯佛法罪、非世界罪，如制戒后，畜财、离衣等是；二是世界罪、非佛法罪，如来未制戒前，杀、盗等；三俱是者，制广教后，犯淫、盗、杀等；四俱非者，未制广教前，杀草木是也。（卷二“本”《重释十门义》，第640页中）

卷四“本”：《通辨羯磨篇》、《结界方法篇》。解释《行事钞》中的第五篇、第六篇。

卷四“末”：《结界方法篇之余》、《僧网大纲篇》。解释《行事钞》中的第六篇之余、第七篇。

卷五“本”：《受戒缘集篇》。解释《行事钞》中的第八篇。

卷五“末”：《师资相摄篇》、《说戒正仪篇》、《安居策修篇》。解释《行事钞》中的第九篇至第十一篇。

卷六“本”：《安居策修篇之余》、《自恣宗要篇》。解释《行事钞》中的第十一篇之余、第十二篇。

如关于“羯磨四缘”（指作羯磨须具备的四种条件）、“七羯磨人”（指受“呵责”、“摈出”、“依止”、“遮不至白衣家”、“不见罪举”、“不忏罪举”、“邪恶不舍举”等七种羯磨处罚之人），说：

> 法不孤起，终须四缘。一法者，即心念、对首、众法也。二事者，即羯磨所被之事，如受戒、忏罪等。三人者，即一人僧乃至二十人僧也。四界者，即作法、自然也。（卷四“本”《通辨羯磨篇》，第694页中）

> 七羯磨人，前四治轻，得足僧数；后三邪故，治罚法重，不满僧数。前之四人，既是僧数，无随顺罪；后三人者，邪见坏心，不足僧数，有随顺罪。又随有轻重，若随前二，不见、不忏人者，但得吉罗（指突吉罗）；随后恶邪，得提（指波逸提）可知。又此七羯磨人，前六人，无倚傍，无倚傍故，不须

> 设谏；后恶邪不舍，以倚傍圣教，言说相似，是非难分，须僧设谏，开示是非，改过从善也。（卷四“末”《僧网大纲篇》，第716页中）

卷六“末”：《篇聚名报篇》。解释《行事钞》中的第十三篇。

卷七“本”至卷十“末”：《随戒释相篇》。解释《行事钞》中的第十四篇。

卷十一“本”、“末”：《持犯方轨篇》。解释《行事钞》中的第十五篇。

卷十二“本”：《忏六聚法篇》。解释《行事钞》中的第十六篇。

如关于“五篇七聚”（“五篇”指波罗夷、僧残、波逸提、波罗提提舍尼、突吉罗五种罪过；“七聚”指波罗夷、僧残、偷兰遮、波逸提、波罗提提舍尼、突吉罗、恶说七种罪名）须用“五药”对治，说：

> 五篇七聚，约义差分者，谓篇中五篇名，还是聚家（指“七聚”）之目，为其兰（指偷兰遮）、吉（指突吉罗）二罪，体含因果，杂碎难分，总作聚名。然于吉聚（指突吉罗），复分为两，身犯名恶作，口犯名恶说，故言约义差分也。言正结罪科，止树六法（指“六聚”，即“五篇”加上“偷兰遮”）。……然佛何不制四篇、六篇，恰制五者？《疏》中种种解释。初一，师云，药有五故，故立五篇。谓犯四夷（指波罗夷），与学悔法，名为药也；残罪（指僧残罪），与摩那埵等药也；提（指波逸提），对人三说药也；舍尼（指波罗提提舍尼），一说药也；吉罗（指突吉罗），心念药也。……问：七聚应有七药。答：聚唯六病，恶作、恶说，体类同故（同责心悔——原注）；兰（指“偷兰遮”）又同提（指波逸提），共

享一药（兰、提同对首悔——原注）。故虽七聚，亦但五药。（卷六“末”《篇聚名报篇》，第778页中）

卷十二“末”：《二衣总别篇》。解释《行事钞》中的第十七篇。

卷十三“本”：《四药受净法篇》、《钵器制听篇》。解释《行事钞》中的第十八篇、第十九篇。

卷十三“末”：《对施兴治法篇》、《头陀行仪篇》、《僧像致敬篇》、《讣（赴）请设则篇》。解释《行事钞》中的第二十篇至第二十三篇。

卷十四“本”：《导俗化方篇》、《主客相待篇》、《瞻病送终篇》、《诸杂要行篇》。解释《行事钞》中的第二十四篇至第二十七篇。

卷十四“末”：《沙弥别行篇》、《尼众别行篇》、《诸部别行篇》。解释《行事钞》中的第二十八篇至第三十篇。

如关于比丘在受用施物时须作“四用”观，说：

比丘受用施物有四种，一盗用等者。案《见论》云，一者盗用、二负债用、三亲友用、四者主用。云何为盗用？若比丘无戒，依僧次受施饮食是也。言负债者，比丘受人饮食衣服，应先作念：是名负债用。若利根比丘，至受食时口口作念。若钝根者，未食时先作一念。受衣时，利根者日日作念，房舍、卧具准此。若钝根者先作一念，不者名负责用。言亲友用者，七学人受用施物，如子受父物无异，故曰亲友用。言主用者，直人罗汉受用施物也。七学者，三果四向也。三果可知，四向谓四果之前，未入正位，名为向也。此七人，结习未都尽，非真应供。若至罗汉，三界惑尽，方堪应供，故如已物。（卷十三“末”《对施兴治法篇》，第1012页中、下）

本书保存了一些今已失传的《行事钞》唐代注疏。如书中所引的“胜云”，为唐荆州县胜律师的《行事钞当阳记》；“济云”，为唐蒲州融济律师的《行事钞记》；“济云”，为唐泉州道深律师的《行事钞记》等。另有一些未见唐志鸿《四分律钞搜玄录》、北宋怀显《行事钞诸家记标目》著录的注疏，因书中未出作者法名的全称，而无法详考。

第十六品　唐志鸿《四分律钞搜玄录》十卷

《四分律钞搜玄录》，又名《行事钞搜玄录》，原为十卷（一作“二十卷”），今存三卷。唐志鸿述，约成于大历（766—779）年间。北宋怀显集、日僧戒月改录《行事钞诸家记标目》著录。收入《新纂续藏经》第四十一册。

志鸿（生卒年不详），俗姓钱，湖州（今属浙江）长城下若人。本名俨，志鸿为其字。少年出家于石门静林寺。受具足戒后，师事苏州开元寺道恒（著有《行事钞记》十卷），与昙清（著有《行事钞显宗记》若干卷）、省躬（著有《行事钞顺正记》十卷）共研律部。唐大历（766—779）年间，住吴郡双林寺。生平事迹见北宋赞宁《宋高僧传》卷十五、元昙噩《新修科分六学僧传》卷十八。

本书是唐道宣《四分律删繁补阙行事钞》的注释。作者先立“明能说教主”、“明所说教藏”、“明结集住持”、“明翻译时代”、“随文解释”五门，总叙《四分律》、《行事钞》的由来和本书的撰作体例；然后在“随文解释”中，依顺《行事钞》的层次结构，对原文，一一作释。在见存的三卷中，卷一、卷二内容比较完整，相当于原书的卷一、卷二；卷三残缺较多，大抵相当于原书的卷六或卷七（此据《行事钞》的各家注疏中，释《随戒释相篇》的篇幅均为最长而推断）。书首有京师大兴唐寺澄观（即华严宗四祖）撰的《终南山四分律钞搜玄录序》和作者自序。澄观《序》说：

> 尸罗曰净戒，所以惩恶励行，克志贞节，净无珠璧之玷，明有日月之照，开一极之平地，护万德之崇墉也。自佛日西沉，兹风东吹，御七众以迥建，应四依之挺生者，宣公（指道宣）当之矣。……文简理诣，义圆事彰，得其门者，正觉如在，然挹流申释者，各尽其所之耳。未五百岁，有姑苏志鸿律师，乃宣门之辅嗣也。义自天假，文资学成，慨众释之词枝，伤简易之理翳，有斯录焉。削谬莹真，索幽致远，烛之以诚例，镜之以明文，索规贤规猷，载采载演，妄云披于智月，义天净于文星，搜扬古今，成一家之美。（《新纂续藏经》第四十一册，第833页上）

作者自序说：

> 今搜彼玄义，通会此文，或事未明，覆寻所引，古人文句，节义当而具书，先得释文，显理圆而必录，《搜玄》之目，因此辄题，十卷成文，解其三轴（《行事钞》三卷）。庶体会宗伯，鉴余行藏之意焉。然文中所引，皆显其名，解义不虚，事成冯（凭）据。（第833页中）

卷一：始“开合随于机宜，异同生于情见”，终“释成三卷旨归、生起篇目、十门意竟。上来有二，初正谋作《钞》分成三卷所为之”。解释《四分律》和《行事钞》的由来；《行事钞》的题名；《行事钞》书首刊载的《序》、篇目和《十门类例》中的前六门（《序教兴意》、《制教轻重意》、《对事约教判处意》、《用诸部文意》、《文义决通意》、《教所诠意》)。作者认为,《行事钞》有九种“删繁”、九种“补阙”。九种“删繁”,指“删当部律文”、“删诸部律”、“删小乘经”、“删取小乘论”、“删取大乘律”、“删取大乘经”、“删取大乘论”、“删诸贤圣集”、“删古人章疏者”;九种“补阙”,指“取诸部补当律”、“取小乘经”、“取小乘论”、“取大乘律”、“取大乘经”、“取大乘论”、“取贤圣集”、“取古人章疏”、“义决”,并一一举例说明,十分详细。如关于取大乘律、经、论补《四分律》之阙,说:

上有九种删繁,补阙亦有其九。若《四分律》文不了,即取他部补之;余部若无,取小乘经补;小乘经无,取小乘论补;小乘论无,取大乘律补;大乘律无,取大乘经补;大乘经无,取大乘论补;大乘论无,取贤圣集补;贤圣集无,取古人章疏补,古人章疏无,钞主(指道宣)约义就理,举例四种决通补,即序中第五文义决通意文是也。……第四取大乘律者。如盗十方现前亡五众轻物,四部律论并无明文,即取《善生》补此行事。《善生》者,佛为善生长者说护戒相,《译经图》(指《古今译经图纪》)中,排为大乘律。律云,盗亡比丘轻物,若未羯磨,从十方僧得罪轻。……第五取大乘经者。鱼肉,诸律并是五正食,此是废前之教,今废此教,取大乘经,补此行事。《涅槃》云,从今日后,不听弟子食肉。……第六取大乘论者。如结大界明量中,经律无量大小之文。律中但云,十四日说戒,十三日先往,不得受欲,为经明相故。南山云,虽有其文,未明里数。《僧祇》、《五分》并云,三由旬为量,并不言由旬大小,即取《智论》(指《大智度论》)明文补之。论云,由旬有三种,下者四十里,即知量极大者百二十里,准律由一日行故。(卷一,第 841 页中—

第 842 页上）

卷二：始“篇□□□（以上缺三字）内众今论取别□意也”，终“若论结时，但齐僧坐处，结时但”，解释《行事钞》中《十门类例》的后四门（《道俗七部立教通局意》、《僧尼二部行事通塞意》、《下三众随行异同意》、《明钞者》）；以及正文第一篇《标宗显德篇》、第二篇《集僧通局篇》。如关于《四分律》宗旨的各种不同说法，说：

> 言《标宗显德篇第一》者，济（指融济）云，标举也，谓总举一部钞之所尊，宗者，主也。……因明其宗，古今多别。第一师，止作为宗，二部戒本是止持、揵度已下是作持，由止故自行成，由作故众法就；第二师，受随（指受体、随行）为宗，受是总发，随是别修，由总发故，万行从生；第三师，立止恶为宗，凡欲修善，必须离恶，恶既离已，修善方成；第四首（指智首）、愿（指法愿）二人，教行为宗，夫教不孤起，必有所诠之行，行不自显，籍教以明；第五师，立因果为宗，谓二部戒本，及以揵度止作二行，总是其因，大小持戒，揵度已去，即是其果；第六云律师言，制在一代，人、时、处、事，人谓须提那，时谓五年已去，处谓毗舍离，事谓淫盗等，前后不同，一戒一经，合有六百余段别释，不可论宗，此德不立宗也；第七相州（指法砺）所立，戒学为宗，《疏》云，今以宗求，其唯戒学；第八素（指怀素）律师，立戒行为宗；今南山（指道宣）所立，以戒为宗。（卷二，第 870 页上、中）

卷三：始“羯磨□□□□（以上缺四字）不得结作法者”，终“迦留陀夷闻佛制前二戒已，便于女人前，欲心向彼”，解释《行事钞》中的第十一篇《安居策修篇》、第十二篇《自恣宗要篇》、第十四篇《随戒释相篇》（释至“僧残篇”）。如关于夏安居结束后，若同一住处有比丘五人或五人以上，应根据“众僧羯磨法”的要求，推选一人作“受自恣人”，主持自恣活动，“受自恣人”须具备“二五德”（指“自恣五德”和“举罪五德”），说：

> 文（指《四分律行事钞》）中取具二五德者，谓一人具两种五德也。发正云，谓对他说词云，我某甲亦自恣，即须具自恣五德也；（云）若见闻疑罪，大德语我等，又须具举罪五德也。律文（指《四分律》本文）前后列者，前为自恣，后为举罪，故前后也。今须两具故，《钞》（指《四分律行事钞》）一时出也。言不爱者，慈和云，谓于众亲厚，不别有爱故。二不恚者，谓于怨不瞋恚、吹毛觅过。三不怖者，谓于有力人边，不怯而不举也。四不痴者，谓解了羯磨如非（指如法或非法），不痴也。五知自恣不自恣者，谓知有难、无难，广略之宜（指了知无难事广说自恣，有难事略说自恣的权宜）也。（卷三，第 897 页上）

据作者在卷一所列，本书共征引了唐代二十多种《行事钞》注疏，对照北宋怀显《行事钞诸家记标目》的著录，可以得知这些注疏分别是：唐京师西明寺大慈《行事钞记》、蒲州融济《行事钞记》、泉州道深《行事钞记》、南泉寺恒景《行事钞记》、荆州昙胜《行事钞当阳记》、湖州法琳《行事钞记》、湖州大善寺智海《行事钞记》、崇圣寺灵崿《行事钞记》、湖州光严寺崇福《行事钞西河记》、越州法华寺玄俨《行事钞辅篇记》、杭州华严寺大觉《四分律钞批》、杭州灵隐寺辩常《行事钞记》、常州兴宁寺义宣《行事钞折中记》、杭州天竺寺义威《行事钞灵山记》、苏州报恩寺法兴《行事钞支硎记》、越州开元寺昙一《行事钞发正记》、润州三昧王寺惟倩《行事钞集正记》、润州慈和寺朗然《行事钞古今决》、苏州开元寺道恒《行事钞记》等。可见作者为撰写此书，差不多将当时流传的各家注疏都读遍了。这些注疏,除杭州华严寺大觉所撰的《行事钞批》仍见存以外,其余均已失传。故本书的散逸,诚为可惜。

第十七品　唐未详作者《宗四分比丘随门要略行仪》一卷

《宗四分比丘随门要略行仪》,一卷。唐代未详作者撰。今本为敦煌本(英国大英博物馆藏,编号为“S. 3040”),收入《大正藏》第八十五卷。日本天台宗僧人圆仁,于承和五年(838)随遣唐使入唐求法,其间曾求获《宗四分比丘随门要略行仪》的写本,并将带回国内,著录于承和十四年(847)编集的《入唐新求圣教目录》之中;以后,日本兴福寺永超于宽治八年(1094)编集《东域传灯目录》,也著录了本书。从圆仁入唐的时间推断,本书当成于唐文宗开成三年(838)之前。

本书是《四分律》比丘羯磨法的辑录。书首残缺。从今存的内容推断,原书所述,始“结界法”,终“入众五法”,所缺的部分,应为作者名字、序言、目录和“结界法”的初始文句。全书的篇章结构如下。

(一)“结界法”(此据正文拟立,下同)。叙述比丘“说戒”时结界(指划定作法的区域)和解界(指解除作法的区域)的羯磨法。下分:(1)“结界法”(包括“戒场羯磨文”、“结大界羯磨文”)。(2)“解界法”(包括“解大界羯磨”、“解戒场羯磨”)。

(二)“说戒法”。叙述比丘每半月一次集会“说戒”的羯磨法。下分:(1)“二三人递作对首说戒法”(指同一住处有比丘二三人时,作“对首说戒法”)。(2)“一人心念僧戒法”(指同一住处仅有比丘一人时,作“心念说戒法”)。

（三）“安居法”。叙述比丘每年三个月“结夏安居”的羯磨法。下分：（1）“对首安居法”。（2）“一人心念安居法”。（3）“受日羯磨文”（包括“受过七日法”、“对首受七日法”、“心念受七日法”，指安居期间比丘因事外请假，超过七日须经僧众会议同意，七日之内须经长老同意，若一人独住安居须心里默念请假）。

（四）“说欲法”。叙述比丘因事或因病不能参加“说戒”等集体活动时，须委托他人表示自己赞同僧众所作事的意愿（“与欲”）和表示自己行为的清净（“与清净”）的羯磨法。下分：（1）“自说欲”（指自己委托他人）。（2）“为他说”（指接受他人委托）。（3）“自为兼他”（指二者兼而有之）。（4）“转与欲清净”（指自己接受他人委托后，因事不能与会，又请别人转达当事人委托）。如关于“说欲法有四种”，说：

> 说欲法有四种。一自说欲（谓自身至僧中，说已出去，文云——原注）。大德僧听，我比丘某甲某事因缘，如法僧事，与欲、清净（一说——原注）。二为他说（文云——原注）。大德僧听，比丘某甲某事因缘，我受彼欲清净，如法僧事，与欲、清净（一说——原注）。三自为兼他（谓自有缘，复受他欲，僧中说云——原注）。大德僧听，比丘某甲某事因缘，我受彼欲、清净，我比丘某甲某事因缘，彼及我身，各如法僧事，与欲清净（一说——原注）。四转与欲清净者（谓受他欲已，忽自有因缘，不得至僧中，应向余比丘边合说者定。文云——原注）。大德一心念，比丘某甲某事因缘，我受彼欲清净，我比丘某甲某事因缘，彼及我身，各如法僧事，与欲清净（一说——原注）。彼人受已，至僧中应如常直说之。（《大正藏》第八十五卷，第655页上、中）

（五）“自恣法”。叙述比丘于夏安居结束之日举行“自恣”（指请求他人批评举罪）活动的羯磨法。下分：（1）“僧中自恣法”（包括“差五德羯磨文”、“五德白僧自恣法”、“僧各自恣文”，指同一住处有比丘五人或五人以上时，须推选具备“五德”者一人，作“受自恣人”，由他主持自恣活动，作“众僧自恣”）。（2）“若二人三人四人应更互相共自恣法”（指同一住处有比丘二人至四人时，作“对首自恣”）。（3）“一人心念自恣法”（指同一住处仅有比丘一人时，作“心念自恣”）。

（六）“分亡比丘轻物法”。叙述处置已故比丘轻重遗物（“轻物”可分、“重物”不可分）的羯磨法。下分：（1）“赏劳法”、“赏劳羯磨文”（指已故比丘的轻物，首先要送给照料他的比丘，作为“赏劳”）。（2）“差分衣人羯磨文”、“分轻物羯磨文”（指“赏劳”剩下的遗物，须由现前僧推选“分衣人”，由他负责分配）。（3）“三人分亡比丘物法”（指同一住处有比丘二人至三人时，可直接平分）。（4）“一人心念分亡比丘物法”（指同一住处仅有比丘一人时，口说心念后将物归己）。

（七）“受三衣法”。叙述比丘受持或舍出三衣，即僧伽梨（指大衣）、郁多罗僧（指上衣）、安陀会（指内衣）的羯磨法。下分：（1）“受持三衣文”（包括“受僧伽梨文”、“受郁多罗僧文”、“受安陀会文”）。（2）“舍三衣文”。

（八）“受尼师檀法”。叙述比丘受持或舍出尼师檀（指坐具）的羯磨法。下分：（1）“受持尼师檀文”。（2）“舍尼师檀文”。

（九）“受钵法”。叙述比丘受钵的羯磨法。有“受持钵文”。

（十）“说净法”。叙述比丘“说净”（指将超出规定蓄存的物品作净施）的羯磨法。下分：（1）“展转净施法”。（2）“说净文”。

（十一）“受药法”。叙述比丘受用药食的羯磨法。下分：(1)“受非时浆法”。(2)“受七日药文”。(3)“受尽形药文”。

（十二）“舍堕忏悔法”。叙述比丘犯舍堕罪（又称“尼萨耆波逸提罪”）作忏悔的羯磨法。下分：(1)“自责心忏”。(2)“舍财文”。(3)“请忏悔主文”。(4)“正明忏悔法”。(5)“还财物法”。如关于“舍财文”（犯舍堕罪者当众舍财的羯磨文），说：

> 舍财文（凡欲舍堕，事依二界，界内有僧，并须尽集故。律云，若僧、若众多人、若一人，皆须总集。不得别众舍，若舍不成，舍得突吉罗。唯除线、缛二宝许别众舍除并不得尔——原注）。大德一心念，我比丘某甲，故畜众多长衣（若知数，必须依本数称之——原注），过十日，犯舍堕。我今持此衣物，舍与大德（一说——原注）。彼答云：可尔（然为受取——原注）。（第657页上）

（十三）“发露法”。叙述说戒前，比丘因犯有某罪（“识罪”）或怀疑犯有某罪（“疑罪”）而向一位清净比丘作发露的羯磨法。下分：(1)“识罪发露法”。(2)“疑罪发露法”。

（十四）“杂法”。叙述比丘日常行事中的其他羯磨法。下分：(1)“足食已作余食法”（指比丘受正食饱足离座后，若再受食，须先请一比丘食少许，然后自己再食）。(2)“请依止文”（指新受戒比丘请求某大德作“依止阿阇梨”）。(3)“同受请食前食后入聚落嘱授文”（指比丘欲在正食前后入村落须嘱告同住比丘）。(4)“非时入聚落白文”（指比丘欲在“非时”内，即正午之后至次日黎明之前入村落须嘱告同住比丘）。(5)“作六念法”（指比丘应“念知月朔大小”等）。(6)“受畜钱宝作净等法"（指比丘受蓄钱宝须"说净"）。(7)"净果菜等法"（指比丘食用果菜时，须作"五种净"，即"火净、疮净、刀净、鸟啄净、不任种净"）。(8)"入众五法"（指比丘入众"应以慈心"等）。

总体上看，本书集录的比丘羯磨法，不及其他《四分律》羯磨本（包括汉译本和编集本）来得齐全，类似于摘抄，而非全本。但个别地方，也有其他羯磨本没有立门立项归纳的独到的论述，如前引"说欲法有四种"等。此外，从本书所编的羯磨法的序次来看，既不同于南山宗道宣《四分律删补随机羯磨》，也不同于东塔宗怀素《僧羯磨》，显示出作者似未曾看过他们的著作。以此推断，作者当专精《四分律》的一位律师，并不属于某一宗派。

第十八品　唐未详作者《毗尼心》一卷

《毗尼心》，一卷。唐代未详作者撰，撰时不详。今本为敦煌本（英国大英博物馆藏，编号为"S. 490"），收入《大正藏》第八十五卷。日本永超《东域传灯目录》著录。

本书是戒律重要名词和事项的解说书，性质类似于佛学辞书。书首缺作者名字和序言，但目录和正文首尾齐全。全书分为八篇，始《学戒法》，终《护持法藏》。书末有本书抄录者写的后记。说：

> 兹《毗尼心》者，实曰灵腑宝藏也。俭约内外，光润自他；守护六根，防慎三业；低昂允理，进退合仪；上下相管，大小是录；行立指授，坐卧教诏哉！自非如来慈被，教孰能若斯？……故经云，先以定动，后以智拔，斯言信矣。戒净（则）定净，定净（则）惠净，惠净（则）心净，心净（则）土净。

(《大正藏》第八十五卷，第665页上、中)

正文八篇的收录情况如下。

(一)《学戒法》。解释习学戒法方面的名词和事项。主要有："五部律"、"律藏有四名"、"五种受戒法"、"十种受戒法"、"羯磨受戒具足六缘"、"五篇戒法"、"沙弥十戒"、"持戒得十利"等。如关于"羯磨受戒具足六缘"，说：

> 问：羯磨受戒，具足几缘，得名如法？答：依《僧祇律》，具六因缘，得成如法。何者为六？一者受戒人要须年满二十，三衣钵具；二者受戒人身无十三遮难；三者要须结界成就；四者界内僧尽集，无其别众；五者羯磨称文，无有增减；六者十僧满足，如法清净。备此六缘，得名如法，六(指六因缘)中少一，受戒不成。(《学戒法》，第660页下)

(二)《师徒法》。解释师徒关系方面的名词和事项。主要有："和上应具十德"、"阿阇梨应具五德"、"尊师应具五德"、"师摄弟子应具五法"、"弟子依师应具五法"、"五种阿阇梨"、"有五法不应无依止而住"、"五法失依止"、"弟子应以二事将护于师"、"师应以二事摄弟子"、"有威仪不应礼有十"、"有十时不应礼"、"一日三时请教戒"、"五种教诫弟子法"、"三品呵责"、"呵责弟子先具三法"、"五句呵责法"、"五品呵责弟子法"、"弟子有五事合呵责"、"呵责弟子五事失法"、"弟子被呵责应行五事"、"四种师"、"师有五种失法弟子应忏悔而去"、"弟子欲出行师应以三法斟量"、"僧有五事法不应将作伴行"、"有五法不应与作亲厚"、"有七法应与作亲厚"、"有十德应差教诫比丘尼"、"尼修八敬法"等。如关于"师摄弟子"、"弟子依师"各应具备的"五法"，说：

师摄弟子应具五法。一若弟子有病,应自瞻视,若使人看。二若弟子不乐住处,应置安身处。三若弟子有疑事,能如法开解其意。四若弟子有恶见生,能教舍恶见、住善见。五有德腊合弟子敬重(此所依荫,同法师也——原注)。弟子依师应具五法。一爱念(若衣若食,尽心奉养——原注)、二恭敬(身力承事,不敢违慢——原注)、三惭(荷戴师恩,法重难报——原注)、四愧(畏难尊严,不敢作过——原注)、五乐近住(咨受教诫,日亲其美——原注)。(《师徒法》,第663页中)

(三)《众僧法》。解释僧团行事方面的名词和事项。主要有:"入众有五法"、"五种非法默然"、"五种如法默然"、"欲治断他事当先观察五法"、"评断诤事人应具五德"、"律师为他判事应具五德"、"举罪人应内具五德"、"寺主维那知事人应具五德"、"四种僧"、"三种羯磨"、"五种非法羯磨"、"有三法若作羯磨不成"、"欲作羯磨先具三法"、"七种羯磨"、"四种污他家"、"破僧方便行五法"、"破僧用十八法"、"二种僧"、"三种僧"、"四诤"、"七灭诤"、"五种略说戒"、"有八难事听略说戒"、"四种布萨"、"戒法清净海八种奇特法"、"五种与欲"、"五种失欲"、"三种安居"、"三种受日"、"安居初应作四事"、"安居竟应作五事"、"有五种人不得安居衣"、"二种自恣"、"有三种人作自恣"、"迦提月开五事利"等。如关于"寺主维那知事人应具五德",说:

寺主维那知事人应具五德。一不爱(不偏于亲——原注)、二不恚(不克于怨——原注)、三不怖(不畏于强——原注)、四不痴(不欺于弱——原注)、五知分未分(善能分别处也——原注)。僧事既重,成益处旷,若能好心经营,不辞营苦,唯五法。而施行不求恩赏,不为自供,不侵他润已,不倚自高,应常生卑愧,勤力供养他,能如是者,生天如箭射。(《众僧法》,第665页上)

(四)《行道忏悔法》。解释忏悔除罪方面的名词和事项。主要有:"破僧有五过失"、"七犯聚"、"下座向上座忏有五法"、"上座忏向下座有四法"、"三种人犯"、"三种忏悔"、"为他作忏悔主应具五法"、"四重戒"、"尼八重戒"、"叉摩那尼学六法"、"舍戒"、"五逆"、"十恶业"、"十三难"、"忏僧残随所犯有四番羯磨"、"八事不白失宿"、"夺三十五事"、"十种自性偷兰遮罪"、"四种妄语"、"五种悭"、"五盖覆心"、"十使烦恼"、"三界皆苦"等。如关于"七犯聚",说:

> 七犯聚者。一波罗夷罪(如断人头,不可还活,犯此戒者,永断圣种,一形之中,不清净也——原注)、二僧残罪(如残病人,障于布萨,行摩那埵罪,可得灭——原注)、三偷兰遮罪(此方名粗恶,此罪有四品。一五逆偷兰遮,灭摈;二波罗夷边方便偷兰遮,当于八僧中,大众悔罪;三僧残边方便偷兰遮,当于四人僧,小众悔;四独头偷兰遮,对三人悔也——原注)、四波逸提罪(三十尼萨耆,舍堕已,悔余波逸提,对一人清净僧,三说忏——原注)、五提舍尼罪(对一清净僧,一说忏悔也——原注)、六突吉罗罪(此方名恶作,今但取身作越威仪事,故心作者,对手一说也——原注)、七恶说罪(与突吉罗一等,但取口说越威仪事,故心作者,对手一说——原注)。此突吉罗及恶说罗,若失意犯者,听责心悔,但自心念口言,克心愧情,誓不复作,罪即得灭。(《行道忏悔法》,第666页下)

(五)《行道修善法》。解释修习善行方面的名词和事项。

主要有:“菩萨常作六念”、“沙门六念”、“病人有五法”、“病人应以三法自量宜”、“看病人有五得”、“嚼杨枝有五事利益”、“扫地有五法”、“经行有五种利益”、“散乱心眼有五种过失”、“四种非法眠”、“四种如法眠”、“向火有五过失”、“不忍辱人有五过失”、“修身四威仪”、“修口四威仪”、“修十二头陀行”、“修五门禅”、“修六门禅”、“八种恶觉”、“八动触”、“三种调心法”、“修四念处”、“修四正勤”、“修四无量心”、“修六妙行”、“沙门五净德”等。如关于修习“身”、“口”的二种“四威仪”,说:

> 修身四威仪。一行威仪(摄身威仪,向前直进——原注)、二住威仪(平立叙手,随便正看——原注)、三坐威仪(跏趺贴膝,直身低目——原注)、四卧威仪(右胁著地,累脚屈身,系相在明,念当早起——原注)。修口四威仪。一当作法语实语,二当作正语直语,三常作和合语、灭诤语,四常作柔软语、悦心乐闻语。(《行道修善法》,第669页中)

(六)《发道资缘法》。解释僧人日常生活方面的名词和事项。主要有:“四依法”、“三衣六物”、“尼受五衣”、“十种粪扫衣”、“三种贱”、“二种净”、“二种净施”、“不得畜八不净”、“离五邪命自活”、“四种药”、“三种时食”、“五种正食”、“三种不净肉不应食”、“五辛”、“饮酒有十失”、“食粥有五种利益”、“护八遮”、“八种浆”、“五种药”、“四种净地”、“二种净”、“五种净法”、“五生种”、“五种受食法”等。如关于“三衣六物”,说:

> 三衣六物。一安陀会(五条袈裟,一长、一短、一重,是授中衣。大小便、洗钵、扫地、作事时,著五条——原注)、二郁多罗僧(七条袈裟,二长、一短、二重,割截成,是入众衣。大小食时、行道、法事众集时,著七条。安钩细量法,如下说之——原注)、三僧伽梨(是入王宫聚落衣,降天魔、伏

外道、化恶人时，著大衣，或肃恣不肖也。乞食、应供、入大会时，著大衣，生物敬信。九条、十一条、十三条为下品衣；十五条、十七条、十九条为中品；二十一、二十三条、二十五条为上品。三长、一短、三重，若故帛，随意多重。竖三肘、横五肘，割截成，周匝缘帖，四角安钩纽，三种色——原注）、四钵多罗（应量器，若泥、若铁，升半以上、三升以还，薰色——原注）、五尼师檀（坐具，广三尺以上、四尺以还，长三尺以上、五尺以还，周匝缘染坏色——原注）、六针筒（铁、铜、锡、竹、柏木等。作常随身，修理威仪——原注）。（《发道资缘法》，第670页上）

（七）《信施檀越法》。解释僧俗交往方面的名词和事项。主要有："四恩"、"四辈檀越"、"四事供养"、"八种布施法"、"出家人应离八风"、"白衣家有九法不应坐"、"白衣家有九法应坐"、"檀越有五事不应与作覆钵羯磨"、"白衣有十法应与作覆钵羯磨"、"比丘有十事应与作遮不至白衣家羯磨"、"有八法者应作僧使往白衣舍"、"比丘有五事为白衣所不喜见"、"常喜往返白衣家有十种过失"、"比丘有五事生人疑"、"比丘入王宫有十过失"等。如关于"出家人应离八风"，说：

出家人应离八（原书误作"三十八"）风。一利（若得利养，心便生喜，贪利不耻，吹破道心——原注）、二衰（若失利养，心便忧恼，怨对恨情，衰灭道心——原注）、三毁（若被折辱，心便退没，呵毁不受，道心败衰——原注）、四誉（若得赞叹，心生高誉，窥求名闻，道心动乱也——原注）、五称（若他戴仰，心便我大，轻人重己，道心倾坠——原注）、六讥（若失恭敬，心便不掩，恕己嫌人，道心改变——原注）、七苦（若违情生恼，心便不忍，结恨缠翳，消灭善

心——原注)、八乐(若顺情生过,心便玩著,迷惑失性,道心净散——原注)。(《信施檀越法》,第671页中)

(八)《护持法藏》。解释护持佛法方面的名词和事项。主要有:"三藏教法"、"三学"、"三种持"、"三种知法人"、"三种如法"、"四种广说"、"以三法印验小乘教"、"以四法印验通教(宗)大乘"、"以五法印验通宗大乘"、"四堪法印"、"持律人有五功德"等。如关于"以三法印验小乘教"、"以四法印验通(宗)大乘",说:

以三法印验小乘教。一者一切法无常、二者一切法苦、三者一切法无我。若经律论明此三句义者,是佛正法。次以四法印验通教(据法国国民图书馆藏编号为P. 2148的敦煌本,当作"宗")大乘。一一切法无常、二一切法苦、三一切法无我、四涅槃法寂灭。初二句世谛,中一句真谛,后一句金刚以后常果也,若经律论明此四句义者,是佛正法也。(《护持法藏》,第672页上)

本书对所收戒律名词和事项的解释,以直释为主,很少引证原典文句;释文内容详实,文字简练,虚浮之词极少,是一部十分适合初学者的律学知识读本。

第十九品　唐未详作者《四部律并论要用抄》二卷

《四部律并论要用抄》,二卷。唐代未详作者撰,撰时不详。今本为敦煌本(法国国民图书馆藏,编号为P. 2100),收入《大正藏》第八十五卷。从本书卷上之末有"申年八月二十七日沙门明润于此囊恭礼写记"的题记和"净土寺藏经"的印记推断,原书为敦煌净土寺藏经，约成于唐末。

本书是广律和律论中戒律要事的解说（包括问题解答）。书名中说的“四部律”，是指《四分律》、《十诵律》、《僧祇律》、《五分律》四部广律；“论”是指《萨婆多部毗尼摩得勒伽》、《萨婆多毗尼毗婆沙》、《毗尼母经》、《善见律毗婆沙》四部律论（书中没有提及《律二十二明了论》）。书首缺作者名字和序言（仅残存“救，当护持佛戒”五字），但目录和正文首尾齐全。全书的篇章结构如下。

卷上，收文十二篇：

（一）《明戒律缘起》。叙述戒律的缘起。主要内容有：律藏的结集；“五部律”（包括失传的“迦叶维部律”）的由来；“四部律”的传译等。

（二）《明受戒法》。叙述“受戒”方面的事项和作法。主要内容有：“十种受戒法”；羯磨受戒须具足“六缘”；“与人作和上应具十德”；“依止阿阇梨应具十德”；“威仪羯磨二种阿阇梨应具五德”；“临坛证人应具五德”；“有五法不得无依止”；“五法成就，听不受依止而住”；“有五法失依止”；“四种师”；“师有五失，弟子应忏谢而去”；“作戒”和“无作戒”；“舍戒法”等。如关于“威仪羯磨二种阿阇梨应具五德”，说：

> 威仪、羯磨二种（阿）阇梨应具五德。一知增上威仪（是净身口戒，亦名律仪戒——原注）、二知增上净行（名净心戒，亦名定共戒——原注）、三知增上波罗提木叉戒（是净惠戒，亦名道共戒，出世法过于世法，故言增上也——原注）、四知自羯磨（此一句善众法，文辞成就，言彰辨利——原注）、五满五腊（五年学戒，自行既成，堪与人作师也——原注）。（卷上《明受戒法》，《大正藏》第八十五卷，第693页中）

（三）《明结界法》。叙述“说戒”、“自恣”、“离衣宿”时“结界”（指依羯磨划定作法的区域）方面的事项和作法。主要内容有：“作界”（指“作法界”）和“自然界”（合称“二种界”）；“《四分》明十种界”；“《善见论》明八种物作界相，有得、不得”等。

（四）《明羯磨法》。叙述“羯磨”（僧团议决僧事的活动）的种类和作法。主要内容有：“羯磨有一百一种”；“二十四单白羯磨”；“四十七白二羯磨”；“三十白四羯磨”；作羯磨的人数（“自恣受功德衣边国受戒等应五人作”；“二众受具足戒应十人作”；“比丘出罪应二十人作”；“比丘尼出罪应二众各二十人”；“余一切羯磨四人得作”）；“五种非羯磨不应作”；“七羯磨罚治恶人法”；“作羯磨先具三法”等。

（五）《明说戒法》。叙述每半月一次集会“说戒”方面的事项和作法。主要内容有：“十五种略说戒”；“八难事”；“四种布萨”等。如关于“四种布萨”，说：

> 有四种布萨。一三语布萨、二清净布萨、三说波罗提木叉布萨、四自恣布萨。《摩得伽论》（指《萨婆多部毗尼摩得勒伽》）云：云何名布萨？布萨者，舍诸恶不善法，舍诸烦恼有爱，证得白法，究竟梵行事，故名布萨。（卷上《明说戒法》，第696页下）

（六）《明安居及受日法》。叙述每年三个月“结夏安居”方面的事项和作法。主要内容有：“五种持律”；“前安居”和“后安居”（合称“二种安居”）；“受七日法”；“安居初应作四事”；“安居竟作五事”；“有五种人不得安居衣”；“破夏人十过失”等。

（七）《明自恣法》。叙述在夏安居结束之日举行“自恣”（指请求他人批评举罪）活动方面的事项和作法。主要内容有：“前安居人应七月十五日自恣”；“后安居人八月十五日自恣”；

“五人广自恣”；“四人三人二人对手（首）自恣”；“一人心念口言自恣”；“自恣是举罪法”；“五种与欲”；“五种失欲”等。如关于“自恣是举罪法”，说：

> 问：自恣名何法？答：自恣是举罪法。本因夏中举罪，令众斗乱，是故停（据敦煌本《三部律抄》当作“停举”），至夏不（据敦煌本《三部律抄》当作“夏罢”），同用共相，举罪忏悔清净，然后随缘。问：何故忏悔要须人举？答：人多迷己，傍嘱者明。若不识罪，无由得悔，故须人举。（卷上《明自恣法》，第698页中）

（八）《明衣法》。叙述受持“衣钵”方面的事项和作法。主要内容有：“三衣六物”；“受衣文”；“受钵文”；“四依法”（又称“四圣种”）；“十种粪扫衣”等。

（九）《明功德衣法》。叙述僧众于夏安居结束后“受功德衣”方面的事项和作法。主要内容有：“几人得功德衣”；“受功德衣得五事利”等。

（十）《明净地护净法》。叙述衣食住行的“净法”。主要内容有：“净地有四种”；“五种净”；“内宿”；“内煮”；“恶捉”；“五种受食法”；“八种浆非时听（指允许）饮”等。如关于“净地有四种”，说：

> 《四分律》明净地有四种。一者檀越、若经营人，作僧伽蓝时，处分言，某处为僧作净地（此处分界畔分明，若僧受住，即名为净也——原注）；二者若为僧伽蓝未施僧（虽未处分，请僧来入，不得迳（当作“经”）宿，即日处分，便界畔分明，得名为净——原注）；三者若畔（当作“半”）有篱障，若多无篱障，若都无篱障，若垣墙，若堑（原本误作“若都，若无垣墙，若亦堑”，不通，今据《四分律》本文改正）亦

如是(若施主处分,若僧处分,皆得名净——原注);四者僧作白二羯磨结(此莫问久住、迳宿,皆得结——原注)。(卷上《明净地护净法》,第700页中)

(十一)《明任究僧徒同住众法》。叙述处理僧事方面的事项和作法。主要内容有:“评断诤事人应备五德”;“欲治断他事先观五法”;“律师与他判事当具五德”;“举罪人当内备五德”;“寺主维那当备五德”;“入众应具五德”;“五种非法默然”;“五种如法默然”等。

(十二)《明三宝物法》。叙述处置“三宝”(指佛、法、僧)财物方面的事项和作法。主要内容有:“四方僧物”;“常住僧物”;“招提僧物”;“僧祇物”;“僧鬘物”;“有五种物不可护不可分”;“檀越施物凡有八种”;“比丘受用施物有四种”;“有九种人应施”等。如关于“檀越施物凡有八种”,说:

檀越施物凡有八种(出《四分律》犍度中——原注)。一比丘僧施(虽属比丘,现前人分——原注);二比丘尼僧得施(虽属比丘尼,现前数人分——原注);三二部僧得施(莫问人数多少,分物二分,半属尼、半属比丘也——原注);四僧得施(来者皆得,应作羯磨分,亦不得共尼同作羯磨,亦不得羯磨钱宝,若招提僧不应作法——原注);五界内僧得物(属住处僧,僧入界者皆得,但取舍物时为定,若施常住僧,来者共用,不得舍去——原注);六同羯磨僧得施(同一住处作法事者得此物——原注);七称名字僧得施(若慢言施、上座法师施、咒愿施、看应人等,此不简亲疏,亦得施僧之福——原注);八人僧得施(从上座行之,随取者而与之也——原注)。随檀越施,依此八法而分。(卷上《明三宝物法》,第704页中)

卷下,收文五篇:

(一)《明亡比丘轻重物看病嘱授法》。叙述处置已故比丘轻重遗物方面的事项和作法。主要内容有:"亡者衣钵坐具针筒,与看病人";"看病人应具五德";"病人有五种事难看";"病人有三事难看";"病人应以三法善自量宜";"看病人法";亡比丘"重物",为"不可分物";亡比丘"轻物",为"可分物";"轻物羯磨文"等。

(二)《明五篇七聚持犯轻重》。叙述"五篇七聚"(此处指比丘戒)"持、犯、轻、重"(指持戒、犯戒、犯轻罪、犯重罪)的分别。主要内容有:"持律之人有五功德";"律藏有四名";"五篇";"七聚";"第一篇初淫戒";"盗戒";"杀戒";"妄称得过人法戒";"第二篇初漏失戒";"摩触戒";"粗恶语戒";"叹身索供养戒";"僧不处分过量造房戒";"房后戒";"无根谤戒";"破僧违谏戒";"第三篇初畜长衣戒";"离衣宿戒";"从非亲里比丘尼取衣戒";"使非亲里尼浣故衣戒";"从非亲里居士乞衣戒";"不得受宝戒";"卖买戒";"乞钵戒";"夺衣戒";"过畜七日药戒";"回僧物入己戒";"九十事中坏鬼神村戒";"掘地戒";"与未受具戒人同宿戒";"食尼赞敬食戒";"受一食处过受戒";"展转食戒";"足食已不作余食法戒";"别众食戒";"不受食戒";"残宿食戒";"非时食戒";"僧伽蓝中取宝戒";"饮酒戒"等。如关于"五篇",说:

> 此之五篇,护三种行。初篇(指"波罗夷篇")护根本行;第二(指"僧残篇")护众法行;下三(指"波逸提篇"、"波罗提提舍尼篇"、"众学篇")护威仪行。又为防三种障。初两篇,护防障道罪,初篇正障道,(第二篇)僧残正障众;第三篇防牵执罪,沉溺三有,出离莫由;后之两篇防讥过罪,生人盖化益,无于提舍尼,劝犯以悔,众学一篇劝释专精莫

犯，义该诸篇，具绮互而明。五篇戒，论其体也，皆以三业正善为体，但犯轻重随缘，而制阶之为五，贯例属自之为篇也。（卷下《明五篇七聚持犯轻重》，第710页下）

（三）《明除忏悔法》。叙述忏悔除罪方面的事项和作法。主要内容有："初篇（指波罗夷罪）不可悔"；"第二篇（指僧残罪）僧中悔"；"偷兰遮有多种悔法不同"；"与他作忏悔应具五德"等。

（四）《明会通诸律违负》。解释为何"五部律"制戒有轻重不同。主要内容有：五部"名相虽殊，理通正一"；"大乘诸经，明罪无定性"；"律教独言四重不可悔"等。

（五）《明诸部杂威仪》。叙述僧众威仪杂行方面的事项和作法。主要内容有："比丘六念法"；"四威仪"；"四如法眠"；"不系心眠有五过失"；"有十威仪不应礼"；"有十时不应礼"；"经行有五功德"；"扫地有五法得功德"；"嚼杨枝有五利益"；"食粥有五利益"；"不忍辱人有五过失"；"出家沙门当离八（原本误作"三十八"）风"；"常报四恩"；"出入应舍五悭"；"四种污他家"；"有七法应与作亲友"等。如关于"常报四恩"，说：

四恩者，一父母（能生我身，育我以道，得有今日——原注）、二师僧（以法施我，生我法身——原注）、三国王（放我课役，水土草木常施于我——原注）、四檀越（恭给衣食，齐我形命，全身行道。是故比丘念之，常报四恩——原注）。（卷下《明诸部杂威仪》，第718页下）

本书与《毗尼心》相比，引证的文字有大量的增加，但值得一提的是，本书没有一字提及唐代义净译出的根本说一切有部的律典。其原因，也许是因为义净的译语与先前律典的译法迥异，即便是习律沙门也感到生疏难懂，故乏人问津吧。

第二十品　五代景霄《四分律行事钞简正记》十七卷

《四分律行事钞简正记》，又名《简正记》，十七卷。五代吴越国景霄纂，初撰于天复三年（公元938年，此据卷九《释相篇》"从永平十年丁卯佛法初来，至今天复三年癸亥，计八百三十七年矣"语），重修于开运二年（公元945年，此据本书后记中"吴越真身寺传律沙门靖安丁巳岁重修一部《简正记》一十七卷"一语）。北宋怀显集、日僧戒月改录《行事钞诸家记标目》著录。收入《新纂续藏经》第四十三册。

景霄（生卒年不详），俗姓徐，丹丘（今浙江临海）人。资性刚介，狷急自持。初受请前往金华东白山，奖训初学。后应武肃王钱氏之召，主持临安竹林寺。后唐天成二年（927），赴北塔寺临坛讲律。晚住杭州真身宝塔寺。生平事迹见北宋赞宁《宋高僧传》卷十六、元昙噩《新修科分六学僧传》卷二十三。

本书是唐道宣《四分律删繁补阙行事钞》的注释。全书分为"立章料简"、"判释科条"两部分。"立章料简"，旨在"略知教（指律教）之所归"，下分"能说教主"、"所说教藏"、"结集住持离分部别"、"翻译时代制作之由"四章（又称"四段"），总叙《四分律》的由来和《行事钞》的撰作经过；"判释科条"，旨在"广辨教之文义"，下分"略辨科分"（先科判《四分律》，后科判《行事钞》）、"依文广解"两部分，先简略地科判《四分律》和《行事钞》的内容结构，后依顺原文的叙次，对《行事钞》的《序》、《十门类例》和正文三十篇，一一作释。卷首有作者自序，说：

> 盖闻《事钞》玄邃，功用实深，是律府之枢开，乃行持之

钳键。爰自巨唐贞观之后，制造章记四十余家，而条贯极繁，篇轴兼盛，欲遍披讨，难究源流。但景肖夙饮化缘，功承禀训，辄简诸多正义，编集成之。庶后学徒，俾其福用云尔。(《新纂续藏经》第四十三册，第1页下)

卷一：叙述《四分律》的由来和《行事钞》的撰作经过。

卷二：以“序分”、“正宗分”、“流通分”三分，科判《四分律》、《行事钞》，并释《行事钞》的题目(“四分律删繁补阙行事钞”十字)和作者。

卷三、卷四：解释《行事钞》书首刊载的道宣“总序”(指《行事钞序》)、“别序”(又称“十门别序”，指《《十门类例》)。

如关于“律藏”在“三藏”中的地位，说：

约根本辨次第者，经是本，故先明，戒从此生，慧方起故，具兹四义，是以契经藏最在初也。第二举律以明者，先经后论，亦具四义：一约法住者，毗尼是佛法寿命，毗尼藏经，佛法方住，是以律最在初也。二约起行者，凡是起行之源，戒最为首，依教起行，律藏在初。故经云，戒者，行根面首、集众善法等。三据制者，毗尼藏胜，佛亲制之。余二(指经藏、论藏)无能，故在后也。又律云，毁毗尼犯提(指轻毁戒律犯“波逸提”罪)，毁余二犯吉(指轻毁经、论犯“突吉罗”罪)。四约所被内众(指律藏针对出家五众而制)，是以先明，余二不然，故在后也。(卷一，第10页下)

卷五：解释《行事钞》正文第一篇至第四篇，即《标宗显德篇》、《集僧通局篇》、《足数众相篇》、《受欲是非篇》。

卷六：解释《行事钞》第五篇、第六篇，即《通辨羯磨篇》、《结界方法篇》。

卷七：解释《行事钞》第七篇至第九篇，即《僧网大纲篇》、

《受戒缘集篇》、《师资相摄篇》。

卷八：解释《行事钞》第十篇至第十二篇，即《说戒正仪篇》、《安居策修篇》、《自恣宗要篇》。

如关于“羯磨四缘”的“竖”和“横”（指羯磨法、事、人、界的纵向分法与横向分法），说：

> 夫言法（指羯磨法）有多种，竖则有三：心念、对首、众法；横则有八：但心念、对首心念（原书脱上四字，今据下文补）、众法心念、但对首、众法对首、单白、白二、白四。就缘约相，一百八十四法至多。……二就事（指羯磨事）者，凡有事多种，竖则有三：情、非情、情非合事；横则有八：但心念事、对首心念事、众法心念事、但对首事、众法对首事、单白事、白二事、白四事。……三约人（指羯磨人）者，人有多种，竖则有二：一别、二僧；横则有三：一一人僧、二众多人僧（指二三人僧）、三僧僧（当作“四人僧”）。就事别明，则有七种，始从一人终至二十（指有一人僧、二三人僧、四人僧、五人僧、十人僧、二十人僧之分）。……四就界（指羯磨界）者，界有多种，竖则有二：一自然、二作法；横则有七：自然中有四，聚落、兰若、道行、水界，作法中有三，大界、戒场、三小界。就缘约相，则有十三，作法有七：一戒场、二人法二同（大界）、三法食二同（大界）、四法同食别（大界）、五受戒小界、六说戒小界、七自恣小界。自然有六：一可分别聚落、二不可分别（聚落）、三无难兰若、四有难（兰若）、五道行、六水界。（卷六《羯磨篇》，第 112 页下）

卷九至卷十二：解释《行事钞》第十三篇、第十四篇，即《篇聚名报篇》、《随戒释相篇》。

卷十三、卷十四：解释《行事钞》第十五篇《持犯方轨篇》。

卷十五：解释《行事钞》第十六篇、第十七篇，即《忏六聚法篇》、《二衣总别篇》。

如“持戒”（下分止恶的“止持戒”和行善的“作持戒”）、“犯戒”（下分因作恶而犯的“作犯”和因止善而犯的“止犯”）的“通”（指通达）与“塞”（指蔽塞），说：

> 言二（指“持戒”、“犯戒”）至塞者，谓约一心，望于二境，如起一善行心，通望止（指“止持戒”）、作（指“作持戒”）二境。又约起一不善行心，通望止（指“止犯”）、作（指“作犯”）二犯境。……言塞至有者，持中无犯，犯中无持，持是善，犯是恶，不相有故。言持、犯自相通者，即止持中有作持，作持亦通止持，犯反上说（指“止犯”中有“作犯”，“作犯”中有“止犯”），谓双持双犯，当各相通。次广解中，言如至持者，持、犯自相通，如止煞（当作“杀”；《新纂续藏经》中将“杀”字误植为“煞”字的地方极多，以下在引用时直接改正）事是止持，作于观行是作持，如作如法衣钵是作持，止非体量是止持。言二犯亦尔，反说便是。如不乞法造房是止犯，违教成是作犯，即止（指“止犯”）中有作（指“作犯”）也；如作非法衣钵，是作犯，止如量边，是止犯，即作中有止也。（卷十三《持犯篇》，第348页中）

卷十六：解释《行事钞》第十八篇至第二十七篇，即《四药受净法篇》、《钵器制听篇》、《对施兴治法篇》、《头陀行仪篇》、《僧像致敬篇》、《讣（赴）请设则篇》、《导俗化方篇》、《主客相待篇》、《瞻病送终篇》、《诸杂要行篇》。

卷十七：解释《行事钞》第二十八篇至第三十篇，即《沙弥别行篇》、《尼众别行篇》、《诸部别行篇》。

如关于“十二部经”的解释，说：

十二部经者，十二者举数也，部类也，有十二类差别故，新云十二分教，即分段义也。一修多罗，此云契经，谓一切长行文是。二祇夜，此云应诵分，亦云重诵，虽前长行说事，恐后人未闻，更牒前文为偈故。三和伽耶（又译“和罗那”），此云记莂分，亦授记，为诸弟子，记当来受果之事。四伽佗（陀），此云讽诵分，即孤然而起，如容颜甚奇妙、诸行无常等是。五优陀那，此云自说分，如《弥陀经》等。问：以何不待请而自说耶？答：《显扬论》云，有二义故，一为众人不知、不解请，二或可虽知，不敢辄请，若不自说，无由得闻，佛为接机，所以自说也。六尼陀那，此云缘起分，亦云因缘，《显扬论》云，因缘有三：一因请为缘；二因犯为缘，如制戒因六群等；三因事为缘，如舍卫国大夫捕鸟还放，佛便说偈，莫轻小罪等是。七阿婆那（又译“阿波陀那”），此云譬喻分，经中凡说喻处，如《涅槃》有八百大喻，《法华》有七喻等是。八伊越多伽（又译“伊帝目多迦”），此云本事，佛为诸弟子说宿世事也。九阇陀伽，此云本生，谓佛自说宿世因缘是。十毗佛略（吕加反——原注），此云方广，谓明菩萨行广大行，及记大乘义理等是。十一浮陀摩（又译“阿浮陀达磨”），此云希有，如宝树低枝、祥河息浪、猕猴献蜜、瑞像趍迎等是。十二优婆提舍，此云论义分，即问答往还，研穷理趣等是。谓三藏虽广至多，不离十二分，收之并尽。（卷十六《导俗篇》，第 444 页上、中）

总体而言，本书解释唐道宣《行事钞》卷上、卷中较为详细，全书十七卷中，分别有八卷、六卷半的篇幅是释此二卷的；解释《行事钞》卷下较为简略，只有二卷半的篇幅，而此中涉及的篇目却达十四篇，几近《行事钞》正文三十篇的一半。

第二门　唐五代四分律宗著作·相部宗

第一品　唐法砺《四分律疏》十卷

附：唐法砺《四分戒本疏》三卷

《四分律疏》，十卷（后人又将每卷分为"本"、"末"，故又作"二十卷"）。唐法砺撰，成于武德六年（623 年，此据五代景霄《四分律行事钞简正记》卷四所记）。唐道宣《续高僧传》卷二十二、《四分律删繁补阙行事钞》卷上著录。收入《新纂续藏经》第四十一册。

法砺（569—635），原籍冀州赵郡（今河北赵县），后因祖上为官，迁居相州（今河北临漳县），俗姓李。十五岁，从相州演空寺灵裕出家。受具足戒后，敦慎戒科，从静洪研习《四分律》，后至恒州，就洪渊研习律学，历时二年，统略支叶，穷讨根源，博引所闻，开讲律要。继尔游学江南，习学《十诵律》。隋末返回相州，住日光寺。唐初，应临漳县令之请，敷弘佛法，四方学者云集。前后讲《四分律》四十余遍，著有《四分律疏》十卷（今存）、《羯磨疏》三卷、《舍忏仪轻重叙》一卷（以上已佚）等。法砺为唐代四分律宗三大派中相部宗的创立者（因传教地在相州而得名，倡导以"非色非心"为戒体）。时人将他撰的《四分律疏》称为"旧疏"，而将东塔宗怀素撰的《四分律开宗记》，称为"新疏”。唐代“新疏”派和“旧疏”派之间的争论十分激烈。唐代宗大历十三年(778),曾敕令三宗(南山、相部、东塔)大德十四人在安国寺聚会,决定新旧两疏的是非,并佥定一本行世。最后,由如净等人作《敕佥定四分律疏》十卷,以调和新、旧两疏学者之争的纷争,并允许两疏继续并行(见唐圆照《大唐贞元续开元释教录》卷中)。生平事迹见唐道宣《续高僧传》卷二十二。

本书是现存最古的《四分律》全本的注疏,也是唐代相部宗的代表作。全书大致分为三部分:卷一“本”、“末”,解释《四分律》的题名(又称“开发经题”,下分“举宗摄教”、“知教指归”、“正释律初题目”三门,解释律藏、戒学和《四分律》题名)和“序分”(指书首刊载的昙无德部创始人法藏作的“劝信序”和比丘戒“四波罗夷法”之初刊载的“发起序”,前者为偈颂,后者为佛对舍利弗所作的有关以“经法”善摄弟子才能使佛法久住的谈话),于中提出相部宗的主要戒律理论;卷二本至卷十本前部分,解释《四分律》“正宗分”,即《四分律》正文中的“比丘戒法”(又称“比丘律”)、“比丘尼戒法”(又称“比丘尼律”)、《受戒犍度》至《杂犍度》等二十犍度;卷十本后部分至卷十末,解释《四分律》“流通分”,即《四分律》中的《集法毗尼五百人》、《七百集法毗尼》、《调部》、《毗尼增一》。

本书的诠释体例是,先提举纲目,后逐项细释。释戒时,先以“总料简”(又称“总解”)的形式,解释各类戒法的大意;次以“别解”(又称“别释”)的形式,标立每一戒条的名称,分“制戒意”(指叙说制戒的本意)、“释名字”(指解释戒名的含义)、“具缘成犯”(指说明构成犯戒的条件)、“阙缘义”(指说明不构成犯戒或情节较轻的条件)四项,对每类戒法下属的各个戒条予以解释;后以“释文”的形式,对相关的《四分律》原文一一作释。书首有《四分律疏目次》。

卷一"本"、"末"：解释《四分律》（又称《四分律藏》）的题名。所释包括："戒学"（又称"戒宗"）分为"受戒"（又称"受戒法门"，指受纳戒法）、"随戒"（又称"随戒行相"，指受戒后随顺戒体发起的修行）二门；"受戒"下分"受缘"（指受戒的条件）和"受体"（指将戒法纳受于心，使之生起防非止恶的功能的业体）；"受缘"，依受具足戒的方式，分为"善来"、"称上法"、"三归"、"八敬"、"羯磨"五种；"受体"，分为"作戒"（又称"表业"，指受戒时依仪轨而作的请师乞戒等行事，此为显现于外的、可见闻的业体）和"无作戒"（又称"无表业"，指受戒后于内心产生的防非止恶的功能，此为不显现于外的、不可见闻的业体）二种；"随戒"下分"专精不犯"和"犯已能悔"二种；"专精不犯"为"持"（指受持戒法），"持"分为"止持"（指制止身口意作恶，即"诸恶莫作"）和"作持"（指策励身口意修善，即"众善奉行"）二种；"犯已能悔"的"犯"，分为"作犯"（因作恶而犯戒）和"止犯"（因止善而犯戒）二种，"能悔"也是"持"等。书中先对以上内容作总释，然而分层次作细释。本卷的细释至"发戒缘竟"。

卷一"末"：解释《四分律》的题名之余和"序分"。所释包括："辨受体"（叙及"二戒先后"、"受随同异"）；"解律题名"（叙及"略教"、"广教"、"五部律"）；"劝信序"；"发起序"（叙及"化教"、"制教"）等。

如关于"戒学"，说：

分别戒学，两番料简。第一受戒法门，第二随戒行相。言受戒者，创发要期，断恶修善，建志成就，纳法在心，目之为受。言随戒者，受兴于前，持心后起，义顺受体，说之为随。就受、随二门，各开为两。谓受门二者，为彰戒法有为，不能孤起，藉因托缘，然后方发，故明能发之缘。既有其缘，必所得，故次第二所发戒体。言受缘者，实以位陛圣凡，报殊男女，托缘不同。案：此律辨五种受戒。一曰善来，二称上法，三名三归，四曰八敬，五者羯磨。斯之五名，备如常释。第二言受体者，据要而论，不出二种。一者作戒，二无作戒。言作戒者，方便身口，造趣营为，称之为作。二无作者，一发续现，四心三性，始末恒有，不藉缘办，号曰无作。斯之二种，俱有（上二字原书残缺，今据《四分律疏饰宗义记》卷二本补）悬防，同称为戒。若言作戒，以色为体。言无作者，非色非（上二字原书残缺，今据《四分律疏饰宗义记》卷二本补）心。第二次辨随戒二门者，第一专精不犯，第二犯已能悔。言专精者，上行之流，一往顺教，恶离善行，称曰专精。但持有二种，一明止持，二明作持。言止持者，念智舍等，护防身口，不造诸恶，称之为止。止而无违，顺受光洁，故曰止持。言作持者，奉顺圣教，作法作事，对事作法，称之为作。作而顺受，故号作持。第二犯（已）能悔者，不谨之人，放纵身口，违禁兴过，不修善行，污本所受，名之为犯。……然犯有二。一者作犯，现违圣教，广造诸过，称为作犯。二者止犯，不依教奉修，止而有违，故名止犯。对斯二犯，悔而还复，并称为持。（卷一“本”，《新纂续藏经》第四十一册，第 523 页下—第 524 页上）

卷二“本”：解释《四分律》“正宗分”的宗旨和“正宗分”中的比丘戒。包括：“五篇”、“七聚”、“方便”、“持犯”等。

卷二“末”：解释《四分律》比丘戒“四波罗夷法”第一条“淫戒”（以下各戒的名称均据本书原文写录）、第二条“盗戒”。

如关于“淫戒”，说：

初戒（指淫戒）有四。一制戒意，二释名字，三具缘成犯，四阙缘义。此之四者，并有通别，诸戒例然。一制戒意，一通二别。言通意者，如《多论》（指《萨婆多毗尼毗婆沙》）云，以结戒灭将来非法。……此是通意，义该诸戒，下文不更说。二等是制戒，不听淫者。淫欲之性，体是鄙秽，爱结缠心，耽或难舍。既能为之，则生死苦增，炽燃不绝，沉轮三有，莫能出离。障道之原，勿过于此，结患之深，宁客不禁，是故圣制。二释名字，亦有通利。通者戒是，别者不净行等是。言不净行者，是淫欲法，所防之过，戒是能治之行。……三具缘成犯，亦有通别。言通者，人解具缘，一切诸戒，咸具五缘。谓：一是比丘，二有所对，三有心，四心境相应，五事成究竟。唯除淫、酒，阙无相应，非无此义，太成漫该，不存此说。今者解释，自有通别。通缘（指构成犯戒的共同条件）有三。一是大比丘，简非所被，文言若比丘故。二制广教后，以其初人，教未摄故。三无量病坏心，简痴狂等。此之三义，该括上下。……言别（指"别缘"，即构成犯戒的个别条件）者，此具四缘。一有正境，二有染心，三起方便，四与境合。若为怨通，亦四缘成。一正境，二怨逼，三与境合，四者受乐。此戒通（缘）三别（缘）四，七缘成犯。四阙缘义。一解阙通缘，全无罪可知。……次阙别缘。若阙初缘（指"有正境"），非道、道想疑，得二偷兰（遮）。……阙二三两缘（指"有染心"、"起方便"），无犯。阙第四缘（指"与境合"），有二偷兰（遮）。（卷二"末"，第566页上、中）

卷三"本"：解释《四分律》比丘戒"四波罗夷法"第三条"杀戒"、第四条"妄称得过人法戒"；"十三僧残法"第一条"故漏失戒"至第八条"无根谤戒"。

卷三“末”：解释《四分律》比丘戒“十三僧残法”第八条“无根谤戒”之余至第十三条“恶性拒僧违谏戒”；“二不定法”。

如关于“恶性拒僧违谏戒”的“制意”，说：

> 制意有三。一制恶性不受谏意。人非性智，义无独善，要赖善友，在相匠导，方能离过修善，有出道之益。……二须谏意。有四种人，咸须设谏。一年耆宿德，二久居众首，三薄学浅识谓智能过人，四共胜人参居。今此谏戒，正当第四人。……尔今阐陀内实无德，闻劝不受，反倚傍胜人，恃己陵物，言：佛是我释种，法是我家佛所说，我是佛法根本，我应教诸大德，大德何用教我为？言说相似愚迷。谓是须僧设谏，开示是非。……三结罪意。众僧详谏，劝依三藏，在相受语，是非见分，不肯从慎，故违僧法。情过是重，三谏不舍，故结僧残。（卷三“末”，第607页上、中）

卷四“本”：解释《四分律》比丘戒“三十尼萨耆法”（又称“三十尼萨耆波逸提法”、“三十舍堕法”）第一条“长衣戒”至第四条“取尼衣戒”。

卷四“末”：解释《四分律》比丘戒“三十尼萨耆法”第五条“使尼浣故衣戒”至第三十条“回僧物戒”。

如关于“畜宝戒”的“释名”、“听畜不听畜”，说：

> 此宝者，八不净（物）中一不净数，故今总解八不净义。四门分别。一列数释名，二听畜不听畜，三畜之得罪轻重，四更互相贸得罪轻重。初门者。一田宅；二种殖根栽；三贮聚稻粟，居盐求利；四奴婢人民；五畜养群畜；六金银钱宝；七畜豸牙金银克镂大床，并绵褥氍；八一切铜铁釜镬，除十六枚器，不在此限。若畜此八，长人贪求，污染梵行，故曰不净。此出《善生经》，此律（指《四分律》）《衣》、《杂》（犍

度)二处有文,而不次比。第二门者。第一(不净物)中田及第二(不净物)根栽,长贪妨道,无开畜(指不开许蓄用)义。第一中宅舍,有听(指允许)、不听。若广畜庄宅,即不听许。一口(字缺)小房,虽是重物,有资道义,圣亦听畜,不须说净。第三不净中……若病,听畜尽形寿药盐,无病不许。第四及五(不净物),若不病,一切俱禁,若老病,开畜。六金银钱宝等,不问病、不病,悉皆不开,以利患重故。然以资要,得说净,付俗人作净而畜,恒作受取净物之意。七八(不净物)二中,不问病、不病,有开、无开,如被褥氍数,三时五时得净施畜。及十六枚等,如是类说。(卷四“末”,第628页上)

卷五“本”:解释《四分律》比丘戒“九十单波逸提法”(又称“九十波逸提法”、“九十单提法”)第一条“故妄语戒”至第二十六条“与尼屏露坐戒”。

卷五“末”:解释《四分律》比丘戒“九十单波逸提法”第二十七条“与尼期同道行戒”至第五十八条“藏他衣钵戒”。

如关于“掘地戒”,说:

制戒意。《多论》(云),有三种益故,不听掘地坏生。一为不总众生故,出家修慈,宜愍物命,制不听掘,离恼害故。二为止诽谤故。三为大护佛法故,若佛不制此二戒(指“掘地戒”、“坏生种戒”)者,一切国王,当使比丘种种作役,事务纷动,遮障修道。以制此故,国王息意,不复策役,得令比丘息缘修道,终成出益。缘(指犯缘)五。一是生地,二作生地想,三自掘,四使人掘时不作知净语,五随伤便犯。(卷五“本”,第644页上、中)

卷六“本”:解释《四分律》比丘戒“九十单波逸提法”第五

十九条“真实净施不问主取用戒”至第九十条“过量三衣戒”；“四波罗提提舍尼法”；“众式叉迦罗尼法”（又称“众学法”，作总说，未对各戒作释）；“七毗尼法”（又称“七灭诤法”，作总说）；《四分律》“正宗分”中的比丘尼戒（又称“比丘尼律”）“八波罗夷法”、“十七僧残法”中的“不共戒”（与比丘不同的戒条）。

卷六“末”：解释《四分律》比丘尼戒“十七僧残法”之余、“三十尼萨耆法”、“一百七十八单波逸提法”、“八提舍尼法”中的“不共戒”，以及“式叉迦罗尼法”、“七灭诤法”（以上二项因与比丘戒相同，仅列目，未作释）。

如关于比丘尼戒“三十尼萨耆法”第二十条“互用说戒堂物戒”，说：

> 自下戒（指本戒及以下三条“回现前僧食直用作五衣戒”、“互用别房戒”、“互用现前僧堂戒”）皆是互用，总解制意。凡笃信舍施，情期有定，理宜称施而用，事须合当。今转为余用，乖本施心，致招讥累，又长贪结，自坏处深，故所以制。四缘成犯。一施现前僧，说戒堂直（通“值”），甄去四方僧堂直回用，犯。……二知施说戒堂直，除不知，不犯。三受得属己。四转异用，便犯。……此下之三戒，悉具四缘，唯以事别为异。（卷六“本”，第686页中）

卷七“本”：解释《四分律》“正宗分”中的“二十犍度”，以及《受戒犍度》前部分。

卷七“末”：解释《四分律》中的《受戒犍度》后部分、《说戒犍度》。如关于“二十犍度”的得名，说：

> 释名者。西音揵（犍）度，此方称聚。诸法之中，当分统论，故称为聚，而存本音，总名犍度。……别义不同，略有

其十。(第一)受戒一法(指受戒犍度),从受法作名。第二说、安、恣、法(指说戒、安居、自恣、法犍度),此四约随法受称。第三皮、迦、杂(指皮革、迦絺那衣、杂犍度)三,从所开事立目。第四衣、药、房(指衣、药、房舍犍度)三,从知足行缘,以得其名,谓四依是。第五拘、瞻(指拘睒弥、瞻波犍度),此二约处。第六呵责一法(指呵责犍度),治过立字。第七人、尼二法(指人、比丘尼犍度),就人以标。第八覆、破(指覆藏、破僧犍度),此两从过。第九遮之一法(指遮犍度),举罪受名。第十灭诤一法(指灭诤犍度),功能作名。此等推寻。所以可知。(卷七"本",第697页下—第698页上)

卷八"本":解释《四分律》中的《安居犍度》、《自恣犍度》、《皮革犍度》、《衣犍度》。

卷八"末":解释《四分律》中的《药犍度》、《迦絺那衣犍度》、《拘睒弥犍度》、《瞻波犍度》。

如关于《衣犍度》中的"时施"和"非时施",说:

时者。时有二义,一佛以比丘受功德衣五月,不受一月,开诸比丘得五利时。但是得五利时,不必于此时中受者,即名时施,以受施义通故。二以安居劳说之为时,如施主请比丘夏中供养,即以此安居劳为时。如毗兰若请者,是故言为时。若为此时施,复在一月、五月时中者,是名时施。以此二事,元为安居故开,若反上说,不为夏劳者,并名非时施故。……时与非时,各有二种。言时施二者。一时现前,谓本为夏安居故,而数人分者是。……二僧得者,施主本意,但安居等心奉献,而不局彼此,僧通一化,名时僧得。……言非时二者。一谓非时现前,施心局限,人物有定，随人而取者是。……二是非时僧得施者。谓其施主运心弥廓，时通十二月，人及一化奉施者是。（卷八“本”，第742页上、中）

卷九“本”：解释《四分律》中的《呵责犍度》、《人犍度》、《覆藏犍度》、《遮犍度》。

卷九“末”：解释《四分律》中的《破僧犍度》、《灭诤犍度》。

如关于《呵责犍度》中治罚恶行的七羯磨（指“呵责”、“摈出”、“依止”、“遮不至白衣家”、“不见罪举”、“不忏悔罪举”、“不舍恶见举”羯磨），说：

> 呵责名者，此人轻蔑僧众，情存斗乱，对僧倒说，破坏彼此，不受训导，为过处深，须加治罚。……作羯磨法，呵责前人，故曰呵责羯磨。《五分》亦尔，《祇律》（指《僧祇律》）名折伏。言摈者，此人于白衣处，倒说佛法，污家恶行，坏彼信心，以非为是，作法加罚，遣出本处，为使折伏改悔从善，还生俗信，故曰摈羯磨。《涅槃》名为驱遣羯磨，《十律》名驱出。言依止者，此人在道虽久，自无解慧，与白衣杂住，倒说四事，随缘起过，行不自立，须僧治罚，依伏明德，请禀法训，以成己益，故曰依止羯磨。《涅槃》名为置羯磨，谓置在有德人所故曰也。言遮不至白衣家者，谓于有信白衣前，倒说佛法，谤毁三宝，骂辱白衣，损坏俗信，而便舍去，名为不至，作法加罚，差八德送忏，为使申谢，还生俗信，遮其不至，要令自往，故曰遮不至白衣家羯磨。《涅槃》名为举罪羯磨，彰过于外，俗人前悔，故曰举罪十五，二律称为下意，《祇律》发喜，谓发白衣欢喜。言不见举者，不信善恶二因，得苦乐两报，邪心在怀，彰于学路，宜加折伏，举弃众外，目之为举，作斯举法，治不见人，故曰不见举。《涅槃》名为未可

见羯磨。言不忏举者,然罪无定性,既从缘而生,理有悔除,从缘而灭,今邪见在心,不信缘能感业,垢障尤深,进道无由,须僧折伏,令信忏灭罪,故曰不忏,释举同前。《涅槃》名为灭羯磨,治罚前人,使信忏灭罪故。恶见不舍者,见欲不障,邪心穴彻,名之为见,见心违理,目之为恶,治举恶见之人,甄在众外,不任僧用,故曰恶见不舍举。《涅槃》名为未舍恶具举。依《明了论》,合三举为不共住羯磨。(卷九"本",第770页上、中)

卷十"本":解释《四分律》中的《比丘尼犍度》、《法犍度》、《房舍犍度》、《杂犍度》;《四分律》"流通分"中的《集法毗尼五百人》、《七百集法毗尼》、《调部》、《毗尼增一》前部分。

卷十"末":解释《四分律》中的《毗尼增一》后部分。

如关于《毗尼增一》中的"毗尼有五答"(指"序"、"制"、"重制"、"修多罗"、"随顺修多罗"),说:

> 毗尼有五答者。或先自恒有求解之心,未得决了,义同于问,寻斯五处,豁然生解,以释已心故,名为答。或对事须决,义亦同问,亦准此五处,称彼决了,亦名为答。何等是五?如如发起大律,名序。大僧戒本,禁止违缘,名制。比丘尼伴,名为重制。受戒已下,尽七百来受随(指受体、随行)二行,是戒之宗本,名修多罗。条部已下,解释修多罗中犯相轻重,名随顺修多罗。若就一戒,亦有五答。谓须提那犯戒缘起,是制戒由致,名之为序。结戒禁防,称之为制。前制未圆,防过不用,故须随结,是以跋阇下文,是其重制。满足我本,名修多罗。广分别者,随顺修多罗。谓寻此五,决了疑情,故曰毗尼五答也。(卷十"末",第825页下)

本书以唐代以前的《四分律》研究者长期积累所形成的成

果为基础,提出并阐述了许多共通性的律学基本概念和命题,对四分律宗的理论建设具有重大的影响,如本书卷一提到那些律学概念和命题,也为其后的南山宗、东塔宗著述所采用。本书也是现存《四分律》注疏中,最早为比丘戒、比丘尼戒全面标立各戒名称的著作,其标立的戒名大多比较贴切,特别是比丘尼戒的戒名,自古以来十分稀缺,至今仍具有重要的参考价值。此外,作者对各戒的"犯缘"(指犯戒的构成条件)胪列细致,辨析详悉,也十分难得。

本书的注疏有:唐定宾《四分律疏饰宗记》十卷(又作"二十卷")。

唐法砺《四分戒本疏》三卷

《四分戒本疏》,三卷。本书为敦煌本(法国国民图书馆藏,编号为 P.2064)。收入《大正藏》第八十五卷。原书未署作者。但卷二、卷三之首刊有"沙门慧述"之名;卷三之末有"沙门福慧勘记"、"寅年十月十一日"、"比丘福渐详阅"的题记。若依此推断,则本书似为"沙门慧述"所撰。但据笔者检索比对,发现它的内容全出自唐法砺《四分律疏》中的比丘戒部分,只是抄写者增添了戒本上的一些文句,并对原疏的有些语句作了改动,以适应书名从"律疏"到"戒本疏"的变更而已。因此,敦煌本《四分戒本疏》实为《四分律疏》的节抄,原作者应为法砺,抄写者是慧述(事迹不详)。

卷一:始"凡欲开发经题,先作三门分别,后乃随文解释"(《大正藏》第八十五卷,第 567 页上),终"经云,众生无边,戒亦戒边,若非众生数,乃至草木生种大地,非法衣食等,及一一罪处。本受戒时"(第 571 页上)。主要解释"开发经题"三门中的前二门,即"举宗摄教"、"知教旨归",即《四分律藏》题名的含义和“戒学”的基本概念，缺失第三门“正释戒经题目”（法砺《疏》原作“正释律初题目”）。其内容相当于法砺《四分律疏》卷一本（“卷第一本”）的前部分（即《新纂续藏经》第四十一册第523页下—第539页上）。如关于“作戒”和“无作戒”，说：

戒相虽众，义要二种。一曰作戒，二无作戒。先释别名，作与无作，次解通名，所目之戒。言作者，谓方便身口，起动造作，称之为作。故《心论》（指《杂阿毗昙心论》）云，作者，身动方便；言无作者，身动灭已，与余识俱，彼法随生，名为无作。如善受戒，秽污无记心现在前，善戒随生，恶戒亦尔。次释通名戒者，此作、无作，俱有悬防，咸称为戒。依《善生经》，通有五名。一名为制，制断一切诸不善，故名之为戒；又名迮隘，虽有诸恶性，不容受，故名戒；又名清凉，遮热烦恼令不入故；又名为上，能上天堂，至无上道；又名学，调伏心智，故名戒。（卷一，《大正藏》第八十五卷，第569页中）

卷二：始“诸大德，是十三僧伽婆尸沙法，半月半月说，戒经中来”（第571页上），终“此戒结前三十舍堕，亦通问诸戒中清净法，犹默然，知清净故，言是事如是持”（第594页下）。主要解释《四分律》比丘戒“十三僧残法”（第一条“故漏失戒”至第十三条“恶性拒僧违谏戒”）；“二不定法”（“屏处不定戒”、“露处不定戒”）；“三十尼萨耆法”（第一条“畜长衣过限戒”至第三十条“回僧物入已戒”）。其内容相当于法砺《四分律疏》卷三本的后部分至卷四末（即《新纂续藏经》第四十一册第586页中—第638页中）。如关于“离衣宿戒”，说：

离衣宿戒第二。一制意。三衣者，乃是三世诸佛，应法之服，资身长道，最为要用，理宜随身，如鸟二翼，而无暂离。

今留衣在此身，居异处，寒暑率起，急须难得。又阙守护，容成失脱，废资身用，事恼不轻，是故圣制。二释名。人于异处名离，径（经）夜日宿，久即事慢，促则起恼，限其一日，过则便犯，故曰离宿戒。三具缘。通缘知上，别缘有六。一是三衣、二加受持法、三人衣异界、四不舍念、五无因缘、六明相出，即犯。（卷二，第 583 页中、下）。

卷三：始“诸大德，是九十波逸提法，半月半月说，戒经中来”（第 594 页下），终“律云，不犯者，若得白衣染作三种色，余轻重乃至内作净者，不犯”（第 616 页下）。主要解释《四分律》比丘戒“九十单波逸提法”中前六十戒（第一条“故妄语戒”至第六十条“白色三衣戒”）。其内容相当于法砺《四分律疏》卷五本至卷六本的前部分（即《新纂续藏经》第四十一册第 638 页中—第 668 页上）。如关于“故妄语戒”，说：

故妄语戒第一。一制意者。然出家之人，理宜称实，宁丧身命，许无虚谬。今反违心背想，欺诳前人，令他虚解自失，正利过患之甚，是以圣制。二释名者，言不称实，所以名妄，彰之在口曰语，无心不犯故，曰故妄语戒。三具缘、通缘如上。别缘有六。一人、二作人想、三遣想说、四知违想语说、五口言了了、六前人闻知。（卷三，第 595 页下—第 596 页上）

从本书与法砺《四分律疏》的对应关系中可以推知：本书的原本应有四卷，今缺第四卷（略称卷四）。卷四的内容为：法砺《四分律疏》所述《四分律》比丘戒“九十单波逸提法”中的后三十戒（第六十一条“杀畜生戒”至第九十条“过量三衣戒”）；“四波罗提提舍尼法”；“众式叉迦罗尼法”（又称“众学法”）；“七毗尼法”（又称“七灭诤法”）。此外，今本卷一末尾所残缺的那部分内容，应为：法砺《四分律疏》所述“开发经题”中的第三门“正释戒经题目”和《四分律》比丘戒“四波罗夷法”。

第二品　唐定宾《四分律疏饰宗义记》十卷

《四分律疏饰宗义记》，又名《饰宗义记》，原为十卷（因后人将每卷分为“本”、“末”，故又作“二十卷”），今存八卷（缺“卷一本”、“卷一末”、“卷九本”、“卷九末”）。唐定宾作，约成于开元（713—741）年间。日本元开《唐大和上东征传》著录。收入《新纂续藏经》第四十二册。

定宾（生卒年与里籍不详），唐代相部宗传人长安崇福寺满意律师（法砺的弟子）的门人，嵩岳镇国道场沙门。僧史无传。据日本凝然《律宗纲要》卷上记载，东塔宗怀素撰《四分律开宗记》（世称“新疏”）十卷（又作“二十卷”），破斥相部宗法砺《四分律疏》（世称“旧疏”）中的“十六大义”，“宾（指定宾）作《破迷执记》一卷，救砺（指法砺）大义，破素（指怀素）迷心”，日本僧人荣睿、普照入唐求法，曾于开元二十一年（733）从定宾律师受具足戒。又据唐李华《玄宗朝翻经三藏善无畏赠鸿胪卿行状》说，善无畏于唐开元二十三年（735）十一月七日入灭，后葬于龙门西山，“释门威仪定宾律师，监护丧事”，由此可见定宾在当时的社会声望之高。定宾的著作，除本书以外，尚有《四分比丘戒本疏》二卷（见存）、《破迷执记》一卷（《四分律疏饰宗义记》卷三末作《破迷记》，已佚）。此外，唐代另有一人，也名“定宾”，著有《因明正理门论疏》六卷（见日本圆超《华严宗章疏并因明录》、永超《东域传灯目录》），考此人为玄奘的弟子，与本书的作者当为两人。

本书是法砺《四分律疏》的注释。全书依顺法砺《疏》的叙次，对《四分律》和法砺《疏》的宗旨、篇章结构、段落大意、难懂难解的词句，作出了详略不等的解释。虽说它的基本思想是随顺法砺而来的，但作者并不拘泥于祖师之说，而是有取有舍，特别是将唐义净翻译的根本说一切有部律典中的一些新提法，也纳入其中，对法砺《疏》起到了补充和完善的作用。日本凝然《梵网戒本疏日珠钞》卷三评论说："嵩岳定宾律师，作《饰宗义记》释相部疏，义同则随疏补赞，解异则自作义判，取舍随理，不事傥焉。"（见《大正藏》第六十二卷）书首有《四分律疏饰宗义记目次》。

卷一"本"、"末："不传"（见《四分律疏饰宗义记目次》），即原文已佚。从今本《饰宗义记》卷二本的第一段文字"将解本文，仰依先章著述。凡欲开发经题，须为三要。言三要者，第一举宗摄教，第二知教旨归，第三正释律初题目。然以文义星罗，卒寻难晓，自非束揽，诠旨难通，故欲释文，先为三要，是则三要，以束揽为义也"，所释的正是法砺《四分律疏》第一段文字"凡欲开发经题，须为三要。言三要者，第一举宗摄教，第二知教指归，第三正释律初题目"来看，本书的初首并无残缺，以此推断，已佚的卷一"本"、"末"的内容，很可能是今已失传的《破迷执记》一卷。

卷二"本"：解释法砺《疏》中的"开发经题"（内容为律藏、戒学和《四分律》题名的含义）。法砺《疏》将"戒学"分为"受戒"和"随戒"二门；"受戒"下分"受缘"和"受体"；"受缘"下分"释名通局同异"、"受缘总别"、"能秉教人"、"所被分别"、"藉缘多少"、"发戒时节"、"受舍渐顿"、"校量胜劣"八门；"受体"下分"释名出体二戒（指作戒、无作戒）先后"、"受随同异"、"缘境发戒"、"发戒多少"四门。本卷释至"受缘"中的第四门"所被分别”。

卷二“末”：解释法砺《疏》中的“开发经题”之余。内容为“受缘”的第五门“藉缘多少”至第八门“校量胜劣”，以及“受体”的分别。

如关于《四分律》的部派和名义，说：

> 昙无德者，《部执疏》（指真谛《部执异论疏》）中，昙摩鞠多翻为法护。《宗轮论》（指《异部宗轮论》）中，名法藏部。旧人亦翻法敬、法密，并是一也。然《部执疏》云，法上部旧名昙无德者，盖似不然，至下当辨。言《四分》者，古来传说，律仪主四度升座诵出，名为四分。净（指义净）三藏云，良以梵本四夹成部，故云《四分》，岂容四诵便终一部？《十诵》、《五分》，并由夹数立名不同。然夹亦有大小之异，今更助详。如《智度论》（卷）第一百云，摩偷罗国毗尼，舍（指除去）阿波陀那（此云譬喻经——原注）、本生，有八十部。罽宾毗尼，除却本生，但取要用，作十部（古来传云，八十部即《八十诵律》也。十部者，即《十诵律》也——原注）。《十诵》彼既名为十部，故知未必由升座诵，故应译人约夹名诵，或名部也。（卷二“本”，《新纂续藏经》第四十二册，第5页下—第6页上）

卷三“本”：解释法砺《疏》中的“开发经题”之余（内容为《四分律》的题名）和“序分”（内容为《四分律》书首刊载的昙无德部创始人法藏作的“劝信序”和比丘戒“四波罗夷法”之初刊载的“发起序”，前者为偈颂，后者为佛对舍利弗所作的有关以“经法”善摄弟子才能使佛法久住的谈话）。

卷三“末”：解释法砺《疏》中的“序分”之余（内容为“发起序”叙及的“十二部经”）；“正宗之旨”（指“正宗分”的宗旨）；以

及比丘戒“四波罗夷法”第一条“淫戒”(以下各戒的名称均据本书原文写录,它们与道宣标立的戒名有所不同)等。

如关于“皈依”与“敬礼”的区别,说:

> 准《婆沙》(卷)三十四出三皈体云,应作是说,身语业及能起彼心、心所法,并诸随行,如是善五蕰,是能皈依体。又释,准《俱舍》,敬以惭为自性。……详皈依与敬礼别,略有六重。一者归依必具三宝,敬礼一宝,是别则无遮。二者归依必具三业,而论敬礼,一业亦成。三者归依要期立限,而论敬礼,事即无期。四者归依具表、无表,而论敬礼,容唯有表。五者归依必具三业,局欲色界,敬礼一业亦可得成,故通三界。六者归依理非佛果,自德既立,何用捉诚?论其敬礼,既惭为性,故通佛果。(卷三“本”,第42页上、中)

卷四“本”:解释法砺《疏》中的比丘戒“四波罗夷法”第一条“淫戒”之余、第二条“盗戒”。

卷四“末”:解释法砺《疏》中的比丘戒“四波罗夷法”第三条“杀戒”、第四条“大妄语戒”;“十三僧伽婆尸沙法”第一条“漏失戒”至第七条“有主房戒”。

如关于“身贪”的分类和对治,说:

> 身贪有五种者,此乃古德搜括经论,立斯五种也。一者财贪,少欲来治者。诸论皆言,小欲喜足(旧名少欲知足——原注)。《俱舍》(卷)二十二云,言喜足者,无不喜足。言少欲者,诸无大欲。……二者色贪,说不净行。三者淫贪,舍无量治。《俱舍》(卷)二十九云,《毗婆沙》说,欲贪有二:一色、二淫,不净与舍,如次能治。……四者名贪,示众生空者。《成实论》于五阴中,假名众生,执此假名为实生,而生贪爱,名曰名贪。故《成论》(指《成实论》)(卷)

十三《贪因品》云，染著假名，则贪欲生。……五者法贪，空治者。既达生空，复观五阴实为空故。（卷四“末”，第94页中、下）

卷五“本”：解释法砺《疏》中的比丘戒“十三僧伽婆尸沙法”第八条“无根谤戒”至第十三条“恶性拒僧违谏戒”；“二不定法”；“尼萨耆波逸提法”第一条“长衣戒”。

卷五“末”：解释法砺《疏》中的比丘戒“尼萨耆波逸提法”第二条“离衣宿戒”至第三十条“回僧戒”。

如关于“六群比丘”（指难陀等六个结群行恶的比丘，佛制戒多因他们的恶行而起），说：

六群比丘者。《多论》（指《萨婆多毗尼毗婆沙》）（卷）第四：一难途（陀）、二跋难陀、三迦留陀夷、四阐那、五马宿、六满宿。二人得漏尽，入无余涅槃（第三、第四人是——原注），二人生天，又云犯重戒，又云不，若犯重者不得生天（初二人是——原注），二人堕恶道生龙中（五、六人是——原注）；二人善解算数阴阳变运（初二人是——原注），二人深通射道（三、四人是——原注），二人善于音乐种种戏唤（五、六人是——原注）；二人善于说法论义（初二人是——原注），二人深解阿毗昙（三、四人是——原注）。二人能事事皆一巧说法论议，亦解阿毗昙（五、六人是——原注）。又云，六人无往不通，通达三藏十二部经，内为法之梁栋，外为佛法大护。二人多欲（初二人是——原注），二人多瞋（五六人是——原注），二人多痴（三四人是——原注）。……五人是释种子王种（除第三人——原注）。一人是婆罗门种（即第三人——原注）。六人俱是豪族，共相影响，相与为友，宽通佛教。（卷五“本”，第134页上、中）

卷六“本”：解释法砺《疏》中的比丘戒“九十单波逸提法”第一条“妄语戒”至第五十八条“藏他衣钵戒”（今本实际释至第五十六条“洗浴戒”）。

卷六“末”：解释法砺《疏》中的比丘戒“九十单波逸提法”第五十九条“净施戒”至第九十条“三衣戒”（指“作三衣过量戒”）；“四波罗提提舍尼法”；“众学法”；比丘尼戒“八波罗夷法”、“十七僧残法”、“三十尼萨耆波逸提法”、“一百七十八单提法”、“四波罗提提舍尼法”。

如关于比丘戒“九十单波逸提法”所收九十戒的内容科分，说：

> 自有科分者。光统律师，分此九十（指九十单波逸提法），为九修相。一从初至坏生十一个戒，守口摄意身莫犯，善调三业行。二从异语至覆屋九个戒，善将人心，随护众意，不相娆恼行。三从辄教至与女期行十一个戒，远嫌避疑，离染清净行。四从施一食处至四月药请十七个戒，内资节量，少欲知足行。五从观军至白色三衣十三个戒，系意住缘离，莫教放逸，修习出道无著行。六从故断畜生命至与贼期行七个戒，常行远离，修慈愍物行。七从说欲不障至不摄耳听六个戒，深心信解，敬修诸佛教法行。八从同羯磨至无根谤七个戒，同住安乐，不相娆恼，详知无二，共相遵奉行。九从突入王宫至末十个戒，衣服外仪，节量谨摄无违行。（卷六“本”，第161页中）

卷七“本”：解释法砺《疏》中的“二十犍度”；《受戒犍度》前部分。

卷七“末”：解释法砺《疏》中的《受戒犍度》后部分。

如关于什么是“三偷”出家，说：

《见论》(指《善见律毗婆沙》)三偷者,彼(卷)第十七云,有三种偷。一者偷形;二者偷和合(指偷法);三者亦偷形,亦偷和合。云何偷形?无师自出家,不依比丘腊(指戒腊,即受具足戒之后的岁数),不依次第受礼,不入僧法事,一切利养不受,是偷形。云何偷和合?有师出家,受十戒,未受具戒,往他方,方十腊,次第受礼,入僧布萨,及一切羯磨,依次受人信施,是名偷和合。云何俱偷?无师自出家,依次受腊,入一切羯磨,受人信施礼拜,是俱偷之形者得出家。(卷七"末",第241页下)

卷八"本":解释法砺《疏》中的《说戒犍度》、《安居犍度》、《自恣犍度》。

卷八"末":解释法砺《疏》中的《皮革犍度》、《衣犍度》、《药犍度》、《迦絺那衣犍度》、《拘睒弥犍度》、《瞻波犍度》。

如关于"戒场"的形状,说:

戒场法。如《善见》(指《善见律毗婆沙》)(卷)第八云,极小容二十一人。净(指义净)三藏云,其量才可丈余,若其更宽,集僧难故。本梵音云曼荼罗,译为坛场。或云屈达里迦四磨,译为小界。当今五天(竺)现制此法,方可丈余,一丈之外,周帀垒砖,可二三重,宽四五尺,以石灰泥,拟充人坐。围砖之外,接次垒砖,高二三丈,厚可尺五,作墙围之。而于坛中,安制底(此云聚相也,谓垒砖石以为高相也,即佛塔是也——原注),高一丈许,中安设利(指舍利),即是其仪。其开门处,取便而作。……《五分》(卷)十六云,告诸比丘,听将欲受戒者,著戒坛外眼见耳不闻处,请十众在戒坛上,单白差教师往教,教竟应还。(述曰——原注)准此,界外问遮难(指询问有无"十三重难"、"十六轻

遮”所列的不得受具足戒的各种情况）亦得也。（卷八“本”，第248页上）

卷九“本”、“末”：“不传”，即原文已佚。对勘法砺《疏》，可以推知缺失的是《呵责犍度》、《人犍度》、《覆藏犍度》、《遮犍度》、《破僧犍度》、《灭诤犍度》的释文。

卷十“本”：解释法砺《疏》中的《比丘尼犍度》、《法犍度》、《房舍犍度》、《杂犍度》、《集法毗尼五百人》、《七百集法毗尼》、《调部》、《毗尼增一》前部分。

卷十“末”：解释法砺《疏》中的《毗尼增一》后部分。

如关于如何“坐卧”，说：

> 如经（云）汝等比丘，昼则勤修，无令失时。初夜、后夜勿有废，中夜诵经，以自消息。无以睡眠因缘，令一生空过，无所得也。……《祇》（指《僧祇律》）（卷）三十五云，不得作骆驼坐，应结跏趺坐。若坐久虚极者，当互舒一脚，不得顿舒两脚（又云——原注）。仰卧者，阿修罗卧。覆地者，饿鬼卧。左胁卧者，贪欲人卧，皆悉不听。比丘应如师子兽王，倾身卧。应向衣架，不得以脚向和上、（阿）阇梨。不得初夜便言虚极而卧，当正思惟自业，至中夜乃卧。以右胁著下，如师子王累两脚，合口舌柱（拄）上腭，枕右手，舒左手顺身上，不舍念慧，思惟起想。不得眠至日出，至后夜当起，正思惟已业。不如是，越威仪法（已上律文——原注）。此律云，系想在明者，谓于随一观行在前，名为在明，或取珠轮日月等明，系想在前。此亦即是修观方便也。（卷十“本”，第286页上）

本书辑存了前代和同代律师的一些著述，尤其是今已失传的梁代真谛的一些著述，甚为珍贵。仅以卷二“本”、“末”为例，就有“通律师云”、“真谛旧《俱舍疏》云”、“真谛释云”、“真谛云”、“真谛疏云”、“（真谛）《部执疏》解意云”、“昙律师云”、“愿律师云”、“首律师云”，等等。它的资料价值尚待进一步发掘。

第三品　唐定宾《四分比丘戒本疏》二卷

《四分比丘戒本疏》，又名《四分戒本疏》，二卷。唐定宾撰，约成于开元（713—741）年间。日本元开《唐大和上东征传》著录。收入《大正藏》第四十卷。

本书是姚秦佛陀耶舍译《四分僧戒本》的注释。全书分为“总详诸教”、“别断此经”、“传译根由”、“依文判释”四门，前三门总释律教的宗旨、戒本的宗体和传译，相当于“释经题”；后一门依随戒本的叙次，对原文的层次结构和文句，予以疏释，其中包括比丘戒八类戒法，总计二百五十条，相当于“释戒文”。注释时，只节录所注的原文或略句，未注的不作移录，故书中并无戒本的全文。《四分僧戒本》收录的各个戒条，原先是用一段话或一句话表述的，并没有戒条的名称，为方便习学和受持，本书在解说时均标立了戒名（唯“百众学法”戒名不全）。书首有作者自序（无标题），说：

> 谈其万善，戒门为首。暨乎归依创启，妙觉终临，则何位而不修，亦何圣而不学。大矣哉，无得而称者也。题云《四分比丘戒本》者，四分是本藏教名，以有财而为义；比丘是所防行者，由受学而成名；戒则护六根以明持，遣七非以彰体；本则德含众善，义蕴多端，五篇七聚之要门，十利百行之幽键，流雪山之药味，饮宝岳之甘泉，总收其义，谓之为本。是故题言《四分比丘戒本》矣。（《大正藏》第四十卷，

第463页上、中)

卷上:“总详诸教”、“别断此经”、“传译根由”、“依文判释”(前部分)。所释的戒条,为比丘戒中的“四波罗夷法”、“十三僧伽婆尸沙法”、“二不定法”。如关于“四波罗夷法”及其初戒“淫戒”的“通缘”(指构成犯戒的共同条件)和“别缘”(指构成犯戒的个别条件),说:

> 先解初篇(指“四波罗夷法”),文(指戒本中的文字)分为三:初明所依教(又称“标名起说”,指标立此类戒法的名称),二列罪名相(又称“述列戒相”,指叙列此类戒法下属各戒的条文)。三结已审持(又称“结问清净”,指对此类戒法作小结,要求众人依律受持)。……一切具缘成犯,二门分别。一者通缘,有三。如《明了论》云,若人已受大比丘戒,若如来已制此戒,若人不至痴法。二者别缘,粗分三门,细分七门。言三门者,一境、二心、三业。细分七门者,境有二种,一者所损境、二者成罪境;心有三种,一者缘所损境、二者缘成罪境、三者发业;心业有二种,一者方便业、二者究竟业。随一一戒,皆应约此通别二缘。诸门分别,先释初戒。通缘可知,于别缘中,无所损境及心缘所损境,以其不约损境制故,又复不须缘成罪境,纵心不缘,但当正境,即是犯故。然犯有两。一者自心趣境(又称“自造境”)犯,但具四缘:一者成罪境,境通三趣,女人二形身各三处、男及黄门(指男根有缺陷者)身各二处,皆是正境;二有发业心,决心趣境;三起方便业;四成究竟业。如律文云,入如毛头。二者怨逼造境(又称“怨逼境”),具三缘:一成罪境;二怨逼境合,为方便业;三受乐为究竟业。(卷上,第468页下—第469页上)

卷下:“依文判释”(后部分)。所释的戒条,为比丘戒中的“三十尼萨耆波逸提法”、“九十单波逸提法”、“四波罗提提舍尼”、“百众学法”、“七灭诤法”。如关于“净施”,说:

> 第五十九真实净施不问辄取戒。总谈意者,少欲之人,养道之本,故佛正制唯畜三衣,三衣之外所有资缘,应作假想,想为他物。如修定门,总有两种。一真实作意(如数息观等,缘实息风等——原注)、二假想作意(不净观等,假想生人作死尸解也——原注)。此二门观,皆能治惑。今此净施,亦令假想,施与他讫,作他物想,为治封著资具贪秽,名为净施。世尊善制,岂得轻而不行也。准律,净施须请施主。谓得长物(指超出规定蓄存的物品),施与彼人,令彼为主,故名施主。施主有两:一真实净施主,如此戒文云,与比丘、比丘尼等五众。二展转净施主,如《萨婆多论》(指《萨婆多毗尼毗婆沙》)第四卷说,一切长财,尽五众边作净,应求持戒多闻有德者,而作施主,后设得物,于一比丘边,说净主名,而说净法。……作此净讫,物付施主,后须著用,问施主已,然后得著,不问辄著,令彼施主怖惧失衣,即是恼彼,故所以制也。第二若作展转净者,即今常行,不繁广叙。二种净中,物亲付彼,故名真实,非谓绝心定施彼人也。(卷下,第485页下—第486页上)

本书的作者为相部宗的传人,基于见解上的歧异,书中的很多论述都不同于道宣的南山宗。

关于《四分律》比丘戒本的结构层次。道宣《四分律比丘含注戒本》及《疏》将戒本分为“序分”、“正宗分”、“流通分”三分,并认为此中既包括“广教”三分,也包括“略教”三分,戒本的结构依次为:“广教”、“略教”二教的“总序”;“广教”的“序分”、

“正宗分”、“流通分”;“略教”的“别序”、“正宗分、“流通分”;“广教”、“略教”二教的“总流通分”。而本书则将戒本判为“赞德同修分”、“开宗审察分”、“结示回求分”三分,并不区分“广教”三分和“略教”三分。

(1)“赞德同修分”。下分两个层次:“初偈赞戒德”,指戒本初首刊载的部主法藏作的归敬偈;“次和合同修”,指戒本序分所叙的集僧简众、说戒告白、诫敕时众、三问清净四项内容。

(2)“开宗审察分”。下分“八段”,指戒本正宗分所收的“四波罗夷法”等八类戒法。

(3)“结示回求分”。下分三个层次:“结广示略”,指“八段”结束后刊载的“若更有余佛法,是中皆共和合,应当学”一语;“别示七略”,指七佛略说戒经偈所收的七首偈颂;“回求大道”,指戒本末尾刊载的法藏作的流通偈(以上见本书“依文判释”门)。

关于《四分律》比丘戒本的戒名。本书与道宣《四分律比丘含注戒本》也多有不同。就“四波罗夷法”而言,《含注戒本》作“大淫戒”、“大盗戒”、“大杀戒”、“大妄语戒”;本书则作“淫戒”、“盗戒”、“杀人戒”、“大妄语戒”。也就是说,四戒之中,只有“大妄语戒”一戒的名称是相同的。就“十三僧伽婆尸沙法”而言,《含注戒本》作“故出不净戒”、“触女人戒”、“与女人粗语戒”、“叹身向女人索欲供养戒”、“媒人戒”、“无主不处分过量房戒”、“有主为己不处分造房戒”、“无根波罗夷谤戒”、“假根波罗夷谤戒”、“破僧违谏戒”、“助破僧违谏戒”、“污家摈谤违谏戒”、“恶性拒僧违谏戒”;本书则作“故漏失戒”、“触戒”、“粗语戒”、“叹身索供养戒”、“媒嫁戒”、“过量不乞处分造房戒”、“有主不处分造房戒”、“无根重罪谤比丘戒”、“假重罪根谤比丘戒”、“破僧违谏戒”、“破僧助伴违谏戒”、“被摈之时谤僧违谏戒”、“自用拒劝违谏戒”。也就是说，十三戒之中，只有“破僧违谏戒”一戒的名称是相同的。类似情况，不胜枚举。

书中还有多处尖锐批评道宣在戒文（戒条的文句）理解上的疏误。如释“三十尼萨耆波逸提法”中说：

> 第三替故三衣续办新财随至一月戒。南山（指道宣）名为月望衣戒，旧名一月衣戒，义并微隐，故改之也。（卷下，第478页上）
>
> 第十一乞野蚕绵自作卧具戒。准律缘起，损命招讥而制也。言卧具者，古来相传，南山律师等并云，是三衣也。净（指义净）三藏云，即是毡蓐之类也。今详即是此方卧帔也。（卷下，第479页上）

释“九十单波逸提法”中说：

> 第四十三戒。于食家有宝者，男女相缘，互起贪味，义同于食，若不断贪缘，其所爱境，义同于宝。此谓夫妻相爱染时，比丘强坐，妨彼欲事犯也。若有智男子，为第四人，不犯。南山律师云，是触食，大可笑也。（卷下，第485页中）
>
> 第七十三不摄耳听戒。南山律师《行事钞》中，名为恐举先言戒。如律缘起，六群比丘自知犯罪，恐人发举，先诣他边言，我始知。又有人云，此是诈惊张戒。今详，若尔即小妄（指小妄语戒）摄，何须此戒？寻诸律论，皆结不听。《多论》（指《萨婆多毗尼毗婆沙》）（卷）第九云。此中正结不专心听罪也。（卷下，第487页上）

平心而论，定宾在《四分律》比丘戒的研究上确有不少独到的见解，这些正可弥补南山宗的不足。但就本书的总体而言，其资料的系统性和完整性仍不及道宣《四分律比丘含注戒本》。

第三门　唐五代四分律宗著作·东塔宗

第一品　唐怀素《四分律开宗记》十卷

《四分律开宗记》,又名《四分律疏》、《四分律记》,十卷(后人将每卷分为“本”、“末”,故又作“二十卷”)。唐怀素撰,成于永淳元年(682)。唐智升《开元释教录》卷九著录。收入《新纂续藏经》第四十二册。

怀素(625—698),俗姓范,祖籍南阳(今属河南),生于京兆(今陕西西安)。贞观十九年(645)出家,师事刚从西域取经回国的玄奘法师,承学经论。受具足戒以后,专攻律部,依京兆恒济寺道成律师(与隋蒋州奉诚寺道成并非同一人),研习《四分律》。初居弘济寺,上元三年(676),诏住西太原寺(后改称“西崇福寺”)。先时,有相部宗法砺于武德六年(623)撰成《四分律疏》十卷(又作“二十卷”),宗依《成实论》,后称“旧疏”。怀素有感于其中颇多疏误,于咸亨元年(670)发心另撰律疏,至永淳元年(682)撰成《四分律开宗记》十卷(每卷分“本”、“末”,又作“二十卷”)。《开宗记》宗依说一切有部《大毗婆沙论》、《俱舍论》等论,弹纠“旧疏”十六失,并提出数百条新义,时称“新疏”(但“新疏”并非全新,也有许多内容是参考“旧疏”写的)。怀素为唐代四分律宗三大派中东塔宗的创立者(因传教地在西太原寺东塔而得名，倡导以“色法”为戒体）。著作见存的尚有：《四分律开宗记》十卷、《四分比丘戒本》一卷、《四分比丘尼戒本》一卷、《僧羯磨》三卷、《尼羯磨》三卷等；已佚的有：《俱舍论疏》十五卷、《遗教经疏》二卷、《遗教经疏钞》三卷、《新疏拾遗钞二十卷等。生平事迹见唐智升《开元释教录》卷九、圆照《大唐贞元续开元释教录》卷中、宋赞宁《宋高僧传》卷十四等。

据《宋高僧传》卷十四说，怀素曾依法砺学《四分律疏》，法砺“见接素公（怀素），知成律匠”，怀素“研习三载，乃见诸瑕”，此说似不实。因据唐道宣《续高僧传》卷二十二记载，法砺卒于“贞观九年(635)十月”，当时怀素仅十岁，要读懂艰深的《四分律疏》，并作分辨，似不可能。此外，《宋高僧传》未载怀素的卒年，只是说怀素卒时，“俗龄七十四，法腊五十三”，今采用的生卒年是依据《开元释教录》卷九说的“贞观十九年(645)出家，师奘（玄奘）法师为弟子”一语推断的，即此年为怀素出家受具足戒之年，当满二十岁。

另据道宣《关中创立戒坛图经》中《戒坛受时仪轨》篇记载，道宣在终南山净业寺创立戒坛之后，于乾封二年(667)为京师和诸州名山大寺僧人再授具足戒，在所列的三十九人的名单中，最后一人为“京师弘济寺怀素律师”。也就是说，从怀素曾从道宣再受具足戒。但怀素本人对道宣有着诸多批评，他的律学实源于京兆恒济寺道成律师。道成在武则天时，曾奉诏参与地婆诃罗译经，担任“证义”，“怀素著述，皆出其门”（《宋高僧传》卷十四）。道成受学于何人，连撰传者也不清楚，称“不知何许人”，也“不详终所”。缘此，东塔宗也并没有建立过类似于南山宗“东土九祖”的法统说。

本书是《四分律》全本的注疏，也是唐代东塔宗的代表作。全书分为三部分：卷一“本”至卷一“末”，解释《四分律》的题名

(下分“总简藏别”、“别藏宗归”、“释藏题目”三门,解释律藏、戒宗和《四分律》题名的含义)和“序分”(指书首刊载的昙无德部创始人法藏作的“劝信序”和比丘戒“四波罗夷法”之初刊载的“发起序”,前者为偈颂,后者为佛对舍利弗所作的有关以“经法”善摄弟子才能使佛法久住的谈话);卷二“本”至卷十“本”前部分,解释《四分律》的“正宗分”,即《四分律》正文中的“比丘戒法”、“比丘尼戒法”、《受戒犍度》至《杂犍度》等二十犍度;卷十“本”后部分至卷十“末”,解释《四分律》的“流通分”,即《四分律》中的《集法毗尼五百人》、《七百集法毗尼》、《调部》、《毗尼增一》。

本书的诠释体例与法砺《疏》大致相同,先提举纲目,后逐项细释。释戒时,先以“总解”的形式,解释各类戒法的大意;次以“别释”的形式,标立每一戒条的名称(与道宣标立的戒名有所不同),下分“制戒意”(指叙说制戒的本意)、“释戒名”(指解释戒名的含义)、“具缘成犯”(指说明构成犯戒的条件)、“阙缘”(指辨析不构成犯戒或情节较轻的条件)四项,对每类戒法下属的各个戒条予以解释;后以“释文”的形式,对相关的《四分律》原文一一作释。在阐释《四分律》原文的同时,辨析歧异,提出自已的见解。书首有《四分律开宗记目次》和怀素撰的偈颂。

卷一“本”:解释《四分律》(又称《四分律藏》)的题名。所释包括:“戒律”的含义和体性;“集藏”(指结集律藏)的缘起、处所、仪轨、次第和目的(“立藏所以”);律藏的“乘藏差别”(“乘”指大乘、小乘;“藏”指经、律、论“三藏”,或加杂藏,作“四藏”);律藏的宗旨;“化教”与“制教”、“理教”与“行教”的差别;“戒宗”中的“受戒法门”(又称“受体”)和“随戒行相”(又称“随行”);“四分律藏”的含义等。此部分内容最为丰富,怀素创立的东塔宗的主要戒律理论,于中得到了充分的阐述。

卷一“末”：解释《四分律》的“序分”（指“劝信序”、“发起序”）。所释包括：“劝信序”说的“戒利功德”，以及相关的比喻；“发起序”说的“过去六佛”中，“四佛”（指“毗婆尸佛、式佛、拘留孙佛、迦叶佛”）因“说经”、“结戒”、“说戒”而使“佛法久住”，“二佛”（指“随叶佛、拘那含牟尼佛”）因不说经、结戒、说戒而使“佛法不久住”；“化教”和“制教”各有“广教”、“略教”等。

如关于律藏的宗旨，作者不同意“以止作（指止持、作持）为宗”、“以受随（指受体、随行）为宗”、“以止恶为宗”、“以教行为宗”、“以因果为宗”、“以止善为宗”等说法，而提出“以戒行为宗”，说：

> 昔解，以止作为宗旨。初二部戒本，是其止门。次揵度等，是其作门。由止故，自行成；由作故，众法就。……又解，以受随为宗旨。受是总发，随是别修，由受总故，万行从生。……又解，以止恶为宗。凡欲起行，必先离恶，恶既离已，修行始成。……又解，以教行为宗旨。教不孤起，必有所诠之行，行不自显，藉教以明。……又解，以因果为宗旨。谓此大文，开之为二，初二部戒本，及以揵度所明止作二行，总是其因，第二大小持戒揵度，即是其果。……又解，以止善为宗。通说一切止作二行，但离恶边，即是其止，诸有策修，即是其善。……显正义者，须以戒行为宗。夫论宗者，取诠所显，诠既显戒，即是其宗。故《婆沙》（指《大毗婆沙论》）云，奈耶（指“毗奈耶”）诠戒。又宗谓是族义、尊义、崇义、重义。此教始终，崇尊戒行，故用戒行以之为宗，余止作等，是别明法，不可就别，立以为宗。如《法华经》诠一乘，即用一乘为宗。《涅槃》诠佛性，还以佛性为宗。（卷一“本”，《新纂续藏经》第四十二册，第341页上、中、下）

卷二“本”：先总释《四分律》“正宗分”和比丘戒的宗旨，后别释《四分律》比丘戒“四波罗夷法”第一条“淫戒”（以下各戒的名称均据本书原文写录）、第二条“盗戒”。

卷二“末”：解释《四分律》比丘戒“四波罗夷法”第二条“盗戒”之余、第三条“杀戒”、第四条“妄称得过人法戒”。

如关于“四波罗夷法”的“立意”（制立意图），说：

> 立意者。如《大集经》（卷）第三十：佛告频婆娑罗云：大王，汝之国法，何名大罪？王言：世尊，我之国法，有四重罪。一者断他命根。二者偷至五钱。三者淫他妇女。四者为五钱故，大众王边，故作妄语。如是四罪，犯者不活。佛言：我今亦为未来弟子，制是四重。又为比丘制增戒学，有其二意。一欲令断三不善根（指“贪欲、瞋恚、愚痴”）故。…… 二为招生十利功德。（卷二“本”，第 361 页下）

卷三“本”：解释《四分律》比丘戒“十三僧残法”、“二不定法”各戒。

卷三“末”：解释《四分律》比丘戒“三十舍堕法”（又称“三十尼萨耆波逸提法”）各戒。

如关于“十三僧残法”中的“摩触戒”，说：

> 摩触戒。别制意者。《多论》（指《萨婆多毗尼毗婆沙》）六义：一以出家之人，飘然无所依止，今结此戒，与之作伴，有所依怙。二止斗诤故，此是诤竞根本，若投女人，则生诤乱。三息嫌疑故，不谓直投而已，谓作大恶。四断大恶之源，欲是众祸之先，禁微防著。五为护正念故，若亲近女人，则失正念。六为增上法故，比丘出家，迹绝欲秽，栖心事外，为世轨揩，若投女人，与恶人无别，则丧世人宗亲敬之心。释名者。身相扪摸为摩，二境界交对曰触，故曰摩触。

> 别缘(指构成犯戒的个别条件)具七。一是人女,简去人男及非天畜等,然人女中,不简死活小大亲疏道俗齐犯,不下文具明。二人女想。三二俱无衣。四作无衣想。五有染心。六兴方便。七觉触,便犯。(卷三"本",第388页中)

卷四"本":解释《四分律》比丘戒"九十波逸提法"(又称"九十单提法")中的第一条"故妄语戒"至第三十四条"取归妇食贾客道粮过三钵戒"。

卷四"末":解释《四分律》比丘戒"九十波逸提法"中的第三十五条"足食戒"至第九十条"过量三衣戒";"四提舍尼法"(又称"四波罗提提舍尼法")、"众学戒法"(又称"众学法")、"七灭诤法"(原书误作"七悔过法")各戒。

如关于"九十波逸提法"中的"毁毗尼戒",说:

> 毁毗尼戒。戒为灭恶之源,众善之本,理应赞叹,令法兴显。今反毁呰,废人诵习,败损不轻,是以圣制。《多论》(指《萨婆多毗尼毗婆沙》)第六云,与诸比丘结戒者,为尊重波罗提木叉故,为长养戒故,为灭恶法故。别缘具五。一是毗尼。二前正诵时,除去未诵、诵竟。三作灭法之意。四发言轻呵。五言了,便犯。戒本(指《四分律》有关此戒的条文)三句。一人。二前人诵时。三作是语。下举其呵意,结罪。所以须呵者,以说此戒时,令人恼、令人愧、令人怀疑也。……问:何以呵戒罪重,余二轻耶?答:《多论》有五义,故罪重。一戒是佛法平地,万善由之而生。二一切佛弟子,皆依而住,若无戒者,则无所依。三一切众生由戒而有。四入佛法之初门,若无戒者,则无由入泥洹城也。五戒是佛法之璎珞,庄严佛法。是故罪重。(卷四"末",第436页上)

卷五“本”：先总释《四分律》“正宗分”中比丘尼戒的宗旨，后别释《四分律》比丘尼戒“八波罗夷法”中的“淫戒”（此为“共戒”，即与比丘相同的戒条）。

卷五“末”：解释《四分律》比丘尼戒“八波罗夷法”之余、“十七僧残法”、“三十舍堕法”、“一百七十八单波逸提”（又称“一百七十八单提法”）、“八提舍尼法”中的“不共戒”（与比丘不同的戒条；“众学戒法”、“七灭诤法”因“与僧同”而未释）。

如关于“持犯”（止持与作持、作犯与止犯）的含义，说：

> 释名者。持犯相望，各有二种。且持中二者，一者止持，二者作持。言止持者，奉戒之徒，禁防身语，不造诸恶，目之为止。止而无违，顺本受体，令戒光洁，因之为持。持由止成，故曰止持。言作持者。奉顺圣教，作法作事，对事作法，称之为作。释持如前，持由作成，故曰作持。然犯亦二。一者作犯，二者止犯。言作犯者，不能守行，违教起非，广造诸恶，称之为作。作而有违，不顺受体，令戒毁坏，名之为犯。犯由作成，故曰作犯。言止犯者，不能准教，策进身语，习成行解，名之为止。释犯如前，犯由止成，故曰止犯。（卷五“本”，第 448 页下）

卷六“本”：先总释《四分律》“正宗分”中“二十犍度”的宗旨，后别释《受戒犍度》前部分（内容为佛陀略传，叙述佛的种族、诞生、出家、求道，乃至成道后在波罗奈国仙人鹿苑，对阿若憍陈如等五人“初转法轮”，使他们成为僧团最初的“五比丘”的经过）。

卷六“末”：续释《四分律》中的《受戒犍度》前部分（内容为佛陀略传之余，叙述佛在波罗奈国度耶舍出家，乃至在罗阅城度舍利弗、目犍连出家的经过）。

如关于“戒体”，作者依《俱舍论》而提出以“色法为体”，说：

> 夫戒体者，性相幽玄，义理微隐，自非学穷三藏，识洞五明，无以测其旨源，知其诠际。……先释别名表（指“表戒”，又称“作戒”）与无表（指“无表戒”，又称“无作戒”），次释通名所目之戒。所言表者，身语造作，有所表示，令他了知，故名为表。言无表者，因表发生，无见无对，不可表示，名为无表。体得在身，相续随转，纵入余心，不名失戒。次释通名所目戒者，此表、无表俱有悬防，咸称为戒。依《俱舍》（卷）十四，通有六名。《论》云，别解脱律仪，名差别者，一曰尸罗。……二者妙行。……三者名业。……四者律仪。……五者别解脱。……六者业道。……佛灭后二十部宗，此文（指“受体”）即当二戒（指作戒、无作戒），并以法密部摄。古来传律诸人，不寻分部所以，言依《成实》宗者，理不然也（以上指说法藏部依《成实论》立戒体是误传）。但以法密宗义，弘在西方（指法藏部的律论传在西方，未传东土），此出先来盛传说一切有部，故今解释并依说一切有部，明今此色法为体。（卷六“末”，第 487 页中、下）

卷七“本”：解释《四分律》中的《受戒犍度》后部分（内容为出家受戒制度）、《说戒犍度》前部分（内容为说戒仪轨）。

卷七“末”：解释《四分律》中的《说戒犍度》后部分（内容为说戒事项）、《安居犍度》。

如关于“说戒”的“时”、“处”、“人”、“法”，说：

> 说戒法体。将欲释文，先义，四门分别。第一约时，第二约处，第三约人，第四约法。初时有四，谓年、月、日、时。年者，一年二十三，大小可解。月者，谓黑、白月。日者，十

四、十五、十六,随其住处,自为恒式。时者,通昼及夜,此文(指《四分律》)多就夜说,如文,然(燃)灯火故,又以夜多寂静,赴说者集故。此文虽知是夜,昼亦无失。故《十诵》云,从今听二布萨,一食前、二食后,一昼、一夜。次说处者。以人通于僧别故,处该于作法(界)、自然(界)。然于作法之中,复有大小,大界理遍,小局数人。次明人者。除下三众(指式叉摩那、沙弥、沙弥尼),以非所秉,具戒位三,三皆说戒。僧有四别。四人僧,收又于僧中,义分广略。三人已下,但是略法。若论减却非时,并据僧说。复应有诵戒人,其诵戒,上座应诵。《五分》(卷)十九云,有一住处布萨,跋难陀为上座,众僧请说戒。答曰:诵忘。诸比丘言:若忘,何以坐上座处?以是白佛,佛言:应上座说戒,若不说(突)吉罗。比丘不知齐几为上座。佛言:在上无人,皆名上座。又若上座不能说者,《僧祇》(卷)三十四云,僧上座应诵戒,若不能者,次第二上座诵。若复不能,乃至能者应诵。……次明法者。法位通三,谓心念(指仅一人时作心念说戒)、三语(指有二三人时作对首说戒)、羯磨(指有四人时作羯磨说戒)。羯磨之中,复有三位,此制常行,故但单白。(卷七"末",第511页下—第512页上)

卷八"本":解释《四分律》中的《自恣犍度》、《皮革犍度》、《衣犍度》、《药犍度》前部分(内容为饮食医药制度)。

卷八"末":解释《四分律》中的《药犍度》后部分(内容为饮食医药事项)、《迦絺那衣犍度》、《拘睒弥犍度》、《瞻波犍度》。

如关于在寺院结作"净地"(又称"净厨",指依羯磨划定的贮藏烹煮食物的区域)的目的,说:

若据净地,但防二内(指防止"内宿"、"内煮")。今以类同，总举其四，谓内宿、内煮、恶触、自煮。内宿者，比丘与食同处经夜，名宿。《伽论》（指《萨婆多部毗尼摩得勒伽》）第五云，云何内宿？食若界内，不结净地，食在界内，是名内宿。内煮者，（伽）蓝本僧住，不合煮，食在中煮故，名为内煮。故《伽论》云，云何内熟？若比丘界内，不结净地，界内熟食，是名内熟。恶触者，凡应食物，皆有受法，不受而捉，名为恶触。此谓由触得恶，故名恶触。故《十诵》云，恶捉者，若持净戒比丘，故自取食，大比丘不得食，是名恶捉。又有恶捉受，彼文云，若大比丘，先自取体，后从净人受，大比丘不应食，是名恶捉受。自煮者，具戒之人，不合营造，躬自变生，名为自煮。故《十诵》（卷）五十八云，大比丘自作饮食，不应食，若食，犯（突）吉罗，是故名自熟。（卷八“末”，第536页中）

卷九“本”：解释《四分律》中的《呵责犍度》、《人犍度》、《覆藏犍度》、《遮犍度》。

卷九“末”：解释《四分律》中的《破僧犍度》、《灭诤犍度》。如关于“七灭诤”的含义，说：

灭诤法。两情乖背，彼此纷纭，名之为诤。论诤不同，有其四种（指言诤、觅诤、犯诤、事诤）。此四皆为七药殄除。称为灭诤。……言释名者。先释现（指“现前毗尼”）等七种别名，次解通言毗尼之种。然释别名，现前中有五种、三种。言五种者，谓法、毗尼、人、僧界。三种者，谓法、毗尼、人。……次忆念者，清人被谤，秽响外彰，为他所举，而复纷竞。众知此人，实是清净，为作羯磨，证成不犯，由记知净，故言忆念。次不痴者，法（往）病虽犯，今差不为，忽举前愆，以生纷竞。僧知此人，差（指病愈）来不犯，为作羯磨，证成清净，为不痴来不犯，故曰不痴。次自言者，诤起本由执犯轻重，不了罪相，转更纷纭。今得自言，识知罪实，既了根本，诤得消除，故曰自言。次多人语者，本因论义，诤理正有，别人现前，殄不得灭，制令尽集，详心捉筹（指投筹表决），以筹殄非，筹多表语，故曰多人语。次罪处所者，此人犯罪，为他举来，前引后违，以生纷竞。众僧作法，微（征）寻前言，责其犯处，重处而治，故曰罪处所。次草覆地者，僧舛评犯，执诤纷纭，人既相明，事难寻究，故圣开听，不说名种，直尔忏谢，如草掩泥，故曰草覆地。此之七种，摄教殄非，诤无之处，名曰毗尼。（卷九“末”，第 567 页上、中）

卷十“本”：解释《四分律》中的《比丘尼犍度》、《法犍度》、《房舍犍度》、《杂犍度》；《四分律》“流通分”中的《集法毗尼五百人》。

卷十“末”：解释《四分律》“流通分”中的《七百集法毗尼》、《调部》、《毗尼增一》。

如关于“集法毗尼五百人”（指“第一次结集”）与“七百集法毗尼”（指“第二次结集”）的不同，说：

前文（指《四分律》）有二，先明五百（指“第一次结集”），次辨七百（指“第二次结集”）。此二何殊，分之为二？释有多义。一集意不同，五百止外道谤，七百弥比丘净；二所集宽狭，五百通集三藏，七百局结毗尼；三时节不等，五百佛入涅槃后（当年结集），七百（佛）灭后百年余（结集）；四处所复异，五百在王舍城宾（毕）钵罗窟，七百在毗舍离国；五能集人殊，五百是大迦叶、优波离等，七百是一切吉（又称“一切去”）、离波多（又称“离婆多”）等；六人数不等，谓五百、七百，数有多少，又五百据重合（指“窟内”、“窟外”）有千人；七重不重异，五百重集，七百不重。既知如此，先解五百。言集法毗尼者，佛本散说，结法随缘，今标次序，载于竹具，故名为集。所集之文，有轨则故，名之为法。后有灭恶之能，称曰毗尼（本段文字源出法砺《四分律疏》卷十，怀素稍作改动）。（卷十“本”，第586页中、下）

怀素的戒律著作，语句比较质朴，与原著贴得较近，因此，同一题材的著作，怀素的著作要比道宣词句稍带华丽的著作容易理解。但自古以来，习律者莫不重道宣，而轻怀素，这是有失公允的。

第二品　唐怀素《四分比丘戒本》一卷

《四分比丘戒本》，又名《四分律比丘戒本》、《四分戒本》，一卷。唐怀素集，约成于上元三年（676）至圣历元年（698）之间。唐智升《开元释教录》卷九著录。载于《丽藏》“外”函、《宋藏》“受”函、《金藏》“外”函、《元藏》“受”函、《明藏》“外”函、《清藏》“外”函、《频伽藏》“列”帙，收入《大正藏》第二十二卷。其中，《丽藏》、《大正藏》本题作“后秦佛陀耶舍译”，《宋藏》、《元藏》、《明藏》本则作“大唐西太原寺沙门怀素依律集出”，从历代佛经目录的著录（包括作为《丽藏》目录的《大藏目录》卷中的著录），以及本书卷首冠有“西太原寺沙门怀素集”的《四分比丘戒本并序》来看，它是怀素编集的比丘戒本，并非是佛陀耶舍在译《四分僧戒本》之外，别译了这个文本。

本书是《四分律》比丘戒本的集本，系据《四分律》汉译本编集而成。其文句与佛陀耶舍译《四分僧戒本》略有不同。唐智升《开元释教录》卷九说:"(怀素)以先德所集,多不依文,率己私见,妄生增减,遂乃捡寻律藏,抄出戒心(指戒本)、羯磨,但取成文,非妄穿凿。"(《大正藏》第五十五卷,第564页下)意思是说,前人编集的戒本、羯磨,大多不依循广律的原文,仅凭个人的私见,随意增删文句。而怀素编集的戒本、羯磨,则是从《四分律》汉译本中摘取原文编集而成的,并未穿凿附会。全书收录比丘戒"四波罗夷法"、"十三僧伽婆尸沙法"(又称"十三僧残法")、"二不定法"、"三十尼萨耆波逸提法"(又称"三十舍堕法")、"九十波逸提法"(又称"九十单提法")、"四波罗提提舍尼法"(又称"四提舍尼法")、"众学戒法"(又称"众学法"、"百众学法")、"七灭诤法"八类戒法,总计二百五十条。本书的卷首有怀素《四分比丘戒本并序》。戒本的初首有归敬偈、集僧简众语;末尾有七佛略说戒经偈、流通偈。怀素《序》说:

> 夫戒者,乃是定慧之宏基,圣贤之妙趾,穷八正之道,尽七觉之源。然既树五制之良规,传须获实。扬六和之清训,学者知诠。窃寻流行,总有四本,据其理虽复同,会其文则有异。致使弘扬失于宗叙,修奉乖于行仪,亏鹿野之微言,紊龙城之要旨。故今详捡(检)律本,参验戒心,依于正文,录之如左。庶使顺菩提之沙业,成实相之嘉谋,作六趣之舟航,为三乘之轨躅者也。(《大正藏》第二十二卷,第1015页上)

本书收录的比丘戒各个戒条,是用一句话或一段话来表述的,并无戒条的名称,很难记诵。今在解说时,依照前述《四分律》的戒名,予以标立,以利研习。

(1) 四波罗夷法。叙列"波罗夷法"四条。有:"淫戒"(第一条)、"盗戒"(第二条)、"杀戒"(第三条)、"大妄语戒"(第四条)。

(2) 十三僧伽婆尸沙法。叙列“僧伽婆尸沙法”十三条。有:“故出不净戒”(第一条)、“摩触女人戒”(第二条)、“向女人索淫欲供养戒”(第四条)、“假根波罗夷谤戒”(第九条)、“破僧违谏戒”(第十条)、“恶性拒僧违谏戒”(第十三条)等。

(3) 二不定法。叙列“不定法”二条。有:“屏处不定戒”(第一条)、“露处不定戒”(第二条)。

(4) 三十尼萨耆波逸提法。叙列“尼萨耆波逸提法”三十条。有:“畜长衣过限戒”(第一条,“畜”通“蓄”)、“离衣宿戒”(第二条)、“从非亲俗人乞衣戒”(第六条)、“不揲坐具戒”(第十五条)、“贩卖戒”(第二十条)、“未满五缀更求新钵戒”(第二十二条)、“畜七日药过限戒”(第二十六条)、“回僧物入己戒”(第三十条)等。

(5) 九十波逸提法。叙列“波逸提法”九十条。有:“小妄语戒”(第一条)、“两舌语戒”(第三条)、“与女人同宿戒”(第四条)、“独与女人说法过五六语戒”(第九条)、“嫌骂僧知事戒”(第十三条)、“展转食戒”(第三十二条)、“索美食戒”(第四十条)、“轻慢不受谏戒”(第五十四条)、“藏他物品戒”(第五十八条)、“著不坏色衣戒”(第六十条)、“故杀畜生戒”(第六十一条)、“说戒不摄听戒”(第七十三条)、“不与欲戒”(第七十五条)、“无根僧残谤戒”(第八十条)、“作三衣过量戒”(第九十条)等。

(6) 四波罗提提舍尼法。叙列“波罗提提舍尼法”四条。有:“从非亲尼受食戒”(第一条)、“受尼指授食戒”(第二条)、“学家受食戒”(第三条)、“恐怖兰若受食戒”(第四条)。

(7) 众学戒法。叙列“众学法”一百条。有:“不齐整著内衣戒”(第一条)、“不齐整著三衣戒”(第二条)、“不覆身入白衣舍戒”(第十八条)、“高声白衣舍坐戒”(第二十三条)、“溢钵受饭戒”(第二十七条)、“遗落饭食戒”(第四十条)、“舐食戒”(第四十四条)、“立大小便戒”(第五十一条)、“为反抄衣人说法戒”(第五十二条)、“塔下坐食污地戒”(第六十七条)、“塔下埋死尸戒”(第六十九条)、“向塔大小便戒”(第七十五条)、“塔下涕唾戒”(第八十一条)、“人在座己在非座说法戒”(第八十八条)、“上树过人戒”(第九十四条)、“为持盖人说法戒”(第一百条)等。

(8) 七灭诤法。叙列“灭诤法”七条。有:“现前毗尼”(第一条)、“忆念毗尼”(第二条)、“不痴毗尼”(第三条)、“自言治毗尼”(第四条)、“觅罪相毗尼”(第五条)、“多人觅罪毗尼”、“如草覆地毗尼”(第七条)。

上述八类戒法中,每一类戒法的叙述,均包括三个层次:一是标名,指标立此类戒法的名称。二是列戒,指叙列从《四分律》汉译本中摘录的此类戒法下属各戒的条文。三是结问,指对此类戒法作小结,并三次询问与会僧众在此类戒法的修持上是否清净,要求众人依律受持。以“二不定法”为例,它的叙述方式是这样的:

> 诸大德,是二不定法,半月半月说,戒经中来(以上为“二不定法”的标名)。
>
> 若比丘,共女人,独在屏处、覆处、障处、可作淫处坐,说非法语。有住信优婆夷,于三法中,一一法说,若波罗夷、若僧伽婆尸沙、若波逸提。是坐比丘自言:我犯是罪,于三法中,应一一治,若波罗夷、若僧伽婆尸沙、若波逸提。如住信优婆夷所说,应如法治是比丘,是名不定法(以上为第一条“屏处不定戒”)。

若比丘，共女人，在露现处、不可作淫处坐，作粗恶语。有住信优婆夷，于二法中，一一法说，若僧伽婆尸沙、若波逸提。是坐比丘自言：我犯是事，于二法中，应一一法治，若僧伽婆尸沙、若波逸提。如住信优婆夷所说，应如法治是比丘，是名不定法（以上为第二条“露处不定戒”）。

诸大德，我已说二不定法。今问：诸大德，是中清净不？（如是三说——原注）诸大德，是中清净，默然故，是事如是持（以上为“二不定法”的结问）。（第1017页上）。

本书所收戒条的分类、数量、编排次序和主要文句，与《四分僧戒本》（以下略称《僧戒本》）是相同的，但也有少数字、词、句存在着一定的差异（这是因为《四分律》与《四分僧戒本》对同一语句或词汇有时译法不一）。如本书上文中的“半月半月说，戒经中来”，《僧戒本》作“半月半月戒经中说”；“屏处”，《僧戒本》作“静处”；“露现处”，《僧戒本》作“不覆处”；“作粗恶语”，《僧戒本》作“作粗恶语说淫欲事”；“我犯是事”，《僧戒本》作“我犯是罪”等。

本书的戒经结语，对戒本的内容作了归纳和总结。说：

诸大德，我已说戒经序，已说四波罗夷法，已说十三僧伽婆尸沙法，已说二不定法，已说三十尼萨耆波逸提法，已说九十波逸提法，已说四波罗提提舍尼法，已说众学戒法，已说七灭诤法。此是佛所说戒经，半月半月说，戒经中来。若更有余佛法，是中皆共和合。应当学。（第1022页中）

本书的同类书有：姚秦佛陀耶舍译《四分僧戒本》一卷、唐道宣撰《四分律含注戒本》三卷、《新删定四分僧戒本》一卷等。

第三品　唐怀素《四分比丘尼戒本》一卷

《四分比丘尼戒本》,又名《四分律比丘尼戒本》、《四分尼戒本》,一卷。唐怀素集,约成于上元三年(676)至圣历元年(698)之间。唐智升《开元释教录》卷九著录。载于《丽藏》"外"函、《宋藏》"受"函、《金藏》"外"函、《元藏》"受"函、《明藏》"外"函、《清藏》"外"函、《频伽藏》"列"帙,收入《大正藏》第二十二卷。其中,《丽藏》、《大正藏》本题作"后秦佛陀耶舍译",《宋藏》、《元藏》、《明藏》本均题作"大唐西太原寺沙门怀素依律集出",从历代佛经目录的著录(包括《丽藏》的目录《大藏目录》卷中的著录),以及本书卷首冠有"西太原寺沙门怀素集"的《四分尼戒本并序》来看,本书是怀素编集的比丘尼戒本,并非是佛陀耶舍在《四分律》之外,别译了这个文本。

本书是《四分律》比丘尼戒本的集本,系据《四分律》汉译本编集而成。全书收录比丘尼戒"八波罗夷法"、"十七僧伽婆尸沙法"(又称"十七僧残法")、"三十尼萨耆波逸提法"(又称"三十舍堕法")、"一百七十八波逸提法"(又称"一百七十八单提法")、"八波罗提提舍尼法"(又称"八提舍尼法")、"众学戒法"(又称"众学法")、"七灭诤法"七类戒法(与比丘戒相比,无"二不定法"),总计三百四十八条。本书的卷首有怀素《四分尼戒本并序》(其文与《四分比丘戒本并序》相同)。戒本的初首有归敬偈、集僧简众语;末尾有七佛略说戒经偈、流通偈。戒经序说:

> 大姊僧听,今十五日众僧说戒。若僧时到,僧忍听(指容许),和合说戒。白如是(作白成不?答云:成——原注)(以上为说戒告白)。

> 诸大姊，我今欲说波罗提木叉戒，汝等谛听，善思念之。若自知有犯者，即应自忏悔，不犯者默然。默然者，知诸大姊清净。若有他问者，亦如是答。如是，比丘尼在众中，乃至三问。忆念有罪不忏悔者，得故妄语罪。故妄语者，佛说障道法。若彼比丘尼忆念有罪，欲求清净者，应忏悔，忏悔得安乐（以上为诫敕时众）。
>
> 诸大姊，我已说戒经序，今问诸大姊，是中清净不？（如是至三——原注）。诸大姊，是中清净，默然故，是事如是持（以上为三问清净）。（《大正藏》第二十二卷，第1030页下）

本书收录的比丘尼戒各个戒条，是用一句话或一段话来表述的，并无戒条的名称，很难记诵。今在解说时，依照前述《四分律》的戒名，予以标立，以利研习。

（一）八波罗夷法。叙列“波罗夷法”八条。有：“淫戒”（第一条）、“盗戒”（第二条）、“杀戒”（第三条）、“大妄语戒”（第四条）、“摩触男子戒”（第五条）、“八事成犯戒”（第六条）、“覆藏比丘尼重罪戒”（第七条）、“随顺被举比丘戒”（第八条）。

（二）十七僧伽婆尸沙法。叙列“僧伽婆尸沙”十七条。有：“媒人戒”（第一条）、“无根波罗夷谤戒”（第二条）、“假根波罗夷谤戒”（第三条）、“诣官相讼戒”（第四条）、“度贼女出家戒”（第五条）、“四独戒”（第七条，《根本说一切有部苾刍尼毗奈耶》分作“独渡河学处”、“独向俗家学处”、“独向俗家宿学处”、“独在道行学处”四条）、“受染心男子食戒”（第八条）、“破僧违谏戒”（第十条）、“污家摈谤违谏戒”（第十二条）、“同住行恶违谏戒”（第十四条）、“瞋舍三宝违谏戒”（第十六条）、“发诤谤僧违谏戒”（第十七条）等。

（三）三十尼萨耆波逸提法。叙列“尼萨耆波逸提法”三十条。有：“畜长衣过限戒”（第一条）、“离衣宿戒”（第二条）、“从非亲俗人乞衣戒”（第四条）、“畜金银戒”（第九条）、“贩卖戒”（第十一条）、“未满五缀更求新钵戒”（第十二条）、“回僧物入己戒”（第十八条）、“乞此物更索他物戒”（第十九条，巴利文《律藏·比丘尼分别》作“乞此后乞彼戒”、“购此后购彼戒”二条）、“为营寺乞作他用戒”（第二十条）、“为僧食乞作他用戒”（第二十一条）、“多畜器物戒”（第二十五条）、“非时衣戒”（第二十七条）、“乞贵价重衣戒”（第二十九条）、“乞贵价轻衣戒（第三十条）等。

（四）一百七十八波逸提法。叙列“波逸提法”一百七十八条。有：“小妄语戒”（第一条）、“毁呰语戒”（第二条）、“两舌语戒”（第三条）、“与男子同室宿戒”（第四条）、“饮酒戒”（第三十六条）、“故杀畜生戒”（第四十六条）、“毁呲尼戒”（第五十六条）、“瞋打比丘尼戒”（第六十二条）、“啖蒜戒”（第七十条）、“剃隐处毛戒”（第七十一条）、“生草上大小便戒”（第七十七条）、“往观歌舞伎乐戒”（第七十九条）、“与男子共入屏处戒”、“独与男子耳语戒”（第八十二条）、“同住有病不瞻视戒”（第九十三条）、“入白衣舍床上坐卧戒”、“未满十二年戒腊辄度人授具戒”（第一百三十一条）、“度忧瞋女戒”（第一百三十五条）、“半月不往比丘僧中求教诫戒”（第一百四十一条）、“骂比丘尼戒”（第一百四十六条）、“以香涂摩身戒”（第一百五十条）、“以世俗方伎为生业戒”（第一百六十九条）、“欲恼故人前经行坐卧戒”、“作白衣妇女装饰身戒”（第一百七十七条）、“使外道女揩身戒”（第一百七十八条）等。

（五）八波罗提提舍尼法。叙列“波罗提提舍尼法”八条。有：“无病乞酥戒”（第一条）、“无病乞油戒”（第二条）、“无病乞蜜戒”（第三条）、“无病乞黑石蜜戒”（第四条）、“无病乞乳戒”（第五条）、“无病乞酪戒”（第六条）、“无病乞鱼戒”（第七条）、“无病乞肉戒”（第八条）。

（六）众学戒法。叙列“众学戒法”（又称“众学法”）一百条。有：“不齐整著内衣戒”（第一条）、“不齐整著三衣戒”（第二条）、“高声入白衣舍戒”（第二十二条）、“戏笑白衣舍坐戒”（第二十五条）、“不用意受食戒”（第二十六条）、“遗落饭食戒”（第四十条）、“嚼饭作声戒”（第四十二条）、“吸食戒”（第四十三条）、“舐食戒”（第四十四条）、“污手捉食器戒”（第四十七条）、“佛塔内止宿戒”、“著革屣入塔戒”（第六十二条）、“著富罗（指短靴）入塔戒”（第六十五条）、“塔下坐食污地戒”（第六十七条）、“塔下大小便戒”（第七十四条）、“向塔涕唾戒”（第八十二条）、“向塔舒脚戒”（第八十四条）、“安佛像在下房戒”（第八十五条）、“为持刀人说法戒”（第九十九条）、“为持盖人说法戒”（第一百条）等。

（七）七灭诤法。叙列“灭诤法”七条。有：“现前毗尼”（第一条）、“忆念毗尼”（第二条）、“不痴毗尼”（第三条）、“自言治毗尼”（第四条）、“多人语毗尼”（第五条）、“觅罪相毗尼”（第六条）、“如草覆地毗尼”（第七条）。此中，第五条、第六条的次序，与《四分律》卷二十一的原文相反，因为在《四分律》“七灭诤法”中，第五条为“觅罪相毗尼”，第六条为“多人觅罪毗尼”。此外，查检怀素集的《四分比丘戒本》，其“七灭诤法”第五条、第六条的名称和次序，与《四分律》原文全同。故本书此处的差错，当是后人抄误所致。

上述七类戒法中，每一类戒法的叙述，均包括三个层次：一是标名，指标立此类戒法的名称。二是列戒，指叙列从《四分律》汉译本中摘录的此类戒法下属各戒的条文。三是结问，指对此类戒法作小结,并三次询问与会僧众在此类戒法的修持上是否清净,要求众人依律受持。以“八波罗夷法”为例,它的叙述方式是这样的:

> 诸大姊,是八波罗夷法,半月半月说,戒经中来(以上为“八波罗夷法”的标名)。
>
> 若比丘尼,作淫欲,犯不净行,乃至共畜生,是比丘尼波罗夷,不共住(以上为第一条“淫戒”)。
>
> ……
>
> 若比丘尼,知比丘僧为作举,如法、如律、如佛所教,不顺从、不忏悔,僧未与作共住而顺从。诸比丘尼语言:大姊,此比丘为僧所举,如法、如律、如佛所教,不顺从、不忏悔,僧未与作共住,汝莫顺从。如是比丘尼谏彼比丘尼时,坚持不舍,彼比丘尼应第二、第三谏,令舍此事故。乃至三谏舍者善,若不舍者,是比丘尼波罗夷,不共住,犯随举故(以上为第八条“随顺被举比丘戒”)。
>
> 诸大姊,我已说八波罗夷法。若比丘尼,犯一一波罗夷法,不得与诸比丘尼共住。如前后,亦如是。比丘尼得波罗夷罪,不应共住。今问:诸大姊,是中清净不?(如是至三——原注)诸大姊,是中清净,默然故,是事如是持(以上为“八波罗夷法”的结问)。(第1031页中—第1032页上)

与其他部派的比丘尼戒经相比,《四分律》比丘尼戒特有的戒条,主要集中在“众学戒法”、“一百七十八波逸提法”中。收录在“众学戒法”中的特有的戒条,均为与比丘戒相同的“共戒”,详见《四分僧戒本》;收录在“一百七十八波逸提法”中的特有的戒条,均为比丘尼戒独有的“不共戒”,它们是第八十一、一百十五、一百七十三、一百七十四、一百七十六条。根据本书的集录,这些“不共戒”所说的内容是:“若比丘尼,与男子共入屏障处者,波逸提。”(第八十一条“与男子共入屏处戒”,)“若比丘尼,入白衣舍内,在小床、大床上,若坐、若卧,波逸提。”(第一百十五条“入白衣舍床上坐卧戒”)“若比丘尼,知先住后至、后至先住,欲恼彼故,在前经行,若立、若坐、若卧者,波逸提。”(第一百七十三条“欲恼故人前经行坐卧戒”)“若比丘尼,知有比丘僧伽蓝内起塔者,波逸提。”(第一百七十四条“比丘寺内起尼塔戒”)“若比丘尼,为好故,摇身趋行者,波逸提。”(第一百七十六条“摇身趋行戒”,以上见第1036页下—第1038页中)

本书的戒经结语,对戒本的内容作了归纳和总结。说:

> 诸大姊,我已说戒经序,已说八波罗夷法,已说十七僧伽婆尸沙法,已说三十尼萨耆波逸提法,已说一百七十八波逸提法,已说八波罗提提舍尼法,已说众学戒法,已说七灭诤法。此是佛所说,半月半月说,戒经中来。若更有余佛法,是中皆共和合,应当学。(第1040页中)

本书虽说是根据《四分律》汉译本编集而成的,但由于传抄的缘故,个别地方的戒法条文也有或增、或减、或改某一字的情况,但它们一般不是关键性的字词,因而并不影响对原文的解读。

第四品　唐怀素《僧羯磨》三卷

《僧羯磨》,又名《四分僧羯磨》,三卷。唐怀素集,约成于上元三年(676)至圣历元年(698)之间。唐智升《开元释教录》卷九著录。载于《丽藏》“训”函、《宋藏》“入”函、《金藏》“训”函、《元藏》“入”函、《明藏》“卑”函、《清藏》“卑”函、《频伽藏》“列”

帙，收入《大正藏》第四十卷。

本书是《四分律》比丘羯磨法的集本，系据《四分律》汉译本编集而成。全书分为三卷十七篇（大篇）。卷上，下分《方便篇》、《结界篇》、《授戒篇》、《师资篇》、《说戒篇》、《安居篇》、《受日篇》、《自恣篇》、《衣钵药受净篇》、《摄物篇》十篇；卷中，下分《德衣篇》、《除罪篇》二篇；卷下，下分《治人篇》、《设谏篇》、《灭诤篇》、《杂行篇》、《修奉篇》五篇。书首有怀素《序》，说：

> 此羯磨者，则绍隆之正术，匡护之宏规，宗绪归于五篇，滥觞起于《四分》，实菩提之机要，诚涅槃之津涉者也。……然自古诸德，取解不同，各述异端，总有五本。一本一卷，曹魏铠（指康僧铠）律师于许都集（题云《昙无德杂羯磨》，以结戒场为首，受日加乞，不入羯磨，屡有增减，乖于律文——原注）；一本一卷，曹魏昙谛于洛阳集（题云《羯磨》一卷，出昙无德律。以结大界为首，受日增乞，牒入羯磨。魏郡砺（指唐代法砺）律师受持此本，锐想箴规，虽去尤非，未祛諛过，分为两卷，并造义释——原注）；一本一卷，元魏光（指慧光）律师于邺下集（此同昙谛集本，述录不顺正文——原注）；一本两卷，隋愿（指法愿）律师于并州撰（题云《羯磨》卷上，出昙无德律。愿虽自曰依文无片言增减，然详律本，非无损益，兼造章疏，并汾盛行——原注）；一本一卷（今作二卷），皇朝宣（指道宣）律师于京兆撰（题云《删补随机羯磨》。斯有近弃自部之正文，远取他宗之傍义，教门既其杂乱，指事屡有乖违，并造义疏，颇行于代——原注）。素（怀素）于诸家撰集，莫不研寻，校理求文，抑多乖舛。遂以不敏，辄述幽深，分为三卷，勒成一部。庶无增

减，以适时机，只取成文，非敢穿凿。（《大正藏》第四十卷，第511页中、下）

意思是说，羯磨是绍隆佛法的正术，匡护僧众的宏规，启端于五篇（指波罗夷、僧残、波逸提、波罗提提舍尼、突吉罗），发源于《四分》，它是菩提的精要，涅槃的渡口。自古以来的大德，因取采不同，各述己见，形成五个传本。一是曹魏康僧铠在许昌集的《昙无德杂羯磨》一卷，以《结戒场文》为开头，有《受过七日法文》，但不列入羯磨，所收的羯磨“屡有增减，乖于律文”；二是曹魏昙谛在洛阳集的《羯磨》一卷，以《结大界羯磨文》为开头，有《乞受过七日羯磨文》，列入羯磨，唐代法砺受持此本，将它分为二卷，并撰《义释》；三是北魏慧光（又称“光统”）在邺都集的《羯磨》一卷，此本与昙谛本相同，“述录不顺正文”（指叙录不依顺《四分律》的本文）；四是隋代法愿在并州撰的《羯磨》二卷，作者自称依据《四分律》的本文，无片言增减，但对照《四分律》，书中“非无损益”，还是有增删的，作者还撰写了此本的注疏，一同流传；五是唐代道宣在长安撰的《四分律删补随机羯磨》二卷，此本近有法藏部《四分律》的原文不用，而远取其他律部的说法作释，“教门既其杂乱，指事屡有乖违”，作者还撰写了《四分律删补随机羯磨疏》四卷，盛行于当代。怀素是在读遍这些著作，了解其中的得失的基础上，编集这部《僧羯磨》的，力求忠于原著，随机实用，“只取成文，非敢穿凿”。

卷上：十篇。

（一）《方便篇》（卷上）。叙述比丘羯磨的准备事项。下分六项。

（1）“僧集”。指僧众是否齐集。（2）“和合”。指僧众是否和合。（3）“未受大戒者出”。指未受具足戒者是否遣出。

(4)“不来诸比丘,说欲及清净”。指因事不能参加羯磨活功的比丘,有没有委托他人与会表示自己赞同僧众所作事的意愿(“说欲”)和表示自己行为的清净(“说清净”),注云“唯除结界不得说欲,其欲须与清净合说”。(5)“僧今何所作为”。指僧众今日集会,要做什么事。(6)“某羯磨”。指通过对上一个问题的回答,道出本次羯磨的宗旨。篇末有小注说:“此方便六,遍余诸法,唯除结界,阙者不成。”(第512页上)意思是说,在作羯磨之前,主持人须先集僧简众,检问六种羯磨准备事项,此六事适用于除结界羯磨之外的所有羯磨,缺一不成。如关于“僧今何所作为”,说:

> 僧今何所作为(然所为事,有其三种。一为情事,如受忏等。二为非情事,如结诸界。三情、非情事,如处分、离衣等。此所为事,委僧量宜故,须对众问其所作——原注)。(卷上《方便篇》,第512页上)

(二)《结界篇》(卷上)。叙述比丘在说戒、自恣、授戒、离衣宿(又称“不失衣”,指离三衣而宿)、结净地(又称“结净厨”,“结”指“结作”,指依羯磨划定的贮藏烹煮食物的区域)时结界(指划定作法的区域)和解界(指指“解”指“结作”,依羯磨法解除作法的区域)方面的羯磨法。下分十七项。

(1)《结大界法》。指僧众结作“同一住处、同一说戒”的“大界”的羯磨法。(2)《解大界法》。指僧众解除“同一住处、同一说戒”的“大界”的羯磨法。(3)《结同一说戒同一利养界法》。指原为“别说戒、别利养”的二处僧众,各自解除本界,结作“同一说戒、同一利养”的“大界”的羯磨法。(4)《结同一说戒别利养界法》。指原为“别说戒、别利养”的二处僧众,各自解除本界,结作“同一说戒、别利养”的“大界”的羯磨法。(5)《结别说戒同一利养界法》。指原为“别说戒、别利养”的二处僧众，因“守护住处”的缘故，结作“别说戒、同一利养”的“大界”的羯磨法。(6)《结戒场法》。指僧众在“四方小界相”内结作“戒场”(指受戒、说戒、忏罪的场所，须先结“戒场相”、次结“大界内相”、后结“大界外相”)的羯磨法。(7)《解戒场法》。指僧众解除“戒场”的羯磨法。

(8)《难结小界授戒法》。指僧众因障难临时结作“受戒小界”授戒的羯磨法。(9)《解难结小界授戒法》。指僧众解除“受戒小界”的羯磨法。(10)《难结小界说戒法》。指布萨日，僧众因行走在道上，临时结作“说戒小界”的羯磨法。(11)《解难结小界说戒法》。指僧众解除“说戒小界”的羯磨法。(12)《难结小界自恣法》。指自恣日，僧众因行走在道上，临时结作“自恣小界”的羯磨法。(13)《解难结小界自恣法》。指僧众解除“自恣小界”的羯磨法。(14)《结不失衣界法》。指僧众在“同一住处、同一说戒”的区域内，结作“不失衣界”(又称“摄衣界”，指依羯磨法允许离三衣而宿的区域)的羯磨法。(15)《解不失衣界法》。指僧众解除“不失衣界”的羯磨法。(16)《结净地法》。指僧众划定寺院“净地”的羯磨法。(17)《解净地法》。僧众解除寺院“净地”的羯磨法。如《难结小界说戒法》，说：

> 难结小界说戒法(律言：若布萨日，于无村旷野中行，众僧应和合，集在一处共说戒。若僧不得和合，随同和上等，当下道，各集一处，结小界说戒。当如是结——原注)。大德僧听，今有尔许比丘集，若僧时到，僧忍听(指容许)，结小界。白如是。
>
> 大德僧听，今有尔许比丘集，结小界。谁诸长老忍(指

容忍)尔许比丘集结小界者默然,谁不忍者说。僧已忍尔许比丘集结小界竟。僧忍默然故,是事如是持。(卷上《结界篇》,第512页下—第513页上)

(三)《授戒篇》(卷上)。叙述授受沙弥戒、比丘戒、比丘尼戒方面的羯磨法。下分三十项。

(1)《善来授戒法》。指佛对出家者说"善来比丘"即为受具戒("善来授戒")的作法。(2)《三归授戒法》。指佛在制立具足戒前,出家者三说"归依佛、归依法、归依僧"即为受具戒("三归授戒")的作法。(3)《羯磨授戒与度人法》。指比丘(须具备十年以上戒腊和相应的德行)请求僧众允许自己度人出家("畜众"),僧众表示同意的羯磨法。(4)《度沙弥与形同法》。指剃度师为沙弥剃发作告白的羯磨法(此时的沙弥虽剃发但未受"十戒",为形态上的沙弥,称"形同沙弥")。(5)《度沙弥与法同请和上法》。指沙弥请求某大德作"十戒和上"(指授沙弥戒的"戒和尚"、"亲教师",须具备十年以上戒腊和相应的德行)的羯磨法(已受"十戒"的沙弥,为真正的沙弥,称"法同沙弥")。(6)《请阇梨法》。指沙弥请求某大德作"十戒阿阇梨"(又称"出家阿阇梨",须具备五年以上戒腊和相应的德行)的羯磨法。(7)《白僧法》。指沙弥向僧众作出家告白的羯磨法。

(8)《授戒法》。指僧众授与沙弥"十戒"的羯磨法。(9)《度外道法》。指外道向僧众作出家告白的羯磨法。(10)《与四月共住法》。指外道请求在僧中"四月共住",僧众表示同意的羯磨法。(11)《受具戒请和上法》。指出家男子请求某大德作"和上"(指授具戒的"戒和尚",须具备十年以上戒腊和相应的德行)的羯磨法。(12)《请戒师法》。指出家男子请求某大德作“羯磨阿阇梨”（又称“受戒阿阇梨”、“羯磨师”，须具备五年以上戒腊和相应的德行，下同）的羯磨法。（13）《请教授师法》。指出家男子请求某大德作“教授阿阇梨”（又称“教授师”、“屏教师”）的羯磨法。

（14）《安受戒人处所法》。指将出家男子安置在“眼见耳不闻处”检问的作法。（15）《差教授师法》。指僧众推选某大德作出家男子“教授师”的羯磨法。（16）《往彼问遮难法》。指教授师向出家男子“问遮难”（指询问有无“十三重难”、“十六轻遮”所列的不得受具足戒的各种情况，此为预审）的羯磨法。（17）《问已白僧法》。指教授师向僧众报告“问遮难”情况的羯磨法。（18）《从僧乞戒法》。指出家男子请求僧众授与具足戒的羯磨法。（19）《戒师白法》。指戒师在“问遮难”之前向僧众作告白的羯磨法。（20）《戒师问法》。指戒师向出家男子“问遮难”（此为复审）的羯磨法。（21）《正授戒法》。指戒师作“白四羯磨”向出家男子授具足戒的羯磨法。（22）《授戒相法》。指戒师向已受具戒的比丘说“四波罗夷法”的羯磨法。（23）《授四依法》。指戒师向已受具戒的比丘说“四依法”的羯磨法。

（24）《与本法尼授大戒请羯磨阇梨法》。指求受具戒的出家女子往至比丘僧中，请求某大德作“羯磨阿阇梨”（其戒腊须满五年）的羯磨法。（25）《乞戒法》。指出家女子请求比丘僧授与具戒的羯磨法。（26）《戒师白法》。指戒师向僧众作出家女子求受具戒告白的羯磨法。（27）《戒师问法》。指戒师向出家女子“问遮难”的羯磨法。（28）《正授戒法》。指戒师向出家女子授具戒的羯磨法。（29）《授戒相法》。指戒师对已受具戒的比丘尼说“八波罗夷法”的羯磨法。（30）《授四依法》。指戒师对已受具戒的比丘尼说“四依法”的羯磨法。如比丘《授戒相法》，说：

授戒相法(时有比丘,受具足已,僧尽舍去,所受戒人本二,去彼不远,时受戒者即共行不净。佛言:自今已去,作羯磨已,当先说四波罗夷。应作是说——原注)。善男子听,如来至真等正觉说四波罗夷法,若比丘犯一一法,非沙门、非释种子。汝一切不得犯淫,作不净行。……汝是中尽形寿不得作,能持不?(答言——原注)能。一切不得盗,下至草叶。……汝是中尽形寿不得作,能持不?(答言——原注)能。一切不得故断众生命,下至蚁子。……汝是中尽形寿不得作,能持不?(答言——原注)能。一切不得妄语,乃至戏笑。……汝是中尽形寿不得作,能持不?(答言——原注)能。(卷上《授戒篇》,第515页中、下)

(四)《师资篇》(卷上)。叙述师徒关系和行事方面的羯磨法。下分六项。

(1)《制和上行法》。指和上(又作"和尚",指授具戒的"戒和尚",又称"亲教师",须具备十年以上戒腊和相应的德行)教摄弟子的羯磨法。(2)《制依止阿阇梨行法》。指新受戒比丘(指戒腊未满五年者)因和上命终而依止阿阇梨(此指"五种阿阇梨"中的"依止阿阇梨",须具备十年以上戒腊和相应的德行)的羯磨法。(3)《制弟子行法》。指弟子承事和上、阿阇梨的羯磨法。(4)《呵责弟子法》。指和上、阿阇梨呵责弟子的羯磨法。(5)《弟子忏悔法》。指被呵责弟子向和上、阿阇梨作忏悔的羯磨法。(6)《弟子离和上忏谢法》。指弟子因和上有"五非法"而忏谢离去,更依阿阇梨的羯磨法。如《制依止阿阇梨行法》,说:

制依止阿阇梨行法(时诸新受戒比丘,和上命终,无人教授,以不被教授故,乃至如婆罗门聚会无异。佛言:自今已去,听有阿阇梨,听有弟子。阿阇梨于弟子,当如儿想,弟子于阿阇梨,如父想。展转相敬,展转相奉事,如是,于佛法中,倍增益、广流布,当作是请,具仪言——原注)。大德一心念,我某甲,今求大德为依止。愿大德,与我依止。我依止大德住(三说,报言——原注)。可尔,(或言——原注)与汝依止,(或言——原注)汝莫放逸(阇梨行法,并同和上——原注)。(卷上《师资篇》,第517页中)

(五)《说戒篇》(卷上)。叙述比丘每半月一次集会说戒方面的羯磨法。下分十项。

(1)《僧说戒法》。指布萨日,上座唱言说戒的时间、地点的羯磨法。(2)《教诫比丘尼法》。指布萨日,比丘推选"教诫人"(其戒腊须满二十年并具备相应的德行)前往尼寺作教诫的羯磨法。(3)《略教诫法》。指上座因推派不出"教授人"("无教诫尼人")而传语教诫比丘尼的羯磨法。(4)《告清净法》。指布萨日,外来比丘("客比丘")参加当地比丘("旧比丘")说戒,表示自己行为清净的羯磨法。(5)《略说戒法》。指僧众因"八难"(指"王难、贼难、火难、水难、病难、人难、非人难、恶虫难")等事而略说戒经(只诵说其中的一部分)的羯磨法。

(6)《对首说戒法》。指同一住处有比丘三人或二人时,对首(各共面对)说戒(指各自将表示自己行为清净的告白说三遍,又称"三语布萨")的羯磨法。(7)《心念说戒法》。指同一住处仅有比丘一人时,口唱心念说戒(指独自将表示自己行为清净的告白口说或心念三遍)羯磨法。(8)《增减说戒法》。指僧众因"客比丘"的原因而延期说戒的羯磨法。(9)《非时和合法》。指僧众因诤而致"僧破",后作"和合布萨"的羯磨法。(10)《非时说戒法》。指僧众因诤而致"僧破",后作"和合说

戒”的羯磨法。如《非时说戒法》,说:

非时说戒法(若因斗诤,令僧不和,令僧别异,分为二部,若能于中改悔,不相发举,此则名为以法和合。作如是白——原注)。大德僧听,众僧所因诤事,令僧斗诤,而不和合,众僧破坏,令僧尘垢,令僧别异,分为二部。彼人自知犯罪事,今已改悔,除灭僧尘垢。若僧时到,僧忍听,僧今和合说戒,白如是(作是白已,然后和合说戒——原注)。(卷上《说戒篇》,第518页中)

(六)《安居篇》(卷上)。叙述比丘每年三个月“结夏安居”方面的羯磨法。下分四项。

(1)《对首法》。指比丘向长老作安居告白(并答“依谁持律”)的羯磨法。(2)《心念法》。指比丘因安居地无“所依人”(指能“广诵二部律”的律师)而作心念安居的羯磨法。(3)《忘成法》(唐道宣《四分律删补随机羯磨》卷下作《忘结便成法》)。指比丘欲于住处安居、但忘记作心念安居,也作为结安居的规定。(4)《及界法》(《四分律删补随机羯磨》卷下作《及界与园成安居法》)。指比丘欲往其他地方安居,“入界便明相出”(指已为次日黎明),也作为结安居的规定。如《对首法》,说:

对首法(佛告诸比丘:汝不应一切时春夏冬人间游行,从今已去,听诸比丘三月夏安居。应作是言——原注)。长老一心念,我某甲比丘,依某甲僧伽蓝,(若在村内,应云——原注)某甲聚落,(若在别房,应云——原注)某甲房,前三月夏安居,房舍破,修治故(三说。以安居依第五律师,故须问言——原注;“第五律师”指能“广诵二部律”的律师),汝依谁持律?(彼应答言——原注)依某甲律师。(复应语言——原注)有疑当问,(彼复答言——原注)可

尔。(卷上《安居篇》,第518页中、下)

(七)《受日篇》(卷上)。叙述比丘在夏安居期间因事外出("出界")请假("受日")方面的羯磨法。下分二项:

(1)《对首法》。指安居期间,比丘因事外出,向长老请求"受七日法"(指请假七日)的羯磨法。(2)《羯磨法》。指安居期间,比丘因事外出,向僧众请求"受过七日法"(指请假"十五日"或"一月"),并经同意的羯磨法。如《对首法》,说:

> 对首法(若有佛法僧事,檀越、父母等请唤受忏,病患看病求同业等缘,不及即日还,听受七日去。应如是作——原注)。长老一心念,我某甲比丘,受七日法,出界外,为某事故,还此中安居,白长老令知(三说,不应专为饮食故去——原注)。(卷上《受日篇》,第518页下)

(八)《自恣篇》(卷上)。叙述比丘于夏安居结束之日举行"自恣"(指请求他人批评举罪)活动方面的羯磨法。下分十项:

(1)《白僧自恣时法》。指上座唱言僧众自恣的时间、地点的羯磨法。(2)《差受自恣人法》。指同一住处有比丘五人或五人以上("自恣法"中的"众僧法"所要求的人数,比"说戒法"多一人)时,僧众推选"受自恣人"(自恣活动的主持者,须具备"自恣五德"和"举罪五德")的羯磨法。(3)《自恣白法》。指"受自恣人"宣布自恣活动开始的羯磨法。(4)《僧自恣法》。指从上座开始,僧众依次"三说自恣"(指将请他人见闻疑,任意举发己罪的告白说三遍;"受自恣人"则先接受众人的自恣,最后自己向上座作自恣)的羯磨法。(5)《略自恣法》。指僧众因"八难"等事而略说自恣(将每人"三说自恣",改为"二说"、"一说",乃至集体共作"三说自恣")的羯磨法。

(6)《对首自恣法》。指同一住处有比丘四人或三人、二人

（“自恣法”中的“对首法”所要求的人数，比“说戒法”多一人）时，对首（指各共面对）“三说自恣”的羯磨法。（7）《心念自恣法》。指同一住处仅有比丘一人时，口唱心念“三说自恣”的羯磨法。（8）《增益自恣法》（此篇为唐道宣《四分律删补随机羯磨》所无）。指僧众因安居期间“得增上果证”欲继续留在住地而延期自恣（因为“若今日自恣，便应移住余处”）的羯磨法。（9）《增减自恣法》（此篇《四分律删补随机羯磨》所无）。指僧众因“客比丘”的原因而延期自恣的羯磨法。（10）《受比丘尼自恣法》。指比丘尼推派代表往至比丘僧中“三说自恣”的羯磨法。如《略自恣法》，说：

> 略自恣法（律言：若有八难及余缘，听略自恣。若难事尚远，容得广说，应广说。若难事近，不得三说，当再说，若不得再说，应一说。若不者，如法治。若难事近，不得一说者，诸比丘即应作白，各共三说自恣，作如是白——原注）。大德僧听，若僧时到，僧忍听，僧今各各共三语自恣，白如是（作是白已，各共三语自恣，再说、一说亦如是。若难事近，不得各三语自恣，亦不得白，即应以此事去——原注）。（卷上《自恣篇》，第519页上）

（九）《衣钵药受净篇》（卷上）。叙述比丘受用三衣、钵、坐具、非时药和说净（指将“长物”即超出规定蓄存的物品作净施）方面的羯磨法。下分七项：

（1）《受三衣法》。指比丘受持三衣（指僧伽梨、郁多罗僧、安陀会，即大衣、上衣、内衣）的羯磨法。（2）《舍三衣法》。指比丘舍出三衣的羯磨法。（3）《受尼师坛法》。指比丘受持尼师坛（指坐具）的羯磨法。（4）《受钵法》。指比丘受持钵的羯磨法。（5）《受非时药法》。指比丘受用“非时药”（又称“非时浆”，指在“非时”内，即每日正午之后至次日黎明之前可以食用的八种果浆）的羯磨法。(6)《真实净法》。指比丘对“长衣”作“真实净施”（指将超出规定蓄存的多余的衣服，真实地施与同住比丘）的羯磨法。(7)《展转净法》。指比丘对“长衣”作“展转净施”（指先将多余的衣服，施与同住比丘，然后接受对方的返还）的羯磨法。如《受非时药法》，说：

> 受非时药法（律言：听饮八种浆，一梨浆、二阎浮果浆、三酸枣浆、四甘蔗浆、五微果浆、六舍楼迦浆、七波楼师浆、八蒲萄浆。若不醉人，应非时饮。若醉人，不应饮，若饮如法治。应从净人手受已，次对比丘加法云——原注）。长老一心念，我比丘某甲，有某病缘故，此某非时浆，为经非时服故，今于长老边受（三说，受余二药法同七日，应言——原注）。为共宿，七日服故。（尽形应言——原注）为共宿，长服故（七日药者，酥等。尽形药者，一切咸、醋等不任为食者——原注）。（卷上《衣钵药受净篇》，第519页中）

(十)《摄物篇》（卷上）。叙述比丘分配衣物方面的羯磨法。下分十八项：

(1)《摄时现前施法》。指僧众分配施主在“时”（“时”指“无迦絺那衣者”于安居结束日“自恣”后一个月即七月十六日至八月十五日、“有迦絺那衣者”于“自恣”后五个月即七月十六日至十二月十五日）内施与“现前僧”（指本处现在的僧众）衣物的羯磨法。(2)《摄非时现前施法》。指僧众分配施主在“非时”（指上述以外的时间）内施与“现前僧”衣物的羯磨法。(3)《摄时僧施法》。指僧众分配施主在“时”内施与“四方僧”（又称“十方僧”，指一切僧众）衣物的羯磨法。(4)《摄非时僧施差分物人法》。指僧众为分配施主在“非时”内施与“四方僧”

衣物，而推选“分物人”的羯磨法。(5)《付分衣人物法》。指僧众将要分配的受施衣物交给“分物人”的羯磨法。(6)《四人直摄物法》。指同一住处有比丘四人时，分受施衣物的羯磨法。(7)《对首摄物法》。指同一住处有比丘三人或二人时，对首(指各共面对)分受施衣物的羯磨法。(8)《心念摄物法》。指同一住处仅有比丘一人时，心念分受施衣物的羯磨法。(9)《摄二部僧得施法》。指僧众分配施与同一住处的“二部僧”(指比丘僧、比丘尼僧)衣物的羯磨法。

(10)《摄亡比丘物法》。指僧众将已故比丘遗物区分为“四方僧物”和“现前僧物”，只分“现前僧物”的羯磨法。(11)《看病人对僧舍物法》。指照料病人的比丘(“看病人”)将已故比丘的遗物面呈僧众的羯磨法。(12)《赏看病人物法》。指僧众将已故比丘的“衣钵、坐具、针筒、盛衣贮器”等送给“看病比丘”(照料病人者)的羯磨法。(13)《差分衣人法》。指僧众为分已故比丘的衣物(除去已送给“看病比丘”之物)，而推选“分衣人”的羯磨法。(14)《付分衣人物法》。指僧众将已故比丘的衣物交给“分衣人”的羯磨法。(15)《四人直摄物法》。指同一住处有比丘四人时，分已故比丘衣物的羯磨法。(16)《对首摄物法》。指同一住处有比丘三人或二人时，对首分已故比丘衣物的羯磨法。(17)《心念摄物法》。指同一住处仅有比丘一人时，心念分已故比丘衣物的羯磨法。(18)《无住处摄物法》。指比丘行至“无比丘住村”亡故，遗物处理的羯磨法。如《摄非时僧施差分物人法》，说：

> 摄非时僧施差分物人法(时有住处现前僧，得可分衣物。佛言：听分。分时有客数来，分衣疲极。应差一人令分，此人应具五法，五法如上。应如是作——原注)。大德

僧听，若僧时到，僧忍听，僧差某甲比丘，为僧作分物人。白如是。

大德僧听，僧差某甲比丘，为僧作分物人，忍（谁）诸长老忍，僧差某甲比丘，为僧作分物人者默然，谁不忍者说。僧已忍差某甲比丘，为僧作分物人竟。僧忍默然故，是事如是持。（卷上《摄物篇》，第519页下）

卷中：二篇。

（一）《德衣篇》（卷中）。叙述比丘在夏安居结束之日受持、经五个月后舍出“功德衣”（又称“迦絺那衣”）方面的羯磨法。下分六项：

（1）《受功德衣白法》。指上座作“受功德衣”（又称“受迦絺那衣”）告白的羯磨法。（2）《差持功德衣人法》。指僧众推选“持功德衣人”（代表僧众受持功德衣者）的羯磨法。（3）《付功德衣与持衣人法》。指僧众将功德衣交给“持功德衣人”的羯磨法。（4）《持衣僧前受法》。指“持功德衣人”捧持折叠的功德衣，让僧众依次“捉衣”（捉摸功德衣），各自表示已受功德衣的羯磨法。（5）《差人作功德衣法》。指僧众推选代表缝制功德衣的羯磨法。（6）《出功德衣法》。指受持功德衣的五个月（指七月十六日至十二月十五日）时限满后，僧众“出功德衣”，表示受持功德衣期间所享有的五种权利到此结束的羯磨法。如《持衣僧前受法》，说：

持衣僧前受法（持衣比丘应起捉衣，随诸比丘手得及衣、言相了处，作如是言——原注）。此衣众僧当受作功德衣，此衣众僧今受作功德衣，此衣众僧已受作功德衣竟（三说，彼诸比丘应如是言——原注）其受者已善受，此中所有功德名称属我。（持衣人应答言——原注）尔（如是次第，乃至下座。受已得作五事：一得畜长衣，二离衣宿，三得别众食，四得展转食，五得不嘱比丘入聚落——原注）。（卷中《德衣篇》，第521页上、中）

（二）《除罪篇》（卷中）。叙述比丘犯“波罗夷”、“僧残”、“偷兰遮”、“波逸提”、“波罗提提舍尼”、“突吉罗”罪（合称“六犯聚”、“六罪聚”）的治罚与忏除方面的羯磨法。下分六类六十四项（原书中大类与子项是并列的，容易使人产生歧义，今在解说时依从属关系加以区分）。

1.《除波罗夷罪法》。叙述对犯“波罗夷罪”作治罚的羯磨法。下分三项：

（1）《与覆藏者作灭摈法》。指僧众对犯“波罗夷罪”的覆藏者（指隐瞒者），给与“灭摈”（驱出僧团）处罚的羯磨法。（2）《与不覆藏者作尽形学悔法》。指僧众对犯“波罗夷罪”的不覆藏者（指初次犯“四波罗夷法”的淫戒又立即发露忏悔者），给与“尽形学悔”（指剥夺他的比丘身份，允许其终身以“与学沙弥”的身份留在僧团，为僧众作劳务）处罚的羯磨法。（3）《与学悔人重犯者作灭摈法》。指僧众对受“尽形学悔”处罚后，又再犯“波罗夷罪”者，给与“灭摈”处罚的羯磨法。如《与覆藏者作灭摈法》，说：

> 与覆藏者作灭摈法（若犯波罗夷覆藏者，僧与作举、作忆念，与罪已，应如是作——原注）。大德僧听，此某甲比丘犯某波罗夷罪。若僧时到，僧忍听，僧今与某甲比丘某波罗夷罪灭摈羯磨，不得共住，不得共事。白如是。
>
> 大德僧听，此某甲比丘犯某波罗夷罪，僧今与某甲比丘某波罗夷罪灭摈羯磨，不得共住，不得共事。谁诸长老忍，僧与某甲比丘某波罗夷罪灭摈羯磨，不得共住，不得共事者

默然,谁不忍者说(三说——原注)。僧已忍与某甲比丘某波罗夷罪灭摈羯磨,不得共住,不得共事竟。僧忍默然故,是事如是持。(卷中《除罪篇》,第521页中、下)

2.《除僧残罪法》。叙述犯"僧残罪"的治罚与忏除的羯磨法。下分二十一项:

(1)《与覆藏法》。指僧众对犯"僧残罪"的覆藏者,给与"随覆藏日"(指犯罪者从覆藏之日算起,须离众别住,覆藏一天须别住一天)处罚的羯磨法(篇名中的"覆藏法",指"别住法")。(2)《白僧行覆藏行法》。指覆藏者向僧众报告从当天起"行(履行)覆藏法"(即"别住法")的羯磨法。(3)《半月说戒白法》。指覆藏者在说戒日向僧众报告履行"行覆藏法"情况的羯磨法。(4)《白停行法》。指覆藏者因"大众难集"等原因,请求暂停报告"行覆藏法"情况的羯磨法。(5)《行法满已白僧停法》。指覆藏者在"别住"期满后,向僧众报告"行覆藏法"结束的羯磨法。

(6)《与坏覆藏者本日治法》。指僧众对"坏覆藏者"(指"行覆藏法"期间重犯"僧残罪"并作覆藏者),给与"覆藏本日治"(指"别住"的天数,从再次犯罪之日重新算起,先前已别住的天数不算)处罚的羯磨法。(7)《与不坏覆藏者摩那埵法》。指僧众在"不坏覆藏者"(指"行覆藏法"期间未重犯"僧残罪"者)"别住"期满后,再给与"六夜摩那埵"(指犯罪者须六天六夜为僧众作劳务,用于治僧残罪)处罚的羯磨法。(8)《白僧行摩那埵行法》。指受"摩那埵"处罚者向僧众报告从当天起"行摩那埵法"的羯磨法。(9)《日日僧中白法》。指受"摩那埵"处罚者每日向僧众报告"行摩那埵法"情况的羯磨法。(10)《白摩那埵行满停法》。指受"摩那埵"处罚者在期满后,向僧众报告“行摩那埵”结束的羯磨法。

(11)《与坏覆藏者摩那埵法》。指僧众在“坏覆藏者”(指“行覆藏法”期间重犯“僧残罪”并作覆藏者)受“覆藏本日治”处罚期满后,再给与“六夜摩那埵”处罚的羯磨法。(12)《与坏覆藏及坏六夜本日治法》。指僧众对受“覆藏本日治”处罚期满后,在受“六夜摩那埵”处罚期间“坏六夜”者(指重犯“僧残罪”但不覆藏者),给与“摩那埵本日治”(指为僧众作劳务的天数,从再次犯罪之日重新算起,先前已作的劳务天数不算)处罚的羯磨法。(13)《与不坏覆藏坏六夜本日治法》。指僧众对犯“僧残罪”的覆藏者“别住”期满后,在受“摩那埵”处罚期间“坏六夜”者,给与“摩那埵本日治”处罚的羯磨法。

(14)《与坏覆藏及坏六夜出罪法》。指僧众对受“覆藏本日治”(因“坏覆藏”而受)、“摩那埵本日治”(因“坏六夜”而受)处罚的期满者,给与“出罪”的羯磨法。(15)《与不坏覆藏及六夜出罪法》。指僧众对犯“僧残罪”的覆藏者受“别住”、“六夜摩那埵”处罚(其间未重犯“僧残罪”)期满后,给与“出罪”的羯磨法。(16)《与犯僧残不覆藏者摩那埵法》。指僧众对犯“僧残罪”的不覆藏者,直接给与“六夜摩那埵”处罚(因未作覆藏,故无须“别住”)的羯磨法。(17)《与摩那埵本日治法》。指僧众对犯“僧残罪”的不覆藏者在受“六夜摩那埵”处罚期间,重犯“僧残罪”但不覆藏的,给与“摩那埵本日治”处罚的羯磨法。(18)《与坏摩那埵出罪法》。指僧众对因前项而受“摩那埵本日治”处罚的期满者,给与“出罪”的羯磨法。

(19)《与比丘尼半月摩那埵法》。指比丘僧对犯“僧残罪”的比丘尼(依律须在二部僧中请求处罚),给与“半月摩那埵”(非“六夜摩那埵”)处罚的羯磨法。(20)《与摩那埵本日治法》。指比丘僧对犯“僧残罪”的比丘尼在受“半月摩那埵”处罚期间重犯“僧残罪”的,给与“摩那埵本日治”处罚的羯磨法。(21)《与不坏摩那埵出罪法》。指比丘僧对犯“僧残罪”的比丘尼受“半月摩那埵”处罚(其间未重犯“僧残罪”)期满后,给与“出罪”(“应在二部僧各满二十人中出罪”)的羯磨法。如《白僧行覆藏行法》,说:

> 白僧行覆藏行法(彼得法已,即欲行者,僧中具仪,作如是白——原注)。大德僧听,我某甲比丘犯某僧残罪,覆藏(若干——原注)日。我某甲比丘犯某僧残罪,随覆藏(若干——原注)日,已从僧乞覆藏羯磨(指别住羯磨)。僧已与我某甲比丘,随覆藏(若干——原注)日羯磨。我今行覆藏法,愿僧忆持(三说。彼白行已,具行七五之行,其七五行已如上明,彼至清净比丘所,一一如弟子于和上所,行弟子法。有八事失夜:一往余寺不白,二有客比丘来不白,三有缘事自出界不白,四寺内徐行比丘不白,五病不遣信白,六二三人共一屋宿,七在无比丘处住,八不半月说戒时白,是为八事失夜。随违一事失一夜,得突吉罗罪——原注)(“行七五之行”指“夺三十五事”,即剥夺三十五项权利)。(卷中《除罪篇》,第522页中)

3.《除偷兰遮罪法》。叙述犯“偷兰遮罪”(又称“大罪”,分为“根本偷兰遮”、“从生偷兰遮”二类,前者指“五篇”以外的一切粗罪,后者指波罗夷、僧残的未遂罪,两者各分上、中、下三品)作忏悔的羯磨法。下分六项:

(1)《对僧乞忏法》。指犯“上品偷兰遮罪”(指“根本偷兰遮”中的“破法轮主”、“盗四钱”、“杀非人”等,和“从生偷兰遮”中的波罗夷从生下的“重偷兰遮”)者至僧中请求对“大众”(清净比丘四人以上)作忏悔的羯磨法。(2)《请忏悔主法》。指犯

“上品偷兰遮罪”者请求某清净比丘作“受忏悔主”（又称“忏悔主”、“忏主”）的羯磨法。(3)《受忏悔主白僧法》。指“受忏悔主”向僧众作“受忏”告白的羯磨法。

(4)《正忏悔法》。指犯“上品偷兰遮罪”者向僧众作忏悔的羯磨法。(5)《对三比丘忏悔法》。指犯“中品偷兰遮罪”（指“根本偷兰遮”中的“破羯磨僧”、“坏法轮伴”、“盗三二钱”等，和“从生偷兰遮”中的波罗夷从生下的“轻偷兰遮”、僧残从生下的“重偷兰遮”）者对“小众”（清净比丘三人）作忏悔的羯磨法。(6)《对一比丘忏悔法》。指犯“下品偷兰遮罪”（指“根本偷兰遮”中的“剃阴处毛”、“裸形”、“著皮”、“畜石钵”、“食生肉血”、“著外道衣”、“盗一钱”等，和“从生偷兰遮”中的僧残从生下的“轻偷兰遮”）者对“一人”（清净比丘一人）作忏悔的羯磨法。如《正忏悔法》，说：

> 正忏悔法（彼忏悔者，先忏覆等诸罪，忏法如下，后除根本，应言——原注）。大德一心念，我某甲比丘，犯某偷兰遮罪，今向大德忏悔，不敢覆藏。忏悔则安乐，不忏悔不安乐，忆念犯发露，知而不覆藏。愿大德，忆我清净，戒身具足，清净布萨。（如是至三。忏主语言——原注）自责汝心，应生厌离。（忏者答言——原注）可尔。（卷中《除罪篇》，第527页下）

4.《除波逸提罪法》。叙述犯“波逸提罪”（包括“尼萨耆波逸提”、“波逸提”两类）作忏悔的羯磨法。下分二十二项。其中，前二十一项为比丘犯“三十尼萨耆波逸提罪”作忏悔的羯磨法，末一项为比丘犯“九十波逸提罪”作忏悔的羯磨法。

(1)《对僧舍财法》。指犯“舍堕罪”（又称“尼萨耆波逸提”）者在僧中（因须有一人作“受忏悔主”，故连同本人“须五人”）将“长衣”（指“三衣”以外的多余的衣服）施与同住比丘的羯磨法。（2）《舍罪乞忏法》。指犯“舍堕罪”者在“舍衣”后，向僧众请求作忏悔的羯磨法。（3）《请忏悔主法》。指犯“舍堕罪”者请求某清净比丘作“受忏悔主”（接受他人忏悔者）的羯磨法。（4）《受忏悔主白僧法》。指“受忏悔主”向僧众作“受忏”告白的羯磨法。（5）《正忏悔法》。指犯“舍堕罪”者作忏悔的羯磨法。

（6）《忏二十四覆藏罪法》。指犯“舍堕罪”者向僧众忏悔二十四种“覆藏罪”（指犯“舍堕罪”而作十二种覆藏，每种覆藏包括“根本、展转二种覆藏”，此为犯“覆藏罪”）的羯磨法。（7）《忏不应说戒等七位突吉罗罪》。指犯“舍堕罪”者向僧众忏悔七种“突吉罗罪”（指犯“舍堕罪”而“为众说戒”、“僧说戒时二处三问，犯默妄”、“受他忏悔”等，此为犯“突吉罗罪”）的羯磨法。（8）《忏长等五位波逸提罪》。指犯“舍堕罪”者向僧众忏悔五种“波逸提罪”（指犯“舍堕罪”而“僧说戒时告清净”、“僧自恣时告清净”等，此为犯“波逸提罪”）的羯磨法。（9）《还衣即座转付法》。指犯“舍堕罪”者有“众僧难集”、“欲远行”等事情时，将“长衣”施与同住比丘，接受者以后应归还原比丘的羯磨法。（10）《经宿直还法》。指犯“舍堕罪”者无上述事情时，将“长衣”施与同住比丘，接受者应“经宿”（隔夜）归还原比丘的羯磨法。（11）《不还物法》。指“长衣”的接受者不将衣物还给原主便犯“突吉罗罪”的规定。

（12）《对三比丘舍堕法》。指犯“舍堕罪”者向三位清净比丘作忏悔（即“对首忏悔”）的羯磨法。（13）《舍乞钵法》。指因旧钵“减五缀不漏”（指未满五个补丁仍可使用）而更求新钵的犯“舍堕罪”者，至僧中将好钵（“贵价好者”）舍出的羯磨法。（14）《还钵法》。指僧众取最不好的钵（“最下不好者”）给与犯

“舍堕罪”者的羯磨法。(15)《行钵白法》。指僧众依次(从上座及至下座)随意以己钵调换好钵及其后的替换钵的羯磨法。(16)《付钵令持法》。指僧众将调换下来的“最下座钵”交给犯“舍堕罪”者受持的羯磨法。

(17)《对俗舍宝法》。指比丘将金银舍与优婆塞(指由居士代为保管或用于购买生活用品)的作法。(18)《俗还物法》。指优婆塞将代为保管的金银还给比丘的作法。(19)《俗不还宝法》。指比丘要求取而不还的优婆塞归还金银的作法。(20)《净宝法》。指比丘对金银作“净语”(又称“说净”,指作净施告白)的羯磨法。(21)《舍杂野蚕绵卧具法》。指因乞“杂野蚕绵”作卧具而犯“舍堕罪”者,须将卧具“斩坏舍(出)”的规定。(22)《忏九十波逸提罪法》。指比丘犯“九十波逸提罪”作忏悔的羯磨法。如《舍罪乞忏法》,说:

> 舍罪乞忏法(彼舍财竟,从僧乞忏,作如是乞——原注)。大德僧听,我某甲比丘,故畜(若干众多——原注)长衣(余随种名事别,称之——原注),过十日,犯舍堕,此衣已舍与僧,是中有(若干众多——原注)波逸提罪,今从僧乞忏悔,愿僧听我某甲比丘忏悔,慈愍故(三说。此等对僧仪轨,大同前位,以此舍堕人之数犯,作法是难,故更具述——原注)。(卷中《除罪篇》,第528页上)

5.《忏波罗提提舍尼罪法》。叙述犯“波罗提提舍尼罪”(又称“悔过”)作忏悔的羯磨法。不分子目。说:

> 忏波罗提提舍尼罪法(覆品如前,请忏主已作如是忏——原注)。大德一心念,我某甲比丘,无病,故在村中,从非亲里比丘尼边自手受食食,犯(尔许众多——原注)波罗提提舍尼罪(余随种名事,别称之——原注)。大德,我

犯可呵法，所不应为。今向大德悔过，不敢覆藏等。（卷中《除罪篇》，第529页下）

6.《忏突吉罗罪法》。叙述犯“突吉罗罪”（又称“恶作”）作忏悔的羯磨法。下分六项：

（1）《一切僧同犯识罪发露法》。指说戒前，同一住处的所有僧众因均犯有某罪（“识罪”，指确知之罪）而当众作发露忏悔的羯磨法。（2）《一切僧同犯疑罪发露法》。指说戒前，同一住处的所有僧众因均怀疑犯有某罪（“疑罪”，指怀疑之罪）而当众作发露的羯磨法。（3）《别人识罪发露法》。指说戒前，比丘个人因犯有某罪而向一位清净比丘作发露的羯磨法。（4）《别人疑罪发露法》。指说戒前，比丘个人因怀疑犯有某罪而向一位清净比丘作发露的羯磨法。（5）《说戒座中识罪心念发露法》。指说戒进行中，比丘个人在座上忽然想起犯有某罪而作心念发露（内心忏悔）的羯磨法。（6）《说戒座中疑罪心念发露法》。指说戒时，比丘在座上忽然怀疑犯有某罪而作心念发露的羯磨法。如《忏突吉罗罪法》，说：

忏突吉罗罪法（一切突吉罗，无问根本、从生、故作、误作、覆及随覆，品数如前，至诚恳责，要期永断。作如是忏——原注）。我某甲比丘，故不齐整著僧伽梨，犯（尔许众多——原注）突吉罗罪，以故作故，复犯（尔许众多——原注）非威仪突吉罗罪。（若误犯者，即无故犯非威仪罪。应云——原注）我某甲比丘，误不齐整著僧伽梨，犯（尔许众多——原注）突吉罗罪（余随种名事，别称之——原注），我今忏悔，不敢覆藏等。（卷中《除罪篇》，第529页下）

卷下，五篇：

（一）《治人篇》（卷下）。叙述治罚恶行方面的羯磨法（如

“呵责”、“摈出”、“依止”、“遮不至白衣家”、“不见罪举”、“不忏悔罪举”、“不舍恶见举”等羯磨）。下分十九项：

（1）《与呵责羯磨法》。指僧众对犯有“喜共斗诤”诸罪者，给与“呵责”（指当众呵责并“夺三十五事”，即剥夺三十五项权利）处罚的羯磨法。（2）《解呵责羯磨法》。指僧众解除“被呵责人”处罚的羯磨法。（3）《与摈羯磨法》。指僧众对犯有“行恶行、污他家”罪者，给与“摈出”（指从住处驱出）处罚的羯磨法。（4）《与依止羯磨法》。指僧众对犯有“痴无所知”、“不顺佛法”罪者，给与“依止”（指责成依止某大德学律受教）处罚的羯磨法。（5）《与遮不至白衣家羯磨法》。指僧众对犯有“骂白衣”、“于白衣前谤佛法僧”罪者，给与“遮不至白衣家”（又称“下意羯磨”，指责成其向俗家道歉）处罚的羯磨法。

（6）《与不见罪举羯磨法》。指僧众对犯罪而“不见罪”者，给与举罪并驱出处罚的羯磨法。（7）《与不忏悔罪举羯磨法》。指僧众对犯罪而“不忏悔罪”者，给与举罪并驱出处罚的羯磨法。（8）《与不舍恶见举羯磨法》。指僧众对犯罪而“不舍恶见”者，给与举罪并驱出处罚的羯磨法。（9）《与狂痴羯磨法》。指僧众对“狂痴病”（又称“癫狂病”）者在精神失常时的行为（如“说戒时，或忆或不忆，或来或不来”）不予追究的羯磨法。（10）《解狂痴羯磨法》。指僧众在“狂痴病”者病愈以后解除前法的羯磨法。（11）《与学家羯磨法》。指僧众约定不得到家境贫穷的某“学家”（指居士）受食的羯磨法。（12）《解学家羯磨法》。指僧众在某“学家”家境好转时解除前法的羯磨法。（13）《作余语羯磨法》。指僧众对故意作“余语”（又称“绮语”、“异语”，指杂秽语、无义语）者予以呵止的羯磨法。（14）《作触恼羯磨法》。指僧众对故意“触恼”他僧者予以呵止的羯磨法。

(15)《恶马治法》。指僧众对“恶性不见罪”者给与驱出处罚的羯磨法。(16)《梵罚治法》。指僧众对“恶性不受谏”者给与“梵罚治”(又称“默摈不与语”,指佛教“七众”均不得与其住来言语)处罚的羯磨法。(17)《舍教授比丘尼法》。指僧众对受“谪罚”而不改的比丘尼(或沙弥尼、式叉摩那)的“和上、阿阇梨”,给与“舍教授”(指剥夺教摄资格)处罚的羯磨法。(18)《与白衣家作覆钵羯磨法》。指僧众对无根据地诬谤清净比丘的“白衣家”(指俗家)作“覆钵”(指“不相往来”)的羯磨法。(19)《差比丘使告白衣法》。指僧众派遣代表前往被“覆钵”的“白衣家”作告知的羯磨法。如《梵罚治法》,说:

> 梵罚治法(时有比丘恶性犯戒,复不受谏,作默摈治,应如是作——原注)。一切比丘,默摈不与语,是梵罚治。(然不改者——原注)将诣众中,诸人共弹使出,莫与说戒,亦莫与法会从事。(卷下《治人篇》,第531页下)

(二)《设谏篇》(卷下)。叙述僧众劝谏恶行方面的羯磨法。下分六项:

(1)《谏破僧法》。指僧众劝谏“破僧”(指破坏和合的僧团)者的羯磨法。(2)《谏破僧助伴法》。指僧众劝谏“破僧”者“助伴”(指帮助者、同党)的羯磨法。(3)《谏被摈谤僧法》。指僧众劝谏因“行恶行、污他家”被摈而谤僧者的羯磨法。(4)《谏恶性不受语法》。指僧众劝谏“恶性不受人语”(指不接受他人的劝语)者的羯磨法。(5)《谏恶见说欲不障道法》。指僧众劝谏持“行淫欲,非障道”的“恶见”者的羯磨法。(6)《谏犯罪法》。指僧众劝谏欲犯“七聚”(“欲犯波罗夷,乃至恶说”)者的羯磨法。如《谏犯罪法》,说:

> 谏犯罪法(时有比丘,欲犯波罗夷,乃至恶说,诸比丘

应谏此比丘言——原注)。大德,莫作语是,此不应尔。大德所作,非法、非律、非佛所教(然此比丘,不从诸善比丘如法谏劝,即便犯戒。若此比丘自知所作是明他谏者,非故作犯根本不从语者,突吉罗。若此比丘,自知所作非明他谏者,是故作犯根本不从语者,波逸提。若无智人,不知谏法,应语彼云——原注)汝可问汝和上、阿阇梨,更学问诵经,知谏法已,然后设谏。(卷下《设谏篇》,第532页中)

(三)《灭诤篇》(卷下)。叙述"七灭诤"、"四诤"方面的羯磨法。下分八项:

(1)《与现前毗尼法》。指当事人到场,以教法和戒律为依据,当面作出裁决的羯磨法。(2)《与忆念毗尼法》。指允许被举罪比丘忆述事情的经过的羯磨法。(3)《与不痴毗尼法》。指对比丘在精神失常时的行为不予追究的羯磨法。(4)《与自言治毗尼法》。指允许被举罪比丘自言过失或作申辩的羯磨法。(5)《与多人语毗尼法》。指用投筹表决的方式,少数服从多数的羯磨法。(6)《与罪处所毗尼法》。指如实地举发比丘的犯罪情况的羯磨法。(7)《与草覆地毗尼法》。指诤论双方各自忏悔谦让,达成和解的羯磨法。(8)《诤有四种》。指除灭"言诤、觅诤、犯诤、事诤"四诤的羯磨法。如《与自言治毗尼法》,说:

与自言治毗尼法(比丘以天眼清净,见比丘犯戒,不取自言,牵出门外。佛言:不应如是。若于异时,亦不应如是。令彼伏罪,然后与罪,不应不自伏罪而与罪——原注)。自今已去,为诸比丘结自言治灭诤,应如是说:自言毗尼(是中人现前者,受忏者、忏悔者是。云何自言说罪名、说罪种,忏悔者是。云何治?自责汝心,生厌离也——

原注)。(卷下《灭诤篇》,第532页下)

(四)《杂行篇》(卷下)。叙述比丘杂事方面的羯磨法。下分十四项:

(1)《结说戒堂法》。指僧众结作"说戒堂"(指说戒的堂所)的羯磨法。(2)《解说戒堂法》。指僧众解除"说戒堂"的羯磨法。(3)《结库藏法》。指僧众划定寺院"库藏"(指存放物品的库房)的羯磨法。(4)《解库藏法》。指僧众解除寺院"库藏"的羯磨法。(5)《与无主为己造房法》。指僧众对比丘"无主"(指无施主)自乞物料为己造房,作"指授"(指实地勘察,选择"无难无妨处"盖房)的羯磨法。(6)《与结不失衣法》。指僧众允许患病比丘可不带"僧伽梨"(指大衣)出行的羯磨法。(7)《与作新卧具法》。指僧众允许患病比丘可未满六年而作新卧具的羯磨法。(8)《与畜杖络囊法》。指僧众允许羸老比丘"畜杖络囊"的羯磨法。

(9)《六念法》。指比丘每日应当念知的六事("知日数、月之大小黑白"、"知食处"、"知受戒时日"、"知衣钵缘资有无"、"知食之同别"、"知病不")的行法。(10)《舍请法》。指比丘因一日之中有多家施主请他受正食,"自受一请(指自己接受其中一家的请食),余者转施与人"的羯磨法。(11)《作余食法》。指比丘受正食饱足("足食")离座后,若再受食,须作"余食法"(又称"残食法",指先请一比丘食少许,然后自己再食)的羯磨法。(12)《别众食白入出法》。指比丘因某事欲数人别聚一处受正食而作告白的羯磨法。(13)《前食后食诣余家嘱授法》。指比丘因某事欲在正食前后入村落而嘱告同住比丘的羯磨法。(14)《非时入聚落嘱授法》。指比丘因某事欲在"非时"(指每日正午之后至次日黎明之前)入村落而嘱告同住比丘的羯磨

法。如《作余食法》,说:

作余食法(食有二种。一者正食,二者不正食。不正食者,谓根、茎、食等。此非正食、非足食。正食者,谓饭、糗、干饭、鱼及肉。若粥初出釜,以草画之,不合者,是正食,不得食。于五种食中,若食一一食,令饱足已,舍威仪,不作余食法,食者咽咽,波逸提。若欲食者,持食至一未足食比丘所,作如是言——原注)。大德,我足食已,知是看是。此作余食法。(彼比丘应取少许食已,语此比丘言——原注)长老,我已食止,汝取食之。(彼应答言——原注)尔(作此法已,得随意食——原注)。(卷下《杂行篇》,第534页上)

(五)《修奉篇》(卷下)。摘录有关受持戒律的论述。主要内容有:

"当随顺文句,勿令增减违法毗尼";"见众过失故以一义为诸声闻结戒";"二见"(指"非法见法,法见非法"等);"二种人住不安乐"(指"一喜瞋,二怀怨"等);"二法不得解脱"(指"一犯戒,二不见犯");"二众"(指"一法语众,二非法语众"等);"三学"(指"增戒学、增心学、增慧学");"四种广说"(指若比丘听到有人说"我于某村某城亲从佛闻受持,此是法、是毗尼、是佛教",或"于某村某城和合僧中上座前闻"、"从知法毗尼摩夷众多比丘所闻"、"从知法毗尼摩夷一比丘所闻","此是法、是毗尼、是佛教","应寻究修多罗、毗尼,检校法、律")。

"毗尼有五事答"(指"一序、二制、三重制、四修多罗、五随顺");"持律人有五功德"(指"戒品坚牢、善胜诸怨、于众中决断无畏、若有疑悔者能开解、善持毗尼令正法久住");"破戒有五过失"(指"自害、为智者所呵、有恶名流布、临终时生悔恨、死堕恶道”)；“五法令正法疾灭”(指“比丘不谛受诵，喜忘误，文不具足，以教余人”等)；“比丘至僧中先有五法”(指“比丘不谛受诵，喜忘误，文不具足，以教余人”等)等。如关于“五种持律”，说：

> 有五种持律。诵戒序、四事、十三事、二不定、广诵三十事，是初持律。若广诵九十事，是第二持律。若广诵戒、毗尼，是第三持律。若广诵二部戒、毗尼，是第四持律。若都诵毗尼，是第五持律(是中，春秋冬应依上四种持律，若不依住，突吉罗。夏安居，应依第五持律，若不依住者，波逸提——原注)。(卷下《修奉篇》，第537页上)

本书条理清晰，叙述有致，内容(包括小注和各篇羯磨文)切合《四分律》的原文，是传今的《四分律》羯磨本中，编得较好的一个文本。

另有唐怀素《尼羯磨》三卷是与本书相配套的《四分律》比丘尼羯磨法。

第五品　唐怀素《尼羯磨》三卷

《尼羯磨》，又名《四分尼羯磨》，三卷。唐怀素集，约成于上元三年(676)至圣历元年(698)之间。唐智升《开元释教录》卷九著录。载于《丽藏》“训”函、《宋藏》“入”函、《金藏》“训”函、《元藏》“入”函、《明藏》“荣”函、《清藏》“荣”函、《频伽藏》“列”帙，收入《大正藏》第四十卷。

本书是《四分律》比丘尼羯磨法的集本，系据《四分律》汉译本编集而成。全书分为三卷十七篇(大篇)。卷上，下分《方便篇》、《结界篇》、《授戒篇》、《师资篇》、《说戒篇》、《安居篇》、

《受日篇》、《自恣篇》、《衣钵药受净篇》九篇；卷中，下分《摄物篇》、《德衣篇》、《除罪篇》、《治人篇》四篇；卷下，下分《设谏篇》、《灭诤篇》、《杂行篇》、《修奉篇》四篇。与怀素集《僧羯磨》相比较，本书的篇目与之相同，但分卷略有变动（如《摄物篇》、《治人篇》在怀素集《僧羯磨》中编在“卷上”、“卷下”），有些大篇下的子目有增有删，子目中的称谓也有改动（如“沙弥”改“沙弥尼”、“比丘”改“比丘尼”等）。书首有怀素《序》，说：

> 此羯磨者，则绍隆之正术，匡护之宏规，宗绪归于五篇，滥觞起于《四分》，实菩提之机要，诚涅槃之津涉者也。素（怀素）以锐思弱龄，留情斯旨，眇观至教，式考义途，亟历炎凉，庶无大过误耳。然自古诸德，取解不同，定僧羯磨，总有四本（指怀素之前含有尼羯磨的羯磨本）。其中（指曹魏康僧铠译《昙无德律部杂羯磨》、昙谛译《羯磨》中的尼羯磨）与僧同者，不别条录，其不同者，各以类分。隋朝愿（法愿）律师，总定二部羯磨，僧尼各别，两卷流行（或有传人辄分尼法，作其三卷——原注）。复有宋代求那跋摩，简尼别行，集成一卷（指《四分比丘尼羯磨法》）。素乃于诸家撰集，莫不研寻，校理求文，抑多乖舛。遂以不敏，总述尼法，分为三卷，勒成一部。庶无增减，以适时机，只取成文，非敢穿凿。（《大正藏》第四十卷，第538页中）

卷上，九篇：

（一）《方便篇》（卷上）。叙述比丘尼羯磨的准备事项。下分六项（此中除将怀素集《僧羯磨》“不来诸比丘，说欲及清净”中的“比丘”改为“比丘尼”以外，其余相同）：

（1）“僧集”。（2）“和合”。（3）“未受大戒者出”。（4）“不来诸比丘尼，说欲及清净”。（5）“僧今何所作为”。

(6)“某羯磨”。如关于“僧集”,说:

僧集(律言:应来者来。又言:僧有四种,四人、五人、十人、二十人。四人僧者,除受大戒、自恣、出罪,余一切羯磨应作。五人僧者,除中国受大戒、出罪,余一切羯磨应作。十人僧者,除出罪,余一切羯磨应作。二十人僧者,一切羯磨应作。况复过二十。若随四位僧中有少一人者,作法不成,非法、非毗尼——原注)。(卷上《方便篇》,第538页中、下)

(二)《结界篇》(卷上)。叙述比丘尼在说戒、自恣、授戒、离衣宿(又称“不失衣”,指离三衣而宿)、结净地(又称“结净厨”,“结”指“结作”,指依羯磨划定的贮藏烹煮食物的区域)时结界(指划定作法的区域)和解界(指解除作法的区域)方面的羯磨法。下分十七项(与《僧羯磨》相同):

(1)《结大界法》。(2)《解大界法》。(3)《结同一说戒同一利养界法》。(4)《结同一说戒别利养界法》。(5)《结别说戒同一利养界法》。(6)《结戒场法》。(7)《解戒场法》。(8)《难结小界授戒法》。(9)《解难结小界授戒法》。(10)《难结小界说戒法》。(11)《解难结小界说戒法》。(12)《难结小界自恣法》。(13)《解难结小界自恣法》。(14)《结不失衣界法》。(15)《解不失衣界法》。(16)《结净地法》。(17)《解净地法》。如《难结小界授戒法》,说:

难结小界授戒法(若有欲受戒者,至界外,有比丘尼往遮。佛言:若有不同意者未出界,听在界外疾疾一处,集结小界。应如是作——原注)。大姊僧听,僧集一处结小界。若僧时到,僧忍听,结小界。白如是。

大姊僧听,今此僧一处集结小界。谁诸大姊忍,僧一处

集结小界者默然,谁不忍者说。僧已忍结小界竟。僧忍默然故,是事如是持。(卷上《结界篇》,第539页下)

(三)《授戒篇》(卷上)。叙述授受沙弥尼戒、式叉摩那尼戒和比丘尼戒方面的羯磨法。下分三十项(此中删去了《僧羯磨》中的《三归授戒法》、有关比丘戒的《授戒相法》、《授四依法》,新增《八不可过授戒法》、《与二岁学戒法》、《授六法相》,另有一些篇名上的称谓作了改动):

(1)《八不可过授戒法》(此为佛的姨母摩诃波阇波提受持"八敬法"即为受具戒的授戒法)。(2)《善来授戒法》。(3)《羯磨授戒与度人法》。(4)《度沙弥尼与形同法》。(5)《度沙弥尼与法同请和上法》。(6)《请阇梨法》。(7)《白僧法》。(8)《授戒法》。(9)《度外道法》。(10)《与四月共住法》。(11)《与二岁学戒法》(此为沙弥尼请求僧众给与"二岁学戒",使她成为式叉摩那的羯磨法)。(12)《授六法相》(此为僧众对式叉摩那授"六法"的羯磨法)。(13)《授大戒请和尚尼法》。(14)《请戒师法》。(15)《请教授师法》。(16)《安受戒人处所法》。(17)《差教授师法》。(18)《往彼问遮难法》。(19)《问已白僧法》。(20)《从僧乞戒法》。(21)《戒师白法》。(22)《戒师问法》。(23)《正授本法》。(24)《与本法尼授大戒请羯磨阇梨法》。(25)《乞戒法》。(26)《戒师白法》。(27)《戒师问法》。(28)《正授戒法》。(29)《授戒相法》。(30)《授四依法》。如《授大戒请和尚尼法》等,说:

授大戒请和尚尼法(具仪作如是言——原注)。大姊一心念,我某甲,今求阿姨为和尚,愿阿姨为我作和尚,我依阿姨故,得受大戒(三说报云——原注)。可尔。

请戒师法(具仪作如是请——原注)。大姊一心念,我某甲，今求阿姨为羯磨阿阇梨，愿阿姨为我作羯磨阿阇梨，我依阿姨故，得受大戒（三说报云——原注）。可尔。

请教授师法（具仪作如是言——原注）。大姊一心念，我某甲，今求阿姨为教授阿阇梨，愿阿姨为我作教授阿阇梨，我依阿姨故，得受大戒（三说报云——原注）。可尔。（卷上《授戒篇》，第542页中）

（四）《师资篇》（卷上）。叙述师徒关系和行事方面的羯磨法。下分六项（与《僧羯磨》相同）：

（1）《制和尚行法》。（2）《制依止阿阇梨行法》。（3）《制弟子行法》。（4）《呵责弟子法》。（5）《弟子忏悔法》。（6）《弟子离和尚忏谢法》。如《呵责弟子法》，说：

呵责弟子法（时诸弟子，不承事恭敬和上、阿阇梨，亦不顺弟子法，无惭、无愧、不受教，作非威仪、不恭敬、难与语，与恶人为友，好往淫女家、妇女家、大童女家、黄门家、比丘尼精舍、式叉摩那精舍、沙弥尼精舍，好往看龟鳖。有此等过，应作呵责。有三现前，一弟子、二出过、三呵词。呵词有五，应语言——原注）。我今呵责汝。汝去，汝莫入我房，汝莫为我作使，汝莫至我所，不与汝语。（是谓和上呵责弟子法，阿阇梨呵责弟子亦五词同。唯换第四句莫至我所云——原注）汝莫依止我（彼尽形寿呵责，佛言：不应尔。竟安居呵责，亦不应尔。病者，不应呵——原注）。（卷上《师资篇》，第544页中、下）

（五）《说戒篇》（卷上）。叙述比丘尼每半月一次集会说戒方面的羯磨法。下分十项（此中删去了《僧羯磨》中的《教诫比丘尼法》、《略教诫法》，新增《半月往僧寺请教诫差使比丘尼法》、《使比丘尼往僧寺嘱授法》）：

(1)《半月往僧寺请教诫差使比丘尼法》(比丘尼推选每半月往至比丘僧中“求教授”的代表的羯磨法)。(2)《使比丘尼往僧寺嘱授法》(此为布萨日比丘尼代表前往比丘僧中,请求派“教授人”到尼寺作教授的羯磨法)。(3)《僧说戒法》。(4)《告清净法》。(5)《略说戒法》。(6)《对首说戒法》。(7)《心念说戒法》。(8)《增减说戒法》。(9)《非时和合法》。(10)《非时说戒法》。如《僧说戒法》,说:

> 僧说戒法(若于十四、十五、十六日,不知为何日说戒,佛言:听上座布萨日唱言——原注)。大姊僧听,今僧某月、某日、某时、集某处说戒(如是唱已,说戒时至,年少比丘尼,先往说戒堂中,扫洒敷坐,具净水瓶、洗足瓶,然灯火、具舍罗。若年少比丘尼不知者,上座应教。若上座不教者,突吉罗。若不随上座教者,突吉罗。收亦如是。僧集之时,比坐当相捡挍,知有来、不来,先白,然后说戒。白等仪轨,具如戒经——原注)。(卷上《说戒篇》,第545页上)

(六)《安居篇》(卷上)。叙述比丘尼每年三个月“结夏安居”方面的羯磨法。下分四项(与《僧羯磨》相同):

(1)《对首法》。(2)《心念法》。(3)《忘成法》。(4)《及界法》。如《及界法》,说:

> 及界法(若往安居处,欲安居,入界内,便明相出,彼有疑,为成安居不?佛言:若为安居故来,便成安居。次入园亦同。次一脚入界、入园,亦如是——原注)。(卷上《安居篇》,第545页中)

(七)《受日篇》(卷上)。叙述比丘尼在夏安居期间因事外出请假方面的羯磨法。下分二项(与《僧羯磨》相同):

(1)《对首法》。(2)《羯磨法》。如《羯磨法》,说:

羯磨法(为前缘远,不及七日还。佛言:听有如是事,受过七日法。若十五日、一月日。白二羯磨应如是作——原注)。大姊僧听,若僧时到,僧忍听,某甲比丘尼,受过七日法(十五日、一月日——原注),出界外,为某事故,还此中安居。白如是。

大姊僧听,某甲比丘尼,受过七日法(十五日、一月日——原注),出界外,为某事故,还此中安居。谁诸大姊忍,僧听某甲比丘尼受过七日法(十五日、一月日——原注),出界外,为某事故,还此中安居者默然,谁不忍者说。僧已忍,某甲比丘尼受过七日法(十五日、一月日——原注),出界外,为某事故,还此中安居竟。僧忍默然故,是事如是持。(卷上《受日篇》,第545页下)

(八)《自恣篇》(卷上)。叙述比丘尼于夏安居结束之日举行"自恣"(指请求他人批评举罪)活动方面的羯磨法。下分十一项(此中删去了《僧羯磨》中的《受比丘尼自恣法》,新增《往比丘僧中说自恣差使比丘尼法》、《使比丘尼对僧说自恣法》):

(1)《往比丘僧中说自恣差使比丘尼法》(此为夏安居结束后,比丘尼推选往至比丘僧中"三说自恣"的代表的羯磨法)。(2)《使比丘尼对僧说自恣法》(此为比丘尼代表向比丘僧"说自恣"的羯磨法)。(3)《白僧自恣时法》。(4)《差受自恣人法》。(5)《自恣白法》。(6)《僧自恣法》。(7)《略自恣法》。(8)《对首自恣法》。(9)《心念自恣法》。(10)《增益自恣法》。(11)《增减自恣法》。如《僧自恣法》,说:

僧自恣法(律言:听徐徐三说,了了自恣,不应反抄衣、衣缠颈等,应偏露等,作如是言也——原注)。大姊,众僧今日自恣,我某甲比丘尼亦自恣。若见闻疑罪,大姊哀愍故,语我。我若见罪,当如法忏悔(三说。若病比丘尼,佛听随身所安自恣,其告清净缘及法,一同说戒——原注)。(卷上《自恣篇》,第546页上)

(九)《衣钵药受净篇》(卷上)。叙述比丘尼受用五衣、钵、坐具、非时药和说净(指将"长物"即超出规定蓄存的物品作净施)方面的羯磨法。下分八项(此中将《僧羯磨》中的《受三衣法》、《舍三衣法》改为《受五衣法》、《舍五衣法》,新增《受十六枚器法》):

(1)《受五衣法》。(2)《舍五衣法》。(3)《受尼师坛法》。(4)《受钵法》。(5)《受十六枚器法》(此为比丘尼请求受用十六种器物的羯磨法)。(6)《受非时药法》。(7)《真实净法》。(8)《展转净法》。如《受十六枚器法》,说:

> 受十六枚器法(律言;比丘尼即日得器,应即日受,可须用者十六枚,余者当净施,若遣与人。十六枚者,大釜及盖,小釜亦尔,水瓶及盖,洗瓶亦尔,四盆及杓二小二大。受云——原注)。大姊一心念,我比丘尼某甲,此某器,是我十六枚数,今受(三说——原注)(卷上《衣钵药受净篇》,第546页下)

卷中:四篇。

(一)《摄物篇》(卷中)。叙述比丘尼分配衣物方面的羯磨法。下分十八项(此中将《僧羯磨》中的《摄亡比丘物法》改为《摄亡比丘尼物法》,其余不变):

(1)《摄时现前施法》。(2)《摄非时现前施法》。(3)《摄时僧施法》。(4)《摄非时僧施差分物人法》。(5)《付分衣人物法》。(6)《四人直摄物法》。(7)《对首摄物法》。(8)《心念摄物法》。(9)《摄二部僧得施法》。(10)《摄亡比丘尼物法》。(11)《看病人对僧舍物法》。(12)《赏看病人物法》。(13)《差分衣人法》。(14)《付分衣人物法》。(15)《四人直摄物法》。(16)《对首摄物法》。(17)《心念摄物法》。(18)《无住处摄物法》。如《摄非时现前施法》,说:

摄非时现前施法(有得施衣,不知云何。佛言:听分。当数人多少分,若十人为十分,乃至百人为百分,好恶相参分,不应自取分,使异人取,不应自掷筹,使不见者掷筹。此既数人,亦无分法——原注)。(卷中《摄物篇》,第547页上)

(二)《德衣篇》(卷中)。叙述比丘尼在夏安居结束之日受持、经五个月后舍出"功德衣"方面的羯磨法。下分六项(与《僧羯磨》相同):

(1)《受功德衣白法》。(2)《差持功德衣人法》。(3)《付功德衣与持衣人法》。(4)《持衣僧前受法》。(5)《差人作功德衣法》。(6)《出功德衣法》。如《出功德衣法》,说:

出功德衣法(若不出功德衣,作如是意,以久得五事放舍。佛言:不应作如是意。听冬四月竟,僧应出功德衣。应如是作也——原注)。大姊僧听,今日众僧出功德衣。若僧时到,僧忍听,僧今和合出功德衣,白如是(若不出衣,过功德衣分齐,突吉罗。有八因缘,舍功德衣,一去、二竟、三不竟、四失、五断望、六闻、七出界、八共出。复有二种舍功德衣,持功德衣比丘尼出界外宿,众僧和合共出尔——原注)。(卷中《出功德衣法》,第548页下)

(三)《除罪篇》(卷中)。叙述比丘尼犯"波罗夷"、"僧残"、"偷兰遮"、"波逸提"、"波罗提提舍尼"、"突吉罗"罪(合称

“六犯聚”）的治罚与忏除方面的羯磨法。下分六类四十五项（原书中大类与子项是并列的，容易使人产生歧义，今在解说时依从属关系加以区分）。

1.《除波罗夷罪法》。叙述对犯“波罗夷罪”作治罚方面的羯磨法。下分三项（与《僧羯磨》相同）：

(1)《与覆藏者作灭摈法》。(2)《与不覆藏者作尽形学悔法》。(3)《与学悔人重犯者作灭摈法》。

2.《除僧残罪法》。叙述犯“僧残罪”的治罚与忏除方面的羯磨法。下分九项（此中较《僧羯磨》减少十二篇）：

(1)《与半月摩那埵法》。(2)《白僧行摩那埵法》。(3)《日日僧中白法》。(4)《白停行法》。(5)《白行行法》。(6)《白摩那埵行满停法》。(7)《与摩那埵本日治法》。(8)《与不坏摩那埵出罪法》。(9)《与坏摩那埵出罪法》。

3.《除偷兰遮罪法》。叙述犯“偷兰遮罪”作忏悔的羯磨法。下分六项（此中将《僧羯磨》中的《对僧乞忏法》改为《对僧忏悔法》，另二篇中的称谓“比丘”改为“比丘尼”）。(1)《对僧忏悔法》。(2)《请忏悔主法》。(3)《受忏悔主白僧法》。(4)《正忏悔法》。(5)《对三比丘尼忏悔法》。(6)《对一比丘尼忏悔法》。

4.《除波逸提罪法》。叙述犯“波逸提罪”作忏悔的羯磨法。下分二十一项（此中删去了《僧羯磨》中的《舍杂野蚕绵卧具法》，并将《对三比丘舍堕法》、《忏九十波逸提罪法》改为《对三比丘尼舍堕法》、《忏一百七十八波逸提罪法》）：

(1)《对僧舍财法》。(2)《舍罪乞忏法》。(3)《请忏悔主法》。(4)《受忏悔主白僧法》。(5)《正忏悔法》。犯“舍堕罪”者向僧众作忏悔的羯磨法。(6)《忏二十四覆藏罪法》。(7)《忏不应说戒等七位突吉罗罪》。(8)《忏长等五位波逸提罪》。(9)《还衣即座转付法》。(10)《经宿直还法》。(11)《不还物法》。(12)《对三比丘尼舍堕法》。(13)《舍乞钵法》。(14)《还钵法》。(15)《行钵白法》。(16)《付钵令持法》。(17)《对俗舍宝法》。(18)《俗还物法》。(19)《俗不还宝法》。(20)《净宝法》。(21)《忏一百七十八波逸提罪法》。

5.《忏波罗提提舍尼罪法》。叙述犯"波罗提提舍尼罪"(又称"悔过")作忏悔的羯磨法。不分子目。

6.《忏突吉罗罪法》。叙述犯"突吉罗罪"(又称"恶作")作忏悔的羯磨法。下分六项(与《僧羯磨》相同):

(1)《一切僧同犯识罪发露法》。(2)《一切僧同犯疑罪发露法》。(3)《别人识罪发露法》。(4)《别人疑罪发露法》。(5)《说戒座中识罪心念发露法》。(6)《说戒座中疑罪心念发露法》。如《除偷兰遮罪法》中的《请忏悔主法》,说:

> 请忏悔主法(欲忏悔者,即于僧中,请一清净比丘尼为忏悔主。不得向犯者忏悔,犯者不得受他忏悔。彼比丘尼当诣清净比丘尼所。若一切僧尽犯,不得忏者,若有客比丘尼来,清净无犯,当往彼所忏。若无客比丘尼来,即当差二三人,诣比近清净众中忏悔。此比丘尼当还来至所住处,所住处诸比丘尼,当向此清净尼处悔,具仪作如是请——原注)。大姊一心念,我某甲比丘尼,犯某偷兰遮罪,今请大姊作忏悔主,愿大姊为我作忏悔主,慈愍故(一说——原注)。(卷中《除罪篇》,第550页下)

(四)《治人篇》(卷中)。叙述僧团治罚恶行方面的羯磨法(如"呵责"、"摈出"、"依止"、"遮不至白衣家"、"不见罪举"、"不忏悔罪举"、"不舍恶见举"等羯磨)。下分十九项(此中删去了《僧羯磨》中的《舍教授比丘尼法》,并将《差比丘使告白衣法》改为《差比丘尼使告白衣法》，新增《不礼比丘法》）：

（1）《与呵责羯磨法》。（2）《解呵责羯磨法》。僧众解除“被呵责人”处罚的羯磨法。（3）《与摈羯磨法》。（4）《与依止羯磨法》。（5）《与遮不至白衣家羯磨法》。（6）《与不见罪举羯磨法》。（7）《与不忏悔罪举羯磨法》。（8）《与不舍恶见举羯磨法》。（9）《与狂痴羯磨法》。（10）《解狂痴羯磨法》。（11）《与学家羯磨法》。（12）《解学家羯磨法》。（13）《作余语羯磨法》。（14）《作触恼羯磨法》。（15）《恶马治法》。（16）《梵罚治法》。（17）《不礼比丘法》（此为僧众对扰乱“坐禅比丘尼”的比丘作“不礼”处罚的羯磨法）。（18）《与白衣家作覆钵羯磨法》。（19）《差比丘尼使告白衣法》。如《与依止羯磨法》，说：

> 与依止羯磨法（若有比丘尼，痴无所知，多犯众罪，共白衣杂住，而相亲附，不顺佛法，听僧为作依止白四，谓遣依止有德人住，不得称方国土等。此作及解，亦文如律——原注）。（卷中《治人篇》，第553页中、下）

卷下：四篇。

（一）《设谏篇》（卷下）。叙述僧众劝谏恶行方面的羯磨法。下分十二项（此中较《僧羯磨》新增《谏随顺被举比丘法》、《谏习近住法》、《谏谤僧劝习近住法》、《谏瞋心舍三宝法》、《谏发起四诤谤僧法》、《谏习近居士子法》）：

（1）《谏随顺被举比丘法》（此为僧众劝谏随顺被举罪比丘的比丘尼的羯磨法）。（2）《谏破僧法》。（3）《谏破僧助伴法》。（4）《谏被摈谤僧法》。（5）《谏恶性不受语法》。（6）《谏习近住法》（此为僧众劝谏“共相亲近、共作恶行”比丘尼的羯磨法）。（7）《谏谤僧劝习近住法》（此为僧众劝谏因前事而谤僧助恶的比丘尼的羯磨法）。（8）《谏瞋心舍三宝法》

(此为僧众劝谏因小事瞋舍佛、法、僧“三宝”的比丘尼的羯磨法)。(9)《谏发起四诤谤僧法》(此为僧众劝谏发起“四诤”并谤僧的比丘尼的羯磨法)。(10)《谏恶见说欲不障道法》。(11)《谏习近居士子法》(此为僧众与居士、居士子“共住”的比丘尼的羯磨法)。(12)《谏犯罪法》。如《谏习近居士子法》,说:

> 谏习近居士子法(时有比丘尼,亲近居士、居士儿,共住、作不随顺行。时诸比丘尼谏言:汝莫亲近居士、居士儿,作不随顺行,汝妹可别住。汝若别住,于佛法中得增益安乐。而彼故不别住。佛言:听僧与彼比丘尼,作呵责舍此事故白四羯磨。是比丘尼谏彼比丘尼言——原注)。妹,莫亲近居士、居士儿,作不随顺行,汝当别住。汝若别住,于佛法有增益安乐。汝今可舍此事,莫为僧所呵责,而犯重罪(若随语者善,若不随语者,乃至第三,如上白四法体,亦如律明——原注)。(卷下《设谏篇》,第556页上)

(二)《灭诤篇》(卷下)。叙述“七灭诤”、“四诤”方面的羯磨法。下分八项(与《僧羯磨》相同):

(1)《与现前毗尼法》。(2)《与忆念毗尼法》。(3)《与不痴毗尼法》。(4)《与自言治毗尼法》。(5)《与多人语毗尼法》。(6)《与草覆地毗尼法》。(7)《诤有四种》。如《与现前毗尼法》,说:

> 与现前毗尼法(若有比丘尼,人不在现前,便作羯磨。佛言:不应人不现前而作羯磨——原注)。自今已去,与诸比丘尼,结现前毗尼灭诤,应如是说现前毗尼(但现前有五。谓法、毗尼、人、僧、界。云何法现前?所持法灭诤者是。云何毗尼现前?所持毗尼灭诤者是。云何人现前?言

义往返者是。云何僧现前？同羯磨和合集一处，不来者嘱授在现前，应呵者不呵者是。云何界现前？在界内，羯磨作制限者是——原注）。（卷下《灭诤篇》，第 556 页上、中）

（三）《杂行篇》（卷下）。叙述比丘尼杂事方面的羯磨法。下分十四项（与《僧羯磨》相同）：

（1）《结说戒堂法》。（2）《解说戒堂法》。（3）《结库藏法》。（4）《解库藏法》。（5）《与无主为己造房法》。（6）《与结不失衣法》。（7）《与作新卧具法》。（8）《与畜杖络囊法》。（9）《六念法》。（10）《舍请法》。（11）《作余食法》。（12）《别众食白入出法》。（13）《前食后食诣余家嘱授法》。（14）《非时入聚落嘱授法》。如《非时入聚落嘱授法》，说：

> 非时入聚落嘱授法（若有僧事、塔寺事、瞻视病比丘尼事，听嘱授入聚落。作如是言——原注）。大姊一心念，我某甲比丘尼，非时入某聚落，至某甲家，为某缘故，白大姊令知（若道由村过，若有启白，若唤受请，或为力势所持系缚等，不犯——原注）。（卷下《杂行篇》，第 558 页上）

（四）《修奉篇》（卷下）。摘录有关受持戒律的论述（与《僧羯磨》相同）。主要内容有："当随顺文句，勿令增减违法毗尼"；"见众过失故以一义为诸声闻结戒"；"二见"；"二种人住不安乐"；"二法不得解脱"；"二众"；"三学"；"四种广说"；"毗尼有五事答"；"持律人有五功德"；"破戒有五过失"；"五法令正法疾灭"等。如关于"持律人有五功德"，说：

> 持律人有五功德。戒品坚牢，善胜诸怨，于众中决断无畏，若有疑悔能开解，善持毗尼令正法久住。（卷下《修奉篇》，第 560 页下）

与今存的曹魏昙谛译《羯磨·比丘尼羯磨文》、康僧铠译《昙无德律部杂羯磨·比丘尼杂羯磨》、刘宋求那跋摩译《四分比丘尼羯磨法》一卷相比，怀素的这部《尼羯磨》编得最完整，很有研究价值。

第六品　唐未详作者《律杂抄》一卷

《律杂抄》，一卷。唐未详作者撰，撰时不详。今本为敦煌本（法国国民图书馆藏，编号为“P. 2064”），收入《大正藏》第八十五卷。

本书是律学问答。所问从“比丘是何义”开始，至“污家戒谏何事”结束。所收的问答有：“受戒有几种”；“羯磨有几种”；“羯磨所为事有几种”；“比丘所食药总有几种”；“戒与律、毗尼、波罗提木叉，有何差别”；“何名五毗尼”；“律仪有几种”；“略说戒有几种”；“安居有几种”；“安居有几种”；“安居是何义”；“自恣有几种”；“何名四分律”；“此律何部所摄”；“如来成道后几年制戒”；“受具足戒具几因缘”；“律以何为宗”；“律以何为体”；“律之所防三业之中，何不防意”；“十三（僧残）同篇，何故九初便犯，四谏方成”；“污家犯何罪耶”；“污家戒谏何事”等。书中解答的语句，简洁明了，也不引经据典。如关于“戒与律、毗尼波罗提木叉，有何差别”、“自恣是何义”、“律以何为宗，以何体”，说：

> 问：戒与律、毗尼波罗提木叉，有何差别？答：戒者，防非止恶，若不造恶，故名为戒；律者，法也，非法无以斋戒仪伏，是会意形声释也，故名为律；毗尼者，名调伏义，能调身三等业，木叉者，此名解脱，解脱一切诸缚，名为解脱。

(《大正藏》第八十五卷,第653页中)

问:自恣是何义?答:为迷已过,恣他举见闻疑罪,故名为自恣义也。(第653页下)

问:律以何为宗,以何体?答:以戒为宗。又说不同,依《东塔疏》(指怀素《四分律开宗记》),以戒为宗。律以何为体?答:合是语业为体,任意取舍。答:十二处中,以法为体。若依经部,以不相应为体;依有部,以色为体,俱是法处摄。(第653页下)

作者在回答上述问题时,明确以"《东塔疏》"即东塔宗怀素《四分律开宗记》的理论为答案,主张《四分律》"以戒为宗","以色为体(指戒体)",依此判断,本书的作者当是东塔宗的传人。此外,由于本书的结尾是问"污家戒谏何事",而"污家戒"指的《四分律》比丘戒"十三僧残法"中的第十二条"污家摈谤违谏戒",显然应当还有后文,如"尼萨耆波逸提法"、"波逸提法"、"众学法"等的问答。由此推断,本书后面有部分佚失了,内容当是比丘戒的其他问答。

第四门　宋元四分律宗著作

第一品　北宋允堪《四分律随机羯磨疏正源记》八卷

《四分律随机羯磨疏正源记》，又名《随机羯磨疏正源记》、《正源记》，八卷。北宋允堪述，成于皇祐三年（1051）。高丽义天《新编诸宗教藏总录》卷二著录。收入《新纂续藏经》第四十册。

允堪（？—1061），赐号“智圆”，浙江钱塘（今杭州）人。幼时依天台崇教大师慧思出家，博通内外，后从仁和择悟律师（著有《行事钞义苑记》七卷，见北宋怀显集、日僧戒月改录《行事钞诸家记标目》）学习南山律，深得奥义。庆历二年（1042）于杭州大昭庆寺建立戒坛，开坛度僧。皇祐（1049—1053）年间，又在苏州开元寺、秀州精严寺建立戒坛，弘敷律宗。凡是道宣的重要律学著作，均为之作疏记，世称“十本记主”。著书十二种，其中，见存的有：《四分律随机羯磨疏正源记》八卷、《四分律含注戒本疏发挥记》三卷（今存卷三）、《四分律拾毗尼义钞辅要记》六卷、《四分比丘尼钞科》一卷、《净心诫观法发真钞》三卷、《新受戒比丘六念五观法》一卷、《衣钵名义章》一卷、《南山祖师礼赞文》一卷等八种；已佚的有：《四分律行事钞会正记》十三卷

(见北宋怀显集、日僧戒月改录《行事钞诸家记标目》)等四种。

允堪之后,北宋元照撰《四分律行事钞资持记》三卷(又作“十六卷”),在“绕佛左右、衣制短长”等问题上,提出了与允堪不同的见解,时人遂将允堪称为“会正派”、元照称为“资持派”,南山律宗由此而分为两派。后来,允堪一系绝响,唯元照一系流行于世。生平事迹见南宋志磐《佛祖统纪》卷二十九《诸宗立教志·南山律学》、元觉岸《释氏稽古略》卷四、清吴树虚《大昭庆律寺志》卷八、近代喻谦《新续高僧传》卷二十七等。

本书是唐道宣《四分律删补随机羯磨疏》的注释。全书分为十二篇,对道宣《羯磨疏序》、《羯磨序》、《羯磨疏》正文十篇的主旨大意和难解的文句语词,作了或详或略的诠释。其中,正文十篇中的前三篇《释集法缘成篇》、《释诸界结解篇》、《释诸戒受法篇》(分别解释道宣《羯磨疏》正文中的前三篇《集法缘成篇》、《诸界结解篇》、《诸戒受法篇》),所释较为详细,共有五卷半;后七篇,即《释衣药受净篇》至《释杂法住持篇》,所释较为简略,仅有一卷半。书首和书末有允堪撰的序跋。允堪在序(无标题)中说:

> 南山所撰大部,凡有三焉,曰:《删补钞》(指《行事钞》)、《戒本疏》及兹疏(指《羯磨疏》)也。其诸述作,亦裨助此三,而辅翼至化者也。予尝于讲余,探赜群籍,纂《事钞》等记。一旦,诸弟子升堂,稽首曰:南山一宗,诸记备矣,独乎《业疏》(指《羯磨疏》)未广发挥,愿一记焉。予遂然之。告曰:夫尸罗(指戒)者,止之妙门也;羯磨者,作之清范也。能仁(指佛)所以立斯二者,犹车之两轮焉。昔吾祖(指道宣)御之于前,复作疏,以广其道,但后之驾说者,鲜矣。惜乎!斯文旨渊而理密,文博而义富,苟不引而伸

之，则辜吾祖之训，是我罪也。……于是嗒然隐几，摛毫而述，因思羯磨乃昙谛始传，派于法正之远源也。越明年记成，遂以《正源》为目。（新纂续藏经》第四十册，第786页中）

卷一：《释道宣撰疏序》、《释道宣撰随机羯磨序》。解释道宣《四分律删补随机羯磨疏》中的《羯磨疏序》、《羯磨序》。如关于经论所说的“化教”和律藏所说的“行教”（又称“制教”）的区别，说：

两途，即化（指化教）、行（指行教）。化教，即经论，是开演化导之教，该乎人天七众，故曰道俗，今识别邪正，生于信解。故《事钞》别序云，化教则通于道俗，但泛明因果，识达邪正，科其行业，沉密而难知，显其来报，明了而易述。又《戒疏》云，化（指化教）通道俗，名理无乖，意在静倒，离著为先，教本化人，今开慧解，本非对过而立斯言；行教者，策其五众，防护戒行也。别序云，行教唯局于内众，定其取舍，立其网致，显于持犯，决于疑滞等。又云，内心违顺，托理为宗，则准化教；外用施为，必护身口，便依行教。然犯化教者，但受业道一报；违行教者，重增圣制之罪。是知虽分二教，收乎三学亦不乱也。（卷一《释道宣撰疏序》，第787页下）

卷二、卷三：《释集法缘成篇》。解释《羯磨疏》正文十篇中的首篇《集法缘成篇》。如关于对犯波罗夷罪而不覆藏者作“学悔羯磨”的作法，说：

学悔，《僧祇》云，若犯罪者，啼哭不欲离袈裟，深乐佛法者，令与学悔羯磨。永障一生者，言此生不能证圣果也。

故《大钞》(指《行事钞》)云,断头之喻,望不阶圣果为言是也。又《母论》(指《毗尼母经》)云,但此一生,不得超生离死,然障不入地狱。素下,《四分》云,若比丘及尼,犯波罗夷已,都无覆藏,令如法忏悔。诸师废立,互有是非,今括其接诱,理无滞结,但使覆与不覆。临乞时都无覆者,尽形学悔。恕,以心度物曰恕。乞法,律中应教言:大德僧听,我某甲比丘犯淫波罗夷,无覆藏,今从僧乞波罗夷戒,愿僧与我波罗夷戒,慈愍故。三乞已,方与羯磨。佛言:与波罗夷戒已,当行随顺,夺三十五事(指剥夺三十五项权利)。略同僧纲中,唯加不得众中诵律,无能诵者听(指允许)。(卷二《释集法缘成篇》,第805页上)

卷四:《释诸界结解篇》。解释《羯磨疏》正文第二篇《诸界结解篇》。如关于"摄僧界"、"摄衣界"、"摄食界"的"结界",说:

人、衣、食等不同曰诸,随事分限曰界,作法如约名结,舍旧要期号解,篇者章品之异名,跋渠别号(应法师云,跋渠正言伐伽,此云部,谓部类也——原注;以上释本篇之名)。人即摄僧界,衣即摄衣界,食即摄食界。据下以律说戒,结界在先,衣药居后。盖当初时,约缘起立法以显,今亦约此义,次排其次。……由有界故,方显六和。外衣生下,摄衣界。内药生下,摄食界。形别有须者,谓有待之形既别,故须衣药。又界(指大界)阔蓝(指伽蓝,即寺院)狭,须结摄衣。中下根人,故须净地。故次摄僧(界)而起两缘,即衣、食(界)。(卷四《释诸界结解篇》,第827页下)

卷五、卷六:《释诸戒受法篇》。解释《羯磨疏》正文第三篇《诸戒受法篇》。如关于"化教"的三种观法,即"性空观"、"相空观”、“唯识观”三观（又称“南山三观”），说：

观事即小乘，修折（当作“析”）色明空等观，谓观色至一极微，观心至一刹那，分别不可得处名胜义谛。蕴性既空，我人何在？则善恶等性，本自空故（以上释“性空观”）。小菩萨者，即地前加行菩萨，亦可小乘四圣中，皆有回心向大之类。大非全大，已得小果，小非全小，回心向大，异于前后故，云小菩萨也。修相空观，乃知色相当体即空，不同小乘所破方空，故曰无善恶等相（以上释“相空观”）。大菩萨，即登地已上观事，是心外尘实无，皆是心故。《唯识》云，现前立少物，知是唯识性。以唯遮外境，识表内心。当了万境，唯一心耳。意言下即第六识，言即名言。谓大菩萨观此，名色境不离内心，但是识心语言分别也。愿乐位即加行位，究竟即无学位，此加行见修无学四位。即大乘凡圣观中，缘于色心事境，意识了达外境不离内心，但是意言分别也（以上释“唯识观”）。（卷五《释诸戒受法篇》，第846页中、下）

卷七：《释诸戒受法篇之余》、《释衣药受净篇》。解释《羯磨疏》正文第三篇《诸戒受法篇》之余和第四篇《衣药受净篇》。如关于“第二次结集”的导因、跋阇子比丘“十事”，说：

《四分》七百结集中，跋阇子擅行十事，便于阎浮僧断了。言十事者：一非时得二指抄食（彼谓少故不犯——原注）；二二村中间，不作余食法（彼谓两村之间非得食处——原注）；三寺中得别众（彼见邪正，即分各作成法，便谓同见亦得——原注）；四后听可（谓先作羯磨，后说欲亦得——原注）；五得常法（执阴八事为常——原注）；六得和合食（谓酪是酥类，可和合食，不犯足——原注）；七共盐宿得食（见尽形药开无同宿罪，今无法加故不合——原注）；

八饮未熟酒(彼例果浆得食——原注);九得畜不截坐具(如今文也——原注);十得畜金银(宝在己边,作净主物想,谓言得也——原注)。(卷七《释衣药受净篇》,第 884 页中)

卷八:《释诸说戒法篇》、《释诸众安居篇》、《释诸众自恣法篇》、《释诸衣分法篇》、《释忏六聚法篇》、《释杂法住持篇》。解释《羯磨疏》正文第五篇《诸说戒法篇》至第十篇《杂法住持篇》。如关于"事忏"和"理忏",说:

> 忏业,但有修事忏身口业,是俱有也。有二相除,即事、理两忏,以除业也。有下,谓六聚各随篇忏,是轻重不同也。能下,谓能修理智,体无碍故,是空所断。业体现行故,是有霜焰不俱。霜是冷性,焰是热性,喻理忏时,恶业不俱也。经云,众罪如霜露,慧日能消除是也。随牒下,修事忏也。断下,理忏也。……忏下,即律修事忏,谓同篇合忏,异聚别悔。如下,锯木则片片自殊,斫树则斧斧随异。(卷八《释忏六聚篇》,第 896 页下)

本书所引的道宣《四分律删补随机羯磨疏》上的文句,大多为原文的片段或个别字词,而并非完整的句子,如上段文字中的"有下"、"能下"、"随牒下"、"断下"、"忏下"、"如下"等。故它必须对照原疏,方能得知它们分别是针对哪一段或哪一句话原文说的。因此,本书具有很大的依附性,只有与原疏相配合,才能显现其价值。

第二品　北宋允堪《四分律拾毗尼义钞辅要记》六卷

《四分律拾毗尼义钞辅要记》,又名《辅要记》,六卷。北宋允堪述，成于庆历二年(1042)。日本凝然《律宗纲要》卷下著录。收入《新纂续藏经》第四十四册。

本书是唐道宣《四分律拾毗尼义钞》的注释。《拾毗尼钞》原为三卷，后因唐末五代，天下纷扰，原本散逸，至北宋仅存卷上八篇、卷中八篇，缺卷下(篇数不详)。故本书所释也只有《拾毗尼钞》卷上和卷中。全书依顺道宣《拾毗尼钞》十六篇的叙次，对其中一些难解的文句和语词，分别作了诠释。书首有允堪作的自序(无标题)，说：

> 兹钞(指《四分律拾毗尼义钞》)者，吾祖(指道宣)于大毗尼藏，撮其机要，以成文也。怀铅始毕，新罗学者潜窃归国，历二百载，此方绝本。会昌五年，因侍御李元佐附海东金舍人，于本国求之，彼国王城慧明寺释自相、东泉寺释玄灵校写附至，当大中四年二月八日也。……景祐中，尝于佛陇，撰《戒本疏记》。有浙河冲羽律师，躬持斯本，扣关为惠，故凡执笔，得钞兼阅，其犹入旃檀之林，复嗅薝卜之气，法理潜益，岂虚言哉。然大中至今，复逾二百载，其间抄写纰缪，驾说尚壅，寻抵杭之崇法寺，粗事科判，阻以疲苶，罔逮笔记。后迁净住(寺)，一日讲余，遂发箧再览，凡厥引据，悉考正文，帝虎之讹，于焉辨矣。因出记六卷，题曰《辅要》，庶辅翼先圣之至要者也。(《新纂续藏经》第四十四册，第798页上)

卷一：解释《拾毗尼钞》卷上《毗尼藏大纲》、《起戒差别》、《十三难》、《不学无知渐顿》、《转业变根》五篇。

卷二：解释《拾毗尼钞》卷上《破僧大意》、《时非时》篇。

卷三：解释《拾毗尼钞》卷上《四波罗夷》、卷中《十三僧残》篇。

如关于"教授波罗提木叉"(指佛所说的戒经偈,又称"略教";与之相对应的是"威德波罗提木叉",即佛所说的戒律条文,又称"广教"),说:

> 《善见》下,彼论(卷)第五云,释迦牟尼佛从菩提树下二十年(指成道后二十年,《四分律》作"十二年")中,皆说教授波罗提木叉。复一时,于富婆僧伽蓝眉伽罗母殿中,诸比丘坐已,佛语言:我从今后,不作布萨,不说教授木叉,汝辈自说。何以故?如来不得于不清净众布萨等,故曰后付弟子无事者。光律师释云,由未最初犯,故曰无事。又释容有初犯,但不在众,得行说戒,故曰无事。今释云,如律五年制广教,便有犯人,但最初不犯,即名无事也,至十二年,方有重犯(以上指依《四分律》说,佛于成道后五年陆续制立了"广教"中的"淫戒"等,但制后无人违犯,故称"无事僧",至第十二年因有人重犯,才分别广说)。(卷一,第800页下—第801页上)

卷四:解释《拾毗尼钞》卷中《二不定》、《三十舍堕》篇。

卷五:解释《拾毗尼钞》卷中《九十单提》篇。

卷六:解释《拾毗尼钞》卷中《九十单提》之余、《四提舍尼》、《众学》、《七灭诤》、《四诤》篇。

如关于"灭诤法"中的"自言治毗尼"、"多人觅罪毗尼"(又称"多觅罪相毗尼")、"罪处所毗尼"(又称"觅罪相毗尼")的制立缘起,说:

> 自言(指"自言治毗尼")。佛在瞻波国,白月半,佛在众坐,默不说戒。初夜已过,阿难请说,佛言:欲令如来于不清净众中说者,无此理也。乃至目连以天眼观犯戒者,去佛不远,内怀腐烂,外现完净,即手牵出来,白佛言,众已清

净，应得说戒。佛言：自今已后，取自言治。《戒疏》云，罪是自生，还须目露（指发露），对于人众，面陈其失，故曰自言。因言其罪情无隐伏故，从能悔以立治名。多人（指“多觅罪相毗尼”）。佛在舍卫国时，诸比丘于十八事诤不息，僧断不了，以事白佛。佛言：应与多觅罪相。谓两朋同处，行筹面决，取多人语，以息其诤。或非法者多，且令散去，后当更断，此亦从能治人以立名。罪处所（指“觅罪相毗尼”）。佛在释翅瘦国，象力释子善能论义，与外道不如，人问前后相违，僧中亦尔，以事白佛。佛言：僧应白四（羯磨），治取本罪，夺三十五事（指剥夺三十五项权利），若（伏）首本罪，白四为解，亦名觅罪相。（卷六，第857页中）

需要指出的是，本书的作者在作注释时，往往只撮抄原文的片段或个别字词，而不给出原文完整的句子，此举虽然节省了篇幅，但增加了阅读的难度。因为研读者弄不清此处究竟是针对哪一段或哪一句话来说的，只有将道宣《四分律拾毗尼义钞》拿来逐句对照，才弄得明白。这在很大程度上限制了本书的使用范围。

第三品　北宋允堪《新受戒比丘六念五观法》一卷

《新受戒比丘六念五观法》，又名《六念五观法》，一卷。北宋允堪述，约成于皇祐元年（1049）至嘉祐五年（1060）之间。高丽义天《新编诸宗教藏总录》卷二著录。收入《新纂续藏经》第五十九册。

本书论述新受戒比丘（指受具足戒未满五年者）如何修习

“六念法”(又称“晨朝六念法”)、“五观法”(又称“食时五观法”)问题。书首有作者自序(无标题),书末附出《众生食法》。作者在自序中说:

> 夫释之设律教也,犹儒之有礼制焉。礼不备君子,谓之不成人;律不遵沙门,谓之无发足。修斯二者,儒可得矣,释可得矣。今上皇帝,昔受佛记,岁度缁伍,常欲使能仁(指佛)之道与夫周孔之教,皆布护于天下也。圆颅(指僧)方服(指儒)之徒,又安可弗慎于厥德,弗励于清修乎!且六念、五观者,实苾刍(即比丘)日用之常轨也。或始登具(指受具足戒),弃而不奉者,往往有之矣;或专于诵语,而不本其义者,亦有之矣。嘻!苟于此不了脱,至皓首诚恐涉道太远哉!由是凭南山《行事》(指《行事钞》),采掇正教,一为注焉。俾新学之流,无困踬于发足耳。(《新纂续藏经》第五十九册,第601页下)

(一)“晨朝六念法”。指每日清晨应念知六事。作者释题说:“出《僧祇》(指《僧祇律》)文,每日清旦,普礼三宝,修五悔法,后诵六念。互跪合掌,己口自陈,辞令耳闻,之六是数义念,以明记为性。”(同上)下分:(1)“念知日月”。指念知今日为某月某日。(2)“念知食处”。指念知今日受食的去处,是“乞食”或“食僧食”、“受请”。(3)“念知受戒时夏腊”。指念知受具足戒之后的岁数。(4)“念知衣钵有无受净”。指念知是否受持三衣一钵,若有多余之物,须作净施。(5)“念同别食”。指念知与众同食,无缘不别众食。(6)“念康羸”。指念知身体的健康状况,无病须行道,有病当疗治。如关于“念知衣钵有无受净”,说:

> 念知衣钵有无受净。云,我三衣钵具(指已具足),有

长(指长物,即多余之物)已说净(指作净施)。或三衣中有阙者,则云阙某衣,今受持某衣。又长衣制十日说净(指“三衣”以外的多余的衣服须在十日之内作净施),或未说者,则云未说净。(第602页上、中)

(二)“食时五观法”。指每日受食前应作五种观法。作者释题说:“然衣、食、房、药,四事供养,能施舍悭,受施除贪,此则能所俱净,生福广利。今且约食时立观,以开心道,略作五门,《明了论》如此分之。梵语毗钵舍那,此翻为观,谓此五种,皆须意识心王与慧相应,推求观察也。今或有出声诵者,为识者所嗤。”(第602页中)下分:(1)“计功多少,量彼来处”。指计量食物所费的劳苦,倍加珍惜。(2)“自忖己德行,全缺多减”。指思忖自己的德行,看是否配得上受食。(3)“防心显过,不过三毒”。指对上、中、下三等食物不起贪、痴、瞋。(4)“正事良药,取济形苦”。指将食物当作疗治饥渴病的医药,不起贪著。(5)“为成道业,世报非意”。指受食适量,资身修道。如关于“计功多少,量彼来处”,说:

> 《智论》云,思惟此食,垦植耘除,收获蹂治,舂磨洮沙,炊煮乃成,用功甚多。计一钵之食,作夫流汗集合,量之食少汗多,须臾变恶,我若贪心,当堕地狱。……故于食中,应生厌想。《僧祇》云,告诸比丘,计此一粒米,用百功乃成,夺其妻子之分,求福故施,云何弃之?又《净心诫观》云,计一钵食,出一钵汗,汗在皮肉,即是其血,一食功力,出于作者一钵之血,况复一生。凡受几食,始从耕种,乃至入口,伤杀无数杂类小虫,是以佛戒,日受一食,支持性命,寄过一生。(第602页下)

本书所说的“六念法”、“五观法”,均是依据道宣《四分律删繁补阙行事钞》卷上之三《受戒缘集篇》、卷下之二《对施兴治篇》的相关论述而来的，故它实际上也是《行事钞》的附属作品。

第四品　北宋允堪《衣钵名义章》一卷

《衣钵名义章》，一卷。北宋允堪述，约成于皇祐元年(1049)至嘉祐五年(1060)之间。高丽义天《新编诸宗教藏总录》卷二著录。收入《新纂续藏经》第五十九册。

本书叙述僧人衣钵的名称与形制。内容叙及："袈裟"、"缦衣"、"安陀会"、"郁多罗僧"、"僧伽梨"、"从衣"、"尼师坛"、"褊衫"、"覆肩"、"涅槃僧"、"钵多罗"十一物，其中前十物为法衣，后一物为钵器。书首有作者自序(无标题)，说：

> 浮图氏之标帜者，教有二焉，曰坏衣也，曰应器也。坏衣所以无领者，标解脱之服也；应器所以无底者，表难量之度也。畜斯二者，上同诸佛，下济群有，使夫见者知出世之迹焉。比见初机入道，多昧名义，人或询之，结舌无对，实为寒心矣。一日，有喜事者请为伸之，遂于常所著用，引教注释。庶乎华梵分，而名义详，受舍甄而邪正辨，贻诸新学，得无益乎。(《新纂续藏经》第五十九册，第599页中)

书中对衣钵作了如下的叙述。

(1) 袈裟。又称"不正色"、"坏色"、"染色"，指僧人的法衣("三衣"的总称，因颜色而得名)。"真谛云，是外国三衣之都名也。《增一阿含》云，如来所著名曰袈裟。《律钞》云，袈裟，秦言染也，此乃从色得名，谓染作袈裟色，味有袈裟味也。又《四分》翻为卧具，谓同衾被之类也。《十诵》以为敷具，谓同毡席之形也。又云，坏色衣。《四分》当以青、黑、木兰三种，随用一坏，成如法色。《章服仪》云，袈裟，通称法服，亦名调伏衣。……《业疏》云，世称福田衣，以法畦畔之相，世田用畦盛水，长嘉苗，养形命也，法衣之田，弥弘四利之益，增三善之心，养法身之慧命也。"（第599页中、下）

（2）缦衣。又称"漫衣"，指用整幅不割截的布缝制而成的、无田相的袈裟，供沙弥、沙弥尼和在家信众穿着。"《律钞》云，若就通相，三衣俱听缦作，此谓得衣财少，不容割截及揲叶，故开缦也。谓不立条相，但缘四边及揲钩纽处可也。"（第599页下）

（3）安陀会。又称"下衣"、"内衣"、"中宿衣"、"作务衣"等，指用五条布缝制而成的内衣，供日常作务或就寝时穿着。"梵语也。《慧上菩萨经》云，五条，名中著衣。谓在（僧）祇支上、七条下，故又名下衣，谓在三衣中最下。故从用，翻院内道行杂作衣。若就条数，便云五条。"（第600页上）

（4）郁多罗僧。又称"上衣"、"入众衣"等，指用七条布缝制而成的上衣，供礼诵、听讲、布萨时穿着。"准《慧上经》，义翻上衣。谓在五条上，故又名中价衣，谓价直（值）在上下二衣之中。故从用，号入众衣，入法食众中当被著故。《四分》七条，要割截作。"（同上）

（5）僧伽梨。又称"大衣"、"重衣"、"杂碎衣"、"入聚落衣"等，指用九条布缝制而成的大衣（一说分上中下三品。九条、十一条、十三条为下品衣；十五条、十七条、十九条为中品衣；二十一条、二十三条、二十五条为上品衣），供入聚落时穿着。"此云，杂碎衣，以条数多故。从用，名入王宫聚落说法衣。《业疏》云，是高胜衣，或云伏众衣，以僧伽翻众，梨翻为伏，梵语倒故，今回文取顺，曰伏众衣。"（第600页中）

(6) 从衣。指在“三衣互阙”时，可以将其他多余的衣服（“长法衣”）改成所缺的“三衣”。“谓三衣互阙，听将有长法衣为从。如阙大衣，今七条中有长者，将一当大衣受持，则免阙衣之咎也。余二衣有阙，亦尔。”（同上）

(7) 尼师坛。又称“坐具”、“敷具”、“随坐衣”，指坐卧时敷于地上或卧具上的长方形布。“《业疏》云，本梵音也。律翻坐具。《僧祇》名随坐衣。《四分》为护三衣并众僧卧具，故制畜。”（同上）

(8) 褊衫。又称“偏衫”，指缝合覆左肩的僧祇支（又称“掩腋衣”）与覆右肩的覆肩衣而成的上衣。“西土本有左边，《十诵》云，是衣厥修罗，长四肘、广二肘半。南山云，准似（僧）祇支，国语不同，或翻上狭下广衣。……此土元魏宫人，见僧袒膊不善，遂施右边，缀左边（僧）祇支上，通为两袖，号曰褊衫。所以今开背、缝截领而作者，存本衣相故。”（第 600 页下—第 601 页上）

(9) 覆肩。又称“覆肩衣”，指覆右肩的衣服。“《僧祇律》云，当作衣覆肩，名覆肩衣。《教诫仪》云，当收摄横帔，即此衣也。”（第 601 页上）

(10) 涅槃僧。又称“泥洹僧”、“下裙”、“内衣”，指包裹下身的内裙。“《戒疏》曰，此云内衣，即裙也。《僧祇》云，佛于僧前，自著内衣，教诸比丘等。”（同上）

(11) 钵多罗。又称“钵”、“钵盂”、“应器”，指盛食的器物。“略云钵，乃梵语耳。《中阿含》云，钵或名应器，即应法之器也。”（第 601 页中）

本书所说的“衣钵”，是僧人必备的生活用品。作者用类似词条解释的方式，对它们的名称和含义一一作出阐释，这对初学者来说，无疑是一种知识的传授。

第五品　北宋元照《四分律行事钞资持记》三卷

《四分律行事钞资持记》，又名《资持记》，三卷（分上中下卷，后将“卷上”分作五卷，“卷中”分作七卷，“卷下”分作四卷，故又作“十六卷”）。北宋元照撰，约成于元丰（1078—1085）年间。南宋宗鉴《释门正统》卷八《律宗相关载记》著录。收入《大正藏》第四十卷。

元照（1048—1116），余杭（今属浙江杭州）人，字湛然，号安忍子，俗姓唐。幼时依钱塘祥符寺慧鉴律师出家为童行（指尚未得度的少年行者），十八岁，诵经（诵《法华经》）得度。后从神悟处谦法师习学天台教观，博究诸宗，以律为本。又从广慈慧才法师受菩萨戒。此后专弘南山律学。元丰（1078—1085）年间，主持西湖昭庆寺，曾为高丽僧统义天授菩萨戒。后迁灵芝寺（又名崇福寺），在那里授戒、传律、施贫、禳灾、著述、弘化，达三十年之久。常以“化当世无如讲说，垂将来莫若著书”一语，劝勉弟子，自述“生弘律范，死归安养（指净土），平生所得，唯二法门”。

元照一生著述百余卷。在律宗方面，以道宣律学著作的注疏为最多，有：《四分律行事钞资持记》三卷、《四分律行事钞科》三卷（分上中下卷，每卷各分“之一”至“之四”，故又作“十二卷”）、《四分律含注戒本疏行宗记》四卷（因“卷一”分为四卷、“卷二”分为五卷、“卷三”分为六卷、“卷四”分为六卷，故又作“二十一卷”）、《四分律含注戒本疏科》四卷（因每卷各分“上”、“下”，故又作“八卷”；须与《含注戒本疏》本文对照着阅读）、《四分律删补随机羯磨疏济缘记》四卷（因“卷一”分为六卷、“卷二”分为五卷、“卷三”分为六卷、“卷四”分为五卷，故又作“二十二卷”)、《四分律删补随机羯磨疏科》四卷、《四分删定比丘尼戒本》一卷、《四分律拾毗尼义钞科》一卷、《释门章服仪应法记》一卷。此外,还有《佛制比丘六物图》一卷、《道具赋》一卷、《芝园集》二卷、《补续芝园集》一卷、《芝苑遗编》三卷等。在净土宗方面,有:《观无量寿佛经义疏》三卷、《阿弥陀经义疏》一卷、《盂兰盆经疏新记》二卷、《遗教经论法住记》一卷等。因元照在《四分律行事钞资持记》中,在“绕佛左右、衣制短长”等问题上,提出了与允堪不同的见解,时人遂称允堪为“会正派”、元照为“资持派”。南宋以后,资持派成为律宗的主流法系。生平事迹见南宋宗鉴《释门正统》卷八《律宗相关载记》、志磐《佛祖统纪》卷二十九《诸宗立教志·南山律学》、河澹《灵芝崇福寺记》、近代喻谦《新续高僧传》卷二十七等。

本书是唐道宣《四分律删繁补阙行事钞》的注释。全书分为三十二篇,对道宣《行事钞》的《序》、《十门类例》、正文三十篇的主旨大意和文句语词,作了较为详细的诠释。在《行事钞》中,第十四篇《随戒释相篇》因其内容为《四分律》比丘戒,故篇幅最长,缘此,本书《释释相篇》的解释也最为详细。书中判释《行事钞》三卷为“三行”:上卷(又称卷上)说“众行”,中卷(又称卷中)说“自行”,下卷(又称卷下)说“共行”,“众行”、“共行”为“作善行”,亦即“作持戒”,“自行”为“止恶行”,亦即“止持戒”。又判释《行事钞》三十篇为十六事。上卷十二篇,第一篇《标宗显德篇》为“总劝行事”;第二篇《集僧通局篇》至第六篇《结界方法篇》说“众法缘成事”;第七篇《僧网大纲篇》说“匡众住持事”;第八篇《受戒缘集篇》、第九篇《师资相摄篇》说“接物提诱事”;第十篇《说戒正仪篇》、第十一篇《安居策修篇》说“检察清心事”;第十二篇《自恣宗要篇》说“静缘策修事”。中卷四篇,第十三篇《篇聚名报篇》至第十五篇《持犯方轨篇》说“专精不犯事”;第十六篇《忏六聚法篇》说“犯已能悔事”。下卷十四篇,第十七篇《二衣总别篇》至第十九篇《钵器制听篇》说“内外资缘事”;第二十篇《对施兴治篇》、第二十一篇《头陀行仪篇》说“节身离染事”;第二十二篇《僧像致敬篇》说“卑己谦恭事”;第二十三篇《计(赴)请设则篇》、第二十四篇《导俗化方篇》说“外化生善事”;第二十五篇《主客相待篇》、第二十六篇《瞻病送终篇》说“待遇同法事”;第二十七篇《诸杂要行篇》说“日用要业事”;第二十八篇《沙弥别法篇》、第二十九篇《尼众别行篇》说“训导下众事”;第三十篇《诸部别行篇》说“旁通异宗事”(以上见本书《释序题》)。书首有元照《序》、《五例》(此据《序》中所说拟立)。

元照《序》阐述了本书的撰作缘起,说:

> 出家之士,禀戒为体,聚法居身。行必据体而修,故因名随行;身必称法而动,故果号法身。诚由发趣有宗,依因得所故也。……而我祖师(指道宣)示四依之像,秉一字之权,翋力扶颠,为如来所使,垂慈轨物,作群生导师,首著斯文(指《行事钞》),统被时众。莫不五乘并驾,七众俱沾,摄僧护法之仪,横提纲要,日用时须之务,曲尽规猷,是故历代重之,以为大训。然则理致渊奥,讨论者鲜得其门;事类森罗,驾说者或容遗谬。由是研详可否,搜括古今,罄所见闻,备舒翰墨,仰承《行事》之旨,题曰《资持》,不违三行(指《行事钞》三卷分别讲述“众行”、“自行”、“共行”三行)之宗,勒开卷轴(指本书也分作三卷)。良以一部统归三行,三行无越二持(指止持戒、作持戒),科释文言,贵深明于法相;铨量事用,使克奉于受随(指受体、随行),是则教行双弘,自他兼利。(《大正藏》第四十卷,第157页上)

《五例》阐述了本书的撰作体例：

(1)“定宗”。阐明本书“言教则唯归律藏，语行则专据戒科，决持犯之重轻，建僧宗之轨范，此为正本，余并旁兼”，即所述以“律藏”为宗旨、依据。

(2)“辨教”。依据道宣《业疏》(指《四分律删补随机羯磨疏》)，将“制教”(指律藏所说的唯制内众的戒学法门)判为“实法宗”(又称“当分小乘教”)、“假名宗”(又称“过分小乘教”)、“圆教宗”(又称“终穷大乘教”)三宗。指出，昙无德部《四分律》虽属“假名宗”，但旁收“实法宗”，终归“圆教宗”(下详)。

(3)“引用”。阐明本书以引用“三藏”、“祖教”为主，同时也借用“俗书”，以明字义。

(4)“破立”。阐明本书对于不同见解者，只“随文略指”，不“逐事争锋”。

(5)“阙疑”。阐明本书对于《行事钞》中的疑难未通之处，“或但标曰未详，或且俱存众说，或拟寻文据，或俟后讲磨”，不作硬释。如关于“三宗”判教，说：

> 夫教者，以诠表为功，随机为用。……且依《业疏》三宗，以示一家处判。然教由体立，体即教源，故须约体用分教相。一者实法宗，即萨婆多部。彼宗明体则同归色聚，随行则但防七支，形身口色，成远方便，此即当分小乘教也。二者假名宗，即今所承昙无德部。此宗论体则强号二非，随戒则相同十业，重缘思觉，即入犯科，此名过分小乘教也。三者圆教宗，即用《涅槃》开会之意，决了权乘，同归实道。故考受体，乃是识藏熏种，随行即同三聚圆修，微纵妄心即成业行，此名终穷大乘教也。然今《四分》正当假宗，深有兼浅之能。故旁收有部，教蕴分通之义；故终会圆乘，是则大小通塞，假实浅

深,一代雄诠,历然可见。(第157页中、下)

卷上(下分卷上"一上"、"一下"、"二"、"三"、"四"五卷),十四篇:《释序题》、《释序文》(以上卷上一上)、《释标宗篇》、《释集局篇》、《释足数篇》、《释受欲篇》、《释羯磨篇》(以上卷上一下)、《释结界篇》、《释僧网篇》(以上卷上二)、《释受戒篇》、《释师资篇》(以上卷上三)、《释说戒篇》、《释安居篇》、《释自恣篇》(以上卷上四)。初二篇,分别解释道宣《行事钞》卷首的《序》、《十门类例》;后十二篇,分别解释道宣《行事钞》卷上第一篇《标宗显德篇》至第十二篇《自恣宗要篇》。如关于"化教"与"制教"在"违"、"顺"、"受戒"、"忏罪"四个方面的同异,说:

> 经论明心显理,是故心业以理为宗(以上指"化教")……律藏约事辨行,故身口业以事为宗(以上指"化教")。……初约违明四句:一违化不违制(瞥尔贪瞋,律宗不制,及在家人作十不善是也——原注)、二违制不违化(即犯诸遮戒也——原注)、三俱违(犯诸性戒——原注)、四俱不违(理观内照,戒律外检——原注)。次约顺四句:一顺化不顺制(性相唯识,三观破迷——原注)、二顺制不顺化(心无慧观,专守事戒——原注)、三俱顺(如上第四——原注)、四俱不顺(造业凡愚——原注)。三约受戒四句:一禀化不禀制(《净名》云,汝但发心,即名具足是——原注)、二禀制不禀化(自智不明,循律轨度——原注)、三俱禀(心希出离,受律禁戒,趣向圣道,佛世利根,善来三语,即得道果。又《涅槃》出家菩萨是也——原注)、四俱不禀(可知——原注)。四约忏罪四句:一化净制不净(如犯篇聚,理观明照,达罪性空,而不依律忏,纵得好相,不入净僧——原注)、二制净化不净(犯依律悔,而无观慧,

但灭违制，业性确然——原注）、三俱净（篇聚依教灭，业道任静思——原注）、四俱不净（愚者犯不肯忏——原注）。（卷上一下《释序文》，第 175 页上）

卷中（下分卷中“一上”、“一下”、“二”、“三上”、“三下”、“四上”、“四下”七卷），四篇：《释篇聚篇》（卷中一上）、《释释相篇》（卷中一上至卷中三下）、《释持犯篇》（卷中四上）、《释忏六聚法篇》（卷中四下）。分别解释道宣《行事钞》卷中第十三篇《篇聚名报篇》至第十六篇《忏六聚法篇》。如关于“戒相”的含义，以及它与“戒法”、“戒体”、“戒行”的关系，说：

> 戒相者，正当本篇。相有形状，览而可别。前明戒法，但述功能；次明戒体，唯论业性；后明戒行，略示摄修；若非辨相（指戒相），则法（指戒法）、体（指戒体）、行（指戒行）三，一无所晓。何以然耶？法（戒法）无别法，即相（戒相）是法；体（戒体）无别体，总相（戒相）为体；行（戒行）无别行，履相（戒相）成行。是故学者于此一门，深须研考。然相（戒相）所在，唯指教诠，大略而言，即二百五十（戒），篇聚不同，一一篇中，名种差别。一一种内，有犯、不犯。一一犯中，因果重、轻，犯缘通、别。举要示相，不出列缘，缘虽多少，不出心、境。罪无自体，必假缘构，非境不起，非心不成。若晓此意，类通一切，皎如指掌。（卷中一下《释释相篇》，第 274 页下）

卷下（下分卷下“一”、“二”、“三”、“四”四卷），十四篇：《释二衣篇》（卷下一）、《释四药篇》、《释钵器篇》、《释对施篇》（以上卷下二）、《释头陀篇》、《释僧像篇》、《释计（赴）请篇》、《释导俗篇》、《释主客篇》（以上卷下三）、《释瞻病篇》、《释诸杂篇》、《释沙弥篇》、《释尼众篇》、《释诸部篇》（以上卷下四）。分别解释道宣《行事钞》卷下第十七篇《二衣总别篇》至第三十篇《诸部别行篇》。关于为何绕佛（表示“致敬”，包括绕佛像、佛塔）为“右绕”（指从佛的右边绕至左过，即从西边绕至东边），绕戒坛（表示“行事”）为“左绕”（指从东边绕至西边），说：

> 初明绕佛者。《归敬仪》（指《释门归敬仪》）云，右绕者，面西北转（如像面南，行者面北，举步回身，面西而去，从北而回——原注），右肩袒侍，向佛而恭（此示正仪——原注）。比见有僧，非于此法，便东回北转，此为右绕（出错见也——原注）。西竺梵僧，阗聚京邑，经行旋绕，目阅其踪，并乃西回而为右绕，以顺天道，如日月焉（此引亲见之事，证成上义——原注）。次明绕坛者，《感通传》（指《道宣律师感通录》，又名《律相感通传》）天人述西竺戒坛云，众僧登坛受戒、说戒事讫，东回左绕，南出而返。《戒坛经》（指《关中创立戒坛图经》）祖师（指道宣）对真懿云，律师勿见东回左绕，以为非法耶，此乃天常之大理也（《感通传》云，天常乃左，人常乃右——原注）。……且绕佛者，本乎致敬；绕坛者，便乎行事。致敬，则必须右绕，表执侍之恭勤；行事，则必须左绕，使上下而伦序（如入食堂及说恣时入堂之式——原注）。（卷下三《释僧像篇》，第395页下）

本书的注疏有：北宋则安《行事钞资持记序解并五例讲义》一卷（则安为元照的弟子）、道标《资持记立题拾义》一卷。

第六品　北宋元照《四分律含注戒本疏行宗记》四卷

《四分律含注戒本疏行宗记》，又名《行宗记》，四卷（因“卷一”分作四卷,“卷二”分作五卷,“卷三”分作六卷,“卷四”分作六卷,故又作“二十一卷”)。北宋元照述,成于元祐三年(1088)。南宋宗鉴《释门正统》卷八《律宗相关载记》著录。收入《新纂续藏经》第三十九册(收本书“卷一上之一”至“卷三上之一”)、第四十册(收本书“卷三上之二”至“卷四下之三”)。

本书是唐道宣《四分律含注戒本疏》的注释。所释的重点为原疏的篇章结构、主旨大意、深奥难懂的段落和语词。由于本书在注释时,并不辑录《四分律含注戒本疏》的全文,而是摘录原疏的片段和个别字词,予以解释,故要弄清书中的注释,究竟是针对哪一段或哪一句原文而说的,就必须找来原疏,加以对照,其中的麻烦和不便是不言而喻的。为了解决原文与注释相分离的弊病,日本明和元年(1764),东林灵芝寺即静律师将道宣的《四分律含注戒本疏》与元照《四分律含注戒本疏行宗记》、《四分律含注戒本疏科》一一对应,合编在一起,取名为《新刻排科夹注戒本疏记》。初为抄本,后经反复校雠,于安永二年(1773)刻版流通。因此,收入《新纂续藏经》的本书,其内容并非唯有《行宗记》的单本,而是日本排印的《戒本疏》、《行宗记》、《科》三书的合刊本。

《新纂续藏经》的排法是:每段道宣《四分律含注戒本疏》的原文,其首分别冠以“[科]”、“【律】”、“【注】”、“【疏】”的不同标记。[科]表示元照《疏科》对此段道宣《含注戒本疏》的原文有科判(繁体直排本将其科文另编为页末注,只在正文中保留[科]的标记;电子版简体横排本则将[科]的标记全部删去了),【律】、【注】、【疏】则分别表示此段原文属于《四分律含注戒本疏》中的“戒本”正文,还是“注”、“疏”;原文之后,另起一行、缩进一格排出元照《行宗记》的注释(以上就繁体直排本而言)。

本书的初首有日本雷山千如律寺即禅律师作的《新刻排科夹注戒本疏记序》、法正庵比丘玉线作的《凡例》等；北宋元照撰的《行宗记序》。

日僧玉线在《凡例》中说：

题中《四分律戒本》，出昙无德部；《含注》及《疏》，南山（指道宣）所出；《行宗记》及《科》，灵芝（指元照）所著也。于中，《含注》则合《戒本》，素为一本，而（分）上中下（卷）；《疏》、《记》及《科》，各别流行。言部五部（指上述五部著作），言卷则四本（指除去《戒本》，因它包含在《含注戒本》之中）也。《疏》、《记》各八卷（约灵芝之所分——原注），《科》二卷，共《戒本》为二十有一卷，今亦合会为三七卷（指二十一卷）。……凡标科中，以【律】印者，《戒本》也；以【注】印者，《含注》也；以【疏】印者，《疏》也；低一字者，《记》也。《科》排布疏文上，五部俱会，以成一览。（《新纂续藏经》第三十九册，第704页中、下）

元照在《行宗记序》中说：

心随物转，故积动以成昏，业自惑生，故习恶而亡善。所以化分两学（指化教分定、慧学），将因静以旋明，制列二持（指制教分止持、作持），必先止而后作，故知止业实乃行宗。若夫翻畴昔之沉迷，御方今之狂逸，清澄根欲，荡涤心尘，平苦海之波涛，摧界系之笼槛者，唯斯戒本，颇适机缘。然而圣意包容，微言简要，爰自逍遥（指逍遥园）初译，代渐支离，洎乎太一（指终南山道宣）重恢，理归淳正，仰规彝范，俯察颛蒙，摘广律以注本经（指本部戒本），演义章而申厥旨，文凡两出，义复重修（指戒本有初撰、重修两本），逮此衰迟，罕闻传授。虽前修出于章记，而草创未详，或时辈继以讲求，而相承莫委。于是载思载览，随说随抄，弥历岁华，遽盈卷帙，考名责实，搜古评今，俾利钝以兼资，冀说行而两遂。(《新纂续藏经》第三十九册，第710页上)

卷一(下分卷一"上之一"、"上之二"、"下之一"、"下之一"四卷)。解释《含注戒本疏》中，道宣作的"疏序"(指《四分律含注戒本疏序》)、"明教本"(指道宣在《疏序》之后，分"教兴所由"、"摄教分齐"、"解开名义"、"释今题目"四门，对戒本的宗旨和题名所作的阐释，相当于"释律题")；戒本序分中的"归敬偈"(又称"劝信序"，指戒本初首刊载的部主法藏作的偈颂，道宣将它判为"广略二教总序"，又称"通序")、"广教发起序"(又称"戒经序"，指戒本在归敬偈之后刊载的集僧简众、诫敕时众、三覆检问三项内容，其中"集僧简众"包括"说戒告白")。如关于"四分戒本"兼通大小乘，说：

> [科]【疏】四分戒本者，斯乃统万行之关键，实三乘之阶辙者也(以上为道宣《含注戒本疏》的原文；[科]表示元照《四分律含注戒本疏科》对此段原文有科判，下同)。
>
> 序文大略，叹教叙宗，传弘著撰，意令观序，识其来缘。叹教体中，初句(指前文"四分戒本者")标所释本文，斯乃下二句，正叹言万行等者。谓此戒文，通收善恶事法，对恶事恶法，以明止行(指止持戒)，对善事善法，而成作行(指作持戒)。止行断恶，作行修善，行虽多途，无出斯二。又解，约境而言，戒则无量，且列二百五十(戒)，为持犯纲领，则知戒文摄一切相，又复通及化教诸行，若非此戒，行檀不净，进忍徒苦，禅智(指三学中的定、慧)不生万行，不出六度。六度必戒为本，此文诠戒，故知总摄。下云世、出世行，并依承之。《钞》云，发趣万行，戒为宗主，并同此意。关即

是门键，谓锁钥，城邑宅舍用此为要，可喻止作（指止持戒、作持戒），统收万行。言三乘者，一切圣人，无不由戒以为初门，故喻阶辙，阶谓阶梯，辙谓车迹。问：此宗小教，那（哪）通佛乘？答：若据菩萨，别有顿戒，今以二意通之。一者出家菩萨必须次第，先小后大。二者《胜鬘》、《智论》谓毗尼藏即大乘学。由斯二途，故指今戒为佛阶梯，于义无失。又解，《梵网》大戒，不兼于小，有部小乘不通于大，唯此《四分》兼前通后，故言三乘也（以上为元照《行宗记》的注释）。（卷一上之一，《新纂续藏经》第三十九册，第710页中、下）

卷二（下分卷二"上之一"、"上之二"、"上之三"、"下之一"、"下之二"五卷）。解释《含注戒本疏》所述的"广教发起序"之余；戒本（"广教"）正宗分"四波罗夷法"及其各戒（始第一条"大淫戒"，终第四条"大妄语戒"）；"十三僧残法"及其前七戒（始第一条"故出不净戒"，终第七条"有主为己不处分造房戒"）。如关于"性戒"（又称"性重戒"，指世法和佛法共同禁止的自性为恶的行为）和"遮戒"（又称"息世讥嫌戒"，指世法不禁止而佛法禁止的自性非恶、但妨乱修道的行为）的区分，说：

［科］【疏】言性恶（指世法和佛法共同禁止的自性为恶的行为）者，如十不善，体是违理，无论大圣制与不制，若作违行，感得苦果，故言性恶，是故如来制戒防约。若不制者，业结三涂（途），不在人道，何能修善？故因过制，从本恶以标名，禁性恶故，名为性戒（以上为《含注戒本疏》的原文）。

性戒中，初释性义。性即是体，违理之恶，从心而起，不由制有，故云无论等。是下（指前文"无论大圣制与不制"以下），合戒义。初叙须制，防下（指前文"是故如来制戒防约"以下),明立制,于本业上,复增制罪,故云因制。应知性戒之言,即业、制双举也(以上为《行宗记》的注释)。

[科]【疏】言遮恶(指世法不禁止,而佛法禁止的自性非恶、但妨乱修道的行为)者,如伐斫草木、垦掘土地,威仪粗丑,不光俗信。圣未制前,造作无罪,由非正业,无妨福善。自制已后,尘染更深,妨乱修道,招世讥谤,故名遮也。所言遮者,能遮正道,故言遮恶。前之性恶能遮福故,亦可此恶为教遮而生,故名遮也(以上为《含注戒本疏》的原文)。

遮戒中,初叙过。明恶威仪粗者,失自利故。不光俗者,失利他故。圣下(指前文"圣未制前"以下),约制释遮,初示反前。性恶自下(指前文"自制已后"以下),明因制成犯。尘染更深者,多违犯故。妨道招机,亦即自、他两失。所下(指前文"所言遮者"以下),转释名义,有二遮。正道者,约过释也。教遮生者,从制释也(以上为《行宗记》的注释)。(卷二上之一,《新纂续藏经》第三十九册,第805页上、中)

卷三(下分卷三"上之一"、"上之二"、"上之三"、"下之一"、"下之二"、"下之三"六卷)。解释《含注戒本疏》所述的戒本("广教")正宗分"十三僧残法"后六戒(始第八条"无根波罗夷谤戒",终第十三条"恶性拒僧违谏戒");"二不定法"及其各戒;"三十舍堕法"(又称"三十尼萨耆波逸提法")及其各戒。如关于"三十舍堕法"的舍忏方法,说:

[科]【疏】第五明舍忏方法者,随其名相,乃有多种,束而会之,但有三舍:一明舍财,离罪缘也,若无其财,罪亦无起,故前明财。二明舍心,离罪因也,由贪慢故,致违圣教。

三明舍罪，除障道业也（以上为《含注戒本疏》的原文）。

第五门标分中，财是生犯之境，故名罪缘，心是造业之本，故名罪因，罪即入道之障，故云障业（以上为《行宗记》的注释）。（卷三下之二，《新纂续藏经》第四十册，第13页上、中）

卷四（下分卷四“上之一”、“上之二”、“上之三”、“下之一”、“下之二”、“下之三”六卷）。解释《含注戒本疏》所述的戒本（“广教”）正宗分“九十单提法”（又称“九十波逸提法”）及其各戒；“四提舍尼法”（又称“四波罗提提舍尼法”）及其各戒；“一百众学法”及其各戒；“七灭诤法”；戒本（“广教”）流通分；“七佛略教”（指七佛略说戒经偈，下分“略教”的“别序”、“正宗分”、“流通分”三分）；“广略二教总流通分”（指戒本之末刊载的法藏作的流通偈）。末附“疏家批文”，即道宣作的《四分律含注戒本疏》后记。如关于“言诤”（指言诤、觅诤、犯诤、事诤）的含义，说：

［科］【疏】佛言，诤有四种。一言诤者，谓评法相是非，须知邪正各执己见，而生其诤，诤由言起，故曰言诤。二觅诤者，比丘犯过，理须为除，制有三根、五德，举来诣僧，伺觅前罪，令其除殄，因举评犯，遂生其诤，诤由觅生，故曰觅诤。言犯诤者，有过在怀，宜须忏荡，罪相难识，各议纷纭，遂生诤竞，竞由犯起，故曰犯诤。言事诤者，羯磨被事，义在顺明，片有乖违，未有成遂，然人情易忍同和，理难各执一见，事法成坏，由斯致诤，诤起由事，故曰事诤（以上为《含注戒本疏》的原文）。

识名中，言诤者，因评法相，如律诤十八事，余诤例此。觅诤，因他举罪，诤其成否。犯诤，因有忏罪，诤其重轻。事诤,唯据羯磨,僧事若非羯磨,并归上三(指言诤、觅诤、犯诤)。事法成坏者,事即所加,法即能被,更兼能秉人,及所托界,四法并有,如非成坏(以上为《行宗记》的注释)。(卷四下之三,《新纂续藏经》第四十册,第164页下—第165页上)

本书总体上是依顺道宣的思想加以阐述的,但有的地方也有元照自己独立的看法。例如道宣在《含注戒本疏》将“九十单提法”分为九个层次,称之为“九行”:一、从“故妄语戒”至“坏生种戒”十一戒(即第一条至第十一条),“明守口意,摄身莫犯,善调三业行”。二、从“余语恼触戒”至“覆屋过限戒”九戒(即第十二条至第二十条),“明善将人心,随护众意,不相挠行”。三、从“辄教授尼戒”至“与女人同行戒”十戒(即第二十一条至第三十条),“明远避嫌疑,离染净行”。四、从“食处过受戒”至“过限药请戒”十七戒(即第三十一条至第四十七条),“明内资节量,少欲知足行”。五、从“观军戒”至“著衣戒”十三戒(即第四十八条至第六十条),“明系意住缘,离逸修道无著行”。六、从“故杀畜生戒”至“与贼期行戒”七戒(即第六十一条至第六十七条),“明常行远离,修慈愍物行”。七、从“说欲不障道违僧谏戒”至“恐举先言戒”六戒(即第六十八条至第七十三条),“明深心信解,敬须教法行”。八、从“同羯磨后悔戒”至“残谤戒”七戒(即第七十四条至第八十条),“明同住安乐,详和无二,相遵奉行”。九、从“入王宫门戒”至“过量三衣戒”十戒(即第八十一条至第九十条),“明衣服外仪,节量谨摄,无违教行”(以上见本书卷四上之一,《新纂续藏经》第四十册,第79页中、下)。元照在此段原文后,作注说:“正引中,然此九行,一一行中,各摄诸戒,且约大判,未必尽然,逐段对文,寻之可见。”(第79页下)

认为,用“九行”来概括“九十单提法”的全部内容,只是一种大致的科判,由于每一行中包摄的戒条各不相同,若逐条对照,“未必尽然”,须再加以区分。

本书之后附有道宣作的《四分律含注戒本疏》后记(无标题),此中叙述了自己的出家参学的经历和撰述律著的情况,为研究道宣生平的重要资料之一。后记说:

> 余以轻生,簉筵正法,昔在童稚,即有信心,无缘携接,致及过学。年十有五,方得寻师,十六(岁)诵经,十七(岁)剃落,大业余历(隋大业末年),蒙受具戒。于时佛法梗塞,寺门常闲,致于律教,无处师寻,但在守文,持犯不识。……武德四年,方得预听。才得一遍,便欲坐禅。和尚教曰:戒净、定明,慧方有据,始听未闲,持犯焉识?汝且专听。……往律筵,依位伏业。时首(智首)律师亲命覆读……受听(《四分律》)二十遍,时经六载。贞观初年,周游讲肆,寻逐名师,若山若世,遂以所解造《钞》(指《行事钞》)三卷,未及覆治,人遂抄写。贞观四年,远观化表,北游并晋,东达魏土。……又出《钞》三卷,乃以前本,更加润色,筋脉相通。又出《删补羯磨》一卷、《疏》两卷、《含注戒本》一卷、《疏》三卷。于时,母氏尚存,屡遣追唤,顾怀不已,乃返隰列。……一夏言说,又出《尼注戒本》一卷。遂尔分手,唯留钞本,余并东流,巡涉稽湖,达于京邑。……遂往南山,至(贞观)二十年,方得岩隐。……又出《羯磨》并《疏》四卷。永徽初年……又出戒本《含注》并《疏》四卷。……至永徽二年九月十九日方为疏讫。(新纂续藏经》第四十册,第714页下—第715页上)

由于今本《行宗记》是将道宣《四分律含注戒本疏》的原文

和元照《四分律含注戒本疏行宗记》的注释合排在一起的，故阅读时有上下文可资对照，比较容易理解。它既可作为“南山三大部”之一的“戒疏”来读，也可作为元照的律学代表作来读，一举两得。

第七品　北宋元照《四分律删补随机羯磨疏济缘记》四卷

《四分律删补随机羯磨疏济缘记》，又名《四分律羯磨疏济缘记》、《济缘记》，四卷（因“卷一”分为六卷、“卷二”分为五卷、“卷三”分为六卷、“卷四”分为五卷，故又作“二十二卷”）。北宋元照述，成于元丰（1078—1085）年间。南宋宗鉴《释门正统》卷八《律宗相关载记》著录。收入《新纂续藏经》第四十一册。

本书是唐道宣《四分律删补随机羯磨疏》的注释。由于本书在注释时，只摘录原疏的片段和个别字词予以解释，并不作逐段逐句式的疏解，故书中没有收录《四分律删补随机羯磨疏》的全文，若要弄清书中的注释究竟是针对哪一段或哪一句原文而说的，就必须找来原疏，加以对照。为了解决原文与注释相分离对阅读带来的诸多不便，日本享保十五年（1730），佛顶山金轮寺禅龙律师将道宣的《四分律删补随机羯磨疏》与元照《四分律删补随机羯磨疏济缘记》、《四分律删补随机羯磨疏科》一一对应，合编在一起，原题《新刻入注排科羯磨疏》，刻版流通。因此，收入《新纂续藏经》的本书，其内容并非唯有《济缘记》的单本，而是日本排印的《羯磨疏》、《济缘记》、《科》三书的合刊本。

但本书的编排方式不如日僧即静整理的《四分律含注戒本疏行宗记》有章法，《行宗记》在原文之首，分别加以“[科]”、“【律】”、“【注】”、“【疏】”的标记，原文之后，另起一行、缩进一格排出元照的注释,条理非常清楚。而本书在原文之首只有[科]的标记,表示元照《四分律删补随机羯磨疏科》对此段道宣《羯磨疏》的原文有科判(《新纂续藏经》将其科文另编为页末注,只在正文中保留[科]的标记),但并不标出此段原文属于《羯磨疏》中的"羯磨",还是"疏"。近世流行的电子版简体横排本则将[科]的标记也全部删去,只是作一段原文、一段注释的夹排,从而造成原文之首无任何标记,原文与注释极易混淆的问题。

本书的初首有日本平城东大精舍戒坛院长老慧光《新刻入注排科羯磨疏序》、禅龙《会刻羯磨疏记序》;北宋元照《济缘记序》。

元照在《济缘记序》中说:

> 僧以众为名,众以和为义,良以情生性昧,行别事乖,由此随流,莫知究本,所以归一师之氏族,等三圣之容仪,其为德也。戒见利以齐均,其为用也,身口意而一致,争纷既息,我倒斯平,可使性显情忘,返流复本者矣。且夫阴阳育物,非斯而万物不成,礼乐治民,舍此而四民不立。所谓天时、地利,不如人和,先王之道,用斯为美。矧乃发挥佛化,纲纪僧宗,建灭恶生善之缘,辟超凡趣圣之路,唯兹胜法,备此大功。(《新纂续藏经》第四十一册,第81页中)

卷一(下分卷一"之一"至"之六")。解释《四分律删补随机羯磨疏》的"疏序"(指道宣《四分律删补随机羯磨疏序》)和正文十篇中的首篇《集法缘成篇》。如关于"羯磨"译为"业"或"办事"的区别,说:

> [科]所言羯磨者,中梵本音此翻为业,业谓成济前务,必有达遂之功,故《明了论》中,亦同翻业,现今译经,声传

羯磨,必翻称业。自古至今,有翻羯磨为办事者,非无此义,但用功能往翻,然能事乃多,要唯有二。初谓生善事,如衣食受净、人法结解,并随行善而得生也。后谓灭恶事,如忏罪治摈、灭诤设谏,名通善恶,理在除愆,皆由羯磨,前务夷荡,故受此名。又生善之极,勿过受体,由作法和,便发戒业,量同太虚,共佛齐位也。灭恶之大,勿高忏重,若不洗过,生报便堕,由此羯磨拔之,能令九百二十一亿六十千岁阿鼻苦报,欻然清净,岂非办事(以上为道宣《羯磨疏》的原文;[科]表示元照《羯磨疏科》对此段原文有科判,下同)。

次科,初标古示名,《百论》但翻为事,相传加字助之,《事钞》犹存此翻。问:前云,成济前务等,岂非办事,今古那(哪)分?答:前以业翻名,以功能释义。今此直以功能翻名,于义颇疏,故所不取(讲者皆云,俗以士农工商为业,僧以羯磨为业,又训业为捷办事、捷速等,传谬久矣,识者宜改——原注)。然下(指前文"然能事乃多"以下),依名释义,文有两段。……学者多迷生善、灭恶二事,请考此文,足为明据(以上为元照《济缘记》的注释)。(卷一之一《集法缘成篇》,第88页上、中)

卷二(下分卷二"之一"至"之五")。解释《羯磨疏》正文第二篇《诸界结解篇》和第三篇《诸戒受法篇》。如关于"大乘戒"与"小乘戒"的同异,说:

[科]若据大乘,戒分三品,约义收缘,不异诸律。何以明之?如杀一戒,具兼三位,息诸杀缘,摄律仪也;常行慧命,即摄善法也;护前命故,即摄众生。此一既尔,余者例然,非无一二遮戒,如《地持》等宝璧开制,戒异凡小(以上为《羯磨疏》的原文)。

大乘戒学中初科，初标示三品，即是三聚，出《璎珞经》。一摄律仪戒，律仪禁恶，即断恶也；二摄善法戒，即修善也；三摄众生戒，亦名饶益有情戒，即度生也。小乘则随缘别制，大教则依心总结，故以三戒通摄一切，故名为聚。是故断恶，则无恶不断；修善，则无善不修；摄生，则无生不度。且举大略，余广如后。约下（指前文"约义收缘"以下），二对小乘，以明同异。初性戒，明义同，且举杀戒，余并例作。如淫息诸染缘，常修梵行，不污前生；如盗则离侵损缘，常行惠施，不恼前生；如妄则离虚妄缘，常行实语，不诳前生；下至众学，条条类说，无非三聚。若准《智论》（《大智度论》），声闻戒但有断恶一聚，既不度生、不习方便，无余二聚。今用大意，决于小宗，约义明同，莫不齐具。非下（指前文"非无一二遮戒"以下），次明遮戒或异。《地持》云，若菩萨，有檀越以金银等宝物，奉施菩萨，以瞋恨心，违逆不受，即名为犯，由舍众生故；小乘则制畜（蓄）捉，故云开制异也。且略举之，必欲通知，须将《善戒》（指《菩萨善戒经》）、《梵网》（指《梵网经》）对下六聚（指"四波罗夷法"等六篇），则同异可见（以上为《济缘记》的注释）。（卷二之五《诸戒受法篇》，第200页上、中）

卷三（下分卷三"之一"至"之六"）。解释《羯磨疏》正文第三篇《诸戒受法篇》之余。如关于《四分律》"分通大乘"和"圆教"以"藏识"中的"善种子"为"戒体"，说：

［科］由此宗中，分通大乘，业由心起，故胜前计分心成色（指说一切有部之说）。色是依报，心是正因，故明作戒，色心为体，是则兼缘，显正相从，明体（指戒体）由作（指作戒），初起必假色心，无作（指无作戒）后发，异于前缘，故强

目之非色心耳（以上为《羯磨疏》的原文）。

通示中，初叙宗胜。言分通者，《四分》部中，蕴大乘义。如下五种，全乖小宗，况明心造，超过有部，故云胜（以上为《济缘记》的注释）。（卷三之五《诸戒受法篇》，第 255 页下—第 256 页上）

［科］欲了妄情，须知妄业，故作法受，还熏妄心，于本藏识，成善种子，此戒体也（以上为《羯磨疏》的原文）。

三所受体中，前明利根未受之前，已发大解，此明修证先须禀戒。……下三句，正明无作（指无作戒）由熏成业，业圆成种（指种子），种有力用，不假施造，任运恒熏，妄种冥伏，妄念不起。此无作熏犹如香尽，余气常存也（以上为《济缘记》的注释）。（卷三之五《诸戒受法篇》，第 258 页上、中）

卷四（下分卷四“之一”至“之五”）。解释《羯磨疏》正文第四篇至第十篇，依次为《衣药受净篇》、《诸说戒法篇》、《诸众安居法篇》、《诸众自恣法篇》、《诸分衣法篇》、《忏六聚法篇》、《杂法住持篇》。如关于“自恣”的“制意”（制立本意），说：

［科］初标目者，如《十诵》云，云何自恣？摄众僧故，善恶相化故，以出过罪如法清净故。《伽论》云，欲令诸比丘不孤独故，各各忆罪发露悔过故，又以苦言调伏故，又得无病安稳故，自意喜悦故，清净无罪故（以上为《羯磨疏》的原文）。

释标篇目中，《十诵》三意，摄众是住持益，善恶相化即利他益，出过清净是自利益。《伽论》六意，一有法为侣、二无覆藏、三摧我慢、四身安、五心乐、六业净。已上律论，但出制意。准《钞》释名云，自宣己罪，恣僧举过，内彰无私

隐,外显有瑕疵,身口托于他人,故曰自恣(以上为《济缘记》的注释)。(卷四之四《诸众自恣法篇》,第325页上、中)

书末附有道宣撰的《四分律删补随机羯磨疏》后记(无标题),叙述作者撰作《羯磨疏》的经过,说:

曾以贞观九年春,因游方,次于泌部绵上县鸾巢村僧坊,出《疏》(指《羯磨疏》)两卷,诸 用讲解为文句略指非学未知。至二十二年春,于终南山丰德寺,三五德旧更请重出,余不获已,辄复疏之,昏朽之情,薄得披约,至于要妙,所未尽也。二月二十七日为读讫,更待重修,知复何日,约卷则前轻而后重,就义则前重而后轻,据理前后未闻,附辞始终易识。旧五十纸,今二倍增,想披寻者,无嫌不隐。(卷四之五,第344页下)

本书为研究南山律宗的重要资料书,书中对南山律宗的一些重要理论均有所阐述,如前述"受体"、"随行"、"作戒"、"无作戒"、"事忏"、"理忏"等。但由于本书的排版存在着原文与注释标记不够明晰的缺点,加上今本全无句逗,元照在作注时又大量采用略语(见前引),因此,要对长长的文段作断句,并领会其中的奥意,也非易事。这也是造成研习者至今仍对它望而却步的原因之一。

第八品　北宋元照《四分删定比丘尼戒本》一卷

《四分删定比丘尼戒本》,又名《删定比丘尼戒本》,一卷。北宋元照撰,成于元符二年(1099)。高丽义天《新编诸宗教藏总录》卷二著录。收入《新纂续藏经》第四十册。

本书是《四分律》比丘尼戒本的集本。由作者依照唐道宣《新删定四分僧戒本》的体例编集而成。凡是比丘尼戒本中,与《新删定四分僧戒本》相同的内容(序分、正宗分中的“共戒”和流通分),均依《新删定四分僧戒本》移录,只是在称谓上作相应的变更而已,如将“比丘”改为“比丘尼”、“诸大德”改为“诸大姊”等;与《新删定四分僧戒本》不同的内容(正宗分中的“不共戒”),均据《四分律》的本文摘录。但《新删定四分僧戒本》中戒条是标立名称的,而本书则没有,实为本书的一大缺憾。书首有元照《删定比丘尼戒本序》。戒本的初首有归敬偈(昙无德部主法藏作)、集僧简众语;末尾有七佛略说戒经偈、流通偈(昙法藏作)。元照《序》,说:

> 《南山祖师撰集录》(指《芝园遗编》卷下刊载的唐道宣著作目录)僧尼并有《删定戒本》,《僧戒》(指《新删定四分僧戒本》)见行于世,尼本未流此方。今所诵者,乃是后人准律抄出,且备时用。然以翻传尚质,受诵尤艰,致有下坛毕身不诵,或虽诵习,鲜克有终。故使受若牛毛,持如麟角,内怀法体,外被佛衣,反乃混俗营生,恣情造恶,招他讥毁,辱我教门。徒染法流,虚食信施,乖出家本志,负生育深恩,一坠三涂(途),动经万劫。且夫禅定、智慧以戒为基,菩提、涅槃以戒为本,爱道(指佛的姨母大爱道)虔请,深悯沉沦,大觉(指佛)知机,严加制约。良以无始业种,量若尘沙,任境彰名,何止八万四千之数?随犯立法,且提三百四十八条(指比丘尼戒总数),为演说之常仪,作持犯之蹊径,五夏(指五年)不诵,尽寿依师,半月不闻,违教获罪。由是敢依《僧戒》,重定尼文。彼此俱同,则一无改作;彼无此

有,则须至看详。庶令语意从容,诵持便易。(《新纂续藏经》第四十册,第669页上)

全书收录比丘尼戒"八波罗夷法"、"十七僧伽婆尸沙法"、"三十尼萨耆波逸提法"、"一百七十八波逸提法"、"八波罗提提舍尼法"、"众学法"、"七灭诤法"七类戒法,总计三百四十八条。本书与唐怀素集《四分比丘尼戒本》属同类书,两书收录的内容基本相同,但表述文句略有差异,尤其是说戒之前的集僧简众语(又称"作前方便")、说戒告白(又称"秉白羯磨")、正说戒序(又称"诫敕时众")三段。以集僧简众语为例,本书作:

僧集否?(答云:僧已集——原注)和合否?(答云:和合——原注)未受具戒者出?(若有,即遣出,答云:未受具戒者已出。若无,即云:此无未受具戒者——原注)不来诸比丘尼说欲及清净?(若有人说欲,即云:说欲及清净已。若无,即云:此无说欲及清净者——原注)僧今和合,何所作为(答云:说戒羯磨——原注)(以上为集僧简众语)。(第669页下)

怀素集本作:

僧集?(答云:僧集——原注)和合?(答云:和合——原注)未受大戒者出?(有者,遣出。遣已,答言:已出。无者,答:无——原注)不来诸比丘尼,说欲及清净?(有,依法说。无,答言:无)僧今和合,何所作为(答言:说戒羯磨——原注)。(《大正藏》第二十二卷,第1031页中)

从上述两段文字的比较中可以看出,本书注重于语意的完整,而怀素集本注重于文句的简练,但表达的意思则无所区别。

第九品　北宋元照《佛制比丘六物图》一卷

《佛制比丘六物图》，又名《六物图》，一卷。北宋元照撰，成于元丰三年(1080)。高丽义天《新编诸宗教藏总录》卷二著录。收入《大正藏》第四十五卷。

本书一部叙述佛制立的比丘必须受持的“僧伽梨”(又称“大衣”)、“郁多罗僧”(又称“上衣”)、“安陀会”(又称“内衣”，以上合称“三衣”)、“钵多罗”(又称“钵”)、“尼师坛”(又称“坐具”)、“漉水囊”(指滤水去虫的布袋)六物的名称与形制，并配以画图的著作。由于书中在对尼师坛的解释之后，又附有对“僧祇支”(又称“掩腋衣”，用于“覆左肩”)、“覆肩衣”(用于“覆右肩”)的辨析，故书中实际所叙为八物。

(1)“三衣为三物”。下分“初制意”、“二释名”、“三明求财”、“四明财体”、“五明色相”、“六明衣量”、“七明条数多少”、“八明重数”、“九明作衣法”、“十加法(指作羯磨法)行护”十项，予以解说。如关于“三衣”的“通名”和“别名”，说：

> 初通名者。总括经律，或名袈裟(从染色为名——原注)，或名道服，或名出世服，或名法衣，或名离尘服，或名消瘦服(损烦恼故——原注)，或名莲华服(离染著故——原注)，或名间色服(三色成故——原注)，或名慈悲衣，或名福田衣，或名卧具，亦云敷具(皆谓相同被褥——原注)。次别名者。一梵云僧伽梨，此云杂碎衣(条相多故——原注)，从用则名入王宫聚落衣(乞食说法时时著——原注)。二郁多罗僧，名中价衣(谓财直当二衣之间——原注)，从

用名入众衣(礼诵斋讲时著——原注)。三安陀会,名下衣(最居下故或下著故——原注),从用名院内道行杂作衣(入聚随众则不得著——原注)。若从相者,即五条(指安陀会)、七条(指郁多罗僧)、九条(指僧伽梨),乃至二十五条等。(《大正藏》第四十五卷,第897页下)

(2)“钵多罗第四物”。下分“初明制意”、“二释名”、“三明体”、“四明色”、“五明量”、“六明加法”、“七行护”七项,予以解说。如关于钵的制立本意、名称、质料和颜色,说:

初明制意。《僧祇》(云)钵是出家人器,非俗人所室。《十诵》云,钵是恒沙诸佛标志,不得恶用。《善见》云,三乘圣人,皆执瓦钵,乞食资生,四海为家,故名比丘。古德云,钵盂无底,非廊庙之器。二释名者。梵云钵多罗,此名应器。有云,体、色、量三,皆应法故。若准《章服仪》云,堪受供者,用之名应器。故知钵是梵言,此方语简,省下二字。三明体者。律云,大要有二,泥及铁也。《五分律》中,用木钵,犯偷兰罪。《僧祇》云,是外道标故,又受垢腻。故祖师云,今世中,有夹纻漆油等钵,并是非法,义须毁之。四明色者。《四分》应熏作黑色、赤色。(第900页中、下)

(3)“尼师坛第五物”。下分“初制意”、“二释名”、“三定量”、“四制造法”、“五加法”五项,予以解说。末附“略辨(僧)祇支、覆肩二衣”,下分“初制意”、“二释名”、“三明衣相”、“四明著用”四项,予以辨析。如关于僧祇支与覆肩衣的区别,说:

初制意者。尼女报弱,故制(僧)祇支,披于左肩,以衬袈裟,又制覆肩,掩于右膊,用遮形丑,是故尼众必持五衣。大僧亦有畜(蓄)用,但是听衣耳(以上指僧祇支对比丘尼来说属"制衣",对比丘来说属"听衣")。二释名者。梵语僧祇支,此云上狭下广衣(此据律文,以翻全乖衣相。若准应法师《音义》,翻云掩腋衣,颇得其实——原注)。覆肩,华语,末详梵言。三明衣相。僧祇二衣,并长四肘、广二肘,故知亦同袈裟叒方,但无条叶耳。四明著用。世多纷诤,今为明之。此方往古,并服祇支。至后魏时,始加右袖,两边缝合,谓之偏衫。截领开裾,犹存本相。故知偏衫左肩即本祇支,右边即覆肩也。(第 901 页中)

(4)"漉水囊第六物"。下分"初制意"、"二漉法"、"三作囊法"三项,予以解说。如关于漉水囊的制立本意和漉法,说:

初制意。《钞》云,物虽轻小,所为极大,出家慈济,厥意在此,今上品高行,尚饮用虫水,况诸不肖,焉可言哉!《四分》(云)不得无漉袋,行半由旬(二十里也——原注),无者,(用)僧伽梨角漉。二漉法者。《萨婆多》云,欲作住处,先看水中有虫否,有者,作余井。犹有者,舍去。凡用水,法应清净者,如法滤置一器中,足一日用。令持戒审悉,漉竟著净器中,向日谛视看。……律中,且据漉囊所得,肉眼所见,以论持犯耳。(第 901 页下)

本书的注释有:日本僧人大江《佛制比丘六物图采摘》三卷、宗觉《纂注》四卷、慧淑《依释》四卷等十多种(详见《大正新修大藏经勘同目录》),在日本佛教界颇见流行。与此同时,也有人对本书中的一些说法持不同意见。北宋绍圣三年(1096),会稽沙门妙生撰《佛制六物图辨讹》一卷(收入《新纂续藏经》第五十九册),从"立题语滥"、"画图无功"、"俗谈罔道"、"解衣名局"、"受不云三"、"舍不云一"、"明相戏论"、"改文从己"、"坐具废增"、"寄囊辨纽"、"劝废图文"十一个方面,对本书提出批评。故正反两方的著作宜一并阅读。

第十品　北宋元照《芝园集》二卷

附：北宋元照《补续芝园集》一卷

北宋元照《芝园遗编》三卷

《芝园集》，二卷。北宋元照撰，约成于政和六年（1116）。南宋宗鉴《释门正统》卷八《律宗相关载记》著录。收入《新纂续藏经》第五十九册。

本书为元照的文集。全书共收录作者于熙宁六年（1073）至大观元年（1107）撰写的塔铭、行业记、墓志铭、书序和杂文三十二篇，始《杭州南屏山神悟法师塔铭》，终《释门登科记序》。首尾无序跋。

卷上：收录《杭州南屏山神悟法师塔铭》（指处谦）、《杭州祥符寺通义大师塔铭》（指子宁）、《秀州华亭超果照法师塔铭》（指灵照）、《唐蕲州青著法师行业记》（指慧普）、《湖州东林禅慧大师行业录》（指智印）、《杭州祥符寺久阇梨传》》（指可久）、《秀州超果惟湛法师行业记》（指惟湛）、《杭州雷峰广慈法师行业记》（指慧才）、《杭州祥符寺瑛法师塔铭》（指择瑛）、《越州余姚异阇梨塔铭》（指单异）、《越州渔浦净慧大师塔铭》（指清沼）、《温州褒法师行业录序》（指契褒）、《湖州八圣寺鉴寺主传》（指惟鉴）、《温州都僧正持正大师行业记》（指灵玩）十四篇。如关于杭州祥符寺子宁的生平事迹，说：

> 元祐三年十一月十日，大师以疾终于所居。……大师姓阮，世为钱唐（塘）人，少小颖悟，不乐尘俗，从祥符寺有章脱素，遇天禧普恩，落发具戒，讳子宁，字师静，号全真子。

初依祖师遇因百法，学慈恩经论。次从长水子璇法师，学贤首教观。寻归闭户，焚枯折松，轮环讲贯，若《楞严》、若《法华》、若《圆觉》、若《金刚》等，无虑五十余过。行有余力，旁涉周孔，老庄、百氏之书，皆通讲解。善属文辞，颇工笔扎。尝撰《金刚心经科记》、《略慈恩弥陀疏钞》并各一卷，出《宋高僧传音义》三卷，删续《本寺图经》一卷，新修《广韵》、《字录》一卷，书疏杂文六卷，古律诗总五百余首，其历学义解如此。中年谢去人事，阅《大藏》凡四周，四大部一周。东京普安、长兴庆善、云济数处《大藏》，皆师对校，手写《法华》等经五十余轴，看《华严》二十部，《法华》、《楞严》、《维摩》、《圆觉》各五百部，《金刚》、《弥陀》并五万卷。……俗齿八十一，僧夏六十九，度弟子梵伦、梵撰、梵仁，法孙思振、思授、思拱、思总。（卷上《杭州祥符寺通义大师塔铭》，《新纂续藏经》第五十九册，第653页上）

卷下：收录《秀州吕氏灵骨赞》、《考妣墓志铭》、《台州左氏墓铭》、《新市姚君墓铭》、《秀州沈君墓铭》、《崇德吕君墓铭》、《广陈马氏礼经录》、《四明孙氏礼佛录》、《论增戒书》、《论慈愍三藏集书》、《送衣钵书》、《谗议》、《博奕解》、《四子要言序》、《高丽李相公乐道集序》、《送闻伯龙归大学序》、《长芦赜禅师文集序》、《释门登科记序》十八篇。如关于对“律”、“教”、“禅”三者关系的看法和对禅门流弊的批评，说：

律，佛所制也；教，佛所说也；禅，佛所示也。是三者，皆出于佛曰三学、曰六度，故为佛者，不可滞于一端。威仪轨度、持犯开遮，皆见于律，非学无以自明；权实偏圆、观行因果，皆见于教，非学无以自辨；识心达本，忘筌离相，皆见于禅，非学无以自悟。经曰：归源性无二，方便有多门。是则

> 律与教与禅，同出而异名，殊途而一贯。所谓同出者，出于一心也。一贯者，会于一性也。心性也者，一切众生见前觉知之体也。……但古今学者，自有党宗，蔽曲之净，谓了心见性，何假修行？认放荡为通方，嗤持守为执相，残毁正教，翳罔来蒙，故《慈愍三藏文集》于是乎作也。斯实救一时之讹弊，护佛法之纪纲耳。……又如古今语录，谓佛身为屎橛，指《大藏》为故纸，薄讲学为入海算沙，贬听习为分别名相，遍在禅策，不复具举。……盖不知古贤为物情深，方便苦口，使求鱼观月，不滞于筌指耳。（卷下《论慈愍三藏集书》，第663页上、中）

本书收录的北宋十多位高僧大德的塔铭、行业记，为研究他们的生平事迹，提供了珍贵的史料，可补僧传之缺失。

北宋元照《补续芝园集》一卷

《补续芝园集》，一卷。北宋元照撰，约成于政和六年（1116）。南宋宗鉴《释门正统》卷八《律宗相关载记》著录。收入《新纂续藏经》第五十九册。

本书为元照《芝园集》的续编。全书共收录作者于元丰元年（1078）至大观元年（1107）撰写的、有关台州等地寺院的转轮藏、塔、像、殿、阁的营造始末的文记六篇。它们是：《台州顺感院转轮藏记》、《秀州普照院多宝塔记》、《临安无量院弥陀像记》、《台州慈德院修大殿记》、《越州龙泉弥陀宝阁记》、《明州经院三圣立像记》。

如关于“四种三宝”和越州龙泉弥陀阁的营造始末，说：

> 出世间宝，大略有四：众生妄念，天真本具，一体三宝也。诸佛果德，清净无染，理体三宝也。乘时利见，启迪群

> 庶,化相三宝也。垂裕后世,流及无穷,住持三宝也。范金合土,雕刻丹青,住持佛也。琅函钿轴,纸素竹帛,住持法也。坏服毁容,升坛禀戒,住持僧也。余之三宝以佛为尊,住持三宝推僧为上,岂不以无兴替维持在于人乎!越州余姚龙泉寺,经始于东晋咸康中,逮今大观丁亥,凡八百五十载。唐末会昌,天下寺宇,例遭毁废,唯兹塔庙,俨然独存。咸通启运,吾道复兴,寺主法光大师劝募邑人詹文举等,写造《大藏》。皇朝开宝二年,慧文大德始建藏阁,安著经卷,待遇四方。皇祐二年,智端蕴栖并力化缘,别立殿宇,更为轮藏。于是藏阁废而不用。……寺首覃悦,以谓净土教观,方今盛行,仍出长财,雕造丈六弥陀妙相立,于当中。……揭号弥陀宝阁焉。(《越州龙泉弥陀宝阁记》,《新纂续藏经》第五十九册,第668页中、下)

本书所记的上述六所寺院有关建筑和雕像的情况,均为原始资料,对于研究当地寺院的兴废沿革,具有一定的参考价值。

北宋元照《芝园遗编》三卷

《芝园遗编》,三卷。北宋元照述,约成于政和六年(1116)。南宋宗鉴《释门正统》卷八《律宗相关载记》著录。收入《新纂续藏经》第五十九册。

本书为元照律学著述的汇编。元照去世以后,由"六世法孙"道询编集而成。全书共收录元照在熙宁三年(1070)至政和六年(1116)期间撰写或口述的文章十六篇,始《戒体章》,终《南山律师撰集录》。内容叙及:"戒体"(指受戒时在内心产生的防非止恶的体性);"持犯"(指"二持二犯",即"止持"、"作持"、"止犯"、"作犯");"授菩萨戒仪"(下分"求师授法"、"请圣证明”、“归佛求加”、“策导劝信”、“露过求悔”、“请师乞戒”、“立誓问遮”、“加法纳体”、“说于示诫”、“叹德发愿”十项）；“剃发仪式”（下分“选处设座”、“集僧作梵”、“白众召入”、“入众请师”、“辞亲脱素”、“策导礼佛”、“落发披衣”、“授归教诫”、“自庆礼谢”、“祝赞回向”十项）；“受戒方便”（指受戒之前，须说法、问遮难，下分“所受法体”、“受者具缘”、“发戒境量”、“依境发心”、“用心承仰”、“重难轻遮”六项；所说的“重难轻遮”是指询问有无“十三重难”、“十六轻遮”所列的不得受具足戒的各种情况）；“十六观”（指《观无量寿经》所说的往生西方极乐净土的十六种观法）；“南山律宗祖承图录”（指作者新编的南山律宗九祖传承世系）；“南山律师撰集录”（指作者新编的道宣著述总录）等。首尾无序跋。

卷上：收录《戒体章》（据道宣《羯磨疏》录出，作于“熙宁三年”）；《持犯体章》；《持犯句法章》；《律钞宗要》（“律钞”指道宣《四分律删繁补阙行事钞》，下分“撰述来意”、“教主差别”、“说教时分”、“三藏所摄”、“乘有通局”、“辨定宗旨”、“所受法体”、“随行限分”、“就文科判”、“明宗简滥”十门）；《大小乘论》（作于“政和六年”，“律师临终口授，门弟子守倾执笔”）；《始终戒要》六篇。如关于“多宗”（指萨婆多部，即说一切有部）、“成宗”（指《成实论》）、“圆教宗”（指南山宗）三宗在“戒体”问题上的不同观点，说：

> 依《羯磨疏》，三宗分别。一者多宗。作、无作戒，二体俱色。身口方便，相续善色声，作戒体也；非对非碍，法入假色，无作体也。……二者成宗。作与无作，二体则异。身口业思，能造身心，作戒体也；非色非心，五义互求，了不可得，无作体也。……三约圆教宗明体。但以两宗各随所计，义说动

静,终非究竟,故跨取大乘圆成实义,点示彼体乃是梨耶藏识,随缘流变,造成业种,能造六识,即是具戒作成之业;梨耶所持,即号无作。所蕴业因,名善种子,业虽心造,一成已后,与余识俱,性非对碍。……然今所宗,并以《涅槃》终穷之说,统会异端,使归一致,可谓体一化始终,裂后昆疑网。(卷上《律钞宗要》,《新纂续藏经》第五十九册,第627页中、下)

卷中:收录《授大乘菩萨戒仪》(作于"政和元年";末附《出家五众受戒文》,此文未见于本书目录,下分"忏违逆父母"、"忏违逆师长"、"忏身计"三科);《剃发仪式》;《受戒方便》(作于"元丰三年");《建明州开元寺戒坛誓文》(作于"绍圣五年",末附《郑丞相跋》);《诫沙弥办衣钵文》(又称《诫沙弥文》)五篇。如关于"小乘戒"和"大乘戒",说:

大小两乘,戒有五种。一者五戒,二者八戒(又称"八关斋戒"),三者十戒,四者具戒(指具足戒),五者菩萨戒。前二即被在家士女,次二即摄出家五众。上之四戒,随心广狭,通大小乘,皆为方便。五菩萨戒,纯一大乘成佛之法。……然菩萨戒,凡有两宗。一者华严部,二者法华部。《梵网经》云,若受菩萨戒者,国王、百官、比丘、比丘尼,乃至庶民、黄门(指男根有缺陷者)、非人、畜生,但解法师语,尽得受戒,此即华严部,通渐顿受也。《善戒经》云,欲受菩萨戒,先受优婆塞五戒,次受沙弥十戒,次受比丘具戒,后受菩萨戒,譬如重楼四级,不由初级而至二级,无有是处,不由二级而至三级,无有是处,不由三级而至四级,无有是处,此即法华部,唯从渐受也。今在家士女受者,则专依《梵网》,出家僧尼受者,则通禀二经(指《梵网经》、《善戒经》)。(卷中《授大乘菩萨戒仪》,第631页上、中)

卷下：收录《为蒋枢密开讲要义》（末附"请简"、"谢诗"）；《为高丽僧统义天开讲要义》（作于"元丰八年"）；《上櫨庵法师论十六观经所用观法书》（"十六观经"指《观无量寿经》）；《南山律宗祖承图录》（作于"元丰四年"，首次楷定南山律宗九祖的传承世系，依次为：初祖昙无德、二祖昙摩迦罗、三祖法聪、四祖道覆、五祖慧光、六祖道云、七祖道洪、八祖智首、九祖道宣）；《南山律师撰集录》（作于"元丰元年"，下分"宗承律藏部"、"弘赞经论部"、"护法住持部"、"礼敬行仪部"、"图传杂录部"五类，共收录道宣著作"总五十七件，计二百六十七卷"）五篇。如关于"南山律宗九祖"，说：

> 始祖昙无德尊者，鞠多弟子，《四分律》主，南山所宗。二祖昙摩迦罗尊者，本西竺僧，始依《四分》，为人受（授）戒。三祖北台法聪律师（北魏时人），本学《僧祇》，因考受体，首传《四分》。四祖云中道覆律师，聪之弟子，最初撰疏（原作"疑"，误），科释《四分》。五祖大觉慧光律师，从覆受律，撰《疏》十卷，广开户牖。六祖高齐道云律师，承禀光师，亦撰钞疏，判释广文。七祖河北道洪律师，承禀云师，亦有律疏，未详卷轴。八祖弘福智首律师，洪师弟子，《疏》二十卷，通贯群宗。九祖南山澄照律师（指道宣），承禀首师，广有著撰，见行于世。（卷下《南山律宗祖承图录》，第646页下）

总体而言，本书的卷帙不长，但具有价值的篇章却颇多，如《律钞宗要》、《授大乘菩萨戒仪》、《剃发仪式》、《为义天僧统开讲要义》、《南山律宗祖承图录》、《南山律师撰集录》等。特别值得一提是，依照旧有的说法，出家人不得向在家人说戒或诵戒，在家人不得听闻或阅读戒律，但本书卷下收录的《为蒋枢密开讲要义》，却打破传统的樊笼，简洁明了地向判府枢密蒋之奇讲述“戒律大意”，而且讲得既通俗又贴切。如关于“五篇七聚”（指五种罪过七种罪名）的含义和对犯者的处罚，说：

> 今此戒经，初篇四重，谓波罗夷者，此翻为弃，以犯此罪，永弃佛法海外，不得预清净僧中法食之数也。此四者，即淫、盗、杀，妄，譬之四树，以为根本，下去诸篇，皆枝叶也。罪喻断头，不复有佛法寿命，故永绝道分也。教中亦许伏首行忏，但入众时，在僧末坐，位同沙弥也。次篇十三条僧伽婆尸沙者，此云残，谓犯此篇罪，覆一日即治一日，覆一月即治一月，所谓僧前与覆藏法，后与出罪羯磨，用二十僧行法，乃至全净，有残之罪，由僧除灭也。第三篇一百二十条波逸提者，义翻为堕，以此篇多因财事，生贪染心，饮居戏剧，人多喜犯，后堕烧煮覆障地狱。第四篇波罗提提舍尼者，此翻向彼悔，以对人说所作罪也，亦云此罪应发露也，不者堕泥犁中三亿六十千岁。第五篇一百条众学，名突吉罗，此云恶作，乃是检学僧伦威仪之要行也，有犯即对首忏之。此乃五篇之名，就中离出偷兰遮，并恶说罪，遂名七聚。”（第642页下—第643页上）

元照认为，“佛法戒律”就是释门中的“家训”，比丘应当“非律勿视，非律勿听，非律勿言，非律勿行”，“国无礼刑，莫治天下。僧无戒律，莫以御众”，如律论上说的“毗尼藏者，佛法寿命”（第642页下）。元照之所以推尊戒律，原因也在于此。

第十一品　北宋怀显《律宗新学名句》三卷

《律宗新学名句》，三卷。北宋怀显集，成于绍圣元年

(1094)。收入《新纂续藏经》第五十九册。

怀显(生卒年和里籍不详),宋哲宗时在某地“法华兰若(寺)”习律沙门。另著有《行事钞诸家记标目》一卷(原为本书的一部分,日本僧人戒月将它录出单行)。僧史无传。

本书是一部律学小辞典。所收的词条,以律典中戒律类法数(指含数字的名词术语)为主,兼收经论中教理类法数,按所含数字的大小(其数字,有的置于条目的初首,有的夹在条目的中间)为序,依次递增编排,始“一法”,终“八万四千法门”。书首有怀显《序》,说:

> 毗尼中具列增一之文(指《四分律》有《毗尼增一》,解释戒律类法数),而不兼通诸部。夫己宗虽广,诸乘法数而但局据一家,是使吾宗晚进辈,昧于披捡,致多阙如。予以时习之暇,辄恣讨论,统括诸部文句,搜罗一宗名言,总成三卷,用贻新学。虽不能发明大义,庶有补于遗忘云尔。(《新纂续藏经》第五十九册,第669页下)

卷上:解释“一法”至“四法”。主要有:“一律”、“一磔手”、“一由旬”、“一坐食”、“二持”、“二犯”、“二谛”、“二种破僧”、“《涅槃》二种戒”、“二种施”、“二种木叉(指波罗提木叉)”、“比丘三衣”、“三慧”、“三观”、“三解脱门”、“三举法”、“三根”、“受戒三师”、“三种大界”、“三种小界”、“三种思惟”、“式叉尼三种学法”、“化相三宝”、“住持三宝”、“理体三宝”、“律教三名”、“三律戒体”、“四不坏信”、“法四依”、“人四依”、“沙门四患”、“佛临灭度阿难请问四事”、“释门四时”、“四种食”、“四种僧物”、“随戒四种”、“《善戒经》四重戒”、“四摄法”、“四念处法”等。如关于“诸戒三种通缘”、“沙门四患”、“释门四时”等,说:

诸戒三种通缘(《戒疏》——原注):一是比丘,简余三众,虽同犯淫,但吉罗故;二制广后,以未制广,但违业行故;三无重病,以不自知,无负心故。(卷上,第674页中)

沙门四患(本律——原注):一不舍饮酒、二不舍淫欲、三不舍手持金银、四不舍邪命自活。(卷上,第677页上)

释门四时(《僧祇》——原注):一二月八日成道时、二二月十五日涅槃时、三四月八日降生时、四八月八日转法轮时。(卷上,第677页中)

卷中:解释"五法"至"九法"。主要有:"比丘尼五衣"、"大乘事忏五缘"、"小乘事忏五缘"、"受戒五缘"、"分通(指《四分律》通大乘)五义"、"五逆罪"、"羯磨五句法"、"持律得五功德"、"受施五观"、"五种三归"、"五种(阿)阇梨"、"五种仪"、"五种卧法"、"五大精舍"、"五分法身"、"入众五法"、"六群比丘"、"相宗六释"、"制教六念"、"化教六念"、"数息六法"、"比丘六物"、"阿难结集时忏七吉(指突吉罗)罪"、"七种僧界"、"七种自恣"、"七善律仪"、"俭(指灾荒时)开八事"、"八种集僧法"、"八藏"、"戒本八篇"、"八不净财"、"九治罚法"、"九种非法"等。如关于"七种自恣"、"九品羯磨法",说:

七种自恣:一对五德(指"受自恣人")三说(广自恣法——原注)、二对五德再说、三对五德一说、四难事作白三说、五难事作白再说、六难事作白一说、七难事惊急直去(略自恣法——原注)。(卷中,第687页上、中)

九品羯磨法(《业疏》——原注):心念三法(众法心念法、对首心念法、但心念法——原注)、对首三法(小众对首法、众法对首法、但对首法——原注)、众生三法(白四法、白二法、单白法——原注)。(卷中,第690页下)

卷下：解释“十法”以及“十法”以上诸法。主要有：“受戒十缘”、“十行位”、“新至比丘十事与之”、“十种须依止”、“十种非仪不应礼”、“《梵网》十重戒”、“佛十大弟子”、“制戒十利”、“常坐不卧十利”、“自恣不同受衣共十一人”、“十二头陀”、“十二部经”、“十三难”、“十四种色”、“十五种默然”、“十六遮”、“《成论》非色非心聚十七名”、“十八不共法”、“二十种色”、“西土传法二十四师”、“《事钞·僧网篇》列三十五事”、“三十七道品”、“前代章记解释事钞共六十家”（此部分内容系据唐志鸿《四分律钞搜玄录》等记载编集而成，后由日僧戒月改编为《行事钞诸家记标目》单行本）、“八十一品思惑”、“如来成道终至涅槃说八万四千法门”等。如关于“十五种默然”、“十六遮”，说：

> 十五种默然（杂犍度——原注）：一若作如法羯磨、二若得同意伴、三若见小罪、四为作别住、在戒场上（不应默——原注）、六见他非法、七不得伴、八犯重、九同住、十在同住地（应默然——原注）、十一如法、十二默任之、十三与欲、十四从可信人闻、十五先在众中默然而坐（应和合——原注）。（卷下，第695页上）
>
> 十六遮：一不自称名、二不称和尚名、三年不满、四、衣不具、五钵不具、六父不听、七母不听、八负债、九奴、十官人、十一丈夫、十二癞、十三痈疽、十四白癞、十五干痟、十六颠狂。（卷下，第695页中）

本书末附有“诸师立祖不同”，叙述律宗祖统的六种不同的说法。

(1)“三衢法明律师立五祖”：“一波离（指优波离）、二法正（指昙无德）、三觉明（指佛陀耶舍）、四智首、五南山（指道宣）”。

(2)“霅溪仁岳法师立十祖”:“一法时(指昙摩迦罗)、二法正、三觉明、四法聪、五道覆、六慧光、七道云、八道法、九智首、十南山”。

(3)“钱唐守仁法师立七祖”:“一波离、二法正、三觉明、四法聪、五智首、六南山、七增辉记主(指唐代希觉)”。

(4)“天台允堪律师立七祖”:一波离、二法正、三觉明、四昙谛、五法聪、智首、七南山”。

(5)“余杭元照律师立九祖”:“一法正、二法时、三法聪、四道覆、五慧光、六道云、七道洪、八智首、九南山”。

(6)“钱唐怀显律师立五祖”:“一法正、二法聪、三道覆、四智首、五南山”(以上见卷下,第707页上、中)。后世南山宗传人采用的是北宋元照的南山宗九祖说。

值得注意的是,本书在主收佛教术语的同时,还辅收了少量儒书、道书和史书上的术语,以期扩大初学者的知识面。如“文章三易”(“一易见、二易识字、三易读诵”)、“后汉三张”(“一张陵二张鲁、三张衡”)、“孟子三迁”(“初近屠居、二近商贾、三近读书”)、“儒家五经”(“一《春秋》、二《易》、三《书》、四《礼》、五《诗》”)、“儒五常”(“一仁、二义、三礼、四智、五信”)、“唐末五代”(“一梁朱全忠、二后唐李克用、三晋石敬塘、四汉刘知远、五周郭威”)、“俗中六艺”(“一礼、二乐、三射、四御、五书、六数”),等等。这也反映作者对世俗知识的亲近态度。

第十二品　南宋守一《律宗会元》三卷

《律宗会元》,三卷。南宋守一集。原书未署撰作年代。从作者的另一部著作《终南家业》卷下本《论心用双持犯结制罪》一文曾提及本书,称“余昔亦同此见,于《会元》等处,并约化业注释”，而该文作于“嘉熙庚子岁”，以此推断，本书约成于庆元六年（1200）至嘉熙三年（1239）之间。收入《新纂续藏经》第六十册。

守一（生卒年及里籍不详），号铁翁，南山律宗资持派（北宋元照创立）传人如庵了宏的弟子。晚居台州日山。南宋庆元五年（1199），日本僧人俊芿（1166—1227，字“不可弃”）入宋，行游两浙名刹，访师问学，前后历时十二年。他曾于庆元六年（1200）至嘉泰二年（1202），从明州（今浙江宁波）景福寺如庵了宏学律。其间，俊芿也向守一请教“南山三观”，守一作了回答（见守一《终南家业》卷上）。嘉定四年（1211），俊芿启程回国，回国后在京都泉涌寺大弘律法，成为泉涌寺律学的开山祖。嗣后，日僧净业（1187—1259，字法忍，号昙照）于嘉定七年（1214）、绍定六年（1233）两度入宋，后次曾从守一重受戒法，并究律藏，守一引经据典，撰《重受戒文》以释疑（见《终南家业》卷中）。净业回国后，在京都建戒光寺、东林寺，在太宰府（今福冈）建西林寺，弘传元照系律学，与俊芿并为京都律学的代表人物。守一的著作，除本书以外，尚有《终南家业》三卷（以上见中国佛教协会《中国佛教》第二辑，知识出版社1982年8月版；杨曾文《日本佛教史》，浙江人民出版社1995年9月版）。

本书是一部以“南山三大部”及元照注疏为主要资料编集而成的会元体著作，阐述律宗的主要理论。所说的“南山三大部”，指的是唐道宣《四分律删繁补阙行事钞》（略称《行事钞》、《事钞》）、《四分律比丘含注戒本疏》（略称《戒疏》）、《四分律删补随机羯磨疏》（略称《业疏》，以上）；所说的“元照注疏”，指的是北宋元照《四分律行事钞资持记》（略称《资持》）、《四分律含注戒本疏行宗记》（略称《行宗》）、《四分律羯磨疏济缘记》（略称《济缘》）等。全书分为十门，亦即十篇：《诸文原教门》、《诸文观法门》、《诸文心境门》、《诸文戒法门》、《诸文戒体门》、《诸文戒行门》、《诸文戒相门》、《诸文持犯门》、《诸文悔罪门》、《诸文三归门》，对律宗理论的十个专题，即“律教”、“观法”、“心境”、“戒法”、“戒体”、“戒行”、“戒相”、“持犯”、“悔罪”、“三归依”，分别进行了论述。各门的名称中的“诸文”两字，是指南山三大部及元照注疏而言的。此外，卷首有《十门总目随门略释》（又称《释题》），以“私曰”（指作者守一的话）的形式，对上述十门的义旨，作了简要的阐述。如关于《戒法》、《戒体》、《戒行》、《戒相》四门的义旨，《十门总目随门略释》说：

> 《诸文戒法门》。私曰：言戒法者，诸佛所制，众圣所传，吾辈所受者是也。良以十界依正，全即心体，由不了故，造业轮回。是故如来，称其心境，制无边戒，无论善恶，制有绳式，名之为法。……《诸文戒体门》。私曰：此门唯明坛场白四受体，以如来随机设教，四门乃殊，此方盛弘，通归空有。空宗非二，有计假色。吾祖建立，迥异常伦，先依二宗，详辨体相，后以圆教，融会诸计，假色非二，无非识种，识即具常性德，种乃无始本具。……《诸文戒行门》。私曰：既已纳体，必须奉行，使受随相副，愿行相应也。一言戒行，无非止、作。止据戒本，持之则无违。受体作归羯磨，行之顺本愿心。又据《事钞》，行分三位，即众、自、共行。……《诸文戒相门》。私曰：诸文言相，大略有二：一曰行相，二曰法相。言行相者，据内心秉持，善相形外，威仪语默，不在用心，自然合法。……言法相者，约境，则物物皆是；约文，则戒本所列。及一大律藏，制之与听，善恶事法，览而可别，并归相收。（《十门总目随门略释》，《新纂续藏经》第六十册，第 1 页中—第 2 页上）

(一)《诸文原教门》(卷上)。下分六十目(据《新纂续藏经》标立的本书目录统计,其中有些子目之间存在着主从关系),阐述佛制立戒律及其细则的本意。主要有:《原佛化意通叙教宗》、《事钞十门显意差别》、《资持五例辨定教宗》、《济缘十章详辨业义》、《戒律木叉翻名略释》、《别释四分名义》、《济缘五门伸圆教义》、《出家教意》、《受戒教意》、《三衣兴意》、《钵制意》、《坐具教意》、《滤囊教意》、《衣药受净总意》、《结界教意》、《开结净地意》、《说戒教意》、《安居教意》、《示律制自恣教意》、《叙灭诤药病教意》、《详简化行二教》、《遮性二戒教意》、《资持示遮性义》等。如关于"尸罗"、"波罗提木叉"、"毗尼"的含义,《戒律木叉翻名略释》说:

> 《戒疏》(一上——原注)云,或云尸罗,或云波罗提木叉,或云毗尼,皆本梵言,非此所有。初云尸罗,此翻为戒。戒有何义?义训警也。由警策三业,远离缘非,明其因也。如古所传,防非禁恶,以解于戒。然戒通善恶,律仪亦然,不可偏举,以释戒义。……又云,波罗提木叉,此翻别解脱也。如论所引,道戒名解脱,事戒名别脱也。随分果得,寄以明之。以道性虚通,举法类遣,不随缘别,但名解脱。事戒不尔,别缘而生,缘通万境,行亦随遍,持行凌犯,别名得脱。……又云毗尼,亦名毗那耶、鼻奈耶等,皆是传梵之讹替耳。古译为灭,以七毗尼,用殄四诤。今以何义,翻之为律?律者,法也,从教为名。……断割重轻,开遮持犯,非法不定。(卷上《诸文原教门》,第7页下—第8页上)

(二)《诸文观法门》(卷中)。下分三十九目,阐述"南山三观"(指道宣将经论上所说的"化教"的观法,分为"小乘人"的性空观、"小菩萨"的相空观、"大菩萨"的唯识观三种,而以"唯识观”为圆满的观法)。主要有:《出家修道理观为本》、《小乘三学空慧理行》、《大乘三学唯识道行》、《无生理忏随机三别》、《用观惩过过起形心》、《备明真俗以彰圆行》、《观身唯识妙融谓实》、《达理观空礼敬中最》、《安住正观发菩提心》、《释法四依》、《大小贤圣先修五停》、《观身心相知妄求真》、《示十八界为所观境》、《欲见佛性略说十种》、《灵芝观经疏明净土观法》等。如关于“南山三观”,《出家修道理观为本》等说:

> (《出家修道理观为本》云)《事钞》(下四——原注)云,但出圣道,无始未曾,皆由著世,惯习难舍。今既拔俗,必行圣业,经中乃多,要分三位:一者小乘人行,观事生灭,知无我人、善恶等性。二者小菩萨行,观事生灭(《业疏》云,观事是空——原注),无我人、善恶等相。三者大菩萨行,观事是心,意言分别。……(《明上三观境观及理》云)《资持》(下四——原注)云,三观并云观事者,事即是境,心依境起,随境立观,谓色心阴入界、有情无情、善恶无记等(上明所观——原注)。若论智解,须达诸法,若约时中,观心为要。随心所起,起即是事,若善若恶,三理照之,乃知颠倒,但有妄计,本无所有,随心动用,一切皆空。或推相见性,谓之性空;即相知幻,谓之相空;达相是心,谓之唯识。……见理有二,前二性相虽殊,皆以空为理,后一以心为理。前二是权,后一是实。然出家超世,通学三乘,今依《业疏》,准开会意,专指佛乘,为出家本矣。(卷中《诸文观法门》,第19页上、中)

(三)《诸文心境门》(卷中)。下分十八目,阐述受戒之心(“戒心”)和发戒之境(“戒境”)。主要有:《依成宗示能缘心》、《又示戒境》、《依多宗示心境》、《戒须遍境》、《约境明戒量》、《正示境量显戒法之广》、《引证戒量之广》、《正示发心》、《羯磨前总示戒法令发上心》、《三羯磨前切要提示之语》等。如关于“戒境”须遍一切众生，《戒须遍境》说：

> 《疏》又引《俱舍》云，若不从一切众生，则无戒也。以戒善随遍，异此则恶意不死故。又于众生离五分别（五种分别，悉能障戒，故须离之，方发戒品——原注）。一于某生，我离杀等（如云我不杀猪羊等——原注）；二于某分，我能持之（分即是支，如云我持不杀支等——原注）；三处；四时，乃至月日（三处，如云于此国能持；四时，如云今年此月此日能持——原注）；五离某缘，谓除斗战事（谓平时能持，或值此缘即不持——原注）。若作此受，但得善行，不得名我。又云，于非所能境，云何得戒（力分可持，名所能境。力所不堪，名非所能境。意谓所能得戒，于义可知，非得能境，云何发戒——原注）？以屠者持野兽戒，猎者持家畜故（上举事以征，下为义以释——原注），由不害一切众生命，故得戒。（卷中《诸文心境门》，第30页中）

（四）《诸文戒法门》（卷中）。下分十五目，阐述“戒法”（指佛为出家五众、在家二众制立的各类戒法）。主要有：《四科之前叙意总列》、《戒法体相》、《示戒法功力》、《五乘之本并由戒法》、《三宝住持全由戒法》、《佛在世时偏弘戒法》、《论重受》、《此土受戒元始》（下分《大僧受缘》、《尼众受缘》二子目，《新纂续藏经》目录误将此目并入《论重受》）等。如关于“戒之四科”，《四科之前叙意总列》说：

> 《事钞》（中一——原注）云，然戒是生死舟航，出家宗要，受者法界为量，持者麟角犹多，良由未晓本诠，故得随尘生染。此既圣贤，同有钦序，何得抑忍不论？直笔舒之，略

分四别：一者戒法，此即体通出离之道。二者戒体，即谓出生众行之本。三者戒行，谓方便修成，顺本受体。四者戒相，即此篇所明，亘通篇聚。《资相》(中一——原注)云，何以不但释相，而总论四戒者？答：戒是一也，轨凡从圣名法(指戒法)，总摄归心名体(指戒体)，三业造修名行(指戒行)，贤而可别名相(指戒相)。由法成体，因体起行，行必据相。当知相者，即是法相，复是体相，又是行相，无别相也。若昧余三，直示释相，既无由序，不知所来，徒自寻条，终难究本。……又(上一上——原注)云，欲达四科，先须略示，圣人制教名法，纳法成业名体，依体起护名行，为行有仪名相。(卷中《诸文戒法门》，第33页中、下)

(五)《诸文戒体门》(卷中)。下分二十三目，阐述"戒体"(指受戒时在内心产生的防非止恶的体性)。主要有：《约能领心明体》、《通辨作无作》、《通依诸论辨定名体》、《先依本宗假名出体作戒体》、《无作体》、《引证非心》、《引证非色》、《次依实法假宗出作无作体》、《次列当世异执》、《立正义》、《八种无作》、《僧体》、《羯磨体》、《界体》等。如关于"戒体"中的"作戒"(又称"表业"，指受戒时依仪轨而作的请师乞戒等行事，此为显现于外的、可见闻的业体)和"无作戒"(又称"无表业"，指受戒后于内心产生的防非止恶的功能，此为不显现于外的、不可见闻的业体)的区分，《通依诸论辨定名体》等说：

(《通依诸论辨定名体》云)《疏》又云，体谓业体，正是戒法所依本也(思愿要缘，揽法成业，故尘沙戒法为能依，业体无作为所依——原注)。经论所谈善恶业者，名也；今述作、无作者，业之体也。混名从体一也，离实谈名异也。《多论》陈体，(称)教、无教也，《成实》、《杂心》(称)作、无作也，皆略名铨体。义说动静（动即是作，静即无作——原注），而难显其相。……（《先依本宗假名出体作戒体》云）《疏》云，言作戒者，谓始坛场，终白四法（指受戒时作的白四羯磨），缘构成者。……（《无作体》云）《疏》云，无作者，谓白四所发，形期业体，一成续现（三羯磨竟，一刹那顷，即成业体，故云一成。从此已后，相续发现，故云续现也——原注），经流四心（识、受、想、行——原注），不藉缘办，任运起故。《记》云，谓此业性，任运增长，牵生感果，不由于作，自然而作，故名无作。《疏》云，三聚（指色聚、心聚、非色非心聚）之中，非色心摄。（卷中《诸文戒体门》，第37页下—第38页下）

（六）《诸文戒行门》（卷下）。下分二十八目，阐述“戒行”（指受戒后随顺戒体发起的修行）。主要有：《依体起修名为戒行》、《约喻显明受随二戒》、《受随二能趣果优劣》、《以圆融会即小是大》、《辨烧身指大小相违》、《忆体摄持须先秉志》、《诫观六难自庆修道》、《起过之本应先观察》、《戒即是佛体德同故》、《律制杂学以妨正业》、《五邪四邪并非正命》、《八财不净长贪坏道》、《恶行污家破戒废道》等。如关于“戒行”的“受体”（指将戒法纳受于心，使之生起防非止恶的功能的业体，有“受作戒”、“受无作戒”，即“受体”的“作戒”、“无作戒”之分）与“随行”（又称“随戒”，指依戒体而发起的修行，有“随作戒”、“随无作戒”，即“随行”的“作戒”、“无作戒”之分），《依体起修名为戒行》等说：

（《依体起修名为戒行》云）《事钞》（上一——原注）云，言戒行者，既受得此戒，秉之在心，必须广修方便，检察身口威仪之行，克志专崇，高慕前圣，持心后起，义顺于前，名为戒行。……《记》云，方便有二，即教行也。教谓律藏，必依师学，行谓对治，唯在己修。……(《约喻显明受随二戒》云)又(中一——原注)云，三者戒行，谓受、随二戒，遮约外非，方便善成，故名戒行。然则受是要期思愿，随是称愿修行。譬如筑营宫宅，先立院墙周匝，即谓坛场受体也。后便随处营构，尽于一生，谓受后随行。若但有受、无随，直是空愿之院，不免寒露之弊。若但有随、无受，此行或随生死。又是局狭不周，譬同无院室宇，不免怨贼之穿窬也，必须受、随相资，方有所至。(卷下《诸文戒行门》，第46页中、下)

(七)《诸文戒相门》(卷下)。下分五目，阐述"戒相"(指戒法的相状，即戒法条文)。主要有:《约行明相》、《约法列相》(下分《先叙列意》、《正明列相》二子目)、《次决篇聚五七不同》、《示僧尼戒相广略》、《更推三性为列相本》。如关于"戒相"中"相"的含义，《约行明相》等说:

(《约行明相》云)《钞》(上一《标宗》——原注)云，四明相者，威仪行成，随所施造，动则称法，美德光显，故名戒相。《记》云，问:《释相篇》中以戒本为相，与此异者? 答:此约行明，彼就法辨。……(《约法列相》云)《记》云，问:何者为相? 答:如后释戒，三科束之:一所犯境，二成犯相，三开不犯，总为相矣。更以义求，亦为三别:一犯与不犯，二犯中有轻重不同，三有方便、根本差别。统论其相，不出心境，如不更解。……《记》云，相有形状，览而可别。前明戒法，但述功能;次明戒体，唯论业性;后明戒行，略示摄修。若非辨相，则法、体、行三，一无所晓。何以然耶? 法无别法，即相是法，体无别体，总相为体，行无别行，履相成行。是故学者，于此一门，深须研考。(卷下《诸文戒相门》，第

53页下—第54页上）

（八）《诸文持犯门》（卷下）。下分二十七目（《新纂续藏经》目录因开合不同作六目，下详），阐述“持犯”（指持戒、犯戒，持戒下分止恶的“止持戒”和行善的“作持戒”；犯戒下分因作恶而犯的“作犯”和因止善而犯的“止犯”）。主要有：《律行虽广持犯为宗》、《止作持犯先释其名》、《示持犯体先出古义》、《次立今义先示能体》、《所持犯体先示制听》、《正出体状》（《新纂续藏经》目录下分二十五个子目，但据小注所说“正论体相，即善恶事法”，则其子目仅限于《止持制门善恶事法》、《止持听门唯善事法》、《作持制门亦唯据善》、《作持听门事法局善》四个，其余皆为与《正出体状》并列的目录）、《二犯体状翻持可明》、《心用教行二双持犯》、《止作二心有通有塞》、《心行持犯有渐有顿》、《不学无知罪有轻重》、《遮性二戒二难否》等。如关于“止持戒”、“作持戒”、“作犯”、“止犯”的含义，《止作持犯先释其名》说：

《钞》云，言止持者，方便正念，护本所受，禁防身口，不造诸恶，目之曰止。止而无违，戒体光洁，顺本所受，称之曰持。持由止成，号止持戒，如初篇之类（上示止持，下引疏示作持——原注）。《戒疏》云，此对不作恶法为宗，恶既已离，事须修善，必以策勤三业，修习戒行，有善起护，名之为作。持由作成，故号作持（戒），如衣食四缘、威仪杂行，作意防拟，方成戒净，此对修习善法为宗。所以先后者，论（《百论》——原注）云，戒相止，行相作。又云，恶止、善行，义之次第。《钞》又云，言作犯者，出家五众，内具三毒，我倒在怀，鼓动身口，违理造境，名之为作。作而有违，污本所受，名之曰犯。犯由作成，故曰作犯。此对作恶法为宗。恶既作矣，必不修善，是故第二，即明止犯。言止犯者，良以痴心怠慢，行违本受，于诸胜业，厌不修学，故名为止。止而有违，反彼受愿，故名为犯。此对不修善法为宗。（卷下《诸文持犯门》，第55页中）

（九）《诸文悔罪门》（卷下）。下分十一目，阐述“化教”（指经藏、论藏所说的通化道俗的定慧法门）的“理忏”（又称“无生忏”，指依观察万法皆空之理以灭罪的忏法）、“事忏”（指“取相忏”，即依六时礼忏、观想佛相以灭罪的忏法）和“制教”（指律藏所说的唯制内众的戒学法门）的“事忏”（指“作法忏”，即依礼佛诵赞和悔罪法的作法以灭罪的忏法）。主要有：《有犯虽忏无宜自拒》、《推罪因起生愧兴治》、《定不定业可不可忏》、《化制业惑理事伏灭》、《穷究罪源理事行忏》、《理事相须行者正要》、《犯重开忏不足僧数》、《因明重犯空有计异》等。如关于“理忏”、“事忏”的作法，《穷究罪源理事行忏》说：

《业疏》又云，初依理（指理忏）者，要识心本，是大乘理，其体清净，妙用虚通，妄想故垢。知垢是心，意言不生，外尘自遣。……二者事忏，如世常行，或依堂塔，或依缮造，佛名经教，礼诵诸业，皆缘事起。依此运心，随所兴起，计功分课。……又《事钞》云，忏悔之法，大略有二：初则理忏，二则事忏。此之二忏，通道含俗。若论（制教）律忏，唯局道众。由犯托受生，污本须净，还依初受，次第治之，篇聚立仪，悔法准此。若据（化教）通忏，理事二别。理（指理忏）据智利，观彼罪性，由妄覆心，便结妄业，还须识妄，本性无生，念念分心，业随迷遣。若论事忏，属彼愚钝，由未见理，我倒常行，妄业翳心。……止得严净道场，称叹虔仰，或因礼拜，或假诵持，旋绕竭诚。心缘胜境，则业有轻、重、定、不

定别,或有转报,或有轻受。……若乐罪时,须修事忏。若乐福时,须修理观。(卷下《诸文悔罪门》,第62页中—第63页上)

(十)《诸文三归门》(卷下)。下分十六目,阐述归敬佛法僧的功益。主要有:《归敬兴意》、《求归本意》、《求归功益》、《三归所发业体》、《别解三宝名义》、《列示三宝名相》、《略示四种体相》、《广列四种体相》、《理宝常故灭而复兴》等。如关于"四种三宝",《略示四种体相》说:

《戒疏》云,四种三宝。一理体者。如五分法身(指戒、定、慧、解脱、解脱知见)为佛宝,灭理无为是法宝,声闻学、无学是僧宝。二化相者。如释迦道王三千为佛宝,演布谛教(指四谛之教)为法宝(法门虽多,而以首者言之。又四谛统摄凡圣,因果大小、教门广略,略宜无出此四尔——原注),拘邻等五(指五比丘)为僧宝。三住持者。形像塔庙为佛宝,纸素所传为法宝,戒法仪相为僧宝。四一体者。如常所论,唯约心体,义分三相,如《涅槃》说,三宝同性等。(卷下《诸文三归门》,第66页中)

南宋佛教所撰的会元体著作,共有两部:一是普济撰的《五灯会元》二十卷,二是守一撰的《律宗会元》三卷。前者是禅宗的史书,后者是律宗的论著,就社会影响而言,后者远不及前者。其原因之一是后者的资料主要来源于《四分律》的注疏,而不是《四分律》的本文,其权威性稍为逊色。但本书没有繁琐的考证、冗长的文句,叙述有致而行文简洁,它提纲挈领地揭示了南山律宗的理论特点,仍是值得一读的律宗资料书。元代省悟曾倡导初学律者"熟读《律宗会元》",说:"新来兄弟,首先熟读《律宗会元》及诸序文,请益师处,说通义路,方可引科。引科

者，乃引住持来日所讲之文，学思俱到，左右逢原（源），方与覆述之科若也。”（见《律苑事规》书末所附《习读仪》）

第十三品　南宋守一《终南家业》三卷

《终南家业》，三卷（因每卷各分“本”、“末”，故又作“六卷”）。南宋守一述（卷题“四明铁翁宗师述，门人行枝编”），成于淳祐二年（1242）。收入《新纂续藏经》第五十九册。

本书是守一律学著述的汇编。全书共收录作者于嘉定癸酉岁（嘉定六年，1213 年）至淳祐壬寅岁（淳祐二年，1242 年）期间撰写或口述的文章二十篇，始《教观撮要》，终《辨略教结犯》，大多用问答体撰写。内容叙及：“南山三观”（指道宣提出的性空观、相空观、唯识观）、“重受戒”、“戒体”（指受戒时在内心产生的防非止恶的体性）、“四诤”（指“言诤”、“觅诤”、“犯诤”、“事诤”）、“衣制”（指“三衣”的尺寸和披著）、“律分五部”、“僧体”（指“四人假用为僧之体”）、“三有对”（指“境界有对”、“障碍有对”、“所缘有对”）、“受缘”（指受戒的因缘条件）、“持犯”（指“二持二犯”，即“止持”、“作持”、“止犯”、“作犯”）等。它的底本为日本僧人宗觉于宝永六年（1709）作的校订本。首尾无序跋。

卷上“本”：收录《教观撮要》（作于“淳祐壬寅”）；《三观尘露》（作于“嘉定庚辰仲秋”）二篇。

卷上“末”：收录《答日本芿法师教观诸问》（此为答日僧俊芿之问，作于“绍定庚寅”）一篇。

如关于“南山三观”，说：

> 《事钞》（《忏篇》——原注）云，一者，诸法性空无我，

此理照心，名为小乘。二者诸法本相是空，唯情妄见，此理照用，属小菩萨。三者诸法外尘本无，实唯有识，此理深妙，唯意缘知，是大菩萨，佛果证行。……若就文指，即性空、相空无我，及唯识是心等是也。虽分节文相，有境理之殊，其实句义连绵，诸法即理，不可分异。须知诸法，唯是一心，究竟圆明，平等一相，妄计自障，贪著轮回。如来随机，或说诸法皆空，或谓唯一实相，小乘机劣，认空为极，其间，钝者推析法性，方见空理，利者体法即空。后大乘中，然有一类，虽发大心，未穷心本，亦但认空，以为极理，了相即空，与前为异，志愿弘大，故云菩萨（指前述"小菩萨"）。修唯识者，不无利钝，钝者别修，从假入空，方达中道，利者圆入，初后一如，因果皆妙。（卷上"本"《三观尘露》，《新纂续藏经》第五十九册，第718页下—第719页上）

卷中"本"：收录《重受戒文》（此为答日僧法忍，即净业之问，作于"绍定癸巳冬"）；《戒体正义直言》（作于"嘉熙庚子冬"）；《四净要论》（作于"嘉熙庚子季夏"）三篇。

卷中"末"：收录《衣制格言》（作于"嘉熙辛丑春"）；《论分部》（指"律分五部"，作于"嘉定丙子岁"）；《论僧体》（作于"嘉定八年仲秋"）；《科释杂心论出三有对文》（解释《杂阿毗昙心论》说的"三有对"，作于"绍定庚寅秋"）；《受缘重关》（未明撰时）五篇。

如关于南山宗的"戒体"（指以阿赖耶识所藏的"种子"为戒体），说：

如来随机，故于一法，或召色心，或召非二，种种不同。诸家论师，不体佛意，随名执体，各计为宗。如《涅槃》云，我于经中，或说为色，诸比丘便说为色，或说非色，诸比丘便说非色，皆由不解我意。于是，祖师（指道宣）穷究佛怀，立圆推体，即一识种。既得佛意，心色非二，随名认体，皆得其实。言是心者，谓此业体，全心本具，唯心发生，能缘所缘，能发所发，无非心故；言是色者，乃即性之色，犹即水之波，了色真源，达色边际，得色实相，则前有宗（指萨婆多部），虽得色名，不知实故；言非二者，体既唯心，故云非色，实有相状，故言非心；言种子者，然此业种，即性本具，诸缘构造，全性发现，体有功能，出生众善，故名种子。南山考体（指考察戒体），旨在于斯。（卷中"本"《重受戒文》，第737页上）

卷下"本"：收录《论心用双持犯结制罪》（作于"嘉熙庚子岁"）；《辨二止并八九名义》（作于"宝庆三祀仲冬"）；《重释事钞持犯篇通塞文》（作于"嘉熙己亥"）；《重答钦师境想问》（作于"嘉熙己亥"）四篇。

卷下"末"：收录《析然梦庵持犯四难》（作于"嘉定癸酉春"，首段载于卷下"本"）；《征显定道二戒》（未明撰时）；《略辨正用相从》（未明撰时）；《略议第七非体》（作于"淳祐壬寅岁"）；《辨略教结犯》（未明撰时）五篇。

如关于"持犯"，说：

《戒疏》（指道宣《四分律含注戒本疏》）云（一上——原注），若据心用，以明持犯，一切诸戒，并二持犯（指"二持二犯"，即"止持"、"作持"、"止犯"、"作犯"）。何者是耶？且如淫戒，顺戒禁防，即止持义；观厌现前，无思染秽，纵有境逼，三时不乐，名为作持；违作，止犯；违止，作犯。（《疏》文——原注）顺戒禁防，显非托事造境，观厌无思，即是对治摄念。《记》（指元照《四分律含注戒本疏行宗记》）云，凡持一戒，必起护心。望离过边，名成止持；望起护边，复是作持。两犯（指“止犯”、“作犯”）亦尔，违教作恶，必无对治。（卷下“本”《论心用双持犯结制罪》，第752页下）

综观本书，不难发现，作者基本上是以“一心”为主线阐释“南山律学”的，反映了宋代以后南山宗后学进一步将大乘唯识学融入本宗的思想倾向。

第十四品　元省悟《律苑事规》十卷

《律苑事规》，又名《律藏事规》，十卷。元省悟编述（杭州大明庆寺住持嗣良参订），成于泰定元年（1324）。收入《新纂续藏经》第六十册。

省悟（生卒年和里籍不详），元泰定帝时四明演忠律寺住持。另著有《备用要语》一卷，已佚。僧史无传。

本书叙述律宗的寺院制度与日常生活行事规式。全书依仿元代一咸《禅林备用清规》十卷（成于至大四年，即1311年）的体例编写的，按事立题，分为一百四十二篇，每篇文述均以千字文编号，始“天”字（《结界仪》），终“及”字（《警众法器》）。书首刊有元代翰林侍讲学士袁桷撰的《律苑事规要语序》（袁桷也是一咸《禅林备用清规》的作序者）、杭州路明庆大兴国寺智观撰的题记、省悟撰的自序（无标题）；书末附出《习读仪》一文。省悟在自序中说：

百丈大智禅师（指怀海），采取律制，以为禅林《清规》（指《百丈清规》），举世盛行，而吾家律学者，及不及焉。然南山（指道宣）、灵芝（指元照）二祖，撰钞（指道宣《四分律行事钞》）、疏记（指元照《行事钞资持记》），文积有年矣，至宋咸淳间，前明庆寂堂思（指闻思）律师，奏准入藏，遍行天下，实有大功于吾宗也。惜乎行事仪式，曾未著述，每承前住大明庆，虎岩宗主累书谆谆，嘱令遍集，近至武林（指杭州），散般若关法会，新住明庆哲湖宗师大耆旧子永、文郁、智观，又请器笔，其志甚专，是皆律苑龙象也。于是，再披钞疏，及咨询律海，垢造并参禅林轨式，编成《律苑事规》并《备用要语》，计十万余字，今并入梓，庶可以为后人法则。（《新纂续藏经》第六十册，第 92 页中、下）

卷一：收录《结界仪》一篇。叙述僧众结作和解除“大界”、“摄衣界”、“摄食界”三界和“戒场”的仪轨。

卷二：收录《落发仪》、《受具戒策发仪》、《受五戒仪》、《受十戒仪》、《上坛仪》（附加衣说净——原注）五篇。叙述落发出家，受“五戒”、“十戒”、“具足戒”的仪轨。

卷三：收录《布萨仪》一篇。叙述僧众每半月一次集会说戒的仪轨。

卷四：收录《安居仪》、《自恣仪》（附钵位图——原注）二篇。叙述僧众每年三个月“结夏安居”，并于安居结束之日举行“自恣”（指请求他人批评举罪）活动的仪轨。如关于“创结大界”的仪轨，说：

创结大界。主法师白席（如《要语》中。了云——原注）：今请（某——原注）人唱大界相，其人答所成法，（某——原注）谨白。大德僧听，结大界不许传欲（云云——原注），问集、问和、遣未具？（主法云，某甲——原注）比丘起为僧唱四方大界相。次唱相师出众行礼，立定唱云：大德僧听，我比丘为僧唱四方大界相（云云，如《要语》中——原注）。三唱了，唱师复坐。（主法云——原注）

> 僧今和合，何所作为？（答云——原注）结大界。羯磨（师云——原注）：结大界羯磨，仰凭尊众，合掌同心，证明成否？大德僧听（云云，白及羯磨结词并在《羯磨经》。了云——原注），作法既成，结界圆满（白及羯磨与结词，皆问答成否，下皆例之——原注）。（卷一《结界仪》，第95页上）

卷五：收录《圣节启建满散》（并牌式——原注）、《圣节宦请开讲》、《千秋节开讲》、《圣节祝香》、《圣节放生》、《日月蚀祝香伏愿》、《请雨祈晴祝香伏愿》、《大殿藏殿旦望祝圣》、《朝廷祈祷》、《如来降诞》、《如来涅槃成道》、《盂兰盆供》、《南山灵芝祖忌》、《开山祖忌》、《诸祖忌》、《嗣法师忌》、《九祖颂》、《送法衣》十八篇。叙述皇帝诞辰"天寿圣节"、皇后或皇太子诞辰"千秋节"祝寿；"日月蚀"、"祈雨"、"祈晴"、"祈雪"作祷；"如来降诞日"（又称"佛诞节"、"浴佛节"，农历四月八日）、"如来涅槃日"（又称"佛涅槃节"，农历二月十五日）、"如来成道日"（又称"佛成道节"，农历十二月八日）、"盂兰盆会"（又称"中元节"，农历七月十五日）等佛教节日举行法会；"南山（道宣）忌日"、"灵芝（元照）祖忌日"、"开山祖师忌日"、"嗣法祖师忌日"等律宗重要祖师忌日举行纪念活动的仪轨。如关于律寺与禅寺在"启建（指开启）满散（指圆满结束）佛祖诞忌日"法会方面的同异，说：

> 启建满散佛祖诞忌日用诸仪，律中无文，今借泽山师兄（指一咸）《禅林备用》（指《禅林备用清规》）为式编之，然上堂、入室、告香、备香、问讯、两展触礼之类，皆除去之。原其坐具之制，为护身护衣故，触礼之法，头若至地，身衣有污，非所宜也。如白佛、回向、右语等文，谨严切当有可用者，依而行之。中间有用禅宗公案，却以律苑事相改而补

之,以备乎行事云尔(列之于后——原注)。(卷五《圣节启建满散》,第110页上)

卷六:收录《专使请住持》、《西堂头首、住持(受请)》("西堂"指辅佐住持、指导僧众的长老)、《头首受嗣法》、《煎点住持当代》("煎点"指烧煮小食,即设斋照待)、《煎点西堂头首新命》、《山门管待新命当代专使》("管待"指招待)、《西堂头首受命管待》、《辞众上座茶汤》、《见职头首辞众》、《入院古法》、《入院新法》、《库司诸新住持斋》、《开堂祝圣》、《新命巡寮》、《僧堂持为茶汤》、《檀越讽经》、《管待专使》、《留请两班》("两班"又称"两序",指住持之下仿朝廷文武两班设立的僧职,东班选精通世事者充任,有都寺、监寺、副寺、维那、典座、直岁"六知事";西序选学德兼优者充任,有首座、书记、知藏、知客、知浴、知殿"六头首")、《参访出入》、《交割什物》、《方丈小座汤》二十一篇。叙述十方寺院(又称"十方丛林")在住持(又称"方丈"、"堂头大和尚",为一寺之长)到期退院(指退位)或病故时,须经僧众集体讨论,推选十方贤能接任,并委派专使前去迎请;新住持受请入院(又称"晋院"),开堂(又称"升座")说法;新住持留请两班僧职,库司向新住持"交割什物"等仪轨。如关于"交割什物",说:

方丈(指新方丈)请两班大耆旧茶,详说家务,次至谢库司茶,眼同捡(检)视,御书宝器、砧基物件(指寺院殿堂、廊庑、柱础之图),先呈方丈,次呈头首耆旧,逐一点对交割,计算财谷,簿书分明,见管若干,具呈方丈,参照须知,诸庄佃户换契,住持备榜,诸庄晓示。诸方多于住持交换之际,执事作弊,苛取钱物,后患非轻,可不审诸?库司此日备点心。(卷六《交割什物》,第119页上)

卷七：收录《煎点住持》、《两班寝堂煎点》、《诸山寝堂煎点》、《尊宿相访》、《诸山相访》、《官员相访》、《施主斋僧》、《请名德都讲》（“都讲”指一问一答式讲经中的发问者）、《两班进退》、《挂钵请知事》、《侍者进退》、《方丈特为新旧两班汤》、《管待新旧两班》、《住持垂访点茶》、《方丈特为新首座茶》、《诸庄监收》、《头首寮交割什物》十七篇。叙述寺院住持接待诸山尊宿、官员、施主，邀请名德（指有名望德行之人）讲学，两班僧职任满后须退职，其职事由新命接替，以及新旧两班的交接事务等仪轨。如关于“两班进退”（两班的任职和退职），说：

> 两班进退。或解制，或年夜为期，随处例程。头首人材，当于夏中，审知所学，量才补职；知事户门事务，庄库岁计，并须细审，至职满日，预上方丈。禀退择人既定，欲来日进退，侍者密报两班，昏钟鸣，知事一班，诣方丈插香，普同拜退（禅规触一拜——原注），就中或再留者，挑灯，住持送归库司，侍者烧香点汤（后脱“勉留”二字）；五更钟鸣，头首一班，上方丈插香，拜退（禅规触一拜——原注），或再留者，先一日晚，住持诣寮，侍者烧香点汤勉留。请选头首，从众名胜老成。（卷七《两班进退》，第 121 页中）

卷八：收录《住持》、《前堂》、《后堂》、《都监寺》、《忏首》、《维那》、《知客》、《知浴》、《知殿》、《侍者》（烧香、书状、请客、衣钵、直日——原注）、《列项职员》（副寺、典座、直岁、庄主、化主、水头、炭头、磨头、园头、树头、净头——原注）、《百丈规绳》（指唐代百丈怀海《百丈清规》）、《日用清规》（指南宋无量宗寿《入众日用清规》）、《十威仪颂》（南宋笑翁妙堪著）十四篇。叙述寺院各种僧职人员（此中“忏首”一职为其独有）的责职，以及禅宗丛林清规中与“律范”相关的一些规制。如关于“前堂首座”

（指僧堂左右出入板之前的统领僧众者）、“后堂首座”（指指僧堂左右出入板之后的统领僧众者）的责职，说：

> 前堂。表率丛林，人天眼目，分座说法，开凿后昆。吃粥饭，赴茶汤，顾后瞻前。训兄弟，行典刑，中规合矩。开讲提诲，悉有条章，粥饭精粗，分付执事。亡僧后事，检察主行，赴众稍违，传语同室。习读有失，委曲开示，绳绳百世，岂细事哉！任斯职者，可不严谨也耶。…… 后堂。位居后板，辅赞宗风，讲说轨仪，晚生标格。行丛林事，训责弟兄，属在前堂，如阙前堂，仍后堂板送钵位（原书脱落以上七字，今据《禅林备用清规》卷七补）。住持别日讲后，说及却转前板，会众茶礼，送归前堂。寮既揖前堂，开讲训徒，余事一体（或有律寺，课佛诵经，是首座举唱，宜详缓合节可也——原注）。（卷八《前堂》、《后堂》，第123页中）

卷九：收录《当代住持涅槃》、《遗嘱遗书》、《龛入》、《主丧》、《请佛事》、《移龛》、《挂真举哀致祭奠茶汤》、《祭次》、《对灵策发奠茶汤》、《出丧挂真奠茶汤》、《秉炬挂真》、《入塔》、《全身入塔》、《唱衣》、《管待》、《孝服》、《两班悼住持》、《上祭资次》、《念诵诸式》（宿夜回向、起龛、化坛、全身入塔、法嗣、小师、入塔诵经——原注）、《遗嘱式》、《佛事资次》、《估唱衣单等式》、《下遗书》、《嗣法师遗书至并遗书式》、《住持后事》、《病僧圆寂》、《浴亡》、《讽经》、《分剽》、《请佛事抄札》、《锁龛讽经致寮》、《出丧》、《荼毗》、《唱衣》、《入塔》、《亡僧后事》、《念诵式》（保病、病重、初夜起龛、荼毗、唱衣——原注）、《口词》、《衣单式》、《俵经钱榜式》、《三等板帐》四十一篇。叙述“当代住持”（指现任住持）和病僧去世以后，后事的料理程序和仪式。如关于“住持后事”（指当代住持后事的料理），说：

住持后事。补处住持(指对接任住持的人选),两班集大众会议,须择学识兼备,德劭年高,行止洁白,堪服众望者,众状保申。须合诸山江湖公选,方为舆论,知事耆旧,毋擅私情。丛林得人,令法久住,若倚财势,营生结好,冒名进锐,斯道丧矣。名位乌可轻任!(卷九《住持后事》,第132页上、中)

卷十:收录《相看》、《西堂首座挂搭》、《诸法名胜挂搭》、《法眷辨事挂搭》、《新来挂搭》、《方丈回礼》、《谢挂搭茶》、《参堂》、《请益礼师》、《开讲》、《参讲》、《晨朝礼》、《(祝愿)施主》、《普回向》、《四节土地堂回向》(指"结夏"、"解夏"、"冬至"、"除夕"四节于土地堂设供诵经回向)、《楞严普回向》、《日用偈章》、《岁旦元宵祈祷》(指正月初一、十五祈祷)、《青苗祈祷》、《秉白梵音声图》、《行堂诸仪》、《警众法器》(付月分须知——原注)二十二篇。叙述"相看"(指宾主会见)、"挂搭"(指僧人游方行脚寄住于他寺)、"开讲"、"参讲"、"回向"(指将自己的功德回转给众生)、"日用偈章"(指睡、起、登厕、洗手、洗面、登殿、礼塔、濯足、洗浴、受食、食讫、施斋、礼佛、忏悔等时念诵的偈语)、"祈祷"、"(住持)行堂普说"等仪轨,以及钟、鱼(指木主)、鼓、板等警众法器。如关于律寺的"晨朝礼",说:

每晨,寺众长版才鸣,出诸殿堂烧香,至殿内,随意礼拜,如人至多,则不可拜。住持待木鱼响,出诸殿堂烧香,头首当在殿外,同住持烧香。将遍,头首入殿,净人打过堂板,住持上殿,鸣大磬三下,维那举经,住持烧香,绕殿而转归中间蒲团位。堂司行者预将举礼牌,置于当做礼人前,经毕,举礼人念一切恭敬(云云,如晨朝礼仪中——原注),三归依了,收具。住持举弥陀赞,念佛百声、菩萨各三声(余如

常法——原注),至十方三世(云云——原注)了,维那举消灾咒,住持领众赴堂。(卷十《晨朝礼》,第138页中、下)

唐代以后,佛教寺院分为禅、教、律三类。首先撰作的本宗寺院清规的是禅宗,其开创之作就是百丈怀海的《禅门规式》(又称《百丈清规》),其后出现的寺院清规也以禅宗为最多,截止元代,有北宋宗赜《禅苑清规》(又名《崇宁清规》)十卷、南宋宗寿《入众日用》(又名《无量寿禅师日用小清规》)一卷、惟勉《丛林校定清规总要》(又名《咸淳清规》)二卷、元代一咸《禅林备用清规》(又名《至大清规》)十卷、明本《幻住庵清规》(又名《庵事须知》)一卷、德辉《敕修百丈清规》八卷等(以上均见存)。而教、律两家的寺院清规,都是参照禅宗丛林清规的体例和内容编写的,而且均是到元代才出现的,每家也仅有一种。先是律宗省悟依仿《禅林备用清规》而编《律苑事规》,接着是天台宗自庆(天竺大圆觉教寺住持)依仿《敕修百丈清规》而编《增修教苑清规》(又名《教苑清规》)二卷(成于至正七年,即1347年,今存)。由于禅、教、律三家在寺院制度和日常行事上,有许多设置和做法是相同的,故《律苑事规》、《教苑清规》的内容,有一半是从禅宗丛林清规上移录的。缘此,学人若要作深入的研究,就必须对照它们的依仿范本(如《禅林备用清规》、《敕修百丈清规》)来读,这样,既能发现禅、教、律三家在教理和修持上的异同,又能发现移录中出现的差错。收入《续藏经》或《新纂续藏经》中的大多数经典,由于从来无人作释,有许多是连句读(指根据语意在需要停顿的地方加小圆圈)也没有的,故在将木刻本改成铅印本、照排本的过程中,新增了许多倒、脱、衍、讹的差错,本书在移录《禅林备用清规》上的文句时也是如此。这是需要特别留意的。

第五门 明清四分律宗著作

第一品 明如馨《经律戒相布萨轨仪》一卷

《经律戒相布萨轨仪》，一卷。明如馨纂要，约成于万历十二年（1584）至万历四十二年（1614）之间。收入《新纂续藏经》第六十册。

如馨（1541—1615），字古心，俗姓杨，溧水（今属江苏）人。年少家居，笃信释氏（指佛教）。及近不惑之年，依摄山栖霞寺素庵（一作“素安”）出家，受沙弥戒。继而欲受具足戒，师嘱须得清净十僧，方能得戒。于是叩诸宗匠，深究戒缘。因读《华严经·诸菩萨住处品》有感，徒步朝礼五台山，从文殊菩萨受戒。返回金陵（今南京）后，以中兴戒律为己任，万历十二年（1584）在金陵创建古林寺，弘扬戒法，为南山宗“古林系”（又称“古林派”）的创立者（即“古林第一世”）。此后又相继在金陵灵谷寺、栖霞寺、甘露寺、杭州灵隐寺、常州天宁寺等处，开坛授戒，徒众约万余人。明神宗赐号“慧云律师”。得法弟子有寂光（南山宗“千华第一世”，此派因在金陵宝华山隆昌寺结莲社“千华大社”而得名）、性相、性海、性清、性祇、永海等。世称“中兴律祖”。著有《经律戒相布萨轨仪》一卷。生平事迹见清福聚《南山宗统》卷二、源谅《律宗灯谱》卷一、近代喻谦《新续高僧传》卷二十八等。

本书是佛教戒律类事项和法数（含数字的名词术语）的解说。由作者从经律上摘录相关资料编集而成。书名中说的“戒相”，是指佛教“在家二众”（指优婆塞、优婆夷）、“出家五众”（指比丘、比丘尼、式叉摩那、沙弥、沙弥尼）所受的“别解脱戒”（如“五戒”、“八戒”、“十戒”、“比丘戒”、“比丘尼戒”、“菩萨戒”）的戒法条文；“布萨轨仪”，是指于每半月一次的“布萨日”，在“审戒阿阇黎”（指教授阿阇黎）的主持下，受戒者“发露忏悔”的仪轨。书末有作者撰的后记，说：

> 律学沙门如馨，捐衣钵之资，锓梓流行，庶即过去师僧父母、历劫亲冤、法界有情，咸悟金刚宝戒，共造如来定慧之域。伏愿尽此报身，速生安养，面礼弥陀亲授记莂。（《新纂续藏经》第六十册，第812页上）

本书正文阐释的内容，主要有：“受优婆塞优婆夷五戒相”、“受优婆塞优婆夷八戒相”、“沙弥十戒相”、“比丘二百五十戒相”、“比丘尼三百四十八戒相”、“审戒仪式”、“（菩萨戒）波罗夷罪十条”、“（菩萨戒）轻垢罪四十八条”、“清凉国师（澄观）缘起”、“六祖大师（慧能）缘起外纪”、“依律造衣法”、“比丘每日三时课诵仪”、“受食五观法”、“破地狱真言”、“举足行步不伤虫呪”、“登道场绕塔偈呪”、“菩萨三义”、“律有三名”、“四食时”、“菩萨四心”、“比丘四法”、“羯磨四法”、“谦下获四种功德”、“四种沙门”、“五种（阿）阇黎”、“出家五法”、“破戒五过”、“跏趺五利”、“旋绕（指礼佛右绕）有五事”、“入俗舍五法”、“忏悔五法”、“安居须离五过”、“五篇罪配五刑五行”、“僧伽六和”、“沙弥比丘六物”、“六聚华梵”、“七众”、“八大人觉”、“尼戒八弃”、“九等大衣”、“制戒十益”、“受戒发十大愿”、“乞食十法”、“涅槃十戒”、“授戒法十二科”、“菩萨随身十八种物”、“大明会典一款”、“《善见毗婆沙律·大德舍利弗问优波离律污出品》三十二问答”、“永明寿(指延寿)禅师《四料拣》”等。

如关于“比丘四法”、“五篇罪配五刑五行”、“菩萨随身十八种物”,说:

> 比丘四法。昼夜六时,说罪忏悔;常忆念佛,不诳众生;修六和敬,心不恚慢;具修六念,如救头然(燃)。比丘四法。常念如来,立佛形像;闻经深义,即信奉行;虽不见佛,晓了本元;知十方佛,则一法身。(第802页中、下)
>
> 五篇罪配五刑五行。一波罗夷(罪),死(刑),土(行)。二僧残,流,水。三波逸提,徒,金。四提舍尼,杖,火。五突吉罗,笞,木。(第804页下)
>
> 菩萨随身十八种物。杨枝、澡豆、三衣、瓶、钵、坐具、锡杖、香炉奁、漉水囊、手巾、刀子、火燧、镊子、绳床、经、律、佛像、菩萨像。(第806页下)

本书是作者从经律上摘录相关文述编集而成,但书中的文段多半未注明出处,有些地方的叙述也缺乏条理性。

第二品　明永海《目连五百问戒律中轻重事经释》二卷

附:明性祇《目连五百问经略解》二卷

《目连五百问戒律中轻重事经释》,又名《佛说目连五百问戒律中轻重事经释》,二卷。明永海述,成于天启七年(1627)。收入《新纂续藏经》第四十四册。

永海(生卒年不详),字大会,润州丹徒(今属江苏)人。壮岁(三十岁至四十五岁)出家于本郡平等寺,从金陵灵谷寺如馨律师受具足戒。专务律学,德范深淳。明万历(1573—1619)初,躅步朝礼五台山后,往赴燕京,受慈圣太后之请,入住悯忠寺(今法源寺),神宗赐紫,充讲经大德。为南山宗"悯忠系"(又称"悯忠派")的创立者(即"悯忠第一世")。著有《目连五百问戒律中轻重事经释》二卷。生平事迹见清福聚《南山宗统》卷三、源谅《律宗灯谱》卷二、近代喻谦《新续高僧传》卷二十八等。

本书是东晋失译《目连问戒律中五百轻重事》(又名《五百问经》)的注释。《五百问经》的《丽藏》、《金藏》本作一卷,《宋藏》、《元藏》、《明藏》本作二卷,本书所释是《明藏》收录的二卷本。全书分为"标题目"、"明译人"、"释本文"三部分。"标题目",解释经名的含义;"明译人",说明本书在佛经目录上著录为"失译人名,今附东晋录";"释本文",依顺原文的结构和叙次,对《五百问经》各品逐一作释(先释品名,次释问答)。前二部分相当于序引,所占的篇幅很小(见卷上初首部分);"释本文"部分为全书的主体,所占的篇幅最大(见卷上中间、末后部分和卷下全部)。书首有作者撰的《序》,说:

> 闻夫《五百问经》者,乃末世持律之要辅也。……熟览其文者,识因果分明,而不妄谓理无差错;研穷其义者,知受戒如法,而不谬称普利圆融。分五戒十戒,是轻是重,了岁坐忏悔,事除不除,详明开遮之正制,深解止作之精严,非惟广辟缁流之见,亦生净信之心。是知离业妙行,辅律良规,更无过于斯矣。故云,持律护兹而佐,始能谨守浮囊有智慧,便得第一道也。然此问戒,慨古德之未疏,虑后学之多

违，近虽数解流通，义犹隐略，令好尚者，得益不深。由是清凉捌管，览于经律，若文义相应者，标其问下。逮住都门之愍忠寺，开演律学，几历寒暑，稿誊数次，期自观览。有弟子辈，念欲刊行，冀禀持者，普修梵行，遂命梓刻板，以广传通。(《新纂续藏经》第四十四册，第 901 页下—第 902 页上)

卷上：解释《佛说目连五百问戒律中轻重事经》的“题目”、“译人”和“本文”的前十品，即《五篇事品》、《问佛事品》、《问法事品》、《问结界法品》、《问岁坐事品》、《问度人事品》、《问受戒事品》、《问受施事品》、《问疾病事品》、《问比丘死亡事品》。如关于从每年夏安居结束之日算起，比丘受具足戒后的“戒腊”便增一岁，但如果“结坐而不坐”(指结夏安居而未依法坐禅)，是否“得岁”，说：

问：结坐而不坐，得岁否？答：若先不知坐法受岁，得。若知故违，不得(以上为《五百问经》的原文，以下为本书的注释)。

释：结坐者，律云，比丘无事游行，妨修出世导业，雀鼠尚知窟穴，沙门何不知时？愍(悯)物行慈，故应结坐。不坐者，言比丘虽两两相对结坐，而不如法坐止，无缘界外行故。得岁者，因如法坐，有得禅定，及于圣果，罪灭福生故。若比丘结坐，而不如法坐止，得受一腊岁否？佛言，若比丘先时不知夏坐之法，所谓昼则勤心修习善法，无令失时，初中后夜，亦勿有废者，受岁得也。若知坐法，故违而不坐者，不得受岁。(卷上《问岁坐事品》，第 916 页上)

卷下：解释《佛说目连五百问戒律中轻重事经》“本文”的后八品和附文一篇，即《问三衣事品》、《问钵事品》、《问杂事品》、《问三自归事品》、《问五戒事品》、《问十戒事品》、《问沙弥品》,以及附出的《岁坐竟忏悔文》及其问答。如关于“受戒之师”(指“三师七证”)是否都可称为“和尚”,以及佛为何不为某人作“戒和尚”(又称“得戒和尚”、“亲教师”),说:

> 问:一切师得呼为和尚否?称为弟子否?答:不得。正可敬重,如俗中之尊(以上为《五百问经》的原文,以下为本书的注释)。
>
> 释:一切师者,言一切诸人受戒之师也。谓佛云,授戒法称为和尚,若一切人受戒之师,皆得呼为和尚否?皆得称为弟子否?答言,不得者,以未受法,皆不得称故。然虽不得,岂可慢之?正可敬重,如俗中之尊也。《报恩经》云,问:得称佛作和尚、阿耆(阇)梨否?答:于弟子有和尚等义,佛不为人作和尚,是故不得称也。(问:)从诸比丘三语三归受戒,得称和尚等否?答:不称和尚,得称阿耆(阇)梨。大爱道八法受戒,亦得称阿耆(阇)梨,不得作和尚也。问:佛云何为人不作和尚等?答:为平等故,佛等心故,令尽事无偏,不与彼作和尚,不与此作和尚;又止斗诤故,若作和尚等,则有亲疏,既有亲疏,即有斗诤;又为止诽谤故,若作和尚,外道当言,沙门瞿昙,自言慈等一切,与一作和尚,不与一作和尚,与俗人无异;又为成三归故,若佛作和尚,则堕僧数,如受具三师七僧,十众受戒,若作和尚,则入十众,若入十众,即堕僧数,无有佛宝,若无佛宝,不成三归也。(卷下《问杂事品》,第944页上)

本书认为,“《佛说目连五百问》,是七众戒律中轻重事之经也”。之所以称“问”,“问者,评也,言戒有持犯轻重之疑,数有五百,一一问而决也”;之所以称“轻重事”,“轻重者,轻是第三篇(指“波逸提”)至第五篇(指“突吉罗”);重是初篇(指“波罗夷”)、二篇(指“僧残”);事者,由也,绪也。言轻重事,是篇聚之因由,亦是泥犁(指地狱)之头绪也”(以上见卷上“释题”)。正因为《五百问经》是戒律中有关“持犯轻重”的问答,故作者推重此经,并在《序》中称之为“末世持律之要辅”。以此推测,作者永海在撰作本书时,尚未有关于《五百问经》的真伪之争。明代智旭在《重治毗尼事义集要》“卷首”、《阅藏知津》卷三十三将《目连问戒律中五百轻重事》列为“疑似杂伪律”,当是其后的事情。

明性祇《目连五百问经略解》二卷

《目连五百问经略解》,又名《佛说目连问戒律中五百轻重事经略解》、《五百问经略解》,二卷。明性祇述,成于崇祯七年(1634)。收入《新纂续藏经》第四十四册。

性祇(生卒年不详),字茂林,俗姓沈,湖州长兴(今属浙江)人。十七岁,双亲相继去世,投乡里弥陀古院出家。立志苦行,远参耆宿。初从云栖祩宏,研习净土,次依天台闻谷,参究禅观。明万历(1573—1619)年间,从金陵灵谷寺如馨律师受具足戒。自此以后,攻习律文,遍探群书,清标“三聚”(指大乘戒中的“三聚净戒”),谆诲“五篇”(指小乘戒中的五类罪)。后住苏州报国寺,传戒弘律三十余年,吴越之间学者闻风趋向,负笈景从。著有《目连五百问经略解》二卷、《毗尼日用录》一卷、《四分摭略》(已佚)等。生平事迹见清福聚《南山宗统》卷三、源谅《律宗灯谱》卷二、近代喻谦《新续高僧传》卷二十八等。

本书也是东晋失译《目连问戒律中五百轻重事》(又名《五百问经》)的注释。《五百问经》有一卷本和二卷本之分,本书所释的也是《明藏》收录的二卷本。全书先“释题”,解释经名《佛说目连五百问戒律中轻重事经》的含义;次“释文”,以夹注的形式,对《五百问经》各品的原文,作出简略的解释。“释文”的程序是,先释各品的品名,次释品内所收的问答;释问答时,先对每一个问答标立小标题,然后依顺原文,附出注解。作者在本书序中说:

原夫此经二卷,律宗该摄,文辞昭著,义趣幽深,乃初心入道之枢机,末运修行之关键也。第失译人之名目,有疑非佛之亲宣。噫,若非采菽氏之大权示现,五百请何易咨询?自弗释迦文之至圣深慈,半千酬恐难报答。矧乎经中,言言尽明学处,句句咸畅毗尼,必也圣贤之所自断,非常人之所能,奚惑之有哉!当知此正如来异妙方便,助发实相义者,宁不思之乎!倘固疑而不信者,谤法之尤,恐难追逭也。愿吾侪深信深入,慎勿惮其名相多端,忽而不学。定宜熟览斯文,谨洁身心,依而奉行者,庶不失于戒体。抑且严护威仪,因戒生定,因定发慧,三学圆明,无上菩提,必亦由兹而成就也。然而文虽显著,恐蒙学初心,犹未谙其旨趣,近有几家疏注,文虽颇足,而亦未尽其详,故吾不得已而重笺释之,目为《略解》,以便后昆,用广流传,无遏绝焉。(《新纂续藏经》第四十四册,第874页中)

卷上:解释《目连问戒律中五百轻重事》前十品,即《五篇事品》、《问佛事品》、《问法事品》、《问结界法品》、《问岁坐事品》、《问度人事品》、《问受戒事品》、《问受施事品》、《问疾病事品》、《问比丘死亡事品》。如关于多人是否可以并请一师为他们授戒(引文中的“原注”,为性祇所加),说:

(一人为师问第七——原注)问:(若——原注)多人受戒,而并请一人为师,可得十人、五人一时受戒不?答:无此理(以上为《五百问经》的原文,以下为本书的注释)。

（律中受具戒，须十师具足，一和尚，二阿阇黎，并须如法七师为证，皆请清净等者，若不满十人，戒不成就，何以故？如《戒仪》云，圆成三聚，必假于三师，举检七非，全凭于七证，所以必满十人，始得举人受戒。十等一时者，《僧祇律》中，但许三人一同受戒，四亦不得。以非众为众，而作羯磨，与理相违，故总云，无此理。须异时次第受者，可也。或遇僧众太多，不及次第者，或可权开方便，多人一时而受者亦得。不然，当依《僧祇》一二人为正——原注）（卷上《问受戒事品》，第 885 页上）

卷下：解释《目连问戒律中五百轻重事》后八品和附文一篇，即《问三衣事品》、《问钵事品》、《问杂事品》、《问三自归事品》、《问五戒事品》、《问十戒事品》、《问沙弥品》，以及附出的《岁坐竟忏悔文》及其问答。如关于比丘在房内是否可以"不著三衣"，说：

（三衣应著问第八十二——原注）问：（若——原注）比丘舍内，都不著三衣，犯何事（律中，受食作务著五衣，礼诵禅思著七衣，升座乞食应著大衣，故问——原注）？答：坐禅诵经不著，犯堕（以上为《五百问经》的原文，以下为本书的注释）。

（若据南山四仪，三衣不得离体，岂但舍内乎？今之禅者，开口便言，坐禅在心，著衣何为？不知内修禅观，外饰形仪，表里一如，方名正智，如或执理废事，名为偏见外道，故犯舍堕。戒之——原注）。（卷下《问杂事品》，第 895 页上）

与明永海《目连五百问戒律中轻重事经释》相比，本书因是采用夹注的形式作注，受原经文句的制约较大，文义的阐发、表述的条理性，略显不足。但也有一些注解颇具见地。如作者在“释题”说，书名中说的“轻重事”，指的是“事相”，即戒律的相状，至于戒条的轻重，则具有相对性。“言轻重者，在五篇中而为轻重。如四波罗夷为重，十三僧残为轻；僧残为重，舍堕为轻；乃至提舍尼为重，众学为轻。事者，事相，即五篇五百等之条相也。”（卷上，第875页上）

第三品　明性祇《毗尼日用录》一卷

《毗尼日用录》，一卷。明性祇述，约成于崇祯（1628—1644）年间。收入《新纂续藏经》第六十册。

本书是一部叙述寺院僧人日常行事中使用的各种偈咒和戒律类法数（含数字的名词术语）的著作。书首有作者撰的《叙》，说：

> 夫欲求无上菩提，必也精持禁戒，戒律既精，定慧自然现前。故欲精戒律，不离日用，平常日行不忘，戒律自然精莹。故自须行住坐卧、吃饭穿衣，乃至于屙屎放尿之间，慎勿有暂时偏废者可也。故《华严·净行品》云，若诸菩萨，善用其心，则获一切胜妙功德，于诸佛法，心无所碍。又云，菩萨如是用心，一切世间诸天、魔梵、沙门、婆罗门、干闼婆、阿修罗等，及以一切声闻、缘觉所不能动，由是观之，精修戒品，妙行兼持，谅非小乘之所比，宁敢忽而不学者哉！所以持戒比丘，当依《净行品》中一一行持，庶几不负出家之志耳。然而初心蒙劣，不能尽行者众，故不得已而广中取略，复以古集密部咒语而赘之，以便其初学，目为《毗尼日用》，俾之二六时中，即行相以明自心，无上菩提，因兹而有入焉。

(《叙》,《新纂续藏经》第六十册,第145页上)

从以上的叙述中可知,作者性祇认为,在戒、定、慧“三学”中,戒是第一位的。欲求无上智慧,就必须精持禁戒。只有精进持戒,禅定和智慧才会自然发生。故习律者应当在日常生活的各个细节,如行住坐卧、吃饭穿衣,乃至上厕所大小便,都要依戒而行,不可偏废。为此,作者从《华严经·净行品》和密教经典中摘录偈颂与咒语,编集了本书,目的是方便初学者平时遵守和使用。

本书前部分,主要叙述寺院僧人日常使用的各种偈咒,优婆塞、沙弥、比丘、比丘尼、菩萨戒各自的“戒相”,以及僧人的随身物品等。主要有:“睡眠醒时偈咒”、“一闻钟声偈咒”、“破地狱咒”、“下单时著衣偈咒”、“行步不伤虫偈咒”、“登厕偈咒”、“净手偈咒”、“洗面偈咒”、“饮水偈咒”、“搭衣展具偈咒”、“礼佛作观偈咒”、“礼塔绕塔偈咒”、“持锡偈咒”、“乞食偈咒”、“受嚫偈”、“洗钵偈咒”、“嚼杨枝偈咒”、“剃头偈咒”、“入浴偈咒”、“展单敷具坐禅偈咒”、“临睡眠时偈咒”、“在家优婆塞等五戒相”、“出家沙弥十戒相”、“比丘二百五十戒总相”、“比丘尼三百四十八戒总相”、“菩萨十重四十八轻戒相”、“三聚净戒”、“三衣瓶钵钖杖等名义”、“礼佛七种”等。如“展单敷具坐禅偈咒”,说:

> 展单敷具坐禅偈咒云:若敷床座,当愿众生,开敷善法,见真实相。正身端坐,当愿众生,坐菩提座,心无所著。唵、嚩则啰、阿尼钵啰尼、邑多耶莎诃(七遍行者,正坐禅时,必须勇猛精进,善却昏散,慎勿懈怠、懒堕、恣纵、昏沉,使之善法而有失也。故《遗教经》云,初夜、后夜,亦勿有废,中夜诵经,以自消息,无以睡眠因缘,令一生空过,无所

得也。当念无常之火，烧诸世间，早求自度，勿睡眠也，思之——原注）。（第 148 页中）

本书后部分，主要叙述戒律类法数。主要有："菩萨三名"、"大比丘三义"、"三种羯摩（磨）"、"弟子四心看和尚"、"四种重恩"、"乞食四意"、"五法助戒"、"忏悔五法"、"出家五法"、"五篇罪配五刑五行"、"六度华梵"、"七灭诤法"、"优婆塞具八支"、"九等大衣"、"十夏依止和尚位"、"沙弥十二有犯"、"受戒法十二科"、"菩萨随身十八种物"、"佛住世八十年颂"、"六斋日"等。如"受戒法十二科"，说：

> 受戒法十二科。一开导；二请五师，得戒（师）释迦、羯摩（磨）师文殊、教授师弥勒、尊证师诸佛、同学侣诸大士；三归依三宝，归依佛、归依法、归依僧；四发十大愿，常念佛亲近善知识否、舍一切恶知识否、失命因缘不舍戒否、诵大乘问甚深义否、于无上菩提生信心否、见众生能救护否、随力供养三宝否、孝顺父母事善知识否、舍懈怠求佛道否、五尘上烦恼制伏否；五问难；六请三宝；七忏悔；八发四弘誓，众生无边誓愿度、烦恼无尽誓愿断、法门无量誓愿学、佛道无上誓愿成；九羯摩，不出佛身血否、不杀父否、不杀母否、不杀和尚否、不杀罗汉否、不破和合僧否、不杀圣人否，第一羯磨妙善戒法注于身心，第二羯磨戒法遍空集于顶上，第三羯磨戒法入心，内外明洁，堪受戒法——原注）；十受戒；十一赞戒；十二回向。（第 154 页下）

总体而言，本书的内容与如馨《经律戒相布萨轨仪》大同小异，尤其是偈咒和法数。不同之处是，《经律戒相布萨轨仪》有"大明会典一款"、"《善见毗婆沙律 · 大德舍利弗问优波离律污出品》三十二问答"、"永明寿（指延寿）禅师《四料拣》"等文，而本书则无;此外,如前引"受戒法十二科"等,《经律戒相布萨轨仪》是用图表加文字说明表示的,而本书则是用文字叙述表示的;就同一内容的表述文字而言,本书稍有修饰。

今本《毗尼日用录》之末,还附有千岩长(指元长)禅师《示众》、《结制小参》、《上堂》、《诫间》;桐江瑛(指择瑛)法师《观心铭》;清凉澄观大师《十事自励》,从题记来看,这些内容为"崇祯癸酉年孟夏黄檗山比丘隆瑞纂集",并非性祇所录。

本书的同类书有:清弘赞《沙门日用》二卷、读体《毗尼日用切要》一卷。

第四品　明法藏《弘戒法仪》二卷

《弘戒法仪》,二卷。明法藏撰,成于天启三年(1623)。收入《新纂续藏经》第六十册。

法藏(1573—1635),字汉月,号于密(此据明黄宗羲《苏州三峰汉月藏禅师塔铭》),晚号天山,俗姓苏,无锡(今属江苏)人。十五岁,从德庆院僧为童子,三年后归家行冠礼,十九岁因礼部有度牒,落发出家。二十九岁,从莲池袾宏受小戒(指沙弥戒)。三十七岁,从古心如馨受大戒(指具足戒)。因读《高峰语录》(指元代临济宗杨岐派僧人原妙《高峰妙禅师语录》)有疑,潜心参究十余年。一日,闻窗外折竹声而大悟。天启四年(1624),密云圆悟开法于嘉兴金粟山广慧禅寺,法藏前往参诣而得印可,为"南岳下第三十四世"、"临济三十一世"僧人。一生"八坐道场",历主常熟虞山北麓的三峰清凉禅寺、苏州邓尉山大慈寺(又称"北禅寺")、圣恩寺、吴江圣寿寺、杭州安隐寺、净慈寺、无锡锦树寺、嘉兴真如寺。得法弟子有弘致、弘忍、弘礼、弘储等。

法藏的著作有《五宗原》一卷、《弘戒法仪》二卷(清超远在此书的基础上删订而作《传授三坛弘戒法仪》三卷)、《三峰藏和尚语录》十六卷(弟子弘储据法藏《语录》三十卷、《广录》三十卷编,书末附有《三峰藏和尚年谱》)等。其中,《五宗原》一书,因提出“七佛”始于“威音王佛”,威音王佛唯作一大圆相,“诸佛之偈旨,不出圆相”,“圆相早具五家宗旨”,崇祯元年(1538)刊行后,在佛教界掀起轩然大波。其师圆悟撰《七辟》、《三辟》,圆悟的弟子木陈道忞撰《五宗辟》,共同对《五宗原》进行了批驳;而法藏的弟子弘忍则作《五宗救》,为师辩护;圆悟再撰《辟妄救略说》十卷(侍者真启编),破斥《五宗救》;至清代,雍正皇帝作《御制拣魔辨异录》八卷,斥法藏、弘忍之说为“魔说”、“邪见”,下令将他们的所有《语录》和《五宗原》、《五宗救》等书,尽行毁版,不许私自收藏,并令直省督抚详细查明法藏一支所有徒众,尽削去支派,永不许复入祖庭。受此打击,以法藏为代表的临济宗“三峰派”一蹶不振,数十年后绝传。生平事迹见明黄宗羲《苏州三峰汉月藏禅师塔铭》、清通容《五灯严统》卷二十四、纪荫《宗统编年》卷三十一、超永《五灯全书》卷六十五等。

本书叙述佛教“在家二众”、“出家五众”的受戒仪轨。主要内容有:受“三归依”、“五戒”、“十戒”、“具足戒”、“菩萨戒”的程序和仪式等。全书分为二十六篇。卷上,始《授在家二众三归依法仪》,终《登坛授大比丘具足戒白四羯磨法仪》,共十一篇;卷下,始《比丘白四羯磨受具足戒已次当差阿阇黎与说随相法仪》,终《衣钵总持》,共十五篇。篇名下附有小注,说明资料来源和增补情况。书首有作者《弘戒法仪序》,说:

世尊以金襕袈裟,付大迦叶,而禅、法、律并传,名之曰祖印者,盖以实相无相、涅槃妙心,为三宗之的旨也。佛灭度后，律家不悟心宗，遂裂比丘一法为五部，是以禅宗传法传心，而不传小律，盖谓小乘，不知禅律同宗，而互为诋讼故耳。……法藏初受戒于云栖（指袾宏），既具圆于灵谷（指如馨），再禀云栖塔前，而教授于云门，往复至再，纵三家之法为一律。盖以禅人忽律而重心，戒师执相而遗体，自戒坛一闭，仪法尽亡，相顾讥诃，难于和会。不揣浅见，求拾古规，得昔律师之具足戒式于南坛，略加参演；仿菩萨戒式于《戒疏发隐》（指袾宏《梵网菩萨戒经义疏发隐事义》），勉自补全。皆欲以禅、教、律三宗，会归实相无相、涅槃妙心之一旨，勿使堕于增慢、不净、破戒之流弊。此诚缀钵之痛心，和法之愚见，览此者，幸勿以禅不搀律，戒不谈禅之论为诋可也。于是集三归、五戒、八戒、剃度、十戒，并比丘白四羯磨，及菩萨戒等，为诸品说戒之式；汇《沙弥律仪要略》、《比丘戒本》、《梵网经》，为三种诵戒之本，并《随机羯磨》，为比丘之则；著《梵网一线》上下卷，为禅律一心之宗，兼之《佛藏经》四卷，共刻一函，合命之曰《弘戒法仪》。俾受戒之人，急究禅以求戒体，而参禅之人，务持律以固禅宗。禅律一心，而教无别出之遗法矣。此救末世之急先务也。（《新纂续藏经》第六十册，第576页上、中）

从以上的叙述中可以得知，《弘戒法仪》原是作者刻印的一部丛书的总名。此部丛书，除了收录法藏有关受戒仪轨的专著（叙“三归、五戒、八戒、剃度、十戒，并比丘白四羯磨，及菩萨戒等”）和为《梵网经》作的注疏（《梵网一线》）以外，还收录他人的撰著（唐道宣《四分律删补随机羯磨》、明袾宏《沙弥律仪要略》）和译本（《比丘戒本》、《梵网经》、《佛藏经》）。但今本《弘戒法仪》纯为法藏有关受戒仪轨的专著。据书首的目录所列，原本共有三十三篇，今本正文中实际所收为二十三篇，缺十篇。其中，卷下《教授锡杖法仪》之后，缺《诵沙弥戒本》、《诵比丘戒本》、《诵菩萨戒本》三篇；《衣钵总持》之后，缺《登坛授戒引请法仪》、《衣图》、《坛仪》、《比丘羯磨法》、《菩萨羯磨法》、《梵网经一线》、《佛藏经》七篇。

卷上：十一篇。

（一）《授在家二众三归依法仪》。叙述在家二众（优婆塞、优婆夷）如欲“住俗从道”，须请“三归自性师”授“三归依”的仪轨。

（二）《审在家出家求授五戒八戒并求剃度十戒等遮难法仪》。叙述在家者和出家者在未受戒（指“五戒”、“八戒”、“十戒”）之前，须请“审戒阿阇黎”（指教授阿阇黎）“问遮难”（指询问有无“七遮十恶”。“七遮”是指“七逆罪”，即“出佛身血”、“弑父”、“弑母”、“弑和尚”、“弑阿阇黎”、“破羯磨转法轮僧”、“杀圣人”；“十恶”是指“杀”、“盗”、“淫”、“谤”、“两舌”、“恶口”、“以是为非、以非为是”、“装点巧言、证入人罪”、“破酒戒”、“欠人债不肯还偿”）的仪轨。

（三）《出家在家授五戒法仪》。叙述在家二众、出家二众受“五戒”、“八戒”（又称“八关斋戒”）的仪轨。其中，受“五戒”仪轨，下分十项：(1)“请师”，指受戒者礼请某大德作“五戒阿阇黎”。(2)“开导”，指阿阇黎向受戒者作开示。(3)“请圣”，指受戒者迎请“三宝”、“护法诸天菩萨”。(4)“忏悔”，指受戒者在佛前作忏悔。(5)“遮难”，指阿阇黎问受戒者有无“盗见前僧物”、“于六亲比丘比丘尼行不净行”、“于父母师长前，有病弃去不顾”、“弑发菩提心众生”等情况。(6)“归依”，指阿阇黎向受戒者授“三归依”。(7)“结戒”，指受戒者表示已受“三归依”（即纳受戒体）。(8)“说戒相”，指阿阇黎向受戒者宣说“五戒”的条文,逐条询问能否受持,受戒者一一作答(若全部受持“五戒”,而非其中的一戒或几戒,则为“满分优婆塞优婆夷”)。(9)“发愿”,指受戒者发愿“以此五戒功德,不堕恶趣八难边地”等。(10)“嘱诲”,指阿阇黎嘱咐受戒者“即禀戒已,一一如法护持”、“勿令毁犯”。

(四)《沙弥得度法仪》(又称《沙弥得度仪轨》)。叙述沙弥“剃头受戒”(“剃头”,指剃度出家,包括请“剃头受戒阿阇黎”、阿阇黎作“开导”、“剃发”、“付袈裟”等;“受戒”,指“先受三归、五戒”,“次受沙弥十戒”)的仪轨。

(五)《将登坛授具足戒预问难法仪》。叙述沙弥在登坛授具足戒之前,须请“审明遮难阿阇黎”(属“教授阿阇黎”,又称“教授师”)“问遮难”(指询问有无“十三重难”、“十六轻遮”)的仪轨。

(六)《或将出家或将受具足戒俱应先授四依法》。叙述对欲求出家或求授具足戒者,须请“四依阿阇黎”宣说“四依法”(指“依粪扫衣”、“依乞食”、“依树下坐”、“依腐烂药”)的仪轨(本书的这一程序与《四分律》本文不符,《四分律》卷三十五《受戒犍度》是将“四依法”放在授具足戒结束、对受戒者宣说“四波罗夷法”之后教授的)。

(七)《将欲登坛受具先整授沙弥十戒初禀堂头和尚仪法》。叙述沙弥在登坛授具足戒之前,须请本寺堂头和尚(又称“方丈”)作“十戒和尚”(略称“戒和尚”)的仪轨。

(八)《次差阿阇黎授沙弥十戒法仪》。叙述沙弥在登坛授具足戒之前,须请“十戒阿阇黎”(属“教授阿阇黎”)授“十戒”的仪轨。其中,授“十戒”仪轨,下分十项:(1)“明请师法”。(2)“正请师法”(以上为请“十戒和尚”、“十戒阿阇黎”的仪轨,以下为阿阇黎授“十戒”的仪轨)。(3)“开导”。(4)“请圣”。(5)“忏悔”。(6)“问遮难”(指询问有无“十三重难”、“十六轻遮”)。(7)“皈依”。(8)“结归”。(9)“说戒相”(指阿阇黎向受戒者宣说“十戒”的条文)。(10)“听教”(指阿阇黎向受戒者宣说“沙弥五德十数”的教理)。

(九)《将授具足戒先差教授师授持衣教钵法仪》。叙述沙弥在登戒坛受具足戒之前,须请“持衣教钵阿阇黎”(属“教授阿阇黎”)作开示,授与衣钵(包括“安陀会五条衣”、“郁多罗僧七条衣”、“僧伽黎二十五条衣”、“钵多罗”、“坐具”)的仪轨。

(十)《将登坛授具足戒先策发沙弥法仪》。叙述沙弥在登坛受具足戒之前,须请“策发阿阇黎”(指策励发心的阿阇黎)宣说“戒法”、“戒体”、“戒行”、“戒相”的仪轨。

(十一)《登坛授大比丘具足戒白四羯磨法仪》。叙述沙弥正式登坛受具足戒的仪轨。下分十项:(1)“明请师法”(指请“三师七证”)。(2)“正请师法”。(3)“坛主白法”。(4)“安受戒者所在法”。(5)“差教授师法”。(6)“教授师出众问遮难法”(指询问有无“十三重难”、“十六轻遮”)。(7)“召入众法”。(8)“乞授戒法”。(9)“明戒体法”(指开示“发上品心,求上品戒”)。(10)“正授戒法”(指作“白四羯磨”授与具足戒)。

如关于授“五戒”时,阿阇黎须向受戒者“说戒相”,说:

> 善男子等,我已为汝授五戒法竟,今更为汝示五戒相,令汝识相护持,防非止恶。始从不杀生,至不饮酒,此之五戒,为诸戒根本,入道阶梯,在儒为五常,在天为五星,在地为五行,在山为五岳,在人为五脏,在国为五刑,乃名别体同。故仁者不杀,义者不盗,礼者不淫,信者不妄语,智者不饮酒。行此五者,不求仁而仁著,不欣义而义敷,不行礼而

礼立，不慕信而信扬，不行智而智明，可谓振纲提纲，复何功加之有也。闻说其相，当谨护持，慎莫毁犯。我今示汝五戒之相，令汝识相护持，发三种心，誓断一切恶，誓修一切善，誓度一切众生。发上品心，求上品戒。（问——原注）善男子等，尽形寿不杀生，是优婆（塞、夷——原注）戒，汝能持否？（答云——原注）能持。（问——原注）善男子等，尽形寿不偷盗，是优婆（塞、夷——原注）戒，汝能持否？（答云——原注）能持。（问——原注）善男子等，尽形寿不邪淫，是优婆（塞、夷——原注）戒，汝能持否？（答云——原注）能持。（问——原注）善男子等，尽形寿不妄语，是优婆（塞、夷——原注）戒，汝能持否？（答云——原注）能持。（问——原注）尽形寿不饮酒，是优婆（塞、夷——原注）戒，汝能持否？（答云——原注）能持（三遍——原注）。善男子，此之五戒，众戒之本，诸善之基，登解脱门，证菩提果。汝等从不杀生，至不饮酒，能具足受持否？（答云——原注）能持。（卷上《出家在家授五戒法仪》，第581页上、中）

卷下：十二篇。

（一）《比丘白四羯磨受具足戒已次日差阇黎师与说随相法仪》。叙述比丘在受具足戒后的次日，须请“开示四波罗夷阿阇黎”（又称“教诫随相阿阇黎”）宣说“四波罗夷法”的仪轨。

（二）《差阿阇黎审比丘授菩萨大戒法仪》（又称《比丘将进菩萨大戒阇黎师预前审戒式》）。叙述比丘在受菩萨戒之前，须请“审戒羯磨阿阇黎”（指教授阿阇黎）宣说“四波罗夷法”、“十三僧伽婆尸沙法”、“二不定法”、“三十尼萨耆波逸提法”、“九十波逸提”、“四波罗提提舍尼法”、“一百应当学法”、“七灭净法”的仪轨。

（三）《将授菩萨大戒先差阿阇黎开导三自归令参心地法仪》。叙述比丘、比丘尼、优婆塞、优婆夷在受菩萨戒之前数日，须请“开导自归阿阇黎”（又称“开导自归心地师”）开示“三自归法”的仪轨。

（四）《将授菩萨大戒差阿阇黎问七遮法仪》。比丘在受菩萨戒之前，须请“审问七遮阿阇黎”“问七遮”（指询问有无“七逆罪”）的仪轨。

（五）《将授菩萨大戒先差阿阇黎开导忏悔法仪》。比丘在受菩萨戒之前，须请“开导忏法阿阇黎”开示“忏悔法”的仪轨。

（六）《将授菩萨大戒先差阿阇黎开导苦行法仪》。比丘在受菩萨戒之前，须请“开导十忍阿阇黎”开示“苦行十忍法”（指“舍身饲虎”、“割肉喂鹰”、“剜肉然灯”、“敲髓济病”等）的仪轨。

（七）《将授菩萨大戒先差阿阇黎开导发大誓愿法仪》。比丘在受菩萨戒之前，须请“开导菩萨大愿阿阇黎”开示“四弘誓愿”（指“众生无边誓愿度、烦恼无尽誓愿断、法门无量誓愿学、佛道无上誓愿成”）的仪轨。

（八）《正授菩萨大戒法仪》（又称《正授菩萨大戒轨仪》）。叙述以释迦牟尼佛为“得戒大和尚”、文殊菩萨为“羯磨阿阇黎”、弥勒菩萨为“教授阿阇黎”、十方诸佛为“证戒阿阇黎”、诸大菩萨为“同学侣”，请“得戒教授菩萨阿阇黎”授菩萨戒的仪轨。

（九）《教授锡杖法仪》。叙述由“开发智杖和尚”（“智杖”指锡杖）作开示并授与锡杖的仪轨。

（十）《授戒辨》。论述“受戒”的次第、条件和作法问题。

（十一）《进戒示语》。论述沙弥受持“十戒”的考核问题。

（十二）《衣钵总持》。论述衣钵的受持问题。

如关于求戒者在受菩萨戒之前，须经“审问七遮阿阇黎”“问七遮”（指询问有无“七逆罪”），说：

> （阿）阇黎鸣尺云：诸比丘等，汝既殷勤伸请，我当为汝作审问七遮阿阇黎，所有言教，汝当谛听。夫道心本孝，法性原慈，菩提岂逆害而可生？有情当随顺而自养，虽曰罪无自性，理具真常，当知事不毁心，道方合辙。故《梵网经·心地品》云，若佛子与人受戒时，不得拣择一切国王、王子、大臣、百官、比丘、比丘尼、信男、信女、淫男、淫女、十八梵天、六欲天、无根、二果、黄门（指男根有缺陷者）、奴婢、一切鬼神，尽得受戒。此言一切众生咸具佛心，有心者皆得作佛，故不比小乘比丘之拣择也。既无拣择，我大乘中，汝等一切现在发心者，皆当受戒作佛。而佛又云，若欲受戒时，师应问言：汝现身不作七逆罪否？七逆者，出佛身血、弑父、弑母、弑和尚、弑阿阇黎、破羯磨转法轮僧、弑圣人。若具七逆，即现身不得戒。（卷下《将授菩萨大戒差阿阇黎问七遮法仪》，第602页下—第603页上）

本书是根据汉传佛教授受戒法的传统，结合当时寺院流行的做法，编集而成的受戒仪轨。所依据的资料，主要来源于《四分律》、《梵网经》、《菩萨璎珞本业经》、《善生经》、《百丈清规》，以及唐道宣著述、明袾宏《具戒便蒙》、《沙弥律仪要略》等。

本书的删订本为《传授三坛弘戒法仪》三卷（收入《新纂续藏经》第六十册），书题“明天启北禅寺弘戒沙门法藏撰集，清终南山蟠龙禅寺比丘超远检录”。它是“临济宗第三十三世”僧人超远（字子肃，无为州人，俗姓赵，著有《终南山蟠龙子肃禅师语录》一卷，收入《嘉兴藏》），在《弘戒法仪》的基础上删订而成的一部著作，成于康熙二十七年（1762）。书名中所说的“三坛”，是指“初坛”授沙弥、沙弥尼戒，“二坛”授比丘、比丘尼戒，“三坛”授出家菩萨戒。全书分为三部分：卷上，叙述“沙弥十戒法”；卷中，叙述“比丘戒法”；卷下，叙述“菩萨戒法”。其内容与《弘戒法仪》基本相同，而文字表述大为简略。虽说有三卷，比原本多出一卷，但这只是为了方便分类而已，其总字数仅为原本的三分之一。故《传授三坛弘戒法仪》的署名“明天启北禅寺弘戒沙门法藏撰集”，是指它的原本而言的，并非指法藏在《弘戒法仪》之外，又另撰了这部书。

第五品　明广莫《四分戒本缘起事义》一卷

《四分戒本缘起事义》，一卷。明广莫辑录，约成于万历(1573—1619)末年。收入《新纂续藏经》第四十册。

广莫(生卒年不详)，字仁安，吴兴人。杭州西湖秦亭山普慈院僧人。明万历年间，从千松明得、从百松真觉习学《法华经》和天台宗教义，继尔事师云栖袾宏，奉习净土法门，为袾宏的大弟子。著作尚有：《楞严经直解》十卷、《楞伽经参订疏》八卷(均收入《新纂续藏经》)。生平事述见明李太冲《首楞严经直解序》、清周克复《法华持验纪》卷上等。

本书是《四分律》比丘戒本(略称《四分戒本》)中各戒的制立因缘(指引发此戒制立的原因和事情)的解说书。传世的《四分戒本》有数种，有据梵本单行本翻译的，也有据《四分律》汉译本集录的，作者没有说明所释的是哪一个本子。但从书中叙及“今本出昙无德部也，昙无德此云法密。今文初偈，是宣律师删定，非藏本(指入藏的《四分律》)原偈”，以及“七灭诤法”中“五者应与多觅罪相，当与多觅罪相”、“六者应与觅罪相，当与觅罪相”、“七者应与如草覆地，当与如草覆地”的排序和用语推断，本书所释的当是唐道宣《新删定四分僧戒本》（此本为姚秦佛陀耶舍译《四分僧戒本》的修订本）。书首有作者撰的《四分戒本缘起事义引》，说：

> 按《四分律藏》，世尊说戒缘起，初由舍利弗启问，过去七佛，何者佛法得久住世？何者佛法不久住世？世尊答以结戒、说戒得久住世，不结、不说则佛法速灭，是为戒所由兴也。凡律不预陈，必得比丘犯而后制，据实定罪，则人心服。故舍利弗殷勤请说，佛答非时。又云，佛自知时，盖待时而后制也。凡契经，或诸菩萨互为所说，独毗尼，佛自说之，其他不敢措一字。何谓也？如世礼乐征伐自天子出，则诸侯拱手听命，而天下治。自诸侯大夫出，则四夷交侵，民无所措其手足矣。佛所说律，亦复如是。佛所结戒，以十义故，一摄取于僧、二令僧欢喜、三令僧安乐、四令未信者信、五信已令增长、六难调者令调、七惭愧者令安乐、八断现在有漏、九断未来有漏、十令正法得久住世。是故结一一戒，皆先明乎此。（《新纂续藏经》第四十册，第181页上）

本书依戒本，将比丘戒分为“四波罗夷法”、“十三僧伽婆尸沙法”、“二不定法”、“三十尼萨耆波逸提法”、“九十波逸提法”、“四波罗提提舍尼法”、“一百众学法”、“七灭诤法”八类，共收戒二百五十条。书中除了对“一百众学法”的制立因缘，是合写为一段以外（这是因为“众学法”，“此云应当学，又云突吉罗，此云恶作，此罪之至轻者，下一百事皆是六群比丘所为，文相可解，不必繁引”），其余各类戒法下属的各戒的制立因缘，都是逐条作释的。所释的戒条，仅有“四波罗夷法”下属四戒标有“淫戒”、“盗戒”、“杀戒”、“妄语戒”的戒名，其余各戒均不标戒名，也不出戒文（指戒条的文句），只用汉字数序（“一、二、三……”）表示所释的是哪一类戒法的第几戒。

如关于“十三僧伽婆尸沙”第十二条“污家摈谤违僧谏戒”的制立因缘，说：

十二者（指第十二戒）。起自二尊者，一名阿湿婆、二名富那婆娑，在鞫连村舍，行恶行者，自种花木、教人种花木，自灌溉、教人灌溉，自摘花贯花、教人摘花贯花，自持花鬘与人、教人持花鬘与人，共女人一坐食，欲笑杂说，及种种不律仪事，俱名恶行。污他家者，污家有四种：一依家污家，谓向彼家得物，与此家，与一家，不与一家，与者喜，不与者瞋。二依利养污家，谓比丘所得利养，与一家，不与一家，与者喜，不与者瞋。三依亲友污家，或比丘与王臣友善，护一家，不护一家，护者喜，不护者瞋。四依僧寺污家，谓比丘取僧寺物，与一家，不与一家，与者喜，不与者瞋。若种花供三宝者，不犯。（第 182 页中、下）

如关于“三十尼萨耆波逸提法”第二十七条“过前求雨衣过前用戒”的制立因缘，说：

二十七（指第二十七戒）。舍卫城中，毗舍佉优婆夷（指“毗舍佉母”，又称“鹿子母”）设食供佛及僧，因遣婢至祇园唱时，到其时，正大雨，佛听诸比丘雨中浴，皆裸形雨中。婢窥见之，归白大家。食后，毗舍佉（母）启佛请愿，施僧雨浴衣。佛因听诸比丘畜雨俗衣。后六群比丘，春夏冬时皆乞此衣，诸比丘嫌之，白佛。故制春（依古印度历法，十二月十六日至四月十五日为春季）残一月在者，是三月十六日也。彼土一年分三时，是故三月十六日，应求雨浴衣，至四月初一听用。若过先求、过先浴者，俱犯。（第 185 页上）

由于本书在解释各戒的制立因缘时，不标戒名，也不出戒文，只有与唐道宣《新删定四分僧戒本》或其他《四分律》四分戒本相对照，方能明白所释的是哪一条戒、哪一段戒文。故它属于戒本的配套书，若离开戒本，单独阅读，便难明所指。

第六品　明广承《毗尼珍敬录》二卷

《毗尼珍敬录》，二卷。明广承辑录、智旭会补。初成于万历三十年（1602）至万历三十六年之间，会补于癸酉岁（崇祯六年，公元1633年）。由于本书原题"明菩萨戒武林比丘广承辑录，赤城比丘广镐、嗣法比丘大真参订，古吴比丘智旭会补"，故出版界、学术界有将它列为广承的著作的，也有将它列为智旭的著作的，莫衷一是。从智旭会补的仅是自己的《戒相图》（有关比丘戒和比丘尼戒各大类戒法对应"五篇"、"五刑"、"七聚"、"六罪受报"的图表）、《戒相摄颂》（将比丘戒各戒的要点编为容易记诵的偈颂，以上原载于《重治毗尼事义集要》卷十五），而且《毗尼珍敬录序》也明确指出，"莲居绍公（指广承），精彻台宗，取《四分》手自辑录，以就兹篇"。故以原作者而论，当属广承。收入《新纂续藏经》第三十九册。

广承（1560—1609），字绍觉，俗姓潘，武林（今杭州）人。弱冠从余杭土桥庵圆珑（字大觉）受业，深究天台、法相诸宗，二十五岁依翠峰受戒剃发。后师事云栖袾宏，受命分席武林莲居庵。另著有《成唯识论音义》八卷，未竟而卒。嗣法弟子有大真（著有《成唯识论遗音合响》，今存）、大基（曾为《成唯识论音义》作疏，已佚）等。生平事迹见明幻轮《释氏稽古略续集》卷三、清周克复《历朝法华持验纪》卷下、近代震华《中国佛教人名大辞典》等。

本书是《四分律》比丘戒条文的辑录及其注释。日本《卍续藏经》编集者认为，它是“释唐怀素集《四分律比丘戒本》”（见该藏目录所附的小注）的，这并不准确。虽说《四分律》比丘戒，古人也有称之为“比丘戒本”的，但这是不大确切的说法，因为比丘戒与比丘戒本并不是同等概念，比丘戒是“戒相”，它是戒法条文；而比丘戒本则是说戒时使用的诵本，它是说戒仪轨和戒法条文的组合。唐怀素集的《四分律比丘戒本》，初首有归敬偈、集僧简众语，末尾有七佛略说戒经偈、流通偈，乃至各类戒法首尾均有前言、后语（称“标章”、“结章”），而本书全无这些内容。因此，它并非是对怀素集本所作的注释，而是作者对自己辑录的《四分律》比丘戒条文所作的诠释。本书的初首有《毗尼珍敬录序》（未署作者，从序中的语气辨析，可能是本书的参订者广镐）、《戒相图》（智旭作）、《戒相摄颂》（智旭作）、《四种僧颂》（未署作者，下同）、《相似非法别众羯磨颂》、《十二人不应诃诵》、《应诃三颂》、《十重四十八轻戒摄颂》；末尾有《珍敬录跋》（海眼作）。《毗尼珍敬录序》说：

> 木叉（指波罗提木叉）之不珍于世也，非独愚不肖人之罪也。盖一蚀于圆解，再蠹于菩萨乘，而逾闲荡检者不与焉。圆解者曰：无非法界，何执为？不知不执云者，谓其事得理融，不谓执理而反碍事也。菩萨乘者曰：见机得开，戒何拘小？不知菩萨比丘，乃开小以成大，非谓受大而遂弃小也。……我云栖大师（指袾宏），发天台之隐，扶律辅教，为万世规第，亟于《梵网》，而未遑《四分》。跃冶之流，尚藐篇聚为长物。莲居绍公（指广承），精彻台宗，取《四分》手自辑录，以就兹篇，真妙补祖阙，而善继师志者。公往（指广承去世）而其书尘袭已十余年，近冢嗣新师（指大真），始托

素师（指智旭）订定，而会程居士启六年长讲之，愿将严净毗尼为学士准绳，遂有发心任书任梓者，法运通塞固自有时。（《新纂续藏经》第三十九册，第275页上）

卷上：解释《四分律》比丘戒中的“四波罗夷法”、“十三僧伽婆尸沙法”、“二不定法”、“三十尼萨耆波逸提法”。

卷下：解释《四分律》比丘戒中的“九十波逸提法”、“四波罗提提舍尼法”、“一百式叉迦罗尼法”、“七灭诤法”。

本书对重要戒条的解释，大致上是由戒法条文（又称“戒相”、“戒条”、“戒文”）、制戒因缘（又称“戒缘”）、文句解释（又称“文句分别”）、犯相解释（又称“犯相分别”）四段构成的；若戒条本身简洁明了，则解释也随之简化。对照《四分律》可知，其内容基本上是根据《四分律》节录的，只是本书为戒条的解释，故先出戒条，次出戒缘，而《四分律》是按事情的发生顺序叙述的，先出戒缘，次出戒条，除此以外，其他叙述程序均与《四分律》相同。以“十三僧伽婆尸沙法”第八戒（“无根波罗夷谤戒”）为例，其释戒的方式是这样的：

若比丘，瞋恚所覆故，非波罗夷比丘，以无根波罗夷法谤，欲坏彼清净行。若于异时，若问、若不问，知此事无根说，我瞋恚故作是语，若比丘作是语者，僧伽婆尸沙（八——原注；指此戒为第八条，以上为“无根波罗夷谤戒”）。

尊者沓婆摩罗子，分僧卧具，差次受请。有慈地比丘来，随次得恶房卧具，便瞋恚。明日差受请，檀越闻是慈地，便于门外敷弊坐具、施设恶食。慈地倍瞋，乃倩（请）其妹慈比丘尼，诬尊者相犯。佛审问知实，诃责结戒（以上为制戒因缘）。

根者有三：谓见、闻、疑。见根者，实见犯梵行，见偷五钱过五钱，见断人命，若他见者，从彼闻，是谓见根。闻根者，闻犯梵行，闻偷五钱过五钱，闻断人命，闻自叹誉得上人法，若彼说，从彼闻，是谓闻根。疑根有二，从见生、从闻生。从见生者，若见与妇女，入林出林，无衣裸形，不净污身，捉刀血污，恶知识伴，是谓见疑；从闻生者，若在暗地闻床声、草褥转侧身、身动声、共语声、交会声、我犯梵行声、言偷五钱过五钱声、言我杀人、我得上人法，是谓闻疑。除三根已，更以余法谤者，是谓无根（以上为文句解释）。

若彼人不清净，不见、闻、疑彼犯波罗夷，便作是言：我见、闻、疑彼犯波罗夷。……若比丘以无根四事，谤比丘，说而了了者，僧残；不了了者，偷兰遮。……若以八无根波罗夷法，谤比丘尼，说而了了，僧残；不了了，偷兰遮。……余三众（指沙弥、沙弥尼、式叉摩那），突吉罗。不犯者，见根、闻根、疑根说，实戏笑说、疾疾说、独说、梦说、错说（以上为犯相解释）。（卷上，第285页上、中、下）

本书的解释，应当说是比较详细的。不足之处在于，书中只摘录戒条的文句，而不标立戒条的名称，仅以数序表示某段或某句戒文，为比丘戒某类戒法中的第几条。本书之所以没有借鉴唐道宣《四分律比丘含注戒本》中标立戒名的做法，或许是因为他本人并没有见过当时尚未编入《大藏经》之中，属于藏外流传的唐道宣《含注戒本》所致。

第七品　明智旭《重治毗尼事义集要》十七卷

附：明智旭《四分律藏大小持戒犍度略释》一卷

《重治毗尼事义集要》，初名《毗尼事义集要》（略称《毗尼集要》)重治后改为今名,原为十八卷,后因末卷单独刊行(即传今的《四分律藏大小持戒犍度略释》一卷),而成十七卷。明智旭汇释,初成于明辛未岁(崇祯四年,公元1631年),重治于庚寅岁(清顺治七年,公元1650年)。收入《新纂续藏经》第四十册。

智旭(1599—1655),字藕益,又字素华,别号八不道人,俗姓钟,江苏吴县木渎镇人。初习儒学,辟佛老,著《辟佛论》数十篇。十七岁(万历四十三年,公元1615年)时,因阅袾宏《自知录》、《竹窗随笔》,始悟前非,取《辟佛论》焚之。二十四岁(天启二年,公元1622年)从憨山德清的弟子雪岭剃度出家。二十六岁受菩萨戒。后游江、浙、赣、闽、皖诸地,晚年入居灵峰(在浙江孝丰)。遍阅大藏,学综天台、唯识、华严、律、禅、净土各宗,尤重天台宗。智旭与憨山德清、紫柏真可、莲池袾宏并称为明末四大高僧,并被后人推尊为"莲宗(指净土宗)九祖"。著述五十一种,主要有:《阅藏知津》四十四卷、《教观纲宗》一卷、《楞严经文句》十卷、《法华经会义》十六卷、《金刚经观心释》一卷、《般若心经释要》一卷、《阿弥陀经要解》一卷、《占察善恶业报经义疏》二卷、《遗教经解》一卷、《四十二章经解》一卷、《成唯识论观心法要》十卷、《唯识三十论直解》一卷、《观所缘缘论直解》一卷、《因明入正理论直解》一卷、《百法明门论直解》一卷、《起信论裂网疏》六卷、《梵网经合注》七卷、《菩萨戒本笺要》一卷、《斋经科注》一卷等。生平事迹见清成时《蕅益大师宗论·八不道人传》、清彭希涑《净土圣贤录》卷六等。

本书是《四分律》事义的解说书。由作者积二十余年"阅律"、"讲律"之功力,以《四分律》为主要依据,旁采其他部派佛教的律典(尤其是南山宗道宣在世时尚未译出的"根本说一切有部"的律典),抉择会通,撰录而成。全书由"卷首"和正文十七卷组成。“卷首”,指的是在正文之前刊载的有关本书的序跋、凡例、提纲、资料等说明性文字;正文,辑录《四分律》的原文并作解释。其中,卷一至卷十,解释《四分律》比丘戒本(又称《四分戒本》,由比丘戒条文与说戒仪轨结合而成);卷十一至卷十五,解释《四分律》中的“犍度”(作者将它们分拆为三十二法,始《总辨羯磨法》,终《杂法》);卷十六至卷十七,解释《四分律》中的比丘尼戒(主要解释“不共戒”,即与比丘不同的戒法条文)。此外,各卷之后还附出“音义”,解释本卷中难懂的字词或短句的读音和含义(据《重治毗尼事义集要序》所说,“音义”原为一部独立的书稿,重治时分拆编入)。

本书未说明卷一至卷十所释的《四分戒本》是哪一个本子。从作者《阅藏知津》卷三十二仅著录姚秦佛陀耶舍译的《四分僧戒本》和唐怀素集的《四分律比丘戒本》这二个本子,并未提及道宣集的《四分律比丘含注戒本》、《新删定四分僧戒本》,再从文句的对勘来看,本书所释的实际上是怀素集本(如本书多次出现的“半月半月说,戒经中来”一句,在佛陀耶舍译本中均作“半月半月,戒经中说”)。但怀素集本只有各戒的条文(戒文),而没有各戒的名称(戒名),不便记诵和受持,故本书增立了各戒的名称,其戒名与道宣著作中标立的戒名颇多差异(“众学法”未标戒名)。

本书的释戒程序为:首先标立某戒的名称;其次简示此戒的性质,说明它是“性罪”(指“虽未制戒之前,约世法中亦自有罪,名为性罪”)或“遮罪”(指“世尊为出家人护世讥嫌,制立戒法,名为遮罪”)、“大乘同制”(指大乘与小乘共同制立)或“大乘同学”(指大乘与小乘共同修学)等;再次叙列此戒的条文;然后对戒条作出解释。戒条的释文,分为“缘”(指制戒缘起)、“释”(指文句解释)、“相”(指犯相解释)、“辩”(指问答辨析)、

"证"(指引证经论上的论述)、"附"(指附出其他律典上的论述)六科,若戒条本身简短明了,则科释随之简化。本书的初首("卷首")有智旭于庚寅岁(1650)撰的《重治毗尼事义集要序》、辛未岁(1631)撰的《原序》,以及刊板者撰的《重治毗尼事义集要叙》和《原跋》;书末有智旭于庚寅岁(1650)撰的《跋语》。

《重治毗尼事义集要序》主要叙述了作者出家、受戒、阅律、讲律,以及重治《毗尼事义集要》的经过,说:

> 予(指智旭本人)生于万历二十七年己亥五月初三日亥时,至壬戌(指天启二年)五月初七日,剃发出家,是为二十四岁;次年腊月八日,受具戒于云栖和尚像前;又次年,受菩萨戒于云栖和尚塔前,皆古德法师为阿阇梨;二十七岁春,阅律一遍,录出《事义要略》,仅百余纸;三十岁夏,第二阅律,录成四册;三十一岁冬,第三阅律,乃成六册,计十八卷;三十二岁夏,为惺谷、如是、雪航三友细讲一遍,仍添初后二集,共成八册;三十三岁,金台法主梓之于皋亭山佛日寺,是冬在灵峰,仅讲七卷,次夏方续讲完,听者共十余人,惟彻因比丘能力行之;三十五岁,结夏金庭西小湖寺,彻讲一遍,听者九人,能留心者,惟彻因、自观,及缘幻大德耳;三十六岁冬,在吴门幻住庵,又讲一过,听者仅五六人,惟自观、僧聚二比丘,能力行之;三十八岁入九华;四十岁入闽中;四十四岁至苕城,从此十三四年,自既不能力行,人亦无有问者,彻因、自观、僧聚三人,又皆物故,毗尼之学,真不啻滞货矣;五十一岁冬,从金陵归卧灵峰;次年夏日,乃有发心学律者十余人,迫予重讲此书,因念向时所辑,虽诸长并采,犹未一一折衷,又《问辩》、《音义》二书,至今未梓,不若会入《集要》而重治之,兼复删削一二繁芜之处,以归简切,庶

钝根者,亦不致望洋之叹也。(《新纂续藏经》第四十册,第340页中、下)

《原序》主要叙述了作者撰作《毗尼事义集要》的经过,说:

毗尼藏者,佛法之纪纲,僧伽之命脉,苦海之津梁,涅槃之要道也。……智旭自念障深,弗克仰修玄理。……睹时流以长叹,读《遗教》以增哀。爰于甲子(指天启四年,公元1624年)季冬,礼无量光塔(指云栖莲池的肉身塔),倍复发增上心,乞古德阇梨,证明学菩萨戒(指受菩萨戒)。次即备阅大、小二律,辄宗《四分》,并采余家,录为《事义要略》。……戊辰(指崇祯元年,公元1628年)春,遇雪航檝公,欣然有严净毗尼之志。因念向以入山心迫,所录(指《事义要略》)犹多疏漏,乃就龙居禅窟,再检藏文,不问本部他宗,凡切要者,悉皆录出。深详轻重之宜,备显开遮之准,兼参大律,委示别同。俾畏拘执者,不招谤小之殃,喜儱侗者,难开藉大之口;考定成帙,更名为《毗尼事义集要》。(第340页下—第341页上)

卷首:刊载有关本书的说明性文字。下分七目。(1)《序跋》(指《重治毗尼事义集要序》等),叙述从《毗尼事义集要》到《重治毗尼事义集要》的撰作、修订、刊印经过。(2)《总问辩》,叙述有关"毗尼之学"的问答。(3)《凡例》,叙述《重治毗尼事义集要》的体例。(4)《提纲》,叙述"出家者,决须从持戒始,自利利他,法皆成就"的修戒纲要。(5)《律藏总目》,叙述《大藏经》中的律藏目录,始"《四分律藏》六十卷"(姚秦佛陀耶舍等译),终"《受用三水要行法》、《护命放生仪轨法》、《说罪要行法》三法合卷"(唐义净撰)。其中,"《佛说犯戒罪轻重经》"(后汉安世高译)、"《佛说目连所问经》"(北宋法天译)二经之后,附有作者有关《五百问经》（指传今的东晋失译《目连问戒律中五百轻重事》一卷）真伪的看法（谓“此二译，皆即世传《五百问经》中之首一品耳，意《五百问》一书，乃后人因此而增益附会者”）。(6)《四分律藏品目》，叙述《四分律》“第一分”至“第四分”的收录情况。(7)《旁引诸经论目》。叙述本书旁引经论的目录（有《大般涅槃经》、《大般若经》、《菩萨善戒经》、《优婆塞戒经》、《法界次第初门》、《观心论疏》、《缁门警训》七种）。如关于本书的体例，说：

> 《律藏》译文，领皆烦复，今欲便初学，故多约义节文。文虽节略，义实不敢稍更，如不相信，请以《律藏》对观。如来灭后，结集《律藏》，原无众部之殊，后因异执，致成多部。部类既分，各宗一辙，所以义净独宏根本（指说一切有部），怀素但遵《四分》，皆谓不应会通。盖恐彼此逃托舍遮取开，就轻避重也。今仿南山（指道宣）意旨，为之会通，意在理，优则用。……性罪、遮罪，惟《善见律》判之。然于每戒之下，或有或无，今仍其旧，不敢强增，亦可例推故。又彼称制罪，今作遮字（指“遮罪”），字别义同，取易晓故。每戒之下，各有缘起、释义，及与罪相轻重；次则问辩折衷；次或引证，并余随律威仪；与本戒相似者，亦附于后。凡此六科，或具或减，不复细列，但用缘、释、相、辩、证、附六字，以标其上。诸译有义同音异，及文相难明者，可注则随注之，如或不便注明，各附卷末，以备稽考。声闻遮罪，大士悉皆同学，至于为众生故，善巧权开，经中历历有据，岂容一概儱侗。今依《梵网经》及慈氏《戒本》（指《菩萨善戒经》），每戒指明大略，盖仿天台《义疏》（指智顗《菩萨戒义疏》）之意。（《凡例》，第344页中、下）

卷一至卷二前部分：初释“题目”，解释《四分戒本》的题名；次“入文”，始释《四分戒本》的本文。其中，释“题目”部分，依仿天台宗智顗《梵网菩萨戒经义疏》的写法，分立“三重玄义”，解释《四分戒本》的含义。（1）“释名”，解释《四分戒本》的题名。（2）“出体”，解释《四分戒本》所说的“戒体”。（3）“料简”，辨析大乘戒和小乘戒的异同。“入文”部分，将《四分戒本》科为“说戒序”、“正列戒相”、“结劝回向”三分，随文作释。此处所释的是《四分戒本》“说戒序”部分，内容为：（1）“偈赞”（又称“归敬偈”）。指昙无德部创立者法藏作的“序偈”（其文为“稽首礼诸佛，及法比丘僧……如来立禁戒，半月半月说”，下分“归凭三宝”、“诫众集听”、“师资传受”、“喻诫勿毁”、“显戒当说”、“叹胜结示”六个层次）。（2）“问答启白”（包括“集僧简众”、“说戒告白”）。指说戒前，说戒师集僧简众，询问说戒羯磨准备情况，并作单白羯磨时的文词（其文为“僧集不……若僧时到，僧忍听，和合说戒。白如是”）。（3）“正说戒序”（又称“诫敕时众”）。指说戒师宣布说戒的宗旨与纪律，并询问与会僧众是否清净时的文词（其文为“诸大德，我今欲说波罗提木叉戒，汝等谛听……应忏悔，忏悔得安乐”）。（4）“结问”（又称“三问清净”）。指说戒师询问与会僧众是否清净，连问三遍，策励大众反省发露，依法持戒时的文词（其文为“诸大德，我已说戒经序，今问诸大德……默然故，是事如是持”）。如关于大乘戒和小乘戒的差别，说：

> 大乘重在内因，小乘重在外缘。重内因故，必须发菩提心，方堪受戒，若不善、无记心中，不发无作，而千里无师，许其像前自受；重外缘故，必须师僧、界法，事事合制，若诸缘有一不备，不名得戒，而诸缘既具，得戒遍于三心（谓善、不

善、无记心中，并发戒也——原注）。又，大乘一得之后，极至佛身；小乘但尽形寿。大乘上品，缠犯十重（指“十重戒”），及退大菩提心，则名失戒；小乘犯四重禁（指“四波罗夷法”），则名失戒，若心不乐道，向一人舍，则名还戒。大乘失戒之后，得见好相，许其重受；小乘失戒，无重受理，但使绝不覆藏，仅可羯磨与学（治罪法中明之——原注），若舍戒者，乃许重受，三度返俗，始为绝分耳。（卷一，第352页下）

卷二后部分至卷三前部分：解释《四分戒本》“正列戒相”部分中的“四波罗夷法”第一条“淫戒”至第四条“大妄语戒”。

卷三后部分至卷四前部分：解释《四分戒本》“十三僧伽婆尸沙法”（又称“十三僧残法”）第一条“弄阴失精戒”至第十三条“不舍恶性戒”。

卷四中间部分：解释《四分戒本》“二不定法”第一条“三法不定”至第二条“二法不定”（本书均未标“戒”字；道宣《四分律比丘含注戒本》则称之为“屏处不定戒”、“露处不定戒”）。

卷四后部分至卷六前部分：解释《四分戒本》“三十尼萨耆波逸提法”（又称“三十舍堕法”）第一条“畜长衣戒”至第三十条“回僧物入已戒”。

卷六后部分至卷九前部分：解释《四分戒本》“九十波逸提法”（又称“九十单堕法”）第一条“妄语戒”至第九十条“等佛衣量戒”。

卷九中间部分：解释《四分戒本》“四波罗提提舍尼法”（又称“四悔过法”）第一条“受非亲尼食戒”至第四条“恐处受食戒”。

卷九后部分至卷十前部分：解释《四分戒本》“众学法”（未

标戒条的名称)第一条至第一百条。

卷十中间部分:解释《四分戒本》"七灭诤法"七条(智旭称之为"现前灭诤法"、"忆念灭诤法"、"不痴灭诤法"、"自言灭诤法"、"觅罪相灭诤法"、"多人语灭诤法"、"草覆地灭诤法")。

卷十后部分:解释《四分戒本》"结劝回向"部分(下分"初结前示余、二述七佛戒经、三偈赞回向"三目)。

以比丘戒"九十波逸提法"第六十一条"杀生命戒"为例,其释戒的方式是这样的:

> 六十一、杀生命戒(以上为智旭标立的戒名)。此是性罪,大乘犯重(以上为智旭对此戒的定性)。
>
> 若比丘,故杀畜生命者,波逸提(以上为智旭摘录的《四分戒本》比丘戒的条文;此下为智旭的注释)。
>
> 缘:迦留陀夷不喜见乌,作竹弓射之,故制。
>
> 释:《五分律》云,畜生者,除龙,余畜生是(龙虽是畜,而能变化,具神力,守护国土,保绥正法,其功用与诸天相类,故杀者,犯偷兰遮——原注)。
>
> 相:自杀、教人杀、方便杀等,一切波逸提。方便欲杀而不杀,突吉罗。比丘尼,波逸提。余三众,突吉罗。误伤,无犯。《萨婆多摩得勒伽》(指《萨婆多部毗尼摩得勒伽》)云,欲斫藤,误斫蛇,不犯。欲斫蛇,误斫藤,突吉罗。欲杀此虫,误杀彼虫,欲斫虫而斫地,欲搦虫而搦土,皆突吉罗。
>
> 附:《律摄》(指《根本萨婆多部律摄》)云,若寺房廊,鸟雀栖宿为喧闹者,应使人检察,巢无儿卵,应即除弃。有者,待去方除。若有蜂窠,无儿应除。有者,以线缕缠之,便不增长(以上"缘"、"释"、"相"、"附"等均为智旭注释中的科目)。(卷八,第411页中)

卷十一:《总辨羯磨法》、《结界法》、《授戒法》。解释"羯磨"(羯磨的含义、种类、作羯磨人数和条件)、"结界"("结戒场"、"结大界"、"结不离衣界"、"结净厨界"、"结小界");"授戒"("出家受十戒法"、"请和尚及问重难法"、"登坛受具法"、"受具得不得法")方面的规制。

卷十二:《依止法》、《师法》、《弟子事师法》、《上座法》、《同学法》、《礼敬法》、《孝父母法》、《安居法》、《自恣法》、《迦絺那衣法》。解释"依止"("依止五法"等)、"师"(和尚、阿阇梨对弟子的行事)、"弟子"(弟子对和尚、阿阇梨的行事)、"上座"("三种上座"等)、"同学"("不应与作亲厚五法"、"为人所不爱十事"等)、"礼敬"("四种应礼"、"十种不应礼"等)、"孝父母"("尽心尽寿供养父母,若不供养,得重罪")、"安居"("三月夏安居"、"受七日法"等)、"自恣"("随他于三事中,任意举发,说罪除愆")、"迦絺那衣"("受功德衣得作五事"等)方面的规制。

卷十三:《治罪法》》。解释"治四弃法"、"治僧残法"、"治偷兰遮法"、"治轻罪法"、"诸羯磨法"、"覆钵法"六种处罚犯罪者的作法。

卷十四:《衣法》、《钵法》、《食法》、《药法》、《受食法》、《看病法》、《房舍》、《卧具法》、《器物法》、《杖法》、《丛林法》。解释"衣"("比丘三衣"、"十三资具衣"等)、"钵"("不应不洗钵用食"等)、"食药"("时药"、"非时药"、"七日药"、"尽形寿药"、"五种净法"等)、"受食"("不听共一器食"等)、"看病"("瞻视供养病人"等)、"房舍"("听作布萨大堂"、"听作经行堂"等)、"卧具"("不应私用僧卧具,听作标识"等)、"器物"("应畜三种袋"、"拂有五种"等)、"杖"("应作锡杖,杖头安镮"等)、"丛林"("众僧田地,不得借人,不得卖,不得私受用"等)等方面的规制。

卷十五:《阿兰若法》、《大众会法》、《分物法》、《说法法》、《读诵法》、《坐禅法》、《杂法》。解释“阿兰若”(“阿兰若比丘应善知夜时节”等)、“大众会”(“比丘至僧中有五法”等)、“分物”(“二众利物,应共平分”等)、“说法”(“听说义,不具说文句”、“四种广说”等)、“读诵”(“不应以外道言语杂糅佛经”等)、“坐禅”(“不应无师辄自习定”等)、“杂法”(“六念”、“嚼杨枝”、“经行”等)方面的规制。卷末附出《佛说犯戒罪轻重经》(后汉安世高译)、《戒相图》(智旭作,为比丘戒和比丘尼戒各大类戒法对应“五篇”、“五刑”、“七聚”、“六罪受报”的图表)和《戒相摄颂》(智旭作,参照《僧祇律》的做法,将比丘戒各戒的要点编为容易记诵的偈颂,如“波罗夷法”四戒的摄颂为“淫欲、盗五钱,故断人类命。无知妄言证,除增上慢人。是四波罗夷,犯者不可救”)。

关于“羯磨法”,说:

夫羯磨,乃作法办事之名。一切僧事,皆依羯磨得成。故曰:有秉羯磨,有如说行者,斯则名为正法住世。又曰:不诵白羯磨者,终身不得离依止。是知比丘要务,莫先于此。而流俗相传,仅以对首说罪一事当之,讹谬甚矣,故特首明斯义,总示大纲。至于百一僧事,散在诸科,不烦重述也。第四分(指《四分律》)云,有三羯磨,摄一切羯磨。何等三?白羯磨、白二羯磨、白四羯磨,是三摄一切羯磨。白羯磨,亦名单白;白二羯磨,《僧祇》名为白一羯磨,谓一白一羯磨也;白四羯磨,《僧祇》名为白三羯磨,谓一白三羯磨也。《萨婆多摩得勒伽》(指《萨婆多部毗尼摩得勒伽》)云,有百一羯磨,二十四白羯磨、四十七白二羯磨、三十白四羯磨。《根本百一羯磨》(指《根本说一切有部百一羯磨》)

云，言百一者，盖是举其大数，于大律中，检有多少不同，乃是以类相收，无违妨也，单白二十二、白二四十七、白四三十二。《随机羯磨》（指道宣《四分律删补随机羯磨》）则明一百三十四法，单白三十九、白二五十七、白四三十八，又对首三十三、心念十四，共有一百八十一法，虽详尽作法科条，未免犯非制而制。所以怀素律师每多致议，不如但遵原律之善也。（卷十一《总辨羯磨法》，第432页上、中）

卷十六至卷十七：《比丘尼戒》。解释《四分律》比丘尼戒。其中，与比丘不同的"不共戒"，作释；与比丘相同的"共戒"，只列戒名，不作释。所释的戒条有：比丘尼戒"八波罗夷法"（唯有本类戒条标有戒名，其他各类戒条均未标戒名）第五条至第八条；"十七僧伽婆尸沙法"第四条至第九条、第十四条至第十七条；"三十尼萨耆波逸提法"第十九条至第三十条；"一百七十八波逸提法"第七十条至第一百七十八条；"八波罗提提舍尼法"第一条至第八条；比丘尼"出家受戒法"（下分"授沙弥尼戒法"、"授式叉摩那戒法"、"授比丘尼戒法"三目）；比丘尼"杂法"（下分"尼于教诫人，如佛想"等）。

如关于比丘尼戒"尼萨耆波逸提"第二十条，说：

若比丘尼，知檀越所为僧施异，回作余用者，尼萨耆波逸提（二十——原注；指第二十条）（以上为本戒的条文，以下为解释）。

尼僧露地说戒，居士与作说戒堂物。尼作是念：我曹趣得处，便坐说戒，衣服难得，应具五衣。即持物贸衣共分，仍在露地说戒。居士讥嫌，故制（以上为戒缘解释）。与作衣，用作房，与此处，乃彼处用，同犯。余四众，突吉罗。不犯者，问主用，随所处分用，与物时语言随意用（以上为犯

相解释)。(卷十六,第472页下)

全书以正面阐述为主,但有的地方也有作者的批评意见。所批评的著作为《五百问经》(指东晋失译《佛说目连五百问戒律中轻重事经》)和《敕修百丈清规》(元德辉编),原因是二书所说,与众律多相违反;所批评的事情为元代以后寺院日常行事中广泛使用的各种"偈咒",作者认为这将导致"律不律,显不显,密不密"的后果。如说:

问:今观《五百问经》,典众部律,多有相违。又观《百丈清规》,亦甚与律不同。后人遵行,得无坏正法不?答:正法灭坏,全由律学不明。《五百问经》,的约后人附会增添,昭彰可识。即《百丈清规》,久失怀悔禅师本意,并是元朝流俗僧官住持杜撰、增饰,文理不通。今人有奉行者,皆因未谙律学故也。(卷十五《说法法》,第465页上)

问:备阅《毗尼集要》,及(指叙及)《四分律藏》,乃至《僧祇》、《根本》(指根本说一切有部的律典)、《五分》、《十诵》、《善见》(指《善见律毗婆沙》)、《毗尼母》(指《毗尼母经》)等,但见广明戒法,不见别有偈咒。今时律学,推以偈咒为事,此义云何?答:法门无量,虽各有弘功,而初机向道,必一门深入。既预比丘之列,当知律学为先。欲明律学纲宗,又惟二事最急:一者熟诵戒法,了达持犯开遮。二者摄持威仪,专修四念处观。……今之愿偈,本出《华严》,种种真言,皆属密部。论法门,虽不可思议;约修证,则各有本宗。随自宗而专修无间,则三昧易成;采众华而中无线贯,则风吹必散。收之则全是,若一偈、若一咒、若一字,皆为道种;拣之则全非,律不律,显不显,密不密,仅成散善。此正法所以渐衰,而末运所以不振也。有志之士,不若专精戒

律，办比丘之本职。（卷十五《杂法》，第467页中、下）

比较而言，本书中编得最好的是《四分戒本》部分的解释，其解说水准之高，完全可与唐道宣《四分律比丘含注戒本疏》相媲美；其次是“犍度”部分的解释；再次是比丘尼戒部分的解释。

明智旭《四分律藏大小持戒犍度略释》一卷

《四分律藏大小持戒犍度略释》，又名《大小持戒犍度略释》，一卷。明智旭释，初成于明崇祯四年（1631），重治于清顺治七年（1650）。收入《新纂续藏经》第四十四册。

本书是《四分律》卷五十三《杂犍度》之末收载的“大小持戒犍度”部分的略释。所说的“大小持戒犍度”，指的是佛就拘睒弥国优陀延王供养宾头卢、大迦旃延比丘之事，对诸比丘说的无论比丘，还是沙弥，均须受持的戒法。《新纂续藏经》编集者在《重治毗尼事义集要》书末的附注中说，“原本有十八卷，末卷收《犍度略释》，今从别行本，编次别处”，这里说的《犍度略释》，指的就是本书。也就是说，本书原为《重治毗尼事义集要》第十八卷，后人将它抽出，刻成单行本。正因为如此，本书无序跋题记。开卷便是直释题名，然后便是分段摘录“大小持戒犍度”部分的原文，予以阐解。

关于“大小持戒犍度”题名，作者是从“当分”和“跨节”两方面，加以解释的。前者是指无论比丘还是沙弥（“当分”），均须受持此处所说的这些戒法；后者是指无论大乘还是小乘（“跨节”），均须受持此处所说的戒法。故作者的释文说：

> 此一犍度略释二义：一当分明义、二跨节明义。
>
> 言当分者，大即比丘，小即沙弥，同以此戒为本，不持此戒，非佛弟子，佛非其师，故名大小持戒犍度。当知是中与

诸比丘同戒,乃至断除一切妨道之法,名波罗提木叉戒;舍五盖、入四禅,名为禅戒;五通、三明,名无漏戒。此三戒法,出世通途,文中虽独言比丘,实通沙弥,所共修习也。

言跨节者,大即大乘,自利、利他,小即小乘,专求自利,通以此戒为本,不持此戒,自他俱失。因是持戒,能生五支诸戒:一根本业清净戒,谓十善性戒,众戒根本,即此文中不杀、不盗等是也;二前后眷属余清净戒,前是犯戒方便,后是二篇(指波罗夷、僧残)以下,若前、若后,皆根本戒之眷属,余是随律威仪,及诸经所制如方等二十四戒之流,此支即今文中离妨道法等是也;三非诸恶觉觉清净戒,定共戒也,即此文中得圣诸根一心除盖等是也;四护持正念念清净戒,道共戒也,即此文中四念处观是也;五回向具足无上道戒,大乘戒也,谓菩萨于此戒中,具四弘、六度、发愿要心、回向菩提。(《新纂续藏经》第四十四册,第706页上、中)

关于“大小持戒犍度”部分的原文,作者是从“发起因缘”、“正说法要”两方面,加以解释的。前者是指优陀延王供养宾头卢、大迦旃延比丘的故事,它是佛为诸比丘说“大小持戒犍度”的起因;前者是指佛所说的应当受持的戒法,分为五节:(1)“明师法胜妙”,下分“初具足十号、二超世自觉、三说法真善”三目。(2)“明因心胜妙”,下分“初得闻正法、二闻已信乐、三难舍能舍”三目。(3)“明波罗提木叉戒胜妙”,下分“初明根本善戒(指十善性戒)、次明远离诸恶”二目。(4)“明禅戒胜妙”,下分“初由戒摄根、二节身调食、三进修念处、四永弃五盖”四目。(5)“明无漏戒胜妙”,下分“初五通、次三明”二目。如关于“禅戒”(又称“定共戒”),说:

第四明禅戒胜妙。禅戒,亦名定共戒,而定共通取欲界

> 地定，此独取根本定为异。文复为四：初由戒摄根、二节身调食、三进修念处、四永弃五盖。今初（以上为作者对将释的"大小持戒犍度"原文所作的科判）。
>
> 彼于此事中，修集圣戒，内无所著，其心安乐。眼虽视色，而不取相，不为眼色所劫，眼根坚固，寂然而住，无所贪欲，而无忧患不漏、诸恶不善法，坚持戒品，能善护眼根。耳、鼻、舌、身、意，亦如是，于如是六触入中，善学、护持、调伏，令得止息，犹若平地四交道头，驾象马车乘，善调御者，左执鞚（音控，马勒也——原注），右执鞭，善学护持、善学调伏、善学止息。比丘亦如是，于六触入中，善学护持、善学调伏、善学止息（以上为《四分律·杂犍度》中"大小持戒犍度"的原文）。
>
> 前之戒法（指此前所述的波罗提木叉戒），即是圣所行处，一切圣人皆以此戒为基本，皆由此戒得解脱。始受戒时，发得无作律仪，无漏色法即与圣人同体，故名圣戒。依此修集（习），则身口七支既得清净，心亦安乐，六贼不能劫我家宝，名为坚固。六触入者，六根触于六尘，互相涉入也。护持名戒，调伏名定，止息名慧。平地四交道头，即十字街头，喻四圣谛出世正法路也。执鞚，不令驰逸，喻止善。执鞭，策令进路，喻行善（以上为作者对上段原文所作的解释）。（第710页中、下）

作者认为，就小乘而言，在"波罗提木叉戒"（又称"别解脱戒"、"别解脱律仪"）、"禅戒（又称"定共戒"、"静虑律仪"）、"无漏戒"（又称"道共戒"、"无漏律仪"）三种戒法（又称"三种律仪"）中，"波罗提木叉戒"是"基本"，"一切圣人皆以此戒为基本，皆由此戒得解脱"；就大乘而言，在"根本业清净戒"、"前后眷属余清净戒”、“非诸恶觉觉清净戒”、“护持正念念清净戒”、“回向具足无上道戒”五支戒（南本《大涅槃经》卷十一《圣行品》说的由“大涅槃心”一理之根本所开出的五种支末事戒）中，“根本业清净戒”是“根本”，而“根本业清净戒”就是“十善性戒”（指不杀生、不偷盗、不邪淫、不妄语、不两舌、不恶口、不绮语、不贪欲、不瞋恚、不邪见），它是“众戒根本”。因此，出家者受持戒法，必须从受持“沙弥十戒”、“十善性戒”做起。

第八品　明智旭《沙弥十戒威仪录要》一卷

《沙弥十戒威仪录要》，一卷。明智旭重辑，约成于崇祯（1628—1644）末年。收入《新纂续藏经》第六十册。

本书是律本中沙弥“十戒”和沙弥“威仪”的辑录和解说。书首有作者自序（无标题），阐述了本书“依律重辑”的缘由，说：

> 出家受十戒者，名为沙弥，此翻息慈，谓息世染之情，以慈济群生也。又云，初入佛法，多存俗情，故须息恶行慈也。唐三藏（指玄奘）云，室利摩那路迦此翻勤策男。《寄归传》（指义净《南海寄归内法传》）云，授十戒已，名室罗末尼，译为求寂。沙弥二字，古讹略也。……沙弥戒法，统括性修，该彻因果，岂可视作小乘法耶？受此戒者，大须著眼，大须努力，不应自轻而退屈，不应舍此而别求也。藏中《十戒法并威仪》，失译人名，文多繁复错误；《大比丘三千威仪》，亦失译名；《南山行护威仪》，多属大比丘事，近世沙弥成范杜撰，违律不可依从；《百丈清规》，元朝世谛住持穿凿，尤为可耻。独云栖大师《律仪要略》（指袾宏《沙弥律仪要

略》),颇有斟酌,堪逗时机,而开遮轻重忏悔之法,尚未申明。今不得已重为辑录,仍分十戒、威仪两门。至于授戒之法,事属大僧,兹不重出。(《新纂续藏经》第六十册,第434页上、中)

全书分为二门。

(一)“十戒门”。解释沙弥“十戒”。即“一不杀生”、“二不偷盗”、“三不淫欲”、“四不妄语”、“五不饮酒”、“六不著香华鬘、不香涂身”、“七不歌舞倡伎、不往观听”、“八不坐高广大床”、“九不非时食”、“十不捉持生像金银宝物”。如关于“十戒”的第三戒“不淫欲”,说:

三不淫欲。一切世间,若男、若女、若人、若鬼、若畜生等,并不得染心交遘,亦不得与他人淫。但有干犯,皆犯重罪,失沙弥戒,不通忏悔。若欲淫未和合,而即止,犯中方便罪,须殷重忏悔。若起淫心,即应痛自诃责。(第434页下)

(二)“威仪门”。解释沙弥“威仪”。下分二十六章:(1)《敬大沙门》。(2)《事师》。(3)《随师出行》。(4)《入众》。(5)《随众食》。(6)《礼拜》。(7)《听法》。(8)《习学经典》。(9)《入寺院》。(10)《入堂随众》。(11)《执作》。(12)《入浴》。(13)《入厕》。(14)《眠卧》。(15)《围炉》。(16)《在房中住》。(17)《到尼寺》。(18)《至人家》。(19)《乞食》。(20)《入聚落》。(21)《市物》。(22)《凡所施行不得自用》。(23)《参方》。(23)《受具遮难》。(25)《请和尚法》。(26)《比丘六物名相》。如《执作》章说:

《执作第十一》。当惜众僧物;当随知事者教令,不得违戾；凡洗菜，当三易水；凡汲水，先净手；凡用水，须谛视有虫、无虫，若有虫，以密罗滤过方用，若严冬不得早滤水，须待日出；凡烧灶，不得然（燃）腐薪；凡作食，不得带爪甲垢；凡弃恶水，不得当道，不得高手扬泼，当离地四五寸，徐徐弃之；凡扫地，不得迎风扫，不得聚灰土安门扇后；洗内衣，先须舍去虮虱；夏月用水，盆了须覆令干，若仰即虫生；不得热汤泼地上。（第 437 页下—第 438 页上）

沙弥为“初入佛法”者，年幼，对佛教的律仪规范知之甚少，故本书的解释以浅显易懂为旨，不作繁复的说理。但由于涉及的事项太多、太细，故实际受持也并不容易。

第九品　明元贤《四分戒本约义》四卷

《四分戒本约义》，四卷。明元贤述，成于“丙戌岁”（南明隆武二年、清顺治三年，即公元 1646 年）。收入《新纂续藏经》第四十册。

元贤（1578—1657），字永觉，俗姓蔡，建阳（今福建建阳县）人，宋代大儒蔡元定（西山）的后裔。幼习程朱理学，二十岁补邑庠弟子员。二十五岁因在山寺中读书，闻僧诵读《法华经》有感，自此留意教乘，贯通经论。年四十，双亲继殁，于是裂青衿（指书生穿着的衣服）、弃妻孥，投寿昌慧经落发出家，为青原下第三十五世（相当于“大鉴下第三十六世”）、曹洞宗僧人。次年，慧经去世，依止同门博山元来三年，并受具足戒。历主福州鼓山涌泉寺、泉州开元寺、杭州真寂禅院、剑州宝善庵等名刹。著有“三会语（录）及诸撰述凡二十种，计八十余卷”（见道霈《塔志》）。其中见存的有：《继灯录》六卷、《建州弘释录》二卷、

《四分戒本约义》四卷、《楞严经略疏》十卷、《金刚经略疏》一卷、《般若心经指掌》一卷、《净慈要语》一卷、《禅林疏语考证》四卷、《永觉元贤禅师广录》三十卷(弟子道霈编,内收元贤语录以及其他各种文体的重要著述;以上均见收于《新纂续藏经》)等。生平事迹见《永觉元贤禅师广录》卷三十(内收清林之蕃撰《福州鼓山白云峰涌泉禅寺永觉贤公大和尚行业曲记》、道靖撰《鼓山永觉老人传》)、《为霖道霈禅师秉拂语录》卷下(附收道霈撰《塔志》)、通问《续灯存稿》卷十一、性统《续灯正统》卷三十八、超永《五灯全书》卷六十二等。

本书是《四分戒本》的集本及其注释。所说的《四分戒本》,据作者自述,是根据《明藏》收录的姚秦佛陀耶舍译《四分僧戒本》、唐怀素集《四分律比丘戒本》二本"参定"后的本子,也就是说,是元贤自己编集的本子。对勘后可知,此本比较接近于怀素集本(如怀素集本中九次出现的"半月半月说,戒经中来"一语,在姚秦佛陀耶舍译本中均作"半月半月,戒经中说")。所作的注释,着重于解释各戒的制戒因缘和犯相轻重。由于作者是以曹洞宗僧人的身份来撰作本书的,实际上他也未曾读过唐道宣的《四分律比丘含注戒本》,故本书对《四分戒本》的解释,既没有沿用南山宗的科判模式(如区分"广教"、"略教"各自的序分、正宗分、流通分),也没有为戒条标立戒名,而是完全按照作者本人的理解写的。书首有丙戌岁(1646)元贤于剑州宝善庵撰的《四分戒本约义序》,说:

> 昔庚辰岁(崇祯十三年,即公元1640年),予在杭之真寂(指杭州真寂禅院),欲效颦圭峰(指宗密),挈毗尼之要,以示晚学,卒以病阻。迨今春,自鼓山来宝善,谢绝参请,但弘唱毗尼而已。诸人以戒本请注,作新戒方便。予曰:此

宿志也。故诺之。发笔于仲秋初旬,辍笔于孟冬末旬,凡三阅月、三脱稿而后成。其中若事若义,悉采之《四分》律藏,所有开遮,亦悉本佛制,非敢妄以意裁也。……予慨自天启以来,耆德凋丧,晚进日趋日下,如狂澜之莫回,且又妄逞空见,弁髦戒律,不有防之,后将安极?予所以孳孳亟亟勉成此书,未敢以世难阻也。(《新纂续藏经》第四十册,第305页上)

卷一:解释《四分戒本》的"题目"(指书名);《戒本》初首刊载的"归敬偈"(昙无德部主法藏作)、"羯磨轨则"(指集僧简众、说戒告白的文词)、"戒经序"(指诫敕时众、三问清净的文词);《戒本》中间刊载的"戒相"(指比丘戒条文)中的"四波罗夷法"、"十三僧伽婆尸沙法"、"二不定法"各戒。如关于《四分戒本》,说:

四分者,一比丘戒;二比丘尼戒,并受戒、说戒(犍度);三安居、自恣等(犍度);四房舍并杂犍度等,故名四分。犍度,此云法聚,即分义也。《戒本》乃是初分比丘戒中,佛制戒之语,半月众所共诵者也。其源出昙无德部,昙无德此云法密,部主之号也。……佛灭度百年后,有优婆鞠多尊者弟子五人,各执己见,果分律为五部:一昙无德部;二萨婆多部;三迦叶遗部(指饮光部);四弥沙塞部;五婆蹉富罗部(指犊子部)。其古律则《摩诃僧祇》也。此本(指《四分戒本》)传至唐,凡有四本。宣律师(指道宣)所遵行,乃姚秦佛陀耶舍译本,此本与律(指《四分律》)少有不同故。后有唐西太原寺僧怀素,仍于律中撮出,俗称新律。新旧二律,莫敢低昂,请旨钦定,二律并行,即今藏中二本是也。愚详考之,义实无差,文有少异,今则并用二本参定,非敢妄有增

损。(卷一,第305页下)

卷二:解释《四分戒本》中的"三十尼萨耆波逸提法"各戒、"九十波逸提法"前三十六戒。如关于"三十尼萨耆波逸提法",说:

诸大德,是三十尼萨者波逸提法,半月半月说,戒经中来(以上为《四分戒本》的原文)。

梵语尼萨者,此云舍,波逸提,此云堕。此三十事,皆在衣物上犯罪,当堕覆障烧煮地狱,今制令罚其衣物,向僧中舍,则免堕也。界内僧,或多人,或一人,俱可舍,但不得别众舍。别众者,谓四人已上,私出界外,别为一众也。若向别众舍,犯突吉罗。既舍衣已,当于众中乞忏悔。乞已当请一人为忏悔主,其人须是清净比丘方可,亦不得遽受忏,必先白众,白已然后受忏。受忏已,众中当还此比丘衣。还衣之法有二种:一是即座展转付还,一是直付还。其所犯之事,或是畜(蓄)长衣经十日、畜非时衣过一月、畜急施衣过十日、畜长钵过十日、畜药过七日,此五事当即座展转付。……若非前五事者,应用直付法,僧中作白二羯磨,直以此衣还之(以上为元贤的注释)。(卷二,第312页中、下)

卷三:解释《四分戒本》中的"九十波逸提法"后五十四戒、"四波罗提提舍尼法"各戒。如关于"九十波逸提法"第七十二条,说:

若比丘,说戒时,作如是语:大德,何用说是杂碎戒为?说是戒时,令人恼愧怀疑。轻呵戒故,波逸提(以上为《四分戒本》的原文)。

诸比丘集在一处诵毗尼，六群（比丘）自相谓言：彼诸比丘诵律通利，必当数数举我等罪，当往止他勿诵。乃往语言：长老，何用诵此杂碎戒为？若欲诵者，当诵四事（指“四波罗夷法”）、十三事（指“十三僧伽婆尸沙法”），余不应诵。何以故？若诵，令人怀疑忧恼。佛闻故制。说而了了者，波逸提；不了了者，突吉罗；若毁呰阿毗昙及余经，突吉罗；比丘尼犯者，波逸提；式叉摩那等，俱突吉罗（以上为元贤的注释）。（卷三，第 328 页中）

卷四：解释《四分戒本》中的“众学法”、“七灭诤法”；《戒本》末尾刊载的“七佛所说略教”、“回向偈”（法藏作）。如关于“七灭诤法”第六条，说：

应与多觅罪相，当与多觅罪相（以上为《四分戒本》的原文）。

此法正灭言诤，亦灭事诤、犯诤，此因事体是非难定，轻重难判，前诸法不能灭故，多觅罪相以灭之。多觅有四：一多智慧、二多人知法、三多求因缘、四多处求断。多智慧者，谓博学多闻，律部通利，善达开遮，心无偏爱也；多人知法者，谓到多人知法之处，行筹决断也；多求因缘者，谓广寻三藏，多引因缘，以为证据也；多处求断者，谓遍到诸刹，求断其事也（以上为元贤的注释）。（卷四，第 336 页下—第 337 页上）

本书的优点是文句简洁，表述明了，具有禅宗崇尚质朴的文风。不足之处是，不标立戒条的名称或序号，不利于记诵。

第十品　明元贤《律学发轫》三卷

《律学发轫》，三卷。明元贤撰，成于“丙戌岁”（指南明隆武二年、清顺治三年,即公元1646年)。收入《新纂续藏经》第六十册。

本书是佛教戒律要事(以广律中“犍度”类事项为主)和律家法数的解说书。全书分为二十二篇,始《律部缘起》,终《律家法数》。主要内容有:“受戒”(指“三皈依”、“五戒”、“八关斋”、“优婆塞戒”、“沙弥戒”、“式叉摩那戒”、“比丘戒”、“比丘尼戒”、“菩萨戒”)、“结界”、“布萨”、“安居”、“自恣”、“受药”、“分亡僧物”、“六聚忏法”、“资具”、“日用轨则”、“律家法数”等。书首有丙戌岁(1646)元贤撰的《律学发轫序》,说:

> 丙戌(指南明隆武二年)之冬,余作《戒本约义》(指《四分戒本约义》)终。客有以《律学揭要》请益者,余阅之,大都目不见律,而袭取他书,乃水潦鹤之徒所辑也。因为作《律学发轫》以示之,言:发轫者,示慎始也。夫万里之行,起于跬步,跬步一错,万里徒劳,故初学之士,不可不慎。若夫误信非人、误习谬说,将有终身而不知其非,历世而传以为是者,其贻害可胜道哉!今之所辑,姑示诸戒之大端,使后学知所向方,虽未极其广大精微之致,然即是而求之,则所谓广大精微者,固不出此。(《新纂续藏经》第六十册,第553页上)

卷上:收录《律部缘起》、《三皈依》、《五戒》、《八关斋》、《优婆塞戒》、《沙弥戒》、《式叉摩那戒》、《比丘戒》、《比丘尼戒》、《菩萨戒》十篇。如关于“比丘戒”,说:

> 比丘戒。比丘,一云苾刍,此翻乞士,谓上于诸佛乞法,以资慧命,下于众生乞食,以养色身也。又云,破恶,谓能破见、思二惑也。又云,怖魔,谓比丘三度震动魔宫也。沙弥年二十,求进具足戒者,须为审问无诸遮难,乃可为备衣钵、

请十师。十师中,一人为羯磨师、一人为教授师、并本师和尚,名三师。余七众,为尊证师。集众登坛,审问遮难,然后为作白四羯磨,与具足戒。次为说四重(指“四波罗夷法”)名相,次为说四依(指“四依法”),是谓如法成就。(卷上《比丘戒》,第558页下)

卷中:收录《结界》、《布萨》、《说欲》、《安居》、《自恣》、《受药》、《分亡僧物》、《六聚忏法》(下分“忏波罗夷法”、“忏僧伽婆尸沙法”、“忏偷兰遮法”、“忏波逸提法”、“忏波罗提提舍尼法”、“忏突吉罗法”)八篇。如关于“布萨”,说:

布萨。梵语讹略,具云钵多帝提舍那寐,此云相向说罪,即今半月半月说戒,问清净者是也。凡住处当立说戒堂。遇白月(古印度历法指每月下半月,有“白月”一日至十五日之称,因与我国农历有半个月的错位,相当于农历次月初一至十五日)、黑月(古印度历法指每月上半月,有“黑月”一日至十五日之称,相当于农历当月十六日至三十日)十四、十五日,诸小比丘当先往堂中,洒扫、敷设坐具、净水、然(燃)灯等一切所需之物。时到,令净人、沙弥打楗椎三通,界内比丘尽集,惟除未受戒及犯罪未忏悔者,不许听。有为病因缘,或如法僧事,听与欲;若琐末、非如法僧事,不听与欲。其来集现前人,有可呵、不得呵,是名僧集。和合僧中,差一人能羯磨者,作白说戒。说者高座,听者下座,各各披七条衣,依次而坐。如无事缘阻,当全诵戒本;若有事缘阻,随所至处,便止。(卷中《布萨》,第562页中)

卷下:收录《资具》、《日用轨则》、《受戒辨误》、《律家法数》四篇。此中,《资具》阐释“安陀会”、“郁多罗僧”、“僧伽黎”、“僧祇支”、“覆肩衣”、“偏衫”、“尼师坛”、“钵多罗”、“迦絺那衣”、“五纳衣”、“粪扫衣”、“雨浴衣”、“覆疮衣”、“涅槃僧”、“舍勒”、“漉水囊”、“锡杖”；《日用轨则》叙说“把钵”、“受食”、“弃洗钵水”、“持锡杖”、“下单”、“行路不伤虫”、“嚼杨枝”、“洗面”、“剃发”、“饮水”、“沐浴”、“绕塔”、“登厕”、“洗净”、“洗手”、“去秽”、“搭五衣”、“搭七衣”、“搭大衣”、“展坐具”、“登道场”、“临睡时”等念的偈咒；《受戒辨误》辨析“沙弥付三衣误”、“比丘四人以上同羯磨误”、“尼同比丘受戒误”；《律家法数》解说含数字的戒律类名词术语，有“戒有二种”、“羯磨三法”、“四种常住”、“五种净地”、“入众五法”、“优婆塞五不应作”、“比丘六物”、“持律七功德”、“八事法灭相”、“九净肉”、“饮酒十过”、“十三资具”、“夺比丘三十五事”（指剥夺三十五项权利）等。如关于“夺比丘三十五事”，说：

比丘犯粗恶罪，作诃（一作“呵”）责羯磨竟，夺三十五事不应作：一不应授大戒；二不应受人依止；三不应畜沙弥；四不应受僧差教授比丘尼；五僧差教授不应作；六不应说戒；七僧中问毗尼义不应答；八僧差作羯磨不应作；九僧中简集智慧者共评论事，不得在列；十僧差作信命不应作；十一不得早入聚落；十二不得逼暮还；十三应亲近比丘，不应亲近外道；十四应好顺从比丘教；十五不应作异语；十六众僧随所犯，为作诃责羯磨已，不应复犯；十七亦不应犯相似罪；十八亦不应犯从生罪；十九亦不应犯更重于此者；二十不应嫌羯磨及羯磨人；二十一善比丘为敷座、供养不应受；二十二不应受他洗足；二十三不应受他安洗足物；二十四不应受他拂革屣；二十五不应受他揩磨身；二十六不应受他礼拜；二十七不应受他合掌；二十八不应受他问讯；二十九不应受他迎送；三十不应受他持衣钵；三十一不应举比丘作忆念；三十二不应举比丘作自言；三十三不应证他比丘事；三十四不应遮布萨、自恣；三十五不应共比丘诤。（卷下《律家法数》，第575页上、中）

本书的性质与明性祇撰的《毗尼日用录》一卷是相近的。尤其是本书卷下《资具》、《日用轨则》、《律家法数》三篇，与《毗尼日用录》相同之处甚多。但总体而言，《毗尼日用录》的内容显得单薄，而本书的内容较为厚实。仅以前引"夺比丘三十五事"为例，有多部律典提到过它，但均语焉不详，致使一般读者不明白究竟指的是哪三十五事，而本书逐一叙列，足见作者钻研之深入。

第十一品　清弘赞《四分律名义标释》四十卷

《四分律名义标释》，四十卷。清弘赞辑，成于明崇祯庚午岁（崇祯三年，公元1630年）。收入《新纂续藏经》第四十四册。

弘赞（1611—1685），字在犙，俗姓朱，新会（今属广东）人。早习儒书，弱冠补县学生员。明末，出家为僧，参谒鼎湖道邱而得印可，为曹洞宗僧人。初住广州宝象林，后继席肇庆鼎湖。博极群书，辩才横溢，于律学尤有钻究。前后五十余年，共撰写了数十种著作，腾誉一方。著作尚有：《梵网经菩萨戒略疏》八卷、《四分戒本如释》十二卷、《沙弥律仪要略增注》二卷、《沙门日用》三卷、《归戒要集》三卷、《八关斋法》一卷、《般若心经添足》一卷、《般若心经贯义》一卷、《准提经会释》三卷、《准提法要》一卷、《沩山警策句释记》二卷、《观音慈林集》三卷、《兜率龟镜集》三卷、《六道集》五卷（以上见《新纂续藏经》）、《鼎湖山木人居在惨禅师剩稿》（又称《木人剩稿》，见明《嘉兴藏》）五卷等。生平事迹见清康熙刻本《鼎湖山志》、道光刻本《新会县志》等。

本书是解释《四分律》中难懂的字词或短句的读音和含义的著作。其性质相当于佛经音义。虽说有关《四分律》的音义，在唐玄应《一切经音义》、唐慧琳《一切经音义》中已有所叙及，但所收的字词十分有限。本书以《四分律》音义为主题，写出四十卷，并在释音、释义两个方面中，着重于释义，这在流传至今的近百种《四分律》研究著作中，是独一无二的。此外，在《四分律》中，各个戒条是只有戒文（戒条的文句），没有戒名（戒条的名称）的，这很不利于记诵。有鉴于此，本书又增立了各戒的名称。所标立的戒名，与唐道宣《四分律比丘含注戒本》的戒名体系不同，而与明智旭《重治毗尼事义集要》的戒名体系比较接近。书首有作者于明崇祯三年（1630）撰的《四分律名义标释序》；书末有新安沙门弘丽（校对者）于明崇祯十六年（1643）撰的《跋语》。作者在《序》中说：

原夫律之为教也，乃三乘之宝筏，四双之云阶，诸佛从斯而趣菩提，众圣由此而升泥洹。……千有余载，逮流东夏，汉魏创闻，齐梁渐备，隋唐盛兴。迄夫宋代已来，人皆首学，俱出樊笼，僧同遵轨，咸超有岸。迩世讹锋互举，禅律竞分，见既不同，资受不无其谬，致使后进无门，初造失序，展卷不识其名，循文讵能知义？赞（指弘赞）始临坛，还同昏穴，惟此奋翅三藏，猎目群章，稽彼西天之梵言，释此东华之音义。端取昙无德律（指《四分律》）所有文句难通者，仅标其名，缵释其义。傍采诸家之辩，正述经论之玄，虽引四部之要文，然不杂彼之宗绪，恐紊持犯，难为防护；间所述者，并是通途行事，及略显开遮。……敢兴短闻，集为部夹，统

释事相,略明枢义。(《新纂续藏经》第四十四册,第405页上、中)

卷一至卷三前部分:解释《四分律》卷一前部分刊载的《四分律》的题名(指“四分律藏”)、译者(指“姚秦罽宾三藏佛陀耶舍共竺佛念等译”);《四分律》卷一前部分刊载的昙无德部创立者法藏作的偈颂(又称“序偈”、“归敬偈”)、佛对舍利弗所作的有关“以经法善摄”才能使佛法久住的谈话(又称“发起序”)中的字词音义。主要有:“佛陀耶舍”、“竺佛念”、“译”、“稽首”、“诸佛”、“比丘僧”、“毗尼”、“优波离”、“长老”、“禁戒”、“罗云”(以上卷一);“三垢”、“结使”、“涅槃”、“七觉意”、“五阴”、“瞿昙”、“沙门”、“释种十号”、“三月夏安居”、“舍利弗”(以上卷二);“契经”、“祇夜经”、“受记经”、“偈经”、“句经”、“因缘经”、“本生经”、“善道经”、“方等经”、“未曾有经”、“譬喻经”、“优波提舍经”、“有漏法”(以上卷三)等。如关于“禁戒”,说:

> 禁戒。梵言三婆啰,此云禁戒。禁,制也;戒也,谨也,止也。制以能制一切不善法故;戒以防止为义,谓能防恶律仪、无作之非,止三业所起之恶,故名防止。谨是慎义,谓慎无罪也;止者,梵语尸罗,正翻为止得,谓止恶得善也。训释虽众,其义一也。(卷一,第412页上、中)

卷三后部分至卷十八:解释《四分律》卷一后部分至《四分律》卷二十一刊载的比丘戒“四波罗夷法”、“十三僧残法”、“二不定法”、“三十舍堕法”、“九十单提法”(又称“九十波逸提法”)、“九十波逸提法”、“四提舍尼法”、“式叉迦罗尼法”(又称“百众学法”)、“七灭诤法”及其各戒中的字词音义。主要有:

“迦兰陀村须提那子”、“阿罗汉”、“善来比丘”、“白四羯磨比丘”(以上卷三);“和尚”、“阿阇黎”、“波罗夷”、“偷兰遮”、

“突吉罗”、“羯磨”（以上卷四）；“阿那般那三昧”、“增上慢”、“上人法”、“三三昧”、“三解脱门”、“最初未制戒”（以上卷五）；“僧伽婆尸沙”、“呗匿”、“摩诃迦叶”（以上卷六）；“瞿师罗园”、“异分事中取片”、“优波离剃发师”、“四圣种”（以上卷七）；“不定法”、“三衣”、“六群比丘”、“尼萨耆波逸提”、“迦絺那衣”、“明相”（以上卷八）；“自恣后一月”、“忏悔”、“时药”、“非时药”（以上卷九）；“急施衣”、“自恣”、“迦提月”、“僧物”（以上卷十）；“粗恶罪”、“五戒法”、“八关斋法”、“十善法”（以上卷十一）。

“一坐食”、“摩摩帝”、“解脱知见”、“十二因缘”（以上卷十二）；“大德”、“五种正食”、“作余食法”、“五种足食”、“非时”（以上卷十三）；“结恨”、“夏四月”、“粳米酒”（以上卷十四）；“衣钵坐具针筒”、“青黑木兰”、“漉水”、“初禅”、“二禅”、“三禅”、“四禅”、“初中后夜”（以上卷十五）；“杂碎戒”、“阿毗昙”、“毗舍佉母”、“兜罗绵贮”、“坐具”（以上卷十六）；“覆疮衣”、“雨浴衣”、“如来衣量”、“波罗提提舍尼”、“式叉迦罗尼”（以上卷十七）；“齐整著涅槃僧”、“齐整著三衣”、“入白衣舍”、“不立大小便”、“佛塔”、“现前毗尼”、“忆念毗尼”、“不痴毗尼”、“自言治”、“觅罪相”、“多人觅罪”、“如草覆地”（以上卷十八）等。如关于“偷兰遮”，说：

> 偷兰遮。或云偷兰遮耶，或云土罗遮，或云窣吐罗底也。《善见律》（指《善见律毗婆沙》）云，偷兰名大，遮言障善道，后堕恶道，体是鄙秽，从不善体以立名者，由能成初、二两篇（指“波罗夷法”、“僧残法”）之罪故也。《明了论》（指《律二十二明了论》）解：偷兰为粗，遮耶为过。粗有二种：一是重罪方便、二能断善根。所言过者，不依佛所立戒

而行,故言过也。《母论》(指《毗尼母经》)云,偷兰遮者,于粗恶罪边生,故名偷兰遮。又复欲起大事不成,名为偷兰遮。又复于突吉罗恶语重故,名为偷兰遮。一食人肉,偷兰(遮);二畜(蓄)人皮,偷兰;三剃阴腋毛,偷兰;四用药灌大便道,偷兰;五畜人发、钦婆罗,偷兰;六裸形行,偷兰:七畜石钵,偷兰;八瞋恚破衣,偷兰;九瞋恚破房,偷兰;十瞋恚破塔,偷兰,是名自性偷兰。按此偷兰遮罪,有其二种:一者根本,亦名独头(即自性也——原注),二者从生。于此二中,各分三品:上品者,根本中破法轮主、盗四钱、杀天、盗僧食等,从生中,波罗夷下生重者(此对一切僧前忏——原注);中品者,根本中破羯磨僧、坏法轮伴、盗三二钱、互有衣相触等,从生中,波罗夷下生轻者、僧残下生重者(此出界外,对四比丘忏——原注);下品者,根本中恶心骂僧、盗一钱、用人发、剃毛、裸形、畜人皮、石钵、食生肉血、著外道衣等,从生中,僧残下生轻者(向一比丘前忏——原注)。《萨婆多论》云,破僧轮、犯逆罪,偷兰遮,不可悔。破羯磨僧,犯非逆罪,可忏偷兰遮。(卷四,第431页下—第432页上)

卷十九至卷二十:解释《四分律》卷二十二至卷三十刊载的比丘尼戒“八波罗夷法”、“十七僧残法”、“三十舍堕法”、“一百七十八单提法”(又称“一百七十八波逸提法”)、“八提舍尼法”及其各戒中“不共戒”(指与比丘不同的戒条)部分中的字词音义。主要有:“白四羯磨比丘尼”、“非法别众”、“非法和合众”、“无根”、“四种净”、“非时衣”、“五衣”、“破戒见威仪”(以上卷十九);“五六语”、“施一食处”、“啖蒜”、“南无”、“磔手”、“六难事”、“袈裟”、“支节咒”、“刹利咒”、“鬼咒”、“吉凶咒”、“转鹿轮卜"、"六法"、"僧衹支"、"覆肩衣"、"曾嫁妇"、"波罗提提舍尼"（以上卷二十）等。如关于"破戒见威仪"，说：

> 破戒见威仪。破戒者，谓犯波罗夷、僧残、偷兰遮。破见者，谓破于正见，起于六十二见诸邪见等。破威仪者，谓犯波逸提、悔过法、突吉罗、恶说也。（卷十九，第552页上）

卷二十一至卷三十六前部分：解释《四分律》卷三十一至卷五十三前部分刊载的《受戒犍度》、《说戒犍度》、《安居犍度》、《自恣犍度》、《皮革犍度》、《衣犍度》、《药犍度》、《迦絺那衣犍度》、《拘睒弥犍度》、《瞻波犍度》、《呵责犍度》、《人犍度》、《覆藏犍度》、《遮犍度》、《僧犍度》、《灭诤犍度》、《比丘尼》、《法犍度》、《房舍犍度》、《杂犍度》二十犍度中的字词音义。主要有：

"三十二大人相"、"日姓"、"菩提树"（以上卷二十一）；"十二丑"、"弥勒"、"无余涅槃界"、"波罗奈国仙人鹿苑"、"三转十二行"、"转法轮"（以上卷二十二）；"不兰迦叶"、"尼揵子"、"三语受具"、"优波提舍"、"弟子法"（以上卷二十三）；"阿浮呵那"、"波罗提木叉"、"结小界"、"贼心入道"、"受具足戒"、"量影"、"犍椎"、"舍罗"、"戒场"（以上卷二十四）；"与欲"、"四念处"、"四如意足"、"八贤圣道"、"布萨"、"经营房主"、"受日"、"六十二见"（以上卷二十五）；"乐于六处"、"持律五人"、"袈裟色"、"四无量行"（以上卷二十六）；"缦衣"、"纳衣"、"净施"、"五种食"（以上卷二十七）。

"学人"、"八种浆"、"四种净地"、"五种净法"（以上卷二十八）；"湿病"、"不邪命"、"五条十隔"、"出功德衣"、"驱出"（以上卷二十九）；"不见罪举"、"五事"、"偷兰遮悔"（以上卷三十）；"六净根"、"四依法"、"大小便法"、"思惟善法"（以上卷三十一)；“大嚫”、“赞叹檀越”、“赞叹父祖”、“食上法”、“迦兰陀竹园”(以上卷三十二)；“不礼白衣”、“应礼”、“数岁”、“迦兰陀竹园”(以上卷三十三)；“营事比丘”、“宾头卢”、“六反十八动震”、“三千大千”(以上卷三十四)；“五道”、“万(卍)字”、“锡杖”、“作幢”、“浴室”(以上卷三十五)；“络囊”、“杨枝”、“八婆罗门”、“右胁累脚”、“五盖”(以上卷三十六)等。如关于“纳衣”,说:

> 纳衣。或作五条、七条、二十五条,拾粪扫以纳成也。《寄归传》(指《南海寄归内法传》)云,若著纳衣,意存省事,或拾遗于粪聚,或取弃于尸林,随得随缝,用袪寒暑耳,原西国不著百纳。《涅槃经》云,佛言,出家之人,有四种病,是故不得四沙门果。何等四病?谓四恶欲。一为衣欲、二为食欲、三为卧具欲、四为有欲,是名四恶欲,是出家病。有四良药,能疗是病:谓粪扫衣,能治比丘为衣恶欲;乞食,能破为食恶欲;树下,能破卧具恶欲;身心寂静,能破比丘为有恶欲。以是四药,除是四病,是名圣行。如是圣行,则得名为少欲知足。(卷二十七,第612页上)

卷三十六后部分至卷四十:解释《四分律》卷五十三后部分至卷六十刊载的《五百结集》、《七百结集》、《调部》、《毗尼增一》中的字词音义。主要有:“拘尸城”、“娑罗林”、“般涅槃”(以上卷三十六)；“舍利”、“长阿含”、“中阿含”、“增一阿含”、“杂阿含”、“三藏”、“富罗那”、“十事”、“耶舍伽那子”(以上卷三十七)；“空慧定”、“梵罚”、“下五使”、“三种净肉”、“四妄语”(以上卷三十八)；“五非法”、“五种犯”、“破戒五过”、“忏有五法”、“和南”(以上卷三十九)；“正法疾灭”、“自知得阿罗汉”、“六犯所起处”、“四分律宗”(以上卷四十)等。如关于“忏有五

法”,说:

> 忏有五法。律言,年少比丘在上座前忏悔,有五法:偏露右肩、脱革屣、礼足、右膝著地、合掌。应说罪名种性,作如是语:我某甲比丘,犯如是如是罪,从长老忏悔。上座应答言:自责汝心,生厌离。彼答言:尔。上座在下座比丘前忏悔,有四法:偏露右肩、脱革屣、胡跪、合掌。说所犯名:我犯某罪,今于长老前忏悔。彼应语言:应改悔,生厌离心。答言:尔。《母经》(指《毗尼母经》)云,上座于下座有所犯罪,现前应立四法发露:一偏袒右肩、二脱革屣、三合掌、四说所犯罪。下座向上座悔过所犯者,现前应立五法,第三加胡跪,即成五法也。余部皆同此式。言上座胡跪者,乃本部(指《四分律》)文,疑是误也。言胡跪者,以双足履地,两膝皆竖,摄敛衣服,勿令垂地,即是对人说罪、持衣说净常途轨式。或向大众而作敬,或被责而请忍,或受具而礼僧,皆同斯也(梵云嗢屈竹迦,此云蹲踞,即胡跪也——原注)。(卷三十九,第695页下—第696页上)

唐末五代以后,禅宗、净土宗盛行,而其他诸宗式微。四分律宗的处境尤为困难,从外部而言,屡屡遭到一些自视清高的禅宗人士的攻击;从内部而言,又时常遭到一些妄自尊大的菩萨戒奉习者的鄙视,被斥为“小乘”。如同本书的校订本弘丽在《跋语》中说的,“今之禅者,呵教为如来禅,诋律为声闻学,灭教败律,无所不至”(第705页上)。但戒律乃是菩提的根本、六度的基阶,在戒、定、慧“三学”中,因戒生定,因定发慧,防恶止非、超凡入圣,舍此别无他途。本书的作者弘赞是一位曹洞宗僧人,居然能化如此大的心血,诠释律典,实属难得。

第十二品　清弘赞《四分戒本如释》十二卷

《四分戒本如释》，十二卷。清弘赞绎，成于明崇祯癸未岁（崇祯十六年，公元1643年）。收入《新纂续藏经》第四十册。

本书是《四分戒本》的详解。所说的《四分戒本》，据作者自述，指的是《明藏》中收录的唐怀素集《四分律比丘戒本》一卷。由于怀素集本只有各戒的条文（戒文），而没有各戒的名称（戒名），不便记诵和受持，故本书又增立了各戒的名称（其中，“众学法”、“灭诤法”未标列戒名）。此外，作者似未见过唐道宣《四分律比丘含注戒本》等书，故所标立的戒名，与道宣著作中的戒名体系不同，而与明智旭《重治毗尼事义集要》的戒名体系较为接近。全书先“释题目”（指《戒本》的题名），次“释本文”（指《戒本》的原文）。在“释本文”中，作者将《戒本》科分为“序前方便”（相当于“序分”）、“总列戒相”（相当于“正宗分”）、“结劝回向”（相当于“流通分”）三分。其中，“总列戒相”为全书的主体，下分八类戒法，共收录比丘戒二百五十条。每类戒法，均下分三章：“初总标”，初首标立此类戒法的名称；“中别列”，中间叙列此类戒法下属各戒的条文；“后结问”，末了对此类戒法作小结。依顺《戒本》的这种层次结构，作者引一段原文，然后以“释曰”开头，加以解释。其释文深入到各个戒条的制戒因缘、文句解释和犯相解释，内容十分详细。书首有弘赞《叙四分戒本如释语》、《凡例》、《具足戒相威仪细行总图》；书末有《二百五十戒摄颂》、《戒相篇聚图》。弘赞在《四分戒本如释科》中，说：

> 夫戒本者何？乃比丘之规矱，涅槃之津要。规矱失，则

心虑无整；津要迷，则彼岸难到。故如来首自鹿苑，终乎鹤树，谆谆诲嘱，俾依木叉（指波罗提木叉，即戒）为师，视同如佛。今人背遗嘱，诋毗尼，何异逆子而抗慈父，善星而侮圣言。背遗嘱，是非佛也；诋毗尼，是非法也；见持戒者而嘲嗤，是非僧也。三宝既非，而且毁，奚名释子？盖戒法乃对治无明业种之醍醐，修证五分法身（指戒、定、慧、解脱、解脱知见）之妙术，业种不断，因流弥漫，法身不圆，解脱无日。违此而修，纵得妙悟禅定现前，终是魔业。……予因睹此，每劝初学，著目毗尼，使定慧有址，正法而得久住。第律文旨奥，止持作犯、名种性相，阅者无不茫然，乃忞自庸，力取戒本，如律释之，故曰《如释》。释而未尽，附余部以悉之。（《新纂续藏经》第四十册，第192页中）

《凡例》说：

此《戒本》，藏本（指《明藏》本）有二：一是后秦佛陀耶舍尊者所译，二乃唐怀素律师依《四分（律）藏》中集出。而《四分律藏》一部，卷有六十，亦耶舍尊者所翻。此方上德，悉共尊行，自秦至唐，多人疏业，恨不一存，稽宋代来，鲜有作者。今时初学习律，每以事相为艰，多释卷高阁，故律学渐废，持犯无不昧然，释子要法，而成故典矣。……欲使初学，急知持犯，爰取《戒本》，如律释之。而律文繁广，不能一一，仍其藏本，乃删繁揭要，而义实全，至于开遮持犯，毫厘不敢增略。……而所释本，仍依律藏及素师（指怀素）所集，中有文句简质，恐初学难顺，乃取翻译本一二字，以易明之。然于每戒下，附余部律文，并诸论传，意欲互相发明旨趣，及补所未备。（第192页下）

卷一：解释《四分戒本》的“题目”（指书名）和“序前方便”

（相当于"序分"）部分。"序前方便"部分，下分四目：（1）"赞颂"（又称"归敬偈"）。指昙无德部创立者法藏作的"序偈"（其文为"稽首礼诸佛，及法比丘僧……如来立禁戒，半月半月说"）。（2）"作前方便"（又称"集僧简众"）。指说戒前，说戒师集僧简众，询问说戒羯磨准备情况时的文词（其文为"僧集不……何所作为？说戒羯磨"）。（3）"秉白羯磨"（又称"说戒告白"）。指说戒前作的单白羯磨（其文为"大德僧听，今白月十五日……和合说戒。白如是"）。（4）"说戒经序"。下分"正说序"（又称"诫敕时众"）、"结问"（又称"三问清净"）二目。前者指说戒师宣布说戒的宗旨与纪律，并询问与会僧众是否清净时的文词（其文为"诸大德，我今欲说波罗提木叉戒……"忏悔得安乐"）；后者指说戒师询问与会僧众是否清净，连问三遍，策励大众反省发露，依法持戒时的文词（其文为"诸大德，我已说戒经序……默然故，是事如是持"）。

如关于说戒前作的"秉白羯磨"（即单白羯磨），说：

> 大德僧听，今白月十五日，众僧说戒，若僧时到，僧忍听，和合说戒。白如是（以上为《四分戒本》的原文）。
>
> 释曰：大德僧听者，谓令诸比丘，耳识勿缘异境，专心一境，于所闻事，当正忆持也。白月十五日者，此取上半月言之，若下半月，即是黑月，月有大小，或十四日、或十五日，当依时称之。众僧说戒者，显非余事也，按耶舍所译《戒本》，则云布萨说戒，今不言者，是略也。何以故？说戒是直陈其事，未彰其义。布萨者，是长养净除义，谓由众集说戒，能长养功德，净除烦恼、诸不善法故。若僧时到者，时谓说戒之时，到谓僧如时而至也。僧忍听者，谓现前大众，当共忍可听许和合说波罗提木叉戒也。白如是者，谓以此事

而告知也(以上为弘赞的注释)。(卷一,第201页上)

卷二前部分:解释《四分戒本》“总列戒相”(相当于“正宗分”)部分中的“四波罗夷法”,始第一条“不净行戒”,终第四条“大妄语戒”。

卷二后部分至卷三前部分:解释《四分戒本》中的“十三僧伽婆尸沙法”,始第一条“故失精戒”,终第十三条“不舍恶性戒”。

卷三后部分:解释《四分戒本》中的“二不定法”,始第一条“初不定法”,终第二条“后不定法”。

卷四至卷六:解释《四分戒本》中的“三十尼萨耆波逸提法”,始第一条“畜长衣戒”,终第三十条“回僧物入己戒”。

卷七至卷十前部分:解释《四分戒本》中的“九十逸提法”,始第一条“故妄语戒”,终第九十条“等佛衣量戒”。

卷十后部分:解释《四分戒本》中的“四波罗提提舍尼法”,始第一条“受非亲尼食戒”,终第四条“恐怖处受食戒”。

卷十一:解释《四分戒本》中的“众学法”(未标戒名),始第一条“当齐整著涅槃僧,应当学”(即“不齐整著内衣戒”),终第一百条“人持盖,不应为说法,除病,应当学”(即“为持盖人说法戒”)。

卷十二前部分:解释《四分戒本》中的“七灭诤法”,始第一条“现前灭诤法”,终第七条“草覆地灭诤法”。

以“九十波逸提法”第二条“毁呰语戒”为例,其释戒的方式是这样的:

> 毁呰语戒第二(以上为弘赞标立的戒名)。
>
> 若比丘,种类毁呰语者,波逸提(以上为《四分戒本》的原文)。

释曰：佛在给孤独园，六群（比丘）断诤事，种类骂比丘，比丘惭愧，忘失前后，不得语。诸比丘白佛结戒。毁呰语者，谓口出毁辱之言，而诃骂于他，欲令彼羞耻也。是中种类毁呰，有其七事，谓卑种、姓、行业、工伎、犯过、结使、病患。（卑）种者，谓主杀人、除粪、竹师、车师等卑种也；姓者，谓诸余卑族，若本非卑族，习卑伎艺，亦是卑姓也；行业者，谓贩卖猪羊、杀牛、放鹰、网猎、作贼、捕贼、守城、知刑狱等诸卑业也；工伎者，谓铁、木、瓦、皮、剃发、作等，诸卑伎术也；犯过者，谓犯七犯聚、波罗夷，乃至恶说也；结使者，谓瞋、恨、恼、嫉，乃至五百结使烦恼也；病患者，谓盲、瞎、秃、躄、跛、聋、哑等，乃至疥、癞、痈、疽，及余众患所加也。……如是毁呰余比丘者，尽得堕罪。不了了者，恶作。……不犯者，相利故说，为法、为律、为教授故说，为亲厚故说，或戏笑说、失口说、独说、梦说、误说（以上为弘赞的注释）。（卷七，第 246 页上、中）

卷十二后部分：解释《四分戒本》"结劝回向"部分（相当于"流通分"）。下分：（1）"总结前相"。指戒经结语的前段（始"诸大德，我已说戒经序，已说四波罗夷法"，终"此是佛所说，半月半月说，戒经中来"）。（2）"劝学余法"。指戒经结语的后段（即"若更有余佛法，是中皆共和合，应当学"一句）。（3）"七佛略说戒经"（又称"七佛略说戒经偈"）。指七佛各自所说的有关戒经的偈颂（始"忍辱第一道，佛说无为最"，终"乐学戒者，当于中学"）。（4）"结颂回向"。指昙无德部创立者法藏作的"流通偈"（始"明人能护戒，能得三种乐"，终"施一切众生，皆共成佛道"）。

如关于《四分戒本》末尾的"结颂回向"义通大乘，说：

我已说戒经，众僧布萨竟。我今说戒经，所说诸功德。施一切众生，皆共成佛道（以上为《四分戒本》的原文）。

释曰：前半颂，明自、他所作事毕；后一颂，以所作事，回施有情，共成佛道。言所作事者，即诸功德也。诸功德者，谓一一戒所生之功德也。施一切众生者，谓先作布萨说戒，乃惟自利，今施众生，是为利他。共成佛道者，所谓不令有人独得灭度，皆以如来灭度而灭度之，是也。亦乃菩萨初发大心，即与一切众生共期佛果，究竟涅槃之弘誓也。问曰：声闻之法，何用回向佛道为？答曰：斯正所谓真是声闻，以佛道声，令一切闻，惟有一乘法，无二亦无三。又，戒本防非止恶，非声闻之独持，比丘体通大小，岂罗汉之自目？菩萨原分在家、出家，比丘宁同俗类，若不持此修身，更以何成僧法？故云，在家菩萨持在家戒，出家菩萨持出家戒，在家菩萨名为近事，出家菩萨名为比丘。是知比丘之戒，非局小心，出家菩萨曷容不护？三世诸佛，同斯法教，不惟今之独尔（以上为弘赞的注释）。（卷十二，第300页中、下）

有关《四分律》比丘戒本的注释，传世的有好几种，但体例完备、内容精湛的，要数唐道宣《四分律比丘含注戒本》、明智旭《重治毗尼事义集要》、读体《毗尼止持会集》十六卷、清德基《毗尼关要》十六卷和本书。而后四书的学术水准均可以与道宣著作相媲美，却长期以来尘封于世，知者寥寥，这是很可惜的。

第十三品　清弘赞《式叉摩那尼戒本》一卷

《式叉摩那尼戒本》，一卷。清弘赞辑，成于顺治庚寅岁（顺治七年，公元1650年）。收入《新纂续藏经》第四十册。

本书是《四分律》式叉摩那尼戒本的集本，据《四分律》中的相关资料编集而成。所说的“式叉摩那尼”，通常称之为“式叉摩那”，意译“学戒女”、“正学女”、“学法女”，指受具足戒前处于二年学法阶段的出家女子，童女出家者十八岁以上，曾嫁女出家者十岁以上（此据《四分律》卷二十八，《根本说一切有部苾刍尼毗奈耶》卷十八则说曾嫁女出家者须十二岁以上），须经过二年修学，并查验是否有妊（“净身”），方可进受具足戒。通常说的比丘戒本、比丘尼戒本，都是供僧尼每半月一次说戒时使用的读本，因而读本的初首有归敬偈，末尾有流通偈，中间还串插了一些说戒仪轨（指说戒的程序和仪式）。而式叉摩那和沙弥、沙弥尼一样，属于“三小众”，她们并不具有独立举行说戒活动的资格，故本书只有式叉摩那须受持的戒条及所附的小注，也没有说戒仪轨方面的内容。所辑录的戒条，只有文句（即条文），不标名称（即戒名；为弥补这一缺失，笔者在解说时，对相关的戒条标立戒名）。书首有弘赞《式义摩那尼戒本序》，说：

惟夫世教，礼仪为先，出世洪规，戒律居首。非礼仪，无以成贤智；乘戒律，所以趣菩提。故大经云，戒是一切道果梯航，亦是一切善果根本。……是故大小两乘，同禀尸罗（指戒），出家五众，共遵戒法。……如来备尽物机，教阐三乘，戒立五众。而女性暗钝，烦惑偏厚，乃制以六法，令其二年预学大尼一切诸戒威仪，戒体渐成，方听受具。然其所依，必以知律大尼为师，但大尼不得向说五篇七聚之名，惟听语令不淫、不盗等诸戒威仪。嗟夫末代大尼罕遘，知律者全稀，既不蒙于亲授，复不许阅篇聚之文，无由得知止持、作犯，纵有向上之志，而无措足之方。爰是稽诸律本，编集所应学法，俾有惭有愧、乐学戒者，时而习之。（《新纂续藏

经》第四十册,第778页上)

本书采用先总说式叉摩那戒的含义,次别释其内容的叙次展开。

关于式叉摩那戒的含义,书中说:

> 梵语式叉摩那尼,此云学法女,谓于二年中具学三法:一学根本,谓四重也。二学六法,谓羯磨所得者。三学行法。谓大比丘尼一切诸戒威仪也。今依律本。详列三法。以便受戒者习学。(第778页中)

关于式叉摩那戒的内容,本书分为学"三法":

(一)"学根本"。指学习"四根本戒",又称"四重戒",依次为"淫戒"、"盗戒"、"杀戒"(又称"故断众生命戒")、"大妄语戒"。其内容为比丘尼戒"八波罗夷法"的前四条(属于与比丘相同的"共戒"),但文字表述上有所改动(即意思相同而语句不同)。如关于"杀戒",说:

> 三不得故断众生命,乃至蚁子。若式叉摩那,故自手断人命,若持刀授与人,教死、赞死,若与人非药,若堕人胎,禳祷咒术,自作、教人作者,非式叉摩那,非释种女,是犯重罪故(赞谓赞叹令死;非药谓毒药,或彼人病,与不相宜药令死;禳音掩,谓祈祷鬼神也;咒谓用恶咒术也——原注)。(第778页下)

(二)"学六法"。指学习"式叉摩那六法",依次为"染心相触戒"、"盗四钱戒"、"断畜生命戒"、"小妄语戒"、"非时食戒"、"饮酒戒"。其内容相当于沙弥、沙弥尼须共同受持的"十戒"的第三条、第二条、第一条、第四条、第十条、第五条,但文字表述略有改动。如关于"染心相触戒",说:

若式叉摩那，与染污心男子，共身相摩触，犯戒，应更受戒（染污心者，淫欲意也——原注）。（第 778 页下）

（三）“学行法”（附“忏二百九十二行法法”）。指学习比丘尼“二百九十二法”，即比丘尼戒二百九十二条。其中，内容取于比丘尼戒“八波罗夷法”、“十七僧伽婆尸沙法”、“三十尼萨耆波逸提法”、“一百七十八波逸提法”、“八波罗提提舍尼法”的有“一百九十三法”，“属戒”（见第 783 页中）；取于“众学法”的有“九十三法”，“属威仪”（同上）。但文字表述上均有所改动。与比丘尼戒七类戒法相比，此中唯一所缺的是“七灭净法”。如关于“不安居戒”，说：

若无事应前安居，有事应后安居，不得不安居（四月十六日，是前安居日。五月十六日，是后安居日。若有三宝事，若瞻病事，不及前安居，听后安居。前安居住至七月十五日解。后安居住至八月十五日解——原注）。（第 783 页上）

本书作为汉地佛教人士编集的独一无二的式叉摩那戒本，具有他书无法替代的价值。但仔细分析，此中也有一些似可推敲之处。因为《四分律》卷二十七在比丘尼戒“一百七十八单提法”中，只是说“彼式叉摩那，一切戒应学，除自手取食、授食与他”（《大正藏》第二十二卷，第 775 页下），并没有细说比丘尼戒中，哪些戒条适用于式叉摩那，哪些戒条不适用。唐道宣《四分律删补随机羯磨》卷上《诸戒受法篇》小注对上述律文作了演绎，提出：“佛言：式叉尼，一切大尼戒应学，除自手取食、授食与他。此学法女，具学三法：一学根本，即四重是。二学六法，谓染心相触、盗减五钱、断畜生命、小妄语、非时食饮、酒也。三学行法，谓大尼诸戒及威仪，并制学之。若犯根本戒法者，应灭摈；

若缺学法者,更与二年羯磨;若违行法,直犯佛教,即须忏悔,不坏本所学六法。”(《大正藏》第四十卷,第499页中)本书的框架便是据此建立的。但即便是道宣,也没有提出式叉摩那应学比丘尼戒“二百九十二行法”。因此,这一提法的是否确切尚待进一步探讨。

尽管如此,本书所叙及的,主要是比丘尼戒的众多条文,而自古以来为比丘尼戒作注的著作十分稀缺。本书中的小注,有助于读者理解比丘尼戒的字义和事义,具有一定的参考性。

第十四品　清弘赞《比丘受戒录》一卷

《比丘受戒录》,一卷。清弘赞述。原书未署撰书,从作者自序提到,编撰此书时,“年过古稀”,以此推断,约成于康熙二十年(1681)至康熙二十三年(1684)之间。收入《新纂续藏经》第六十册。

本书叙述比丘受具足戒须知的事项。内容包括比丘受具足戒的由来、受戒文书、受戒后须知的羯磨法,以及祖师的法语。书首有作者“略序得戒缘由”,叙述比丘受戒制度的由来,以及自己因当时受戒的乱象,而触发的撰写本书的动机,说:

> 元末明初,戒律稍异;明中(指明代中期)谙律者已希;至明末时,律之一宗扫地矣。余从受具来,阅大律藏,目不交睫者数年,而不得其中宗趣。遂遍参诸方,以求明哲,而无一习学毗尼者。……余年三十有四,兴往天竺之念,求请梵僧数人回震旦,再传授戒法。……不意时值沧桑,弗果所愿,至今年过古稀,犹怅昔之无缘也。比见诸方丛席,与人授戒,不依佛制,尽是非法别众。非法者何?不知白四羯

> 磨,惟抄写他人杜撰,闲文唱诵,或师自心所作。佛制受具者,至多惟许三人同坛,若过即成非法。……别众者何?不知依律结大界及戒场,既无戒场,即一人受具,同住比丘,或百或千,尽要共集。……或在白衣、沙弥前作羯磨,三十、二十同时一齐授之,大违佛制。(《新纂续藏经》第六十册,第703页上)

全书大致可以分为两部分。前部分为“受戒录”(受戒文书,类似于戒牒),主要内容有:“略序得戒缘由”(指受戒的由来),“录(记录)得戒和尚、阿阇黎、临坛尊证僧伽,并记自生年、受戒年月日时,以识戒腊之尊卑”。后部分为“羯磨法”,叙述比丘受戒后须知的僧人日常行事的羯磨法,有:“布萨法”、“对首布萨法”、“心念布萨法”、“对首安居法”、“心念安居法”、“对首受日法”、“在众僧中自恣法”、“对首自恣法”、“心念自恣法”、“受三衣法”、“受安陀会衣法”、“受郁多罗僧衣法”、“受僧伽梨衣法”、“舍衣法”、“受尼师坛法”、“受钵法”、“净施法”、“真实净施法”、“展转净施法”、“心念舍衣法”、“受非时药法”、“受七日药法”、“受尽形寿药法”,总计二十三种(此中有些羯磨法有主从关系,如“布萨法”与“对首布萨法”、“心念布萨法”等)。书末附出“南山(唐道宣)、灵芝(北宋元照)、云栖(明袾宏)法语一十五则”,“以救时弊,当用自警”。

书中并不正面阐述比丘受具足戒的条件、程序和仪式,但对当时佛教界施行的一些非法授戒的做法,作了罗列和批评。如关于比丘戒的“受戒录”和阿阇黎的人数,说:

> 今时诸方丛林,各各亦有戒录,而不叙得戒原由、持犯枢要,惟录三师(指“得戒和尚”、“羯磨阿阇黎”、“教授阿阇黎”)、七证(指七位“尊证阿阇黎”),乃至同坛同期受戒

> 人、监院、副寺、知客、司库等名，诚没交涉。如欲录者，当录和尚（指“授十戒和尚”、“授大戒和尚”）、五位阿阇黎（指“授十戒阿阇黎”、“羯磨阿阇黎”、“教授阿阇黎”、“依止阿阇黎”、“授经阿阇黎”）、生年、戒腊、生处者可也。……诸部律文，无剃发阿阇黎，原剃发即是和尚遣能剃者剃之。近时不谙法律者，复妄加审戒阿阇黎、引请阿阇黎、值坛阿阇黎。原审戒即是教授，先在坛外审问诸遮难事讫，次引入坛内。羯磨师对众审问已，乃为作四羯磨授戒。值坛者，谓受戒人初至，未谙礼法，恐临坛仓卒失仪，故教之行礼，并无阿阇黎位。（第707页中、下）

本书的特色，在于指导如何书写“受戒录”，此录用于记录比丘的出生年月日时、族姓、府县；何时礼某师出家；何时依某和尚受沙弥戒；何时依某和尚受具足戒；何时依某和尚受菩萨戒；秉羯磨阿阇黎法名、法号，教授师阿阇黎法名、法号，尊证大德七人法名等。

第十五品　清弘赞《比丘尼受戒录》一卷

《比丘尼受戒录》，一卷。清弘赞述，约成于康熙二十年（1681）至康熙二十三年（1684）之间。收入《新纂续藏经》第六十册。

本书叙述比丘尼受具足戒须知的事项。内容包括比丘尼受具足戒的由来、受戒文书、受戒后须知的羯磨法，以及“八不可过法”（又称“八敬法”）。书首有作者“略述得戒缘由”，叙述比丘尼受戒制度的由来，以及本书的撰作缘由，说：

> 顺治十四年，余在广州羊城。时各县余尼来求受具，余

辞不获已，因立二部僧，各满十人，与授大戒。自后十人（指比丘尼十人）难得，但有五人以上，亦与为授，要须持律清净。故云，边地持律五人得受具戒（指边远地区由僧众五人，即“三师二证”作“白四羯磨”授具足戒）。其尼亲教师要满十夏，而羯磨、教授二师，及余证人，无论岁腊，事须解律，纵律未能精炼。其羯磨者，必是持律明了，方许秉法。……今诸方丛席，为人授具，既不知作法结僧大界，戒坛奚立，则戒无由得矣。故云，若不结界，一切羯磨受戒等法，俱是空作。复不依律作白羯磨，唯师自心，在沙弥、白衣前，杜撰唱说，非法为法，以讹传讹，递相踵习，沿波日久，不觉其非。佛言，若有秉羯磨说戒，则正法未灭世间。又云，毗尼藏住，佛法亦住。是故弘绍之宾，特宜遵教，俾正法而恒存，木叉（指戒）而永固也。（《新纂续藏经》第六十册，第708页下—第709页上）

全书大致可以分为两部分。前部分为“受戒录”（受戒文书，类似于戒牒），主要内容有：“略述得戒缘由”，“录得戒和尚、阿阇黎、二部僧名，并记自受戒年月日时，以识戒腊尊卑”，“附作法略仪”（有目无文）。后部分为“羯磨法”，叙述比丘尼受戒后应知的僧人日常行事的羯磨法，有：“布萨法”、“对首说戒法”、“心念说戒法”、“对首安居法”、“心念安居法”、“对首受日法”、“对首自恣法”、“心念自恣法”、“受五衣法”、“受尼师坛法”、“受钵法”、“受十六枚器法”、“受非时药法”、“受七日药法”、“受尽形寿药法”、“净施法”、“真实净施法”、“展转净施法”，总计十八种（此中有些羯磨法有主从关系）。书末附出“八不可过法”。如关于“受十六枚器法”，说：

受十六枚器法（即日得器，应即日受，可须用者，十六

> 枚,余者当净施,若遣与人。谓大釜、小釜、二盖、水瓶及盖、洗瓶及盖、四盘、二小杓、二大杓。受云——原注)。大姊一心念,我比丘尼某甲,此某器,是我十六枚数,今受(三说——原注)。(第710页上)

从本书的叙述中可知,虽说清初比丘尼的数量很少,但仍然坚持在二部僧中受大戒(具足戒)的制度。作者弘赞在广州时,应请为各县比丘尼授戒,授戒需要的戒腊满十年的比丘、比丘尼各十人,授戒需要的戒腊满十年的比丘十人很容易地找到了,而戒腊满十年的比丘尼十人则找不到,最后勉强找到五人,以佛允许"边地"僧众满五人就可授大戒为依据,为这些出家女子授了比丘尼戒。

第十六品　清弘赞《归戒要集》三卷
附:清弘赞《八关斋法》一卷

《归戒要集》,三卷。清弘赞辑,初撰于明崇祯庚午岁(崇祯三年,公元1630年;此据《四分律名义标释》卷十一已提及本书,说"受八戒法,备如《归戒要集》中,及于余处,此不繁出"推断),刊定于清康熙癸卯岁(康熙二年,公元1663年;此据作者《归戒序》)。收入《新纂续藏经》第六十册。

本书叙述优婆塞、优婆夷受"三归"、"五戒"、"八戒"(又称"八关斋戒")须知的事项。内容包括在家戒的由来、仪轨、戒相(戒法条文)和方法。它与作者撰的《比丘受戒录》、《比丘尼受戒录》同为"受戒录"系列著作。书首有弘赞于康熙二年(1663)撰的《归戒序》;书末附出"音释",训释难懂的字词或短句的读音和含义。弘赞在《归戒序》中说:

夫三宝者，性相常住，体周法界，接物应机，如日曜于千江，为世舟航，非三畏之可比。故其始心入道，首则归依三宝，受不杀、盗、淫、妄、酒戒，似儒教仁、义、礼、智、信之五常。然五常庆在一生，五戒功归多劫。故云，五戒不持，人天路绝，如来三十二相，皆从持戒而得。……是故现见奉戒去杀，不狥仁而仁自著；持戒离盗，不崇义而义自敷；守戒除淫，不修礼而礼自立；遵戒息妄，不期信而信自成；受戒断酒，不履智而智自明。夫斯之实，可谓振网持纲，万目开张，破无明壳，出长夜梦，复何功可以加之？何德可以配之？……是以梵志舍异学，而归投三尊，菩萨奉禁戒，而位同大觉，如斯之教，孰得而思议哉！（《新纂续藏经》第六十册，第678页上）

卷上：《受三归法》。叙述“受三归戒”的由来、仪轨、戒相（戒法条文）和方法。如关于“最初受三自归”的优婆夷、优婆夷，说：

尔时，世尊受梵天王请转法轮已，往波罗柰国鹿野园中，为憍陈如等五比丘，三转四谛法轮。心得解脱，成阿罗汉，是为僧宝，人天无上福田（后度耶舍伽子、舍利弗、目犍连、三迦叶徒众，共千二百五十人。最后涅槃，度须跋陀罗，于其中间所度者，不可胜数。故经云，佛告阿难，如来东方弟子，无数亿千，南、西、北方弟子无数亿千——原注）。时耶舍伽父，往见世尊，佛为说法，即得须陀洹果。白佛言：我今归依佛、归依法、归依僧，唯愿世尊，听为优婆塞，自今以去，尽形寿不杀生，乃至不饮酒。是为最初三自归，耶舍伽父为首。时耶舍伽母及妻，办种种饮食，奉上世尊，佛为说法，得须陀洹果。白佛言：自今已去，归依佛法僧，听为

优婆夷，自今已去，尽形寿不杀生，乃至不饮酒。是谓最初受三自归优婆夷，耶舍伽母及妻为首。（卷上，第678页下）

卷中：《受五戒法》。叙述"受五戒"的由来、仪轨、戒相（戒法条文）和方法。如关于"五戒"的随分受持（"一分"、"少分"、"半分"、"多分"、"满分"）和尽形寿受持，说：

《优婆塞戒经》云，善男子，优婆塞戒极为甚难，何以故？是戒能为沙弥戒、大比丘戒，及菩萨戒，乃至无上菩提，而作根本，至心受持优婆塞戒，则能获得如是等戒、无量利益。……《智度论》云，戒有五种，始从不杀，终至不饮酒。若受一戒，名一分优婆塞；若受二戒，名少分优婆塞；若受三戒，名半分优婆塞；若受四戒，名多分优婆塞；若受五戒，名满分优婆塞。汝今欲受何分，当随意说。……《大方便经》优波离白佛言：若受一日、二日，乃至十日五戒，得受不？佛言：不得。佛本制戒，各有限齐，若受五戒，必尽形寿；若受八戒，必一日一夜受。是故不得。（卷中，第682页中—第683页上）

卷下：《受八戒斋法》。叙述"受八戒斋"（又称"八关斋戒"）的由来、仪轨、戒相（戒法条文）和方法。如关于"受八戒斋"的时限和求受方法，说：

《增一阿含经》云，佛告优婆塞，当于八日、十四日、十五日，往诣长老比丘所，一一受八戒。一一受之，勿令失次。……何缘五戒尽形寿受，八戒斋法一日一夜？当言：如来善知法相，通达无碍，作如是说，又如人重病，要须众药和合治之，若少一种，则不能治。……问曰：受八戒法，得二日、三日,乃至十日,一时受不?答曰:佛本制一日一夜戒,不得过限。若有力能受,一日过已,次第更受,如是随力多少,不计日数。夫受斋法,必从他人边受。于何人受?五众边受(指须向出家五众求受)。……《萨婆多论》(指《萨婆多毗尼毗婆沙》)云,夫受斋戒,要从他受。必无授者,但心念口言,自归三宝,我持八戒,亦得。准此必无戒师,或师不识戒相,方听自受。(卷下,第690页中、下)

本书在叙述"受三归戒"、"受五戒"、"受八戒斋法"的方法时,援引了许多经律论上的相关论述,是一部专题性资料较为丰富的著作。

清弘赞《八关斋法》一卷

《八关斋法》,一卷。清弘赞辑,约成于康熙二年(1663)至康熙二十三年(1684)之间。收入《新纂续藏经》第六十册。

本书叙述优婆塞、优婆夷在每月"六斋日"中的一日一夜受持"八关斋"(又称"八关戒斋"、"八戒")的方法。无序跋。弘赞在卷首语中说:

如来御世,本为利乐一切众生,而众生根性不同,故教设多方。教虽非一,而不出三学,所谓戒、定、慧也。然定、慧多门,戒列七众。出家则比丘禀受二百五十大戒,比丘尼受持三百四十八戒,式叉摩那学其六法,沙弥、沙弥尼俱持十戒;在家则清信男、清信女,戒开两门:一、五戒终身持;二、八戒六斋日(指每月的八日、十四日、十五日、二十三日、二十九日、三十日)持,或十斋日(指每月的一日、八日、十四日、十五日、十八日、二十三日、二十四日、二十八日、二十九日、三十日)持,或随自意,有暇日即持。然戒虽云一

日一夜,其所获功德利益,非凡所测,如摩尼宝珠,虽复轻小,而胜一切诸宝。(《新纂续藏经》第六十册,第697页中)

本书所说的"八关斋",是指一日一夜"不杀生"、"不偷盗"、"不淫欲"、"不妄语"、"不饮酒"、"不著香华鬘不香涂身、不歌舞倡伎不往观听"、"不坐高广大床"、"不非时食"。由于"不著香华鬘不香涂身、不歌舞倡伎不往观听",内含二条,故实为"九法",合作"八事"。如关于"八关斋"的含义,说:

此八关戒斋,亦名八支戒,又名八种长养功德法。前之八法,名为关戒,后一不非时食,名之为斋,斋戒合名,故云八关戒斋。关谓关闭八恶,不起诸过;斋者,齐也,谓禁止六情,不染六尘,齐断诸恶,具修众善,故名斋也。《大方便经》云,优波离白佛言:夫八斋法,并过中不食,乃有九法,何以八事得名?佛言:斋法过中不食为体,八事助成斋体,共相支持,名八支斋法,是故言八斋,不云九也。不杀生者,下至微细蜫虫,但有命者,不得故杀;不偷盗者,乃至一针一线,他不与者,不取;不淫欲者,世间一切男女,及自妻妾,一日一夜,悉皆远离;不妄语者,妄语有四,谓妄语、绮语、两舌、恶口,但与心口相违者,悉名妄语;不饮酒者,谓一切五谷华果酿成,能醉人者,皆不得饮;不著香华鬘、不香涂身者,谓不得以诸华贯串为鬘,名香为末,熏佩涂饰,及著一切庄严衣具等;不歌舞倡伎、不往观听者,倡伎是乐器,谓自不习歌曲戏舞、作诸妓乐、樗蒲棋博等,及他人作时,亦不往观听;不坐高广大床者,高不过尺六,广阔不过四尺,长大不过八尺,及一切严丽庄校床座,皆不于中坐卧也;不非时食者,谓不过日中啖嚼五谷、瓜果等物,若日过西一线,乃至明日

天未晓，皆名非时。(第698页上、中)

本书的基本内容没有超出作者《归戒要集》卷下《受八戒斋法》的范围，文句上也是大同小异，连作者也在本书之末说，“余详《归戒集》中”(见第700页中)。从这个意义上说，本书实际上是《归戒要集》卷下《受八戒斋法》的节略本。但本书之末附有“吴王孙皓，拜沙门僧康会受戒。齐武帝永平元年，帝幸华林园，设八关斋戒”，及至“(唐)侍郎白居易，字乐天，自号香山居士，尝劝一百四十八人，结上生会，在钵塔寺，依如大师，授八关斋戒九度”等事，这是《归戒要集》所没有的。

第十七品　清弘赞《沙门日用》二卷

《沙门日用》，二卷。清弘赞编，成于康熙辛亥岁(康熙十年，公元1671年)。收入《新纂续藏经》第六十册。

本书叙录寺院僧人日常行事中使用的各种偈咒。由作者参照明性祇《毗尼日用录》的体例和内容重新整理而成。作者弘赞认为，《毗尼日用录》的内容“广略欠宜”，故重新作了组织整理；又认为，原书名中“毗尼”两字用得不确切，因为“毗尼即律”，“惟明比丘二百五十戒法，不说诸真言咒语”，故又将“毗尼”改为“沙门”，题作今名。书首有开定(弘赞的弟子)于康熙十年(1671)撰的《沙门日用序》；卷上之初有弘赞的卷首语(无标题)。开定在《沙门日用序》中说：

识心达本，名曰沙门，具足三千威仪，受持八万细行。今此《日用》一书，乃三千之枢要，八万之妙用，出家进修之阶梯，菩萨利生之慈航。苟阶梯失，慈航乏，则自利、利他何有哉！旧曰《毗尼日用》(指明性祇《毗尼日用录》)者，讹也。毗尼即律，是五藏中之律藏，惟明比丘二百五十戒法，不说诸真言咒语。其间偈颂，多出《华严》诸经，咒语载之密部。然经律真言，各有宗旨，宁容混滥，以毗尼而自目哉！今本师在和尚（指弘赞），诚末法之砥柱，救世之良医，注释经律百有余卷，兼闲咒语，至于华梵胡言，无不洞贯，悲末法之颓风，愍后代之罔闻，遂为重订，目曰《沙门日用》。名实俱当，事简理详，虽云沙门，而诸在家清信士女，有受归戒、菩萨法者，咸须行之。（《新纂续藏经》第六十册，第212页上）

弘赞在卷首语中说：

夫为沙门者，勤行众善，息诸妄虑，于二六时中，身被四仪，口持显密，心存定慧，三密于是相应，万行由斯渐备。故《华严·净行品》令诸菩萨，凡有所作，皆悉发愿回向，一切众生，同成正觉，是则自利、利他，乃大士之本誓，虽曰现处凡地，而已具圣行矣。稽斯《日用》，原本非一（指《毗尼日用录》等），皆是此方编集，名号既多不同，条相不无差舛。其间偈颂，多出《净行品》中，真言咒语，悉录密部诸经。但其所集，广略欠宜，今以揆中，删补成帙，便学习者持诵焉。若夫菩萨轻重戒相，广备经论，比丘五篇七聚，详具律藏，自当讨明，方知止作持犯，不可依斯便为事毕。比见近代阿师，不稽律典，不依所犯忏除，但令持咒尔许，全违说露。宁知显密两异，忏各有旨，不如律悔，罪不可逃，自误误他，过非小也，智者慎诸（虽云《沙门日用》，而在家菩萨同持——原注）。（卷上，第212页中）

卷上：《上篇持诵门》。叙录“持诵”时使用的偈咒。主要有：“睡醒”、“闻钟”、“击钟”、“寤起”、“著衣裳”、“行步”、“洗漱"、"饮水"、"著五衣"、"著七衣"、"著大衣"、"沙弥著缦衣"、"礼佛"、"入佛殿"、"观佛"、"礼敬三宝"、"礼敬佛塔"、"诵经"、"持锡"、"乞食"、"见空钵"、"见满钵"、"得美食"、"得不美食"、"持钵"、"正受食"、"食毕"、"受嚫"、"嚼杨枝"、"洗钵"、"剃发"、"便利(指大小便)仪轨"、"登厕"、"便利讫"、"入浴"、"洗足"、"敷床座"、"坐禅"、"出定"、"寝息"等偈咒。如关于"行步"、"入佛殿"时使用的偈咒,说:

> 行步(若举足行时,诵云——原注)。若举于足,当愿众生,出生死海,具众善法。(复诵行步不伤虫蚁咒云——原注)唵、地利日利莎诃(七遍——原注)。(卷上,第213页上)
>
> 入佛殿(若入殿宇及道场,应诵偈咒云——原注)。若入堂宇,当愿众生,升无上堂,安住不动。唵、阿蜜栗帝、吽、癹吒(七遍,吒字半音——原注)。(卷上,第213页中)

卷下:《下篇资具门》。叙录"资具"方面的物品。主要有:"三衣名相"、"僧祇支"、"涅槃僧"、"尼师坛"、"钵多罗"、"滤囊"、"军迟"(指"瓶")、"锡杖"、"数珠"、"和南"(此条编于此处似不当)。卷末刊有"附诸名相",解释佛教名词术语。主要有:"佛"、"达磨"、"僧"、"袈裟"、"三聚净戒"、"持戒三心"、"食有四时"、"乞食四意"、"毗尼四义"、"食存五观"、"乞食遮五处"、"入俗舍有五法"、"嚼杨枝有五利"、"五法助戒"、"持律人有五德"、"破戒有五过失"、"跏趺五利"、"旋塔有五事"、"僧具六和"、"六度华梵"、"七菩提分"、"八圣道分"、"尼修八敬"、"粥十利"、"十缠"、"十使"等。如关于"数珠",说:

> 数珠。梵语钵塞莫,或云阿唎吒迦(二合——原注),此言数珠。《木槵子经》云,若欲灭烦恼,当贯木槵子一百

> 八个，常自随身，至心称南无佛陀、南无达磨、南无僧伽名，乃过一子。如是渐次，乃至千万，能满二十万遍，身心不乱，除谄曲，舍命得生炎摩天。若满百万遍，当除百八结业，获常乐果。（卷下，第220页中、下）

本书虽说将书名题作《沙门日用》，以示与《毗尼日用录》的区别，但若将两书作比对的话，就会发现，其内容乃不出《毗尼日用录》收录的范围，只是作了一些简化而已。

第十八品　清弘赞《沙弥律仪要略增注》二卷
附：清弘赞《沙弥学戒仪轨颂注》一卷

《沙弥律仪要略增注》，二卷。明袾宏辑、清弘赞注。原书未署撰作年代，从作者署有撰时的其他著作推断，约成于康熙二年（1663）至康熙二十三年（1684）之间。收入《新纂续藏经》第六十册。

本书是明袾宏《沙弥律仪要略》的注释。袾宏的《要略》是东晋失译《沙弥十戒法并威仪》（又称《沙弥十戒经》）等书中有关沙弥戒法的重集和解说，由简短的卷首语和正文上下篇组成。上篇《戒律门》，叙述“沙弥十戒”；下篇《威仪门》，叙述沙弥威仪“二十四事”（又称“二十四篇”）。依照《要略》这一内容结构，作者弘赞对原文作了逐句逐段的解释。卷首有作者的序言（无标题），说：

> 今此《要略》一书，乃云栖大师（指袾宏）于《沙弥十戒经》等辑出。其义切要，而文简略，以便初机沙弥习学，犹观掌果。按沙弥有三品：一、从七岁至十三岁，名驱乌沙弥。谓其年幼，未堪别务，唯令为僧守护谷麦，及于食厨坐

禅等处，驱遣乌鸟，以代片劳，兼生福善，无致坐消信施，虚度光阴也。二、从十四岁至十九岁，名应法沙弥。谓其年正与二法相应：一能事师执劳服役，二能修习禅诵故也。三、从二十岁至七十岁，名名字沙弥。谓其年满二十，应受具戒，或根性暗钝，或出家年晚，不能顿持诸戒，虽年登比丘，位是沙弥，故名名字沙弥。品数虽三，而俱禀十戒，总名为一法同沙弥。若剃须发，不受十戒，名形同沙弥，其形相虽同，由无戒摄，非五众（指出家五众）数。今拣形同，而取法同也。（《新纂续藏经》第六十册，第225页中）

卷上：解释《沙弥律仪要略》开卷语（"梵语沙弥，此云息慈，谓息恶行慈，息世染而慈济众生也，亦云勤策，亦云求寂。律仪者，十戒律、诸威仪也"）和上篇《戒律门》（始"佛制出家者，五夏以前，专精戒律"，终"如或不然，得罪弥重，噫！可不戒欤"）。内容为"沙弥十戒"。（1）"不杀生"。（2）"不盗"。（3）"不淫"。（4）"不妄语"。（5）"不饮酒"。（6）"不著香华鬘不香涂身"。（7）"不歌舞倡妓不往观听"。（8）"不坐高广大床"。（9）"不非时食"。（10）"不捉持生像金银宝物"。

如关于出家者在受具足戒后的前五年须"专精戒律"，之后方可"听教参禅"，说：

佛制出家者，五夏以前，专精戒律，五夏以后，方乃听教参禅（以上为袾宏《沙弥律仪要略》上篇《戒律门》的原文）。

此明戒、定、慧三无漏学之次第，苟越其次，则定、慧无所从生矣。……言出家者，有二种：一辞亲割爱，弃俗入道，剃发染衣，名出世俗家。二断除妄惑，证无生果，名出三界家，是为真出家。故《净名》云，夫出家者，为无为法是也。言夏者，谓出家越俗，不以世岁为年，故于夏三月，策励加功勉进，或阶圣果，或增三学，以功赏德，故受夏名，即以七月十五日为腊除也。言专精者，专谓纯一，不杂余学，精谓瞩文了义，阐尽幽微。故令于五夏中，研究毗尼，善闲开遮持犯、名种性相。……教谓如来一代所说之法，分为十二部经。……言禅者，门有无量，要而言之，唯二：一修观、二直指。今言参者，是直指禅，即直指人心，见性成佛也（以上为弘赞的注释）。（卷上，第226页上、中、下）

卷下：解释《沙弥律仪要略》下篇《威仪门》（始"佛制沙弥年满二十，欲受具足戒时，若问不能具对沙弥事者，不应与具足戒"，终"开具偈：卧具尼师坛，长养心苗性，展开登圣地，奉行如来命。唵、檀波檀波娑婆诃"），内容为沙弥威仪"二十四事"。

（1）《敬大沙门》。解释"不得盗听大沙门说戒"；"不得转行说大沙门过"；"不得坐见大沙门过不起，除读经时、病时、剃发时、饭时、作众事时"等律仪。

（2）《事师》。解释"视和尚阿阇黎，当如视佛"；"凡有犯戒等事，不得覆藏，速诣师哀乞忏悔"；"师语未了，不得语"；"师对宾，或立常处，或于师侧，或于师后，必使耳目相接，候师所须"；"师疾病，一一用心调治"；"持衣授履，洗浣烘晒"等律仪。

（3）《随师出行》。解释"不得左右顾视，当低头随师后"；"到檀越家，当住一面，师教坐应坐"；"若山行，当持坐具随之"；"持瓶携锡"等律仪。

（4）《入众》。解释"不得于坐上遥相呼语笑"；"不得伐劳显己之功"；"擦牙吐水，须低头引水下，不得喷水溅人"；"不得高声鼻涕呕吐"；"吃茶汤时，不得只手揖人"；"不得闻呼不应"；"不得多言"；"不得坐视大众劳务，避懒偷安"；"不得谈说朝廷公府政事得失，及白衣家长短好恶"；"不得因小事争执，若大事难忍者,亦须心平气和,以理论辩”等律仪。

(5)《随众食》。解释“凡欲食作五观想:一计功多少,量彼来处;二忖己德行,全缺应供;三防心离过,贪等为宗;四正事良药,为疗形枯;五为成道故,方受此食”;“无呵食好恶”;“不得笑谈杂话”;“如欲挑牙,以衣袖掩口”;“当一坐食,不得食讫离座更坐食”等律仪。

(6)《礼拜》。解释“有人礼佛,不得向彼人头前径过”;“凡合掌,不得十指参差,不得中虚”;“师礼佛,不得与师并礼”;“师拜人,不得与师同拜”等律仪。

(7)《听法》。解释“整理衣服”;“平视直进”;“坐必端严”;“不得乱语”;“不得大咳唾”;“凡听法,须闻而思,思而修,不得专记名言,以资谈柄”等律仪。

(8)《习学经典》。解释“宜先学律,后学修多罗,不得违越”;“凡经籍损坏,宜速修补”;“沙弥本业未成,不得习学外书子史、治世典章”等律仪。

(9)《入寺院》。解释“凡入寺门,不得行中央,须缘左右边行,缘左先左足,缘右先右足”;“入殿塔当右绕,不得左转”;“不得殿塔中涕唾”等律仪。

(10)《入禅堂随众》。解释“不得大语高声”;“不得邻单交头接耳,讲说世事”;“上单下单,俱当细行,勿令邻单动念”等律仪。

(11)《执作》。解释“当惜众僧物”;“当随知事者教令,不得违戾”;“凡洗菜,当三易水”;“凡汲水,先净手”;“凡作食,不得带爪甲垢”;“凡弃恶水,不得当道”;“凡扫地,不得逆风扫”;“一切米面蔬果等,不得轻弃狼藉,须加爱惜”等律仪。

(12)《入浴》。解释“不得粗躁,以汤水溅邻人”;“不得浴堂小遗”;“不得共人语笑”;“凡有疮癣,宜在后浴”;“不得恣意久洗，妨碍后人”等律仪。

（13）《入厕》。解释“欲大小便即当行，莫待内逼仓卒”；“不得迫促内人使出”；“不得隔壁共人说话”；“不得唾壁”；“不得沿路行系衣带”；“便毕，当净澡手，未澡不得持物”等律仪。

（14）《睡卧》。解释“卧须右胁，名吉祥睡，不得仰卧覆卧，及左胁卧”；“不得与师同室同榻，或得同室、不得同榻”；“不得睡上床笑语高声”等律仪。

（15）《围炉》。解释“不得交头接耳说话”；“不得烘焙鞋袜”等律仪。

（16）《在房中住》。解释“更相问讯，须知大小”；“若有病人，当慈心始终看之”；“有人睡，不得打物作向，及高声语笑”；“不得无故入他房院”等律仪。

（17）《到尼寺》。解释“有异坐方坐，无异坐不得坐”；“不得为非时之说”；“不得屏处共坐”；“无二人，不得单进”；“不得彼此送礼”；“不得与尼僧结拜父母、姊妹、道友”等律仪。

（18）《至人家》。解释“有异坐当坐，不宜杂坐”；“不得空室内，或屏处，与女人共坐共语”；“若诣俗省亲。当先入中堂礼佛”；“不得向父母说师法严、出家难、寂寥淡薄、艰辛苦屈等事”；“不得诳说佛法，乱答他问，自卖多闻，求彼恭敬”；“不得管人家务”等律仪。

（19）《乞食》。解释“家无男子，不可入门”；“凡乞食不得哀求苦”；“不得广谈因果，望彼多施”；“多得勿生贪著，少得勿生忧恼”等律仪。

（20）《入聚落》。解释“无切缘，不得入”；“不得与女人前后互随行”；“不得与尼僧前后互随行”；“不后故视女人，不得眼角傍看女人”；“或逢尊宿亲识，俱立下傍，先意问讯”；“或逢戏幻奇怪等，俱不宜看”；“惟端身正道而行”等律仪。

(21)《市物》。解释“无争贵贱”;“无坐女肆”;“若为人所犯,方便避之,勿从求直”;“已许甲物,虽复更贱,无舍彼取此,令主有恨”等律仪。

(22)《凡所施行不得自用》。解释“出入行来,当先白师”;“作众僧事,当先白师”;“若人以物惠施,当先白师已,然后受”;“乃至大事,或游方,或听讲,或入众,或守山,或兴缘事,皆当白师,不得自用”等律仪。

(23)《参方》。解释“远行要假良朋”;“须为寻师访道,决择生死,不宜观山玩水,惟图游历广远,夸示于人”等律仪。

(24)《衣钵名相》。解释“五条衣”(“梵语安陀会,此云中宿衣,亦云下衣,亦云杂作衣,凡寺中执劳服役,路途出入往还,当著此衣”);“七条衣”(“梵语郁多罗僧,此云上著衣,亦云入众衣,凡礼佛、修忏、诵经、坐禅、赴斋、听讲、布萨、自恣,当著此衣”);“二十五条衣”(“梵语僧伽黎,此云合,亦云重,亦云杂碎衣,凡入王宫、升座说法、聚落乞食,当著此衣”);“钵”(“梵语钵多罗,此云应量器”);“具”(“梵语尼师坛,此云坐具,亦云随足衣”)等律仪。

如关于《沙弥律仪要略》中沙弥威仪“二十四事”的资料来源,说:

> 以下条则,于沙弥威仪诸经,及古清规、今《沙弥成范》中节出。又宣律师《行护律仪》,虽诫新学比丘,有可通用者,亦节出。良以末法人情,多诸懈怠,闻繁则厌,由是删繁取要,仍分类以便读学。间有未备,从义补入一二(以上为袾宏《沙弥律仪要略》下篇《威仪门》的原文)。
>
> 以下条则者,谓下二十四威仪法则(指沙弥威仪“二十四事”)也。沙弥威仪诸经者,是《沙弥十戒经》(指《沙弥

十戒法并威仪》）事师法、《仪则经》（指《沙弥十戒仪则经》）等。古清规者，是《百丈清规》及古德所撰箴规等。《沙弥成范》，是明笑岩月心禅师，于《十戒法》（指《沙弥十戒法并威仪》）等撰出。《行护威仪》（指《教诫新学比丘行护律仪》）是唐道宣律师所撰。……繁者，多也，谓由时当末法，人多懈怠，因情懈怠，故闻繁则厌心生。由是于上经律清规中，删去繁文，段段节略，出其枢要，仍分为二十四类。……补入者，出大师（指袾宏）手笔，谓于威仪行事中，有所未备者，即随其义类，而补足之（以上为弘赞的注释）。（卷下，第 244 页上、中）

袾宏的《沙弥律仪要略》是明末清初佛教界广为传行的一部著作，为之作注的著作也不少，除本书以外，还有清济岳《沙弥律仪毗尼日用合参》三卷、书玉《沙弥律仪要略述义》二卷。其资料主要来源于《沙弥十戒法并威仪》（东晋失译）、刘宋求那跋摩译《沙弥威仪》（刘宋求那跋摩译）、《沙弥十戒仪则经》（北宋施护译）等有关沙弥威仪的译典，同时也参考了题材相近的汉地佛教撰著，如《百丈清规》、《教诫新学比丘行护律仪》（唐道宣述）、《沙弥成范》（明月心著）等。但袾宏之书在取舍上并非完全得当。如在“习学经典”中提出，“沙弥本业未成，不得习学外书子史、治世典章”，“不得习学伪造经典”，“不得习学命书、相书、医书、兵书、卜筮书、天文书、地理书、图谶书，乃至炉火黄白、神奇鬼怪、符水等书”，“不得习学宣卷打偈”（指外道“无为教”，又称“罗祖教”的经典），“不得习学诗词”（见本书卷下，第 253 页下—第 256 页下）等。此中罗列的沙弥不得阅读的图书，既有确实应禁的（如“命书”、“相书”、“卜筮书”、“图谶书”等），也有不应禁的（如“子史”、“诗词”等）。其他有关沙弥威仪的论述中,也存在着类似的情况。

清弘赞《沙弥学戒仪轨颂注》一卷

《沙弥学戒仪轨颂注》,一卷。清弘赞注,约成于康熙二年(1663)至康熙二十三年(1684)之间。收入《新纂续藏经》第六十册。

本书是沙弥"学戒仪轨"偈颂的撰录及其注释。所说的"学戒",是指"十戒",即"不杀生"、"不盗"、"不淫"、"不妄语"、"不饮酒"、"不著香华鬘不香涂身"、"不歌舞倡妓不往观听"、"不坐高广大床"、"不非时食"、"不捉持生像金银宝物";所说的"仪轨",是指"威仪"。全书共收录沙弥"十戒"、"威仪"方面的偈颂一百十七首,每首偈颂由四句组成,每句五个字。之所以将沙弥"十戒"、"威仪"编为一首首偈颂,目的是为了便于记诵。然而,由于偈颂本身言简语赅,容纳不下所涉的各种义理和事相,故作者又加以注释,以弥补偈颂的不足。全书无序跋。书末附有"受戒录"(受戒的名录,类似于戒牒)的样式和"音释"(解释字词的读音和含义)。弘赞在卷首语中说:

> 沙弥有二:一形同沙弥,谓剃除须发,未受十戒者,形相虽同,以无戒故,非真沙弥也;二法同沙弥,谓从师禀受十戒法者,此有三种:一从七岁至十三岁,名驱乌沙弥,以其年幼,未堪别务,唯使驱遣乌鸟,免污食厨,乱僧禅定,令生片善,方消信施也。二从十四岁至十九岁,名应法沙弥,谓其于法相应,能执劳侍师,修习戒定慧也。三从二十岁至七十岁,名名字沙弥,谓其年满二十,应受具戒,而根性暗钝,或不能顿持诸戒,或出家年晚,由其年越沙弥,岁同比丘,位居十戒,故名名字沙弥。今拣形同,取法同也。学,是习学,

谓初受沙弥戒，未能广阅十律全经，研究精要，须先学此颂，为律关键也；戒，即十戒律；仪，即威仪；轨，即轨则师范，谓此律仪是出世之轨则师范，故经云，波罗提木叉即汝师，是也；颂者，盖述沙弥戒经，并事师法等文句，结之为颂，以便初学而奉诵之。按经论中，或以三十二字为一颂，或二十八字为一颂，或二十字为一颂，或十六字为一颂。今此仪轨，正以二十字为一颂，共成一百一十七颂，并述经律之言，非自臆见。（《新纂续藏经》第六十册，第711页上、中）

本书采用一段偈颂、一段注释的夹排的方式展开叙述。以“十戒”的总颂为例，其叙述形式是这样的：

如是十禁戒，前四为根本，慎勿轻毁犯，而失沙弥性。犯重如断头，不许更重受，比丘及菩萨，悉皆无其分。后六设有亏，深惭向师悔，断于后作心，戒品还圆净。犯罪无惭愧，覆藏不发露，罪垢日夜增，后堕三恶道（以上为弘赞作的偈颂，凡四首）。

此中四颂，统结前之十戒。初句（指“如是十禁戒”）总标，下句（指“前四为根本”）别结，先结性戒（指“十戒”中前四戒，即“不杀生”至“不妄语”），次结遮罪（指“十戒”中后六戒，即“不饮酒”至“不捉持生像金银宝物”）。如是十禁戒者，从初不杀，至后不受畜金银宝物。前四为根本者，谓杀、盗、淫、妄，为诸戒之根本，如树之根，坏则枝叶花果，悉皆堕落，性戒亦尔，随犯其一，余悉失矣。沙弥性者，即无作戒体也，犯重如断头者，根本一毁，如人断头，终不复活。……后六设有亏、深惭向师悔等者，谓不饮酒，至不受畜金银之六遮戒，设有亏犯，即须深生惭愧，向和尚或阿阇梨，发露忏悔，誓不更作，戒体还得清净圆满，不同前四性戒,犯即灭摈,不通忏悔。言性戒者,无问受戒与不受戒,作之性自是恶,不由佛遮制故有善恶,作之即堕落三途。若受佛戒已犯之,更加违制之罪。言遮者,是佛遮制,不听沙弥违犯也。犯罪无愧惭、覆藏不发露等者,谓犯遮戒,不生惭愧之心,覆藏瑕玼,不肯向人发露,如盆覆草,昼夜增长,罪亦如是,因移果熟,即便堕落地狱、饿鬼、畜生三恶道中(以上为弘赞对偈颂作的注释)。(第722页下—第723页上)

本书的基本内容源于作者的《沙弥律仪要略增注》,只是表述形式作了改变,将一部分内容从散文改为偈颂,一部分内容作了简化而已。虽说偈颂有便于记诵的好处,但也有不易理解的弊病。比较而言,初学者还是选择《沙弥律仪要略增注》来读为宜。

第十九品　清济岳《沙弥律仪毗尼日用合参》三卷

《沙弥律仪毗尼日用合参》,三卷。明祩宏辑集、清戒显订阅、济岳汇笺(原题"菩萨戒弟子云栖寺沙门祩宏辑集、云居山真如寺晦山沙门戒显订阅、寓黄山慈光寺石树沙门济岳汇笺"),成于康熙辛亥岁(康熙十年,1671年)。收入《新纂续藏经》第六十册。

济岳(生卒年和里籍不详),清初黄山慈光寺石树沙门。从本书的"订阅"者戒显《序言》所说推断,济岳很可能与戒显一样,同为临济宗天童(指密云圆悟)一系僧人。僧史无传。

本书是明祩宏《沙弥律仪要略》、性祇《毗尼日用录》二书的汇笺。全书先"标明题目",解释本书的题名;次"疏别十戒"、

“诠次威仪”，解释《沙弥律仪要略》上篇《戒律门》、下篇《威仪门》。《沙弥律仪要略》下篇《威仪门》原收“二十四事”（又称“二十四篇”），本书对其中的《在房中住》、《至人家》作了分拆，改作“二十六事”。凡是原文均顶格排；凡是笺释均冠以“【笺】”，缩进一格排（以上均就繁体直排本而言）。书中笺释的对象，主要是《沙弥律仪要略》的原文，此外，也有一部分是作者增添的文字（其内容或是《毗尼日用》中日用偈咒的摘录，或是作者本人的论述）；笺文不止是援引内外典籍，解释文句，而是穿贯禅灯，引据公案，以禅宗人物的言行作事例，开发初学。书首有戒显作的《序言》、济岳于康熙十年（1671）作的《自序》和《凡例》；书末有“传天台教四十世法嗣”敏曦于光绪六年（1880）作的《补刊沙弥律仪合参跋》。戒显在《序言》中说：

> 佛言乘戒俱急，即祖言解行相应。禅与戒，佛祖未尝画为二法也。去圣时遥，法门好诤，习禅者呵木叉（指戒）为秕糠，而恣意莽荡；缚律者视参究如水火，而执相终身，大同法中，割裂殆尽。……我石树岳兄（指济岳），博洽多闻，识法怀惧，匿影万峰，较仇《碧岩集》，已经刊布。又慨律学荒芜，渐成浅陋，先取《沙弥要略》、《毗尼日用》，搜刮义类，参合笺释。自琅函海藏，逮世间经史，内外典籍，无不搜罗。又每事逐句下，穿贯禅灯，引据公案，不惟初学童蒙，开卷了然，知禅律同条，即老于参学者，欲得深细行持，亦必向此中潜讨。（《新纂续藏经》第六十册，第334页上）

济岳在《自序》中说：

> 余时在黄山慈光寺，展阅《龙藏》（指《清藏》），至沙弥诸经，函函如日月丽天，不觉合掌赞叹曰：此经乃佛佛祖祖之关键也。……既而较阅世本，惟云栖《沙弥要略》（指袾

宏《沙弥律仪要略》)盛行。……但其间有不可解者,沙弥诸经元无偈咒,《要略》以别经偈咒,编入威仪篇中。此众人不敢为,而独为之,乃见其识鉴力量,大有过人处。当时《要略》初行吴门,报国(寺)茂(指性祇,字茂林)律师一见心服,乃曰:此末法中之光明幢也,惜乎偈咒未备,续刻《毗尼日用》补之。至今诸方说戒,皆宗尚此二本。余自蒙圣恩老和尚付授之后,兼命戒坛轨范,亦以此二本为诸学者讲论。……《要略》之于《日用》,全体是波罗提木叉,故当宝之,如我身之顶首手足,不可暂离也,曷不裒成一集,以便学者顶戴乎!……然恐学者不知云栖断章句法故,即于句下,引证经史,并汇笺之,俾其即知经史源委,不至朦朦。又恐学者触途滞句,不知格外之机,复拈《五灯》(指《五灯会元》)、诸家语录,消其文字习气。(第334页中、下)

卷上:笺释本书的立题(下分"剃度缘起"、"解五德十数"、"辨沙弥名义"三目),内容为《未曾有经》所说"沙弥"的由来、《诸德福田经》所说"沙弥五德"和《僧祇律》所说"沙弥十数";袾宏《沙弥律仪要略》卷首语和上篇《戒律门》,内容为"沙弥十戒"。如关于"沙弥十戒"的第三条"不淫",说:

解曰:在家五戒,惟制邪淫。出家十戒,全断淫欲,但干犯世间一切男女,悉名破戒(以上为袾宏《沙弥律仪要略》上篇《戒律门》的原文,系袾宏对"不淫"作的解释)。

【笺】《华严》为在家者说,故曰自妻知足。《楞严》为出家者说,故曰全断。出世法中无正淫,亦无邪淫,谓淫非梵行,鄙恶不堪,为轮回生死之根本,故痛戒之。言今受此戒(指沙弥十戒)时,尽其形寿永不再犯,如以智慧之剑,一斩一切断也。一切者,丑行非止一端,乃至畜生、鬼神等,皆名犯戒。若人男、人女，若天龙鬼神变化为人，若畜生，或淫彼，或为彼所淫，和合者，犯重罪，失沙弥戒，灭摈不通忏悔。若欲淫未和合，即止犯中罪，许忏悔。若起淫心，痛自呵责，或持咒，作不净等观，或昼夜礼佛，令形困神疲，则邪念自息。以欲心，与女人身相触、与女人屏处坐、与女人屏处语，及媒嫁和合欲事，并犯中罪（以上为济岳的笺释）。（卷上，第350页下—第351页上）

卷中：笺释《沙弥律仪要略》下篇《威仪门》的前部分，内容为沙弥威仪"二十六事"中的第一篇《敬大沙门》至第十篇《入寺院》。《沙弥律仪要略》原书中的第十篇为《入禅堂随众》，本书则将《入禅堂随众》列为第五篇，故随后各篇的序次也相应地作了改变。关于第四事《入众》，说：

不得多作衣服（以上为袾宏《沙弥律仪要略》下篇《威仪门》的原文）。

【笺】《宝训》（指《禅林宝训》）佛鉴曰：先师节俭，一钵囊鞋袋，百裰千补，犹不忍弃置。常曰：此二物，相从出关五十年矣，讵肯中道弃置？有南泉悟上座，送褐布裰，自言得之海外，冬服则温，夏服则凉。先师曰：老僧寒则有柴炭纸衾，热则有松风竹阴，蓄此奚为？终却之。……《灯录》（指《传灯录》）真净在建康保宁舒王斋嚫素缣，因问侍僧：此何物？曰：纺丝罗。净曰：何用？曰：堪做袈裟。净指所衣（僧）伽黎曰：我寻常披此，见者亦不嫌恶。即令送库司，估卖供众，其不事服饰如此（以上为济岳的笺释）。（卷中，第381页上、中）

卷下：笺释《沙弥律仪要略》下篇《威仪门》的后部分，内容为沙弥威仪"二十六事"中的第十一事《执作》至第二十六事《衣钵名相》。《沙弥律仪要略》原书中第十六事为《在房中住》、第十八事为《至人家》,本书在《在房中住》中拆分出《看病》、在《至人家》中拆分出《省亲》,改作"二十六事",随后各篇的序次也相应地作了改变。如关于第二十事《省亲》,说:

> 省亲偈:孝顺父母,当愿众生,善事于佛,护养一切(以上为济岳新增的文字)。
>
> 【笺】《钞》以是至德者,《孝经注》夫子语曾子曰:先王有至德要道,民用和睦,上下无怨,汝知之乎?注:至德,表孝悌也。要道者,礼乐也。上至天子,下至庶人,皆当孝行无始终也。《大集经》:世间无佛,善事父母,事父母者,即是事佛。父母舍我,为先觉故,今翻令事者,生长法身故。……何谓同于事佛?谓佛佛出世,莫不以孝顺至道之法相传,故曰孝顺父母,同于佛也。护养一切者,言父母慈爱,生我、育我、护我、念我等恩,昊天罔极。为人子者,亦当念护养之恩,报以孝顺之道,而无违于一切也(以上为济岳的笺释)。(卷下,第424页中)。

本书与清弘赞《沙弥律仪要略增注》为同类书,但弘赞之书为原著的直解,而济岳之书则为原著的"发明",即阐幽发微或引申发挥,如同清末天台宗敏曦在《补刊沙弥律仪合参跋》中说的"云栖辑为《要略》,至简至精,石树复为汇笺,条分缕析,博采旁搜,发明《律仪》、《日用》之妙义"(第443页下)。也可以这样说,弘赞之书是以律解律,而济岳之书则是以禅解律。

第二十品　清读体《毗尼止持会集》十六卷

《毗尼止持会集》,又名《止持会集》,十六卷。清读体集,成于顺治己丑岁(顺治六年,1649 年)。载于《清藏》“谦”、“谨”函,收入《新纂续藏经》第三十九册。

读体(1601—1679),字见月,俗姓许,楚雄(今属云南)人,祖籍江南句容(今属江苏)。幼善绘画。十四岁时,父母双亡,由伯父抚育。明崇祯元年(1628),伯父去世,曾为道士三年,潜心修真。后从一老僧处得受《华严经》,读至《世主妙严品》而翻然有省,崇祯五年(1632),依宝洪山亮如法师披剃出家。因景慕江南三昧寂光律师(南山宗“千华系”的创立者,即“千华第一世”,又称“宝华山第一代祖”),遂乃一瓢一笠,风餐露宿,行脚六年,辗转二万余里,于崇祯八年(1635)在镇江海潮庵从寂光受具足戒。自此以后,随侍寂光,传戒弘法。清顺治二年(1645),寂光在金陵宝华山去世,读体受嘱绍继法席,为“千华第二世”(又称“宝华山第二代祖”)。“师(指读体)嗣席,即以十诵励众(指约法十章):一不与剃度为徒;二不受纳资养老;三不攒单给疏;四不积蓄香仪;五不私备果食;六不私设厨库;七不避作务;八不行吊贺;九不立化主募缘;十不许丝衣晚食。有违约者,决不留住。自后依律受具,结界安居,人见闻者,咸谓南山(指道宣)再世也。”(见清书玉《毗尼日用切要香乳记》卷上)他住持宝华山三十余年,重修寺宇,庄严道场,订立规约,整肃僧纪,春冬传戒,夏结安居,一切行事,均依律制,堪称丛林之楷模。每次振锡出山,四方风动,缁素奔礼,法席之盛,于时稀有。得法弟子有德基、书玉等六十八人。曾撰《一梦漫言》,自述一生行事。

读体的著作尚有:《毗尼止持会集》十六卷、《毗尼作持续释》十五卷、《毗尼日用切要》一卷、《三坛传戒正范》四卷、《沙弥尼律仪要略》一卷、《大乘玄义》一卷、《药师忏法》一卷、《剃度正范》一卷、《僧行轨则》一卷、《三归五八戒正范》一卷、《教诫尼正范》一卷、《黑白布萨》一卷、《幽冥戒正范》一卷等。其中,《毗尼止持会集》、《毗尼作持续释》二书,经文海福聚("千华第七世")奏请,于乾隆二年(1737)获准入藏(指编入《龙藏》)。生平事迹见清书玉《毗尼日用切要香乳记》卷上、福聚《南山宗统》卷四、源谅《律宗灯谱》卷二、近代喻谦《新续高僧传》卷二十九等。

本书是《四分律》比丘戒条文的辑录及其详解。作者在《凡例》中说,"今此集专核止持一门,故但明二百五十戒相,所以卷首不录布萨偈文、和白等法"(《新纂续藏经》第三十九册,第322页下)。也就是说,本书所释的是《四分律》比丘戒的条文,并非是《四分戒本》单行本,故对《四分戒本》中的"归敬偈"、"戒经序"、"七佛略说戒经偈"、"流通偈"和其他说戒仪轨,一概不录不释。全书共收录比丘戒八类戒法(始"四波罗夷法",终"七灭诤法"),总计二百五十条,以《四分律》本文为依据,逐条作释。

本书的释戒程序为:首先标立某戒的名称("众学法"未标立戒名;读体的戒名体系与弘赞《四分戒本如释》、智旭《重治毗尼事义集要》较为接近,而与唐道宣《四分律比丘含注戒本》差异较大);其次叙列此戒的条文;然后对戒条作出解释。戒条的释文,分为"缘起"(又称"制戒缘起")、"释义"(又称"依律释文",指文句解释)、"结罪"(又称"结罪重轻",指犯相解释)、"兼制"(又称"兼制余众",指比丘尼、式叉摩那、沙弥、沙弥尼违犯此戒的定性)、"随开"(又称"应机随开",指不作为违犯此戒的开许条件)、"会采"(又称"会采诸部",指采录其他律典上的论述)、"引证"(又称"经论引证",指引证经论上的论述)、"附考"(又称"附事便考",指附出事相的考辨)八科,若戒条本身简短明了,则科释随之简化。各卷之后均附有本卷的"音义",解释难懂的字词或短句的读音和含义。书首有读体撰的《序》、

《凡例》和《纲要》。读体《序》说：

夫毗尼是正法之寿命者，盖由戒净僧真，性遮之业而无染覆；道弘德备，权实之教而克阐扬；自行利他，越苦海而登彼岸；绍先启后，续慧命以振玄猷。故曰毗尼住，则正法住也。不然，则五邪（指“诈现异相”、“自说功德”、“占相吉凶”、“高声现威”、“说所得利以动人心”）罔禁，八秽（指“置买田宅”、“种植根栽”、“贮聚谷粟”、“畜养奴婢”、“畜养群畜”、“藏积金银钱宝”、“藏积象牙刻镂等物”、“藏积铜铁釜镬”）殉身，亏僧宝之尊称，失福田之净德，上无模楷，下阙规绳，纵能聚众匡徒，悉属附法魔外，欲令正法久住，岂可得乎！体（指读体）庖系荒隈，学惭往哲，谬承先嘱，力树戒幢，因念律海汪洋，学人难讨，爰搜诸部之精要，详明止持之大成。虽未尽源，庶几便览。（第320页上）

《凡例》说：

兹集虽以昙无德部为宗，然于他部互有发明者，悉采用之，此亦南山律祖集大成之式也。……诸部翻译，音虽不同，义实无别，由其五天（指五天竺）各异语有重轻，今皆仿古所述，或注文下，或赘卷末，以省检讨（此指本书各卷之后有“音义”）。五篇戒相，各有根本等流，性罪、遮罪，并所起烦恼。性谓本性是罪，遮谓因制方犯，又性罪惟染心中作，若遮罪通染、不染。惟《萨婆多论》（指《萨婆多毗尼毗婆沙》）明其本流，独《善见律》（指《善见律毗婆沙》）判其性、遮，据《律摄》（指《根本萨婆多部律摄》）中出其烦恼。今于每戒下，有无咸依藏（指《明藏》）录，一无私增，若准义推，例亦可晓。每戒之下，约有八科：一制戒缘起、二依律释文、三结罪重轻、四兼制余众、五应机随开、六会采诸部、

七经论引证、八附事便考。然此八科，有无不定，临文自见。（第322页中、下）

卷一至卷二前部分：《略开七门》。参照贤首宗（指华严宗）释经的做法，开立"教起因缘"、"藏乘所摄"、"教义通局"、"辩定宗趣"、"教所被机"、"总释题目"、"别解戒相"七门，从七个方面解释《四分律》比丘戒。其中，前六门属于"释题目"，解释《毗尼止持会集》的题名；后一门属于于"释本文"，解释《四分律》比丘戒的条文。本处所释为前六门，此后各卷所释均为第七门"别解戒相"门。如关于第五门"教所被机"，说：

> 五教所被机者。……今分三：一正被、二随被、三渐被。一正被者。毗尼总收二部，一制比丘僧、二制比丘尼僧。比丘僧，始自须提那子以降，具足二百五十禁章；比丘尼僧，缘从憍昙弥八敬以来，三百四十八戒渐备。其僧部中摄尼，而尼部中摄僧，间有同制别学、同制同学，盖由僧尼性习各殊故，佛于正被中复异也。二随被者。式叉摩那、沙弥、沙弥尼，此三虽曰小众，居必依随二僧，食随僧分，法随僧学，是故二僧戒内，于后俱随有制，但令知恶莫作，是制当遵。若犯轻重条章，通云一突吉罗，仍有摈、忏、故、误不同，名之小三众随律威仪。所谓兼制，今故为随被也。三渐被者。渐谓渐次。……以故先秉息慈（指受沙弥戒），次入僧数（指受比丘戒），然后方圆菩萨三聚净戒（指受菩萨戒）。是知声闻身戒，即菩萨心戒之基；菩萨心戒，即声闻身戒之本。未有身戒不净，而欲心戒清净者也。（卷一，第326页上、中）

卷二后部分至卷三前部分：解释《四分律》比丘戒"四波罗夷法"，始第一条"淫戒"，终第四条"妄语戒"。

卷三后部分至卷四：解释比丘戒“十三僧伽婆尸沙法”，始第一条“故弄失精戒”，终第十三条“不舍恶性戒”。

卷五前部分：解释比丘戒“二不定法”，始第一条“不定法”，终第二条“不定法”。

卷五后部分至卷七：解释比丘戒“三十尼萨耆波逸提法”，始第一条“衣过十日戒”，终第三十条“回僧物入己戒”。

卷八至卷十四前部分：解释比丘戒“九十逸提法”，始第一条“故妄语戒”，终第九十条“等佛衣量戒”）。

卷十四中间部分：解释比丘戒“四波罗提提舍尼法”，始第一条“受非亲里尼食戒”，终第四条“恐处受食戒”。

卷十四后部分至卷十六前部分：解释比丘戒“一百式叉迦罗尼法”（即“众学法”，未标戒名），始第一条“当齐整著涅槃僧，应当学”（即“不齐整著内衣戒”），终第一百条“人持盖，不应为说法，除病，应当学”（即“为持盖人说法戒”）。

卷十六后部分：解释比丘戒“七灭诤法”，始第一条“现前灭诤法”，终第七条“草覆地灭诤法”。

以“十三僧伽婆尸沙法”第三条“粗恶语戒”为例，其释戒的方式是这样的：

> 第三粗恶语戒（以上为读体标立的戒名）。
>
> 若比丘，淫欲意，与女人粗恶淫欲语，随所说粗恶淫欲语，僧伽婆尸沙（以上为读体摘录的《四分律》比丘戒的条文；此下均为读体的注释）。
>
> 缘起：迦留陀夷闻佛制戒，不得弄失（指“弄阴出精”），不得触摩（指“与女人身相触”）。复伺女人至房，说粗恶语。……诸比丘以此因缘白佛。佛诃责已，为僧结戒。此是性罪，由痴障故，依淫烦恼，制斯学处，乃初篇淫（指

"波罗夷法"中的"淫戒"")根本种类。

释义：文分二节。淫欲意下，正明所犯之事；随所说下，结成所犯之罪。……粗恶者，非梵行（原注略）。淫欲语者，称说彼二道（指男女二道）好恶，若自求、若教求、若问若答、若解若说、若教若骂。……

结罪：是中犯者，若比丘与女人，一反（指一次）作粗恶语，一僧残。随粗恶语多少，说而了了者，一一僧残；说不了了者，一一偷兰遮。……性好粗恶，语非欲心，突吉罗。此戒具六缘，方成本罪：一有淫欲心、二须是人妇女、三人妇女想、四所说粗恶语、五必粗恶语想、六说听了了。若缘不具，罪结方便（指为未遂罪）。

兼制：比丘尼，偷兰遮（同制不同学——原注）；式叉摩那、沙弥、沙弥尼，突吉罗。是为犯。

随开：不犯者，若为女人，说九漏不净观。若说毗尼，言次及此，乃至梦中语、若错说、及最初未制戒等，是为不犯。

会采：《十诵律》云，若女人在比丘前，反问言：汝于三疮门中，不如是作耶？乃至百语。比丘随顺其心，多少语出，随一一语，僧残。《善见律》云，若比丘以欲心，方便欲乐此事，假说旁事，若女人解此语，突吉罗。此戒大乘同制（指大乘也制立此戒），准上可知（以上"缘起"、"释义"、"结罪"、"兼制"、"随开"、"会采"等均为读体注释中的科目）。（卷三，第351页上、中、下）

本书不仅释戒详细，而且在各卷之后附出的"音义"，内容也极为丰富。以卷一的"音义"为例，就收有"五邪"、"八秽"、"五净德"、"头陀十二行"、"鹿苑"、"鹤树"、"波罗提木叉"、

“勿轻小愆还成最后之唱”、“摩夷”、“三慧”、“七法财”、“不为施所堕”、“有漏”、“十使”、“四流”、“九地”、“生空”、“二我执”、“鼻祖”、“五通”、“九流”、“佛陀耶舍”、“竺佛念”等数十条，若将各卷的“音义”汇编在一起，其性质相当于清弘赞《四分律名义标释》的略本。故本书实是研究《四分律》比丘戒的极有价值的参考书。此外，本书所收八类戒法中，唯一未标列戒条名称的是“众学法”，这是一大缺失，而作者在其后的著作《三坛传戒正范》卷三中则有“众学法”各条的戒名，后来刊印时没有将这一成果补充到本书中来，使戒名体系完整化，诚为憾事。

第二十一品　清读体《毗尼作持续释》十五卷

《毗尼作持续释》，又名《作持续释》，十五卷。清读体续释，成于康熙乙巳岁（康熙四年，1665 年）。载于《清藏》“敕”、“聆”函，收入《新纂续藏经》第四十一册。

本书是唐道宣《四分律删补随机羯磨》的详解和补续。全书依顺道宣原著的叙次，对《四分律删补随机羯磨》的原序、题名、作者和正文十篇，逐一作释，并予以补充。其中，对羯磨法的叙释分为“续”（指道宣《随机羯磨》未录、读体新续的羯磨法）、“释”（指对《随机羯磨》或新续所作的解释）、“非”（指对相关事法作是否为“人非”、“法非”、“事非”、“人法非”、“人事非”、“法事非”、“人法事非”等“七非”的辨析）、“附”（指附出的考证）四科，若羯磨法本身简短明了，则科释随之简化。各卷之后均附有本卷的“音义”，解释难懂的字词或短句的读音和含义。书首有读体撰的《序》和《凡例》。读体《序》说：

持戒之心，要唯二辙：一止持、二作持。止持，则自唐迄今，代有人弘；作持，则数百余载，寂无提举。余自乙亥（指明崇祯八年）春，纳戒润州，恒侍先老人（指寂光），辅化诸方。每以作持扣请，老人云，汝既志存毗尼，愿维绝纽，藏内有《昙无德部删补随机羯磨》，乃南山律祖（指道宣）之所撰集。事法兼备，诚为典型。但以久湮，卒难力振，俟汝异日，为众阐扬。于戏！谆谆师训，尤在耳也，至乙酉（指清顺治二年）夏，老人掩室，委付栖山（指寂光临终前将衣钵传付给读体）。念顾命之难违，感慈恩之当报，焚膏继晷，穷律部之奥微，率众躬行，阐羯磨之洪范，是制必遵，于非即革。但《羯磨》（指《四分律删补随机羯磨》）藏本，有纲目列，而法不全，复有文句古，而义不显。因怜初学临卷罔措，故余依律，广其事法，释其隐微，题云《毗尼作持续释》。（《新纂续藏经》第四十一册，第347页下）

《凡例》说：

律制羯磨，一切僧事依之成就，若靡（非）羯磨，作办不成。……今藏（指《明北藏》）中，昙无德部有三集，其二（指曹魏昙谛译《羯磨》一卷、康僧铠译《昙无德律部杂羯磨》一卷）未融诸部，法仪欠备，唯南山宣祖撰集《删补随机羯磨》四卷，于对首、心念，会取他宗僧法羯磨，具如本部施法应事，随机准义，加仪便用，有异于二，故今特绍行持。详稽原卷，前列纲目百八十四法，合复略六十有五。……是故研穷广部，校雠作持。应准目续法者，上标一续字；应依律释义者，上标一释字；应显过出非者，上标一非字；应附证及便行者，上标一附字。若无续释，非附四科，悉是藏卷原文。……别集戒相，题曰《毗尼止持会集》。（第347页

下—第348页上)

卷首:“释原序”。解释道宣《四分律删补随机羯磨序》。

卷一前部分:“释本题”、“释人题”。解释《四分律删补随机羯磨》的题名和作者。

卷一后部分至卷二:“随文续释”(以下各卷均同)。解释《四分律删补随机羯磨》的正文,此处解释《四分律删补随机羯磨》第一篇《集法缘成篇》。内容包括:(1)《僧法羯磨》(下分《单白羯磨》、《白二羯磨》、《白四羯磨》三目)。(2)《对首羯磨》(下分《但对首法》、《众法对首法》二目)。(3)《心念羯磨》(下分《但心念法》、《对首心念法》、《众法心念法》三目)。(4)《僧法羯磨十缘》(下分《称量前事》、《法起托处》、《集僧方法》、《僧集约界》、《应法和合》、《简集是非》、《说欲清净》、《正陈本意》、《问事端绪》、《答所成法》十目)。(5)《众多人法》。(6)《一人法》。(7)《僧法羯磨具七非》(下分《非法非毗尼羯磨》、《非法别众羯磨》、《非法和合众羯磨》、《如法别众羯磨》、《法相似别众羯磨》、《法相似和合羯磨》、《呵不止羯磨》七目)。(8)《义立七非》(下分《人非》、《法非》、《事非》、《人法非》、《人事非》、《法事非》、《人法事非》七目)。(9)《对首羯磨具七非》。(10)《众法对首具七非》。(11)《心念羯磨具七非》。如关于“僧法羯磨”中的“三羯磨”,说:

> 佛言:有三羯磨,摄一切羯磨。谓单白羯磨、白二羯磨、白四羯磨(以上为道宣《随机羯磨》的原文)。
>
> 释:此总标僧法,文引《增一揵度》(指《四分律》卷五十八《毗尼增一》),谓僧常所行时、非时事,大略有一百三十四法,以此三种羯磨,摄尽无余,故云一切。所言白者,有白不是羯磨,有白即是羯磨。准《十诵律》,佛言:白众是

事，故名白（此是乞白，如乞罪、乞解等；但名乞，非羯磨，是一人之私事也——原注）。有僧事，初向僧说，故名白（此是布萨、自恣等，先白僧知集于某处，乃众之公事也——原注）。白羯磨者，受具足戒、布萨、说戒、自恣等，是名白羯磨（此谓单白即是羯磨也——原注）。白二羯磨者，若白已一唱说，是二羯磨。白四羯磨者，若白已三唱说，是三羯磨，并白为四，是名白四羯磨也（以上为读体的注释）。（卷一《集法缘成篇》，第356页中、下）

卷三：解释《四分律删补随机羯磨》第二篇《诸界结解篇》。内容包括：（1）《僧界结解法》（下分《结解大界法》、《结解戒场法》、《结解三小界法》三目，“三小界”指“受戒小界”、“说戒小界”、“自恣小界”）。（2）《结解衣界法》（下分《结摄衣界法》、《解摄衣界法》二目）。（3）《结解食界法》（下分《结摄食界法》、《解净地法》、《结库藏法》、《差人守库藏法》四目，末二目为读体新续）。如关于“结解三小界法”中的“结受戒小界法并解”，说：

> 结受戒小界法并解（以上为读体新续的羯磨法）。
>
> 续：此二法，准白二纲目（指《随机羯磨·集法缘成篇》所列《白二羯磨五十七法》中有所列二法），今依（《四分律》）《受戒犍度》续入。如开缘，须约十同意清净比丘（若边国期五人——原注），将欲受戒人出界外，安离闻所，众僧速至一处，结小界，作前方便（指作羯磨前的准备事项，包括问答），答云：结小界（以上为读体的注释）。（卷三《诸界结解篇》，第379页上、中）

卷四至卷六：解释《四分律删补随机羯磨》第三篇《诸戒受法篇》。内容包括：（1）《受三皈法》。（2）《受五戒法》。

(3)《受八戒法》。(4)《出家授受戒法》(下分《乞度人法》、《与度人法》、《度沙弥法》、《与剃发法》、《授十戒法》、《受戒体法》六目)。(5)《比丘受戒法》(下分《授比丘戒缘》、《正授戒体法》、《次说随相法》、《授四依法》、《请依止师法》、《与外道住法》、《次教受戒》七目,末二目为读体新续)。(6)《尼众授戒法》(此为总说)。(7)《授沙弥尼戒法》。(8)《授式叉摩那尼法》(下分《乞学戒法》、《与学戒法》、《次说戒相法》三目)。(9)《授比丘尼戒法》(下分《乞畜众法》、《与畜众法》、《正授戒前具八缘》、《正授本法羯磨文》、《本法尼往大僧中受戒法》、《请羯磨师法》、《乞授戒法》、《戒师和尚问答》、《正问遮难法》、《正授戒体法》、《次受戒相》、《次说四依法》十二目)。如关于"受五戒法"中的"问七遮难",说:

受五戒法。……当于受戒前,具问遮难。故《善生经》云,汝不盗现前僧物不?于六亲所、比丘、比丘尼所,行不净行不?父母、师长有病弃去不?杀发菩提心众生不?如是等具问已,若无者,应语言:此戒甚难,能为声闻、菩萨戒而作根本(以上为《随机羯磨》的原文)。

释:此明慎重戒法,应择机施,若非具问(指"问七遮难")于前,授受恐无利益。现前僧物者,乃净信诚敬,所施报福,最为殊胜,若盗取此物,罪报亦复殊胜。六亲者,父六亲谓伯、叔、兄、弟、子、孙。母六亲谓舅、姨、兄、弟、儿、孙。父母者,父恩等天,母恩配地,生成覆育,粉骨难酬。师长者,此有二种:一世俗教训有恩之师,二僧伦教诫佛法之师。菩提者,略也,具云阿耨多罗三藐三菩提,此翻无上正等正觉。发此心者,决志上成佛道,下化众生,若杀此人,是断佛种也。如是七难,一一具问已,若答无者,应语言:此优婆塞五禁戒，甚是难受难持，能为声闻菩萨戒而作根本，宜当慎敬，切勿轻心(以上为读体的注释)。(卷四《诸戒受法篇》，第385页上、中、下)

卷七：解释《四分律删补随机羯磨》第四篇《衣药受净篇》。内容包括：(1)《受衣法》(下分《受安陀会法》、《受僧伽黎法》、《受缦衣法》三目)。(2)《舍衣法》。(3)《尼受余二衣法》。(4)《心念受舍衣法》。(5)《受尼师坛法》。(6)《受钵多罗法》。(7)《受药法》(下分《受时药法》、《药无七过》、《授有三种》、《自受三法》、《正食五观》、《受非时药法》、《受七日药法》、《受尽形寿药法》八目)。(8)《衣说净法》(下分《请施主法》、《正说净法》、《心念说净法》三目)。(9)《金粟净法》。如关于"受衣法"中的"三衣制意"(制立的本意)，说：

> 萨婆多(指《十住毗婆沙论》)云，为五意故，障寒热、除无惭愧、入聚落、在道行生善、威仪清净故，方制三衣(以上为《随机羯磨》的原文)。
>
> 释：《论》谓一衣不能障寒热，三衣足能障寒热，安乐无苦迫故；一衣不能障惭愧，三衣能障诸惭愧，不令露形丑故；一衣不能入聚落，三衣随身入村落，能生他信敬故；一衣不能行途生善，三衣具足在道行，能摄心生善故；一衣不能净威仪，三衣能更换，入众令威仪清净故。为此五意，方制三衣也(以上为读体的注释)。(卷七《衣药受净篇》，第418页上、中)

卷八：解释《四分律删补随机羯磨》第五篇《诸说戒法篇》。内容包括：(1)《僧说戒法》。(2)《说戒和法》(此为读体新续)。(3)《僧同犯识罪忏白法》。(4)《僧同犯疑罪发露白法》。(5)《尼差人请教授法》。(6)《教诫尼法》。(7)《差教授尼师法》。(8)《告清净法》。(9)《识罪发露法》。(10)《疑罪发露法》。(11)《说戒座上忆罪发露法》。(12)《略说戒法》。(13)《非时和合法》(新续)。(14)《净灭说戒法》(新续)。(15)《第一增说戒法》(新续)。(16)《第二增说戒法》(新续)。(17)《与狂痴法》(新续)。(18)《解狂痴法》(新续)。(19)《对首说戒法》。(20)《心念说戒法》。如关于"僧同犯疑罪发露白法"(指说戒前,同一住处的所有僧众,因均怀疑犯有某罪,而当众作发露的羯磨法),说:

僧同犯疑罪发露白法。佛言:若说戒时,一切僧于罪有疑者,应作白言:大德僧听,此一切僧于罪有疑,若僧时到,僧忍听,此众僧自说疑罪。白如是。然后说戒,此但露罪,得闻说戒,本罪仍说已忏(指本罪到说戒结束之后忏悔;以上为《随机羯磨》的原文)。

释:上云识罪(指此前说的"僧同犯识罪忏白法")者,谓自知了了无疑,此云疑罪者,因自不知罪种名相,为犯、不犯生疑。既将说戒,且先陈露,待白已说听竟,仍须向知法者,问决所犯,自言求悔。此识、疑二法,皆为人法故作,兼属公私也(以上为读体的注释)。(卷八《诸说戒法篇》,第439页下)

卷九前部分:解释《四分律删补随机羯磨》第六篇《诸众安居篇》。内容包括:(1)《安居法》(下分《对首安居法》、《后安居法》、《心念安居法》、《忘结便成法》、《及界与园成安居法》五目)。(2)《受日法》(下分《事讫羯磨受日法》、《羯磨受日法》、《对首受日法》、《命梵二难出界法》、《受日出界逢难法》五目)。如关于"安居法"中的"三种安居",说:

安居法。如佛言,有三种安居:前安居、中安居、后安居。前安居者,住前三月;后安居者,住后三月(以上为《随机羯磨》的原文)。

释:安居者,形心摄静曰安,要期住此曰居。静处思惟,道之正轨,理须假日追功,策进心行。随缘托处,志唯尚益,不许驰散,乱道妨业。……一夏四月,何为但结三月?斯含二义:一生死待形,必假资养故,结前三月,后开一月,为成供身衣服故。二若四月尽结,则四月十六日得成,设有差脱,便不得结。教法太急,用难常准故,如来善顺物机,开其一月,续结令成。复于一月内,听三重安居。初四月十六一日,是前安居;十七(日)已去,至五月十五日名中安居;五月十六一日,名后安居。前安居者,住至七月十五日,名前三月;后安居者,住至八月十五日,名后三月;其中安居者,以后足前住满三月(以上为读体的注释)。(卷九《诸众安居篇》,第445页上)

卷九后部分:解释《四分律删补随机羯磨》第七篇《诸众自恣法篇》。内容包括:(1)《僧自恣法》(下分《差受自恣人法》、《白僧自恣法》、《正自恣法》、《略自恣法》四目)。(2)《四人以下对首法》。(3)《一人心念法》。(4)《尼差人自恣法》。(5)《修道增自恣法》(新续)。(6)《诤事增自恣法》(新续)。(7)《第二增自恣法》。(8)《受功德衣法》(新续)。(9)《差人守功德衣法》(新续)。(10)《付功德衣法》(新续)。(11)《舍功德衣法》(新续)。如关于"修道增自恣法",说:

修道增自恣法。佛言:若众多比丘结夏安居,精勤行道,得增上果证,恐自恣当移余处,不得如是乐,即应作白。增益自恣羯磨者,作前方便。答云:作增益自恣羯磨。如是白云:大德僧听,若僧时到,僧忍听,僧今日不自恣,四月满，当自恣。白如是。作是白已，四月自恣（以上为读体新续的羯磨法）。

释：增上果证者，谓九夏精修，渐增证入，而获学、无学果。恐自恣竟，随方来者，仍随方去，不得受是禅定乐故，开住至八月十五日，夏满自恣。此法当于七月十五日，集众作白。若非安居中实证者，不得妄用是法，此一羯磨为人法故作，是属私也。

非：一人非，谓自无增证等。二法非，谓行不精、修妄白等。三事非，谓贪久供利等。后四（指“人法非”、“人事非”、“法事非”、“人法事非”）准知（以上为读体的注释）。（卷九《诸众自恣法篇》，第452页中）

卷十：解释《四分律删补随机羯磨》第八篇《诸衣分法篇》。内容包括：（1）《二部僧得施法》。（2）《二部现前得施法》。（3）《时现前得施法》。（4）《非时现前得施法》。（5）《时僧得施法》。（6）《非时僧得施法》。（7）《亡五众物分法》（此项羯磨法从性质来说，从属于《非时僧得施法》，因其情况具有特殊性，故作单列。下分《明五众死物之所属》、《分法十种》、《同活共财法》、《负债法》、《明嘱授》、《分物时》、《断轻重物》、《量德赏物》、《分轻物法》、《得受衣法》十目）。如关于“非时现前得施法”（指僧众分配施主在“非时”，即“无迦絺那衣者”于安居结束日“自恣”后一个月以外的时间、“有迦絺那衣者”于“自恣”后五个月以外的时间内，施与眼前僧众衣物的羯磨法），说：

非时现前得施法。时现前僧大得可分衣物。佛言：听数人多少，若十人为十分，乃至百人为百分，若好恶相参。应使不见者掷筹分之，不合羯磨也（以上为《随机羯磨》的原文）。

释：此法除夏安居物，余一切时所施者，同住比丘分之，不通十方僧，故曰非时现前得施也。准律中，有檀越送种种好衣与诸比丘，诸比丘不知云何，白佛。佛言：当数人多少，若十人为十分，乃至百人为百分，分衣时好恶相参。时彼分衣者，辄自取分。佛言：不应自取分，应使异人分，使异人取分，当掷筹分。彼比丘自掷筹。佛言：不应自掷筹，听不见者掷筹。此谓书比丘名讳于筹上，令余不见名讳比丘掷之，意令至公无私，息其诤论，以表利和同均。如是分已，不合羯磨（指若掷筹分之，就不必作羯磨）也（以上为读体的注释）。（卷十《诸衣分法篇》，第457页中、下）

卷十一至卷十四前部分：解释《四分律删补随机羯磨》第九篇《忏六聚法篇》。内容包括：（1）《忏悔法》。（2）《忏波罗夷法》（包括新续的《续初忏波罗夷法》、《犯波罗夷覆藏者与灭摈法》）。（3）《忏僧伽婆尸沙法》（包括新续的《续忏二僧伽婆尸沙法》，下分《白僧行覆藏行法》、《八事失夜》、《与摩那埵法》、《与坏覆藏者本日治法》、《与坏覆藏及坏摩那埵本日治法》、《与不坏覆藏坏六夜本日治法》、《与不坏覆藏坏六夜本日治法》、《出罪法》、《比丘尼法》等十九目）。（4）《忏偷兰遮法》（包括新续的《续三忏偷兰遮法》，下分《对僧乞忏法》、《请忏悔主》、《和白法》、《正忏悔法》、《对四比丘忏法》、《对一比丘忏法》六目）。（5）《忏波逸提法》（下分《前忏舍堕》、《僧中忏法》、《乞忏悔法》、《和白法》、《还衣法》、《对四人已下对首法》、《对一人舍堕法》、《舍衣法》、《明忏罪法》、《忏根本罪法》、《忏后堕法》十一目）。（6）《忏波罗提提舍尼法》。（7）《忏突吉罗法》（下分《正明忏仪》、《舍罪法》、《误作忏法》、《余语法》、《触恼法》、《差说粗罪法》、《谏破僧法》、《谏助破僧法》、《谏恶性法》、《谏恶邪法》、《谏习近法》、《谏发净法》、《与覆钵法》、《呵责法并解》、《摈出法并解》、《依止法并解》、《遮不至白衣家法并解》、《不见举法并解》、《不忏法并解》、《不舍法并解》、《忆念法》、《不痴法》、《罪处所法》等三十一目）。如关于“事忏”能“伏业”、“理忏”能“灭业”，说：

> 忏悔法。……然忏法多种，若作事忏，但能伏业易夺；若作理忏，则能燋业灭业（以上为《随机羯磨》的原文）。
>
> 释：上明机有利钝，善恶一心，则作业之主已知，能忏之人已别，此正明忏悔之法也。忏法多种者，准《净名疏》，以三法收之：一谓作法忏，灭违无作罪，依毗尼门；二谓观相忏，灭性罪，依定门；三谓观无生忏，灭妄想罪，依慧门。以违无作罪障戒，性罪障定，妄想罪障慧。今复以前二摄事，后一是理也。若作事忏，但能伏业易夺者，伏谓不能断除烦恼业根，但以持戒力用，增胜强捉伏之，而令不起，是夺恶心易为善心尔；若作理忏，能燋业灭业者，谓烦恼坚固，如稠林根深，慧力殊强，犹猛火炽盛，若能入理起慧，断除烦恼，似猛火焚林，根本尽枯，永不复生，其慧力过于戒力，事忏不及理忏也（以上为读体的注释）。（卷十一《忏六聚法篇》，第465页下—第466页上）

卷十四后部分至卷十五：解释《四分律删补随机羯磨》第十篇《杂法住持篇》。内容包括：(1)《六念法》。(2)《白同利食前后入聚法》。(3)《白非时入聚法》。(4)《作余食法》。(5)《呵责弟子法》。(6)《弟子辞和尚白谢法》。(7)《谏作犯法》。(8)《谏止犯法》（末附：“五种持律”、“持律人得五功德”、“四种断事人”、“五种疾灭正法”、“毗尼有五”、“欲得五事利当应持律”、“十种法住世令正法疾灭”、“五种法令法久住”、

"毗尼有四义余经所无"、"四种广说"等文段;以及《老病比丘畜杖络囊乞羯磨文》、《僧与老病比丘畜杖络囊羯磨法》、《十诵律受三十九夜羯磨文》、《十诵律受残夜法》、《僧祇二十七事讫羯磨文》五文)。(9)《差人行筹法》(新续)。(10)《离衣法》(新续)。(11)《减六年卧具法》(新续)。(12)《作小房法》(新续)。(13)《作大房法》(新续)。(14)《持故房与道俗经营二法》(新续)。(15)《差比丘料理房法》(新续)。(16)《差分卧具法》(新续)。(17)《尼白入僧寺法》(新续)。如关于"毗尼有四义",说:

> 《萨婆多论》云,毗尼有四义,余经所无。一是佛法平地,万善由之生长;二一切佛弟子皆依戒住,一切众生由戒而有;三趣涅槃之初门;四是佛法璎珞,能庄严佛法。具斯四义,功强于彼(以上为《随机羯磨》的原文)。
>
> 释:一是佛法平地,万善由之生长者,谓佛说无量三昧、万善等法,皆依戒故而得究竟,犹若世间一切草木丛林等,皆依地故而得生长。舍戒则佛法无基,离地则万物靡托,故戒之功,有胜余经。二一切佛弟子皆依戒住,一切众生由戒而有者,谓七众所修诸善三乘,随证道果,乃至趣生人天,克获妙药,佥以一戒而为元基,故戒之功,强于余经。三趣涅槃之初门者,谓诸佛同证涅槃四德,转度众生,解脱二死,虽法导始终,教演权实,总依毗尼为入道之初门,功勋独重,戒法三学冠之于首。四是佛法璎珞,能庄严佛法者,谓声闻人梵行皎洁、四智圆成,则有三明六通,庄严无漏道果。菩萨人戒德清净、万行圆成,则以相好光明,庄严无上菩提。故云,戒是佛法璎珞,无戒不能庄严,果德由功,如是余经所无(以上为读体的注释)。(卷十五《杂法住持篇》,

第516页下—第517页上）

有关唐道宣《四分律删补随机羯磨》的注疏，有道宣本人撰的《四分律删补随机羯磨疏》四卷、北宋允堪《四分律删补随机羯磨疏正源记》八卷、元照《四分律删补随机羯磨疏济缘记》四卷、清读体《毗尼作持续释》等。但如若将这些著作的内容作一番仔细对比的话，就会发现，本书除了释文中"非"（指对相关事法作是否为"七非"的辨析）一科写得不尽得当之外，其余释文，无论是文句的解释，还是事义的解释，均远胜于前人，包括道宣的《随机羯磨疏》。因此，若要研究《四分律》羯磨法，不可不读本书。

第二十二品　清读体《三坛传戒正范》四卷

《三坛传戒正范》，又名《传戒正范》，四卷。清读体撰，成于顺治庚子岁（顺治十七年，1660年）。收入《新纂续藏经》第六十册。

本书叙述汉地佛教"三坛大戒"（指"初坛授沙弥戒"、"二坛授比丘戒"、"三坛授菩萨戒"）的授受仪轨。内容包括各坛大戒的"授前请戒忏悔仪"（授戒之前的请戒忏悔仪轨）和"传授正范"（正式授戒仪轨）。书首有戒显于顺治十七年（1660）撰的《传戒正范序》；书末附有《觉源禅师与本师借庵老和尚论传戒书》。戒显在《序》中说：

善乎！柳河东（指柳宗元）曰：儒以礼立仁义，佛以律持定慧。故我世尊五时唱教，先《梵网》于群经，双树潜辉（指涅槃前），寄金言于戒学。所以眼目人天，津梁凡圣，无异说矣。无奈法久弊滋，以致戒坛封锢，赖吾祖父灵谷（指如馨)、千华(指寂光)二老人,乘大愿力,再辟巨荒,薄海遐陬,咸知秉受,南山之道,郁然中兴。及先师西迈,主律无人,三学摇摇,莫知宗仰。吾教授本师见月体(指读体)和尚,秉铁石心,具金刚骨,精淹五部,嗣主千华。慨今海内放戒开坛,所至多有,考其学处,则懵昧无闻,视其轨仪,则疏慵失准,仓皇七日,便毕三坛,大小乘而不分,僧尼部以无别。……和尚悯之,内重躬行,外严作法,兼勤著述,以利方来,于两乘布萨、律制僧行外,复为撰辑《传戒正范》。三坛轨则,巨细有条,七众科仪,精详不紊,勤开示,则智愚灌以醍醐,谨羯磨,则轻重拣于丝发,不违古本,别出新型。(《新纂续藏经》第六十册,第626页上)

卷一:《初坛授沙弥戒前请戒忏悔仪》。叙述初坛授沙弥戒之前的请戒忏悔仪轨。下分《净堂集众》、《通启二师》("二师"指"羯磨师"、"教授师")、《请戒开导》、《验衣钵》、《露罪忏悔》、《呈罪称量》六项。如关于授戒之前,须区别不同的情况"问遮难",说:

露罪忏悔第五。新戒露罪,事途差殊,称量人法,义准有四:一初始出家,即求受戒;二剃发已久,今方求戒;三出家有年,唯禀五戒,今思进修,更求具戒;四或于在家曾受五戒,及受菩萨优婆塞戒,今复出家乞求大戒。就四种中,临时作法,须分三门,勿得一概雷同。……审第一种求戒者,若准南山《羯磨》(指道宣《四分律删补随机羯磨》)受十戒法,应问遮难,此则惟问五逆(此指"弑父"、"弑母"、"弑阿罗汉"、"破羯磨转法轮僧"、"出佛身血")。……审第二种求戒者,所问戒障,虽则不满七逆,而义有六逆(此指"出佛身血"、"弑父"、"弑母"、"弑阿阇黎"、"破羯磨转法轮僧"、

"弑阿罗汉"),盖以离俗已久,侍师多年,准律当加弑(阿)阇黎一问。……审第三、四两种求戒者,准诸经律,七逆重罪(此指"出佛身血"、"弑父"、"弑母"、"弑和尚"、"弑阿阇黎"、"破羯磨转法轮僧"、"弑阿罗汉")、四弃根本(此指"杀戒"、"盗戒"、"淫戒"、"妄语戒"),理应严诘。……前来四种问法,惟遵律制。(卷一,第629页下—第630页上)

卷二:《二坛授比丘戒前请戒忏悔仪》。叙述二坛授比丘戒之前的请戒忏悔仪轨。下分《习仪》、《请戒开导》、《通白二师》、《教衣钵》、《审戒忏悔》五项。如关于"请戒开导"时须教授"戒法"、"戒体"、"戒行"、"戒相"、"止持"、"作持"等,说:

请戒开导第二。……(和尚抚尺云)所言戒法者,即世尊成道十二年中,观有漏因缘事起,而为诸无事比丘,禁防三毒,调伏七支,金口所制二百五十净戒、一百八十四种羯磨,乃至三千八万无量律仪是也。所言戒体者,即是来朝,于十师座前,正秉羯磨时,尔等发上品心之思业力用,运想法界,遍缘一切尘境。……一发心缘想领受已后,此法界尘境体,恒依汝等自心,念念不忘,时时守护。……所言戒行者,即依本所受之戒体,于日用处,或读诵、或安禅、或熏礼忏法、或修持净业,乃至著衣受食等,皆不违越毗尼。……所言戒相者,即佛所制二百五十具戒、一百八十四种羯磨,于一一戒相中,所明轻重开遮,于一一羯磨内,所摄成坏两缘,此即法相也。……若一切善业等事如法,当行而不行,此名之止犯;若当行而即行,此名之作持;若一切恶业等事非法,不当行而行,此名之作犯;若不当行而不行,此名之止持。(卷二,第637页上—第638页中)

卷三:《三坛授菩萨戒前请戒忏悔仪》。叙述三坛授菩萨戒之前的请戒忏悔仪轨。下分《通白二师》、《请戒开导》、《审戒遮》(此中列有"审戒"时须问的比丘戒二百五十条、比丘尼戒三百四十八条的全部戒名,可补作者《毗尼止持会集》的不足)、《开示苦行》四项。如关于授菩萨戒之前,须先"审戒遮"(指审查原先所受的七众戒的受持情况,若无犯,方许进受菩萨戒),说:

> 审戒遮第三。《梵网经》云,与人授戒时,不得拣择。一切国王、王子、大臣、百官、比丘、比丘尼、信男、信女、淫男、淫女、十八梵天、六欲天子、无根(无男根或女根者)、二根(指同具男女二根者)、黄门(指男根有缺陷者)、奴婢、一切鬼神,尽得受戒。又云,若欲受戒时,师应问言:现身不作七逆罪耶?菩萨法师不得与七逆人受戒。……若是比丘,严问所持二百五十戒法;若是比丘尼,详审本法三百四十八戒;……若是式叉摩那,此云学戒女,佛制令学三法(指"学根本"、"学六法"、"学行法")故,若审忏时,应一一逐问;……若是沙弥、沙弥尼,唯审本戒十章;……若是五戒近事男女(指优婆塞、优婆夷),于中受有满、多、半、少、一分不同,应随所受,一一详问;……若是八戒近事男女,彼所受者,既异终身居家五戒,故审诘时,但问一日一夜之持犯。(卷三,第645页中、下)

卷四:分为三篇。

(1)《初坛传授沙弥戒正范》。叙述初坛正式传授沙弥戒的仪轨。下分《明请师》、《正请师》、《开导》、《明请圣》、《忏悔》、《问难》、《归依》、《结归》、《说戒相》、《听教嘱》十项。如关于正授沙弥戒的最后,须作"沙弥五德十数"的教嘱,说:

> 第十听教嘱。和尚抚尺云:诸沙弥等,我已授汝十戒

> 之相竟。所有受具法仪、出家学本,及各门行相威仪,自有教授阿阇黎,为汝等一一分别。今当更示汝等五德十数,壮悦道志,依而奉行,增长智慧,成就辩才,教化众生,令入佛道。所言五德者,《福田经》(指《诸德福田经》)云,一者发心出家,怀佩道故。二者毁其形好,应法服故。三者永割亲爱,无适莫故。四者委弃身命,遵崇道故。五者志求大乘,为度人故。所言十数者,《僧祇律》云,一者一切众生皆依饮食,二者名色,三者痛痒想,四者四谛,五者五阴,六者六入,七者七觉支,八者八正道,九者九众生居,十者十一切入。此是沙弥之法,应如是故,既闻知已,恒记莫忘。(卷四,第662页上)

(2)《二坛传授比丘戒正范》。叙述二坛正授比丘戒的仪轨。下分《明僧中请师法》、《正请师法》、《坛主白法》、《安受戒者所在》、《差教授法》、《教授出众问难法》、《白召入众法》、《明乞戒法》、《羯磨师单白法》、《正问难法》、《明授戒体法》、《正授戒体法》、《次说四堕法》、《后授四依法》、《结劝回向》十五项。如关于正授比丘戒时,须教求具者"发上品心,求上品戒",说:

> 第十一明授戒体法。和尚抚尺云:善男子,前无重难,后无轻遮,甚是净器,众僧同庆,当授汝戒。但深戒上善,广周法界,量等虚空,今欲进受,要须缘境发心,心境相容,方发无作(指戒体)。……心有三品,中、下二心,劣弱非胜,但能自度,不能度人。我今教汝发上品心,求上品戒。何为上品心?今于我诸师座前立三种誓愿:一者誓断一切恶,无恶不断。二者誓修一切善,无善不修。三者誓度一切众生,无一众生不度。发此三种大誓愿已,于白四羯磨言下,进受大比丘戒。不为但求声闻小果故,直欲成就三聚净戒

故，趣向三解脱门故，正求佛果、求大涅槃、令法久住故，发如是上品心，受上品戒。(卷四，第 667 页中、下)

(3)《三坛传授菩萨戒正范》。叙述三坛正授菩萨戒的仪轨。下分《明敷座结坛法》、《明请师入坛法》、《明礼敬三宝法》、《明正请师法》、《明开导戒法》、《明请圣法》、《授四不坏法》、《忏悔过法》、《明发愿法》、《明发戒体法》、《次正授戒体法》(原书将此篇与上篇合为一篇，参照前述《二坛传授比丘戒正范》，应分作二篇)、《明宣戒相法》、《明结赞回向法》十三项。如关于正授菩萨戒时，须作的"忏悔"，说：

第八忏悔过法。菩萨戒师抚尺云：诸佛子，《梵网经》所明，现身有犯七逆者，不得受戒。前夜，羯磨师已曾一一详审，汝等幸皆无犯，故得受戒。今准《璎珞经》云，受四不坏信(指对佛、法、僧、戒"不坏信")已，次当教悔三世罪。而罪所言三世者，谓过去无明种子，为罪业之因，今生现行，为罪业之缘。由此现行，熏过去无始以来之业种，因缘和合，而所作业成，又为当来罪业之恶因，如是展转相资，故令轮回不绝。今凭诸佛菩萨座前，惭愧悔过，若能违今生之现行，则过去业种干枯，未来业因自灭。悔过之言，汝合自说，恐汝不能，随我所道：我(某甲——原注)若过去身口意十恶罪，愿毕竟不起，尽未来际。我(某甲——原注)若现在身口意十恶罪，愿毕竟不起，尽未来际。我(某甲——原注)若未来身口意十恶罪，愿毕竟不起，尽未来际。各随师语朗说，三悔三叩首。(卷四，第 672 页中、下)

本书原为雍正十一年(1733)五月，宝华山慧居寺(原名"隆昌寺")福聚奏请编入新修《大藏》(指《龙藏》，又称《清藏》、《乾隆版大藏经》)的宝华山三代律祖的五部著作之一。后因编纂者认为,“其受戒仪轨,与《作持》(指《毗尼作持续释》)部内实属重复”,而被撤下,未予编入。但诚如福聚所说,“《三坛正范》四卷乃阐扬《作持》(指《毗尼作持》)部内未尽精微,存之,虽似涉冗繁,删之,则《作持》部内又少发明,恐后学难于领会”(见《梵网直解》书首所载的《进大宝华山三代律师著述奏章》等)。也就是说,本书的内容虽与《毗尼作持续释》有重复之处,但它又有自身独有的内容,为《毗尼作持续释》所未备。

本书是明清时期出现最为完整的叙述“三坛大戒”授受仪轨的著作,其条理性远超于明法藏《弘戒法仪》一卷、清超远据此改编的《传授三坛弘戒法仪》三卷。特别是本书卷三《三坛授菩萨戒前请戒忏悔仪·审戒遮》,叙述了在授菩萨戒之前须先“审戒”,审查比丘、比丘尼原先受持具足戒的情况,若无犯,方可进受菩萨戒的程序,并为此叙列了比丘戒二百五十条、比丘尼戒三百四十八条的全部戒名,这是同类著作所没有的。读体也是自唐至清,为比丘尼戒各条标立戒名的第一人,即便是唐道宣也未曾做过此项事情。其戒名体系足资后人借鉴。

第二十三品　清读体《毗尼日用切要》一卷

《毗尼日用切要》,一卷。清读体汇集。原书未署撰作年代。从书末有“又菩萨戒相,此《毗尼日用》中不列,附《布萨正范》(指《三坛传戒正范》)卷中”一语,据此推断,则本书约成于顺治十八年(1660)至康熙三年(1664)之间。收入《新纂续藏经》第六十册。

本书叙录寺院僧人日常行事中使用的各种偈咒,以及沙弥、沙弥尼、式叉摩那、优婆塞各自的“戒相”(指戒法条文)。由作者参照《毗尼日用录》的体例和内容编集而成。无序跋。

本书叙录的日用偈咒,有:“早觉”、“鸣钟”、“闻钟”、“著衣”、“下单”、“行步不伤虫”、“出堂”、“登厕”、“洗净”、“去秽”、“洗手”、“净面”、“饮水”、“五衣”(指“五条衣”,“梵语安陀会,此云作务衣”)、“七条衣”(指“七条衣”,“梵语郁多罗僧,此云入众衣”)、“大衣”(指“梵语僧伽黎,此云杂碎衣”)、“卧具”、“登道场”、“赞佛”、“礼佛”、“供净瓶”、“荡净瓶真言”、“灌水真言”、“受食”、“出生”(指“供养出生”)、“侍者送食”、“僧跋”、“洗钵”、“展钵”、“受嚫”、“取杨枝”、“嚼杨枝”、“漱口”、“出锡杖”、“敷单坐禅”、“睡眠”、“取水”、“浴佛”、“赞佛”、“绕塔”、“看病”、“剃发”、“沐浴”、“洗足”等偈咒。如关于“闻钟”、“睡眠”时使用的偈咒,说:

> 闻钟(晨昏于行住坐卧间,一闻钟声时,即诵此偈咒——原注):闻钟声,烦恼轻,智慧长,菩提生。离地狱,出火坑,愿成佛,度众生。唵、伽啰帝耶莎诃(三遍——原注)。(《新纂续藏经》第六十册,第157页上)
>
> 睡眠(临睡,合掌面西,观想念佛,十声或百千声,或万声已,即诵偈云——原注):以时寝息,当愿众生,身得安隐,心无动乱。阿(观想阿字轮,一气持二十一遍,然后卧。卧须右胁,名吉祥睡,不得仰卧、覆卧、及左胁卧,不得脱里衣、小衣卧,当须忆念本参——原注)。(第160页上)

本书叙录的“戒相”,有:“沙弥十戒”、“沙弥应具五德应知十数”、“沙弥尼十戒”(略)、“式叉摩那六法”、“优婆塞五戒”、“优婆塞八关斋法”等。如关于“式叉摩那六法”,说:

> 式叉摩那戒相(梵语式叉摩那尼,此云学戒女。佛听十岁曾嫁,及十八童女,与二岁学戒,以净身,与六法以净心,于尼僧中,集众白四羯磨,与满十二及满二十,方受具

戒。若学年未满，六法不净，不与受比丘尼具足戒——原注）：一曰不淫、二曰不盗、三曰不杀、四曰不妄语、五曰不非时食、六曰不饮酒。（第161页上）

本书因无序跋题记，故书中缺少有关撰作缘由和资料来源的说明。据读体的弟子书玉说："先和尚（指读体）愍惜于此，故从《华严·净行品》并密部中，重采偈咒，汇集成卷，题名《毗尼日用切要》。"（见《毗尼日用切要香乳记·序》）意思是说，本书是读体结合寺院的日常行事，从《华严·净行品》和密教经典中摘录相关的"偈咒"，汇集而成的。但对照内容，就会发现，本书实际上是参照明性祇《毗尼日用录》的写法编集的，并非完全出自读体的创撰。故本书原先的署名"宝华山弘戒比丘读体重集"（见《毗尼日用切要香乳记·总释名题》），是对的。今本将"重集"改为"汇集"，题作"宝华山弘戒比丘读体汇集"，这就与实际情况有些出入了。

本书的注释有：清书玉《毗尼日用切要香乳记》，二卷。

第二十四品　清读体《沙弥尼律仪要略》一卷

《沙弥尼律仪要略》，一卷。清读体辑集。原书未署撰作年代，从作者见存的著作推断，约成于顺治四年（1647）至康熙四年（1665）之间。收入《新纂续藏经》第六十册。

本书叙述沙弥尼"十戒"和"威仪"。由作者以东晋失译《沙弥尼戒文》一卷（本书称之为《沙弥尼离戒文》，"离"为衍字）、北凉失译《大爱道比丘尼经》二卷为基本资料，参照明袾宏《沙弥律仪要略》的体例编集而成。本书无序跋，书末附有《说戒法仪》。

上篇《戒律门》：叙述“沙弥尼十戒”。作者说：“以下十戒条章，依律藏随字函本文录出，并无增减。”（《新纂续藏经》第六十册，第441页下）也就是说，本篇是根据《明藏》“随”函中收录的《大爱道比丘尼经》编集的。书中标立戒名，依次为：(1)“杀戒”。(2)“盗戒”。(3)“淫戒”。(4)“妄语戒”。(5)“不饮酒戒”（“不”字似应删去，下同）。(6)“不著香花璎珞戒”。(7)“不坐高广大床戒”。(8)“不歌舞音乐戒”。(9)“不捉持金宝戒”。(10)“不非时食戒”。与祩宏《沙弥律仪要略》所说“沙弥十戒”相比，本书“沙弥尼十戒”前六戒的顺序与之相同（“沙弥十戒”作“不杀生”、“不盗”、“不淫”、“不妄语”、“不饮酒”、“不著香华鬘不香涂身”），后四戒的顺序与之不同（“沙弥十戒”作“不歌舞倡妓不往观听”、“不坐高广大床”、“不非时食”、“不捉持生像金银宝物”）。

如关于“沙弥尼十戒”的第四条“妄语戒”，说：

> 第四妄语戒（此为读体标立的戒名）。
>
> 沙弥尼戒，不得两舌恶言，言语安详，不见莫言见，不闻莫言闻，见恶不传，闻恶不宣，恶言直避，常行四等，无有非言，言辄说道，不得论说俗事，不讲王者臣吏贼事，常叹经法菩萨正戒，志于大乘，不为小学（指小乘），行四等心，是为沙弥尼戒也（以上为读体编集的“妄语戒”的律仪）。（第442页上）

下篇《威仪门》：叙述沙弥尼威仪“二十二事”。作者说：“以下条则，于《大爱道经》、《沙弥尼离戒文》，及第二分比丘尼随律威仪中节出。又云栖《沙弥要略》内，凡沙弥尼可通用者，亦采集之。……删繁撮要，仍分类聚，以便读学。间有未备，从义补入一二。”（第442页下）也就是说，本篇是根据《大爱道比丘尼经》、《沙弥尼戒文》、《四分律》“第二分”比丘尼戒法、《沙弥律仪要略》等资料编集的。与袾宏《沙弥律仪要略》所说沙弥威仪“二十四事”相比，本书所说的沙弥尼威仪，新增《敬三宝》，删去《到尼寺》、《参方》、《衣钵名相》，总数上少二篇；《听法》与《习学经典》的前后位置作了对调；《至人家》改名为《止檀越家》。其余各篇的名称均相同，但篇内收录的律仪则有同有异。

（1）《敬三宝》。叙述“当敬佛，至心无邪持，头脑著地，常自忏悔宿世罪恶”；“常敬法，心存于道，慈孝于经”；“常敬僧，心平不废，至诚有信”等律仪。

（2）《敬大沙门》。叙述“不得唤二部大僧字”；“不得盗听二部大僧说戒”；“不得转行说二部大僧过”；“不得骂詈二部大僧”；“不得轻侮二部大僧”等律仪。

（3）《事师》。叙述“视和尚阿阇黎，当如视佛”；“当敬于师，常附近之，如法律行”；“当如师教，常应和顺”；“当诚信于师，尽心给侍”；“从师受经，当端心至实”；“不得离师自住”等律仪。

（4）《随师出行》。叙述“不得摇身行”；“不得戏笑行”；“若道逢男子，不得视忆，当观空作不净想”；“若路见俗奇之事，不得失声赞美”等律仪。

（5）《入众》。叙述“不得争坐处”；“不得相形笑”；“凡上佛殿，当肃容仪，不得放意自便”；“不得坐视大众劳务，避懒偷安”；“不得私取招提竹木、花果、蔬菜、一切饮食、及一切器物等”等律仪。

（6）《随众食》。叙述“临食咒愿，皆当恭敬”；“凡饮食作五观想”；“无呵食好恶”；“不得笑谈杂话”；“或有所需，默然指授，不得高声大唤”；“不得碗钵作声”；“不得自畜（蓄）宿食”等律仪。

(7)《礼拜》。叙述“凡合掌,不得十指参差,不得中虚”;“凡礼拜,须精诚作观,教列七种,不可不知”;“诣俗省亲,不得作礼俗亲眷属,唯至诚合掌问讯”等律仪。

(8)《习学经典》。叙述“宜先学沙弥尼十戒、诸威仪,后学修多罗,不得违越”;“凡学经,先须白师”;“不得案上狼籍卷帙”;“不得笑经语”;“读经不得抚案曲身、翘足累踝”等律仪。

(9)《听法》。叙述“平视直进”;“坐必端严”;“不得乱语”;“不得咳唾”;“凡听法,须闻而思,思而修,不得专记名言,以资谈柄”等律仪。

(10)《入寺院》。叙述“凡入寺门,不得行中央,须缘左右边行”;“入殿塔当右绕,不得左转”;“不得著木屐及不净履,入殿塔中”等律仪。

(11)《入禅堂随众》。叙述“不得高声大语”;“不得大咳嗽作声”;“凡洗面不得多使水”;“不得著类俗家妇女衣饰等”;“不得与人结拜亲友”等律仪。

(12)《执作》。叙述“当惜众僧物”;“当随知事者教令,不得违戾”;“凡汲水先净手”;“凡作食,不得带爪甲垢”;“凡扫地,不得迎风扫”等律仪。

(13)《入浴》。叙述“不得与优婆夷共洗”;“不得与小儿共洗”;“不得自视形体隐处”;“不得共人语笑”;“脱衣著衣,安详自在”等律仪。

(14)《入厕》。叙述“须脱换鞋履,不得净履入厕”;“不得与人共厕”;“不得上男子厕上”;“不得迫促内人使出”;“不得努气作声”;“不得沿路行系衣带”等律仪。

(15)《睡卧》。叙述“不得与大比丘尼同室宿”;“不得与同事沙弥尼及式叉摩那共榻;设无异榻,不得共被;设无异被,须各著衬身衣”；“不得裸裸自露”；“临欲睡时，应先念佛、念法、念僧、念戒、念天、念无常”等律仪。

（16）《围炉》。叙述“不得交头接耳说话”；“不得弹垢腻火中”；“不得烘焙鞋袜”等律仪。

（17）《在房中住》。叙述“沙弥以生年为次第，若生年等者，以出家年月为次第，谦和为高尚，其沙弥尼亦尔”；“灭灯后，不得高声念诵”；“不得与伴戏论说世间不急之事”等律仪。

（18）《止檀越家》。叙述“有异坐当坐，不宜杂坐”；“若与男子说法，不得低声密语，不得多语”；“不得诳说佛法，乱答他问，自卖多闻，求彼恭敬”；“不得结拜白衣人，作父母姊妹兄弟”；“不得管人家务”；“无犯夜行”等律仪。

（19）《乞食》。叙述“到人门户，宜审举措，不得失威仪”；“家无女人，不可入门”；“不得说与我食，令尔得福”；“不得哀求苦索”；“不得广谈因果，望彼多施”等律仪。

（20）《入聚落》。叙述“无切缘不得入，即入，亦觅如法者伴”；“不得旁视人物行，宜端身平目，直视而行”；“不得与男人前后互行”；“或逢戏幻奇怪等，俱不宜看”；“或遇斗诤者，亦远避之，不得住看”等律仪。

（21）《市物》。叙述“无争贵贱”；“若为人所犯，方便避之，勿从求直”；“已许甲物，虽复更贱，无舍彼取此，令主有恨”等律仪。

（22）《凡所施行不得自用》。叙述“出入行来，当先白师”；“作众僧事，当先白师”；“白师听、不听，皆当作礼，不听，不得有恨意”等律仪。

如关于“执作”，说：

《执作第十二》（此为读体标立的篇名）。

当惜众僧物；当随知事者教令，不得违戾；凡洗菜当三易水；凡汲水，先净手；凡用水，须谛视有虫、无虫，若有虫，以密罗滤过方用，若严冬，不得早滤水，须待日出；凡烧灶，不得然(燃)腐薪；凡作食，不得带爪甲垢；凡弃恶水，不得当道，不得高手扬泼，当离地四五寸，徐徐弃之；凡扫地，不得迎风扫，不得聚灰土安门扇后；洗内衣，先须拾去虮虱；夏月用水盆了，须覆令干，若仰，即虫生；不得热汤泼地上(以上为读体编集的《执作》篇的律仪)。(第442页上)

本书与明清时期出现的有关沙弥律仪的著作(如袾宏《沙弥律仪要略》、弘赞《沙弥律仪要略增注》、济岳《沙弥律仪毗尼日用合参》、书玉《沙弥律仪要略述义》等)的主要区别在于，本书是只有戒法和威仪的条文，而无文句和事义的解释的。这也与当时沙弥尼和比丘尼的人数较少、地位较低，人们对沙弥尼律仪的关注度相对不足有关。

第二十五品　清德基《毗尼关要》十六卷

《毗尼关要》，十六卷。清德基辑，成于康熙戊辰岁(康熙二十七年1688年)。载于《清藏》“音”、“察”函，收入《新纂续藏经》第四十册。

德基(1634—1700)，字定庵，俗姓林，休宁(今属安徽)人。早岁曾闻一老僧读《金刚经》，萌出世之意，父殁后，依苏州宝林寺竹怀剃度出家。二十四岁，从宝华山隆昌寺读体受具足戒。精研律部十五年，诸部大律，俱臻玄奥。康熙十八年(1679)，读体入寂后，德基继为“千华第三世”(又称“宝华山第三代祖”)。得法弟子有真义等三十八人。著有：《毗尼关要》十六卷、《毗尼关要事义》一卷(此书为《毗尼关要》的音义)、《羯磨会释》十四卷、《比丘戒本会义》十二卷、《宝华山志》十二卷等。其中,《毗尼关要》一书,经文海福聚(宝华山第七代祖)奏请,于乾隆二年(1737)获准入藏。生平事迹见清福聚《南山宗统》卷五、源谅《律宗灯谱》卷三、近代喻谦《新续高僧传》卷二十九等。

本书是《四分律》比丘戒本的集本及其详解。从作者在"释题目"的叙述来看,本书所释的《戒本》,并非为前人的译本或集本,而是作者自己参照广为流通的各种《四分戒本》的体例,从《四分律》汉译本上摘录比丘戒条文编集而成的本子。全书先"释题目",解释《戒本》的题名;次"入文",解释《戒本》的本文。作者将"入文"科分为"释戒序"(相当于"序分")、"释戒相"(相当于"正宗分")、"结劝回向"(相当于"流通分")三分。其中,"释戒相"为全书的主体,下分八类戒法,共收录比丘戒二百五十条。每一类戒法均分以"总标"(相当于"标章")、"别列戒相"(相当于"标章")、"结问"、"劝持"(以上二项相当于"结章")四科,而"别列戒相"一科,叙列此类戒法下属的各个戒条,为解释的重点。为方便学人记诵和受持,作者参照同类书的做法,对各个戒条均标立了名称,特别是连"二不定法"、"众学法"、"七灭诤法"各条也全都标立戒名,这在明清时期是极少见的,因此本书的戒名体系在当时也是最完整的。戒名之后,便是作者对戒条的解释。

本书的释戒体例,是在读体《毗尼止持会集》基础上所作的开合与完善。所释的内容,分为"总释"(略称"总释大义",指对某戒作概括性的解说,包括说明比丘尼戒、大乘戒是否与之相同,是"性罪"还是"遮罪"等)、"缘起处"(指叙说制戒缘起中的地点)、"起缘人"(指叙说引发制戒的人和事)、"所立戒相"(指叙列此戒的条文)、"释义"(又称"解释文义",指解释戒条的文句)、"犯缘"(又称"犯戒具缘",指解释犯戒的构成条件)、"定罪"(又称"定罪轻重",指对不同的犯戒相状作出不同的定性)、"开缘"(又称"随缘别开",指解释此戒的开许条件)、"会详"(又称"会详经论",指引证经论和其他律典上的论述)九科,若戒条本身简短明了,则科释随之简化。书首有大珍于康熙二十七年(1688)撰的《序》,说:

> 此大部(指《四分律》)六十卷,离而为四,故曰四分,戒本乃大部中第一分之统要也。自西域优波离尊者亲承佛嘱,传至东土,南山澄照(指道宣)、真悟允堪、元照诸大圣师先后弘化,历代帝主所钦赐褒崇,载诸盛典。元明以来,正法凌彝,迨启祯(指天启、崇祯)间,千华老人(指寂光)乘愿轮而来,为东南半壁,憧憧受毗尼法者,到处蜂攒蚁聚,化被之盛,兆乎是矣。清朝嘉运肇兴,继千华而起者,南来见月(指读体)和尚,大其家世,扩充模范,四方禀法之士,不啻如星拱月,似鸟附凤,四十载旺化南都,千万众而得定公(指德基)和尚一人焉。公(指德基)丱岁脱颖,博综内外典籍,考核律藏全书,采法苑之精华,阐诸经之奥旨,发前贤底蕴,继后启之芳规,自学地而据师位。虽万指云臻,不忘苦心,励志阅有二十余夏,而《关要》(指《毗尼关要》)告成。(《新纂续藏经》第四十册,第485页上、中)

卷一:"释题目"、"释戒序",解释《四分戒本》的题名和正文初首的"戒序"。其中,"释戒序"部分,下分六目:(1)"初述赞颂"(又称"归敬偈")。指昙无德部主法藏作的"序偈"(其文为"稽首礼诸佛,及法比丘僧……如来立禁戒,半月半月说",下分"敬礼三宝"、"诫听获益"、"凭师传说"、"戒足勿毁"、"戒显全缺"、"赞戒胜喻"六个层次)。(2)"作前方便"(又称"集僧简众”）。指说戒前，说戒师集僧简众，询问说戒羯磨准备情况（其文为“僧集不……何所作为？说戒羯磨”，下分“集僧”、“问和”、“简众是非”、“说欲”、“传请教诫”、“问事端绪”六个层次）。(3)“秉白羯磨”（又称“说戒告白”）。指说戒师作单白羯磨时的文词（其文为“大德僧听……若僧时到，僧忍听，和合说戒。白如是”）。(4)“说戒序”。指说戒师宣布说戒的宗旨与纪律，并询问与会僧众是否清净时的文词（其文为“诸大德，我今欲说波罗提木叉戒……欲求清净者，应忏悔，忏悔得安乐”）。(5)“结问”（与“劝持”合称为“三问清净”）。指说戒师询问与会僧众是否清净，连问三遍，策励大众反省发露时的文词（其文为“诸大德，我已说戒经序，今问诸大德，是中清净不”）。(6)“劝持”。指说戒师劝令僧众依法持戒时的文词（其文为“诸大德，是中清净，默然故，是事如是持”）。如“释题目”，说：

> 言《戒本》者，就于（《四分律》）初分比丘戒中，但明戒相，兼续七佛略教诫经，流通世间，俾初学比丘诵习，令知广略教诫，识相守持，不亏戒体。至于半月布萨，诵此戒本以为恒规，故将二百五十条章，别集成本，故云《四分戒本》也。……又此戒法，凡有三种：一者律仪戒，亦名波罗提木叉戒；二者定共戒，亦名禅戒；三者道共戒，亦名无漏戒。……《萨婆多论》云，此波罗提木叉戒，若佛在世则有，佛不在世则无，禅、无漏戒一切时有。波罗提木叉戒从教而得，禅、无漏戒不从教得。乃至云，波罗提木叉戒但佛弟子有，禅戒外道俱有。夫能维持佛法，有七众在，世间三乘道果，相续不断，尽以波罗提木叉为根本，禅、无漏戒不尔，是故于三戒中，最为殊胜。（卷一，第486页中、下）

卷二至卷三：“释戒相”（下同），始释《四分戒本》正文中的

“戒相”。此处解释“四波罗夷法”，始第一条“淫戒”，终第四条“大妄语戒”。

卷四至卷五前部分：解释《四分戒本》中的“十三僧伽婆尸沙法”，始第一条“弄阴失精戒”，终第十三条“不舍恶性戒”。

卷五后部分：解释《四分戒本》中的“二不定法”，始第一条“不定法”，终第二条“不定法”。

卷六至卷八：解释《四分戒本》中的“三十尼萨耆波逸提法”，始第一条“长衣十日不净施戒”，终第三十条“回僧物入己戒”。

卷九至卷十四前部分：解释《四分戒本》中的“九十波逸提法”，始第一条“知而妄语戒”，终第九十条“与佛等量作衣戒”。

卷十四后部分：解释《四分戒本》中的“四波罗提提舍尼法”，始第一条“受非亲尼食戒”，终第四条“恐怖处受食戒”。

卷十五：解释《四分戒本》中的“众学戒法”（未标戒名），始第一条“不齐整著内衣戒”，终第一百条“为持盖人说法戒”。

卷十六前部分：解释《四分戒本》中的“七灭诤法”，始第一条“现前灭诤法”，终第七条“草覆地灭诤法”。

以比丘戒“九十波逸提法”第五十四条“不受谏戒”为例，其释戒的方式是这样的：

> 第五十四不受谏戒。
>
> 总释：此是共戒，尼犯亦同，大乘同学。《律摄》（指《根本萨婆多部律摄》）云，由不忍烦恼，制斯学处。
>
> 缘起处：佛在拘睒弥国瞿师罗园中。
>
> 起缘人：阐陀欲犯戒，诸比丘谏言：汝莫作此意，不应尔。阐陀不从，即便犯。诸比丘白佛，诃责结戒。
>
> 所立戒相：若比丘，不受谏者，波逸提。

释义：不受谏者(《律摄》云，若尊人所说，不应遮止，有所言教，不应违逆，但嘿然恭敬而住，不嫉不恚，除罪恶心，恒为敬仰——原注)。

犯缘：此戒具足三缘，方成本罪：一自知所为非法、二智人呵谏、三谏而不纳。

定罪：此中犯者，若他遮言莫作，是不应尔，若自知所作是然，故作，犯。根本不从语，突吉罗。若自知所作非然，故作，犯。根本不从语，波逸提。比丘尼，波逸提。小三众，突吉罗。是谓为犯。

开缘：不犯者，若无智人来谏，报言：汝可问汝二师，学问诵经，知谏法，然后可谏。若戏笑语、若独处语、若梦中语、欲说此错说，彼一切无犯。不犯者，最初未制戒等。

会详：《毗尼母》云，不应受五种人谏：一无惭愧、二不广学、三常觅人过、四喜斗诤、五欲舍服还俗。(卷十二，第590页下—第591页上)

卷十六后部分："结劝回向"，解释《四分戒本》末尾的劝学流通语。所释包括：(1)"总结名目"。指戒经结语(其文为"诸大德，我已说戒经序，已说四波罗夷法……已说七灭诤法，此是佛所说，半月半月说，戒经中来")。(2)"劝学余法"。指劝学余法语(其文为"若更有余佛法，是中皆共和合，应当学")。(3)"七佛略教诫经"。指七佛略说戒经偈(其文为"忍辱第一道，佛说无为最……诸比丘自为乐法乐沙门者，有惭有愧乐学戒者，当于中学")。(4)"结劝回向"。指流通偈(昙无德部主法藏作，其文为"明人能护戒，能得三种乐……施一切众生，皆共成佛道")。

如关于“结劝回向”，说：

> 我今说戒经，所说诸功德。施一切众生，皆共成佛道（以上是法藏作的流通偈的末句）。
>
> 释：此一偈广大回向，谓我今说戒功德，不求人天福报，及权乘小果，普施法界众生，同成佛道。问曰：比丘律法本属小教，今云共成佛道，其义何从？答曰：圆人受法，无法不圆，既《法华》开显之后，一色一香，无非中道，举手低头，无不成佛，岂有戒法而不圆顿？故《法华玄义》云：开粗者，毗尼学即大乘学，式叉式叉即大乘第一义，光非青黄赤白黑，三归、五戒、十善、二百五十戒皆是摩诃衍（指大乘），岂有粗戒隔于妙戒？戒既即妙，人亦复然。汝实我子，即此义也，岂有持戒不成佛道者乎（以上是德基的注释）。（卷十六，第641页上、中）

本书中的许多内容，是承继智旭《重治毗尼事义集要》、读体《毗尼止持会集》的相关论述而来的，因此，它们之间存在着学术上的源渊关系。作者德基独立阐发较多的是释文中的“定罪”，然而由于有些地方过于细碎，也不免使人感到繁琐。

此外，本书各卷之后，原先均附有本卷的音义，解释难懂的字词或短句的读音和含义。也许是因后来“千华第七世”福聚奏请将《毗尼关要》编入《龙藏》的缘故，将这部分音义从《毗尼关要》中分离出来，另编成《毗尼关要事义》一卷（无序跋）流通，今收入《新纂续藏经》第四十册。由于《毗尼关要事义》收录的字词或短句，大多是一般的字词或佛教术语，涉及律学的很少，故它只是《毗尼关要》的附属作品，本身并不具有独立的学术价值。

第二十六品　清书玉《毗尼日用切要香乳记》二卷

《毗尼日用切要香乳记》，二卷。清书玉笺记，成于康熙二十三年(1684)。收入《新纂续藏经》第六十册。

书玉(1645—1721)，字宜洁，号佛庵，俗姓唐，江苏武进人。少习举业(指科举)，颇通儒学。偶闻邻寺僧人读诵《华严经·普贤行愿品》，质问义趣，豁然领解，遂萌出家之志。二十二岁，依京口嘉山自谦剃度出家。康熙五年(1666)，从宝华山隆昌寺读体受具足戒。不久，充任侍者，兼究律部。康熙二十二年(1683)，与同门德基一起赴杭州昭庆寺传戒。德基返回宝华山之后，书玉受请留下，主持昭庆寺，历时达三十八年之久。他修复北宋允堪在此寺筑立的戒坛，每年春冬两期开坛授戒，四方僧俗闻风翕集，受戒者达万余人。著有：《毗尼日用切要香乳记》二卷、《羯磨仪式》二卷、《二部僧授戒仪式》二卷、《沙弥律仪要略述义》二卷、《梵网经菩萨戒初津》八卷等。生平事迹见清福聚《南山宗统》卷五、源谅《律宗灯谱》卷三、近代喻谦《新续高僧传》卷二十九等。

本书是清读体《毗尼日用切要》的笺释。之所以题名"香乳记"，取意于"观音大悲手，香乳济众生"(见书玉《序》)，也就是希望本书也能"乳济众生"。全书参照贤首(指华严宗法藏)《般若略疏》的体例，开为"悬谭五门"，即"教兴因缘"(又称"教兴")、"藏乘教摄"(又称"藏摄")、"所诠宗趣"(又称"宗趣")、"总释名题"(又称"释题")、"别解偈文"(又称"解文")五门，从不同的方面对《毗尼日用切要》作了详细的解释。其中，前四门属于"释题"，解释《切要》的题名；后一门属于"解文"，解释

《切要》的正文。在“解文”中，作者将《切要》收录的寺院僧人日常行事中使用的偈咒，整理成“五十四偈、三十七咒”，分为四十四门，对原书上读体的解说词和五十四首偈颂，一一作释；对咒语则不释。凡是读体的解说词均冠以“集”字（总计“四十五集”，即四十五处），凡是书玉的笺释均冠以“【记】”字（总计“二百一十记”，即二百一十处），以示区别。卷上和卷下之后还分别附出“音释”，解释本卷中难懂的字词或短句的读音和含义。书首有海宁杨雍建于康熙戊寅岁（三十七年，公元 1698 年）撰的《序》；浙水慈云灌顶行者续法于康熙丁丑岁（三十六年，1697 年）撰的《序》；书玉于康熙二十三年（1684）撰的《序》和《凡例》。书末有书玉于康熙三十六年（1697）撰的《缘起》。书玉在《序》中说：

> 夫《毗尼日用》者，为大道心人，利生修证之本也。凡人能读斯文，发斯愿，行斯行者，即同圆觉，无二无别。欲度众生，欲求佛道，要须行在一心，自然功成二利，其或行愿未备，则证入无由矣。先和尚（指读体）愍惜于此，故从《华严・净行品》并密部中，重采偈咒，汇集成卷，题名《毗尼日用切要》。务令初发心人，熟读玩索，朝夕行用，渐成道果，不致坐消信施，虚度光阴。语谓大圣度人，功惟在戒，先圣后圣，其揆一也。忆昔和尚诫众云，此《日用》一书，乃是一乘妙法，进道镃基，事摄身心，理归圆顿，不得视为泛常偈咒。是知《切要》之功，至矣哉，当尽寿行持，毋怠忽焉。玉（指书玉）亲觐也晚，幸蒙鞭策，驽驾前行，不容暂憩，二十年来，乾乾惕励。甲子（指康熙二十三年）春，住昭庆（寺），应众请演，随文笺释，名曰《香乳记》。（《新纂续藏经》第六十册，第 163 页上）

《凡例》说：

> 题前悬叙三义门（指作者"悬谭五门"的前三门）者，和尚（指读体）《止持会集》尚遵贤宗（指华严宗）法式，今释依行，岂敢违越，题为一书之总，故先释；人是能汇集者，故次释；行诸久远，恐茫昧故，偈乃所诠正文，故后释。集（指《毗尼日用切要》）中五十四偈、三十七咒，各以事类首标，录开四十四门。今但随文依次笺释，更不重科。……笺释本意，专为发明当文，故不论经律诸书，凡相符者，咸引证于此，作一助显。咒出密部，自古不翻，今仿先德，不敢强释，果能依法虔诵，毕得消灾生福。顶格书者，但属佛说偈咒；低一格标集字者，系和尚（指读体）集文；标记字者，乃今家释语。（第163页中、下）

卷上："悬谭五门"（上）。本卷所释的是：（1）"教兴因缘"。内容为"毗尼教兴"，"具斯十缘"（指"为师资模范故"等）。（2）"藏乘教摄"。内容为"藏摄"（指"三藏"、"四藏"、"二藏"）、"乘摄"（指"显教"、"密教"）、"教摄"（指"十二分教"、"贤首五教"）。（3）"所诠宗趣"。内容为"五对"（指"教义对"、"行愿对"、"身心对"、"智悲对"、"因果对"）。（4）"总释名题"。内容为"释法题"（指"毗尼日用切要"）、"释人题"（指"宝华山弘戒比丘读体重集"）。（5）"别解偈文"前部分。内容为《毗尼日用切要》正文的前二十一门。它们是："早觉"、"鸣钟"、"闻钟"、"著衣"、"下单"、"行步"（又称"行步不伤虫"）、"出堂"、"登厕"、"就水"、"洗净"、"洗手"、"洗面"、"饮水"、"五衣"、"七衣"、"大衣"、"卧具"、"道场"（又称"登道场"）、"赞佛"、"礼佛"、"净瓶"（又称"供净瓶"，包括"供净瓶"、"荡净瓶真言"、"灌水真言"、"甘露真言"四项）。如关于

"供净瓶",说:

供净瓶(此为读体《毗尼日用切要》的标题)。

【记】进奉曰供,瓶者,汲水之器,用有净触之别。此为净用,亦名德瓶,谓朝暮行持,多功德故。《西域记》云,裙稚迦,即澡瓶也,此为触用。佛制比丘,不净洗漱,不得礼拜诵经故,净瓶漱口,澡瓶洗手。今则洗漱不行,二瓶失制,虽复礼敬,焉得无罪(以上为书玉对标题的笺释)。

集:梵语军持,此云瓶。《寄归传》云,军持有二种:一磁瓦者,是净用;二铜铁者,是触用。今所明者,乃净瓶也。比丘每日清旦诵经咒毕,用净瓶,盛净水,供于佛菩萨像前。欲须瓶盛水时,当观想佛菩萨尊容,具仪作礼,起已取瓶,默持此偈咒:手执净瓶,当愿众生,内外无垢,悉令光洁。唵、势伽噜迦叱、羚叱莎诃(三遍——原注;以上为《毗尼日用切要》的原文,包括读体的解说词和"供净瓶"的偈咒)。

【记】手执者,谓以身而举,以表事也。内外无垢,悉令光洁者,即事以明理也,内即身心,外即尘境。谓此持戒之心坚净,则外不染尘劳,内不起烦恼,表里一如,心地清净,而智光皎洁矣。故《楞严经》云,根尘不偶,现前残质,不复续生,执心虚明,纯是智慧,慧性圆明,莹十方界,即斯意耳(以上为书玉对"供净瓶"偈的笺释,不释咒)。(卷上,第180页下)

卷下:"悬谭五门"(下)。本卷所释的是"别解偈文"后部分。内容为《毗尼日用切要》正文的后二十三门。它们是:"展钵"、"受食"(附"供养文",书玉新续)、"出生"、"送食"(又称"侍者送食")、"僧跋"、"举钵"、"洗钵"、"结斋"、"受嚫"、"取枝"(又称"取杨枝")、"嚼枝"(又称"嚼杨枝")、"漱口"、"锡杖”(又称“出锡杖”)、“敷坐”(又称“敷单坐禅”)、“睡眠”、“取水”、“浴佛”、“赞佛”、“绕塔”、“看病”、“剃发”、“沐浴”、“洗足”。末附“戒相”,内容为:(1)“沙弥十戒相”、“沙弥应具五德”、“应知十数”。(2)“沙弥尼十戒相”(略)。(3)“式叉摩那戒相”。(4)“优婆塞戒相”、“八关斋法戒相”。如关于“看病”,说:

看病(此为读体《毗尼日用切要》的标题)。

【记】瞻视曰看,疾苦曰病,身为苦本,有形难免,出家人割爱辞亲,十方云聚,应当痛痒相关,互为瞻视。所以八福田中,悲田第一。若见病者,当起慈心,始终照看,毋违佛意(以上为书玉对标题的笺释)。

集:律制具五德者,方听看病。一知病人可食不可食,可食应与;二不恶贱病人大小便涕吐;三有慈愍心,不为衣食;四能经理汤药,乃至差若死;五能为病者说法,己身于善法增益。虽不久看病苦,但一见时,即谓此偈咒,以八福田中,看病是第一福田(以上为《毗尼日用切要》原文中的读体解说词)。

【记】八福田者,谓佛、圣人、僧三种,名敬田;和尚、阿阇黎,生我法身,父、母,生我色身,此四名恩田;救济病人,名病田,亦名悲田。此八种皆堪种福,故名田也。若人能尽力从事此八种者,亦犹农之力田,则获秋成之利也。……病田,谓见人有病,即当念其苦楚,用心救疗,给与汤药,则能获福,故名病田。如上七种(指“佛田”、“圣人田”、“僧田”、“和尚田”、“阇黎田”、“父田”、“母田”),皆不及病田胜者,如来怜愍病苦故(以上为书玉对读体解说词的笺释)。

见疾病人，当愿众生，知身空寂，离乖诤法。唵、室哩多、室哩多、军咤利、莎嚩贺（三遍，此是消万病咒——原注；以上为《毗尼日用切要》原文中“看病”偈咒）。

【记】急患为疾，疾甚为病，乃愁痛之际，皆因四大不调之所致也。……然病有两种：一身病，草根树皮，可以疗治。二心病，非法药不能救治。是以大小乘戒，严制看病，故如来谆嘱云：若有供养我者，供养病人，及说看病有五种功德（以上为书玉对“看病”偈的笺释，不释咒）。（卷下，第199页下—第200页下）

本书各卷之后附出的“音释”，大多为佛教名词术语（也包括一些佛教人名，如“古心如馨”、“三昧寂光”等）的解释。其中有：“一乘妙法”、“陀罗尼”、“我空”、“法空”、“如来藏”、“阿赖耶识”、“八识差别”、“大千世界”、“三无漏学”、“五盖”、“三乘”、“六趣”、“根随烦恼”、“三摩地”、“六度”、“五欲”、“三毒”、“八万四千法门”、“五分法身”、“十种衣财”、“精舍”、“寂灭道场”、“本觉”、“始觉”、“四种辩才”、“五通”、“四摄法”、“三观”、“破五住”、“十号”、“八功德水”、“分卫”、“维那”、“三十七品助道法”、“不共法”、“三十三天”、“三十二相”、“八十种好”、“外道六师”、“修不净观”、“三解脱门”、“五逆”、“住持”等。读体《毗尼日用切要》原书的内容是比较单薄的，经书玉此番笺释，顿时丰富得多了，这对初学者拓展知识面是很有益处的。

第二十七品　清书玉《羯磨仪式》二卷

《羯磨仪式》，二卷。清书玉编，成于康熙三十七年（1698）。

收入《新纂续藏经》第六十册。

本书叙述佛教的羯磨仪式。全书分为二十篇，收录二百十四种羯磨法。卷上为《时事》，叙述寺院僧众在定时活动办事时作的羯磨法，下分十篇，收录九十五种羯磨法；卷下为《非时事》，叙述寺院僧众在不定时活动办事时作的羯磨法，下分十篇，收录一百十九种羯磨法。书首有续法于康熙三十八年（1699）撰的《序》、书玉于康熙三十七年（1698）撰的《羯磨仪式缘起》和《凡例》；书末有书玉撰的《跋》。书玉在《缘起》中说：

毗尼源委，止作功能，律藏载之详矣。唐南山宗主澄照（指道宣）圣师，念律海渊深，学人难探，故于《四分》广律，撮略正文，诸部毗尼，采摭要义，类聚编之，就其时用，题云《四分律删补随机羯磨》，于中定淆讹，决是非，纲宗立矣。宋昭庆允堪律师出《会正记》，灵芝元照律师以圆意作《资持记》，似与《会正》殊途，实乃同推南山之意，而上合佛祖之心，如折金杖，金体无失者也。……明万历间，吾祖翁古心（指如馨）律师，乘愿而来，礼见文殊指授，戒法中兴。三昧（指寂光）师祖承之，大振寰宇。皇清顺治乙酉，本师见月（指读体）老和尚继席宝华，翻阅全藏，考核毗尼，撰《止持会集》，以明《四分戒本》，注《作持续释》，用解《随机羯磨》，安居、自恣、布萨、羯磨，事事遵行，复还旧制。时人皆称为南山再世也。……玉（指书玉）虽识见肤浅，学术荒芜，当法门大事，顿忘鄙陋。……于是录成《羯磨仪式》。……虽律宗纲要，不在于兹，而作办之体，大略备矣。（第745页中、下）

《凡例》说：

律中所明一百八十四种羯磨，各有成济之功，其出内兴废,《作持》(指读体《毗尼作持续释》)详释。今文分二十篇,(收)二百十四法,此但约法被事,就其时用云尔。毗尼属事,有乎二十:一者时事,谓忏摩、布萨、安居、自恣,以时而作故。二者非时事,谓一切成善治罚羯磨,有无不定故。然羯磨虽多,此二摄尽。今以上卷明时事,开为十篇,下卷明非时事,亦开十篇,若欲作法,便于检讨。时事十篇中,法开九十五条,非时事十篇中,法开百十九条,斯亦随其事法大小以分,原无定例。……羯磨乃如来制度之法,主法者是代佛能说之人,呼召者是受佛所教之众,是故羯磨仪文、主法开导之语、呼召礼跪之词,并书于顶格;其余附明者,皆低一字,以俟参证。仪中能秉之法,以作持为主,所作之处,宜华山为例(指以宝华山的做法为例)。(第746页上、中)

卷上:《时事》。下分十篇。

(一)《黑白忏摩篇》。叙述在每半月一次集会说戒的前一天("白半月"于十四日,"黑半月"于二十九日或二十八日),须对"沙弥"、"菩萨沙弥"(受过菩萨戒的沙弥)作"审戒",犯者应"发露忏悔"的羯磨法(犯者"说所犯事",羯磨师"当详究因心及所犯事缘",书记师"一一录明";此为道宣《四分律删补随机羯磨》所无)。下分四法:(1)《先明悔过法》。(2)《如律审戒法》。(3)《上殿礼佛法》。(4)《呈罪称量法》。

(二)《半月布萨篇》。叙述每半月一次集会说戒(又称"布萨")的羯磨法。下分十四法:(1)《先知净住法》。(2)《起缘说戒法》。(3)《净堂敷座法》。(4)《整仪入众法》。(5)《请师升座法》。(6)《诫敕小众法》。(7)《问和行筹法》。(8)《白时诵戒法》。(9)《续诵大乘法》。(10)《难缘略说法》。(11)《对首说戒法》。(12)《心念说戒法》。(13)《集结小界法》。(14)《说已解界法》。

如关于“忏摩”(即忏悔),说:

> 梵语忏摩,此翻悔过,谓犯罪之人,应如法悔过也。本云阿钵底提舍那,阿钵底是罪,提舍那是说,应云说罪,谓自知有罪,当向清净比丘,倾心吐露,如实而说也。又云忏悔,忏是西音,悔是东语,此乃华梵双众也。……义净律师云,忏磨者,西音忍义,西国人误触彼身云忏磨,意是请恕愿勿瞋责,此方误传久矣,难可改张,谓顺此土之方规,故即云忏摩,乃大同小异也。……《净名疏》云,今明罪灭有三:一依毗尼门作法忏,灭违无作罪。二依定门观相忏,灭性罪。三依慧门观无生忏,灭妄想罪,复次违无作罪、障戒、性罪、障定、妄想罪、障慧。然慧由定发,定由戒生,今作法忏,虽性罪不灭,而得清净尸罗,发生定、慧,是故特须尊重于戒。而诸福中,忏悔为最。(卷上《黑白忏摩篇》,第748页下—第749页上)

(三)《受筹结夏篇》。叙述在每年三个月“结夏”(又称“结夏安居”,前安居为四月十六日至七月十五日,后安居为五月十六日至八月十五日)的前一天,应“行筹”(指投筹)统计安居人数的羯磨法(此为道宣《四分律删补随机羯磨》所无)。下分六法:(1)《洒扫敷座法》。(2)《安详聚集法》。(3)《次序迎请法》。(4)《礼拜归位法》。(5)《集白差使法》。(6)《日行舍罗法》。

(四)《依止安居篇》。叙述“结夏安居”的羯磨法。下分七法:(1)《鸣椎集众法》。(2)《拈香礼佛法》。(3)《对首安居法》(下分“初依处不依人”、“次依人必依处”)。(4)《注明日课法》。(5)《序记腊次法》。(6)《心念遥依法》。(7)《请依止师法》。

如关于"对首安居法"中的"依处必依人",说:

> 依处必依人。依处依人者,谓不知律法之上座,及弟子也。本律(指《四分律》)云,夏中当依第五律师:一、诵戒序乃至三十事。二、诵戒序乃至九十事。三、广诵戒毗尼。四、广诵二部戒毗尼。五、广诵毗尼。若违,波逸提。余时当依四种律师,违者突吉罗。《根本律》(指《根本说一切有部毗奈耶》)云,若苾刍善明三藏,证会三明,已除三垢,未满五夏(指戒腊未满五年),亦须依止师。若生年八十、满六十夏,于别解脱经,未曾读诵,不了其义,亦须依止小者,行弟子法,惟除礼拜。(卷上《依止安居篇》,第760页上)

(五)《悔过修净篇》。叙述在"夏安居"结束前的十余日,犯戒者应主动"发露忏悔"的羯磨法(此为读体创立的作法,为道宣《四分律删补随机羯磨》所无)。下分二法:(1)《亲临审戒法》。(2)《具仪呈课法》。

(六)《自恣解夏篇》。叙述在夏安居结束之日(前安居为"七月十五日")举行"自恣"(指请求他人批评举罪)活动的羯磨法。下分十一法:(1)《如制采草法》。(2)《问缘索欲法》。(3)《敷座请师法》。(4)《集僧作辨法》。(5)《差受自恣法》。(6)《行草敷座法》。(7)《白僧随意法》。(8)《遵制结示法》。(9)《难缘略说法》。(10)《展转忆念法》。(11)《一人心念法》。

如关于"解夏",说:

> 遵制结示法。和尚云,今日如法如律,自恣已竟,名为解夏。虽然如是,律制犹严,准(《四分律》)《安居揵度》云,四月十六(日)安居,至七月十五日夜分尽讫,方明解夏

已竟。若明相未出，夜分未尽，更当精进。若出界去，及少日课者，仍名破安居。如律所明，不得衣施，各人照旧加工用行，勿得放逸。自恣已竟，念偈同向。（卷上《自恣解夏篇》，第763页中）

（七）《德衣授受篇》。叙述在"自恣日"的次日（"七月十六日寅卯时"，即清晨三时至七时）授受"功德衣"（又称"迦絺那衣"，指赏与坐夏僧众、象征五项权利的法衣）的羯磨法。下分十法：(1)《敷设集僧法》。(2)《问答和白法》。(3)《差人持衣法》。(4)《羯磨付托法》。(5)《张衣示众法》。(6)《为僧授受法》。(7)《四人受衣法》。(8)《三人受衣法》。(9)《对首受衣法》。(10)《独受德衣法》。

（八）《出衣遮利篇》。叙述在受持"功德衣"的五个月期满之日（"十二月十五日"）舍出"功德衣"的羯磨法。下分七法：(1)《净堂集众法》。(2)《呈衣复上法》。(3)《问答所成法》。(4)《单白出衣法》。(5)《严禁五事法》。(6)《称量施衣法》。(7)《三二独舍法》。

如关于"自恣"结束后，应推选"持功德衣人"，由他代表僧众集体受领"功德衣"，说：

差人持衣法。《十诵律》云，有五种比丘，不得作持迦絺那衣人：一无岁、二破安居、三后安居、四灭摈、五别住人。若非此五种人，当作是白。和尚云，今差（某——原注）大德，为僧守功德衣。（守衣比丘，闻上说已，即应起坐，居中向上，展具、顶礼三拜、起具、问讯，然后归本位坐——原注）。（卷上《德衣授受篇》，第764页中、下）

（九）《舍受衣药篇》。叙述僧众受用或舍出"衣药"（后者是指将超出规定蓄存的衣药作"净施"）的羯磨法。下分十三法:(1)《正舍三衣法》。(2)《正受三衣法》。(3)《权受从衣法》。(4)《舍尼师坛法》。(5)《受尼师坛法》。(6)《舍钵多罗法》。(7)《受钵多罗法》。(8)《证受三药法》("非时药"、"七日药"、"尽形寿药")。(9)《请净施主法》。(10)《衣药说净法》。(11)《尼受二衣法》("僧祇支"、"覆肩衣")。(12)《勤策舍衣法》。(13)《勤策受衣法》。

(十)《心念舍受篇》。叙述独住比丘"心念口言"受用或舍出"衣药"的羯磨法。下分八法:(1)《念舍三衣法》。(2)《念受三衣法》。(3)《念舍坐具法》。(4)《念受坐具法》。(5)《念舍应器法》。(6)《念受应器法》。(7)《念受三药法》(指"非时药"、"七日药"、"尽形寿药")。(8)《长衣说净法》。

如关于舍出"三衣"的作法,说:

> 正舍三衣法。本律(指《四分律》)云,有疑,当舍已更受,不出舍文。《僧祇律》云,有缘须舍者,具修威仪。加云(正者,对权而言。具修威仪者,若欲舍时,持衣至一知律师僧所,前人或是下座,或是弟子者,应一拜已,对立而说;若是上座,及前戒者,一拜已,问讯、长跪,双手捧衣,如是舍言——原注):大德一心念,我比丘(某甲——原注),此僧伽黎是我三衣数,先受持,今舍。(所对者云——原注)善,(答——原注)尔。(一说便止,以衣递与前人手中,作礼一拜已,持衣而去。或说净畜,或成就人,不得过十日。其下二衣,乃至尼五衣等,舍法亦尔。……其受时必三说,舍时但一说者,何也?以受衣之时,敬心重故,必须三说。舍衣之时,弃心轻故,只须一说,便成舍也——原注)。(卷上《舍受衣药篇》,第766页下)

卷下:《非时事》。下分十篇。

（一）《结解诸界篇》。叙述“戒场”、“大界”（以上属于“摄僧界”，即依羯磨法划定的集僧作法的区域）、“不失衣界”（又称“摄衣界”，即依羯磨法划定的允许离三衣而过宿的区域）的结界（指划定作法的区域）和解界（指解除作法的区域）的羯磨法。下分七法：（1）《预瞻标相法》。（2）《集僧结界法》。（3）《作前方便法》。（4）《先结戒场法》。（5）《正结大界法》。（6）《量结摄衣法》。（7）《有缘解界法》（下分“先解衣界”、“次解大界”、“后解戒场”）。

（二）《受日出界篇》。叙述安居期间僧人因事请假外出的羯磨法。下分九法：（1）《鸣椎集众法》。（2）《呈情乞假法》。（3）《问答所成法》。（4）《称量允可法》。（5）《警示出界法》。（6）《对首受日法》。（7）《听受残夜法》。（8）《心念受日法》。（9）《念受残夜法》。

如关于“受日出界”（指安居期间因事请假外出），说：

> 律中佛言，安居苾刍，若有佛事、法事、僧事，及父母、檀越召请，受戒、忏悔等缘，并瞻病、求药、问疑、请法，如是诸事，不及即日还，听受七日（指请假七日）去，不及七日还，听受半月去，半月不及还，当受一月去。其三种受日，并不通夜。前一是对首羯磨，后二皆是僧法白二羯磨。若果有如上因缘事，须僧中受者，应预告知事人，通白和尚，准已，然后再诉内外大众。以见一界同栖，来去均知，非是不善因缘而出界也。（卷下《受日出界篇》，第773页下）

（三）《处分亡物篇》。叙述处置已故僧人财物的羯磨法。下分十三法：（1）《如律集众法》。（2）《舍物与僧法》。（3）《集僧答问法》。（4）《量功赏德法》。（5）《还施亡物法》。（6）《差人处分法》。（7）《羯磨付物法》。（8）《示物轻重法》。(9)《称量估价法》。(10)《施无衣人法》。(11)《四人真分法》。(12)《三二人分法》。(13)《心念取物法》。

(四)《与覆藏行篇》。叙述对犯“僧残罪”的覆藏者(指隐瞒者),先治“覆藏罪”,给与“别住”(指离众别住一处,覆藏一天须别住一天)处罚的羯磨法。分为二种:

1.《与但覆藏羯磨》。叙述对犯“僧残罪”的覆藏者,给与“别住”处罚的羯磨法(篇名中的“覆藏羯磨”,指“别住羯磨”)。下分十五法:(1)《露罪方便法》。(2)《鸣椎集众法》。(3)《呈白犯缘法》。(4)《乞允羯磨法》。(5)《问答所成法》。(6)《考察从生法》。(7)《屏除小罪法》(“先忏从生罪、次忏根本罪、后忏故妄无知二堕”)。(8)《僧与羯磨法》。(9)《夺五七事法》(指受“别住”、“摩那埵”处罚期间“夺三十五事”,剥夺三十五项权利)。(10)《白僧行行法》。(11)《论防八事法》。(12)《布萨白僧法》。(13)《白僧停行法》。(14)《代白停行法》。(15)《白僧起行法》。

2.《与覆藏本日治羯磨》。叙述对在“别住”期间重犯僧残罪者(包括“覆藏”或“不覆藏”),作“覆藏本日治”(指“别住”的天数,从再次犯罪之日重新算起,先前已别住的天数不算)处罚的羯磨法。下分二法:(1)《有覆本日治法》。(2)《无覆本日治法》。

如关于犯“僧残罪”的覆藏者,在“别住”期间,须“夺三十五事”、“防八事”,说:

> 论防八事法。(作法者〔指羯磨师〕复出众,如前夺事〔指“夺三十五事”〕,合掌而立,再语彼言:——原注)更有八种事,为汝宣说,汝当一一谛听,若有一事不白,得一突吉罗罪,彼一夜行不算:第一,往余寺,应白。第二,有客比丘

来，应白。第三，若有因缘自出界，应白。第四，寺内徐行比丘，应白。第五，若有病，应遣信白。第六，二三人共一屋宿，应白。第七，在无比丘处住，应白。第八，半月说戒时，应白。是为八事失夜。所言夜者，西域国法，但论夜，故不言日。此方但论日，所以不言夜，六夜即是六日。今遵律制，以顺西言，故所言夜。若八事之中，一事有违者，此日所行之行不算，为失一夜故，更得一突吉罗罪。是故不应违犯，自取其罪，当顶戴奉行（卷下《与覆藏行篇》，第780页上）

（五）《与摩那埵篇》。叙述对犯“僧残罪”者，给与“六夜摩那埵”（指犯罪者须六天六夜为僧众作劳务，此对比丘而言；若是比丘尼，则为“半月摩那埵”）处罚的羯磨法。分为四种：

1.《与无覆摩那埵羯磨》。叙述对犯“僧残罪”的不覆藏者，直接治“僧残罪”，给与“六夜摩那埵”的处罚（即不必“别住”）的羯磨法。

2.《与有覆摩那埵羯磨》。叙述对犯“僧残罪”的覆藏者，给与“别住”、“六夜摩那埵”的处罚的羯磨法。下分五法：(1)《先白行满法》。(2)《正乞意喜法》。(3)《当与羯磨法》。(4)《白僧行行法》。(5)《日日白僧法》。

3.《与摩那埵本日治羯磨》。叙述对犯“僧残罪”的不覆藏者，在“六夜摩那埵”期间重犯僧残罪但不覆藏者，给与“摩那埵本日治”（指为僧众作劳务的天数，从再次犯罪之日重新算起，先前已作的劳务天数不算）处罚的羯磨法。

4.《与坏覆藏及坏摩那埵本日治羯磨》。叙述对已受“覆藏羯磨”、“覆藏本日治羯磨”处罚，在“六夜摩那埵”期间重犯僧残罪但不覆藏的，给与“摩那埵本日治”处罚的羯磨法（篇名中的

“坏覆藏”，指在“别住”期间重犯僧残罪者；“坏摩那埵”，指在“六夜摩那埵”期间重犯僧残罪者）。

（六）《行满出罪篇》。叙述对犯“僧残罪”者，在其受处罚期满后，给与“出罪”（须有二十位僧人参加羯磨并同意）的羯磨法。分为五种：

1.《与但行摩那埵出罪羯磨》。叙述对犯“僧残罪”的不覆藏者，在受“摩那埵羯磨”处罚期满后，给与“出罪”的羯磨法。下分五法：(1)《如律集僧法》。(2)《呈白行满法》。(3)《求僧与法法》。(4)《羯磨拔罪法》。(5)《开导守持法》。

2.《与不坏覆藏不坏摩那埵出罪羯磨》。叙述对犯“僧残罪”的覆藏者，在受“覆藏羯磨”、“摩那埵羯磨”处罚期满后，给与“出罪”的羯磨法（篇名中的“不坏覆藏”、“不坏摩那埵”，分别指在“别住”、“六夜摩那埵”期间未重犯僧残罪者）。

3.《与坏覆藏及坏摩那埵出罪羯磨》。叙述对犯“僧残罪”的覆藏者，在“别住”、“六夜摩那埵”期间重犯“僧残罪”的，在其受“覆藏羯磨”、“覆藏本日治羯磨”、“摩那埵羯磨”、“摩那埵本日治羯磨”处罚期满后，给与“出罪”的羯磨法。

4.《与坏覆藏不坏摩那埵出罪羯磨》。叙述对犯“僧残罪”的覆藏者，在“别住”期间重犯“僧残罪”的，在其受“覆藏羯磨”、“覆藏本日治羯磨”、“摩那埵羯磨”处罚期满后，给与“出罪”的羯磨法。

5.《与不坏覆藏坏摩那埵出罪羯磨》。叙述对犯“僧残罪”的覆藏者，在“六夜摩那埵”期间重犯“僧残罪”的，在其受“覆藏羯磨”、“摩那埵羯磨”、“摩那埵本日治羯磨”处罚期满后，给与“出罪”的羯磨法。

如关于对犯“僧残罪”的覆藏者作“出罪羯磨”的分类，说：

佛言：犯僧残比丘行摩那埵竟，听僧与出罪羯磨，必须清净比丘二十众，若过二十。如少一人，作法不成，罪不得出。（文——原注）此出罪羯磨，有其二种：一者无覆出罪羯磨（谓犯罪之人，即时发露，既无覆藏心。律制但与摩那埵法，行满僧与出罪——原注）。二者有覆出罪羯磨，复该四种，随犯而治：一不坏覆藏、不坏摩那埵出罪羯磨（谓犯罪之人，先不发露，既覆其心，律制与法，尽覆藏日行之，以治其心；行覆藏行满，乞摩那埵；行摩那埵已，方与出罪——原注）；二坏覆藏、坏摩那埵出罪羯磨（谓行别住比丘，信力不坚，更犯此罪，律制与本日治法，从本日重起；行本日治竟，与摩那埵。复有行摩那埵比丘，烦恼炽盛，不能制伏，中间重犯此罪。佛言：若有覆者，重与覆藏羯磨，行覆藏竟，重与摩那埵法。如无覆者，即与摩那埵本日治羯磨，行本日治已，僧与出罪——原注）；三坏覆藏、不坏摩那埵出罪羯磨；四不坏覆藏、坏摩那埵出罪羯磨，所谓或三增四五，或二，复加三也。（卷下《行满出罪篇》，第783页中、下）

（七）《忏偷兰遮篇》。叙述犯“偷兰遮罪”（又称“大罪”，分为“根本偷兰遮”、“从生偷兰遮”二类，前者指“五篇”以外的一切粗罪，后者指波罗夷、僧残的未遂罪，两者各分上、中、下三品）作忏悔的羯磨法。分为三种：

1.《上品僧中忏》。叙述犯“上品偷兰遮罪”者（指“犯初篇生重，并上品独头者”）向“一切僧”（所有僧众）作忏悔的羯磨法。下分九法：（1）《露罪集僧法》。（2）《从僧乞忏法》。（3）《请师忏悔法》。（4）《答问所成法》。（5）《白僧忍可法》。（6）《检校八品（小罪）法》。（7）《屏除小罪法》（下分“先忏从生法”、“次忏根本法”）。（8）《忏主回复法》。（9）《正忏偷兰(遮)法》。

2.《中品向四比丘忏》。指犯"中品偷兰遮罪"者(指"犯初篇生轻、二篇生重,并中品独头者")对"四比丘"(指"清净知法比丘"四人;唐怀素《僧羯磨》、《尼羯磨》则说"中品偷兰遮罪,应对小众忏,但小众者须对三人",并非四人)作忏悔的羯磨法。下分二法:(1)《礼请忏主法》。(2)《忏主白众法》。

3.《下品对一比丘忏》。指犯"下品偷兰遮罪"者(指"犯二篇生轻,并下品独头者")对"一比丘"("清净知法比丘"一人)作忏悔的羯磨法。

(八)《忏波逸提篇》。叙述犯"波逸提罪"(包括"尼萨耆波逸提罪"、"波逸提罪"两类)作忏悔的羯磨法。分为二种:

1.《先忏舍堕》(又称《先忏畜长离衣二舍堕》)。叙述犯"舍堕罪"(指犯"尼萨耆波逸提罪")者"舍财"(指舍出"长衣",即"三衣"以外的多余的衣服等)并作忏悔的羯磨法。下分十六法:(1)《乞求露罪法》。(2)《知时集众法》。(3)《呈白犯缘法》。(4)《舍本犯财法》(下分"初定舍法"、"次不定舍法")。(5)《从僧乞忏法》。(6)《集僧作办法》。(7)《受请白僧法》。(8)《考察从生法》。(9)《屏除小罪法》(下分"先请忏悔主"、"次忏从生罪"、"后忏根本罪")。(10)《僧中舍堕法》。(11)《开导责心法》。(12)《即座还衣法》。(13)《有缘转付法》。(14)《经宿还衣法》。(15)《四三人忏法》。(16)《对首忏衣法》。

2.《后忏单堕》(又称《后忏故妄语非时食二单堕》)。叙述犯"单堕罪"(指犯"九十波逸提罪")者作忏悔的羯磨法。下分三法:(1)《忏从生法》。(2)《悔(说戒)默妄语》。(3)《舍本堕法》。

如关于犯"上品偷兰遮罪"者在"忏根本罪"之前,须"先忏八品小罪”，说：

(受忏主对犯者云)汝初犯此罪，即应向清净比丘，发露忏悔。因不发露，经过一夜，从此偷兰遮罪中，生出一品覆藏突吉罗罪；次日就该发露，又不发露，复生出一品随夜展转覆藏突吉罗罪；汝犯罪，既然覆藏，不肯发露，则身非清净，不应听戒，汝复听戒，又犯一品听僧说戒根本突吉罗罪；此罪又不发露，复得经夜覆、随夜覆两品从生突吉罗罪；又座上说至此戒三问清净时，即应起座发露，若恐闹乱众僧，即当向比座者说，或心中念言，待说戒毕，我即发露，说戒既竟，即应发露，因不发露，又得一品默妄语根本突吉罗罪；从此罪中，复生出一品经夜覆、随夜覆两品突吉罗罪。……共有八品小罪。汝先请的是偷兰遮忏悔主，此时随我到屏处去，另请突吉罗忏悔主。先忏小罪已，再到僧中忏根本罪。(卷下《忏偷兰遮篇》，第786页上、中)

(九)《忏可呵法篇》。叙述犯“波罗提提舍尼罪”(又称“悔过法”、“可呵法”)作忏悔的羯磨法。下分二法：(1)《分别罪体法》。(2)《请师悔过法》。

(十)《忏突吉罗篇》。叙述犯“突吉罗罪”作忏悔的羯磨法。下分二法：(1)《除故作法》。(2)《除误作法》。

如关于“突吉罗罪”中“故作”和“误作”的区别(以“众学法”中“不齐整著僧伽黎”条为例)，说：

初除故作法。佛言，若故作者犯，应忏突吉罗。又犯、非威仪，突吉罗。律本具明故、误二心，唱言尔罪条别。……(犯者云)大德一心念，我(某甲——原注)比丘，故不齐整著僧伽黎(余有准加——原注)，犯突吉罗罪。今向大德，发露忏悔，更不敢作，愿大德忆我。(一说。受忏者言——原注)自责汝心,生厌离。(答——原注)尔(一叩而起——原注)。……次除误作法。应具修威仪,心生惭愧,口作是言:我(某甲——原注)比丘,误不齐整著僧伽黎,犯突吉罗罪,我今自责心悔过(一说——原注)。(卷下《忏突吉罗篇》,第791页上、中)

本书的特色在于将寺院僧众日常活动办事时作的羯磨法,分为"时事"、"非时事"两大类,这是前人没有区分过的。此外,在"忏僧残罪"、"忏偷兰遮罪"、"忏舍堕罪"、"忏单堕罪"、"忏可呵法"的作法中,均增立了"先忏小罪"(由"经夜覆藏"、"随夜展转覆藏"而犯)的条款,这也是其他著作所没有的。存在的不足是,有些叙述过于繁琐(如关于犯"僧残罪"的处罚等)。

第二十八品　清书玉《二部僧授戒仪式》二卷

《二部僧授戒仪式》,二卷。清书玉记,成于康熙四十二年(1703)。收入《新纂续藏经》第六十册。

本书叙述在"二部僧"(指比丘尼、比丘僧)中授受比丘尼戒的仪轨,由作者根据师父读体《三坛传戒正范》、《毗尼作持续释》的记载,结合授戒时的具体做法编写而成。卷上为《授本法尼戒具十八法》,卷下为《正授本法尼大戒具十八法》,但书中实际所述,均为"十七法",而不是"十八法"。检查上文行文,也未发现有某一法脱落的痕迹,故"十八法"当是误抄。篇名中的"本法尼",指的是求受具足戒的出家女子,之所以"不称沙弥",是因为"先(在比丘尼僧中)受本法故";之所以"不称比丘尼",是因为"尚未(在比丘僧中)得大戒故"(见《凡例》)。书首有书

玉于康熙四十二年(1703)撰的《二部僧授戒仪式缘起》、《凡例》;书末有书玉撰的《跋》。书玉在《缘起》中说:

律云,式叉摩那学戒已,从比丘僧,乞受大戒。此是如来成道十四年间,度大爱道等出家,金口亲宣八敬中第四法也。由是式叉尼学戒已,必集二十众清净僧尼,授具足戒,若少一人,作法不成,授者结罪,谓众不满数,不能令尼感发增上戒故。其诸仪法,结在律藏,南山宣(指道宣)祖,删繁取要,集为行本,名曰《随机羯磨》(指《四分律删补随机羯磨》),就其时用。复撰《事钞》(指《四分律删繁补阙行事钞》),以悉其文。自唐迄今,千有余载,《事钞》板失,止存《羯磨》,而行者殊难。先师见(指读体)老和尚,中兴止作,重复释之,发隐加仪,则事理明矣。……故将昔年所见之仪,录成一册,以奉观览。其间若事、若法,俱出《传戒》(指《传戒正范》)、《作持》(指《毗尼作持续释》)。(《新纂续藏经》第六十册,第731页上、中)

《凡例》说:

尼受大戒,必在二部僧中,方为如法。先于本部,审过忏悔,授与十支(指沙弥尼"十戒")。或六法戒(指式叉摩那"六法"),所学清净,生增上心,次授本法。然后从比丘僧,乞受大戒,入三宝数也。……尼授尼戒,屏处问遮。比丘授尼戒,不听(指不许)屏处问难,惟到坛上十师前问也。本法羯磨,但作方便,未是示语时节,故戒相不宣。此有二意:一非正授具故,二二部僧不满二十众故。大僧中授戒,称本法尼者,令位次不废故。不称沙弥尼者,先受本法故;不称比丘尼者,尚未得大戒故。(第731页下—第732页上)

卷上:《授本法尼戒具十八法》(实为十七法)。叙述在比丘尼僧中授受比丘尼戒的仪式。下分十七法。(1)《净坛敷座法》。(2)《鸣椎集众法》。(3)《僧中请师法》。(4)《祝延圣寿法》。(5)《赞礼三宝法》。(6)《升坛白众法》。(7)《请慈加护法》。(8)《僧集约界法》。(9)《差教授师法》。(10)《教授师出众问难法》。(11)《白召入众法》。(12)《从僧乞戒法》。(13)《戒师单白法》。(14)《正问难遮法》。(15)《开道发心法》。(16)《正授戒体法》。(17)《本法尼往大僧中受戒法》。如关于在比丘尼僧中授受比丘尼戒的第一事项"净坛敷座法",说:

> 式叉摩那或沙弥尼,学戒年满,欲受大戒时,先往大僧中,启白和尚。和尚允许,先差尼部十师。其尼部十师,先到方丈顶礼和尚已,次领求戒尼,至诚顶礼三拜,然后出界作法。至本部已,必须如法习仪,次第纯熟。其维那师,令人洒扫戒坛,若无戒坛,必须搭就。坛上中设正座,座右安一小桌,中铺设第二座,余八座位,左四右四,对面而列。正受具日,悬挂幡幢、宝盖璎珞,坛下正中,设一香案,燃烛供花。复于屏处,设一问难小座。次方请戒、忏摩,待回复已,清净无染,俟候登坛。(卷上,第732页上、中)

卷下:《正授本法尼大戒具十八法》(实为十七法)。叙述在比丘僧中授受比丘尼戒的仪式。下分十七法。(1)《先陈乞戒法》。(2)《敷设坛仪法》。(3)《鸣椎集众法》。(4)《正明请师法》。(5)《祝延圣寿法》。(6)《赞礼三宝法》。(7)《升坛白众法》。(8)《请慈加护法》。(9)《僧集问和法》。(10)《白召乞戒法》。(11)《单白问难法》。(12)《开道发心法》。(13)《正受戒体法》。(14)《示记时节法》。(15)《传授

戒相法》。(16)《后说四依法》。(17)《回向出坛法》。如关于在比丘僧中授受比丘尼戒的"正受戒体法",说:

> (羯磨师合掌云:——原注)性愿和尚大众,不吝慈悲,布施其戒,同心共秉,慎勿异缘,令此三人(指受戒时三人为一坛),感发圆宗戒体。将秉羯磨,听宣作白:大德僧听,此本法尼(某甲——原注;以下括号中的"某甲"均同)等,从和尚尼(某甲)律师,求受大戒。此(某甲)等,今从大僧,乞受大戒,和尚尼(某甲)律师。(某甲)等所说清净,无诸难事,年岁已满,衣钵具足,已学戒清净。若僧时到,僧忍听,僧今为(某甲)等,受大戒,和尚尼(某甲)律师。白如是。(问——原注)作白成否?(七师合掌齐答云——原注)成。……〔此处省略的是与上文"大德僧听,此本法尼……若僧时到,僧忍听,僧今为(某甲)等,受大戒,和尚尼(某甲)律师"〕相同的一段话,下同)是初羯磨成否?(如前答——原注)成。……是二羯磨成否?(如前答——原注)成。……是三羯磨成否?(如前答——原注)成。僧已忍,为(某甲)等受大戒竟,和尚尼(某甲)律师。僧忍默然故,是事如是持。(卷下,第742页中、下)

值得一提的是,在原始佛教制立的比丘僧、比丘尼僧的关系中,比丘僧始终处于领导地位,而比丘尼僧处于被领导地位,但作者书玉在本书中,则能对比丘尼平等对待,表示高度的尊重。他在《缘起》中说,本书是应"巨、翰二公"之请而作。"壬午(指康熙四十一年)冬,巨、翰二公,南来参觐普门大士,先到昭庆,瞻礼古佛戒坛,致问殷勤,具陈上事,渴慕先老人(指读体)作法轨则,恨未亲见,请述二部僧授戒仪式,以证将来。"(第731页中)所说的"巨公",是指比丘尼巨源,她是"潭柘震和尚"的弟子;“翰公”,是指居士周翰屏,他是巨源的俗兄。在《跋》中,他借用大乘经典上的说法,称巨源“得佛性”,“为女中丈夫”。“《梵网经》云,一切众生,皆有佛性。有佛性者,皆得作佛。《大涅槃》云,一切众生虽有佛性,要因持戒,然后乃见。又云,女人得佛性者,即为女中丈夫。今巨源和尚是其人也。”(第744页中)这在自唐至清出现的众多律学著作中,还是第一次。

第二十九品　清书玉《沙弥律仪要略述义》二卷

《沙弥律仪要略述义》,二卷。清书玉科释,成于康熙戊子年(康熙四十七年,1708年)。收入《新纂续藏经》第六十册。

本书是明袾宏《沙弥律仪要略》的注释。全书采用“科判”、“原文”、“注释”分段夹排的方式编排。“科判”(又称“科释”),指作者书玉对原文的内容层次所作的科分,类似于对原文拟立小标题(缩进二格排,此据繁体直排本而言,下同);“原文”,指“科判”的对象,即袾宏《沙弥律仪要略》原文中的某一句或某一段(顶格排);“注释”(包括“述义”),指书玉对原文的语词和事义所作的解释,其首一般冠有“释”字(卷下的注释则缺“释”字;缩进一格排)。书首有作者于康熙四十七年(1708)撰的《叙》和《凡例》;书末有作者撰的《跋》。作者在《叙》中说:

> 沙弥律仪者,明事之典也。云栖《要略》(指袾宏《沙弥律仪要略》)者,显理之书也。事即戒相威仪,理即无作戒心,事无理不明,理无事不显,事理一如,戒心明矣。……吾本师见月(指读体)老和尚,中兴止作(指止持戒、作持戒),

观其《要略》文理优畅，感发初机，故传戒三十余年，凡受戒者，必令深思熟读，使其威仪庠序，知所施行，乃与登坛受具，是以此书盛行于世也。然大师（指袾宏）以春秋之才，而解戒相，用礼记之法，而辑威仪，若非穷究经律、博通传史者，则不能识其源委也。余数十年来，恒以为念，因此朝夕黾勉，遍搜内外诸书，析义消文，积成上下两卷，名曰《述义》，谓述其《要略》之大义也。（《新纂续藏经》第六十册，第270页上）

《凡例》说：

沙弥十支戒相，是五篇三聚之基，二十四门威仪，乃三千八万之本，必须清净守持，以为八德之要，凡受戒者，不可忽也。前之十戒，次第已分，后之威仪，条章先列，自不庸科。然其间解法，事有差殊，有直释戒相者，有以世法比量者，有显果报者，有立誓愿者，及诸威仪，亦有不同处，若非科释，难以标指。故今逐节加科，庶使未瞻全文，则先知大意也。戒相威仪，及与题目，俱书顶格（指《要略》原文顶格排），解文（指书玉的注释）则低一格，科释（指书玉的科判）又低一格，皆用大字。述义（指书玉注释中并列的子项）则书小字双行（今本均改为大字）。一则敬重律仪，二则解述分明。其威仪中，虽以数事合为一科，然每事下，仍用○圈（表示原文中并列的子项）以别开，述义复用△角（表示注释中并列的子项）而标出，眉目清楚，庶无混滥。……此《述义》，当与《香乳记》（指《毗尼日用切要香乳记》）合看。盖其中文句，有与《日用》同者，如闻钟出生，及三匙五观等偈义，皆从略。（第270页中、下）

卷上：解释《沙弥律仪要略》题目（书名和作者）、卷首语

(“梵语沙弥,此云息慈,谓息恶行慈,息世染而慈济众生也,亦云勤策,亦云求寂。律仪者,十戒律、诸威仪也”)和上篇《戒律门》,内容为“沙弥十戒”。如关于《戒律门》中所说的“因戒生定,因定发慧”,说:

四圣因(以上为书玉的科判,“四”表示此为《戒律门》“出略”部分的第四层意思)。

因戒生定,因定发慧,庶几成就圣道,不负出家之志矣(以上为袾宏《沙弥律仪要略》上篇《戒律门》的原文)。

释:因戒生定者,《楞严经》佛告阿难,摄心为戒,因戒生定,因定发慧。盖心为净染之本,以戒摄之,外不放入,内不放出,打成一片,名之为定。静极光通,发起妙用,名之为慧。然戒乃定之本,定乃慧之体,慧乃定之用,故曰因戒生定,因定发慧也。庶几者,近可也。圣道者,圣人之道也,梵语菩提,此云觉道。谓此道,乃千圣同游之道也,无一声闻不严戒行,无一菩萨不修戒度,无一如来不满戒体。谓精严净戒,定慧发生,则不耽世染,如是行持,近可成就菩提,而不辜负剃发披缁之初念也(以上为书玉的注释)。(卷上,第274页下)

卷下:解释《沙弥律仪要略》下篇《威仪门》,内容为沙弥威仪“二十四事”。如关于《威仪门》第四事《入众》篇中所说的“不得闲走”等,说:

三思益(以上为书玉的科判,“三”表示此为《入众》篇“补仪”部分的第三层意思)。

不得闲走○不得多言○不得坐视大众劳务,避懒偷安(以上为袾宏《沙弥律仪要略》下篇《威仪门》的原文;○表示原文中并列的子项)。

不得闲走者，恐妨禅诵故。古人轻尺璧，贵寸阴。出家人受了檀越供养，应当努力为道，时刻不可放过，岂可虚延岁月耶。佛法如大海，多学一分，有一分受用，况沙弥尚在初机，道业未办，岁月如流，那有工夫闲走也。古德云，闲时不至落空，忙时不至逐物，方见作用。△不得多言者，恐防失误故。古云，多言数穷，不如守中。古人之辞寡，今人之辞多也。△不得坐视大众劳务，避懒偷安者，经云，众僧事务，当尽力为之，所以诸佛菩萨，从行门中出。然所食既均，而所务亦均，庶不负百丈（指怀海）一日不作，一日不食之诫也。若坐视则无惭，避懒则无福。扬岐（指方会）云，上下偷安，为法门大患（以上为书玉的注释；△表示注释中并列的子项）。（卷下，第309页下—第310页上）

本书的特色在于从“科判”和“注释”两个方面，一前一后对原文的内容层次和文句、事义作解释。特列是“科判”，由于它是安置在原文之前，与原文相配合的，故上下一对照，很容易理解。这与北宋允堪《四分律比丘尼钞科》、元照《四分律行事钞科》、《四分律含注戒本疏科》、《四分律删补随机羯磨疏科》、《四分律拾毗尼义钞科》等科判类著作，抽掉原文，只存科文，致使读者茫然不知所指的做法，有着天壤之别。

以《沙弥律仪要略》下篇《威仪门》中的第二事《事师》篇为例，本书的科判将此篇的内容区分为“正仪”和“补仪”两部分。原文中“当早起○欲入户，当先三弹指……○持衣、授履、洗浣、烘晒等，具于律中，兹不繁录”部分，为“正仪”，分为八层意思，“初省诚敬作法”、“二依时礼拜法”、“三奉食侍立法”、“四请益白事法”、“五诣师求忏法”、“六敬座驰书法”、“七客来侍立法”、“八师疾给侍法”；原文中“附：凡侍师，不命之坐不敢坐，不问不敢对,除自有事欲问……不得住市井闹处,不得住神庙,不得住民房,不得住近尼寺处,不得以与师各住,而行世法中一切恶事"部分,为"正仪",分为二层意思,"初三业恭敬法"、"二求师择处法"(以上见本书卷下,第301页中—第306页上)。应当说,如此细致的科分,若非对袾宏《沙弥律仪要略》的原文有极深的研究,是难以达到的。

第三十品　清福聚《南山宗统》十卷

《南山宗统》,又名《律宗统要》(见清景考祥《序》)、《华山世谱》(见冶牧《序》),十卷。清福聚编辑,成于乾隆九年(1744)。流通本有:民国二十五年(1936)影印木刻本、宗教文化出版社2011年10月版排印本。今据排印本解说。

福聚(1686—1765),字文海,号二愚,俗姓骆,义乌(今属浙江)人。十四岁依溧水上方寺静生出家,自课清修,苦行十年。诣金陵宝华山受具足戒。后遍参四方,阅历八年,始归本山。不久受珍辉实咏的付嘱,继席为"千华第七世"(又称"宝华山第七代祖")。雍正十二年(1734),奉诏入京,主持法源寺(唐名"悯忠寺"法源寺),开坛传戒,期中受戒弟子达一千八百九人,被尊为"法源寺第一代祖"。不久,命弟子性实嗣其法席,辞归还山。同年,奏请将本山三代律祖的五部著述,即"本山第一代僧"(指"千华第一世")寂光所著《梵网直解》四卷,"第二代僧"(指"千华第二世")读体所著《毗尼止持》(又名《毗尼止持会集》)十六卷、《毗尼作持》(又名《毗尼作持续释》)十五卷、《三坛正范》(又名《三坛传戒正范》)四卷,"第三代僧"(指"千华第三世")德基所著《毗尼关要》十六卷,编入《大藏经》。乾隆二年(1737),除《三坛正范》因其受戒仪轨与《毗尼作持》有重复,被删去以外，其余四部均获准编入《乾隆版大藏经》（以上见《梵网经直解》书首刊载的《进大宝华山三代律师著述奏章》等）。福聚在宝华山主持法席三十年，制行精严，立法整肃，得戒学徒遍于天下，达数十万人。著作尚有《瑜伽补注》、《施食仪轨》、《宝华志余》等。生平事迹见《南山宗统》卷九、清源谅《律宗灯谱》卷七、刘名芳《宝华山志》卷五、近代喻谦《新续高僧传》卷三十二等。

本书是一部记述南山律宗传承世系和人物事迹的史书。所记，上始“七佛”，下至“千华第九世”。其中，以记述千华系的传承，最为详实。但本书所标的“第一世”，不是从派系创立者算起的，而是从派系创立者的“法嗣”，即直传弟子一代算起的，这与通常将派系创立者算作“第一世”，相差一世。以作者福聚的世次为例，作者在书中说，寂光“开千华律社第一代”（见《千华法派说》），寂光（第一世，又称“第一代”）传读体（第二世）、读体传德基（第三世）、德基传真义（第四世）、真义传常松（第五世）、常松传实咏（第六世）、实咏传福聚（第七世），故作者自称“千华第七世传律比丘福聚”（见《灯谱缘起》和卷三初首的题署）。而今版排印本的全书目录和各卷目录则将读体标为“千华第一世”、德基标为“千华第二世”、真义标为“千华第三世”、常松标为“千华第四世”、实咏标为“千华第五世”、福聚标为“千华第六世”，少计了一世，这只有将目录中所标的“千华第一世”，理解为“千华第一世下”或“千华第一世法嗣”，即千华系创立者的第一代弟子，才说得通。其他支派世次的称谓也是如此。本书的初首，有清翰林院编修景考祥于雍正癸丑年（雍正十一年，公元1733年）撰的《序》；冶牧洪建（隆觉寺第一代祖）于乾隆七年（1742）撰的《华山世谱序》；福聚于乾隆七年（1742）撰的《灯谱缘起》、于乾隆九年（1744）撰的《千华法派说》。福聚在

《灯谱缘起》中说：

> 自我昧祖（指三昧寂光）树立千华戒幢，而律制复明于天下矣。……我见祖（指见月读体）绍席嗣兴，六时行业，修持罔间。……我定祖（指定庵德基）会两祖之微义，复作《关要》（指《毗尼关要》）一书，垂诸法席，教演逾精。嗣以是传之松祖（指松隐真义），松祖传之闵祖（指闵缘常松），闵祖传我本师珍老和尚（指珍辉实咏），我老和尚递传于聚（指福聚），于今七代矣。……聚（指福聚）矧忝嗣主祖山，陨越滋惧。是以勤求宗本，汇辑律源，参核编刊，匪伊朝夕。既开南山宗统之新面，则千华世系，抑亦知有梗概焉。其略传中，止录其行德操履，与夫异迹奇勋，以开来哲。（宗教文化出版社排印本，下同，卷首页码第7页—第8页）

《千华法派说》说：

> 夫律得佛之行，教为佛之语，禅是佛之意，盖此三者，世谓三学。然佛之一身既分为三，则各家之若子若孙，而各有秉授，各有传持，则各有源流，各有世系，又信乎不可少乎。……千华法派从慧云如馨律祖下，出三昧寂光祖，为此山重兴，开千华律社第一代。原以如寂为始，福字下拟衍四十八字，乃为于千华法派。偈云：如寂读德真常实（以上指如馨、寂光、读体、德基、真义、常松、实咏），福（指福聚）性（指性实）圆明定慧昌。海印发光融戒月，优昙现瑞续天香。支岐万派律源远，果结千华宗本长。法绍南山宏正脉，灯传心地永联芳。（卷首页码第11页—第12页）

卷一：（1）“七佛”。叙列毗婆尸佛、尸弃佛、毗叶罗佛、拘留孙佛、拘那含牟尼佛、迦叶佛、释迦牟尼佛。（2）“西天六祖”。叙列优波离、摩诃迦叶、阿难、商那和修、优波毱多。均有传。

卷二:“东土二十一祖”。叙列昙无德、昙摩迦罗、法聪、道覆、惠光、道云、道洪、智首、道宣、文纲、满意、大亮、昙一、辩秀、道澄、澄楚、允堪、元照、法闻、道孚、如馨。均有传。

卷三:“传南山宗”。(1)“金陵天隆寺慧云馨律祖法嗣”。叙列如馨法嗣(即弟子)。其中,性相、永海、寂光、远清、性祇、性福六人有传。(2)“愍忠系法嗣”(“愍忠第一世”至“愍忠第七世”)。叙列由如馨法嗣京都愍忠寺永海创立的“愍忠系”的法系。均无传。(3)“圣光系法嗣”(“圣光第一世”至“圣光第六世”)。叙列由如馨法嗣太原五台山圣光永明寺远清创立的“圣光系”的法系。其中,远清法嗣性寿、性寿法嗣海学、海学法嗣寂融、寂融法嗣照宏、照宏法嗣普开五人有传。(4)“古林系法嗣”(“古林第一世”至“古林第七世”)。叙列由如馨创立的“古林系”的法系。其中,如馨法嗣性理、蕴空罄律师、大圆昙律师,性理法嗣性璞,性璞法嗣长安增律师,长安增律师法嗣藏林华律师等六人有传。

如关于“千华系”创立者寂光,说:

> 金陵宝华隆昌寺律师,讳寂光,字三昧,族姓钱氏,广陵(今江苏扬州)瓜渚人也。……年二十一,礼净源禅师出家。初从雪浪(指洪恩)法师习贤首教观,嗣遍参紫柏(指真可)、云栖(指袾宏)诸名宿,具戒于慧云(指如馨)大和尚。时中兴戒坛,(如馨)嘉师行解轶伦,因付嘱以弘律,副座宣戒。寻闭关小天台,历衡岳,登庐阜,江州众信请住东林(寺)。……晋藩迎至清凉(指五台山),建龙华大会,弘开戒法,后妃遣使供紫伽黎。回驻维扬(扬州),兴石塔

寺。……次传戒于金陵大报恩寺。……都人请兴宝华山。山为宝公(指宝志)道场,前此妙峰师供铜殿其强巅。师至,开千华大社,学侣云集,殿宇聿新。……深慨末法轻视毗尼,乃韬晦宗乘,专弘戒律,足迹海内,传戒百有余坛,建刹十许处。今戒嗣遍于天下。……(南明弘光元年卒)师世寿六十有六,坐四十一夏(指僧腊)。所著《梵网直解》、《十六观经忏法》,盛行于世。(卷三,第22页—第23页)

卷四:"千华第一世"。叙列金陵宝华山寂光法嗣第一世传人(此以寂光的弟子为"千华第一世")。其中,寂光法嗣读体、能幻、戒润等三人有传。

卷五:"千华第二世"。叙列金陵宝华山寂光法嗣第二世传人。其中,读体法嗣德基、成德、性澄、书玉、书秀、书净、真贤等七人有传。

卷六:"千华第三世"。叙列金陵宝华山寂光法嗣第三世传人。其中,德基法嗣真义、照硕、通明、学彻、溥颧、学伦、性证、普智、成慧;性澄法嗣兴祥、溥范;真贤法嗣溥训;书净法嗣学圆等十三人有传。

卷七:"千华第四世"。叙列金陵宝华山寂光法嗣第四世传人。其中,真义法嗣常松、洪建;通明法嗣心观;学彻法嗣实懿实懿;学伦法嗣通和;学圆法嗣然理(今本误编于此,据《律宗灯谱》卷五应编在下述"通能"之后);学伦法嗣本泰;性证法嗣祥晖、照慧;兴祥法嗣道福;溥范法嗣洞闻彻律师;溥训法嗣常智;学圆法嗣通能等十三人有传。

如关于"千华第四世"通和,说:

维扬(指扬州)石塔寺增律师,讳通和,字朗清,兰陵名家子。九龄剃染于大林,二十受具于宝华,研几戒典,参究宗乘，发明大事。迨受抚生（指学伦）和上记莂（指授记），首众持律，一时龙象，靡不奉为轨范。未几，师继抚翁（指学伦）席，凡遗愿未果者，力任完之。四众云臻，戒香圆遍。南山一宗，宝华而下，推维扬为最者，二师（指学伦、通和）之导力为多。……（清雍正十年卒）僧腊三十有五，坐夏二十有四。嗣法八人。……雍正十三年春，旨集三宗义学沙门校刊《龙藏》，律宗预斯会者，惟扬州石塔寺朗清（指通和）律主高足品木上人（指品木森律师）。乾隆三年十二月工竣。（卷七，第81页）

卷八："千华第五世"。叙列金陵宝华山寂光法嗣第五世传人。其中，常松法嗣实咏；实懿法嗣如果；常智法嗣海注；道福法嗣来照；心观法嗣实培；通能法嗣宗起等六人有传。

卷九："千华第六世"。叙列金陵宝华山寂光法嗣第六世传人。仅有实咏法嗣福聚一传，其余均无传。

卷十：(1)"千华第七世"。叙列金陵宝华山寂光法嗣第七世传人。其中，福聚法嗣性言、性实、性贤、性泰、性广五人有传。(2)"千华第八世"。叙列金陵宝华山寂光法嗣第八世传人。其中，性实法嗣圆升、圆修、圆意等三人有传。(3)"千华第九世"。叙列金陵宝华山寂光法嗣第九世传人。均无传。

如关于"千华第五世"实咏，说：

宝华珍辉律师，讳实咏，凤阳府霍邱县陈氏子。……（幼年）送本县大悲庵心开和尚为徒。……年二十五，慕本山（指宝华山）戒坛仪范严肃，律法精细，诸祖行持，为宇内第一，顿发大心，欲诣山求授具足大戒。……及戒期终，入学戒堂。随众公事毕，早夜孜孜，无片刻怠惰，凡五七年如一日。所有诸大律部，遮制轨范，不由师教，取次领会。……时闵祖(指闵缘常松)观其行力不怠,擢师为教授,领袖阖山。师乃忘人忘我,竭其心力,辅整数年。闵老人疲于津梁,集众将法授师。……壬寅(指康熙六十一年)春仲示微疾。师知世缘止此,于二十日,即遵诸祖传授家法,集众将衣钵、戒本,手授于文海(指文海福聚)。……师生于康熙丙辰(指康熙十五年)正月二十八,入灭于壬寅三月四日,世寿四十八,僧腊二十一。(卷八,第 99 页—第 100 页)

本书据作者在《千华法派说》之末的题署,成于"乾隆九年岁在甲子秋八月"。但今本卷九所记的福聚(作者)卒于"乾隆乙酉(乾隆三十年)八月";卷十所记的性言卒于"乾隆己丑(乾隆三十四年)二月",性贤的传记作于"乾隆三十有二年三月"(翰林院编修阮学浚撰),而圆修卒于"乾隆四十年二月",为书中所记时间最晚的一人。以此推断,福聚所撰的《南山宗统》原先只有前八卷,后二卷是在其后的三十多年间,由福聚法系的弟子陆续增补的。其资料来源于时人所撰的碑铭、行状、传记和口述。本书所记的一些明清律宗人物,为明如惺《大明高僧传》、明河《补续高僧传》、清徐昌治《高僧摘要》所不载,具有无可替代的史料价值。近代喻谦编纂《新续高僧传》时,其《明律篇》中的一些人物传记,便是根据本书和清源谅《律宗灯谱》的记载写的。

第三十一品　清源谅《律宗灯谱》八卷

《律宗灯谱》,八卷。清源谅重订,成于乾隆三十年(1765)。流通本有:民国二十五年(1936)影印本、宗教文化出版社 2011

年10月版排印本。今据排印本解说。

源谅(1705—1772),字恒实,俗姓侯,东光(今属河北)人。幼依吴桥三元庵钧一薙染。康熙六十年(1721),受具足戒于京都(燕京)潭柘山岫云寺德彰,专求律范。雍正元年(1723)任引礼师,规范新学,朝夕不怠。后参游四方,曾往五台山修忏。乾隆六年(1741),继席为“潭柘山岫云寺第七代”(此法系是由京都愍忠寺永海开创的愍忠系的分支)。生平事迹见《律宗灯谱》卷五、近代喻谦《新续高僧传》卷三十二等。

本书也是一部记述南山律宗传承世系和人物事迹的史书。所记,上始“西天六祖”、“东土二十一祖”,下至“古祖(指如馨)下十世”。以明代金陵天隆寺如馨为“中兴律祖第一世”,如馨法嗣中,京都愍忠寺永海的愍忠系、金陵宝华山隆昌寺寂光的千华系、太原五台山圣光永明寺远清的圣光系、金陵古林庵性理的古林系为四大支派,然后依世次记述。其资料,有根据《南山宗统》移录和改写的,也有作者新收的,与《南山宗统》具有互补性。书首有源谅于乾隆三十年(1765)撰的《缘起》和《凡例》。源谅在《缘起》中说:

> 千华主人文海聚公(指福聚),于乾隆初年辑《南山宗统》一书,叙馨祖(指如馨)下分灯于他处者,列其世系于前后,自千华一世,以至九世,另为世谱。阅者谓其详于昧祖(指三昧寂光),而略于列祖各派。……顾我愍忠大会海祖(指永海)以后,孤危一线,宏宗固不乏人,法道未能聿盛,再传而至振寰福祖(指照福),于本朝康熙二十五年春,自广济奉旨移锡潭柘,宏开戒法,为潭柘中兴律学第一代,七传而至谅(指源谅)。于辛酉(指乾隆六年)继席以来,历今二十四载。……谅(指源谅)有愿欲将馨祖下十代律

师,荟萃而辑为一书,用昭馨祖分灯之广,嗣此而灯灯相演,则海内律宗,莫不明其端委,悉其支派矣。……爰命监院琮璋诸人督理其事,而法嗣寿圣、祥珠亦躬其劳瘁,而此编得以粗就。(宗教文化出版社排印本,下同,卷首页码第4页)

《凡例》(共十五则)说:

一、东土二十一祖专持戒律,而振兴此土,实自南山宣祖(指道宣),而宣乃遥依昙无德为宗,断续相承,逮馨祖(指如馨)乃大演毗尼,宏传宇内。一、馨祖以下,受其戒法者十余人,传授戒法,唯宝华光祖(指寂光)为最盛。……一、馨祖下第二世,以至第十世,俱依世代同列,其开戒道场,与其实行传记,悉注明于下。……一、诸律师塔铭,乃揭一生之实录,作者不论王公韦布,悉皆载入。……一、谱中大会海祖(指永海)、三昧光祖(指寂光)、澄芳清祖(指远清)、隐微理祖(指性理),共四大支,各依世次列入,非漫分前后也。其余列祖,法嗣无考者,遂阙之。一、《南山宗统》所列诸律师法嗣,其分叙先后有误者,今依次第,概为改正。一、谱中所载旧传,有词句过于浮泛,文义未免疵谬者,略以增损,以就平妥。(卷首页码,第7页)

卷一:(1)“西天六祖”。叙列释迦牟尼佛、优波离、摩诃迦叶、阿难、商那和修、优波毱多六人。均有传。(2)“东土二十一祖”。叙列昙无德、昙摩迦罗、法聪、道覆、惠光、道云、道洪、智首、道宣、文纲、满意、大亮、昙一、辩秀、道澄、澄楚、允堪、元照、法闻、道孚、如馨二十一人。均有传。

卷二:(1)“传南山律宗古祖(如馨)下二世”。叙列金陵天隆寺如馨下第二世传人(此以如馨为“第一世”,如馨法嗣即他的弟子为"二世"）。其中，如馨法嗣性相、永海、寂光、远清、性祇、性福、蕴空罄律师、大圆昙律师、性理九人有传。(2)"古祖下三世"。金陵天隆寺如馨下第三世传人。其中，愍忠系永海法嗣性满（新收，为《南山宗统》所无，下同）、宽寿（新收）；千华系寂光法嗣读体、能幻、戒润；圣光系远清法嗣性寿；古林系性理法嗣性璞等七人有传。

如关于圣光系创立者远清，说：

> 太原五台山永明寺澄芳律师，讳远清，新安人也。清（远清）厌俗归真，遍参名宿，游历讲寺，习贤首宗（指华严宗），遂精通教观。从北来南，至越邦，时值金陵慧云（指如馨）律师说戒于武林之灵隐寺。……（如馨）律师方便为彼授之（指授具足戒）。……清（远清）既得戒已，如获至宝，即还五台，遂精研律部，善达开遮。清（远清）犹忆古有戒坛，自明统以来，戒坛封锢。清欲兴此举，何由得便？幸值内官与清契阔，言及于此。清尤善文章，略书开建戒坛梗概，是以内官奏疏帝阙。帝览本大悦，斯乃万历年间，奉旨南来诏慧云律师，敕两街及内使御马监太监张然等，赍敕并衣钵、锡杖，大开皇坛，说戒三年于五台山，敕建圣光永明禅寺，仍赐紫衣金帛。……（如馨）一期南归，命清（远清）律师续座，宏戒于五台，以终说戒三年之敕。斯时戒法大兴。……清律师世寿、法腊未详。（卷二，第23页—第24页）

卷三："古祖下四世"。叙列金陵天隆寺如馨下第四世传人。其中，愍忠系性满法嗣海禄（新收），玉光寿律师法嗣正会（新收）；千华系读体法嗣德基、性德、性澄、书玉、书秀、书净、真贤；圣光系性寿法嗣海学；古林系性璞法嗣长安增律师等十一人有传。

卷四:“古祖下五世”。叙列金陵天隆寺如馨下第五世传人。其中,憨忠系海禄法嗣照福(新收),正会法嗣超越(新收)、道林(新收);千华系德基法嗣真义、照硕、通明、学彻、溥觐、学伦、性证、成慧、普智,性澄法嗣兴祥、溥范,书秀法嗣学潜(新收),书净法嗣学圆,真贤法嗣溥训;圣光系海学法嗣寂融(新收);古林系长安增律师法嗣藏林华律师等十九人有传。

如关于憨忠系“潭柘第一代律主”照福,说:

> 京都潭柘山岫云寺振寰律师,讳照福,顺天大兴人,族姓孟氏。七岁依延禧寺名驰律师剃度,受戒于广济寺万钟(指海禄)和尚座下,足不逾间者,十有五年。精研律部,同学钦仰,争师事焉。(康熙)二十二年癸亥,本寺监院同众,请师继万(指海禄)老人法席,从学者益众。二十五年春,奉圣祖仁皇帝(指康熙皇帝)旨,住持潭柘岫云寺。圣祖幸临寺中,师奏对称旨,上温语奖异。自是学徒云集,法财雨施,建造日扩,门庭辉焕,冠西山诸刹之胜。……(康熙三十八年卒)世寿六十有六,僧腊三十有二,主丛林一十七载。……为潭柘中兴第一代律主。(卷四,第59页)

卷五:“古祖下六世”。叙列金陵天隆寺如馨下第六世传人。其中,憨忠系照福法嗣澄林(新收),超越法嗣明寿(新收),道林法嗣源福(新收)、源谅(新收,其传为作者源谅去世之后,弟子善学所撰);千华系真义法嗣常松、洪建,通明法嗣心观,学彻法嗣实懿,学伦法嗣通和、本泰,性证法嗣祥晖、照慧,兴祥法嗣道福,溥范法嗣洞闻彻律师,学潜法嗣通一(新收),学圆法嗣通能、然理,溥训法嗣常智;圣光系寂融法嗣照宏(新收)等十九人有传。

卷六:“古祖下七世”。叙列金陵天隆寺如馨下第七世传人。其中,愍忠系澄林法嗣圆瑞(新收)、琮璋林律师(新收),源谅法嗣祥珠(新收);千华系常松法嗣实咏,洪建法嗣普悦(新收)、觉然善律师(新收),心观法嗣实培,实懿法嗣如果,通和法嗣实长(新收),思昙如律师法嗣实省(新收),道福法嗣来照,通能法嗣宗起,出尘道律师法嗣宗深(新收),常智法嗣海注,道通遐律师法嗣广如和律师(新收);圣光系照宏法嗣普开(新收)等十六人有传。

如关于千华系"隆觉中兴第二代"普悦,说:

> 仪征隆觉寺敷和律师,讳普悦,江南江宁人也。姓赵氏。……幼习儒业,应童子试,已有声,乃志切出尘。自剃染得戒后,即依隆觉冶牧(指隆觉寺第一代祖洪建)老人,精研律部。冶公见其操履笃实,无纤毫逾矩矱,遂以内外院务委之。凡春冬戒期,调伏苾刍(比丘),为引礼诸师之冠焉。牧公迁化(指去世),师继席,愿力益宏,心行愈谨。……传戒规仪,较冶公更加严肃,不敢少有圆融。十方衲子来者,悉遵其陶铸,大江南北,戒香几遍,与千华刹竿,两相辉映矣。……师生于康熙三十三年七月二十二日,示寂于乾隆三十一年九月十日,世寿七十有三,僧腊五十有三。传千华之六世,为隆觉中兴第二代焉。(卷六,第125页—第126页)

卷七:"古祖下八世"。叙列金陵天隆寺如馨下第八世传人。其中,千华系实咏法嗣福聚,普悦法嗣福清(新收),如果法嗣振融(新收)、福元(新收),文博参律师法嗣苍尘林律师(新收),来照法嗣福住(新收)、因贵(新收),海注法嗣眼文(新收),眼文法嗣照环(新收)、源长(新收;以上二人为"古祖下九世",今本误编于此)等十一人有传。

卷八:(1)“古祖下九世”。叙列金陵天隆寺如馨下第九世传人。其中,千华系福聚法嗣性言(其传与《南山宗统》不同)、性实、性贤,振融法嗣性贞(新收),因贵法嗣性微(新收)等五人有传。(2)“古祖下十世”、“古祖下十一世”。叙列金陵天隆寺如馨下第十世、第十一世传人。仅有世次人名而无传记。

如关于千华系“极乐五世”性微,说:

> 宿迁极乐庵坤传律师,讳性微,姓周氏,本籍山阴,其高祖维墉公任徐州协镇府,遂家也。……年十一,即依吉公(指其舅、铜邑平山寺频吉和尚)脱白(指出家),诵经习礼,足不逾阃者十载。乾隆己巳(指乾隆十四年),秉具(指具足戒)于极乐印可(指因贵)律师。研究五篇七聚,诸大律部,并检阅《龙藏》,四易寒暑。……乙酉(指乾隆三十年)春,师北游都中,得与万寿龙华胜会,听量周和尚讲《金刚注解》。复谒嘉兴达天法川师,(听)讲《法华指掌》。当是时,法源、柏林、拈花、瑞应、卧佛、香界诸大名刹,皆道冠南北,师一时参访殆遍。……是岁秋,归极乐。玉公(指玉真)致还法席。……师继席(指住持极乐庵)后,凡殿宇廊庑,残者葺之,废者创之。不数年,法雷益震,戒幢益高,与寿圣古寺两刹相望,真栅渊之胜境,并峙于黄流赤石间者。(卷八,第174页—第175页)

本书据作者《缘起》之末的题署,成于“乾隆三十年岁次乙酉仲春(指二月)”,而在本书完稿后二个月,即“乾隆三十年四月二十日”,作者源谅便去世了(见本书卷五源谅传)。然而今本卷六琮璋林律师、祥珠、普悦传,卷七福聚、福清、福住传,卷八性言、性贤传中,均记有源谅去世以后的人和事。其中,卷七的福住卒于乾隆“庚寅(三十五年)”,“壬辰(三十七年)孟夏,建全身塔于五华顶”，为全书所记时间最晚之人。以此推断，本书在作者去世以后，仍有弟子在做续补工作，最后的定稿时间，可能在增补的《南山宗统》十卷本印行之后，时间约在乾隆四十年(1775)至乾隆五十年(1785)之间，因为本书卷八所记的性实、性贤传，都是从《南山宗统》卷十移录的。

第六门　其他律部研习著作

第一品　五分律类：梁明徽《五分比丘尼戒本》一卷

《五分比丘尼戒本》，又名《五分律比丘尼戒本》，一卷。梁明徽集，成于普通三年(522)。唐智升《开元释教录》卷六著录。载于《丽藏》"外"函、《宋藏》"受"函、《金藏》"外"函、《元藏》"受"函、《明藏》"外"函、《清藏》"外"函、《频伽藏》"张"帙，收入《大正藏》第二十二卷。

明徽(生卒年不详)，梁代建业(今南京)建初寺僧人。事见唐智升《开元释教录》卷六。

本书是《五分律》比丘尼戒本的集本，系据《五分律》汉译本编集而成。全书共收录比丘尼戒"八波罗夷法"、"十七僧伽婆尸沙法"(又称"十七僧残法")、"三十尼萨耆波逸提法"(又称"三十舍堕法")、"二百一十波逸提法"(又称"二百一十堕法")、"八波罗提提舍尼法"(又称"八悔过法")、"众学法"(又称"众学法"，一百条)六类戒法(末缺"七灭诤法")，总计三百七十三条。

唐智升《开元释教录》卷六在著录本书时，作小注说："检此戒中，'众学'之后无'七灭诤'，律本虽略，准义合安，岂可尼僧有诤不殄?《祇律》正文与僧同有,故彼律第四十云,'众学法'中唯除污草及水、'七灭诤'、法随顺法并同比丘。彼师不安,理不通也。"(《大正藏》第五十五卷,第538页上)意思是说,查检《五分比丘尼戒本》中,"众学法"之后没有"七灭诤法",虽说《五分律》因比丘尼戒中的"七灭诤法",与比丘戒相同,而省略未译,但依据义理是应当编入的,难道比丘尼有诤论就可以不殄灭?《僧祇律》比丘尼戒的正文,就载有与比丘相同的"七灭诤法",故《僧祇律》卷四十说,"众学法"中除"生草上大小便戒"和"水中大小便戒"二条以外的其他各戒、"七灭诤法"、法随顺法(指随顺于戒经的其他规制,即律典中"摩得勒伽"、"犍度"所说的各种戒律事项),均与比丘戒相同。明徽不将"七灭诤法"编入比丘尼戒本中,于理不通。智升的上述说法是有道理的,因为"七灭诤法"是处理僧团诤事的七项制度,任何一种戒本,无论是僧戒本,还是尼戒本,都应当有它,《五分比丘尼戒本》也不能例外。因此,若补入"七灭诤法",本书所收应当是:共收录比丘尼戒七类戒法,总计三百八十条。其初首有序言、归敬偈、集僧简众语(《弥沙塞五分戒本》则是归敬偈在集僧简众语之后);末尾有七佛略说波罗提木叉偈、流通偈、结束语。戒经序说:

> 大姊僧听,今十五日布萨说戒,僧一心作布萨说戒,若僧时到,僧忍听(指容许)。白如是(以上为说戒告白)。
>
> 诸大姊,今布萨说波罗提木叉,一切共听,善思念之。若有罪应发露,无罪者默然。默然故,当知我及诸大姊清净。如圣默然,我及诸大姊亦如是。若比丘尼,如是众中乃至三唱,忆有罪不发露,得故妄语罪。故妄语罪,佛说遮道法。发露者得安乐,不发露罪益深(以上为诫敕时众)。
>
> 诸大姊,已说戒经序。今问:诸大姊,是中清净不?

(第二、第三亦如是说——原注)诸大姊,是中清净,默然故,是事如是持(以上为三问清净)。(《大正藏》第二十二卷,第206页下)

本书收录的比丘尼戒各个戒条,是用一句话或一段话来表述的,并无戒条的名称,很难记诵。今在解说时,依照前述《五分律》的戒名,予以标立,以利研习。

(一)八波罗夷法。叙列"波罗夷法"八条。有:"淫戒"(第一条)、"盗戒"(第二条)、"杀戒"(第三条)、"大妄语戒"(第四条)、"摩触男子戒"(第五条)、"八事成犯戒"(第六条)、"覆藏比丘尼重罪戒"(第七条)、"随顺被举比丘戒"(第八条)。

(二)十七僧伽婆尸沙法。叙列"僧伽婆尸沙"十七条。有:"媒人戒"(第一条)、"无根波罗夷谤戒"(第二条)、"度贼女出家戒"(第四条)、"界外为被举尼解摈戒"(第五条)、"受染心男子食戒"(第八条)、"破僧违谏戒"(第十条)、"恶性拒僧违谏戒"(第十二条)、"同住行恶违谏戒"(第十四条)、"发诤谤僧违谏戒"(第十六条)、"瞋舍三宝违谏戒"(第十七条)等。

(三)三十尼萨耆波逸提法。叙列"尼萨耆波逸提法"三十条。有:"畜长衣过限戒"(第一条)、"离五衣宿戒"(第二条)、"从非亲俗人乞衣戒"(第四条)、"回僧物入己戒"(第十二条)、"畜七日药过限戒"(第十三条)、"未满五缀更求新钵戒"(第十五条)、"贩卖戒"(第十六条)、"畜金银戒"(第十八条)、"乞此物更索他物戒"(第十九条)、"非时衣戒"(第二十条)、"为造僧堂从一居士乞作他用戒"(第二十五条)、"为造僧堂从众居士乞作他用戒"(第二十六条)、"多畜器物戒"(第二十九条)、"畜长钵过限戒"(第三十条)等。

(四)二百一十波逸提法。叙列"波逸提法"二百十条。

有:“小妄语戒”(第一条)、“毁呰尼戒”(第十条)、“数数食戒”(第二十条)、“往观军阵戒”(第三十条)、“故杀畜生戒”(第三十六条;《五分律·尼律堕法》原文脱落,本书作了补足)、“水中嬉戏戒”(第四十条)、“与男子期行戒”(第五十条)、“藏他物品戒”(第六十条)、“回僧物与人戒”(第六十九条)、“啖蒜戒”(第七十条)、“独与比丘耳语戒”(第七十九条)、“离雨浴衣行戒”(第八十二条)、“著弟子新衣不还戒”(第八十三条;以上三条为《四分律》所无)、“受具弟子未满六年离师戒”(第一百二十条)、“不教诫摄护受具弟子六年戒”(第一百二十一条;以上二条巴利文《律藏》、《四分律》则作“受具弟子未满二年离师戒”、“不教摄受具弟子二年戒”)、“向白衣说比丘过失戒”(第一百三十一条)、“于食家(指夫妇行房处)止宿戒”(第一百三十九条;以上二条为《四分律》所无)、“畜白衣妇女装饰物戒”(第一百五十八条)、“主人未唱(指未说请随意用餐)先食戒”(第一百七十一条,《四分律》则作“受请不食戒”)、“一众授具(指只在比丘尼众中授具足戒,未同时到比丘众中授具足戒)戒”(第一百九十一条)、“治腰使细戒”(第二百三条)、“随世俗论(指议俗事)戒”(第二百十条)等。

(五)八波罗提提舍尼法。叙列“波罗提提舍尼法”八条。有:“无病乞酥戒”(第一条)、“无病乞油戒”(第二条)、“无病乞蜜戒”(第三条)、“无病乞石蜜戒”(第四条)、“无病乞乳戒”(第五条)、“无病乞酪戒”(第六条)、“无病乞鱼戒”(第七条)、“无病乞肉戒”(第八条)。

(六)众学法。叙列“众学法”一百条。有:“高著下衣戒”(第一条)、“参差披衣戒”(第十条)、“摇身白衣舍坐戒”(第二十条)、“叉腰白衣舍坐戒”(第三十条)、“蹲行白衣舍坐”(第四十条)、“不庠序入白衣舍戒”(第五十条)、“溢钵受食戒”(第五十三条)、"弃饭食戒"(第五十九条)、"嚼食作声戒"(第六十二条)、"舐食戒"(第六十三条)、"含食语戒"(第七十条)、"嫌呵食戒"(第七十八条)、"嫉心视他钵食戒"(第八十条)、"水中大小便戒"(第八十二条)、"生草上大小便戒"(第八十三条)、"为现胸人说法戒"(第八十六条)、"为持刀人说法戒"(第九十八条)、"为持弓箭人说法戒"(第九十九条)、"上树过人戒"(第一百条)等。

(七)七灭净法。原书缺。据《五分律》卷十所记,当叙列"灭诤法"七条,有:"现前比尼(一作"毗尼",下同)"(第一条)、"忆念比尼"(第二条)、"不痴比尼"(第三条)、"自言(治)比尼"(第四条)、"多人语比尼"(第五条)、"草布地比尼"(第六条)、"本言治比尼"(第七条)。

上述七类戒法中,每一类戒法的叙述,均包括三个层次:一是标名,指标立此类戒法的名称。二是列戒,指叙列从汉译《五分律》中摘录的此类戒法下属各戒的条文。三是结问,指对此类戒法作小结,并三次询问与会僧众在此类戒法的修持上是否清净,要求众人依律受持。以"二百一十波逸提法"为例,它的叙述方式是这样的:

诸大姊。是二百一十波逸提法。半月半月戒经中说(以上为"二百一十波逸提法"的标名)。

若比丘尼,故妄语,波逸提(以上为第一条"故妄语戒")。

若比丘尼,毁呰比丘尼,波逸提(以上为第二条"毁呰语戒")。

若比丘尼,两舌斗乱比丘尼,波逸提(以上为第三条"两舌语戒")。

……

若比丘尼,自卜,若就他卜,波逸提(以上为第二百九条“占卜戒”)。

若比丘尼,随世俗论者,波逸提(以上为第二百十条“随世俗论戒”)。

诸大姊,已说二百一十波逸提法。今问:诸大姊,是中清净不?(第二、第三亦如是说——原注)诸大姊,是中清净,默然故,是事如是持(以上为“二百一十波逸提法”的结问)。(第209页中—第212页中)

与其他部派的比丘尼戒经相比,本书特有的戒条,主要集中在“二百一十波逸提法”中。它们是:“二百一十波逸提法”第八十二、八十三、九十八、一百六、一百七、一百三十一、一百四十、一百四十九、一百五十一、一百五十五、一百五十七、一百六十、一百六十二、一百七十一、一百七十三、一百七十五、一百八十二、一百八十四、一百八十七至一百八十九、一百九十一至一百九十六、一百九十九、二百一至二百五、二百七至二百十。内容叙及:“若比丘尼,与未满十八岁童女受学戒,波逸提。”(第一百六条“为未满十八岁童女授学戒戒”)“若比丘尼,共白衣及外道妇女同衣卧,波逸提。”(第一百四十九条“与白衣妇女同衣卧戒”)“若比丘尼,发长,波逸提。”(第一百六十条“发长戒”)“若比丘尼,与白衣对坐,临身相近说法,波逸提。”(第一百八十二条“与白衣近身说法戒”)“若比丘尼,以男子不净,自内形中,波逸提。”(第一百八十七条“以男子不净自内形中戒”)“若比丘尼,自作己像,若使人作,波逸提。”(第一百九十九条“自作己像戒”)“若比丘尼,治腰使细,波逸提。”(第二百三条“治腰使细戒”,以上见第211页上—第212页中)等等。

本书的戒经结语，对戒本的内容作了归纳和总结。说：

> 诸大姊，已说戒经序，已说八波罗夷法，已说十七僧伽婆尸沙法，已说三十尼萨耆波逸提法，已说二百一十波逸提法，已说八波罗提提舍尼法，已说众学戒法。是法入佛戒经中，半月半月波罗提木叉中说。及余随道法，是中，诸大姊，一心和合，欢喜不诤，如水乳合，安乐行，应当学。（第213页中）

本书所摘录的戒法条文及先后次序，基本上与汉译《五分律》相同。但个别地方因传抄的缘故，也有抄异的情况发生。如“众学法”的第六十六条至第七十一条。《五分律》卷十四的原文为：“饭未至不大张口待（第六十六条）。不缩鼻食（第六十七条）。不含食语（第六十八条）。不胀颊食（第六十九条）。不啮半食（第七十条）。不舒臂取食（第七十一条）。”（《大正藏》第二十二卷，第100页下）而本书则作：“饭未至不张口待，应当学（第六十六条）。不胀颊食，应当学（第六十七条）。不啮半食，应当学（第六十八条）。不缩鼻食，应当学（第六十九条）。不含食语，应当学（第六十七条）。不舒臂取食，应当学（第七十一条）。”（第213页上）也就是说，在《五分律》中“缩鼻食戒”和“含食语戒”是排在前面的，而在本书中是排在后面的，此中便有错简之嫌。

第二品　五分律类：唐爱同《弥沙塞羯磨本》一卷

《弥沙塞羯磨本》，又名《五分羯磨》，一卷。唐爱同录，成于神龙（705—706）年间。唐智升《开元释教录》卷九著录。载于

《丽藏》"傅"函、《宋藏》"训"函、《金藏》"傅"函、《元藏》"训"函、《明藏》"随"函、《清藏》"随"函、《频伽藏》"张"帙,收入《大正藏》第二十二卷。

爱同(生卒年不详)。俗姓赵,天水(今属甘肃)人。代袭冠冕,弱龄(指少年)出家。受具足戒以后,专讲《五分律》,以律学驰誉。住长安开业寺。唐神龙元年(705)至景龙四年(710),参预译场,被推为"证义",协助义净译经。著作尚有《五分律疏》十卷,已佚。生平事迹见唐智升《开元释教录》卷九、北宋赞宁《宋高僧传》卷十四等。

本书是《五分律》比丘羯磨法的集本,系据《五分律》汉译本编集而成。全书共收录羯磨法十篇,依次为《作法缘起》、《诸界结解》、《诸戒受舍》、《衣药受净》、《布萨仪轨》、《安居法则》、《自恣清净》、《受施分衣》、《忏悔诸犯》、《住持杂法》。

(一)《作法缘起》。叙述羯磨的准备事项。下分七项。

(1)《量事如非》。指羯磨所作的事情应"如法"(合法)。(2)《法起假处》。指作羯磨前应先"结界"(指依羯磨划定作法的区域)。(3)《集僧分限》。指应召集界内僧众都来参加羯磨。(4)《简众是非》。指应检查羯磨参加者的人数与资格。(5)《和合无别》。指应和合作羯磨,应来者应来,因病等不能来者应告假,与会人未有表示反对者。(6)《问答所作》。指羯磨开始时,主持人应当场提问集会的宗旨("今僧和合,先作何事"),僧众中应有一人作答("作某羯磨")。(7)《羯磨如法》。指具备以上"六缘"(六项条件)的羯磨才是"如法羯磨"。末附《僧法羯磨文有六非》,叙列六种"非法羯磨"("余法余律羯磨"、"非法别众羯磨"、"非法和合羯磨"、"如法别众羯磨"、"似法别众羯磨"、"似法和合羯磨")。如《量事如非》,说:

量事如非(羯磨既称办事,所办必须如法,违教亏戒,圣所未听。事类虽多,大分三种:第一情,如受戒。第二非情,如结界。第三二合,如示处等。或言三者,谓人、法、事也。人即受戒等,法谓自恣等,事谓结净等。此二三种称事,并如或具或单,离合无准,必须约教,不违于戒无犯。如亏此限,法定不成。法等落非,亦准于此——原注)。(《大正藏》第二十二卷,第214页上、中)

(二)《诸界结解》(又称《结解诸界法》)。叙述"僧界"(又称"摄僧界",指依羯磨法划定集僧作法的区域)、"解衣界"(又称"摄衣界"、"不失衣界",指依羯磨划定的允许离三衣而过宿的区域)、"食界"(又称"摄食界"、"净地",指依羯磨划定的贮藏烹煮食物的区域)的结界(指划定作法的区域)和解界(指解除作法的区域)方面的羯磨法。

1.《结解僧界法》。指僧众划定和解除"摄僧界"的羯磨法。下分五项。(1)《结戒场法》(下分《唱四方界相法》、《正结戒场法》二项)。指结作"戒场"(指受戒、说戒、忏罪的道场)的羯磨法。(2)《解戒场法》。指解除"戒场"的羯磨法。(3)《唱相法》。指唱说"四方大界内外相"的羯磨法。(4)《正结大界法》。指结作"共住、共布萨、共得施"(即"同一住处、同一说戒、同一利养")的"大界"的羯磨法。(5)《解大界法》。指解除"共住、共布萨、共得施"的"大界"的羯磨法。

2.《结解衣界法》。指僧众划定和解除"摄衣界"的羯磨法。下分二项。(1)《结衣界法》。指结作"不失衣界"的羯磨法。(2)《解衣界法)。指解除"不失衣界"的羯磨法。

3.《结食界法》。指僧众划定和解除"摄食界"的羯磨法。下分二项。(1)《净有三种》。指"他处净"(指僧众指定俗家的一屋作“净屋”)、“处分净”(指施主为僧众造房时,先指定某处作“净地”)、“羯磨净”(指僧众指定寺内某处作“净地”)三种结净地的羯磨法。(2)《通结僧坊作净地法》。指“共住、共布萨、共得施”大界内的僧众,指定除“僧住处”之外的某处作“净地”(因“净地”必须与“僧住处”相隔离)的羯磨法。如《通结僧坊作净地法》,说:

> 通结僧坊作净地法(有比丘欲通羯磨僧坊内作净地,佛言:听——原注)。大德僧听,此一住处,共住、共布萨,共得施僧,今结作净地,除某处(有云,除某处者,谓除净地,故知此是简净地法。今云除者,谓僧住处,为通结故,所以言除。此即结文,非简法也——原注)。若僧时到,僧忍听,白如是。
>
> 大德僧听,此一住处,共住、共布萨、共得施,僧今结作净地,除某处。谁诸长老忍默然,不忍者说。僧已结作净地竟,僧忍默然故,是事如是。(第215页下)

(三)《诸戒受舍》(又称《诸戒受舍法》)。叙述授受“七众”(指比丘、比丘尼、沙弥、沙弥尼、式叉摩那、优婆塞、优婆夷)别解脱戒方面的羯磨法。下分六类。

1.《受三归法》。指在家、出家男女受“三归依”的羯磨法。

2.《受五戒法》。指在家、出家男女受“五戒”的羯磨法。

3.《受八戒法》。指在家男女受“八戒”(又称“八关斋戒”)的羯磨法。

4.《受十戒法》。指出家男子受“十戒”的羯磨法。下分三项。(1)《作畜众法》。指比丘(须具备十年以上戒腊和相应的德行)请求僧众允许自己度人出家(“畜众”),僧众表示同意的羯磨法。(2)《度沙弥法》。指度沙弥法的羯磨法。(3)《正受十戒法》)。指僧众向出家男子授“沙弥十戒”的羯磨法。

5.《受大戒法》。指出家男子受“大戒”(又称“具足戒”)的羯磨法。下分十三项。

(1)《请和上法》。指出家男子请求某大德作“和上”(指授具戒的“戒和尚”,须具备十年以上戒腊和相应的德行)的羯磨法。(2)《安受戒人》。指将出家男子安置在“眼见耳不闻处”检问的作法。(3)《差教师法》。指僧众推选某大德作出家男子“教授师”(又称“教授阿阇梨”,须具备五年以上戒腊和相应的德行)的羯磨法。(4)《教师检》。指教授师向出家男子“问遮难”(指询问有无不得受戒的“十三重难”、“十六轻遮”情况,此为预审)的羯磨法。(5)《召入众法》。指教授师向僧众报告“问遮难”情况的羯磨法。(6)《教乞戒法》。指出家男子请求僧众授与具足戒的羯磨法。(7)《戒师问白法》。指戒师(又称“羯磨阿阇梨”、“受戒阿阇梨”、“羯磨师”)在“问遮难”之前向僧众作告白的羯磨法。(8)《羯磨师问法》。指羯磨师向出家男子“问遮难”(此为复审)的羯磨法。

(9)《正授戒法》。指戒师作“白四羯磨”向出家男子授具足戒的羯磨法。(10)《受具戒竟应为说十二法》。指戒师向已受具戒的比丘说“四堕法”(又称“四波罗夷法”)、“四喻法”(关于“四堕法”的譬喻,如“犹如人死终不能以此身更生”等)、“四依法”(指“尽形寿依粪扫衣住”等)的羯磨法。(11)《请依止师法》。指新受戒比丘因和上(指“戒和尚”)命终而依止阿阇梨(指“依止阿阇梨”,须具备十年以上戒腊和相应的德行)的羯磨法。(12)《五种不共语法》。指和上、阿阇梨呵责弟子的羯磨法。(13)《弟子悔过法》。指被呵责弟子向和上、阿阇梨作忏悔的羯磨法。

6.《尼众授戒法》。指出家女子受“沙弥尼戒”、“式叉摩那戒”、“比丘尼戒”的羯磨法。下分三项。(1)《授沙弥尼戒法》。指出家女子受“沙弥尼戒”的羯磨法。(2)《受式叉摩那戒法》(下分《乞二岁学戒法》、《与二岁学戒法》、《说戒相法》三项)。指出家女子受“式叉摩那戒”(包括沙弥尼向僧众请求受“二岁学戒”;僧众授与“二岁学戒”,使她成为式叉摩那;僧众对式叉摩那授“六法”)的羯磨法。(3)《受比丘尼戒法》(下分《请和上法》、《安受戒人》、《差教授师法》、《教授师检问法》、《召入众中法》、《教乞戒法》、《戒师白和上》、《羯磨师问法》、《正授本法》、《本法尼往大僧中受戒法》、《请羯磨师法》、《乞受大戒法》、《羯磨师问法》、《正问遮难法》、《正受戒体法》、《说堕相法》、《说八敬法》、《说四依法》十八项)。指出家女子受“比丘尼戒”的羯磨法(其中,前九项为出家女子在比丘尼僧中受具足戒的羯磨法,后九项为出家女子于当日或次日,随尼师前往比丘僧中受具足戒的羯磨法)。如《受大戒法》,说:

> 受大戒法(戒为生死舟船,定慧根本,三身、四智,无不凭斯,必须缘法相应,称教具足,如一乖阙,戒品不生。但缘繁多,岂能委叙?今且大概,要具五如:一能受人如,此有五种,一报是人道,二诸根具足,三身器清净,四出家相具,五得少法;二所对境如,此有七种,一结界成就,二有能秉法僧,三僧数满足,四界内尽集,五羯磨如法,六资缘具足,七佛法时中;三发心乞戒;四心境相应;五事成究竟,谓从请终、千受竟,前后不亏,方成办事。正授戒中,须具九法——原注)。一请和上法……二安受戒人……三差教师法……四教师捡(检)……五召入众法……六教乞戒法……七戒师问白法……八羯磨师问法……九正授戒法。(第 217 页上、中)

（四）《衣药受净》（又称《衣药受净法》）。叙述比丘受用五衣、坐具、钵、药食和说净（指将“长物”即超出规定蓄存的物品作净施）方面的羯磨法。下分七项。

（1）《受持衣法》（下分《受安陀会法》、《受郁多罗僧法》、《受僧伽梨法》、《受僧祇支法》、《受覆肩衣法》五项）。指比丘受持“三衣”、比丘尼受持“五衣”的羯磨法。（2）《舍衣法》。指比丘舍出“三衣”的羯磨法。（3）《受尼师坛法》。指比丘受持尼师坛（指坐具）的羯磨法。（4）《受钵多罗法》。指比丘受持钵的羯磨法。（5）《受药法》（下分《受时药法》、《受非时药法》、《受七日药法》、《受尽形药法》四项）。指比丘受用药食的羯磨法。（6）《长衣说净法》（下分《请施主法》、《正说净法》、《独住作净法》三项）。指比丘对“长衣”作“净施”（包括“真实净施”、“展转净施”、独一人时心念口言作“独净施”）的羯磨法。（7）《今（金）粟净施法》。指比丘对属于“长物”的“钱宝谷米”作“净施”的羯磨法。如《长衣说净法》中的《独住作净法》，说：

> 独住作净法（有比丘，独住房中，不知云何净施。佛言：听作遥示净施。心生口言也——原注）。我此长衣，净施某甲，从彼取用（独净施法，至十一日，复应如前法，心生口言——原注）。我此长衣，从某甲取还（然后更如前法净施，口言——原注）。（第221页中）

（五）《布萨仪轨》（又称《僧等布萨法》）。叙述比丘每半月一次集会说戒方面的羯磨法。下分八项。

（1）《众僧说戒法》。指众僧说戒前的准备事项。（2）《僧犯忏悔法》。指说戒前，同一住处的所有僧众因均犯有某罪而当众作发露忏悔的羯磨法。（3）《一人发露法》。指说戒前，比丘个人因犯有某罪而向一位清净比丘作发露的羯磨法（以上二项相当于唐怀素《僧羯磨·除罪篇》中的《一切僧同犯识罪发露法》、《别人识罪发露法》）。（4）《教诫尼众法》。指布萨日，比丘尼派代表往至比丘僧中请求推派“教授师”前往尼寺作教诫的羯磨法。（5）《与清净欲法》。指布萨日，因病不能参加说戒的比丘，委托他人表示自己赞同僧众所作事的意愿（“与欲”）和表示自己行为的清净（“与清净”）的羯磨法。（6）《转与欲法》。指受委托者接受上述委托后，因事不能参加说戒，而又请别人转达当事人委托的羯磨法。（7）《告清净法》。指布萨日，外来比丘参加当地比丘说戒，表示自己行为清净的羯磨法。（8）《五种说戒法》。指广略说戒的五种方法。如《僧犯忏悔法》，说：

> 僧犯忏悔法（有一住处，布萨日，一切僧犯罪。佛言：应白二羯磨。一人往他众悔过，然后余人向彼除罪。若不得尔，尽集布萨堂，白二置其犯云——原注）。大德僧听，僧今皆有此罪（须陈名种——原注），不能得悔过，今共置之，后当悔过。若僧时到，僧忍听，白如是。
>
> 大德僧听，僧今皆有此罪，不能得悔过，今置之，后当悔过。谁诸长老忍默然，不忍者说，僧已置此罪竟，僧忍默然故，是事如是持（然后布萨，不应不布萨——原注）。（第221页下）

（六）《安居法则》（又称《僧等安居法》）。叙述比丘每年三个月“结夏安居”方面的羯磨法。下分四项。

（1）《三语安居法》。指比丘于初安居日对长老作安居告白（指说三遍，并答“依某甲律师”安居）的羯磨法。（2）《心念安居法》。指比丘因安居地无“所依人”（指能“广诵二部律”的律师）而作心念安居的羯磨法。（3）《受房舍安居法》。指比丘

“为安居故,受房舍敷具”而作心念安居的羯磨法。(4)《受日出界法》(下分《羯磨受日法》、《三语受日法》二项)。指安居期间,比丘因事外出,向僧众请求“受过七日法”(指请假“十五日”或“三十日”)并经同意的羯磨法,和向长老请求“受七日法”(指请假七日)的羯磨法。如《三语安居法》,说:

> 三语安居法(修设威仪,对如法境云——原注)。长老一心念,我某甲比丘,于此住处夏安居,前三月依某僧伽蓝(随处称之——原注),若房舍坏,当治补(三说。答言——原注)。我知(律云:当依持律者安居。若处所迮闹者,应七日得往返处。心念遥依。《四分》云,夏中当依第五律师广诵二部律者,若违,波逸提。准律意,应问云——原注)。依谁持律?(答言——原注)依某甲律师。(告言——原注)有疑当问(若非伽蓝,须除房舍破修治之言。若后安居,唯称后三月为异——原注)。(第222页上)

(七)《自恣清净》(又称《僧等自恣法》)。叙述比丘于夏安居结束之日举行“自恣”(指请求他人批评举罪)活动方面的羯磨法。下分六项:

(1)《差受自恣人法》。指同一住处有比丘五人或五人以上(“自恣法”中的“众僧法”所要求的人数,比“说戒法”多一人)时,僧众推选“受自恣人”(自恣活动的主持者,须具备“自恣五德”和“举罪五德”)的羯磨法。(2)《五德被差已单白摄众法》。指“受自恣人”宣布自恣活动开始的羯磨法。(3)《正自恣法》。指从上座开始,僧众依次“三说自恣”(指将请他人根据见闻疑,任意举发己罪的告白说三遍;“受自恣人”则先接受众人的自恣,最后自己向上座作自恣)的羯磨法。(4)《略自恣法》。指僧众因“诸白衣欲布施及听法”而略说自恣(此指上座八人一一说"自恣",上座以下凡僧腊相同者集体说"自恣";其他广律说的"略说自恣",指的是因"八难"等事,将每人的"三说自恣",改为"二说"、"一说",乃至集体"三说自恣")的羯磨法。(5)《四人对首自恣法》。指同一住处有比丘四人或三人、二人("自恣法"中的"对首法"所要求的人数,比"说戒法"多一人)时,对首(指各共面对)"三说自恣"的羯磨法。(6)《一人心念自恣法》。指同一住处仅有比丘一人时,口唱心念"三说自恣"的羯磨法。(7)《尼差人自恣法》。指比丘尼推选代表往至比丘僧中"三说自恣"的羯磨法。如《略自恣法》,说:

> 略自恣法(以诸白衣欲布施及听法,诸比丘自恣淹久,致彼讥呵,因开除上座八人一一自恣,自下同岁,同岁一时自恣。余缘八难,他部所开。简德差人如前,已辩五德被差已,应起白众云——原注)。除上座八人,自下同岁一处坐自恣(若自恣犹迟,应白众云也——原注)。(第222页中)

(八)《受施分衣》(又称《受施分衣法》)。叙述比丘分配衣物方面的羯磨法。下分二项:

(1)《九种得施法》(下分"界得施"、"要得施"、"限得施"、"僧得施"、"现前僧得施"、"安居僧得施"、"二部僧得施"、"教得施"、"人得施"九种)。指僧众所得布施的九种情况和分配方法。(2)《分亡比丘物法》(下分"同活共财"、"负债征偿"、"嘱授成不"、"分物时处"、"断割轻重"、"量德赏物"、"正明赏法"、"正分轻物"、"二众互摄"、"诸部杂明"十门)。指僧众处置已故比丘财物的羯磨法。如《分亡比丘物法》中的"量德赏物",说:

> 量德赏物(律云:有一懒堕比丘,不佐助众事,不供师长,病无人看,委卧粪秽中。世尊穷为洗浣,除秽扶持,安慰

说法，离垢证道。因告比丘：汝等无有父母，不自相看，谁看汝等？因制：师弟更相瞻视，无师弟者，劝喻次差。然病者有难看，瞻病德有具不具。难看有五种。一不能善量食，二不服所宜药，三不说病状，四不从人教，五不观无常。易看反之。不能看病有五种。一不知所宜药，二不能得随病食，三不能为病人说法，四恶厌病人便利吐唾，五为利故不以慈心。能者及说，余部所明，大概如此。对众检问，量德具已，然后赏之。若为病人经理汤药，身虽在外，亦须依赏——原注）。（第223页中）

（九）《忏悔诸犯》（又称《忏悔诸犯法》）。叙述比丘犯“波罗夷”、“僧残”、“偷兰遮”、“波逸提”、“波罗提提舍尼”、“突吉罗”罪（合称“六犯聚”、“六罪聚”）的治罚与忏除方面的羯磨法。下分六项：

（1）《忏悔波罗夷法》。指僧众对犯“波罗夷罪”的不覆藏者（指初次犯“四波罗夷法”的淫戒又立即发露忏悔者），给与“尽形学悔”（指剥夺他的比丘身份，允许其终身以“与学沙弥”的身份留在僧团，为僧众作劳务）处罚的羯磨法。（2）《忏悔僧伽婆尸沙法》。指僧众对犯“僧残罪”的覆藏者，给与“别住”（用于治覆藏罪，犯罪者从覆藏之日算起，须离众别住，覆藏一天须别住一天）、“六夜摩那埵”（用于治僧残罪，犯罪者须六天六夜为僧众作劳务）处罚的羯磨法。（3）《忏偷兰遮法》。指犯“上品偷兰遮罪”者作“对大众忏”（向清净比丘四人作忏悔）、犯“中品偷兰遮罪”者作“对小众忏”（向清净比丘三人作忏悔）、犯“下品偷兰遮罪”者作“对一人忏”（向清净比丘一人作忏悔）的羯磨法。（4）《忏波逸提法》（下分“忏舍堕法”和“忏单波逸提法”二类。“忏舍堕法”又分“忏舍堕对僧作法”、“对众多人舍忏法”、“对一人舍忏法”、“忏二根本突吉罗”四项）。指犯“舍堕罪”者先舍财、后作忏悔，犯“单提（单波逸提）罪”者直接作忏悔的羯磨法。（5）《忏波罗提提舍尼法》。指犯“波罗提提舍尼罪”者作忏悔的羯磨法。（6）《忏突吉罗法》。指犯“突吉罗罪”者作忏悔的羯磨法。如《忏波逸提法》中的“忏舍堕对僧作法”，说：

> 先忏舍堕对僧作法（文云：应舍与僧，若一二三人不得，与余人及非人不得。舍已，应忏悔。若不舍而悔，其罪益深。……——原注）。一舍财（此舍财中，须识五法。一舍财心。……二所舍财。……三舍财境。……四舍财威仪。……五舍财法。对僧者，应云——原注）。大德僧听，我比丘某甲，故畜（若干——原注）长衣，犯舍堕（或离衣等，随事称之——原注）。是衣今舍与僧（一说。如是舍已，即付与僧。对下境，词句亦然，但改初后二言，为异也——原注）。二舍罪（对僧忏悔罪，须具六法。一乞、二请、三白、四悔、五诫、六受。此之六法，诸教互明，必须周具，方成悔过也——原注）。（第224页中、下）

（十）《住持杂法》（又称《杂行住持法》）。叙述比丘杂事方面的羯磨法。下分十七项：

（1）《作六念法》。指比丘每日应当念知的六事（“念知日月数”、“念知食处”、“念知受时夏数”、“念知衣钵受净”、“念知食之同别”、“念知身强羸”）的行法。（2）《作残食法》。指比丘受正食饱足（“足食”）离座后，若再受食，须作“残食法”（又称“余食法”，指先请一比丘食少许，然后自己再食）的羯磨法。（3）《白同利食前后入聚落法》。指比丘因某事欲在正食前后入村落而嘱告同住比丘的羯磨法。（4）《白非时入聚落法》。

指比丘因某事欲在“非时”(指每日正午之后至次日黎明之前)入村落而嘱告同住比丘的羯磨法。(5)《防护贩卖求利法》。指比丘欲以某物与他僧“货易”,应心念“宁使彼得我利,我不得我利”的羯磨法。(6)《弟子欲辞行和上量宜法》。指弟子欲出行,和上应“筹量”(指考虑)路上有无“疑怖”等事的规定。(7)《持律比丘来承迎祇供法》。指比丘“闻持律者来”,应承迎、供养的规定。(8)《持律比丘有七种宜》。指持律比丘应具备的七种德行(指“多闻诸法”等)。(9)《应说戒人法》。指上座应担任“说戒人”的规定。

(10)《僧尼二众尊卑礼敬法》。指比丘、比丘尼、式叉摩那、沙弥、沙弥尼之间的礼敬方法。(11)《净五生种》。指比丘食果应作“五种净”(指“火净、刀净、鸟净、伤净、未成种净”)、食根应作“五种净”(指“剥净、截净、破净、洗净、火净”)、食茎应作“三种净”(指“刀净、火净、洗净”)的规定。(12)《著衣高下法》。指穿着“下衣”的方法。(13)《受请应供法》。指如果施主“请僧”,“应二众(此指“比丘及沙弥”)食”,如果“请二部”,“应五众食”的规定。(14)《五种物不可分》。指“住处地”、“房舍”、“须用”、“果树”、“花果”五种物,“不可护、不可卖、不可分”的规定。(15)《系念在前自防护心》。指应当“行四念处观”等的理论。(16)《世有五宝甚为难遇》。指“一切诸佛世尊”等“五宝”,“甚为难遇”的理论。(17)《供养父母法》。指比丘应“尽心尽寿供养父母”的理论。如《供养父母法》,说:

> 供养父母法(佛告诸比丘:若人百年之中,左肩担父,右肩安母,于上大小便利,极世珍奇,衣食供养,犹不能报须臾之恩。从今,听诸比丘尽心尽寿供养父母,若不供养,得重罪——原注)。(第226页上)

与历史上研习《四分律》之热门相比，研习《五分律》显得有些落寞，有关的撰著流传至今的也十分稀少，因此，本书虽不及唐怀素《僧羯磨》、《尼羯磨》叙录齐备，但作为《五分律》羯磨法的专著，乃具有不可替代的价值。如本书《住持杂法》篇中的《防护贩卖求利法》、《弟子欲辞行和上量宜法》、《持律比丘来承迎祇供法》、《应说戒人法》、《僧尼二众尊卑礼敬法》、《供养父母法》等，均为其他羯磨法著作所不载。

第三品　十诵律类：刘宋僧璩《十诵羯磨比丘要用》一卷

《十诵羯磨比丘要用》，又名《十诵羯磨》、《要略羯磨法》、《僧尼要事》、《十诵比丘要用》，一卷。刘宋僧璩撰，成于大明七年(463)。梁僧祐《出三藏记集》卷二著录。载于《丽藏》"傅"函、《宋藏》"训"函、《金藏》"傅"函、《元藏》"训"函、《明藏》"受"函、《清藏》"受"函、《频伽藏》"张"帙，收入《大正藏》第二十三卷。

僧璩(生卒年不详)，俗姓来(《开元释教录》作"朱")，吴郡(今江苏苏州)人。出家后，依闲居寺僧业为弟子。僧业曾游长安，从鸠摩罗什受业，专攻《十诵》，洞尽深奥，被罗什称为"后世之优波离"。僧璩承继师学，总锐众经，尤明《十诵》，兼善史籍，颇制文藻。始住吴郡虎丘山。宋孝武帝钦其风闻，敕为扬都(指建康，即今南京)僧正，统领僧团。初居中兴寺，后移庄严寺。著作尚有《胜鬘文旨》(见《高僧传》本传)、《述竺道生善不受报义》(载于刘宋陆澄《法论》第十一帙，见《出三藏记集》卷十二)，均佚。生平事迹见梁慧皎《高僧传》卷十一、唐智升《开元释教录》卷五等。

本书是《十诵律》比丘羯磨法的集本，系据《十诵律》汉译本编集而成。全书共收录《十诵律》羯磨法二十篇,始《受三归五戒文》,终《至僧中说清净文》。

(1)《受三归五戒文》。指在家、出家男女受“三归”、“五戒”的羯磨文。

(2)《受八戒文》。指在家男女受“八戒”(又称“八关斋戒”)的羯磨文。

(3)《乞畜众羯磨文》。指比丘尼(其戒腊须满十二年)请求僧众允许自己度人出家(“畜众”)的羯磨文。

(4)《受沙弥十戒文》。指出家男子受“沙弥十戒”的羯磨文。

(5)《受六法坛文》。指出家女子受“式叉摩那(指受具足戒前处于二年学法阶段的出家女子,童女出家者十八岁以上,曾嫁女出家者十岁以上)六法”(包括出家女子向僧众请求受“二岁学戒”;僧众授与“二岁学戒”,使她成为式叉摩那;僧众对式叉摩那授“六法”)的羯磨文。

(6)《大比丘尼坛文》。指式叉摩那在二年受学“六法”期满后(童女出家者满二十岁、曾嫁女出家者满十二岁),在比丘尼僧中受具足戒的羯磨文。

(7)《入大僧中受具足坛文》。指出家女子在比丘尼僧中受具足戒完成后,当日(或次日)随尼师前往比丘僧中受具足戒(此为“二部僧中受戒”)的羯磨文。

(8)《受大戒坛文》。指出家男子受具足戒的羯磨文。

(9)《结小界文》。指僧众在“四方小界相”内结作“戒场”(指说戒、受戒、忏罪的场所)的羯磨文。

(10)《结大界文》。指僧众结作“一布萨共住”(指“同一住处、同一说戒”)的“大界”的羯磨文。

(11)《结不离衣界文》。指僧众在“一布萨共住”的区域内,结作“不离衣界”(又称“不失衣界”,指依羯磨法划定允许离三衣而过宿的区域)的羯磨文。

(12)《解大界文》。指僧众解除“一布萨共住”的“大界”的羯磨文。

(13)《差监为僧执事文》。指僧众推选十四种“执事人”(各负责某一事务,如“知食人”为负责分配食物等)的羯磨文。

(14)《受安居文》。指比丘向长老作安居告白的羯磨文。

(15)《受七日文》。指安居期间,比丘因事外出,向长老请求“受七日法”(指请假七日)的羯磨文。

(16)《受三十九夜文》。指安居期间,比丘因事外出,向僧众请求“受三十九夜”(指请假三十九日,属于“受过七日法”),并经同意的羯磨文。

(17)《一人心念口言布萨文》。指同一住处仅有比丘一人时,口唱心念说戒(指独自将表示自己行为清净的告白口说或心念三遍)的羯磨文。

(18)《三人二人三语布萨文》。指同一住处有比丘三人或二人时,对首(指各共面对)说戒(指各自将表示自己行为清净的告白说三遍,又称“三语布萨”)的羯磨文。

(19)《四人以上广布萨时与清净文》。指比丘因事不能参加四人以上僧众说戒时,委托他人表示自己赞同僧众所作事的意愿(“与欲”)和表示自己行为的清净(“与清净”)的羯磨文。

(20)《至僧中说清净文》。指受委托者向僧众转达当事人委托的羯磨文。

如《差监为僧执事》,说:

> 差监为僧执事第十三(执事人有十四种,五法成,不随爱、不随瞋、不随怖、不随痴、知得不,一比丘僧中唱——原

注)。大德僧听,比丘某甲,能为僧作知食人。若僧时到,僧忍听,立某甲作知食人。如是白。

大德僧听,比丘某甲,能为僧作知食人。谁诸长老忍立某甲作知食人者,是长老默然,谁不忍者便说。僧已忍立某甲作知食人竟,僧忍默然故,是事如是持(余十三种人亦应羯磨,差尼家十二种文亦同——原注)。(《大正藏》第二十三卷,第503页上、中)

与现存的《四分律》、《四分律》羯磨法著作相比,本书这部《十诵律》的系统的羯磨法著作,内容单薄,所收不及《十诵律》所载羯磨法的十分之一,与《十诵律》的广博很不匹配,诚为憾事。

第四品　十诵律类:刘宋法颖《十诵比丘尼波罗提木叉戒本》一卷

《十诵比丘尼波罗提木叉戒本》,又名《十诵律比丘尼戒本》、《十诵比丘尼戒本》、《十诵比丘尼大戒》,一卷。刘宋法颖集,成于泰始(465—471)年间。梁僧祐《出三藏记集》卷二著录。载于《丽藏》"随"函、《宋藏》"外"函、《金藏》"随"函、《元藏》"外"函、《明藏》"外"函、《清藏》"外"函、《频伽藏》"张"帙,收入《大正藏》第二十三卷。但《丽藏》、《宋藏》、《大正藏》本均误题为"宋长干寺沙门释法显集出",与《出三藏记集》卷二所记不符,《元藏》、《明藏》均将"法显"改正为"法颖"。

法颖(416—482),俗姓索,敦煌(今属甘肃)人。十三岁出家,依法香为弟子,住凉州公府寺。研精律部,博涉经论。刘宋元嘉(424—453)末年,南行至建业(今南京)新亭寺。宋孝武帝以法颖学业兼明，敕为都邑僧正，统领僧团。后辞任还多宝寺，常习定闲房，时开律席。齐高帝即位，复敕为僧主。以信施所得，在长干寺造立经像和药藏。著作尚有《十诵律羯磨杂事》一卷，已佚。生平事迹见梁僧祐《出三藏记集》卷十二、慧皎《高僧传》卷十一等。

本书是《十诵律》比丘尼戒本的集本，系据《十诵律》汉译本编集而成。全书共收录《十诵律》比丘尼戒“八波罗夷法”、“十七僧伽婆尸沙法”、“三十尼萨耆波夜提法”、“一百七十八波夜提法”、“八波罗提提舍尼法”、“众学法”（一百七条）、“七灭诤法”七类戒法（与比丘戒相比，无“二不定法”），总计三百五十五条。本书的初首分为六章：其中，《（第一）说法章》、《第二教戒（诫）章》二章，相当于其他部派戒本初首的序言；《第三会坐章》，相当于集僧简众语；《第四供养章》，相当于归敬偈；《第五和众章》、《第六净众章》二章，相当于戒经序中的说戒告白、诫敕时众语。故本书的正文实际上是从戒经序中的三问清净（“诸大德，已说波罗提木叉序，今问：诸大德，是中清净不……是事如是持”）开始的。本书的末尾有七佛略说戒经偈、流通偈、结束语。《说法章》等三章说：

> 《（第一）说法章》：大德尼僧听，冬时一月，过少一夜，余有一夜三月在，老死至近，佛法欲灭。
>
> 《第二教戒（诫）章》：诸大德，为得道故，一心勤精进。所以者何？诸佛一心勤精进故，得阿耨多罗三藐三菩提，何况余善道法。
>
> 《第三会坐章》：未受具足者已出？僧今和合，先作何事？（一人答：布萨说波罗提木叉——原注）诸大德，不来诸比丘尼，说欲及清净？（《大正藏》第二十三卷，第479页上）

本书收录的比丘尼戒各个戒条，是用一句话或一段话来表述的，并无戒条的名称，很难记诵。今在解说时，依照前述《十诵律》的戒名，予以标立，以利研习。

（一）八波罗夷法。叙列“波罗夷法”八条。有：淫戒”（第一条）、“盗戒”（第二条）、“杀戒”（第三条）、“大妄语戒”（第四条）、“摩触男子戒”（第五条）、“八事成犯戒”（第六条）、“覆藏他重罪戒”（第七条）、“随顺被举比丘戒”（第八条）。

（二）十七僧伽婆尸沙法。叙列“僧伽婆尸沙”十七条。有：“媒人戒”（第一条）、“无根波罗夷谤戒”（第二条）、“受染心男子食戒”（第四条）、“独宿独行独渡戒”（第六条）、“诣官相讼戒”（又称“恃势言人戒”，第七条）、“度贼女出家戒”（第八条）、“破僧违谏戒”（第十条）、“污家摈谤违谏戒”（第十二条）、“恶性拒僧违谏戒”（第十三条）、“助同住行恶违谏戒”（第十七条）等。

（三）三十尼萨耆波夜提法。叙列“三十尼萨耆波夜提法”（《四分律》中“夜”作“逸”）三十条。有：“畜长衣过限戒”（第一条）、“离衣宿戒”（第二条）、“过分乞衣戒”（第五条）、“畜金银戒”（第九条）、“贩卖戒”（第十一条）、“与衣还夺戒”（第十五条）、“回僧物入已戒”（第十七条）、“畜七日药过限戒”（第十八条）、“畜长钵过限戒”（第十九条）、“非时衣作时衣受戒”（第二十一条）、“自乞金银戒”（第二十四条）、“乞此物更索他物戒”（第二十五条）、“为僧此事乞作他用戒”（又称“为营寺乞作他用戒”，第二十六条）、“乞贵价重衣戒”（第二十九条）、“乞贵价轻衣戒”（第三十条）等。

（四）一百七十八波夜提法。叙列“波夜提法”一百七十八条（其前七十一条“共戒”中有些戒条的排序与《十诵律》比丘戒“九十波夜提法”略有不同）。有：“小妄语戒”（第一条）、“毁呰语戒”（第二条）”、“两舌语戒”（第三条）、“伐草木戒”（第十条；《十诵律》比丘戒“九十波夜提法”作第十一条）、“施一食处过受戒”（第二十条；《十诵律》作第三十二条）、“往观军阵戒”（第三十条；《十诵律》作第四十五条）、“恶见违谏戒”（第四十条；《十诵律》作第五十五条）、“与男子同室戒”（第五十条；《十诵律》作第六十五条“与女人同宿戒”）、“默听斗诤戒”（第六十条；《十诵律》作第七十六条）、“兜罗绵作床褥戒”（第七十条；《十诵律》作第八十六条）、“作三衣过量戒”（第七十一条；《十诵律》作第九十条）、“食蒜戒”（第七十二条；自本条起为“不共戒”）、“弃屎尿著生草上戒”（第七十九条）、“入白衣舍独与比丘立语戒”（第九十条）、“入白衣舍独与男子立语戒”（第九十一条，以上三条为《四分律》所无）、“先住恼后住戒”（第一百条）、“同住有病不瞻视戒”（第一百二条）、“度孝女出家戒”（第一百十八条）、“度恶性女人戒”（第一百二十条，《四分律》将以上二条合为“度忧瞋女戒”）、“自诵咒术戒”（第一百四十条）、“无病不往僧中受教诫戒”（第一百五十二条）、“受请不食戒”（第一百五十七条）、“以梳梳头戒”（第一百七十条）、“故出精戒”（第一百七十五条）、“门中立戒”（第一百七十八条，以上二条为《四分律》所无）等。

（五）八波罗提提舍尼法。叙列“波罗提提舍尼法”八条。有：“无病乞乳戒”（第一条）、“无病乞酪戒”（第二条）、“无病乞酥戒”（第三条）、“无病乞熟酥戒”（第四条）、“无病乞油戒”（第五条）、“无病乞鱼戒”（第六条）、“无病乞肉戒”（第七条）、“无病乞脯戒”（第八条）。

（六）众学法。叙列“众学法”一百七条。本书没有数序和统计数，若以“应当学”出现一次作一条计算，实得一百六条。究其原因，原先也是一百七条，后因传抄的缘故，致使第七十五条至第七十九条之间发生错简和脱落。《十诵律》卷十九所载“众学法”第七十五条至第七十九条的戒条排序为:“指抆钵食戒”、“振手食戒”、“遗落饭食戒”、“污手捉食器戒”、“为己索羹饭戒”;本书则作:“污手捉食器戒”、“振手食戒”、“指抆钵食戒”、(脱“遗落饭食戒”)、“为己索羹饭戒”,即在第七十七条“指抆钵食戒”之后脱落了“遗落饭食戒”,故在计算本书此戒以下的戒条的数序时,均应加一,才能与《十诵律》“众学法”的数序相一致。有:

“高著泥洹僧戒”(“泥洹僧”指内衣、裙,第一条)、“下著泥洹僧戒”(第二条)、“不善摄身入家内戒”(第十九条)、“不善摄身坐家内戒”(第二十条)、“肘隐人肩入家内戒”(第三十三条)、“肘隐人肩坐家内戒”(第三十四条)、“累脚白衣舍坐戒”(第五十六条)、“以掌扶颊白衣舍坐戒”(第五十七条)、“嚼饭作声戒”(第七十条)、“指抆钵食戒”(第七十七条,本书后脱第七十八条“遗落饭食戒”)、“为己索羹饭戒”(第七十九条)、“洗钵水弃白衣舍戒”(第八十四条)、“为叉腰人说法戒”(第九十四条)、“为持杖人说法戒”(第一百条)、“为持弓箭人说法戒”(第一百三条)、“生草上大小便戒”(第一百四条)、“上树过人戒”(第一百七条)等。

(七)七灭诤法。叙列“灭诤法”七条。有:“现前毗尼”(第一条)、“忆念毗尼”(第二条)、“不痴毗尼”(第三条)、“自言治毗尼”(第四条)、“觅罪相毗尼”(第五条)、“多觅罪相毗尼”(第六条)、“如草布地毗尼”(第七条)。此处“七灭诤法”的排序与《十诵比丘波罗提木叉戒本》相同,而与《十诵律》不同。

上述七类戒法中,每一类戒法的叙述,均包括三个层次:一是标名,指标立此类戒法的名称。二是列戒,指叙列从《四分律》汉译本中摘录的此类戒法下属各戒的条文。三是结问,指对此类戒法作小结，并三次询问与会僧众在此类戒法的修持上是否清净，要求众人依律受持。以“三十尼萨耆波夜提法”为例，它的叙述方式是这样的：

诸大德，是三十尼萨耆波夜提法，半月半月波罗提木叉中说（以上为“三十尼萨耆波夜提法”的标名）。

若比丘尼，衣竟（指五衣已具足），已舍迦絺那衣（指七月十六日至十二月十五日的功德衣受持期限已满，不再享有五种权利），畜长衣（指“三衣”以外的多余的衣服）得至十日，过是畜者，尼萨耆波夜提（以上为第一条“畜长衣过限戒”）。

若比丘尼，衣竟，已舍迦絺那衣，五衣中，若离一一衣，乃至一宿，尼萨耆波夜提。除僧羯磨（指因病等向僧众报告并得许可者除外；以上为第二条“离衣宿戒”）。

……

若比丘尼，乞重衣，应乞四钱直（值）衣，过是乞，尼萨耆波夜提（以上为第二十九条“乞贵价重衣戒”）。

若比丘尼，乞轻衣，应乞二钱半直（值）衣，过是乞，尼萨耆波夜提（以上为第三十条“乞贵价轻衣戒”）。

诸大德，已说三十尼萨耆波夜提法。今问：诸大德，是中清净不？第二、第三亦如是问：是中清净不？诸大德，是中清净，默然故，是事如是持（以上为“三十尼萨耆波夜提法”的结问）。（第481页中—第482页下）

与其他部派比丘尼戒经相比，本书特有的戒条，有：“三十尼萨耆波夜提法”中的第二十三条；“一百七十八波夜提法”中的第一百十、一百二十九、一百三十三、一百三十八、一百五十五、一百六十三、一百六十六、一百六十七条；“众学法””中的第

二十三、二十四、三十一、三十二、四十一、四十二、五十三、五十五、九十三、九十七条等。内容叙及:"若为比丘尼故,众多非亲里居士居士妇,各各办衣直(值)……比丘尼先不请,后到众多居士居士妇所,作是言:汝等以是衣直(值),共买如是一衣与我,为好故。得是衣者,尼萨耆波夜提。"("三十尼萨耆波夜提法"第二十三条"劝多家增衣价戒")"若比丘尼,僧与止羯磨,复畜众者,波夜提。"("百七十八波夜提法"第一百十条"僧与止羯磨复畜众戒")"若比丘尼,数数易衣服,波夜提。"(同上第一百二十九条"数数易衣服戒")"若比丘尼,僧断事时不随顺者,波夜提。"(同上第一百三十八条"僧断事时不随顺戒")"若比丘尼,与男子共行说俗事,波夜提。"(第一百六十三条"与男子共行说俗事戒")"不呵供养白衣舍坐,应当学。"("众学法"第二十四条"呵供养坐家内戒")"不累脚入白衣舍,应当学。"(同上第五十五条"累脚入白衣舍戒",《十诵律》卷十九原作"不累髀坐家内,应当学",此处当系参照《十诵比丘波罗提木叉戒本》而改)等等。

第五品　根有律类:唐义净《护命放生轨仪法》一卷

《护命放生轨仪法》,又名《放生轨仪法》,一卷。唐义净撰,成于景云二年(711)。唐智升《开元释教录》卷九著录。载于《丽藏》"英"函、《宋藏》"群"函、《金藏》"英"函、《元藏》"群"函、《明藏》"桓"函、《清藏》"俊"函、《频伽藏》"寒"帙,收入《大正藏》第四十五卷。

本书叙述佛教观虫滤水、护命放生的仪轨。篇幅较短,主要是说,比丘在日常饮用水时,须先以漉水囊滤水。若发现有虫,应将它们放置在事先预备的用铁、铜、瓦、木等制作的罐或碗（书中称之为“放生器”）中，上面穿孔系绳，然后将罐或碗沉入深水放生。放生后，洗涤罐或碗，以备下次再用。如关于滤水放生的方法，说：

> 观虫滤水，是出家之要仪，见危存护，乃悲中之拯急。既知有虫，律文令作放生器者。……其器任用铁铜瓦木，瓦即安鼻，铁木准成。若拟随身将去，可用铜作，唯受二升、三升，即是旧来小铜罐子，还施铜系，令穿手得过。……自将净绳一条，如粗箸许，随井深浅，系罐取水，滤以小罗。……即以小罗，覆虫罐内，徐徐放下，至水纵钩，拔绳令覆，再三下濯，方牵出井，此是乞食之仪也。或用铜碗漆碗，穿孔著系，权用亦得。若在寺者，即以常用铁罐覆之，如前安置。……若井深处，或可别为盆贮，或可送往河池，泻水竟时，还须涤器，斯其法也。（《大正藏》第四十五卷，第902页上、中）

有关本书的内容，也见于义净《南海寄归内法传》卷一《晨旦观虫》。由此可以推知，它是作者根据西行求法期间所见的印度寺院僧人日常生活制度而撰作的。

第六品　根有律类：唐义净《受用三水要行法》一卷

《受用三水要行法》，又名《受用三水要法》，一卷。唐义净撰，成于景云二年（711）。唐智升《开元释教录》卷九著录。载于《丽藏》“英”函、《宋藏》“群”函、《金藏》“英”函、《元藏》“群”函、《明藏》“桓”函、《清藏》“俊”函、《频伽藏》“寒”帙，收入《大正藏》第四十五卷。

本书叙述僧人受用三种净水（指经观察或过滤确知无虫的“时水”、“非时水”、“触用水”）的作法。全书的首句为“准依圣教（指佛教），及西方（指西域）现今众生所用之水，有其三别：一时水、二非时水、三触用水”，提示纲目。其下，便分别予以解说。

（1）“时水”。指当日天亮至正午可以饮用的净水。“言时水者，谓是沙弥、俗人，自手滤漉，观知无虫，午前任受而饮。若大僧，手触盆罗及杓水，即不堪入口。……虽大僧不触，于午后时，不合饮用。”（《大正藏》第四十五卷，第902页下）

（2）“非时水”。指每日正午之后至次日黎明之前可以饮用的净水。“非时净水者，谓大苾刍及沙弥等用意之人，并须澡豆及上屑等，连腕四指，咸须净洗，无有垢腻，瓦盆及罗，并须新净，不与垢腻相染者方得。罗滤此水，皆用铜碗、铜杓，灰揩去腻，始得取水。……若常用水，可贮在净瓶。净瓶须是瓦，非铜澡罐，由其瓶内有铜青不净，不得灰揩故。……此之净水，时与非时，任情取饮，是佛别开，以其净故，更不劳受。若苾刍在非时中，煎药、煮茶、作蜜浆等，皆用此水，不得用前时水。”（第902页下—第903页上）

（3）“触用水”。指随时可以洗用的净水。“触用水者，但使无虫，不论净触，即得受用。谓添触瓶向大小便处，及洗手足，更余用，不得辄将入口，况食用耶。此等三水，观知无虫，乃至明相未出（指清晨天亮之前）已来，皆随事得用。明相既出（指天亮以后），即便不合，无问多少，乃至瓶内一抄、盆中一合，悉须铜盏，明目观察，若无虫者，虽经多日，任用无犯。”（第903页上、中）

本书的内容，也是作者根据西行求法期间所见的印度寺院的行事而撰作的。

第七品　根有律类：唐义净《说罪要行法》一卷

《说罪要行法》，又名《别说罪要行法》，一卷。唐义净撰，成于景云二年（711）。唐智升《开元释教录》卷九著录。载于《丽藏》"英"函、《宋藏》"群"函、《金藏》"英"函、《元藏》"群"函、《明藏》"桓"函、《清藏》"俊"函、《频伽藏》"寒"帙，收入《大正藏》第四十五卷。

本书叙述僧人每半月或月底，须回忆此前所犯之罪，说罪自忏的作法。全书的首句为"每于半月、月，尽忆所犯罪，准法而说"，提示纲目。其下，便分别叙列须自说的罪行。所说之罪有："故妄语"；"饮酒"；"非时食"；"不观水（指不观察水中有无虫）而饮用"；"断众生命"；"用钵碗不净洗而食"；"食五正食已，舍威仪竟，吞咽余津"；"自受捉金银钱宝，及使人受捉，不作知净语"；"与未受具人同诵，及同声唱佛"；"在僧净地中洟唾"；"食时饮啖作声"；"大小便不洗净"；"污手捉饮食器"；"不净洗手、嗽口饮水"；"观男子及以女人，不善持心而生欲想"；"于三宝、师僧、父母所，起不尊重心"等。如关于如何"说罪"和"责心"，说：

> 随要言之，若更有余者，随所忆罪，此等皆须对人一说而悔，或有责心者。云何责心？凡出家者，于不谨慎心中，违律教时，即须自责心云：此事是我所不应作，我从今已去，更不如是。若常能如此自克责时，自然不亏诸戒，须知佛教意在如此。又凡出家受十戒及大戒已去，一一事皆白亲教师或轨范师，唯除五事不须言白。云何为五？谓大、小

便利,饮净水,嚼齿木,同一界内齐四十九寻内,礼佛绕塔。余皆须白,若不白师者,一一皆得恶作罪。凡至褒洒陀(指布萨)日,应对不同犯清净苾刍(即比丘),随其大小而为敬仪,蹲踞合掌,忆其罪名。……并皆发露,不作覆藏。(《大正藏》第四十五卷,第904页上、中)

本书叙列的须说罪忏悔的罪行,大多属于《根本说一切有部戒经》中说的"九十波逸底迦法"(又称"九十波逸提法")和"众学法"的范围,犯"九十波逸底迦法"者只需对一位清净比丘发露说罪,犯"众学法"者只需自责其心。书中指出,"若犯僧伽伐尸沙罪者,但且对人发露,后别行法。若犯窣吐罗(又称"窣吐罗底也"、"偷兰遮"),及犯舍堕罪,准法除之。"(第904页中)也就是说,它不适用于犯"十三僧伽伐尸沙法"(又称"十三僧残法")、"三十泥萨祇波逸底迦法"(又称"三十尼萨耆波逸提法"、"三十舍堕法")等。

第八品　根有律类:元拔合思巴《根本说一切有部出家授近圆羯磨仪范》一卷

《根本说一切有部出家授近圆羯磨仪范》,又名《出家授近圆羯磨仪范》,一卷。元拔合思巴集,成于至元七年(1270)。元念常《佛祖历代通载》卷二十一著录。载于《明藏》"夫"函、《清藏》"夫"函、《频伽藏》"寒"帙,收入《大正藏》第四十五卷。

拔合思巴(1235—1280),通常作"八思巴",又译"帕思巴"、"发思巴"、"八合思巴"、"帕克思巴"等,意为"圣者"。西藏萨迦人,生于昆(旧译"款")氏家族。其家族于北宋熙宁六年(1073)在当地建寺("萨迦寺")弘法,后以此寺为主寺,形成藏传佛教萨迦派。八思巴自幼随伯父萨班·贡噶坚赞(萨迦派第四祖)习学密法。南宋淳祐四年(1244),受沙弥戒。淳祐十一年(1251)夏,应召赴六盘山竭见忽必烈,被尊为“上师”。同年,萨班病逝,八思巴继为萨迦派第五祖。次年八月,再次谒见忽必烈,为忽必烈及王妃、子女等二十五人授密教灌顶。宝祐三年(1255),返藏受比丘戒。

中统元年(1260),忽必烈继位(为元世祖),尊其为国师,任中原法主,统领天下释教。至元元年(1264)诏领总制院,执掌全国释教和吐蕃僧俗政务。至元六年(1269)奉诏创制蒙古新字,颁行天下,世称“八思巴文”。次年进封“帝师”,号“大宝法王”。至元十七年(1280)十一月逝世后,元帝诏令各郡建帝师殿,各地寺庙每逢八思巴的忌日也举行纪念法会(见元德辉《百丈清规》卷二)。著作见于汉文《大藏经》的,有《彰所知论》、《根本说一切有部出家授近圆羯磨仪范》、《根本说一切有部苾刍习学略法》三种;见于藏文《大藏经》的,有《萨迦五祖集》(收著述三十余种)。生平事迹见元蔡巴·贡噶多吉《红史》、熙仲《历朝释氏资鉴》卷十二(附王磐等撰《国朝帝师行实》)、念常《佛祖历代通载》卷二十一、《元史》卷二百二等。

本书叙述藏传根本说一切有部有关出家受具足戒的仪轨。书名中的“授近圆”指的是“受具足戒”,“羯磨仪范”指的“羯磨法”。内容包括:“授沙弥戒仪范”和“授具足戒仪范”。

拔合思巴在《序》中说:

> 昔因善逝与人天众,普说无净声闻藏教,一切有部别解脱经依此采拾,未得令得。律仪方便,羯磨仪范,此乃圣光德师之总集也,始从天竺,次届西番。爰有洞达五明法王大

士、萨思迦扮底达名称普闻上足苾刍拔合思巴,乃吾门法主、大元帝师,道德恢隆,行位叵测,援兹仪范,衍布中原。令通解三藏比丘住思观演说正本,翻译人善三国声明、辩才无碍、含伊罗国(其地位于新疆哈密)翰林承旨弹压孙(人名,与下文的"安藏"、"合台萨哩"均为《至元法宝勘同总录》的编纂成员)传华文,译主生缘北庭都护府(其地位于新疆吉木萨尔北破城子),解二种音,法词通辩。诸路释门总统合台萨哩(又作"合台萨里")都通,暨翰林学士安藏,总以诸国言诠,奉诏译成仪式。(《大正藏》第四十五卷,第905页上)

(一)"授沙弥戒仪范"。其程序分为:

(1)"问障法"(又称"问遮难")。指欲求出家者请求某大德作"阿遮利耶"(又称"阿阇梨"、"轨范师",此指"五种阿阇梨"中的"出家阿阇梨",须具备五年以上戒腊和相应的德行),轨范师向他询问有无"十三重难"、"十六轻遮"所列的不得受具足戒的各种情况。

(2)"授邬波索迦律仪"。指轨范师授与欲求出家者"邬波索迦律仪"(指优婆塞戒中的"三归戒")。

(3)"授邬波索迦五学处"。指轨范师授与欲求出家者"邬波索迦五学处"(指优婆塞戒中的"五戒")。

(4)"出家白众僧"。指欲求出家者请求僧众准许出家。

(5)"请邬波驮耶"。指出家男子请求某大德作授沙弥戒的"邬波驮耶"(即"亲教师"、"戒和尚",须具备十年以上戒腊和相应的德行)。

(6)"请苾刍看剃发"。指亲教师当众为出家男子剃发并授与衣钵。

(7)“授三归依”。指出家男子请求僧众授与沙弥戒中的“三归戒”。

(8)“授沙弥律仪”。指轨范师向出家男子授与沙弥戒中的“三归戒”。

(9)“授十学处”。指轨范师向出家男子授与沙弥戒中的“十戒”。如关于欲求出家者须先受优婆塞戒中的“三归戒”、“五戒”,说:

> 凡有欲求出家者,随意诣一师处,师即应问所有障法。应如是问:汝非外道否?汝非年不满十五否?……若遍净者,即应摄受,可授邬波索迦(指优婆塞)律仪戒。如是授时,先教求出家者,最初令礼敬佛三遍已,次令礼敬轨范师三遍,在前蹲居合掌,教作是说:大德存念,我某甲,始从今时,乃至命存,归依佛陀两足中尊,归依达磨离欲中尊,归依僧伽诸众中尊。大德证知,我尽形寿,是邬波索迦。如是三说,至第三番,应言阿遮利耶(指轨范师)证知,师云:好。答云:善。此是授邬波索迦律仪竟。次授邬波索迦五学处。教云:汝随我说,阿遮利耶存念,如诸圣阿罗汉乃至命存,弃舍杀生、远离杀生,我某甲亦如是,始从今时,乃至命存,弃舍杀生、远离杀生。……又如诸圣阿罗汉乃至命存,弃舍偷盗、邪淫、妄语,果实酒、酝造酒令醉乱性、放逸之处,乃至远离果实酒、酝造酒令醉乱性、放逸之处。我某甲亦如是,始从今时乃至命存,弃舍偷盗、邪淫、妄语,果实酒、酝造酒令醉乱性、放逸之处。此五支学处,是诸圣阿罗汉之所学处,我当随学,随作随持。师云:好。答云:善。此是邬波索迦仪范竟。(第905页中、下)

(二)“授具足戒仪范”。其程序分为:

(1)“请邬波驮耶”。指出家男子请求某大德作授具足戒的“亲教师”(须具备十年以上戒腊和相应的德行)。

(2)“请阿遮利耶”。指出家男子请求某大德作授具足戒的“轨范师”(此指“五种阿阇梨”中的“受戒阿阇梨”,又称“羯磨阿阇梨”、“羯磨师”)。

(3)“授僧伽胝、嗢怛罗僧伽、安怛婆娑、波怛罗、坐具、滤水罗”。指亲教师将“三衣”(僧伽梨、郁多罗僧、安陀会)、钵、坐具、滤水袋授与出家男子。

(4)“屏教师问障难”。指屏教师(指“教授阿阇梨”,又称“威仪阿阇梨”)于屏处询问出家男子有无不得受戒的“十三重难”、“十六轻遮”情况,并将情况报告僧众。

(5)“乞授近圆”。指出家男子请求僧众授与具足戒。

(6)“羯磨师问障难”(又称“授近圆戒初作仪范”)。指羯磨师当众询问出家男子有无不得受戒的“十三重难”、“十六轻遮”情况。

(7)“授近圆”(又称“授近圆戒根本仪范”)。指羯磨师作“白四羯磨”,僧众同意向出家男子授与具足戒。

(8)“说四依法”、“说四堕落法”(又称“四波罗夷法”)、“说沙门四种所应作法”、“标满心希望胜愿”、“明同得学处法”、“依世间喻说仪范”、“住调伏法”、“成办所须法”、“说仪范中未曾说防护法”、“说发至信偈”、“略说劝修方便法”。指羯磨师向新受戒比丘宣说十一项教法。除“说四依法”、“说四堕落法”二项为部派佛教共有的教说,其余各项均为后期根本说一切有部特有的教说。

(9)“谢恩奉持”。指新受戒比丘在受戒结束后,向亲教师、轨范师和与会僧众礼拜三遍,表示谢恩。如关于“沙门四种所应作法”、“成办所须法”,说:

说沙门四种所应作法。云何为四。具寿汝听,始从今日,若他骂者,不应返骂;他瞋,不应返瞋;他打,不应返打;他调,不应返调。有如是等恼乱起时,汝能摄心,不返报否?答言:不报。此是沙门所应作法竟。……次成办所须法。汝从今日,受持教法,读诵思惟,修诸善业,于蕴善巧、处善巧、界善巧、缘起善巧、处非处善巧,未得求得,未解求解,未证求证,弗舍善轭,成办所须法竟。(第910页下—第911页上)

本书在"授具足戒仪范"之后刊有"教求出家法"。其文为:

凡有求出家者,须当次第受律仪戒。最初欲授邬波索迦戒时,先应问其障难。问障难已,次教作是说:南无佛驮耶,南无达摩耶,南无僧伽耶……如是说已,应授三归邬波索迦律仪戒。(第911页下)

从标题上看,"教求出家法"是与前述"授沙弥戒仪范"和"授具足戒仪范"相并列的第三部分内容,但从内容来看,此文应当是"授沙弥戒仪范"开头中的一部分,不应前后重复出现。笔者认为,这很可能是后世转抄时错简所致,恐非原本如此。

第九品　根有律类:元拔合思巴《根本说一切有部苾刍习学略法》一卷

《根本说一切有部苾刍习学略法》,又名《苾刍习学略法》,一卷。元拔合思巴集,成于至元八年(1271)。元念常《佛祖历代通载》卷二十一著录。载于《明藏》"夫"函、《清藏》"夫"函、《频伽藏》"寒"帙,收入《大正藏》第四十五卷。

本书叙述藏传说一切有部有关比丘应当习学的"戒学"。

全书分为“未得令得仪范”、“已得律仪不犯护持方便”、“若有犯者令修补法”三部分。其中,有关“未得令得仪范”和“若有犯者令修补法”的叙述,十分简略;而有关“已得律仪不犯护持方便”的叙述,则极为详尽,此中叙及比丘戒“五篇二百五十三律仪法”,即六类(内无“二不定法”、“七灭诤法”)二百五十三戒的要点。因此,它实际上是藏传根本说一切有部比丘戒的简明读本。

本书之末有跋(未署作者),说:

> 帝师盛德,心口匪穷,既具种种圣能,致使灯灯传授。有三藏苾刍法救,奉圣主出纶,蒙帝师挥麈集成《略本》(指《苾刍习学略法》),庶广流通。令含伊罗国人解三种声明、通法词二辩、翰林承旨弹压孙,译成畏兀儿文字,宣授诸路释教都总统合台萨哩都通,翻作华言。(《大正藏》第四十五卷,第915页上)

(一)“未得令得仪范”。叙述比丘未得律仪(即)而令得的前提条件,即无“四种违缘”而有“五种顺缘”。所说的“四种违缘”,是指“能为得律仪作障,能为安住律仪作障,能为增长德业作障,能为端严众作障”;“五种顺缘”,是指将“四种违缘”中的“作障”去掉,使之变成“四种顺缘”,再加上“思念仪范”的顺缘,具备上述五种条件,就能得受律仪(以上见第912页上)。

(二)“已得律仪不犯护持方便”。叙述比丘已得律仪而护持不犯的五种方法,即“依依止师护持”、“以对治想护持”、“了知应舍相违护持”、“净自戒律护持”、“依安乐住缘护持”。其中,有关“了知应舍相违护持”的叙述,内容包括比丘戒“五篇二百五十三律仪法”,为全书的中心,篇幅最长。下分:

(1)“四波罗夷篇”。叙述“波罗夷法”四条的要点。

（2）“十三僧伽婆尸沙篇”。叙述“僧伽婆尸沙法”（又称“僧残法”）十三条的要点。

（3）“一百二十波逸底迦篇”。下分二类，分别叙述“泥萨祇波逸底迦法”（又称“尼萨耆波逸提法”、“舍堕法”）三十条（又称“三篇十种三十泥萨祇波逸底”）、“波底逸迦法”（又称“波逸提法”、“堕法”）九十条（又称“九篇十种波底逸迦”）的要点。

（4）“四波罗底提舍尼篇”。叙述“波罗底提舍尼法”（又称“波罗提提舍尼法”、“悔过法”）四条的要点。

（5）“一百一十二应当学篇”。叙述“众学法”一百十二条的要点。

此中最值得注意的是“众学法”。唐义净译《根本说一切有部毗奈耶》、《根本说一切有部戒经》均作四十三条（此据每一戒条之末必有的“应当学”，出现一次作一条统计。其中有些是综合性的戒条，若参照其他戒本，一一拆开单列，则有九十六条），而本书因分合不同，计为一百十二条，并称违犯“众学法”，即为犯“突吉罗”。“众学法”之后，为上述“五篇”的结语。其文如下：

> 一百一十二应当学者。齐整著安陀会，不太高、不太下、衣角不象鼻、不多罗叶、不谷团形、不蛇头；齐整披法衣，不太高、不太下；乞食行时，善护身语行，齐整披法衣，行不作声、行不乱视、行当观一、寻地量行；若入聚落，不得用衣覆头行、不得抄衣行、不得收衣附肩行、不得两手交项上行、不得两手交脑后行、不得跳行、不得探脚行、不得蹲行、不得足指行、不得叉腰行、不得摇身行、不得掉臂行、不得摇头行、不得磨肩行、不得连手行；若不请，不得在白衣家敷具上

坐，不善观察不应坐、不得放身重坐、不得交足坐、不得交腿坐、不重内外踝坐；若床上坐时，不得曲脚入床下、不得叉脚坐、不得宽脚坐；应正意受食，不得满钵受食、不得菜食齐等受；应依坐次受食。……不得上树过人头，应当学。一百一十二种应当学突吉罗竟。

已上四波罗夷篇；十三僧伽婆尸沙篇；三十尼萨祇波逸底迦，并九十单波逸底迦，共为一百二十波逸底迦篇；四波罗底提舍尼篇；一百一十二应当学篇，总为二百五十三律仪法。（第 914 页上、中、下）

（三）“若有犯者令修补法”。叙述比丘违犯律仪须作忏悔的原则。至于具体的方法，“《百一羯磨》中应看”，即应看唐义净译的《根本说一切有部百一羯磨》。

本书对比丘戒条文的撮述与唐义净译《根本说一切有部毗奈耶》、《根本说一切有部戒经》有同有异，反映了汉传有部律典与藏传有部律典之间存在的一定的差异。但总的来说，同多异少，因为它们毕竟同出一源。

三、大乘律传译部

总　　叙

大乘律，又名“大乘毗尼”、“大乘毗奈耶”、“菩萨律”、“菩萨毗尼”、“菩萨戒”等，指的是大乘佛教受持的戒律。它是大乘佛教以“菩萨道”为宗旨阐发和组织的，无论在来源、形式和内容上，都与小乘律存在着显著的差别。

一、大乘律的起源

公元前一世纪左右，在南印度案达罗国（今印度安得拉邦）一带，出现了新的佛教运动。这场运动的最初发动者，是一些不知名的佛教人士，从早期大乘经常以在家居士为弘法的中心人物，以及案达罗国是大众部案达罗派（包括东山部、西山部、王山部、义成山部四部，见印度觉音《论事注》）的流行地推断，主要是一些在家的佛教居士，也可能有一些从大众部中分离出来的、住于阿兰若（指山寺）的比丘僧。他们对只追求个人“生已尽，梵行已立，所作已办，不更受有”的解脱境界，以冀成为阿罗汉的学佛目的，以及像说一切有部那样，终日沉浸于佛教名词概念的推演和训释的学佛方法极为不满。认为，这种做法将使佛教与社会日益脱离，失去越来越多的信众。他们仰慕佛陀的崇高德行，以佛塔、石窟、雕像等艺术形式，寄托自己的崇信和怀念;以“本生”、“譬喻”、“因缘”等文学形式,敷演佛陀在往昔无量劫中,以大慈大悲的“菩萨”(全称“菩提萨埵”,意译“觉有情”)身份,慷慨地将钱谷、衣被、饮食、象马、车乘、国城,乃至自己的身命,施与需要救助的众生的事迹。

新的佛教运动的发动者认为,无论是出家的僧人,还是在家的居士,首先都要像佛陀在成道以前所修的“菩萨行”那样,“上求菩提,下化众生”,“自利、利他”。为此,他们将自己称为“菩萨乘”,意为菩萨道修行者;而将听闻佛陀言教而觉悟者,称为“声闻乘”,将独观“十二因缘”而觉悟者,称为“缘觉乘”(又称“辟支佛乘”、“独觉乘”)。这里说的“乘”,指的是运载工具。在菩萨道修行者看来,“菩萨乘”是运载无量众生从生死的此岸,到达涅槃的彼岸的大车船,故称自己为“大乘”;而“声闻乘”、“缘觉乘”则是运载修行者个人到达彼岸世界的小车船,故称它们是“小乘”。

(一)大乘佛教的流传与大乘“戒度”的建立

大乘佛教从南印度产生以后,逐渐流传,成为遍及印度全境的佛教运动。由于最早出现的大乘经是般若类经典,而在这些经典中有关于《般若经》流传路线的记叙,也大致反映了初期大乘佛教的传播情况。如后汉支娄迦谶译《道行般若经》卷四《叹品》说,《般若经》是从“南天竺”流传到“西天竺”,再由“西天竺”流传到“北天竺”:

> 怛萨阿竭去后(指如来入灭后),是般若波罗蜜当在南天竺。其有学已,从南天竺当转至西天竺。其有学已,当从西天竺转至到北天竺。其有学者当学之。(《大正藏》第八卷,第446页上、中)

而唐玄奘译《大般若经》卷三百二《初分难闻功德品》、卷四百三十九《第二分东北方品》、卷五百八《第三分陀罗尼品》、卷五百四十六《第四分总持品》则说,《般若经》是从“东南方”兴起,尔后流传到“南方”,再由“南方”流传到“西南方”,由“西南方”流传到“西北方”,由“西北方”流传到“北方”的。如《大般若经》卷四百三十九《第二分东北方品》说:

> 舍利子,如是般若波罗蜜多甚深经典(指《般若经》),我涅槃后,至东南方渐当兴盛。彼方多有住菩萨乘诸苾刍、苾刍尼、邬波索迦、邬波斯迦,能于如是甚深般若波罗蜜多,深生信乐。……如是般若波罗蜜多甚深经典,我涅槃后,从东南方转至南方渐当兴盛。……如是般若波罗蜜多甚深经典,我涅槃后,复从南方至西南方渐当兴盛。……如是般若波罗蜜多甚深经典,我涅槃后,从西南方至西北方渐当兴盛。……如是般若波罗蜜多甚深经典,我涅槃后,从西北方转至北方渐当兴盛。(《大正藏》第七卷,第213页上、中)

由于《大般若经》的上述四处叙述,文字基本相同,可以看作是同一段资料的复制,而《大般若经》集成和翻译时间,均晚于《道行般若经》,故可以认为,《大般若经》所说的《般若经》的流传路线,实际上是根据《道行般若经》的记载敷演的。有关《道行般若经》中关于《般若经》起源于“南天竺”,后来流传到“西天竺”、“北天竺”的说法,可能更接近于历史情况。

大乘佛教以“六度”(又称“六波罗蜜”、“六波罗蜜多”)为根本教义,即“布施”(又称“檀那波罗蜜”)、“持戒”(又称“尸罗波罗蜜”)、“忍辱”(又称“羼提波罗蜜”)、“精进”(又称“毗梨耶波罗蜜”)、“禅定”(又称“禅那波罗蜜”)、“智慧”(又称“般若波罗蜜”)。认为,声闻以“四谛”为乘,缘觉以“十二因缘”为乘,菩萨以“六度”为乘。大乘为何选择“六度”作实践“菩萨

道”的纲目,依照姚秦鸠摩罗什译《小品般若波罗蜜经》卷八《深心求菩提品》的说法,原因在于:

> 六波罗蜜是菩萨善知识,六波罗蜜是菩萨大师,六波罗蜜是菩萨道,六波罗蜜是菩萨光明,六波罗蜜是菩萨炬。须菩提,过去诸佛皆从六波罗蜜生,未来诸佛皆从六波罗蜜生,现在十方无量阿僧祇世界诸佛,皆从六波罗蜜生。……何以故?诸佛行六波罗蜜,以四摄法,摄取众生,所谓布施、爱语、利益、同事,得阿耨多罗三藐三菩提。(姚秦鸠摩罗什译《小品般若波罗蜜经》卷八《深心求菩提品》,《大正藏》第八卷,第 571 页中、下)。

与小乘律是佛在世时,本着“随犯随制”、“无犯不制”的原则,针对僧尼所犯的罪过,陆续制立不同,大乘律则是以“六度”中的“戒度”为宗旨,组织和发展起来的。

(二)大乘“戒度”的前期形态“十善戒”

大乘“戒度”的最初内容是“十善戒”。“十善戒”,指的是以“十善”(又称“十善业”、“十善业道”、“十善道”)为戒法。“十善”是针对“十恶”(指“杀生”等)而提出来的,指的是身、口、意造作的十种善行,即“不杀生”、“不偷盗”、“不邪淫”(以上为身业)、“不妄语”、“不两舌”、“不恶口”、“不绮语”(以上为口业)、“不贪欲”、“不瞋恚”、“不邪见”(以上为意业)。它们是古印度社会通行的道德规范,原始佛教将其引入自己的教理,在“四阿含”以及“四阿含”以外的小乘经中作过许多论述。虽说“十善”是“有佛”时有,“无佛”时也有的“旧戒”,但初期大乘正是从返璞归真的理念出发,将“十善戒”确定为大乘“戒度”的基本内容的。

姚秦鸠摩罗什译《摩诃般若波罗蜜经》卷五《问乘品》说:

云何名尸罗波罗蜜？须菩提，菩萨摩诃萨（指“大菩萨”）以应萨婆若（指“一切智”）心，自行十善道，亦教他行十善道，以无所得故，是名菩萨摩诃萨尸罗波罗蜜。（《大正藏》第八卷，第250页上）

姚秦鸠摩罗什译《大智度论》卷四十六说：

佛总相说六波罗蜜，十善为总相戒，别相有无量戒，不饮酒、不过中食，入不贪中；杖不加众生等，入不瞋中；余道随义相从。……菩萨不求今世涅槃，于无量世中往返生死，修诸功德，十善道为旧戒，余律仪为客。……复次，有二种戒，有佛时或有或无；十善，有佛、无佛常有。……说十善业道，亦自行，亦教他人，名为尸罗波罗蜜。十善道七事（指前七条）是戒，三（指后三条）为守护故，通名为尸罗波罗蜜。（《大正藏》第二十五卷，第395页中、下）

姚秦鸠摩罗什译《发菩提心经论》卷上《尸罗波罗蜜品》，还将“十善”第一条至第四条称为“身戒”，说“持身戒者，永离一切杀、盗、淫行”；第五条至第七条称为“口戒”，说“持口戒者，断除一切妄语、两舌、恶口、绮语”；第八条至第十条称为“心戒”（又称“意戒”），说“持心戒者，除灭贪欲、瞋恚、邪见”。并且指出，“八万四千无量戒品，悉皆摄在十善戒中，是十善戒能为一切善戒根本，断身口意恶，能制一切不善之法，故名为戒”（以上见《大正藏》第三十二卷，第511页下—第512页上）。

“十善”是凡夫、声闻、菩萨共修的法门，虽然名称相同，但内容和目的各不相同。北魏菩提流支译《弥勒菩萨所问经论》卷三说，凡夫为“求世间乐”，能生于“人界”、“天界”而修“十善”；声闻、缘觉为“求涅槃乐”，能实现“生已尽，梵行已立，所作已办，不更受有”的解脱境界，成为阿罗汉，而修“十善”；菩萨虽然也能证得“小乘涅槃”，但“为救一切诸众生”，“舍涅槃乐，求佛菩提”，而修“十善”。因此，“菩萨十善”不同于“外道十善”、“声闻十善”，它是一种“增上十善业道”。故此论同卷说：

> 菩萨不同一切外道、声闻、辟支佛等修行十善业道，是故名为成就修行。……受持增上十善业道故。……诸菩萨摩诃萨有五种法，胜于声闻十善业道。何等为五？一者专心修行故，二者常修行故，三者为安隐自身故，四者为安隐他身故，五者善清净故。专心修行者，毕竟不离一味心故；常修行者，不断不绝，不休息故；为安隐自身者，为自身取人天安隐及大菩提故；为安隐他身者，为与一切众生安隐，毕竟回向大菩提故，以救过于无数众生故；善清净者，不破故，不点故，不污故，无所属故，善究竟故。（《大正藏》第二十六卷，第245页下—第246页上）

“菩萨十善”也是与“发菩提心”相结合的“十善”。大乘佛教十分强调“发菩提心”在修行菩萨道中的重要作用，常说“发菩提心，修菩萨行”（见东晋佛陀跋陀罗译《华严经》卷三十五《宝王如来性起品》），认为只有先“发菩提心”，然后才会有“菩萨行”。又说，“发菩提心，故名菩萨”（见北凉昙无谶译《优婆塞戒经》是卷一《集会品》），认为只有“发菩提心”的人，才能称为菩萨，不发菩提心的人，是不能称为菩萨的。东晋佛陀跋陀罗译《华严经》卷五十九《入法界品》列举了一百多种比喻，对为何要“发菩提心”，作了以下的阐释：

> 菩提心者，则为一切诸佛种子，能生一切诸佛法故；菩提心者，则为良田，长养众生白净法故；菩提心者，则为大地，能持一切诸世间故；菩提心者，则为净水，洗濯一切烦恼

垢;……菩提心者,则为正济,悉令得到出要处故;菩提心者,则为大乘,容载一切诸菩萨故;菩提心者,则为门户,令入一切菩萨行故;……菩提心者,则为无上塔,一切天人应供养故。佛子,菩提心者,如是无量功德成就,悉与一切诸佛菩萨诸功德等。何以故?因菩提心,出生一切诸菩萨行,三世诸佛成正觉故。(《大正藏》第九卷,第775页中—第776页下)

由于“发菩提心”是一切菩萨修行的前提,因而也是修行“十善戒”的前提。唐玄奘译《大般若波罗蜜多经》卷五百八十六《净戒波罗蜜多分》说:“初发无上正等觉心一菩萨戒,一切有情皆所成就十善业道,此戒于彼,百倍为胜,千倍为胜,乃至邬波尼杀昙倍(指亿万倍)亦复为胜。”(《大正藏》第七卷,第1031页上)也就是说,修行“十善业道”必须以“发菩提心”为指导,与“发菩提心”相结合,否则即便成就了“十善业道”,其功德也不及“发菩提心”的亿万分之一。这就将大乘“十善戒”与凡夫、声闻的“十善戒”的区别揭示出来了。

“发菩提心”是菩萨道修行者应生起的一种大誓愿。大乘菩萨的誓愿有总愿和别愿的区分,总愿指的是大乘人共同的誓愿“四弘誓愿”(又称“四弘誓”);别愿指的是不同的大乘修行法门所建立的各别的誓愿,如曹魏康僧铠译《无量寿经》卷上说的阿弥陀佛“四十八愿”;隋达摩笈多译《药师如来本愿经》说的药师佛“十二大愿”;唐般若译《入不思议解脱境界普贤行愿品》说的普贤菩萨“十大行愿”,等等。大乘律所采用的誓愿是“四弘誓愿”。“四弘誓愿”最初的表述形式,是姚秦鸠摩罗什译《法华经》卷三《药草喻品》说的“未度者令度,未解者令解,未安者令安,未涅槃者令得涅槃”(《大正藏》第九卷,第19页中)。对

此,隋智顗《释禅波罗蜜次第法门》卷一之上诠释说:

菩提心者,即是菩萨以中道正观,以诸法实相,怜愍一切,起大悲心,发四弘誓愿。四弘誓愿者,一未度者令度,亦云众生无边誓愿度。二未解者令解,亦云烦恼无数誓愿断。三未安者令安,亦云法门无尽誓愿知。四未得涅槃令得涅槃,亦云无上佛道誓愿成。(《释禅波罗蜜次第法门》卷一之上,《大正藏》第四十六卷,第476页中)

由于智顗的诠释,以后"四弘誓愿"便定义为"众生无边誓愿度,烦恼无尽誓愿断,法门无量誓愿学,佛道无上誓愿成",成为受菩萨戒时的一种重要仪式"发大誓愿"(见明法藏撰集、清超远检录《传授三坛弘戒法仪》)。

(三)大乘"戒度"的后期形态"三聚净戒"

大乘"戒度"的理论形式,在增入"发菩提心"以后,仍有发展变化,其中最大的变化是逐渐用"三聚净戒"一词取代"十善戒"。"三聚净戒",又称"菩萨三聚戒"、"三聚戒",指的是"摄律仪戒"(又称"摄一切律仪戒"、"律仪戒")、"摄善法戒"(又称"摄一切善法戒")、"摄众生戒"(又称"饶益一切有情戒"、"饶益有情戒")。在汉译佛经中,最早解释"三聚净戒"的是北凉昙无谶译《菩萨地持经》卷四《方便处戒品》(此为《瑜伽师地论》卷四十《本地分中菩萨地·初持瑜伽处戒品》的别译),说:

云何菩萨一切戒?略说二种:一者在家分(《瑜伽论》作"分戒"),二者出家分(《瑜伽论》作"分戒"),是名一切戒。一切戒复有三种:一者律仪戒,二者摄善法戒,三者摄众生戒。律仪戒者,谓七众所受戒,比丘、比丘尼、式叉摩尼、沙弥、沙弥尼、优婆塞、优婆夷,在家、出家,随其所应,是

> 名律仪戒。摄善法戒者，谓菩萨所受律仪戒(《瑜伽论》作“诸菩萨受律仪戒后”)，上修大菩提，身、口、意业(《瑜伽论》作“由身、语、意，积集诸善”)，是名略说一切摄善法戒。……摄众生戒者，略说有十一种：一者众生作饶益事，悉与为伴。……十一者以神通力，示现恶道，令彼众生畏厌众恶，奉修佛法，欢喜信乐，生希有心。(《大正藏》第三十卷，第910页中、下)

也就是说，“三聚净戒”是菩萨戒的总称，包含一切在家戒和出家戒。“三聚净戒”中的“摄律仪戒”，指的是受持一切“七众别解脱戒”(又称“七众戒”、“七众别解脱律仪”)，包括小乘的比丘戒、比丘尼戒、式叉摩那戒、沙弥戒、沙弥尼戒、优婆塞戒、优婆夷戒，以及大乘的重戒和轻戒；“摄善法戒”，指的是受持一切善法；“摄众生戒”，指的是饶益一切众生。此中所说的“律仪戒”，在后世流传中一般作“摄律仪戒”。这是根据北凉失译《金刚三昧经》的译名而来的。此经说：

> 云何四缘如顺，三戒具足？佛言：四缘者，一谓作择灭力取缘，摄律仪戒；二谓本利净根力所集起缘，摄善法戒；三谓本慧大悲力缘，摄众生戒；四谓一觉通智力缘，顺于如住，是谓四缘。(《大正藏》第九卷，第370页下)

以后译出的佛经中，“三聚净戒”三戒的排序，大多与《菩萨地持经》、《金刚三昧经》所说相同，但也有个别经典是将“摄善法戒”或“摄众生戒”置于首位，而将“摄律仪戒”移为末位的。如唐若那跋陀罗译《大般涅槃经后分》卷上的“三聚净戒”，作“摄善法戒”、“摄众生戒”、“摄律仪戒”；般若译《大乘本生心地观经》卷三《报恩品》的“三聚净戒”，作“饶益一切有情戒”、“摄一切善法戒”、“摄一切律仪戒”。但从晚期大乘密教的经典中

“三聚净戒”的排序也是“摄律仪戒”、“摄善法戒”、“摄众生戒”(见唐不空译《金刚顶瑜伽略述三十七尊心要》)来看,“摄律仪戒”作为受菩萨戒的主要标志,理应位居第一。

此外,姚秦竺佛念译《菩萨璎珞本业经》中“三聚净戒”的排序和解释,又与《菩萨地持经》略有不同,说:“摄善法戒,所谓八万四千法门;摄众生戒,所谓慈、悲、喜、舍,化及一切众生,皆得安乐;摄律仪戒,所谓十波罗夷(指“十不可悔戒”)。”(《大正藏》第二十四卷,第 1020 页中、下)尽管此经的真伪尚有争议,但此中将菩萨戒的重戒“十不可悔戒”,列为“摄律仪戒”的说法是很有新意的,可以视为是对《菩萨地持经》的一种补充。

声闻戒是用来禁止恶行的,若不作恶,就不算犯戒,因而它只有“律仪戒”(指“七众戒”);而菩萨戒除了禁止恶行以外,还规定必须行善,做一切有益于众生的事情,若有能力而不为,也是犯戒,因而它除了“律仪戒”以外,还有“摄善法戒”、“摄众生戒”。其中,“摄善法戒”包括“十善”,“摄众生戒”包括“六度”、“四摄”(指“布施摄”、“爱语摄”、“利益摄”、“同事摄”),这就将原先仅为“六度”之一的大乘“戒度”,扩展为包摄“六度”及其他一切修行法门的宏大的戒律体系。如同唐玄奘译《摄大乘论释》卷八《增上戒学分》所指出的,“声闻等唯有一种律仪戒,无摄善法戒及饶益有情戒。菩萨具三,是故殊胜”(《大正藏》第三十一卷,第 360 页下)。也就是说,“三聚净戒”的提出,不但彰显了菩萨戒的殊胜性,而且确立了菩萨戒的纲领。

二、菩萨戒经的形成

在大乘佛教形成过程中出现的大乘戒律,主要是叙述“戒”类事项(如“菩萨戒”的戒相、受法和忏悔法等),对“律”类事项

（如僧团的组织、制度和行事等）涉及很少。故仅就“大乘律”一词而言，在汉译大乘经中使用的次数是极少的，仅在姚秦竺佛念译《十住断结经卷》卷八《等慈品》、北魏般若流支译《奋迅王问经》各出现过一次（此据笔者对《大藏经》文本所作的电子检索）。大乘佛教通常是从“菩萨戒”层面上论述“大乘律”的，将“菩萨戒”作为“大乘律”的代名词，因而“菩萨戒”一词在汉译大乘经中则是随处可见的。

虽说“菩萨戒”的纲领“三聚净戒”的完整表述，大约是大乘佛教中期才确立的，但“菩萨戒”作为一种新兴的戒律理论，在初、中期大乘经就以佛“随机散说”的形式存在了。如东晋佛陀跋陀罗译《华严经》卷三十七《离世间品》说，大乘菩萨有“十种戒”，如“不坏菩提心戒”、“离声闻缘觉地戒”、“饶益观察一切众生戒”、“一切菩萨学戒戒”、“一切善根回向菩提戒”等；北凉昙无谶译《大般涅槃经》卷十一《圣行品》说，大乘菩萨有“受世教戒”、“得正法戒”二种戒；又有“性重戒”、“息世讥嫌戒”二种戒，并将“不作贩卖，轻秤小斗，欺诳于人”，“不食肉、不饮酒，五辛能熏，悉不食之”，“终不瞻相手脚面目，不以抓镜、芝草、杨枝、钵盂、髑髅而作卜筮”，“不作王家往返使命”，“终不谀谄，邪命自活”等都列为菩萨“息世讥嫌戒”的范围；刘宋昙摩蜜多译《观虚空藏菩萨经》说，“在家菩萨毁六重法，出家菩萨犯八重禁”，依“世尊先于毗尼中说，决定驱摈”；梁曼陀罗仙译《宝云经》卷五说，菩萨须“善解声闻毗尼，善解辟支佛（指“缘觉”）毗尼，善解菩萨毗尼”，才能“名为菩萨善持律师”，须“善学声闻戒，善学辟支佛戒”，才能“威仪具足”等。

随着大乘佛教的兴盛和扩展，“三聚净戒”的内容亟需细化，才能满足信众修持的需要，于是有一些大乘学者着手将原先散见于大乘经和大乘论的大乘戒法，归集在起来，整理充实，编集了专门的“菩萨戒经”（又称“菩萨戒本”），用以指导菩萨道修行者日常的修持。这就如同唐玄奘译《菩萨戒本》在解释它的来源时所说的：

> 如是所犯诸事菩萨学处（指菩萨戒条文），佛于彼彼（指各种）素呾缆（指“契经”）中随机散说，谓依律仪戒、摄善法戒、饶益有情戒，今于此菩萨藏摩呾理迦（意为“本母”，指菩萨藏的释论《瑜伽师地论》），综集而说。菩萨于中应起尊重，住极恭敬，专精修学。”（《大正藏》第二十四卷，第1115页下）

“菩萨戒经”是一类以叙说菩萨戒的戒相（戒法条文）为主，兼及菩萨阶位、受戒法、诵戒法、忏悔法，以及大乘教理的典籍。“菩萨戒经”的性质，大致相当于小乘律典的“比丘戒本”，但戒条的类目和条款，要少得多。“比丘戒本”所叙列的比丘戒的戒条，是以“波罗夷法”、“僧残法”、“不定法”、“尼萨耆波逸提法”、“波逸提法”、“波罗提提舍尼法”、“众学法”、“灭诤法”八项为纲目组织的，戒条总数依《四分律》所列就有二百五十条；而“菩萨戒经”是以“重戒”、“轻戒”二项为纲目组织的，戒条总数以《梵网经》所列为最多，也只有五十八条。

菩萨戒经作为大乘戒律的根本要典，流传至汉地的，有四类七种。

（一）梵网类菩萨戒经

梵网类菩萨戒经，指的是姚秦鸠摩罗什译《梵网经》二卷。此经所说的菩萨戒，是一切众生，不论在家或出家，均可以直接受持的“顿受戒”，而不是那种须依信众的层次逐步、分级受持的“渐受戒”（如“七众戒”）。即便是先前没有受过“七众戒”的人，或无资格受“七众戒”（指“无根”、“二根”、“黄门”、“淫男”、“淫女”等）的人，均可以直接求受菩萨戒。受戒的方法是：若千里之内有“菩萨法师”（指大乘法师），应请“菩萨法师”为戒师，询问有无“七遮罪””（指“出佛身血、杀父、杀母、杀和上、杀阿阇梨、破羯磨转法轮僧、杀圣人”），若无，方可授与；若千里之内无“菩萨法师”，也可以在佛菩萨像前自誓受戒，但必须感得“好相”（指“佛来摩顶，见光见华”等异相），否则“不得戒”。书中叙列的菩萨戒为“十重戒”、“四十八轻戒”。

但有关《梵网经》的真伪，自古以来就存在着争论。从反方的角度来看，《梵网经》卷上所说的菩萨阶位“十发趣”、“十长养”、“十金刚”、“十地”，取材于东晋佛陀跋陀罗译《华严经》所说的“十住”、“十行”、“十回向”、“十地”；卷下所说的菩萨戒法“十重戒”、“四十八轻戒”，取材于北凉昙无谶译《菩萨地持经》卷五《方便处戒品》、《优婆塞戒经》、《大般涅槃经》卷十一《圣行品》；此经中有不少译语艰涩不通，也与鸠摩罗什的译经风格不相类，因而被“疑伪”。从正方的角度来看，梁慧皎《高僧传》卷三、卷六都提到鸠摩罗什译有《菩萨戒本》；梁僧祐《出三藏记集》卷十一收录的未详作者《菩萨波罗提木叉后记》明确地说，“此戒出《梵网经》中”。也就是说，这一戒本源出于《梵网经》卷下。故《梵网经》的真伪问题，尚可探讨。

（二）璎珞类菩萨戒经

璎珞类菩萨戒经，指的是姚秦竺佛念译《菩萨璎珞本业经》二卷。此经所说的菩萨戒，与《梵网经》相同，也是一切在家者和出家者，不论是否受过“七众戒”，均可以直接求受的菩萨戒。受戒的方法分为三品：从“诸佛菩萨”受戒，得“真实上品戒”；从“法师”受戒，得“中品戒”；在“诸佛菩萨形像前”，自誓受戒，得“下品戒”。受戒可以一分一分（指一条条）地受，“受一分戒”称为“一分菩萨”，“受十分戒”，称为“受具足受戒”。书中叙列的菩萨戒仅有“十重戒”，而无轻戒。

此经与《梵网经》一样，也存在着真伪之争。从本书所说的菩萨阶位“十信”、“十住”、“十行”、“十回向”、“十地”，取材于姚秦鸠摩罗什译《仁王般若波罗蜜经》卷上《教化品》、东晋佛陀跋陀罗译《华严经》卷八至卷二十三；所说的菩萨戒法“十不可悔戒”，源出于《梵网经》“十重戒”等情况来看，本书很可能是南北朝初期的大乘学者，以上述经典为主要资料，旁采其他经论的文段，编集而成的，并非是依据梵本翻译的。

（三）瑜伽类菩萨戒经

瑜伽类菩萨戒经，指的是根据梵本《瑜伽师地论》卷三十五至卷五十《本地分中菩萨地》，以及它的同本异译《菩萨地持经》、《菩萨善戒经》中的“戒品”录出翻译的四种戒本，其内容大致相当于唐玄奘译《瑜伽师地论》卷四十至卷四十一《本地分中菩萨地·初持瑜伽处戒品》。这四种戒本所说的菩萨戒，从总体上来说，是一种“渐受戒”，即必须先受“七众戒”，修持无犯，方能进受此戒。受戒的方法大致分为两种：一是“从师受”，指求受菩萨戒者应礼请有智慧、有德行的大乘法师为师，授与菩萨戒；大乘法师应拣择根器，对“无净信者”、“有悭贪者”、“有大欲者”、“毁净戒者”、“有忿恨者”、“有懈怠者”、“愚痴类者”、“极劣心者”等二十二种人，不应授与菩萨戒；二是“像前受”，指若没有会遇有智慧、有德行的大乘法师，也可以在“如来像前”自誓受菩萨戒（以上见唐玄奘译《菩萨戒羯磨文》）。四种戒本所列的菩萨戒，多数戒条大致相同，少数戒条因开合不同、传抄有异而互有出入。但就文本而言，《梵网经》、《璎珞经》二种的真伪,学界尚存在着争议,而瑜伽类菩萨戒经的真实性,历来无人置疑。

(1) 北凉昙无谶译《菩萨戒本》一卷。根据《菩萨地持经》卷五《方便处戒品(之余)》录出,书中叙列的菩萨戒为"四波罗夷法"(又称"四重戒")、"四十三轻戒"(明智旭《菩萨戒本笺要》将"舍内学外戒"、"专习异论戒"合为"不习学佛戒",将"与声闻共学戒"、"与声闻共学戒"合为"不同声闻戒",计作"四十一轻戒")。

(2) 刘宋求那跋摩译《优婆塞五戒威仪经》一卷。根据昙无谶译《菩萨戒本》的梵本及其他资料编集而成,书中叙列的菩萨优婆塞戒(又称"在家菩萨戒")为"四波罗夷法"(又称"四重戒")、"四十二轻戒"(内缺《菩萨戒本》的"轻毁法师戒")。

(3) 刘宋求那跋摩译《菩萨善戒经》一卷。根据《菩萨善戒经》卷五《菩萨地戒品(之余)》录出,书中叙列的菩萨戒为"八重戒"(又称"八重戒")、"四十二轻戒"。其中,昙无谶译《菩萨戒本》中的"与声闻共学戒"、"与声闻不共学戒"、"住邪命法戒"等七条,为本书所无;本书中的"不次第受戒戒"、"不受绢衣金银戒"、"辱打法师戒"、"畜白衣物戒"等十二条,为昙无谶译《菩萨戒本》所无。

(4) 唐玄奘译《菩萨戒本》一卷。根据《瑜伽师地论》卷四十至卷四十一《本地分中菩萨地·初持瑜伽处戒品》录出。书中叙列的菩萨戒为"四种他胜处法"(又称"四重戒")、"四十三轻戒"。此本的最大特点是在轻戒"与声闻不共学戒"中,增加了为了"利他",可方便开许"杀生"、"不与取"、"邪淫"、"妄语"、"两舌"、"恶口"、"绮语"七种性罪(又称"七支性罪"),这在传今的菩萨戒经中是独一无二的。依照律典上通行的说法,佛教中所说的禁止违犯的罪过(或称“罪恶”)分为两种:一是性罪,指世法和佛法共同禁止的自性为恶的行为,如杀生、偷盗、邪淫、妄语等,佛针对此类罪过制立的戒法,称为“性戒”;二是遮罪,指世法不禁止而佛法禁止的自性非恶、但妨乱修道的行为,如饮酒等,佛针对此类罪过制立的戒法,称为“遮戒”。本书认为,在特殊情况下,为了“利他”,为更多的众生带来“利益”、“安乐”,允许大乘人犯“性戒”。这种“犯戒”,非但不犯戒,而且有“功德”,如见到“恶劫贼为贪财故,欲杀多生”,为避免更多的无辜人受到伤害,可以“怜愍心而断彼命”(指杀死劫贼)等。

(四)优婆塞类菩萨戒经

优婆塞类菩萨戒经,指的是北凉昙无谶译《优婆塞戒经》七卷。此经所说的“优婆塞戒”,不是小乘“七众戒”中“优婆塞戒”(指“五戒”、“八戒”),而是“菩萨优婆塞戒”,即在家菩萨戒。它是一种须先受“三归依”、“五戒”,然后方能授受的“渐受戒”。受戒的方法是:“供养六方”(指供养“父母”、“师长”、“妻子”、“善知识”、“奴婢”、“沙门、婆罗门”);“启求听许”(指征得父母、妻子等人的同意,并礼请大乘法师为戒师);“问七遮难”(指戒师须询问求戒者是否得到父母等人的允许等七种情况);“问归戒”(指戒师须询问求戒者能否至心归依“三宝”,能否远离“杀”、“盗”、“邪淫”、“妄语”、“饮酒”五种恶法);“问诸事”(指戒师须询问求戒者能否远离“不应作”的各种事情);“考察”(指求戒者须接受为期六个月的考察);“授菩萨优婆塞戒”(指考察期满后,由比丘僧二十人,作“白羯磨”,依次授与“三归依”、“五戒”、“菩萨戒”)等。所列的在家菩萨戒为“六重法”(又称“六重戒”)、“二十八轻戒”。

上述四类菩萨戒经中,《优婆塞戒经》所说的菩萨戒,仅适用于在家众;其他菩萨戒经所说的菩萨戒,则普遍适用于在家、出家二众。此外,在瑜伽类菩萨戒经中,古代较为流行的是昙无谶译本,近代以来较为流行的是玄奘译本。

三、菩萨戒的戒相

各类菩萨戒经所说的菩萨戒的戒相,分为重戒、轻戒两大类。

(一) 菩萨戒的重戒

菩萨戒的重戒,是针对“波罗夷罪”而制立的,为菩萨戒的根本大法,违犯者即为“失戒”,将失去“在家菩萨”(指“菩萨优婆塞”、“菩萨优婆夷”)、“出家菩萨”(指“菩萨比丘”、“菩萨比丘尼”、“菩萨式叉摩那”、“菩萨沙弥”、“菩萨沙弥尼”)的资格。《梵网经》、《璎珞经》的重戒均作十条,戒条的内容也大致相同,但编排顺序和文句表述上有所出入,《梵网经》重戒第五条为“酤酒戒”,第六条为“说四众过戒”,而《璎珞经》重戒第五条为“说四众过戒”,第六条为“酤酒戒”,两者的次序相反,特别是戒条文句,《梵网经》详细,而《璎珞经》极略,反差极大;而在瑜伽类菩萨戒经中,《善戒经》的重戒作八条,依次为“杀戒”、“盗戒”、“淫戒”、“妄语戒”、“自赞毁他戒”、“悭惜财法戒”、“瞋不受悔戒”、“谤菩萨藏戒”,而《地持经》、《瑜伽论》的重戒没有前四条,只有后四条,推其原因,是因为前四条在受比丘戒时已受过了,故在受菩萨戒时可不必复受;《优婆塞戒经》的重戒作六条,因其受众是在家者,故将“淫戒”(“不得故淫”)改为“邪淫戒”(“不得邪淫”),并从在家者的职业和言语易犯的过失考虑,另立“说四众过戒”、“酤酒戒”二条(详见表1)。

表1　各部菩萨戒经“重戒”对照表

梵网经	璎珞经	地持经、瑜伽论	善戒经	优婆塞戒经
十重戒	十不可悔戒	四波罗夷法	八重法	六重法
1. 杀戒	1. 杀戒	1. 自赞毁他戒	1. 杀戒	1. 杀戒
2. 盗戒	2. 盗戒	2. 悭惜财法戒	2. 盗戒	2. 盗戒
3. 淫戒	3. 淫戒	3. 瞋不受悔戒	3. 淫戒	3. 妄语戒
4. 妄语戒	4. 妄语戒	4. 谤菩萨藏戒	4. 妄语戒	4. 邪淫戒
5. 酤酒戒	5. 说四众过戒		5. 自赞毁他戒	5. 说四众过戒
6. 说四众过戒	6. 酤酒戒		6. 悭惜财法戒	6. 酤酒戒
7. 自赞毁他戒	7. 自赞毁他戒		7. 瞋不受悔戒	
8. 悭惜加毁戒	8. 悭惜加毁戒		8. 谤菩萨藏戒	
9. 瞋心不受悔戒	9. 瞋心不受悔戒			
10. 谤三宝戒	10. 谤三宝戒			

由此可见,各类菩萨戒经的共同之处,在于重戒中保留了与小乘的根本大戒"四波罗夷法"相同的"杀戒"、"盗戒"、"淫戒"、"妄语戒",但对它们的内涵,作了新的诠释。此外,根据大乘佛教流传过程中出现的一些问题,增立了大乘戒特有的"不共戒",这主要是《地持经》、《瑜伽论》所说的四戒。《瑜伽论》"四重戒"是:"自赞毁他戒",指不得为贪求利养和恭敬,赞叹自己,毁呰他人;"悭惜财法戒",指不得有资财而不施贫苦,有正法而不施求者;"瞋不受悔戒",指不得用手足、石块、刀杖捶打伤害众生,并拒绝接受对方的忏悔;"谤菩萨藏戒",指不得毁谤菩萨藏(指大乘经藏),开示和建立"像似法"(又称"相似法",指类似正法而实为非法)。

(二)菩萨戒的轻戒

菩萨戒的轻戒,是针对"轻垢罪"(又称"失意罪"、"突吉罗罪"、"恶作罪")而制立的,违犯者须作"忏悔"。《梵网经》的轻戒作四十八条;《璎珞经》没有轻戒;瑜伽类菩萨戒经中,《地持经》、《瑜伽论》的轻戒均作四十三条,而《善戒经》的轻戒则作四十六条,其中,《地持经》、《瑜伽论》中的"与声闻共学戒"、"与声闻不共学戒"、"住邪命法戒"、"不折伏众生戒"、"瞋打报复戒"、"贪著静虑戒"、"专习异论戒"七条,为《善戒经》所无,而《善戒经》中的"不次第受戒戒"、"至白衣舍不说法戒"、"为他乞衣自著戒"、"不受绢衣金银戒"、"默受赞美戒"、"不行不受忏谢戒"、"染心与尼同行戒"、"不从非亲里尼受食"、"辱打法师戒"、"畜白衣物戒"、"金银器受食戒"、"床榻过八指戒"十二条,为《地持经》、《瑜伽论》所无;《优婆塞戒经》的轻戒作二十八条,大多是基于在家人所处的生活环境、从事的职业和信仰层次等因素而制立的,具有一定的特殊性(详见表2)。

表 2 五部菩萨戒经“轻戒”对照表

梵网经	地持经、瑜伽论	善戒经	优婆塞戒经
四十八轻戒	四十三轻戒	四十六轻戒	二十八轻戒
1. 不敬师友戒	1. 不供养三宝戒	1. 不供养三宝戒	1. 不供养父母师长戒
2. 饮酒戒	2. 贪著利养戒	2. 贪著利养戒	2. 耽乐饮酒戒
3. 食肉戒	3. 不敬有德同法戒	3. 不敬有德同法戒	3. 不瞻视病苦戒
4. 食五辛戒	4. 不应请供戒	4. 不次第受戒戒	4. 见乞不与戒
5. 不教悔罪戒	5. 不受重宝施戒	5. 不应请供戒	5. 不礼四众戒
6. 不供给请法戒	6. 不施法戒	6. 至白衣舍不说法戒	6. 见四众毁戒心生憍慢戒
7. 懈怠不听法戒	7. 不教悔罪戒	7. 不受重宝施戒	7. 六斋日不持八戒戒
8. 背大向小戒	8. 与声闻共学戒	8. 不施法戒	8. 不往听法戒
9. 不看病戒	9. 与声闻不共学戒	9. 不教悔罪戒	9. 受用僧物戒
10. 畜杀具戒	10. 住邪命法戒	10. 为他乞衣自著戒	10. 饮虫水戒
11. 国使戒	11. 掉戏戒	11. 不受绢衣金银戒	11. 险难处独行戒
12. 贩卖戒	12. 倒说菩萨法戒	12. 默受赞美戒	12. 独宿尼寺戒
13. 谤毁戒	13. 不护讥嫌戒	13. 戏笑不呵责戒	13. 为财打骂戒
14. 放火烧戒	14. 不折伏众生戒	14. 倒说菩萨法戒	14. 以残食施四众戒
15. 僻教戒	15. 瞋打报复戒	15. 不护讥嫌戒	15. 畜猫狸戒

续　表

梵网经	地持经、瑜伽论	善戒经	优婆塞戒经
16. 为利倒说戒	16. 不行忏谢戒	16. 不行不受忏谢戒	16. 畜生畜不作净施戒
17. 恃势乞求戒	17. 不受忏谢戒	17. 怀忿不舍戒	17. 不畜三衣钵杖戒
18. 无解作师戒	18. 怀忿不舍戒	18. 染心与尼同行戒	18. 田作不求净水陆稼戒
19. 两舌戒	19. 贪心畜徒戒	19. 不从非亲里尼受食	19. 市易卖物不平戒
20. 不行放救戒	20. 非时睡眠戒	20. 贪心畜徒戒	20. 非处非时行欲戒
21. 瞋打报仇戒	21. 虚谈度时戒	21. 非时睡眠戒	21. 商贾不输官税戒
22. 憍慢不请法戒	22. 不受师教戒	22. 虚谈度时戒	22. 犯国制戒
23. 憍慢僻说戒	23. 随五盖心戒	23. 不受师教戒	23. 得新食不先供养三宝戒
24. 不习学佛戒	24. 贪著静虑戒	24. 随五盖心戒	24. 僧未许辄自说法戒
25. 不善知众戒	25. 不学声闻法戒	25. 不学声闻法戒	25. 比丘沙弥前道行戒
26. 独受利养戒	26. 背大向小戒	26. 背大向小戒	26. 偏心付僧食戒
27. 受别请戒	27. 舍内学外戒	27. 舍内学外戒	27. 养蚕戒
28. 别请僧戒	28. 专习异论戒	28. 不信深法戒	28. 路遇病者不瞻视戒
29. 邪命自活戒	29. 不信深法戒	29. 贪恚赞毁戒	
30. 不敬好时戒	30. 贪恚赞毁戒	30. 憍慢不听法戒	

续 表

梵网经	地持经、瑜伽论	善戒经	优婆塞戒经
31. 不行救赎戒	31. 憍慢不听法戒	31. 轻毁法师戒	
32. 损害众生戒	32. 轻毁法师戒	32. 不助作务戒	
33. 邪业觉观戒	33. 不助作务戒	33. 辱打法师戒	
34. 暂念小乘戒	34. 不瞻事病人戒	34. 不随众生心戒	
35. 不发愿戒	35. 不谏恶人戒	35. 不瞻事病人戒	
36. 不发誓戒	36. 有恩不报戒	36. 不谏恶人戒	
37. 冒难游行戒	37. 有难不慰戒	37. 畜白衣物戒	
38. 乖尊卑次序	38. 不施财戒	38. 金银器受食戒	
39. 不修福慧戒	39. 不善摄徒众戒	39. 受恩不念戒	
40. 拣择受戒戒	40. 不随众生心戒	40. 有恩不报戒	
41. 为利作师戒	41. 不随喜赞扬戒	41. 有难不慰戒	
42. 为恶人说戒	42. 不行威折戒	42. 不善摄徒众戒	
43. 无惭受施戒	43. 不神力折摄戒	43. 不随喜赞扬戒	
44. 不供养经典戒		44. 床榻过八指戒	
45. 不化众生戒		45. 不行威折戒	
46. 说法不如法戒		46. 不神力折摄戒	
47. 非法制限戒			
48. 破法戒			

在有关菩萨戒轻戒的不同叙述中，最能体现大乘精神的是《地持经》、《瑜伽论》的“四十三轻戒”。依照“三聚净戒”的分类，《地持经》、《瑜伽论》所说的“四波罗夷法”，属于“摄律仪

戒”;而“四十三轻戒”的前三十二戒,性质上属于“摄善法戒”,后十一戒属于“饶益有情戒”。在“摄善法戒”的戒条中,轻戒第一条“不供养三宝戒”至第七条“不教悔罪戒”,为“布施”类戒条;第八条“不供养三宝戒”至第十四条“不折伏众生戒”,为“持戒”类戒条;第十五条“瞋打报复戒”至第十八条“怀忿不舍戒”,为“忍辱”类戒条;第十九条“贪心畜徒戒”至第二十一条“虚谈度时戒”,为“精进”类戒条;第二十二条“不受师教戒”至第二十四条“贪著静虑戒”,为“禅定”类戒条;第二十五条“不学声闻法戒”至第三十二条“轻毁法师戒”,为“般若”类戒条。

《瑜伽论》“四十三轻戒”中的主要戒条有:“不供养三宝戒”,指不得懈怠而不供养“三宝”(指佛、法、僧);“贪著利养戒”,指不得贪著利养和恭敬;“不敬有德同法戒”,指不得轻慢年长、有德和同法(指同受菩萨戒)者;“不教悔罪戒”,指不得对暴恶犯戒者不作教化;“与声闻共学戒”,指不得不学与声闻戒(指小乘戒)相同的“遮戒”;“与声闻不共学戒”,指不得不学与声闻戒(指小乘戒)不同的“遮戒”(指《瑜伽论》中允许为“利他”而蓄积“三衣一钵”以外的其他财物,如金银珠宝等)和“性戒”(指《瑜伽论》中为“利他”而方便开许的“七支性罪”);“住邪命法戒”,指不得用诡诈、虚诳的手段求利谋生;“掉戏戒”,指不得高声嬉戏,轻躁腾跃;“倒说菩萨法戒”,指不得对涅槃不欣乐,对烦恼不厌离;“不护讥嫌戒”,指不得对恶意毁谤,不作申辨昭雪;“瞋打报复戒”,指不得打骂报复对方;“怀忿不舍戒”,指不得久怀忿恨,不舍怨结;“虚谈度时戒”,指不得空谈世事,虚度时日;“不学声闻法戒”,指不得不修学小乘法;“背大向小戒”,指不得弃舍“菩萨藏”(指大乘经典),而专修“声闻藏”(指小乘经典);“舍内学外戒戒”,指不得未精佛学(又称“内学”),而专习“外论”(指佛教以外的理论);“不信深法戒”,指不得对

“菩萨藏”所说甚深法义，不生信解；“不助作务戒”，指不得对“能办”、“应作”的正事，不作帮助；“不瞻事病人戒”，指不得对身患重病者，不往供事；“有恩不报戒”，指不得对他人施与的恩惠，不作报答；“有难不慰戒”，指不得在他人遇到患难时，不往劝慰；“不施财戒”，指不得见他人有求饮食等事，怀恨不施等。

从以上的叙述中不难看出，菩萨戒的轻戒，与小乘戒所说“波罗夷法”以外的各类戒是大不同的。

四、大乘律藏的成立

由于大乘菩萨戒经成立较晚，而且真正以大乘“戒本”、“律经”命名的单本寥寥无几，远不足以构成与“经藏”、“论藏”鼎足而立的“律藏”，故在印度本土，小乘经典有“经”、“律”、“论”三藏，而大乘经典是只有“经”、“论”二藏，没有“律藏”的，原因是大乘戒律类典籍或归属于“大乘经”，或归属于“大乘论”，并没有自己独立的部类。从早期大乘经《法华经》卷五《安乐行品》将“三藏学者”列为“不亲近”者；早期大乘论《大智度论》卷一百称“三藏是声闻法，摩诃衍是大乘法”等叙述中可以看出，当时所说的“三藏”，都是指“小乘三藏”而言的，因为大乘还没有形成“三藏”。大乘经典中的“律藏”，乃是汉地佛经目录学家为了与“小乘三藏”相对应，从大乘经论中，抽取部分叙说大乘戒法较多的译本或篇章，单独立类，编集而成的。对此，佛经目录学家早就作过说明。

如唐智升《开元释教录》卷十二说：

> 夫戒者，防患之总名也。菩萨净戒，唯禁于心；声闻律仪，则防身语，故有托缘兴过，聚徒诃结。菩萨大人都无此

事(指声闻戒有制戒因缘,菩萨戒无),佛直为说,令使遵行,既无犯制之由,故阙诃结之事。诸大乘经明学处(指戒)者,摭之,于此为菩萨调伏藏云。(《大正藏》第五十五卷,第605页下)

明智旭《阅藏知津》卷三十二说:

大乘律法,杂在方等诸经,不同声闻,别部独行。今于经中,取其扶律义居多者,或是全部,或一品一章,别标如左。(《法宝总目录》第三册,第1200页上)

从智升、智旭的解释中可以认知,除了瑜伽类菩萨戒经,出自大乘论《瑜伽师地论》以外,其余的大乘戒律类典籍,原先都是大乘经,是佛经目录学家将它们从大乘经抽出,编为单独的"大乘律"的。

在汉地,最早对"大乘律"立类分编的,是隋代法经等编的《众经目录》。《众经目录》卷五为《大乘毗尼藏录》,下分"众律一译"、"众律异译"、"众律失译"、"众律别生"、"众律疑惑"、"众律伪妄"六类,收录大乘律"四十八部八十二卷"。此后,隋费长房《历代三宝纪》卷十三《大乘录入藏目》,下分"大乘毗尼有译"、"大乘毗尼失译"二类,收录大乘律"三十一部五十四卷";唐明佺等《大周刊定众经目录》卷六《大乘律大乘论目》,收录大乘律"五十四部";智升《开元释教录》卷十九《入藏录》,收录大乘律"二十六部五十四卷";圆照《贞元新定释教目录》卷二十九《入藏录》,收录大乘律"二十七部五十五卷";元庆吉祥等《法宝勘同总录》卷八《菩萨调伏藏》,收录大乘律"二十八部五十六卷";明智旭《阅藏知津》卷第三十二《大乘律藏》,收录大乘律"三十部"(总计五十卷;此中包括刘宋求那跋摩译《菩萨善戒经》九卷,此经为《瑜伽师地论》卷三十五至卷五十《本地分中菩萨地》的同本异译,应列入“大乘论”)。

由于北宋以后的汉文《大藏经》,大多是以《开元释教录》卷十九、卷二十《入藏录》所列的书目为基准雕刻的,故各版《大藏经》目录中,也都有“大乘律”类典籍。《大藏经总目提要·律藏》所收的大乘律典,也是根据上述佛经目录的著录而来的。

五、本部大略

大乘律传译部,收录的是根据梵文、巴利文和其他西域文本翻译的大乘戒律类典籍,总计三十部四十一卷。分为三门。

(一)大乘菩萨戒经

此类典籍总计有八部十六卷。(1)姚秦鸠摩罗什译《梵网经》二卷。系梵网类菩萨戒经,卷上叙述菩萨阶位“四十位”,即“十发趣心”、“十长养心”、“十金刚心”、“十地”;卷下叙述菩萨戒“十重戒”、“四十八轻戒”。(2)姚秦竺佛念译《菩萨璎珞本业经》二卷。系璎珞类菩萨戒经,下分八品,叙述菩萨修行阶位“五十二位”(由外凡“十信”位和贤圣“四十二位”组成)、菩萨戒“十不可悔戒”(又称“十重戒”)、受菩萨戒法,以及其他大乘义理等。(3)北凉昙无谶译《菩萨戒本》一卷。系瑜伽类菩萨戒本,以《地持经》菩萨戒“四波罗夷法”(又称“四重戒”)、“四十三轻戒”为核心,依照每半月一次布萨说戒的仪轨加以组织。(4)刘宋求那跋摩译《优婆塞五戒威仪经》一卷。系瑜伽类菩萨戒经,根据《地持经》等编集而成,叙述菩萨优婆塞(又称“在家菩萨”)“四波罗夷法”、“四十二轻戒”,以及受戒法、忏悔法、优婆塞“五戒”和其他威仪杂法。(5)刘宋求那跋摩译《菩萨善戒经》一卷。系瑜伽类菩萨戒经,叙述《善戒经》菩萨戒“八重法”(又称“八重戒”)、“四十二轻戒”,以及受菩萨戒法、忏悔法等。(6) 唐玄奘译《菩萨戒本》一卷。系瑜伽类菩萨戒经,叙述《瑜伽论》菩萨戒"四种他胜处法"(又称"四重戒")、"四十三轻戒"。(7) 唐玄奘译《菩萨戒羯磨文》一卷。系瑜伽类菩萨戒本的附件,为根据《瑜伽师地论·本地分中菩萨地·初持瑜伽处戒品》辑出的菩萨戒羯磨文,下分三篇,叙述受菩萨戒法、忏悔法等。(8) 北凉昙无谶译《优婆塞戒经》七卷。系优婆塞类菩萨戒经,下分二十八品,叙述在家菩萨戒的戒相"六重戒"、"二十八轻戒"、受菩萨戒法,以及受戒前后须作的各种修行等。

(二) 大乘杂律经

此类典籍总计有十五部十八卷。(1) 后汉失译《受十善戒经》一卷。叙述佛教在家二众(指优婆塞、优婆夷)受持"十善戒"、"八戒"的作法和功德,以及"十恶业"的果报。(2) 孙吴支谦译《法律三昧经》一卷。叙述"法律三昧"(指依经法和戒律而修的正定)等理论。(3) 西晋竺法护译《文殊师利净律经》一卷。分为四品,论述"菩萨"与"声闻"在修学上的差别,特别是"菩萨律"与"声闻律"的各种不同之处。(4) 姚秦鸠摩罗什译《清净毗尼方广经》一卷。为前书的同本异译,但不分品目。(5) 刘宋法海译《寂调音所问经》一卷。为前书的同本异译,也不分品目。(6) 西晋聂道真译《菩萨受斋经》一卷。叙述在家菩萨(指在家行菩萨道者,即"菩萨优婆塞"、"菩萨优婆夷")在斋日受持的"菩萨斋"。(7) 姚秦鸠摩罗什译《佛藏经》三卷。分为十品,论述一切诸法"毕竟空无所有",以及"破戒比丘"的各种罪相等理论。

(8) 刘宋求那跋摩译《菩萨内戒经》一卷。叙述初发意菩萨(指初发心求无上菩提者)应当受行的"十二时戒法"(指次第受行的戒法)。(9) 萧梁僧伽婆罗译《文殊师利问经》二卷。分为十七品,论述"世间菩萨戒"、"出世间菩萨戒"、"涅槃"、"无我”、“中道”、“念佛三昧”等义,以及悉昙五十字、小乘二十部派等事。(10) 唐不空译《文殊问字母经》一卷。论述悉昙五十字(指梵文的五十个字母)的发音和含义,为前书卷上《文字品》前部分的别译。(11) 北魏佛陀扇多译《正恭敬经》一卷。叙述比丘应当如何“敬法”和“敬法师”问题。(12) 隋阇那崛多译《善恭敬经》一卷。为前书的同本异译。(13) 唐实叉难陀译《十善业道经》一卷。叙述“十善业”(又称“十善业道”)的功德。(14) 北宋施护译《佛为娑迦罗龙王所说大乘经》一卷。为前书的同本异译。(15) 北宋施护译《大乘戒经》一卷。叙述“持戒”的功德。

(三) 大乘忏悔经

此类典籍总计有七部七卷。(1) 后汉安世高译《舍利弗悔过经》一卷。叙述大乘菩萨的“忏悔法”,包括“悔过”、“随喜”、“劝请”、“回向”四支的作法及其功德。(2) 萧梁僧伽婆罗译《菩萨藏经》一卷。为前书的同本异译。(3) 隋阇那崛多等译《大乘三聚忏悔经》一卷。也是前书的同本异译。(4) 西晋竺法护译《文殊悔过经》一卷。叙述大乘菩萨的“悔过法”,包括“悔过”、“发意”、“劝助”、“供养”、“回向”等作法及其功德。(5) 西晋聂道真译《三曼陀跋陀菩萨经》一卷。分为六品,叙述大乘“悔过法”的作法及其功德。(6) 梁失译《菩萨五法忏悔文》一卷。以偈颂的形式撰成的大乘菩萨忏悔文,分为“忏悔”、“劝请”、“随喜”、“回向”、“发愿”五篇。(7) 三秦失译《净业障经》一卷。叙述大乘的“净除业障”法。

六、备 考 书 目

有关汉译大乘律的资料,除本部所收的典籍以外,见于大乘经的尚有：后汉支娄迦谶译《遗日摩尼宝经》一卷；西晋竺法护译《郁迦罗越问菩萨行经》一卷、《决定毗尼经》一卷；北凉昙无谶译《大方广三戒经》三卷、《大般涅槃经》卷十一《圣行品》；刘宋昙无蜜多译《观普贤菩萨行法经》一卷；刘宋智严、宝云译《大方等大集经》卷二十七《无尽意菩萨品》；刘宋求那跋陀罗译《胜鬘师子吼一乘大方便方广经》一卷；梁曼陀罗仙译《宝云经》卷五；唐玄奘译《大般若经》卷五百八十四至卷五百八十八《净戒波罗蜜多分》；唐菩提流志译《大宝积经》卷九十三《善臂菩萨会》(据姚秦鸠摩罗什译《善臂菩萨所问经》编入)等。

见于大乘论的尚有：姚秦鸠摩罗什译《大智度论》卷十三至卷十四《释初品中尸罗波罗蜜义》、《发菩提心经论》卷上《尸罗波罗蜜品》；北魏毗目智仙等译《三具足经优波提舍》一卷；陈真谛译《摄大乘论》卷下《依戒学胜相品》等。

第一门　大乘菩萨戒经

第一品　姚秦鸠摩罗什译《梵网经》二卷

《梵网经》，全称为《梵网经卢舍那佛说菩萨心地品第十》，又名《梵网经菩萨心地品》、《梵网戒品》、《心地戒品第十》等，二卷（上、下卷）。姚秦鸠摩罗什译，弘始八年（403）译出（此据隋费长房《历代三宝纪》卷八）。梁僧祐《出三藏记集》卷十一著录。载于《丽藏》“贤”函、《宋藏》“克”函、《金藏》“贤”函、《元藏》“克”函、《明藏》“安”函、《清藏》“安”函、《频伽藏》“列”帙，收入《大正藏》第二十四卷。此外，本书还有唐代由汉文转译的藏文本（略称《法大母经》），编入藏文《大藏经》甘珠尔之中。

本书是梵网类菩萨戒经（又称“戒本”）。卷上，叙说菩萨阶位（又称“菩萨行位”）“四十位”，即“十发趣心”、“十长养心”、“十金刚心”、“十地”；卷下，叙说菩萨戒“十重戒”、“四十八轻戒”。经文以释迦牟尼佛在“在第四禅地中摩醯首罗天王宫”，转述“卢舍那佛所说心地法门品”为背景而展开。其中，卷下自南北朝末年以来，一直作为菩萨戒本的单行本，以《梵网经菩萨戒》、《梵网菩萨戒本》、《梵网菩萨戒经》、《菩萨戒本》等为题，广为传抄，影响至为深远。

本书全称中的“梵网”，指的是大梵天王宫殿中的“网罗幢”,其网孔“各各不同,别异无量”,以此譬喻佛教义门,犹如网孔那样,各各不同,别异无量(唐法藏《梵网经菩萨戒本疏》卷一对本经说的“梵网”与《华严经》说的“因陀罗网”两者的区别,作出了辨析,说“彼(指《华严经》)是帝释网,此是梵王网;彼网在殿,此网在幢;喻意亦别,彼取宝珠成网,互相影现,辨重重无尽,此取网孔差别不同义,故为异”);“卢舍那佛”,指的是住于“莲华台藏世界”(又称“莲华藏世界”、“华藏世界”)的报身佛;“菩萨心地”,指的是《梵网经》卷上所说的菩萨修行阶位中的“三十心”和“十地”。相传,《梵网经》的大本有“一百二十卷六十一品”(一作“一百十二卷六十一品”),鸠摩罗什仅译出其中的第十品《菩萨心地品》,抄行流通,内容仅为一品,但经名依旧。在汉文《大藏经》中,同名《梵网经》的经典有两部:一是孙吴支谦译的《梵网经》一卷,全称为《梵网六十二见经》,讲述佛教对外道“六十二见”的批评,为《长阿含经》卷十四《梵动经》的异译;二是本书。大抵来说,凡是汉译佛经中所出现的“梵网经”,通常是指前者;凡是汉撰佛典中所出现的“梵网经”,通常是指后者(唯有佛经目录所载,二者兼有),二经内容迥异,不可混同。

本书最早见载于梁僧祐《出三藏记集》卷十一收录的未详作者《菩萨波罗提木叉后记》,此篇《后记》称,“此戒(指菩萨戒本)出《梵网经》中”,在鸠摩罗什的全部译经中,“唯菩萨十(重)戒、四十八轻,最后诵出”;隋法经等《众经目录》卷五将本书列为“众律疑惑”,称“诸家旧录,多入疑品”,“依旧附疑”,即有疑问的律典;隋费长房《历代三宝纪》卷八首次将“《梵网经》二卷”列为鸠摩罗什所译,并在附注中说,“弘始八年于草堂寺,三千学士最后出此一品,梵本有一百一十二卷六十一品,译讫,融(指道融)、影(指昙影)等三百人,一时共受菩萨十戒(指《梵网经》所说的“十重戒”），见经前序（指《梵网经序》），僧肇笔受”，后世经录均沿依此说。

从考据学的角度来看，本书卷上所说的菩萨阶位“十发趣”、“十长养”、“十金刚”、“十地”，实际上就是东晋佛陀跋陀罗译《华严经》所说的“十住”、“十行”、“十回向”、“十地”（见唐智周《梵网经菩萨戒本疏》卷二）；卷下所说的菩萨戒法“十重戒”、“四十八轻戒”，实际上是在综合北凉昙无谶译《菩萨地持经》卷五《方便处戒品》、《优婆塞戒经》、《大般涅槃经》卷十一《圣行品》等所说戒相的基础上，稍作增益改易而来的（如强调“孝名为戒”等）；书中对戒条内容的表述，大多包括：反（指“佛子”不得做什么）、正（指应当做什么）、反（指若做了前述不得做的事情，就是犯某种罪）三个层次，以及“因”（指构成犯罪的主观条件）、“缘”（指构成犯罪的客观条件）、“法”（指构成犯罪的行为）、“业”（指犯罪招致的业报）四个方面（如“杀戒”中有“杀因”、“杀缘”、“杀法”、“杀业”），此为“论”的表述方式，而不是“经”的表述方式；此外，书中有不少译语艰涩不通，也与鸠摩罗什的译经风格不相类似。因此，本书很可能是南北朝初期的大乘学者，以当时已译出的菩萨戒经为主要资料，增益己见而编成的，并非是依据梵本翻译的。也就是说，它是中土的佛教撰集。

同时，也要注意到，梁慧皎《高僧传》卷三、卷六都提及鸠摩罗什译有《菩萨戒本》，并在卷六说，道融奉勅入逍遥园，“参正详译，因请什（指鸠摩罗什）出《菩萨戒本》，今行于世”（《大正藏》第五十卷，第363页中）。慧皎的这一说法，与未详作者《菩萨波罗提木叉后记》所说的“此戒出《梵网经》中”是相一致的，说明鸠摩罗什确实译过《菩萨戒本》，而这一戒本源出于《梵网经》卷下。故有关《梵网经》的真伪问题，或者说是全经伪还是部分伪，目前仍有争议。

本书之首有未署作者的《梵网经序》（仅载于《丽藏》本）和署名“沙门僧肇作”的《梵网经序》（载于《宋藏》、《元藏》、《明藏》本）。二序大同小异，均为后人根据《出三藏记集》收载的《菩萨波罗提木叉后记》一文改写而成，并非原经所有。从唐法藏《梵网经菩萨戒本疏》卷一在“明传译缘起”（又称“部类传译”）中提到的“唯此《梵网经》最后什（指鸠摩罗什）自诵出”一语，出自未署作者的《梵网经序》来看，唐初抄本上所载的是《丽藏》本《梵网经序》。此篇《梵网经序》说：

> 夫宗本湛然，理不可易，是以妙穷于玄原之境，万行起于深信之宅，是以天竺法师鸠摩罗什，诵持此品，以为心首。此经本有一百十二卷（署名“沙门僧肇作”的《梵网经序》作“一百二十卷”）六十一品。什少践于大方，齐异学于迦夷。弘始三年，淳风东扇，秦主姚兴道契百王，玄心大法，于草堂之中，三千学士，与什参定大小二乘五十余部，唯《梵网经》最后诵出。时融（指道融）、影（指昙影）三百人等，一时受菩萨十戒（指“十重戒”）。岂唯当时之益，乃有累劫之津，故与道融别书出此《心地》一品。当时有三百余人，诵此一品，故即书是品八十一部，流通于后代，持诵相授。（《大正藏》第二十四卷，第997页上）

卷上：叙述菩萨阶位。内容为菩萨修行的四十个阶位（又称“四十法门”），即“十发趣心”、“十长养心”、“十金刚心”、“十地”。

（1）“十发趣心”（又称“十住”、“习种姓”）。此为“三贤位”之一，指“初始发心、趣入大乘”（新罗义寂《菩萨戒本疏》卷上语）的十种心，即“舍心”、“戒心”、“忍心”、“进心”、“定心”、“慧心”、“愿心”、“护心”、“喜心”、“顶心”。

(2)“十长养心”(又称“十行”、“性种姓”)。此为“三贤位”之一,指“习已成性、长养圣胎(善根)”(义寂语)的十种心,即“慈心”、“悲心”、“喜心”、“舍心”、“施心”、“好语心”、“益心”、“同心”、“定心”、“慧心”。

(3)“十金刚心”(又称“十回向”、“道种姓”)。此为“三贤位”之一,指“方便行就、不可俎坏”(义寂语)的十种心,即“信心”、“念心”、“回向心”、“达心”、“直心”、“不退心”、“大乘心”、“无相心”、“慧心”、“不坏心”。

(4)“十地”(又称“圣种姓”)。此为“圣位”(又称“十圣位”),指从菩萨至佛的十个阶位,即“体性平等地”(又称“平等地”)、“体性善慧地”(又称“善慧地”)、“体性光明地”(又称“光明地”)、“体性尔焰地”(又称“尔焰地”)、“体性慧照地”(又称“慧照地”)、“体性华光地”(又称“华光地”)、“体性满足地”(又称“满足地”)、“体性佛吼地”(又称“佛吼地”)、“体性华严地”(又称“华严地”)、“体性入佛界地”(又称“入佛界地”)。内容大致相当于东晋佛陀跋陀罗译《华严经》六十卷本(略称晋译《华严经》)卷二十三《十地品》所说的“十地”(原指“欢喜地”、“离垢地”、“明地”、“焰地”、“难胜地”、“现前地”、“远行地”、“不动地”、“善慧地”、“法云地”)。如关于“四十法门”,说:

> 诸佛当知,坚信忍中十发趣心向果,一舍心、二戒心、三忍心、四进心、五定心、六慧心、七愿心、八护心、九喜心、十顶心。诸佛当知,从是十发趣心,入坚法忍中十长养心向果,一慈心、二悲心、三喜心、四舍心、五施心、六好语心、七益心、八同心、九定心、十慧心。诸佛当知,从是十长养心,入坚修忍中十金刚心向果,一信心、二念心、三回向心、四达

心、五直心、六不退心、七大乘心、八无相心、九慧心、十不坏心。诸佛当知，从是十金刚心，入坚圣忍中十地向果，一体性平等地、二体性善慧地、三体性光明地、四体性尔焰地、五体性慧照地、六体性华光地、七体性满足地、八体性佛吼地、九体性华严地、十体性入佛界地。是四十法门品，我（指卢舍那佛）先为菩萨时，修入佛果之根原，如是一切众生，入发趣、长养、金刚、十地，证当成果。（卷上，《大正藏》第二十四卷，第997页下—第998页上）

卷下：叙述菩萨戒法。内容为"十重戒"、"四十八轻戒"等。本卷自古以来，时常与卷上分离，作单行本流通。传今的《丽藏》本卷首有《梵网经菩萨戒序》（《宋藏》、《元藏》、《明藏》本则无）。从此序最初见于北宋末年慧因撰作的《梵网经菩萨戒注》，而先前隋智顗、唐法藏、智周、明旷、传奥等人撰写的注疏均未提及它来看，此序也许是北宋年间无名氏所增益。

《梵网经》中的菩萨戒，是用一段段文句来表述的，内容大致包含"标人"（指戒文的首句为"若佛子"）、"叙事"（指戒文中间叙列的"不应"作的恶业和"应"作的善行，天台宗智顗称之为"明不应"、"明应"、华严宗法藏称之为"制断恶业"、"制修善行"；其表述文句与小乘戒的条文大多只列"不应"，不列"应"有很大的不同）、"结罪"（又称"违制结犯"，指戒文末尾对违犯者的定罪）三个层次。与小乘律中比丘戒经的条文相比，本经各戒的文句一般较长，最长的达四五百字（如轻戒中的"不发誓戒"），最短的也有三四十字（如轻戒中的"食五辛戒"），这给记诵和受持带来了很大的困难，为此，从隋智顗开始，各家注疏均参照小乘律中比丘戒经注本的做法，撮取各戒文句中的关键词，标立戒名。由于各人的理解和用词不同，故所标的戒名也略有出入。今在解说时,取智顗《菩萨戒义疏》中的戒名为正名,唐法藏《梵网经菩萨戒本疏》中的戒名为别称,予以标立,以利参习。《梵网经菩萨戒序》说:

诸佛子等,合掌至心听,我今欲说诸佛大戒序,众集默然听。自知有罪当忏悔,忏悔即安乐,不忏悔罪益深。无罪者默然,默然故,当知众清净。诸大德、优婆塞、优婆夷等谛听,佛灭度后,于像法中,应当尊敬波罗提木叉,波罗提木叉者即是此戒。持此戒时,如暗遇明,如贫得宝,如病得差,如囚系出狱,如远行者得归,当知此则是众等大师,若佛住世,无异此也。怖心难生,善心难发。故经云,勿轻小罪,以为无殃,水滴虽微,渐盈大器,刹那造罪,殃堕无间,一失人身,万劫不复。壮色不停,犹如奔马,人命无常,过于山水,今日虽存,明亦难保。众等各各一心勤修精进,慎勿懈怠、懒惰、睡眠、纵意。夜即摄心,存念三宝,莫以空过,徒设疲劳,后代深悔。众等各各一心谨依此戒,如法修行应当学。(第1003页上、中)

(一)“十重戒”(又称“十重波罗提木叉”)。叙述禁止违犯的十种重罪(又称“波罗夷罪”)。它们是:

(1)“杀戒”。(2)“盗戒”。(3)“淫戒”。(4)“妄语戒”。(5)“酤酒戒”。(6)“说四众过戒”(唐法藏《梵网经菩萨戒本疏》称作“说过戒”,以下戒名括号内的别称均指法藏之疏)。(7)“自赞毁他戒”。(8)“悭惜加毁戒”(又称“故悭戒”)。(9)“瞋心不受悔戒”(又称“故瞋戒”)。(10)“谤三宝戒”(书中以上十戒为一章,章末有“如是十戒应当学,敬心奉持,《八万威仪品》当广明”语)。如关于“杀戒”、“淫戒”,说:

(若)佛子,若自杀、教人杀、方便杀、赞叹杀,见作随喜,乃至咒杀,杀因、杀缘、杀法、杀业,乃至一切有命者,不得故杀。是菩萨应起常住慈悲心、孝顺心,方便救护一切众生。而自恣心快意杀生者,是菩萨波罗夷罪(以上为“杀戒”)。(卷下,第1004页中)

若佛子,自淫、教人淫,乃至一切女人不得故淫。淫因、淫缘、淫法、淫业,乃至畜生女、诸天鬼神女,及非道行淫。而菩萨应生孝顺心,救度一切众生,净法与人。而反更起一切人淫,不择畜生,乃至母女、姊妹、六亲行淫,无慈悲心者,是菩萨波罗夷罪(以上为“淫戒”)。(卷下,第1004页中、下)

(二)“四十八轻戒”(又称“四十八轻垢戒”)。叙述禁止违犯的四十八种轻罪(又称“轻垢罪”、“突吉罗”、“恶作”)。它们是:

(1)“不敬师友戒”(又称“轻慢师长戒”)。(2)“饮酒戒”。(3)“食肉戒”。(4)“食五辛戒”。(5)“不教悔罪戒”(又称“不举教忏戒”)。(6)“不供给请法戒”(又称“不敬请法戒”)。(7)“懈怠不听法戒”(又称“不听经律戒”)。(8)“背大向小戒”(又称“背正向邪戒”)。(9)“不看病戒”(又称“不瞻病苦戒”)。(10)“畜杀具戒”(又称“畜诸杀具戒”;以上十戒为一章,章末有“如是十戒,应当学,敬心奉持”语)。

(11)“国使戒”(又称“通国入军戒”)。(12)“贩卖戒”(又称“伤慈贩卖戒”)。(13)“谤毁戒”(又称“无根谤人戒”)。(14)“放火烧戒”(又称“放火损烧戒”)。(15)“僻教戒”(又称“法化违宗戒”)。(16)“为利倒说戒”(又称“惜法规利戒”)。(17)“恃势乞求戒”(又称“依官强乞戒”)。(18)“无解作师戒”(又称“无知为师戒”)。(19)“两舌戒”(又称“斗谤欺贤戒”)。(20)“不行放救戒”(又称“不能救生戒”;以上十戒为一章,章末有“如是十戒,应当学,敬心奉持,如《灭罪品》中,广明一一戒相”语)。

(21)“瞋打报仇戒”(又称“无慈忍酬怨戒”)。(22)“憍慢不请法戒”(又称“慢人轻法戒”)。(23)“憍慢僻说戒”(又称“经新求学戒”)。(24)“不习学佛戒”(又称“背正向邪戒”)。(25)“不善知众戒”(又称“为主失仪戒”)。(26)“独受利养戒”(又称“待宾乖式戒”)。(27)“受别请戒”。(28)“别请僧戒”(又称“故别请僧戒”)。(29)“邪命自活戒”(又称“恶伎损生戒”)。(30)“不敬好时戒”(又称“违禁行非戒”;以上十戒为一章,章末有“如是十戒,应当学,敬心奉持,《制戒品》中广明”语)。

(31)“不行救赎戒”(又称“见厄不救戒”)。(32)“损害众生戒”(又称“畜作非法戒”)。(33)“邪业觉观戒”(又称“观听作恶戒”)。(34)“暂念小乘戒”(又称“坚持守心戒”)。(35)“不发愿戒”(又称“不发大愿戒”)。(36)“不发誓戒”(又称“不起十愿戒”)。(37)“冒难游行戒”(又称“故入难处戒”)。(38)“乖尊卑次序”(又称“众坐乖仪戒”)。(39)“不修福慧戒”(又称“应讲不讲戒”)。(40)“拣择受戒戒”(又称“受戒非仪戒”;以上九戒为一章,章末有“如是九戒,应当学,敬心奉持,《梵坛品》当说”语)。

(41)“为利作师戒”(又称“无德诈师戒”)。(42)“为恶人说戒”(又称“非处说戒戒”)。(43)“无惭受施戒”(又称“故毁禁戒戒”)。(44)“不供养经典戒”(又称“不敬经律戒”)。(45)“不化众生戒”。(46)“说法不如法戒”(又称“说法乖仪戒”)。(47)“非法制限戒”(又称“非法立制戒”)。(48)“破法戒”(又称“自坏内法戒”;以上九戒为一章,章末有“如是九

戒,应当学,敬心奉持"语)。如关于"食肉戒"、"不看病戒"、"恃势乞求戒",说:

若佛子,故食肉,一切肉不得食,(《明藏》有"夫食肉者")断大慈悲性种子,一切众生见而舍去。是故一切菩萨不得食一切众生肉,食肉得无量罪。若故食者,犯轻垢罪(以上为"食肉戒")。(卷下,第1005页中)

若佛子,见一切疾病人,常应供养,如佛无异。八福田中,看病福田第一福田。若父母、师僧、弟子疾病,诸根不具,百种病苦恼,皆养令差。而菩萨以恶心瞋恨,不至僧房中,城邑、旷野、山林、道路中,见病不救者,犯轻垢罪(以上为"不看病戒")。(卷下,第1005页下)

若佛子,自为饮食、钱物、利养、名誉故,亲近国王、王子、大臣、百官,恃作形势,乞索、打拍、牵挽,横取钱物,一切求利,名为恶求、多求,教他人求。都无慈心、无孝顺心者,犯轻垢罪(以上为"恃势乞求戒")。(卷下,第1006页上)

本书所说的梵网类菩萨戒,是一切众生,不论在家或出家,均可以直接求受的"顿受戒",而不是那种须依信众的层次,逐步、分级受持的"渐受戒"(如"七众戒")。即便是先前没有受过"七众戒"的人,或无资格受"七众戒"(指"无根"、"二根"、"黄门"、"淫男"、"淫女"等)的人,均可以求受此戒。故书中说:"与人受(授)戒时,不得简择。若受佛戒者,一切国王、王子、大臣、百官、比丘、比丘尼、信男、信女、淫男、淫女、十八梵天、六欲天子、无根(指无男根或女根者)、二根(指同具男女二根者)、黄门(指男根有缺陷者)、奴婢、一切鬼神,尽受得戒。"(见"拣择受戒戒",卷下第1008页中)所说的受菩萨戒法是:若千里之内有"菩萨法师"(指大乘法师),应请"菩萨法师"为戒师,询问有无“七遮罪”(指“出佛身血、杀父、杀母、杀和上、杀阿阇梨、破羯磨转法轮僧、杀圣人”),若无,方可授与;若千里之内无“菩萨法师”,也可以在佛菩萨像前自誓受戒,但必须感得“好相”(指“佛来摩顶,见光见华”等异相),否则“不得戒”(见“为利作师戒”,卷下第1008页下)。

有关本书的注疏,分为两类:(1)《梵网经》卷下的注疏。今存的有:隋智顗《菩萨戒义疏》二卷、法藏《梵网经菩萨戒本疏》六卷、智周《梵网经菩萨戒本疏》五卷(今存二卷)、明旷《天台菩萨戒疏》三卷、传奥《梵网经记》二卷、法铣《梵网经菩萨戒疏》二卷(今存卷上)、新罗元晓《菩萨戒本持犯要记》一卷、《梵网经菩萨戒本私记》二卷(今存卷上)、义寂《菩萨戒本疏》二卷(又作“三卷”)、胜庄《《梵网经菩萨戒本述记》二卷(上下卷,因各分“本”、“末”,故又作“四卷”)、太贤《梵网经古迹记》二卷、《菩萨戒本宗要》一卷、北宋慧因《梵网经菩萨戒注》三卷、与咸《梵网菩萨戒经疏注》三卷、明袾宏《梵网经心地品菩萨戒义疏发隐》五卷、清弘赞《梵网经菩萨心地品下略疏》八卷、清书玉《梵网经菩萨戒初津》八卷等。(2)《梵网经》上下卷的注疏。今存的有:新罗太贤《梵网经古迹记》二卷、明智旭《梵网经合注》七卷、明寂光《梵网经直解》二卷、清德玉《梵网经顺朱》二卷等。

第二品　姚秦竺佛念译《菩萨璎珞本业经》二卷

《菩萨璎珞本业经》,又名《璎珞本业经》、《璎珞经》,二卷。姚秦竺佛念译,苻秦建元元年(365—384)年间。本书最初是作为“失译经”(指失落译者姓名的经典),著录于梁僧祐《出三藏记集》卷四《新集续撰失译杂经录》之中；隋法经等《众经目录》卷一始作“竺佛念译”（经名作《璎珞本业经》；竺佛念另译有《菩萨璎珞经》十四卷，两者非为同一书），后世经录沿依此说。载于《丽藏》“克”函、《宋藏》“念”函、《金藏》“克”函、《元藏》“念”函、《明藏》“笃”函、《清藏》“笃”函、《频伽藏》“列”帙，收入《大正藏》第二十四卷。

本书是璎珞类菩萨戒经。全书分为《集众品》、《贤圣名字品》、《贤圣学观品》、《释义品》、《佛母品》、因果品》、《大众受学品》、《集散品》八品，叙述菩萨修行阶位“五十二位”（由外凡“十信”位和贤圣“四十二位”组成）、菩萨戒“十不可悔戒”（又称“十重戒”）、受菩萨戒法，以及其他大乘义理等。经文以“佛重游于洴（瓶）沙王国道场树下成正觉处”（指摩竭陀国佛成道处），对众多菩萨说法为背景而展开。书名全称中的“璎珞”，指的是“铜宝”、“银宝”、“金宝”、“琉璃宝”、“摩尼宝”、“水精宝”六种“璎珞”，书中用它们来比喻菩萨阶位中“四十二贤圣位”的六个等次（指“十住”、“十行”、“十回向”、“十地”、“等觉”、“妙觉”）；“本业”，指菩萨修行的善业。汉文《大藏经》中还收有《菩萨本业经》一卷（吴支谦译），此经是《华严经》中《净行品》、《十住品》等的异译，书名与本书十分接近，但并非是同一书，不可混淆。

从考据学的角度来看，本书菩萨阶位中的“十信”，实际上就是姚秦鸠摩罗什译《仁王般若波罗蜜经》（隋法经等《众经目录》卷二将此经列为“众经疑惑”，即有疑问的译籍）卷上《教化品》所说的“习种性十心”；菩萨阶位中的“十住”、“十行”、“十回向”、“十地”，实际上就是东晋佛陀跋陀罗译《华严经》卷八、卷十一、卷十四、卷二十三所说的“十住”、“十行”、“十回向”、“十地”；菩萨戒法“十不可悔戒”，乃是根据姚秦鸠摩罗什译《梵网经》“十重戒”节略的。故本书很可能是南北朝初期的大乘学者,以上述经典为主要资料,旁采其他经论的文段,编集而成的,并非是依据梵本翻译的。但从义理的角度考察,本书所叙述的菩萨阶位,既有佛经上的根据,又有本身的完整性,在流传的过程中,获到了佛教人士的广泛认同和采纳,在佛教生活中起着与翻译佛经同等的指导作用。明智旭评价说,在有关菩萨阶位的各种论述中,“《璎珞》明五十二位,位次最为周足”(《梵网经菩萨心地品玄义》)。

卷上:三品。

(一)《集众品》。叙述释迦牟尼佛重游道场树下,集众说法的情景,以及菩萨阶位中“四十二贤圣位”的类目。如说:

> 一时,佛重游于洴(瓶)沙王国道场树下成正觉处,复坐如故。……尔时大会菩萨,尽一生补处,神通妙达,周遍十方。……以大悲口,赞扬佛名不可胜极,六道之事靡不贯达,所化之处至皆叹言。佛念吾等建立大志,乃悉现我诸佛世界,所有好恶殊胜之土。佛所游居,阐隆导化,光明神足,教诲我等,开示我意:佛本业璎珞十住、十行、十回向、十地、无垢地、妙觉地。(卷上《集众品》,《大正藏》第二十四卷,第1010页中)

(二)《贤圣名字品》。叙述菩萨阶位“五十二位”(以“四十二贤圣位”为主),以及菩萨戒“十不可悔戒”。

1.“五十二位”。指“十信”、“十住”、“十行”、“十回向”、“十地”、“无垢地”、“妙觉地”。

(1)“十信”。此为“外凡位”(又称“外凡十信位”、“住前十信”),指“信心”、“念心”、“精进心”、“慧心”、“定心”、“不退心”、“回向心”、“护心”、“戒心”、“愿心”。其内容相当于姚秦三藏鸠摩罗什译《仁王般若波罗蜜经》卷上《教化品》所说的“习种性十心”(其次序为“信心、精进心、念心、慧心、定心、施心、戒心、护心、愿心、回向心”)。

(2)“十住”(又称“习种性”)。此为“贤位”(又称“内凡位”),指“发心住”(又称“初发心住”)、“治地住”、“修行住”、“生贵住”、“方便具足住”、“正心住”、“不退住”、“童真住”、“法王子住”、“灌顶住”。其内容相当于东晋佛陀跋陀罗译《华严经》六十卷本(略称晋译《华严经》)卷八《菩萨十住品》所说的“十住”。

(3)“十行”(又称“性种性”)。此为“贤位”,指“欢喜行”、“饶益行”、“无瞋恨行”(又称“无恚恨行”)、“无尽行”、“离痴乱行”、“善现行”、“无著行”、“尊重行”、“善法行”、“真实行”。其内容相当于晋译《华严经》卷十一《功德华聚菩萨十行品》所说的“十行”。

(4)“十回向”(又称“道种性”)。此为“贤位”,指“救护一切众生离众生相”(又称“救护一切众生回向”)、“不坏回向”、“等一切佛回向”、“至一切处回向”、“无尽功德藏回向”、“随顺平等善根回向”(又称“平等善根回向”)、“随顺等观一切众生回向”(又称“顺观众生回向”)、“如相回向”、“无缚解脱回向”(又称“无缚无著解脱回向”)、“法界无量回向”。其内容相当于晋译《华严经》卷十四《金刚幢菩萨十回向品》所说的“十回向”。

(5)“十地”(又称“圣种性”)。此为“圣位”(又称“十圣位”),指“欢喜地”(又称“逆流欢喜地”)、“离垢地”(又称“道琉璃离垢地”)、“明地”(又称“流照明地”)、“焰地”(又称“观明炎地”)、“难胜地”(又称“障难胜地”)、“现前地”(又称“薄流现前地”)、“远行地”(又称“过三有远行地”)、“不动地”(又称“变化生不动地”)、“妙慧地”(又称“慧光妙善地”、“善慧地”)、“法云地”(又称“明行足法云地”)。其内容相当于晋译《华严经》卷二十三《十地品》所说的“十地”。

(6)“无垢地”(又称“等觉地”、“无相无垢地”、“等觉性”)。此为“圣位”(明袾宏《梵网经心地品菩萨戒义疏发隐》卷一说,虽说此位与佛位“齐等”,但“未极于妙,犹稍隔一等”)。

(7)“妙觉地”(又称“妙觉者无上地”、“妙觉性”)。此为“圣位”(此据明袾宏《梵网经心地品菩萨戒义疏发隐》卷一,此位实际上是“佛位”)。

2. 菩萨戒“十不可悔戒”(又称“十无尽戒”、“十重戒”)。此为本书所说的菩萨“三聚净戒”中的“摄律仪戒”。原书只有“十戒”的条文,而无名称,不便记诵,今在解说时,参照其他菩萨戒本的戒名,予以标立。

(1)“杀戒”。(2)“盗戒”。(3)“淫戒”。(4)“妄语戒”。(5)“说四众过戒”。(6)“沽酒戒”。(7)“自赞毁他戒”。(8)“悭戒”。(9)“瞋戒”。(10)“谤三宝戒”。上述“十不可悔戒”,其内容与《梵网经》所说“十重戒”基本相同,仅第五戒“说四众过戒”和第六戒“沽酒戒”的前后次序,与《梵网经》相反。此外,本书所列的各戒的条文极其简短,远不及《梵网经》来得详细。如关于“十不可悔戒”,说:

> 佛子,有十不可悔戒,应受应持。一不杀人,乃至二十八天诸佛菩萨(此为“杀戒”);二不盗,乃至草叶(此为“盗戒”);三不淫,乃至非人(此为“淫戒”);四不妄语,乃至非人(此为“妄语戒”);五不说出家、在家菩萨罪过(此为“说四众过戒”);六不沽酒(此为“沽酒戒”);七不自赞毁他(此为“自赞毁他戒”);八不悭(此为“悭戒”);九不瞋,乃至非人(此为“瞋戒”);十不谤三宝(此为“谤三宝戒”)。

若破十戒，不可悔过，入波罗夷。十劫中，一日受罪八万四千，灭八万四千生，故不可破。（卷上《贤圣名字品》，《大正藏》第二十四卷，第1012页中）

（三）《贤圣学观品》。论述菩萨阶位中“四十二贤圣位”六个等次的别称、修习和观法。所说的“十住”等六个等次的别称有：（1）“六种性”。指“习种性”、“性种性”、“道种性”、“圣种性”、“等觉性”、“妙觉性”。（2）“六坚”。指“坚信”、“坚法”、“坚修”、“坚德”、“坚顶”、“坚觉”。（3）“六忍”。指“信忍”、“法忍”、“修忍”、“正忍”、“无垢忍”、“一切智忍”。（4）“六慧”。指“闻慧”、“思慧”、“修慧”、“无相慧”、“照寂慧”、“寂照慧”。（5）“六定”。指“习相定”、“性定”、“道慧定”、“道种慧定”、“大慧定”、“正观定”。（6）“六观”。指“住观”、“行观”、“向观”、“地观”、“无相观”、“一切种智观”。（7）“六宝璎珞”。指“铜宝”、“银宝”、“金宝”、“琉璃宝”、“摩尼宝”、“水精宝”）等。如关于“空观”、“假观”、“中观”三观（隋智顗《法华经玄义》据此而建立“天台三观”），说：

其正观者，初地（指“十地”中的“欢喜地”）已上有三观心，入一切地。三观者，从假名入空，二谛观（以上指“空观”）；从空入假，名平等观（以上指“假观”），是二观方便道。因是二空观（“人空”、“法空”），得入中道第一义谛观（以上指“中观”），双照二谛（指“俗谛”、“真谛”），心心寂灭，进入初地法流水中，名摩诃萨圣种性（指“十地”）。（卷上《贤圣学观品》，第1014页中）

卷下：下分五品。

（一）《释义品》。论述菩萨阶位中外凡“十信”位和贤圣“四十二位”各个阶位的名义。如关于“十信”，说：

从不识(指不识因果)始凡夫地,值佛菩萨教法中,起一念信,便发菩提心,是人尔时住前(指处于贤位“十住”之前),名信想菩萨,亦名假名菩萨,亦名名字菩萨。其人略行十心(指“十信”),所谓信心、进心、念心、慧心、定心、戒心、回向心、护法心、舍心、愿心(此处似有错乱,其次序当以前述《贤圣名字品》所列为准)。复行十心,所谓十善法、五戒、八戒、十戒、六波罗蜜戒。是人复行十善,若一劫、二劫、三劫修十信,受六天果报。……若值善知识学佛法,若一劫、二劫,方入住位(指“十住”)。(卷下《释义品》,第1017页上)

(二)《佛母品》。论述作为诸佛菩萨“智母”(智慧之母)的“有谛”(又称“俗谛”、“假谛”)、“无谛”(又称“真谛”、“空谛”)、“中道第一义谛”(又称“中谛”)三谛理论。如关于“三谛”,说:

有谛、无谛、中道第一义谛,是一切诸佛菩萨智母。乃至一切法,亦是诸佛菩萨智母。所以者何?诸佛菩萨从法生故。佛子,二谛者,世谛(指“俗谛”)有,故不空;无谛(指“真谛”)空,故不有;二谛常尔,故不一,圣照空,故不二(以上指“中谛”)。(卷下《佛母品》,第1018页中)

(三)《因果品》。论述作为成佛之因的“十般若波罗蜜”(指“施”、“戒”、“忍”、“精进”、“禅”、“慧”、“愿”、“方便”、“通力”、“无垢慧”十度)、“七财”(指“信”、“施”、“戒”、“闻”、“慧”、“惭”、“愧”)、“四摄”(指“利益”、“软语”、“施法”、“同事”)、“四无碍辩”(指“法辩”、“义辩”、“语辩”、“乐说辩”无碍)、“四依”(指“依了经不依不了经”、“依法不依人”、“依义不依语”、“依智不依识”),以及成佛之果的“二法身”(指“果极法

身”、“应化法身”)等理论。如关于“十般若波罗蜜”,说:

十般若波罗蜜者,从行施有三缘,一财、二法、三施众生无畏;戒有三缘,一自性戒、二受善法戒、三利益众生戒;忍有三缘,一忍苦行、二忍外恶、三第一义谛忍;精进有三缘,一起大誓之心、二方便进趣、三勤化众生;禅有三缘,一定乱相(想)不起、二定生一切功德、三定利众生;慧有三缘,一照有谛、二无谛、三中道第一义谛;愿有三缘,一自行愿、二神通愿、三外化愿;方便有三缘,一进趣向果、二巧会有无、三一切法不舍不受;通力有三缘,一报通、二修定通、三变化通;无垢慧有三缘,一无相智、二一切种智、三变化智。佛子,从十智生一切功德行。(卷下《因果品》,第1019页中)

(四)《大众受学品》。论述“三聚净戒”(指“摄善法戒”、“摄众生戒”、“摄律仪戒”,与多数经典将“摄律仪戒”列于初首的次序有所不同)和受菩萨戒法等。如关于“三聚净戒”、“三种受戒”,说:

佛子,若一切众生,初入三宝海,以信为本,住在佛家,以戒为本。……今为诸菩萨结一切戒根本,所谓三受门。摄善法戒,所谓八万四千法门;摄众生戒,所谓慈、悲、喜、舍,化及一切众生,皆得安乐;摄律仪戒,所谓十波罗夷(指前述“十不可悔戒”)。佛子,受戒有三种受。一者诸佛菩萨现在前受,得真实上品戒。二者诸佛菩萨灭度后,千里内有先受戒菩萨者,请为法师,教授我戒。我先礼足,应如是语:请大尊者为师,授与我戒。其弟子得正法戒,是中品戒。三佛灭度后,千里内无法师之时,应在诸佛菩萨形像前,胡跪合掌,自誓受戒。应如是言:我某甲白十方佛及大地菩萨等,我学一切菩萨戒者。是下品戒。第二、第三亦如

是说。(卷下《大众受学品》,第 1020 页中、下)

(五)《集散品》。叙述佛所作的“受此经法”的嘱咐。如关于如何“授菩萨法戒”,说:

> 佛子,先当为听法者,与授菩萨法戒,然后为说菩萨之本行六入法门。佛子,次第为授四归法,归佛、归法、归僧、归戒。得四不坏信心故,然后为授十戒,不杀、不盗、不妄语、不淫、不沽酒、不说在家出家菩萨罪过、不悭、不瞋、不自赞毁他、不谤三宝,是十波罗夷不可悔法。(卷下《集散品》,第 1022 页下)

本书所说的璎珞类菩萨戒的特点是:与《梵网经》所立的宗旨一样,也是一切在家者和出家者,不论是否受过“七众戒”,或是否有资格受“七众戒”,均可以直接求受的菩萨戒,因为“若信男、若信女中,诸根不具、黄门、淫男、淫女、奴婢、变化人受得戒,皆有心向故”;菩萨戒有“三受门”(指包含三大类,即通常所说的“三聚净戒”),其中,“摄善法戒”指的是“八万四千法门”,“摄众生戒”指的是“慈悲喜舍化及一切众生皆得安乐”,“摄律仪戒”指的是“十波罗夷”(通常是将“摄律仪戒”列为“三聚净戒”的首戒的);受菩萨戒分为三品,从“诸佛菩萨”受戒,得“真实上品戒”,从“法师”受戒,得“中品戒”,在“诸佛菩萨形像前”,自誓受戒,得“下品戒”;菩萨戒可以一分一分(指一条条)地受,“受一分戒”称为“一分菩萨”,“受十分戒”,称为“受具足受戒”;“十不可悔戒”为重戒,犯者不得以忏悔的方式除罪,“得使重受戒”(指可重新受戒),“八万威仪”(泛指一切威仪)为轻戒,犯者可以忏悔的方式除罪,“对首悔灭”(指面对大德作忏悔);菩萨戒以“心”为体,“得戒不失”,除非“心尽”命终(即只有受戒,没有舍戒)等(以上见卷下《大众受学品》,《大正藏》第二十四卷,第1020页中、下)。

本书的注疏有：新罗元晓《菩萨璎珞本业经疏》二卷。

第三品　北凉昙无谶译《菩萨戒本》一卷
附：刘宋求那跋摩译《优婆塞五戒威仪经》一卷

《菩萨戒本》,又名《菩萨地持经戒本》、《菩萨地持戒经》、《地持戒本》,一卷。北凉昙无谶译,玄始七年(418)至玄始十年(421)译出。梁僧祐《出三藏记集》卷二著录。载于《丽藏》“克”函、《宋藏》“念”函、《金藏》“克”函、《元藏》“念”函、《明藏》“笃”函、《清藏》“笃”函、《频伽藏》“列”帙,收入《大正藏》第二十四卷。

昙无谶(385—433),又作“昙摩谶”,意译“法护”,中天竺人,婆罗门种姓出身。六岁丧父,随母以佣织为业,后依达摩耶舍(意译“法明”)出家。初学小乘,兼览五明,讲说精辩,莫能酬抗。后来从辩论对方白头禅师处,得见一本用树皮抄写的《大般涅槃经》,番然醒悟,从此专攻大乘。二十岁时,已读诵大小乘经典二百余万言。善明咒术,在西域被之为“大咒师”。后携带《大般涅槃经》前分、《菩萨戒经》等,前往罽宾。因罽宾多信小乘,不信《涅槃》,东至龟兹。不久,抵达敦煌,在那里居住了数年(据《出三藏记集》卷八《大涅槃经序》),译出《菩萨戒本》等。北凉玄始十年(421),河西王沮渠蒙逊占据敦煌,昙无谶被迎至姑臧,从事《大般涅槃经》等经的翻译。义和三年(433)初,因北魏太武帝拓跋焘遣使召请昙无谶去京邑,而昙无谶又辞行去西域搜寻《涅槃经》后分,沮渠蒙逊生怕昙无谶去后会对他不利,于是派人在途中暗杀了他。

昙无谶在敦煌、姑臧两地译出的佛经，梁僧祐《出三藏记集》卷二著录为“十一部凡一百一十七卷”(其中，“《菩萨地持经》八卷”与“《菩萨戒经》八卷”为同一书，重复登录，今作十卷)；隋费长房《历代三宝纪》卷九著录为“二十四部合一百五十一卷”；唐智升《开元释教录》卷四勘定为“一十九部一百三十一卷”，其中十二部一百十八卷“见在”，七部十三卷“阙本”。所译佛经见存者尚有：《大般涅槃经》四十卷、《大方等大集经》三十卷、《大方广三戒经》三卷、《悲华经》十卷、《金光明经》四卷、《大方等无想经》(又称《大方等大云经》)六卷、《腹中女听经》一卷、《菩萨地持经》十卷、《优婆塞戒经》七卷、《文陀竭王经》一卷、《佛所行赞经传》五卷等。宋元明藏本《出三藏记集》卷二在昙无谶所出佛经的名称、卷数下多附出某年某月“译”或“出”的小注，其年份有“玄始六年”、“玄始七年”、“玄始九年”、“玄始十年”等，这些小注当是另有所本，可资参考(个别小注有差错，如《优婆塞戒经》小注中说的“玄始六年四月十日出”，而据《出三藏记集》卷九《优婆塞戒经记》所记，当是“丙寅夏”，即“玄始十五年”)。生平事迹见梁慧皎《高僧传》卷二、梁僧祐《出三藏记集》卷八等。

本书是瑜伽类菩萨戒经(又称“戒本”)，以《地持经》菩萨戒“四波罗夷处法”(又称“四重戒”)、“四十三轻戒”为核心，依照每半月一次布萨说戒的仪轨加以组织。所说的《地持经》，指的是北凉昙无谶译《菩萨地持经》十卷本，全经分为二十七品，为唐玄奘译《瑜伽师地论》卷三十五至卷五十《本地分中菩萨地》的同本异译(内缺《第四持次第瑜伽处发正等菩提心品》一品)；本书根据《菩萨地持经》卷五《方便处戒品(之余)》(相当于《瑜伽师地论》卷四十至卷四十一《本地分中菩萨地·初持瑜伽处戒品》)录出，但所录的并非是卷五的全部，而是卷五在论述菩萨戒九种名称之一的“一切戒”时,所提出的菩萨戒的戒相(戒法条文),对卷五的其他内容,如“受菩萨戒法”、“忏悔法”和菩萨戒的其他名称(如“难戒”、“一切门戒”、“善人戒”、“一切行戒”、“除恼戒”、“此世他世乐戒”、“清净戒”)等,均未予收录。因此,有的佛教辞典称本书是“从《菩萨地持经》卷四《方便处戒品》录出”,是不对的,应予以纠正。本书中的“四波罗夷法”,性质上属于“三聚净戒”中的“律仪戒”(又称“摄律仪戒”);“四十二轻戒”前三十一戒(“不供养三宝戒”至“轻毁法师戒”),属于“摄善法戒”(若依“六度”区分,内含“布施”类戒法七条、“持戒”类戒法六条、“忍辱”类戒法四条、“精进”类戒法三条、“禅定”类戒法三条、“般若”类戒法八条);“四十二轻戒”末十一戒(“不同事戒”至“神力不折摄戒”),属于“饶益有情戒”。

在历代佛经目录中,有的将《菩萨地持经》十卷本和本书(《菩萨地持经戒本》)均编为“大乘论”(如隋法经等《众经目录》卷五等),有的将它们均编为“大乘律”(如唐智升《开元释教录》卷十二等),这是不确切的。因为大小不同的这两种本子,既有联系又有区别。《菩萨地持经》十卷属于“大乘论”,而本书则属于“大乘律”。若将《菩萨地持经》十卷划归“大乘律”,等于是将瑜伽行派的大论书《瑜伽师地论》也划归“大乘律”,显然,这不符合藏经分类法的一般原则。本书的结构如下。

一、归敬偈。指本书初首刊载的偈颂,凡五言十六句,此偈由本书编集者撰作,为《菩萨地持经》卷五《方便处戒品(之余)》所无。说:

归命卢舍那,十方金刚佛。亦礼前论主,当觉慈氏尊。

今说三聚戒,菩萨咸共听。戒如大明灯,能消长夜暗。戒如真宝镜,照法尽无遗。戒如摩尼珠,雨物济贫穷。离世速成佛,唯此法为最。是故诸菩萨,应当勤护持。(《大正藏》第二十四卷,第1107页上)

二、菩萨戒的戒相。指本书正文叙述的菩萨戒的条文。下分“四波罗夷法”(原标题)、“四十三轻戒”二类。其中有关“轻戒”的条数,隋代以来有关本书的注释书因开合不同,所说略有出入。隋慧远《地持论义记》卷三下计作“四十二戒”,并称前三十一条是“摄善戒”,后十一条是“摄生戒”,“摄善戒”中,初七条是“檀戒”(又称“施戒”),次六条是“尸罗戒”,次四条是“忍戒”,次三条是“精进戒”,次三条是“禅戒”,末八条是“慧戒”(又称“般若戒”),但未细列各戒;明智旭《菩萨戒本笺要》将“舍内学外戒”、“专习异论戒”合为“不习学佛戒”,将“与声闻共学戒”、“与声闻共学戒”合为“不同声闻戒”,计作“四十一轻戒”;唐玄奘译《菩萨戒本》则在“与声闻不共学戒”中,增加了为“利他”而开许七种“性罪”的内容,为本书所无。原书中的戒条,是用一句话或一段话来表述的,并无戒条的名称,今在解说时,参照明智旭《菩萨戒本笺要》、近代太虚《瑜伽菩萨戒本讲录》等注疏中的戒名,对照戒文,折衷取舍,标立《菩萨地持经戒本》、《菩萨善戒经戒本》、《瑜伽菩萨戒本》三书的共通性戒名,以利对照。

(一)“四波罗夷处法”(又称“四重戒”)。叙述禁止违犯的四种重罪(又称“波罗夷罪”)。下分三个层次。

1. 序说。指“四波罗夷法”初首的引言。说:

诸大士,此四波罗夷法,是菩萨摩得勒伽(指菩萨论藏),和合说。(第1107页上)

2. 正说。指“四波罗夷法”正文叙列的各戒条文。它们是：(1)“自赞毁他戒”。(2)“悭惜财法戒”(又称“悭戒”)。(3)“瞋不受悔戒”(又称“瞋戒”)。(4)“谤菩萨藏戒”(又称“谤乱正法戒”)。如关于“自赞毁他戒”等四戒，说：

若菩萨，为贪利故，自叹己德，毁呰他人，是名第一波罗夷处法(以上为“自赞毁他戒”的条文)。

若菩萨，自有财物，性悭惜故，贫苦众生，无所依怙(指依靠)，来求索者，不起悲心，给施所求，有欲闻法，吝惜不说，是名第二波罗夷处法(以上为“悭惜财法戒”)。

若菩萨，瞋恚出粗恶言，意犹不息，复以手打，或加杖石，残害恐怖，瞋恨增上，犯者求悔，不受其忏，结恨不舍，是名第三波罗夷处法(以上为“瞋不受悔戒”)。

若菩萨，谤菩萨藏，说相似法，炽然建立于相似法，若心自解，或从他受，是名第四波罗夷处法(以上为“谤菩萨藏戒”)。(第1107页上)

3. 结问。指“四波罗夷法”末尾的“三问清净”。说：

诸大士，已说四波罗夷法，若菩萨，起增上烦恼，犯一一法，失菩萨戒，应当更受。今问诸大士：是中清净不？(三说——原注)诸大士，是中清净，默然故，是事如是持。(第1107页上、中)

(二)“众多突吉罗法”(据内容拟立，又称“四十三轻戒”)。叙述禁止违犯的四十三种轻罪(又称“突吉罗罪”、“恶作”)。下分三个层次。

1. 序说。指“四十三轻戒”初首的引言。说：

诸大士，此菩萨众多突吉罗法，是菩萨摩得勒伽，和合

说。(第 1107 页中)

2. 正说。指“四十三轻戒”正文叙列的各戒条文。它们是:

(1)“不供养三宝戒”(又称“不供养塔像经卷戒”)。(2)“贪著利养戒”(又称“贪财物戒”)。(3)“不敬有德同法戒”(又称“不敬同法戒”)。(4)“不应请供戒”(又称“不应供戒”)。(5)“不受重宝施戒”(又称“不受施戒”)。(6)“不施法戒”(又称“障法施戒”)。(7)“不教悔罪戒”(又称“障无畏施戒”;以上为“摄善法戒”中的“布施”类戒法)。(8)“与声闻共学戒”。(9)“与声闻不共学戒”(智旭《菩萨戒本笺要》将以上二戒合作“不同声闻戒”一戒)。(10)“住邪命法戒”(又称“住邪命戒”)。(11)“掉戏戒”(又称“掉动嬉戏戒”)。(12)“倒说菩萨法戒”。(13)“不护讥嫌戒”(又称“不护雪讥谤戒”)。(14)“不折伏众生戒”(又称“行楚罚戒”;以上为“摄善法戒”中的“持戒”类戒法)。

(15)“瞋打报复戒”。(16)“不行忏谢戒”(又称“不如法忏谢戒”)。(17)“不受忏谢戒”。(18)“怀忿不舍戒”(又称“慊恨他戒”;以上为“摄善法戒”中的“忍辱”类戒法)。(19)“贪心畜徒戒”(又称“贪心畜眷属戒”)。(20)“非时睡眠戒”(又称“贪睡眠戒”)。(21)“虚谈度时戒”(又称“世论经时戒”;以上为“摄善法戒”中的“精进”类戒法)。(22)“不受师教戒”(又称“不求禅法戒”)。(23)“随五盖心戒”(又称“不除五盖戒”)。(24)“贪著静虑戒”(又称“取世禅戒”;以上为“摄善法戒”中的“禅定”类戒法)。

(25)“不学声闻法戒”(又称“毁声闻法戒”,“声闻法”指小乘)。(26)“背大向小戒”(“大”指大乘,“小”指小乘)。(27)“舍内学外戒”(又称“学诸外道戒”)。(28)“专习异论戒”（又称“爱乐邪法戒”，智旭《菩萨戒本笺要》将以上二戒合作“不习学佛戒”一戒）。（29）“不信深法戒”。（30）“贪恚赞毁戒”（又称“叹己毁他戒”）。（31）“憍慢不听法戒”（又称“不听正法戒”）。（32）“轻毁法师戒”（以上为“摄善法戒”中的“般若”类戒法）。

（33）“不助作务戒”（又称“不同事戒”）。（34）“不瞻事病人戒”（又称“不看病戒”）。（35）“不谏恶人戒”（又称“不说正理戒”）。（36）“有恩不报戒”（又称“不报恩戒”）。（37）“有难不慰戒”（又称“不慰忧恼戒”）。（38）“不施财戒”（又称“希求不给戒”）。（39）“不善摄徒众戒”（又称“不如法摄众戒”）。（40）“不随众生心戒”（又称“不随他戒”）。（41）“不随喜赞扬戒”（又称“不随喜功德戒”）。（42）“不行威折戒”（又称“不随行威折戒”）。（43）“不神力折摄戒”（又称“不随现神力折摄戒”；以上为“饶益有情戒”类戒法）。如关于“贪著财物戒”、“不学声闻法戒”、“不习学佛戒”等，说：

> 若菩萨，多欲不知足，贪著财物，是名为犯众多犯（指犯众多犯事，即犯“众多突吉罗”），是犯染污起（指以“染污心”犯戒）。不犯者，为断彼故，起欲方便，摄受对治，性利烦恼，更数数起（以上为“贪著财物戒”）。（第1107页中）
>
> 若菩萨，如是见、如是说言：菩萨不应听声闻经法，不应受，不应学，菩萨何用声闻法为？是名为犯众多犯，是犯染污起。何以故？菩萨尚听外道异论，况复佛语？不犯者，专学菩萨藏，未能周及（以上为“不学声闻法戒”）。（第1108页下）。
>
> 若菩萨，有求饮食、衣服，以瞋恨心，不能给施，是名为犯众多犯，是犯染污起。若懒堕懈怠，犯非染污起（指以

"非染污心"犯戒)。不犯者,若自无,若求非法物,若不益彼物,若以方便令彼调伏,如前说,若彼犯王法,护王意故,若护僧制(以上为"不施财戒")。(第 1109 页下)

3. 结说。指"四十二轻戒"末尾的"三问清净"。说:

诸大士,已说众多突吉罗法,若菩萨,犯一一法,应作突吉罗忏。若不忏者,障菩萨戒。今问诸大士:是中清净不?(三说——原注)诸大士,是中清净,默然故,是事如是持。(第 1110 页上)

三、结语。指本书末尾刊载的结束语。说:

诸大士,我已说菩萨四波罗夷法、众多突吉罗法,此是弥勒世尊摩得勒伽和合说,律仪戒、摄善法戒、摄众生戒。此诸戒法,能起菩萨行,能成菩萨道。……心得正住,自成佛法,教化众生,常无劳倦,善业毕竟,速成佛道。(第 1110 页上)

本书是源于《瑜伽师地论》的菩萨戒本,而《瑜伽论》菩萨戒从总体上来说,是一种"渐受戒",即必须先受"七众戒",修持无犯,方能进受"菩萨戒"。如同刘宋求那跋摩译《菩萨善戒经》(九卷本)卷四《菩萨地戒品》所指出的:"菩萨摩诃萨若欲受持菩萨戒者,先当净心受七种戒(指"七众戒"),七种戒者,即是净心趣菩萨戒。如世间人欲请大王,先当净治所居屋宅,是七种戒俱是在家、出家所受,菩萨戒者亦复如是。"(《大正藏》第三十卷,第 982 页下)因此,本书所说的菩萨戒也属于"渐受戒"。明智旭《菩萨戒本经笺要》在为本书作释说:"若优婆塞、优婆夷,必已先受五戒;若沙弥、沙弥尼,必已先受十戒;若式叉摩那,必已先受六法;若比丘、比丘尼,必已先受具戒,万无单受此菩萨戒

之理。”（《新纂续藏经》第三十九册，第180页下）

正因为如此，《梵网经》、《璎珞经》、《菩萨善戒经》、《优婆塞戒经》菩萨戒的重戒中，都有与小乘比丘戒本相同的“杀戒”、“盗戒”、“淫戒”、“妄语戒”，而本书和唐玄奘译《菩萨戒本》中则无此四戒，原因就在于先前所受的“七众戒”中，已含有此四戒，故在受菩萨戒就不必再受了。倘若违犯本书所说的“自赞毁他戒”、“悭惜财法戒”、“瞋不受悔戒”、“谤菩萨藏戒”四重戒，即“失菩萨戒”，“应当更受（指重受）”（见本书第1107页上）；违犯“杀戒”、“盗戒”、“淫戒”、“妄语戒”，当然也是这样。

本书是《瑜伽师地论》三种戒本（刘宋求那跋摩译《菩萨善戒经》、唐玄奘译《菩萨戒本》和本书）中，唯一依照布萨说戒的仪轨加以组织的菩萨戒本。明智旭对此作了很高的评价，说：“此即半月半月诵戒本也，此译最善。”（见《阅藏知津》卷三十二）。

本书的同本异译有：刘宋求那跋摩译《菩萨善戒经》一卷、唐玄奘译《菩萨戒本》一卷。

本书的注疏有：隋慧远《地持论义记》卷三（今存“卷三下”，佚“卷三上”）、明智旭《菩萨戒本笺要》一卷。

刘宋求那跋摩译《优婆塞五戒威仪经》一卷

《优婆塞五戒威仪经》，又名《菩萨优婆塞五戒威仪经》、《五戒威仪经》，一卷。刘宋求那跋摩译，约译于元嘉八年（431）。本书最初是作为“失译经”，分作“《优婆塞五戒经》一卷”、“《优婆塞威仪经》一卷”二种，著录于梁僧祐《出三藏记集》卷四《新集续撰失译杂经录》之中；隋彦琮等《众经目录》卷一将它们合为“《优婆塞五戒威仪经》”一种，但未署译者；唐智升《开元释教录》卷五据《宝唱录》，始将它列为求那跋摩译，后世藏经目录沿依此说。载于《丽藏》“念”函、《宋藏》“作”函、《金藏》“念”函、《元藏》“作”函、《明藏》“言”函、《清藏》“言”函、《频伽藏》“列”帙，收入《大正藏》第二十四卷。

本书是瑜伽类菩萨戒经，系据昙无谶译《菩萨戒本》的梵本及其他资料编集而成，叙述菩萨优婆塞戒（又称“在家菩萨戒”）“四波罗夷法”（又称“四重戒”）、“四十二轻戒”（内缺《菩萨戒本》的“轻毁法师戒”）、受戒法、忏悔法、优婆塞“五戒”和其他威仪杂法。本书的上半卷（始“诸大德，一心谛听谛听”，终“若下烦恼犯波罗夷处法，及余所犯，向一人忏”）有关菩萨戒戒相的内容，与昙无谶译《菩萨戒本》所说大致相同，但译文有些出入。就戒条而言，《菩萨戒本》轻戒中有“轻毁法师戒”，为本书所缺；就文体而言，《菩萨戒本》是依每半月一次诵戒的形式组织的，故于重戒、轻戒之末均有“三问清净”语，本书不是诵本，因而也无这些文词。此外，上半卷有关菩萨戒的功德、受法、忏悔法的内容，为《菩萨戒本》所缺，而与求那跋摩译《菩萨善戒经》所说大致相同。本书的下半卷（始“三礼文”，终“十方饿者，悉令饱满，皆悉奉行”）有关优婆塞“五戒”的行法等内容，为上述二本所无。因此，从今本的内容判断，并非像有的研究者所说，上半卷为《优婆塞五戒经》、下半卷为《优婆塞威仪经》，而是上半卷为《菩萨戒本》的别抄本，下半卷为《优婆塞五戒经》、《优婆塞威仪经》。全书的结构如下。

一、归敬偈。指本书初首刊载的偈颂，为五言二十四句。说，“甚深菩萨戒，功德难思议。受者获安隐，福慧日夜生”。此偈与昙无谶译本中的归敬偈并非是同一偈。

二、菩萨戒的戒相。指本书正文叙述的菩萨戒的条文。其内容与昙无谶译《菩萨戒本》大致相同，但戒条的表述文句有些出入。原书中的戒条，是用一句话或一段话来表述的，并无戒条的名称，今在解说时，参照前述北凉昙无谶译《菩萨戒本》的戒名，予以标立，以利研习。

（一）“四波罗夷法”（又称“四重戒”）。叙述禁止违犯的四种重罪（又称“波罗夷罪”），以及“软、中、上”三品犯事的分别。

1. “四重戒”。它们是：（1）“自赞毁他戒”。（2）“悭惜财法戒”（又称“悭戒”）。（3）“瞋不受悔戒”（又称“瞋戒”）。（4）“谤菩萨藏戒”（又称“谤乱正法戒”）。如关于“自赞毁他戒”等四戒，说：

> 住菩萨戒者，有四波罗夷法。何等为四？若菩萨，为利养故，自赞毁他，是名菩萨波罗夷（以上为“自赞毁他戒”）。（《大正藏》第二十四卷，第1116页下）
>
> 若菩萨，多饶财物，贫苦之人来从乞索，菩萨悭贪，无有慈心，乃至不施一钱之物，有求法者，乃至不为说于一偈，是名菩萨波罗夷（以上为“悭惜财法戒”）。（第1116页下—第1117页上）
>
> 若菩萨，瞋于前人，恶言骂辱，加以手打，及以杖石，意犹不息，前人求悔，善言忏谢，菩萨犹瞋，愤结不解，是名菩萨波罗夷（以上为“瞋不受悔戒”）。（第1117页上）
>
> 若菩萨，自谤菩萨法藏，若见人谤，善可其言，既自不信，反助他言，若心自解，或从他受，是名菩萨波罗夷（以上为“谤菩萨藏戒”）。（第1117页上）

2. “三品犯事”（又称“犯有三种”）。说，犯戒有三种，若以“软、中心犯”（指下品、中品烦恼违犯），“不名失”（指不作“失戒”处理）；若以“增上心犯”（又称“上犯”，指上品烦恼违犯），“是名为失”（指按“失戒”处理），但“失戒”以后可以“更受”（指重受）；唯有犯“舍菩提愿”、“增上恶心”二事，才真失“菩萨

戒”。如关于“犯有三种”,说:

犯有三种,有软(指下)、中、上。若软、中心犯,是不名失;若是增上心犯,是名为失。何者是上?若犯上四,数数乐犯,心无惭耻,不自悔责,是名上犯。菩萨虽犯于上四事,不即永失,如比丘犯四(指“四波罗夷法”),即为永弃,菩萨不尔。何以故?比丘犯四,更无受路,菩萨虽犯,脱可更受,是故不同。略有二事,失菩萨戒:一舍菩提愿、二增上恶心。除是二事,若舍此身,戒终不失。(第1117页上)

(二)“四十二轻戒”(此据内容拟立,明智旭《在家律要广集》卷二因开合不同,计作“四十轻戒”)。叙述禁止违犯的四十二种轻罪。它们是:

(1)“不供养三宝戒”。(2)“贪著利养戒”。(3)“不敬有德同法戒”(又称“不恭敬尊长戒”)。(4)“不应请供戒”。(5)“不受重宝施戒”。(6)“不施法戒”。(7)“不教悔罪戒”(又称“不悲心教诫戒”)。(8)“与声闻共学戒”。(9)“与声闻不共学戒”(明智旭《在家律要广集》卷二将以上二戒合为一戒,称之为“权受利人”)。(10)“住邪命法戒”(又称“五非法戒”)。(11)“掉戏戒”。(12)“倒说菩萨法戒”。(13)“不护讥嫌戒”(又称“不护身口戒”)。(14)“不折伏众生戒”。(15)“瞋打报复戒”。(16)“不行忏谢戒”。(17)“不受忏谢戒”。(18)“怀忿不舍戒”。(19)“贪心畜徒戒”。(20)“非时睡眠戒”。(21)“虚谈度时戒”。

(22)“不受师教戒”。(23)“随五盖心戒”。(24)“贪著静虑戒”。(25)“不学声闻法戒”。(26)“背大向小戒”。(27)“舍内学外戒”。(28)“专习异论戒”(明智旭《在家律要广集》卷二将以上二戒合为一戒,称之为“不习外典”)。

(29)“不信深法戒”。(30)“贪恚赞毁戒”。(31)“憍慢不听法戒”(昙无谶译《菩萨戒本》在此戒之后尚有“轻毁法师戒”)。(32)“不助作务戒”。(33)“不瞻事病人戒”。(34)“不谏恶人戒”。(35)“有恩不报戒”。(36)“有难不慰戒”。(37)“不施财戒”。(38)“不善摄徒众戒”。(39)“不随众生心戒”。(40)“不随喜赞扬戒”。(41)“不行威折戒”。(42)“不神力折摄戒”。如关于“不敬有德同法戒”、“住邪命法戒”、“不助作务戒”,说:

菩萨见上座尊长、耆年宿德、同师同学,生憍慢心,及瞋恶心,不起承迎、礼拜、避座,设有言语,余谈不听,若有所问,不如实答者,犯重垢罪(指以“染污心”犯罪)。若无慢瞋、恚痴之意,直以懒惰、无记、散心,犯轻垢罪。不犯者,若病若狂,若时睡眠,若听法说法,若先共他人语,若为调伏,灭恶增善,若有僧限,护多人意,是名不犯(以上为“不敬有德同法戒”)。(第1117页中)

菩萨有五非法,一谄、二华、三相、四以利求利、五邪命,有此五事,以不为愧、不制不息者,犯重垢罪(指以“染污心”犯罪)。不犯者,觉是非法,常欲制之,是名不犯(以上为“住邪命法戒”)。(第1117页下)

菩萨有人来请(原误作“倩”),我有事缘,当为营办,所谓共去共还,营佐众事,有所营了,守护财物,和合斗讼,经办饮食,修福德业。若一二事不为作者,犯重垢罪(指以“染污心”犯罪)。若懒惰不为,犯轻垢罪(指以“非染污心”犯罪)。不犯者,若病,若无巧便,若自有事,若彼能办,若不相请,若无益事,若为调伏,灭恶增善,若无他请,若报他作,勤修善根,若自暗钝,恐失业次,若有僧限,护多人意,

是名不犯(以上为"不助作务戒")。(第 1118 页下—第 1119 页上)

三、受菩萨戒的功德。叙述受持菩萨戒的"五事功德"。说,受持菩萨戒,能成就"常为诸佛菩萨所护念"、"受常净乐"、"临终无悔"、"舍身得生诸佛世界"、"庄严阿耨多罗三藐三菩提"五种功德,"菩萨受持菩萨戒者,不自为身,唯为利他"。

四、受菩萨戒的仪法。叙述受菩萨戒的仪轨。《瑜伽论》菩萨戒中的受戒法,分为"从师受"(指有大乘法师时,应请法师授与菩萨戒)、"像前受"(指无大乘法师时,可在佛像前自誓受菩萨戒)两种,本书主要说后一种。如关于"像前受",说:

欲为菩萨优婆塞放逸(此二字疑衍)五戒威仪者,若无师从受处,尔时,受者若无师,应向佛像前,自誓受菩萨优婆塞威仪。应如是作礼,偏袒右肩,胡跪合掌,应如是言:我某甲,白十方佛,及住大地诸菩萨等,今于诸佛前,欲受一切戒,学一切菩萨戒、优婆塞五戒威仪,摄一切善法菩萨戒,为利众生戒。是戒,过去诸菩萨已学,未来诸菩萨当学,现在诸菩萨今学,我亦如是学。第二、第三(遍)亦如是说竟。(第 1119 页下)

五、优婆塞"五戒"的行法。叙述优婆塞如何终身修行"五戒"。说,"离欲优婆塞"修行"五戒",应当远离"身四恶"、"口五恶"、"五邪命"、"严饰五事"、"放逸五事"。如说:

离欲优婆塞具行五戒,远离身四恶,一者杀、二者盗、三者淫、四者饮酒;远离口五恶,一者妄语、二者恶口、三者两舌、四者无义语、五者绮语;远离五邪命,一者卖肉、二者沽酒、三者卖毒、四者卖众生、五者卖兵仗;远离严饰五事,一者香、二者花、三者璎珞、四者香油涂身、五者香熏衣；远离放逸五事，一者歌、二者舞、三者作乐、四者严饰乐器、五者不往（此二字疑衍）观听。（第1119页下）

六、菩萨戒的忏悔法。叙述受菩萨戒后犯戒的忏罪法。说，优婆塞受菩萨戒后，若犯“突吉罗罪”（指轻罪），应当向“大乘人”或“小乘人”作忏悔；若以“增上烦恼”犯“波罗夷处法”（指重罪），按“失戒”处理；若以“中烦恼”或“下烦恼”犯“波罗夷处法”，应当向“三人”或“一人”作忏悔。如说：

此一切菩萨犯当突吉罗罪，当向大小乘人能解说、能受悔者，如法忏悔。若菩萨以增上烦恼犯波罗夷处法者，失律仪戒，应当更受。若中烦恼犯波罗夷处法者，当向三人、若过三人，长跪合掌，作突吉罗忏悔。所犯罪多，作是说言：大德忆念，我某甲，舍菩萨毗尼，如所称事，犯突吉罗罪。余如比丘突吉罗罪忏悔法说。若下烦恼犯波罗夷处法，及余所犯，向一人忏。（第1120页上）

七、威仪杂法。叙述“三礼文”（指礼三宝时念诵的文词）、“发心时立五愿”（指“愿令我早弃此身”等）、“受绳床法四种”（指“请佛”等）、“受锡杖法”、“坐绳床法”（指“捉绳床时作四念”、“安详放床作三念”、“绳床安坐作六念”、“移时作三念”等）、“受食四念”（指“念我身中有八万户虫”等）等威仪法。

本书的名称与求那跋摩译的《优婆塞五戒相经》十分接近，似乎都是论述优婆塞“五戒”和“威仪”的，但相较之下，内容大相径庭。本书说的是大乘在家戒，而《优婆塞五戒相经》说的小乘在家戒。因此，仅从书名上去推测内容，有时是很不可靠的，必须深入原典，才能探知实情。

第四品　刘宋求那跋摩译《菩萨善戒经》一卷

《菩萨善戒经》，又名《菩萨善戒经戒本》、《菩萨地善戒经》、《善戒经》、《优波离问菩萨受戒法》，一卷。刘宋求那跋摩译，元嘉八年（431）译出。梁僧祐《出三藏记集》卷二著录。载于《丽藏》“克”函、《金藏》“克”函、《频伽藏》“列”帙，收入《大正藏》第三十卷。

本书是瑜伽类菩萨戒经，叙述《善戒经》菩萨戒“八重法”（又称“八重戒”）、“四十二轻戒”（此据隋慧远《地持论义记》卷三之下所计），以及受菩萨戒法、忏悔法等。所说的《善戒经》，指的是刘宋求那跋摩译《菩萨善戒经》九卷本和《菩萨善戒经》一卷本（即本书）。九卷本分为三十品，是昙无谶译《菩萨地持经》十卷、唐玄奘译《瑜伽师地论》卷三十五至卷五十《本地分中菩萨地》的同本异译，但在叙述次第和内容上存在着一些差异，九卷本中的卷四《菩萨地戒品》，仅相当于《菩萨地持经》卷四《方便处戒品》。宋、元、明藏本将本书与九卷本合编在一起，称本书为“菩萨善戒经卷第十”，即九卷本后续的第十卷，这是不确切的。通过比对发现，本书实际上是九卷本中的卷四《菩萨地戒品》的后续，其内容大致相当于《菩萨地持经》卷五《方便处戒品（之余）》、《瑜伽师地论》卷四十至卷四十一《本地分中菩萨地 · 初持瑜伽处戒品》。也就是说，《菩萨善戒经》原先是与北凉昙无谶译《菩萨地持经》相同的，为十卷本，本书则是十卷本中的卷五《菩萨地戒品（之余）》，应插在传今的九卷本之中。因此，九卷本中的卷五应改为卷六，乃至卷九应改为卷十。只是古代出于诵持的需要，才将本书从十卷本中分离出来，成为独立的单行本。全书的结构如下。

一、受菩萨戒法。叙述受菩萨戒的条件和受菩萨戒的仪轨。

（一）受菩萨戒的条件。说，求受菩萨戒者须先具足"优婆塞戒"、"沙弥戒"、"比丘戒"三种戒（实指"七众戒"），方可进受菩萨戒。如关于"具足三种戒"，说：

> 菩萨摩诃萨成就戒、成就善戒、成就利益众生戒，先当具足学优婆塞戒、沙弥戒、比丘戒。若言不具优婆塞戒，得沙弥戒者，无有是处；不具沙弥戒，得比丘戒者，亦无是处；不具如是三种戒者，得菩萨戒，亦无是处。譬如重楼，四级次第，不由初级至二级者，无有是处；不由二级，至于三级，不由三级至四级者，亦无是处。菩萨具足三种戒已，欲受菩萨戒，应当至心以无贪著，舍于一切内外之物。若不能舍、不具三戒，终不能得菩萨戒也。（《大正藏》第三十卷，第1013页下—第1014页上）

（二）受菩萨戒的仪轨。说，求受菩萨戒者在具足"三种戒"之后，若无人作师，可在佛菩萨像前，以"十方佛菩萨为师"，自乞菩萨戒，"尔时，十方佛菩萨即作相示，当知得戒"，此为"自羯磨"；若明知有"智者"（指有智慧的大乘法师），而不前往乞受者，"不得菩萨戒"。如关于从"具智者"受菩萨戒，说：

> 尔时，智者语受者言：善男子谛听，法弟菩萨，汝今真实是菩萨不？真实发于菩提心不？受者答言：大德，实是。智者复言：汝今具足三种戒不？答言：具足。又问：能舍内外所有物不？答言：能舍。又问：惜身财不？答言：不惜。又问：汝能从我受一切菩萨戒，摄持一切菩提道戒，利益一切诸众生戒，是戒如十方三世诸佛菩萨戒，汝能持不？

答言：能。第二、第三亦如是。尔时，智者应唱是言：十方诸佛及诸菩萨大德僧听，今某甲求我，从十方佛菩萨僧，乞受菩萨戒。已具三戒，发菩提心，真实菩萨，能舍一切内外所有，不惜身命。愿十方诸佛菩萨僧，怜愍故，施某甲菩萨戒。怜愍故，施无量无边无上功德宝藏戒。为利益众生故，增长诸佛菩萨法故。第二、第三亦如是。（第 1014 页中）

二、菩萨戒的戒相。叙述菩萨戒的条文。下分“八重法”（又称“八重戒”）、“四十六轻戒”（此据内容拟立）两类（原书未有轻戒的总数，此为将本书与昙无谶译《菩萨戒本》、玄奘译《菩萨戒本》作对照后得出的统计数）。原书中的戒条，是用一句话或一段话来表述的，并无戒条的名称，很难记诵。今在解说时，参照明智旭《菩萨戒本笺要》等注疏中的戒名，予以标立，以利研习。

（一）“八重法”（又称“八重戒”）。叙述禁止违犯的八种重罪。这些重戒是：（1）“杀戒”。（2）“盗戒”。（3）“淫戒”。（4）“妄语戒”。（5）“自赞毁他戒”。（6）“悭惜财法戒”。（7）“瞋不受悔戒”。（8）“谤菩萨藏戒”。如关于“自赞毁他戒”等，说：

菩萨戒者，有八重法，四重如先（指“七众戒”中的“杀戒”、“盗戒”、“淫戒”、“妄语戒”）。菩萨若为贪利养故，自赞其身得菩萨戒、住菩萨地，是名菩萨第五重法（以上为“自赞毁他戒”）。（第 1015 页上）

若有贫穷受苦恼者，及以病人来从乞索，菩萨贪惜不施，乃至一钱之物，有求法者，吝惜不施，乃至一偈，是名菩萨第六重法（以上为“悭惜财法戒”）。（第 1015 页上）

菩萨若瞋，不应加恶，若以手打，或杖或石，恶声骂辱，

> 或时无力不能打骂，心怀瞋忿，若为他人之所打骂，前人求悔，不受其忏，故怀瞋恨，增长不息，心不净者，是名菩萨第七重法（以上为“瞋不受悔戒”）。（第1015页上）
>
> 菩萨若有同师同学，诽谤菩萨方等法藏，受学顶戴相似非法者，不应共住，若定知已，不得向人赞叹其德，是名菩萨第八重法（以上为“谤菩萨藏戒”）。（第1015页上）

（二）“四十六轻戒”。叙述禁止违犯的四十六种轻罪。其中，昙无谶译《菩萨戒本》中的“与声闻共学戒”、“与声闻不共学戒”、“住邪命法戒”、“不折伏众生戒”、“瞋打报复戒”、“贪著静虑戒”、“专习异论戒”七条，为本书所无；本书中的“不次第受戒戒”、“不受绢衣金银戒”、“辱打法师戒”等十二条（下详），为昙无谶译《菩萨戒本》所无。这些轻戒是：

（1）“不供养三宝戒”。（2）“贪著利养戒”。（3）“不敬有德同法戒”。（4）“不次第受戒戒”（此为本书特有的戒条）。（5）“不应请供戒”。（6）“至白衣舍不说法戒”（本书特有，与第八条“不施法戒”主旨相近而文意不同）。（7）“不受重宝施戒”。（8）“不施法戒”。（9）“不教悔罪戒”。（10）“为他乞衣自著戒”（本书特有）。（11）“不受绢衣金银戒”（本书特有，与小乘戒相反）。（12）“默受赞美戒”（本书特有）。（13）“戏笑不呵责戒”（相当于北凉昙无谶译《菩萨戒本》的“掉戏戒”，但文意略有出入）。（14）“倒说菩萨法戒”。（15）“不护讥嫌戒”。（16）“不行不受忏谢戒”（此戒是将昙无谶译本中的“不行忏谢戒”、“不受忏谢戒”二戒合为一戒）。（17）“怀忿不舍戒”。（18）“染心与尼同行戒”（本书特有）。（19）“不从非亲里尼受食”（本书特有）。

（20）“贪心畜徒戒”。（21）“非时睡眠戒”。（22）“虚谈度时戒"。(23)"不受师教戒"。(24)"随五盖心戒"。(25)"不学声闻法戒"。(26)"背大向小戒"。(27)"舍内学外戒"。(28)"不信深法戒"。(29)"贪恚赞毁戒"。(30)"憍慢不听法戒"。(31)"轻毁法师戒"。(32)"不助作务戒"。(33)"辱打法师戒"(本书特有)。(34)"不随众生心戒"。(35)"不瞻事病人戒"。(36)"不谏恶人戒"。(37)"畜白衣物戒"(此为本书特有)。(38)"金银器受食戒"(本书特有)。(39)"受恩不念戒"(本书特有)。(40)"有恩不报戒"。(41)"有难不慰戒"。(42)"不善摄徒众戒"。(43)"不随喜赞扬戒"。(44)"床榻过八指戒"(本书特有)。(45)"不行威折戒"。(46)"不神力折摄戒"。如关于"不次第受戒戒"、"有难不慰戒",说:

> 若比丘为求罪过听菩萨戒,不信受者、不信教者,及不成就优婆塞戒、不成就沙弥戒、不成就波罗提木叉戒者,不得听菩萨戒,听者得罪。若比丘犯波夜提罪,不惭愧、不生悔听菩萨戒者,得偷罗遮罪;若比丘犯偷罗遮罪,不惭愧、不生悔听菩萨戒者,得僧伽婆尸沙罪;若比丘犯僧伽婆尸沙罪,不惭愧、不生悔听菩萨戒者,得波罗夷罪。谓第八重若有说者,得僧伽婆尸沙。是故经中作如是言:不信者不应听,不信者不应说(以上为"不次第受戒戒")。(第 1015 页中、下)。

> 菩萨若受菩萨戒已,见有苦人,若死、失物、王贼、水火、亲属离别,应往其所,说法慰喻,随其所须,任力给施。若不能者,犯罪。不犯者,若不得自在、若自重病、若不受语、若有疑难、若王瞋彼人、若僧制(以上为"有难不慰戒")。(第 1017 页中)。

三、菩萨忏悔法。叙述受菩萨戒后犯戒的忏罪法。说，受菩萨戒后，“常（当）至心念，不作犯想”，若有违犯，“应向人发露忏悔”。

四、菩萨戒的功德。叙述“九种菩萨摩诃萨戒”中的“难戒”、“一切自戒”、“善人戒”、“一切行戒”、“除戒”、“自利利他戒”、“寂静戒”等菩萨戒别称的含义，以及受持菩萨戒的五种功德。如关于“自利利他戒”，说：

> 自利利他戒者，菩萨于戒遮处则遮，开处则开。若遮处不遮、开处不开者，得罪。菩萨知一切众生可摄则摄，可舍则舍，身口净戒，常共檀波罗蜜行，乃至共般若波罗蜜行。如是净戒，自利利他，是名自利利他戒。（第1018页上）

虽说北凉昙无谶译《菩萨戒本》、唐玄奘译《菩萨戒本》和本书均为同本异译，但比较而言，前二书菩萨戒条文基本相同，而本书则与它们出入较大。这说明在印度，《瑜伽师地论·菩萨地》的流通本并非只有一种。

此外，需要指出的是，本书是不立品目的。日本《大正新修大藏经勘同目录》在本书名下，列有《依止胜相品》、《应知胜相品》、《应知入胜相品》等十品，经查检，此十品乃是陈真谛译《摄大乘论》三卷的品目，不知怎地，张冠李戴，误植于此。读者须加甄别。

本书的同本异译有：北凉昙无谶译《菩萨戒本》一卷、唐玄奘译《菩萨戒本》一卷。

第五品　唐玄奘译《菩萨戒本》一卷

附：唐玄奘译《菩萨戒羯磨文》一卷

《菩萨戒本》，又名《瑜伽菩萨戒本》、《菩萨戒经》、《菩萨戒本经》，一卷。唐玄奘译（书题“弥勒菩萨说，沙门玄奘奉诏译”），贞观二十三年（649）译出。唐智升《开元释教录》卷八著录。载于《丽藏》“克”函、《宋藏》“念”函、《金藏》“克”函、《元藏》“念”函、《明藏》“笃”函、《清藏》“笃”函、《频伽藏》“列”帙，收入《大正藏》第二十四卷。

玄奘（600—664），俗名陈祎，洛州缑氏（今河南偃师县缑氏镇）人。父亲陈慧早通经术，曾任江陵令，隋大业年间辞官退隐。玄奘兄弟四人，他排行为末。年十一，随出家的二哥长捷法师住洛阳净土寺，诵习佛经。年十三，正式受度出家，于寺中听景法师讲《涅槃经》，从严法师学《摄大乘论》，抑扬剖畅，备尽师宗。隋末，天下战乱饥荒，僧人为避乱，多往奔较为丰静的蜀地。玄奘与二哥长捷同行，先抵长安，后往成都。在那里，听宝暹讲《摄大乘论》、道基讲《杂阿毗昙心论》、道振讲《八犍度论》。二三年间，究通诸部。唐武德五年（622），于成都受具足戒，坐夏学律。以后，沿江东下，至荆州、扬州，继尔北游相州，至赵州谒道深学《成实论》，入长安就道岳学《俱舍论》。经过多年参谒咨禀、覃思研究，博通经论，备悉各家学说，在京邑享有很高的声誉。玄奘有感于各地讲筵所说不一，验之佛典，也隐显有异，莫知适从，于是决定像东晋法显那样，舍身忘命，去印度求法。

贞观三年（629）四月，玄奘发自长安，踏上西行的旅途。越玉门关，过关外五峰，经新疆、前苏联的中亚地区、阿富汗，进入印度境内。一路上，流沙、雪山、峭崖、横川，鸟兽无踪，人烟断灭，历经艰辛，终于在三年以后，到达当时印度的佛教中心——摩揭陀国那烂陀寺（今印度比哈尔邦境内）。在那里师事戒贤，学习印度大乘瑜伽行派的学说。后来，又周游印度各地，巡礼佛教遗迹，随处问学。贞观十九年（645），携带大量佛经返回长安。前后历时十七年，行程五万余里，亲履一百一十国，成为历史上最著名的旅行家之一。回国后，玄奘组织译场，全力从事佛经翻译，共译出大小乘经律论七十五部一千三百三十五卷(《开元释教录》卷八将《大唐西域记》计算在内，作"七十六部一千三百四十七卷")，为中国佛教史上译经最多的一个人。并在译经过程中，讲解口授，训导门徒，创立了唯识宗(又称"法相宗")。著有《大唐西域记》十二卷、表启三十四篇(收入《玄奘上表记》)。生平事迹见唐慧立、彦悰《大唐大慈恩寺三藏法师传》、冥祥《大唐故三藏玄奘法师行状》、道宣《续高僧传》卷四等。

本书是瑜伽类菩萨戒经，叙述《瑜伽论》菩萨戒"四种他胜处法"(又称"四重戒")、"四十三轻戒"。所说的《瑜伽论》，指的是唐玄奘译《瑜伽师地论》一百卷，此论是大乘瑜伽行派的根本论书，分为《本地分》、《摄决择分》、《摄释分》、《摄异门分》、《摄事分》五分，其中，所述最详的是《本地分中菩萨地》。本书根据《瑜伽师地论》卷四十至卷四十一《本地分中菩萨地·初持瑜伽处戒品》辑出，内容大致相当于北凉昙无谶译《菩萨戒本》一卷、刘宋求那跋摩译《菩萨善戒经》一卷，但有些章段和语句略有出入。

本书所叙菩萨戒中的"四种他胜处法"，性质上属于"三聚净戒"中的"律仪戒"(又称"摄律仪戒")；"四十三轻戒"前三十二戒("不供养三宝戒"至"轻毁法师戒")，性质上属于"摄善法戒"(若依"六度"区分，内含"布施"类七条、"持戒"类七条、"忍辱"类四条、"精进"类三条、"禅定"类三条、"般若"类八条)；"四十三轻戒"末十一戒("不同事戒"至"神力不折摄戒")属于"饶益有情戒"。

原书中的戒条，是用一句话或一段话来表述的，并无戒条的名称。有些戒条的表述文句，因分别"有违犯"(指犯戒)、"无违犯"(指不犯戒)、"染"(又称"染违犯"，指因邪见、爱染、不信、无惭愧、恨、恼、悭、嫉等“染污心”而犯戒）、“非染”（又称“非染违犯”，指因忘念、懈怠等“非染污心”而犯戒）、“上品缠犯”（指以上品烦恼违犯）、“中品缠犯”（指以中品烦恼违犯）、“下品缠犯”（又称“软品缠犯”，指以下品烦恼违犯）等事项，文字长达数百字（最长的是轻戒中的“与声闻不共学戒”，有一千多字），很难把握。今解说时，参照明智旭《菩萨戒本经笺要》、近代太虚《瑜伽菩萨戒本讲录》等的做法，标立戒名，以利研习。全书下分三个层次。

一、劝学语。指本书初首刊载的引言。说：

若诸菩萨，已受菩萨所受净戒，应自数数专谛思惟，此是菩萨正所应作，此非菩萨正所应作。既思惟已，然后为成正所作业，当勤修学。又应专励听闻菩萨素呾缆藏（指经藏），及以菩萨摩呾理迦（指论藏），随其所闻，当勤修学。（《大正藏》第二十四卷，第1110页中）

二、菩萨戒的戒相。指本书正文叙述的菩萨戒的条文。下分“四他胜处法”（又称“四种他胜处法”，此为原标题）、“四十三轻戒”（此据内容拟立）二类。

（一）“四种他胜处法”（又称“四他胜处法”、“四重戒”）。叙述禁止违犯的四种重罪（又称“波罗夷罪”）。下分三个层次。

1. 序说。指“四种他胜处法”初首的引言。说：

若诸菩萨，住戒律仪，有其四种他胜处法。何等为四？（第1110页中）

2. 正说。指“四种他胜处法”正文叙列的各戒条文。它们是：（1）“自赞毁他戒”。（2）“悭惜财法戒”。（3）“瞋不受悔戒”。（4）“谤菩萨藏戒”。如关于“自赞毁他戒”、“悭惜财法戒”，说：

若诸菩萨，为欲贪求利养、恭敬，自赞、毁他，是名第一他胜处法（以上为“自赞毁他戒”）。（第1110页中）

若诸菩萨，现有资财，性悭财故，有苦有贫、无依无怙正求财者，来现在前，不起哀怜，而修惠舍。正求法者，来现在前，性悭法故，虽现有法而不舍施，是名第二他胜处法（以上为“悭惜财法戒”）。（第1110页中）

3. 结说。指“四种他胜处法”末尾的小结。说：

菩萨于四他胜处法，随犯一种，况犯一切，不复堪能于现法中，增长摄受菩萨广大菩提资粮，不复堪能于现法中，意乐清净，是即名为相似菩萨，非真菩萨。……若诸菩萨，由此毁犯，弃舍菩萨净戒律仪，于现法中堪任更受，非不堪任。如苾刍住别解脱戒，犯他胜法，于现法中不任更受（以上指菩萨犯四波罗夷罪，即为舍戒，但允许重受菩萨戒；比丘犯四波罗夷罪，不允许重受比丘戒）。（第1110页中、下）

（二）“四十三轻戒”（此据内容拟立）。叙述禁止违犯的四十三种轻罪（又称“突吉罗罪”、“恶作”）。下分三个层次。

1. 序说。指“四十三轻戒”的引言。说：

如是菩萨安住菩萨净戒律仪（指受持菩萨净戒），于有违犯（指犯戒）及无违犯（指不犯戒），是染（指以染污心犯戒）、非染（指以非染污心犯戒），软中上品（指以下品烦恼、中品烦恼、上品烦恼违犯），应当了知。（第1110页下）

2. 正说。指“四十三轻戒”叙列的各戒条文。它们是：
（1）“不供养三宝戒”。（2）“贪著利养戒”。（3）“不敬有德同法戒”。(4)“不应请供戒”。(5)“不受重宝施戒”。(6)“不施法戒”。(7)“不教悔罪戒”(以上为“摄善法戒”中的“布施”类戒法)。(8)“与声闻共学戒”(此指不得不学与声闻戒相同的“遮戒”,即世法不禁止而佛法禁止的自性非恶、但妨乱修道的行为)。(9)“与声闻不共学戒”(此指不得不学与声闻戒不同的“遮戒”和“性戒”,前者指允许为“利他”而蓄积“三衣一钵”以外的其他财物,如金银珠宝等;后者指为“利他”而方便开许“七支性罪”,下详)。(10)“住邪命法戒”。(11)“掉戏戒”。(12)“倒说菩萨法戒”。(13)“不护讥嫌戒”。(14)“不折伏众生戒”(以上为“摄善法戒”中的“持戒”类戒法)。(15)“瞋打报复戒”。(16)“不行忏谢戒”。(17)“不受忏谢戒”。(18)“怀忿不舍戒”(以上为“摄善法戒”中的“忍辱”类戒法)。(19)“贪心畜徒戒”。(20)“非时睡眠戒”。(21)“虚谈度时戒”(以上为“摄善法戒”中的“精进”类戒法)。

(22)“不受师教戒”。(23)“随五盖心戒”。(24)“贪著静虑戒”(以上为“摄善法戒”中的“禅定”类戒法)。(25)“不学声闻法戒”(“声闻法”指小乘)。(26)“背大向小戒”(“大”指大乘,“小”指小乘)。(27)“舍内学外戒”。(28)“专习异论戒”。(29)“不信深法戒”。(30)“贪恚赞毁戒”。(31)“憍慢不听法戒”。(32)“轻毁法师戒”(以上为“摄善法戒”中的“般若”类戒法)。(33)“不助作务戒”。(34)“不瞻事病人戒”。(35)“不谏恶人戒”。(36)“有恩不报戒”。(37)“有难不慰戒”。(38)“不施财戒”。(39)“不善摄徒众戒”。(40)“不随众生心戒”。(41)“不随喜赞扬戒”。(42)“不行威折戒”。(43)“不神力折摄戒”(以上为“饶益有情戒”类戒法)。如关于“与声闻共学戒”、“与声闻不共学戒”、“不施财戒”,说:

若诸菩萨，安住菩萨净戒律仪，如薄伽梵（指佛）于别解脱毗奈耶中，将护他故，建立遮罪（指世法不禁止而佛法禁止的自性非恶、但妨乱修道的行为），制诸声闻，令不造作，诸有情类，未净信者令生净信，已净信者令倍增长。于中菩萨与诸声闻应等修学，无有差别。何以故？以诸声闻自利为胜，尚不弃舍将护他行，为令有情未信者信，信者增长，学所学处（指戒），何况菩萨利他为胜（以上为“与声闻共学戒”）？（第1111页下）

若诸菩萨，安住菩萨净戒律仪，如薄伽梵（指佛）于别解脱毗奈耶中，为令声闻少事、少业、少希望住，建立遮罪，制诸声闻令不造作。于中菩萨与诸声闻，不应等学。何以故？以诸声闻自利为胜，不顾利他。……非诸菩萨利他为胜，不顾自利。……若诸菩萨，安住菩萨净戒律仪，善权方便，为利他故，于诸性罪（指世法和佛法共同禁止的自性为恶的行为）少分现行，由是因缘，于菩萨戒无所违犯，生多功德。谓如菩萨，见恶劫贼为贪财故，欲杀多生，或复欲害大德声闻。……见是事已，发心思惟：……我宁杀彼堕那落迦（指地狱），终不令其受无间苦。……为当来故，深生惭愧，以怜愍心而断彼命。由是因缘，于菩萨戒无所违犯，生多功德（以上为“与声闻不共学戒”）。（第1111页下—第1112页上）

3. 结说。指“四十三轻戒”的小结。说：

又一切处无违犯者，谓若彼心增上狂乱，若重苦受之所逼切，若未曾受净戒律仪，当知一切皆无违犯。（第1115页中）

三、菩萨戒的忏悔法。指受菩萨戒后犯戒的忏罪法。说，受菩萨戒后，“从初专精，不应违犯”，如若有所违犯，应当“疾疾悔除，令得还净”。若“上品缠犯”（指上品烦恼犯重戒），即为“失戒”，必须重新受戒；“中品缠犯”（指中品烦恼犯重戒），应对“三补特伽罗”（指三位大德，大小乘人均可；明智旭《菩萨戒羯磨文释》说，“受戒必须大乘法师，忏悔不拘小乘、大乘者”）发露忏悔，作“对首忏”；“下品缠犯及余违犯”（指以下品烦恼犯重戒或其他轻戒），应对“一补特伽罗”（指一位大德）发露忏悔，作“对首忏”，若无大德，可作“自誓忏”，忏悔除罪。如说：

> 若诸菩萨，以上品缠违犯如上他胜处法，失戒律仪，应当更受。若中品缠违犯如上他胜处法，应对于三补特伽罗，或过是数，应如发露除恶作法。先当称述所犯事名，应作是说：长老专志，或言大德，我如是名，违越菩萨毗奈耶法，如所称事，犯恶作罪。余如苾刍发露悔灭恶作罪法，应如是说。若下品缠违犯如上他胜处法，及余违犯，应对于一补特伽罗发露悔法，当知如前。若无随顺补特伽罗，可对发露，悔除所犯。尔时，菩萨以净意乐，起自誓心：我当决定防护当来，终不重犯。如是于犯，还出还净。（第 1115 页中、下）

四、结语。指本书末尾刊载的结束语。说，本书所说的菩萨戒的戒条，是佛在契经中随机所作的散说，它包括“律仪戒”、“摄善法戒”、“饶益有情戒”三大类，弥勒菩萨在这部菩萨论藏（指《瑜伽师地论》）将它们综集起来说，应当恭敬尊重，精勤修学。如说：

> 复次，如是所犯诸事、菩萨学处，佛于彼彼素呾缆（指契经）中随机散说，谓依律仪戒、摄善法戒、饶益有情戒，今于此菩萨藏摩呾理迦（指论藏），综集而说。菩萨于中应起

尊重，住极恭敬，专精修学。（第1115页下）

本书与北凉昙无谶译《菩萨戒本》虽为同本异译，但叙述文体并不相同。昙无谶译本是依照每半月一次布萨说戒的仪轨组织的，在“重戒”和“轻戒”的末尾，均有“三问清净”，即说戒师说“今问诸大士：是中清净不”？连问三遍，若与会者缄默不语，则表示行为清净，说戒师再作“诸大士，是中清净，默然故，是事如是持”的小结；本书是依照论书的组织的，并无“三问清净”语。反之，本书所说的菩萨戒的忏悔法，也为昙无谶译本所无。在戒条方面，二书的叙录基本相同，差异在于本书将昙无谶译本中“不同声闻戒”，分作“与声闻共学戒”、“与声闻不共学戒”二戒，故在总数上多出一戒，作“四十三轻戒”，并在“与声闻不共学戒”中，增加了为了“利他”，可方便开许“杀生”、“不与取”、“邪淫”、“妄语”、“两舌”、“恶口”、“绮语”七种性罪（又称“七支性罪”）的内容。

开许“七支性罪”是本书特有的说法，为其他菩萨戒本所无。佛教中所说的禁止违犯的罪过（或称“罪恶”）分为两种：一是性罪，指世法和佛法共同禁止的自性为恶的行为，如杀生、偷盗、邪淫、妄语等，佛针对此类罪过制立的戒法，称为“性戒”；二是遮罪，指世法不禁止而佛法禁止的自性非恶、但妨乱修道的行为，如饮酒等，佛针对此类罪过制立的戒法，称为“遮戒”。本书认为，在特殊情况下，为了“利他”，为更多的众生带来“利益”、“安乐”，开许犯“性戒”，这种“犯戒”，非但不犯戒，而且有“功德”。如见到“恶劫贼为贪财故，欲杀多生”，为避免更多的无辜人受到伤害，可以“怜愍心而断彼命”（指杀死劫贼），“于菩萨戒无所违犯”；见到“宰官”、“暴恶”（指恶霸）、“劫盗贼”强掠他人财物，可以“随力所能”，夺归原处；“菩萨处在居家”（指在家者）见到“女色现无系属”（指女人没有配偶），可以与之结为夫妇，行淫欲，但“出家菩萨”（指出家者）“一切不应行非梵行”（即此戒只对在家者开许，不对出家者开许）；“为多有情（指众生）解脱命难”，使他们脱离苦难，允许菩萨“知而思择，故说妄语”（以上见第1112页上、中），等等。总之，开许“七支性罪”，是以“利他”为前提的。

此外，本书所说菩萨戒的重戒虽作四条，但据它的同本异译《菩萨善戒经》所记，实应为八条，依次是：“杀戒”、“盗戒”、“淫戒”、“妄语戒”、“自赞毁他戒”、“悭惜财法戒”、“瞋不受悔戒”、“谤菩萨藏戒”，只是因为前四条，在受比丘戒时已受过了，故在受菩萨戒时可不必复受，故只叙列了后四条。

本书的同本异译有：北凉昙无谶译《菩萨戒本》一卷、刘宋求那跋摩译《菩萨善戒经》一卷。与本书内容相关的羯磨文，有唐玄奘译《菩萨戒羯磨文》一卷。

本书的注疏有：唐窥基《瑜伽师地论略纂》卷十一、新罗道伦（《大正藏》误作“遁伦”）《瑜伽论记》卷十、现代太虚《瑜伽菩萨戒本讲录》、吕澂《瑜伽菩萨戒本羯磨讲要》、续明《瑜伽菩萨戒本讲义》等。此外，藏译本注疏还有：海云《瑜伽师地论菩萨地释》、德光《菩萨戒品疏》（又名《菩萨戒品释》）、最胜子《菩萨戒品大疏》（又名《菩萨戒品广释》）、宗喀巴《菩萨戒品释》等。

唐玄奘译《菩萨戒羯磨文》一卷

《菩萨戒羯磨文》，一卷。唐玄奘译，贞观二十三年（649）译出。唐智升《开元释教录》卷八著录。载于《丽藏》“克”函、《宋藏》“念”函、《金藏》“克”函、《元藏》“念”函、《明藏》“笃”函、《清藏》“笃”函、《频伽藏》“列”帙，收入《大正藏》第二十四卷。

本书是瑜伽类菩萨戒本的附文，系据《瑜伽师地论》卷四十至卷四十一《本地分中菩萨地·初持瑜伽处戒品》辑出的菩萨戒羯磨文。全书分为《受戒羯磨》、《忏罪羯磨》、《得舍差别》三篇,对菩萨戒的受戒法、忏悔法和“舍戒”(又称“失戒”)与“得戒”的差别,作了简要的叙述。书末有唐静迈撰《菩萨戒羯磨序》(宋元明藏本将此序刊在玄奘译《菩萨戒本》之末),说:

> 法师(指玄奘)以菩萨净戒,谅一乘之彝伦,授受宏规,信十地之洪范,特所吟味,匪替喉衿。以大唐贞观二十有三年,皇上御天下之始月魄日,于大慈恩寺奉诏译周《羯磨戒本》,爰开两轴,盖菩萨正地之流澌也。迈(指静迈)以不敏,猥厕译僚,亲禀洪规,证斯传焰,动束形说,式赞大猷,聊纪译辰,以备攸忘。其证义、证文、正字、笔受、义业沙门明琰等二十许人,各司其务,同资教旨。(《大正藏》第二十四卷,第1106页下)

全书的结构如下。

(一)《受戒羯磨》。叙述受菩萨戒法。说,受菩萨戒分为二种:一是“从师受”,指“受戒菩萨”(指求受菩萨戒者)应礼请“有智有力菩萨”(指有智慧、有德行的大乘法师)为师,授与菩萨戒;“有智有力菩萨”应拣择根器,对“无净信者”、“有悭贪者”、“有大欲者”、“毁净戒者”、“有忿恨者”、“有懈怠者”、“愚痴类者”、“极劣心者”等二十二种人,不应授与菩萨戒(此与《梵网经》卷下有关一切众生“但解法师语,尽受得戒”的说法大不同)。二是“像前受”,指若没有会遇“具足功德补特伽罗”(指“有智有力菩萨”),也可以在“如来像前”自誓受菩萨戒。如关于不得授与菩萨戒的二十二种人,说:

> 求受菩萨所受净戒,无净信者,不应从受,谓于如是所受净戒,初无信解,不能趣入,不善思惟;有悭贪者、悭贪蔽

者、有大欲者、无喜足者，不应从受；毁净戒者、于诸学处无恭敬者、于戒律仪有慢缓者，不应从受；有忿恨者、多不忍者、于他违犯不堪耐者，不应从受；有懒惰者、有懈怠者、多分耽著、日夜睡眠乐倚乐卧、乐好合徒侣、乐嬉谈者，不应从受；心散乱者，下至不能构牛乳顷，善心一缘住修习者，不应从受；有暗昧者、愚痴类者、极劣心者、诽谤菩萨素怛缆藏（指经藏）及摩怛理迦（指论藏）者，不应从受。（第1105页下—第1106页上）

（二）《忏罪羯磨》。叙述忏悔法。内容相当于唐玄奘译《菩萨戒本》后部分说的忏罪法。如关于菩萨戒的受持与忏罪，说：

若诸菩萨，从他正受戒律仪已，由善清净，求学意乐、菩提意乐、饶益一切有情意乐，生起最极尊重恭敬，从初专精，不应违犯。设有违犯，即应如法疾疾悔除，令得还净。如是菩萨一切违犯，当知皆是恶作所摄，应向有力、于语表义能觉能受、小乘大乘补特伽罗（指小乘或大乘的大德），发露悔灭。（第1106页中）

（三）《得舍差别》。叙述舍弃与不舍弃菩萨戒的差别。说，舍弃菩萨戒（又称“舍戒”、“失戒”）有两种情况，一是放弃受菩萨戒时发的“菩提大愿”，二是以“上品缠”（指上品烦恼）犯重戒，除此之外，永不舍失。如说：

若诸菩萨，虽复转身遍十方界，在在生处，不舍菩萨净戒律仪，由是菩萨不舍无上菩提大愿，亦不现行上品缠犯他胜处法。若诸菩萨，转受余生，忘失本念，值遇善友，为欲觉悟菩萨戒念，虽数重受，而非新受，亦不新得。（第1106页中）

本书的内容与唐玄奘译《菩萨戒本》是紧密相联的，因此，只有配合起来研读，才能更深入地理会彼此的文意。

本书的注疏有：明智旭《菩萨戒羯磨文释》一卷。

第六品　北凉昙无谶译《优婆塞戒经》七卷

《优婆塞戒经》，又名《优婆塞戒本》，七卷。北凉昙无谶译，玄始十五年(426)译出。梁僧祐《出三藏记集》卷二著录。载于《丽藏》"贤"函、《宋藏》"克"函、《金藏》"贤"函、《元藏》"克"函、《明藏》"定"函、《清藏》"定"函、《频伽藏》"列"帙，收入《大正藏》第二十四卷。

本书是优婆塞类菩萨戒经。书名中所说的"优婆塞戒"，不是指小乘"七众戒"中的"优婆塞戒"(如"五戒"、"八戒")，而是指"菩萨优婆塞戒"，即大乘"在家菩萨戒"。全书分为二十八品，始《集会品》，终《般若波罗蜜品》，以佛解答善生之问的形式，对在家佛弟子如何修行以"六波罗蜜"为核心的菩萨戒，作了分门别类的论述，内容叙及菩萨优婆塞戒的"六重戒"、"二十八轻戒"、受菩萨戒法，以及受戒前后须作的各种修行等。

本书中的主要人物善生，源出《长阿含经》卷十一《善生经》、《中阿含经》卷三十三《善生经》。《善生经》说，罗阅祇城长者之子善生，奉承父教，于每天清晨礼拜东、西、南、北、上、下六个方位，佛见后，对他作开导，劝他礼敬佛教所说的"六方"，即"父母"、"师长"、"妻妇"、"亲族"、"僮仆"、"沙门、婆罗门、诸高行者"。本书便是以此为题材作引申发挥的。大致说来，本书前十四品(《集会品》至《受戒品》)主要叙述受戒以前的修行，后十四品(《净戒品》至《般若波罗蜜品》)主要叙述受戒以后的修行。其中，最为重要的是《受戒品》，此品叙述了在家菩萨戒的“六重戒”、“二十八轻戒”,即禁止违犯的六种重罪(又称“六重法”)、二十八种轻罪(又称“失意罪”、“突吉罗”、“恶作”),为全书的理论特色之所在。每品(唯《发菩提心品》除外)之末的结语都要强调,“出家之人”修行本品所说的法门,“是不为难”,而“在家之人”修行本品所说的法门,“是乃为难”,原因是“在家之人多有恶因缘”,以此策励在家之人知难应精进。

卷一:六品。

(一)《集会品》。以佛在舍卫国祇树林中阿那邠坻精舍(又称“祇树给孤独园”),解答善生之问为引子,叙述佛教与“外道六师”在“六方”礼法上的不同看法,以及大乘佛教“六波罗蜜”(又称“六度”)、“菩萨”、“菩提性”、“发菩提心”等理论。说,“外道六师”所礼的“六方”,指的是六方之神(指东方为“帝释”、南方为“阎罗王”、西方为“婆楼那天”、北方为“拘毗罗天”、下方为“火天”、上方为“风天”),佛教也有“六方”礼法,但所礼的“六方”,指的是“六波罗蜜”(又称“六度”),即东方为“檀波罗蜜蜜”(又称“布施”)、南方为“尸波罗蜜”(又称“持戒”)、西方为“羼提波罗蜜”(又称“忍辱”)、北方为“毗离耶波罗蜜”(又称“精进”)、下方为“禅波罗蜜”(又称“禅定”)、上方为“般若波罗蜜”(又称“智慧”),它们属于“众生心”;一切众生本无“菩提性”,只有和合众多的善缘,才有“菩提性”;“发菩提心”才名“菩萨”,得“菩提”才名“佛”;菩萨有“退转”与“不退转”、“出家”与“在家”之分,“出家菩萨”奉持“八重法”(指“杀戒”、“盗戒”、“淫戒”、“妄语戒”、“自赞毁他戒”、“悭惜财法戒”、“瞋不受悔戒”、“谤菩萨藏戒”),名“不退”,“在家菩萨”奉持“六重法”(指“杀戒”、“盗戒”、“妄语戒”、“邪淫戒”、“说四众过戒”、“酤酒戒”),名“不退”。如关于一切众生本无“菩提

性”,现世修习才有“菩提性”,说:

> 一切众生无菩提性,如诸众生无人天性、师子(即“狮子”)虎狼狗犬等性,现在世中,和合众善业因缘故,得人天身;和合不善业因缘故,得师子等畜生之身。菩萨亦尔,和合众善业因缘故,发菩提心,故名菩萨。若有说言一切众生有菩萨性者,是义不然。何以故?若有性者,则不应修善业因缘供养六方。善男子,若有性者,则无初心及退转心。……若说众生有菩萨性,是名外道,不名佛道。善男子,譬如和合石因缘故,而有金用,菩萨之性,亦复如是。众生有思,名为欲心,以如是欲善业因缘,发菩提心,是则名为菩萨性也。善男子,譬如众生先无菩提,后乃方有,性亦如是,先无后有,是故不可说言定有。(卷一《集会品》,《大正藏》第二十四卷,第1034页下—第1035页上)

(二)《发菩提心品》。叙述众生“发菩提心”的功德。说,“发菩提心”,可以“增长寿命”、“增长财物”,“不断绝菩萨种姓”、“断众生罪苦烦恼”等。

(三)《悲品》。叙述“悲心”是“发菩提心”的“生因”(指产生的原因)。说,须先发起“悲心”,尔后才能发起“菩提心”;若能“深见一切众生沉没生死苦恼大海,为欲拔济”,就能发起“悲心”;未得道时,“未能救济诸众生”,故名为“悲”,得道以后,“能大救济”,故名“大悲”。如关于“在家应先修悲”,说:

> 六波罗蜜皆以悲心而作生因。善男子,菩萨有二种:一者出家、二者在家。出家修悲,是不为难,在家修悲,是乃为难。何以故?在家之人多有恶因缘故。善男子,在家之人若不修悲,则不能得优婆塞戒,若修悲已,即便获得。善男子,出家之人,唯能具足五波罗蜜,不能具足檀波罗蜜

> (指布施),在家之人则能具足。何以故?一切时中,一切施故。是故在家应先修悲,若修悲已,当知是人能具戒、忍、进、定、智慧。若修悲心,难施能施,难忍能忍,难作能作。以是义故,一切善法悲为根本。(卷一《悲品》,第 1036 页下)

(四)《解脱品》。叙述修习“悲心”以后,从“惠施”、“持戒”、“多闻”三种方便,获得“解脱分”(又称“顺解脱分”,指顺益解脱的部分)。说,“菩提”有“不贪财物”、“不惜身命”、“修行忍辱”、“怜愍众生”四种子,若能做到“不放逸”,就能“增长炽然菩提种子”。

(五)《三种菩提品》。叙述“声闻”、“缘觉”、“佛”三种菩提的差别。说,“声闻菩提”,“从闻而得”;“缘觉菩提”,“从思惟得”;“诸佛菩提”,“从修而得”;“清净”有“智净”、“行净”两种,声闻、缘觉“虽有净智,行不清净”,而佛“智、行俱净”。如关于“佛”与“声闻”、“缘觉”的差别,说:

> 声闻、缘觉虽断烦恼,不断习气,如来能拔一切烦恼、习气根原,故名为佛。善男子,疑有二种,一烦恼疑、二无记疑,二乘之人断烦恼疑、不断无记,如来悉断如是二疑,是故名佛。……净有二种,一者智净、二者行净,声闻、缘觉虽有净智,行不清净,如来世尊智、行俱净,是故名佛。善男子,声闻、缘觉其行有边,如来世尊其行无边,是故名佛。善男子,如来世尊能于一念破坏二障,一者智障、二者解脱障,是故名佛。如来具足智因、智果。是故名佛。(卷一《三种菩提品》,第 1038 页中)

(六)《修三十二相业品》。叙述“发菩提心”以后,须修习佛的“三十二相业”(指获得“三十二相”福报的业因)。说,若

“乐以善眼和视众生”，可得“牛王眼相”；若“恒以软语、先语、实语，教化众生”，可得“八梵音相”；若“供养师长、诸佛、菩萨，头顶礼拜破憍慢”，可得“无见顶相”；若“不诳一切诸众生”，可得“眉间毫相”等。

卷二：六品。

（一）《发愿品》。叙述“发菩提心”后，须发起“无上大愿”，“为利众生，不贪身命”。说，若能做到为众生“舍身”、“舍命”、“舍财”，或“至心奉持禁戒”、“四摄摄取众生”、“口言柔软不粗”等，便是“法财长者”。

（二）《名义菩萨品》。叙述“假名菩萨”和“实义菩萨”的区别。说，众生“发菩提心”即名“菩萨”，但“菩萨”有“假名”和“实义”、“在家”和“出家”之分。若“不信六度”、“不乐修福”、“不观生死”、“常乐受持他人恶语”，名为“假名菩萨”；若“不念自利，常念利他”，名为“实义菩萨”。如关于“假名菩萨”和“实义菩萨”的区别，说：

> 如佛所说菩萨二种，一者假名菩萨、二者实义菩萨。……常生悭贪、嫉妒、瞋心，亲近恶友，懈怠乱心，乐处无明，不信六度，不乐修福，不观生死，常乐受持他人恶语，是名假名菩萨。……实义菩萨者，能听深义，乐近善友，乐供养师长、父母、善友，乐听如来十二部经，受持、读诵、书写、思义，为法因缘，不惜身命、妻子、财物。……能救一切种种苦恼，能观生死所有过罪，能具无上六波罗蜜，所作世事，胜诸众生，信心坚固，修集慈悲，亦不悕求慈悲果报。……不念自利，常念利他，身口意业所作诸善，终不自为，恒为他人，是名实义菩萨。（卷二《名义菩萨品》，第1041页上、中）

(三)《义菩萨心坚固品》。以佛往昔修行菩萨道(又称“菩萨行”)的本生故事为例,叙述“实义菩萨”的各种修行。说,菩萨修行“六波罗蜜”时,“终不悕求六波罗蜜果,但以利益众生为事”。

(四)《自利利他品》。叙述菩萨“自利利他”(又称“自他兼利”)的修法。说,“菩提道”有“学”(指因)和“学果”(指果)之分,“自调诸根,次调众生”,为“菩提道”的“学”,“自得解脱,令众生得”,为“菩提道”的“学果”;若能“不放逸”(或“多闻、思惟”,或“怜愍众生、勤行精进、具足念心”,或“四威仪”等),就能做到“自利利他”。如关于如何“自利利他”,说:

> 菩萨不能自他兼利,唯求自利,是名下品。何以故?如是菩萨于法财中生贪著心,是故不能自利益也。行者若令他受苦恼、自处安乐,如是菩萨不能利他。若自不修施、戒、多闻,虽复教他,是名利他,不能自利。若自具足信等五根,然后转教,是名菩萨自利利他。善男子,利益有二,一者现世、二者后世,菩萨若作现在利益,是不名实(指实义菩萨),若作后世,则能兼利。善男子,乐有二种,一者世乐、二者出世乐,福德亦尔。菩萨若能自具如是二乐、二福化众生者,是则名为自利利他。(卷二《自利利他品》,第1043页上)

(五)《自他庄严品》。叙述菩萨“自他兼利”(又称“自他庄严”)须具足的“八事”(指“寿命长远”、“具上妙色”、“身具大力”、“具好种姓”、“多饶财宝”、“具男子身”、“言语辩了”、“无大众畏”)。说,此“八事”乃是菩萨于“无量世”中修行所致,若能做到“物净”、“心净”、“福田净”,就能具足“八事”。

(六)《二庄严品》。叙述菩萨的“福德庄严”(又称“福庄严”，指以福德庄严其身）、“智慧庄严”（又称“智庄严”，指以智慧庄严其身）。说，修习“慈心”、“悲心”，就能得“二庄严”；具足“二庄严”，就能“自利利他”。

卷三：五品。

（一）《摄取品》。叙述菩萨须以“四摄法”（指“布施”、“爱语”、“利行”、“同事”）摄养和教化徒众。说，“出家菩萨”可以收“出家”、“在家”两种弟子，“在家菩萨”只可收“在家弟子”；出家菩萨教出家弟子，为“十二部经”，“随所犯罪，谕令忏悔”，教在家弟子“当先教不放逸法”；在家菩萨教在家弟子“亦当先教不放逸法”。

（二）《受戒品》。叙述“菩萨优婆塞戒”的受法和戒相。

甲、菩萨优婆塞戒的受法。依受戒程序叙述，大致有：

（1）供养六方。指在家者在受优婆塞戒之前，首先应当次第供养“六方”，即“父母”、“师长”、“妻子”、“善知识”、“奴婢”、“沙门、婆罗门”。（2）启求听许。指在家者须将求戒之事，禀告“父母”，乃至“妻子”、“奴婢僮仆”、“国主”，征得他们的同意，并请“出家发菩提心”的比丘（又称“菩萨比丘”、“出家智者”，指大乘法师）为戒师，为其授戒。（3）问七遮难（此据明智旭《在家律要广集》卷二；现代太虚《优婆塞戒经讲录》因开合不同，计作“问九遮难”）。指戒师须询问求戒者，是否得到父母等人的允许（“汝之父母、妻子、奴婢、国主听不”）等七种情况，以确定其有无受戒资格。（4）问至心。指戒师须询问求戒者，能否至心受持优婆塞戒（“能至心受不”）。（5）问归戒。指戒师须询问求戒者，能否至心归依于佛、法、僧“三宝”（“汝能如是至心归依于三宝不”），能否远离“杀”、“盗”、“邪淫”、“妄语”、“饮酒”五种恶法（“是五恶法，汝今真实能远离不”）。（6）问诸事。指戒师须询问求戒者，能否远离“不应作”的各种事情（如

“有四事法所不应作”、“五处所所不应游”、“有五事所不应作”等)。(7) 考察。指求戒者在对戒师的上述询问,一一作出肯定回答(答言“能”)之后,还须亲近承事“出家智者”,清净“四威仪”,接受为期六个月(“满六月日”)的考察。(8) 授菩萨优婆塞戒。指求戒者在六个月的考察期满后,由“和合众僧(指比丘僧)满二十人,作白羯磨”,依次授与“三归依”(又称“三归依戒”)、“五戒”、“菩萨戒”(包括“六重戒”、“二十八轻戒”)。其中,受“三归依”为优婆塞的必备条件,受“五戒”则可随意选择,“受持一戒,是名一分(优婆塞)”,“受持二戒,是名少分”,“受持三、四戒,是名多分”,“受持五戒,是名满分”。如关于受优婆塞戒之前,首先应当次第供养“六方”,说:

> 在家菩萨若欲受持优婆塞戒,先当次第供养六方,东方、南方、西方、北方、下方、上方。言东方者,即是父母。若人有能供养父母衣服、饮食、卧具、汤药、房舍、财宝,恭敬、礼拜、赞叹、尊重,是人则能供养东方。……言南方者,即是师长。若有人能供养师长衣服、饮食、卧具、汤药,尊重、赞叹、恭敬、礼拜,早起晚卧,受行善教,是人则能供养南方。……言西方者,即是妻子。若有人能供给妻子衣服、饮食、卧具、汤药、璎珞、服饰、严身之具,是人则是供养西方。……言北方者,即善知识。若有人能供施善友,任力与之,恭敬、软言、礼拜、赞叹,是人则能供养北方。……言下方者,即是奴婢。若有人能供给奴婢衣服、饮食、病瘦医药、不骂、不打,是人则能供给下方。……言上方者,即是沙门、婆罗门等。若有供养沙门、婆罗门衣服、饮食、房舍、卧具、病痛医药,怖时能救,馑世施食,闻恶能遮,礼拜、恭敬、尊重、赞叹,是人则能供养上方。(卷三《受戒品》,第1047页

上、中、下）

乙、在家菩萨戒的戒相。依禁止违犯的罪过性质的重轻，分为“六重法”（又称“六重戒”）、“二十八轻戒”两类。原书中的戒条，是用一句话或一段话来表述的，并无戒条的名称，很难记诵。今在解说时，参照明智旭《在家律要广集》卷二、明元贤《律学发轫》卷上、现代圣严《戒律学纲要》等的做法，标立戒名，以利研习。

1.“六重法”。指在家菩萨戒的六条重戒，亦即禁止违犯的六种重罪（“六重法”）。它们是：(1)“杀戒”。(2)“盗戒”。(3)“妄语戒”。(4)“邪淫戒”。(5)“说四众过戒”。(6)“酤酒戒”。如关于“杀戒”、“邪淫戒”、“酤酒戒”，说：

> 优婆塞者，有六重法。善男子，优婆塞受持戒已，虽为天女，乃至蚁子，悉不应杀。若受戒已，若口教杀、若身自杀，是人即失优婆塞戒（以上为“杀戒”）。（卷三《受戒品》，第1049页上、中）
>
> 优婆塞戒，虽为身命，不得邪淫，若破是戒，是人即失优婆塞戒（以上为“邪淫戒”）。（第1049页中）
>
> 优婆塞戒，虽为身命，不得酤酒，若破是戒，是人即失优婆塞戒（以上为“酤酒戒”）。（第1049页中）

2.“二十八轻戒”（此据内容拟立）。指在家菩萨戒的二十八条轻戒，亦即禁止违犯的二十八种轻罪（又称“失意罪”）。它们是：(1)“不供养父母师长戒”。(2)“耽乐饮酒戒”。(3)“不瞻视病苦戒”。(4)“见乞不与戒”。(5)“不礼四众戒”（又称“不承迎礼拜尊长戒”）。(6)“见四众毁戒心生憍慢戒”。(7)“六斋日不持八戒戒”（又称“不持六斋戒”）。(8)“不往听法戒”。(9)“受用僧物戒”。(10)“饮虫水戒”。

(11)“险难处独行戒”。(12)“独宿尼寺戒”。(13)“为财打骂戒”。(14)“以残食施四众戒”。(15)“畜(蓄)猫狸戒”。(16)“畜生畜不作净施戒”。(17)“不畜三衣钵杖戒”。(18)“田作不求净水陆稼戒”。(19)“市易卖物不平戒”(又称“贩卖斗称不平戒”)。(20)“非处非时行欲戒”。(21)“商贾不输官税戒”。(22)“犯国制戒”。(23)“得新食不先供养三宝戒”。(24)“僧未许辄自说法戒”。(25)“比丘沙弥前道行戒”(又称“在五众前行戒”)。(26)“偏心付僧食戒”(又称“僧食不公分戒”)。(27)“养蚕戒”。(28)“路遇病者不瞻视戒”(又称“行路见病舍去戒”)。如关于“不供养父母师长戒”等,说:

> 若优婆塞受持戒已,不能供养父母、师长,是优婆塞得失意罪,不起堕落,不净有作(以上为“不供养父母师长戒”)。(第1049页下)
>
> 若优婆塞受持戒已,污恶不能瞻视病苦,是优婆塞得失意罪,不起堕落,不净有作(以上为“不瞻视病苦戒”)。(第1049页下)
>
> 若优婆塞受持戒已,若于非处、非时行欲,是优婆塞得失意罪,不起堕落,不净有作(以上为“非处非时行欲戒”。(第1050页上)
>
> 若优婆塞受持戒已,若犯国制,是优婆塞得失意罪,不起堕落,不净有作(以上为“犯国制戒”)。(第1050页上)

(三)《净戒品》。叙述优婆塞受菩萨戒之后,须清净持戒。说,“净戒”的方法,有“信佛法僧”、“深信因果”、“有解心”等。

(四)《息恶品》。叙述优婆塞受菩萨戒之后,须远离恶缘。说,“离恶”的方法,有“至心修念佛”等。

（五）《供养三宝品》。叙述优婆塞受菩萨戒之后，须供养三宝。说，“供养佛”指的是“供养（佛）生身、灭身、形像、塔庙”，“供养法”指的是“供养十二部经”，“供养僧”指的是“供养发菩提心、受持戒者、出家之人”。如关于“世间福田”和“三宝福田”，说：

> 世间福田凡有三种，一报恩田、二功德田、三贫穷田。报恩田者，所谓父母、师长、和上；功德田者，从得暖法，乃至得阿耨多罗三藐三菩提（指得“无上正等正觉”）；贫穷田者，一切穷苦困厄之人。如来世尊是二种福田，一报恩田、二功德田；法亦如是，是二种田；众僧三种，一报恩田、二功德田、三贫穷田。以是因缘，菩萨已受优婆塞戒，应当至心勤供养三宝。（卷三《供养三宝品》，第1050页下）

卷四：二品。

（一）《六波罗蜜品》。叙述优婆塞受菩萨戒之后，须修行“六波罗蜜”（又称“六度”）。说，“施一切财，心不吝惜，不择时节”，名为“施波罗蜜”；“乃至小罪，虽为生命，尚不毁犯”，名为“戒波罗蜜”；“乃至恶人来割其身，忍而不瞋”，名为“忍波罗蜜”；“三月之中一偈赞佛，不休不息”，名为“进波罗蜜”；“具足获得金刚三昧”，名为“禅波罗蜜”；“得阿耨多罗三藐三菩提”（指得“无上正等正觉”），名为“智波罗蜜”。

（二）《杂品》。叙述优婆塞如何修行“六波罗蜜”中的“檀波罗蜜”（又称“施度”，指布施）。说，布施有“至心施”、“自手施”、“信心施”、“时节施”、“如法求物施”五种，又有“法施”、“财施”二种，复有“以法施”、“无畏施”、“财物施”三种；乐行惠施，能“因施能破烦恼”、“因施发种种愿”、“因施得受安乐”、“因施多饶财宝”。如关于“二布施”、“三布施”，说：

施有二种，一者法施、二者财施。法施，则得财、法二报，财施唯还得财宝报。菩萨修行如是二施，为二事故，一令众生远离苦恼、二令众生心得调伏。善男子，复有三施，一以法施、二无畏施、三财物施。以法施者，教他受戒、出家、修道、白四羯磨，为坏邪见说于正法，能分别说实、非实等，宣说四倒及不放逸，是名法施；若有众生怖畏王者、师子、虎狼、水火、盗贼，菩萨见已，能为救济，名无畏施；自于财宝，破悭不吝，若好、若丑、若多、若少。……称求者意，随所须与，是名财施。（卷四《杂品》，第 1054 页中、下）

卷五：初首为"《杂品》之余"，后收二品。

（一）《净三归品》。叙述优婆塞如何终身受持"三归依"。说，"为破诸苦，断除烦恼"，故须受"三归依"，"佛者，能说坏烦恼因"，"法者，即是坏烦恼因"，"僧者，禀受破烦恼因"；若有人能受"三归依"，"虽不受戒"，只要"如法而住"，也称之为"优婆塞"；受"三归依"之后，若"造作痴业，受外道法"，便"失于三归"。

（二）《八戒斋品》。叙述优婆塞如何一日一夜受持"八戒斋"（又称"八戒"）。说，"八戒斋"为"一日一夜优婆塞斋"，"不得（从）佛像边受"，须从他人受，受时须将告白说三遍。如关于"归依"之后如何受"八戒"，说：

若有从他三受（指将告白说三遍）三归、三受八戒，是名得具一日一夜优婆塞斋。明相出时，是时则失。是故不得佛像边受，要当从人（受），根本清净、受已清净、庄严清净、觉观清净、念心清净、求报清净，是名三归清净斋法。善男子，若能如是清净归依受八戒者，除五逆罪，余一切罪悉皆消灭。（卷五《八戒斋品》，第 1063 页上、中）

卷六：三品。

（一）《五戒品》。叙述优婆塞如何终身受持“五戒”。说，戒有“世戒”（指世俗的禁戒）、“第一义戒”（指佛教的禁戒）二种，“世戒”不能破坏先前的“恶业”，“受三归戒，则能坏之”；“罪”有“性罪”与“遮罪”二种，各有“重罪”与“轻罪”之分，“五戒”中的前四戒（指“不杀生”、“不偷盗”、“不邪淫”、“不妄语”）是“性重”（指“性罪”中的“重罪”），末一戒“酒戒”（指“不饮酒”）是“遮重”（指“遮罪”中的“重罪”）。

（二）《尸波罗蜜品》。叙述优婆塞如何修行“六波罗蜜”中的“尸波罗蜜”（又称“戒度”，指持戒）。说，“戒”是“菩提道初根本地”、“一切功德根本”，应当“受持不毁”；受戒以后，若能修习“忍”、“三昧”、“智慧”，勤行精进，乐于多闻，就能“增长尸波罗蜜”；若能“摄护诸根”，“于轻重戒中，等生怖畏”，乃至命终“不犯小戒”，就能“具足尸波罗蜜”。

（三）《业品》。叙述优婆塞如何修行“十善业”（指“不杀”、“不盗”、“不淫”、“不妄语”、“不两舌”、“不恶口”、“不绮语”、“不贪欲”、“不瞋恚”、“不邪见”；本书将此中的“绮语”译作“无义语”、“贪欲”译作“妒”）。说，“十善业”对治的是“十恶业”；“十恶业”是“一切众罪根本”，由“贪”、“瞋”、“痴”三毒生起；“业报”就报应的时间而言，分为“现报”、“生报”、“后报”、“无报”四种，就报应的结果而言，分为“黑业（指恶业）黑报”、“白业（指白业）白报”、“杂业杂报”、“不黑不白业无报”四种。如关于“十恶业”和“十善业”，说：

身三道者，谓杀、盗、淫；口四道者，恶口、妄语、两舌、无义语；心三道者，妒、瞋、邪见。是十恶业，悉是一切众罪根本。……是故智者应修十善，因是十善，众生修已，增长寿

命及内外物。烦恼因缘故,十恶业增;无烦恼因缘故,十善业增。(卷六《业品》,第1067页上)

卷七:初首为"《业品》之余",后收四品。

(一)《羼提波罗蜜品》。叙述优婆塞如何修行"六波罗蜜"中的"羼提波罗蜜"(又称"忍度",指忍辱)。说,"忍波罗蜜"是一种"能忍难忍,难作能作"的"出世忍","所谓若被割截头目手足,乃至不生一念瞋心";若能做到"恶来不报"、"观无常想"、"修于慈悲"、"心不放逸"、"断除瞋恚"五事,就能修行"忍辱"。

(二)《毗梨耶波罗蜜品》。叙述优婆塞如何修行"六波罗蜜"中的"毗梨耶波罗蜜"(又称"进度",指精进)。说,"精进"是指"已生恶法为欲坏之,未生恶法为遮不起,未生善法为令速生,已生善法为令增广";若能学一切善法,包括"世法"和"出世法",就是"正精进"。如关于"正精进",说:

> 精进二种,一正、二邪。菩萨远离邪精进已,修正精进。修信、施、戒、闻、慧、慈、悲,名正精进。至心常作,三时无悔,于善法所,不生知足,所学世法及出世法,一切皆名正精进也。菩萨虽复不惜身命,然为护法,应当爱惜身,四威仪常修如法。修善法时,心无懈息,失身命时,不舍如法。若能到于六事彼岸,悉是精进之因缘也。(卷七《毗梨耶波罗蜜品》,第1073页下)

(三)《禅波罗蜜品》。叙述优婆塞如何修行"六波罗蜜"中的"禅波罗蜜"(又称"禅度",指禅定)。说,"三昧"(指"定")是"一切善法根本",以此因缘,故须"摄心";从最初修习"白骨观",到最后证得"阿耨多罗三藐三菩提"(指"无上正等正觉"),均贯串着禅定。

(四)《般若波罗蜜品》。叙述优婆塞如何修行"六波罗蜜"

中的“般若波罗蜜”（又称“慧度”，指智慧）。说，“智慧”从“闻”、“思”、“修”而生，若能“见道”、“修道”，就是“智慧”。如关于“智慧有三种”，说：

> 智慧有三种，一从闻生、二从思生、三从修生。从字得义，名从闻生；思惟得义，名从思生；从修得义，名从修生。能读如来十二部经，能除疑网，能读一切世论世事，能善分别邪正之道，是名智慧。能善分别十二部经阴、界、入等因果字义，毗婆舍那（指“观”）、舍摩他（指“止”）相上中下相，善、恶、无记，及四颠倒，见道、修道，能善分别如是等事，是名智慧。（卷七《般若波罗蜜品》，第1075页上、中）

本书所说的“菩萨优婆塞戒”是一种须先受“三归依”、“五戒”，然后经严格的修行和程序，方能授受的在家菩萨戒，性质上属于“渐受戒”。对此，清读体《三坛传戒正范》卷三解释说：“若居家男女，崇信三宝，乐修十善，或受五支学处（指“五戒”），慎守多年，或持八关斋戒，严遵一日，今始更发胜心，求受菩萨大戒，以其自小进大，信智转增，谓之渐受。受已，名曰菩萨优婆塞、菩萨优婆夷也。”（《新纂续藏经》第六十册，第645页下）书中在论述“五逆罪”时，援引了佛灭后三百多年才出现小乘昙无德部（又称“法藏部”）、弥沙塞部（又称“化地部”）、萨婆多部（又称“说一切有部”）律典的不同观点，说：“善男子，我涅槃后，有诸弟子当作是说：若以异想异名杀父母，不得逆罪，即昙无德。或复说言，虽以异想杀于父母，故得逆罪，即弥沙塞。或复有说，异想异名杀于父母，俱得逆罪，即萨婆多。”（卷七《业品》，第1070页中）由此可见，这本书虽然名义上是以佛说的形式组织的“经”，但实际上是在后期小乘部派律典影响下出现的、以大乘“六度”理论诠释菩萨优婆塞戒的“论”。

此外,本书提出,“一切众生无菩提性”,只有在“现在世中,和合众善业因缘”,才有“菩提性”。因此,“菩提性”是“先无后有”的,不是“定有”的,“说众生有菩萨性,是名外道”(见前述卷一《集会品》引文)。这一观点,与同为昙无谶翻译的北本《大般涅槃经》中有关“一切众生皆有佛性”的说法是相对立的,以此推断,本书梵本的编集时间或在北本《大般涅槃经》梵本之后。

汉文藏经中讲述在家菩萨的经典,除本书以外,还有晋竺法护译《郁迦罗越问菩萨行经》等。

本书的注疏有:明智旭《在家律要广集》卷二《优婆塞戒经受戒品笺要》、现代太虚《优婆塞戒经讲录》、金雄师《菩萨优婆塞经讲记》等。

第二门　大乘杂律经

第一品　后汉失译《受十善戒经》一卷

《受十善戒经》，又名《十善戒经》，一卷。后汉失译，约出于建和元年(147)至延康元年(220)之间。本书最初是作为"失译经"，著录于梁僧祐《出三藏记集》卷四《新集续撰失译杂经录》之中；隋费长房《历代三宝纪》卷四始将它编为后汉失译；唐智升《开元释教录》卷一以及后世藏经目录沿依此说。载于《丽藏》"贤"函、《宋藏》"克"函、《金藏》"贤"函、《元藏》"克"函、《明藏》"笃"函、《清藏》"笃"函、《频伽藏》"列"帙，收入《大正藏》第二十四卷。

本书以佛在舍卫国祇陀林，对舍利弗说法的形式，叙述佛教在家二众(指优婆塞、优婆夷)受持"十善戒"、"八戒"的作法和功德，以及"十恶业"的果报。全书分为《十恶业品》、《十恶业品》二品。

(一)《十恶业品》。叙述佛教在家二众受持"十善戒"(又称"十善业戒")、"八戒"(又称"八戒斋")的作法和功德。说，优婆塞、优婆夷如欲除去"十恶"(指"杀生"、"偷盗"、"淫欲"、"妄语"、"两舌"、"恶口"、"绮语"、"贪欲"、"瞋恚"、"愚痴")的"业报"，应求受"十善戒"；"十善戒"须由"和上"授与；求戒者须先清净“身业”、“口业”、“意业”，然后“五体投地，归依和上（又作和尚）”，在和尚面前，“诚心忏悔”，作“三归依”（指先将“某甲归依于佛、归依于法、归依于僧”说三遍，再将“某甲归依佛竟，归依法竟，归依僧竟”说三遍）；“和上”须先“问遮难”（问求戒者有无“作五逆、谤正法”等情况）、“教念佛”，然后分三次，分别授以“身三业”善戒、“口四业”善戒、“意三业”善戒；每次授戒时，求戒者须作“三归依”，“和上”须宣读戒相，询问求戒者能否终身受持，是受“少分”、“多分”，还是“满分”（指受一戒、数戒，还是全部戒条），并根据对方的回答，分别授与；受“十善戒”之后，还须进受“八戒”（指“不杀”、“不盗”、“不淫”、“不妄语”、“不饮酒”、“不坐高广大床”、“不作倡伎乐故往观听，不著香熏衣”、“不过中食”）；“八戒”是“如来为在家人制出家法”，于斋日的一日一夜（“从今清旦至明清旦”）受持，也须由“和上”授与等。如关于正授“十善戒”和受“十善戒”者必须“持八戒”，说：

（授戒和尚言）某甲忆念，坚持汝身，持身如佛，持身如法，持身如僧。身三业者，一不杀生、二不偷盗、三不淫欲，如是身三（业），汝当受持，一日十日乃至终身。……某甲忆念，坚持汝口，持口如佛，持口如法，持口如僧。口四业者，一不妄语、二不两舌、三不恶口、四不绮语，如是口四（业），汝当受持，一日十日乃至终身。……某甲忆念，坚持汝心，持心如佛，持心如法，持心如僧。意三业者，一者不（原文脱“不”）贪欲、二者不瞋恚、三者不愚痴，如是意三（业），汝当受持，一日十日乃至终身。若言能持，复当问言：汝今欲作少分善不？多分善不？满分善不？若言能者，复当白言：事实如是，当随师教。若受十善，不持八戒，终不成就；若毁八戒，十善俱灭。……八戒斋者，是过去、现在、诸佛如来，为在家人制出家法。（《大正藏》第二十四卷，第1023页中、下）

（二）《十施报品》。以“不杀生”、“不偷盗”、“不淫”、“不妄语”等为例，叙述持“十善戒”的功德，以及作恶的罪报。说，“杀生报有十恶业”（指杀生有十种恶报）、“偷盗果报有十种恶”、“淫有十过患”、“口四过（指妄语、两舌、恶口、绮语）者有十大恶业”。如关于“不杀生”的功德和“杀生”的罪报，说：

佛告舍利弗：汝今应当知，一切受生者，无不爱身命，是故应行施，普慈等众生，视众如眼目，是名不杀戒。过去来今佛，一切智所说，恕己可为喻，勿杀勿行杖，若见杀生者，如刀刺其心。……杀生报有十恶业：一者杀生之业，恒生刀山焰炽地狱，刀轮割截，节节支解，作八万四千段。……二者杀生之业，必定当生剑林地狱。……三者杀生之业，生镬汤地狱。……四者杀生之业，生铁床地狱。……十者，杀生之业，生铁械枷锁地狱之中。（第1024页上—第1025页中）

本书所说的“十善”，既是世间的善法，也是出世间的善法，它是一切佛弟子，无论是小乘，还是大乘，是声闻，还是菩萨（包括出家菩萨、在家菩萨）都必须遵守的道德规范和行为准则。因此，虽说它本身不是“七众戒”（略称“七众别解脱戒”），但它却是七众戒，乃至菩萨戒的思想基础。

第二品　孙吴支谦译《法律三昧经》一卷

《法律三昧经》，又名《佛说法律三昧经》、《法律经》，一卷。

孙吴支谦译,黄武元年(222)至建兴二年(253)译出。本书最初是作为“失译经”,著录于梁僧祐《出三藏记集》卷三《新集安公失译经录》之中;隋费长房《历代三宝纪》卷五始将它列为支谦译;唐智升《开元释教录》卷二以及后世藏经目录沿袭此说。载于《丽藏》“念”函、《宋藏》“作”函、《金藏》“念”函、《元藏》“作”函、《明藏》“初”函、《清藏》“初”函、《频伽藏》“列”帙,收入《大正藏》第十五卷。

本书以佛在摩竭提国,对“大比丘众”、“菩萨四部弟子”说法的形式,叙述“法律三昧”(指依经法和戒律而修的正定)等理论。内容叙及:“十二自烧”(指“菩萨学者”自烧善根,“自堕大罪”的十二种事情,如“不得明师,见闻未广,而自贡高,欲求名字,谤菩萨法,以为不要,妄造哗说,言我师说”等);“堕落四事”(指导致初发菩提心菩萨发生退转的四种情形,如“学不知善权方便,轻慢师友,无有一心,其意数转”等);“人本(指本所)”、“五阴本”、“六入本”、“十二缘起本”、“九十六种道本”、“四谛本”、“弟子(指“声闻”)本”、“各佛(指“辟支佛”,即“缘觉”)本”、“如来本”的含义;“罗汉所入禅”(指“声闻禅”)、“各佛所入禅”(指“缘觉禅”)、“如来本所入禅”(指“如来禅”)、“外道五通禅”的差别等。

如关于“堕落四事”,说:

复问:已发大意(指初发菩提心菩萨)何以堕落(指退转)?佛言:用四事故。一者学(原作“学本”,“本”为衍字)不知善权方便,轻慢师友,无有一心,其意数转。二者学不精进,无有道力,但贪名誉,望人敬待。三者学所事师,不念勤苦,当得成就,虚饰贡高,无有至心。四者好学外道,习邪见人,反持异术,比佛深经,言道同等。(《大正藏》第

十五卷,第459页上)

关于“声闻禅”与“如来禅”的差别,说:

> 弟子学者(指“声闻”)闻有四禅,要约直心,可疾得道,不及知余深妙大法,畏苦厌身,一心思惟,取欲自度,不念众生,但守行灭。何如为灭?所施福德,持戒精进,欲望泥洹(又称“涅槃”)。不知佛大慈、泥洹所出入,言泥洹一到,通四禅,得三活,生死断,已度世,是为罗汉所入禅。……菩萨禅者,从发意(指发菩提心)来,不离明师,学广智深,晓了禅本。何谓晓了本?心法本无,道亦无本,无著无缚,无解无行,无出无入,无舍无取,现大智慧善权之行,不断德本及大悲意,修相好严佛国,具十力、四无所畏,及十八不绝法,一切见、一切知、无所不觉,故号曰佛。佛用(因)世间多贪乱意故,于树下闭目而坐,为现禅法,欲令解者以道缚意,亦随所乐,各得其所,是为如来本所入禅。(第460页上、中)

本书虽说自隋费长房《历代三宝纪》卷十三将它编入“大乘毗尼录”之后,在藏经目录中一直作为大乘律来处理的,但它的主题旨在阐述大乘“定学”,涉及大乘“戒学”的,实际上并不多。

第三品　西晋竺法护译《文殊师利净律经》一卷

附:姚秦鸠摩罗什译《清净毗尼方广经》一卷
刘宋法海译《寂调音所问经》一卷

《文殊师利净律经》,又名《佛说文殊师利净律经》、《文殊净律经》、《净律经》,一卷。西晋竺法护译,太康十年(289)译出。梁僧祐《出三藏记集》卷二著录。载于《丽藏》“念”函、《宋藏》“作”函、《金藏》“念”函、《元藏》“作”函、《明藏》“言”函、《清藏》“言”函、《频伽藏》“列”帙，收入《大正藏》第十四卷。

竺法护(生卒年不详，一说239—316)，音译“竺昙摩罗刹”、“昙摩罗察”，祖籍月支国，以“支”为姓，后世迁居敦煌。八岁出家，师事外国沙门竺高座，遂改以“竺”为姓。操行精苦，笃志好学，能日诵佛经万言，并博览六经(指儒家经典)，涉猎百家之言。后随师游历西域，贯综诂训，备晓三十六国文字，携带大量胡本(西域文)佛经，从敦煌来到长安。自西晋泰始二年(266)至永嘉二年(308)的四十多年间，在敦煌、酒泉、长安、洛阳等地，孜孜不倦地从事佛经的翻译，时称“敦煌菩萨”。成为佛教入华以来，迄当时为止，翻译佛经最多的一个人。所译之经，以大乘经典为多，具有直译的风格。传称，“经法所以广流中华者，护(竺法护)之力也”(《出三藏记集》卷十三)。晋武帝之末，隐居深山。以后又在长安的青门外立寺行道，四方从学的僧徒达千余人。

竺法护译出的佛经，《出三藏记集》卷二著录为“一百五十四部合三百九卷(实为三百二十二卷)”;《历代三宝纪》卷六增至“二百一十部合三百九十四卷”;《开元释教录》卷二勘定为“一百七十五部三百五十四卷”，其中，《光赞般若波罗蜜经》等“九十一部二百八卷见在”，《新道行经》等“八十四部一百四十六卷阙本”八十四部一百四十六卷阙本。生平事迹见《出三藏记集》卷十三、《高僧传》卷一等。但《出三藏记集》卷十三等说，竺法护在“惠帝西幸长安”时(指永安元年，即304年)时，“与门徒避地东下，至渑池遘疾卒，春秋七十有八”，是不确切的。据《出三藏记集》卷七收录的未详作者《普耀经记》记载:“《普曜经》，永嘉二年太岁在戊辰五月，本斋菩萨沙门法护在天水寺，手执胡本口宣晋言，时笔受者，沙门康殊、帛法巨。”(《大正藏》第五十五卷，第48页中、下)这说明竺法护在怀帝永嘉二年

(308),仍在翻译《普耀经》。《开元释教录》卷二称“护(竺法护)于怀、愍之世仍更出经”,即是据此而来的。因此,竺法护的卒年,大致上可推定为愍帝末年,即建兴四年(316)。

本书以佛在罗阅祇城耆阇崛山,文殊师利菩萨答寂顺律音(又称“寂调伏音”、“寂调音”)天子之问的形式,论述“菩萨”与“声闻”在修学上的差别,特别是“菩萨律”与“声闻律”的各种不同之处。全书分为《真谛义品》、《圣谛品》、《解律品》、《道门品》四品。

(一)《真谛义品》。论述“真谛”(又称“第一义谛”)的含义。说,“于义无起,亦无所坏”,“无有相处,亦不无相”,名为“真谛义”。如说:

> 问(指寂顺律音问):何谓真谛元首?何谓缘合以为第一?答曰(指文殊师利回答):于义无起,亦无所坏,无有相处,亦不无相,亦非一相,亦不离相,亦不显相。彼无视者,亦不无视,亦不谛视,亦不有尽、无能尽者,已无所尽、不可尽者,是曰真谛义。义者,天子(据《寂调音所问经》当作“天子,义者”),谓无心矣。无本心者,不教他人不于此际,不度彼岸,不在中流,是真谛义。义者,天子(当作“天子,义者”),谓无文字乃为圣谛。所以者何?如佛言曰:一切音声皆为虚伪。(《真谛义品》,《大正藏》第十四卷,第448页下—第449页上)

(二)《圣谛品》。论述菩萨修行“圣谛”(指“苦、集、灭、道”四谛)的目的。说,菩萨修行“圣谛”,是“度诸未度,解诸未解”,“开化未闻,使入大乘”。如说:

> 假使菩萨不行真谛,何因当为声闻说法?所以者何?菩萨行谛(指“修行圣谛”)多所察护,声闻无护;菩萨行谛

广大难限，声闻偏局；菩萨行谛将护众生，而于本际无所造证；菩萨行谛善权方便，不舍生死泥洹之门；菩萨行谛普观一切诸佛之法。(《圣谛品》，第449页中)

(三)《解律品》。论述"菩萨律"与"声闻律"的差别。说，"不能具足无极大道，是声闻律"，"戒定慧解度知见品，不可称载，是菩萨律"；"菩萨之律"，犹如大海，"十方诸律靡不归之"。如说：

恶厌积德，以用懈废，不能自进，是声闻律；兴功为德，不厌诸行，以益众生，因而得济，是菩萨律；灭除一切尘劳之欲己身所恶，是声闻律；攻伐一切众生尘劳恩爱之著，是菩萨律；不睹诸天心行所念、所志不同，是声闻律；目见三千大千之佛国土，根心所归，是菩萨律；但能察己心之所行，是声闻律；普见十方诸佛处所众生心念，是菩萨律。(《解律品》，第450页中)

(四)《道门品》。论述"泥洹门"(即净法)与"生死门"(即染法)的对立，以及"住五逆(又称"五无间")，乃成无上正真之道"的"菩萨行"。说，"无顺之念"(指无顺善之念)，则"周旋生死"，"顺义之念"(指有顺善之念)，则趣入"泥洹"；"不行精进"为"挂碍门"，"精进之行"为"道品门"；"六度无极"为"大乘门"。如说：

毁犯戒者，便当归趣诸恶道门；奉修禁戒，当归一切生善处门；喜诤讼者，违失法门；若忍辱者，得归殊特超异之门；为懈怠者，心垢秽门；遵行精进，为无垢门；放逸之事，为乱意门；一心之事，为定意门；恶智之行、痴冥之惑，如牛羊门；修智慧者，三十七品为道法，本师子之门；……菩萨为诸佛法元首之门，将护诸法，法自在门故；善权方便，晓了处处无处之门故；智度无极，通知一切众生心念所念，顺度彼岸门故；六度无极，摄于六欲，令无所处，为大乘门故。（《道门品》，第451页下）

本书由于译出的年代较早，与其他异译本相比，有些译文尚欠通畅。

本书的同本异译有：姚秦鸠摩罗什译《清净毗尼方广经》一卷、刘宋法海译《寂调音所问经》一卷、北宋智吉祥等译《清净毗奈耶最上大乘经》三卷（今存上、中卷，佚下卷，有《宋藏遗珍》本）。

姚秦鸠摩罗什译《清净毗尼方广经》一卷

《清净毗尼方广经》，又名《清净毗奈耶方广经》、《清净毗尼经》、《毗尼方广经》，一卷。姚秦鸠摩罗什译，约译于弘始七年（405）。本书最初是作为西晋竺法护的译经，著录于隋法经等《众经目录》卷五、彦琮等《众经目录》卷二、唐道宣《大唐内典录》卷二之中；唐明佺等《大周刊定众经目录》卷六始将它定为姚秦鸠摩罗什译（称“出《达摩郁多罗录》”，即见《法上录》），唐智升《开元释教录》卷四以及后世藏经目录沿依此说。从本书对同一语句的翻译，与竺法护译《文殊师利净律经》并不相同，而且竺法护也没有必要将同一部著作的两个传本均作翻译来看，《大周刊定众经目录》将本书的译者改为鸠摩罗什，或许是有道理的。载于《丽藏》“念”函、《宋藏》“作”函、《金藏》“念”函、《元藏》“作”函、《明藏》“初”函、《清藏》“初”函、《频伽藏》“列”帙，收入《大正藏》第二十四卷。

本书以佛在王舍城祇阇崛山（即“耆阇崛山”），文殊师利菩萨答寂调伏音天子之问的形式，论述“第一义谛”与“世谛”、“菩萨修圣谛”与“声闻修圣谛”、“菩萨毗尼”（指“菩萨律”）与“声闻毗尼”（指“声闻律”）、“正修行门”（指“获涅槃”的净法）和“不正修门”（指“增生死”的染法）的各种差别，以及“菩萨具于烦恼成菩提”等问题。与竺法护译《文殊师利净律经》（略称《净律经》）相比，本书是不分品目的，但叙述的顺序是依《净律经》所分四品的序次展开的。

大致来说，本书从“如是我闻。一时，佛住王舍城祇阇崛山”，至“二百天子逮得法忍”的文段，相当于《净律经》中的《真谛义品》；从“尔时，寂调伏音天子问文殊师利：第一义谛甚为难解”，至“如来悉记当生彼土”的文段，相当于《圣谛品》；从“时寂调伏音天子问文殊师利：云何名为菩萨毗尼”，至“一切法无与毕竟调伏故”的文段，相当于《解律品》；从“寂调伏音天子复问文殊师利：一切诸法以何为门”，至“若知平等不行别异，若知平等彼趣平等”的文段，相当于《道门品》。此后的文段（吕澂《清净毗尼方广经讲要》拟题为“较量三乘品”），从“天子又问：文殊师利，颇有菩萨具于烦恼成菩提耶”，至“闻佛所说，皆大欢喜”，则为《净律经》所无。

与《净律经》相比，本书的译文显得较为充实流畅。特别是关于“菩萨毗尼”与“声闻毗尼”的差别，本书共列举有十七种，表述也十分清晰，说：

> 怖畏三界毗尼，是声闻毗尼；受无量生死、欲化一切诸众生等生于三界毗尼，是菩萨毗尼。轻毁功德庄严毗尼，是声闻毗尼；自集功德庄严毗尼，是菩萨毗尼。自断一切诸烦恼结，是声闻毗尼；欲断一切众生烦恼，是菩萨毗尼。……自观之心，是声闻毗尼；观一切佛法，是菩萨毗尼。渐次毗

尼，是声闻毗尼；一念悉知，是菩萨毗尼。……无善方便，是声闻毗尼；成就方便，是菩萨毗尼。无有十力、四无所畏，是声闻毗尼；成就十力、四无所畏，是菩萨毗尼。……无六波罗蜜、无四摄法，是声闻毗尼；有六波罗蜜、具四摄法，是菩萨毗尼。不断一切习，是声闻毗尼；灭一切习，是菩萨毗尼。……有少法功德、有少戒闻定慧解脱、解脱知见，是声闻毗尼；无量无量所摄、无量功德、无量戒闻定慧解脱、解脱知见，是菩萨毗尼。（《大正藏》第二十四卷，第1077页下—第1078页上）

本书后部分补续的内容，主要是论述“菩萨具于烦恼成菩提”，以彰显“菩萨毗尼”的殊胜性的。认为，菩萨不断烦恼，为的是能以自己的烦恼，了知众生的烦恼，从而生起大悲心，勇猛精进，化度众生，使一切众生都证得菩提，而一旦证得菩提，便永断烦恼，故“宁为菩萨具诸烦恼，终不作于漏尽罗汉”。说：

颇有菩萨具于烦恼成菩提耶？答言：有。……若菩萨断结使，是声闻；若菩萨知一切众生烦恼结使，大悲增盛，发于无上正真道心，是有菩提。（第1079页中、下）

本书的同本异译有：西晋竺法护译《文殊师利净律经》、刘宋法海译《寂调音所问经》一卷、北宋智吉祥等译《清净毗奈耶最上大乘经》三卷（今存上、中卷，佚下卷）。

本书的注疏有：现代吕澂《清净毗尼方广经讲要》。

刘宋法海译《寂调音所问经》一卷

《寂调音所问经》，又名《如来所说清净调伏经》、《寂调音经》、《寂调意所问经》，一卷。刘宋法海译，约译于永初元年（420）至昇明三年（479）。本书最初是作为“失译经”，著录于梁僧祐《出三藏记集》卷四《新集续撰失译杂经录》之中；隋费长房《历代三宝纪》卷十始定为刘宋"法海出"，称"见《始兴录》"，后世经录沿依此说。载于《丽藏》"念"函、《宋藏》"作"函、《金藏》"念"函、《元藏》"作"函、《明藏》"定"函、《清藏》"定"函、《频伽藏》"列"帙，收入《大正藏》第二十四卷。

法海（生卒年不详），南北朝刘宋时僧人，另译有《乐璎珞庄严方便经》（又名《大乘璎珞庄严经》、《转女身菩萨经》，为西晋竺法护译《顺权方便经》的同本异译）一卷（已佚）。事见隋费长房《历代三宝纪》卷十。

本书以佛在王舍城耆阇崛山，文殊师利答寂调音天子之问的形式，论述"菩萨"与"声闻"在修学上的差别，特别是"调伏菩萨"（指"菩萨律"）与"调伏声闻"（指"声闻律"）的不同。其体例和内容与姚秦鸠摩罗什译《清净毗尼方广经》一卷较为接近，也是不分品目的，书末也有关于"有烦恼菩萨有菩提"（《清净毗尼方广经》译作"菩萨具于烦恼成菩提"）的论述。

如关于"诸法（指染净诸法）以何为最"，说：

> 生死所习，不善顺为最；趣涅槃界，善顺为最。于障碍中，不精进为最；于正觉中，精进为最。于诸盖中，疑网为最；种种相中，得解观为最。诸烦恼中，妄想为最；无烦恼中，不妄想为最。于诸觉中，多事为最；于灭心中，禅定为最。……无智慧中，愚痴为最；于三十七助道法中，般若为最。于慈心中，无碍为最；于悲心中，专念不谄为最。于喜心中，乐法乐为最；于舍心中，离爱憎为最。……于八圣道，度一切邪道为最；于佛法中，菩提心为最。于摄法中，财法为最；导化众生中，说法为最。于方便中，处非处智为最；于般若波罗蜜中，知一切众生心行相续到彼岸为最。（《大正

藏》第二十四卷，第1084页上、中）

本书的同本异译有：西晋竺法护译《文殊师利净律经》、姚秦鸠摩罗什译《清净毗尼方广经》一卷、北宋智吉祥等译《清净毗奈耶最上大乘经》三卷（今存上、中卷，佚下卷）。

第四品　西晋聂道真译《菩萨受斋经》一卷

《菩萨受斋经》，又名《受斋经》，一卷。西晋聂道真译，建兴元年（313）至建兴四年（316）之间译出。本书最初是作为"失译经"，著录于梁僧祐《出三藏记集》卷四《新集续撰失译杂经录》之中；隋费长房《历代三宝纪》卷六始将它列为聂道真；唐智升《开元释教录》卷二以及后世藏经目录沿依此说。载于《丽藏》"念"函、《宋藏》"作"函、《金藏》"念"函、《元藏》"作"函、《明藏》"初"函、《清藏》"初"函、《频伽藏》"列"帙，收入《大正藏》第二十四卷。

聂道真（生卒年不详），西晋译经居士。精通梵学，笃志务法。初和其父聂承远一起协助竺法护译经，时任"笔受"，竺法护译出的佛经，多由他俩参正文句。竺法护卒后，聂道真独自译经。所译之经，隋费长房《历代三宝纪》卷六著录为"五十四部合六十六卷"；唐智升《开元释教录》卷二勘定为"二十四部三十六卷"，其中，《无垢施菩萨分别应辩经》、《诸菩萨求佛本业经》、《文殊师利涅槃经》、《三曼陀跋陀罗菩萨经》、《菩萨受斋经》、《异出菩萨本起经》等六部六卷见存，其余皆阙。生平事迹略见于梁慧皎《高僧传》卷一等。

本书叙述在家菩萨（指在家行菩萨道者，即"菩萨优婆塞"、"菩萨优婆夷"）在斋日受持的"菩萨斋"。内容包括：在家菩萨

“受斋法”、“十念”、“斋日十戒”、“解斋法”、“斋日法”和“斋日数”。

(1)“菩萨受斋法”。说,在家菩萨受“菩萨斋”时,当作“三归依”、“忏悔”、“受菩萨斋”的告白。如说:

> 菩萨受斋法。言:某自归佛,自归法,自归比丘僧。某身所行恶,口所言恶,意所念恶,今已除弃。某若干日、若干夜,受菩萨斋,自归菩萨,如前六万菩萨,皆持是斋。(《大正藏》第二十四卷,第1115页下—第1116页上)

(2)“菩萨十念”。说,在家菩萨受“菩萨斋”时,当作“十念”,即“念过去佛”、“念未来佛”、“念一切十方现在佛”、“念尸波罗蜜持戒”、“念禅波罗蜜”、“念沤和拘舍罗”、“念般若波罗蜜”、“念禅三昧六万菩萨在阿弥陀佛所”、“念过去、当来、今现和上、阿阇梨”。

(3)“菩萨斋日十戒”。说,在家菩萨在斋日须受持“十戒”,此“十戒”不同于“沙弥十戒”。如说:

> 菩萨斋日有十戒。第一,菩萨斋日不得著脂粉、花香。第二,菩萨斋日不得歌舞、捶鼓、伎乐、庄饰。第三,菩萨斋日不得卧高床上。第四,菩萨斋日过中以后不得复食。第五,菩萨斋日不得持钱、刀、金银、珍宝。第六,菩萨斋日不乘车、牛、马。第七,菩萨斋日不得捶儿子、奴婢、畜生。第八,菩萨皆持是斋,从分檀布施(指“行布施”)得福,我是菩萨,如我念在泥犁(指地狱)中人、薜荔(指饿鬼)中人、畜生中人,令得解脱,出生为人。……是菩萨斋日,不得见扫除。第九,菩萨斋日不得饮食尽器中。第十,菩萨斋日不得与女人相形笑,共坐席,女人亦尔。是为十戒,不得犯,不得教人犯,亦不得劝勉人犯。(第1116页中)

(4)“菩萨解斋法”。说,在家菩萨在持斋结束时,须作“解斋”的告白,言“某若干日、若干夜,持菩萨斋”,当得“六波罗蜜”。

(5)“菩萨斋日法”。说,在家菩萨在斋日,须“日夜一分禅、一分读经、一分卧”。

(6)“斋日数”。说,“菩萨斋日”为一年四期,“正月十四日受,十七日解;四月八日受,十五日解;七月一日受,十六日解;九月十四日受,十六日解”(第1116页中)。

本书所说的在每年“正月十四日”、“四月八日”、“七月一日”、“九月十四日”起受持的“菩萨斋”,无论是所定的日期、持续的时间,还是受持斋戒的内容,均不同于在家佛弟子通常在“六斋日”(指阴历每月初八日、十四日、十五日、二十三日、二十九日、三十日)受持的“八关斋戒”。这是一种比较特殊的斋法。除唐代道世《法苑珠林》卷九十一、《诸经要集》卷六、新罗胜庄《梵网经述记》卷下等个别著作有摘引以外,并未见其流行。

第五品　姚秦鸠摩罗什译《佛藏经》三卷

《佛藏经》,又名《选择诸法经》、《奉入龙华经》,三卷(一作“四卷”)。姚秦鸠摩罗什译,弘始七年(405)译出。梁僧祐《出三藏记集》卷二著录。载于《丽藏》“克”函、《宋藏》“念”函、《金藏》“克”函、《元藏》“念”函、《明藏》“笃”函、《清藏》“笃”函、《频伽藏》“列”帙,收入《大正藏》第十五卷。

本书以佛在王舍城耆阇崛山,答大弟子舍利弗之问的形式,论述一切诸法“毕竟空无所有”,以及“破戒比丘”的各种罪相等理论。全书分为《诸法实相品》、《念佛品》、《念法品》、《念僧品》、《净戒品》、《净法品》、《往古品》、《净见品》、《了戒品》、

《嘱累品》十品。内容如下。

（一）《诸法实相品》（卷上；此据《丽藏》本，宋元明藏本作“卷一”）。论述“诸法毕竟空无所有”等理论。说，“如来所说一切诸法，无生无灭，无相无为”，“于我法中出家求道，不念涅槃，不以涅槃为念，不贪涅槃，于毕竟空法，不惊不畏”。如关于“一切诸法，无生无灭”，说：

> 如来所说一切诸法，无生无灭，无相无为，令人信解，倍为希有。……举要言之，我法悉破一切诸念、一切诸见、一切诸结、诸增上慢，不念一切诸所忆念，除断一切种种语言。我是法中，无常无无常、无苦无乐、无垢无净、无断无常、无我无众生、无人无寿者无命者、无生无灭。何以故？舍利弗，如来于法，都无所得、有所灭，故名为涅槃，亦不见有得涅槃者。舍利弗，佛亦不念涅槃，不以涅槃为念，亦不贪著涅槃。（卷上《诸法实相品》，《大正藏》第十五卷，第 783 页中—第 784 页上）

（二）《念佛品》（卷上；宋元明藏本作“卷一”）。论述“念无分别，即是念佛”等理论。说，“见无所有，名为念佛”；“念无分别，即是念佛”；“无有分别、无取无舍，是真念佛”。如关于以“毕竟空无所有法”念佛，说：

> 云何名为念佛？见无所有，名为念佛。舍利弗，诸佛无量、不可思议、不可称量，以是义故，见无所有，名为念佛。实名无分别，诸佛无分别，以是故言，念无分别，即是念佛。复次，见诸法实相，名为见佛。何等名为诸法实相？所谓诸法毕竟空无所有，以是毕竟空无所有法念佛。复次，如是法中，乃至小念尚不可得，是名念佛。舍利弗，是念佛法，断语言道，过出诸念，不可得念，是名念佛。舍利弗，一切诸念皆

寂灭相,随顺是法,此则名为修习念佛。(卷上《念佛品》,第785页上、中)

(三)《念法品》(卷上;宋元明藏本作"卷一")。论述"佛于诸法,无执无著"等理论。说,"随所念起一切诸想,皆是邪见","于圣法中,拔断一切诸见根本,悉断一切诸语言道"。如关于"佛于诸法,无执无著",说:

佛于诸法,无执无著,不见有法,可执可著。……贤圣不作是念:此是正见,此是邪见。所以者何?一切诸见,皆从虚妄缘起。舍利弗,若作是念此是正见,是人即是邪见。舍利弗,于圣法中,拔断一切诸见根本,悉断一切诸语言道。(卷上《念法品》,第785页下—第786页上)

(四)《念僧品》(卷上;宋元明藏本作"卷一")。论述"断诸名相,名为圣众(指僧)"等理论。说,"若有人能信解通达一切诸法,无生无灭,无起无相","是名圣众",但圣众"亦不可得",这如同"于圣法中,所因语言说真实义,如是语言亦不可得"。如关于"断诸名相,名为圣众",说:

所有不善、所有可知、所有可得,如是一切诸不善法,皆以名相为本。此贤圣法中,断诸名相,又不念名相,不得名相。云何当言是圣是众?断诸名相,名为圣众。若有法处,可破可断。贤圣法中,无名无相,无有语言,断诸语言,无有合散。若言无僧,则破圣众,是亦不得。(卷上《念僧品》,第786页中)

(五)《净戒品》(卷上至卷中;宋元明藏本作"卷二")。论述"破戒比丘十忧恼箭"等理论。说,"见僧和合,不生喜心";"众所憎恶,不欲亲近":"逢见比丘众,自知不同,恶心舍离";

“毒恶心盛,不可化喻”;“闻说正经,以为忧恼”;“虽坐众中著圣法服,然是比丘恶相犹现”;“无色无德,无复志愿”;“乐在众闹,散乱多语,性好嫉妬”;“随宜善巧,无有羞耻”;“好乐他事,任持其理”,为“破戒比丘十忧恼箭”,“命终之后,必入地狱”。如关于“破戒比丘”的“八忧恼箭”(即第八种罪相),说:

> 破戒比丘,乐在众闹,散乱多语,性好嫉妬。与破戒者以为亲友,常乐论说破戒恶事,以为喜乐,不知羞耻。违逆深经,心疑不信,或时闻说如是等经,疑逆诤竞,不乐听受。东西顾望,心不专一,以手掩口,仰视虚空,从坐而起,谤佛法教,怀瞋恨心,骂说法者。以如是等过恶因缘,命终之后,深入地狱。舍利弗,是名破戒比丘八忧恼箭,必堕地狱。(卷中《净戒品》,第792页下)

(六)《净法品》(卷中;宋元明藏本作“卷三”)。论述“不净说法者有五过失”等理论。说,“说法甚难”,“身未证法而在高座,身自不知而教人者,必堕地狱”;“说一切法亦毕竟空,无我、无人、无众生、无寿者、无命者”,“是名诸佛无上之法”。如关于“不净说法者有五过失”,说:

> 不净说法者,有五过失。何等为五?一者自言尽知佛法;二者说佛经时,出诸经中相违过失;三者于诸法中,心疑不信;四者自以所知,非他经法;五者以利养故,为人说法。(卷中《净法品》,第793页中)

(七)《往古品》(卷中;宋元明藏本作“卷三”)。以富楼那弥多罗尼子的前生故事为譬喻,论述“广为四众说第一义毕竟空法”等理论。说,佛弟子中,调达(又称“提婆达多”)、拘迦离、迦罗、波利摩陀四人,都是“不净说法者”,只有富楼那弥多罗尼

子为“清净说法者”;“外道”欲入佛教,应“先教令住诸法无我”。如关于“外道欲入佛法,应试四月”,说:

我说外道欲入佛法,应试四月。何以故?诸外道人,多有我见、人见、众生见、寿命见、断见、常见。……我诸弟子,但说空、无相、无愿、无所得忍,说识无所住。舍利弗,若有成就如是忍者,我听是人出家受戒,得受供养衣服、饮食、卧具、医药。若人无是忍者,应先试之,先教令住诸法无我。舍利弗,若于此忍,心不欢喜,闻说第一义空,惊疑讥诃,闻说我见,心则欢喜,当知是人为魔所使,若先外道。……当于此人,生利益心,教以诸法无我,诸法空寂,诸法无作,无有受者。(卷中《往古品》,第796页中)

(八)《净见品》(卷下;宋元明藏本作“卷三”)。以释迦牟尼的的前生故事为譬喻,论述“有所得者”,不得作佛等理论。说,释迦牟尼在过去世为“转轮圣王”,尽形供养“诸佛及弟子众”,而是诸佛并未授记他来世当作佛,原因是“我有所得故”。如关于“有所得者无有涅槃”,说:

舍利弗,我今明了告汝:有所得者无有涅槃。有所得者若有涅槃,是则诸佛不出于世,一切凡夫皆入涅槃。……何等是乐外道法?所谓有所得者,我见者、人见者、众生见者、贪者、邪者、于自相空法心生疑者,受行种种邪虚妄法,不能入于第一义空,行诸邪道。……有所得者,于我法中,即是邪见,是名大贼。(卷下《净见品》,第798页下—第799页上)

(九)《了戒品》(卷下;宋元明藏本作“卷四”)。论述“当勤行佛道,莫贵世间财利供养”等理论。说,“破戒比丘”、“增上慢人"、"堕外道论比丘","闻诸法空无所有,不信不乐、不能通达";若比丘有"深智慧","是人能信一切法空,于一切法不起不坏";比丘不应为了"所须物"而"行诸邪命恶法","应诸法中,无所分别,常摄其心,不令散乱"。如关于比丘如何才能"解空无所有法",说:

> 舍利弗,我今明了告汝:若人具足持戒、禅定、智慧,不悭、不贪、不染、恚痴,不怀谄曲,有厌恶心,言必真实,常乐独处,不乐睡眠,乐空无相、无愿、无生、无灭行,生离欲心,求解佛法第一义,不好世语,乐出世语,尽持诸戒,一切恶事及恶知识悉皆远离,住如是法,则能解空无所有法。……诸法实相毕竟空寂,即是佛道。好世财利、贪说不净法者,所不能及。(卷下《了戒品》,第801页上)

(十)《嘱累品》(卷下;宋元明藏本作"卷四")。论述奉持本经的功德。说,"如来深法,受者(指信解者)难有",未来世中,有比丘"因以我法得受供养",却"不信解如来功德","又不能信如是等经"。如关于本经的名称,说:

> 佛告阿难:此经名为《佛藏》,亦名《发起精进》,亦名《降伏破戒》,亦名《选择诸法》,当奉持之。阿难,若人诵持是经,所得功德,无量无边。所以者何?破戒比丘尚不能信读诵教人,况于是中得欢喜心。……如是经者,破戒比丘随得闻时,能自降伏,则有惭愧,持戒比丘得自增长。(卷下《嘱累品》,第803页中)

本书最初是作为与《胜鬘经》、《金光明经》、《遗教经》同类的大乘经来看待的。隋吉藏《大品经游意》说:"成论师云,佛教不出三。一者顿教,如《华严》大乘等也。二者偏方不定教,如

《胜鬘》、《金光明》、《遗教》、《佛藏经》等也。三者渐教，如《四阿含》及《涅槃》是也。”（《大正藏》第三十三卷，第66页中）由于其中列数“破戒比丘”的各种罪相，故自隋法经等《众经目录》卷五将它编入《大乘毗尼藏录》之后，一直被当作大乘律来看待。但本书是基于大乘空宗的立场来谈论大乘律的，故所说以“破”为主，“立”的较少，这与大乘有宗（如《瑜伽师地论》系统的戒本）对大乘律的轻重戒，以“立”为主，作正面的论述和分别，无论在义理上，还是在叙述形式上，都存在着明显的差异。

第六品　刘宋求那跋摩译《菩萨内戒经》一卷

《菩萨内戒经》，又名《佛说菩萨内戒经》，一卷。刘宋求那跋摩译，约译于元嘉八年（431）。本书最初是作为“大乘毗尼失译”，著录于隋费长房《历代三宝纪》卷十三；唐明佺等《大周刊定众经目录》卷六始将它列为求那跋摩译；唐智升《开元释教录》卷五以及后世藏经目录沿依此说。载于《丽藏》“念”函、《宋藏》“作”函、《金藏》“念”函、《元藏》“作”函、《明藏》“言”函、《清藏》“言”函、《频伽藏》“列”帙，收入《大正藏》第二十四卷。

本书以佛在“十五日说戒时”，答文殊师利之问的形式，叙述初发意菩萨（又称“初发心菩萨”、“新学菩萨”，指初发心求无上菩提者）应当受行的“十二时戒法”（又称“十二时之戒”，指次第受行的戒法）。内容包括：“归依”、“忏悔”、“行六波罗蜜”、发“三愿”、行“十法则”；“受尸罗（指戒）四十七戒”；“受羼阿惟越致（指“忍辱不退转”）法四门”；“受惟逮（指“精进”）法二十因缘”；“受四禅法”；“受般若三昧法”（又称“菩萨三昧法”)；“受文殊师利菩萨三昧法”；“受日月三昧法”；“以六事(指“六度”)教化一切”；“外行如地，内戒如水”(本书的名称取意于此)；发愿；回向。其中，以叙述菩萨戒“四十七戒”，为全书的核心内容，最为重要。各时之戒如下。

(一)“第一时”：“归依”、“忏悔”等(案：从明智旭《阅藏知津》卷三十二的记述来看，本书正文中出现的“第一时”至“第十二时”，原先应当是置于章段之末的，今本则置于章段之首。今本“第一时”是从“受尸罗四十七戒”算起的，这就造成“第八时”中出现“是为菩萨九时之戒”语；“第九时”中出现“是为菩萨十时之戒”语；“第十时”中出现“是为菩萨十一时戒”语；“第十一时”中出现“佛说菩萨功德十二时正戒竟”语，标题与正文相矛盾，现据《阅藏知津》划分时段)。

(1)“归依”、“忏悔”。说，初发意菩萨首先应当“三自归三尊”，唱言“某自归佛、自归法、自归比丘僧、自归菩萨、自归摩诃萨、自归文殊师利菩萨、自归摩诃般若波罗蜜”；然后应当对先世(指前世)以来身、口、意所作的一切恶业，表示忏悔，说“某先世时，不行菩萨道，今适行菩萨道，以弃恶故，从今以往，昼夜作善，不敢复犯诸恶”等词。

(2)“行六波罗蜜”(指“六度”)。说，初发意菩萨应当修行“六波罗蜜”：“第一檀波罗蜜，布施意行”；“第二尸波罗蜜，持戒意行”；“第三羼提波罗蜜，忍辱意行”；“第四惟逮波罗蜜，精进意行”；“第五禅波罗蜜，一心意行”；“第六般若波罗蜜，智慧意行”。

(3)发“三愿”。说，初发意菩萨应当发“三愿”：“一愿我当作佛”；“二愿我往生阿弥陀佛前”；“三愿我世世与佛相值，佛当授我莂”；并且以“明师”为“和阇”(指和尚)，文殊师利为“阿祇利”(指“阿阇梨”，即轨范师)。

（4）行“十法则”。说，初发意菩萨须行十事。一是“入塔寺（《丽藏》本作“松寺”）有五事”，指“不得著屐”，“不得持伞盖”，“当礼佛，绕塔三匝”，“若见不净污秽当扫弃”，“见诸沙门皆当作礼”。二是“行道路有二事”，指“若天热、若雨时，见有树木、屋舍，当让人先坐”，“若见井水、泉水、若见人持水，当让人饮”。三是“得人饮食时有三事”，指“视上下皆令等”，“若不等得，当分令等”，“饭已，得水饮，当让上座先饮，若饮已，不得先起去，当与众人俱起”。

（二）“第二时”：“受尸罗四十七戒”。指初发意菩萨应受持菩萨戒四十七条。原书未说明“四十七戒”中，何为“重戒”，何为“轻戒”，但据唐法藏《梵网经菩萨戒本疏》卷四、智周《梵网经疏》卷四所说，此中有“四十二种轻戒”。

（1）“不得杀生”。（2）“不得盗他人财物”。（3）“不得淫泆他人妇女”。（4）“不欺怠人”。（5）“不得饮酒”。（6）“不得两舌”。（7）“不得恶口”。（8）“不得妄言”。（9）“不得绮语”。（10）“不得嫉妬”。（11）“不得瞋恚”。（12）“不得痴疑”。（13）“不得信邪魔道”。（14）“不得持恶行教人”。（15）“当广方便益布施”。（16）“不得悭贪”。（17）“不得贪利他人财物”。（18）“不得邪心贼害人”。（19）“不得谗击人”。（20）“不得挝捶人”。（21）“不得掠取良民作奴婢”。（22）“不得贩卖奴婢”。（23）“不得卖妻子与人”。（24）“不得男女更相淫戏”。（25）“不得至博戏淫女舍”。（26）“不得至黄门家”。

（27）“不得相欺诈”。（28）“不得持重秤侵人”。（29）“不得持轻秤欺人”。（30）“不得持大斗侵人”。（31）“不得持小斗欺人”。（32）“不得持长尺侵人”。（33）“不得持短尺欺人”。（34）“不得断弃牛马五阴”。

(35)"不得卖牛马"。(36)"不得卖象驼"。(37)"不得卖骡驴"。(38)"不得卖猪羊"。(39)"不得卖鸡犬畜生"。(40)"不得卖经法"。(41)"不得至邪魔道家"。(42)"不得至担死人种家"。(43)"不得入死丧家"。(44)"不得入酒舍"。(45)"不得入羹饭舍"。(46)"得人饭时心念言:我何时当布施与人"。(47)"菩萨相见心当欢喜,如见父母兄弟"。如关于前十五戒,说:

> 今受尸罗四十七戒。何谓四十七?一者菩萨不得杀生,身、口、意不得念杀生,念杀生者不得为菩萨也。二者菩萨不得盗他人财物。三者菩萨不得淫泆他人妇女。四者菩萨不欺怠人。五者菩萨不得饮酒。六者菩萨不得两舌。七者菩萨不得恶口。八者菩萨不得妄言。九者菩萨不得绮语。十者菩萨不得嫉妬。十一者菩萨不得瞋恚。十二者菩萨不得痴疑。十三者菩萨不得信邪魔道。十四者菩萨不得持恶行教人。十五者菩萨当广方便益布施。(《大正藏》第二十四卷,第1029页中)

(三)"第三时":"受羼阿惟越致法四门"。指受学"佛二十因缘"、"法二十因缘"、"身二十因缘"、"摩诃般若波罗蜜二十因缘"等八十种"不退转"的"菩萨法"。

(四)"第四时":"受惟逮法二十因缘"。指受学"五因缘多福"、"五因缘护身"、"菩萨有五意"等二十种(行文中实际所列为十五种)"自知宿命"的"菩萨法"。

(五)"第五时":"受四禅法"。指受学菩萨"四禅"(内容不同于小乘的"四禅")。如说:

> 今受四禅法。何谓禅法?菩萨坐禅,一心念佛,佛空、无所有,意便止。复念贪淫五所欲,已无贪淫五所欲,便得

一禅。菩萨坐禅,一心念法,法亦空、无所有,意便无瞋恚痛痒,已无瞋恚痛痒,如是便得二禅。菩萨坐禅,一心念摩诃般若波罗蜜,亦空、无所有,意便无愚痴,如是便得三禅。菩萨已得三禅,诸恶已尽,无所复念,意清净,不动不摇,便得四禅。一心不复转,自然得五旬,是为菩萨行禅法。(第1030页中、下)

(六)“第六时”:“受般若三昧法”(又称“菩萨三昧法”)。指受学以“等意”(指平等心)、“慈心”护念一切众生的“三昧法”。

(七)“第七时”:“受文殊师利菩萨三昧法”。指受学如同文殊师利菩萨“为十方天下人民作善”的“三昧法”。

(八)“第八时”:“受日月三昧法”。指受学如同日月“为十方人民作光明”的“三昧法”。

(九)“第九时”:“六事(指“六度”)”。指菩萨以身为“布施”,眼为“持戒”,耳为“忍辱”,鼻为“精进”,口为“一心”,意为“智慧”,“教化一切,广利法门,开导众人,使成大道”。

(十)“第十时”:“外行如地,内戒如水”。指“菩萨戒内,不戒外”,“外行如地,内戒如水”,“水以清净濡软为行,地以多容多受为功德”。

(十一)“第十一时”:发愿。指菩萨“常愿使十方平如水,无山坑,人民贫富等等(指平等)无异,寿命长短等等无异,豪贵卑贱等等无异”。

(十二)“第十二时”:回向。指菩萨“以功德归流一切人、非人”。如说:

菩萨发大乘之业,以僧那僧涅(指“四弘誓”)度脱一切人非人,以波罗蜜示现众人,以慈悲喜舍救济众人;菩萨以濡软伏诸刚强;菩萨以沤和拘舍罗(指"善巧方便")和合众人;菩萨以谦恭慈仁安慰众人;菩萨以和悦欢喜降伏诸恶逆;菩萨以道力度诸愚痴;菩萨以贞洁度诸爱欲;菩萨以大慈愍念众生;菩萨以省约绝诸财宝;菩萨以清净断诸醉酒;菩萨以讷言正心口忍辱;菩萨以经行立于精进;菩萨以少食绝于睡卧;菩萨以无欲轻身强健;菩萨以无瞋怒养于道德;菩萨以无嫉妬合聚众人;菩萨以功德归流一切人非人。是为菩萨十二时戒、平等之行。(第1032页中、下)

本书之末叙述菩萨的"十住"(即十地)。其中,"一住"为"波监质兜波菩萨法住",指"初发心住";"二住"为"阿阇浮菩萨法住",指"治地住";"三住"为"喻阿阇菩萨法住",指"修行住";"四住"为"阎摩期菩萨法住",指"生贵住";"五住"为"波喻三般菩萨法住",指"方便具足住";"六住"为"阿者(耆)三般菩萨法住",指"正心住";"七住"为"阿惟越致菩薩法住",指"不退住";"八住"为"鸠摩罗浮童男菩萨法住",指"童真住";"九住"为"喻罗阇菩萨法住",指"法王子住";"十住"为"阿惟颜菩萨法住",指"灌顶住"。由于本书在翻译梵文名词术语时多用音译,故《阅藏知津》卷三十二说,书中"文多梵语,颇难解会"。

第七品　萧梁僧伽婆罗译《文殊师利问经》二卷

附:唐不空译《文殊问字母经》一卷

《文殊师利问经》,又名《文殊问经》,二卷。萧梁僧伽婆罗译,天监十七年(518)译出。隋费长房《历代三宝纪》卷十一著录。载于《丽藏》"量"函、《宋藏》"墨"函、《金藏》"量"函、《元藏》“墨”函、《明藏》“染”函、《清藏》“染”函、《频伽藏》“列”帙，收入《大正藏》第十四卷。

本书以佛在王舍城耆阇崛山，答文殊师利菩萨之问的形式，论述“世间菩萨戒”、“出世间菩萨戒”、“涅槃”、“无我”、“中道”、“念佛三昧”等义，以及悉昙五十字、小乘二十部派等事。全书分十七品，始《序品》，终《嘱累品》，各品大都采用先以长行（散文）叙事，后以“衹夜”（又称“重诵”、“应颂”）作结的方式铺叙。

卷上：十四品。

（一）《序品》（卷上）。叙述佛在王舍城耆阇崛山说法时的与会大众。说，与会者有长老阿若憍陈如、舍利弗、大目揵连、摩诃迦叶、离婆多、须婆吼、阿难陀等一千三百五十阿罗汉，还有金刚、大势至、观世音、大德勇猛、无尽意、大意、文殊师利等无数菩萨。

（二）《菩萨戒品》（卷上）。论述“世间菩萨戒”（指在家菩萨戒）。所说的“世间菩萨戒”，其内容与“沙弥十戒”相同，但对第十条“不蓄金银财宝”作了开许。此外，还叙列了一些其他轻戒。说，“不得卖买受他施物”，“不以自身作恶，亦不教他”，“不得为利养故，赞叹他”，“若为己杀（肉），不得啖”，“不得啖蒜”，“不得服油及涂身”；菩萨应知“三十五大供养”（指“然灯”、“烧香”、“袈裟”、“伞”、“幡”、“螺鼓”、“铃盘”、“舞歌”、“腰鼓”、“曼陀罗花”、“饭”、“水”、“浆”、“槟榔”等）；菩萨应离“二十六邪见”（指“杀马祠火、杀人祠火”等）等。如关于“世间菩萨戒”，说：

文殊师利白佛言：世尊，我今欲问世尊胜语世间菩萨戒，愿为我说，我当谛听。佛告文殊师利：我今当说，汝善谛听。不杀众生、不盗他财物、不非梵行、不起妄语、不饮酒，如是当忆，不歌舞倡伎、不著花香持天冠等、不坐卧高广大床、不过中食，若行此事，不成就三乘。……为供养佛、法、僧，并般若波罗蜜及父母兄弟，得畜财物。为起寺舍、为造像、为布施，若有此因缘，得受金银财物，无有罪过。……不得买卖受他施物。……不以自身作恶，亦不教他。不得为利养故，赞叹他人。若为己杀（肉），不得啖；若肉如材木、已自腐烂，欲食得食。（卷上《菩萨戒品》，《大正藏》第十四卷，第492页下—第493页上）

（三）《不可思议品》（卷上）。论述“如来不入于涅槃”。说，“如来法身，非是秽身、非血肉身，是金刚身”，“如来慧身示现涅槃，非真涅槃，以方便故，说入涅槃”。

（四）《无我品》（卷上）。论述“无我”（指一切事物和现象均无恒常实在的自体）义。说，“所有色，一切是四大，一切无常”（指一切物质现象都是由地、水、火、风“四大”所造，是变化无常的），因“无常”，故而“不真实”，因“不真实”，故而“无我”。

（五）《涅槃品》（卷上）。论述“涅槃相”（指涅槃的相状）。说，“涅槃”为“不断不灭，不生不起，不堕不落，不行不住”，这是因为“无烦恼可断故，是故不灭；无烦恼处故，是故不生”；“不应说世间空与不空，亦不应说世间应断及以不断。何以故？以无有故”。

（六）《般若波罗蜜品》（卷上）。论述“一切佛、一切法，从般若波罗蜜出”。说，“般若波罗蜜不可取”，“修行者，不依欲界、色界、无色界，非过去、非未来、非现在，非内外、非中间，如此修行，是修行般若波罗蜜”，“离于心意识，一切言语断，是修行般若”。

（七）《有余气品》（卷上）。论述“二十四种业气”（指二十四种产生“烦恼”的业气）。说，“见处”、“染”、“色染”、“有染”、“无明染”、“行”、“识”、“名色”、“六入”、“触”、“受”、“爱”、“取”、“有”、“生”、“老”、“病”、“死”、“忧”、“悲”、“苦”、“恼”、“疲极”、“依”等气，为“二十四气”，“阿罗汉有气，以有过患故，唯佛独能度，为众生归依”。

（八）《来去品》（卷上）。论述“无来无去，是圣行处”。说，“来者我义，去者无我义，非我、非无我，无来无去，是圣行处”；“来者常义，去者非常义，非常非不常，是圣行处”；“来者断义，去者非断义，非断非不断，是圣行处”；“来者有义，去者无义，非有非无，是圣行处”。

（九）《中道品》（卷上）。论述“无二法”（指无分别）为“中道”。说，“无明有者是一边”，“无明无者是一边”，离此二边，了知“明（指智慧）、无明（指烦恼）无二”，是为“中道具足”。

（十）《世间戒品》（卷上）。论述“菩萨世间戒”（指大乘的在家戒，即“在家菩萨戒”，其内容与“沙弥十戒”相同），兼及菩萨的“色衣”（指法服的颜色）和“三归依”的受法。说，菩萨法服的颜色，是“不大赤色、不大黄、不大黑、不大白，清净如法色，三法服及以余衣，皆如是色”，“卧具得用青、黄、杂色”。如关于“三归依”、“菩萨世间戒”的受法，说：

> 佛告文殊师利：归依者应如是言：大德，我某甲，乃至菩提归依佛，乃至菩提归依法，乃至菩提归依僧。第二、第三亦如是说。复言：我某甲，已归依佛、已归依法、已归依僧竟。如是三说。次言：大德，我持菩萨戒，我某甲，乃至菩提不杀众生，离杀生想；乃至菩提不盗，亦离盗想；乃至菩提不非梵行，离非梵行想；乃至菩提不妄语，离妄语想；乃至

菩提不饮诸酒,离饮酒想;乃至菩提不著香花,亦不生想;乃至菩提不歌舞作乐,离歌舞想;乃至菩提不坐卧高广大床,离大床想;乃至菩提不过中食,离过中食想;乃至菩提不捉金银生像,离捉金银想;乃至当具六波罗蜜,大慈大悲。

佛说此袛夜:发誓至菩提,归依于三宝。受持十种戒,亦誓至菩提。六度及四等,皆当令具足。如是修行者,与大乘相应。(卷上《世间戒品》,第496页下—第497页上)

(十一)《出世间戒品》(卷上)。论述"菩萨出世间戒"(指大乘的出家戒,即"出家菩萨戒")。所说的"出世间菩萨戒"的条文,分为六聚("波罗夷"、"僧伽婆尸沙"、"偷兰遮"、"波夜提"、"波罗提舍"、"应当学"六类),共十七条。

(1)"若以心分别男女、非男非女等","是菩萨犯波罗夷"。(2)"若受出世间菩萨戒,而不起慈悲心,是菩萨犯波罗夷"。(3)"若他物","若覆藏、若移处,若有封印、若盛贮,若以心起盗想,犯波罗夷"。(4)"若起妄语心,犯波罗夷"。(5)"若树叶、若皮、若汁,若以心欲取,犯菩萨僧伽婆尸沙"。(6)"若起歌舞、作乐、华香、璎珞想,是犯菩萨僧伽婆尸沙"。(7)"若起广大床想,是犯菩萨僧伽婆尸沙"。(8)"若起过中食想,是犯菩萨僧伽婆尸沙"。(9)"若起捉金银珍宝想,是犯菩萨僧伽婆尸沙"。

(10)"若剃身毛、若剪爪,如初月形,若起此想,是菩萨偷兰遮"。(11)"若起斩斫草木想,犯偷兰遮"。(12)"若起毁他名誉,若色、若姓、若财物、若技术、若车乘、若身力等想,是犯偷兰遮"。(13)"佛法僧物,若花香、涂香,若衣服、若珍宝,若菩萨以脚践踏,犯波夜提"。(14)"若佛塔、若佛所行处,及菩提树转法轮处,若以脚践踏,犯波夜提"。(15)"若吐舌、动眼,毁诸威仪，起此想者，犯突吉罗”。(16)“若见他物、他乐种种服玩，诈现求利及说人罪过，若起此想，犯波罗提舍”。(17)“若未犯前罪逆，守护令不生”，“眼耳鼻舌身意，令无异，是菩萨应当学”(以上见第497页上、中)。

(十二)《上出世间戒品》(卷上)。论述“上出世间戒”(指大乘的增上出家戒，亦属“出家菩萨戒”)。说，“上出世间圣戒，无漏、无生、无所著，出三界、离一切依”；“有戒人于佛法及名色，心不执著，常平等饶益，常寂静，心无我、无我所”，“如所说戒，住无所学，无解脱、无所作，是得上道，是清净戒相”。

(十三)《菩萨受戒品》(卷上)。论述在家佛弟子受菩萨戒时“发菩提心”的作法。说，“善男子”、“善女人”应于佛前至诚礼拜，言“我某甲，愿诸佛忆念我，如诸佛、世尊、正知以佛智慧无所著，我当发菩萨心，为利益一切众生令得安乐，发无上道心”等。

(十四)《字母品》(卷上)。论述悉昙五十字(指梵文的五十个字母，前十六个为元音，后三十四个为辅音)的发音和含义。前部分(始“尔时文殊师利白佛言：世尊，一切诸字母，云何说一切诸法入于此及陀罗尼字”，终“此谓字母义，一切诸字入于此中”)，为悉昙五十字的总说；后部分(始“佛告文殊师利：我当说八字”，终“诸法者，谓阴界入三十七品，此谓最后字，过此不可说声”)，为悉昙五十字的别说。所说的悉昙五十字，是：

(1)“阿字”(指发“阿”音的梵文字母，以下同例)。(2)“长阿字”。(3)“伊字”。(4)“长伊字”。(5)“忧字”。(6)“长忧字”。(7)“厘字”。(8)“长厘字”。(9)“梨字”。(10)“长梨字”。(11)“翳字”。(12)“长翳字”。(13)“乌字”。(14)“燠字”。(15)“庵字”。(16)“痾字”。(17)“迦字”。(18)“佉字”。(19)“伽字”。(20)“恒字”。(21)“誐

(一作俄)字”。(22)“遮字”。(23)“车字”。(24)“阇字”。(25)“禅(一作吒)字”。

(26)“若(一作拏)字”。(27)“多字”。(28)“他字”。(29)“陀字”。(30)“檀字”。(31)“那字”。(32)“轻多字”。(33)“轻他字”。(34)“轻陀字”。(35)“轻檀字”。(36)“轻那字”。(37)“波字”。(38)“颇字”。(39)“婆字”。(40)“梵字”。(41)“磨字”。(42)“耶字”。(43)“罗字”。(44)“逻字”。(45)“和字”(本书原作“婆字”,与第三十九字相同,今据东晋法显译《大般泥洹经》卷五《文字品》改)。(46)“舍字”。(47)“屣字”。(48)“娑(一作沙)字”。(49)“诃字”。(50)“攞字”。如关于发“波”、“罗”、“婆”、“伽”、“他”、“舍”、“沙”音的梵文字母的含义,说:

> 佛告文殊师利:我当说八字。云何八字?跛(当作波)字,第一义,一切诸法无我悉入此中;罗字,以此相好、无相好,入如来法身义;婆字,愚人法、慧人法如法度,无愚、无慧义;阇字,度生老病死,令入不生、不老、不病、不死义;伽字,度业果报,令入无业果报义;他字,总持诸法,众语言空无相、无作,令入法界义;舍字,奢摩他、毗婆舍那,令如实观诸法义;沙字,一切诸法念念生灭,亦无灭不灭,本来寂静,一切诸法悉入涅槃。文殊师利,此谓八字,是可受持,入一切诸法。(卷上《字母品》,第498页中)

卷下:三品。

(一)《分部品》(卷下)。论述佛入涅槃一百年后,佛教僧团发生分裂,先后形成二十部派的情况,为现存研究小乘佛教部派的重要史料之一。

所说的二十部派中,属于“摩诃僧祇部(即“大众部”)系统的有八部：(1)“摩诃僧祇部”(指“根本大众部)。(2)“执一语言部”(又称“一说部”)。(3)“出世间语言部”(又称“说出世部”)。(4)“高拘梨柯部”(又称“鸡胤部”)。(5)“多闻部”。(6)“只底舸部”(又称“制多山部”)。(7)“东山部”。(8)“北山部”。

属于“体毗履部”(即“上座部”)系统的有十二部：(1)“体毗履部(指“根本上座部”)。(2)“一切语言部”(又称“说一切有部”)。(3)“雪山部”(又称“本上座部”)。(4)“犊子部”(又称“可住弟子部”)。(5)“法胜部”(又称“法上部”)。(6)“贤部”(又称“贤胄部”)。(7)“一切所贵部”(又称“正量部”)。(8)“苭山部”(又称“密林山部”)。(9)“大不可弃部”(又称“化地部”)。(10)“法护部”(又称“法藏部”)。(11)“迦叶比部”(又称“饮光部”)。(12)“修妬路句部”(又称“经量部”)。如说：

> 初二部者，一摩诃僧祇(此言大众，老少同会共集律部也——原注)，二体毗履(此言老宿，淳老宿人同会共出律部也——原注)。我入涅槃后一百岁，此二部当起。从摩诃僧祇出七部：于此百岁，内出一部，名执一语言(所执与僧祇同，故云一也——原注)；于百岁内，从执一语言部，复出一部，名出世间语言(称赞辞也——原注)；于百岁内，从出世间语言出一部，名高拘梨柯(是出律主姓也——原注)；于百岁内，从高拘梨柯出一部，名多闻(出律主有多闻智也——原注)；于百岁内，从多闻出一部，名只底舸(此山名，出律主居之也——原注)；于百岁内，从只底舸出一部，名东山(亦律主居也——原注)；于百岁内，从东山出一部，名北山(亦律主居也——原注)。此谓从摩诃僧祇部出于

七部，及本僧祇，是为八部。

于百岁内，从体毗履部出十一部：于百岁内，出一部，名一切语言（律主执三世有故，一切可唇语言也——原注）；于百岁内，从一切语言出一部，名雪山（亦律主居也——原注）；于百岁内，从雪山出一部，名犊子（律主姓也——原注）；于百岁内，从犊子出一部，名法胜（律主名也——原注）；于百岁内，从法胜出一部，名贤（律主名也——原注）；于百岁内，从贤部出一部，名一切所贵（律主为通人所重也——原注）；于百岁内，从一切所贵出一部，名芿山（律主居也——原注）；于百岁内，从芿山出一部，名大不可弃（律主初生母弃之于井，父追寻之，虽坠不死，故云不可弃也，又名能射——原注）；于百岁内，从大不可弃出一部，名法护（律主名也——原注）；于百岁内，从法护出一部，名迦叶比（律主姓也——原注）；于百岁内，从迦叶比出一部，名修妬路句（律主执修妬路义也——原注）。此谓体毗履部出十一部，及体毗履，成十二部。（卷下《分部品》，第501页中）

（二）《杂问品》（卷下）。解答文殊师利在提问时提到的"外道"、"邪见"对佛教的责难（如"外道"说，"世尊往昔说《火聚经》，六十比丘死、六十比丘休道、六十比丘解脱"，可见"世尊非一切智"等）。佛在回答时说，"佛从世间生，佛不说佛造世间。若人杀生，自得短命，若人不杀，自得长寿及解脱果"；"戒有二种，所谓身、口，非心意识戒，若心意识是戒，则无持戒人"；"我知一切众生心之所行，未作罪者，我则不制，若已作过，我则制戒"等。

（三）《嘱累品》（卷下）。论述本经的名称、"住家过患"、

“出家功德”、“菩萨常有几种心念”、“念佛十号”、“以何法能生禅定”、“供养佛花咒”等。如关于如何修习“禅定”，说：

> 当具足诸善，常念如来，专心思惟，不起乱想，守护诸根，于食知足。初夜、后夜捐于睡眠，离诸烦恼，令生禅定。不著禅味，分别色相，得不净想。不著阴、界、入，不自称誉，无有憍慢，于一切法，作阿兰若想，于一切众生，生亲友想。不为名闻而持禁戒，常行禅定，不厌多闻，以多闻故，不生憍慢。于法无疑，不谤佛、不毁法、不破僧。常近善人，离不善人，乐佛所说出世言语。受念六法，修五解脱处，能灭九种瞋恚，断八懈怠，修八精进，行九想定。修八大人觉，成就诸禅解脱三昧、三摩跋提，一切诸见，所不能动。摄耳听法，分别诸阴，无有住相。怖畏生死，如拔刀贼，于十二入，如空聚想，于十八界，如毒蛇想，于泥洹处，生寂静想，观于五欲，如棘刺想。乐出生死，无有诤讼，教化众生，修诸功德。能如是者，得深禅定。（卷下《嘱累品》，第507页下）

本书的内容较为散杂。从书中提到“《象龟经》、《大云经》、《指鬘经》、《楞伽经》等诸经，何故悉断（食肉）”（见卷上《菩萨戒品》，第493页上）来看，本书的编集时间当在上述佛经之后，属于中期大乘经。

唐不空译《文殊问字母品经》一卷

《文殊问字母品经》，又名《文殊问经字母品第十四》（《大正藏》本）、《文殊问字母品》、《字母品》，一卷。唐不空译，天宝五年（746）至大历六年（771）之间译出。唐圆照《代宗朝赠司空大辨正广智三藏和上表制集》卷三著录（书名作《文殊问字母品经》）。载于《丽藏》“衡”函、《宋藏》“阿”函、《金藏》“轻”函、

《元藏》“阿”函、《明藏》“清”函、《清藏》“清”函、《频伽藏》“闰”帙,收入《大正藏》第十四卷。

不空(705—774),全称“不空金刚”,梵名“阿目佉跋折罗”,又称“智藏”。北天竺(北印度)人,婆罗门种姓。自幼丧父,为舅氏所养,十岁随舅来华,游历武威、太原。十三岁师事印度密教金刚界教法传人金刚智,十五岁落发出家(见唐赵迁《大唐故大德赠司空大辨正广智不空三藏行状》)。唐开元八年(720),随师来到洛阳。开元十二年(724),二十岁,在洛阳广福寺的一切有部石戒坛受具足戒(见唐圆照《贞元新定释教目录》卷十五)。研习说一切有部戒律,通晓诸国语言。初协助金刚智译经,担任译语。后从金刚智受学金刚界“五部”(指佛部、金刚部、宝部、莲花部、羯磨部)的“灌顶”、“护摩”、“阿阇梨法”,以及《毗卢遮那经》(指《大日经》)、《苏悉地经》的仪轨(见北宋赞宁《宋高僧传》卷一)。

开元二十九年(741)仲秋(此据唐赵迁《不空三藏行状》;《宋高僧传》卷一误作“开元二十年”),金刚智去世。不空秉奉遗言,前往师子国(今斯里兰卡),从普贤阿阇梨受学密法。后周游五天竺,访求密藏。天宝五年(746),携带大批梵经,回到长安。初住鸿胪寺,后移净影寺。同年奉诏入内,建立曼荼罗(密教的“坛场”),为玄宗授五部灌顶,又作法祈雨、止风,被赐以“智藏”之号。天宝八年(749),许归本国,至南海郡,为敕所留。天宝十三年(754),应河西节度使哥舒翰之请,赴武威,为节度使以下官吏及士庶凡数千人授灌顶。肃宗至德元年(756)夏,奉诏还京,住大兴善寺。安史之乱时,长安为安禄山所陷。不空常遣密使,与远在灵武(今属宁夏)的肃宗互致问候。两京收复后,不空应诏建立内道场及护摩法,为肃宗授转轮王七宝灌顶。代宗永泰元年(765),制授“特进试鸿胪卿”,赐号“大广智三藏”。大历九年(774),加封“开府仪同三司”、“肃国公”。卒后,追赠“司空”,谥号“大辨正广智不空三藏”。

不空是唐代密教的代表人物之一,与善无畏、金刚智合称“开元三大士”。在传教方面,他弘传密教四十余年,受其灌顶的“入坛弟子、授法门人、三朝宰臣、五京大德、缁素士流、方牧岳主农商庶类”,不知其数(见《不空三藏行状》)。在译经方面,不空一生共译出佛经“一百一十部一百四十三卷”(见唐圆照《贞元新定释教目录》卷十五),大多为密教经典。其中,自开元(713—743)年间至大历六年(771)译出的佛经,“总七十七部凡一百一卷”(见唐圆照《大唐贞元续开元释教录》卷上),其余则为此后三年所出。生平事迹见唐赵迁《大唐故大德赠司空大辨正广智不空三藏行状》、圆照《贞元新定释教目录》卷十五、《代宗朝赠司空大辨正广智三藏和上表制集》卷四、北宋赞宁《宋高僧传》卷一等(各书所述略有出入,须作考校)。

本书论述悉昙五十字(指梵文的五十个字母)的发音和含义。其内容相当于萧梁僧伽婆罗译《文殊师利问经》卷上《文字品》前部分,即悉昙五十字总说的别译;至于原经《文字品》后部分叙述的悉昙五十字各字含义的细说,则缺失。故它的总量只有原经《文字品》的三分之一。书中所说的悉昙五十字的发音和含义是:

(1)“称阿(上——原注)字(指发“阿”音的梵文字母,下同)时,是无常声”。(2)“称阿(引、去——原注)(原注所注的是声)字时,是远离我声”。(3)“称伊(上——原注)字时,是诸根广博声”。(4)“称伊(引、去——原注)字时,是世间灾害声”。(5)“称坞(上——原注)字时,是多种逼迫声”。(6)“称污(引——原注)字时,是损减世间多有情声”。(7)“称吕字时,是直软相续有情声”。(8)“称吕(引、去——原注)字时,是断染游戏声”。(9)“称力字时,是生法相声”。(10)“称虑(引——原注)字时,是三有染相声”。(11)“称曀字时,是起所求声”。(12)“称爱字时,是威仪胜声”。(13)“称污字时,是取声”。(14)“称奥字时,是化生之声”。(15)“称暗字时,是无我所声”。(16)“称恶字时,是沉没声”。(17)“称迦(上——原注)字时,是入业异熟声”。(18)“称佉(上——原注)字时,是出一切法等虚空声”。(19)“称誐(上——原注)字时,是甚深法声”。(20)“称伽(去——原注)字时,是摧稠密,无明、暗冥声”。(21)“称仰字时,是五趣清净声”。(22)“称左字时,是四圣谛声”。(23)“称磋(上——原注)字时,是不覆欲声”。(24)“称惹字时,是超老死声”。(25)“称酂(才舸反——原注)(原注所注的是由二字拼合的音)字时,是制伏恶语言声”。

(26)“称娘(上——原注)字时,是制伏他魔声”。(27)“称吒(上——原注)字时,是断语声”。(28)“称咤(上——原注)字时,是出置答声”。(29)“称拏(上——原注)字时,是出摄伏魔诤声”。(30)“称荼(去——原注)字时,是灭秽境界声”。(31)“称拏(鼻声呼——原注)字时,是除诸烦恼声”。(32)“称多(上——原注)字时,是真如无间断声”。(33)“称佗(上——原注)字时,是势力进无畏声”。(34)“称娜字时,是调伏律仪,寂静安隐声”。(35)“称驮字时,是七圣财声”。(36)“称曩字时,是遍知名色声”。(37)“称跛字时,是胜义声”。(38)“称颇字时,是得果作证声”。(39)“称么字时,是解脱系缚声”。(40)“称婆(去——原注)字时,是出生三有声”。(41)“称莽(鼻声、呼——原注)字时,是息憍慢声”。(42)“称野字时,是佛通达声”。(43)“称啰(梨假反——原注)字时,是乐不乐胜义声”。(44)“称砢字时,是断爱支声”。

(45)“称缚(无可反——原注)字时,是最上乘声”。(46)“称舍字时,是出信进、念定慧声”。(47)“称洒字时,是制伏六处、得六神通智声”。(48)“称娑(上——原注)字时,是现证一切智声”。(49)“称贺字时,是害烦恼,离欲声”。(50)“称乞洒(二合——原注)(“乞洒”二个字的合音,为“刹”)字时,是一切文字究竟无言说声”(以上见《大正藏》第十四卷,第509页中—第510页上)。

悉昙字母本为表音文字,它是一种符号,并无特定的含义。古印度教学时,为便于记忆,选择在开头或中间含有某一字母的语词,或者能与某一字母的字形(悉昙体)发生联想的语词,作为字义。这样,每个字母又有了各自的意思。佛教则往往选择与自己的教义相关的语词,来解释悉昙字母,故佛经中的悉昙字义,既是文字学,也是教义学。

严格来说,本书不属大乘律,只是因为明智旭《阅藏知津》卷三十二将萧梁僧伽婆罗译《文殊师利问经》二卷编入“大乘律藏”,而本书为《文殊师利问经》卷上《文字品》的节译(《文字品》有五千多字,本书节译了其中的一千多字),与前书有内容上的联系,故予以附出。

第八品　北魏佛陀扇多译《正恭敬经》一卷
附:隋阇那崛多译《善恭敬经》一卷

《正恭敬经》,又名《佛说正恭敬经》、《正法恭敬经》、《恭敬师经》、《威德陀罗尼中说经》等,一卷。北魏佛陀扇多译,元象二年(539)译出。隋费长房《历代三宝纪》卷九著录(经名作《正法恭敬经》)。载于《丽藏》“毁”函、《宋藏》“伤”函、《金藏》“毁”函、《元藏》“伤”函、《明藏》“良”函、《清藏》“良”函、《频伽藏》"列"帙，收入《大正藏》第二十四卷。

佛陀扇多(生卒年不详)，意译"觉定"，北天竺(印度)人。内外博通，尤工艺术。北魏宣武帝时，来至洛阳。永平元年(508)至永平四年(511)奉敕参与菩提留支、勒那摩提翻译《十地经论》(见崔光《十地经论序》)，以后独自译经。自正光六年(525)至元象二年(539)，先后在洛阳白马寺、邺都金华寺，译出经论十部十一卷。其中有《如来师子吼经》一卷、《银色女经》一卷、《转有经》一卷、《金刚上味陀罗尼经》一卷、《摄大乘论》二卷等。生平事迹见隋费长房《历代三宝纪》卷九、唐道宣《续高僧传》卷一等。

本书以佛在舍卫国祇树给孤独园，答大弟子阿难之问的形式，叙述比丘应当如何"敬法"和"敬法师"问题。由于书中所说的"敬法"，主要是指比丘向"和上"(指授戒的"亲教师")、"阿阇梨"(指教授的"轨范师")咨问经法，故全书的重点是述说恭敬师父的仪法和不恭敬的恶报。

所说的敬师法，主要有：比丘若欲"请问经法"，应当往至"和上"、"阿阇梨"住所，"咨请"并乞"依止"；"若有所作，不问师，亦不得作"；"不得向师作粗犷恶语"；"不得重循师语"；"不得阿阇梨前唏唾"；"不得缠头随师所居"；"有经行处，扫洒令净"；"不得说师若好若恶"等。如关于"请问经法"等，说：

> 乐敬法善男子、善女人，若欲读诵请问经法，应当往至(原书误排为"往至经法应当")和上、阿阇梨所。……在阿阇梨前，不得露齿，不得瞻足，不得动足，不得坐足，不得踔足，不得弄足，不得高座处坐。师不借问，亦不得语。不得违师语，不得一向瞻相师面。住在师前，三肘而立，师听坐即坐。坐已，于师所起慈悲心。彼诵经者，应先诵熟，熟者

诵已,从师受经,任意多少。随诸法门中,若有疑者,先应咨请,听问以不?师若听可,然后当问。彼受经已,右膝著地,两手接礼师足。……彼应如是敬,不得阿阇梨前唏唾。若寺内、若寺东西,不得左右反抄衣,不得缠头随师所居。有经行处,扫洒令净。日三时拂扇,三时洗浴,三时咨问,取水为师乞食。若师有所作者,彼应用力作之。……不得师前嚼杨枝,不得说师若好若恶,若遥见师应起迎接。(《大正藏》第二十四卷,第1102页下—第1103页中)

本书初首有关说法场面的描述,采用的是大乘经典的写法。如:"菩萨五百人皆是如来种子,权行六道,助佛扬化,知众生根,威德自在,显发如来方便密教。其名曰生疑菩萨、宝德菩萨、光明王菩萨、慧登菩萨、德臻菩萨、悉达菩萨、无畏菩萨、觉首菩萨、财首菩萨、宝首菩萨、德首菩萨、目首菩萨、进首菩萨、法首菩萨、智首菩萨、贤首菩萨。"(第1102页下)除此以外的内容,无论是关于比丘恭敬师父的各项做法,还是比丘"不敬和上、阿阇梨及说过"的恶报,均无一字涉及大乘。因此,本书实际上是根据小乘律改作的经典。

本书的同本异译有:隋阇那崛多译《善恭敬经》一卷。

隋阇那崛多译《善恭敬经》一卷

《善恭敬经》,又名《善恭敬师经》、《善敬经》,一卷。隋阇那崛多译,开皇六年(586)译出。隋费长房《历代三宝纪》卷十二著录(经名作《善恭敬师经》)。载于《丽藏》"毁"函、《宋藏》"伤"函、《金藏》"毁"函、《元藏》"伤"函、《明藏》"良"函、《清藏》"良"函、《频伽藏》"列"帙,收入《大正藏》第二十四卷。

阇那崛多(生卒年不详,一说527—604),意译"至德"、"佛德”，北天竺犍陀罗国人，居于富留沙富罗城，为刹帝利种姓。自幼便入本国大林寺出家，师事阇那耶舍、阇若那跋达罗。后随师巡礼圣迹。二十七岁以后，师徒结志，游方弘法，先后到过迦臂施国、厌怛国、渴罗槃陀国、于阗国、吐谷浑国等，跋涉三年，历经艰危，于西魏大统元年（535），到达鄯州。同行十人，仅四人存命。北周明帝武成元年（559），初到长安，住草堂寺。不久，迁入新造的四天王寺，开始传度梵文，翻译新经。后任益州僧主，住龙渊寺。北周武帝毁佛时，因不肯还俗受爵而遭致放逐，到达突厥。在那里，他的两位老师相继去世，剩他一人只影漂泊。后与北齐求法僧宝暹等十人相遇，得以同处讲道译经。隋开皇四年（584），阇那崛多应隋文帝的诏请，回到长安，从而结束了在突厥漂寓十年的艰辛生活。次年，奉诏与婆罗门沙门若那竭多等六人，在内史内省翻译梵古文和乾文等，此后兼译佛经。当时，“新至梵本众部弥多，佥以崛多言识异方，字晓殊俗，故得宣辩自运，不劳传度，理会义门，句圆词体，文意粗定，铨本便成，笔受之徒，不费其力”（《续高僧传》卷二）。开皇九年（589），原住广济寺译经的北天竺乌场国三藏法师那连提耶舍去世以后，阇那崛多奉诏专主译经。在大兴善寺组织了有达摩笈多等十多人参加的译场，传译显、密经典。

据《开元释教录》卷七记载，阇那崛多在北周译出的佛经有“四部五卷”，其中，《种种杂呪经》等“二部二卷见在”，《佛语经》等“二部三卷阙本”；在隋代译出的佛经有“三十九部一百九十二卷”，其中，《佛本行集经》等“三十七部一百七十八卷见在”，《圣善住意天子所问经》等“二部一十四卷阙本”。生平事迹见隋费长房《历代三宝纪》卷十二、唐道宣《续高僧传》卷二、智升《开元释教录》卷七等。但《续高僧传》卷二说的阇那崛多“至开皇二十年，便从物故，春秋七十有八”，是不确切的。因为据《添品妙法莲华经》的译序说，此经是“大隋仁寿元年辛酉之岁，因普曜寺沙门上行所请，遂共三藏崛多、笈多二法师，于大兴善寺重勘天竺多罗叶本”译出的；而且同为道宣所撰的《大唐内典录》卷五也说，“仁寿之末，崛多以缘他事，流摈东越，笈多（指达摩笈多）乘机专掌传译”。这些都说明阇那崛多在仁寿年间还在世。故即便是阇那崛多于“流摈东越”的当年去世，其时也应是“仁寿之末”，即仁寿四年（604），而不是开皇二十年（600）。

本书以佛在“如来本所行处宝庄严殿”，答大弟子阿难之问的形式，叙述比丘恭敬“和上”、“阿阇梨”的仪法，以及不恭敬的恶报。

如关于比丘若不解“法句”（指经文）、“律法”，应当往至“和上”、“阿阇梨”住所，乞请“依止”并“请决所疑”，说：

> 若有比丘，虽复百夏（指即使出家受戒已有百年），不能闲解如是法句，彼亦应当从他依止。所以者何？自尚不解，况欲与他作依止师。假令耆旧百夏比丘，而不能解沙门释种秘密之事，彼人为法，应说依止，虽有百夏上座比丘，不解律法，彼等亦应说于依止。……若有弟子欲受法时，长跪师前，先诵所得。诵已有疑，先应咨白，若见听许，然后请决。（《大正藏》第二十四卷，第1101页上、中）

关于弟子侍事师父，说：

> 弟子于其师所，不得粗言，师所呵责，不应反报。师坐卧床，应先敷拭，令无尘污、虫蚁之属。……弟子在于师前，不得涕唾，若行寺内恭敬师故，勿以袈裟覆于肩髆，不得笼头。师经行处，应常扫拭。天时若热，日别三时，以扇扇师，三度授水，授令洗浴，又复三时应献冷饮，应当知时，为师乞食。师所营事，应尽身力而营助之。……凡有师者，随在谁

边,学四句偈,或听、或读、或问、或咨一四句等,是即为师。时彼学者,于其师所,常起恭敬尊重之心,若不如是,名不敬者,亦不名住正行之者。(第1101页中、下)

本书的同本异译有:北魏佛陀扇多译《正恭敬经》一卷。但本书在初首增益了有关对他人宣说经法("教他立多闻处")的功德的譬喻和阐述,为北魏佛陀扇多译《正恭敬经》所无。

第九品 唐实叉难陀译《十善业道经》一卷

附:北宋施护译《佛为娑迦罗龙王所说大乘经》一卷

《十善业道经》,又名《十善业道经》,一卷。唐实叉难陀译,久视元年(700)至长安四年(704)之间译出。唐智升《开元释教录》卷九著录。载于《丽藏》"念"函、《宋藏》"作"函、《金藏》"念"函、《元藏》"作"函、《明藏》"初"函、《清藏》"初"函、《频伽藏》"列"帙,收入《大正藏》第十五卷。

实叉难陀(652—710),又译"施乞叉难陀",意译"学喜",于阗(今新疆和田一带)人。善大小乘,旁通异学。唐初,武则天因旧译《华严》(指东晋佛陀跋陀罗译《华严经》六十卷)处会未备,遣使前往于阗,求访梵本并请译人,实叉难陀应请携带《华严经》梵本,来至洛阳。自证圣元年(695)至圣历二年(699),在东都(指洛阳)大遍空寺、佛授记寺,与菩提流志、义净、复礼、法藏等人,译出《华严经》八十卷,时称新译《华严》。以后又在东都三阳宫、西京(指长安)清禅寺、东都佛授记寺等处翻译佛经。长安四年(704),因母氏衰老,还归于阗。景龙二年(708),应诏再至长安,住大荐福寺,后遘疾而终。

实叉难陀自证圣元年(695)至长安四年(704),共译出佛经“十九部一百七卷”(此据《开元释教录》卷九)。其中,《文殊师利授记经》、《大方广入如来智德不思议经》、《大方广如来不思议境界经》、《大方广普贤菩萨所说经》、《大乘入楞伽经》、《观世音菩萨秘密藏神咒经》、《妙臂印幢陀罗尼经》、《百千印陀罗尼经》、《救面燃饿鬼陀罗尼神咒经》、《右绕佛塔功德经》、《大乘四法经》、《大乘起信》等“十四部一百二卷见在”;《摩诃般若随心经》等“五部五卷阙本”。生平事迹见唐法藏《华严经传记》卷一、北宋赞宁《宋高僧传》卷二等。

本书以佛在娑竭罗龙宫,对龙王说法的形式,叙述“十善业”(又称“十善业道”)的功德。它是西晋竺法护译《海龙王经》卷三《十德六度品》的别译。原品之末,还有关于“何谓入法门菩萨所行”的叙说,西域佛教人士在编集它的梵文单行本时,为突出主题,删去了这一小部分与“十善业”无关的内容,并对其他文句作了增饰。因此,两本之间略有小异。由于本书与后汉失译《受十善戒经》的性质相同,也是主张以“十善业”为律仪的,故唐智升《开元释教录》卷十二视它们为大乘律,而编入“菩萨调伏藏”。

书中所述的内容有:“菩萨有一法,能断一切诸恶道苦”,这便是“十善业”;“若离杀生,即得成就十离恼法”;“若离偷盗,即得十种可保信法”;“若离邪行,即得四种智所赞法”;“若离妄语,即得八种天所赞法”;“若离两舌,即得五种不可坏法”;“若离恶口,即得成就八种净业”;“若离绮语,即得成就三种决定”;“若离贪欲,即得成就五种自在”;“若离瞋恚,即得八种喜悦心法”;“若离邪见,即得成就十功德法”;“一切佛法”,皆依“十善”而得成就。如关于“行十善业”的功德,说:

> 当知菩萨有一法,能断一切诸恶道苦。何等为一?谓于昼夜,常念、思惟、观察善法,令诸善法念念增长,不容毫分不善间杂,是即能令诸恶永断、善法圆满,常得亲近诸佛、菩萨及余圣众。言善法者,谓人天身、声闻菩提、独觉菩提、无上菩提,皆依此法以为根本而得成就,故名善法。此法即是十善业道,何等为十?谓能永离杀生、偷盗、邪行、妄语、两舌、恶口、绮语、贪欲、瞋恚、邪见。……举要言之,行十善道,以戒庄严故,能生一切佛法义利,满足大愿。……譬如一切城邑、聚落,皆依大地而得安住;一切药草、卉木、丛林,亦皆依地而得生长。此十善道亦复如是,一切人、天依之而立,一切声闻、独觉菩提、诸菩萨行、一切佛法,咸共依此十善大地,而得成就。(《大正藏》第十五卷,第157页下—第159页中)

本书的同本异译有:北宋施护译《佛为娑伽罗龙王所说大乘经》一卷。此外,它的主要内容由明智旭摘录,被编入《十善业道经节要》之中(见《新纂续藏经》第三十九册)。

北宋施护译《佛为娑伽罗龙王所说大乘经》一卷

《佛为娑伽罗龙王所说大乘经》,又名《娑伽罗龙王经》,一卷。北宋施护译,雍熙四年(987)译出。北宋赵安仁等《大中祥符法宝录》著录。载于《丽藏》"将"函、《宋藏》"八"函、《金藏》"将"函、《元藏》"八"函、《明藏》"尽"函、《清藏》"尽"函、《频伽藏》"列"帙,收入《大正藏》第十五卷。

本书以佛在娑伽罗龙王宫,对龙王说法的形式,叙述"十善业"的功德。主要内容有:"十善之业,是为一切根本安住";"远离杀生,获得十种善法";"远离偷盗,获得十依止法";"远离邪淫，获得四智善法”；“远离妄语，获得天上人间八种善法”；“远离绮语，当得三种一向之法”；“远离恶口，获得八种口过清净”；“远离两舌，当得五种坚固”；“远离贪毒，获得八种善法”；“远离瞋毒，当得五种胜愿圆满”；“远离邪见，获得十种功德之法”等。如关于“十善之业，是为一切根本安住”，说：

> 十善之业，是为一切根本安住，是生天上、人间根本安住，世间、出世间殊胜善法根本安住，声闻、辟支佛、菩萨根本安住，无上正等正觉根本安住。云何为彼根本安住？所谓十善业道，若能远离杀生、偷盗、邪淫、妄语、绮语、恶口、两舌，乃至贪瞋、邪见等，若能如是远离，是为十善业道，乃是世间、出世间根本安住。（《大正藏》第十五卷，第159页下—第160页上）

本书的同本异译有：唐实叉难陀译《十善业道经》一卷。二本比较，施护译本虽是后译，但译文反不如前译来得通畅明白，特别是在阐释“十种善法”、“十依止法”、“四智善法”等名数时，省略了一、二、三、四等数序，导致层次不清。故一般读者宜选实叉难陀译本来读。

第十品　北宋施护译《大乘戒经》一卷

《大乘戒经》，又名《佛说大乘戒经》，一卷。北宋施护译，淳化二年（991）译出。北宋赵安仁等《大中祥符法宝录》著录。载于《丽藏》“八”函、《宋藏》“兵”函、《金藏》“八”函、《元藏》“兵”函、《明藏》“临”函、《清藏》“临”函、《频伽藏》“列”帙，收入《大正藏》第二十四卷。

本书叙述佛在舍卫国祇树给孤独园，对苾刍（即比丘）及诸菩萨说的“持戒”的功德。主要内容有:“宁舍身命而趣无常,不得纵心犯其戒律”;“戒为最上庄严,戒为最上妙香,戒为欢喜胜因”;“戒法最大”;“若破律仪,则舍一切善法”等。如说:

> 如佛所说,宁舍身命,而趣无常,不得纵心,犯其戒律。若人舍命,只坏一生,若复破戒,令百万生沈(沉)沦恶道。若人持戒,当得见佛。戒为最上庄严,戒为最上妙香,戒为欢喜胜因。戒体清净,如清冷水,能除热恼。戒法最大,世间咒法、龙蛇之毒而不能侵。持戒得名闻,持戒获安乐,如是命终时,复得生天上。佛言:苾刍,若犯律仪。譬如盲人,不见众色,亦如无足,不能行道,远离涅槃,不到彼岸。若持戒人成就一切法宝,譬如贤瓶,圆满坚固,能盛一切珍宝,如是破损,珍宝散失,若破律仪,则舍一切善法。(《大正藏》第二十四卷,第1104页上、中)

本书是短经,全文近五百字。书中所说的“持戒”,泛指受持一切戒法,而并非特指受持大乘戒法。实际上,正文所述并无一词涉及大乘的义理和“大乘戒”的戒条。从文句上推断,它的原本并非是独立的文本,而是大乘律典中的某个章段。

第三门　大乘忏悔经

第一品　后汉安世高译《舍利弗悔过经》一卷

附：萧梁僧伽婆罗译《菩萨藏经》一卷
隋阇那崛多等译《大乘三聚忏悔经》一卷

《舍利弗悔过经》，又名《佛说舍利弗悔过经》、《悔过经》，一卷。旧题"后汉安息国三藏安世高译"。本书最初是作为西晋竺法护译经中的见存经，著录于梁僧祐《出三藏记集》卷二、隋法经等《众经目录》卷五之中；隋费长房《历代三宝纪》卷四始将它改为后汉安世高译，唐道宣《大唐内典录》卷一、智升《开元释教录》卷一以及后世藏经目录沿依此说。从本经的译语通畅明白，与竺法护所译的其他经籍十分接近，而与安世高译经的古奥艰涩迥然不同来看，本经实为西晋竺法护译，约译于泰始二年(266)至永嘉二年(308)之间。载于《丽藏》"念"函、《宋藏》"作"函、《金藏》"念"函、《元藏》"作"函、《明藏》"初"函、《清藏》"初"函、《频伽藏》"列"帙，收入《大正藏》第二十四卷。

本书以佛在罗阅祇城耆阇崛山，答大弟子舍利弗之问的形式，叙述大乘菩萨的"忏悔法"。内容包括"悔过"(又称"忏悔"，指忏罪悔过)、"随喜"(指对一切功德，皆欢喜乐助)、"劝请"(指劝请十方诸佛说法度化、久住于世)、"回向"(指将所修的功德，回施一切众生，同成佛道）四支的作法及其功德。书名中的“舍利弗悔过”，指的是舍利弗问悔过法（“若前世为恶，当何用悔之”），并非是说舍利弗因犯罪而作悔过。

(1)“悔过”。说，“善男子”、“善女人”（通常指在家的男女信众）欲求佛道，应当在“平旦（指晨朝）、日中、日入（指日落）、人定（指初夜）、夜半（指中夜）、鸡鸣（指后夜）”六时，双手合十，礼拜十方诸佛而作“悔过”；“悔过”的内容是，自陈“从无数劫以来所犯过恶”，保证“不敢覆藏”，“从今以后，皆不敢复犯”。如说：

> 若有善男子、善女人，欲求阿罗汉道者，欲求辟支佛道者，欲求佛道者，欲知去来之事者，常以平旦、日中、日入、人定、夜半、鸡鸣时，澡漱整衣服，叉手礼拜十方，自在所向，当悔过言：某等宿命从无数劫以来所犯过恶。……若犯身三、口四、意三（指“十恶”）。自杀生，教人杀生，见人杀生代其喜；身自行盗，教人行盗，见人行盗代其喜；身自欺人，教人欺人，见人欺人代其喜；身自两舌，教人两舌，见人两舌代其喜；身自骂詈，教人骂詈，见人骂詈代其喜；身自妄言，教人妄言，见人妄言代其喜；身自嫉妒，教人嫉妒，见人嫉妒代其喜；身自贪餮，教人贪餮，见人贪餮代其喜；身自不信，教人不信，见人不信代其喜；身不信作善得善、作恶得恶，见人作恶代其喜；……不孝父母，不孝于师，不敬于善友，不敬于善沙门道人，不敬长老。……某等诸所作过恶，愿从十方诸佛求哀悔过，令某等今世不犯此过殃，令某等后世亦不被此过殃。所以从十方诸佛求哀者何？佛能洞视彻听，不敢于佛前欺。某等有过恶，不敢覆藏，从今以后，皆不敢复犯。（《大正藏》第二十四卷，第1090页上、中）

(2)"随喜"。说,"善男子"、"善女人"应向十方诸佛表示,对一切众生所作之事,"某等劝其作善,助其欢喜"。如说:

善男子、善女人,各当日三稽首,为十方现在诸佛作礼。……愿十方诸佛,听某等所言:天下人民、蜎飞蠕动之类,所作好恶。若布施者,若持道勤力、不毁经戒者,若慈心念人民者,若作善无量者,若施于菩萨及诸比丘僧者,若施凡夫及贫穷者,下至禽兽慈哀者,某等劝其作善助其欢喜。……诸过去若菩萨奉行六波罗蜜,某等劝乐,助其欢喜。诸当来菩萨奉行六波罗蜜者,某等劝乐,助其欢喜。今现在菩萨奉行六波罗蜜者,某等劝乐,助其欢喜。(第1090页下)

(3)"劝请"。说,"善男子"、"善女人"应劝请十方诸佛,为一切众生"说经","且莫般泥洹"(指不入涅槃)。如说:

善男子、善女人,当昼夜各当三过稽首,为十方佛拜言:愿听某等所言,十方佛已得佛不说经,今某等劝勉,使为诸天人民、蜎飞蠕动之类说经。……诸十方欲般泥洹(指涅槃)者,某等愿从求哀,且莫般泥洹。当令诸天人民、蜎飞蠕动之类得其福,皆令得脱于泥犁(指地狱)、薜荔(指饿鬼)。(第1091页上)

(4)"回向"。说,"善男子"、"善女人"应向十方诸佛表示,"取诸学道以来所得福德","施与天下十方人民、父母","令得泥洹"。如说:

善男子、善女人,当昼夜各三稽首,为十方佛拜言:愿十方诸佛听,某等宿命从无数劫以来所作得福,若布施,若持经道,若持善意。……某等取诸学道以来所得福德,皆集聚合会，以持好心，施与天下十方人民、父母、蜎飞蠕动之类，皆令得其福。……诸未度者，某当度之；诸未脱（指解脱）者，某等当脱之；诸未得泥洹者，某等当令得泥洹。（第1091页上）

本书是最早的大乘经之一，有研究者认为，它是“未受般若思想影响”的礼佛忏悔法，在《小品般若经》之前就已成立的“原始大乘经”（日本静谷正雄《初期大乘佛教之成立过程》）。本书所说的忏悔法，与《大智度论》卷六十一所说的“菩萨礼佛有三品：一者悔过品，二者随喜回向品，三者劝请诸佛品”（《大正藏》第二十五卷，第495页中）是相吻合的。它又影响到以后出现的忏悔法，如唐般若译《大方广佛华严经入不思议解脱境界普贤行愿品》所说的“应修十种广大行愿，何等为十？一者礼敬诸佛；二者称赞如来；三者广修供养；四者忏悔业障；五者随喜功德；六者请转法轮；七者请佛住世；八者常随佛学；九者恒顺众生；十者普皆回向”（《大正藏》第十卷，第844页中），就是它的完善化。因此，在初期大乘经典形成史上，本书也占有一席之地。

本书的同本异译有：萧梁僧伽婆罗译《菩萨藏经》一卷、隋阇那崛多等译《大乘三聚忏悔经》一卷。

萧梁僧伽婆罗译《菩萨藏经》一卷

《菩萨藏经》，一卷。萧梁僧伽婆罗译，天监五年（506）至天监十八年（519）之间译出。隋法经等《众经目录》卷五著录。载于《丽藏》“念”函、《宋藏》“作”函、《金藏》“念”函、《元藏》“作”函、《明藏》“初”函、《清藏》“初”函、《频伽藏》“列”帙，收入《大正藏》第二十四卷。

僧伽婆罗（460—524），梵名意译“僧养”、“众铠”，扶南国（今柬埔寨以及老挝南部、越南南部和泰国东南部一带）人。十五岁出家，遍学阿毗昙。受具足以后，广习律藏。萧齐时，随舶来至扬都（指建康，即今南京），住正观寺，师事求那跋陀罗，精研方等（指大乘），博涉多通，善解数国语言。梁天监五年（506），奉敕翻译先前由曼陀罗仙从扶南国带来的佛经，在扬都寿光殿、华林园、正观寺、占云寺、扶南馆等五处从事译经十七年，译出经论传十一部三十二卷（此据《开元释教录》卷六；《大唐内典录》卷四作“十一部三十八卷”，系多计“《阿育王传》五卷”，并将《解脱道论》十二卷计作“十三卷”所致）。除本书以外，尚译有《文殊师利所说般若波罗蜜经》一卷、《大乘十法经》一卷、《度一切诸佛境界智严经》一卷、《八吉祥经》一卷、《孔雀王咒经》二卷、《舍利弗陀罗尼经》一卷、《文殊师利问经》二卷、《解脱道论》十二卷、《阿育王经》十卷。生平事迹见梁慧皎《高僧传》卷三、隋费长房《历代三宝纪》卷十一、唐道宣《续高僧传》卷一等。

本书以佛在舍卫国祇树给孤独园，答大弟子舍利弗之问的形式，叙述大乘菩萨的“忏悔法”。内容包括“忏悔”、“随喜”、“劝请”、“回向”四支的作法及其功德。从书中有的文段之末有“忏悔品竟”、“此谓随喜功德聚”、“此谓劝请聚”、“此谓回向功德聚”等语来看，梵文原本的正说部分是分为四品的，翻译时虽然未将品名单列为小标题，但正文仍然是以四品的顺序叙述的。

（1）“忏悔品”。说，“善男子”、“善女人”若欲“忏悔”，须“一日一夜六时行道礼拜，偏袒右肩，右膝著地，合掌向佛”，在十方诸佛面前表示“我于佛前一心发露，不敢覆藏，发露已后，誓不敢作”等。

(2)“随喜功德聚”。说,若欲“随喜”,须“昼夜六时偏袒右肩,右膝著地,恭敬合掌”,在十方诸佛面前表示“若有众生于十方已作功德事,若布施、若持戒、若修行,我于彼一切随喜”等。

(3)“劝请聚”。说,若欲“劝请”,须“昼夜六时偏袒右肩,右膝著地,恭敬合掌”,在十方诸佛面前表示“我礼一切诸佛”,“我今劝请转于法轮”,“若十方诸佛欲入涅槃,我当劝请彼佛,愿久住世”等。

(4)“回向功德聚”。说,若欲“回向”,须“昼夜六时偏袒右肩,右膝著地,恭敬合掌”,在十方诸佛面前表示“我于无始生死,所作功德善根”,“回施一切众生”,“愿一切众生得阿耨多罗三藐三菩提(指“无上正等正觉”),得一切智”等。

如关于“忏悔”的作法,说:

> 人欲学三藐三菩提,或声闻乘人,或缘觉乘人,或大乘人,或余众生,应诵十方十世界十佛名号。……作大供养,行大布施。……沐浴清净,以香熏身,著新净衣,更洗手足,两手各持十枚莲华。……忏悔之人,于十方面随便设座,即于坐处礼十方佛(以上指忏悔之前须广修供养、礼拜诸佛)。……一日一夜六时行道礼拜,偏袒右肩,右膝著地,合掌向佛,而说此言:……我从无始生死以来所造恶业,为一切众生障碍。或起贪、或起瞋、或起痴,不识佛、法、僧,不识善、不善法,或以恶身、口、意出佛身血,或诽谤正法,或破和合僧,或杀真人罗汉,或杀父母,或备起十不善道,或已作、今作、当作,或见他作,赞叹随喜,或以身三、口四、意三业行,造作众恶。……我于佛前一心发露,不敢覆藏,发露已后,誓不敢作。是诸罪业应入地狱、饿鬼、畜生、阿修罗道,或经八难,愿此诸罪现前消灭,未来不生。(《大正藏》

第二十四卷，第1087页上、中）

本书的同本异译有：后汉安世高译《舍利弗悔过经》一卷、隋阇那崛多等译《大乘三聚忏悔经》一卷。

隋阇那崛多等译《大乘三聚忏悔经》一卷

《大乘三聚忏悔经》，一卷。隋阇那崛多、达摩笈多等译，开皇四年（584）至开皇二十年（600）之间译出。唐静泰《大唐东京大敬爱寺一切经论目》卷一著录。载于《丽藏》“念”函、《宋藏》“作”函、《金藏》“念”函、《元藏》“作”函、《明藏》“定”函、《清藏》“定”函、《频伽藏》“列”帙，收入《大正藏》第二十四卷。

本书以佛在毗舍梨大光明林，答大弟子舍利弗之问的形式，叙述大乘菩萨的“忏悔法”。内容包括“忏悔”、“随喜”、“劝请”、“回向”四支的作法及其功德。书名中说的“三聚忏悔”，指的是包含“随喜”、“劝请”、“回向”三支的“忏悔”。

（1）“忏悔”。说，在十方诸佛面前表示“今于一切佛世尊前，至心忏悔发露，不敢覆藏，于未来世更不敢作”等，为“忏悔”。

（2）“随喜”。说，在十方诸佛面前表示“一切世界所有众生”所作的“福事”，“我今皆悉随喜，最胜随喜”等，为“随喜”。

（3）“劝请”。说，在十方诸佛面前表示“我今劝请诸佛世尊，唯愿为转无上法轮”，“欲舍寿命入涅槃者，我皆劝请诸佛世尊，莫入涅槃，久住于世”等，为“劝请”。

（4）“回向”。说，在十方诸佛面前表示“我于无始生死流转已来，至于今日所有福聚”，“皆悉回向，施与一切诸众生”，“皆悉回向无上菩提”等，为“回向”。

如关于“忏悔发露”的作法和功德，说：

(舍利弗问)若善男子、善女人等,云何欲住于声闻乘、辟支佛乘,及住大乘,是众生等有诸业障,云何忏悔?云何发露?……(佛答)是众生等应于昼夜各在三时,从坐而起,偏袒右边,右膝著地,合十指掌,应作是言:所有现在十方世界诸佛世尊,常住在世、若坐经行,是诸世尊当忆念我、当证知我、为我作眼、为我作智、为我作胜、为作最极。我在彼前忏悔发露,若我无始流转往来,若我此生、若于余生所有业障,若自作、若教他作、见作随喜,及烦恼障、诸众生障、法障、转后世障。……今于一切佛世尊前,至心忏悔发露,不敢覆藏,于未来世更不敢作。……我今于此,至心忏悔。我及众生,愿皆清净诸法业障,当净一切助菩提法,愿皆满足。……如是忏已,得一切法无障清净。(《大正藏》第二十四卷,第1091页下—第1092页中)

本书的同本异译有:后汉安世高译《舍利弗悔过经》一卷、萧梁僧伽婆罗译《菩萨藏经》一卷。此外还有藏译本,题名为《圣大乘灭业障经》。

第二品　西晋竺法护译《文殊悔过经》一卷

《文殊悔过经》,又名《佛说文殊悔过经》、《文殊师利五体悔过经》、《文殊五体悔过经》,一卷。西晋竺法护译,约译于太康十年(289)译出。梁僧祐《出三藏记集》卷二著录(书名作《文殊师利五体悔过经》)。载于《丽藏》"念"函、《宋藏》"作"函、《金藏》"念"函、《元藏》"作"函、《明藏》"定"函、《清藏》"定"函、《频伽藏》"列"帙,收入《大正藏》第十四卷。

本书以佛在罗阅祇城耆阇崛山,文殊师利菩萨答如来齐光照耀菩萨之问的形式，叙述大乘菩萨的“悔过法”（又称“忏悔法”），包括“悔过”、“发意”（指“发心”）、“劝助”（指“劝请”）、“供养”、“回向”等作法及其功德。书名中的“文殊悔过”，指的是文殊说悔过法，并非是说文殊因犯罪而作悔过。

（1）“悔过”。指忏罪悔过。说，“族姓子”欲除罪业，入于佛法，应当“五体投地，寻复起立，右膝著地”而说忏悔词，大意是“吾从本际至于生死”，“心随颠倒，不了无常”，“诸恶罪业，所为非法”，“今从十方诸佛悔过，改往修来，不敢藏匿”。

（2）“发意”。指“发菩提心”。说，应当“发无上正真道意”，“诸求度者，吾当度之；诸未脱者，吾当脱之；诸求灭度者，当灭度之；为一切人，救济之宅；拥护自归，导示道径”。

（3）“劝助”。指劝请十方诸佛说法度化、久住于世。说，应当“劝助诸佛，令转法轮”，“劝助令不灭度”，“一人不度，终不舍去”。

（4）“供养”。指以财物和修行正法供养十方诸佛。说，应当“以此众养奇宝异珍，奉事诸佛”。

（5）“回向”。指将所修的功德，回施一切众生，同成佛道。说，“以是德本，当令我身及诸众生，悉得成就，至于清净”。

如关于悔过时，须对无始以来所犯的“一切过”均作忏悔，说：

> 族姓子、菩萨大士，欲除罪业，奉行平等，入于过去、当来、现在佛法，五体投地，寻复起立。右膝著地，口自说言：……吾从本际，至于生死，于真谛际，而自迷惑；不能敏达，无所识知；处在非法，兴于法想；违犯政律，以为律想；非是众祐，为众祐想；兴发不善，以为善想；心随颠倒，不了无常；苦空非身，自贪见身；诸恶罪业，所为非法；不顺典约，佛

所禁限；自犯此罪，若教他人；方当所作，罪盖尘劳；不听闻法，憎恶菩萨圣众之业；不奉道教，见诸魔事；远波罗蜜诸度无极；若人布施，抑令不为；坏人德本，使不成就。吾今皆从十方诸佛世尊光耀，悔过自首，不敢覆蔽，令除其殃，改往修来，从今已后，不敢复犯。(《大正藏》第十四卷，第 442 页上、中)

本书说到，“悔过”时须“五体投地”，因为它有“弃除五盖之蔽”的功德。“今吾自归，以是五体投地礼德，使诸众生，至成大道。世俗之人，生长五盖，以此功德，自然弃除五盖之蔽，具足五根，究竟五力，绝灭五欲，逮得五通，远离五阴，成就五眼。”（第 442 页上）。书末又说，“文殊师利说是五体悔过品时，五百菩萨皆悉逮得无所从生法忍”（第 447 页下）。古代佛经目录上说，本书又名《文殊师利五体悔过经》，就是据此而来的。

第三品　西晋聂道真译《三曼陀跋陀罗菩萨经》一卷

《三曼陀跋陀罗菩萨经》，又名《三曼陀飐陀罗菩萨经》，一卷。西晋聂道真译，建兴元年（313）至建兴四年（316）之间译出。本书最初是作为“失译经”，著录于梁僧祐《出三藏记集》卷四《新集续撰失译杂经录》之中；隋费长房《历代三宝纪》卷六始将它列为聂道真译；唐智升《开元释教录》卷二以及后世藏经目录沿依此说。载于《丽藏》“念”函、《宋藏》“作”函、《金藏》“念”函、《元藏》“作”函、《明藏》“初”函、《清藏》“初”函、《频伽藏》“列”帙，收入《大正藏》第十四卷。

本书以佛在摩竭提国清净法处自然金刚座，三曼陀跋陀罗

（即“普贤”）菩萨答文殊师利菩萨之问的形式，叙述大乘“悔过法”（又称“忏悔法”）的作法及其功德。全书分为《序品》（此据宋、元、明藏本；《丽藏》、《大正藏》作《五盖品》）、《悔过品》、《愿乐品》、《请劝品》、《法行品》（此据宋、元、明藏本；《丽藏》、《大正藏》本将此品合入的《请劝品》）、《譬福品》六品。

（一）《序品》。叙述“悔过”对清除“五盖”（指贪欲、瞋恚、睡眠、掉悔、疑）的作用。说：

> 若有善男子、善女人，欲求菩萨道者，当整衣服，昼夜各三，稽首十方诸佛，作礼悔过。悔诸所作恶，诸所当忍者忍之，诸所当礼者礼之，诸所当愿乐者愿乐之，诸所当劝请者劝请之。如是一切诸罪盖、诸垢盖、诸法盖，悉除也。（《序品》，《大正藏》第十四卷，第661页下）

（二）《悔过品》。叙述“悔过”（指忏罪悔过）的作法。说：

> 一切人身所行、口所犯、心所念恶，一切诸佛刹其中，尘等起意，念一切诸恶，某皆为其悔过。某从本所作为有恶。……若恣随欲、恣随痴、恣随自用，若有顽佷，不与人语，若为贪淫所牵，为悭嫉所牵，为贪餮所牵，为谀谄所牵，七百五十诸欲所牵，其心乱时，不能自专，为一切所盖，为一切所畏、所起意有过失，今某皆为悔一切罪过。……某合会于诸佛前，诸眼谛、慧遍谛，所言则受谛。某于是谛前自归悔，复自发举，自发竟。自悔责，不敢覆藏，从今已后，不敢复犯。（《悔过品》，第666页下—第667页中）

（三）《愿乐品》。叙述“愿乐”（指“随喜”，即随喜一切功德，对一切功德，皆欢喜乐助）的作法。说：

> 若善男子、善女人有是功德者，愿乐助其欢喜。若有逮

佛慧者,所当愿乐,某已愿乐也。其未作功德者,今作功德,某皆愿乐。其有尊,复尊所作功德,某亦愿乐。持某所作愿乐功德,令十方一切皆悉得也。(《愿乐品》,第667页下)

(四)《请劝品》。叙述“请劝”(指劝请十方诸佛说法度化、久住于世)的作法。说:

善男子、善女人求菩萨道者,当作是请劝:某至心请劝一切诸佛。……其已成悉等知,未转法轮者,某请劝诸佛,转于法轮。……其诸佛所欲般泥洹者,某请劝且莫般泥洹,用(指利益)一切人故。(《请劝品》,第667页下)

(五)《法行品》。叙述“法行”(指“回向”,即将所修的功德,回施一切众生,同成佛道)的作法。说:

善男子、善女人求菩萨道者,当作施与。某所可悔功德,所可忍、所可礼、所可愿乐、所可请劝诸功德,若欲作、若方作、若已作,诸所作功德,皆一切合会,成就为一福味,如诸佛法、如佛所知,是功德便可所生致诸佛相。……某持是法施与之功德,为一切人作舍、作护,受其自归为作度,于冥中作明,明中最明,于持中作持,持中尊持。一切人未度者,我当度之;未脱者,我当脱;未般泥洹者,我当令般泥洹。造作一切人,皆令发阿耨多罗三耶三菩心(指“无上正等正觉”)。(《法行品》,第668页上)

(六)《譬福品》。叙述修行“悔过法”的功德。说:

善男子、善女人,昼夜各三,劝乐法行。所当悔者悔之,所当忍者忍之,所当礼者礼之,所当愿乐者愿乐之,所当请劝者请劝之,所当施与者施与之,昼夜奉行如上教。其福出于供养恒沙竭满阎浮提七宝,百倍、千倍、万倍、亿倍、巨亿

万倍。(《譬福品》,第668页下)

本书多次提及"悔过"的作法,包括"悔"、"忍"、"礼"、"愿乐"、"请劝"、"施与"六支,如说,"所当悔者悔之,所当忍者忍之,所当礼者礼之,所当愿乐者愿乐之,所当请劝者请劝之,所当施与者施与之"(见前引)。这里说的"悔",指自陈罪过,为"忏悔"中的"悔"的本义;"忍",指乞求容忍、宽恕,为"忏悔"中的"忏"的本义;"礼",指礼敬十方诸佛;"愿乐",指随喜一切功德;"请劝",指请劝十方诸佛;"施与",指回向一切众生。这与后汉安世高译《舍利弗悔过经》、西晋竺法护译《文殊悔过经》等所说是大同小异的,反映了初期大乘"忏悔"法门建构中的共同特性。

第四品　萧梁失译《菩萨五法忏悔文》一卷

《菩萨五法忏悔文》,又名《菩萨五法忏悔经》、《五法忏悔文》,一卷。萧梁失译,约译于天监元年(502)至太平二年(557)之间。唐智升《开元释教录》卷六著录。载于《丽藏》"念"函、《宋藏》"作"函、《金藏》"念"函、《元藏》"作"函、《明藏》"初"函、《清藏》"初"函、《频伽藏》"列"帙,收入《大正藏》第二十四卷。

本书是以偈颂的形式撰成的大乘菩萨忏悔文。全书依忏悔的仪式,分为"忏悔"、"劝请"、"随喜"、"回向"、"发愿"五法(又称"五悔"、"忏罪五支"),每一法各为一篇偈文,以供念诵。其中,"忏悔文",用于忏罪悔过;"劝请文",用于劝请十方诸佛说法度化、久住于世;"随喜文",用于随喜一切功德,即对一切功德，皆欢喜乐助；“回向文”，用于将所修的功德，回施一切众生，同成佛道；“发愿文”，用于发愿与一切众生同成佛道。此外，“忏悔”、“随喜”之文诵毕，要求“五体作礼”；“请佛”、“回向”之文诵毕，要求“头面作礼”；“发愿文”诵毕，要求“洗心作礼”。

所说的“忏悔文”是：

> 十方三世佛，五眼照世间。三大无不知，明见罪福相。弟子某甲等，从无数劫来。不遇善知识，造作一切罪。破戒犯四重，六重及八重。谤法断善根，具足一阐提。幸遇诸如来，经法贤圣众。能除众罪者，弟子头面礼。愿诸恶云消，令发无上慧。忏悔竟五体作礼（此末句疑为正文的小注）。（《大正藏》第二十四卷，第 1121 页中）

上述引文中，“破戒犯四重，六重及八重”一句，特别值得关注。因为它实际包罗了北凉昙无谶译《菩萨戒本》一卷说的“四重戒”、《优婆塞戒经》说的“六重戒”和刘宋求那跋摩译《菩萨善戒经》说的“八重戒”。以此推断，本书在西域的编集，当在这三部戒经之后。

第五品　三秦失译《净业障经》一卷

《净业障经》，又名《佛说净业障经》、《净除业障经》，一卷。三秦失译，约出于前秦皇始元年（351）至西秦永弘四年（431）之间。本书最初是作为“失译经”，著录于梁僧祐《出三藏记集》卷四《新集续撰失译杂经录》之中（经名作《净除业障经》，小注云“抄《净业障》大本”）；唐智升《开元释教录》卷四始将它列为“三秦失译”，后世藏经目录沿依此说。载于《丽藏》“维”函、《宋藏》“贤”函、《金藏》“维”函、《元藏》“贤”函、《明藏》“笃”

函、《清藏》“笃”函、《频伽藏》“列”帙，收入《大正藏》第二十四卷。

本书以佛在毗舍离城庵罗树园，无垢光比丘入城乞食，因受淫女咒药之食，与之行淫而破大戒，心生忧悔，佛为此而说法的形式，叙述大乘的“净除业障”法。

佛说，一切诸法“本性清净”，“无生”、“无灭”、“无缚”、“无解”；一切诸法虚幻不实，“如野马（指“阳焰”）”、“如梦”、“如水中月”、“如泡沫”，从体性上来说，“法无所作，究竟寂故；法无所依，境界空故；法无根本，毕竟空故；法离盖（指“五盖”）缠（指“烦恼”），烦恼结使不可得故”；一切诸法“性无障碍”，若生“染著”，便成“障碍”，不但“贪欲”、“瞋恚”、“愚痴”会成为“障碍”，而且连“六度”、“佛想”、“法想”、“僧想”、“空想”、“无相想”、“无作想”、“无行想”、“不生想”等也会成为“障碍”；若有菩萨，“观诸烦恼即是佛法”，“名为净诸业障”。如关于如何“净诸业障”，说：

> 尔时，文殊师利法王子白佛言：世尊，云何菩萨于一切法，心无障碍，逮得清净？佛告文殊师利法王子言：若有菩萨，观于贪欲是一切法，瞋恚、愚痴是一切法，是则名为净诸业障。……若有菩萨，于诸五欲不生爱乐，亦不放舍，观欲实性，即是佛法，是则名为净诸业障。……若有菩萨，而于五盖以求菩提，如是观时，不得五盖及与菩提，是则名为净诸业障。……若有菩萨，观于犯戒即是不犯，观非毗尼即是毗尼，观于系缚即是解脱，观于生死即涅槃界，是则名为净诸业障。……若有菩萨，观贪欲界即涅槃界，瞋恚、愚痴亦复如是，是则名为净诸业障。……若有菩萨，观一切法即是佛法，是则名为净诸业障。……若有菩萨，观一切法，无有

体相,亦无根本,是则名为净诸业障。……若有菩萨,观悭及施,不作二想,持戒、毁戒不作二想,瞋恚、忍辱不作二想,懈怠、精进不作二想,乱心、禅定不作二想,愚痴、智慧不作二想,是则名为净诸业障。……若有菩萨,观诸烦恼即是佛法,是则名为净诸业障。(《大正藏》第二十四卷,第1098页上、中)

本书是基于大乘空宗的立场去论述"净除业障"法的。书中从"一切诸法本性清净",不应"染著"的角度出发,提出了一些否定常理的言语,如"布施是障碍,持戒是障碍,忍辱是障碍,精进是障碍,禅定是障碍,智慧是障碍,佛想是障碍,法想是障碍,僧想是障碍,空想是障碍,无相想是障碍,无作想是障碍,无行想是障碍,不生想是障碍"(第1097页中),"持戒、毁戒不作二想,瞋恚、忍辱不作二想,懈怠、精进不作二想,乱心、禅定不作二想,愚痴、智慧不作二想"(第1098页上)等。所有这些,都是为了破除执著,并不能理解为既然"犯戒即是不犯"、"非毗尼即是毗尼"、"系缚即是解脱",就可以恣意妄为了。

四、大乘律诠释部

总　　叙

与小乘律源出于佛在世时的亲制，并在佛逝世后的当年，通过“第一次结集”，编集成独立的“律藏”，传承悠久，累积深厚不同，大乘律是从大乘经、论中分离出来的，独立成书的时间较晚，分类立藏更是传入中国以后的事情，故在印度本土，小乘律是有专门的阐释书“律论”（又称“毗尼摩得勒伽”）的，而大乘律是无阐释书的。有关大乘律典的阐释，主要是由汉传佛教发展起来的。

一、受菩萨戒的兴起

依照明智旭《阅藏知津》卷三十二“大乘律藏”的著录，从印度传入中国的大乘戒律，译出时间最早的是后汉安世高译《舍利弗悔过经》一卷和后汉失译《受十善戒经》一卷，最晚的是北宋施护译《大乘戒经》一卷，总计三十部五十卷。但从历代研习情况来看，大乘律藏中收录的多数典籍，因内容较为散杂、缺乏可操作性，并不为世人所重；只有少数几部以叙述菩萨修行阶位和菩萨戒的戒相（重轻戒）为主的“菩萨戒经”（又称“菩萨戒本”），因切合大乘修行的实践，在社会上较受欢迎，产生着耳濡目染的影响。人们对大乘戒律的认知，也是从这些戒经开始的。

菩萨戒经之所以能够广泛流传，很大程度上要归功于它们所倡导的"受菩萨戒"活动。《梵网经》卷下说："一切有心者，皆应摄佛戒，众生受佛戒，即入诸佛位"（《大正藏》第二十四卷，第1004页上），"欲受国王位时，受转轮王位时，百官受位时，应先受菩萨戒，一切鬼神救护王身、百官之身"（第1005页上）；《菩萨璎珞本业经》卷下《大众受学品》说："其受（指受菩萨戒）者，过度四魔，越三界苦，从生至生，不失此戒，常随行人，乃至成佛"（《大正藏》第二十四卷，第1021页中）；《菩萨地持经》卷五《方便处戒品》说："此诸戒是过去一切菩萨已学，未来一切菩萨当学，现在一切菩萨今学"（《大正藏》第三十卷，第917页上）。在这些菩萨戒经的倡导下，菩萨戒成了一切众生，不论在家或出家，不论原先是否受过"七众戒"，都可以求受的"通戒"；"受菩萨戒"成了众生发菩提心，行菩萨道，自利利他，共成佛道的一种境界和荣称。

菩萨戒是一切众生都可以求受的"通戒"，但相对于佛教在家二众、出家五众的各别情况，它又是一种"别戒"，有"正受"、"权受"、"渐受"、"顿受"之别。受过比丘戒、比丘尼戒，而进受菩萨戒者，为"正受"；受过式叉摩那戒、沙弥戒、沙弥尼戒，而进受菩萨戒者，为"权受"；受过优婆塞戒、优婆夷戒，而进受菩萨戒者，为"渐受"；未受过上述"七众戒"，而直接受菩萨戒者，为"顿受"（参见民国期间刻印的《北平弘慈广济寺同戒录·传戒说明书》，今收于《同戒录》，宗教文化出版社2011年10月版）。

相传，汉地的受菩萨戒活动，是由姚秦鸠摩罗什、北凉昙无谶分别传出的，最初的受戒者为"正受"，以后才逐步扩展到其他层面。梁僧祐《出三藏记集》卷十一收录的未详作者《菩萨波罗提木叉后记》说，鸠摩罗什于弘始三年（401）译出《梵网经》以后，"融（指道融）、影（指昙影）三百人等，一时受行，修菩萨道"

(《大正藏》第五十五卷,第79页下),此为依《梵网经》授受菩萨戒之始。梁慧皎《高僧传》卷二说,昙无谶在玄始七年(418)至玄始十年(421)姑臧译出《菩萨戒经》(指《菩萨地持经》十卷)、《菩萨戒本》(据《菩萨地持经》卷五录出)等以后,为张掖沙门道进等十余人,"次第于佛像前,为说戒相",授菩萨戒,此为依《菩萨地持经》授受菩萨戒之始。此后,道进又为"振誉关西"的道朗等一千余人授菩萨戒,"传授此法(指受菩萨戒)迄至于今,皆谶(指昙无谶)之余则"(《大正藏》第五十卷,第337页上)。也就是说,从北凉至梁代,南北方所流传的受菩萨戒法,基本上出于昙无谶所传。

在受菩萨戒法未传以前,历代帝王中,敬信佛教的人虽不少,但大多以译经、度僧、立寺、造像等为福业。以两晋为例,西晋武帝大弘佛事,广树伽蓝;惠帝于洛下造兴圣寺,供养百僧;愍帝于长安造通灵、白马二寺;东晋元帝造瓦官、龙宫二寺,度丹阳、建业千僧;明帝造皇兴、道场二寺,集义学沙门百人;成帝造中兴、鹿野二寺,集翻经义学百人;哀帝延问侍臣,回心佛理;简文帝造像、建斋、度僧、立寺,于长干故塔起木塔,壮丽殊伟;孝武帝精心奉佛,志念冥符,遣沙门昙摩撮送玉像至师子国,于育王塔立大石寺等(以上见唐法琳《辩正论》卷三《十代奉佛篇》)。此中除了东晋孝武帝一人受过"五戒"以外(见《高僧传》卷十三),未闻有其他人受过佛戒。北凉以后,随着受菩萨戒法的传开,情形大变。刘宋明帝、南齐竟陵王、梁武帝、梁简文帝、陈文帝、陈宣帝、陈永阳王、北齐文宣帝、隋文帝、隋炀帝等都从受菩萨戒,自称"菩萨戒弟子"(以上见《出三藏记集》、《国清百录》、《续高僧传》、《广弘明集》、《辩正论》等)。受菩萨戒从少数信众的佛教仪式,演化为上至国王大臣,下至黎民百姓都纷纷参与的佛教活动,由此推动了菩萨戒的迅速传播。

二、受菩萨戒法的文本

在传戒过程中，菩萨戒师根据实际情况，对各部菩萨戒经所说的受戒方法，作了诠释和补充，从而形成了各个版本的受菩萨戒法（又称“受菩萨戒仪规”）。据隋智顗《菩萨戒义疏》卷上所列，南北朝末年流传的道俗通用的受菩萨戒法文本，主要有“梵网本”、“地持本”、“高昌本”、“璎珞本”、“新撰本”、“制旨本”六种。

（一）梵网本

此为据《梵网经》集出的受菩萨戒法文本。所说的受戒法是：（1）“受三归”（包括“三说三结”，指求戒者先将自己从今以后归依“常住佛”、“常住法”、“常住僧”等语作“三说”，即说三遍；再将归依佛、法、僧“竟”等语，说三遍）。（2）“悔十不善业”（指求戒者须忏悔“十不善业”）。（3）“赞叹受约，敕谛听”（指菩萨戒师须向求戒者开示戒法，令其认真听受）。（4）“直说十重相，问能持否”（指菩萨戒师须向求戒者逐条宣说“十重戒”的条文，询问能持否？求戒者须一一答言“能”）。（5）“结撮、赞叹、发愿”（指正式受戒以后，戒师须赞叹受戒的功德，白佛作证，受戒者须发愿回向）。

（二）地持本

此为据《菩萨地持经》集出的受菩萨戒法文本。所说的受戒法是：（1）“请师”（指求戒者发“无上菩提愿”以后，须礼请已受过菩萨戒的大德法师，作自己的菩萨戒师，说三遍）。（2）“礼十方诸佛”。（3）“更请师”（“高昌本”作“乞戒”，指求戒者在礼佛以后，须礼请戒师为自己授戒，说三遍）。（4）“生念”（指求戒者应生起受戒将得“无尽无量大功德”的意念）。

(5)“师问言”(指戒师应询问求戒者是否已发“菩提愿”,能否受持“律仪戒”、“摄善法戒”、“饶益有情戒”,求戒者须答言“能”,说三遍)。(6)“作证”(指戒师在佛菩萨面前唱言,求戒者已经“三说受菩萨戒”,说三遍)。(7)“结撮、赞叹”(指正式受戒以后,戒师须赞叹受戒的功德,受戒者须发愿回向)。

(三)高昌本

此为“宗出《地持》而作法小广”的受菩萨戒法文本,即《地持经》受戒法的修订本,因昙无谶的菩萨戒弟子道进在高昌(今新疆吐鲁番东)传出而得名。所说的受戒法是:(1)“请师”。(2)“乞戒”。(3)“问遮法”(指戒师须询问求戒者有无不得受戒的十种情况,如“出佛身血”、“杀父”、“杀母”、“杀和上(尚)”、“杀阿阇梨”、“破羯磨僧”、“杀阿罗汉”等)。(4)“白诸佛唱言”(指戒师唱言,唯愿诸佛、菩萨僧施与求戒者菩萨戒,说三遍)。(5)“问受戒者言”(指戒师应询问求戒者能否受持“律仪戒”、“摄善法戒”、“饶益有情戒”,求戒者须答言“能”,说三遍)。(6)“白竟唱言”(指戒师在佛菩萨面前唱言,求戒者“已三说受一切菩萨律仪戒竟”,说三遍)。(7)“说十重相竟,结撮、赞叹”(指菩萨戒师须向求戒者宣说“十重戒”的条文,受戒以后,戒师须赞叹受戒的功德,受戒者须发愿回向)。据隋智顗《菩萨戒义疏》卷上说,“自齐宋(当作“宋齐”)已来,多用此法”(指“高昌本”受戒法)。此外,刘宋元嘉末年(424—453),玄畅法师从北魏到荆蜀,所宣授的受菩萨戒法与高昌本“大略相似,不无小异”,故也有人将“高昌本”别称为“畅法师本”,但两者并非一本,只是同出于昙无谶所传而已。

(四)璎珞本

此为据《菩萨璎珞本业经》集出的受菩萨戒法文本。所说的受戒法是:(1)“前礼三世三宝(三说——原注)”。(2)“受四不坏信,归依佛、归依法、归依僧、归依戒(三说——原注)”。(3)“忏悔十恶、五逆等(三说——原注)”。(4)“说十重戒,犯者失四十二贤圣法,问能持不(答能——原注)”。(5)“结撮三归,重腾前十重戒,赞叹发愿言”。

(五)新撰本

此为“近代诸师”(指南北朝诸师)所集的受菩萨戒法文本。所说的受戒法是:(1)“师初入道场,礼佛、在佛边就座坐”。(2)“弟子入道场,礼佛胡跪”。(3)“师请三宝”。(4)“令起心念三宝,如在目前”。(5)“忏悔十不善业”。(6)“请诸圣作师”。(7)“请现前师”。(8)“师赞叹弟子能发胜心”。(9)“正乞是戒”。(10)“教发菩萨心”。(11)“问遮法(有十五问——原注)”。(12)“想念得戒”。(13)“发戒时立誓”。(14)“受菩萨三归”。(15)“师起唱羯磨,亦以羯磨发戒”(此条据日本“元禄三年刊大谷大学藏本”补,原本缺)。(16)“结竟”。(17)“师还坐劝学”。(18)“说十重相,结撮赞叹,作礼便去”。

(六)制旨本

此为梁武帝敕制的受菩萨戒法文本,“备有在家、出家方法”。因文字较多,隋智顗《菩萨戒义疏》未作叙列。敦煌遗书(编号 P. 2196)中尾题“大梁天监十八年岁次己亥夏五月敕写”的《出家人受菩萨戒法卷第一》,当是此本的一部分(见敦煌研究院编《敦煌遗书总目索引新编》,中华书局 2000 年 7 月版)。

南北朝时期流传的受菩萨戒法文本,除了上述六种以外,还有从《优婆塞戒经》、《普贤观》(指刘宋昙无蜜多译《观普贤菩萨行法经》)集出的两种本子。《优婆塞戒经》“偏授在家”,仅适用于在家人受菩萨戒;《普贤观》“身似高位人自誓受法”,仅适用于处于较高修行层次者“自誓”受戒(见《菩萨戒义疏》)。

它们是非通用的受菩萨戒法文本,其流通性不如道俗通用的的文本。这些文本均已散佚,今存最早的受菩萨戒法文本是陈代慧思的《受菩萨戒仪》一卷(收入《新纂续藏经》第五十九册)。但汉地佛教典籍,包括慧思的嫡传大弟子智顗的著作,以及后世天台宗众多的其他著述,均未提及它,故此书是否真的为慧思所撰,尚待新的文献资料加以确认。

三、菩萨戒经的传习

随着受菩萨戒活动的广泛展开,南北朝时期对汉译菩萨戒经的研究也日见深入,出现了北方以《菩萨地持经》研究为主,南方以《梵网经》研究为主的二大学术系统。

(一)《菩萨地持经》研习著作

北凉昙无谶译的《菩萨地持经》(又称《菩萨地持论》)十卷,是唐玄奘译《瑜伽师地论》卷三十五至卷五十《本地分中菩萨地》的同本异译,全书分为三部分("初方便处"、"次法方便处"、"毕竟方便处")二十七品(始《种性品》,终《建立品》;内缺玄奘译本中的《第四持次第瑜伽处发正等菩提心品》一品),对大乘菩萨道的修行法门,作了详细的论述。本书的性质为"大乘论",但因为本书卷四的后部分至卷五的全部为《方便处戒品》,是专讲菩萨戒的;根据卷五所述菩萨戒的戒相录出的《菩萨戒本》一卷的单行本,被一致公认为"大乘律",故自唐智升《开元释教录》卷十二始将《菩萨地持经》编入《菩萨调伏藏》之后,宋、元、明、清版《大藏经》也将它列为"大乘律"。虽说从现代佛经目录学通行的分类法来看,这并不恰当,因为《菩萨戒本》只是《菩萨地持经》的一部分,它的性质不代表全书的性质,但在古代,确有一些学者为了研习的方便,是将它们归为一类的。

从佛教史传的记载来看，汉地最早为《菩萨地持经》作注疏的是北魏、东魏之际的邺城大觉寺慧光（据近世新发现的《魏故昭玄沙门大统墓志铭》，慧光卒于东魏元象元年，即公元538年三月，时年七十，并非是《续高僧传》所说的“北齐”人）。慧光既是南北朝时期地论学派（研习《十地经论》的学派）“南道派”的创立者，也是撰《四分律疏》的最初撰作者，还是为《菩萨地持经》作注疏的第一人。隋末以前，有关《菩萨地持经》的注疏，与当时《四分律》注疏的情况极为相似，大多出自慧光的弟子和再传弟子之手。

北魏邺城大觉寺慧光，“其《华严》、《涅槃》、《维摩》、《十地》、《地持》等，并疏其奥旨，而弘演导，然文存风骨，颇略章句”（《续高僧传》卷二十一，第607页下）；北齐合水寺法上，“讲《十地》、《地持》、《楞伽》、《涅槃》等部，轮次相续，并著文疏”（《续高僧传》卷八，第485页上）；北齐邺东大觉寺僧范，“讲《华严》、《十地》、《地持》、《维摩》、《胜鬘》各有疏记，复变疏引经，制成为论，故《涅槃》、《大品》等并称论焉，《地持》一部独名述也”（《续高僧传》卷八，《大正藏》第五十卷，第483页下）；北齐邺下总持寺慧顺，“讲《十地》、《地持》、《华严》、《维摩》，并立疏记”（《续高僧传》卷八，第484页中）；隋京师净影寺慧远，“随讲出疏，《地持疏》五卷、《十地疏》七卷、《华严疏》七卷、《涅槃疏》十卷，《维摩》、《胜鬘》、《寿观》、《温室》等并勒为卷部，四字成句，纲目备举，文旨允当，罕用拟伦。又撰《大乘义章》十四卷，合二百四十九科，分为五聚，谓教法、义法、染、净、杂也，并陈综义差，始近终远，则佛法纲要，尽于此焉”（《续高僧传》卷八，第491页下）；隋相州演空寺灵裕，“自年三十，即存著述，初造《十地疏》四卷，《地持》、《维摩》、《般若》疏各两卷”等（《续高僧传》卷九，第491页下)。

上述《地持经》著述,流传至今的只有隋慧远《地持论义记》(又名《菩萨地持经义记》)和《大乘义章》。《地持论义记》原为五卷,因每卷各分上、下,故又作"十卷",今存"卷三下"、"卷四上"、"卷四下"、"卷五下"四卷。其中,"卷三下"是解释《菩萨地持经》卷五《方便处戒品(之余)》的,内容叙及受菩萨戒法和菩萨戒的"四重戒"、"四十二轻戒"(因开合不同,比今本少计一条)。《大乘义章》是一部引证赅博、析义详尽的佛教类书,被道宣赞誉为"佛法纲要"。原本为十四卷,下分五聚二百四十九门(又称"科"),依法数的大小递增编排。其中,《教法聚》三门、《义法聚》二十六门、《染法聚》六十门、《净法聚》一百三十三门、《杂法聚》二十七门。传今的本子分为二十卷,为四聚二百二十二门,缺《杂法聚》。其中,卷十《净法聚》"三聚戒义"(下分"释名"、"论体"、"辨相"、"制立"、"大小不同"、"大小一异"、"总别"七门)、"三种律仪义"(下分"释名"、"辨相"、"所防同异"、"就界分别"、"就趣分别"、"就形分别"、"就人分别"、"得舍分别"八门)等,对大乘戒律的一般理论作了详细的阐述。

(二)《梵网经》研习著作

汉地最早为《梵网经》作注疏的,是梁代慧皎。唐道宣《续高僧传》卷六说,慧皎"学通内外,博训经律。住嘉祥寺,春夏弘法,秋冬著述,撰《涅槃义疏》十卷及《梵网经疏》行世"(《大正藏》第五十卷,第471页中)。及至陈末隋初,天台宗创始人智顗开演《梵网经》菩萨戒,撰《菩萨戒义疏》二卷(今存),并为晋王杨广等授菩萨戒,《梵网经》由此而异军突起,成为汉地流传最广、影响最大的菩萨戒经。据敦煌本《梵网经卢舍那佛说菩萨心地戒本卷下》(编号为S·0102)题记所记,"此戒本,前后并广略，乃至远年及近写等，约共勘校一十九本"（见敦煌研究院编《敦煌遗书总目索引新编》，中华书局2000年7月版），这还只是截止于唐末五代时的统计数，足见《梵网经》抄本之多。传今的大乘律阐释书，绝大多数也是《梵网经》卷下（即通常所说的《梵网经》菩萨戒）的注释。

四、本部大略

大乘律诠释部，收录的是汉地撰作的大乘戒律类典籍，总计二十八部七十六卷。分为四门。

（一）《梵网经》卷下研习著作

此类典籍总计有十四部五十卷。（1）隋智顗《菩萨戒义疏》二卷。现存最早的《梵网经》菩萨戒的注疏，先以"释名"、"出体"、"料简"三重玄义，对经本作出总释，尔后，科分章段层次，标立纲目，对经文加以诠释。（2）唐法藏《梵网经菩萨戒本疏》六卷。科分最细的《梵网经》菩萨戒的注疏，下分"教起所因"、"诸藏所摄"、"摄教分齐"、"显所被机"、"能诠教体"、"所诠宗趣"、"释经题目"、"教起本末"、"部类传译"、"随文解释"十门。（3）唐智周《梵网经菩萨戒本疏》五卷。今存二卷，以"制意"、"释戒名"、"具缘成犯"、"论得报轻重"、"劝断持戒"五门为主，解释菩萨戒。（4）唐明旷《天台菩萨戒疏》三卷。智顗《菩萨戒义疏》的删补本，下分"明名体"、"明宗用"、"明教摄"、"明受法"、"明传译"、"略料简"、"随文解释"七门。（5）唐传奥《梵网经记》二卷。以唐法藏《梵网经菩萨戒本疏》为基础，补入经文，删略繁复而撰成的"经疏会一"的疏本。（6）新罗义寂《菩萨戒本疏》二卷。"经疏会一"的疏本，以"制意释名"、"具缘成犯"、"判业轻重"、"学处同异"、"就文解释"五门为主，解释菩萨戒。

(7) 北宋慧因《梵网经菩萨戒注》三卷。用上引经文、下出注文,逐句注释的的方式,解释原经的字句。(8) 南宋与咸《梵网菩萨戒经疏注》三卷。为智顗《菩萨戒义疏》的注本,用“经”、“疏”、“注”三者会一的方式编撰。(9) 明袾宏《梵网经心地品菩萨戒义疏发隐》五卷。为智顗《菩萨戒义疏》的注本,用“经”、“疏”、“发隐”三者会一的方式编撰。(10) 明袾宏《梵网菩萨戒经义疏发隐事义》一卷。解释前书“发隐”部分中难懂的语句和典故。(11) 明袾宏《梵网菩萨戒经义疏发隐问辩》一卷。收录有关“菩萨戒”和《义疏发隐》方面的问答。(12) 清弘赞《梵网经菩萨心地品下略疏》八卷。以智顗《菩萨戒义疏》、袾宏《梵网经心地品菩萨戒义疏发隐》为基础,采用“经”、“疏”、“科”三者会一的方式编撰。(13) 清弘赞《半月诵菩萨戒仪式注》一卷。叙说每半月一次诵说菩萨戒的程序和仪式。(14) 清书玉《梵网经菩萨戒初津》八卷。用经”、“疏”、“科”三者会一的方式编撰,下分“教起因缘”、“藏乘分摄”、“辩定时会”、“教观深广”、“所被机宜”、“能诠体性”、“宗趣通局”、“翻译传授”、“总释名题”、“别解文义”十门。

(二)《梵网经》上下卷研习著作

此类典籍总计有六部十五卷。(1) 新罗太贤《梵网经古迹记》二卷。用上标经文的始末语,下出注文的方式编撰,以“违犯相门”、“违犯性门”、“境界事门”、“结成罪门”四门为主,解释菩萨戒。(2) 明智旭《梵网经合注》七卷。用“经”、“注”、“科”三者会一的方式编撰,开立“随文释义”、“性遮重轻”、“七众料简”、“大小同异”、“善识开遮”、“异熟果报”、“观心理解”、“忏悔行法”、“修证差别”、“性恶法门”十门,解释菩萨戒。(3) 明智旭《梵网经玄义》一卷。开立“释名”、“显体”、“明宗”、“辨用”、“教相”五门，对全经作总释。（4）明寂光《梵网经直解》二卷。采用“经”、“注”、“科”三者会一的方式编撰，下分“释经题目”、“释译人名”、“释经品题”、“明分科义”、“正解经文”五门。（5）明寂光《梵网经直解事义》一卷。解释前书中难懂的佛教名词术语和典故。（6）清德玉《梵网经顺朱》二卷。为寂光《梵网经直解》的删改本。

（三）其他菩萨戒经研习著作

此类典籍总计有四部七卷。（1）新罗元晓《菩萨璎珞本业经疏》二卷。卷上前部分已佚，今存部分主要解释《菩萨璎珞本业经疏》所说的菩萨修行的“五十二阶位”以及其他大乘义理。（2）明智旭《菩萨戒本经笺要》一卷。解释北凉昙无谶译《菩萨戒本》中的菩萨戒“四重戒”、“四十一轻戒”等。（3）明智旭《菩萨戒羯磨文释》一卷。解释唐玄奘译《菩萨戒羯磨文》中的“受戒羯磨”、“忏罪羯磨”等。（4）明智旭《在家律要广集》三卷。在家二众（优婆塞、优婆夷）习律要典的选编和解说，内容以大乘在家菩萨戒为主，兼及小乘优婆塞戒。

（四）受菩萨戒法著作

此类典籍总计有四部四卷。（1）陈慧思《受菩萨戒仪》一卷。戒仪分为“请传授菩萨戒师”、“戒师种种为说因缘方便”、“观五法”、“兴三愿”、“发四弘愿”、“请戒师”、“请十方诸佛菩萨”、“受三归依”、“问十难”、“乞授菩萨戒”、“忏悔”、“问七遮”、“正受戒”、“礼谢诸佛菩萨”、“发愿回向”等。（2）唐湛然《授菩萨戒仪》一卷。戒仪分为“开导”、“三归”、“请师”、“忏悔”、“发心”、“问遮”、“授戒”、“证明”、“现相”、“说相”、“广愿”、“劝持”十二门。（3）五代延寿《受菩萨戒法》一卷。原书中的受菩萨戒法已佚，今存“受菩萨戒问答”等。（4）明智旭《律要后集》一卷。重新编定的受菩萨戒的程序和仪式。

五、备 考 书 目

有关汉传佛教撰作的大乘律学著作,除本部所收以外,见存的尚有其他一些著作。它们是:唐法铣《梵网经菩萨戒疏》二卷(今存卷上);明今释《菩萨戒疏随见录》一卷;新罗胜庄《《梵网经菩萨戒本述记》二卷;新罗元晓《梵网经菩萨戒本私记》二卷(今存卷上;以上见《新纂续藏经》第三十八册)、《菩萨戒本持犯要记》一卷;太贤《菩萨戒本宗要》一卷(以上见《大正藏》第四十五卷)等。

第一门 《梵网经》卷下研习著作

第一品 隋智顗《菩萨戒义疏》二卷

《菩萨戒义疏》，又名《梵网菩萨戒经义疏》、《菩萨戒经义疏》、《菩萨戒经义记》、《天台菩萨戒疏》、《天台戒疏》，二卷。隋智顗说、门人灌顶记。约成于陈太建七年（575）至隋开皇十六年（596）之间。唐湛然《法华台文句记》卷十之中著录。载于《金藏》"稽"函、《明藏》"何"函、《清藏》"伊"函、《频伽藏》"调"帙，收入《大正藏》第四十卷、《新纂续藏经》第三十八册（题名为《梵网菩萨戒经义疏》，又名《菩萨戒义疏会本》）。其中，《大正藏》本收录的是"经疏别行"（又称"离经别行"）的原始文本；《新纂续藏经》本，收录的是日本天台宗僧人徵隐于"贞享甲子岁"（贞享元年，1684 年）会入《梵网经》全文，而编成的"经疏会一"的文本。今据《大正藏》本解说。

智顗（538—597），俗姓陈，字德安，祖籍颍川（今河南许昌），生于荆州华容（今湖北潜江西南）。梁绍泰元年（555），年十八岁，投湘州果愿寺法绪（舅氏）出家。二十岁受具足戒。初从慧旷律师学律，兼通方等（指大乘经），后入衡州大贤山，诵习《法华》、《无量义》、《普贤观》三经。陈天嘉元年（560），往诣光州大苏山，师事慧思禅师，修习法华三昧。光大元年（567），慧思赴南岳衡山，智顗受嘱与法喜等二十七人，同至陈都金陵（今南京）弘法，在瓦官寺开讲《法华经》、《大智度论》、《释禅波罗蜜次第禅门》，前后达八年之久。太建七年（575）秋九月，始入天台山，初止石桥，后迁佛陇，二年后在北峰创建修禅寺。至德三年（585），奉敕出金陵，于太极殿开讲《仁王经》等，并为皇太子授菩萨戒。次年，又于光宅寺讲述《法华文句》。陈亡，智顗策杖荆湘，往至庐山。隋开皇十一年（591）十一月，应晋王杨广的敦请，前往扬州，为杨广授菩萨戒，被赐以“智者”之号，时称“智者大师”。开皇十三年（593），往赴出生地荆州，在当阳县创建玉泉寺，并在寺讲述《法华玄义》和《摩诃止观》。晚年再至金陵，既而还归天台而入寂。

智顗一生弘化三十余年，是中国最早的佛教宗派天台宗的实际创立者，后世依传承法系推尊他为“天台宗四祖”。天台宗以《法华经》为根本典据，因传教地和祖庭国清寺（智顗入寂后由晋王杨广修建）在天台山而得名。据《隋天台智者大师别传》之末说，“铣法师云，大师（指智顗）所造有为功德，造寺三十六所、大藏经十五藏，亲手度僧一万四千余人，造栴檀金铜素尽像八十万躯，传法弟子三十二人，得法自行，不可称数”（《大正藏》第五十卷，第197页下）。主要弟子有：灌顶、智越、智璪、智晞、普明、法彦、真观、法喜、法慎、智锴、道悦等。

智顗的著述，除少数（如《修习止观坐禅法要》、《法华三昧忏仪》、《法界次第初门》、《六妙法门》等）为“亲撰”以外，多数由门人灌顶根据讲述记录成书。唐道宣《大唐内典录》卷十著录为“十九部八十七卷”；南宋志磐《佛祖统纪》卷二十五著录为“（二十三部）七十六卷，天圣二年慈云（遵式）奏入大藏”，“（六部）三十三卷，未入藏”，“（十七部）四十一卷阙本”，总计为四十六部一百五十卷。其中，《法华经玄义》二十卷、《法华经文句》二十卷、《摩诃止观》二十卷,被称为“天台三大部”,为天台宗最重要的教典;《金光明经玄义》二卷、《金光明经文句》六卷、《观音玄义》二卷、《观音义疏》二卷、《观无量寿佛经疏》一卷,被称为“天台五小部”。今存的其他著述,尚有:《金刚般若经疏》、《仁王护国般若经疏》、《阿弥陀经义记》、《维摩经略疏》、《请观音经疏》、《释禅波罗蜜次第法门》、《四念处》、《天台智者大师禅门口诀》、《观心论》、《释摩诃般若波罗蜜经觉意三昧》、《四教义》、《方等三昧行法》等。生平事迹见隋灌顶《隋天台智者大师别传》、《国清百录》卷四附《智者大禅师年谱事迹》、唐道宣《续高僧传》卷十七、《大唐内典录》卷十、北宋昙照《天台智者大师别传注》二卷、南宋士衡《《天台九祖传》》、志磐《佛祖统纪》卷六(书中纠正了唐湛然《止观辅行弘传决》卷一所记智顗年历上的一些差错)等。

本书是现存最早的《梵网经》卷下的注疏。因作者所使用的底本为此卷的单行本,名为《菩萨戒经》(又称《梵网经菩萨戒》、《梵网菩萨戒本》、《梵网菩萨戒经》),故题作今名;又因书中只收“疏”,不录“经”,故性质上属于“离经别行”的疏本。智顗于卷初,先开立“三重玄义”(作者常用的解经方式“五重玄义”),从“释名”、“出体”、“料简”三个方面,对经本作出总释。接着,将《梵网经》卷下科为三大段(即“三分”):从偈颂“我今卢舍那,方坐莲花台”,至长行“尽受得戒,皆名第一清净者”,为“序”;从长行“佛告诸佛子言:有十重波罗提木叉”,至“现在诸菩萨今诵”,为“正说”;从“诸佛子谛听,此十重四十八轻戒”,至“若广开心地相相,如《佛华光王七行品》中说”,为“劝说流通”。尔后,科分章段层次,标立纲目(又称“科文”),依照原典的叙次,对经文加以诠释。

在《梵网经》中,菩萨戒的各个戒条是用一段段文句来表述的，并无戒条的名称，很难记诵和受持。为此，作者根据戒文的主旨大意，对《梵网经》各戒均加标名称，以利研读。书中对各戒的解释，大致包括：叙说“制意”（指制立此戒的本意）；辨析大乘与小乘、在家与出家在此戒上的同异（如“七众同犯，大小乘俱制”、“七众同犯，大小乘不全共”等）；分析此戒的“叙事”（又作“序事”，指戒文所叙的事项，包括“明不应”、“明应”，即阐述“不应”作的恶业和“应”作的善行）、“犯缘”（指构成犯戒的条件）和“结罪”（指对违犯者的定罪）等。

从本书卷上的引述来看，智顗使用的《梵网经》卷下的单行本《菩萨戒经》，在章段的划分上，与现今流通的《丽藏》（《大正藏》的底本）本《梵网经》卷下相比，在首尾文段上存在着很大的差异。《丽藏》本《梵网经》卷下是以长行“尔时，卢舍那佛为此大众，略开百千恒河沙不可说法门……是一切众生戒本源，自性清净”等八百多字为开端的，内含“时佛观诸大梵天王网罗幢”等语；长行之后，才是偈颂（又称“初偈”、“序偈”）“我今卢舍那，方坐莲花台……大众皆恭敬，至心听我诵”，凡十一首半偈，每首偈为五言四句。而智顗使用的陈末抄本，“尔时，卢舍那佛为此大众，略开百千恒河沙不可说法门”一大段长行，是放在卷上之末，而不是置于卷下之初的，故他说，“此经题名《梵网》，上卷文言：佛观大梵天王因陀罗网，千重文彩，不相障阂，为说无量世界犹如网目，一一世界各各不同，诸佛教门亦复如是”（见卷上）。缘此，作者所疏也是从“初偈”开始的。

此外，《丽藏》本《梵网经》卷下是以流通偈（又称“回向偈”）“明人忍慧强，能持如是法。……愿闻是法者，疾得成佛道”为结尾的。而本书所释止于《梵网经》卷下“若广开心地相相，如《佛华光王七行品》中说”一语，并未提及此语之后还有流通偈。以此推断，智顗使用的抄本是没有流通偈的。明袾宏

《梵网经心地品菩萨戒义疏发隐》卷五说，“疏科（指智顗《义疏》）无第三总赞流通，以长行后无有偈文故也”，也从侧面证实了这一点。本书无序跋。

卷上：解释作者所立的“三重玄义”；《梵网经》卷下“序段”。

（一）“释名”。下分“明人名”、“辨法号”、“明阶位”三章，阐述“菩萨戒”的名义和菩萨的修行阶位。主要述说：菩萨戒为“摄律仪”、“摄善法”、“摄众生”的“三聚戒”，“此三摄，大士诸戒尽”；“三藏教”有“七贤圣”（指小乘《俱舍论》说的见道以前的“外凡”的修行阶位有“七贤位”，即“五停心观”、“别相念住”、“总相念住”、“暖法”、“顶法”、“忍法”、“世第一法”；见道以后的“内凡”的修行阶位有“七圣位”，即“随信行”、“随法行”、“信解”、“见得”、“身证”、“时解脱”、“不时解脱”）；“通教”有“三乘共十地”（指《般若经》说的声闻、缘觉、菩萨“三乘”共同修行的阶位有“十地”，即“乾慧地”、“性地”、“八人地”、“见地”、“薄地”、“离欲地”、“已办地”、“辟支佛地”、“菩萨地”、“佛地”）；“别教”有“五十二地”（指《华严经》说的凡夫位的“十信”；贤位的“习种性十住”、“性种性十行”、“道种性十回向”；圣位的“圣种性十地”、“等觉地”、“妙觉地”）；“圆教”有“圆修一心具万行”（指《法华经》说的不分次第的“圆信”、“圆行”、“入圆位”）等。如关于“别教”的修行阶位“五十二地”，说：

> 别教阶位五十二地。一外凡十信：一信、二念、三进、四慧、五定、六不退、七回向、八护法、九界（当作“戒”）、十愿。第二内凡习种性十住：一发心、二持（当作“治”）地、三修行、四生贵、五方便具足、六正心、七不退、八童真、九法

王子、十灌顶。尽三十心皆名解行位，悉是内凡，尽名性地。第三性种性十行：一欢喜、二饶益、三无恚恨、四无尽、五离痴乱、六善现、七无著、八尊重、九善法、十真实。第四道种性十回向：一救护一切众生离众生相、二不坏、三等一切诸佛、四遍至一切处、五无尽功德藏、六随顺一切坚固平等善根、七随顺等观一切众生、八真如相、九无缚无著解脱、十法界无量。第五圣种性十地：一欢喜、二离垢、三明、四焰、五难胜、六现前、七远行、八不动、九善慧、十法云。第六等觉地，名金刚心菩萨，亦名无垢地，邻真极圣，众学之顶也。第七妙觉地，即见性究竟佛菩提果，了了见性，称妙觉也。(卷上，《大正藏》第四十卷，第564页中、下)

(二)“出体”。下分“明无作”、“明止行二善”二章，阐述“菩萨戒”的戒体。主要述说：“律仪戒”(又称“别解脱律仪”)、“定共戒”(又称“静虑律仪”)、“道共戒”(又称“无漏律仪”)皆以“无作”(又称“无表”)为戒体；“诸恶莫作”是“诫门”，“众善奉行”是“劝门”；“止恶无作”是“止善”(相当于“止持戒”)，“修善无作”是“行善”(相当于“作持戒”)等。如关于“止善”、“行善”，说：

次论止、行二善。如有论息恶不作，名之为止；信受修习，名之为行。佛教虽多，止、行收尽，诸恶莫作，即是诫门；众善奉行，即是劝门。无作(指“无作戒体”)义该善恶，善恶无作，义总止、行。今先明善。善戒不起而已，起则伐恶，皆是止义；皆有进趣，皆是行义，逐其强弱故。有止、行差别者，逐兴心止恶无作，是止善；兴心修善无作，是行善。如造井桥梁、礼佛布施，是善无作；如造鱼猎网等，是恶无作。(卷上，第567页上)

（三）“料简”。下分“须信心”、“无三障”、“人法为缘”三章，阐述受菩萨戒的条件和仪轨。主要述说：受菩萨戒须有“信心”，没有“三障”（指“烦恼障”、“业障”、“报障”），具备“人缘”（指依尊“诸佛”、“圣人”、“凡师”为师）和“法缘”（指依用受菩萨戒法文本受戒，所列的文本有“一梵网本、二地持本、三高昌本、四璎珞本、五新撰本、六制旨本”）等。如关于“梵网本”的受戒法，说：

> 《梵网》受法，是卢舍那佛为妙海王子受戒法，释迦从舍那所受诵，次转与逸多菩萨，如是二十余菩萨，次第相付。什（指鸠摩罗什）师传来，出《律藏品》。先受三归云，我某甲，从今身至佛身，于其中间，归依常住佛、归依常住法、归依常住僧（三说——原注）；次三结已（三说——原注）；次悔十不善业（更起三拜——原注）；次赞叹受约，敕谛听（三说——原注），直说十重相（指“十重戒”），问能持不？（次第答：能——原注）；然后结撮、赞叹、发愿，余所未解问或师（便散——原注）。（卷上，第568页上）

卷下：解释《梵网经》卷下“正说段”中，“十重戒”、“四十八轻戒”；《梵网经》卷下“劝说流通段”。

（一）“十重”。解释《梵网经》卷下“十重戒”。它们是：(1)“杀戒”。(2)“盗戒”。(3)“淫戒”。(4)“妄语戒”。(5)“酤酒戒”。(6)“说四众过戒”。(7)“自赞毁他戒”。(8)“悭惜加毁戒”。(9)“瞋心不受悔戒”。(10)“谤三宝戒”。如关于第三条“淫戒”，说：

> 第三淫戒。名非梵行，鄙陋之事，故言非净行也。七众同犯，大小乘俱制，而制有多少。五众（指出家五众）邪正俱制，二众（指在家二众）但制邪淫，与声闻同异，大略同

前。序(叙)事三阶：一不应、二应、三结。淫事，出家人不应为也，应学佛菩萨净行，如前教门不异。……此戒备三因缘成重：一是道、二淫心、三事遂；或备五：一是众生、二众生想等。后三句举劣结过。自妻非道、非处、产后、乳儿、妊娠等，《大论》(指《大智度论》)皆名邪淫。《优婆塞戒经》云，六重以制邪淫，戒中复制非时、非处，似如自妻非时、不正犯重；教人淫，自无迷染，但犯轻垢。或言菩萨则重，今释声闻、菩萨同尔，不与杀、盗例也。(卷下，第572页中、下)

(二)“四十八轻”。解释《梵网经》卷下“四十八轻戒”。它们是：(1)“不敬师友戒”。(2)“饮酒戒”。(3)“食肉戒”。(4)“食五辛戒”。(5)“不教悔罪戒”。(6)“不供给请法戒”。(7)“懈怠不听法戒”。(8)“背大向小戒”。(9)“不看病戒”。(10)“畜杀具戒”。(11)“国使戒”。(12)“贩卖戒”。(13)“谤毁戒”。(14)“放火烧戒”。(15)“僻教戒”。(16)“为利倒说戒”。(17)“恃势乞求戒”。(18)“无解作师戒”。(19)“两舌戒”。(20)“不行放救戒”。(21)“瞋打报仇戒”。(22)“憍慢不请法戒”。(23)“憍慢僻说戒”。(24)“不习学佛戒”。(25)“不善知众戒”。(26)“独受利养戒”。(27)“受别请戒”。(28)“别请僧戒”。(29)“邪命自活戒”。(30)“不敬好时戒”。(31)“不行救赎戒”。(32)“损害众生戒”。(33)“邪业觉观戒”。(34)“暂念小乘戒”。(35)“不发愿戒”。(36)“不发誓戒”。(37)“冒难游行戒”。(38)“乖尊卑次序”。(39)“不修福慧戒”。(40)“拣择受戒戒”。(41)“为利作师戒”。(42)“为恶人说戒”。(43)“无惭受施戒”。(44)“不供养经典戒”。(45)“不化众生戒”。(46)“说法不如法戒”。(47)“非法制限戒”。(48)“破法戒”。如关于

第三十二条“损害众生戒”,说:

> 第三十二损害众生戒。此有六事远防,损害乖慈,故制。七众同犯,大小乘俱制。序事凡列六事:一贩卖杀具;二畜轻秤、小斗,丈尺短者亦从此例;三因官形势,求觅钱财;四害心系缚;五破坏成功;六畜养猫狸。此等六物,皆有损害,不应畜损伤之事也。(卷下,第578页上)

本书最重要的史料,是在卷上所述“三重玄义”的“料简”中,翔实地记载了南北朝末年佛教界流传的六种“道俗共用”的受菩萨戒本子,即“梵网本”(据《梵网经》集出)、“地持本”(据《菩萨地持经》集出)、“高昌本”(“地持本”的修订本)、“璎珞本”(据《菩萨璎珞本业经》集出)、“新撰本”(南北朝诸师撰)、“制旨本”(梁武帝敕制)。这些本子早已散佚,书中对它们的介绍,为后人了解佚作的大致内容,提供了独一无二的资料。如关于“高昌本”、“新撰本”,说:

> 高昌本者,或题畅法师本,原宗出《地持》,而作法小广。先请师云:族姓大德,我某甲,今从大德,乞受菩萨戒,唯愿大德忍许听受,怜愍故(三说——原注);次乞戒云:族姓大德,今正是时,愿时与我受菩萨戒(三说——原注);次问遮法(凡十问——原注);师应起,为白诸佛唱言:……唯愿诸佛菩萨僧,怜愍故,施与某甲菩萨戒(三说——原注);次问受戒者言:汝某甲听,一切诸佛菩萨僧,受菩萨戒律仪戒、摄善法戒、摄众生戒,是过去、未来、现在一切菩萨所住戒,如过去菩萨已学,未来菩萨当学,现在菩萨今学,汝如是学,汝能持不?(答:能。三说——原注);次白竟唱言:此某甲菩萨,于一切佛菩萨前,从我某甲菩萨边,已第二、第三说,受菩萨戒竟。……次说十重相竟,结撮赞叹(便散——

原注)。自齐宋(当作"宋齐")已来多用此法。(卷上,第568页中)

新撰本者,是近代诸师所集,凡十八科。第一,师初入道场,礼佛在佛边就座坐;第二,弟子入道场,礼佛胡跪;第三,师请三宝;第四,令起心念三宝,如在目前;第五,忏悔十不善业;第六,请诸圣作师;第七,请现前师;第八,师赞叹弟子,能发胜心;第九,正乞是戒;第十,教发菩萨心;第十一,问遮法(有十五问——原注);第十二,想念得戒;第十三,发戒时立誓;第十四,受菩萨三归;第十五,师起唱羯磨,亦以羯磨发戒(此条据日本"元禄三年刊大谷大学藏本"补,原本缺);第十六,结竟;第十七,师还坐劝学;第十八,说十重相,结撮赞叹,作礼便去。(卷上,第569页上)

除了上述六种受菩萨戒本子以外,本书还叙及从《优婆塞戒经》和《普贤观》(刘宋昙无蜜多译《观普贤菩萨行法经》)集出的、非道俗通用的受菩萨戒本子,说"《优婆塞戒经》偏授在家;《普贤观》受戒法,身似高位人自誓受法"(卷上,第568页上),前者仅适用于在家人受菩萨法,后者仅适用于处于较高修行阶位的人"自誓"受戒。由于它们是非通用的,故不如道俗通用的本子流传得广。

本书的注疏或删补本有:唐明旷《天台菩萨戒疏》三卷(删补本)、南宋与咸《梵网菩萨戒经疏注》三卷(会入《梵网菩萨戒经》原文,并对《疏》作注)、明祩宏《梵网经心地品菩萨戒义疏发隐》五卷(另有《发隐事义》一卷、《发隐问辩》一卷)等。

第二品　唐法藏《梵网经菩萨戒本疏》六卷

《梵网经菩萨戒本疏》,又名《梵网经疏》,六卷。唐法藏撰。

原书未出撰时,从书题下有“魏国西寺沙门法藏撰”的署名来看,本书为法藏住于魏国西寺时所作。魏国西寺原名“太原寺”,唐初,长安、洛阳、太原、荆州、扬州各有一所太原寺,法藏所在的是长安太原寺。此寺是咸亨元年(670),武则天为母亲荣国夫人追荐冥福,施宅所建,后经重修,改名魏国西寺;载初元年(689),又改称崇福寺。以此推断,本书约成于咸亨二年(671)至垂拱四年(688)之间。新罗崔致远《唐大荐福寺故寺主翻经大德法藏和尚传》著录。收入《大正藏》第四十卷。

法藏(643—712),字贤首,别号“贤首大师”、“国一法师”、“康藏法师”,俗姓康。祖籍康居国,祖父时举族迁居长安。显庆四年(659),十七岁,辞亲求法于太白山,敷阅方等(指大乘经)。后闻亲疾,出谷入京,在云华寺听智俨法师讲《华严经》,成为智俨的在俗弟子。咸亨元年(670),二十八岁,由同门道成、薄尘法师依智俨临终顾托,连状荐举,削染出家,敕住太原寺,并开讲晋译《华严经》(六十卷本)。上元元年(674),武则天命京城十大德为法藏授具足戒,赐号“贤首”。此后,因法藏“本资西胤,雅善梵言;生寓东华,精详汉字”,兼通梵汉文字,奉诏参与译经,地婆诃罗译《华严经入法界品》、实叉难陀译《华严经》新经(八十卷本)、菩提流志译《大宝积经》等,法藏均参列其中。法藏还将地婆诃罗译的《华严经入法界品》,补入实叉难陀新译《华严经》所阙之处,使之成为通行的完本。

法藏是华严宗的实际创立者,后世依传承法系推尊他为“华严宗三祖”。华严宗以《华严经》为根本典据而得名,因法藏号贤首,故又名“贤首宗”。法藏一生致力于《华严经》的弘传,出家后,先于太原寺和云华寺讲晋译《华严经》,后于佛授记寺讲唐译《华严经》,前后达三十余遍。主要弟子有:宏观、文超、智光、宗一、慧苑、慧英等。著作见存的有三十二部,已佚的有二十多部。见存的著作中，有关《华严经》的著述有十五部，主要有：《华严经探玄记》二十卷、《华严经文义纲目》一卷、《华严一乘教义分齐章》四卷、《华严经旨归》一卷、《华严经问答》二卷、《华严经义海百门》一卷、《修华严奥旨妄尽还源观》一卷、《华严经金师子章》一卷、《华严经传记》五卷等；其他著述有八部，主要有：《般若波罗蜜多心经略疏》、《入楞伽心玄义》、《十二门论宗致义记》、《大乘起信论义记》等。生平事迹见唐阎朝隐《大唐大荐福寺故大德康藏法师之碑》、新罗崔致远《唐大荐福寺故寺主翻经大德法藏和尚传》、北宋赞宁《宋高僧传》卷五（书中称法藏曾参与玄奘译经，“复因笔受、证义、润文见识不同，而出译场”。此事纯属讹传，因据年历推算，法藏当时仅有二岁）、清续法《法界宗五祖略记》等。

本书是《梵网经》卷下的注疏。因作者所使用的底本为此卷的单行本，名为《梵网经菩萨戒本》，故题作今名；又因书中只收“疏”，不录“经”，故性质上属于“离经别行”的疏本。全书开立“教起所因”、“诸藏所摄”、“摄教分齐”、“显所被机”（又称“显所为机”）、“能诠教体”、“所诠宗趣”、“释经题目”、“教起本末”、“部类传译”（又称“传译缘起”）、“随文解释”十门，对《梵网经》卷下予以阐解。其中，前九门（卷一前部分）为经本的总释（又称“玄谈”或“玄义”），末一门（卷一后部分至卷六终）为经文的别释（又称“正释”）。在“随文解释”门中，作者先将《梵网经》卷下科为三分：从偈颂“我今卢舍那，方坐莲花台”，至“大众皆恭敬，至心听我诵”，为“标源叹戒分”（又称“戒起所从分”）；从长行“尔时，释迦牟尼佛初坐菩提树下”，至“常生人道天中”，为“对缘正说分”；从长行“我今在此树下，略开七佛法戒”，至“若广开心地相相，如《佛华光王七行品》中说”，为“结说劝持分”。然后，科分章段层次，标立纲目，对经文作出诠释。

在《梵网经》中，菩萨戒重轻各戒是用一段段文句来表述的，并无戒条的名称，很难记诵和受持。为此，作者根据戒文的主旨大意，对各个戒条均加标名称，所标的戒名与隋智顗《菩萨戒义疏》颇有出入，反映了天台、华严二宗在戒文理解上的差异。书中将《梵网经》卷下的菩萨戒，分“初篇”（指“十重戒”）、“轻垢罪篇”（指“四十八轻戒”）二篇，然后从总、别二个方面，分别予以阐解。

其中，“初篇”的总释，分为“释名”、“明犯因”、“明犯具”、“显犯境”、“造境自他”、“自作教他”、“犯相始终”、“明犯轻重”、“明诸部相摄”、“明摄三聚”十门；“初篇”的别释（对每一条重戒的解释）分为“制意”（指制戒的本意）、“释名”（指戒名的含义）、“次第”（指戒条的排序）、“具缘”（又称“具缘成犯”，指构成犯戒的条件）、“阙缘”（又称“阙缘义”，指不构成犯戒或情节较轻的条件）、“轻重”（指犯戒的轻重）、“得报”（指犯戒的果报）、“通局”（又称“通别”，指共通与局限，辨析犯戒与不犯戒）、“对治”（又称“对治行”，指犯戒的对治）、“释文”（指戒文的解释）十门。“轻垢罪篇”的总释分为“制意”、“辨名”、“数类”、“具轻重”、“含多”、“遮性”、“粗细”、“释文”八门；“轻垢罪篇”的别释（对每一条轻戒的解释）分为“制意”、“次第”、“释名”、“具缘”、“阙缘”、“轻重”、“通塞”（指通达与蔽塞，辨析开许与遮止）、“释文”八门。如此细密的解说，堪称《梵网经》菩萨戒注疏的顶级之作。

从本书的引述来看，法藏使用的《梵网经》卷下的单行本，其初首是没有“尔时，卢舍那佛为此大众，略开百千恒河沙不可说法门”等八百多字的长行，而是以长行之后的序偈“我今卢舍那，方坐莲花台”（十一首半偈，每首偈为五言四句）为开端的，末尾是没有“明人忍慧强，能持如是法。……愿闻是法者，疾得成佛道”等流通偈的，与隋智顗《菩萨戒义疏》使用的抄本是同一种类型。本书卷一说，“(《梵网经》)上卷经云，时佛观诸大梵王网罗幢，因为说无量世界，犹如网孔，各各不同，别异无量，佛教门亦复如是”；卷六说，“结劝流通分，于中四：一结已略说(指“我今在此树下，略开七佛法戒”)；二汝等下(指“汝等当一心学波罗提木叉，欢喜奉行”)，劝学令修；三如无相下(指“如《无相天王品》劝学中，一一广明”)，指彼广文；四三千下(指“三千学士时坐听者，闻佛自诵，心心顶戴，喜跃受持”)，明众闻奉持”。这些都说明了这种唐初抄行的本子与传今的《丽藏》刻本在首尾文段上是不同的。

卷一：解释作者所立的释经十门；《梵网经》卷下“标源叹戒分”；《梵网经》卷下“对缘正说分”的“初篇”(十重戒)及其第一条“杀戒”。

(一)“教起所因”门。下分“法应尔”、“示本行”、“摄大机”、“授法命”、“胜法被”、“令成行”、“得诸位”、“灭重障”、“显真性”、“得胜果”十章，阐述“菩萨戒”兴起的原因。说，“菩萨三聚净戒”，“为道场直路、种觉圆因”、“一切菩萨无边大行，莫不皆以净戒为本”。

(二)“诸藏所摄”门。阐述“菩萨戒”在藏经中的属类。说，此戒法为“大乘内菩萨藏摄，或通大乘声闻藏摄”，之所以说“亦通彼声闻藏”，是因为“七众所持别解脱戒，皆是菩萨律仪摄故”。

(三)“摄教分齐”门。下分“法异”、“机异”、“益异”、“主异”四章，阐述“化教”与“制教”的区别。说，“化教”，“普为一切说诸因果理事等法”，“制教”，“举过显非，立正法，制非理”，“结示罪名，辨其持犯”；“化教普为通内外众”，“制教唯对佛自内众，私秘制说”。如关于“化教”与“制教”的差别，说：

摄教分齐者。圣教尘沙,缘略为二:一是化教,二是制教。释此二别,略作四门。一约法异。且化教者,谓如来出世,普为一切说诸因果理事等法;制教者,谓举过显非,立正法、制非理,违法犯结示罪名,辨其持犯、轻重、篇聚。二约机异。谓化教普为通内外众,莫问佛法内人,及佛教外人,通对而说;制教唯对佛自内众,私秘制说。三约益异。谓化教但令离诸性恶,起信等行;制教令其双离遮、性(罪),以护讥嫌,威仪可轨,以生物信,光显正法,自行化人故。四约主异。谓化教通于五种人说,如《智论》云,一佛、二菩萨、三弟子、四神仙、五变化;制教唯佛自说,以制戒轻重,余无能故。由此四异,是故二教成差别也。于此二中,制教所摄,然制通大小,仍是大收。(卷一,《大正藏》第四十卷,第603页中)

(四)“显所被机”门。下分“种姓”、“遮难”、“发心”、“现在位”四章,阐述“菩萨戒”覆被的众生根器(指受戒的对象与条件)。说,从“遮难”方面而言,求受菩萨戒者“若具七遮,现身非器”,“要须深心忏悔,除灭遮难,好相相应,发心纯直,方堪为器”。

(五)“能诠教体”门。下分“能诠门”、“归实门”、“具二门”、“俱非门”、“遍通门”、“诠旨门”、“唯心门”、“归真门”、“无碍门”、“双泯门”十章,阐述“菩萨戒”的教体。说,“双泯门”,“谓理事无碍,性相俱融,则形夺两亡,语默双泯,非言非不言,非教非不教,非真非不真,一切皆离,不能辨之”,此以“大乘无碍”为“教体”。

(六)“所诠宗趣”门。阐述“菩萨戒”的宗趣。说,“语之所表曰宗,宗之所归曰趣”;“宗”分为“总”、“别”两种,“菩萨戒”

的总宗“以菩萨三聚净戒为宗”,别宗分为“受随”、“止作”、“理事”、“造修”、“缘收”五个方面。如关于“菩萨戒”的总宗和别宗,说:

> 语之所表曰宗,宗之所归曰趣。……宗中亦二,先总后别。总者,以菩萨三聚净戒为宗。……别中有五:一约受随、二约止作、三约理事、四约造修、五约缘收。初者,创起大誓,要期三聚,建志成就,纳法在心,故名为受;受兴于前,持心后起,顺本所受,令戒光洁,故名为随。又受是总发,万行后生;随是别修,顺成本誓,要具此二,资成正行,故以为宗。二止作者,谓止离诸恶,微过不沾;作修万善,众德圆修,要具此二,皎洁行成,故为宗也。三理事者,谓事防三业,使恶止善行,以理御心,令惑灭、令智立。《智论》(指《大智度论》)云,菩萨亦持理性戒故。又前离业障令福圆,后除灭惑障成慧满,此则离二障、成二严,方为究竟,故以为宗。四造修者,有四:一法、二受、三相、四行。谓初是所受戒法,二正受相应,三辨其戒相,四对缘持犯。所诠虽众,然四门统摄,故为宗也。五缘收者,谓诸菩萨波罗密行,莫不具足三聚,所谓发三聚心、修三种行、成三回向,菩萨万行莫过于此,故以为宗。(卷一,第604页上、中)

(七)“释经题目”门。阐述《梵网经》卷下单行本的经题。说,《梵网经》所说的“梵网”不同于《华严经》所说的“因陀罗网”,“因陀罗网”是“帝释网”,“梵网”是“梵王网”;“因陀罗网”在“殿”,“梵网”在“幢”(“诸梵王持此幢网供佛听法”);《华严经》取宝珠成网,互相影现,辨“重重无尽”义,《梵网经》取网孔差别交络,各各不同,喻“差别不同”义。

(八)“教起本末”门。阐述《梵网经菩萨戒本》、《地持戒本》等菩萨戒本的由来。说,“闻西国诸小乘寺,以宾头卢为上座;诸大乘寺,以文殊师利为上座,令众同持菩萨戒,羯磨说戒皆作菩萨法事,律藏常诵不绝”。

(九)“部类传译”门。阐述《梵网经》的传译缘起。说,姚秦三藏法师鸠摩罗什于逍遥园(“或云于长安草堂寺”),翻译经论五十余部,“唯此《梵网经》最后什自诵出”;“慧融(当作“道融”)等从笔受,亦同诵持,仍别录此下卷之中偈颂已后,所说戒相,独为一卷,名作《梵网经卢舍那佛说菩萨十重四十八轻戒卷》,卷首别标当时受戒羯磨等事”。

(十)“随文解释”门。解释《梵网经》卷下“标源叹戒分”;“对缘正说分”的“初篇”及其第一条“杀戒”。如关于“杀戒”的“次第”(指戒条的排序,辨析“杀戒”为何在“十重戒”中排为第一),说:

> 次第者。戒相尘沙,无边浩污,何故最初辨兹杀戒?一谓菩萨万行,无不以大悲为本,为存行本,故先制也。二有情所重,莫不以形命为先,为救物命,故先辨也。若尔,何故声闻戒初不同此耶?谓此以救生行为先,彼以自行为首。又释,彼要待犯已方制,淫戒初犯,故杀(指杀戒)不先。《僧祇律》云,成道五年制淫,第六年制盗及杀。菩萨不尔,约十业道,此为初故,三世本戒,非新制故。(卷一,第610页上)

卷二:解释《梵网经》卷下“对缘正说分”中,“初篇”第二条“盗戒”。如关于“盗戒”的“释文”(指戒文的解释),说:

> 释文者。三义同前(指同于“杀戒”),一制断恶业、二制修善行、三违制结犯。初(指“制断恶业”)中二,先举过(指戒文中“若佛子,自盗、教人盗、方便盗,盗因、盗缘、盗

法、盗业、咒盗，乃至鬼神有主、劫贼物”一句），后正制（指戒文中“一切财物，一针一草，不得故盗”一句）。前（指“举过”）中四，初辨能盗、二盗方法、三显所盗相、四所盗物。……第二而菩萨下（指戒文中“而菩萨应生佛性、孝顺、慈悲心，常助一切人，生福生乐”一句），明制修善行，亦是摄善戒行也，亦是治彼恶之行。……第三而反下（指戒文中“而反更盗人财物者，是菩萨波罗夷罪”一句），违制结犯。（卷二，第619页下—第620页中）

卷三：解释《梵网经》卷下“对缘正说分”中，“初篇”第三条“淫戒”至第七条“自赞毁他戒”。如关于第七条“自赞毁他戒”的“通局”（指共通与局限，辨析犯戒与不犯戒），说：

通局中有二，先通后局。言通者，有三。先明自赞亦三：一赞自所行之法，令他修学；二为令众生未信者生信；三已信者增长。若实有此益，不杂贪慢，自赞无犯，不赞有罪，乖利益故。二明毁他亦三：一毁邪道，令归正见；二毁执见，令离著；三毁恶行，令舍离。若不杂瞋慢，应时有益，毁他不犯，不毁有罪。三求名利有二：一为益众生；二求出世间真实名利故。此求不犯，不求有罪，如是准之。二局者，于上三位（指“自赞”、“毁他”、“求名利”），或总或别，以缠（指烦恼）相应心，起念欲犯，虽未至重，是则为犯，以是所害法，故深须防护也。（卷三，第629页中）

卷四：解释《梵网经》卷下“对缘正说分”中，“初篇”第八条“故悭戒”至第十条“不举教忏戒”。如关于“轻垢罪篇”的“数类”（指轻戒的条数，辨析各种菩萨戒经所载的异同），说：

数类者。通论此篇，此篇（一作“数”）类有十：一若依

《瑜伽》,有四十四种轻戒;二若依《地持》、《善戒经》,虽有少增减,大同《瑜伽》,已上多分是出家戒相;三依《菩萨内戒经》,(有)四十二种;四依《善生经》,除六重(戒)外,别有二十八(轻戒);五依《方等经》,除二十四种戒外,别更有五五二十五种,制不应作,已上多分是在家戒;六依此经(指《梵网经》),大数有四十八种;七若寻此文(指《梵网经》)细内,或有一戒中有多种戒,总论向将百种,已上通道俗戒;八或八万种,如下文列《八万威仪品》中说;九或十万种,如梁论引《毗奈耶瞿沙罗经》说,菩萨戒有十万种差别;十戒尘沙,如《智论》中略有八万,广有尘沙等数。(卷四,第634页中)

卷五:解释《梵网经》卷下"对缘正说分"中,"轻垢罪篇"第六条"不敬请法戒"至第二十三条"经新求学戒"。如关于第十八条"无知为师戒"(又称"无解作师戒")的"制意"(指制戒的本意),说:

制意者。菩萨理应内自成德,以示众生,乖失兹躅,故须制也。别说亦有三种:一覆自无知,作为师范,欺诳失故;二不闲文义,失善品故;三诈为他师,无实引导,不利益故。此三如次,亦为三聚(指"三聚净戒"),故须制也。(卷五,第642页中、下)

卷六:解释《梵网经》卷下"对缘正说分"中,"轻垢罪篇"第二十四条"背正向邪戒"至第四十八条"自坏内法戒";《梵网经》卷下"结说劝持分"(行文极为简略)。如关于第二十七条"受别请戒"的"通塞"(指通达与蔽塞,辨析开许与遮止),说:

通塞者。具论有四句:一僧次请(指施主普请众僧),

僧次受（指由僧团依次第委派僧人受供）。二别请（指施主独请一僧），僧次受。此二不犯。三僧次请，私别受（指未受僧团委派而私下受供），此（罪）最重。四别请别受（指施主独请一僧，该僧独受供）。此亦有二种：一如施主设七僧供，僧次请六人，别请此一人，帖僧次数，此犯轻于前（指"僧次请，私别受"）；二僧次请七人，数外别请此有缘僧，或最轻，或亦不犯。又若重病，若至彼不受物，若将护施主，令彼发菩提心，若令多人发菩提心，并应不犯。（卷六，第647页上、中）

关于《梵网经》菩萨戒的适用对象，本书界定为"受菩萨戒人"。作者在"杀戒"的"通缘"（构成犯戒的共同条件）中指出，"通缘有三：一是受菩萨戒人，以不受戒无犯故。经云，有犯名菩萨，无犯名外道。二是住自性，谓非颠狂等，以彼无犯故。三无开缘，谓即救生无间苦等。此三通诸戒。"（卷一，第610页中）也就是说，对于"不受戒"（指未受菩萨戒）者、"颠狂"（指神经错乱）者、"开缘"（指戒条开许）者来说，即便是违犯菩萨戒的戒条，也不作犯戒论处（"无犯"）。

日本僧人洞空《重刻菩萨戒本疏序》说，《梵网经》菩萨戒的注疏"殆十有余家"，"今之存者，唯法藏、天台（指智顗）、明旷、太贤也已，余皆成废典"（《大正藏》第四十卷，第656页上）。意思是说，隋唐时期有关《梵网经》卷下的注疏有十多家，但流传于后世的，唯有法藏《梵网经菩萨戒本疏》）、智顗《菩萨戒义疏》、明旷《天台菩萨戒疏》、太贤《梵网经古迹记》四家，其余注疏均遭废弃。四家注疏中，以法藏的注疏最为详细，即便是天台宗、法相宗人后来陆续撰写的新疏，也都参考和吸收了法藏的一些研究成果。

第三品 唐智周《梵网经菩萨戒本疏》五卷

《梵网经菩萨戒本疏》,又名《梵网经疏》,原为五卷,今存二卷(卷二、卷四)。唐智周(一作"知周")撰,约成于开元元年(713)至开元十年(722)之间。日本荣稳《律宗章疏》著录。收入《新纂续藏经》第三十八册。

智周(668—723),濮阳(今河南濮阳市)人,俗姓徐。十九岁受戒,二十三岁投慧沼门下,精研唯识、因明,为法相宗嫡传。后住濮阳报城寺,世称"濮阳大师"。唐昙旷《入道次第开决》说:"大唐开元初,有濮阳大德,身号智周,我大唐三藏(指玄奘)曾孙弟子、慈恩大师(指窥基)之孙弟子、河南法师(指慧沼)之亲弟子","内穷三藏,外达九流。为学者师宗,作词场雄伯,工手著述,妙手赞扬,所撰章钞,凡十数部"(《大正藏》第八十五卷,第1207页上),认为法相宗法脉是由玄奘(初祖)传窥基(二祖),窥基传慧沼(三祖),慧沼传智周(四祖)的。武则天长安三年(703),在日本的新罗僧人智凤、智鸾、智雄入唐求法,唐玄宗开元五年(717),日本僧人玄昉入唐,均从智周受学,并将法相学传到日本。

智周的著作见存的尚有:《成唯识论演秘》十四卷(与窥基《成唯识论掌中枢要》、慧沼《成唯识论了义灯》合称"唯识三疏")、《成唯识论掌中枢要记》二卷(今存上卷)、《成唯识论了义灯记》二卷(今存下卷)、《因明入正理论疏前记》三卷、《因明入正理论疏后记》三卷、《因明入正理论疏抄略记》一卷、《大乘入道次第》一卷、《大乘法苑义林章决择记》四卷、《法华玄赞摄释》四卷;已佚的有:《瑜伽论疏》四十卷、《因明入正理论纂要记》一卷、《因明入正理论断记》一卷、《般若心经疏》一卷等。智周无传记,唐道宣《续高僧传》卷十九《智周传》所记的智周,与本书作者非为同一人。生平事迹略见唐昙旷《入道次第开决》、高丽义天《新编诸宗教藏总录》、日本平祚《法相宗章疏》、荣稳《律宗章疏》、永超《东域传灯目录》、凝然《三国佛法传通缘起》等。

本书是《梵网经》卷下的注疏。因作者所使用的底本为此卷的单行本,名为《梵网经菩萨戒本》,故题作今名;又因采用上标经文(大多为原文的略说)、下出注文(每段注疏之首冠有"述曰"字,以示区别),逐段注释的方式编撰,故性质上属于简略式的"经疏会一"的疏本。原本为五卷,今存卷二、卷四。从本书卷二说的"第一微尘数舍那说心地戒品章,如前叙讫",是指《梵网经》卷下的序偈来看,本书所疏的本子,与隋智顗《菩萨戒义疏》、唐法藏《梵网经菩萨戒本疏》所疏的本子是同一种类型,其初首是没有"尔时,卢舍那佛为此大众,略开百千恒河沙不可说法门……是一切众生戒本源,自性清净"等八百多字的长行的。再从今本的卷帙与所释《梵网经》卷下的对应关系考察推断,可以推断本书的原本大致是这样的:卷一,开立若干义门,总释《梵网经》卷下,并随文解释《梵网经》卷下自"我今卢舍那,方坐莲花台"以下的序偈(凡十一首半偈,每首偈为五言四句);卷二,解释《梵网经》卷下"十重戒"的前三戒;卷三,解释《梵网经》卷下"十重戒"的后七戒;卷四,解释《梵网经》卷下"四十八轻戒"的前二十戒;卷五,解释《梵网经》卷下"四十八轻戒"的后二十八戒,以及结束语。

作者在书中开立"制意"、"释戒名"、"具缘成犯"、"论得报轻重"、"劝断持戒"五门,对"十重戒"各戒进行解释。又开立"制意"、"释名"、"数类"、"以轻带重"、"以一含多"、"遮性"、"粗细"、"会通"八门,对"四十八轻戒"作总释;开立"制意"、

“次第”、“释名”、“具缘”、“阙缘”、“轻重”、“通塞”七门，对“四十八轻戒”各戒作别释。在释戒时，对原先是用一段段文句表述的菩萨戒重轻各戒，均加标了戒名。但所用的标名法颇有欠缺。因为所谓“戒”，通常指的是对某种恶行的禁止，故戒名中“戒”字之前的文字，一般是指恶行，如通常将《梵网经》卷下说的“若自杀、教人杀、方便杀、赞叹杀”一段戒文，标为“杀戒”；将“自盗、教人盗、方便盗”一段戒文，标为“盗戒”；将“自淫、教人淫”一段戒文，标为“淫戒”。这里说的“杀戒”、“盗戒”、“淫戒”，所表示的是“杀的禁止”、“盗的禁止”、“淫的禁止”，此为佛典中普遍采用的标名法。而本书则标为“不杀戒”、“不偷盗戒”、“不故淫戒”等，严格来说，属于一种不规范、非通用的标名法（今在解说时，照本移录，以保持原貌）。

卷二：解释《梵网经》卷下从“尔时，释迦牟尼佛初坐菩提树下”，至“行淫无慈悲心者，是菩萨波罗夷罪”的经文。所释的戒条是“十重戒”第一条“不杀戒”（确切地说，当作“杀戒”）至第三条“不故淫戒”（当作“故淫戒”）。如关于“不杀戒”内含“三聚净戒”，说：

> 佛言：佛子者（以上为“不杀戒”原文的首句）。
>
> 述曰：此正释不杀戒。文分三别：一制断恶行，即摄律仪戒（从初，至不得故杀是——原注）；二制修善行，即摄善法戒（从而菩萨，至方便救护是——原注）；三违制结犯，即波罗夷罪（从而自恣心，至波罗夷罪是——原注）。若菩萨心心相续，自行不杀生，即摄律仪戒；正不杀时，自行四无量，作一切善，即摄善法戒；教他一切不行杀，种种方便赞叹、随喜不杀生，法化及一切众生，即是摄众生戒。如是三聚净戒，元是菩萨初发心时，一念清净心中，一时受得。今

持戒时,若能常观诸法空寂,故则名具足波罗蜜戒(约观心释三聚戒竟——原注);若能令三毒心四倒不浊,一心清净,则名不离浊戒(约此心净无杂释竟——原注);若能安心于诸世间,无杂无著,度一切众生,如度虚空,为是名不著戒(约无著释竟——原注)。如上释者,遍通一切,戒戒皆如是(以上为智周的解释)。(卷二,《新纂续藏经》第三十八册,第445页上)

卷四:解释《梵网经》卷下从"佛告诸菩萨言:已说十波罗提木叉竟,四十八轻今当说",至"如是十戒应当学,敬心奉持,如《灭罪品》中,广明一一戒相"的经文。所释的戒条是"四十八轻戒"第一条"不得轻慢师长戒"(确切地说,当作"轻慢师长戒")至第二十条"不得不救众生苦戒"(当作"不救众生苦戒")。如关于"四十八轻戒"虽是轻戒,但其中有六戒"以轻带重",含有重戒的成分,说:

以轻带重(此为总释"四十八轻戒"的第四门)。此四十八(戒)中,几唯是轻,几兼于重?今详四十八中,六戒兼重,余戒唯轻。其六重:一国使杀生戒(指轻戒第十一条),于中为使故,不应为而为,轻垢故入此篇,以杀生故,兼带重罪;二放火焚烧戒(指轻戒第十四条)中,以焚烧故,不应为而为,轻垢入此篇,随火所损众生命,兼带重罪;三倚官乞求戒(指轻戒第十七条)中,不应恃官势故,轻垢入此篇,强逼取他物,入盗重摄;四为主失仪戒(指轻戒第二十五条)中,为主失仪入此篇,损三宝物,入重摄;五违禁行非戒(指轻戒第三十条)中,以诈现亲附等入此篇,自谤三宝故,入重摄,又行杀盗故重,以三长月六斋日犯故入此篇;六畜作非法戒(指轻戒第三十二条)中,轻秤小斗等入此篇,取人财

物等是重摄。(卷四,第454页上、中)

本书是法相宗人撰写的律学著作。从总体上说,它的释文比天台宗智顗《菩萨戒义疏》来得详细,但与华严宗法藏《梵网经菩萨戒本疏》相比又显得不足。

第四品 唐明旷《天台菩萨戒疏》三卷

《天台菩萨戒疏》,又名《梵网菩萨戒经疏删补》,三卷(上中下卷)。唐明旷删补,成于大历十二年(777)。日本玄日《天台宗章疏》著录。收入《大正藏》第四十卷。

明旷(生卒年不详),天台人,台州黄岩县三童寺僧人。少年于东南一带游学问道,二十岁在剡邑受具足戒后,入天台山国清寺礼师。南宋志磐《佛祖统纪》卷十将“天台明旷禅师”编为“章安(灌顶)旁出世家”,说“禅师明旷,天台人,依章安(灌顶)禀教观,广化四众,专诵《法华》,章安撰《八教大意》,师首于三童寺录受。平时著述甚多,今所存《心经疏》耳”(《大正藏》第四十九卷,第202页上)。然而,据史料记载,灌顶卒于唐太宗贞观六年(632),而明旷撰作本书是在唐代宗大历十二年(777),两者相距一百四十五年,因而不可能有直接的师资授受关系。今本《天台八教大意》之末附记的“天台释明旷于三童寺录焉”一句,只说明此本为明旷的抄录本(佛经抄本上此类题记极多),并没有说它是由灌顶口述、明旷笔录的。日本天台宗创始人最澄入唐求法,回国后编撰了《传教大师将来台州录》,在“《金刚錍论记》”之下,记有“荆溪沙门明旷述”的小注;日本僧人辩才编的《金刚錍论私记会本》,收录了明旷撰的《金刚錍论》一卷,书题“唐天台沙门荆溪大师撰,门人明旷法师记”。这些记载都足以证明,明旷不是《佛祖统纪》所说的是天台宗五祖章安灌顶的弟子,而是九祖荆溪湛然的弟子。著作尚有:《般若心经疏》一卷、《金刚錍论》一卷(以上见存)、《妙法莲华经大意》一卷(已佚)。生平事迹见本书之末刊载的作者《叙》、日本最澄《传教大师将来台州录》、玄日《天台宗章疏》等。

本书是隋智顗《菩萨戒义疏》的删补本。它不是智顗《义疏》的注疏,而是以智顗疏本为“宗骨”,参取各家注疏,删去重复、补充缺失而撰成的新疏。因书中只收“疏”,不录“经”,故性质上属于“离经别行”的疏本;又因此疏具有“直笔销文”(即直释)特点,故它与隋智顗《菩萨戒义疏》、唐法藏《梵网经菩萨戒本疏》、新罗太贤《梵网经古迹记》,同为隋唐时期最为流行的《梵网经》卷下的四大注疏之一。

作者先释《梵网经》卷下的单行本的经题;然后开立“明名体”、“明宗用”、“明教摄”、“明受法”、“明传译”、“略料简”、“随文解释”七门,对原经予以阐释。其中,前六门(卷上前部分)为经本的总释,末一门(卷上后部分至卷下终)为经文的别释。在“随文解释”门中,作者依照隋智顗《菩萨戒义疏》的科判,先将《梵网经》卷下科为三大段:从偈颂“我今卢舍那,方坐莲花台”,至长行“尽受得戒,皆名第一清净者”,为“序”;从长行“佛告诸佛子言:有十重波罗提木叉”,至“现在诸菩萨今诵”,为“正说”;从长行“诸佛子谛听,此十重四十八轻戒”,至偈颂“愿闻是法者,疾得成佛道”,为“劝说流通”。然后,科分章段层次,标立纲目,对经文作出诠释。释戒时,对《梵网经》卷下“十重戒”、“四十八轻戒”,一一加标了戒名。所标的戒名与智顗《菩萨戒义疏》相比,多有不同。

由于本书所疏也是从《梵网经》卷下“序偈”(凡十一首半

偈,每首偈为五言四句)开始的,书末也释到"若广开心地相相,如《佛华光王七行品》中说"为止,以此推断,明旷所疏的文本,与隋智顗《菩萨戒义疏》所疏的文本是同一种类型,其书首是没有"尔时,卢舍那佛为此大众,略开百千恒河沙不可说法门……是一切众生戒本源,自性清净"等八百多字的长行,书尾没有"明人忍慧强,能持如是法。……愿闻是法者,疾得成佛道"等流通偈的。

本书的初首有作者撰的小序(无标题),略叙撰述缘由。说:

佛性常住,教起从缘,缘宜不同,故义有广略,或引众释以显异,或破今古验非圆,或以绮饰引文才,或存肤质成深致,莫非为彰教旨,四悉适时也。今随所欲,直笔销文,取舍有凭,不违先见,则以天台(指智顗)为宗骨,用天宫(指慧威)之具缘;补阙销释,贵在扶文,则诸家参取。(《大正藏》第四十卷,第 580 页中)

书末有明旷撰的《叙》,自述生平行历。说:

明旷生地洲(当作"州",下同)属天台,县邻章安,洲毗括务,天台五叶(指天台宗五代祖师),继踵三洲,岂无宿曾见闻,今方忻遇者。自幸髫(指长须)之岁,问道东南,弱冠(指二十岁)之年,名住剡邑,圆具(指受具足戒)才毕,北面于国清海(指国清寺),冠凭从师(指湛然)。常闻既逾一纪,施途故园,人处荒芜,悲伤属因。唯经唯戒,答乎地恩,故以书之,被当时也。诸有阙略,他疏委寻,同声见闻,推功有本。愿大师道眼,遥鉴丹心,值佛闻经,以为杖托耳。大历十二年二月初一日,于台洲黄岩县三章(当作"童")寺记之。(第 601 页下—第 602 页上)

卷上：解释《梵网经》卷下单行本的经题（《梵网经卢舍那佛说菩萨心地十重四十八轻戒品第十》）；作者所立的释经七门；《梵网经》卷下“序分”和“正说分”中的“十重戒”。

（一）“明名体”。下分“释名”、“出体”二章，阐述“菩萨戒”的名义和“戒体”。说，“戒者，能防三业、止三惑非，故得名”，“大而言之，不出四弘（指四弘誓愿）、三聚（指三聚净戒）”，“成道知法，即摄善法；誓断烦恼，即摄律仪；愿度众生，即摄众生”；菩萨戒“唯实相心，以之为体”，“不同声闻律仪非色非心以为戒体”。

（二）“明宗用”。阐述“菩萨戒”的宗趣和作用。说，“从始至末，依体护持，趣期圆果，名为宗”，“清严轨范，肃然可畏，制御三惑，使物归信，故名为用”。

（三）“明教摄”。阐述《梵网经》菩萨戒在“化法四教”（天台宗判教学说）中的属类。说，释迦牟尼一代说教，分为“三藏教”、“通教”、“别教”、“圆教”四种。如关于“四教”所说修行阶位，说：

> 明教摄者。释尊一化示身说法，有始有终，四种差别，谓三藏教、通教、别教、圆教。三藏，具如《俱舍》、《婆沙》声闻阶位七贤、七圣等殊。……二通教者，如《方等》、《般若》明三乘人共行十地。……别教者，如《璎珞》、《仁王》等经明五十二位，地前属凡、名贤，登地属圣。……圆教者，圆信三障即是三德，报障即法身，烦恼即般若，结业即解脱。依信起行，三观圆修，刹那无间，名初随喜品；第二受持读诵；第三解说书写；第四兼行六度；第五具行六度，委如《法华》。此五品弟子圆伏无明，即外凡位。……今此戒经（指《梵网经菩萨戒本》），结华严会，即别、圆教轻重顿制菩萨

律仪。(卷上,第581页中、下)

(四)“明受法”。阐述受菩萨戒的程序和仪式。说,依据《璎珞》、《地持》、《高昌》等文,将受菩萨戒法分为十二门,“第一开悟、第二三归、第三请师、第四忏悔、第五发心、第六示相问遮、第七授戒、第八证明、第九现相、第十陈持犯、第十一明广愿、第十二教持戒”。

(五)“明传译”。阐述《梵网经》的传译缘起。说,“大秦弘始三年”,鸠摩罗什于逍遥园(“或云于草堂寺”)译出此经,“上卷明菩萨阶位,下卷明菩萨律仪”。

(六)“略料简”。辨析有关“菩萨戒”的一些问题。说,不能说“声闻(戒)制于身口。菩萨(戒)唯制于心”,“大小律仪,俱制三业,自行、化他之异,故得大小乘名”,“小戒(指小乘戒)若不制心,方便兰(指“偷兰遮”)、吉(指“突吉罗”)从何而立”,“(菩萨戒)十重四十八轻,莫不皆从身口,具缘而结”。

(七)“随文解释”。解释《梵网经》卷下“序分”;《梵网经》卷下“正说分”中,“十重戒”第一条“杀人戒”至第十条“助谤三宝戒”。如关于第八条“故悭加毁戒”(又称“悭惜加毁戒”),说:

> 故悭加毁戒。菩萨摄生,施(指布施)为万行之首,岂更鄙吝,加复毁辱?故制重罪。别具六缘:一是上中之境(指对上中品众生;唐法藏《梵网经菩萨戒本疏》作“乞者现前”);二自有财法;三有二想;四广加恶心,毁辱打骂;五前人领解;六令他空反(返),便犯。阙缘,犯轻。就文为三:初标名制令止恶(指戒文“若佛子,自悭教人悭,悭因、悭缘、悭法、悭业”一句)、二制令行善(指戒文“而菩萨见一切贫穷人来乞者,随前人所须,一切给与”一句)、三举过结犯

（指戒文“而菩萨以恶心瞋心，乃至不施一钱一针一草，有求法者，不为说一句一偈一微尘许法，而反更骂辱者，是菩萨波罗夷罪”一句）。（卷上，第589页中）

卷中：解释《梵网经》卷下“正说分”中，“四十八轻戒”第一条“不敬师长戒”至第三十五条“不发十愿戒”。如关于第二十五条“不善和众戒”（又称“不善知众戒”），说：

不善和众戒。制御法侣，行藏得名，所名为和众。统领乖戒，而云不善。既为众生，须合轨仪，守护资财，善和诤讼，今反训诱非法，乖各僧徒，是故圣制。别具三缘：一身为众主；二无慈护心；三令众不和，及损三宝物，便犯。就文为三：初标列众主（指戒文“若佛子，佛灭后，为说法主、为僧房主、教化主、坐禅主、行来主”一句），次应生下制令依法（指戒文“应生慈心，善和斗讼，善守三宝物，莫无度用，如自己有”一句），而反下违制结犯（指戒文“而反乱众斗诤，恣心用三宝物者，犯轻垢罪”一句）。（卷中，第593页下）

卷下：解释《梵网经》卷下“正说分”中，“四十八轻戒”第三十六条“对境无誓戒”至第四十八条“自破内法戒”；《梵网经》卷下“劝说流通分”。如关于第四十三条“故毁禁法戒”（又称“无惭受施戒”），说：

故毁禁法戒。菩萨律仪，乘戒两具，二死舟楫，彼岸津梁。今反自犯，加复毁之，或云恶说空，无持无犯，或云诸佛方便，怖入不信冥扶、戒神潜卫，此良田稊稗、戒海死尸，谤方等收，愆逾七逆，随所犯外，别制斯戒。别具四缘：一信心受戒；二有所对境；三故起毁心；四随毁一戒，便犯。就文为二：初标名呵责(指戒文"若佛子,信心出家,受佛正戒,故起心毁犯圣戒者,不得受一切檀越供养…… 犯戒之人,畜生无异,木头无异"等句),次若毁下违制结犯(指戒文"若毁正戒者,犯轻垢罪"一句)。(卷下,第600页上)

本书在释经七门的"明受法"门中,开立了"开悟"、"三归"、"请师"、"忏悔"、"发心"、"示相问遮"、"授戒"、"证明"、"现相"、"陈持犯"、"明广愿"、"教持戒"十二门,对受菩萨戒的程序和仪式,作了详细的叙述,这与湛然《授菩萨戒仪》所立的十二门是大致相同的。故本书不只是解释《梵网经》菩萨戒条文的著作,也是研究受菩萨戒法的资料之一。

第五品　唐传奥《梵网经记》二卷

《梵网经记》,二卷。唐传奥述,约成于唐武宗会昌五年(845)毁佛之前。高丽义天《新编诸宗教藏总录》著录。收入《新纂续藏经》第三十八册。

传奥(生卒年不详),并州祁县(今山西省祁县)人,俗姓韩。初习儒学,曾参加乡荐(指乡试)。后遇圭峰宗密(华严宗五祖,谥号"定慧禅师")的弟子潜辉,剃发受道。住太原石壁寺,弘传华严学,被称为宗密的嫡传(明宋濂《宋文宪公护法录》说,法藏以后,华严宗法脉由"国师传圭峰,圭峰传奥",即由清凉国师澄观传圭峰宗密,圭峰宗密传传奥)。著作见存的唯有《梵网经记》二卷;佚作有:《华严经锦冠钞》四卷、《金刚经纂要疏贯义意钞》(疏释宗密《金刚经纂要》)四卷、《盂兰盆经钞》二卷、《梵网经略疏》三卷、《梵网经科》一卷、《大乘起信论随疏记》

六卷(以上见高丽义天《新编诸宗教藏总录》)等。生平事迹略见北宋日新《盂兰盆经疏钞余义》(载于《新纂续藏经》第二十一册)。

本书是《梵网经》卷下的注疏,系以唐法藏《梵网经菩萨戒本疏》为基础,补入经文,删略繁复而撰成,性质上属于"经疏会一"的疏本。所释的经文,始于原经初首的长行"尔时,卢舍那佛为此大众,略开百千恒河沙不可说法门",终至原经末尾的流通偈"愿闻是法者,疾得成佛道"。也就是说,所释的是与传今的《丽藏》本《梵网经》卷下(或单行本《梵网经菩萨戒》)相同的本子。此本与先前智顗、法藏、智周、明旷等所疏的本子,在首尾文段上是不同的。

作者在书中先释《梵网经》卷下单行本的经题。接着,将《梵网经》卷下科为三分:从长行"尔时,卢舍那佛为此大众,略开百千恒河沙不可说法门",至偈颂"大众皆恭敬,至心听我诵",为"戒起所从分";从长行"尔时,释迦牟尼佛初坐菩提树下",至"常生人道天中",为"对缘正说分";从长行"我今在此树下,略开七佛法戒",至偈颂"愿闻是法者,疾得成佛道",为"结劝流通分"。然后科分章段层次,标立纲目(对菩萨戒各戒,均加标戒名),用上引原文、下出注文,逐段注释的方式展开叙述(每段注释之首冠有"释曰"字,以示区别)。本书的初首有作者撰的《梵网经记序》,说:

波罗提木叉者,菩萨之师也。片善必录,纤瑕必惩,退御机微,进防言行,为万德之阶陛,作十身之泉源,故得莲藏(指卢舍那佛)亲宣,千华(指千佛)转受,学者之要,不亦宜乎!然自滥觞姚秦,绵历遐代,派诸天下,雷讽实多,其于旨趣,鲜有知者。虽古德著疏,文广义丰,致令后徒,思而不学。此方释子，多习大乘，虽受（指受戒）假声闻，而行兼菩萨，寡尤寡悔，诚在深知，不有发挥，终难措趾。故于广疏（指唐法藏《梵网经菩萨戒本疏》），略此别行，有不同者，颇为改易，辄申庸鄙，以系全文。（《新纂续藏经》第三十八册，第242页中）

卷上：解释《梵网经》卷下单行本的经题（《梵网经卢舍那佛说心地法门品菩萨戒本》）；《梵网经》卷下“戒起所从分”；《梵网经》卷下“对缘正说分”中，“十重戒”第一条“杀命戒”至第十条“诽谤戒”。如关于《梵网经》卷下单行本的经题，说：

梵网经卢舍那佛说心地法门品菩萨戒本（以上为原经的题名）。

释曰：曲分为二，初三字（指“梵网经”）是一部之都名，梵网两字，是谕（喻）也。梵，谓梵王，具云梵览摩，此云极净、离欲、秽恶得极净名；网，即彼天之幢网，以彼持此至佛会中，供养听法时，佛见之，因取为谕。……卢舍那佛，即能说之主也。卢舍那，此云满净一切障染，若粗若细，无不尽故；佛者，梵音具云佛陀，此云觉者，谓满净之觉者。……心地法门品者，具有六十一品，此拣非余也。心即所修所发之心，所谓信等五十心也；地即所依所成之地位，谓三地也。地前总名信行地，见道名净心地，修道已上通名如来地。地有生成荷载之义，故以谕之。此三地中，能生能载诸功德故，无非妙轨为法；贤圣通游曰门；类别不同，故称为品。二菩萨戒本者，即此品内之别义也。……如常所释戒者，孝顺义、制止义，广下说明；本者，菩萨之根源。故戒即是本，持业释也。菩萨之戒本，依主释也（以上为传奥的注释）。

（卷上，第242页中—第243页上）

卷下：解释《梵网经》卷下“对缘正说分”中，“四十八轻戒”第一条“轻慢师长戒”至第四十八条“自伤内法戒”；《梵网经》卷下“结劝流通分”。如关于第九条“见疾不救戒”（又称“不看病戒”），说：

> 见疾不救戒。前智此悲，菩萨行故。文二：初制戒令行，后违禁结罪。前（指“制戒令行”）中二：初据理普劝（后文为“二约亲别劝”；以上为传奥标立的戒名和对戒文所作的科分）。
>
> 若佛子，见一切疾病人，常应供养，如佛无异。八福田中，看病福田是第一福田（以上为“见疾不救戒”原文的首句）。
>
> 释曰：两节，初举尊正劝，以如佛之心，供养看病人，亦如于佛，即能所皆如佛也。二显福断疑。或曰：何故心境皆如佛耶？何故劝我行此行耶？故此云尔。八福田者，有一说曰：一旷路美井；二水路桥梁；三平治险隘；四孝顺父母；五供养沙门；六给事病人；七救济危厄；八设无遮会。有曰：三宝为三，其次，父母、师僧、贫穷、病疾、畜生为八，此八境中，皆能生福，故名福田。言第一者，以佛居初，文云如佛无异，故名第一，故偏劝之（以上为传奥的注释）。（卷下，第258页下—第259页上）

本书对菩萨戒重轻各戒的解释，虽然不及法藏《梵网经菩萨戒本疏》来得细致、深入，但由于本书是“经疏会一”的疏本，而法藏之疏是“经疏别行”的疏本，前者有完整的原文，后者只有原文的节引，故就解读原著的文句而言，本书也自有它的便利之处。

第六品　新罗义寂《菩萨戒本疏》二卷

《菩萨戒本疏》,二卷(上、下卷;因卷下篇幅较长,后人分为“本”、“末”,故又作“三卷”)。新罗义寂述,撰时不详。收入《大正藏》第四十卷。

义寂(生卒年和籍贯不详),为唐代华严宗智俨门下新罗义湘的弟子。义湘于新罗文武王十一年(671)回国,于文武王十六年(676),奉旨在太伯山创浮石寺,开演华严一乘,弟子达三千多人,其中最杰出的十人,被推尊为义湘门下“十大德”,义寂为其中之一。义寂的著述,据统计共有二十五种。其中,见存的尚有:《法华经论述记》二卷(今存卷上);已佚的有:《大般若经纲要》一卷、《法华经纲目》一卷、《涅槃经疏》十六卷、《无量寿经述义记》四卷、《璎珞本业经疏》二卷、《成唯识论未详决》三卷、《百法论注》一卷等(以上见韩国金煐泰著、柳雪峰译《韩国佛教史概说》,社会科学文献出版社1993年3月版)。生平事迹见高丽一然《三国遗事》卷四、义天《新编诸宗教藏总录》、日本永超《东域传灯目录》等。至于中国佛教史传,如北宋赞宁《宋高僧传》卷七、南宋宗鉴《释门正统》卷二、志磐《佛祖统纪》卷八等记载的“义寂”(一作“羲寂”),则为北宋天台宗僧人,与本书的作者非为同一人,须留意区分。

本书是《梵网经》卷下的注疏,采用“经疏会一”的方式编撰。因作者所使用的底本为此卷的单行本,名为《大乘菩萨戒本》,故题作今名。从书中的引述来看,这个本子的初首是没有“尔时,卢舍那佛为此大众,略开百千恒河沙不可说法门”等八百多字的长行,而是以长行之后的序偈“我今卢舍那,方坐莲花台”(十一首半偈,每首偈为五言四句)为开端的,但末尾则有

“明人忍慧强，能持如是法。……愿闻是法者，疾得成佛道”等流通偈。也就是说，其首段与智顗、法藏、智周、明旷等人的疏本相同，尾段则与传奥疏本相同。

作者将《梵网经》卷下科为三分：从偈颂“我今卢舍那，方坐莲花台”，至长行“尽受得戒，皆名第一清净者”，为“序说”；从长行“佛告诸佛子言：有十重波罗提木叉”，至“现在诸菩萨今诵”，为“正说”；从长行“诸佛子谛听，此十重四十八轻戒”，至偈颂“愿闻是法者，疾得成佛道”，为“流通”。然后采用上引经文、下出注文，逐段注释的方式展开叙述。若原文是戒条文句，则加标戒名（“重戒”各戒的名称，标在戒文之后；“轻戒”各戒的名称，标在戒文之前），所标的戒名与其他疏本相比，也多有不同。其中，对“十重戒”各戒的解释，均开立“制意释名”（指制戒的本意和戒名的含义）、“具缘成犯”（指构成犯戒的条件）、“判业轻重”（指重罪与轻罪的判别）、“学处同异”（声闻戒与菩萨戒、在家戒与出家戒的同异）、“就文解释”（指戒文的解释）五门；对“四十八轻戒”各戒的解释，开合不定。本书的初首有日本僧人洞空于贞享初年（1684）撰的《重刻菩萨戒本疏序》，说：

> 《梵网经菩萨戒本》（指《梵网经》卷下单行本）者，盖三世出兴之鸿规，七众入位之要门也。以故注疏节分，殆十有余家，今之存者，唯法藏、天台（指智顗）、明旷、太贤也已，余皆成废典，于戏可惜矣！四家之述作，兰菊擅美，即世戒子，多附贤（指太贤）师也。然彼疏中，往往引法藏、义寂两疏，证义解文，不倦周览之学士，不往窥之者，盖鲜矣。但恨藏疏虽存，寂疏已亡也。予尝就洛东禅林经藏，偶拜遗帙，世淹蠹灭不少，传数写脱亦伙焉，访全本于遐迩，无敢报之者，叹息星霜于此。城北有宏源法师者，久传此疏，秘为

家宝,一时读予之蠹本,为补遗文,于兹肇得全本矣。他日剞劂氏袖彼蠹本来曰:子幸补之,我其寿梓。予喜广厥传,遂加修补也。密严辨律师寻播旁训,参订诸本,以与剞劂氏,书成乞序。予随喜之余,忘揣鄙陋,辄尔记其始末,以赘疏首矣。(《大正藏》第四十卷,第656页上)

卷上:解释菩萨戒的"受戒"和"随行";《梵网经》卷下单行本的经题;《梵网经》卷下"序说"(下分"劝信序"、"结戒序");《梵网经》卷下"正说分"(下分"十重戒"、"四十八轻戒")中的"十重戒"(第一条"杀戒"至第十条"毁谤三宝戒")。如关于受菩萨戒的三要素"简资器"、"简师德"、"受戒方轨",说:

> 戒法无量,要唯受、随。受则业本初畅,纳法在身;随则持心后起,显缘防护。先辨受有二:初明顺缘得受,后显违缘失受。辨得有四:一简资器、二简师德、三受之方轨、四问答遣疑。初简器者,要具二缘,堪为受戒之器:一有感戒之善、二无障戒之恶。感戒之善,凡有二种:一菩萨种姓、二发菩提愿。……障戒恶者,不出三障:一烦恼障(指"放逸"、"愚痴"等)、二业障(指"七逆罪"、"十重罪")、三报障(指"地狱"、"饿鬼"、"畜生"等)。……师德者,要具四德,方堪为师授菩萨戒:一同法菩萨,简异二乘;二已发大愿,简未发心;三有智有力,谓于文义,能解能持;四于语表义,能授能开,谓言语辩了,说法授人,开心令解。又什法师云,具足五德,应当为师:一坚持净戒、二年满十腊、三善解律藏、四妙通禅思、五慧藏穷玄。……受戒方轨,略有六门:一显德劝受、二对缘优劣、三七众总别、四大小先后、五正明受法、六校量显胜。(卷上,第656页下—第657页下)

卷下:解释《梵网经》卷下"正说分"中的"四十八轻戒"(第

一条“敬事尊长戒”至第四十八条“爱护正法戒”);《梵网经》卷下“流通分”(下分“付法令持”、“结通余化”)。如关于第八条“不背大乘戒”(又称“心背大乘戒”),说:

> 若佛子,心背大乘常住经律,言非佛说,而受持二乘(后脱“声闻”二字)外道恶见、一切禁戒邪见经律者,犯轻垢罪(以上为“不背大乘戒”的原文)。
>
> 弃本逐末,乖所习,故制。声闻不制,以所习各异故,七众共也。文中,心背大乘常住经律,言非佛说者,旧云,直制犹豫未决,是下邪见之方便;若决谓大(指大乘)劣小(指小乘)胜,计成失戒(指菩萨戒);若心中欲背,言非真说(指言“大乘非佛说”),欲受二乘外道经律,计画未成,犯此轻垢。然上中邪见,计画未成,亦犯轻垢,同此戒制。今举背大向小为语,以凡夫菩萨多行此事故。……文言,二乘声闻外道恶见者,缘觉、声闻,名二乘声闻,即此声闻是大乘外,违菩萨道,故云外道恶见。又所六师等,名外道恶见(以上为义寂的注疏)。(卷下,第673页中、下)

本书所疏的《梵网经菩萨戒本》(《梵网经》卷下的单行本),与唐玄奘翻译的、根据《瑜伽师地论》卷四十至卷四十二《本地分中菩萨地·初持瑜伽处戒品》辑出的《菩萨戒本》,是两个不同系统的菩萨戒本。本书有三十多处引用“菩萨地云”,指的就是《瑜伽师地论·本地分中菩萨地》,反映了义寂有融会两种菩萨戒体系的意向。此外,书中的有些论述,也显示了作者的独立见解。如《梵网经》卷下“四十八轻戒”第四十四条“不供养经典戒”说,“若佛子,常应一心受持、读诵大乘经律,剥皮为纸,刺血为墨,以髓为水,析骨为笔,书写佛戒。木皮谷纸、绢素竹帛,亦应悉书持”。义寂在注疏中说,“剥皮为纸等者,若得坚心无动者，则应行之。不尔，未必须行，但应作心愿。为木皮角纸绢等，随力必须为之”（卷下，第 687 页中）。这实际上是对“剥皮为纸，刺血为墨，以髓为水，析骨为笔，书写佛戒”的极端做法的限定和修正，显示了作者的胆识和良知。

第七品　北宋慧因《梵网经菩萨戒注》三卷

《梵网经菩萨戒注》，又名《注梵网经》，三卷。北宋慧因注，成于绍圣三年（1096）。收入《新纂续藏经》第三十八册。

慧因，僧史无传，北宋末年人。据本书初首的题署，为“洛苑（指洛阳）讲经传戒住持宝应寺沙门”。

本书是《梵网经》卷下的注释，采用“经疏会一”的方式编撰。从书中的引述来看，作者所注的《梵网经》卷下的单行本，有以下特征：一是单行本的全称为《梵网经卢舍那佛说心地法门品菩萨戒本》，略称《梵网经菩萨戒本》；二是单行本的卷首有《梵网经菩萨戒序》（始“诸佛子等，合掌至心听”，终“谨依此戒，如法修行，应当学”），此序未见于先前智顗、法藏、智周、明旷、传奥等人的注疏，为慧因首次著录，在传今的藏本中，此序也仅见于《丽藏》本《梵网经》卷下，《宋藏》、《元藏》、《明藏》本均无；三是《梵网经菩萨戒序》之后，有“说菩萨戒序”（始“诸大德，春分四月日为一时”，终“诸大德，是中清净默然故，是事如是持”），此序相当于小乘戒本中说戒前的“集僧简众语”、“三问清净”，也为此本独有、他本所无（这部分内容后为明袾宏《梵网经心地品菩萨戒义疏发隐》所抄录，取名《半月诵戒仪式》，附为卷一之末）；四是单行本的正文，始于《梵网经》卷下初首的长行“尔时，卢舍那佛为此大众，略开百千恒河沙不可说法门”，终至原经末尾的流通偈“愿闻是法者，疾得成佛道”，其内容与传今的《丽藏》本《梵网经》卷下相同。这与先前智顗、法藏、智周、明旷等所疏的本子，在首尾文段上是不同的。

全书采用上引经文、下出注文，逐句注释的方式展开叙述。由于作者所释的重点是字句的含义，而不是原经的层次结构、主旨大意，故书中既不科分章段层次，也没有提举纲目、标立戒名。为便于注释，一句原文往往被分作好几个语词或短句来摘引。因单条原文很短，故所作的注释也不长，少则几个字，多则几十个字，引申发挥、长文论述的情形极少。本书的初首有作者《注梵网经并序》，说：

> 夫灭十重四十八轻之罪，成佛之门者，莫仅于《梵网经心地法门品》也。即舍那亲宣、千佛共说，以七遮之余、但解师语者，尽可受其戒焉。是则世尊欲使后之有智，信受坚心而护之，虽逼以火铁矛刃刳刻之苦，而终不悛其心以犯者也。故其言初直悲闵。然此经文科释具疏，虑人饫其繁广，于是采集众义，具注本文，俾其览者易为晓悟。（《新纂续藏经》第三十八册，第549页上）

卷上：解释《梵网经菩萨戒序》；新增的“说菩萨戒序”；《梵网经》卷下初首从“尔时，卢舍那佛为此大众，略开百千恒河沙不可说法门中心地”，至“《八万威仪品》当广明”的经文。所释的戒条为“十重戒”第一条至第十条。如关于《梵网经菩萨戒本》中的“孝顺父母”等文，说：

> 孝顺父母（本段中冒号之前均为原文，冒号之后均为注释）：父母有生育之恩，长我修道之器，故须孝顺，现存者竭力供养，劝发道心，过往者戒善潜资，咸令离苦。师僧：为师之僧，以有训道之德，令成道果，皆因本师教诲之力。三宝：有拔济恩。孝顺至道之法：真如理法，是究竟所证，

故问真如无相,何有孝顺?答今令离过,契合无为,名为孝顺。孝名为戒:既孝顺父母、师僧、三宝,必须修善,善不违理,即是持戒,故孝名戒也。亦名制止:戒别名也,制善令行,止恶令断,断恶修善,体即戒也。(卷上,第559页上)

卷中:解释《梵网经》卷下从"佛告诸菩萨言:已说十波罗提木叉竟",至"《制戒品》中广解"的经文。所释的戒条为"四十八轻戒"第一条至第三十条。如关于轻戒第三条("食肉戒")戒文中的"一切肉不得食"等文,说:

一切肉不得食(本段中冒号之前均为原文,冒号之后均为注释):正制所断肉,但是肉数,必断命得。断大慈悲性种子:正示食肉过,由大慈悲为因,当称成佛,大慈悲性即是种子,或由慈悲资熏本有菩提种子,渐当成佛大慈悲性之种子。一切众生见而舍去:菩萨行成,全在化生,生既舍去,外失化缘,定不成佛。是故:因前文起,因前食肉,有过是故。一切菩萨:通在家、出家男众女众。不得食一切众生肉:但有精肉,皆不得食。肉得无量罪:更短寿多病等。(卷中,第568页下—第569页上)

卷下:解释《梵网经》卷下从"佛言:佛子,佛灭度后",至"愿闻是法者,疾得成佛道"的经文。所释的戒条为"四十八轻戒"第三十一条至第四十八条。如关于轻戒第四十条("拣择受戒戒")戒文中的"若欲受戒时"等文,说:

若欲受戒时(本段中冒号之前均为原文,冒号之后均为注释):标告戒师,有求戒人,欲于师所,求受戒时。师应问言:戒师问彼。汝现身不作七逆罪耶:以过去久远不知故,只问现有七逆重障,故非戒器,将欲受戒,先问其罪。菩萨法师不得与七逆人现身受戒：诫能授戒师也。七逆者，出佛身血、杀父、杀母、杀阿阇梨、破羯磨转法轮僧、杀圣人：此列七逆罪也。若具七遮即现身不得戒：结不应受之所以也。余一切人尽得受戒：除七逆外，余解师语可得受戒。（卷下，第586页下—第587页上）

本书对于初学者读懂《梵网经》卷下的原文是很有帮助的。但由于作者对原著的注解，较多地停留在字面上，对字面以外的相关事项，涉及很少，缺乏对原著的总体框架和章段大意所作的提示、串讲和归纳，从而使得注解较为浅显，未能深入义奥。

第八品　南宋与咸《梵网菩萨戒经疏注》三卷

《梵网菩萨戒经疏注》，又名《梵网经菩萨心地品戒疏》、《注菩萨戒经》，三卷。南宋与咸注，约成于绍兴（1131—1162）末年。南宋宗鉴《释门正统》卷七著录（书名作《菩萨戒疏集注》）。收入《新纂续藏经》第三十八册。

与咸（？—1163），字虚中，号明祖，别号泽山叟（精于《周易》，故以“咸卦”取号），黄岩（今属浙江台州）人，俗姓章。七岁出家，从天台宗智涌了然法师，受学教观。成年后，进任首众。晚住上竺，持戒修身，以净土为归。著作尚有：《复宗集》二卷（今存下卷）、《金刚辨惑》一卷、《法华撮要》一卷（以上已佚）等。生平事迹见南宋宗鉴《释门正统》卷七、志磐《佛祖统纪》卷十六、明明河《补续高僧传》卷三等。

本书是隋智顗《菩萨戒义疏》的注疏，也是《梵网经》卷下的注疏。由于智顗《菩萨戒义疏》只收“疏”、未录“经”，若要弄清智顗疏解的是哪一段原文,往往需要借助经本,与之对照,方能知晓。为弥补这一不足,本书将《梵网经》卷下的原文,分段插入智顗所作疏文之前;智顗疏文之后,再加以与咸的注解。若智顗没有对某段原文作疏,则由与咸补注,以保证原文及其注疏的完整性。其编排方式是:经文顶格排;疏文缩进一格排,其首冠以“【疏】”的标记(其中对原文中某一章段的科分,或所标的戒名,其首冠有“△”的标记;对章段下各层次的提示,其首冠有“○”的标记);注文也缩进一格排,其首冠以“【注】”的标记。这样,就将原先属于“离经别行”的智顗疏本,转化成“经”、“疏”、“注”三者会一的再注本,其内容全部覆盖日本天台宗僧人将《梵网经》卷下的原文会入隋智顗《义疏》,而编成的《菩萨戒经义疏》(原名《菩萨戒经义疏会本》,今收于《新纂续藏经》第三十八册),对研习《梵网经》卷下的文义,带来了很大的方便。

卷上:解释《梵网经》卷下单行本的经题;智顗《菩萨戒义疏》卷上。内容包括智顗《菩萨戒义疏》所立的“三重玄义”和《梵网经》卷下“序段”。如关于授菩萨戒法师(略称“戒师”)应具备的“德业”,说:

> 【疏】次论德业。《梵网经》中言,为师必是出家菩萨,具足五德:一持戒、二十腊(指戒腊满十年)、三解律藏、四通禅思、五慧藏穷玄。什师(指鸠摩罗什)所传,融师(指道融)笔受,流传至今,此其正说。次《地持》云,必须戒德严明,善解三藏,堪能发彼敬心,方可从受,不尔得罪也(以上为智顗《菩萨戒义疏》的疏文)。
>
> 【注】五种乃三学之备,什(指鸠摩罗什)传融(指道融)受,实堪师法(以上为与咸的注释)。(卷上,《新纂续藏

经》第三十八册，第67页上、中）

卷中：解释《菩萨戒义疏》卷下的前部分。内容包括《梵网经》卷下“正说段”中，“十重戒””第一条“杀戒”至第十条“谤三宝戒”；“四十八轻戒”第一条“不敬师友戒”至第十条“畜杀众生具戒”。如关于轻戒第一条“不敬师友戒”中的“犯轻垢罪”等文，说：

若不尔者，犯轻垢罪（以上为《梵网菩萨戒经》的原文）。

【注】言轻垢者，石壁（指传奥）云，体非重过名轻，点污净行名垢，所以制者，为护微细惑业，增长三聚方便，成于十重戒，故律中名突吉罗，翻为恶作、恶说，作说非理，即身口之过也。《善戒经》云，又名失意罪，失本持戒善净意故。……《荣钞》云，如不得畜刀杖、弓箭等，是方便成于不杀戒；不得贩卖、轻秤小斗等，是方便成于不盗戒；不得贩卖男女色，是方便成于不淫戒等，余准应知（以上为与咸的注释）。（卷中，第101页上）

卷下：解释《菩萨戒义疏》卷下的后部分。内容包括《梵网经》卷下“正说段”中，“四十八轻戒”第十一条“国使戒”至第四十八条“破法戒”；《梵网经》卷下“劝说流通段”。如关于轻戒第三十四条“暂念小乘戒”中的“护持禁戒”等文，说：

护持禁戒，行住坐卧，日夜六时，读诵是戒，犹如金刚。如带持浮囊，欲渡大海，如草系比丘（以上为《梵网菩萨戒经》的原文）。

【疏】应念大乘，略举三事（指“一护大乘戒、二生大乘信、三发大乘心”）。一护大乘戒。凡举两譬。一金刚，取坚义；二浮囊，如大经。草系出《因缘经》（以上为智顗《菩萨戒义疏》的疏文）。

【注】金刚明持心坚固，浮囊语丝毫不犯，是持心清净，以草系比丘因缘比之。今持戒者，当如草系之无犯也。浮囊缘出《涅槃》。草系者，《庄严论》云，有诸比丘，旷野中行，为贼劫掠，剥脱衣裳，复欲杀之。贼中一人，先曾出家，语同伴云，不须尽杀，比丘之法不许伤草，以草系之，彼畏伤草，终不能起四向驰告。诸贼依之。诸比丘等被草系缚，恐犯禁戒，不敢挽绝。身无衣服，为日所炙，蚊虫蝇蚤之所唼食。……时彼国王游猎遥见，疑是露形尼乾子等，遣使往看，知是比丘。……即为解草（以上为与咸的注释）。（卷下，第118页下—第119页上）

本书在注释时征引了"藏疏"（指法藏疏）、"奥疏"（指传奥疏）、"旷疏"（明旷疏）、"熙鈔"、"顶山記"等多种《梵网经》注疏。其中"熙鈔"、"顶山記"等已佚，本书的辑录，对了解那些曾经流传过的注疏的大概，提供了有价值的线索。

第九品　明袾宏《梵网经心地品菩萨戒义疏发隐》五卷

附：明袾宏《梵网菩萨戒经义疏发隐事义》一卷

明袾宏《梵网菩萨戒经义疏发隐问辩》一卷

《梵网经心地品菩萨戒义疏发隐》，又称《梵网戒疏发隐》、《戒疏发隐》，五卷。明袾宏发隐，成于万历十五年（1587）。收入《新纂续藏经》第三十八册。

袾宏（1535—1615），杭州人，俗姓沈。字佛慧，号莲池。幼习儒学，十七岁补诸生，以学行著称。明嘉靖四十五年（1566），三十二岁，依西山性天理和尚出家，从昭庆寺无尘玉律师受具足戒。不久，单瓢只杖，云游诸方，入京师，参遍融真圆、笑岩德宝二大老。隆庆五年（1571），入杭州云栖山，创建丛林，弘阐戒律，唱导禅净双修，道风日播四十余年，缙绅士子靡不归化，时称“云栖大师”，又称“莲池大师”。与紫柏真可、憨山德清、蕅益智旭，并称为明末“四大高僧”，并被推尊为“莲宗（指净土宗）八祖”。著作尚有：《禅关策进》一卷、《淄门崇行录》一卷、《皇明名僧辑略》一卷、《续武林西湖高僧事略》一卷、《往生集》三卷、《具戒便蒙》一卷、《沙弥律仪要略》一卷、《阿弥陀经疏钞》四卷、《楞严经摸象记》一卷、《华严经感应略记》一卷、《佛遗教经论疏节要》一卷、《瑜伽集要施食仪轨》一卷等。袾宏卒后，门人王宇春等将他的遗著汇编为《云栖法汇》三十四卷，下分“释经”、“辑古”、“手著”三类，收书三十种（附收不计在内，如《佛说阿弥陀经疏钞》附收《疏钞事义》、《疏钞问辩》、《答净土四十八问》、《净土疑辩》；《诸经日诵集要》附收《西方愿文解》等）；清光绪二十三年（1897）金陵刻经处重刻时，又增补《云栖遗稿》、《云栖规约》、《云栖记事》、《云栖塔铭偈赞》等数种；近世刊行时，易名为《莲池大师全集》（上海古籍出版社 2012 年 1 月版）。生平事迹见明德清《古杭云栖莲池大师塔铭》（见《憨山大师梦游全集》卷二十七）、幻轮《释氏稽古略续集》卷三、明河《补续高僧传》卷五等。

本书是隋智顗《菩萨戒义疏》的注释，也是《梵网经》卷下的注疏。全书分为“经前演义”（卷一）、“正解经文”（卷二至卷五）二大部分，前者解释《菩萨戒义疏》的“三重玄义”部分，后者解释《菩萨戒义疏》的“解经”部分。《菩萨戒义疏》为“经疏别行”的本子，是只收“疏”、不录“经”的。为便于学人研读，袾宏参照南宋与咸《梵网菩萨戒经疏注》的做法，在智顗的各段疏文之前，插入《梵网经》卷下的原文，特别是补入了智顗因文本差异而缺失的《梵网经》卷下初首“尔时，卢舍那佛为此大众，略开百千恒河沙不可说法门……是一切众生戒本源，自性清净”等八百多字的长行，以及《梵网经》卷下末尾“明人忍慧强，能持如是法。……愿闻是法者，疾得成佛道”的流通偈。在智顗的疏文之后，再以“发隐”二字冠首，给出袾宏的注释；若智顗没有对某段原文作疏，则直接由袾宏作释。这样，就使本书成为“经”、“疏”、“发隐”三者会一的疏本。作者解释说：“补释经文，则发经之未疏；补释疏文，则发疏之未钞，故名发隐。隐者，含而未露，特为发挥而已。”（卷二，《新纂续藏经》第三十八册，第 154 页下）

本书的编排方式是，“经前演义”所释的智顗“三重玄义”，均顶格排，袾宏的“发隐”缩进一格排；“正解经文”所释的《梵网经》卷下经文，均顶格排，智顗的疏文、袾宏的“发隐”，缩进一格排。在袾宏的“发隐”中，有许多内容为“科文”，即对《梵网经》卷下原文的章段、层次所作的划分与标目，为醒目起见，书中采用单行独列的方式，将科文单独标立，并在其首冠以“○”的标志。这种体例，将如何使学人易于理解、接受的各种因素，都考虑了进去，在形式上是相当完善的。书首有袾宏撰的《菩萨戒义疏发隐序》和《菩萨戒义疏发隐凡例》。《发隐序》说：

> 大哉，戒也，其一切法之宗欤。顾本其类也，有小乘，有大乘；而别其戒也，曰声闻，曰菩萨。一则清修外慎，而身绝非为；一则正观内勤，而心无匿念。一则守己便名无犯，泽

匪旁兼;一则利他方表能持,道非有我。一则随事设匡维之制,渐就良模;一则当时陈画一之规,顿周善法。一则精严分齐,局为僧尼;一则剖破藩篱,统该缁素。一则依制止称制止,遵故辙而明近功;一则即律仪超律仪,运神机而树伟绩。体既如是,用胡不然?……故知欲入如来乘,必应先受菩萨戒。(第134页上、中)

《发隐凡例》说:

第一卷顶格书者,天台疏文,第二卷至末卷顶格书者,经文;低一字者,天台疏文;标发隐者,今解。诸经科作别本,今撮略贴附经文,自为一法;诸经疏钞,各分经科、疏科,今不立疏科,间有一二,融会和合,以省烦细;诸本字句相违,种种不一。……乃参古酌今,评量较计,惟观大意,或小差殊,不必拘也。……此经所重在菩萨戒,故疏中虽广列菩萨位分,发隐但略释而已,欲详知者,自考天台全书。疏中间有文义难通者,或恐传写脱误,虽从臆解,未敢谓是,姑存以俟高明正之。(第134页中、下)

卷一:"经前演义"。下分"总明大意"、"标显说人"、"略释经题"、"详解疏目"四章,解释《菩萨戒义疏》中的"三重玄义"部分,卷末附出《半月诵戒仪式》(内容为《梵网经菩萨戒序》和"说菩萨戒序",据北宋慧因《梵网经菩萨戒注》写录)。如关于"别教"的"五十二阶位"(出《璎珞经》),说:

别教阶位五十二地。一外凡十信。……第二内凡习种性,十住。……尽三十心(指"十住"、"十行"、"十回向"),皆名解行位,悉是内凡,尽名性地。第三性种性,十行。……第四道种性,十回向。……第五圣种性,十地。…… 第六等觉地,名金刚心菩萨,亦名无垢地,邻真极圣,众学之顶也。第七妙觉地,即见性究竟佛菩提果,了了见性,称妙觉也(以上为智顗《菩萨戒义疏》的疏文)。

发隐: 此教独菩萨法,故前别、藏、通(教)因历次第,故后别圆教,名为别也。五十二位出《璎珞经》,诸经惟《璎珞》最详,故用之也,束为七科,始信(指"十信")终妙(指"妙觉地")。信(指"十信")为外凡;住(指"十住")、行(指"十行")、向(指"十回向")为内凡;地(指"十地")、等(指"等觉地")、妙(指"妙觉地")为圣位。信者,随顺常住,信之不疑,名信。住者,会理之心。又师言: 信立之后,慧住于理,得位不退,名住。此为习种性者,信与住,皆研习空观故也。行者,前既发真悟理,从此进趣名行。此为性种性者,行中分别十界差别种性也。回向者,回事向理,回因向果,回己功德向众生,名回向。此为道种性者,回向能通中道故也。地者,住持佛智,荷负众生,名地。此为圣种性者,地地证入圣境故也。等觉者,有二义: 一云与佛无间,一云犹去一等。今兼之,言虽齐等,未极于妙,犹稍隔一等也。妙觉者,朗然大觉,妙智穷源,无明习尽,翛然无累,寂而常照,名妙觉地也。以上诸位名相,或与《华严》一二差别,名殊而实同也(以上为袾宏的发隐)。(卷一,第140页中、下)

卷二:"正解经文"(以下各卷均同)。下分"重释题"、"标译人"、"解经义"三章,解释《菩萨戒义疏》的"解经"部分。其中,"解经义"分为"经首序"、"三分列科"二科。"经首序"为智顗《义疏》缺失、袾宏据《梵网经》卷下初首所载补入的章段("尔时,卢舍那佛为此大众,略开百千恒河沙不可说法门……

是一切众生戒本源，自性清净”）；“三分列科”为智顗《义疏》对《梵网经》卷下所作的科分，袾宏依此划分为“序分”、“正说分”、“流通分”三分。本卷释至《菩萨戒义疏》“序分”（所释为自偈颂“我今卢舍那，方坐莲花台”，至长行“尽受得戒，皆名第一清净者”）。如关于菩萨戒“是诸佛之本源”等文，说：

（菩萨戒）是诸佛之本源，行菩萨道之根本，是大众诸佛子之根本（以上为《梵网菩萨戒经》的原文）。

行因三者，一诸佛本源，二菩萨根本，三大众根本，或言表真俗两谛（以上为智顗《菩萨戒义疏》的疏文）。

发隐：诸佛正遍知海，汪洋无尽，此心地戒为之本源也。菩萨万行开敷，成就妙果，此心地戒为之根本也。一切众生，生生不穷，乃至后当作佛者，亦此心地戒为之根本也。彻圣通凡，咸因此戒。戒因清净，净极光通，有自来矣。或言真俗二谛者，佛是出世间法，真谛也；众生是世间法，俗谛也。菩萨上趣圣果，下顺凡情，真俗双显也（以上为袾宏的发隐）。（卷二，第165页中、下）

卷三：解释《菩萨戒义疏》“正说分”中，“十重戒”第一条“杀戒”至第十条“谤三宝戒”。如关于重戒第二条“盗戒”中的“盗因、盗缘、盗法、盗业”等文，说：

盗因、盗缘、盗法、盗业（以上为《梵网菩萨戒经》的原文）。

四句同前。运手取他物，离本处，成盗业。业是造作为义。重物，谓五钱也。律云，大铜钱准十六小钱，其中钱有贵贱，取盗处为断。菩萨之重，重声闻，二钱以上便重，有人作此说者（指有人主张盗二钱以上便为重罪））。今不尽用，取五钱为断是重，离处，盗业决在此时（以上为智顗《菩萨戒义疏》的疏文)。

发隐：下文言一针一草皆盗,《疏》何得取五钱为断?盖针草判盗,五钱判重也。离处,成盗业,未离处,犹在盗法也。大意一念本起盗心为因;多种助成其盗为缘;盗中资具、方则为法;正作用成就盗事为业也(以上为袾宏的发隐)。(卷三,第169页下)

卷四：解释《菩萨戒义疏》"正说分"中,"四十八轻戒"第一条"不敬师友戒"至第三十条"不敬时戒"。如关于第二十三条"憍慢僻说戒"中的"菩萨戒法师前受戒"等文,说：

若先受菩萨戒法师前受戒时,不须要见好相。何以故?是法师,师师相授,故不须好相。是以法师前受戒时,即得戒。以生至重心(指尊重心)故,便得戒。若千里内,无能授戒师,得佛菩萨形像前自誓受戒,而要见好相(以上为《梵网菩萨戒经》的原文)。

不假见相,生重心故(以上为智顗《菩萨戒义疏》的疏文)。

发隐：据前疏(指《义疏》),合是先请一师受戒,后请一师求讲。第二师(指讲经律的法师)不与好答问故,下节若法师下(指本戒戒文下节说的"若法师自倚解经律、大乘学戒……而新学菩萨来问,若经义、律义,轻心、恶心、慢心,不一一好答问者"一语),属第二师。今味经文,一师为顺。且依经意直解,不假见相者,以有真师,便如对佛,何须更见别相(以上为袾宏的发隐)。(卷四,第194页下)

卷五：解释《菩萨戒义疏》"正说分"中,"四十八轻戒"第三十一条"不行救赎戒"至第四十八戒"破法戒";《菩萨戒义疏》"流通分"。其中,"流通分"下分三章,前二章"流通本戒"("诸佛子听，十重四十八轻戒……闻佛自诵，心心顶戴，欢喜受持”）、“流通本品”（“尔时，释迦牟尼佛说上莲华台藏世界……若广开心地相相，如《佛华光王七行品》中说”），为智顗《义疏》原有的章段；末一章“总赞流通”，为智顗《义疏》缺失、袾宏据《梵网经》卷下末尾所载补入的流通偈（“明人忍慧强，能持如是法……愿闻是法者，悉得成佛道”）。如关于第三十五条“不发愿戒”戒文中的“坚持佛戒”语，说：

> 坚持佛戒（以上为《梵网菩萨戒经》的原文）。
>
> 发隐：结愿持戒者，此经本旨，惟祇是重。戒匪坚持，心地已失，贤圣道果何由发生？夫孝名为戒，始乎孝顺，终乎持戒，戒乃贯诸愿，而成始成终者也。何也？一者戒即孝顺父母、师僧、三宝，前已释故；二者佛在世日，以佛为师，佛灭度后，以戒为师，戒即好师故；三者以戒为伴，将护身心，得过险道，戒即善知识故；四者此戒非但名律，上符千佛传心之妙，下合群生制心之宜，契理契机，戒即大乘经故；五者由于此戒，进入大道，发即十发趣故；六者保持此戒，培植法身，戒即十长养故；七者善巧持戒，无能动摇，戒即十金刚故；八者依此心地大戒，优登圣位，戒即十地故；九者以戒摄心，顿明心地，如实履践，戒即开解修行故。是知此戒统诸大愿，无所不该（以上为袾宏的发隐）。（卷五，第203页下—第204页上）

本书的注疏有：明智旭《在家律要广集》卷三《梵网经心地品菩萨戒》。

明袾宏《梵网菩萨戒经义疏发隐事义》一卷

《梵网菩萨戒经义疏发隐事义》，又名《戒疏发隐事义》，一卷。明袾宏述,成于万历十五年(1587)。收入《新纂续藏经》第三十八册。

本书是《梵网菩萨戒经义疏发隐》"发隐"部分中难懂的语句和典故的解释,原为《发隐》的附录,非为单行本。书中收录的词条,多半出自世俗典籍,也有些源自佛教典籍。释文以直释为主,大多不注出处。书中收录的词条,主要有:

《发隐》卷一的词条:"画一之规"、"弘经螺水"、"示寂石城"、"委质虔恭"、"尸毗代鸽"、"普明全信"、"歌利割截"、"大施抒海"、"三轨四行"、"八念"、"投身饲虎"、"破脊全鹿"、"碎形饭民"等。如关于"三轨四行",说:

> 三轨四行:入如来慈悲室,著如来忍辱衣,坐如来法空座,是名三轨。身行、口行、意行、慈悲行,名四安乐行。(《新纂续藏经》第三十八册,第223页中)

《发隐》卷二的词条:"南洲三事胜"、"佛性种子"、"八自在我"、"罗刹乞浮囊"、"遮难重询"、"放下屠刀"、"慈心代苦"、"曾参闵损"、"大舜莱子"、"性命孝悌为一事"、"四境"、"思显其亲"、"拾椹回凶"、"舍肉悟主"等。如关于"罗刹乞浮囊",说:

> 罗刹乞浮囊:《涅槃》云,如世有人欲渡大海,得一浮囊,专心保守。有罗刹言:如是浮囊,可全乞我,彼人不从。乞半,乞如手许,乞如指许,乞一微尘许,皆不从之。比丘保守净戒浮囊,亦复如是,乃至不与烦恼罗刹,一微尘许破戒因缘。若有少损,则不能渡生死大海。(第224页中)

《发隐》卷三的词条:"命根"、"结草护戒"、"折柳谏君"、"断死流涕"、"三覆行刑"、"孔甘蔬水"、"捕蝗斩蛟"、"声闻三篇”、“义同三谏”、“汉主悦智囊”、“析石断命”等。如关于“析石断命”，说：

析石断命：若比丘犯非梵行（指犯“淫戒”），譬如有人刀断其头，终不得活。若妄语（指犯“妄语戒”），譬如大石破为二分，终不还合。（第226页下）

《发隐》卷四的词条：“受孔子戒”、“律明十过”、“伏地无知”、“牛饮灭宗”、“漏言失事”、“弃酒不弃身”、“九种（净肉）”、“十种（十不可食）”、“鸥去海翁之机”、“鸽摇罗汉之影”、“八斋”、“雪山殒躯”、“遍历千山”、“外道六师”、“躬处疠坊”、“舆归病者”、“解网”、“折弓”、“德山棒”、“石巩弓”、“各擅纵衡”、“飞锡止兵”、“占铃息难”、“五明论”等。如关于“受孔子戒”，说：

受孔子戒：元廉希宪，世祖常令受帝师八思马（当作“巴”）戒。希宪对曰：臣已受孔子戒。世祖曰：汝孔子亦有戒耶？对曰：为臣当忠，为子当孝是也。（第226页下）

《发隐》卷五的词条：“之周观乐”、“令瞽诵诗”、“援琴解围”、“鼓瑟春风”、“玉树增悲”、“霓裳肇乱”、“投壶”、“六法尼”、“岳帝受戒”、“十禅支”、“净名谈不二”、“双林讲涅槃”、“翘首高参”、“三诏不回”、“沙汰改更”等。如关于“翘首高参”，说：

翘首高参：唐白居易守杭州，入山谒鸟窠禅师。问曰：禅师住处甚险。师曰：太守危险尤甚。曰：弟子位镇江山，何险之有？师曰：薪火相交，识性不停，得非险乎？又问：如何是佛法大意？师曰：诸恶莫作，众善奉行。曰：三岁孩儿也解恁么道。师曰：三岁孩儿虽道得，八十老人行不得。居易作礼而退。（第232页中）

本书的作用,主要在于是帮助学人扫清一些语言文字上的障碍,以便能更准确地领会《戒疏发隐》原文的含义。

明袾宏《梵网菩萨戒经义疏发隐问辩》一卷

《梵网菩萨戒经义疏发隐问辩》,又名《戒疏发隐问辩》、《菩萨戒问辩》,一卷。明袾宏述,成于万历十五年(1587)。收入《新纂续藏经》第三十八册。

本书是有关《梵网菩萨戒经义疏发隐》的问答,原附于《发隐》之末,非为单行本。正文分为"前问答"、"僧俗杂问"两部分。前者收录有关"菩萨戒"方面的问答二十个,后者收录有关《戒疏发隐》方面的问答三十三个。所提的问题有:"何必背儒童之教,束护明之律耶";"在家出家,何取形迹";"曰何戒定出何心,似为不遍";"卖男女而供众,鬻弟子而行慈,彼为法来,安忍货取";"佛心彻于三际,大光满于十方,岂不知经入支那,法流震旦";"经疏钞如祖父子,混合不分,似为不可";"诸经皆有当机,此经何以不列听众";"佛戒尽必然之辞,《发隐》倡不必然之说,若云无执,何用坚持";"居士时亦讲经,还可传戒作师否"等。书末附"事义",解释在作答时叙及的若干语词和典故,如"三戒四毋"、"驱豕就屠"、"兜罗愈疾"、"自表观音"、"分河"等。

如《梵网经》"四十八轻戒"第一条"不敬师友戒"说,受菩萨戒者,对"上座"、"和尚"、"阿阇黎"、"大德"、"同学"、"同见"、"同行者",应"承迎礼拜","如法供养",乃至"以自卖身、国城、男女、七宝、百物,而供给之"。袾宏在《发隐》卷四指出,戒文讲的"自卖身、国城、男女、七宝、百物"而供养僧人,是指"为法忘躯,志当如是,非必然也",也就是说,志向应当如此,但并非一定要这样做。本书中有一个问题,即为何"佛戒"讲"必然",《发隐》则说"不必然",就是由此而来的:

问：佛戒尽必然之辞，《发隐》倡不必然之说。若云无执，何用坚持？如为奴事众、割肉饲鹰等，皆实有之，而曰不必然，何也？

答：不必然，言不必定然，非决不然也。何也？奉佛而必为奴，则苍生无君主；济物而必割肉，则初学无完肤；法师而必讲经，则废《法华》五种；日食而必三两，则类何曾万钱；于今人中，而必无谶（指昙无谶）为师，则贤者竟无师；于今时中，而必奉祠得度，则贫者终不度。不必然者，此类是也。有此不必然，其必然者乃可常然；无此不必然，则必然者穷矣。穷则变，变则通，通则久，世、出世间一也。（《新纂续藏经》第三十八册，第239页下）

再如关于"居士"可否"传戒作师"，作者认为，倘若他"悟佛道"，也"不妨为天下僧人师"：

问：居士时亦讲经，还可传戒作师否？

答：此在自度。儒而悟佛道，不妨为天下僧人师；僧而明圣学，不妨为天下儒人师。如其不然，业有专攻，门庭各别，修齐治平之术，应属素王；羯磨布萨之仪，还归缁侣耳。（第239页下—第240页上）

本书的问答，反映了袾宏对菩萨戒一些问题的看法，如上文中提到的"儒而悟佛道，不妨为天下僧人师"等，都是极具个性的论述。因此，它也是研究袾宏佛学思想的参考资料之一。

第十品　清弘赞《梵网经菩萨心地品下略疏》八卷
附：清弘赞《半月诵菩萨戒仪式注》一卷

《梵网经菩萨心地品下略疏》，又名《梵网经菩萨戒略疏》，八卷。清弘赞述，成于康熙己未岁（十八年，1679年）。收入《新纂续藏经》第三十八册。

本书是《梵网经》卷下的注疏，以智顗《菩萨戒义疏》、祩宏《梵网经心地品菩萨戒义疏发隐》为基础，采用“经”、“疏”、“科”三者会一的方式编撰。书名中说的“梵网经菩萨心地品下”，指的是《梵网经》卷下。所释的经文，始于原经初首的长行“尔时，卢舍那佛为此大众，略开百千恒河沙不可说法门”，终至原经末尾的流通偈“愿闻是法者，疾得成佛道”。这说明所释的是与传今的《丽藏》本《梵网经》卷下或它的单行本相同的本子。

全书分为“释题目”、“释经文”两部分，前者解释《梵网经》卷下单行本的题名和译者；后者解释《梵网经》卷下的经文。在“释经文”中，作者将卷下的经文，科为三分：从长行“尔时，卢舍那佛为此大众，略开百千恒河沙不可说法门”，至长行“尽受得戒，皆名第一清净者”，为“别序”；从长行“佛告诸佛子言：有十重波罗提木叉”，至“现在诸菩萨今诵”，为“正宗分”；从长行“诸佛子听（又作“谛听”），十重四十八轻戒，三世诸佛已诵”，至偈颂“愿闻是法者，疾得成佛道”，为“流通分”。然后，科分章段层次，标立纲目（又称“科文”，包括依用隋智顗《菩萨戒义疏》的戒名），摘录原文，加以注解。各卷之末还附出“音义”，解释本卷中难懂的字词。书首有清孙廷铎撰的《梵网经略疏序》，说：

> 佛说诸经，取喻多方，皆以发明本源心地而已。今《梵网经》一百十二卷，分为六十二（当作“一”）品，此品当菩萨心地，仍分上、下焉。品上（指《梵网经》卷上）则专明三贤、十圣修证之阶位，品下（指《梵网经》卷下）则特明三聚净戒，以备菩萨六度万行，实乃定慧之基本，三贤十圣之践履

也。昔天台智者(指智顗)著《义疏》,以明其宗趣,标其大纲;云栖大师(指袾宏)复注《发隐》,以发天台之所未发;今鼎湖在和尚(指弘赞)综理《略疏》,又补《发隐》之未尽者,珠珠交映,次第灿然。使见之者,逐事而明理,随理而达旨。(《新纂续藏经》第三十八册,第695页上)

卷一至卷二:解释《梵网经》卷下单行本的经题和译者;《梵网经》卷下"别序",下分"三佛传教"、"二佛说法"、"一佛说法"、"重颂"、"叙结戒"五章。如关于"释经文"中的"序"、"正宗"、"流通"三分科判,说:

释经文(分三——原注):初别序、二正宗、三流通(以上为弘赞对《梵网经》卷下所作的科分)。

按:诸经皆具序、正(宗)、流通三分。此《心地》一品,出《梵网经》。《梵网》大本,品有六十二(一作"一"),此《心地品》当彼第十,故无全经如是我闻等之通序,惟有别序。……今释惟列大科,不列子科者,恐初学反见为难,更增蒙昧。其余纤悉玄理、菩萨阶位,备载《义疏》及《发隐》,自当检阅(释经分序、正、流通,此方始自晋道安法师,后西域诸菩萨疏释至,皆分三分,始知晋符西释,诚乃古今不易之恒规也。序谓序述,亦绪也,致也,乃一经之由致,而有通有别。通序者,如一切经初皆有:如是我闻,一时佛在某处,与诸大众俱,是为通序;别序者,盖说经,各有缘起不同,故别序一经,或一品之由绪也。正宗者,宗即主也,崇也,谓佛说法,必崇尚当机所说之义为正主,斯即一经之宗旨也。流通者,流谓不滞,通谓不壅,以正义既陈,务传后世,利益众生,使正法之源流通,而无壅滞,广布十方,无有穷尽也——原注)(以上为弘赞对三分科判的解释)。(卷一,第

698 页上)

卷三至卷八前部分：解释《梵网经》卷下“正宗分”，下分“十重”、“四十八轻”二章。如关于“轻垢罪”有“根本”、“从生”之别，说：

> 佛告诸菩萨言：已说十波罗提木叉竟，四十八轻今当说(以上为《梵网经》卷下的原文)。
>
> 轻垢者，谓此罪虽轻于十重，而能染污本源心地，若不急求忏悔，即为心地作障，难成圣果。然须识其罪相，(有)根本、从生、独头(“根本”的别称)之别。若依前十重中，欲作而未成，故未结重，而有作前方便轻垢，是名从生；若所作不从十重中生，而孤起者，名为独头轻垢。今此根本轻垢(即“独头轻垢”)中，复有从生、故误等罪。若于四十八戒根本中，故作者，犯应忏轻垢，当作突吉罗、恶作罪忏，以故作故。复犯作前方便、非威仪恶作，若误作者，但犯责心恶作。故《戒本经》(指北凉昙无谶译《菩萨戒本》)云，是犯染污起，是犯非染污起，应作恶作罪忏，不忏障菩萨戒(以上为弘赞的注释)。(卷四，第 719 页中)。

卷八后部分：解释《梵网经》卷下“流通分”，下分“正嘱流通”、“结颂回向流通”二章。如关于《梵网经》卷下末尾的流通偈，说：

> 此颂虽非佛说，而文义备悉，或西土贤圣所置，或此方哲人所安，乃赞叹持戒、劝学、度生、发愿、回向之文。如比丘戒本，初述赞颂，中列戒相，后结颂回向，方合三启之义。(卷八，第 765 页上)

本书的作者精通小乘律，写过《四分律名义标释》、《四分戒本如释》、《归戒要集》等多种小乘律学著作。前面引述的关于“轻垢罪”有“根本”、“从生”之别的说法，实际上是从小乘“七聚”所说的“偷兰遮罪”有“根本”（又称“独头”）、“从生”（又称“方便”）之别，移值过来的，在大乘律中原无这种说法。虽说《梵网经》本文处处排斥小乘律，如“四十八轻戒”中的第八条“背大向小戒”、第十五条“僻教戒”、第二十四条“不习学佛戒”、第三十四条“第三十四暂念小乘戒”等，都将信奉小乘定为犯“轻垢罪”，弘赞等人在注释原文时，也只能依照着说。但考察他们的实际作为，并不排斥小乘律，相反地做了大量弘扬小乘律的工作。这表明在汉地的戒律弘传领域中，大小乘戒律是并行不悖的。

清弘赞《半月诵菩萨戒仪式注》一卷

《半月诵菩萨戒仪式注》，一卷。清弘赞注，成于康熙己未岁（十八年，1679 年）。收入《新纂续藏经》第三十八册。

本书是《半月诵菩萨戒仪式》的注释，内容为每半月一次诵说菩萨戒的程序和仪式。作者将《仪式》科分为“归敬三宝”、“策修”、“作前方便”、“诵戒序”、“结问”、“正诵戒经”六章，然后逐段逐句地摘录原文，加以解释。书首有弘赞撰的案语，对《半月诵菩萨戒仪式》的来历作了说明，说：

> 按：此《诵式》，未详作者。寻其始末，多录《菩萨戒本经》（指《菩萨戒本》）及一切有部《戒本》（指《根本说一切有部戒经》）之文。然《菩萨戒本》，乃北凉昙无谶法师所译；其有部《戒本》，是大唐景龙四年义净三藏奉诏译。今此《戒序》文云，于像法中者，盖如来灭度一千年，教流汉地。自汉明帝，至宋仁宗辛卯岁（指皇祐三年），教被此土，

> 一千年，名为像法。自此以后，悉名末法。既云于像法中，明非末法时作。《戒本》后译，复非唐上所辑，可是唐末宋初台教人集也。（《新纂续藏经》第三十八册，第767页上）

从弘赞的叙述可知，《半月诵菩萨戒仪式》是以北凉昙无谶译《菩萨戒本》和唐义净译《根本说一切有部戒经》为资料，编集而成的诵说菩萨戒的仪规。从原书《序》提到"宋仁宗辛卯岁"来看，约成于北宋皇祐三年（1051）。至于弘赞为何推测本书为"台教人"，即天台宗人所集，恐怕是因为自隋智顗大力弘传菩萨戒以来，历代天台宗人都十分重视菩萨戒传持的缘故。

（一）"归敬三宝"。解释《仪式》从"归命卢舍那，十方金刚佛"，至"是故诸菩萨，应当勤护持"的文句（均为偈颂）。

（二）"策修"。解释《仪式》从"诸大德，春分四月日为一时"，至"是日已过，命亦随减，如少水鱼，斯有何乐"的文句。

（三）"作前方便"。解释《仪式》从"僧集不？和合不？僧集和合，何所作为"，至"不来嘱授　菩萨，有几人说欲，及清净"的文句。如关于"作前方便"中提到的"说戒布萨"的与会对象，说：

> 此中未受菩萨戒，及不清净者出不？（以上为《仪式》的原文）
>
> 此拣二种人：一未受心地大戒（指《梵网经》菩萨戒），二曾受已犯。犯有二种：一犯十重，未曾得见好相；二犯轻垢，未曾对首忏悔。俱不听共作布萨，即当遣出众外，离见闻处。若无者，应答云：此中无未受菩萨戒，及不清净者（以上为弘赞的原文）。（第769页上）

（四）"诵戒序"。解释《仪式》从"诸佛子等，合掌至心听，我今欲说诸佛大戒序"，至"谨依此戒，如法修行，应当学"的文句。

（五）“结问”。解释《仪式》从“诸大德，今（白、黑——原注）月十（五、四——原注）日，作布萨，说菩萨戒”，至“今问诸大德，是中清净不（三问——原注）”的文句。

（六）“正诵戒经”。解释正诵《心地品下》（指《梵网经》卷下）的作法。如关于如何“正诵戒经”，说：

> 正诵戒经。谓诵《心地品下》，从尔时（指《梵网经》卷下的首句）起，至共成佛道（指《梵网经》卷下的末句）。若有难缘，当诵十重四十八轻戒，应云，十重波罗提木叉，今当说；至轻垢戒，应云，四十八轻今当说。如是一一诵五十八戒文，复恐难缘将逼，应略诵十重中五六戒（指选五条戒或六条戒）全文，余重及轻，但诵每戒名目（指戒名）亦得。今诸方丛席，多是午前众诵戒经，午后布萨，略诵戒相名目。然大小两乘，俱作布萨，或连诵时逼，可上午诵比丘戒，下午诵菩萨戒；或众多难集，可十四日比丘作布萨，十五日菩萨作布萨。（第770页下—第771页上）

本书所说的每半月一次诵说菩萨戒的程序和仪式，以及弘赞在注释中所作的补充和说明，体现了汉地佛教对菩萨戒仪规的独创性发展，在印度大乘律典中是没有类似的完整记述的。

第十一品　清书玉《梵网经菩萨戒初津》八卷

《梵网经菩萨戒初津》，又名《佛说梵网经菩萨戒初津》、《佛说梵网经初津》、《《梵网初津》》，八卷。清书玉述，成于康熙三十八年（1699）。收入《新纂续藏经》第三十九册。

本书是《梵网经》卷下的注疏,采用“经”、“疏”、“科”三者会一的方式编撰。全书开立“教起因缘”、“藏乘分摄”、“辩定时会”、“教观深广”、“所被机宜”、“能诠体性”、“宗趣通局”、“翻译传授”、“总释名题”、“别解文义”十门,对原经予以阐释。其中,前九门(卷一前部分)为《梵网经》卷下的总释,相当于绪论;末一门(卷一后部分至卷八终)为《梵网经》卷下的别释,即原文的注疏。在“别解文义”门中,作者将《梵网经》卷下科为三分:从长行“尔时,卢舍那佛为此大众,略开百千恒河沙不可说法门”,至长行“尽受得戒,皆名第一清净者”,为“序分”;从长行“佛告诸佛子言:有十重波罗提木叉”,至“现在诸菩萨今诵”,为“正说分”;从“诸佛子听(一作“谛听”),此十重四十八轻戒”,至“愿闻是法者,疾得成佛道”,为“劝说流通分”。然后,科分章段层次,标立纲目(包括依用隋智顗《菩萨戒义疏》的命名,标立戒名),摘录原文,加以注解。其中,对重戒的解释,一般分为“作犯止持”(指不应作)、“作持止犯”(指应作)、“违教结罪”(定罪)三个层次;对轻戒的解释,则视各戒的具体情况,作不同的开合。各卷之末还附出“音义”,解释本卷中难懂的字词。书首有书玉撰的《佛说梵网经菩萨戒初津叙》和《凡例》。《叙》说:

> 《梵网经》者,是诸佛之本源,众生之自性,戒网之宏网,律宗之要关也。我佛世尊,往返八千,应化百亿,无非为一大事因缘故,出现于世。总摄化机,顿明佛性,略开法门心地,显示自性圆明,能令众生才登戒品,位同大觉者,无尚此经矣。……大哉!菩萨戒也。为一切戒之本欤,无教不收,无机不摄也。余从秉受已来,以此戒经,奉为日课。第恨慧性疏浅,义理难明,幸得学戒之心,无时暂息,焚膏继晷,详阅诸书。又以法海洪深,卒难测量,因而略采数语,为

作津梁。不意日久岁深,积成八卷,题云《梵网初津》。然理虽未尽,事相无殊,聊备自明,以资持诵。(《新纂续藏经》第三十九册,第69页上)

《凡例》说:

此经心地一品,乃分上下两卷。上卷三十心、十地,明菩萨修证之阶位;下卷十重、四十八轻,显佛子当学之戒法。然法虽从位显,而位必仗戒修,故天台智者大师单疏下卷,时所宗行,以见戒为趣位之本也。……今准《华严大疏》(指澄观《大方广佛华严经疏》),开成十义,用显其要,如或乐简乐详,随情去取。古来经解,有科者,有不科者。谓科能节文,解能释义,故今加科节之。然大小乘戒,不出止(指"作犯止持")、行(指"作持止犯")两法,离此便非律义,今以止、行分析重轻戒相,俾未观文句,先知大概。其余科式,与诸家大同。……经文、题目,俱书顶格;解释,则低一字;科文,又低一字。一则敬重佛语,二则经文科释,各有分别,不宜混杂也。(第69页中、下)

卷一前部分:解释作者所立的释经十门。如关于第七门"宗趣通局"(此中判定《梵网经》属"法界圆融宗"),说:

宗趣通局者。先通辩诸宗有六:一、随相法执宗,即小乘诸师依《阿含》等经,造《俱舍》等论;二、唯识法相宗,即无著依《深密》等经,造《瑜伽》等论;三、真空无相宗,即提婆依《般若》等经,造《中观》等论;四、藏心缘起宗,即马鸣依《胜鬘》等经,造《起信》等论;五、真性寂灭宗,即龙树依《楞伽》等经,造《佛性》等论;六、法界圆融宗,即天亲依《华严》等经,造《十地》等论。今此经宗(指《梵网经》),当后第六门也。经云,佛坐菩提树下,成正觉已,初结菩萨波罗提木叉,以此即舍那心地戒、众生佛性戒、大众十无尽藏戒,故属圆融宗也。(卷一,第72页中)

卷一后部分至卷三前部分:解释《梵网经》卷下"序分",下分"舍那发起"、"释迦劝发"二章。

卷三后部分至卷八前部分:解释《梵网经》卷下"正宗分",下分"十重"、"四十八轻"二章。如关于轻戒第八条"背大向小戒",说:

若佛子,心背大乘常住经律,言非佛说,而受持二乘声闻、外道恶见、一切禁戒、邪见经律者,犯轻垢罪(以上为《梵网经》的原文)。

是中犯者,若违佛制,背向未决,罪结轻垢;若计已成,则结重罪。此中制意,诫大士不得背心地之正因,失如来之极果,而反学二乘,断见、思惑,证灰身灭智之涅槃,永无利他之大用。故佛诃之为恶见、恶人,非诃声闻戒不可持也。……《地藏十论经》云,三乘皆应修学,不应憍傲,妄号大乘,谤毁声闻、缘觉乘法。……《菩萨戒本经》(指北凉昙无谶译《菩萨戒本》)云,若作如是言,菩萨不应听声闻经法,不应受、不应学,菩萨何用声闻法为?是名为犯。是以五天竺国,凡出家者,皆先学小,然后习大。……若屑声闻戒不受,则不应剃发染衣,作沙门之相也。如摩诃迦叶,是佛声闻弟子,受持二百五十大戒,复行十二头陀行,自至终身不舍,如来以正法眼藏付之,而不付弥勒、文殊。……声闻是世间住持僧宝,佛、法二宝,赖之弘扬,为人天依仗。故知戒德任重非轻,若废声闻戒不持,则僧宝失,而佛、法二宝亦失矣(以上为书玉的注释)。(卷五,第123页下—第124页下)

卷八后部分：解释《梵网经》卷下“流通分”，下分“流通本戒”、“流通本品”、“总赞流通”三章。

值得一提的是，本书在各卷之末附出的“音义”中，不仅解释了一些难读难解的语词，而且还介绍了一些律宗祖师的事迹，如“南山宗主（道宣）”、“允堪律师”、“元照律师”、“中兴律祖（如馨）”、“三昧律祖（寂光）”、“见月律师（读体）”等。如卷七“音义”中的“见月律师”条说：

> 见月律师。师讳读体，滇南楚雄之许氏子。父胤昌，世袭指挥使。母吴氏，感异而生师。幼而神敬，善绘大士像，人争宝之，皆称为小吴道子。年二十七，忽念世相无常，弃袭爵而为黄冠。住剑川赤宕岩，遇一老师，授以《华严》，阅至《世主妙严品》有省，即诣宝洪山，求亮如法师出家。师一见，喜为再来人，遂为剃度，授与禁戒，随侍有年。闻江南三昧律祖（指寂光），戒法精严，偕友成拙，瓢笠东来。遇昧祖于丹徒之海潮庵，乞圆具戒，依学不离。祖视不凡，遂差为首领，辅弼法门。师承祖命，统众精勤，始终不怠。祖常为众曰：老人三十年戒幢，若非见月（读体），几被摧折矣。及住华山，命师兼掌院事，临终付托，继席华山。师受嘱已，一切院务，事事躬行，布萨、安居，法法如律。……其诸著述、道行，详如铭传。（卷七，第159页中、下）

读体是本书作者的师父，有关他的上述记载，当是真实可靠的第一手资料，可供研究者采信，并与记叙读体生平事略的其他史料相印证。

第二门　《梵网经》上下卷研习著作

第一品　新罗太贤《梵网经古迹记》二卷

《梵网经古迹记》,又名《梵网古迹记》,二卷(上、下卷,因卷下篇幅较长,后人又将它分为"本"、"末",故又作"三卷")。新罗太贤集,撰时不详。收入《大正藏》第四十卷。

太贤(生卒年和籍贯不详),又名大贤,自号青丘沙门。新罗景德王(742—764)时,南山茸长寺僧人。初习《华严》,后攻瑜伽唯识之学,惠辩精敏,抉择了然,为唐代唯识宗玄奘门下新罗圆测的再传弟子(圆测传新罗道证,道证回国后传太贤)。《三国遗事》卷四说:"大抵相宗铨量,旨理幽深,难为剖析","贤(太贤)独刊定邪谬,暂开幽奥,恢恢游刃,东国(指新罗)后进,咸遵其训;中华(指唐朝)学士,往往得此为眼目",被尊为海东"瑜伽祖"(指新罗法相宗之祖)。景德王十二年(唐天宝十二年,753 年),奉诏入宫讲《金光明经》祈雨。后隐栖深山以终老。

太贤的著作,据统计共有五十二种。其中,见存的尚有:《药师本愿经古迹记》二卷、《梵网经菩萨戒本宗要》一卷、《成唯识论古迹记》(又名《成唯识论学记》)十卷、《起信论内义略探记》(又名《起信论古迹记》)一卷;已佚的有:《华严经古迹记》

十卷、《金刚般若经古迹记》一卷、《法华经古迹记》四卷、《金光明经述记》四卷、《掌珍论古迹记》一卷、《瑜伽论纂要》三卷、《显扬论古迹记》二卷、《杂集论古迹记》四卷、《因明入正理论记》一卷、《对法论古迹记》四卷等(以上见韩国金煐泰著、柳雪峰译《韩国佛教史概说》)。生平事迹见高丽一然《三国遗事》卷四、义天《新编诸宗教藏总录》、日本永超《东域传灯目录》等。

本书是《梵网经》全本(上下卷)的注释,采用上标经文(其首冠有“经”字),下出注释(其首冠有“述”字)的方式编撰。从本书卷上所释终于“经:金刚宝戒至自性清净”(指“金刚宝戒是一切佛本源……是一切众生戒本源,自性清净”一段),卷下所释始于“经:我今卢舍那,方坐莲华台”(即以序偈为开端)来看,本书所疏的《梵网经》写本,与传今的《丽藏》本《梵网经》内容是相同的,但因章段划分上的差别,卷上的末段与卷下的首段是不同的。作者于书中开立“时处”、“机根”、“藏摄”、“翻译”、“宗趣”、“题名”、“本文”七门,对《梵网经》予以阐解。其中,前六门(卷上前部分)为《梵网经》的总释;末一门(卷上后部分至卷下终)为《梵网经》的别释,即原文的注释。在“本文”门中,作者又将《梵网经》分为“本师说”、“化传说”二门,“本师说”指的是“卢舍那佛在莲华台藏世界说”,即《梵网经》卷上所说的菩萨戒位;“化传说”指的是“释迦初成佛时,于摩伽陀国寂灭道场说”,即《梵网经》卷下所说的菩萨戒法。释戒时,凡是菩萨戒重轻各戒的条文,则在戒文之前加标戒名(所标的戒名与法藏疏本中的戒名有所不同);在戒文之后的注释中,先“显制意”,叙述制立此戒的本意,次“释经文”,解释戒条的原文。其中,对“十重戒”各戒的解释,均开立“违犯相门”、“违犯性门”、“境界事门”、“结成罪门”四门;对“四十八轻戒”各戒的解释,开合不定。

但本书所标的经文,并不是完整的句子,而是一段或一句经文的始末语,即用开头和末尾的几个字,代表某段或某句经文。例如,《梵网经》的首句是"尔时,释迦牟尼佛在第四禅地中摩醯首罗天王宫,与无量大梵天王、不可说不可说菩萨众,说莲华台藏世界卢舍那佛所说心地法门品",本书将它缩写为"经:尔时至心地法品",意思是指从"尔时"开始,至"心地法门品"结束的这段经文。这种缩略语带有很大的局限性,只有与《梵网经》相对照,才能弄清它所指的原文。

卷上:解释作者所立的释经七门;《梵网经》卷上。内容包括菩萨阶位"十发趣心"、"十长养心"、"十金刚心"、"十地"等。如关于释经七门,说:

> 将释此经,七门分别,时处故、机根故、藏摄故、翻译故、宗趣故、题名故、本文故。言时处者,本即卢舍那佛在莲华台藏世界说,末即释迦初成佛时于摩伽陀国寂灭道场说;言机根者,有菩萨性得发心者,为谤不信不得说故;藏摄故者,通菩萨藏毗奈耶摄;翻译故者,后秦有西域三藏鸠摩罗什,此云童寿,持菩萨戒,偏诵此品。……言宗趣者,语之所表曰宗,宗之所归曰趣,此经正以心行为宗,证觉利生以为其趣。……言题名者,《梵网经》一部,都名也,《卢舍那佛说心地法门品第十》者,此品别名也。……(本文者)此心地品总有二门,一本师说故、二化传说故。(卷上,《大正藏》第四十卷,第689页中—第690页中)

卷下:解释《梵网经》卷下。内容包括菩萨戒法"十重戒"(第一条"快意杀生戒"至第十条"毁谤三宝戒")、"四十八轻戒"(第一条"不敬师长戒"至第四十八条"自破内法戒")等。如关于"十重戒"中的第四条"故心妄语戒",说:

经：若佛子自妄语，至是菩萨波罗夷罪（以上为《梵网经》“故心妄语戒”戒文的缩略）。

述曰：初制意者，《智论》（指《大智度论》）（卷）十五云，妄语之人，先自诳身，然后诳他，以实为虚，以虚为实，虚实颠倒，不受善法，譬如覆瓶，水不得入。如世尊言，妄语覆心，道水不入。……第二释文中，初犯相门者，如经自妄语至方便妄语。……次犯性门者，如经妄语因至妄语缘。……境界事门者，如经乃至不见言见至身心妄语。……结成罪门者，如经而菩萨至波罗夷罪。……若为救脱多有情，故覆想正知而说妄语，《瑜伽论》云，无所违犯，生多功德。不尔妄语，犯他胜处（以上为太贤的注释）。（卷下，第705页下—第706页上）

本书在注文中，提到“法藏师云”的有十二处，“义寂师云”的有五处、“元晓师云”的有一处（以上据笔者统计），而没有提到“智顗云”或“天台云”。这表明作者在写书时，所参考的主要是唐法藏《梵网经菩萨戒本疏》、新罗义寂《菩萨戒本疏》、元晓《梵网经菩萨戒本私记》或《菩萨戒本持犯要记》等著作。至于智顗《菩萨戒义疏》，似未看到。但作者并非完全依用他人的观点，而是有选择地加以取舍，建立自己的一家之言。以戒名为例，法藏疏本中的“十重戒”，其名依次为“杀戒”、“盗戒”、“淫戒”、“妄语戒”、“酤酒戒”、“说过戒”、“自赞毁他戒”、“故悭戒”、“故瞋戒”、“谤三宝戒”；而本书则作“快意杀生戒”、“劫盗人物戒”、“无慈行欲戒”、“故心妄语戒”、“酤酒生罪戒”、“谈他过失戒”、“自赞毁他戒”、“悭生毁辱戒”、“瞋不受谢戒”、“毁谤三宝戒”。两者对比，名称全同的仅有“自赞毁他戒”一条，折射出太贤著述具有很强的自主意识。

第二品　明智旭《梵网经合注》七卷

附：明智旭《梵网经玄义》一卷

《梵网经合注》，又名《佛说梵网经菩萨心地品合注》、《梵网经菩萨心地品合注》，七卷。明智旭注，成于丁丑岁（崇祯十年，1637年）。收入《新纂续藏经》第三十八册。

本书是《梵网经》全本（上下卷）的注释，采用“经”、“注”、“科”三者会一的方式编撰。作者在卷初将《梵网经》科为三分：从卷上“尔时，释迦牟尼佛在第四禅地中摩醯首罗天王宫”，至“同心异口问此光，光为何等相”，为“放光发起分”；从卷上“是时，释迦即擎接此世界大众”，至卷下“闻佛自诵，心心顶戴，喜跃受持”，为“正示法门分”；从卷下“尔时，释迦牟尼佛说上莲华台藏世界”，至“愿闻是法者，疾得成佛道”，为“流通益世分”。然后，科分章段层次，标立纲目（又称“科文”，包括依用隋智顗《菩萨戒义疏》的命名，标立戒名），摘录原文，加以注解。其中，卷一至卷二，解释《梵网经》卷上；卷三至卷七，解释《梵网经》卷下。书中，作者开立“随文释义”（指戒文的解释）、“性遮重轻”（指性罪与遮罪、重罪与轻罪的判别）、“七众料简”（指出家戒与在家戒家的分别）、“大小同异”（指菩萨戒与声闻戒的分别）、“善识开遮”（指戒条的开许与遮止）、“异熟果报”（指犯戒者的果报）、“观心理解”（指“事犯”与“理犯”的分别）、“忏悔行法”（指忏悔的方法）、“修证差别”（指“藏通别圆”四教的修证差别）、“性恶法门”（指犯戒的性恶分析）十门，对菩萨戒重轻各戒予以阐解，其细密的程度，可以与唐法藏《梵网经菩萨戒本疏》相媲美。

本书的编排方式是：每段经文均顶格排；作者在经文之前

所作的“科”（其首冠有“△”的标记，若是戒名，其首冠有“○”的标记，所标的戒名与袾宏《发隐》相同）和经文之后所作的“注”，均缩进一格排，以显示原文与“科”、“注”的区别。

从书中的引述来看，智旭注释时使用的《梵网经》底本，与传今的《丽藏》本《梵网经》，内容是相同的，但因章段划分上的差别，卷上的末段与卷下的首段是不同的。《丽藏》本是将“尔时，卢舍那佛为此大众，略开百千恒河沙不可说法门……是一切众生戒本源，自性清净”等八百多字长行，划为卷下之初的。而智旭使用的底本，将上述长行一分为二：前部分“尔时，卢舍那佛为此大众，略开百千恒河沙不可说法门……无二无别，如《贤劫品》中说”，划为卷上之末；后部分“尔时，释迦牟尼佛从初现莲华藏世界……是一切众生戒本源，自性清净”，划为卷下之初。近代金陵刻经处刻印《佛说梵网经》，在此段长行的划分上，与智旭的注本是相同的。本书的初首有智旭撰的《梵网合注缘起》和《凡例》。《梵网合注缘起》说：

> 《梵网经心地品》之为教也，指点真性渊源，确示妙修终始，戒与乘而并急，顿与渐而同收。约本迹，则横竖俱开，兼《华严》、《法华》之奥旨；约观行，则事理俱备，揽五时八教之大纲。文虽仅传一品，义实统贯全经。……下卷虽获流通，而上卷犹未开阐。……智旭幼崇理学，即以千古圣贤道脉为己任，但恨障深慧劣，往往执东鲁而谤西乾。后因闻《自知录序》（袾宏作），并阅良知寂感之谈，始发信心；嗣又闻《地藏本愿》，并听《大佛顶经》，猛图出世。于是矢志参禅，逃家行脚。……爰念夙因力薄，应须兼戒兼教，以自熏修。先从（阿）阇梨古德法师，遵学戒之法于莲老（指袾宏）遗规；次探《法华玄义》、《摩诃止观》等书，私淑台家（指智

> 顗)教观;而《毗尼》一藏,细阅三番,《梵网》一经,奉为日课,遂于《发隐》(指袾宏《梵网经心地品菩萨戒义疏发隐》)所阙之疑,涣然冰释。即上卷文古义幽,昔人所称不能句读者,亦复妙旨冷然现前。……不觉心华开发,义泉沸涌,急秉笔而随记之,共成《玄义》一卷、《合注》七卷。(《新纂续藏经》第三十八册,第618页上、中)

《凡例》说:

> 古人经、疏,必各别行。一则不敢以疏混经,二则经、疏文义,各有血脉,不宜间断夹杂故也。后代根钝,对阅为难,于是为师匠者,每每从而会之。……今欲仍古式,恐后人复加割会,乃曲殉时机,合经成注。但经文顶格书之,注与科低一字,即卷首《缘起》,亦低一字,所以表示尊重佛语,弗敢滥混也。古人既不以疏杂经,故甚至有字字句句而为科者,以科即是疏,即能表诠经旨,故不厌其繁也;会之者,亦字字句句而科之,几使经文不成句读,亦可慨矣。且末法根钝,多畏繁科,今乃止设大科,其余子科,悉皆从略。……古人著述,每多破立。如玄义、悬谈(指对原著的本文作注释之前,先总释题名和主旨大意)等,必先出旧解,方事折衷。今此经上卷,虽有一二家解,不足流通。下卷则惟《义疏发隐》一书,其中缺略虽多,纰缪则少,纵有一二出入,亦不复辨别是非长短,但自据理直释而已。(第618页中、下)

卷一:解释《梵网经》卷上"放光发起分"(下分"总标法会时处"、"释迦放光警众"、"菩萨放光集问"三章);"正示法门分"(下分"舍那说心地法"、"释迦宣菩萨戒"二章)。其中,"舍那说心地法"章下分"问答标名"、"正说义趣"、"付嘱弘传"三节,本卷释至"正说义趣"节的前部分。如关于菩萨修行中的

"坚信忍"、"坚法忍"、"坚修忍"、"坚圣忍",说:

> 尔时,莲华台藏世界卢舍那佛,广答告千释迦、千百亿释迦所问心地法品。……(省略处为"十发趣心"、"十长养心"、"十金刚心"、"十地")十体性入佛界地(以上为《梵网经》的原文)。
>
> 坚信忍者,从外凡位,仰信中道、佛性之理,修习坚固,得成于忍,乃证发趣(指"十发趣心")位也。发趣心者,从假入空,开发趣向,登菩提路。……如四果、四向等,此十心即是十波罗蜜,亦即十住法门。……坚法忍者,从发趣法,修习坚固,得成于忍,乃证长养位(指"十长养心")也。长养心者,出空入假,以如幻三昧,长养善法。此即四等、四摄,定总于等,慧总于摄,亦即十行法门。……坚修忍者,修长养心,坚固成忍,乃证金刚位(指"十金刚心")也。金刚心者,习中观,伏无明,犹如金刚,不可沮坏。此心名义,大似圆家十信,亦即十回向法门。……坚圣忍者,金刚心中,以中道观,修习圣法,发真智断,成坚固忍,乃证十地位也。断十重障,证十真如,犹如大地,荷负一切,舍凡入圣,顿同佛体,灼见佛性,故一一皆名体性地也(以上为智旭的注释)。(卷一,第622页上)

卷二:解释《梵网经》卷上"舍那说心地法"章中,"正说义趣"节的后部分和"付嘱弘传"节。

卷三:解释《梵网经》卷下"释迦宣菩萨戒"章,下分"叙说戒厚由"、"列重轻戒相"(又称"列重轻戒法")、"劝大众奉行"三节,本卷释至"列重轻戒相"节的"十重戒"第一条"杀戒"和第二条"盗戒"。如关于第一条"杀戒"的"性遮重轻"、"观心理解",说:

（“初随文释义”）二性遮重轻。此戒具二业成罪：一性业、二遮业。性业者，虽不受佛戒，世间法尔有罪，如轮王十善，亦制杀生，国制杀人，会须偿命；遮业者，佛制之所遮止，犯者得破戒罪。此之杀业，不受戒人，但得性罪；已受戒者，兼得性、遮二罪也。……七观心理解。有事杀、有理杀。事杀如上所明。理杀者，凡夫外道，执常执断，破害真谛；藏教析色观空，破害俗谛；通教虽达无生，终归灰断，不知常住真心，是杀中谛；别教仰信中道，谓是迥出二边，修中观时，复杀二谛；惟圆人（指圆教）了达一心三观，全体法界，不动法界，始从名字，终于究竟，皆不犯理杀也（以上为智旭的注释）。（卷三，第 648 页上—第 650 页上）

卷四：解释《梵网经》卷下“释迦宣菩萨戒”章中，“列重轻戒相”节的“十重戒”第三条“淫戒”至第十条“谤三宝戒”。如关于第三条“淫戒”的“七众料简”、“大小同异”、“忏悔行法”，说：

七众者（指“七众料简”），出家五众，全断淫欲；在家二众，惟制邪淫。就已妻妾，复制非时、非处，又月六斋日、年三斋月等。若受八关戒时，无复邪正，一切俱制，犯者皆结重罪。大小乘略不同（指“大小同异”）。小乘梦中失精，不犯，或云但自责心；大乘若梦行淫，寤应生悔，诃责烦恼，倍于声闻也。……忏悔者（指“忏悔行法”），淫因，向一人悔，或自责心；淫缘，向三人悔，或向一人；淫法，向众僧悔，或向三人；淫业，失戒，须取相忏（以上为智旭的注释）。（卷四，第 653 页下—第 654 页中）

卷五：解释《梵网经》卷下“释迦宣菩萨戒”章中，“列重轻戒相”节的“四十八轻戒”第一条“不敬师友戒”至第二十条“不行放救戒”。

卷六：解释《梵网经》卷下“释迦宣菩萨戒”章中，“列重轻戒相”节的“四十八轻戒”第二十一条“瞋打报仇戒”至第三十七条“冒难游行戒”。关于第二十六条“独受利养戒”的“七众料简”等，说：

大小乘俱制（指“七众料简”），惟遮不开（指“善识开遮”）。果报（指“异熟果报”），如《慈悲道场忏法》广明。理解者（指“观心理解”），不以大乘法普化一切，名独受利养。忏悔者（指“忏悔行法”），独受事养有二：若但犯方便，轻垢，须作法忏；若已得五钱入手，结重，失菩萨戒，须取相忏。独受理养，须一心无生忏。修证者（指“修证差别”），初果不独受事利，圆住不独受理利。性恶者（指“性恶法门”），尽十方是个自己，安有第二人同受供养。（卷六，第675页下）

卷七：解释《梵网经》卷下“释迦宣菩萨戒”章中，“列重轻戒相”节的“四十八轻戒”第三十八条“乖世尊卑次第戒”至第四十八条“破法戒”，以及“劝大众奉行”节；《梵网经》卷下“流通益世分”（下分“结示”、“偈赞”二章）。如关于第四十条“拣择受戒戒”的“随文释义”（叙及佛教“七众”各自的“和尚”、“阿阇梨”），说：

若佛子，与人受戒时，不得拣择。……有百里千里来求法者，而菩萨法师以恶心、瞋心，而不即与授一切众生戒者，犯轻垢罪（以上为《梵网经》的原文）。

不得拣择者，不应拣于品类，谓国王乃至鬼神，尽有佛性，尽可随类行菩萨道，故尽得受戒也。而亦有二事应拣：一是形仪，二是业障。应教身所著袈裟等者，教令拣形仪也。……应问现身不作七逆罪等者,教令拣业障也。……和尚者,比丘有二种：一十戒和尚、二具戒和尚;比丘尼有三种：一十戒和尚尼、二式叉摩那受六法和尚尼、三具戒和尚尼,皆不得以比丘为之;式叉摩那有二种：一十戒和尚尼、二六法和尚尼;沙弥、沙弥尼皆一种,即授与十戒者也。阿阇梨者,比丘有五种：一十戒阇梨,二受具时教授阇梨,三受具时羯磨阇梨,四依止阇梨,乃至与依止仅一夜,五教读阇梨,乃至从受一四句偈,或说其义;比丘尼有七种：加受具时,比丘僧中羯磨阇梨,及六法阇梨尼。式叉摩那有三种：一十戒阇梨、二六法阇梨、三教读阇梨;沙弥、沙弥尼各二种：一十戒、二教读;优婆塞、优婆夷各三种：一受五戒阇梨、二受八关戒斋阇梨、三教读阇梨。又若并取受菩萨戒阇梨,则七众各加一种(以上为智旭的注释)。(卷七,第686 页中—第 687 页上)

本书不仅是研究《梵网经》主旨大意的重要参考书,也是研究智旭天台宗思想的重要资料。书中的许多地方,都是用天台宗的教义,如“一心三观(指空、假、中)”、“三谛(指真谛、俗谛、中谛)圆融”、“化法四教(指藏、通、别、圆教)”、“性恶”等来解释戒条的,尤其是释戒十门中的“观心理解”、“修证差别”、“性恶法门”三门,反映了作者与天台学的紧密关系。

明智旭《梵网经玄义》一卷

《梵网经玄义》,又名《佛说梵网经菩萨心地品玄义》、《梵网经菩萨心地品玄义》,一卷。明智旭述,成于丁丑岁(崇祯十年,1637 年)。收入《新纂续藏经》第三十八册。

本书是依照隋智顗“五重玄义”的解经方式,开立“释名”、

“显体”、“明宗”、“辨用”、“教相”五门，对《梵网经》的名义、体性、宗趣、功用和教相予以阐解的著作。从作者在《梵网合注缘起》说的“不觉心华开发，义泉沸涌，急秉笔而随记之，共成《玄义》一卷、《合注》七卷”来看，智旭是先撰《梵网经玄义》，后撰《梵网经合注》的，因为《玄义》犹如绪论，是一经的总释，而《合注》犹如正文各章，是一经的别释，两者实际上是同一部著作的前后部分。

（一）“释名”。下分“释佛说梵网经名”、“释菩萨心地品名”二章，解释经名“佛说梵网经”、品名“菩萨心地品”的含义。说，佛有三身，法身、报身、化身，“法身名毗卢遮那”，“报身名卢舍那化身名释迦牟尼”，“然晋译《华严》皆称为卢舍那，唐译皆称毗卢遮那，只是梵音楚夏，未必专以此分法、报（身）”；菩萨阶位有“藏、通、别、圆”四教不同；“藏教菩萨，创闻生灭四谛及事六度法，愍己愍他，大悲增上，发菩提心，誓度一切，历三阿僧祇劫，炽然修行六波罗蜜”；“通教菩萨有九地，第十名佛（地）”；“别教菩萨，此教专被界外之机，机不一故，说亦不同，《华严》明十住、十行、十回向为三贤，十地为圣。此经（指《梵网经》）明三十心（指“十发趣心”、“十长养心”、“十金刚心”）、十地，义意颇同，而名字迥异”，“《璎珞》明五十二位，位次最为周足”；“圆教菩萨，圆教位次，名与别（指别教）同，但别教次第渐修，圆教一心圆具，别教位位，各不相收，圆教位位，互相融摄，是为不同”。如关于《梵网经》所说的菩萨阶位、菩萨戒法，属于“化法四教”的“别教”、“圆教”二教，说：

> 问：菩萨阶位，既有四教不同，今此心地（指《梵网经菩萨心地品》）的属何教？答：正属别、圆二教，非属藏、通。藏、通菩萨法门，虽亦从此心地流出，而机不相关。……就

> 下卷十重四十八轻戒对释者。藏教在家菩萨，但秉优婆塞戒，或兼秉《善生经》中六重二十八轻。出家菩萨，但秉沙弥、比丘二种律仪。……通教菩萨，与藏教同。别、圆二教菩萨，正秉此戒。(《新纂续藏经》第三十八册，第 614 页下—第 615 页上)

(二)“显体”。下分“须显体”、“正出体”、“会异”三章，开显《梵网经》所诠释的体性。说，“体是主质，乃名下之所诠”，“意欲令人寻名得体，如因筌得鱼，因指得月”；“此经以诸佛本源心地为体”，“会诸经者，此经与《华严》同一部味，当以法界为体，法界与诸佛本源心地，同体异名”。

(三)“明宗”。阐明《梵网经》的宗趣。说，“体显于性，宗显于修”，“此经以佛性因果为宗”。如关于《梵网经》“以佛性因果为宗”，说：

> 此经以佛性因果为宗。佛性非因非果，遍能出生一切因果。……据经文中，有三重因果：一者三十心(指“十发趣心”、“十长养心”、“十金刚心”)、十地为因，成等正觉为果；二者初发心常所诵戒为因，分满法身为果；三者谛信成佛为因，波罗提木叉为果。……上卷三十心、十地，深明观慧，属于慧行；下卷十重、四十八轻，备显止、行二善，属于行行。(第 616 页下—第 617 页上)

(四)“辨用”。辨析《梵网经》的功用。说，“用是力用，亦名功德”，“此经以舍凡入圣为用”等。

(五)“教相”。判立《梵网经》的教相。说，“此经于五时(指“华严时”、“阿含时”、“方等时”、“般若时”、“法华涅槃时”)中，是第一时，日照高山；于五味(指“乳”、“酪”、“生酥”、“熟酥”、“醍醐”)中，即是乳味；于化仪(指“顿”、“渐”、“秘密"、"不定")中,即属顿教;于化法(指"藏"、"通"、"别"、"圆")中,即是别、圆(教)"。

从以上的引述中可以看出,作者《梵网合注缘起》中说的自己"私淑台家(指智𫖮)教观",此言不差。因为本书也是沿用隋智𫖮的解经方式和天台宗的教观,来解释《梵网经》的。倘若以宗派划分的话,它与《梵网经合注》均可划入天台宗著述系列。

第三品　明寂光《梵网经直解》二卷

附:明寂光《梵网经直解事义》一卷

《梵网经直解》,又名《佛说梵网经直解》,二卷(因卷上、卷下各分"之一"、"之二",又作"四卷";另有将卷上、卷下各分为五卷,而作"十卷"的)。明寂光直解,初成于崇祯庚辰岁(十三年,1640年;见《梵网经直解事义》书末所载戒润《梵网经直解跋并颂》),改定于崇祯甲申岁(十七年,1644年;见本书之末所载戒显《后跋》)。载于《清藏》"劳"函,收入《新纂续藏经》第三十八册。

本书是《梵网经》全本(上下卷)的注释,采用"经"、"注"、"科"三者会一的方式编撰。全书开立"释经题目"、"释译人名"、"释经品题"、"明分科义"、"正解经文"五门,对《梵网经》予以阐解。其中,前四门(卷上前部分)分别解释《梵网经》的经题、译者、品题(指"菩萨心地品")、分科,为《梵网经》的总释;末一门(卷上后部分至卷下终)为《梵网经》的别释,即原文的注释。在"正解经文"门中,作者又将《梵网经》全经科为三分:从卷上"尔时,释迦牟尼佛在第四禅地中摩醯首罗天王宫",至"同心异口问此光,光为何等相",为"序起分";从卷上"是时,释迦即擎接此世界大众",至卷下"现在诸菩萨今诵",为"正宗分";

从卷下“诸佛子听（又作“谛听”），此十重四十八轻戒”，至“愿闻是法者，疾得成佛道”，为“流通分”。然后，科分章段层次，标立纲目（又称“科文”，包括依用隋智顗《菩萨戒义疏》的命名，标立戒名），摘录原文，加以注解。

本书的初首有明崇祯庚辰岁（十三年，1640年），河间范景文撰的《梵网经直解弁言》，清雍正十二年（1734）五月，宝华山慧居寺（原名“隆昌寺”）福聚写的《进大宝华山三代律师著述奏章》及此后的奏章和谕旨；书末有戒显撰的《后跋》。其中，《进大宝华山三代律师著述奏章》等文书翔实地记载了宝华山三代律祖著述《梵网经直解》等，被编入清雍正十一年（1733）四月至乾隆三年（1738）十二月编纂刻印的《龙藏》（又称《清藏》、《乾隆版大藏经》）的经过，具有珍贵的史料价值。如福聚在雍正十一年（1733）五月初二日的奏章中说：

> 臣僧念本山第一代臣僧寂光著有《梵网直解》四卷，二代臣僧读体著有《毗尼止持》（又名《毗尼止持会集》）十六卷、《毗尼作持》（又名《毗尼作持续释》）十五卷、《三坛正范》（又名《三坛传戒正范》）四卷，三代臣僧德基著有《毗尼关要》十六卷，诚乃戒律之楷模，可为苾刍（即比丘）之纲领。今蒙圣恩，重修《大藏》（指清版《大藏经》，后称《龙藏》），敬将三代著述，上恳天慈，收录末学，编入《大藏》，续如来之慧命，作后学之津梁。（《新纂续藏经》第三十八册，第772页中、下）

福聚上奏以后，雍正帝“命庄亲王（允禄）同超善（拈花寺方丈）、自垲（大观音寺方丈）等，将此书校阅明白，编入《大藏》”；五月十七日，雍正帝“问庄亲王《止持》五部等书入藏之事”，庄亲王复奏，“臣同超善、自垲商议，华山三代所著戒律，堪为入藏，但此内或有删去者，酌量删去明白，奏请入藏”，雍正帝下旨，“若有删改者，著令福聚带往回南（指宝华山），删改明白”；乾隆元年（1736）十二月十八日，福聚上书庄亲王允禄、和亲王弘昼，称“详阅《梵网直解》四卷、《毗尼止持》十六卷、《毗尼作持》十五卷、《毗尼关要》十六卷，咸属戒行之楷模，僧人之律典，解释详明，毋庸增注，条分缕细，无可减删”，“惟《三坛正范》四卷，乃阐扬《作持》（指《毗尼作持》）部内未尽精微，存之，虽似涉冗繁，删之，则《作持》部内又少发明，恐后学难于领会”，“今应否将《三坛正范》四卷删除抑或并存，伏候钦定”；乾隆二年正月二十六日，总理藏经馆事务允禄上奏，称“臣等令僧人超盛（海会寺方丈）等详加查看，得《三坛正范》四卷其受戒仪轨，与《作持》部内实属重复”，“应行删去”，确定将福聚请奏入藏的《梵网直解》等四部编入《大藏》，《三坛正范》因其“受戒仪轨”与《毗尼作持》重复，撤下不予编入；正月二十八日，乾隆帝下旨，“照所奏入藏”；乾隆三年十二月十五日，“《大藏》工竣（指刻板完成）”；乾隆四年六月二十六日，颁旨发送新印的《龙藏》；乾隆五年五月初七日，“《龙藏》一部计七千二百四十五卷”送至福聚所在的寺院；八月十三日，福聚奏请“将臣僧所进本山三代律祖著述七函，钦依（指《龙藏》）颁奉卷次，敬谨编刊方策板，存宝华律社用广流通”（以上见《新纂续藏经》第三十八册，第772页下—第773页下）。

卷上：解释作者所立的释经五门；《梵网经》卷上。内容包括菩萨阶位“十发趣心”、“十长养心”、“十金刚心”、“十地”等。

（一）“十发趣心”（又称“十住”）。（1）“舍心”。说，“即檀波罗蜜也，别经名发心住”。（2）“戒心”。说，“即尸罗波罗蜜也，别经云治地住”。（3）“忍心”。说，“即羼提波罗蜜也，别经名修行住”。（4）“进心”。说，“即毗黎耶波罗蜜也，别经名生贵住”。(5)“定心”。说,“即禅波罗蜜也,别经名具足方便住”。(6)“慧心”。说,“即般若波罗蜜也,别经名正心住”。(7)“愿心”。说,“即愿波罗蜜也,别经名不退住”。(8)“护心”。说,“即力波罗蜜也,别经名童真住”。(9)“喜心”。说,“即方便波罗蜜也,别经名法王子住”。(10)“顶心”。说,“即智波罗蜜也,别经名灌顶住”。如关于“十发趣心”的名义,说:

> 十发趣心向果,何名十心?一者舍心。舍即施舍,无所悔惜之义。……二者戒心。戒即戒律,护善遮恶之义。……三者忍心。忍即忍可,安忍不动之义。……四者进心。进即精进,趋向无退之义。……五者定心。定即禅定,不昏不散之义。……六者慧心。慧即智慧,照了无碍之义。……七者愿心。愿即愿乐,上求下化之义。……八者护心。护即护持,善能堤防之义。……九者喜心。喜即欢喜,离苦得乐之义。……十者顶心。顶即人顶,无过于上,尊贵之义。(卷上,第781页下—第782页上)

(二)“十长养心”(又称“十行”)。(1)“慈心”。说,“于四无量心中,即慈无量行也,别经名欢喜行”。(2)“悲心”。说,“即悲无量行也,别经名饶益行”。(3)“喜心”。说,“即喜无量行也,别经名无违逆行”。(4)“舍心”。说,“即舍无量行也,别经名无屈挠行”。(5)“施心”。说,“即施摄法也,别经名无痴乱行”。(6)“好语心”。说,“即爱语摄也,别经名善现行”。(7)“益心”。说,“即利行摄也,别经名无著行”。(8)“同心”。说,“即同事摄也,别经名难得行”。(9)“定心”。说,“即胜定行也,别经名善法行”。(10)“慧心”。说,“即胜慧行也,别经名真实行”。如关于“十长养心”的名义,说:

> 何名十长养心?一者慈心。爱念众生,化被一

> 切。……二者悲心。愍念众生,以悲、空空、无相,自灭一切苦,与一切众生,平等一乐。……三者喜心。庆他得乐,空空喜心。……四者舍心。周给无吝,无造无相。……五者施心。普惠无惜,身施、口施、意施、财施、法施。……六者好语心。所说皆善,慈爱语言。……七者利益心。胜行化生,实智体性,广行智道,现行六道,不以为患,但益人为利。八者同心。隐同摄化,以道性智,同空无生法中,以无我智,同生无二。……九者定心。印持无乱,以一念静慧观空,无能扰动。……十者慧心。照彻无碍,观诸邪见结患等缚,无决定体性,是心入起空空道,发无生心。(卷上,第782页中、下)

(三)"十金刚心"(又称"十回向")。(1)"信心"。说,"别经云救护众生离众生相回向"。(2)"念心"。说,"别经名不坏回向"。(3)"回向心"。说,"别经名等一切诸佛回向"。(4)"达心"。说,"别经名为至一切处回向"。(5)"直心"。说,"别经名无尽功德藏回向"。(6)"不退心"。说,"别经名入一切平等善根回向"。(7)"大乘心"。说,"别经名等随顺一切众生回向"。(8)"无相心"。说,"别经名真如相回向"。(9)"慧心"。说,"别经名无缚无著解脱相回向"。(10)"不坏心"。说,"别经名入法界无量回向"。如关于"十金刚心"的名义,说:

> 何名十回向心?一者信心。但信自心,决定成佛,永无疑执故。二者念心。念念不失一切诸佛正智,于大乘六念,常觉常施,一合相故。三者回向心。回即不住,向即不退,于此无上金刚菩提,心心入空,而无去来,幻化受果,深深心解脱故。四者达心。达即通达,照彻无碍,内外清净,空空

> 如如相，不可得故。五者直心。直即正直，直照平等，入无生智，无明、神我、空，于空三界生者，结缚而不受故。六者不退心。不退入凡夫地，不起新长养诸邪见，常空生心，心入不二，为不退一道一照故。七者大乘心。解解一空，以一空智，智乘行乘，任载任用，令诸众生，同入佛海故。八者无相心。即心无相、妄想解脱，照般若波罗蜜，无二相故。九者慧心。无量法界，无集、无受生，生生烦恼而不缚，光明照性，入一切法故。十者不坏心。八魔不坏，入佛威神，出没自在，动大千界，于虚空平等地心，无二无别故。(卷上，第783 页上、中)

(四)"十地"(又称"圣种姓")。(1)"体性平等地"。说，"别经名欢喜地"。(2)"体性善慧地"。说，"别经名离垢地"。(3)"体性光明地"。说，"别经名发光地"。(4)"体性尔焰地"。说，"别经名焰慧地"。(5)"体性慧照地"。说，"别经名难胜地"。(6)"体性华光地"。说，"别经名现前地"。(7)"体性满足地"。说，"别经名远行地"。(8)"体性佛吼地"。说，"别经名不动地"。(9)"体性华严地"。说，"别经名善慧地"。(10)"体性入佛界地"。说，"别经名法云地"。如关于"十地"的名义，说：

> 何名十地？一体性平等地。谓此菩萨证入诸佛法身平等大慧、真实法门。……二体性善慧地。此菩萨善修法身平等大慧。……三体性光明地。此菩萨证发无边妙慧光明。…… 四体性尔焰地。此菩萨以智慧焰，烧烦恼薪。…… 五体性慧照地。此菩萨以十力智照，知善恶有无二性。……六体性华光地。此菩萨以大智行华，一时开敷，十神通明智品，现身示众。……七体性满足地。此菩萨具

足十八圣人智品。……八体性佛吼地。此菩萨入法王位三昧,其智如佛,而以法药施诸众生。……九体性华严地。此菩萨得佛华严,善能守护法身。……十体性入佛界地。此菩萨以获一切种智,得入金刚三昧。(卷上,第783页下—第784页上)

卷下:解释《梵网经》卷下。内容包括菩萨戒法"十重戒"(第一条"杀戒"至第十条"谤三宝戒")、"四十八轻戒"(第一条"不敬师长戒"至第四十八条"破法戒")等。如关于轻戒第五条"不教悔罪戒",说:

若佛子,见一切众生犯八戒、五戒、十戒、毁禁、七逆、八难,一切犯戒罪,应教忏悔。而菩萨不教忏悔,同住、同僧利养,而共布萨,同一众住说戒,而不举其罪,不教悔过者,犯轻垢罪(以上为《梵网经》的原文)。

此释第五不教悔罪戒也。教即教诫,悔即悔过,罪即罪咎,谓为菩萨师者,凡见人设有过,得教令忏,不教则得罪。……八戒、五戒,即优婆塞、优婆夷二众之戒相也。八戒,但受一日一夜,不同五戒,终身守持。十戒有二:一沙弥、沙弥尼十戒,二菩萨十重戒。……如来所制比丘二百五十戒、比丘尼三百四十八戒,名为禁戒,如若受而不持,持而不诵,违背圣言,越其所制,故云毁禁。七逆者,弑父、杀母、弑和尚、弑阿阇黎、破羯磨转法轮僧、恶心出佛身血、弑阿罗汉是也。佛在世时,出佛身血,佛灭度后,卖佛菩萨形像,及卖佛经律,名为出佛身血。弑比丘僧,即名弑阿罗汉。八难,即下冒难游行(指第三十七条"冒难游行戒")之八难(指"国难恶王"等)也。菩萨见此一切犯戒之人,当生慈悲心,教其忏前愆尤,悔后莫作,是为自利利人(以上为寂光

的注释)。(卷下,第848页中、下)

诚如清德玉所评论的,“《梵网》上卷,求句读且难,况得义得味”(《佛说梵网经顺朱叙》)。当代佛教学者也说,“《梵网经》的文字晦涩,极不易解”(圣严《戒律学纲要》)。特别是卷上说的“十发趣心”、“十长养心”、“十金刚心”、“十地”等义,词句尤难理会。本书的作者将绝大多数难解的词句和奥义,都疏通了,足见用力之勤、工夫之深,这为后人深入研究《梵网经》带来了极大的便利。

本书的删改本有:清德玉《梵网经顺朱》二卷。

明寂光《梵网经直解事义》一卷

《梵网经直解事义》一卷。明寂光述,成于崇祯庚辰岁(十三年,1640年),收入《新纂续藏经》第三十八册。

本书是《梵网经直解》中难懂的佛教名词术语和典故的解释,原为《直解》的附录。

书末有戒润《梵网经直解跋并颂》,说:

> 润(指戒润)自戊辰岁(指崇祯元年)求戒楚沔(指沔阳,今湖北仙桃)广长社,得读和尚(指寂光)所注《梵网经略疏》。遂历寒暑,日夜继之,仅于《菩萨心地品分》,知上卷所诠,智理观行,修证阶级;下卷所诠,轻重开遮、止持作犯之名言而已。嗣后,自台山侍巾瓶之神京,每伺挥麈之暇,跪阵秉笔,请发《略疏》之覆。既旋维扬(指江苏扬州)石塔(寺),一日缉编告成。……和尚天性,江汉濯来,粉饰文章,不添只字,直就本文,掀翻佛意,因以《直解》名焉。然而楚沔刻《略疏》,维扬刻《直解》,精神何所致耶?今年庚辰闰正月来,复加覃思,研核精微,寿枣华山,远流佛化。

此其四无量心，再三为人，故若是矣。(《新纂续藏经》第三十八册，第885页下—第886页上)

书中收录的词条，主要有：

《直解》卷上的词条："翻译"、"五住"、"二死"、"六十二见"、"三十六物"、"五种不净之身"、"四满成佛"、"五利使"、"五钝使"、"百三昧"、"百法明门"、"九十五种(外道)"、"三细"、"六粗"、"二十五谛"、"三净土"、"五怖畏"、"四明五明论"、"二十五有"、"见惑"、"思惑"、"尘沙惑"、"誓愿度生"、"八十种好"、"三十二相"等。如关于"四满成佛"，说：

> 四满成佛：四满成佛者，一者信满成佛，谓依种性地，决定信于诸法，不生不灭，清净平等，无可愿求，是为信满成佛，即文中求求至心，无生空一愿之义。二者解满成佛，谓依解行地，深解法性，无造无作，不起生死想，不起涅槃想，心无所怖，亦无所欣，是为解满成佛，即文中观观入定照，无量见缚等义。三者行满成佛，谓依究竟菩萨地，能除一切无明诸障，菩提行愿，皆悉具足，是为行满成佛，即文中行满愿故。四者证满成佛，谓依净心地，得无分别寂静法智，及不思议胜妙功德，是为证满成佛，即文中佛果便成，观一谛中道之义。(第876页上)

《直解》卷下的词条："十种大数"、"一行三昧"、"十禅定"、"十金刚"、"十忍"、"十身"、"酒有三十六失"、"为半偈舍全身"、"布发掩泥"、"衲僧遍历千山"、"岩老躬处疠房而吮洗无忌"、"十四种大愿"、"在家菩萨六重二十八轻戒"、"圆觉五性差别"、"五浊"、"临济发悟于首座"、"十无尽句"等。如关于"四满成佛"，说：

在家菩萨六重二十八轻戒：六重戒者，一不杀生、二不偷盗、三不虚说、四不邪淫、五不宣说四众过罪、六不酤酒。二十八轻者，一不能供养父母师长；二耽乐饮酒；三恶心不能瞻视病苦；四有乞者，不能多少分与，遣空还；五见四众不能承迎、礼拜、问讯；六见四众毁所受戒，心生憍慢；七月六斋日，不受八戒、供三宝；八四十里中有讲法处，不能往听；九受招提僧卧具床坐；十疑水有虫，故便饮之；十一险难之处，无伴独行；十二独宿尼寺；十三为于财命，打骂奴婢、僮仆、外人；十四以殘食施四众；十五畜猫狸；十六畜养象马牛羊驼驴、一切禽兽；十七不储畜僧伽黎衣、钵、锡杖；十八若须田作，不求净水，及陆种处；十九物说价已，舍贱趋贵，斗秤量物，不令平用；二十于非处非时行欲；二十一隐瞒官税；二十二犯国制；二十三得新谷、果蓏、菜茹，不先供奉三宝，先自受；二十四僧若不听说法赞叹，辄自作；二十五道路若在比丘、沙弥前行；二十六僧中付食，若偏为师选择美好，过分与；二十七养蚕；二十八路遇病者不能瞻视、为作方便、付嘱所在。（第 884 页下—第 885 页上）

本书与明袾宏《梵网菩萨戒经义疏发隐事义》是同一题材的著作，但所收的词条大为不同，本书所收以佛教名词术语为主，而《疏发隐事义》所收以世俗典故为主；本书的释文一般较长，有不少是百字以上的，最长的是“百三昧”条，竟达二千六百字，而《疏发隐事义》的释文较短，一般在几十字至一百余字之间。故本书的佛学价值远胜于《疏发隐事义》。

第四品　清德玉《梵网经顺朱》二卷

《梵网经顺朱》，又称《佛说梵网经顺朱》，二卷。清德玉顺朱,成于康熙二十年(1681)。收入《新纂续藏经》第三十九册。

德玉(1628—1701),字圣可,西蜀果州营山(今属四川)人,俗姓王。清顺治十二年(1655),时二十七岁,依辽阳禅师出家,次年从洪雅澄江和尚受具足戒,后遍参南北名宿,得法于破山海明禅师,为禅宗临济宗僧人。清康熙九年(1668),应乡绅耆庶之请,在重庆府巴县华岩洞旁创建华岩寺(又名"华岩禅院";有些书将"华岩"误刊为"华严"),在那里说法弘化达三十余年。得法弟子有还初佛禅师、南芝静禅师、子钟洪禅师等三十多人(见清通醉《锦江禅灯》卷十三)。因自称"效颦出丑,顺朱填墨"(见《禅林宝训顺朱序》),故所著多取名"顺朱"。著作尚有:《禅林宝顺朱》四卷、《道德经顺朱》二卷、《华岩圣可禅师语录》五卷等。生平事迹见清通醉《锦江禅灯》卷十、达珍《正源略集》卷五、近代虚云《增订佛祖道影》卷二等。

本书是《梵网经》全本(上下卷)的注释,据明寂光《梵网经直解》删改而成。作者说,"从《直解》中截出,间或别出已意"(见《叙》)。作者于书中开立"释经题目"、"释译人名"、"释经品题"、"正解经文"四门,对《梵网经》予以阐解。其中,前三门(卷上前部分)分别解释《梵网经》的经题(《佛说梵网经》)、译者、品题(指"菩萨心地品之上"),为《梵网经》的总释;末一门(卷上后部分至卷下终)为《梵网经》的别释,即原文的注释。因本书是改写本,出于简约的考虑,书中将寂光《梵网经直解》对经文所作的科分大多删去了,其中包括对全经作的"大科"("序分"、"正宗分"、"流通分"三分)的小标题,以及对"大科"之下的各章段层次作"子科"的小标题。为避免层次上的混沌,对菩萨修行的各个阶位和菩萨戒重轻各戒的名称(依用隋智顗《菩萨戒义疏》的命名),仍然保留了《梵网经直解》所立的小标题,并在注文中,保留了有些经文的科分。全书采用一段原文、一段注释的编排方式，对经文予以直释。

书首有德玉撰的《佛说梵网经顺朱叙》，说：

> 德玉自丙申年（指清顺治十三年），得戒于澄江和尚，后即参大随禅学，而律部不暇研实，虚声焉尔也。及从双桂先师（指破山海明）得法，南游抵华山律堂，见其威仪攸摄，心恧面愧无已，欲依学以赎前咎，而又恨识浪漂流，二三友人牵制。至行脚事讫还渝，始拈先法、戒二师香。以华岩（寺）新创，清规未整，虽草草露布，禅律并行，亦有虚无实，遂禁足于季而关（此处位于华岩）三载，日课华严万佛，并《楞伽》、《梵网》等经。惟《梵网》上卷，求句读且难，况得义得味，依法修行乎。蜀无律师、律体、律学，其来久矣！乃展三昧和尚（指寂光）《直解》（指《梵网经直解》）谛究，之年余少有进益。但其中文理浩瀚，引证攸长，肤学者实难趣入，非悟戒体、广学多闻、细心于经论律部者，亦不识三昧和尚之深心也。今此《顺朱》，虽就正文，顺朱填墨，亦从《直解》中截出，间或别出己意，亦不敢杜撰，外三昧和尚法眼也。（《新纂续藏经》第三十九册，第 1 页上）

卷上：解释作者所立的释经四门；《梵网经》卷上。内容包括菩萨阶位“十发趣心”、“十长养心”、“十金刚心”、“十地”等。如关于“卢舍那佛”，说：

> 号为卢舍那佛，住莲华台藏世界海（以上为《梵网经》卷上的原文）。
>
> 号者，名也。卢舍那，解见上（指前面的注文），即报身佛名也。住，居也。莲华台藏世界海者，《华严经》云，有二十重华藏世界海，皆在无边妙华光香水海中，此世界乃是毗卢遮那如来，往昔于此世界中，微尘数劫修菩萨行时，亲近

微尘数佛之所严净,今感果住此也。而此娑婆华藏世界,正当第十三重,有十三佛刹微尘数世界围绕,即毗卢遮那如来出现之处。梵语毗卢遮那,华言遍一切处,即法身佛名也;梵语卢舍那,华言种种光明遍照,遍一切遍照。二经(指《梵网经》、《华严经》)名异体同,法即报,报即法也。法身毗卢遮那佛住莲华藏庄严世界海,即报身卢舍那佛住莲华台藏世界海也(以上为德玉根据《梵网经直解》删改的注释)。(卷上,第4页下)

卷下:解释《梵网经》卷下。内容包括菩萨戒法"十重戒"(第一条"杀戒"至第十条"谤三宝戒")、"四十八轻戒"(第一条"不敬师长戒"至第四十八条"破法戒")等。如关于轻戒第十八条"无解作师戒",说:

若佛子,应学十二部经、诵戒,日日六时持菩萨戒,解其义理、佛性之性。而菩萨不解一句一偈,及戒律因缘,诈言能解者,即为自欺诳,亦欺诳他人。一一不解,一切法不知,而为他人作师授戒者,犯轻垢罪(以上为《梵网经》的原文)。

若佛子应学者,应当习学般若也。般若有三:一文字般若,十二部经是;二观照般若,持菩萨戒是;三实相般若,解佛性之性是也。言佛子必当先学十二部经,而起解慧,有解慧而不修行,恐成狂慧。应当诵戒,以固定慧基本,必须日日六时,无少懈怠,诵持大乘菩萨心地戒品,依法修行菩萨实行。既有戒行,若不明其指归,不能究竟佛果,故当解其义味道理,通彻佛性之底蕴,自明不惑,方可明人,为人师范也。而菩萨等者,言菩萨若于十二部经意,一句一偈不晓,菩萨心地戒律因缘不通,反诈言能解了者,宁非自欺诳,亦欺诳他人也耶，可谓大胆犯重、无耻之人也。于佛性之性，一一义理，毫无解会，教行理果，一切法不知，而乃妄为人作师承，传授戒法者，是菩萨犯轻垢罪（以上为德玉根据《梵网经直解》删改的注释）。（卷下，第55页下）

据笔者粗略统计，明寂光《梵网经直解》二卷约有十五万八千字，而本书只有十万字，也就是说，作者德玉精简了三分之一的篇幅，这就使得本书的注文更为紧凑，意思更为明晰。因此，本书虽说是《梵网经直解》的删改本，但它透露的思想资料，并不全是寂光的，也有不少是德玉的，从那些改定的文句中，可以看到德玉本人对经文的不同理解和心得。仅就这一点来说，本书有着独立的价值。

第三门　其他菩萨戒经研习著作

第一品　璎珞类：新罗元晓《菩萨璎珞本业经疏》二卷

《菩萨璎珞本业经疏》，又名《本业经疏》，二卷（卷上前部分已佚）。新罗元晓撰，撰时不详。收入《新纂续藏经》第三十九册。

元晓（617—686），新罗湘州人，俗姓薛，幼名誓幢。二十九岁出家于皇龙寺，随师禀业，遍游诸方。四十五岁时，与义湘结伴入唐求法，途中因夜宿墓地，感悟“心生故种种法生，心灭故龛坟不二”，“三界唯心，万法唯识，心外无法，胡用别求”（见韩国金煐泰著、柳雪峰译《韩国佛教史概说》），于是独自携囊返国。平日发言狂悖，示迹乖疏，曾与瑶石宫寡公主私通而生子薛聪（薛聪后为“新罗十贤”之一）。此后自称“小姓居士”（但从元晓著作上的署名为“新罗国沙门元晓”或“海东沙门元晓”、“释元晓”来看，他的身份仍是僧人），以《华严经》“一切无碍人，一道出生死”之义，作歌劝化，唱念佛号。先后住新罗庆州芬皇寺、黄龙寺、高仙寺，弘扬华严、净土，王臣道俗，云拥法堂。被尊为海东（指新罗）华严宗之祖，谥号“大圣和静国师”。

元晓的著作，据统计共有八十六种。其中，见存的尚有：

《大慧度经宗要》一卷、《法华经宗要》一卷、《金刚三昧经论》三卷、《华严经疏》十卷、《无量寿经宗要》一卷、《阿弥陀经疏》一卷、《涅槃经宗要》一卷、《弥勒上生经宗要》一卷、《解深密经疏》三卷、《梵网经菩萨戒本私记》二卷(今存卷上)、《菩萨戒本持犯要记》一卷、《大乘六情忏悔》一卷、《发心修行章》一卷、《中边分别论疏》四卷、《判比量论》一卷、《大乘起信论疏》二卷、《游心安乐道》一卷等;已佚的有:《维摩经疏》三卷、《金光明经疏》八卷、《楞伽经疏》七卷》、《四分律羯磨疏》四卷、《成唯识论宗要》一卷、《摄大乘论疏》四卷、《成实论疏》十六卷等(以上见韩国金煐泰著、柳雪峰译《韩国佛教史概说》,社会科学文献出版社 1993 年 3 月版)。生平事迹见北宋赞宁《宋高僧传》卷四、高丽一然《三国遗事》卷四、义天《新编诸宗教藏总录》、日本永超《东域传灯目录》、韩国《高仙寺誓幢(指元晓)和上塔碑》等。

本书是《菩萨璎珞本业经》的注疏,采用先科分层次,标立纲目,然后随文出疏的方式编撰。《新纂续藏经》所编的《菩萨璎珞本业经疏目次》小注说"卷上逸失",但从今本的内容来看,并非是卷上全部佚失,而是卷上的前部分佚失,后部分仍然见存(被《新纂续藏经》编集者划入"卷下"),故本书事实上并非"仅存下卷"。

卷上:解释《菩萨璎珞本业经》卷上《集众品》(已佚)、《贤圣名字品》(已佚)、《贤圣学观品》(今存后部分)三品。《贤圣学观品》是论述菩萨修行阶位中"四十二贤圣位"六个等次("十住"、"十行"、"十回向"、"十地"、"无垢地"、"妙觉地")的别称、修习和观法的。本书见存部分所释的内容是:"十地"的第九观"入法际智观"、第十观"无碍智观",以及"无垢地"、"妙觉地"等。如关于"十地"的第九观"入法际智观",说:

九入法际智（观），所谓四十辨才者。以诸辨才，巧入诸法差别边际，故言入法际智。四十辨才者，四无碍智有十种故。如《十地论》云，是四无碍智十种差别：一依自相、二依同相、三行相、四说相、五智相、六无我慢相、七小乘大乘相、八菩萨地相、九如来地相、十作住地相。自相者有四：一生法自相、二差别自相、三想坚固自相、四彼想差别自相。如经，是菩萨用法无碍智，知诸法自相故；以义无碍智，知诸法差别相故；以辞无碍智，知不坏说诸法故；以乐说无碍智，知诸法次第不断故。同相者有四种：一者一切法同相、二者一切有为同相、三者一切法假名同相、四者假名假名同相。如经，复次以法无碍智，知诸法无体性故；以义无碍智，知诸法生义相故；以辞无碍智，知诸法假名，而不断假名法说故；以随说无碍智，随假名不坏无边法说故。乃至广说。（卷上《贤圣学观品》，《新纂续藏经》第三十九册，第241页上、中）

卷下：解释《菩萨璎珞本业经》卷下《释义品》、《佛母品》、《因果品》、《大众受学品》、《集散品》五品。所释的内容有："十信位"、"四十二贤圣位"、"三谛"、"十般若波罗蜜"、"七财"、"四摄"、"四无碍辩"、"四依"、"法身"、"三聚净戒"、"三种受戒"等。如关于"十行"（指"欢喜行"、"饶益行"、"无瞋恨行"、"无尽行"、"离痴乱行"、"善现行"、"无著行"、"尊重行"、"善法行"、"真实行"），说：

前十住中，得内人空，此十行位，得内法空，依法空解，亦行八万四千法门，是故通名为中十行。次别明中，始入法空者，前得人空，而犹存法，今得法空，于内无遗，是故始生欢喜心也；第二中，言常化众生者，内持戒行，外导众生故，名饶益也；于实得法忍心者，于法实性得法忍心，依法忍故

> 得众生忍,无我、我所,名无瞋恨也;常住功德者,精进无息,所以常住,常住不废,故名无尽也;不失正念者,依禅定力,深伏痴乱,所以临终不浊,是故名为离痴乱也;生生常在者,由般若力随顺觉者,所以常在佛土现生,故名善现也;于我无我者,依方便力,巧离二边,乃至诸法无所染著,故名无著也;常顺敬者,依愿度力,常能随顺三世佛法,故名尊重也;说法度人者,依力度动成物轨,离恶行善,故名善法也;二谛非如者,非二言下,如言有二,故曰非如,所以然者,以非相非非相故,以非相故,非如有谛之言,非非相故,非如无谛之称,作如是解,离虚妄言,以是义故名真实行。(卷下《释义品》,第245页下—第246页上)

从本书的释文来看,作者元晓是将《菩萨璎珞本业经》当作大乘经,而不是当作大乘律来看待的。因此,书中着重用大乘的义理,阐释原著的文句,而对大乘的戒律说得并不多。此外,由于本书是一部"经疏别行"的疏本,书中没有辑录《菩萨璎珞本业经》的全文,故须与原著相对照,才能弄明白元晓的注释是解释原著的哪一段文字,这在一定程度上也制约了它的流通性。从《大正藏》第八十五卷收录的题为《本业璎珞经疏》的敦煌本残卷来看,其内容为《菩萨璎珞本业经》卷上《集众品》(首缺)、《贤圣名字品》(齐全)、《学观品》(即《贤圣学观品》,尾缺)的注释,正与本书相衔接,以此推断,此本或许就是本书卷上的已佚部分。至于《本业璎珞经疏》之名,实为敦煌本整理者的误题,应当更正为《菩萨璎珞本业经疏》。

第二品　瑜伽类:明智旭《菩萨戒本经笺要》一卷

《菩萨戒本经笺要》,又名《菩萨戒本笺要》,一卷。明智旭笺,成于辛卯岁(南明永历五年,1651年)。收入《新纂续藏经》第三十九册。

本书是北凉昙无谶译《菩萨戒本》一卷的注释。作者将《菩萨戒本》科分为“归敬述意”、“正列戒相”、“结示宗趣”三部分。然后科分章段层次,摘录原文(间有为疏通原意而添加的字词,作为夹注),予以阐解。《菩萨戒本》中的戒条,是用一句话或一段话来表述的,并无戒条的名称,很难记诵,智旭在解说时,一一标立了戒名,由此构建了“地持”类菩萨戒的戒名体系。书末有智旭《跋语》,说:

予囊寓九华时,述《梵网合注》已,将此戒本经,所有开遮持犯,尽会入于十重、四十八轻中矣。比因半月半月诵此戒本,犹有未解其文义者,坚以笺释为请。予恐犯重繁过,辞之再三。复更请曰:末世钝根,或不能遍阅《合注》,何不曲顺时机,令诵者略知大意,庶不堕无知罪乎!于是黾勉笺其最切要处,以便初学。若夫菩萨比丘,自应遍学大小律藏。即菩萨沙弥及优婆塞,亦应广学大乘经律,岂容守此一滴,而遗弃法海哉!(《新纂续藏经》第三十九册,第188页下—第189页上)

(一)“归敬述意”。下分“归凭”、“诚听”、“喻赞”、“劝持”四目,解释《菩萨戒本》初首的“归敬偈”。如关于“归敬偈”初始四句的含义,说:

归命卢舍那,十方金刚佛。亦礼前论主,当觉慈氏尊(以上为《菩萨戒本》原文)。

卢舍那,此翻净满,恶无不断,故净,善无不行,故满,即修德究竟圆极,克证本性,具足三身,恒居报土,乃菩萨戒之大和尚(指卢舍那佛是受菩萨戒者的“亲教师”)也。十方金刚佛者，金刚道后证不坏性，亦是圆满报身，与卢舍那，一身一智慧，力无畏亦然，各遍法界，无碍无杂，非一非异，乃菩萨戒之同坛尊证也。慈氏尊者，梵称弥勒，于前则为《地论》主（指《菩萨地持经》的撰作者），于后则次当作佛，乃菩萨戒之羯磨阿阇梨（指弥勒是受菩萨戒者的“羯磨师”）也。将欲诵戒，故先归命敬礼，以求加被（以上为智旭的注释）。（第180页上）

（二）“正列戒相”。下分“明四重”、“明四十一轻”二目，解释《菩萨戒本》正文的“四重戒”、“四十一轻戒”。此中所说的“四十一轻”，实应作“四十三轻”，因为本书标立的“第八不同声闻戒”，据唐玄奘译《菩萨戒本》，应分作“与声闻共学戒”、“与声闻共学戒”二戒；“第二十六不习学佛戒”，应分作“舍内学外戒”、“专习异论戒”二戒所致。此外，轻戒中的“第十掉戏戒”、“第十三不折伏众生戒”、“第十四瞋打报复戒”、“第十五不如法忏谢戒”、“第十七慊恨他戒”、“第十九贪睡眠戒”、“第二十世论经时戒”、“第二十四毁声闻法戒”、“第二十九憍慢不听法戒”、“第三十四不报恩戒”、“第三十五不慰忧恼戒”等十一条，仅标立戒条的名称、摘录戒条的文句，而未对戒文作释。

如关于重戒“悭惜财法戒”，说：

第二悭惜财法戒（此为智旭标立的戒名）。

若菩萨，自有财物，性悭惜故，贫苦众生，无所依怙，来求索者，不起悲心，给施所求，有欲闻法，吝惜不说，是名第二波罗夷处法（以上为“悭惜财法戒”的原文）。

菩萨之道，常应财、法二施，摄取众生。自有财物，明其非乏财也。贫苦众生，明其非越理妄求也。有欲闻法，明其非不堪闻也。吝惜不说，明其非不知法也。悭吝鄙涩，不起

悲心,正违大菩提道,故亦犯重(以上为智旭的注释)。(第180页下—第181页上)

关于轻戒"不同事戒",说:

第三十一不同事戒。菩萨有四摄法,摄取众生:一布施、二爱语、三利行、四同事。今即同事摄也(此为智旭标立的戒名和释名)。

若菩萨,住律仪戒,见众生所作,以瞋恨心,不与同事。所谓思量诸事,若行路、若如法兴利、若田业、若牧牛、若和诤、若吉会、若福业,不与同者,是名为犯众多犯,是犯染污起。若懒惰懈怠,犯非染污起。不犯者,若病、若无力、若彼自能办、若彼自有多伴、若彼所作事非法非义、若以方便令彼调伏如前说、若先许他、若彼有怨、若自修善业不欲暂废、若性暗钝、若护多人意、若护僧制,不与同者,皆不犯(以上为"不同事戒"的原文)。

是中,兴利、田业、牧牛等事,则唯是在家菩萨应同;若行路、和诤、吉会、福业等事,则出家菩萨亦应同也。不犯有十二种,各一若字为句首可知(以上为智旭的注释)。(第186页下—第187页上)

(三)"结示宗趣"。下分"结指戒法功能"、"劝示护持心要"、"结显护戒利益"三目,解释《菩萨戒本》末尾的结语。如关于重戒"悭惜财法戒",说:

诸大士,我已说菩萨四波罗夷法、众多突吉罗法,此是弥勒世尊摩得勒伽,和合说,律仪戒、摄善法戒、摄众生戒。此诸戒法,能起菩萨行,能成菩萨道(以上为《菩萨戒本》的原文)。

起行，则万善庄严，缘因佛性力也。成道，则一性圆极，了因佛性力也。并由此戒，戒之功能大矣哉（以上为智旭的注释）。（第188页中）

本书作为今存唯一的北凉昙无谶译《菩萨戒本》的注释，对初学者阅读原著提供了很大的便利。

第三品　瑜伽类：明智旭《菩萨戒羯磨文释》一卷

《菩萨戒羯磨文释》，一卷。明智旭释。原书未署撰时，从本书著录于作者的《律要后集》推断，约成于明崇祯三年（1630）之前。收入《新纂续藏经》第三十九册。

本书是唐玄奘译《菩萨戒羯磨文》一卷的注释。作者先作释题，指出，“此文出《瑜伽师地论·本地分中菩萨地》之《戒品》，凡受菩萨戒者，最宜知之”（《新纂续藏经》第三十九册，第189页中）；然后科分层次，摘录原文，予以阐解。

（一）《受戒羯磨》。下分“从师受”（指有大乘法师时，应请法师授与菩萨戒）、“像前受”（指无大乘法师时，可在佛像前自誓受菩萨戒）二目，解释唐玄奘译《菩萨戒羯磨文》第一篇。其中，“从师受”下分“启白请证”、“正授戒法”、“总结毕仪”、“拣择非器”四子目；“像前受”不分子目。如关于“正授戒法”中的菩萨戒戒相，为何只列“四种他胜处法”（又称“四重戒”），说：

若诸菩萨，住戒律仪，有其四种他胜处法。何等为四？（以上为《菩萨戒羯磨文》的原文）

他胜处法者，智慧为自，烦恼为他，佛法为自，魔力为他，发心受菩萨戒，本欲摧伏魔军，破烦恼贼，今犯此戒，反被烦恼所胜，亦为魔力所胜也。然《梵网》具明十重，今只列后四者，凡有三义：一者杀、盗、淫、妄，名为根本戒法，无论在家、出家、沙弥、比丘，欲受此菩萨戒者，必已先受五戒、十戒及具戒等，何劳更宣？今但申明上弘下化增上律仪而已。二者根本戒法，七众设犯，不通忏悔，纵令大乘许其忏悔，须见好相。今此四戒，若软中品缠犯（指下中品烦恼违犯），止须忏除，上品缠犯（指上品烦恼违犯），犹容重受，故不可以根本四戒相滥同也。三者菩萨之行，或顺或逆，方便甚多，故杀、盗、淫、妄，容有开遮。惟此四戒，随于一一方所、一一趣中，悉不得犯，故独明之（以上为智旭的注释）。（《新纂续藏经》第三十九册，第191页中）

（二）《忏罪羯磨》。下分"诫令勿犯"、"设犯应忏"二目，解释《菩萨戒羯磨文》第二篇。其中，"设犯应忏"（指犯戒后的忏悔法）下分"对首忏"（指）、"自誓忏"（指）二子目。如关于犯戒后对谁发露忏悔（"所对之人"），说：

如是菩萨一切违犯，当知皆是恶作所摄，应向有力、于语表业能觉能授、小乘大乘补特伽罗，发露忏悔（以上为《菩萨戒羯磨文》的原文）。

一切违犯，通指此（指本书）中四重（戒），及《戒本》（指玄奘译《菩萨戒本》）中四十一轻（实为"四十三轻"）而言之也。比丘戒法，局在僧轮，故详列五篇七聚，名为秘法。菩萨戒法，通于七众，故一切违犯，均名恶作，但有可悔、不可悔、若轻、若重之殊耳。受戒必须（依）大乘法师，忏悔不拘小乘、大乘者（指受菩萨戒后，若犯戒，对小乘比丘或大乘法师忏悔均可），以小乘比丘亦是住持僧宝，堪为菩萨灭罪故也（以上为智旭的注释）。（第193页下—第194页上）

(三)《得舍差别》。叙述舍弃与不舍弃菩萨戒的差别。如关于受菩萨戒的时效,说:

> 若诸菩萨,虽复转身遍十方界,在在生处,不舍菩萨净戒律仪,由是菩萨不舍无上菩提大愿,亦不现行上品缠犯他胜处法(以上为《菩萨戒羯磨文》的原文)。
>
> 八关戒法,局在一日一夜;五戒、十戒、具戒(指具足戒),局在尽寿;惟此菩萨戒法,一得永得,直至尽未来时,若无退心、犯重二缘(指除非弃舍受菩萨戒时发的菩提大愿或以上品烦恼犯重罪),终不舍失也(以上为智旭的注释)。(第194页下)

本书言简意赅,对于初学者阅读《菩萨戒羯磨文》的原文,颇有帮助。

第四品　优婆塞类:明智旭《在家律要广集》三卷

《在家律要广集》,原名《在家律要》,增订后改为今名,三卷。明智旭集,清仪润、陈熙愿增订(书题"明蕅益沙门智旭集,清源洪沙门仪润、优婆塞陈熙愿增订")。智旭所集的《在家律要》,约成于明崇祯三年(1630)之前(此据本书的续集《律要后集》所署撰时推断);增订后的《在家律要广集》,成于清道光四年(1824)。收入《新纂续藏经》第六十册。

本书是佛教在家二众(优婆塞、优婆夷)习律要典的选编和解说。内容以在家菩萨戒为主,兼及小乘优婆塞戒。智旭原集《在家律要》收文九篇,陈熙愿新增六篇,故今本合计收录十五篇。其中,《优婆塞受三归五戒法》、《佛说优婆塞五戒相经》、《佛说斋经》、《优婆塞戒经·受戒品》、《佛说梵网经心地品菩萨戒》、《梵网经忏悔行法》六篇，有智旭注释；其余均为佛经文本（新增的篇目，均据清《龙藏》本抄录），无注释。书首有清道光四年（1824）沈起潜撰的《在家律要广集序》、仪润撰的《序》；书末有清道光五年（1825）陈熙愿撰的《跋》。仪润《序》说：

> 《在家律要》者，灵峰蕅益大师（指智旭）之所集也。大师以慈愍故，既集释子切要之律，贻惠后学。复念在家二众，遵循有志，而寻讨维艰，乃更集《在家律要》，并各笺注。俾奉持者，依文解义，依义摄心，其法施之惠亦溥矣。夫律文浩瀚，律义深微，即吾释子，敬奉毗尼，留心讲习，尚难得一善本，体究行持，况于在家，以初发心之人，为素所未习之事乎！是此书诚为不可少者。惜年久板朽，传本绝少，故今之近事（指优婆塞），不惟止作、持犯之义，少有精解，即问伊何为归戒，何为开遮，亦茫无以应。真益陈君（指陈熙愿）有慨于此，欲因原集增益重梓，以商于予，予亟怂恿之。越数月，君以《广集》命予校订，见其无义不收，无法不备，而伦次之间，具有道理。……因乐为梓行，并增其题曰《广集》。（《新纂续藏经》第六十册，第447页中、下）

卷一，收录九篇。（1）《四分律藏》（又名《四分律藏节录》，节录第三十二卷）。姚秦佛陀耶舍共竺佛念译，陈熙愿增收。（2）《优婆塞受三归五戒法》（又名《优婆塞受三归五戒法汇释》）。智旭原集并汇释。（3）《三归五戒慈心厌离功德经》。东晋失译，陈熙愿增收。（4）《灌顶三归五戒带佩护身咒经》。东晋帛尸黎密多罗译，陈熙愿增收。（5）《嗟韈曩法天子受三归依获免恶道经》。北宋法天译，陈熙愿增收。（6）《十善业道经》。唐实叉难陀译，智旭原集。（7）《佛说戒消灾经》。孙吴支谦译，智旭原集。（8）《佛说优婆塞五戒相经》（又名《佛说优婆塞五戒相经笺要》)。刘宋求那跋摩译,智旭原集并笺要。(9)《佛说斋经》(又名《佛说斋经注》,附智旭《受八关斋法》)。孙吴支谦译,智旭原集并注、陈熙愿节要。关于"受八关斋法",智旭说:

诸经论中,具有八关斋法,盖以一往判释,则五戒乃人天因,此一日夜戒斋,方为出世因也。故无论已受五戒、未受五戒,已至受菩萨优婆塞戒者,皆可随意受持。或六斋日或生日,讳日或作诸功德日等,并应发心秉受。本经(指《佛说斋经》)虽合为八支,而秉受时,仍作九支陈说,无过。盖文有开合,义无增减也。此依《毗婆沙》等,以易方秉白故。受此斋法,须一出家人为作证明,不问大小两乘五众,但令举世不非时食者,便可为师。设数里内,决无其人,或可对经像前,自誓秉受耳,以不非时食为斋体,余支助成。盖生死正因,无如淫欲,生死增上胜缘,无如饮食。是故经云,一切众生,皆依淫欲,而正性命。又云,一切众生,皆依食住。而在家五戒,未能永舍家业,眷属缘累,故令于六斋日,受此八关戒斋,一日一夜,种未来世永出因缘。(卷一《受八关斋法》,第471页中、下)

卷二,收录四篇。(1)《大乘本生心地观经》(节录《观心品》、《发菩提心品》、《成佛品》)。唐般若等译,陈熙愿增收。(2)《外道问圣大乘法无我义经》。北宋法天译,陈熙愿增收。(3)《优婆塞戒经受戒品》(又名《优婆塞戒经受戒品笺要》,附《优婆塞戒经中前后摘要》)。北凉昙无谶译,智旭笺要、仪润标目(指标立小标题)。(4)《优婆塞五戒威仪经》。刘宋求那跋摩译,仪润标目(附智旭《辩五则》)。关于在家二众如何"忏悔"、"诵戒经",智旭说:

> 四辩忏诵(此为“辩五则”之四)。按律中,在家二众受戒,或有毁犯者,逢月十四、二十九初夜,当往僧中忏悔。黑白半月(每月三十名黑月,十五日名白月——原注),正布萨日(梵语布萨,此翻说戒——原注),应诵戒经。其小乘,在自舍诵《五戒相经》(指《优婆塞五戒相经》),及《戒消灾经》。其大乘在家二众,所受戒相有殊:一是《梵网》十重四十八轻,此则僧俗菩萨七众同受;一是《优婆塞戒经》六重二十八轻,唯摄居家,不收出家。此世尊应机制止,施法由人。若受十重四十八轻者,半月布萨,当诣有菩萨僧界听诵,傥近处无有僧坊,本宅佛堂,许自诵之;若受六重二十八轻者,唯在自舍佛像前跪诵,纵是近有僧坊,不得听诵,以戒相不同故。(卷二《辩五则》,第491页上)

卷三,收录二篇。(1)《佛说梵网经心地品菩萨戒》(又名《佛说梵网经心地品菩萨戒疏注节要》,附智旭《合注跋语》)。原书的署名为“姚秦三藏法师鸠摩罗什译、陈隋天台国清智者大师疏、明古杭云栖沙门袾宏发隐、明孝丰灵峰沙门智旭合注、清优婆塞真益陈熙愿节要、清瓶窑真寂后学仪润重刊”,简略地说,此篇是明袾宏《梵网经心地品菩萨戒义疏发隐》的注释。(2)《梵网经忏悔行法》(此书另有单行本,收入《新纂续藏经》第六十册)。智旭述。关于受《梵网经》菩萨戒之后,犯“十重戒”的“忏悔法”,智旭说:

> 经云,若有犯十戒者,应教忏悔,在佛菩萨形像前,日夜六时,诵十重四十八轻戒,苦到礼三世千佛。若一七日,二三七日,乃至一年,要见好相,便得灭罪。此金口明训也。…… 其或八戒、五戒及沙弥戒破根本者,依此忏法,见好相已,既得菩萨大戒,亦仍可许进比丘戒。若小乘比丘破

> 根本者，依此忏悔，见好相已，密达无生，或仍可附与学之科。纵令障深，未成感应，而永断相续，恳恻求哀，必能闭恶趣门，植出世种也。略为十意：一严道场、二净三业、三香华供养、四赞礼归依、五陈罪悔除、六立誓诵戒、七苦到礼佛、八重修愿行、九旋绕自归、十坐念实相。（卷三《梵网经忏悔行法》，第540页上、中）

本书是经清陈熙愿增订后雕版刊行的，从这一点来说，他对本书的流通是有功的。但他将一些冷僻、艰涩的经典，如《佛说灌顶三归五戒带佩护身咒经》、《嗟袜曩法天子受三归依获免恶道经》、《大乘本生心地观经》、《外道问圣大乘法无我义经》等也添入其中，致使本书的阅读难度陡然增加，这是失当的。因为在家佛弟子并非专业研究者，供他们阅读的律典应当以简明通俗为主，过于艰深，只能使他们望而生畏。就此而言，增订后的《广集》，反而不如智旭的原著来得平易。

此外，《新纂续藏经》第四十四册收录的智旭《佛说斋经科注》一卷的要点，已收于本书卷一；《新纂续藏经》第六十册收录的智旭《梵网经忏悔行法》一卷，已收于本书卷三。故这两种单行本的内容与本书是重复的，特别是后者，完全相同，理应从《新纂续藏经》中删除。

第四门　受菩萨戒法著作

第一品　陈慧思《受菩萨戒仪》一卷

《受菩萨戒仪》，又名《受菩萨戒法》，一卷。南朝陈代慧思（一作“惠思”）撰，约成于光大二年（568）至太建八年（576）之间。收入《新纂续藏经》第五十九册。

慧思（515—577），俗姓李，武津（今河南上蔡县）人。北魏永安二年（529），年十五岁，辞亲出家（此据《佛祖统纪》卷六），奉持守素，梵行清慎，专诵《法华》，日唯一食。东魏天平元年（534），年二十岁，受具足戒。因读《妙胜定经》（又名《最妙胜定经》）有感，发心修习禅定，于是遍参禅师，咨问禅法，常居林野，经行修禅。后从北齐慧文禅师（天台宗二祖），禀受禅法。法华三昧、大乘法门，一念明达。因名行远闻，学徒日盛，而招致“恶论师”的嫉恨，屡次被毒而未死。北齐天保五年（554），为避祸，南下光州，次年（555）入大苏山。在大苏山弘法达十四年，先后于光州开岳寺、观邑寺和郢州多次开讲《大品般若经》，并在光城县齐光寺造金字《大品般若经》、《法华经》各一部，后被尊为“天台宗三祖”。由于光州地处南陈、北齐的边境，烽火屡起，民众离奔，为避乱，慧思于陈光大二年（568）率领徒众四十余人，入住南岳，后终于所在。南北朝时期，南方佛教偏重义理，北方佛教偏重禅法,而慧思倡导"定慧双开",白天研习义理,夜间修持禅定。这一主张,对纠正佛教界片面的修学风气,产生了积极的影响。

慧思著作见存的尚有:《大乘止观法门》四卷、《诸法无诤三昧法门》(又称《无诤行门》)二卷、《随自意三昧》(又称《随自意》)一卷、《法华经安乐行义》(又称《安乐行》)一卷、《南岳思大禅师立誓愿文》一卷;已佚的,有《四十二字门》二卷、《释论玄》(又称《释论玄门》,"释论"指《大智度论》)一卷、《次第禅要》一卷、《三智观门》一卷。生平事迹见唐道宣《续高僧传》卷十七、南宋志磐《佛祖统纪》卷六等。

本书叙述受菩萨戒的程序和仪式。内容叙及:"请传授菩萨戒师"、"戒师种种为说因缘方便"、"观五法"、"兴三愿"、"发四弘愿"、"请戒师"、"请十方诸佛菩萨"、"受三归依"、"问十难"、"乞授菩萨戒"、"忏悔"、"问七遮"、"正受戒"、"礼谢诸佛菩萨"、"发愿回向"等。从书中引有《璎珞经》、《梵网经》的文句,所说的"十无尽戒"、"四十二位贤圣法"(见各戒条文),均出自《璎珞经》来看,本书主要是参考《璎珞经》的内容编集的,有些地方也采用了《梵网经》等经的说法(如"十无尽戒"第五条"不得酤酒"、第六条"不得说在家出家菩萨过失"的前后次第,是依照《梵网经》而定的)。

(一)"请传授菩萨戒师"。说,求受菩萨戒者须先请一位大乘法师作"菩萨戒师",对他说,"我某甲等,今从大德,求受菩萨戒,愿大德于我不惮劳,慈愍故",说三遍("三说")。

(二)"戒师种种为说因缘方便"。说,"戒师"须对求戒者作开导,告诉他,"欲求戒法者,先发信心,信心若成,三学具足";"戒为万行之先锋,六度之基址";"菩萨戒有八种殊胜"(指"极道胜"、"发心胜"、"福田胜"、"功德胜"、"受罪轻微胜"、

“处胎胜”、“神通胜”、“果报胜”）等。如关于受菩萨戒的功德，说：

> 戒为万行之先锋，六度之基址，如造宫室，先固其基，徒架虚空，必不成就。故戒为大道之资粮，戒为苦海之船筏，庄严法身，以戒为璎珞，破除烦恼，以戒为清凉。然（戒）有多种，三归、五戒，得人身；十善、八斋，生天报；持十戒、具足戒，出烦恼之爱河，得罗汉之圣果；受菩萨戒者，得于佛果。《梵网经》云，一切有心者，皆应摄佛戒，众生受佛戒，得入诸佛位。故知凡有心者，咸具佛戒，各各圆满，无有缺减。问：既然如是，何须更受？答：以暂亡故，约事重明。即知全心是戒，全戒是心，离心无戒，离戒无心。……《璎珞经》云，一切圣凡戒，尽以心为体，心无尽故，戒亦无尽。（《新纂续藏经》第五十九册，第350页上）

（三）“观五法”。说，求戒者须作五种观想，“观十方一切众生，如圣人想”；“观十方一切众生，如父母想”；“观十方一切众生，如师长想”；“观十方一切众生，如国王想”；“观十方一切众生，如奉大家想”。

（四）“兴三愿”。说，求戒者须兴起三种大愿，“一愿自己三业所作功德，与十方一切众生同共”；“二愿我共十方一切众生，早度生死烦恼大海，到涅槃彼岸”；“三愿我与法界众生，通达十二部经文义，了了分明”。

（五）“发四弘愿”。说，求戒者须发起的四大誓愿，“众生无边誓愿度，烦恼无量誓愿断，法门无边誓愿学，佛道无上誓愿成”，随戒师（又称“菩萨戒师”）唱念三遍。

（六）“请戒师”。说，求戒者须“奉请释迦牟尼佛，作和尚”；“奉请文殊师利龙种上尊王佛，作羯磨阿阇梨”；“奉请当来弥勒尊佛,作教授阿阇梨”;“奉请十方现在诸佛,作证戒师(又称“尊证师”)”;“奉请十方诸大菩萨,作同学等侣”。

(七)“请十方诸佛菩萨”。说,求戒者须奉请十方三世“一切诸佛”、“诸大菩萨”等,“普降道场,证明受戒功德”;奉请“八部龙神”等,“结净护戒”;奉请“六道四生”等,“同沾戒善”。

(八)“受三归依”。说,求戒者须“各自胡跪,受三归依”,先将“弟子某甲等,愿从今身尽未来际,归依佛、归依法、归依僧”等,说三遍;再将“弟子某甲等,从今已去,归依佛竟,归依法竟,归依僧竟”等,说三遍(与前合称“三归三结”)。

(九)“问十难”。说,戒师须问求戒者:“汝从今已去”,能否做到十事。所问的“十难”是:“能舍离一切恶知识否”;“能常念佛,亲近善知识否”;“乃至失命因缘,能不犯戒否”;“能读诵大乘经,问甚深义否”;“若见一切苦恼众生,能随力救护否”;“能于无上菩提,生深信否”;“能尽形寿,随力供养三宝否”;“能舍诸懈怠,发精进,勤求佛道否”;“能舍一切所有难舍、能舍否”;“于五尘境,烦恼生时,能制伏心否”。求戒者须一一答言:“能”。

(十)“乞授菩萨戒”。说,戒师须向“十方诸佛菩萨”作“此诸佛子,求比丘某甲,欲从诸佛菩萨僧,乞授菩萨戒”的告白;求戒者也应作“弟子某甲等,从某年月日,于南赡部洲某国某乡里某寺某(僧),受菩萨戒”的告白。

(十一)“忏悔”。说,求戒者须忏悔“从无始以来,至于今日”所作的“身业不善”、“口业不善”、“意业不善”,“发露忏悔,愿罪灭福生”。

(十二)“问七遮”。说,戒师须问求戒者有无“七遮”(又称“七逆罪”),若有则不得受戒。所问的“七遮”是:“汝还曾出佛身血否”;“还曾杀父否”;“还曾杀母否”;“还曾杀和尚否”;“还曾杀阿阇梨否”;“还曾破羯磨转法轮僧否”;“还曾杀圣人否”。求戒者应一一答言:“无”。

（十三）“正受戒”。下分四个层次:(1)“略示三相”。说,正授菩萨戒时,戒师须先向受戒者宣说菩萨戒的“三相”(三个组成部分),“一谓摄律仪戒、二摄善法戒、三饶益有情戒”。(2)“宣三回羯磨”。说,戒师须作三次白羯磨,“第一回羯磨”时,应说“十方法界,一切境上,微妙戒法,悉皆动转,不久应当入汝身中”;“第二回羯磨”时,应说“此妙戒法,即法界诸法之上起,遍虚空中,集汝顶上,妙可承受”;“第三回羯磨”时,应说“此妙戒法,入汝身中,清净圆满,正在此时,领纳戒法,不得余觉余思,令戒不圆满”;最后说“汝等即今是真菩萨,名真佛子”。(3)“受十无尽戒”(又称“十重戒”,为菩萨戒的“摄律仪戒”)。说,正授菩萨戒时,戒师须逐条宣说“十无尽戒”的戒相(指“不得故断众生命”等,下详),并问“能持否”,求戒者须一一答言:“能持”。(4)“愿诸佛为作证明”。说,正授菩萨戒后,戒师须赞言受持“十无尽戒”的功德,如“持不杀戒,得金刚身不可坏”,“持不盗戒,具足檀波罗蜜”,“持不淫戒,得马阴藏相金色之身”等;并白佛作证,说在某国某处“伽蓝佛像前”,有众多弟子“求受菩萨戒竟”(指结束),“惟愿诸佛为作证明”等。如关于“受十无尽戒”的作法,说:

> (戒师云)吾今为汝受(授)十无尽戒,汝当一心一一谛听。佛子,汝从今身至佛身,尽未来际,于其中间,不得故断众生命。若有犯杀生者,非菩萨行,失四十二位贤圣法,不得犯。能持否?((答云:能持。向下依此——原注)。……不得偷盗。……不得淫欲。……不得妄语。……不得酤酒。……不得说在家出家菩萨过

失。……不得悭贪。……不得瞋恚。……不得称己好道他恶。……不得毁谤三宝。若有犯者，非菩萨行，失四十二位贤圣法，不得犯。能持否？佛子。汝持如此十重戒，即具足十波罗蜜，成就佛身，具足功德，得大神通，放大光明，得一切种智。（第 352 页中—第 353 页上）

（十四）“礼谢诸佛菩萨”。说，授戒结束后，受戒者须“礼谢诸佛菩萨”。

（十五）“发愿回向”。说，最后戒师须教受戒者发愿回向，“用此功德，回向十方法界众生，同趣菩提，俱成佛道”等。

本书是现存最早的汉地佛教受菩萨戒法，但汉地佛教典籍，包括作者慧思的嫡传大弟子智顗的著作，以及后世天台宗众多的其他著述，均未曾提及它，今本是据署名“南岳沙门释惠思撰”的日本古抄本刊行的。因此，本书是否真的为慧思所撰，尚待新的文献资料加以确认。

第二品　唐湛然《授菩萨戒仪》一卷

《授菩萨戒仪》，又名《受菩萨戒文》、《十二门戒仪》、《妙乐十二门戒仪》，一卷。唐湛然述，约成于天宝十四年（755）至建中二年（781）之间。收入《新纂续藏经》第五十九册。

湛然（711—782），俗姓戚，晋陵荆溪（今江苏宜兴）人。家世习儒。唐开元十五年（727），十七岁，访道浙东，遇金华方岩，授以止观之法（此据《佛祖统纪》卷七）。开元十八年（730），二十岁，以儒士之身，求学于左溪玄朗（天台宗八祖）门下，专究天台教观。天宝七年（748），三十八岁，于宜兴净乐寺披剃出家。不久，往诣越州，从昙一律师博究律部。并在吴郡开元寺，开讲

《摩诃止观》。玄朗圆寂后，湛然以中兴天台为己任，在浙东南一带弘扬宗义。初住兰陵（今江苏武进），晚迁天台国清寺，智顗“天台三大部”，皆为之注释，传称“止观之盛，始然（湛然）之力也”。后被推尊为“天台宗九祖”，又称“荆溪尊者”、“妙乐大师”。

湛然著述宏富，主要有：《法华玄义释签》二十卷、《法华文句记》三十卷、《止观辅行传弘决》四十卷、《摩诃止观辅行搜要记》十卷、《止观义例》二卷、《止观大意》一卷、《金刚錍论》一卷、《十不二门》一卷、《始终心要》一卷、《法华经大意》一卷、《法华五百问论》三卷、《法华三昧行事运想补助仪》一卷、《华严经愿行观门骨目》二卷、《维摩经略疏》十卷、《维摩经疏记》三卷（以上均存）等。生平事迹见北宋赞宁《宋高僧传》卷五、南宋志磐《佛祖统纪》卷七等。

本书叙述受菩萨戒的程序和仪式。有关它的撰作缘由，作者在卷初说：“（此书）依古德及《梵网》、《璎珞》、《地持》并高昌等文，授菩萨戒行事之仪，略为十二门，虽不专依一家，并不违圣教。”（《新纂续藏经》第五十九册，第354页中）也就是说，本书是综合当时流传的有关受菩萨戒法的各种文本，如《梵网经》、《璎珞经》、《地持经》、《高昌本》（据《地持经》编写）等编集而成的，并不专依某一家。全书分为“开导”、“三归”、“请师”、“忏悔”、“发心”、“问遮”、“授戒”、“证明”、“现相”、“说相”、“广愿”、“劝持”十二门。

（一）“开导”。说，菩萨戒须向“菩萨戒师”求受，戒师应先问求戒者：“欲受何戒”？并介绍戒的种类，以及求受菩萨戒须具备的“六法”（指六种条件）。如说：

专求无上菩提，须具六法，方得戒。一者能授人。谓能授戒者，须预知颁类，及以人数。……须虔诚，誓求极果。二者所依处。先须谘白，无内外障，安置坛场，庄严清净，皆令地铺，使受者安稳。三者高座秉法。四者专求大道。五者生希有心。如贫如饥，如病如怖，得宝得食，得医得安，不生一念散乱之心，若无恳诚，徒劳彼此。六者专为利他求戒。以菩萨发心，利物为本，发大勇猛，不惜身命，誓与众生，同入真如法界大海。（第354页中、下）

（二）“三归”。说，受菩萨戒前，求戒者须作“三归依”。先说“弟子（某甲——原注），愿从今身，尽未来际，归依佛、两足尊，归依法、离欲尊，归依僧、众中尊”，说三遍；次说“弟子（某甲——原注）等，从今身，尽未来际，归依佛竟，归依法竟，归依僧竟”，说三遍；末说“从今已往，归佛为师，更不归余邪魔外道，唯愿三宝，慈悲摄受，慈愍故”，说一遍。

（三）“请师”。说，受菩萨戒前，求戒者须“请师”。“请传教之师”时，应说“我（某甲——原注）等，今从大德，求受菩萨戒，大德于我不惮劳苦，慈愍故”；“请众圣为授戒师”时，应说“弟子（某甲——原注）等，奉请释迦如来应正等觉，为我和上，我依和上故，得受菩萨戒”，“文殊菩萨为羯磨阿阇梨，弥勒菩萨为教授阿阇梨，一切如来为尊证师，一切菩萨为同学等侣”。

（四）“忏悔”。说，受菩萨戒前，求戒者须作“忏悔”。“忏悔法”有“上品忏”、“中品忏”、“下品忏”三种，求受菩萨戒者所作的是“下品忏”；作“忏悔”前，须“先运逆顺十心”，从“顺流”（指“顺生死”的十种恶行）和“逆流”（指“逆生死”的十种善行）两个方向，检查自己所犯的罪过；尔后，“对三宝前，披陈忏悔”，“一忏已后，永断相续，更不敢作，愿罪消灭”。如关于三种“忏悔法三种”和“运逆顺十心”，说：

然忏悔法，有其三种。上品忏者，举身投地，如太山崩，毛孔流血；中品忏者，自露所犯，悲泣流泪；下品忏者，通陈过咎，随师口言。今虽下品，犹请诸佛、诸大菩萨为作证明。…… 虽从戒师说罪名种，然须先运逆顺十心，重罪方灭。……先言顺流者，谓无始来，随顺生死，自微至著，不逾斯十。一者妄计人我，二外加恶友，三不随喜他善，四纵恣三业，五恶心遍布，六尽(昼)夜相续，七覆语过失，八不畏恶道，九无惭无愧，十拨无因果(亦须教依名运念，令罪消灭——原注)。次明逆流者，所言逆者，谓逆生死，依前顺流，次第逆上，如欲破贼，先须知贼根源窟穴，故知必须从后向前，如人倒地，还从地起。一正信因果，二自愧克责，三怖畏恶道，四发露瑕玼，五断相续心，六发菩提心，七修功补过，八守护正法，九念十方佛，十观罪性空(须一一释对破以，故知无始罪障，不可率除，如伐树得根，灸病得穴，故须逆顺观其罪，由见罪性空，方为永谢——原注)。(第 355 页上、中)

(五)“发心”。说，“忏悔”以后，求戒者须“发四弘心”，即发“四弘誓”(指“众生无边誓愿度”等，书中未列全)、“四种心”(指“所作功德与共”、“愿一切众生过于烦恼生死大海”、“愿共众生通达一切诸经了义”、“共众生至于菩提”)。

(六)“问遮”。说，“发四弘心”以后，戒师须问求戒者有无“七遮”(又称“七逆罪”)，求戒者须如实回答，若有则不得受戒。所问的“七遮”是：“汝不曾出佛身血不”；“不杀父不”；“不杀母不”；“不杀和上不”；“不杀阿阇梨不”；“不破羯磨僧不”；“不杀圣人不”。

(七)“授戒”。说，正授菩萨戒时，戒师须先向受戒者宣说

菩萨戒的"三相"(指"三聚净戒"),接着作三次白羯磨。如关于授戒的程序,说:

> 正授戒者,先略示三相,次正授戒。言三相者,所谓摄律仪戒、摄善法戒、饶益有情戒。应须广辨三聚(指"三聚净戒")广狭、偏圆之相,以作行者期心之本。若不尔者,秉法不成,小乘亦有三聚名故。次正秉法者,(戒师)应语言:汝等谛听,汝等今于我所,求受一切菩萨净戒,求受一切菩萨学处,所谓摄律戒、摄善法戒、饶益有情戒。此诸净戒、此诸学处,过去一切菩萨,已受、已学、已解、已行、已成;未来一切诸菩萨,当受、当学、当解、当行、当成;现在一切诸菩萨,今受、今学、今解、今行,当来作佛。汝等从今身,尽未来际,于其中间,不得犯。能持不?(三问三答——原注)第一遍时,应语言:十方法界一切境上,微妙戒法,悉皆动转,不久当应入汝身中。第二遍凡次,即语云:此妙戒法,即从法界诸法上起,遍虚空中,集汝顶上,微妙可爱,如光明云台。第三遍初,复应示言:若更一遍,此妙戒法,入汝身中,清净圆满,正在此时,纳受戒法,不得余觉余思,令戒不满;第三遍已,语言:即是菩萨,名真佛子。(第356页上、中)

(八)"证明"。说,授戒后,戒师须白佛作证,说在某国某处"僧伽蓝中佛像前",有众多弟子"求受菩萨戒竟","我已为证明,唯愿诸佛,为亦作证明"。

(九)"现相"。说,因求戒者之心,分为"三品"(上中下品),故受戒时所感应的瑞相(又称"得见好相",明智旭《梵网经合注》卷七说,"好相者,佛来摩顶,见光见华,种种异相"),亦有三品不同,"所谓凉风、异香、声、光明,种种异相","上品相者,上风、上香、上光明等,中下准此",但此等瑞相,"唯佛能了,余无能知”。

（十）“说相”。说，戒师须对求戒者宣说菩萨戒的戒相“十重戒”。这十条重戒是：(1)“若自杀，若教人杀，若作坑阱，与人、非人药，施设方便”（即“杀戒”）。(2)“若自盗，若教人盗，盗人五钱，若过五钱”（即“盗戒”）。(3)“若淫人男女、诸天鬼神、畜生男女，作不净行”（即“淫戒”）。(4)“若非真实、非己有，自言得禅、得解脱、得定、得九大禅、得初信，乃至等觉妙觉、天龙鬼神来供养我”（即“妄语戒”）。(5)“酤诸酒”（即“酤酒戒”）。(6)“说出家、在家菩萨（罪过）”（即“说四众过戒”）。(7)“自赞己真实所得，并毁出家、在家菩萨”（即“自赞毁他戒”）。(8)“悭法悭财，有来求者，法不为说一句一偈，财不施与一针一草，反生骂辱”（即“悭惜加毁戒”）。(9)“瞋一切出家、在家菩萨”（即“瞋心不受悔戒”）。(10)“若谤三宝，若增若减，若相违，若戏论，下至一句”（即“谤三宝戒”）。

（十一）“广愿”。说，授戒之后，戒师须教受戒者发愿回向，说“弟子（某甲——原注）等，愿以忏悔、受戒、发心所生功德，回施法界一切众生。愿法界众生，未离苦者，愿令离苦；未得乐者，愿令得乐；未发菩提心者，愿令发菩提心；未断恶修善者，愿断恶修善；未集佛法者，愿集佛法；未利生者，愿早利生；未成佛者，愿速成佛”。

（十二）“劝持”。说，最后戒师须教受戒者受持戒法，“具足二持（指止持戒、作持戒），遍修诸善，遍断诸恶，勤行慈救，恭敬三宝”。

与慧思《受菩萨戒仪》相比，本书的特色是标立了十二门的类目，不足之处是叙事较为粗略，仪法的细致性不如慧思之书。其中，将与受戒的程序和仪式并无直接关系的“现相”（又称“得见好相”），单独立为一门，似为多余。因为《梵网经》卷下“四十八轻戒”中第二十三条“憍慢僻说戒”已明确指出，若无戒师，独自在佛菩萨形像前“自誓受戒”，须“得见好相”，如若“不得好相”，则“不得戒”；而从“先受菩萨戒法师”受戒，“不须要见好相”，“以是法师，师师相授故，不须好相”。

第三品　五代延寿《受菩萨戒法》一卷

《受菩萨戒法》，一卷。五代吴越国延寿集，约成于北宋建隆二年（961）至开宝七年（974）之间。收入《新纂续藏经》第五十九册。

延寿（904—975），字仲玄，号抱一子，祖籍丹阳（今属江苏镇江），家居余杭（今属浙江杭州市），俗姓王。少年归心佛乘，不茹荤，日唯一食。十六岁为儒生。初为余杭库吏（此据《永明道迹》），二十八岁为华亭镇将，督纳军需。因屡以库钱买鱼虾放生，事发坐死，面无戚容，被吴越王赦免。三十岁时，依明州龙册寺翠岩令参禅师出家。既而前往天台山，参谒德韶国师（“法眼宗二祖”）而得印可，为禅宗“青原下十世”僧人，“法眼宗三祖”。初于天台山智者岩修习禅定、在国清寺结坛修习“法华忏”，后往金华天柱峰，诵习《法华经》三年。后周广顺二年（952），入住明州雪窦山。北宋建隆元年（960），应吴越王之请，前往杭州，主持灵隐寺的修复，重建殿宇计一千三百余间，被称为“灵隐中兴之祖”。次年（此据《佛祖统纪》），敕住永明寺（后名“净慈寺”），赐号“智觉禅师”。开宝三年（970），奉诏于钱塘江边的月轮峰创建六和塔。延寿倡导“禅净双修”，故又被后世推尊为“净土宗六祖”。他在永明寺弘化达十五年之久，度弟子一千七百人，时称“永明大师”。开宝七年（974）再至天台山，传菩萨戒，求受者约万余人。一生著述达“六十一本（部）总一百九十七卷”（此据《智觉禅师自行录》）。高丽国王在读了延寿《宗镜录》之后，遣使赍书，叙弟子之礼，并派三十六位僧人从其受教，法眼宗也由此传到海外。

延寿的著作，见存的有：《宗镜录》一百卷、《万善同归集》三卷、《永明智觉禅师唯心诀》一卷、《神栖安养赋》一卷、《警世》一卷、《定慧相资歌》一卷、《心赋注》四卷、《观心玄枢》一卷等；已佚的有：《明宗论》一卷、《正因果论》一卷、《坐禅仪轨》一卷、《华严论要略》一卷、《住心要笺》一卷、《华严十玄门》一卷、《华严六相义》一卷、《放生文》一卷、《西方礼赞文》一卷、《高僧赞》三卷、《上堂语录》五卷、《物外集》十卷等。生平事迹见北宋赞宁《宋高僧传》卷二十八、道原《景德传灯录》卷二十六、南宋志磐《佛祖统纪》卷二十六、明大壑《永明道迹》、文冲《智觉禅师自行录》等。

本书叙述受菩萨戒法。但原书中的受菩萨戒法部分已佚，今存的仅是原《受菩萨戒法》卷首刊载的《序》和“受菩萨戒问答”（原书无标题，此据内容拟立），至于受菩萨戒法的正文，已散逸不存。《序》主要叙述了受菩萨戒的重要性，说：

> 详夫菩萨戒者，建千圣之地，生万善之基，开甘露门，入菩提路。《梵网经》云，众生受佛戒，即入诸佛位。欲知佛戒者，但是众生心，更无别法。以觉自心故，名为佛；以可轨持故，名为法；以心性和合不二故，名为僧；以心性圆净故，名为戒；以寂而照故，名为般若；以心本寂灭故，名为涅槃。此是如来最上之乘，祖师西来之意。闻者多生遮障，见者咸起狐疑，以垢深福薄故，是盲者不见，非日月咎。若有志心，受者闻者，法利无边，七辨赞之莫穷，千圣仰之无际，可谓真佛之母，生诸导师，妙药之王，能治众病，入道之要，靡越于

斯矣。(《新纂续藏经》第五十九册,第365页中)

"受菩萨戒问答"共收录了八个问答。所问的题目是:(1)"菩萨戒者,乃文殊、普贤之俦,具缚凡夫如何得受?"(2)"众生心既具佛戒,何用更受?"(3)"具缚凡夫,根微垢重,若令受戒,毁犯益多,若不观根,返遭沦坠?"(4)"何不以八关(指"八关斋")、十善,渐渐度之,能称小机,免成毁犯?"(5)"说法受戒,本为超出苦源,何乃却令诽谤毁犯,翻堕地狱,有损无益,何成化门?"(6)"何故犯菩萨戒,不名犯,而戒性无尽?"(7)"如上所说,云何是菩萨破戒?"(8)"于诸佛诱进门中,方便极多,省要提携,何不劝生安养,岂须破戒,翻障净方?"

如关于"凡夫"为何也能受菩萨戒,说:

> 问:夫菩萨戒者,乃文殊、普贤之俦,具缚凡夫如何得受?
>
> 答:若执凡夫非普贤者,即是灭一乘种。古圣不合云,普照尘劳业惑门,尽是普贤真法界。若执众生非佛者,即是谤十方佛。大教不合云,佛心与众生,是三无差别。以《梵网经》云,一切有心者,皆应摄佛戒。且禀人者,谁不有心?凡成佛者,皆从心现。所以释迦出世,开众生心中佛之知见;达磨西来,直指人心,见性成佛。故祖师云,即心是佛,即佛是心,离心非佛,离佛非心。所以一切色心,是情是心,皆入佛性戒中,即众生佛性之心,具佛心戒矣。(第365页下)

关于什么是"菩萨破戒"(又称"失菩萨戒"),说:

> 问:如上所说,云何是菩萨破戒?
>
> 答曰:昙无谶《菩萨戒本》云,略有二事,失菩萨戒:一

> 舍菩萨愿，二增上恶心。除是二事，若舍此身，或终不失，从是以后，所生之处，当有此戒。增上恶心者，所谓妄说人法二空，未得为得，生大邪见，起不信心。故犯轻重之垢，不生怖畏，若有因缘，或犯轻重等戒，虽暂时破，深信因果，常生忏悔，即不名犯。（第367页中、下）

上述这些回答，从不同的角度，解释了世人有关菩萨戒的一些疑问，彰显了受持菩萨戒的功德利益。

第四品　明智旭《律要后集》一卷

《律要后集》，又名《毗尼后集》，一卷。明智旭述，成于崇祯四年（1631）。收入《新纂续藏经》第六十册。

本书是重新编定的受菩萨戒的程序和仪式。原名《毗尼后集》，为《在家律要》的续集，收文六篇，《新纂续藏经》编集者删去了与本藏所收重复的《菩萨地持经》中的《菩萨戒本》、《菩萨戒羯磨文释》、与《在家律要广集》卷三重复的《梵网经忏悔行法》三篇，故今本仅收文三篇，即《重定授菩萨戒法》、《受菩萨戒法》（“受”原作“学”，今据本文改正）、《毗尼后集问辩》。本书《重定授菩萨戒法》的《跋语》说：

> 窃观比丘受戒，律有定式，五部虽殊，大同小异，故应专遵《四分》，削后审之繁文。菩萨受法，经论各异，《梵网》（指《梵网经》）、《璎珞》（指《菩萨璎珞本业经》）、《地持》（指《菩萨地持经》）、《善戒》（指《菩萨善戒经》），以及心地观等，被机既别，详略互殊。是以制旨教行等，各抒己意，增设科条，虽辞美意详，并殚其致然，或义因文隐，反不若经论之痛快直捷。今《梵网》受法，已失其传，仅存影略，惟《璎

珞》、《地持》的可依承，敬酌三家，会成一式。庶俾详简适中，而授者、受者皆得明白简易，以免紊杂之过耳。（第546页中）

所收三篇的情况如下：

（一）《重定授菩萨戒法》（附出《跋语》）。本篇是作者会通《梵网经》、《菩萨璎珞本业经》、《菩萨地持经》三经，而编写的“授菩萨戒法”。

（二）《受菩萨戒法》（附出《跋语》）。本篇也是作者会通前述三经，而编写的“受菩萨戒法”，为袾宏《梵网经心地品菩萨戒义疏发隐》作的“合注”（已收入《在家律要广集》卷三）的补遗。《跋语》说：“此受（原误作“学”）戒法，定于戊辰（指崇祯元年）之夏，业已刊入《毗尼后集》。今癸未（指崇祯四年）夏日，重更一二，附于《梵网合注》之后，此后当以是为准云。”（第550页下）全篇分为十目，“一严道场、二净三业、三结界、四修供养、五赞礼归依、六悔除恶罪、七启白请证、八正诵戒经、九发誓礼佛、十发愿回向”，对“受菩萨戒”的程序和仪式，作了详细的叙述。

（三）《毗尼后集问辩》。本篇收录有关“受菩萨戒”的问答。

如关于属于渐次戒的《菩萨地持经》菩萨戒本，与属于顿立戒的《梵网经》菩萨戒本，如何会通，书中写道：

问：《菩萨戒本》（指《菩萨地持经》菩萨戒本），止列四重，《梵网》广明十重，详略不同。又《梵网》犯十重者，必见好相，方许更受，《戒本》但云失菩萨戒，应当更受，宽严有异。此二经典，一是本师和尚宣扬，一是授戒阇梨亲述，不应互相违反。毕竟如何会通？

答：《戒本》出于《地持》，《地持》合杀、盗、淫、妄，共名出家八重。《善生问经》列杀、盗、淫、妄、酤酒、说过，名优婆塞六重。《梵网》备二经之义，总为十重，《璎珞》亦同。良由所被之机不等，故详略之致有殊。今《戒本》止列四事，复有三义：一者在家欲受此戒，必已先受五戒，出家欲受此戒，必已先受十戒、具戒。杀、盗、淫、妄，既是根本性重，不须更列，故惟列此增上戒法也。二者菩萨戒法，逆顺无方，为众生故，容可少分现行性罪，此之四戒，理无开许，故独列之。三者根本四罪，一犯永堕，受五戒、十戒、具戒时，已明斯义，大乘教门，虽通忏悔，必以见相为期。此之四法，犯虽失戒，犹堪更受，恐滥前四，故独列之。若《梵网》谓犯重必须见好相者，正由释迦是大戒和尚，一往立法，不得不严，而弥勒既作授戒阇梨，轻重、开遮，理须详悉。今应准诸经论，参合发明，当知杀、盗等四，随犯一种，诸戒并失，得见好相，大可重受。而比丘法中，仍无僧用，酤酒等六，随犯一种，失菩萨戒，具戒以下，不名为失，故殷勤悔过，许其重受。此二经所以互相影略，非相违也。（《毗尼后集问辩》，第550页下—第551页上）

本书虽为简短，但它反映了作者会通不同体系的菩萨戒本的律学思想，值得关注。